北京文物与考古系列丛书

广阳城墓地（一）

东周两汉至明清时期
墓葬考古发掘报告

北京市考古研究院　编著

上册

上海古籍出版社

图书在版编目（CIP）数据

广阳城墓地：东周两汉至明清时期墓葬考古发掘报告．一／北京市考古研究院编著．—上海：上海古籍出版社，2023.11

（北京文物与考古系列丛书）

ISBN 978－7－5732－0875－0

Ⅰ.①广…　Ⅱ.①北…　Ⅲ.①墓葬（考古）-发掘报告-房山区　Ⅳ.①K878.85

中国国家版本馆CIP数据核字（2023）第185664号

责任编辑：贾利民

装帧设计：王楠莹

技术编辑：耿莹祎

北京文物与考古系列丛书

广阳城墓地（一）

——东周两汉至明清时期墓葬考古发掘报告

北京市考古研究院　编著

上海古籍出版社出版发行

（上海市闵行区号景路 159 弄 1-5 号 A 座 5F　邮政编码 201101）

（1）网址：www.guji.com.cn

（2）E-mail：guji1 @ guji.com.cn

（3）易文网网址：www.ewen.co

上海雅昌艺术印刷有限公司印刷

开本 889×1194　1/16　印张 40.5　插页 73　字数 1,000,000

2023 年 11 月第 1 版　2023 年 11 月第 1 次印刷

印数：1—1,450

ISBN 978-7-5732-0875-0

K·3468　定价：500.00 元

如有质量问题，请与承印公司联系

北京文物与考古系列丛书

内 容 简 介

广阳城墓地位于北京市房山区长阳镇，为了配合基本建设，北京市考古研究院自2009年开始对该墓地进行了多次发掘，出土了大量的陶、瓷、铜等不同质地的文物。本报告公布了2018年的部分发掘成果以及2019年的4座墓葬，共包含各时期墓葬245座、灰坑5个、窑址8座。这些考古成果为房山区增添了考古学研究资料，提供了北京西南地区东周两汉至明清时期文化史的相关信息，对广阳城遗址的聚落形态研究具有重要意义，对了解永定河流域和小清河流域的历史变迁具有重要的学术价值。本书可供从事考古、文物、历史等研究的学者及相关院校师生阅读和参考。

目　录

插 图 目 录

插 表 目 录

彩 版 目 录

第一章 绪 论

第一节 地理位置与历史沿革

房山区位于北京市西南部,区域范围为北纬39°30′~39°55′,东经115°25′~116°15′。其东、北与丰台区接壤,东与大兴区以永定河相隔,南和西南部分别与河北省涿州市、涞水县毗连,北与门头沟以百花山为界,全区面积约2 019平方公里(图一)。

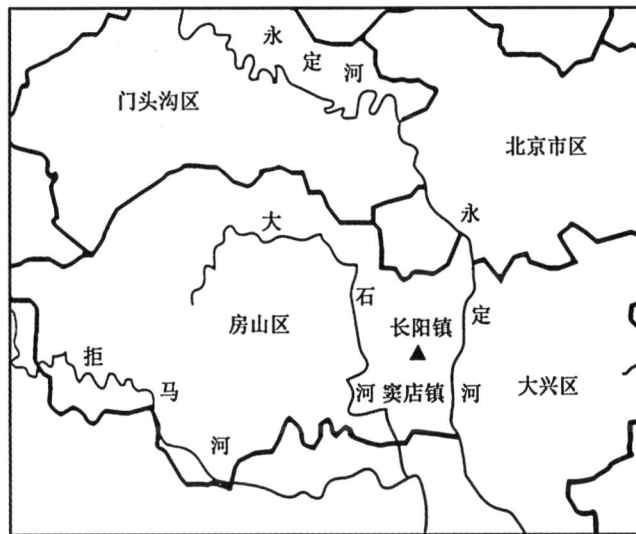

图一 房山区长阳镇广阳城墓地位置示意图

房山地处华北平原与太行山交界地带,地势西北高、东南低,西北部为山区,东南部为冲积平原、洼地、河漫滩。由西北向东南依次为中山、低山、丘陵、岗台地和冲积平原,地貌类型复杂多样,海拔高度30~100米。地处暖温带半湿润季风大陆性气候区,境内地貌复杂,山区与平原间气候有明显差异。平原地区平均气温13.2℃,西部山区平均气温11.3℃。平原地区降水量670.4毫米,西部山区降水量674.9毫米。平原地区年日照时数2 589.7小时,西部山区年日照时数2 145.1小时。境内有永定河、据马河、大石河、小清河(俗称哑巴河)等大小河流13条,皆属海河水系。据马河、大石河回旋曲折,永定河、小清河穿境而过。房山区已被利用及尚待开发利用的地下矿产约20种。非金属矿与燃料矿资源丰富，金属矿产有铁、铜、铅、锌、铝土矿等。铁储量2 413万吨。铝土矿储量2 034.8万吨，富矿少贫矿多，难以炼铝，但可作高铝耐火材料。其余多金属矿品位及规模均不理想，无工业价值。非金属矿产有石灰岩、大理岩等，主要矿种8种[①]。

房山区历史悠久，建置沿革比较复杂，自古为北京与中原地区交往的南北通道。

夏商周时期，为燕地。战国燕置中都县。

秦统一六国后，分全国为三十六郡。秦王政二十三年（前224年），置广阳郡，辖蓟、良乡二县。

西汉置广阳、良乡、西乡三县。其中广阳县治在今良乡镇东北八里之广阳城，隶燕国。武帝元朔元年（前128年），因燕国被废除为郡，县改属燕郡；昭帝元凤元年（前80年），改属广阳郡。宣帝本始元年（前73年），又改属广阳国。

王莽新朝时，改涿郡名垣翰，改良乡为广阳县，西乡县更名移风，二县皆属垣翰。后改广阳国为广有，原广阳县则属广有国。

东汉时，除西乡县被废除外，广阳、良乡二县并存。广阳县初属广阳郡，建武十二年（36年），广阳郡并入上谷郡，县改属上谷郡。和帝永元八年（96年），复置广阳郡，县复改属广阳郡。

三国魏明帝太和六年（232年），改广阳郡为燕国，广阳县为燕国属县。

西晋时，广阳县仍属燕国。武帝泰始元年（265年），封弟司马机为燕王，治蓟，领广阳等十县。

十六国后赵时，燕国改称燕郡，广阳县属之。前燕时，广阳县改属燕国。前秦时广阳县仍属燕国。后燕时，广阳县改属燕郡。

北魏时，广阳、良乡二县皆属幽州燕郡。北齐天保七年（556年），省良乡、广阳二县，并入蓟。

隋开皇初废燕郡，良乡县直属幽州总管府。大业三年（607年），罢幽州总管府，改置涿郡，良乡县属之。

唐武德元年（618年），属幽州。武德至开元末年，良乡先后属幽州总管府、幽州大总管府、幽州都督府、幽州大都督府。天宝元年（742年），改幽州大都督府为范阳郡，良乡属之。肃宗乾元元年（758年），复属幽州。此外良乡县境内先后置6个羁縻州，属侨置州县。

后唐天成三年（928年），契丹兵入幽州境，节度使赵德钧于闫沟筑垒以成兵守之，遂徙良乡县治于此。

契丹会同元年（938年），属南京道幽州都府。开泰元年（1012年），改南京为燕京，改幽都府为析津府，良乡属之。

宋宣和四年（1122年），改燕京为燕山府，良乡为属县之一。宣和七年（1125年），地复归金。金贞元元年（1153年），海陵王迁都燕京，改名中都，置中都路永安府。二年（1154年），改永安府为大兴府，良乡县属之。大定二十九年（1189年），析良乡县西境别置万宁县，以奉山陵。明昌二年（1191年），改万宁县为奉先县。万宁县、奉先县均为中都路涿州属县。

元初沿金旧制。成吉思汗十年（1215年），两县属燕京路大兴府。至元二十七年（1290年），

---

① 北京市房山区地方志编纂委员会：《北京房山年鉴（2018）》，北京出版社，2019年；北京市房山区地方志编纂委员会：《北京市房山区志》，北京出版社，2019年。

因境内有大房山而名,奉先县改名房山县,属涿州。

明洪武元年(1368年),良乡县属北平府,房山县属北平府之涿州。永乐元年(1403年),改北平府为京师顺天府,良乡直隶顺天府,房山县隶属顺天府之涿州。

清顺治元年(1644年),良乡、房山均为顺天府领县。康熙二十七年(1688年),顺天府设西、东、南、北四路厅,房山、良乡属西路厅之涿州。雍正六年(1728年),房山县亦改为直属顺天府,与良乡县同。

1914年,废顺天府之置,改属京兆地方,良乡、房山二县同属京兆。1928年,废京兆,原直隶省改名河北省,二县隶河北。1938年同属河北省津海道,1940年又同属伪组织的燕京道。

1949年10月1日,中华人民共和国成立,良乡、房山二县仍属河北省,为通州区辖县,县政府驻房山城。1958年3月,二县划归北京市,同时撤销县的建制,合并为周口店区。1960年,撤销周口店区,恢复房山县名。1974年8月,设立石油化工区办事处。1980年10月,撤销石油化工区办事处,设立燕山区,辖区如旧。1986年11月,同时撤销燕山区和房山县,二者合并,设立房山区。1977年11月,国务院批准将房山区人民政府驻地迁至良乡。2000年撤乡建镇至今[1]。

第二节 发掘经过与资料整理

广阳城墓地位于房山区长阳镇西南部,广阳城遗址以东,隔现代小清河河道,相距1 900余米,北邻京良路,东邻京深路,距永定河约2.3千米,南靠长宝路(图二;彩版一)。墓地现地表为耕地,地势较平坦。通过发掘,原地层堆积并不平坦,第①层为冲积形成,第②层为淤积形成,第③、④、⑤层为人为活动形成,整个地势自东北向西南略呈缓坡状。

墓地周边先后发现的遗存有:2009年6~7月,为配合长阳镇广阳城住宅小区建设,发掘清理墓葬7座;2010年3~10月,配合房山区轨道交通房山线长阳镇站建设时发现汉代墓葬1座;2011年4月,为配合长阳镇起步区2号地及3号地北侧住宅混合公建和多功能项目在工程用地内发掘墓葬10座;2008年、2009年、2010年为配合聚豪苑四期项目、北京市土地整理储备中心住宅项目、房山区房山线长阳西站1号地工程建设项目发现汉代墓葬、窑址;在西距广阳城约800米处曾采集到战国至汉代的遗物;2018年配合房山区轨道交通房山线广阳城站4号地南部地块一级开发项目建设时发现广阳城西城墙、北城墙及城内道路遗迹等。

为配合北京市房山区长阳镇06、07街区棚户区三片区二类居住地一等地块改造项目工程建设,经国家文物局批准,受北京市文物局委托,北京市考古研究院(所)于2018年7月~2020年12月先后三次对广阳城墓地发现的古代遗存进行考古发掘。

2018年7月17日北京市文物研究所组成长阳考古队对广阳城墓地进行考古发掘工作。发掘领队王策,田野发掘工作由于璞、程利负责,参加发掘工作的人员还有马海林、孙建国、同新、刘振超、张健新、李召民、韩猛、韩允宇、李西军、范伟、许红利、张景卫、郑国安、吕积明、席现坤、张淼、

---

[1] 北京市房山区地方志编纂委员会:《北京市房山区志》,北京出版社,2019年。

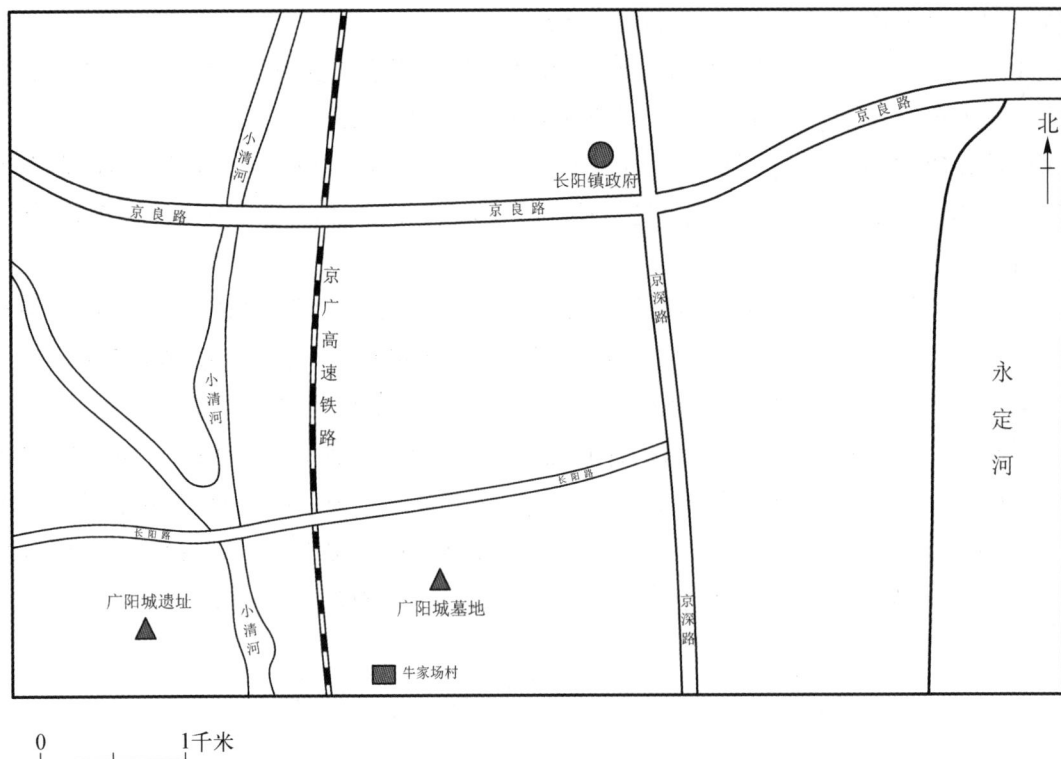

图二　广阳城墓地发掘位置示意图

毋政通、王磨正、孙贵彬、段志成、段正晖、李思雨、邱俊忠、葛占顺、江亮，以及北京国电水利电力有限公司发掘工程队相关人员等。北京市房山新城置业有限责任公司为广阳城墓地发掘给予了大力的支持与帮助。辽宁大学陈山老师、肖晓鸣老师带领硕士研究生毛雪、张玥对广阳城墓地发掘出土的人骨进行了科学鉴定。

　　广阳城墓地位于广阳城遗址东约1 900米，中间隔小清河，整个发掘区南北长475、东西宽242米，发掘面积约114 950平方米。由于发掘区面积较大，持续时间周期较长，根据墓葬及其他遗迹的分布情况，出于既有利于对发现的遗存进行抢救性发掘，又有利于甲方施工的需要，将发掘区内发现的遗存分为六个区域：即2018年第一次发掘为Ⅰ区、2018年第二次发掘为Ⅱ区、2018年第三次发掘为Ⅲ区、2019年发掘为Ⅳ区、2020年第一次发掘为Ⅴ区、2020年第二次发掘为Ⅵ区，发掘时采用象限布方方法进行布方（图三-1；彩版五，1、2），大部分探方位于第一象限内，少部分与极少部分探方位于第二与第四象限内，具体如下：

　　2018年度发掘的Ⅰ区位于发掘区的中部偏南、Ⅱ区位于发掘区的中部偏东，属于第一象限内；Ⅲ区位于发掘区的西北隅，一部分属于第一象限，一部分属于第二象限。三个区域共计发掘墓葬264座，其中战国墓葬1座，西汉墓葬164座（含8座瓮棺墓）、东汉魏晋墓葬93座、窑址8座、灰坑5个及明清墓葬6座。2019年度发掘的Ⅳ区位于发掘区域中部以北，发掘墓葬364座，窑址25座、沟11条、井3座、灰坑13个、灶2个、路1条。其中西汉墓葬29座，东汉墓葬314座、魏晋墓葬8座、北朝墓葬6座、隋唐墓葬4座、辽金墓葬2座、明清墓葬1座。2020年度发掘的Ⅴ区位于发掘区的中部东端、Ⅵ区位于发掘区的南部,发掘墓葬176座、沟3条、井1座、灰坑5个。其中西汉墓葬154座(含瓮棺墓43座)、东汉墓葬20座、北朝墓葬1座、辽金墓葬1座(图三-2;彩版二)。

由于广阳城墓地发掘墓葬等遗迹较多,发掘面积较大,2018年至2020年的发掘成果将陆续分为三期出版。本报告——《广阳城墓地(一)》包括第Ⅰ区内2018年度发掘的墓葬、灰坑、窑址,以及Ⅲ区内个别遗迹(M64、Y5、Y6),还有Ⅳ区内2019度发掘的个别遗迹(M259、M252、M253、M254),总计245座墓葬、8座窑址及5个灰坑(图四;彩版三)。发掘过程中,考古队严格按照《田野考古操作规程》由晚至早、由上到下逐层清理。在此期间,北京市文物局、所(院)领导及专家学者多次莅临工地现场指导工作(彩版四)。

自2018年第一阶段发掘开始,考古队即对发掘出土文物进行修复、绘图等工作,为之后的资料整理工作做准备。2020年由于新冠疫情,整理工作受到影响,直至该年6月份才开始系统整理2018年第一阶段发掘的墓葬、窑址及灰坑材料,到2022年10月完成报告编写工作。参加资料整理的人员有王策、程利、于璞、孙建国、同新、刘振超、戴仪辉、闫明、吕积明、郑国安、张鹏等。在此期间,主要整理者王策、程利、于璞还肩负了房山、延庆等区域内其他工地的勘探项目。

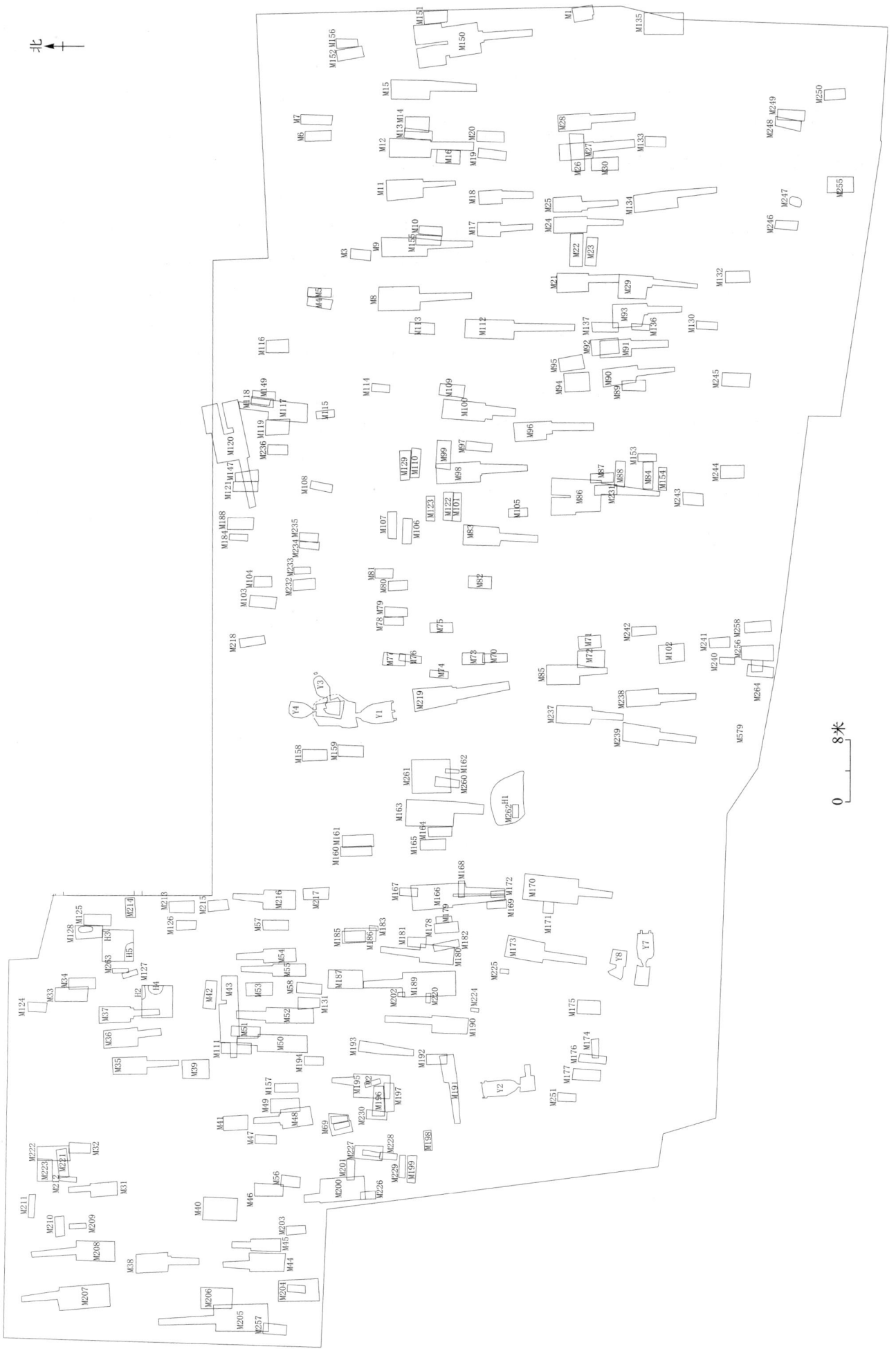

图四 广阳城墓地一期发掘报告遗迹遗迹分布图

北

0   8米

第二章　地层堆积及文化分期

发掘区域内地势较为平坦，地层堆积无太大变化，共计分为5层，具体地层堆积情况以发掘区范围内北壁与东壁为例（图五）归纳介绍如下：

第①层：厚约3.2～3.6米，为冲积淤沙层，多次洪水冲积形成，局部可细分为13～14个小层。此层下发现墓葬6座，编号为M1、M2、M3、M69、M226、M227。

第②层：厚约0.3～2.5米，距地表约3.2～3.6米。黑淤泥堆积层，冲积沉淀形成。土质湿软，黏性大，含细沙，有零星白瓷片等。此层下发现墓葬3座，编号为M252、M253、M254。

第③层：厚约0.2～0.4米，距地表约3.9～5.2米。青灰色堆积层，土质疏松，内含极少量五代瓷片、碎砖块、陶器残片等，此层下发现墓葬74座，窑址8座，灰坑5个。墓葬编号为M8、M9、M11、M12、M15、M17、M18、M21、M24、M25、M27～M29、M31、M35～M38、M43～M45、M47、M48、M50、M52、M54、M55、M64、M74～M76、M83～M86、M88～M91、M93、M96、M98、M100、M102、M112、M116、M117、M120、M134、M150、M154、M160、M161、M163、M166、M170、M173、M180、M185、M187、M189、M190、M191、M193、M195、M200、M205、M207、M208、M216、M219、M237、M238、M239、M259；窑址编号为Y1～Y8；灰坑编号为H1～H5。

第④层：厚约0.3～0.5米，距地表约4.2～5.7米。红褐色黏土堆积层，土质较硬，呈块状，包含物细碎，有零星陶器残片、碎砖块、烧土颗粒等。此层下发现墓葬172座，其中竖穴土圹墓154座，编号为M4～M7、M10、M13、M14、M16、M19、M20、M22、M23、M26、M30、M32～M34、M39～M42、M46、M49、M51、M53、M56～M58、M70～M73、M77～M82、M87、M89、M92、M94、M95、M97、M99、M101、M103～M111、M113～M115、M118、M119、M121～M127、M129～M133、M135～M137、M147、M149、M151～M153、M155～M159、M162、M164、M165、M167～M169、M171、M172、M174～M179、M181、M182、M184、M186、M188、M192、M194、M196～M199、M201、M203、M204、M206、M209～M215、M217、M218、M221～M223、M228～M236、M240～M246、M248～M251、M255～M258、M260、M262～M264；瓮棺墓7座，编号为M128、M183、M202、M220、M224、M225、M247；竖穴土圹砖椁墓11座，编号为M47、M74～M76、M84、M88、M102、M116、M154、M160、M161。

第⑤层：厚约0.4～0.5米，距地表约4.5～6.2米。黄褐色堆积层，土质疏松，含细沙，含零星烧土颗粒、夹砂陶片等。此层下发现墓葬1座，编号为M261。

第⑤层以下为生土。

综上所述，依据地层内出土遗物、墓葬形制及墓葬内出土遗物可知：第①层为现代耕土层；第②层为五代—辽金时期地层；第③层为东汉—魏晋时期地层；第④层为西汉时期地层；第⑤层为战国时期地层。

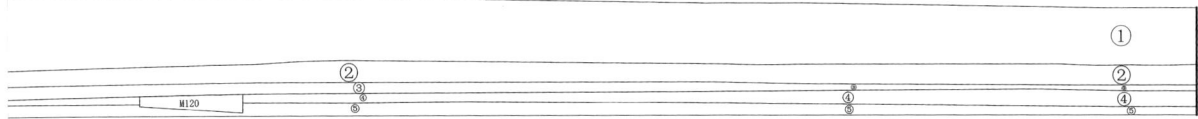

M120

第三章　战国墓葬

战国时期墓葬1座,编号M261。

1. 墓葬形制

M261位于发掘区Ⅰ区中部,T1105内南部,开口于⑤层下,南部被④层下的西汉墓M162、M260打破。墓口距地表4.7米,南北向,方向5°。为长方形竖穴土圹墓,口大底小,墓壁整齐较斜,墓底较平。口部南北长4.9米,东西宽4.1米,底部南北长3.3米,宽2.2米,墓底距墓口3.48米。周壁距墓口1.8米时折收修筑二层台,台宽0.4～0.52米。在北壁二层台下,距底部1.22米处修筑壁龛,面宽0.64米,进深0.32米,高0.26米。壁龛内发现2件夹砂红陶鬲,均已残破。土圹内填黄褐色花土,土质略硬,经过束夯夯筑,夯层深2.4米,每层厚约0.12～0.15米,夯窝直径约0.05～0.08米(图六;彩版六,1)。

葬具为双椁一棺,木质,腐朽严重,仅存朽痕:外椁平面呈"亚"字形,南北长2.72米,宽1.01米,残高0.58米,板痕厚0.06米;内椁平面呈长方形,南北长2.12米,宽0.86米,残高0.54米,板痕厚0.05米;棺痕平面呈长方形,南北长1.9米,宽0.54米,残高0.3米,板痕厚0.04米。棺内葬一人,保存较差,头向北,面向不详,为仰身直肢葬,男性,骨架长约1.42米。棺内左侧发现铜剑1件,已残。

2. 出土器物

出土器物3件,器形有陶鬲与铜剑两种,其中陶鬲放置于壁龛内,铜剑放置于棺内左侧。

陶鬲　2件。形制大小基本相同,夹砂夹蚌夹云母红陶,手制而成,火候较高。敛口、折沿、短束颈,深腹呈筒状,腹壁略弧,平底略凹。底附三个扁圆形柱状足,略外撇。器表腹壁拍印绳纹,拍印痕迹明显。标本M261:2,口径13.7厘米,通高24.8厘米(图七,2;彩版三〇,1)。标本M261:3,口径13.6厘米,通高26厘米(图七,3;彩版三〇,2)。

铜剑　1件(残)。标本M261:1,青铜质,模铸。以格把剑体分为剑茎和剑身两部分:茎首为圆形,柱状茎体,茎首与茎体中空;剑身呈柳叶状,上宽下窄,中锋,双刃。通长46厘米(图七,1;彩版三〇,3)。

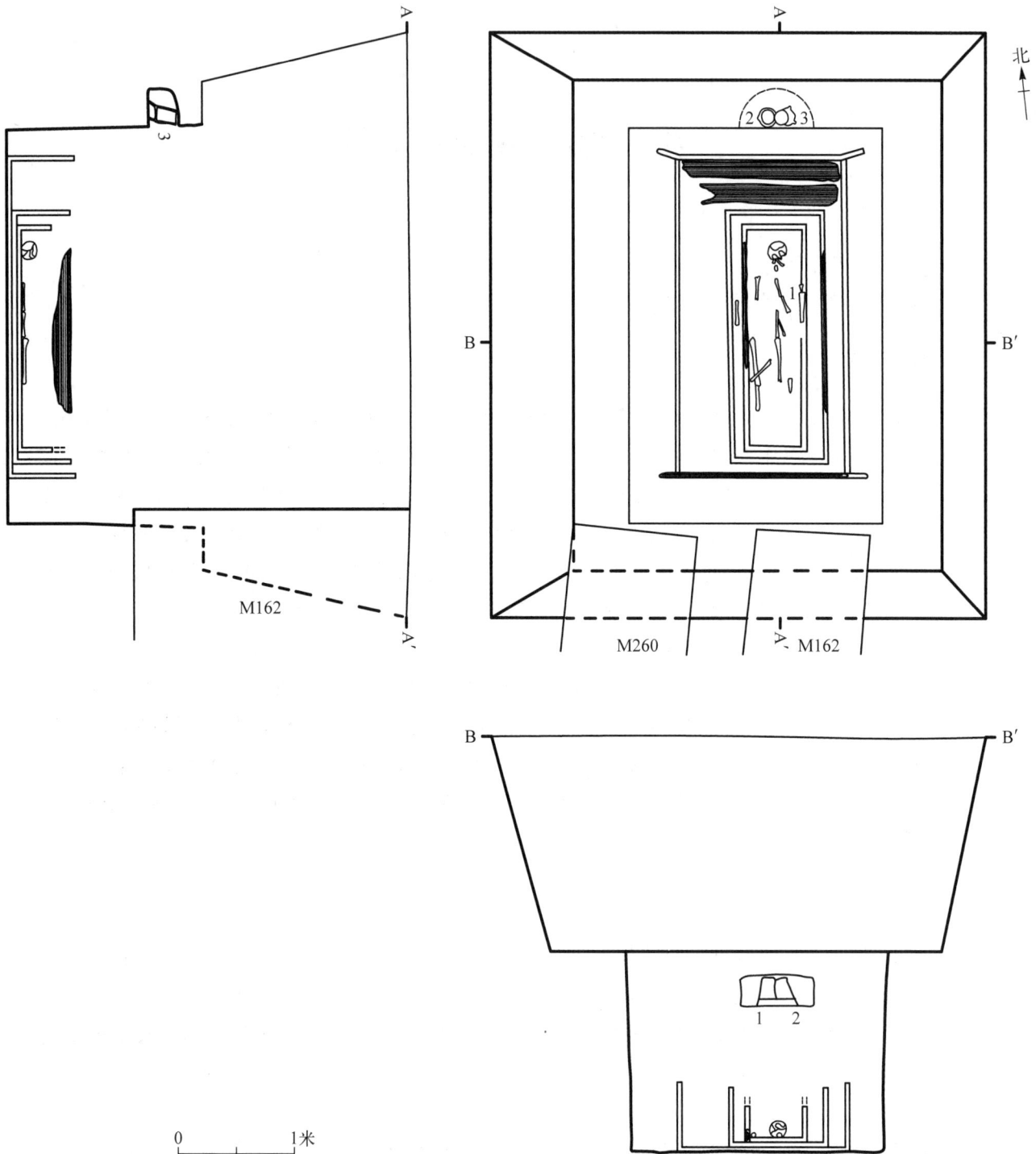

图六　M261平、剖面图

1.铜剑　2.陶鬲　3.陶鬲

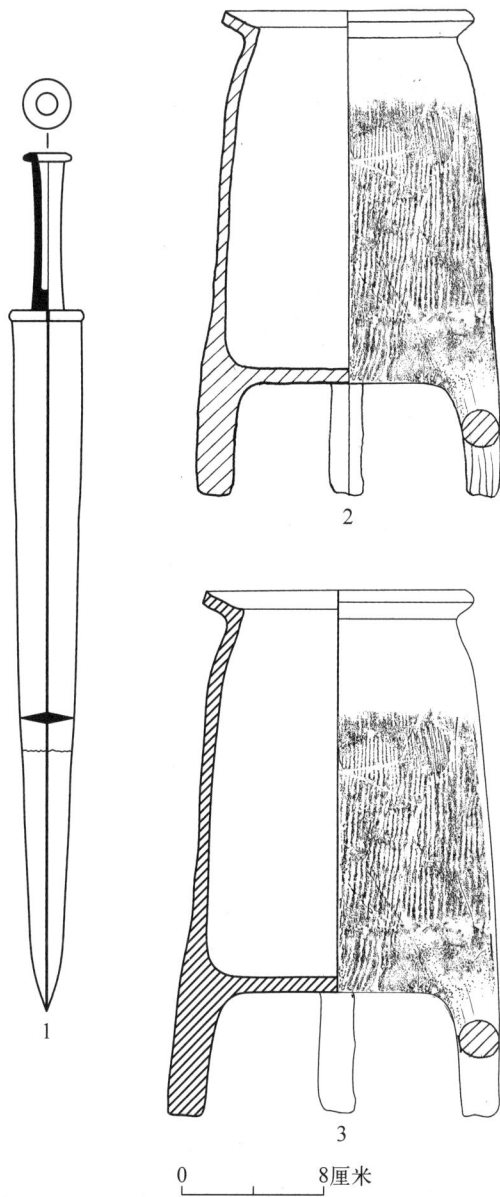

图七 M261出土器物

1.铜剑（M261：1）　2.陶鬲（M261：2）　3.陶鬲（M261：3）

第四章 西汉墓葬

西汉墓葬172座,可分为竖穴土圹瓮棺墓、竖穴土圹墓及竖穴土圹砖椁墓三个类型,其中竖穴土圹瓮棺墓7座、竖穴土圹墓154座、竖穴土圹砖椁墓11座。下面以类型进行分别介绍:

第一节 竖穴土圹瓮棺墓

瓮棺墓7座,皆为竖穴土圹式,内用陶瓮对接而成。编号依次为M128、M183、M202、M220、M224、M225、M247。

一、M128

1. 墓葬形制

M128位于发掘区Ⅰ区西北部,T1513北部,东邻M125。开口于④层下,墓口距地表4.2米。南北向,方向2°。为长方形竖穴土圹瓮棺墓,南北长2.7米,宽0.8米,墓底距墓口0.4米。平面近长方形,四壁整齐垂直,底部较平。内填黄褐色花土,土质较硬(图八;彩版六,2)。

葬具为陶瓮,用两个长0.87米,宽0.66米的筒形陶瓮对接而成。内葬人骨架一具,保存一般,头向北,面向因腐朽严重不详,为仰身直肢葬,骨架长1.5米,男性,年龄约20岁。

2. 出土器物

出土器物2件(瓮棺)。

陶瓮 2件(残,复原)。泥质灰陶,手轮兼制。子母口,筒形腹,下腹弧收,圜底。上腹饰凹弦纹,下腹至底拍印绳纹。标本M128:1,口径45.6厘米,腹径50.4厘米,通高90厘米(图九,1;彩版三一,1)。标本M128:2,口径41厘米,腹径45厘米,通高84厘米(图九,2;彩版三一,2)。

二、M183

1. 墓葬形制

M183位于发掘区Ⅰ区西部,T1113北部,西邻M185,被M185打破。开口于④层下,墓口距地表4.2米。南北向,方向10°。该墓为长方形竖穴土圹瓮棺墓,南北长1.05米,宽0.54~0.6米,墓

北

0 ————— 60厘米

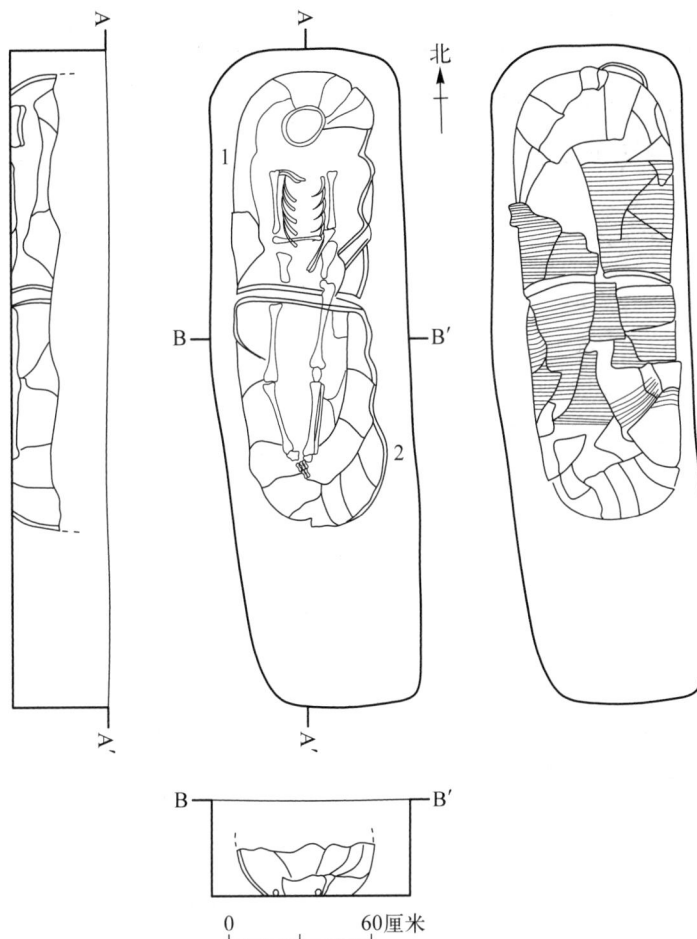

图八 M128平、剖面图

1. 陶瓮 2. 陶瓮

0 ————— 24厘米

1   2

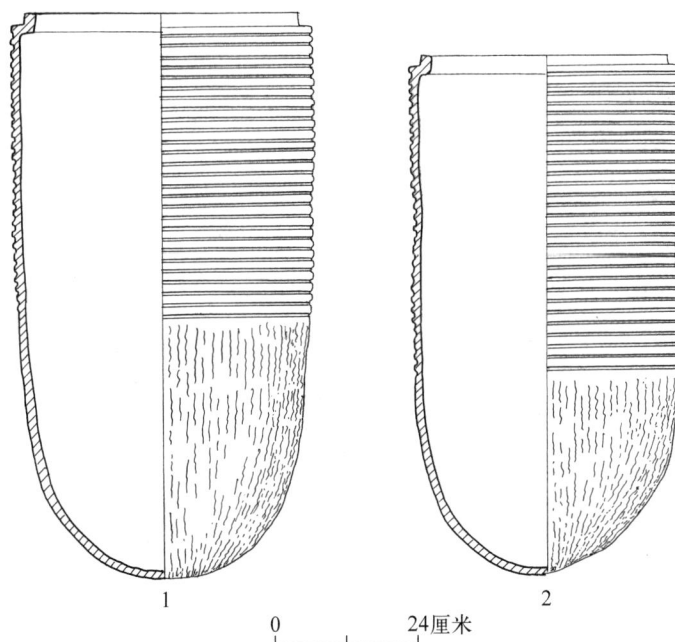

图九 M128出土陶瓮

1、2.（M128：1、M128：2）

底距墓口0.4米。平面略呈梯形，四壁整齐较直，墓底较平。内填黄褐色花土，土质疏松（图一〇）。

葬具为瓮棺，用3件夹砂红陶瓮对接而成，上部破坏严重，仅存下部。南北长1.78米，宽0.4～0.84米，残高0.2米。瓮棺内葬人骨架1具，保存较差，头向北，面向、葬式不详，男性，年龄约15岁。

2. 出土器物

出土器物3件，1件无法修复。

陶瓮　2件（残），夹砂夹云母红陶，手轮兼制。标本M183：1，敛口，宽沿上仰，尖唇，束颈，鼓腹斜收。中腹以下拍印竖绳纹，底残缺。口径29厘米，腹径（复原）31.6厘米，残高27厘米（图一一，1；彩版三二，1）。标本M83：2，浅盘口，口内有一周凹槽，尖唇，斜腹，腹壁拍印竖绳纹，底残缺。口径32厘米，残高22厘米（图一一，2；彩版三二，2）。

三、M202

1. 墓葬形制

M202位于发掘区Ⅰ区西部，T1112东部，南端被M189打破，开口于④层下，墓口距地表4.3米。南北向，方向12°。为长方形竖穴土圹瓮棺墓，南北残长0.6米，宽0.7米，墓底距墓口0.2米。残留部分墓壁整齐较直，墓底较平。内填黄褐色花土，土质疏松（图一二）。

葬具为陶瓮，破坏严重，残留部分用夹砂红陶瓮对接而成，南北残长1.1米，东西宽0.9米。南陶瓮南北残长0.35米，宽0.28～0.48米，北陶瓮南北长0.7米，宽0.28～0.48米。瓮棺内未见人骨架痕迹。

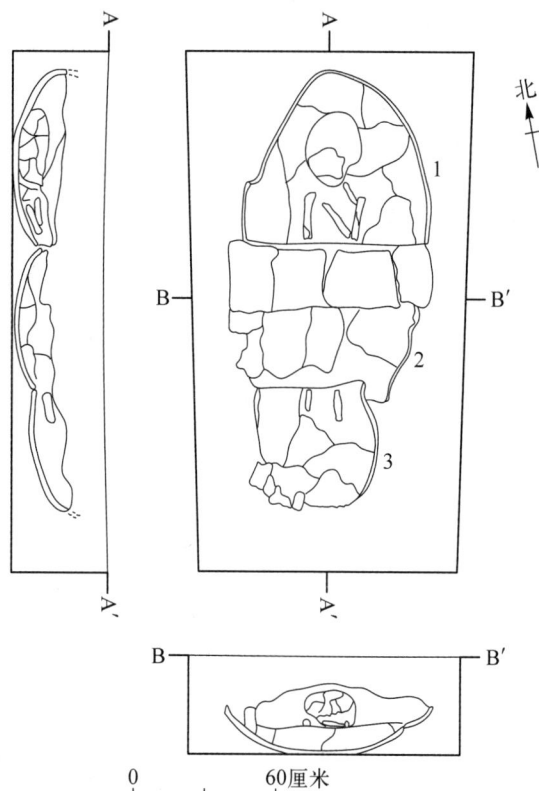

图一〇　M183平、剖面图

1. 陶瓮　2. 陶瓮　3. 陶瓮

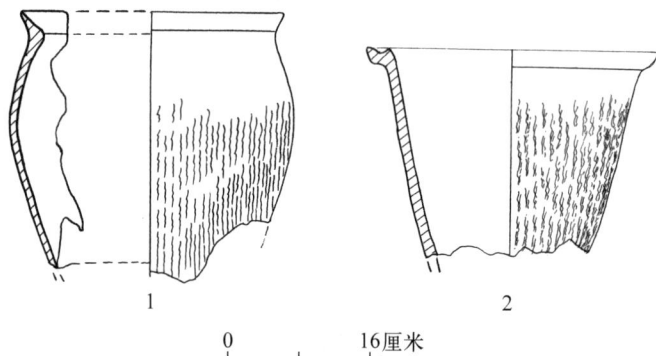

图一一　M183出土陶瓮

1、2（M183：1、M183：2）

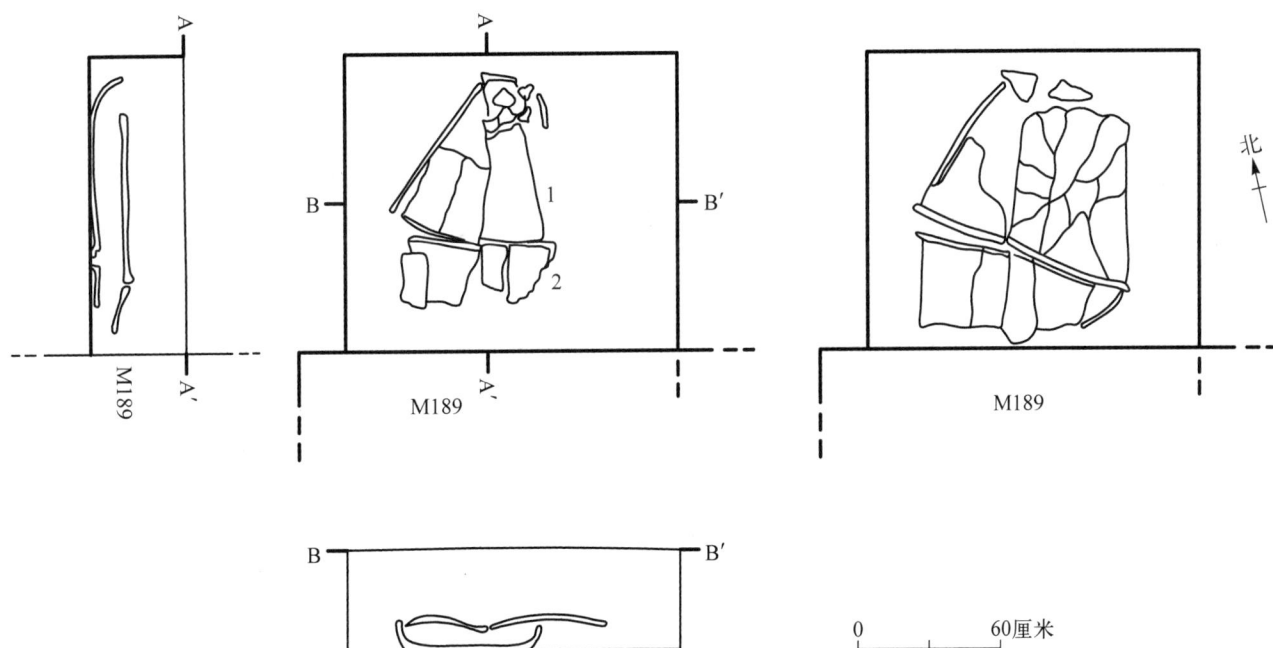

图一二　M202平、剖面图

1. 陶瓮　2. 陶瓮

2. 出土器物

出土器物2件。

陶瓮　2件（残）。标本M202：1，夹砂夹云母红陶，手轮兼制。浅盘口，尖唇，深斜腹，腹部拍印竖绳纹，底残缺。口径32厘米，残高19.6厘米（图一三，1）。标本M202：2，夹砂夹云母红陶，手轮兼制。浅盘口，尖唇，深斜腹，圜底，腹部及底拍印竖绳纹。口径32.8厘米，通高25.6厘米（图一三，2；彩版三二，3）。

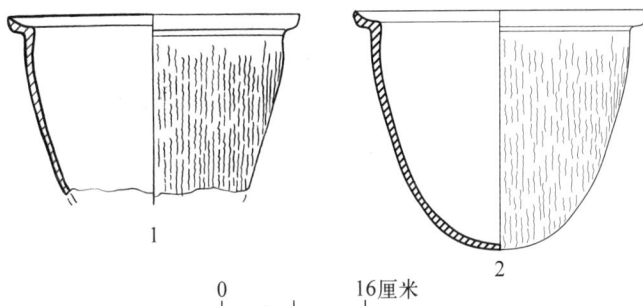

图一三　M202出土陶瓮

1、2.（M202：1、M202：2）

四、M220

1. 墓葬形制

M220位于发掘区Ⅰ区西部，T1112南部，东部被M189打破。开口于④层下，墓口距地表4.3米。东西向，方向105°。为长方形竖穴土圹瓮棺墓，东西残长0.6米，宽0.6米，墓底距墓口0.5米。墓壁残留部分整齐较直，墓底较平。内填红褐色花土，土质疏松（图一四）。

葬具为陶瓮，保存一般，东西残长0.32米，宽0.34米，高0.3米，用两个泥质灰陶瓮对接而成，残存一个，内见凌乱碎骨。

2. 出土器物

出土器物1件。

陶瓮　1件（残）。标本M220：1，泥质灰陶，手轮兼制。中腹以上残缺，残留部分为直腹，圜平底，中腹饰弦纹，下腹饰弦断绳纹，底部旋胎痕外饰绳纹。腹径30.6厘米，残高34.8厘米（图一五）。

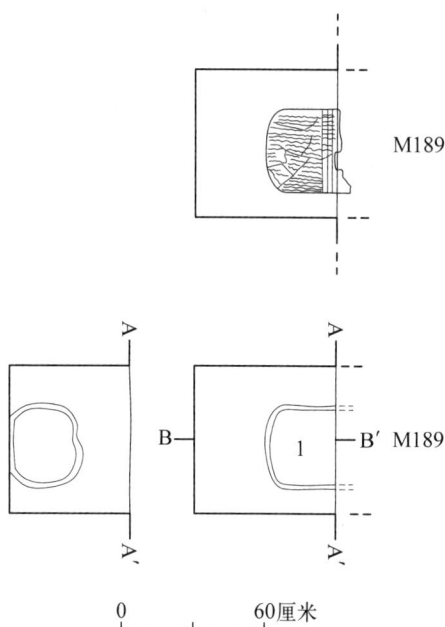

图一四　M220平、剖面图
1.陶瓮

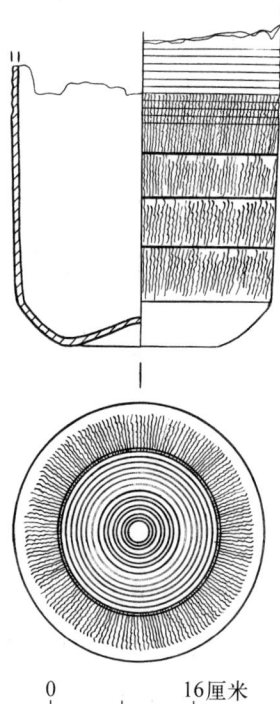

图一五　M220出土陶瓮（M220：1）

五、M224

1. 墓葬形制

M224位于发掘区Ⅰ区西部，T1012中部，西邻M190。开口于④层下，墓口距地表4.3米。南北向，方向357°。为长方形竖穴土圹瓮棺墓，南北长1.3米，宽0.56米，墓底距墓口0.6米。墓壁整齐较直，墓底较平。内填红褐色花土，土质疏松（图一六）。

葬具为陶瓮，保存完整，南北长1.22米，宽0.5米，高0.44米，用两个陶瓮对接而成。瓮棺内未见人骨架痕迹。

2. 出土器物

出土器物1件。

陶瓮　1件（残）。标本 M224：1，泥质灰陶，手轮兼制。平口，深直腹，口部略小于下腹，下腹及底残缺。上腹饰凹弦纹，下腹压印粗绳纹。口径32.2厘米，腹径34.4厘米，残高52.2厘米（图一七；彩版三一，3）。

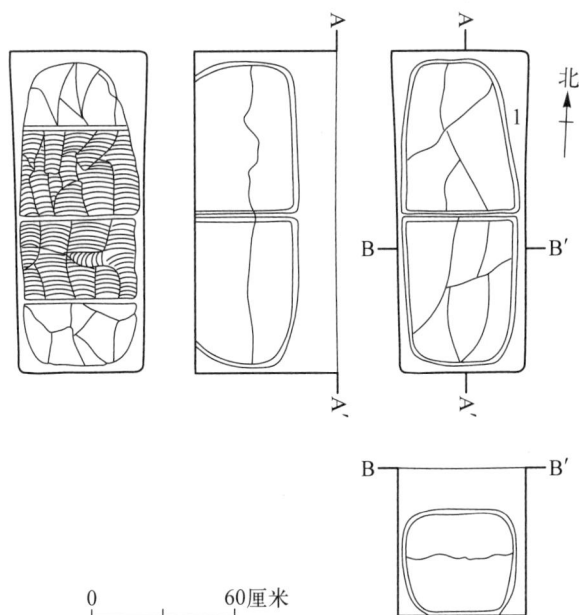

图一六　M224平、剖面图
1.陶瓮

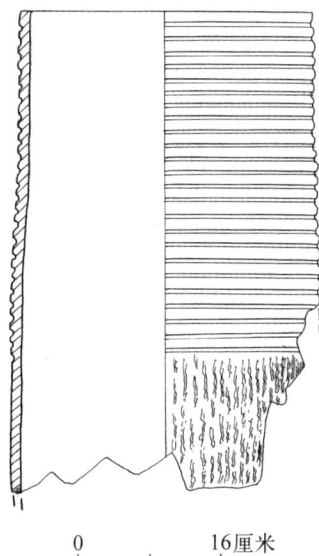

图一七　M224出土陶瓮（M224：1）

六、M225

1. 墓葬形制

M225位于发掘区Ⅰ区西南部，T1013西南部，东邻M173。开口于④层下，墓口距地表4.3米。南北向，方向5°。为长方形竖穴土圹瓮棺墓，南北长2.2米，宽1.04米，墓底距墓口0.6米。墓壁整齐较直，墓底较平。内填红褐色花土，土质疏松（图一八；彩版六，3）。

葬具为一瓮一盆，泥质，保存一般，南北长1.76米，宽0.5～0.68米，高0.4米，用两个陶器对接而成，内见凌乱碎骨。

2. 出土器物

出土器物2件。

陶瓮　1件（复原）。标本 M225：1，子口，深腹，下腹微鼓弧收，圜底。上腹饰凹弦纹，下腹至底拍印竖绳纹。口径24.4厘米，通高55.2厘米（图一九，1；彩版三二，5）。

陶盆　1件（复原）。标本 M225：2，敞口，斜沿，尖圆唇，浅直腹，平底。口径26.2厘米，底径20.2厘米，通高16.2厘米（图一九，2；彩版三二，6）。

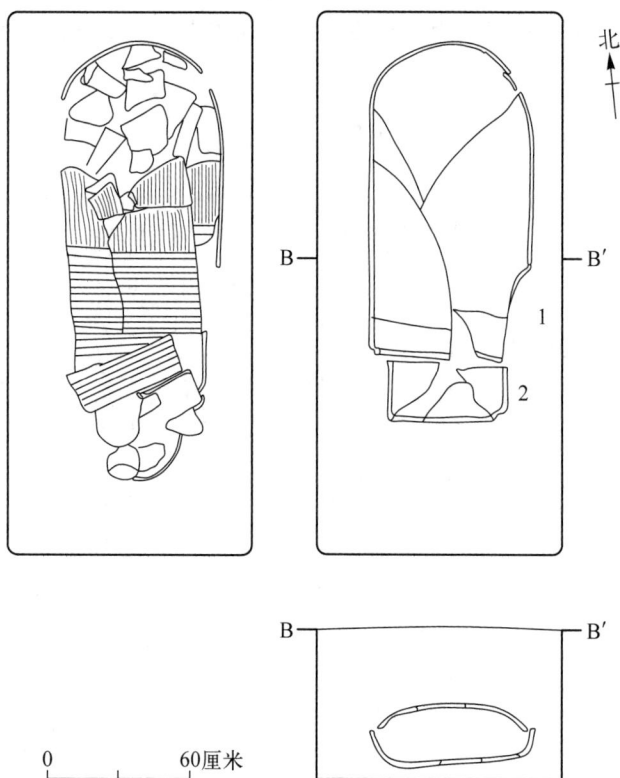

图一八　M225平、剖面图

1. 陶瓮　2. 陶盆

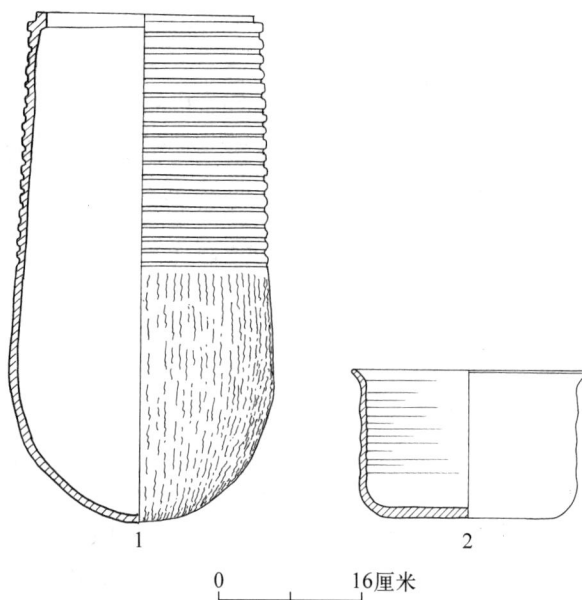

图一九　M225出土陶瓮、陶盆

1. 陶瓮（M225：1）　2. 陶盆（M225：2）

七、M247

1. 墓葬形制

M247位于发掘区Ⅰ区东南部，T0622中部，西邻M246。开口于④层下，墓口距地表4.3米。南北向，方向15°。为长方形竖穴土圹瓮棺墓，南北长1.5米，宽1米，墓底距墓口0.6～1米。墓壁整齐较直，墓底南高北低呈斜坡状。内填红褐色花土，土质疏松（图二〇）。

葬具为陶瓮，保存一般，南北长0.96米，宽0.12～0.33米，高0.16米，用两个陶瓮对接而成。瓮棺内仅见凌乱碎骨。

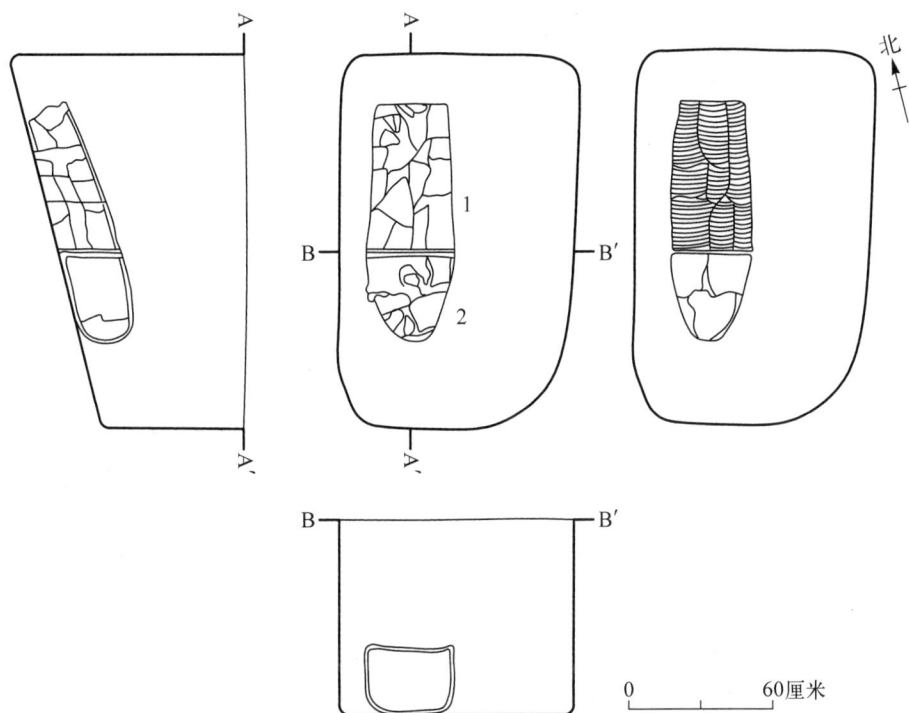

图二〇　M247平、剖面图

1. 陶瓮　2. 陶瓮

2. 出土器物

出土器物2件。

陶瓮　2件（残）。标本M247：1，泥质灰陶，轮制。筒形，通空，器表饰凹弦纹。口径27.4厘米，通高52厘米（图二一，1；彩版三一，4）。标本M247：2，夹砂夹云母红陶，手轮兼制。敛口，宽沿上仰，尖圆唇，束颈，鼓腹，下腹至底残缺，器表拍印竖绳纹。口径24厘米，腹径26厘米，残高22厘米（图二一，2；彩版三二，4）。

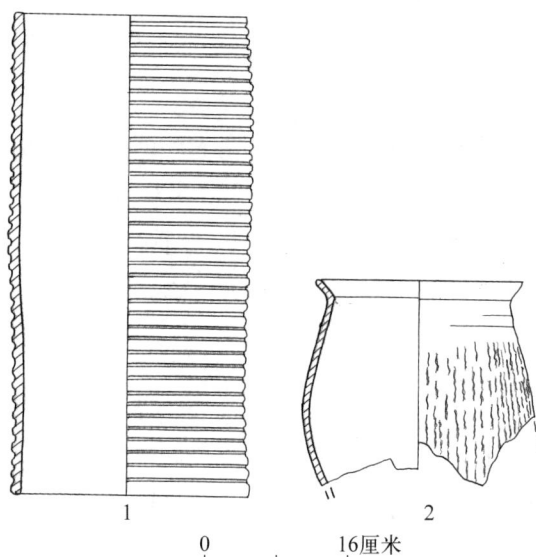

图二一　M247 出土陶瓷

1、2.（M247：1、M247：2）

第二节　竖穴土圹墓

竖穴土圹墓154座。编号依次为M4~M7、M10、M13、M14、M16、M19、M20、M22、M23、M26、M30、M32~M34、M39~M42、M46、M49、M51、M53、M56~M58、M70~M73、M77~M82、M87、M89、M92、M94、M95、M97、M99、M101、M103~M111、M113~M115、M118、M119、M121~M127、M129~M133、M135~M137、M147、M149、M151~M153、M155~M159、M162、M164、M165、M167~M169、M171、M172、M174~M179、M181、M182、M184、M186、M188、M192、M194、M196~M199、M201、M203、M204、M206、M209~M215、M217、M218、M221~M223、M228~M236、M240~M246、M248~M251、M255~M258、M260、M262~M264。

一、M4

1. 墓葬形制

M4位于发掘区Ⅰ区内东北部，T1221内西北部，东邻M5。开口于④层下，墓口距地表4.2米。南北向，方向358°。为长方形竖穴土圹单室墓，口部南北长3.2米，东西宽1.15米；底部南北长3.1米，宽1米，墓底距墓口2米。口大底小，四壁整齐内斜，经过加工抹光，底部较平。内填黄褐色花土，土质较硬，竖夯夯筑，夯层深约1.2米，每层厚0.15~0.2米，夯窝直径约0.04~0.06米（图二二）。

葬具为一椁一棺，木质，腐朽严重，仅存朽痕。椁平面呈长方形，南北长2.8米，宽0.7米，残高0.4米，板痕厚约0.04米。棺位于椁内，平面呈长方形，南北长1.9米，宽0.66米，残高0.3米，板痕厚约0.04米。棺内葬人骨架一具，保存较差，头向北，面向西，为仰身直肢葬，骨架长1.5米，女性，成年。

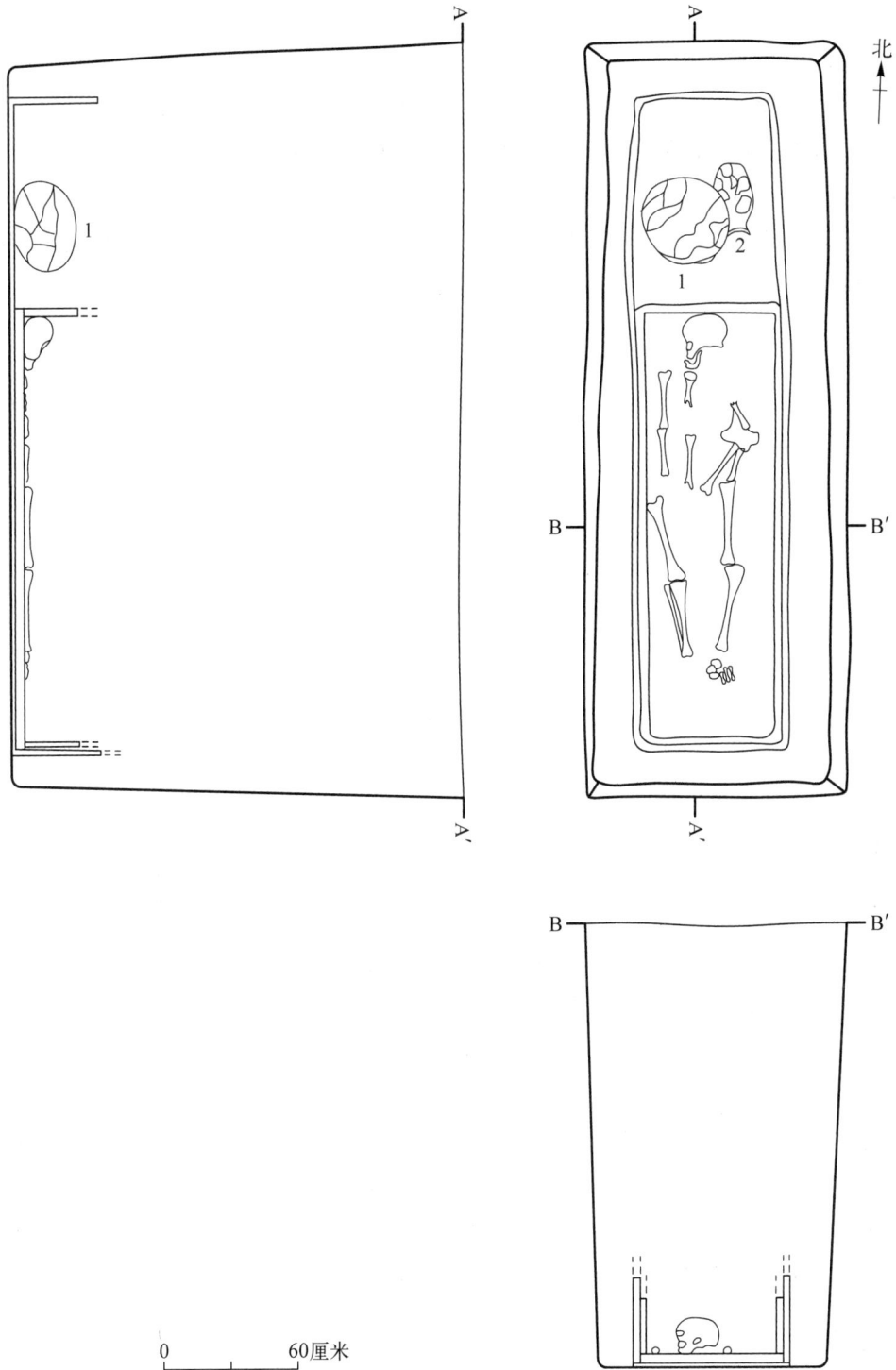

北

0　　　　60厘米

图二二　M4平、剖面图

1. 陶罐　2. 陶罐

2. 出土器物

出土器物2件，放置于椁内，棺外北侧。

陶罐 2件。泥质灰陶，手轮兼制，火候高。标本M4：1，敛口，方唇略内凹，折沿，矮束颈，溜肩，鼓腹，下腹曲收，小平底略上凹。中腹至肩部饰凹弦纹及戳印纹，下腹压印绳纹。口径8.6厘米，腹径17.6厘米，底径4.6厘米，高16.4厘米（图二三，1；彩版三三，1）。标本M4：2，直口微敞，折沿，方唇内凹，矮束颈，鼓腹弧收，小平底略上凹。腹部以上饰凹弦纹，下腹至底压印绳纹。口径6.4厘米，腹径10.4厘米，底径3.6厘米，高12.8厘米（图二三，2；彩版三三，2）。

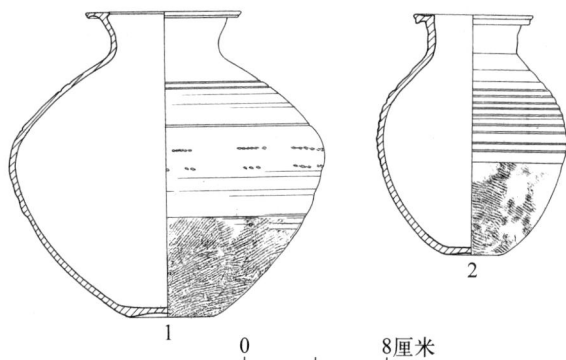

图二三 M4出土陶罐

1、2. 陶罐（M4：1、M4：2）

二、M5

1. 墓葬形制

M5位于发掘区Ⅰ区内东北部，T1221内西北部，西邻M4。开口于④层下，墓口距地表4.2米。南北向，方向6°。为长方形竖穴土圹单室墓，南北长3.1米，东西宽1.28米，墓底距墓口1.7米。四壁整齐，底部较平。内填黄褐色花土，土质较硬，竖夯夯筑，每层厚约0.10~0.14米，夯窝直径约0.03~0.06米（图二四）。

葬具为木棺，腐朽严重，略变形，仅存朽痕。棺痕平面略呈长方形，南北长1.94米，宽0.54~0.56米，残高0.3米，板痕厚约0.04米。棺内葬人骨架一具，保存一般，头向北，面向上，为仰身直肢葬，双手略压于盆骨下，身高1.74米，男性，成年。头箱位于木棺的北侧，平面略呈长方形，南北长1.02米，东西宽0.66米，残高0.3米，板痕厚约0.04米。

2. 出土器物

出土器物3件，均放置于头箱内。

陶罐 2件。泥质灰陶，轮制，火候高。标本M5：1，敞口，折沿。方唇，矮束颈，圆鼓腹，下腹弧收，小平底，腹壁饰凹弦纹。口径12.8厘米，腹径21.8厘米，底径5.4厘米，高27.2厘米（图二五，

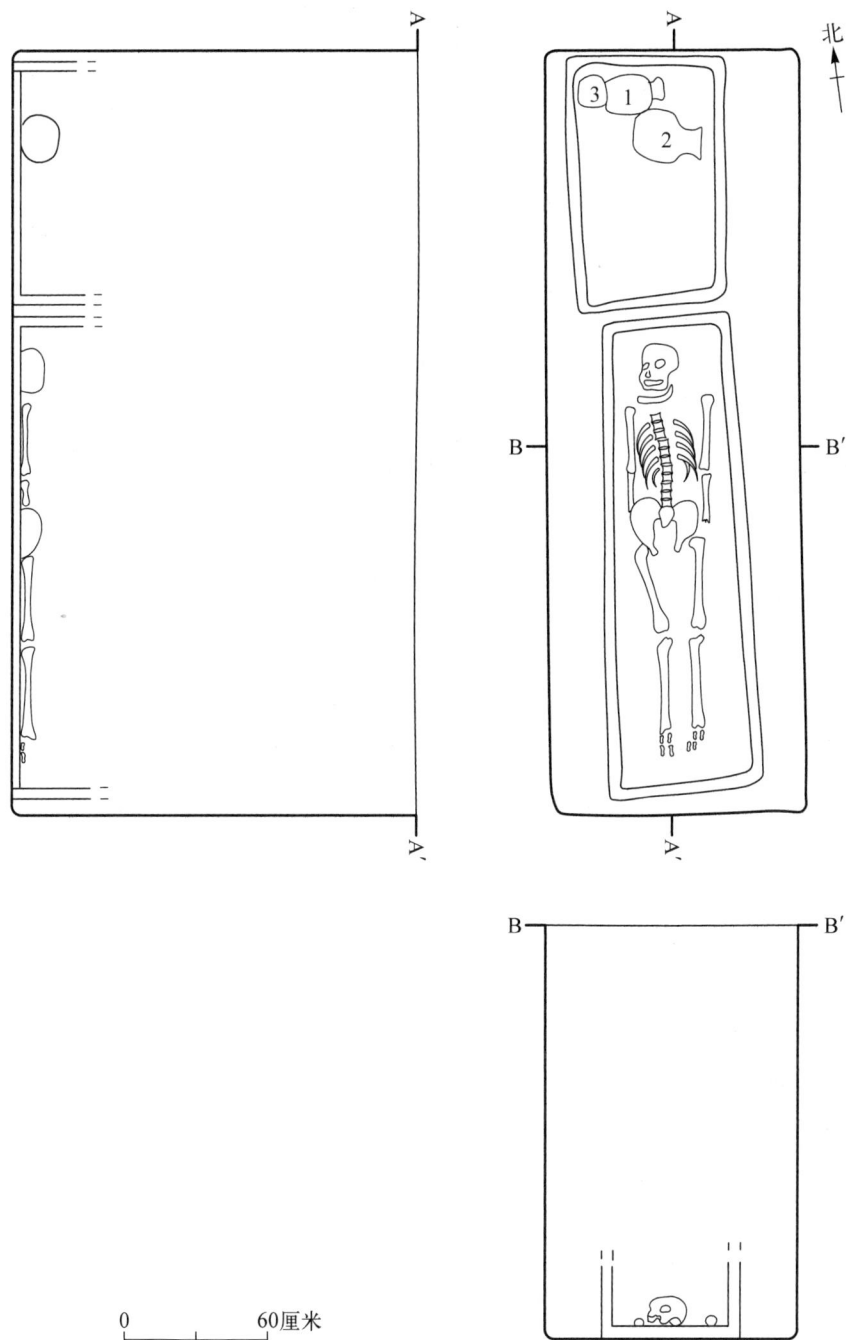

图二四　M5平、剖面图

1. 陶罐　2. 陶罐　3. 陶盒

1；彩版三三,3）。标本M5：2,敞口,折沿,方唇,矮束颈,圆鼓腹,下腹弧收,小平底。中腹下饰凹弦纹,下腹至底压印绳纹。口径13厘米,腹径21.6厘米,底径6.2厘米,高26.2厘米（图二五,2；彩版三三,4）。

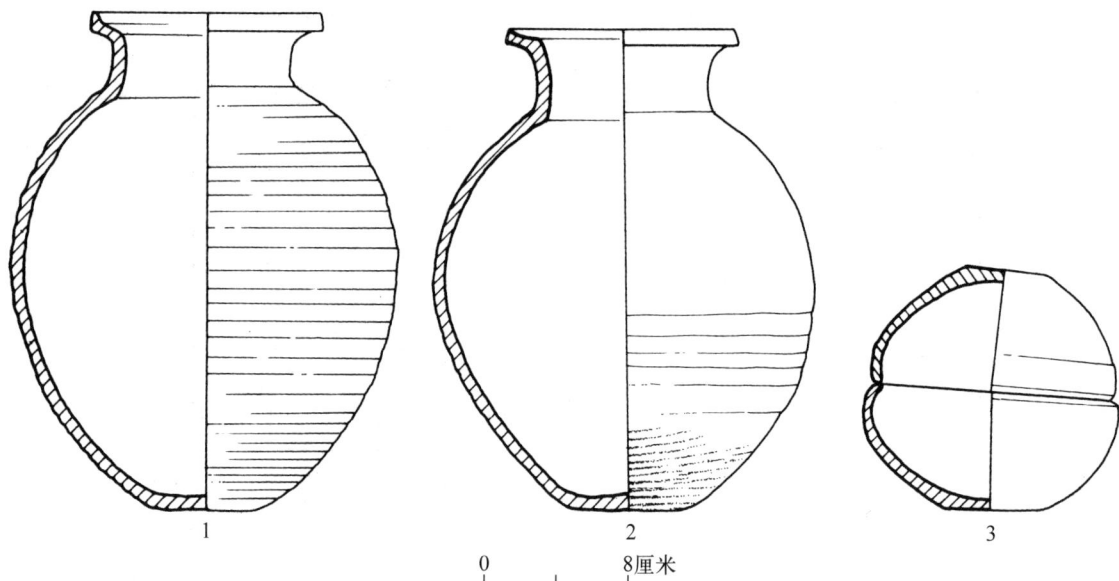

图二五　M5 出土陶器

1. 陶罐（M5∶1）　2. 陶罐（M5∶2）　3. 陶盒（M5∶3）

　　陶盒　1件（套）。标本M5∶3，泥质灰陶，轮制，火候高。敛口，浅腹，曲收，平底，覆盆形器盖。口径13.2厘米，底径5.4厘米，高13厘米（图二五，3）。

三、M6

1. 墓葬形制

　　M6位于发掘区Ⅰ区内东北部，T1223内北部，东邻M7。开口于④层下，墓口距地表4.2米。南北向，方向13°。为长方形竖穴土圹单室墓，南北长3.5米，东西宽1.2米，墓底距墓口2.4米。平面呈长方形，四壁整齐，由墓口向下1.8米时，土圹内四周修筑生土二层台，宽窄不一，台宽0.22~0.68米，高0.6米，底部较平。土圹内填黄褐色花土，土质疏松（图二六；彩版七，1）。

　　葬具为木棺，腐朽严重，仅存朽痕。棺痕平面呈长方形，南北长2.35米，宽0.76米，残高0.6米，板痕厚约0.04米。棺内骨架保存较好，头向北，面向西，为仰身直肢葬，身高1.66米，性别男，未成年。

2. 出土器物

　　2件，均放置于北端二层台上。

　　陶罐　2件。泥质灰陶，手轮兼制，火候高。标本M6∶1，敞口，折沿，尖唇，短束颈，溜肩，鼓腹弧收，小平底。肩上饰凹弦纹，中腹有刮胎痕，中腹以下及底拍印绳纹。口径11.8厘米，腹径19.8厘米，底径6.2厘米，高20.4厘米（图二七，1；彩版三三，5）。标本M6∶2（残），敞口，折沿，方唇，短束颈，溜肩，鼓腹斜收，小平底。上腹饰凹弦纹，下腹及底拍印绳纹，下腹见刮胎痕。口径12.8厘米，腹径19.2厘米，底径5.8厘米，高21.4厘米（图二七，2；彩版三三，6）。

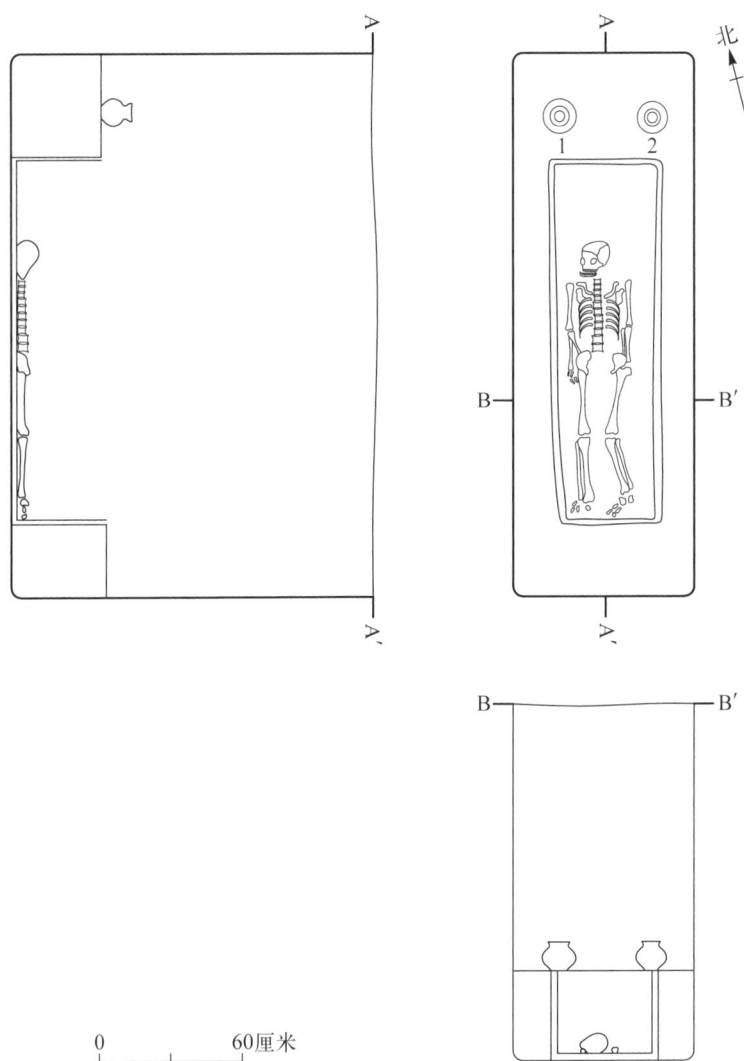

图二六　M6平、剖面图

1. 陶罐　2. 陶罐

四、M7

1. 墓葬形制

M7位于发掘区Ⅰ区内东北部，T1223内北部，西邻M6。开口于④层下，墓口距地表4.2米。南北向，方向10°。为长方形竖穴土圹积石墓，口部南北长4.3米，宽1.2米；底部南北长4.3米，宽1.26～1.5米，墓底距墓口2.7米。南宽北窄，口小底大，四壁整齐，经过加工抹光，底部较平。内填黄褐色花土，土质较硬，竖夯夯筑，夯层深1.3米，每层厚约0.08～0.12米，夯窝直径约0.03～0.05米（图二八；彩版七，2）。

石椁为长方形，先在土圹底部铺垫一层厚约0.2米的鹅卵石，然后放置木棺与头箱，头箱下未铺垫鹅卵石，木棺与头箱外空隙部分再用鹅卵石填充并盖顶，顶距墓口1.3～1.6米。由于棺与头

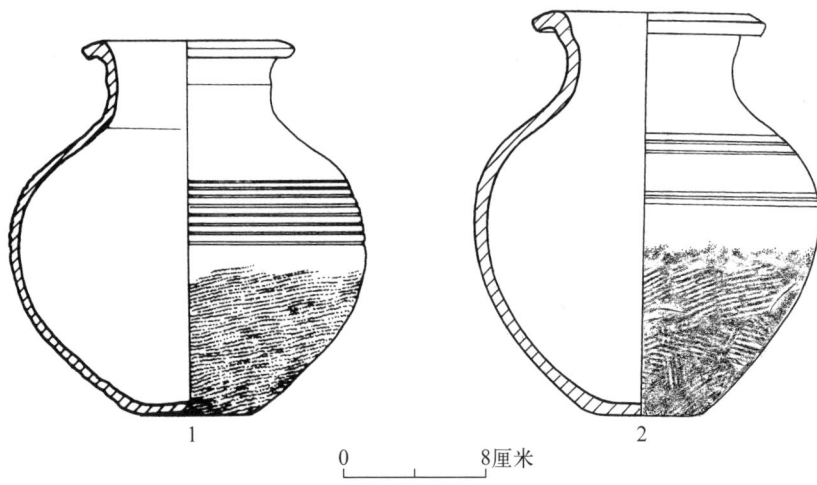

0   8厘米

图二七　M6出土陶罐

1、2.（M6∶1、M6∶2）

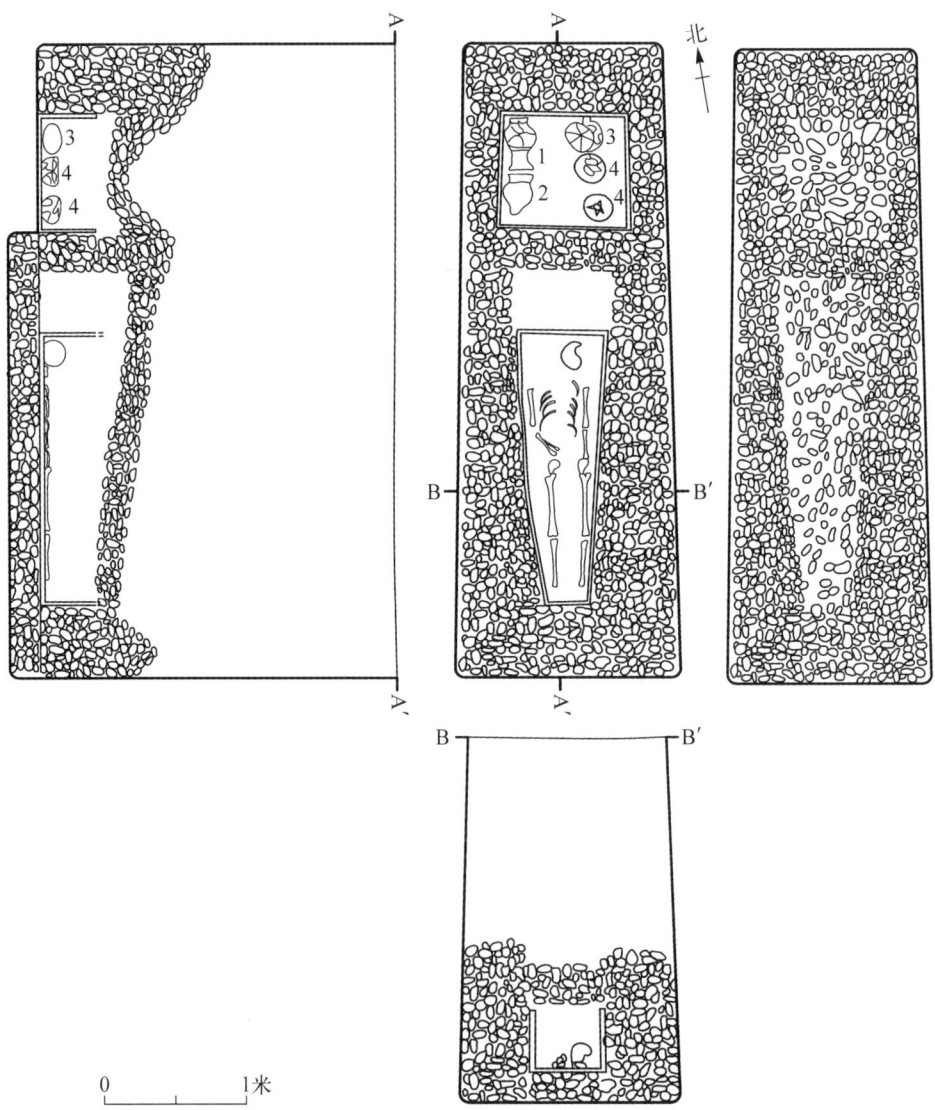

0   1米

图二八　M7平、剖面图

1.陶壶　2.陶壶　3.陶鼎　4.陶盒

箱腐朽坍塌,石椁顶部鹅卵石下陷,高低不平,石椁原高1.1～1.4米。石椁内放置头箱与木棺,腐朽严重仅存朽痕:头箱平面近方形,边长0.84米,残高0.4米,板痕厚约0.02米;棺痕平面呈长方形,南端挤压变形,南北长2.1米,宽0.54～0.58米,残高0.32～0.6米,板痕厚约0.03米。棺内葬一人,保存较差,头向北,面向不详,为仰身直肢葬,骨架长1.63米,男性,年龄约45岁。

2. 出土器物

出土器物4件,均放于头箱内。

陶壶　2件。泥质灰陶,轮制,火候高。标本M7∶1(带盖),盘口内折,折沿,方唇,长束颈,鼓腹弧收,喇叭形高圈足,器表鼓腹处有刮胎痕,颈与足外壁饰凹弦纹,覆钵形器盖。口径16.8厘米,腹径20厘米,底径13.8厘米,足高4.7厘米,通高30.4厘米(图二九,3;彩版三四,1)。标本M7∶2,盘口内折,折沿,方唇,长束颈,鼓腹弧收,喇叭形高圈足。器表鼓腹处有刮胎痕,颈与足内

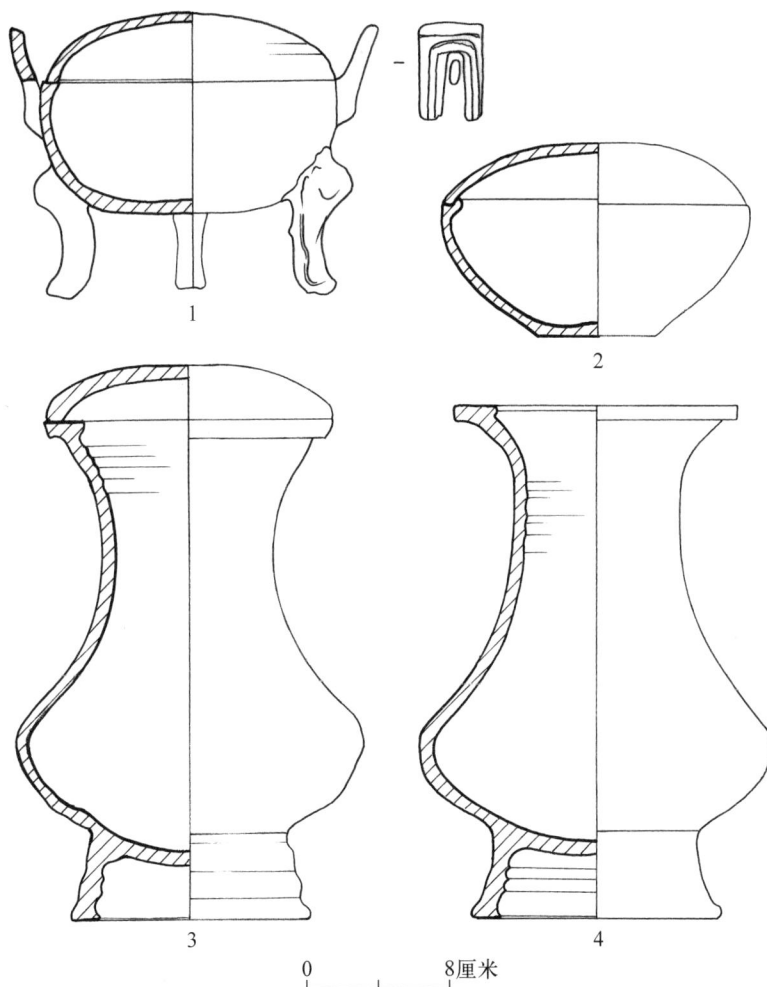

图二九　M7出土器物

1.陶鼎(M7∶3)　2.陶盒(M7∶4)　3.陶壶(M7∶1)　4.陶壶(M7∶2)

壁饰凹弦纹。口径16.8厘米，腹径20.4厘米，底径14.4厘米，足高4.8厘米，通高28厘米（图二九，4；彩版三四，2）。

陶鼎　1件（套）。标本M7：3，泥质灰陶，手轮兼制，火候高。敞口内敛，浅腹弧收，圜平底，口部贴对称方形耳，穿孔，外侧中部有凹槽，底部附贴三个蹄形足。盖为覆钵形。口径16厘米，通高15.4厘米（图二九，1；彩版三四，3）。

陶盒　1件（套）。标本M7：4，泥质灰陶，轮制，火候高。子母口，内敛，浅腹弧收，小平底。盖为覆钵形。口径14.9厘米，底径6厘米，通高8.8厘米（图二九，2；彩版三四，4）。

五、M10

1. 墓葬形制

M10位于发掘区Ⅰ区东部，T1122内西南部，西邻M155、M9。开口于④层下，墓口距地表4.2米。南北向，方向10°。为长方形竖穴土圹单室墓，南北长2.94米，宽1米，墓底距墓口2.44米。四壁垂直整齐，经过加工抹光，底部较平。内填黄褐色花土，土质较疏松（图三〇）。

葬具为木棺与头箱，腐朽严重，仅存朽痕：头箱位于木棺的北侧，平面呈长方形，南北长0.93米，东西宽0.85米，残高0.3米；木棺位于头箱的南侧，平面呈长方形，南北长1.98米，宽0.6米，残高0.3米，板痕厚约0.04米，底部铺垫厚约0.03米的白灰。棺内葬人骨架一具，保存较好，头向北，面向西，为仰身直肢葬，骨架长1.56米，男性，年龄约36岁。

2. 出土器物

出土器物5件，放于头箱内。

陶罐　1件。泥质灰陶，手轮兼制，火候高。标本M10：1，敞口，折沿，方圆唇，短束颈，溜肩，鼓腹，弧收，平底。颈至中腹饰凹弦纹，下腹至底压印绳纹。口径17.2厘米，腹径25.4厘米，底径12厘米，高20.6厘米（图三一，3；彩版三五，1）。

陶壶　2件。泥质灰陶，手轮兼制，火候高。标本M10：2，敛口，折沿，方圆唇，长束颈，鼓腹，弧收，高圈足。下腹压印绳纹。口径12.5厘米，腹径21.2厘米，底径11.2厘米，高28.2厘米（图三一，1；彩版三四，5）。标本M10：5，敞口内敛，尖唇，长束颈，鼓腹弧收，圈足底残缺。中腹以下压印绳纹。口径11.2厘米，腹径20.1厘米，残高22.6厘米（图三一，2；彩版三四，6）。

陶鼎　1件（套）。标本M10：3，泥质灰陶，手轮兼制，火候高。敞口，浅腹，圜底，口部贴附对称方形耳，内空，下贴三兽形蹄足，覆盆形器盖。口径13.4厘米，通高14.3厘米（图三一，4；彩版三五，2）。

陶盒　1件。标本M10：4，泥质灰陶，手轮兼制，火候高。敛口，鼓腹，最大腹位于肩处，下腹曲收，圜平底。内壁轮痕清晰。口径11.6厘米，腹径15.2厘米，底径5.1厘米，高7.2厘米（图三一，5；彩版三五，3）。

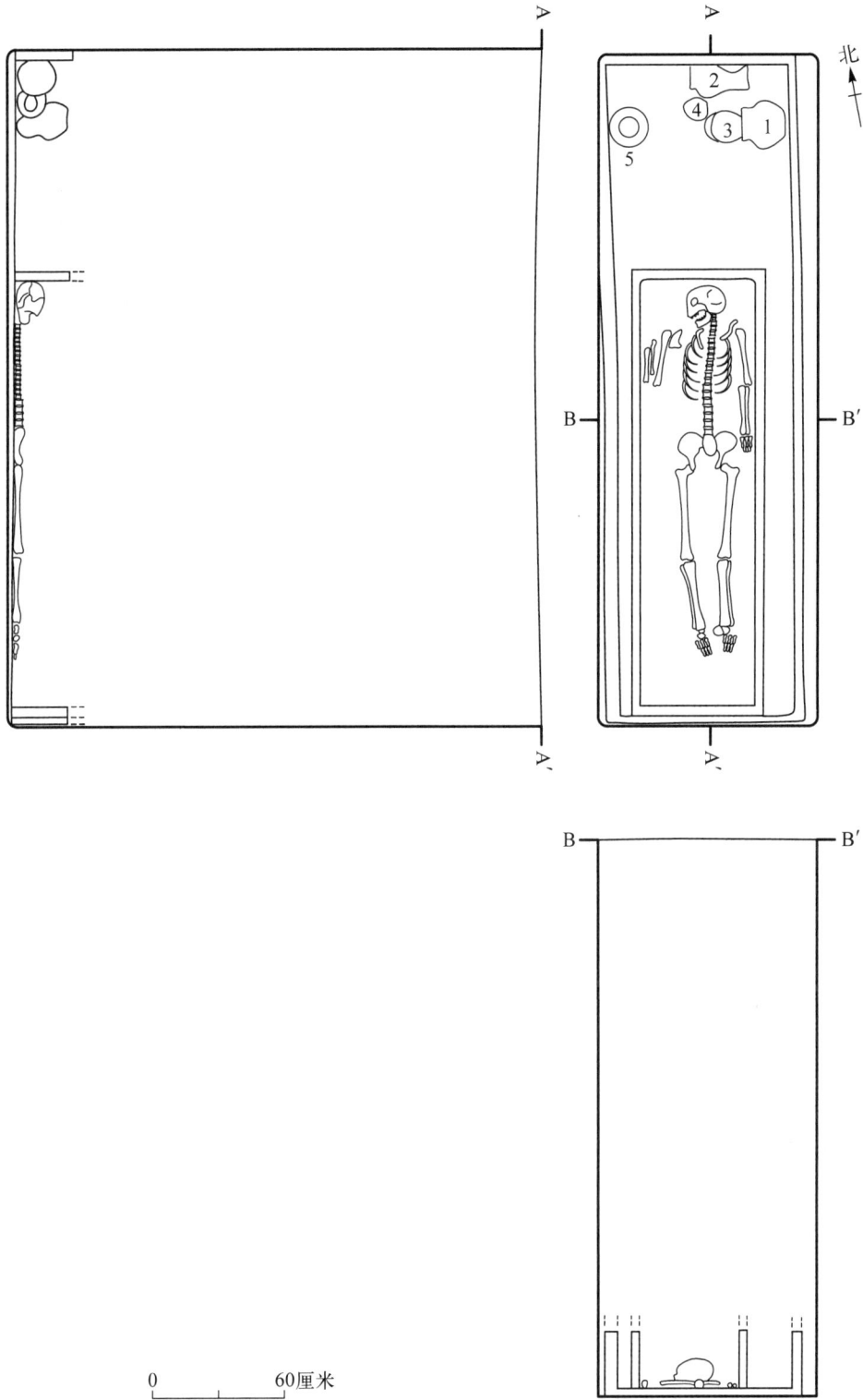

图三〇　M10平、剖面图

1. 陶罐　2. 陶壶　3. 陶鼎　4. 陶盒　5. 陶壶

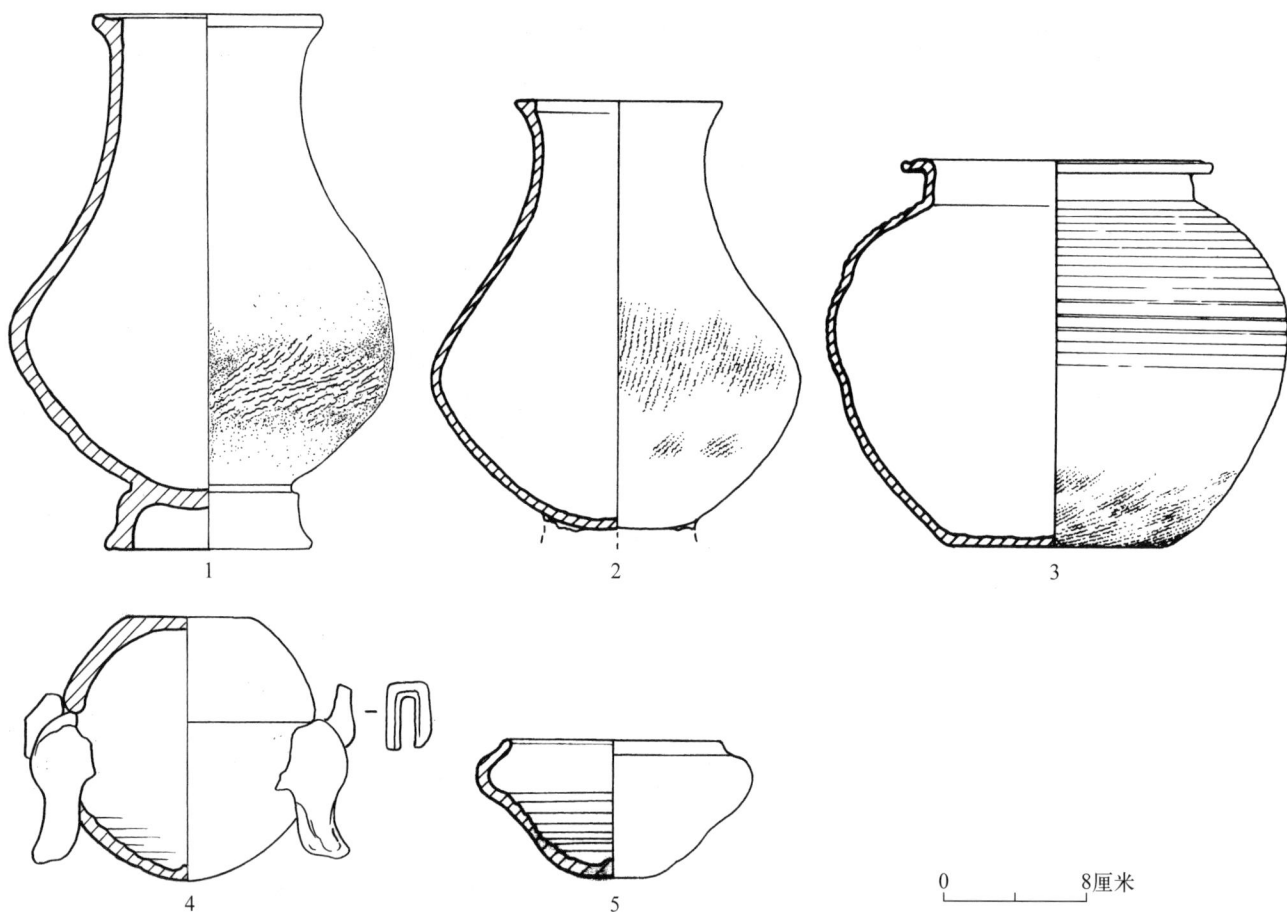

图三一　M10出土陶器

1. 陶壶（10：2）　2. 陶壶（10：5）　3. 陶罐（10：1）　4. 陶鼎（10：3）　5. 陶盒（10：4）

六、M13

1. 墓葬形制

M13位于发掘Ⅰ区东部，T1123内中部，东邻M14，西侧被M12打破。开口于④层下，墓口距地表4.2米。南北向，方向12°。为长方形竖穴土圹单室墓，南北长3.3米，宽1.08～1.12米，墓底距墓口1.84米。北端略宽，四壁垂直整齐，经过加工抹光，底部较平。内填黄褐色花土，土质较硬，竖夯夯筑，夯层深1.1米，夯层厚约0.1～0.12米，夯窝直径约0.05～0.08米（图三二）。

葬具一椁一棺，木质，腐朽严重，仅存朽痕。椁痕整体平面呈长方形，局部略变形，南北长2.94米，东西宽0.76米，残高0.26米，板痕厚约0.04～0.06米；棺痕平面呈长方形，南北长2.02米，宽0.68米，残高0.26米，板痕厚约0.05米。棺内葬人骨架一具，保存较好，头向北，面向东，为仰身直肢葬，骨架长1.74米，男性，年龄约35岁。

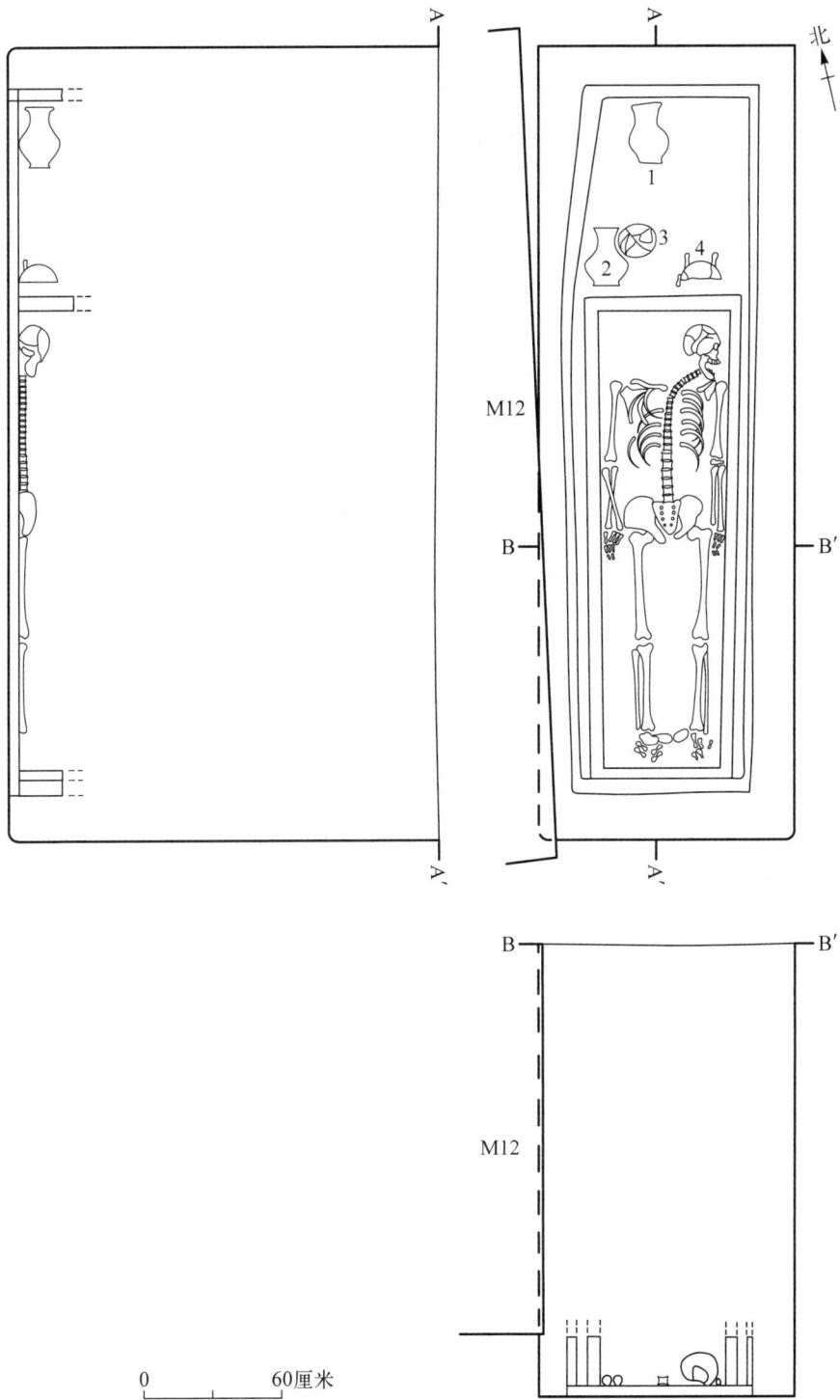

图三二　M13平、剖面图

1.陶壶　2.陶壶　3.陶盒　4.陶鼎

2. 出土器物

出土器物4件,放于头箱内。

陶壶　2件。泥质灰陶,手轮兼制,火候高。标本M13:1,敛口,平折沿,方唇,长束颈,鼓腹弧收,喇叭形矮圈足。器表描绘彩绘,大部分已脱落。口径17.8厘米,腹径27.2厘米,底径15.2厘米,高34.2厘米(图三三,3;彩版三五,4)。标本M13:2,敛口,平折沿,尖圆唇,长束颈,鼓腹弧收,喇叭形矮圈足。口、腹处略变形,腹部压印绳纹。口径19.4厘米,腹径28.2厘米,底径12.8厘米,高33.2厘米(图三三,4;彩版三五,5)。

陶盒　1件(套)。泥质灰陶,轮制,火候高。标本M13:3,子母口,浅腹弧收,平底。覆钵形器盖,下腹饰两周凸弦纹,内壁轮制痕迹明显。口径21.6厘米,底径8.4厘米,通高15.8厘米(图三三,2;彩版三六,1)。

陶鼎　1件(套)。泥质灰陶,手轮兼制,火候高。标本M13:4,子母口,浅腹,圜底。口部贴附对称方形耳,略外撇,下腹贴三兽蹄形足。口径23.2厘米,通高19.2厘米(图三三,1;彩版三五,6)。

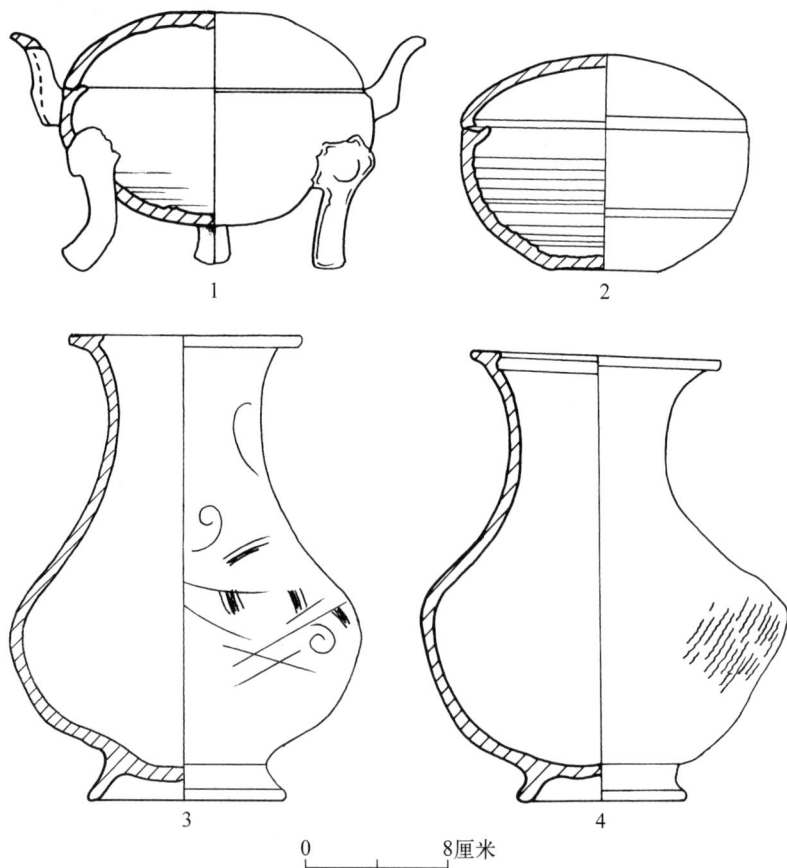

0　　　　　8厘米

图三三　M13出土陶器

1.陶鼎(M13:4)　2.陶盒(M13:3)　3.陶壶(M13:1)　4.陶壶(M13:2)

七、M14

1. 墓葬形制

M14位于发掘区Ⅰ区东部，T1123内中部，东邻M15，西邻M13。开口于④层下，墓口距地表4.2米。南北向，方向13°。为长方形竖穴土圹单室墓，南北长2.9米，东西宽1.16米，墓底距墓口2.1米。平面呈长方形，四壁整齐，底部较平，内填黄褐色花土，土质疏松（图三四）。

葬具为一椁一棺，木质，腐朽严重，仅存朽痕。椁痕平面呈长方形，南北长2.76米，东西宽0.84米，残高0.23米；棺痕平面略呈梯形，北宽南窄，南北长1.94米，宽0.56～0.68米，残高0.2米，底部铺垫一层厚约0.03米的白灰。棺内葬人骨架一具，保存一般，头向北，面向西，为仰身直肢葬，骨架长1.78米，性别女，年龄约36岁。

2. 出土器物

出土器物3件，均放置于头箱内。

陶壶　2件。泥质灰陶，手轮兼制，火候高。标本M14：1，敞口内敛，折沿，尖圆唇，长束颈，鼓腹弧收，矮圈足，足外撇。颈部与上腹描绘彩绘，大部分已脱落。口径15.2厘米，腹径21.2厘米，底径10.4厘米，高27.2厘米（图三五，1；彩版三六，2）。标本M14：2，敞口，内敛，折沿，尖圆唇，长束颈，鼓腹弧收，矮圈足，足外撇。颈部描绘彩绘，大部分已脱落，下腹压印绳纹。口径14.8厘米，腹径20.4厘米，底径10.8厘米，高28.4厘米（图三五，2；彩版三六，3）。

陶罐　1件。泥质灰陶，手轮兼制，火候高。标本M14：3，敞口，口部变形，折沿，方唇，矮束颈，溜肩，鼓腹，下弧收，平底。肩部饰两周凹弦纹，下腹至底压印绳纹。口径16.4厘米，腹径34.8厘米，底径12.8厘米，高32.1厘米（图三五，3；彩版三六，4）。

八、M16

1. 墓葬形制

M16位于发掘区Ⅰ区东部，T1123内西南部，东邻M12，南邻M19。开口于④层下，墓口距地表4.2米。南北向，方向10°。为长方形竖穴土圹单室墓，口部南北长2米，宽0.64米，底部南北长1.9米，宽0.54米，墓底距墓口0.6米。口大底小，四壁整齐，未见加工痕迹，底部较平。内填黄褐色花土，土质较硬（图三六）。

葬具为一椁一棺，木质，腐朽严重，仅存朽痕。椁平面呈"亚"字形，南北长2.4米，宽0.76米，残高0.18米，板厚0.02～0.03米。木棺位于椁内，平面呈长方形，南北长1.76米，宽0.62米，残高0.18米，板厚0.02米。棺内葬人骨架1具，保存较差，头向北，面向西，为仰身直肢葬，骨架长1.48米，男性，年龄约40岁。

2. 出土器物

出土器物3件，质地有铜、铁玉等。

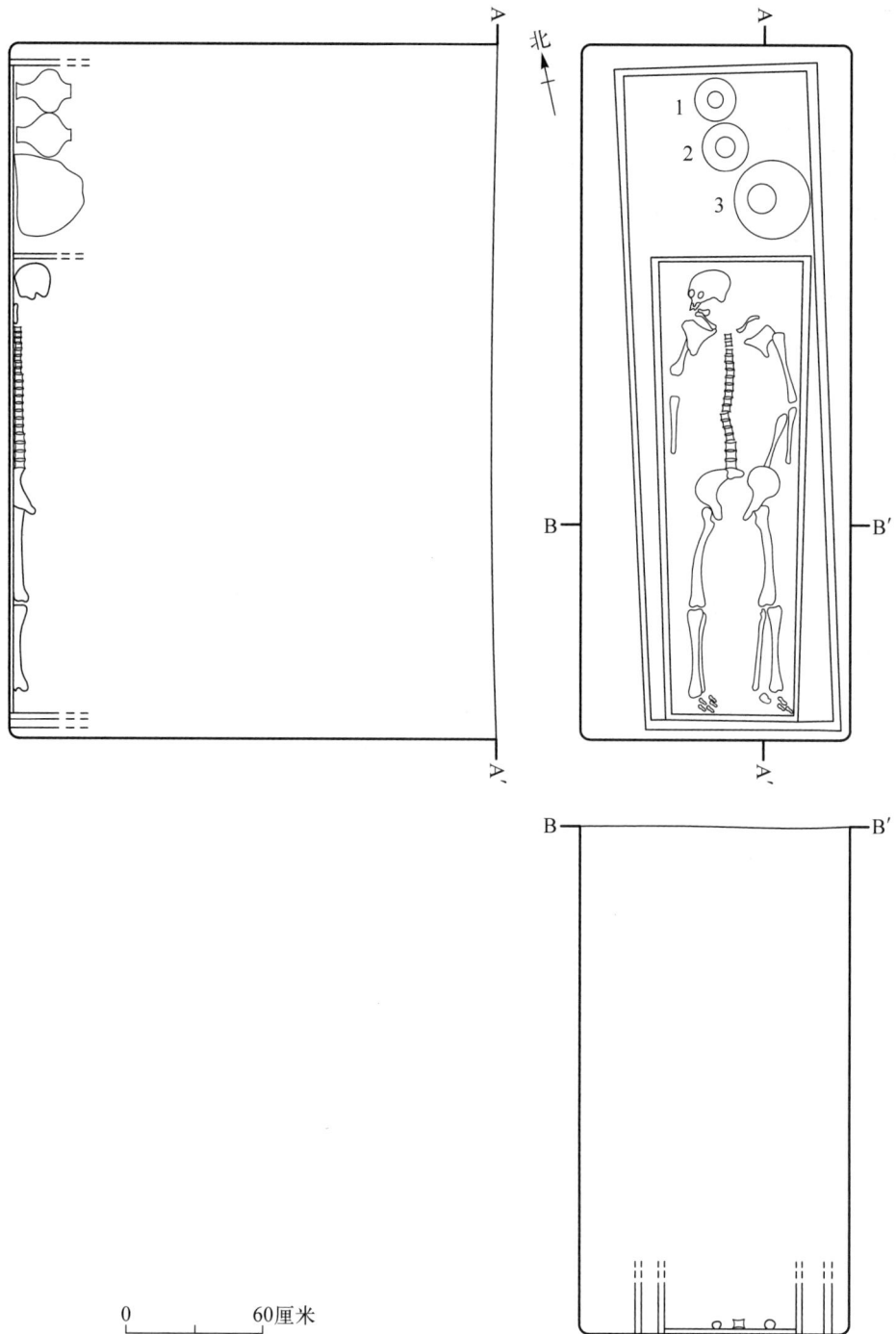

0　　　　60厘米

图三四　M14平、剖面图

1. 陶壶　2. 陶壶　3. 陶罐

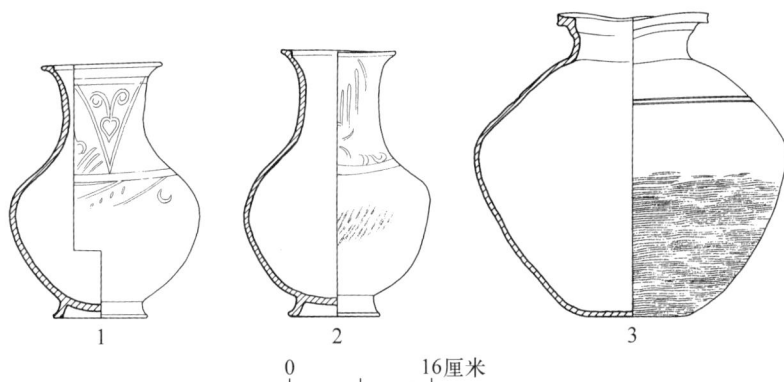

图三五　M14出土陶器

1.陶壶（M14∶1）　2.陶壶（M14∶2）　3.陶罐（M14∶3）

铜带钩　1件。标本M16∶1，整体似如意状，尾部尖圆弯曲，背有一柱帽形钮。通长6.7厘米（图三七,2；彩版三六,5）。

铁器　1件。标本M16∶2，锈残严重，呈长条状。残长26.5厘米，厚2.6厘米（图三七,1）。

玉环　1件（2段，残）。标本M16∶3，白玉质，磨制。圆环形，外宽，内窄，剖面略呈梯形。残长1.2～1.7厘米，厚0.8厘米（图三七,3；彩版三六,6）。

九、M19

1. 墓葬形制

M19位于发掘区Ⅰ区东部，T1023内西部，北邻M16，东邻M20。开口于④层下，墓口距地表4.2米。南北向，方向12°。为长方形竖穴土圹单室墓，南北长3.64米，东西宽1.26米，墓底距墓口1.6米。四壁整齐，底部较平。内填黄褐色花土，土质较硬，竖夯夯筑，夯层深约1米，每层厚0.15～0.18米，夯窝直径约0.04～0.06米（图三八）。

葬具为一椁一棺，木质，腐朽严重，仅存朽痕。椁平面呈长方形，南北长2.94米，宽0.7～0.78米，残高0.2米，板痕厚约0.03米。棺位于椁内，平面呈长方形，南北长2.14米，宽0.62～0.68米，残高0.2米，板痕厚约0.03米。棺内葬人骨架一具，保存较差，头向北，面向东，为仰身直肢葬，身高1.8米，男性，约18岁。

2. 出土器物

5件，均放置于椁内，棺外北侧。

陶盆　1件（残）。标本M19∶1，泥质灰陶，手轮兼制，轮痕清晰，火候高。侈口，卷折沿，尖圆唇，深曲腹，平底。上腹饰凹弦纹，下腹及底拍印绳纹。口径30.2厘米，底径10.2厘米，高22.5厘米（图三九,3；彩版三七,5）。

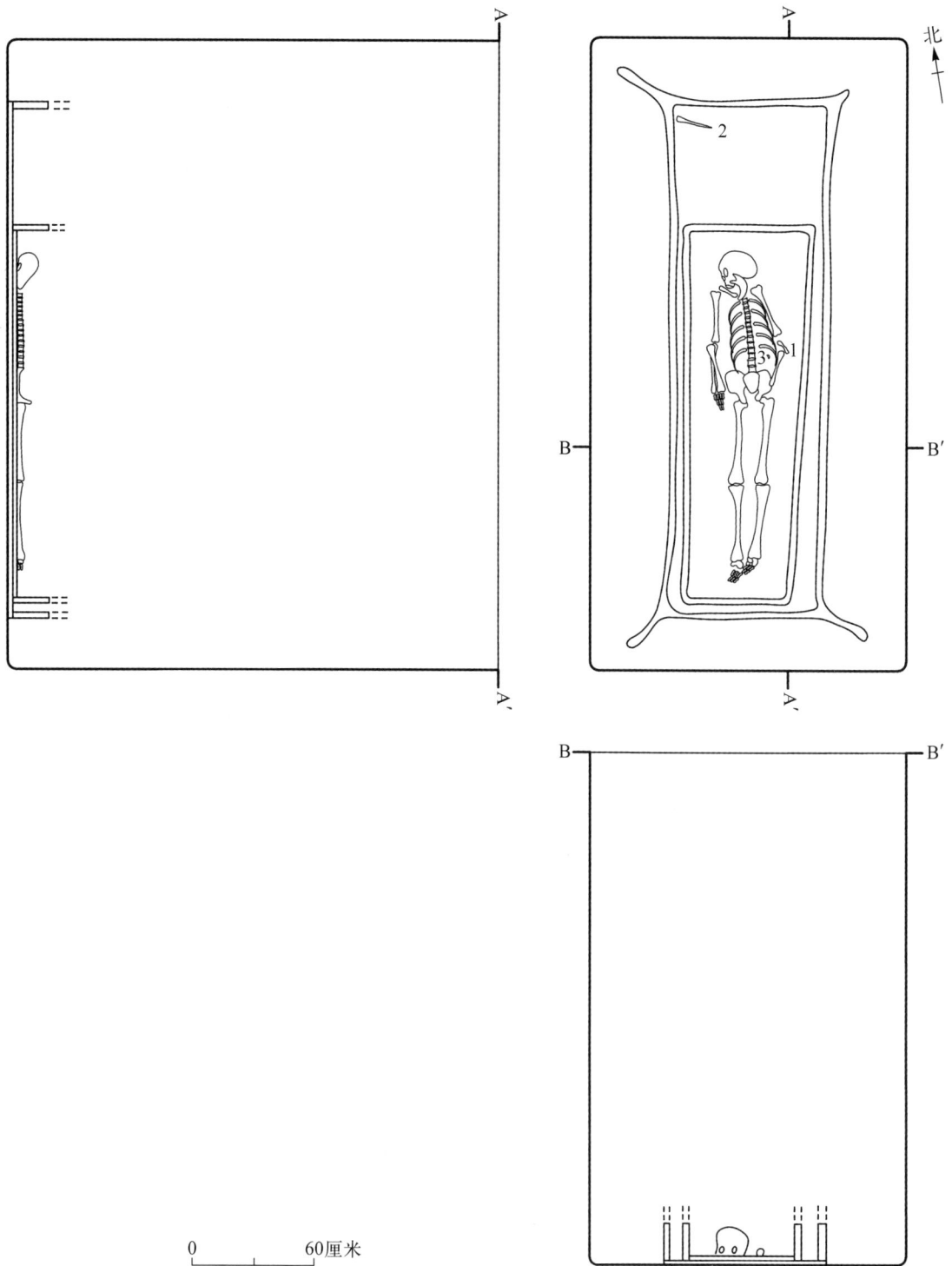

0 ⌐⌐⌐⌐⌐ 60厘米

图三六　M16平、剖面图

1. 铜带钩　2. 铁器　3. 玉环

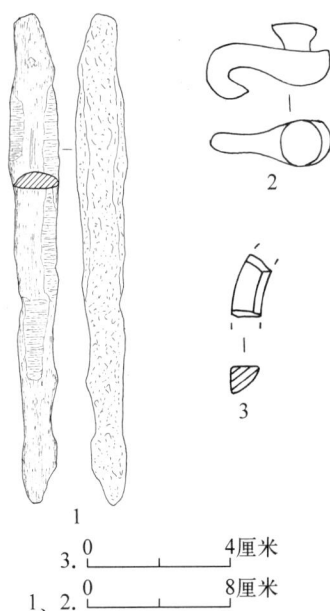

图三七 M16出土器物

1. 铁器（M16：2） 2. 铜带钩（M16：1） 3. 玉环（M16：3）

陶壶 2件（残）。标本M19：2，泥质灰陶，轮制，火候高。敞口内敛，口部变形，折沿，方唇，长束颈，鼓腹弧收，矮圈足，足外撇。口径17.1厘米，腹径24.3厘米，底径13.3厘米，高34.2厘米（图三九，1；彩版三七，2）。标本M19：3，泥质灰陶，手轮兼制，火候低。敛口，折沿，尖圆唇，长束颈，鼓腹弧收，矮圈足。器表涂彩绘，已脱落。覆钵形器盖。口径15.3厘米，腹径26.1厘米，底径12.2厘米，通高31.2厘米（图三九，2；彩版三七，1）。

陶盒 1件（套）（残）。标本M19：4，泥质灰陶，轮制，火候高。敛口，浅曲腹，腹部饰凸弦纹，平底上凹。覆钵形器盖。口径16.8厘米，底径5.6厘米，通高11.2厘米（图三九，5；彩版三七，4）。

陶鼎 1件（套）。标本M19：5，泥质灰陶，手轮兼制，火候高。敛口，浅腹弧收，圜平底，覆钵形器盖。口部附贴对称方形耳，外撇，内有方形小孔，下腹贴三兽蹄形足。口径13.8厘米，通高13.1厘米（图三九，4；彩版三七，3）。

十、M20

1. 墓葬形制

M20位于发掘区Ⅰ区东部，T1023内中部，北邻M12，西邻M19。开口于④层下，墓口距地表4.2米。南北向，方向13°。为长方形竖穴土圹单室墓，南北长3.6米，东西宽1.2～1.4米，墓底距墓口1.7米。平面呈梯形，南窄北宽，四壁整齐，底部较平。内填黄褐色花土，土质较硬，竖夯夯筑，夯层深1.1米，每层厚0.15～0.18米，夯窝直径约0.04～0.06米（图四○）。

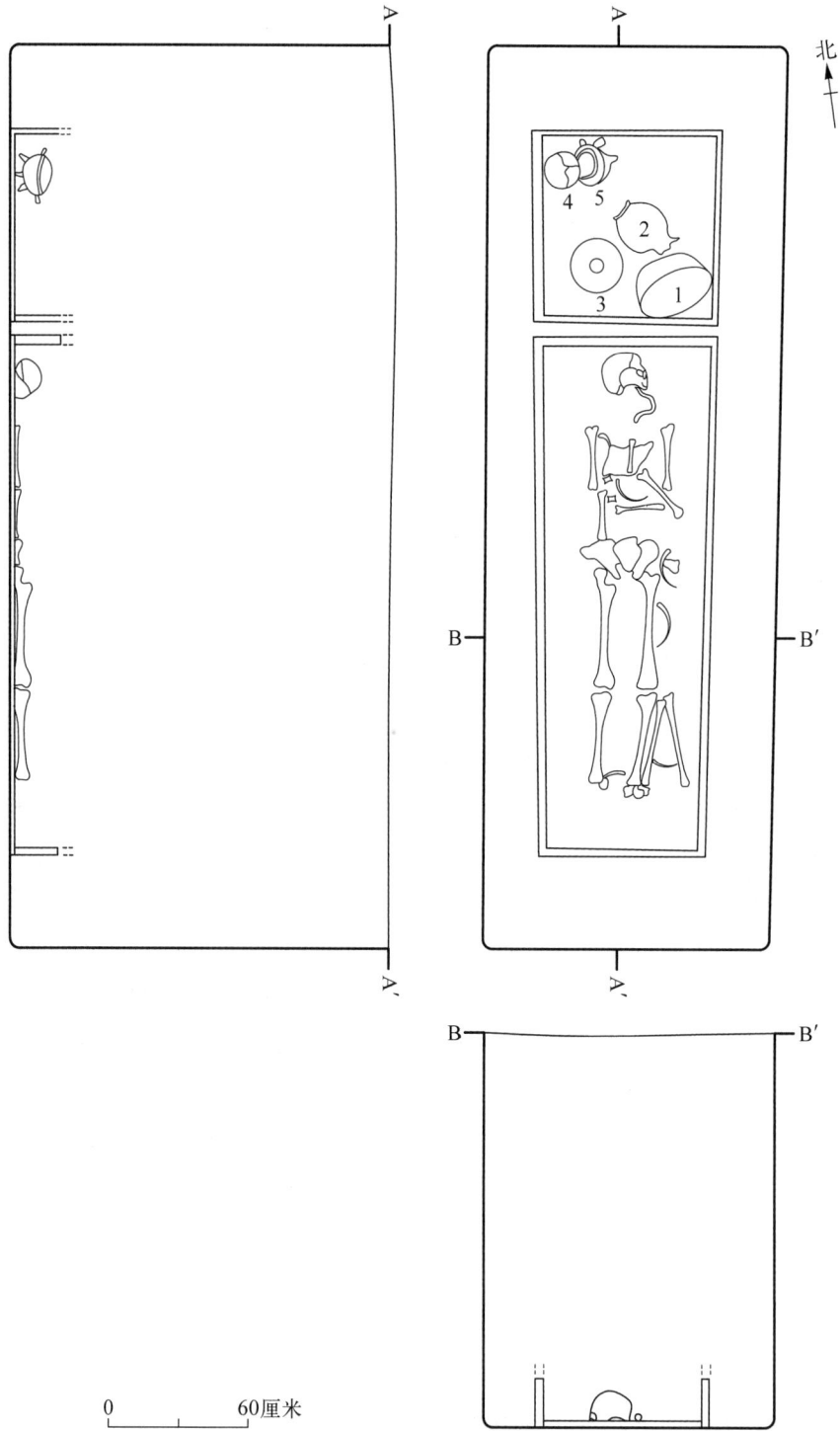

图三八　M19平、剖面图

1. 陶盆　2. 陶壶　3. 陶壶　4. 陶盒　5. 陶鼎

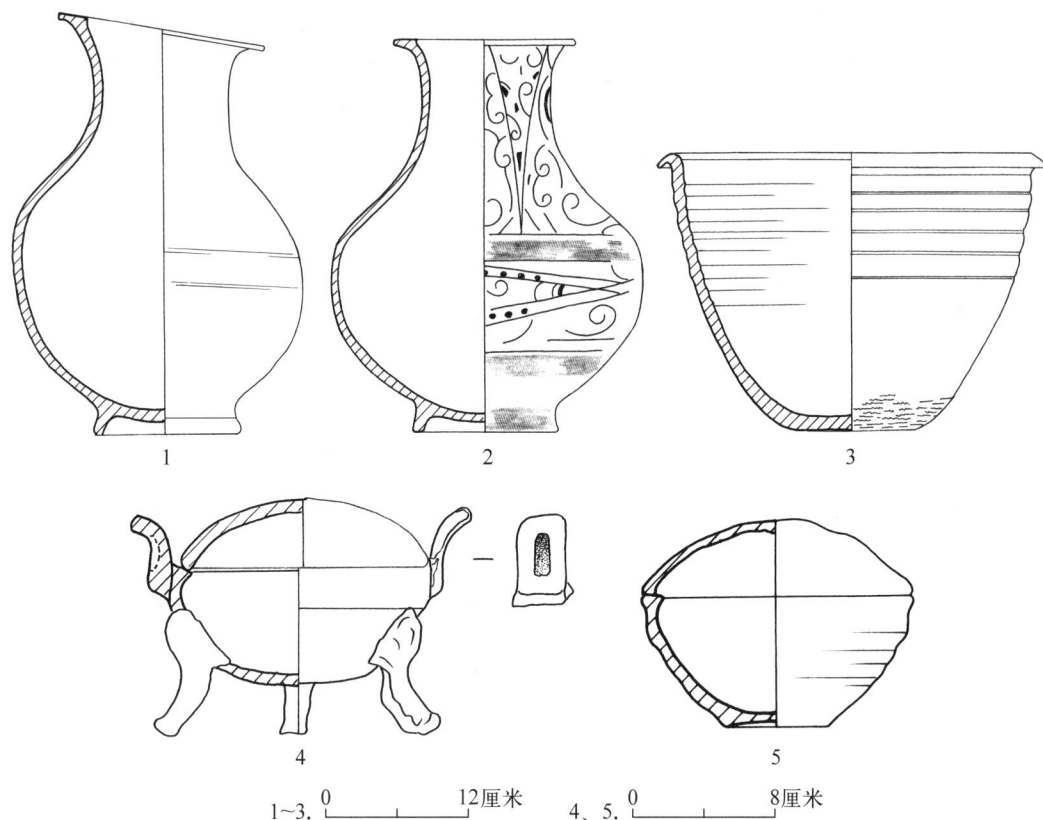

图三九　M19出土陶器

1. 陶壶（M19：2）　2. 陶壶（M19：3）　3. 陶盆（M19：1）　4. 陶鼎（M19：5）　5. 陶盒（M19：4）

葬具为一椁一棺，木质，腐朽严重，仅存朽痕。椁平面呈长方形，南北长2.98米，宽0.62～0.82米，残高0.2米，板痕厚约0.03米；棺位于椁内，平面呈长方形，南北长1.98米，宽0.68米，残高0.2米，板痕厚约0.04米。棺内葬人骨架一具，保存较好，头向北，面向上，双手略放于盆骨下，两脚并拢，为仰身直肢葬，身高1.7米，女性，约45岁。

2. 出土器物

出土器物2件，均放置于椁内，棺外北侧。

陶罐　2件。泥质灰陶，手轮兼制，火候高。标本M20：1。敞口，折沿方唇内凹，短束颈，鼓腹弧收，小平底。上腹饰凹弦纹，下腹至底拍印绳纹。口径14.1厘米，腹径23.2厘米，底径8.8厘米，通高29.4厘米（图四一，1）。标本M20：2，侈口，方唇，短束颈，鼓腹弧收，小平底。上腹饰凹弦纹，下腹至底拍印绳纹。口径14.8厘米，腹径23厘米，底径5厘米，通高30.6厘米（图四一，2）。

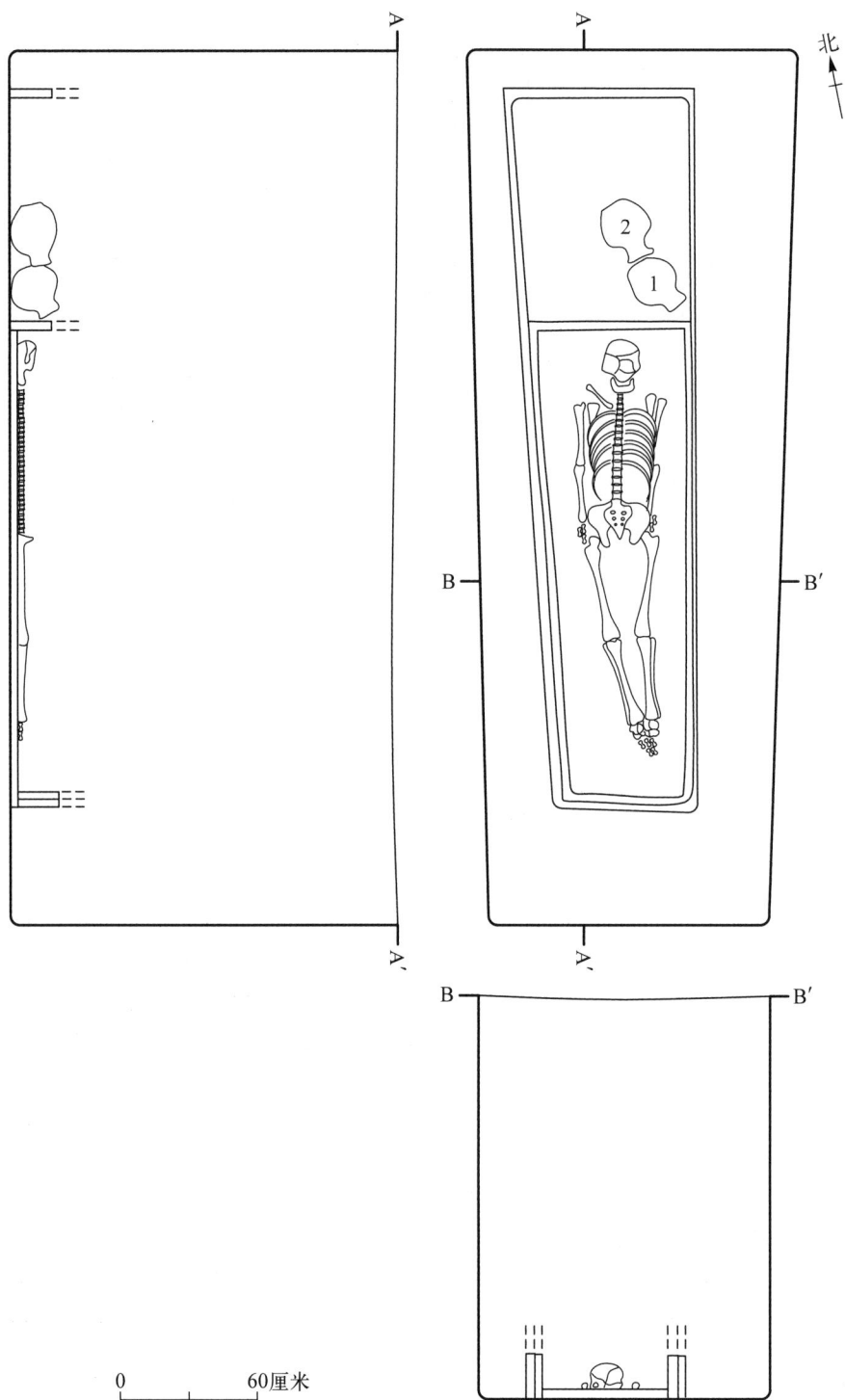

图四〇　M20平、剖面图

1. 陶罐　2. 陶罐

0 ———— 60厘米

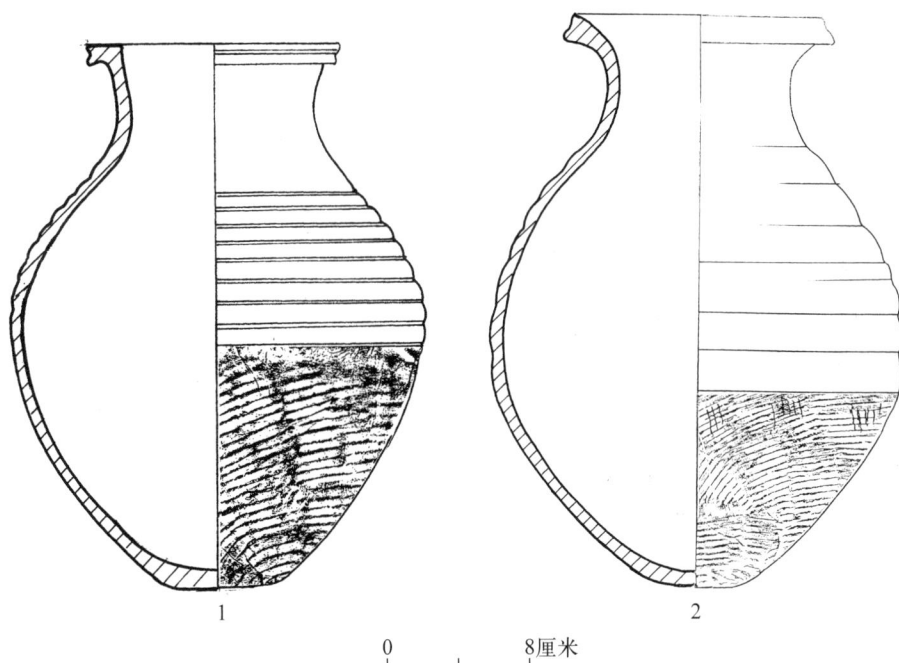

图四一 M20出土陶罐

1、2.（M20：1、M20：2）

十一、M22

1. 墓葬形制

M22位于发掘区Ⅰ区东部，T0921与T0922内中部，东邻M24，南邻M23，西邻M21。开口于④层下，墓口距地表4.3米。东西向，方向100°。为长方形竖穴土圹单室墓，东西长4.2米，宽1.6～1.7米，墓底距墓口2.9米。平面呈长方形，四壁整齐，经过加工抹光，底部较平。内填黄褐色花土，土质较硬，竖夯夯筑，夯层深2.1米，每层厚约0.12～0.15米，夯窝直径约0.03～0.05米（图四二）。

葬具为一椁一棺，木质，腐朽严重，仅存朽痕。椁平面呈长方形，略变形，东西长3.96米，宽0.98～1.2米，残高0.5米，板痕厚约0.03米；木棺位于椁内，平面呈长方形，东西长2.3米，宽0.64～0.74米，残高0.4米，板痕厚约0.04米，底部铺垫一层厚约0.2米的白灰。棺内葬人骨架1具，保存较差，凌乱，头向东，面向东，为仰身直肢葬，骨架长1.5米，男性，约35岁。

2. 出土器物

6件，均放于椁内，棺外的北侧。

陶罐 1件。标本M22：1，泥质灰陶，手轮兼制，火候高。敛口，折沿，方唇，矮束颈，鼓腹略弧收，小平底。上腹饰凹弦纹，中腹至底压印绳纹。口径12.2厘米，腹径23.4厘米，底径6.8厘米，通高23.4厘米（图四三，1；彩版三八，3）。

陶器盖 1件。标本M22：2，泥质灰陶，轮制。覆钵形器盖，器表涂红彩，大部分已脱落。口

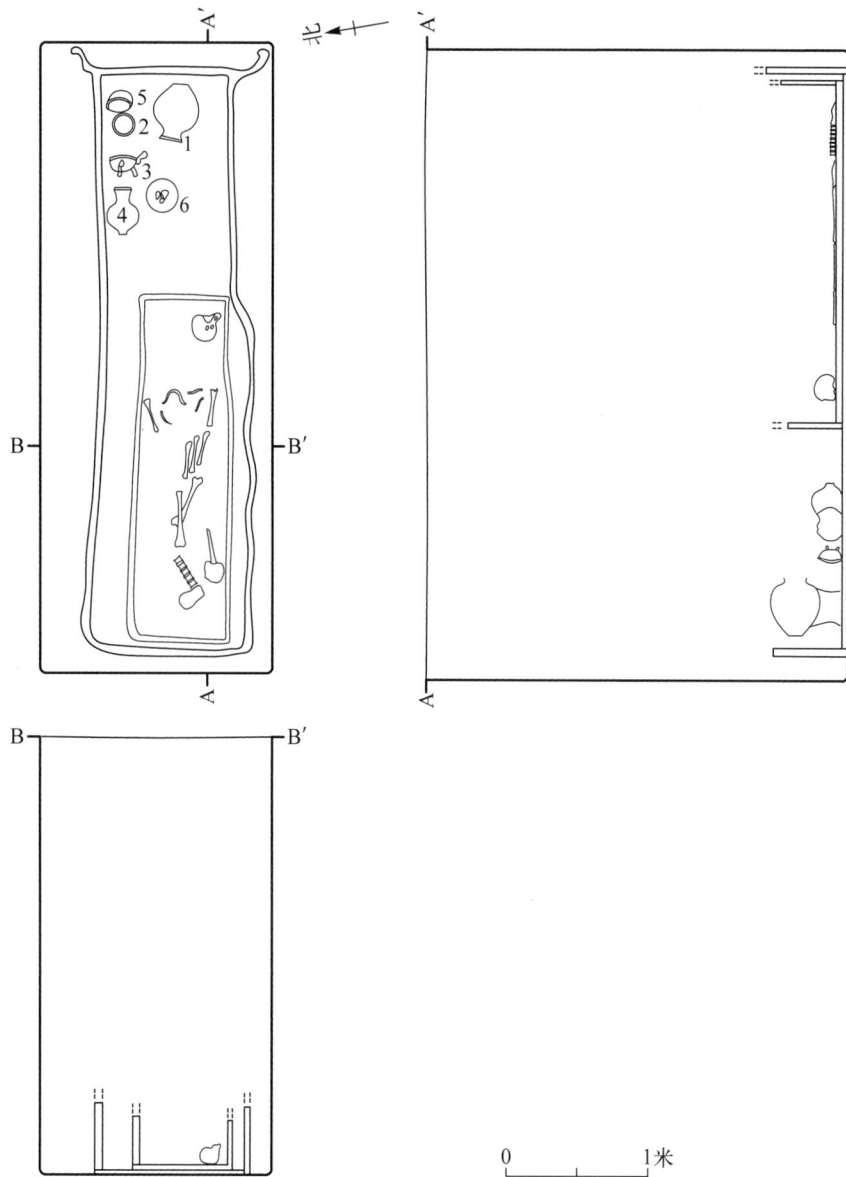

图四二　M22平、剖面图

1. 陶罐　2. 陶器盖　3. 陶鼎　4. 陶壶　5. 陶碗　6. 陶壶

径14.8厘米,高4.2厘米(图四三,5)。

陶鼎　1件(带盖)。标本M22:3,泥质灰陶,手轮兼制。敞口,弧腹,圜平底,口部外侧贴对称双耳,耳外撇,中空,下腹附贴三兽蹄形足,覆钵形器盖。口径12.4厘米,通高13.4厘米(图四三,4;彩版三八,2)。

陶壶　2件(残)。标本M22:4,泥质灰陶,轮制火候高。敞口内敛,长束颈,鼓腹弧收,矮圈足。腹上部饰凹弦纹,器表饰彩绘,已脱落。口径8.8厘米,腹径15.4厘米,底径6.2厘米,高19.2厘米(图四三,2;彩版三七,6)。标本M22:6,无法修复。

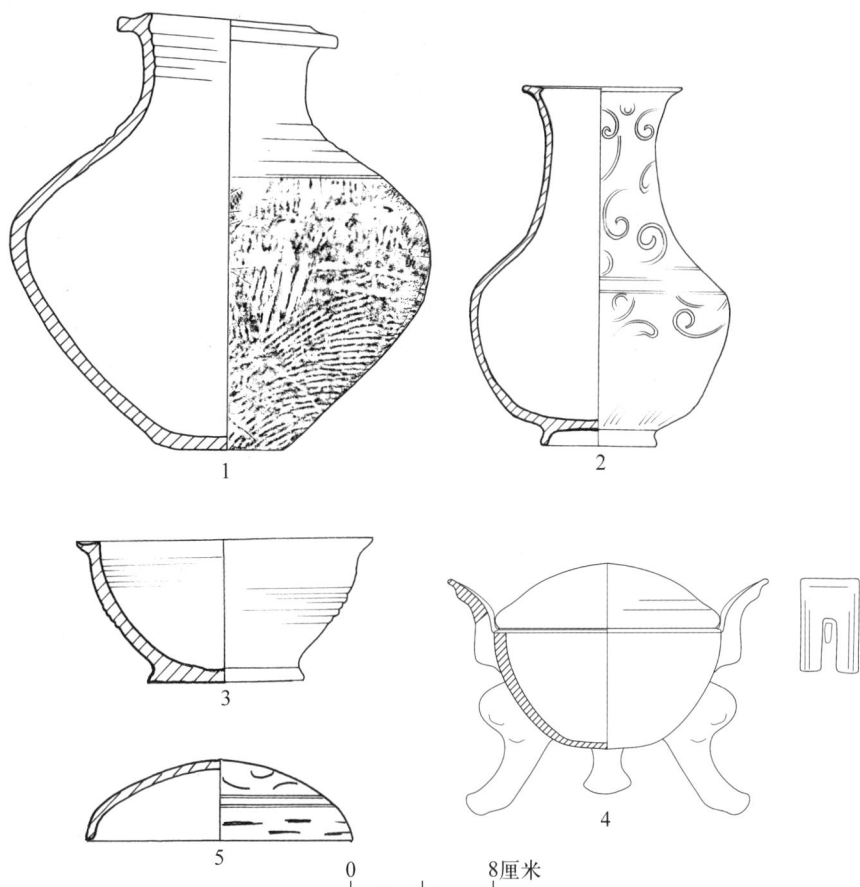

图四三　M22出土器物

1. 陶罐（M22：1）　2. 陶壶（M22：4）　3. 陶碗（M22：5）　4. 陶鼎（M22：3）　5. 陶器盖（M22：2）

　　陶碗　1件（残）。标本M22：5，泥质灰陶，轮制，火候高。敛口，尖唇，浅腹曲收，腹部饰凸弦纹，饼形圈足，足外展。口径16.4厘米，底径8.6厘米，通高7.6厘米（图四三，3；彩版三八，1）。

十二、M23

1. 墓葬形制

　　M23位于发掘区Ⅰ区东部，T0921与T0922内南部，北邻M23，东邻M24，西邻M21。开口于④层下，墓口距地表4.3米。东西向，方向100°。为长方形竖穴土圹单室墓，东西长3.38米，宽1.4米，墓底距墓口2.49米。平面呈长方形，四壁垂直整齐，经过加工抹光，底部较平。内填黄褐色花土，土质较硬，竖夯夯筑，夯层深1.74米，夯层厚0.12~0.15米，夯窝直径约0.02~0.05米。土圹底部北、南、西三面折收修筑宽窄不一的生土二层台，宽0.1~0.22米，高0.75米，台面距墓口1.74米（图四四；彩版七，3）。

　　葬具为一椁一棺，木质，腐朽严重，仅存朽痕。木椁平面呈"亚"字形，东西长2.93米，宽0.96米，残高0.45米，板痕厚约0.04米。椁外东西两端用厚约0.06米的不规则形石板侧立砌筑（东端

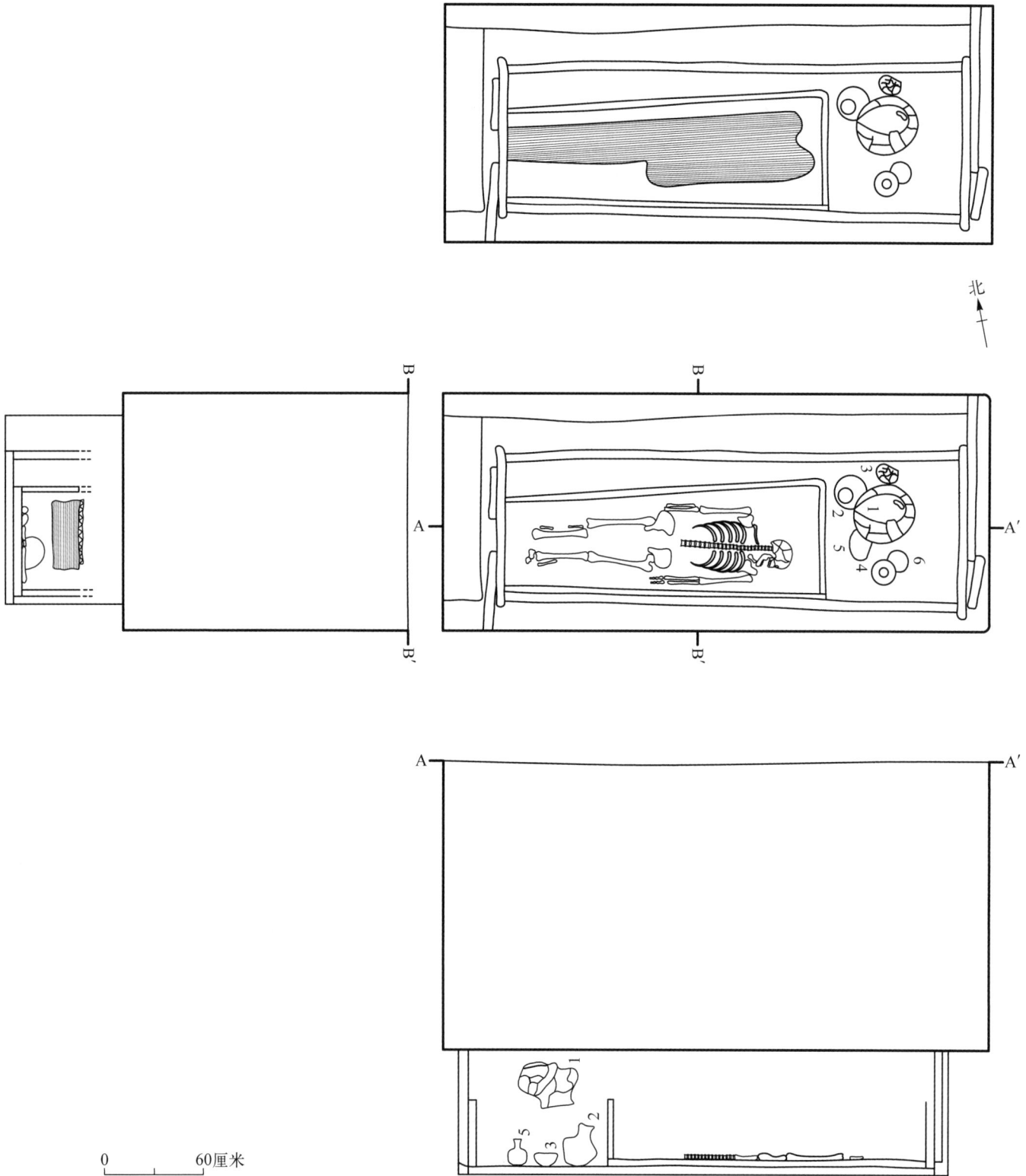

北

图四四　M23平、剖面图

1.陶罐　2.陶壶　3.陶鼎　4.陶碗　5.陶壶　6.陶盒

0　　　　60厘米

2块,西端1块);木棺位于椁内,平面呈长方形,东西长1.96米,宽0.72米,残高0.4米,板痕厚约0.05米,顶板坍塌于棺内,从发掘情况来看,应为三块木板盖顶,宽0.22米。棺内葬人骨架一具,保存较好,头向东,面向南,为仰身直肢葬,骨架长1.66米,男性,约35岁。

2. 出土器物

6件,放于椁内,棺外的北侧。

陶罐　1件(残)。标本M23:1,泥质灰陶,手轮兼制,火候高。敛口,折沿,方唇,短束颈,溜肩,鼓腹弧收,平底。一侧肩上部刻画草书铭文,字迹不清,肩上饰二周凹弦纹,腹下饰戳印纹,下腹及底拍印绳纹。口径16.6厘米,腹径34.2厘米,底径10.2厘米,高31.2厘米(图四五,5;彩版三八,4)。

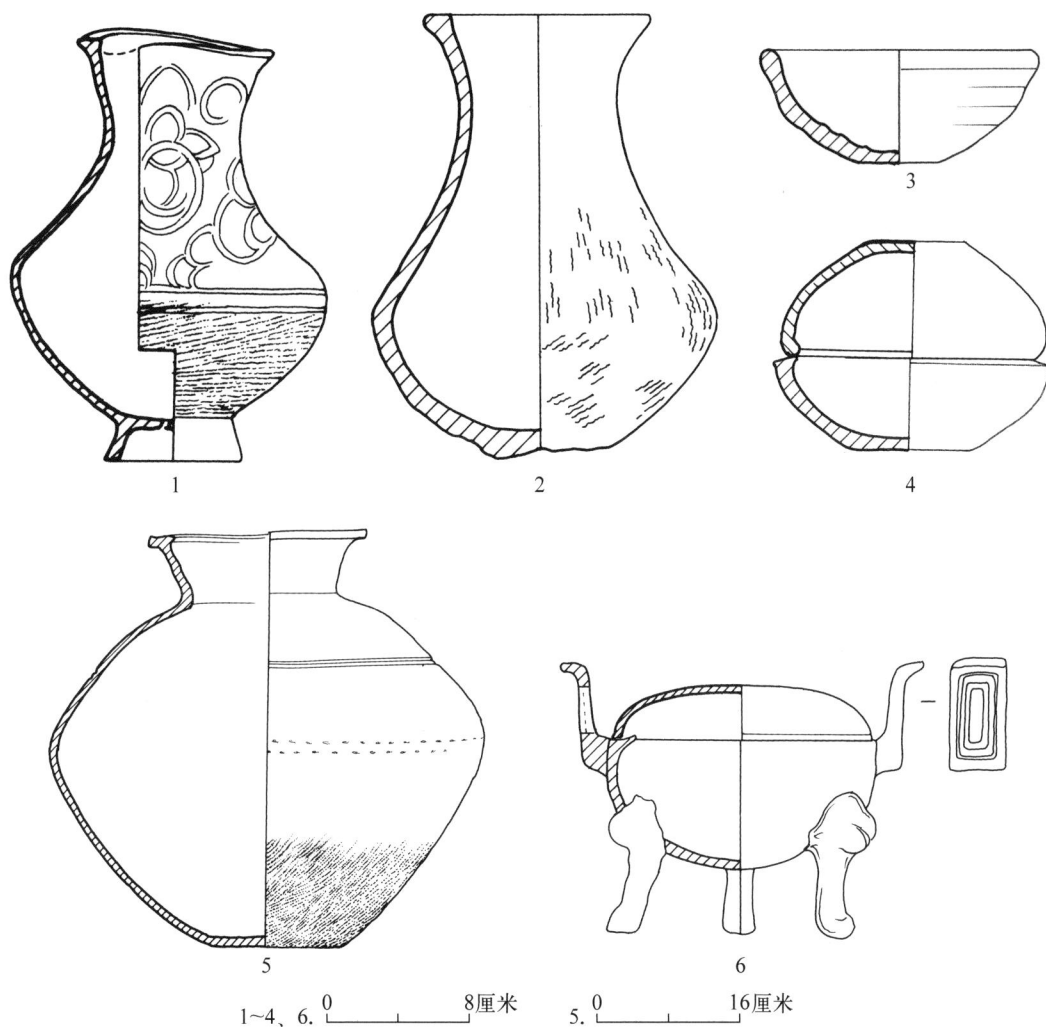

图四五　M23出土陶器

1. 陶壶(M23:5)　2. 陶壶(M23:2)　3. 陶碗(M23:4)　4. 陶盒(M23:6)　5. 陶罐(M23:1)　6. 陶鼎(M23:3)

陶壶 2件。泥质灰陶，手轮兼制，火候高。标本M23：2，敞口，尖圆唇，长束颈，鼓腹弧收，底部残缺，腹部压印绳纹。口径12.2厘米，腹径18.6厘米，残高22.6厘米（图四五，2；彩版三八，5）。标本M23：5，泥质灰陶，手轮兼制，火候高。敞口，口部变形，尖唇，束颈，鼓腹，下腹弧收，矮圈足，器表饰彩绘，已脱落。口径10.4厘米，腹径17厘米，底径7.6厘米，高22.4厘米（图四五，1；彩版三八，6）。

陶鼎 1件套（残）。标本M23：3，敛口，浅弧腹，圜底。口部贴对称双耳，耳口外折，中部有方孔，下腹附贴三兽蹄形足，覆钵形器盖。口径14.2厘米，通高14.4厘米（图四五，6）。

陶碗 1件（残）。标本M23：4，泥质灰陶，轮制火候高。敛口，浅腹曲收，小平底。口径14.8厘米，底径4.4厘米，高5.8厘米（图四五，3）。

陶盒 1件套。标本M23：6，泥质灰陶，轮制，火候高。敛口，浅腹弧收，小平底。覆盆形器盖，敛口，平顶。口径14.8厘米，底径6.2厘米，高10.8厘米（图四五，4）。

十三、M26

1. 墓葬形制

M26位于发掘区Ⅰ区东部，T0923内中部偏西，东邻M28，南邻M30，被M27打破。开口于④层下，墓口距地表4.3米。东西向，方向275°。为长方形竖穴土圹单室墓，口部东西长4.5米，宽1.6米；底部东西长4.5米，宽1.04～1.6米，墓底距墓口1.9米。平面长方形，口大底小，东西两壁整齐较直，南北两壁内斜，四壁整经过加工抹光，墓底较平。内填黄褐色花土，土质疏松，呈块状（图四六）。

葬具为一棺一椁，木质，腐朽严重，仅存朽痕。椁痕平面呈"亚"字形，东西长3.6米，宽0.74米，残高0.26米，板痕厚约0.04米。木棺位于椁内，平面呈长方形，挤压变形，东西长2.1米，宽0.48～0.6米，残高0.2米，板痕厚约0.03米。棺内葬人骨架1具，保存一般，头向西，面向北，为仰身直肢葬，男性，年龄约45岁，骨架长约1.66米。

2. 出土器物

出土器物6件，除1件放于棺内外，其余器物均放置于椁内棺外的北侧。其中标本M26：2陶壶、M26：4陶鼎、M26：5陶壶破碎严重无法修复。

陶罐 1件。标本M26：1，口径11.8厘米，腹径33.8厘米，底径6.9厘米，通高33.4厘米（图四七，1）。

陶盒 1件套（残）。标本M26：3，泥质灰陶，轮制，火候高。子母口，浅弧腹，小平底，腹部饰凹弦纹，底口上部见刮胎痕，覆钵形器盖。口径12.7厘米，底径7.4厘米，通高11.8厘米（图四七，3；彩版三九，1）。

铜带钩 1件。标本M26：6，范铸，青铜质。钩首弯曲，钩身截面呈圆形，圆钮。通长3.3厘米（图四七，2；彩版三九，2）。

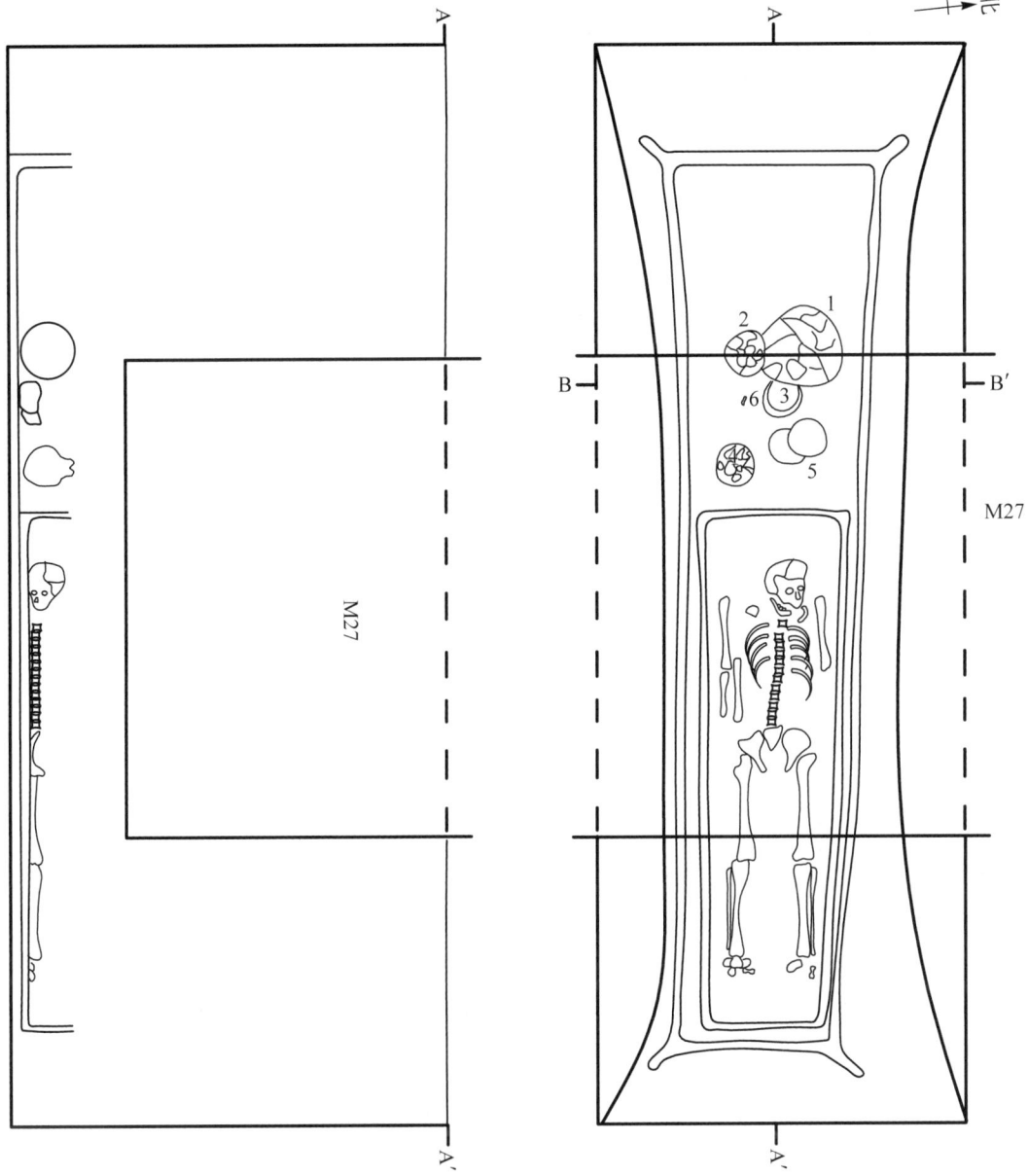

图四六　M26 平、剖面图

1. 陶罐　2. 陶壶　3. 陶盒　4. 陶鼎　5. 陶壶　6. 铜带钩

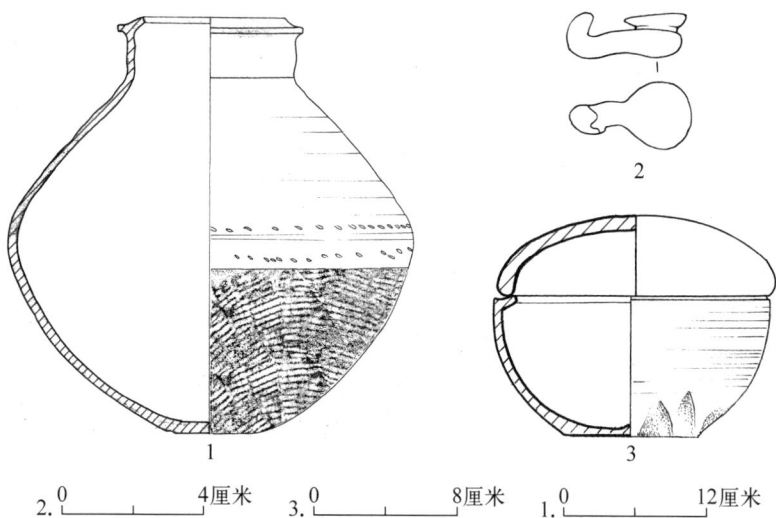

图四七　M26出土器物

1.陶罐（M26：1）　2.铜带钩（M26：6）　3.陶盒（M26：3）

十四、M30

1. 墓葬形制

M30位于发掘区Ⅰ区东部，T0823内西北部，北邻M26，东邻M27。开口于④层下，墓口距地表4.3米。南北向，方向0°。为长方形竖穴土圹石椁墓，南北长3.3米，宽1.5米，墓底距墓口2.5米。平面呈长方形，四壁整齐，经过加工抹光，底部较平。内填黄褐色花土，土质较硬，竖夯夯筑，夯层深1.4米，每层厚约0.12～0.15米，夯窝直径约0.03～0.05米（图四八；彩版八，1）。

葬具为石椁、木棺及头箱。石椁为长方形，先在土圹底部铺垫一层厚约0.1米的鹅卵石，然后放置木棺与头箱，木棺与头箱外空隙部分再用鹅卵石填充并盖顶，顶距墓口1.4米。由于棺与头箱腐朽坍塌，石椁顶部鹅卵石下陷，高低不平，石椁原高1.1米。石椁内放置头箱与木棺，腐朽严重仅存朽痕：头箱平面近方形，东西长1.1米，南北宽1米，残高0.5米，板痕厚约0.02米；棺痕平面呈长方形，南北长2米，宽0.54～0.58米，残高0.5米，板痕厚约0.03米。棺内葬人骨架1具，保存较差，头向北，面向不详，为仰身直肢葬，男性，年龄约36岁。

2. 出土器物

出土器物10件，一件放于棺内，其余均放于头箱内。

陶罐　5件。标本M30：1，泥质灰陶，手轮兼制，火候高。敞口，折沿，方唇略内凹，短束颈，圆鼓腹略弧收，小平底。器表腹壁饰凹弦纹与绳纹组合。口径13厘米，腹径21.6厘米，底径6.8厘米，通高厘23.8米（图四九，8；彩版三九，3）。标本M30：6，敞口，折沿，方圆唇，短束颈，折肩，腹弧收，小平底。肩至底部饰弦纹及拍印绳纹。口径16.8厘米，腹径27.7厘米，底径12厘米，通高22厘米（图四九，9；彩版三九，4）。标本M30：7，敞口，折沿，方圆唇，短束颈，折肩，腹

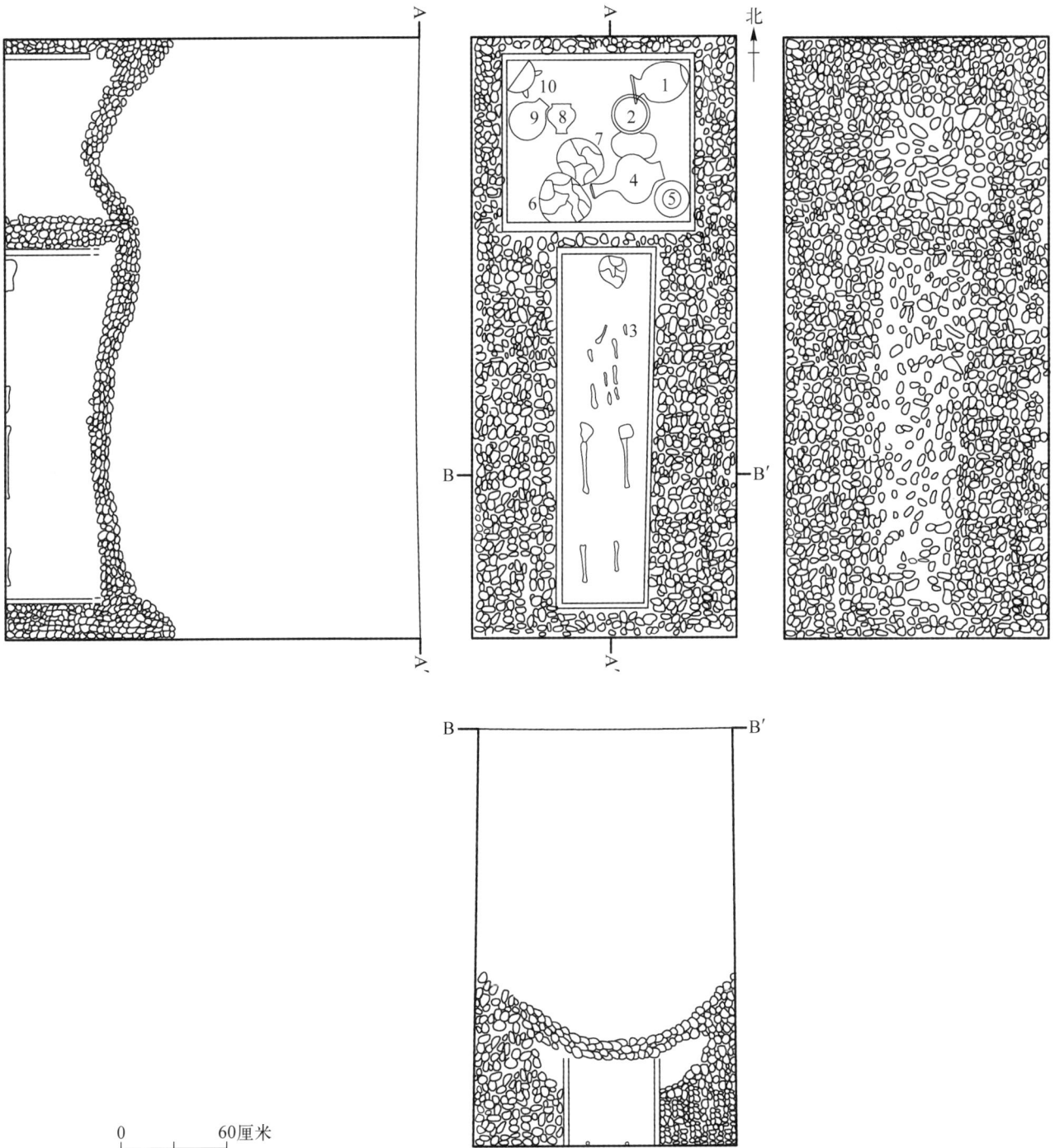

图四八 M30平、剖面图

1. 陶罐 2. 陶鼎 3. 玉璧 4. 陶壶 5. 陶壶 6. 陶罐 7. 陶罐 8. 陶罐 9. 陶罐 10. 陶鼎

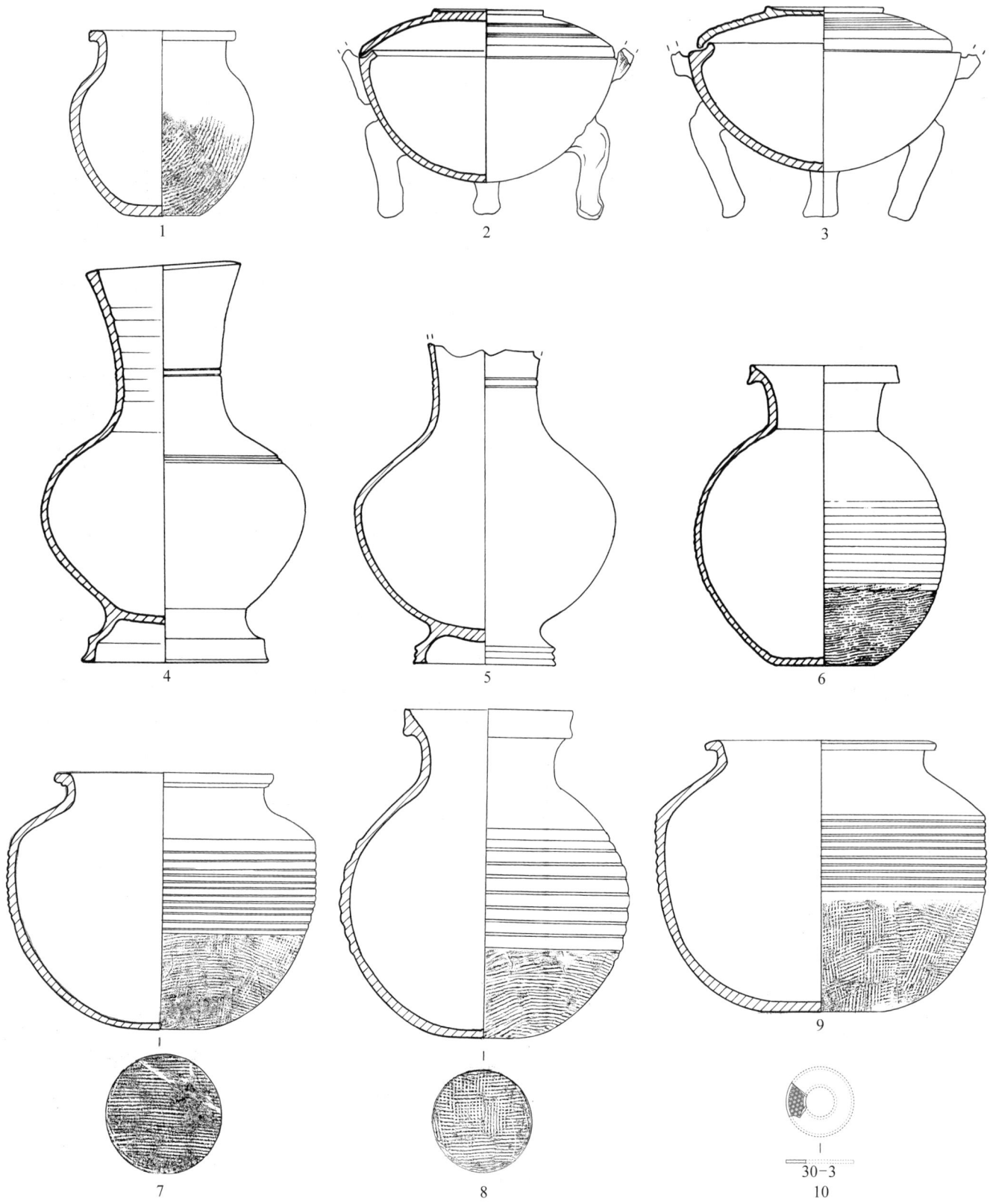

1~9. 0 _____ 8厘米   10. 0 _____ 4厘米

图四九　M30出土器物

1.陶罐（M30：8）　2.陶鼎（M30：2）　3.陶鼎（30：10）　4.陶壶（M30：4）　5.陶壶（M30：5）　6.陶罐（M30：9）
7.陶罐（M30：7）　8.陶罐（M30：1）　9.陶罐（M30：6）　10.玉璧（M30：3）

弧收，小平底。肩至底部饰弦纹及拍印绳纹。口径18厘米，肩径26厘米，底径9厘米，通高21厘米（图四九，7；彩版三九，5）。标本M30：8，直口微敞，折沿，方唇，短束颈，圆鼓腹弧收，小平底。器表腹壁压印绳纹。口径9.8厘米，腹径15.4厘米，底径6.4厘米，通高15厘米（图四九，1；彩版三九，6）。标本M30：9，敞口，折沿，方唇略内凹，短束颈，圆鼓腹略弧收，小平底。器表腹壁饰凹弦纹与压印绳纹组合。口径12.6厘米，腹径21.5厘米，底径9厘米，通高23.5厘米（图四九，6）。

陶鼎　2件套，残。泥质灰陶，手轮兼制，火候高。子母口，口下贴对称双耳（残缺），弧腹斜收，圜平底，底附三个蹄形足。覆盘形器盖，器盖腹壁饰弦纹。标本M30：2，口径19.6厘米，腹径21.6厘米，通高19厘米（图四九，2；彩版四〇，3）。标本M30：10，口径19.6厘米，腹径23.2厘米，通高17.2厘米（图四九，3；彩版四〇，4）。

陶壶　2件。标本M30：4，泥质灰陶，轮制，火候高。敞口，长束颈，鼓腹下斜收，覆盘形足。器表颈部与腹上部饰弦纹。口径13.2厘米，腹径22.2厘米，底径16厘米，通高32.6厘米（图四九，4；彩版四〇，1）。标本M30：5，泥质灰陶，手轮兼制，火候高。口残，束颈，鼓腹弧收，盘形足。肩至底部饰弦纹及拍印绳纹。腹径24.4厘米，底径12.8厘米，残高28厘米（图四九，5；彩版四〇，2）。

玉璧　1件（残）。标本M30：3，模制。复原为圆形，正面饰乳钉纹。复原外径2.8厘米，内径1.4厘米，厚0.1厘米（图四九，10）。

十五、M32

1. 墓葬形制

M32位于发掘区Ⅰ区西北部，T1510内东北部，北邻M222、M221。开口于④层下，墓口距地表4.2米。南北向，方向12°。为长方形竖穴土圹单室墓，口部南北长2.8米，东西宽1.3米；底部南北长2.64米，宽0.88～0.94米，墓底距墓口3.06米。平面呈长方形，口大底小，四壁整齐内斜，底部较平。内填黄褐色花土，土质较硬，竖夯夯筑，夯层深2.3米，夯层厚约0.1～0.15米，夯窝直径约0.03～0.05米（图五〇）。

葬具为木棺，腐朽严重，仅存朽痕。棺痕南北残长2.04、残宽0.58、残高0.36米，板痕厚约0.04米。棺内葬人骨架一具，保存较差，头向北，面向上，为仰身直肢葬，骨架长约1.6米，男性，年龄约36岁。

2. 出土器物

1件，放置于棺外北部。

陶罐　1件。标本M32：1，泥质灰陶，手轮兼制，火候高。敞口变形，斜折沿，尖唇，短束颈，溜肩，鼓腹，下腹弧收，平底上凹。腹部饰凹弦纹，下腹及底拍印绳纹。口径12.2厘米，腹径21.6厘米，底径7.4厘米，高23厘米（图五一）。

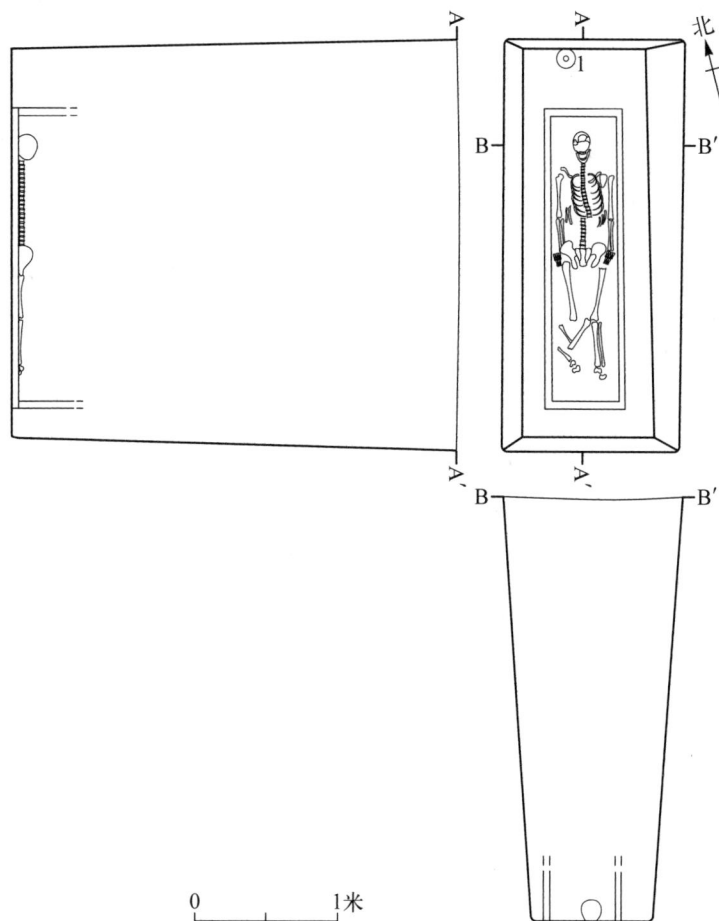

图五〇　M32平、剖面图

1. 陶罐

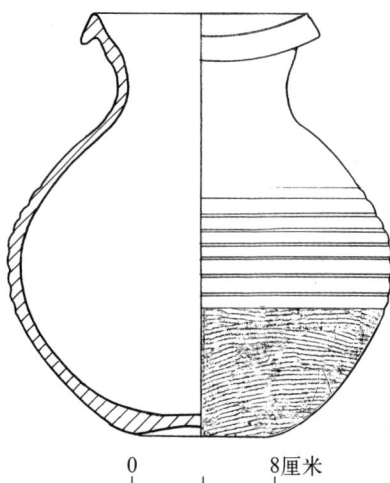

图五一　M32出土陶罐（M32：1）

十六、M33

1. 墓葬形制

M33位于发掘区Ⅰ区西北部,T1512内东北部,北邻M124,东邻M34。开口于④层下,墓口距地表4.2米。南北向,方向5°。为长方形竖穴土圹单室墓,口部南北长3.44米,宽1.36米。底部南北长3.36米,宽1.3米,墓底距墓口2.24米。平面呈长方形,口大底小,四壁整齐稍内斜,经过加工抹光,底部较平。内填黄褐色花土,土质较疏松(图五二)。

葬具为木棺与头箱,腐朽严重,仅存朽痕:棺痕平面呈长方形,南北长1.82、宽0.5米,残高0.24米,板痕厚约0.02米,底部铺垫一层厚约0.03米的白灰。棺内葬人骨架一具,保存一般,头向北,面向西,为仰身直肢葬,骨架长1.5米,女性,年龄约30岁;头箱位于棺的北侧,平面呈长方形,略变形,南北长1.32米,宽0.84米,残高0.24米,板痕厚约0.02米。

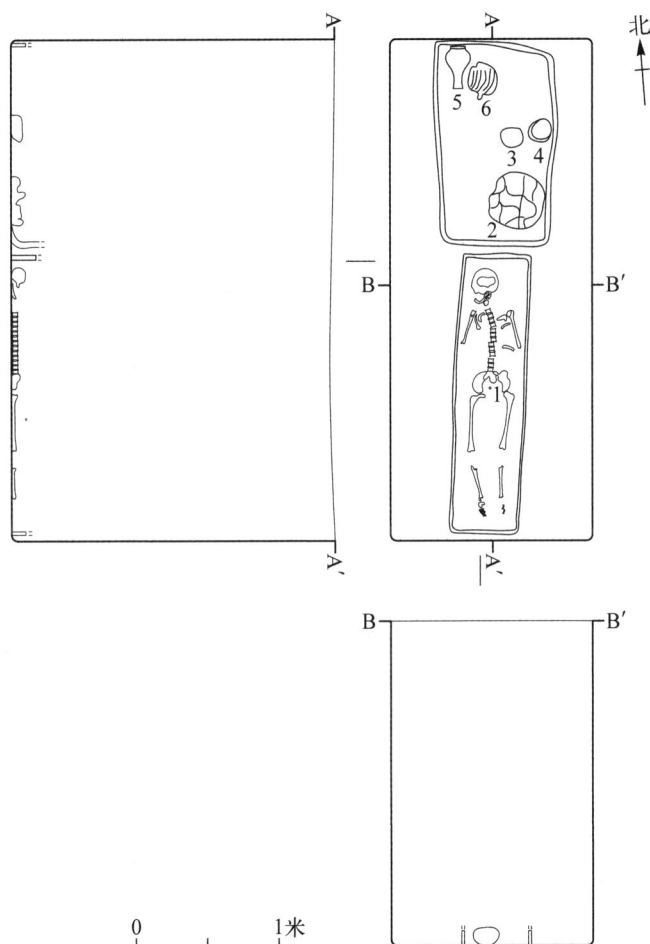

图五二 M33平、剖面图

1.铜钱 2.陶罐 3.陶鼎 4.陶盒 5.陶壶 6.陶壶

2. 出土器物

6件,除铜钱放置于棺内外,其余器物均放置于头箱内。

铜钱　1枚。标本M33:1,方穿圆钱,正背有郭,郭缘较窄。正面穿左右篆书"五铢"二字,"五"字两股交笔弯曲较大,上下两横笔出头,"铢"字"金"旁略小,呈等腰三角形,下四点短而细,"朱"旁上横笔方折,下垂笔圆折,"金"旁较"朱"旁略低,钱背素面。钱径2.3厘米,穿径1厘

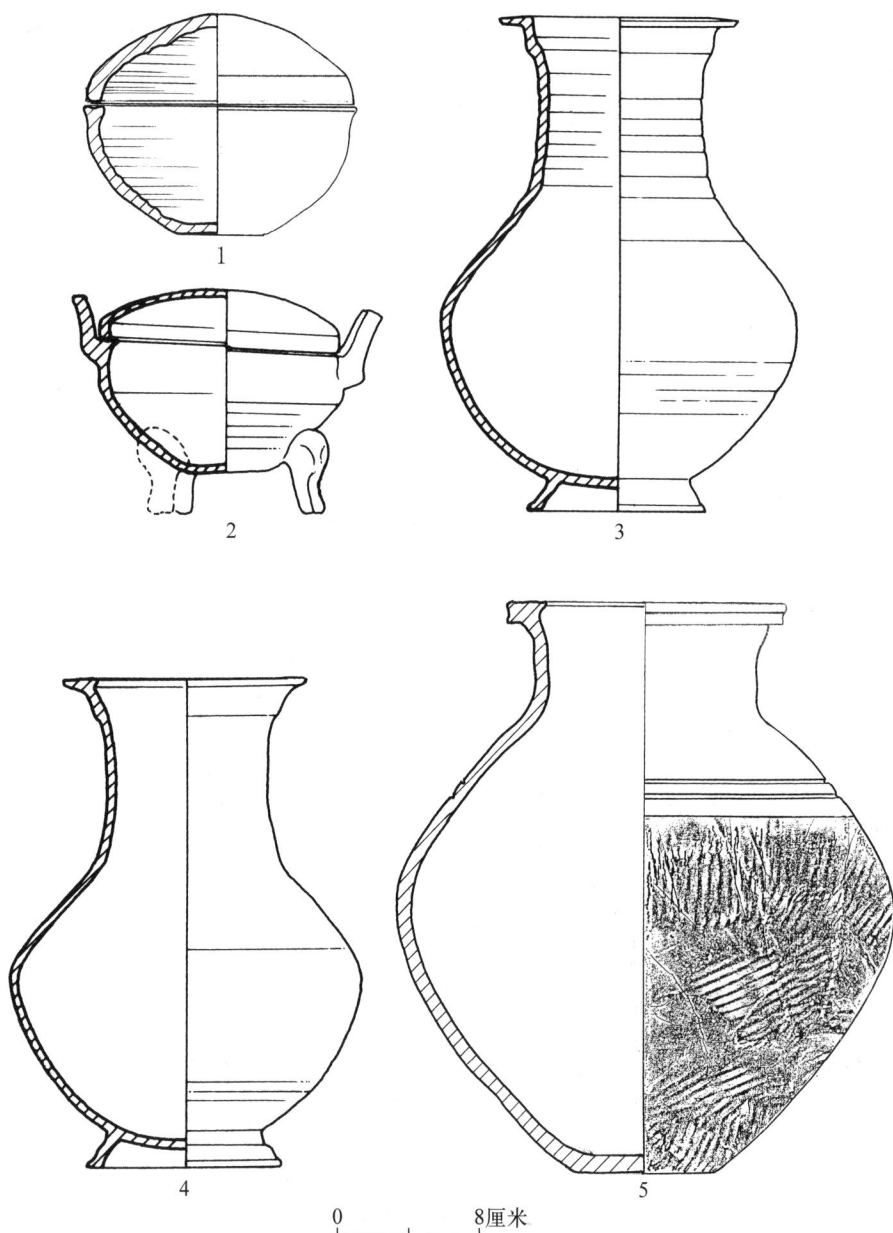

图五三　M33出土陶器

1. 陶盒(M33:4)　2. 陶鼎(M33:3)　3. 陶壶(M33:6)　4. 陶壶(M33:5)　5. 陶罐(M33:2)

米,厚0.2厘米(图五四)。

陶罐　1件(残)。标本M33:2,泥质灰陶,手轮兼制,火候高。敞口内敛,折沿,方唇内凹,矮颈,鼓腹,下腹曲收,小平底。腹上部饰二周凹弦纹,腹下部拍印绳纹。口径15.6厘米,腹径28.2厘米,底径8.2厘米,高30.8厘米(图五三,5;彩版四〇,5)。

陶鼎　1套(残)。标本M33:3,泥质灰陶,手轮兼制,火候高。子母口内敛,口部贴对称双耳,略外撇,耳外侧有凹槽。折腹,下腹斜收,平底有刮胎痕,下腹贴三兽蹄形足,覆钵形器盖。口径13.2厘米,高12.1厘米(图五三,2;彩版四〇,6)。

陶盒　1件套。标本M33:4,泥质灰陶,轮制,轮痕清晰,火候高。子母口内敛,浅腹弧收,小平底,覆钵形器盖。口径15.1厘米,底径4.9厘米,高11.8厘米(图五三,1;彩版四一,3)。

陶壶　2件(残)。标本M33:5,泥质灰陶,轮制,火候高。敞口内敛,折沿,尖圆唇,长束颈,鼓腹,下腹弧收,矮圈足。器表饰弦纹。口径13.4厘米,腹径20.6厘米,底径10.2厘米,高26.8厘米(图五三,4;彩版四一,1)。标本M33:6(套),敞口,折沿,尖圆唇,沿下折收,长束颈,鼓腹,下腹弧收,矮圈足。颈与下腹饰凹弦纹,器表有彩绘,已脱落,博山式器盖。口径13.6厘米,腹径19.8厘米,底径10.8厘米,通高26.4厘米(图五三,3;彩版四一,2)。

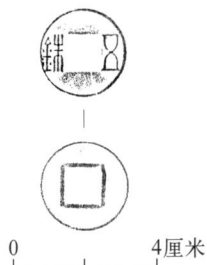

图五四　M33出土五铢钱(M33:1)

十七、M34

1. 墓葬形制

M34位于发掘区Ⅰ区西北部,T1512内东北部,西侧被M33打破。开口于④层下,墓口距地表4.2米。南北向,方向5°。为长方形竖穴土圹单室墓,南北长4.1米,宽1.74米,墓底距墓口1.9米。平面呈长方形,四壁整齐,经过加工抹光,底部较平。内填黄褐色花土,土质较硬,竖夯夯筑,每层厚0.15~0.18米,夯层深1.3米,夯窝直径约0.03~0.05米(图五五;彩版八,2)。

葬具为一椁一棺,木质,腐朽严重,仅存朽痕。椁痕南北长约3.5米,宽1.1米,残高0.4米,板痕厚约0.03米,椁底板宽约0.2米;木棺位于椁内,平面呈长方形,棺痕南北长2.1米,宽0.63米,残高0.3米,板痕厚约0.04米,底部铺垫一层厚约0.02米的白灰。棺内葬人骨架一具,保存较好,头向北,面向下,为俯身直肢葬,骨架长1.84米,男性,年龄约35岁。

2. 出土器物

出土器物4件,均放置于头箱内。

陶壶　2件(残)。形制相同,泥质灰陶,轮制。浅盘口,长束颈,鼓腹弧收,喇叭形矮圈足,上腹饰凹弦纹。标本M34:1,口径13.6厘米,腹径20.2厘米,底径14.6厘米,高26.4厘米(图五六,1彩版四一,4)。标本M134:3,口径13.8厘米,腹径19.8厘米,底径14.2厘米,高27.2厘米(图五六,2)。

北

M33

M33

0　　　　　60厘米

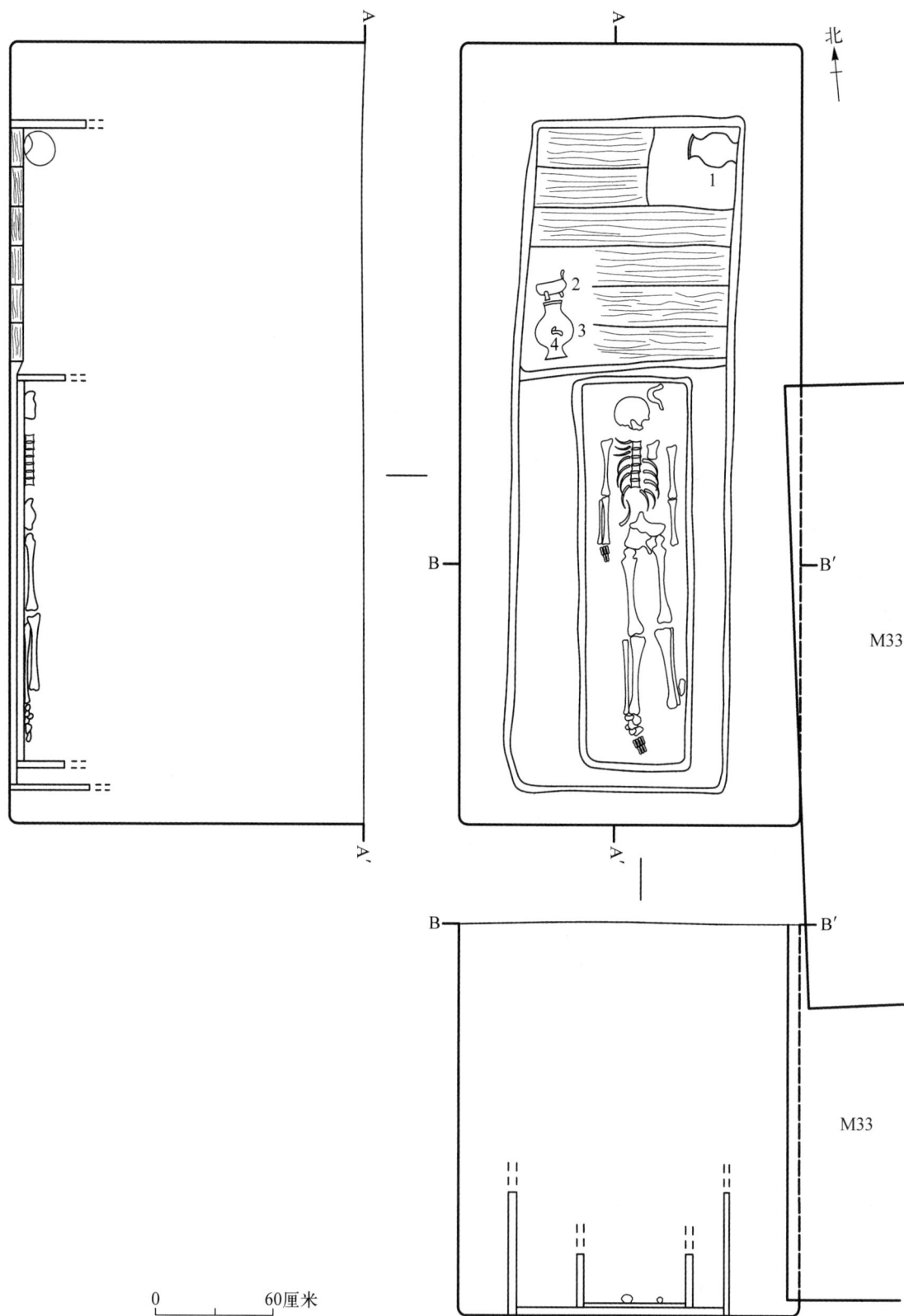

图五五　M34平、剖面图

1. 陶壶　2. 陶鼎　3. 陶壶　4. 铜带钩

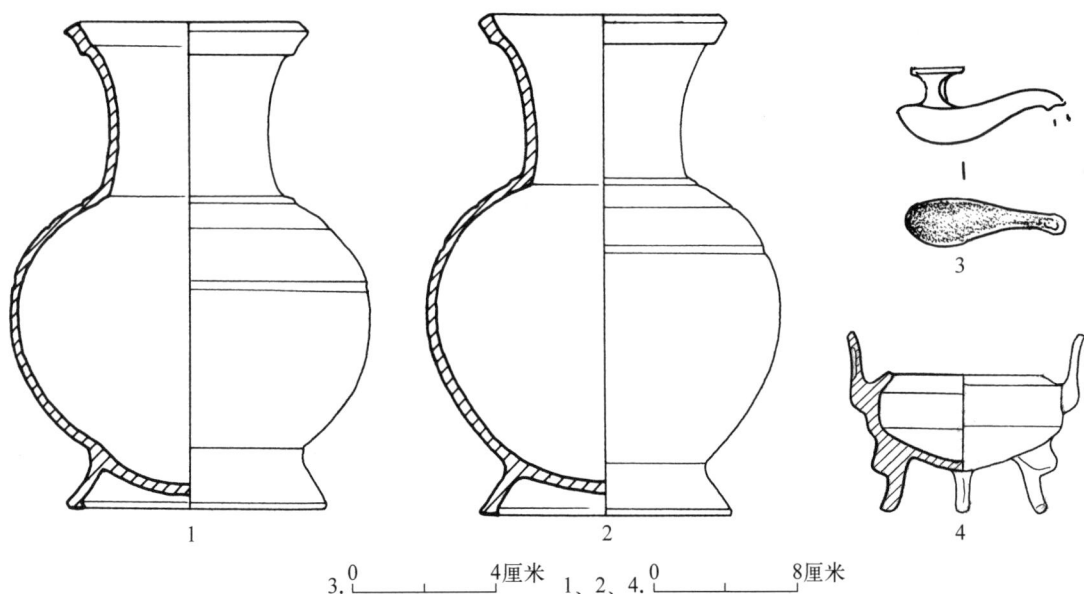

图五六 M34出土器物

1. 陶壶（M34：1） 2. 陶壶（M34：3） 3. 铜带钩（M34：4） 4. 陶鼎（M34：2）

陶鼎 1件。标本M34：2，泥质灰陶，手轮兼制，火候高。敛口，浅腹，弧收，圜底。腹部有对称双耳，稍外撇，底附三兽蹄形足。口径13厘米，通高14厘米（图五六，4；彩版四一，5）。

铜带钩 1件（残）。标本M34：4，范铸，青铜质，钩首弯曲残缺，钩身截面呈半圆形，整体呈如意状。通长4.8厘米（图五六，3；彩版四一，6）。

十八、M39

1. 墓葬形制

M39位于发掘区Ⅰ区西部，T1411内东南部，北邻M35。开口于④层下，墓口距地表4.3米。南北向，方向5°。为长方形竖穴土圹单室墓，南北长3.03米，东西宽2米，墓底距墓口3.52米。平面呈长方形，口底同宽，四壁整齐，底部较平。内填黄褐色花土，土质较疏松（图五七；彩版八，3）。

葬具为一椁一棺，木质，腐朽严重，仅存朽痕。椁痕平面呈"亚"字形，南北残长2.6米，残宽1.56米，残高1.16米，顶板与侧板腐朽严重，底板保存略好，底板均以长约1.56米，宽约0.15～0.2米的木板横向并列组成，椁板痕厚约0.06米；椁内放置木棺，平面呈长方形，南北长2米，宽0.78米，残高0.26～0.6米，棺板厚约0.08米。顶板腐朽严重，侧板与底板保存略好，南北两端各用两块挡板，每块宽约0.78米，高约0.26米。东西两侧各用两块侧板，长1.84米，高0.22～0.24米。棺内葬人骨架一具，保存较差，头向北，面向不详，为仰身直肢葬，身高不详，男性，年龄约40岁。

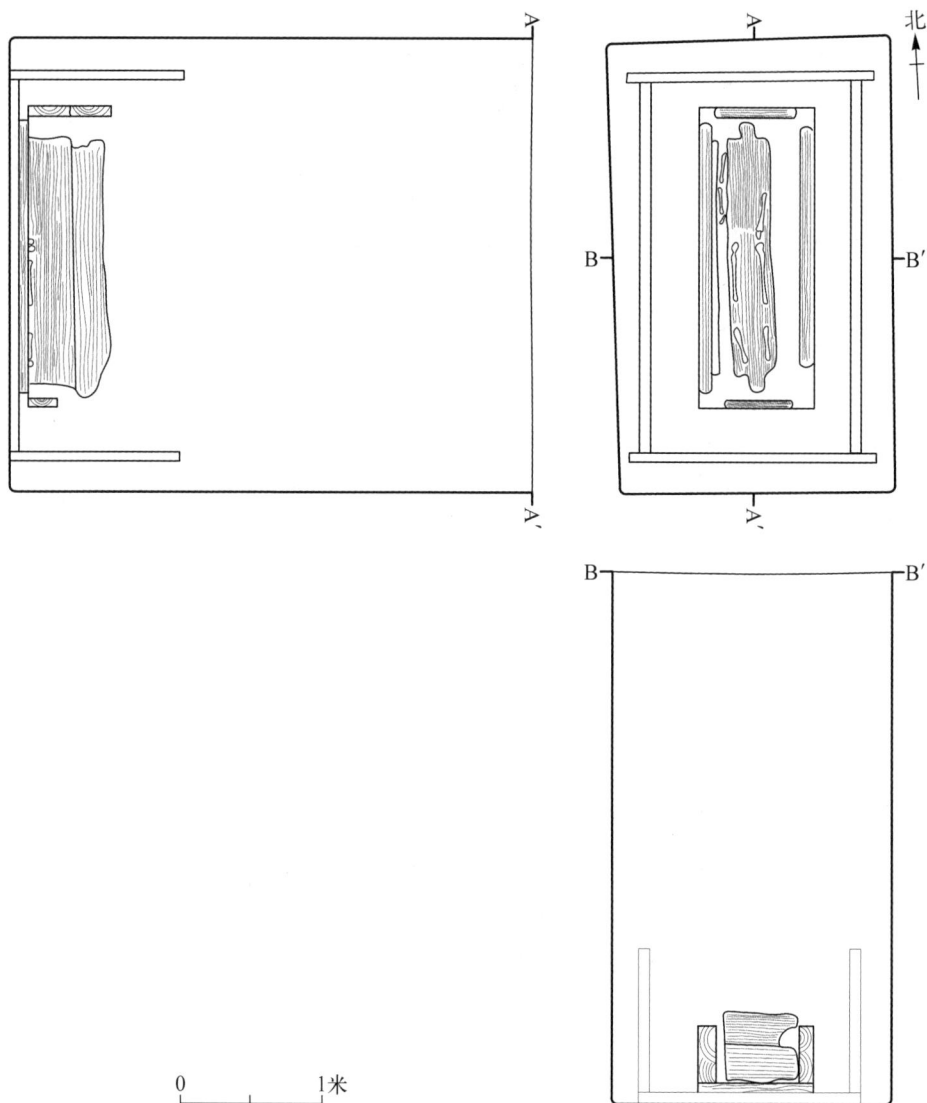

0　　　1米

图五七　M39平、剖面图

2. 出土器物

无。

十九、M40

1. 墓葬形制

M40位于发掘区Ⅰ区西部，T1310内西北角，西南距M46约1.5米。开口于④层下，墓口距地表4.3米。南北向，方向2°。为长方形竖穴土圹单室墓，口部南北长4.25米，东西宽2.9米；底部南北长3.24米，宽2.14米；墓底距墓口3.8米。平面呈长方形，口大底小，四壁内斜整齐，底部较平。墓口向下2.9米时东、南、西三面向内折收修筑生土二层台，宽0.36～0.4米，高0.9米。土圹内填黄褐色花土,土质较硬,经过夯筑,竖夯,夯层深3米,每层厚0.1～0.15米,夯窝直径约0.03～0.05米(图五八;彩版九,1)。

葬具为一椁一棺,木质,腐朽严重仅存朽痕。椁痕为长方形,南北残长2.56米,残宽1.34米,残高0.9米,板痕厚0.04米;椁内放置木棺,平面呈长方形,南北残长2.04米,宽0.78米,残高0.55米,板痕厚约0.04米。棺内葬人骨架一具,保存较好,头向北,面向东,为仰身直肢葬,骨架长1.95

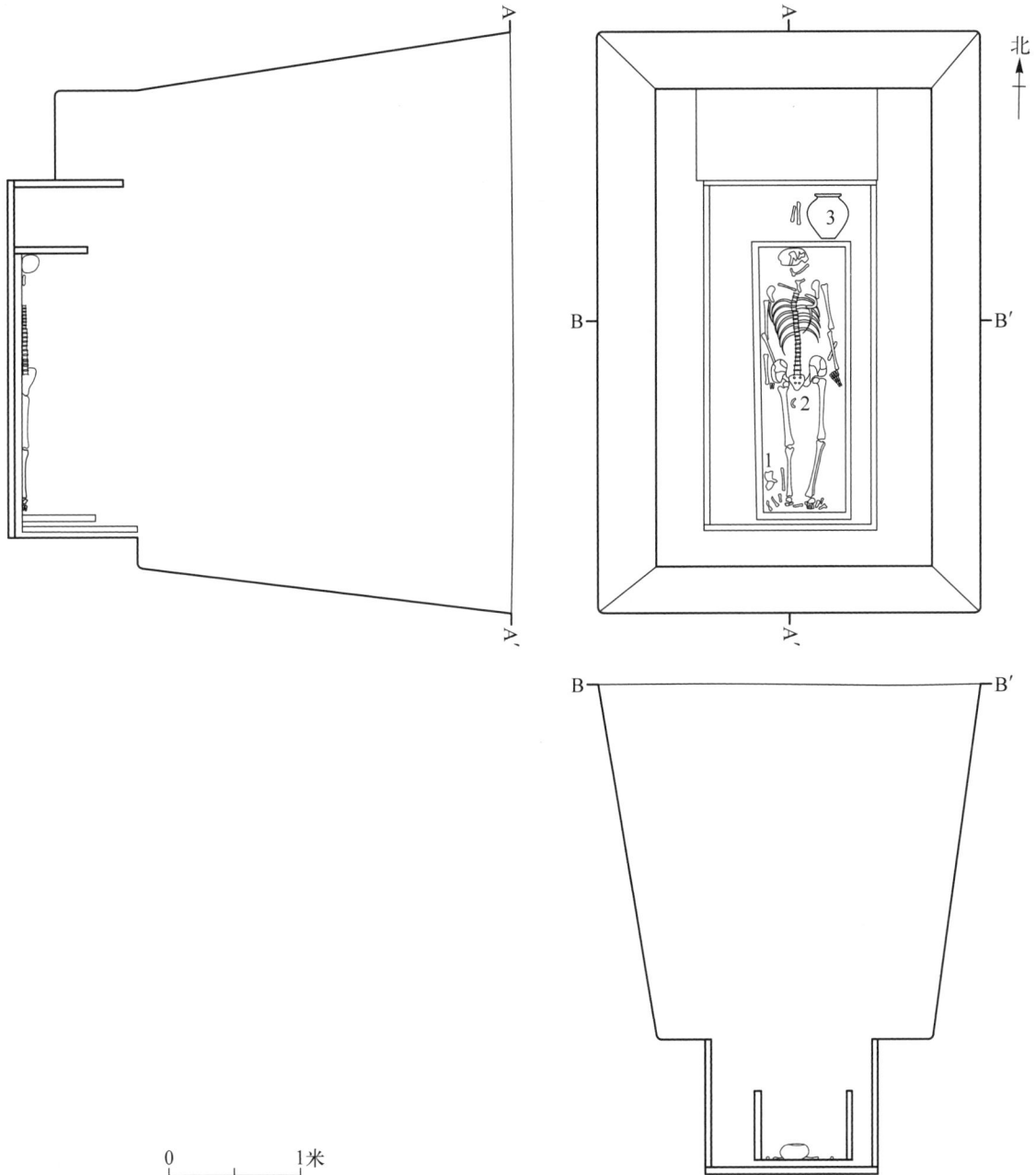

图五八 M40平、剖面图

1. 铜镜 2. 玉环 3. 陶罐

米,男性,年龄约35岁。

2. 出土器物

出土器物3件,陶罐放置于椁内,棺外北侧,并见有两根凌乱人骨;玉环放置于大腿骨之间靠左侧;铜镜放置于下肢左侧。

铜镜　1件。M40:1,青铜质,模铸,锈蚀严重,残。镜面平整,光滑,镜身较薄。镜背弓形钮,钮身二道凸棱,围钮5周弦纹。直径16.8厘米,厚0.6厘米(图五九,2;彩版四二,2)。

玉环　1件(残)。M40:2,白玉质,残留部分呈半圆环状,复原呈圆形。残长8.4厘米(图五九,3;彩版四二,3)。

陶罐　1件(残)。标本M40:3,泥质灰陶,手轮兼制,火候高。敞口,斜折沿,方圆唇,短束颈,溜肩,鼓腹,下腹弧收,小平底。肩部饰凹弦纹,下腹及底拍印绳纹。口径13.6厘米,腹径23.6厘米,底径7.2厘米,高22.4厘米(图五九,1;彩版四二,1)。

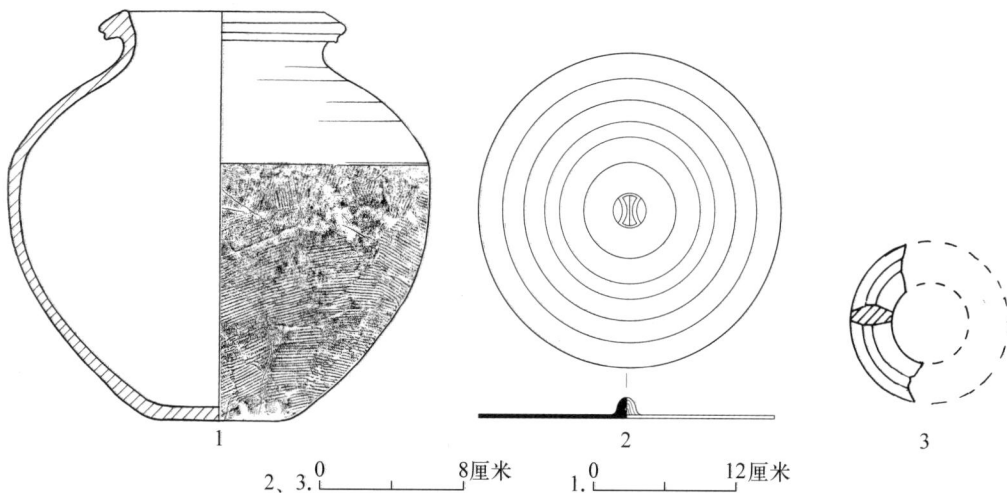

图五九　M40出土器物

1.陶罐(M40:3)　2.铜镜(M40:1)　3.玉环(M40:2)

二十、M41

1. 墓葬形制

M41位于发掘区Ⅰ区西部,T1311内西北部,南邻M47、M48。开口于④层下,墓口距地表4.3米。南北向,方向2°。为长方形竖穴土圹单室墓,口部南北长3.36米,东西宽1.66米;底部南北长2.56米,宽1.66米;墓口距底1.56米。平面呈长方形,口大底小,北端距墓口0.93米时折收修筑生土二层台,四壁整齐内斜,底部较平。土圹内填黄褐色花土,土质较硬,经过夯筑,竖夯,夯层深0.9米,每层厚0.09~0.12米,夯窝直径约0.03~0.05米(图六〇)。

葬具为木棺,腐朽严重,仅存朽痕。棺痕为长方形,南北残长2.41米,残宽0.76米,残高0.16

北

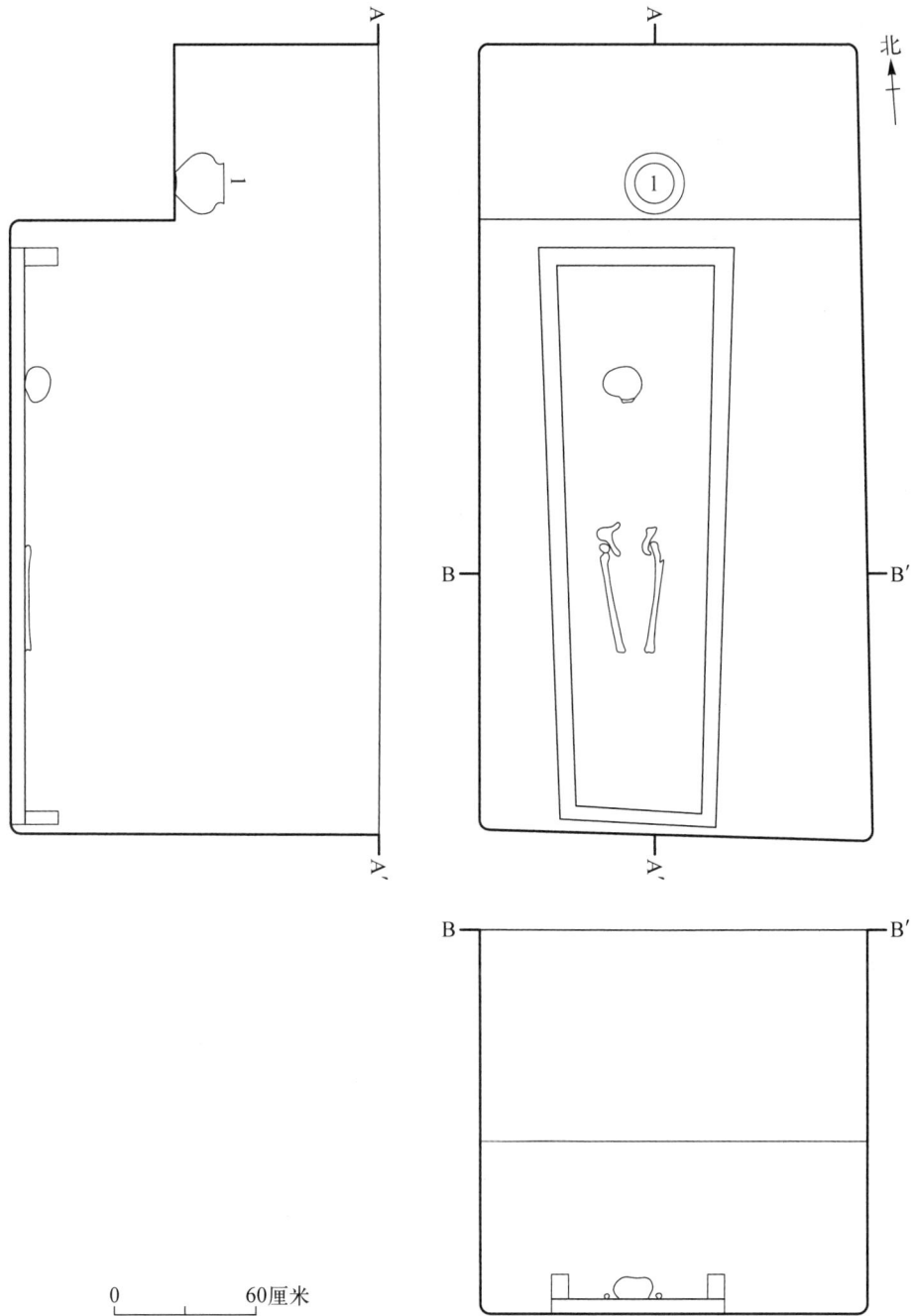

图六〇　M41平、剖面图

1. 陶罐

0　　　　60厘米

米，板痕厚 0.0,6 米。棺内葬人骨架一具，保存较差，头向北，面向、葬式、身高不详，女性，年龄约 35 岁。

2. 出土器物

1 件，放置于二层台上。

陶罐　1 件。标本 M41：1，泥质灰陶，手轮兼制，火候高。敛口，矮颈，溜肩，鼓腹弧收，圜平底。肩部刻印篆书"广阳"二字，腹部饰一周戳印纹，下腹及底拍印绳纹。口径 18.8 厘米，腹径 26.8. 厘米，底 径 8.2 厘 米，高 20.6 厘米（图六一；彩版四二，4）。

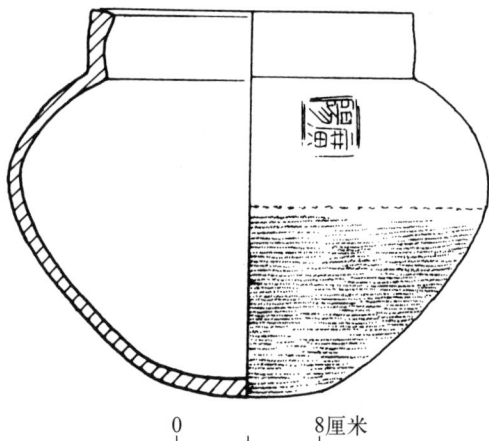

图六一　M41 出土陶罐（M41：1）

二十一、M42

1. 墓葬形制

M42 位于发掘区 I 区西部，T1402 东南部，南邻 M43。开口于④层下，墓口距地表 4.3 米。东西向，方向 275°。为长方形竖穴土圹单室墓，东西长 3.5 米，宽 1.4～1.72 米，墓底距墓口 3.38 米。平面呈梯形，东窄西宽，四壁整齐较直，经过加工抹光，墓底较平，内填黄褐色花土，土质较硬，竖夯夯筑，夯层深 1.5 米，层厚 0.15～0.2 米，夯窝直径约 0.03～0.06 米（图六二；彩版九，2）。

葬具为一棺一椁，木质，腐朽严重，仅存朽痕。木椁平面呈"亚"字形，西宽东窄，东西长 2.97 米，宽 1.15～1.4 米，残高 0.64 米，板痕厚约 0.04 米；木棺位于椁内，平面呈长方形，略挤压变形，东西长 2.2 米，宽 0.81～1.02 米，残高 0.6 米，板痕厚约 0.04 米。棺内葬人骨架 1 具，保存一般，头向西，面向北，为仰身直肢葬，骨架长约 1.82 米，女性，年龄约 40 岁。

2. 出土器物

出土器物 2 件，陶器放置于椁内，棺外的北侧，铜带钩放于棺内右手旁。

陶罐　1 件。标本 M42：1，泥质灰陶，手轮兼制，火候高。敞口，折沿，尖唇，短束颈，溜肩，鼓腹，下腹弧收，平底。腹部饰二周凹弦纹、戳印纹及绳纹。口径 12.4 厘米，腹径 34.4 厘米，底径 16.4 厘米，高 32.2 厘米（图六三，1；彩版四二，5）。

铜带钩　1 件（残）。标本 M42：2，范铸，青铜质，钩首残缺，钩身截面呈扁圆形，圆钮。残长 3.4 厘米（图六三，2；彩版四二，6）。

二十二、M46

1. 墓葬形制

M46 位于发掘区 I 区西部，T1310 西南部，东南被 M56 打破，西北距 M40 约 1.5 米。开口于④层下，墓口距地表 4.3 米。南北向，方向 22°。为长方形竖穴土圹单室墓，南北长 3.8 米，宽

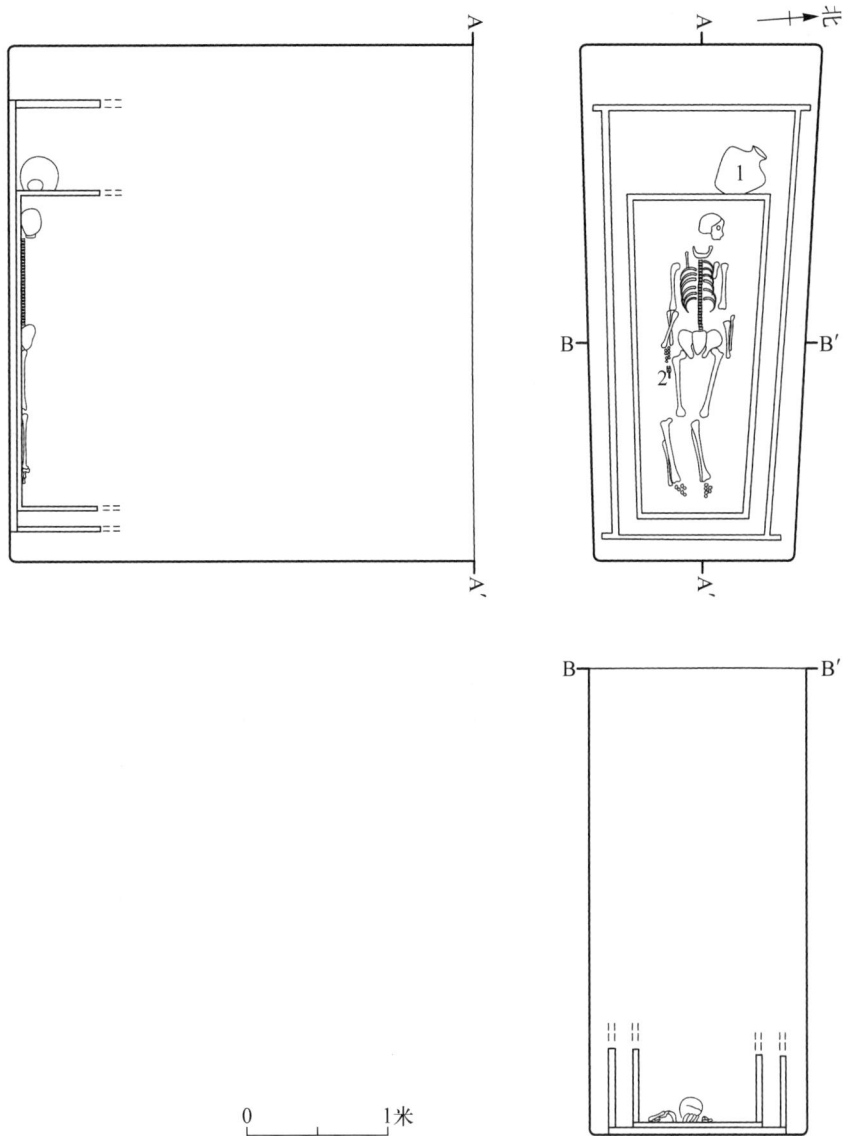

图六二 M42平、剖面图

1.陶罐 2.铜带钩

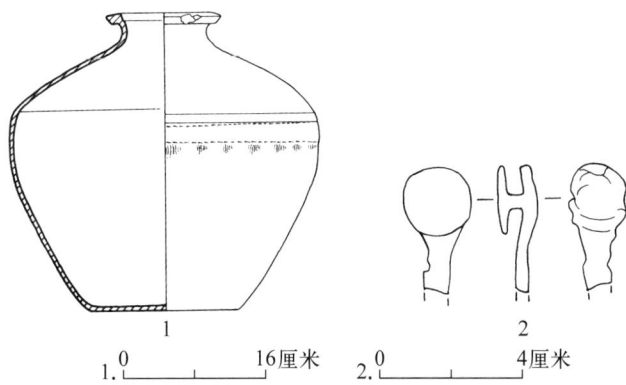

0   1米

图六三 M42出土器物

1.陶罐（M42：1） 2.铜带钩（M42：2）

1. 0   16厘米   2. 0   4厘米

1.44～1.64米，墓底距墓口3.28米。平面呈长方形，北宽南窄，四壁垂直整齐，经过加工抹光，墓底较平。西壁自上而下修筑四个脚窝，面宽0.16米，进深0.12米，高0.12～0.18米。土圹内填黄褐色花土，土质略硬，竖夯夯筑，夯层厚2.54米，每层厚约0.10～0.12米，夯窝直径约0.03～0.05米（图六四；彩版九，3）。

葬具为一椁一棺，木质，腐朽严重，仅存朽痕。木椁南北长3.52米，宽1.34米，残高0.56米。平面呈"亚"字形，顶部腐朽严重仅存朽痕，为东西向并列盖顶，东西侧板挤压变形，底部用木板横向平铺，板宽0.1米，厚0.04米；木棺位于椁内头箱的南侧，平面呈长方形，南北长1.84米，宽0.6米，残高0.2米，板痕厚约0.04米，底部铺垫一层厚约0.03米的白灰。棺内葬人骨架一具，保存较好，头向东，面向西，为仰身直肢葬，右侧上肢骨残缺，骨架长1.52米，男性，年龄约36岁。

2. 出土器物

4件，均放于头箱内。

陶罐　1件（残）。标本M46：1，泥质灰陶，手轮兼制，火候高。敛口，折沿，方圆唇，矮颈，鼓腹弧收，小平底。器表饰凹弦纹，下腹及底拍印绳纹。口径17.4厘米，腹径31.2厘米，底径8.2厘米，高30.8厘米（图六五，1；彩版四三，1）。

陶壶　2件（残）。标本M46：2，泥质灰陶，轮制，火候高。敞口内敛（口部略变形），折沿，尖圆唇，束颈，鼓腹弧收，矮圈足。颈和上腹饰彩绘，中腹有一周凹弦纹。口径13.4厘米，腹径22.4厘米，足径9.6厘米，高28.2厘米（图六五，2；彩版四三，2）。标本M46：3，残，无法复原。

陶鼎　1件（残）。标本M46：4，泥质灰陶，手轮兼制。敛口，口部贴对称双耳，耳外撇，浅腹弧收，圜底，下腹附贴三兽蹄形足。口径14.4厘米，残高10.6厘米（图六五，3）。

二十三、M49

1. 墓葬形制

M49位于发掘区Ⅰ区西部，T1311内南部，东邻M157，西部被M48打破。开口于④层下，墓口距地表4.3米。南北向，方向5°。为长方形竖穴土圹单室墓，南北长3.76米，宽1.44米，墓底距墓口2.06米。平面呈长方形，四壁垂直整齐，经过加工抹光，墓底较平。内填黄褐色花土，土质疏松（图六六）。

葬具为木棺与头箱，木质，腐朽严重，保存较差，仅存朽痕：头箱位于木棺的北侧，平面呈长方形，南北长1.46米，宽0.72～0.82米，残高0.24米，板痕厚约0.04米；木棺位于头箱的南侧，平面呈长方形，南北长1.82米，宽0.52米，残高0.24米，板痕厚约0.04米。棺内葬人骨架一具，保存较差，仅存头骨，头向北，面向西，葬式不详，女性，年龄约35岁。

2. 出土器物

出土器物4件，放于头箱内。

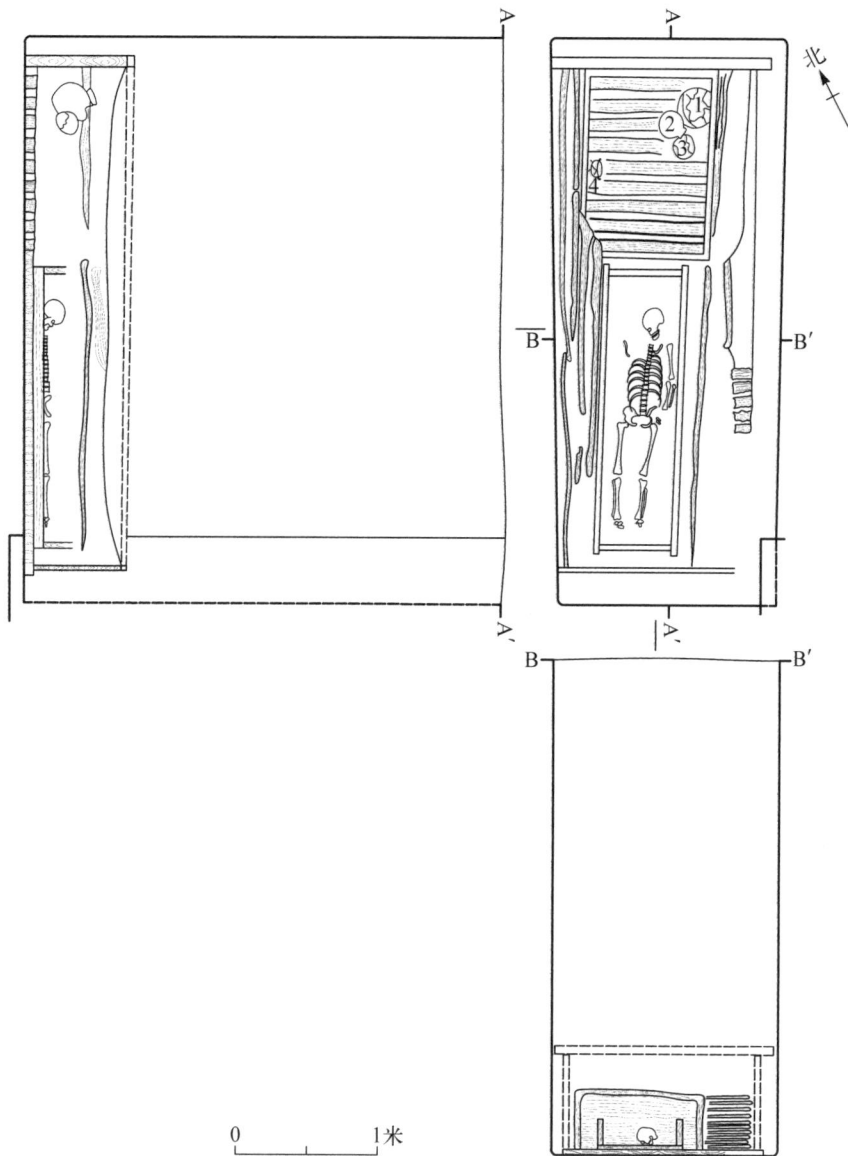

图六四　M46平、剖面图

1.陶罐　2.陶壶　3.陶壶　4.陶鼎

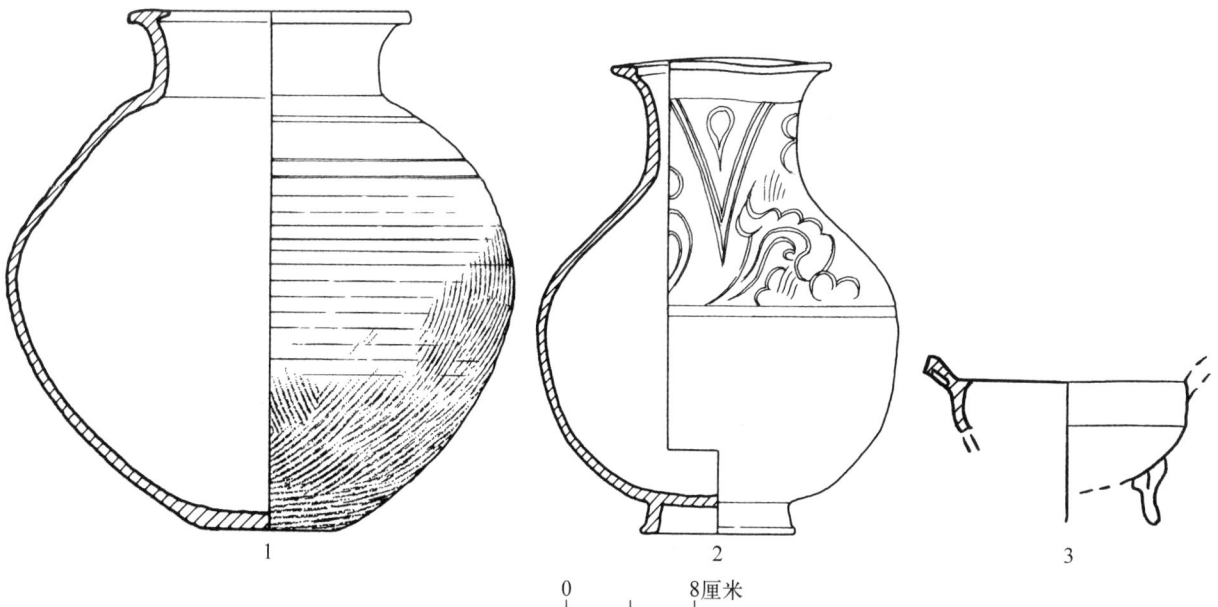

图六五　M46出土陶器

1.陶罐（M46:1）　2.陶壶（M46:2）　3.陶鼎（M46:4）

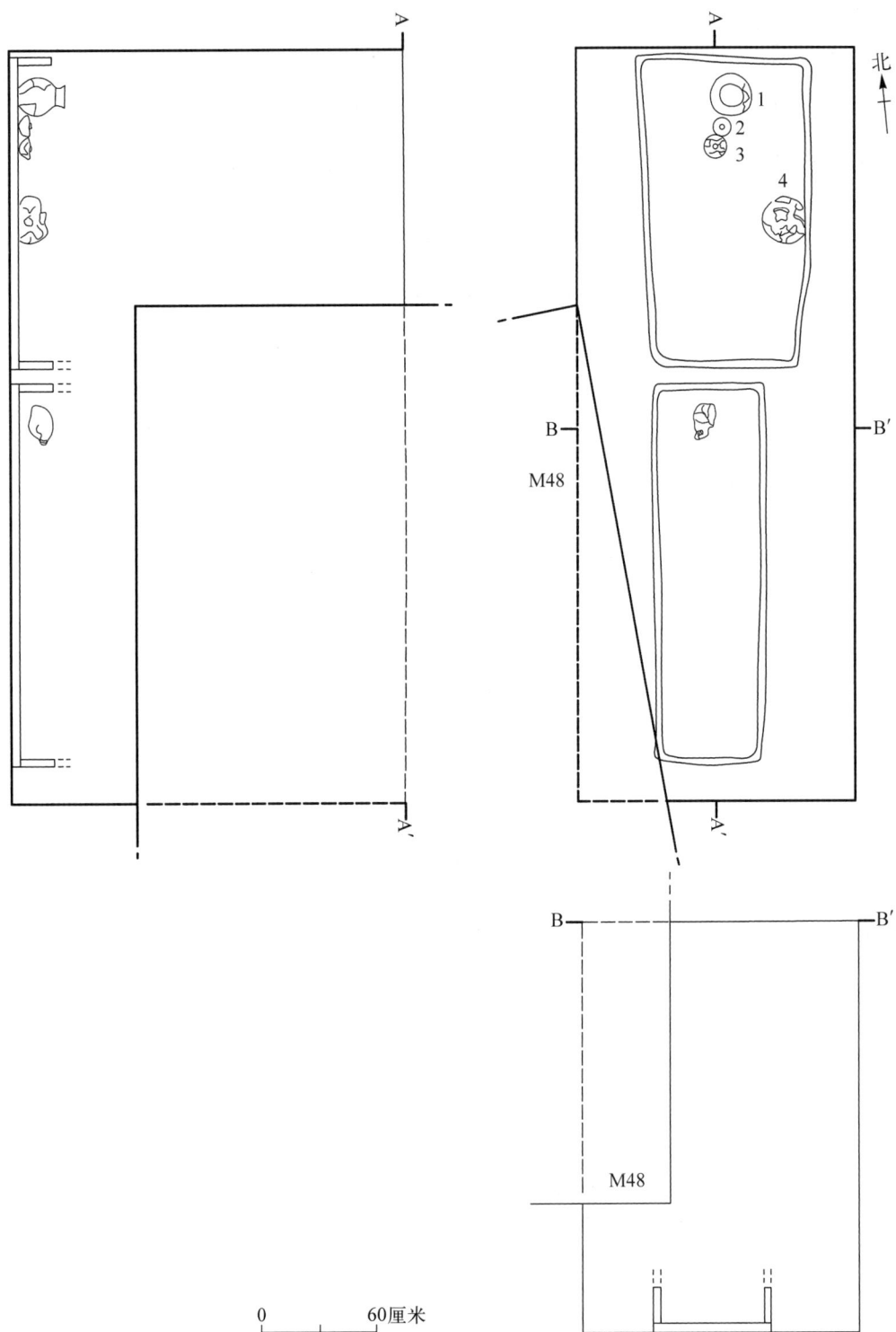

图六六　M49平、剖面图

1.陶罐　2.陶盒　3.陶盆　4.陶罐

陶罐 2件（残）。泥质灰陶，手轮兼制，火候高。标本M49：1，敞口，折沿，方唇，矮束颈，鼓腹弧收，小平底略上凹。上腹饰凹弦纹，下腹及底拍印绳纹。器表涂彩绘，已脱落，口径13.8厘米，腹径22.6厘米，底径4厘米，通高27.8厘米（图六七，1）。标本M49：4，敞口，内口凸起，折沿，方唇，矮束颈，鼓腹弧收，小平底略上凹。上腹饰凹弦纹，下腹及底拍印绳纹，口径14.2厘米，腹径21.2厘米，底径4.8厘米，通高2.72厘米（图六七，2）。

陶盒 1件套（残）。标本M49：2，泥质灰陶，轮制，盘胎痕明显，火候高。敞口内敛，曲腹，平底，覆盘形器盖。口径11.4厘米，底径4.2厘米，通高8.2厘米（图六七，4）。

陶盆 1件（残）。标本M49：3，泥质灰陶，轮制，火候高，盘胎及刮胎痕明显。敞口内敛，曲腹，平底。口径11.4厘米，底径4.2厘米，高4.1厘米（图六七，3）。

二十四、M51

1. 墓葬形制

M51位于发掘区Ⅰ区西部，T1312内中部，北部被M43打破，东邻M52，西部被M50打破。开口于④层下，墓口距地表4.3米。南北向，方向10°。为长方形竖穴土圹单室墓，南北长3.8米，东西宽1.2～1.3米，墓底距墓口2.06米。平面呈长方形，口底同宽，四壁整齐，底部较平，内填黄褐色花土，土质较硬，竖夯夯筑，夯层深1.3米，每层厚约0.08～0.12米，夯窝直径约0.03～0.05米（图六八）。

葬具为一椁一棺，木质，腐朽严重，仅存朽痕。椁平面呈为长方形，南北残长3.36米，残宽0.92米，残高0.62米，顶板与侧板腐朽严重，底板保存略好，底板均以长约0.92米，宽约0.16～0.22米的木板横向并列组成，椁板厚约0.06米；椁内放置木棺，仅存板灰，平面呈长方形，棺痕南北长

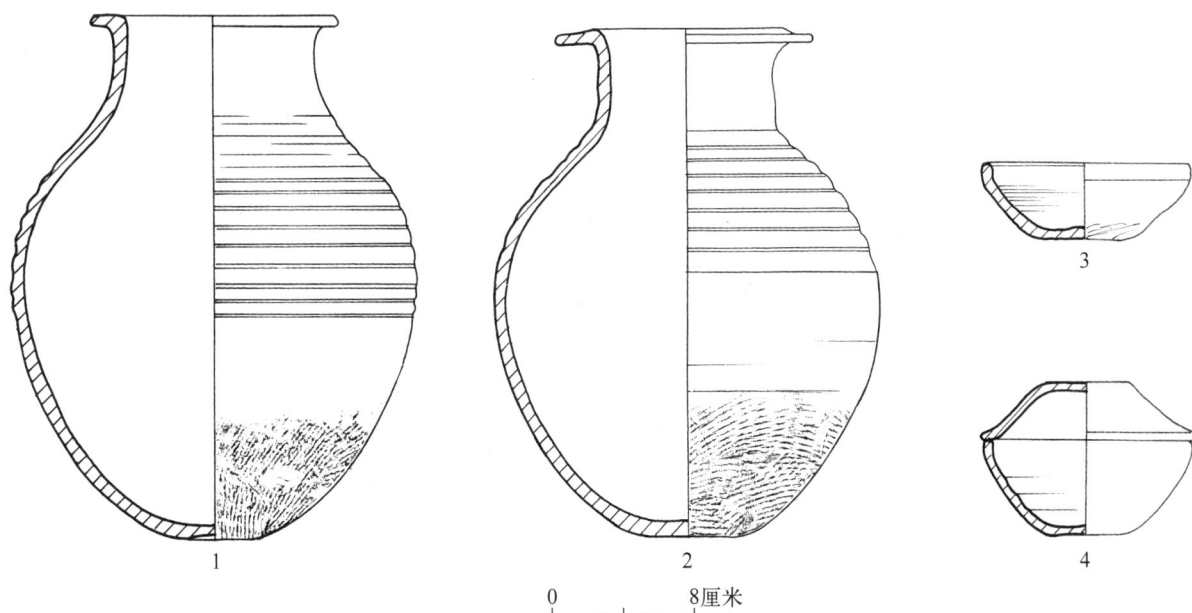

0   8厘米

图六七　M49出土陶器

1. 陶罐（M49：1）　2. 陶罐（M49：4）　3. 陶盆（M49：3）　4. 陶盒（M49：2）

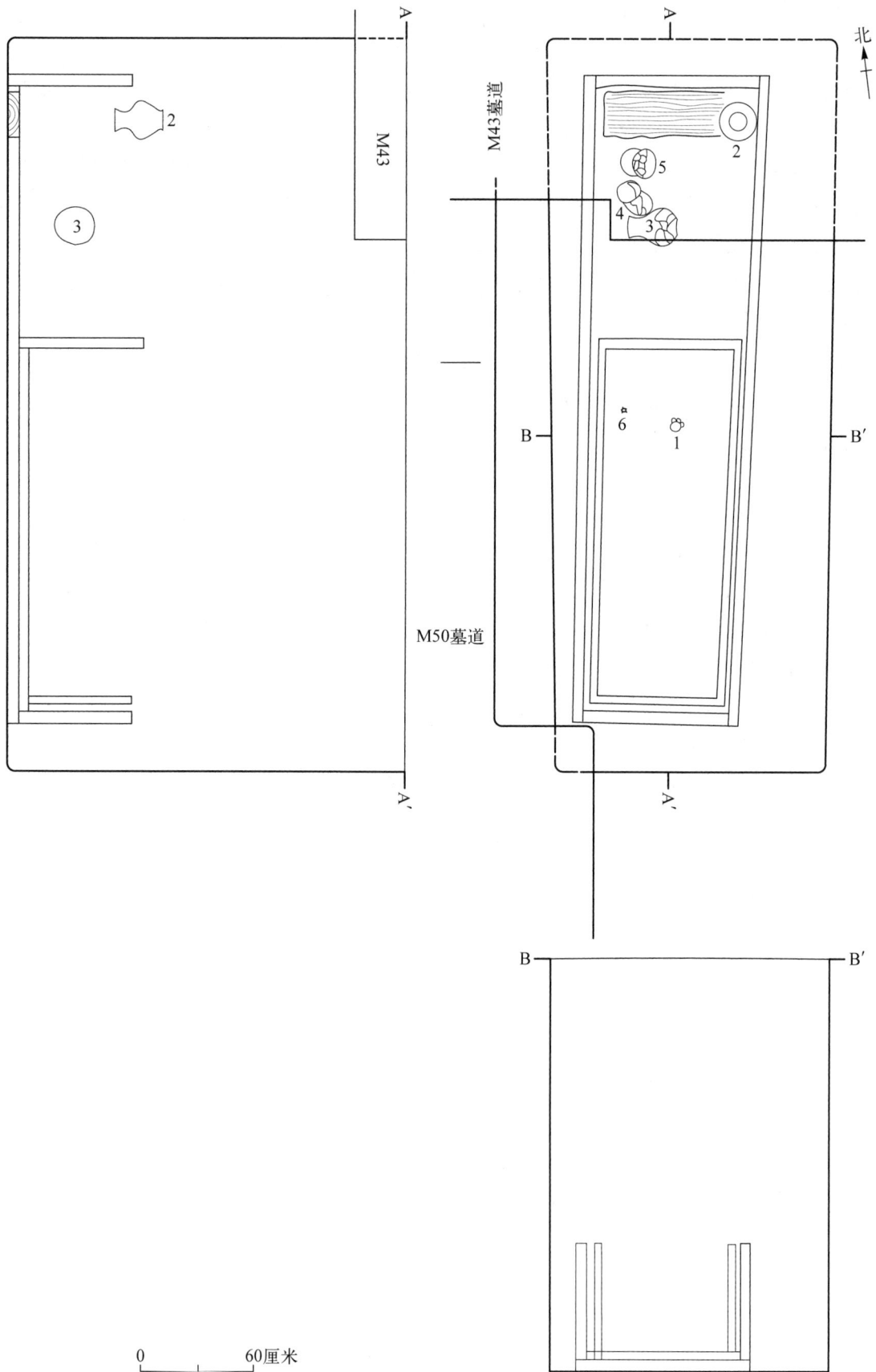

图六八　M51平、剖面图

1.铜铺兽　2.陶壶　3.陶壶　4.陶鼎　5.陶盒　6.龟形印

0　　　60厘米

1.94米,宽0.78米,残高0.52米,棺板厚约0.04米。棺内葬人骨架一具,保存较差,仅存痕迹,头向北,面向不详,为仰身直肢葬,身高不详,男性,年龄约40岁。

2. 出土器物

6件,放置于椁内,棺外的北端。

铜铺首 1件。标本M51:1,首面呈四叶柿蒂纹状,桥形钮,钮内系衔环。通高8.2厘米(图六九,5;彩版四三,6)。

陶壶 2件。泥质灰陶,手轮兼制,火候高。标本M51:2,敞口,折沿,方唇,短束颈,鼓腹,弧收,矮圈足。颈与上腹饰凹弦纹,下腹刮胎痕迹明显。口径12.4厘米,腹径20.4厘米,底径10.1厘米,通高26.2厘米(图六九,2;彩版四三,3)。标本M51:3,敞口,折沿,方唇,短束颈,鼓腹,弧收,矮圈足。器表饰彩绘图案,已脱落。口径12.1厘米,腹径20.2厘米,底径9.4厘米,通高26.8厘米(图六九,1;彩版四三,4)。

陶鼎 1件套(残)。标本M51:4,泥质灰陶,手轮兼制。子母口内敛,浅弧腹,圜底。口腹处贴对称双耳,耳外撇,下腹附三兽蹄形足,覆钵形器盖。口径15.4厘米,通高12.8厘米(图六九,4)。

陶盒 1件套(残)。标本M51:5,泥质灰陶,轮制,火候高。子母口,浅腹弧收,下腹见刮胎痕,平底,覆钵形器盖。口径14.2厘米,底径4.8厘米,通高10.1厘米(图六九,3;彩版四三,5)。

龟形印 1枚。标本M51:6,印体下部方形,上部龟形,正面篆书"任良和印"四字。边长1.7厘米,高1.2厘米(图六九,彩版四四,1、2)。

二十五、M53

1. 墓葬形制

M53位于发掘区Ⅰ区西部,T1312内东部,北邻M43,东邻M55,西邻M52。开口于④层下,墓口距地表4.3米。南北向,方向5°。为长方形竖穴土圹单室墓,南北长3.3米,宽1.44~1.58米,墓底距墓口2.3米。平面呈长方形,四壁整齐,经过加工抹光,距墓口1.6米时向内折收修筑宽窄不一的生土二层台,台宽0.12~0.3米,高0.7米,墓底较平。内填黄褐色花土,土质较硬,竖夯夯筑,夯层厚约1.4米,每层厚约0.13~0.17米,夯窝直径约0.03~0.05米(图七〇)。

葬具为一椁一棺,木质,腐朽严重,仅存朽痕。椁痕平面呈长方形,南北长约2.86米,宽0.98米,高0.7米,板痕厚约0.1米;棺位于椁内,平面呈长方形,南北长1.88米,宽0.78~0.82米,残高0.34米,板痕厚约0.08米。棺内葬人骨架一具,保存一般,头向北,面向不详,为仰身直肢葬,骨架长1.6米,男性,年龄约36岁。

2. 出土器物

出土器物5件,放置于椁内,棺外的北侧。

陶盒 2件。标本M53:1,泥质灰陶,轮制,火候高。敛口,浅腹,弧收,小平底。口径14.2厘

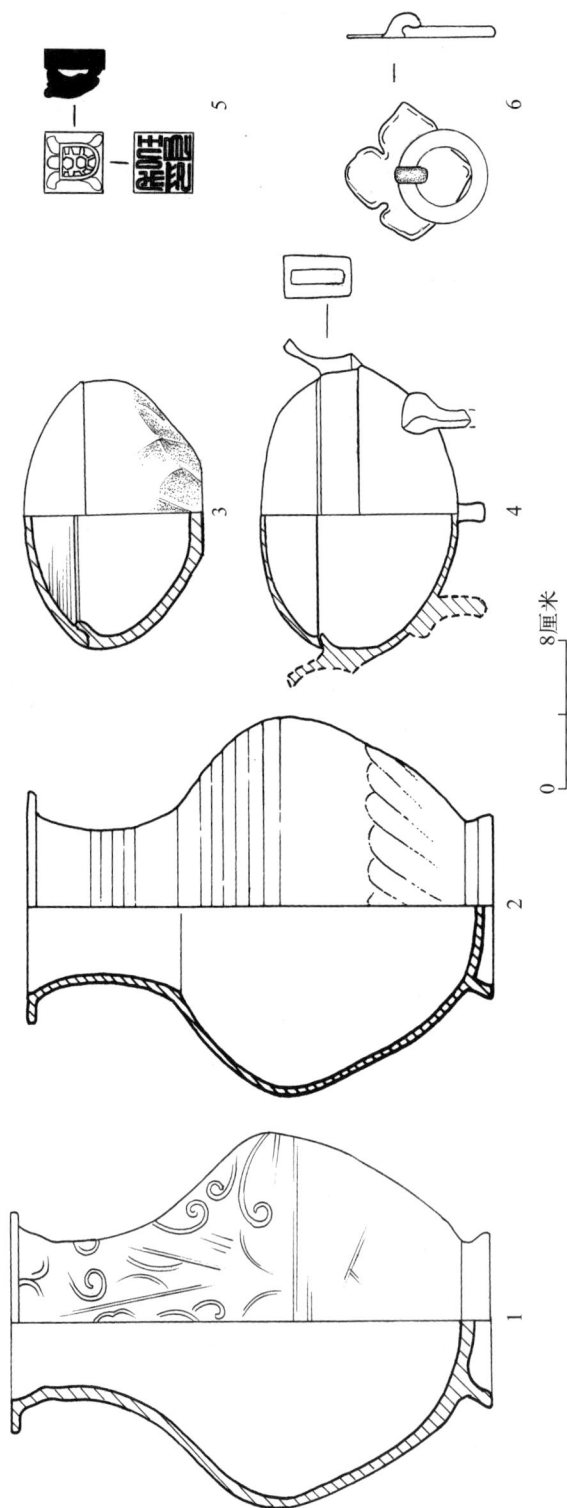

图六九　M51 出土器物

1. 陶壶（M51 : 3）　2. 陶壶（M51 : 2）　3. 陶盒（M51 : 5）　4. 陶鼎（M51 : 4）　5. 龟形印（M51 : 6）　6. 铜铺首（M51 : 1）

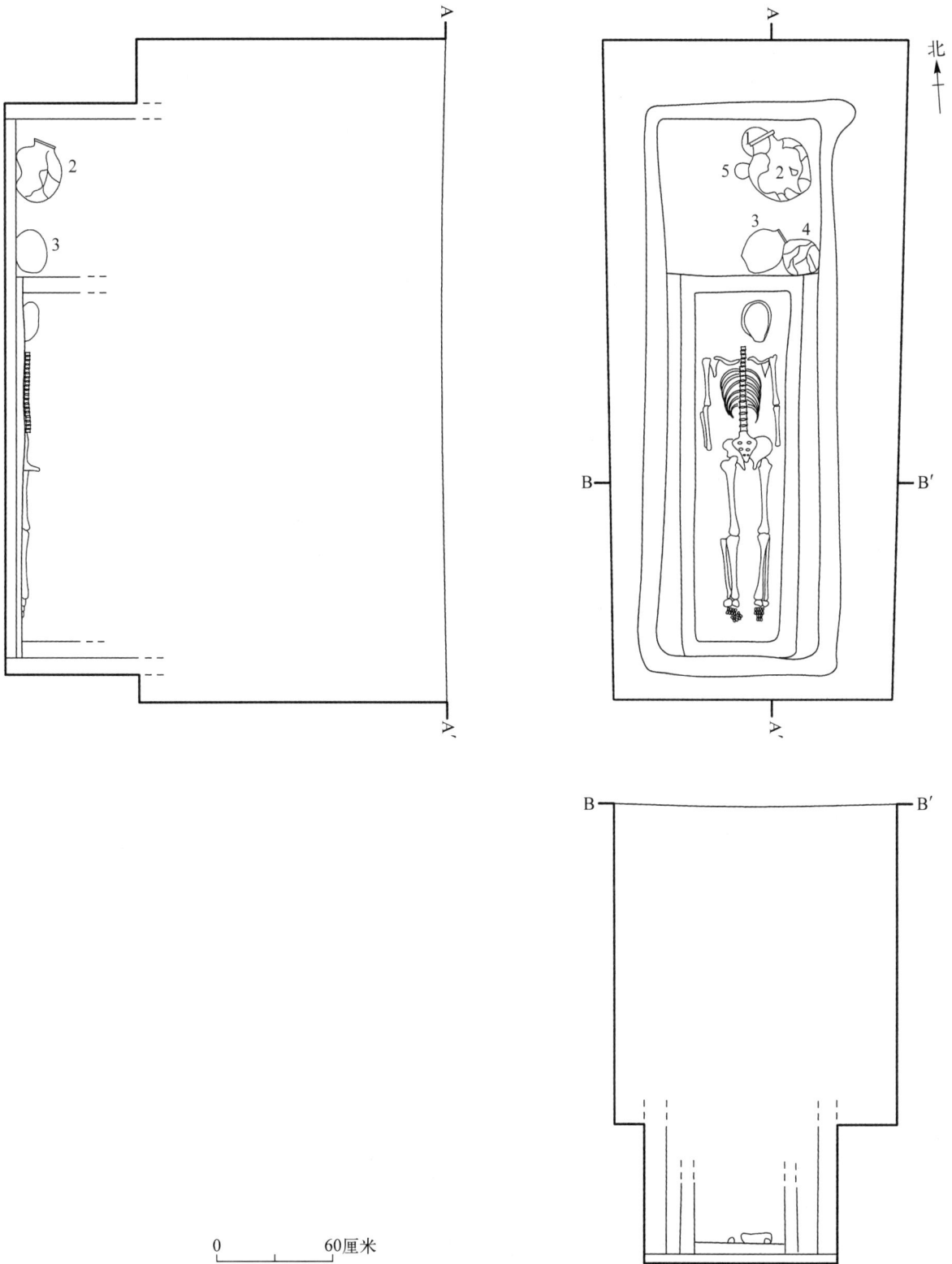

图七〇　M53平、剖面图

1.陶盒　2.陶罐　3.陶罐　4.陶罐　5.陶盒

米，底径4.6厘米，通高6.6厘米（图七一，4）。标本M53：5（套），敛口，浅腹弧收，小平底。覆钵形器盖，平顶，腹壁较曲，敛口。口径13.2厘米，底径4.2厘米，通高13.1厘米（图七一，5）。

陶罐　3件。标本M53：2，泥质灰陶，手轮兼制，火候高。敞口，折沿，方唇，短束颈，鼓腹弧收。小平略上凹。腹上部饰凹弦纹，下腹至底拍印绳纹。口径13厘米，腹径20.8厘米，底径6.2厘米，高26.4厘米（图七一，2）。标本M53：3，敛口，折沿，方唇，束颈，鼓腹曲收，平底，上腹与中腹饰凹弦纹，下腹压印绳纹。口径16.6厘米，腹径31.4厘米，底径12.4厘米，高30.1厘米（图七一，1）。标本M53：4，敞口，折沿，方唇，短束颈，鼓腹下斜收，小平底。腹上部饰凹弦纹，下腹压印绳纹。口径12.2厘米，腹径19厘米，底径6.4厘米，高25.8厘米（图七一，3）。

二十六、M56

1. 墓葬形制

M56位于发掘区Ⅰ区西部，T1310南部，西北邻M56。开口于④层下，墓口距地表4.3米。南北向，方向10°。为长方形竖穴土圹单室墓，南北长3.4米，宽1.32～1.38米，墓底距墓口3.24米。平面呈长方形，四壁整齐，经过加工抹光，底部较平。内填黄褐色花土，土质较硬，竖夯夯筑，夯层厚约1.6米，每层厚约0.08～0.15米，夯窝直径约0.03～0.05米（图七二；彩版一〇，1）。

葬具为一椁一棺，木质，腐朽严重，仅存朽痕。椁平面呈"亚"字形，南北长约2.4米，宽1.2米，高0.6米，板痕厚约0.08米；棺位于椁内，平面呈长方形，南北长1.9米，宽0.78～0.82米，残高0.32米，板痕厚约0.06米。棺内葬人骨架一具，保存较好，头向北，面向西，为仰身直肢葬，骨架长1.76米，女性，年龄约35岁。

2. 出土器物

出土器物1件，放置于椁内，棺外的北侧。

陶罐　1件。标本M56：1，泥质灰陶，手轮兼制，火候高。敞口，短折沿，尖唇，短束颈，矮颈，溜肩，鼓腹弧收，小平底。中腹饰凹弦纹，下腹至底拍印绳纹。口径12.2厘米，腹径21.2厘米，底径6.8厘米，通高22.6厘米（图七三）。

二十七、M57

1. 墓葬形制

M57位于发掘区Ⅰ区西部，T1313内南部，东邻M216，西邻M54。开口于④层下，墓口距地表4.3米。南北向，方向1°。为长方形竖穴土圹单室墓，南北长3.28米，宽1.08米，墓底距墓口2.3米。平面呈长方形，四壁整齐，经过加工抹光，底部较平。内填黄褐色花土，土质较硬，竖夯夯筑，每层厚0.1～0.12米，夯层深1.6米，夯窝直径约0.03～0.05米（图七四）。

葬具为木棺，腐朽严重，仅存棺痕。南北长1.86米，宽0.58米，残高0.28米，板痕厚约0.02米，底部铺垫一层厚约0.03米的白灰。棺内葬人骨架一具，保存较好，头向北，面向西，为仰身直肢葬，骨架长1.66米，男性，年龄约36岁。

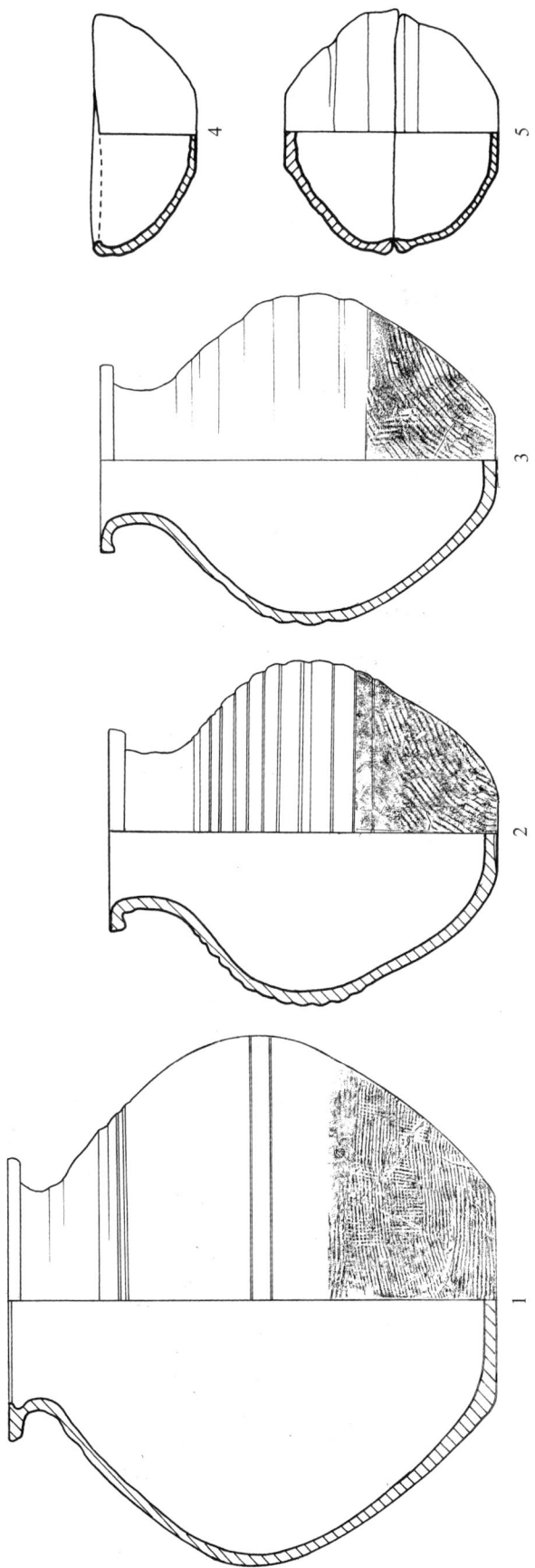

图七一 M53 出土陶器

1. 陶罐（M53：3） 2. 陶罐（M53：2） 3. 陶罐（M53：4） 4. 陶盒（M53：1） 5. 陶盒（M53：5）

0   8厘米

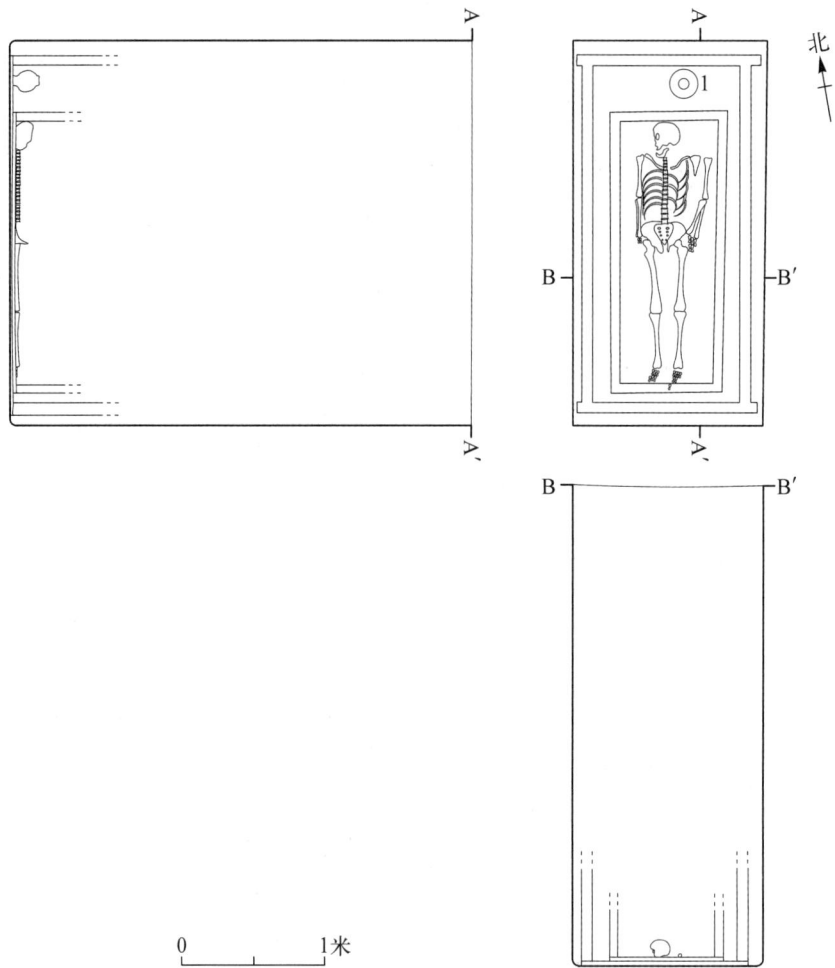

图七二　M56平、剖面图

1. 陶罐

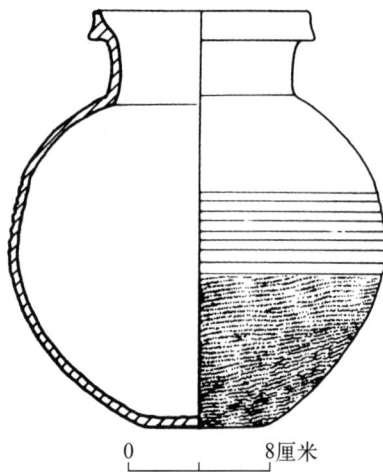

图七三　M56出土陶罐（M56：1）

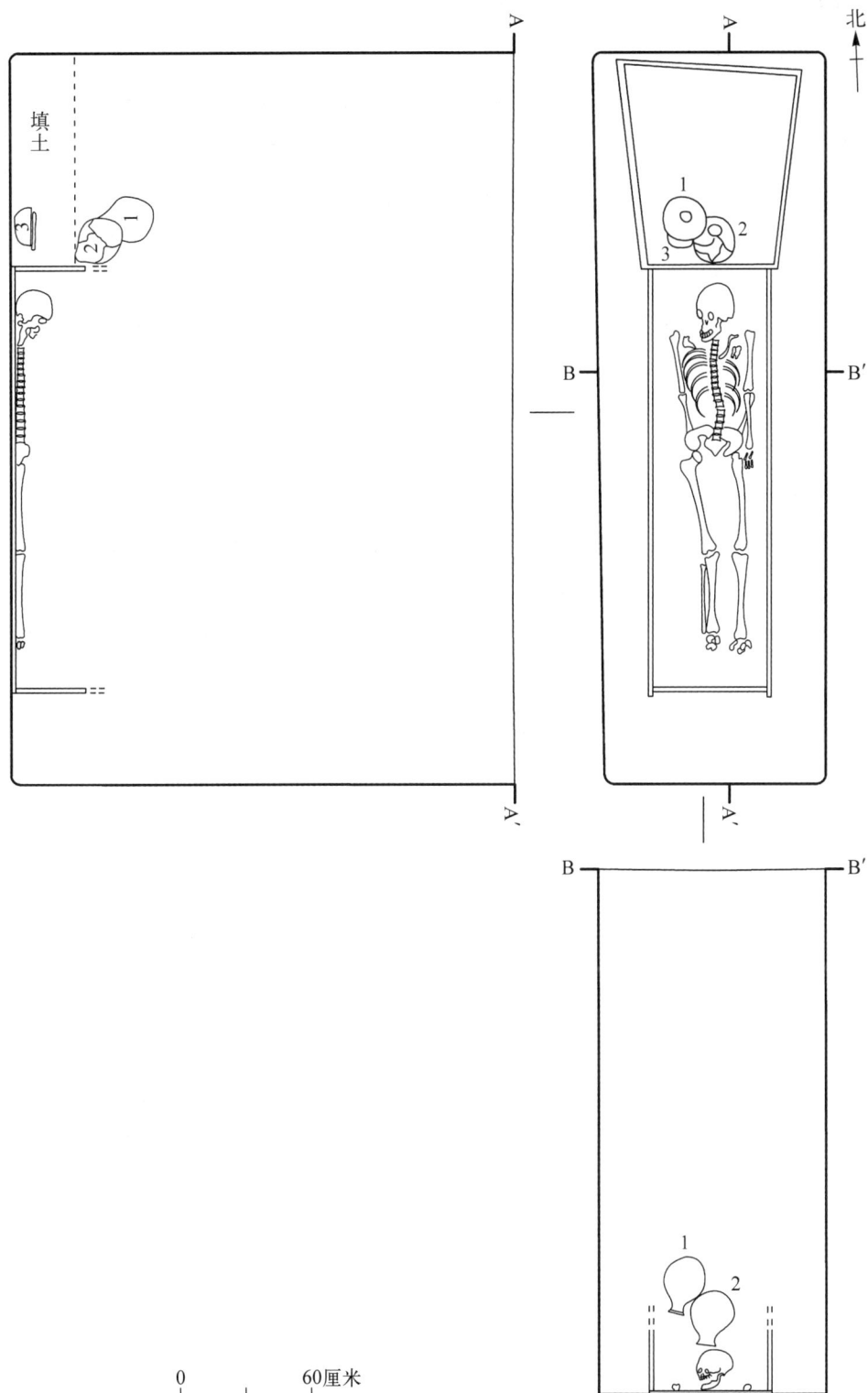

图七四　M57平、剖面图

1. 陶罐　2. 陶罐　3. 陶盒

2. 出土器物

出土器物3件，放置于棺外北侧。

陶罐　2件。泥质灰陶，手轮兼制，火候高。标本M57：1，敞口，折沿，方唇，短束颈，颈部一道凸棱，鼓腹弧收，小平底略上凹。下腹至底拍印绳纹。口径14.2厘米，腹径20.1厘米，底径6.2厘米，通高25.2厘米（图七五，2）。标本M57：2，敞口，折沿，方圆唇，短束颈，鼓腹弧收，小平底。上腹饰凹弦纹，下腹至底拍印绳纹。口径13.6厘米，腹径20.1厘米，底径5.4厘米，通高26.6厘米（图七五，1）。

陶盒　1件（套）。泥质灰陶，轮制，火候高。标本M57：3，敛口，弧腹平底。覆钵形器盖，敞口，弧壁，圜平顶。口径14.2厘米，底径7.4厘米，通高10.6厘米（图七五，3）。

二十八、M58

1. 墓葬形制

M58位于发掘区Ⅰ区西部，T1212内东北部，北邻M53，东邻M55，西邻M131。开口于④层下，墓口距地表4.3米。南北向，方向11°。为长方形竖穴土圹式单室墓，南北长4.26米，东西宽2.52米，墓底距墓口2.6米。口底同宽，四壁整齐，底部较平。内填黄褐色花土，土质较硬，经过夯

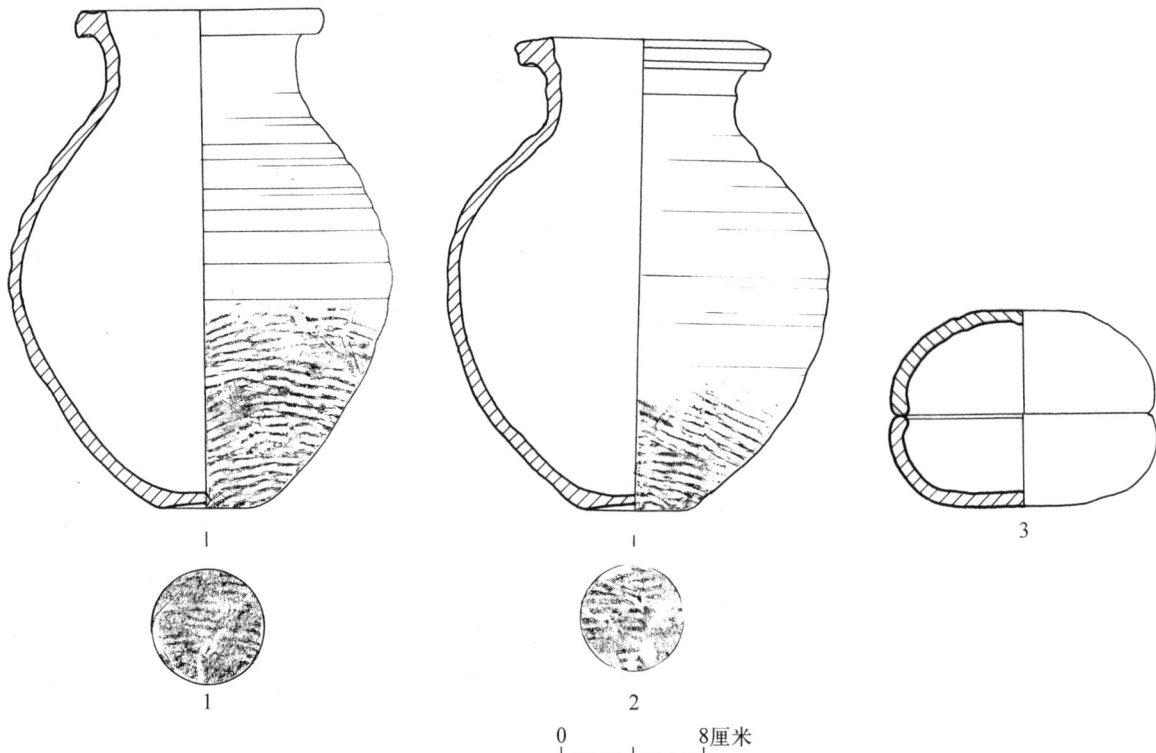

图七五　M57出土陶器

1. 陶罐（M57：2）　2. 陶罐（M57：1）　3. 陶盒（M57：3）

筑,竖夯,夯层深1.9米,每层厚0.08~0.12米,夯窝直径约0.03~0.05米(图七六;彩版一〇,2)。

葬具为一椁一棺,木质,腐朽严重,仅存朽痕。椁平面呈"亚"字形,南北长3.36米,宽1.4米,残高0.76米,顶部坍塌腐朽严重,侧板与底板保存一般。四周侧板遗留痕迹皆为四块,东西侧板长3.24米,南北挡板长1.94米,宽0.22米,厚0.06米,底板保存略好,用长1.4米,宽0.1~0.2米,厚0.06米的木板并列横铺;椁内放置木棺,平面呈长方形,南北长2.24米,宽0.97米,残高0.54米。棺盖保存略好,用四块宽窄不一的木板组成,残长2.1米,宽0.16~0.2米,厚0.06米。东西侧板与南北两端挡板皆为两块木板组成,东西侧板残长2.24米,挡板长0.82米,宽0.25米,板厚约0.06米。底板保存较差。棺内葬人骨架一具,保存较差,腐朽严重,头向、面向、葬式、身高、性别、年龄不详。

2. 出土器物

出土器物7件,除1号器物放置于椁内,棺外北侧外,其余器物均放置于椁内棺外的西侧。

陶罐　1件。标本M58:1,泥质灰陶,手轮兼制,火候高。敞口已变形,方唇,短束颈,鼓腹弧收,平底,下腹及底拍印绳纹。口径19.8厘米,腹径26.2厘米,底径9.8厘米,通高27.2厘米(图七七,5)。

陶壶　2件。泥质灰陶,轮制,火候较高。标本M58:2,盘口,方唇,短束颈,圆鼓腹弧收,喇叭口形高圈足。上腹及下腹各饰三周凹弦纹,器表彩绘已脱落。口径15.6厘米,腹径20.2厘米,底径13.6厘米,通高28.8厘米(图七七,7;彩版四四,3)。标本M58:3,盘口内敛,方唇,短束颈,圆鼓腹弧收,喇叭形高圈足。腹部及足外壁饰凹弦纹。口径14.4厘米,腹径19.8厘米,底径13.2厘米,通高26.4厘米(图七七,6;彩版四四,4)。

陶盒　2件套(带盖)。泥质灰陶,轮制,火候高。标本M58:6,子母口内敛,浅腹弧收,矮足,覆钵形器盖。盖及下腹壁各饰两周凹弦纹,器表所饰彩绘已脱落。口径19.2厘米,底径8.6厘米,通高16.2厘米(图七七,1;彩版四五,1)。标本M58:7,子母口内敛,浅腹弧收,饼形矮足内略凹,覆钵形器盖。盖及下腹壁各饰两周凹弦纹,器表所饰彩绘已脱落。口径17.2厘米,底径7.8厘米,通高14.2厘米(图七七,2;彩版四五,2)。

陶鼎　2件(带盖)。泥质灰陶,手轮兼制,火候高。标本M58:4,子母口内敛,浅腹弧收,圜底。口部贴对称双耳,方形,略外撇,饰回形纹,中部有凹槽,穿孔。底附三兽形蹄足。覆钵形器盖。口径18.1厘米,通高18.2厘米(图七七,3;彩版四四,5)。标本M58:5,子母口内敛,浅腹弧收,圜底。口部贴对称双耳,方形,略外撇,饰回形纹,中部有凹槽,穿孔。底附三兽形蹄足。覆钵形器盖。口径18.2厘米,通高17.2厘米(图七七,4;彩版四四,6)。

二十九、M70

1. 墓葬形制

M70位于发掘区Ⅰ区中部,T1016内东部,北邻M73。开口于④层下,墓口距地表4.3米。南北向,方向8°。为长方形竖穴土圹单室墓,南北长3.1米,东西宽1.06米,墓底距墓口2.14米。平面呈长方形,四壁整齐,底部较平,内填黄褐色花土,土质较疏松(图七八)。

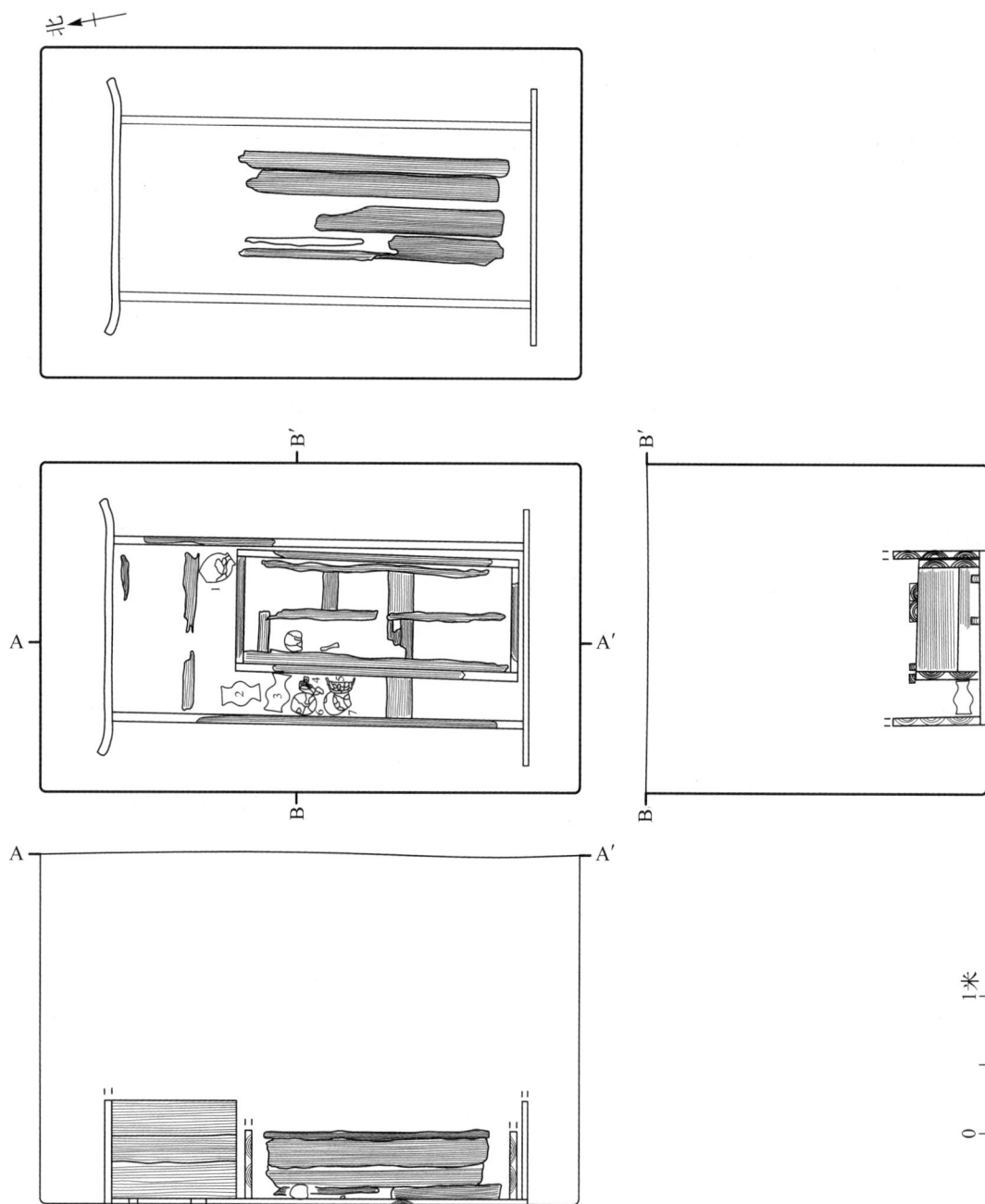

图七六　M58 平、剖面图

1. 陶罐　2. 陶壶　3. 陶壶　4. 陶鼎　5. 陶鼎　6. 陶盒　7. 陶盒

图七七 M58出土陶器

1.陶盒（M58：6） 2.陶盒（M58：7） 3.陶鼎（M58：4） 4.陶鼎（M58：5） 5.陶罐（M58：1） 6.陶壶（M58：3） 7.陶壶（M58：2）

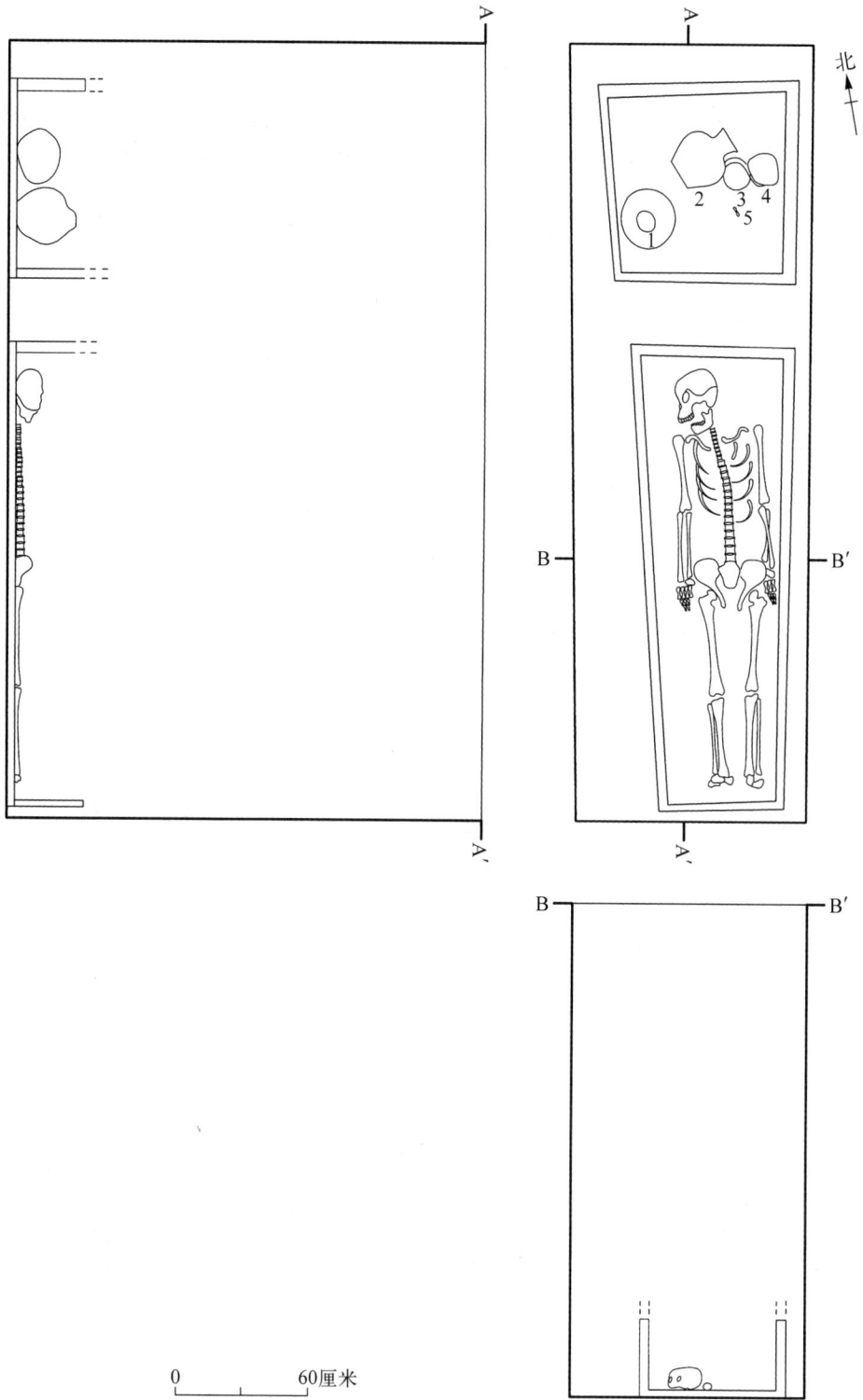

图七八　M70平、剖面图

1. 陶罐　2. 陶罐　3. 陶盒　4. 陶盒　5. 铜带钩

葬具为木棺与头箱，腐朽严重，仅存朽痕。棺痕略变形，平面呈长方形，南北长1.96米，宽0.54～0.68米，残高0.34米，板痕厚约0.04米。棺内葬人骨架一具，保存较好，头向北，面向西，为仰身直肢葬，身高1.7米，男性，年龄约36岁。头箱位于木棺的北侧，平面略呈长方形，南北长0.76米，东西宽0.8米，残高0.34米，板痕厚约0.04米。

2. 出土器物

5件，均放置于头箱内。

陶罐　2件，泥质灰陶，轮制，火候高。标本M70：1，敞口，折沿，方唇，束颈，鼓腹弧收，小平底略上凹。上腹饰凹弦纹，下腹拍印绳纹。口径13.6厘米，腹径19.4厘米，底径4.6厘米，通高23.8厘米（图七九，1）。标本M70：2，敞口，折沿，方唇，短束颈，圆鼓腹，小平底。颈部有一道凸棱，上腹饰凹弦纹。口径13.1厘米，腹径20.1厘米，底径6.2厘米，通高26.2厘米（图七九，2）。

陶盒　2件套。泥质灰陶，轮制，火候高。标本M70：3，子母口内敛，浅腹曲收，小平底，覆钵形器盖已变形。口径9.2厘米，底径3.8厘米，通高7.6厘米（图七九，4）；标本M70：4，敞口，浅腹上折，下曲收，小平底，覆钵形器盖。口径10.4厘米，底径3.8厘米，通高6厘米（图七九，3）。

铜带钩　1件。标本M70：5，范铸，青铜质，一端残缺，整体呈如意形，截面呈半圆形，圆钮。通长5.8厘米（图七九，5；彩版四五，3）。

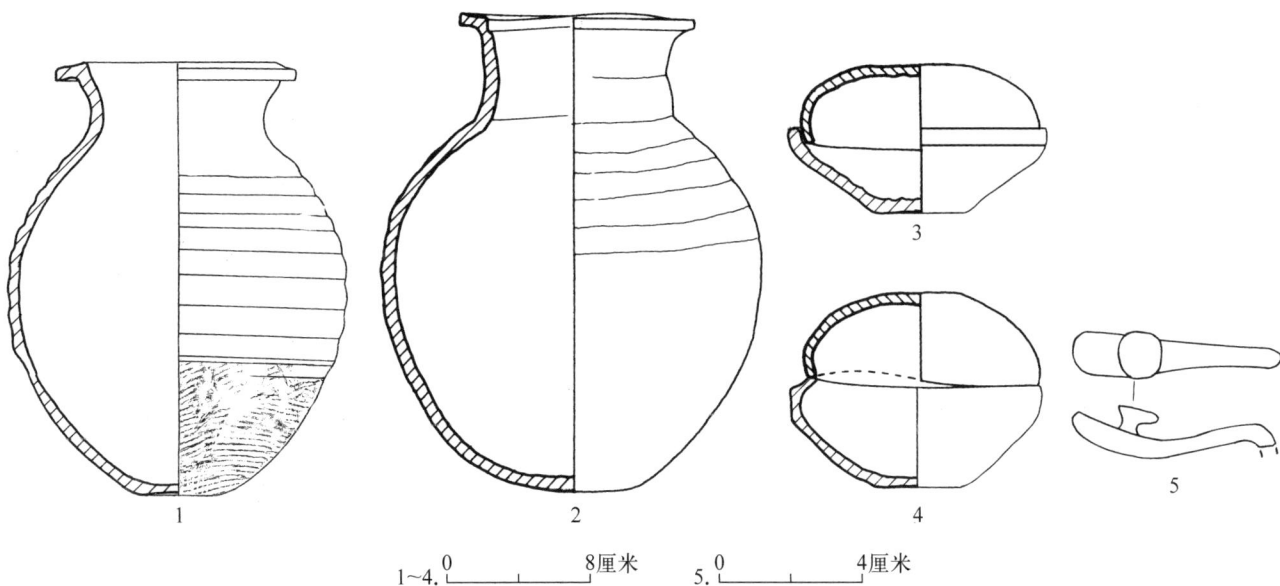

图七九　M70出土器物

1. 陶罐（M70：1）　2. 陶罐（M70：2）　3. 陶盒（M70：4）　4. 陶盒（M70：3）　5. 铜带钩（M70：5）

三十、M71

1. 墓葬形制

M71位于发掘区Ⅰ区南部，T0917内西南部，西邻M72。开口于④层下，墓口距地表4.3米。南北向，方向4°。为长方形竖穴土圹单室墓，口部南北长2.86米，宽1.52米；底部南北长2.6米，宽1.3米，墓底距墓口2.36米。平面呈长方形，口大底小，四壁整齐，经过加工抹光，底部较平。内填黄褐色花土，土质较硬，竖夯夯筑，每层厚0.12～0.15米，夯层深1.6米，夯窝直径约0.03～0.05米（图八〇）。

葬具为木棺，腐朽严重，仅存朽痕。棺痕平面呈长方形，南北长2.02米，宽0.82米，残高0.54米，板痕厚约0.02米。棺内葬人骨架一具，保存一般，头向北，面向西，为俯身直肢葬，骨架长1.63米，女性，年龄约35岁。

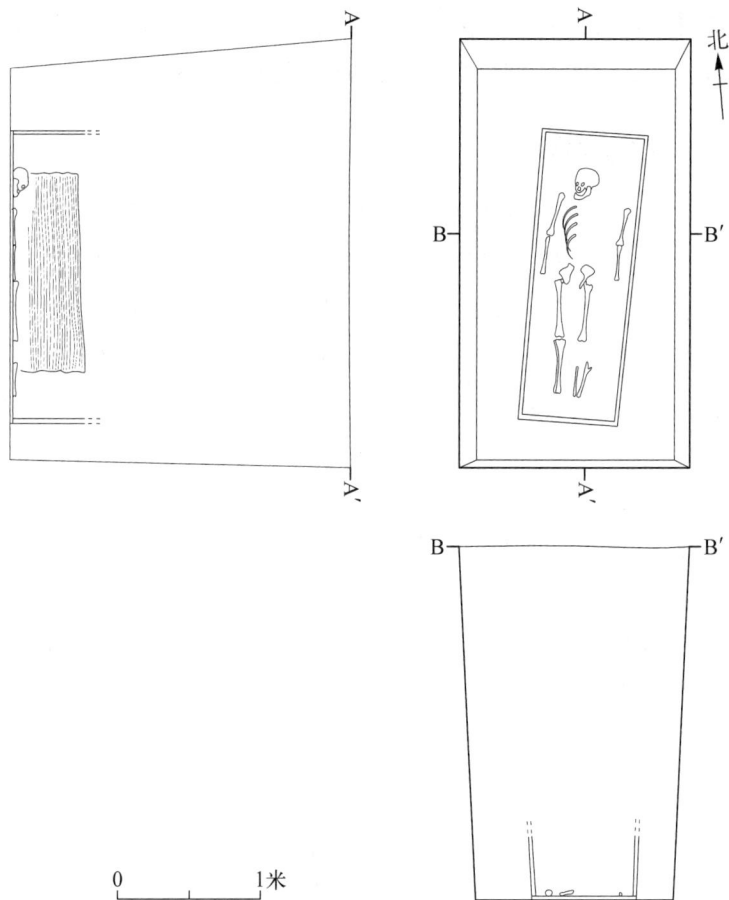

图八〇　M71平、剖面图

2. 出土器物

无。

三十一、M72

1. 墓葬形制

M72位于发掘区Ⅰ区南部，T0916内东南角，开口于④层下，墓口距地表4.3米。南北向，方向5°。为长方形竖穴土圹单室墓，南北长3.1米，宽1.5～1.64米，墓底距墓口2.5米。平面呈长方形，四壁整齐，经过加工抹光，墓底较平。内填黄褐色花土，土质较硬，竖夯夯筑，夯层厚约1.6米，每层厚约0.15～0.2米，夯窝直径约0.03～0.05米（图八一）。

葬具为一椁一棺，木质，腐朽严重，仅存朽痕。椁痕平面呈长方形，南北长2.42米，东西宽1米，残高0.3米，板痕厚约0.05米；棺痕平面呈长方形，南北长1.96米，宽0.74米，残高0.3米，板痕厚约0.05米。棺内葬人骨架一具，保存较差，凌乱，头向北，面向东，葬式、骨架长不详，男性，年龄约36岁。

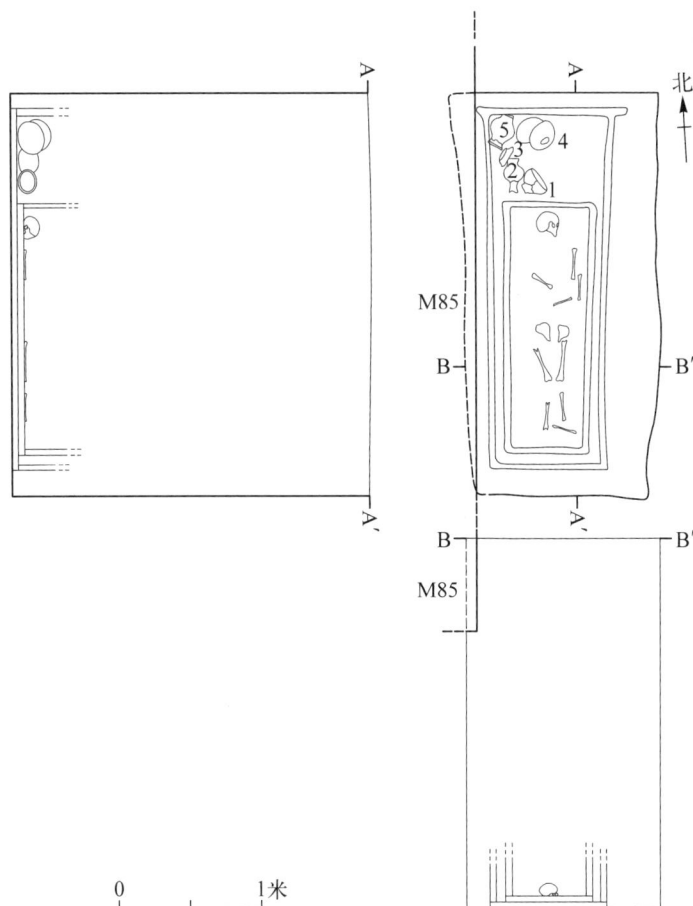

图八一 M72平、剖面图

1.陶鼎 2.陶壶 3.木算筹 4.陶鼎 5.陶壶

2. 出土器物

出土器物5件,放置于头箱内。

陶鼎 2件。泥质灰陶,手轮兼制。标本M72:1,子母口内敛,鼓腹,弧收,圜底,上腹饰二周凹弦纹,中腹附贴三兽蹄形足。覆盘形器盖,盖口外撇,盖顶为柱状圆钮,钮首外折,内空。口径16.4厘米,腹径20.4厘米,通高15.2厘米(图八二,2;彩版四六,1)。标本M72:4,子母口内敛,鼓腹弧收,圜底,上腹饰二周凹弦纹,下腹饰二组弦纹并附贴三兽蹄形足。覆盘形器盖,盖口外撇,盖顶为圆环状乳突。口径16.2厘米,腹径20.4厘米,通高17.2厘米(图八二,1;彩版四五,6)。

陶壶 2件。泥质灰陶,轮制。标本M72:2,盘口,长束颈,颈部饰弦纹,圆鼓腹弧收,覆盘形圈足,饰凹弦纹。口径13.8厘米,腹径19.4厘米,底径11.6厘米,高25.4厘米(图八二,5;彩版四五,4)。标本M72:5,浅盘口,束颈,鼓腹弧收,假圈足,颈与上腹饰凹弦纹。口径19.8厘米,腹径厘20.1米,底径10.8厘米,高27.2厘米(图八二,4;彩版四五,5)。

木算筹 12块,形制相同。标本M72:3,木质,手磨兼制。平面呈长方形,长2.4厘米,宽1.5

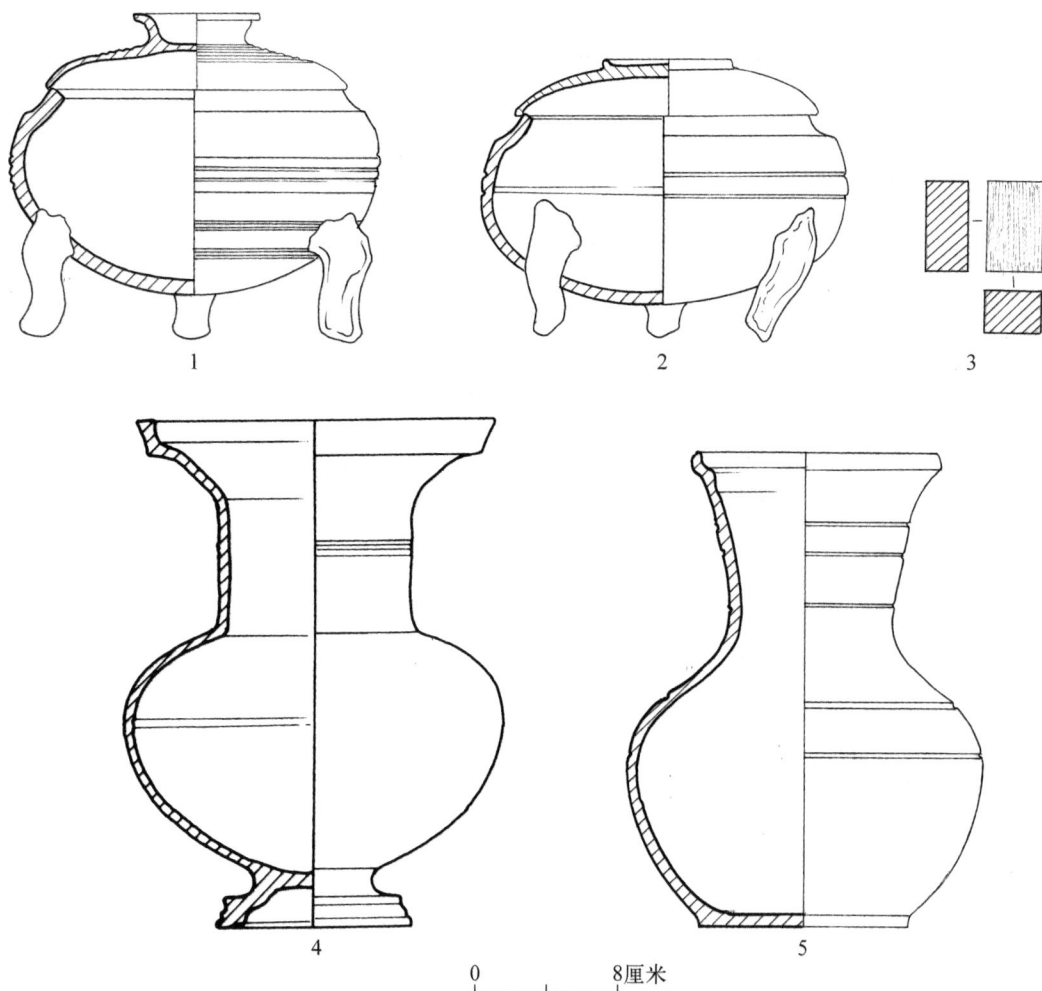

图八二　M72出土器物

1. 陶鼎（M72:4）　2. 陶鼎（M72:1）　3. 木算筹（M72:3）　4. 陶壶（M72:5）　5. 陶壶（M72:2）

厘米，厚1.1厘米（图八二,3；彩版四六,2）。

三十二、M73

1. 墓葬形制

M73位于发掘区Ⅰ区中部，T1016内东部，南邻M70。开口于④层下，墓口距地表4.2米。南北向，方向5°。为长方形竖穴土圹单室墓，南北长3米，宽1.3～1.4米，墓底距墓口1.94米。四壁整齐，经过加工抹光，底部北高南低较平整。内填黄褐色花土，土质较硬，竖夯夯筑，每层厚0.15～0.2米，夯层深1.3米，夯窝直径约0.03～0.05米（图八三）。

葬具为一椁一棺，木质，腐朽严重，仅存朽痕。椁痕平面呈长方形，南北长2.32米，宽0.78～0.82米，残高0.34米，板痕厚0.04米。棺痕平面呈长方形，南北长2米，宽0.6米，残高0.34米，板痕厚约0.06～0.1米。棺内葬人骨架一具，保存较好，头向北，面向西，为仰身直肢葬，身高

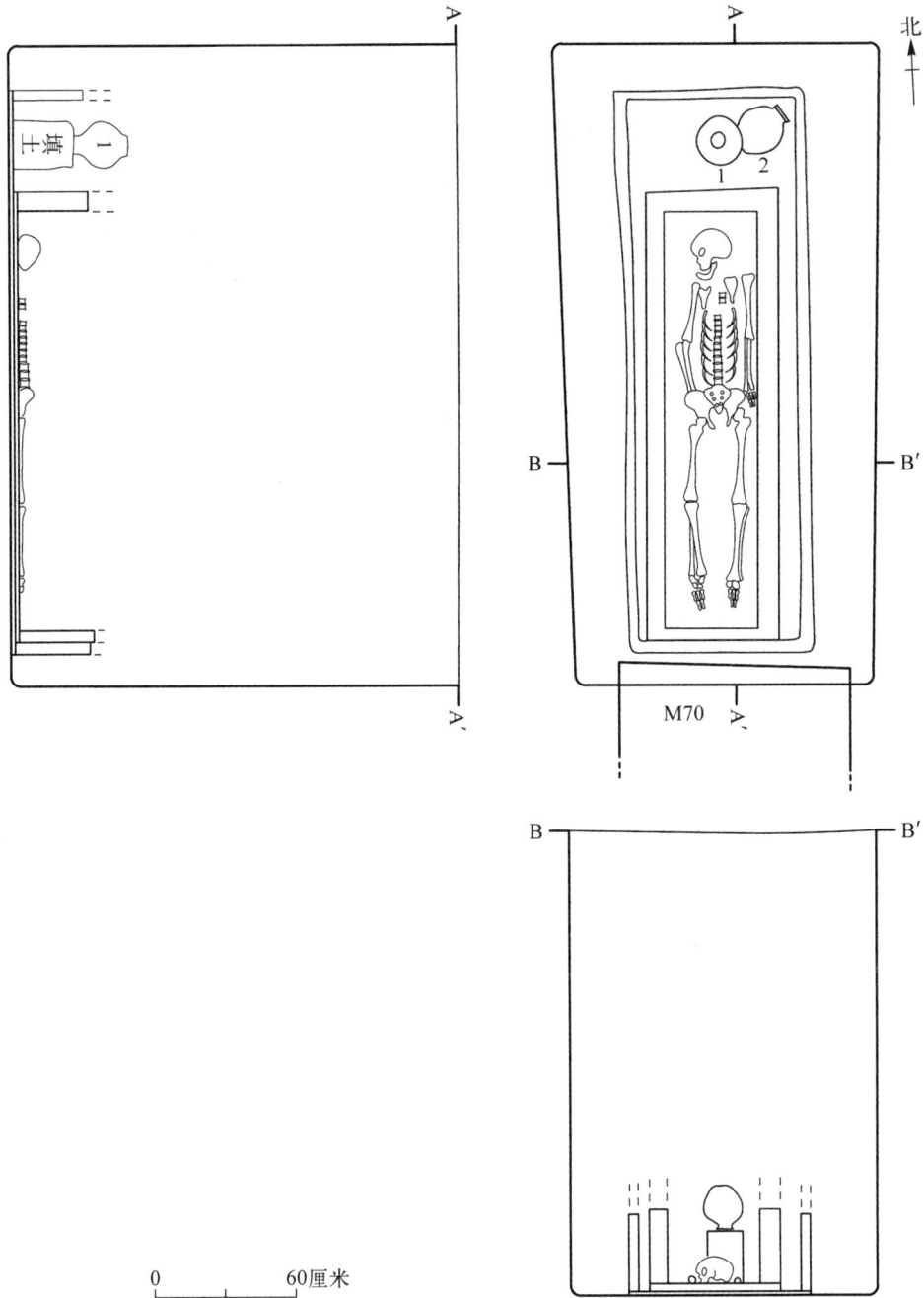

图八三　M73平、剖面图

1. 陶罐　2. 陶罐

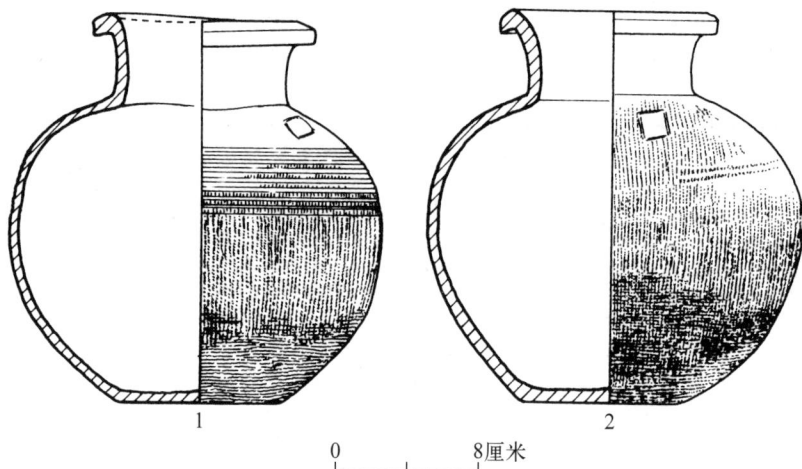

图八四　M73 出土陶罐

1. 陶罐（M73∶1）　　2. 陶罐（M73∶2）

1.7米，男性，年龄约35岁。

2. 出土器物

出土器物2件，均放置于头箱内。

陶罐　2件。标本 M73∶1，泥质灰陶，手轮兼制，火候高。敞口折沿，方唇，短束颈，溜肩，鼓腹弧收，平底。肩部刻印"□□"二字，字迹不清，上腹饰凹弦纹，下腹至底拍印绳纹。口径12.2厘米。腹径20.8厘米，底径8.8厘米，通高21.2厘米（图八四，1；彩版四五，3）。标本 M73∶2，敞口，折沿，方唇，短束颈，溜肩，鼓腹弧收，平底。肩部刻印"□□"二字，字迹不清，上腹至底拍印绳纹。口径12.4厘米，腹径21.2厘米，底径8.6厘米，通高21.3厘米（图八四，2；彩版四五，4）。

三十三、M77

1. 墓葬形制

M77位于发掘区Ⅰ区中部，T1116内东北角，南部被M76打破。开口于④层下，墓口距地表4.2米。南北向，方向10°。为长方形竖穴土圹单室墓，南北长2.7米，宽1.2～1.28米，墓底距墓口2.86米。平面略呈长方形，北部略宽于南部，四壁整齐，经过加工抹光，底部较平。内填黄褐色花土，土质较疏松，含细沙（图八五）。

葬具为一棺一头箱，木质，腐朽严重，仅存朽痕：棺位于头箱的南侧，平面呈长方形，南北长1.86米，宽0.8米，残高0.38米，板痕厚约0.04米。棺内葬人骨架一具，保存一般，头向北，面向东，为仰身直肢葬，骨架长1.64米，女性，年龄约35岁。头箱位于木棺的北侧，平面呈长方形，东西长0.92米，南北宽0.6米，残高0.4米，板痕厚约0.04米。

北

M76

0　　　　60厘米

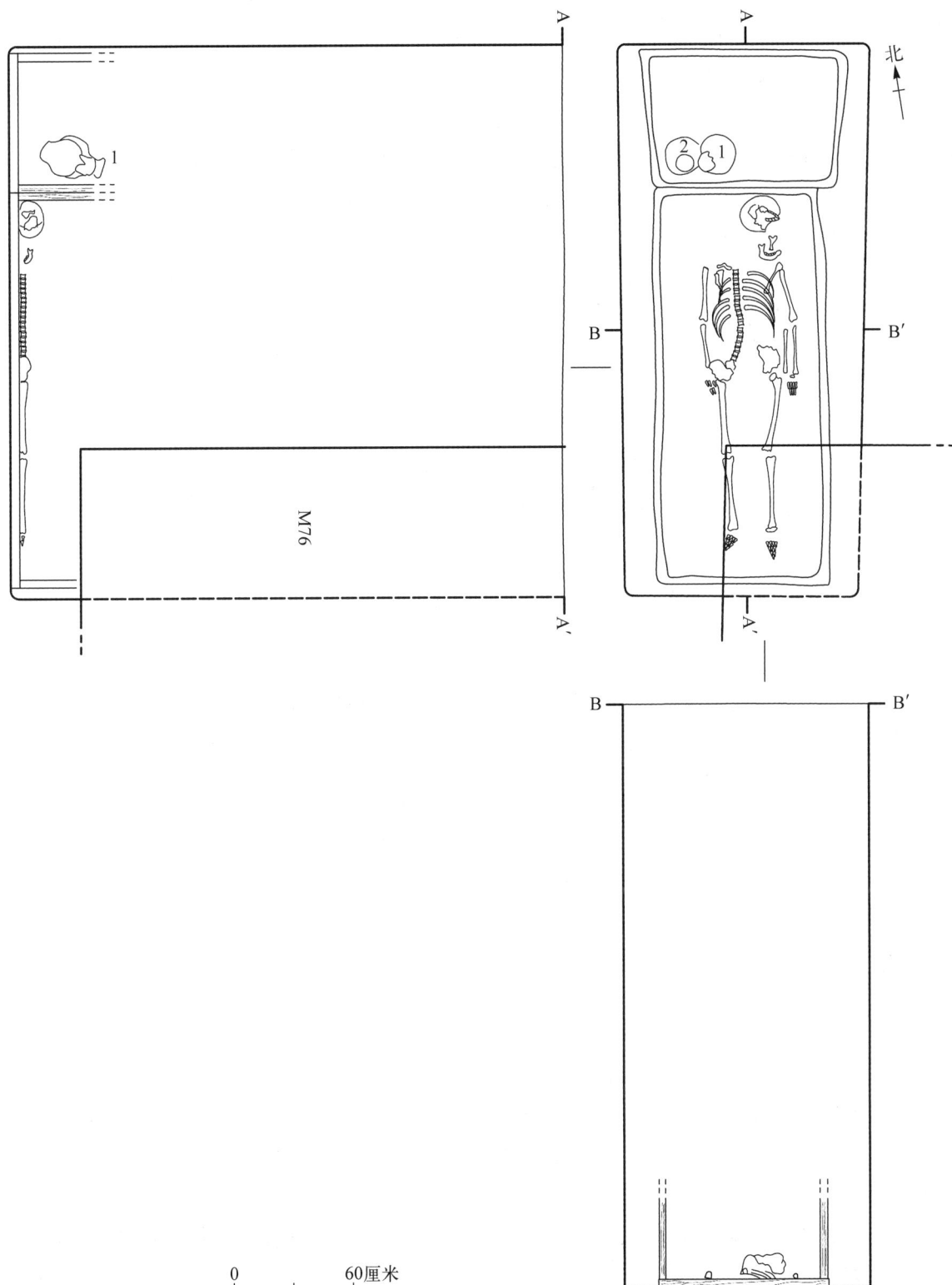

图八五　M77平、剖面图

1. 陶壶　2. 陶壶

2. 出土器物

出土器物2件，放置于头箱内。

陶壶 2件。标本M77：1，泥质灰陶，轮制，火候高。敞口，束颈，鼓腹，弧收，圈足底，足壁外撇。中腹及足外饰凹弦纹。口径11.8厘米，腹径20.6厘米，底径12.1厘米，通高25.4厘米（图八六，2）。标本M77：2（残），敞口，平折沿，尖唇，束颈，鼓腹弧收，覆盘形圈足，器表饰凹弦纹。口径14.8厘米，腹径20.8厘米，底径14.2厘米，通高28.8厘米（图八六，1）。

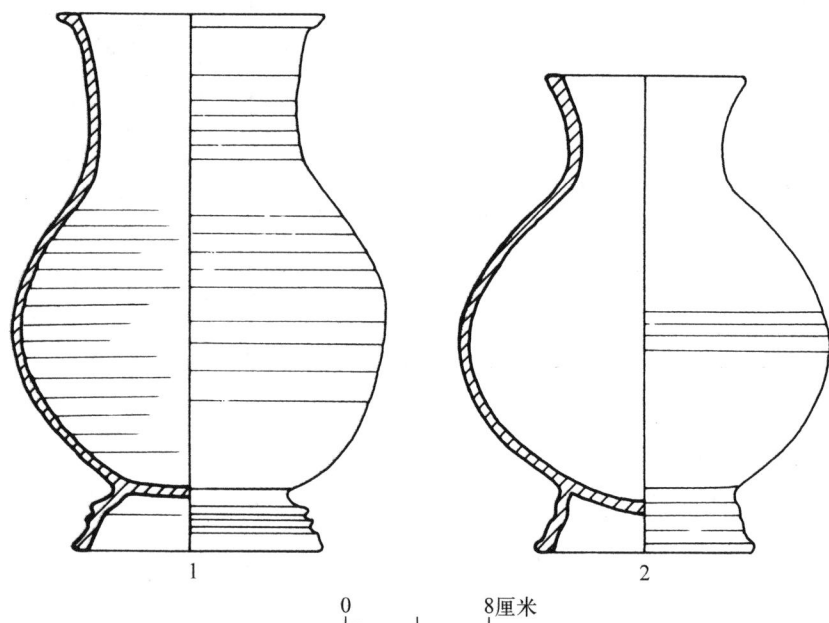

0   8厘米

图八六　M77出土陶壶

1. 陶壶（M77：2）　2. 陶壶（M77：1）

三十四、M78

1. 墓葬形制

M78位于发掘区Ⅰ区中部，T1117内北部，东侧被M79打破，开口于④层下，墓口距地表4.1米，南北向，方向15°。为长方形竖穴土圹墓，口部南北长2.7米，宽1.1米；底部南北长2.5米，宽0.92米，墓底距墓口1.7米。口大底小，四壁内斜，壁面经过加工抹光，墓底较平。内填黄褐色花土，土质较硬，集束夯夯筑，夯层深1米，夯层厚约0.1～0.12米，夯窝直径约0.03～0.05米（图八七）。

葬具为木棺与头箱，腐朽严重，仅存朽痕。头箱位于木棺的北端，平面呈长方形，东西长0.6米，宽0.44米，残高0.3米，板痕厚约0.04米；木棺位于头箱的南端，平面呈长方形，南北长1.96米，宽0.52～0.6米，残高0.3米，板痕厚约0.04米。棺内葬人骨架1具，保存较好，头向北，面向上，为仰身直肢葬，骨架长1.72米，性别男，年龄约35岁。

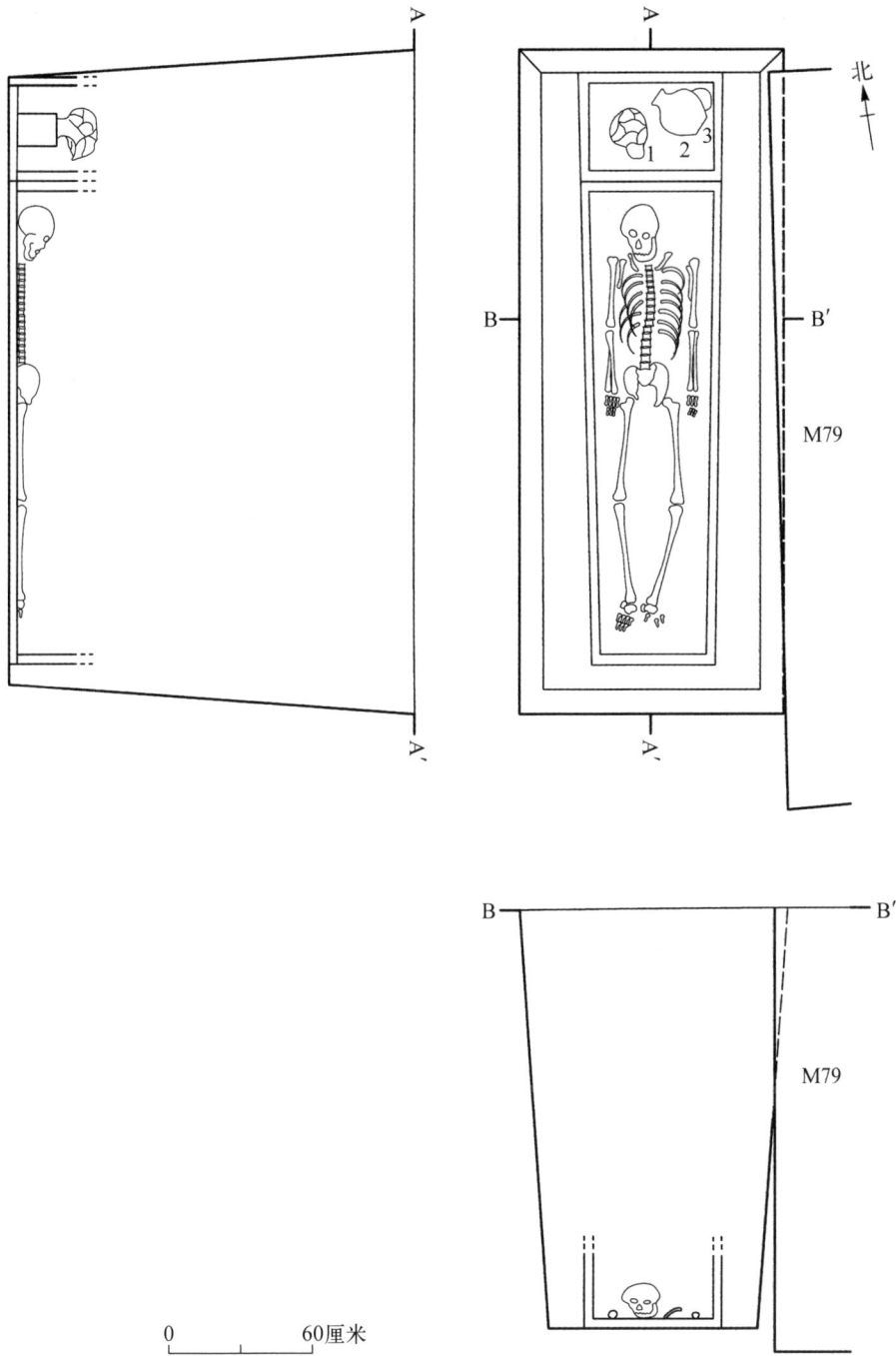

图八七　M78平、剖面图

1. 陶罐　2. 陶罐　3. 陶钵

2. 出土器物

出土器物3件，均为陶器，皆放于头箱内。

陶罐　2件（残，复原）。标本M78：1，泥质灰陶，手轮兼制。火候高。敞口，平折沿，沿上一周凹弦纹，方唇，短束颈，鼓腹弧收，小平底。上腹饰凹弦纹，下腹至底压印绳纹。口径12.2厘米，腹径19厘米，底径6厘米，通高24.2厘米（图八八，1；彩版四六，5）。标本M78：2（残，复原），火候略低。敞口，平折沿，方唇，短束颈，鼓腹弧收，小平底。上腹饰凹弦纹，下腹至底压印绳纹。口径12.4厘米，腹径20.5厘米，底径5.6厘米，通高25厘米（图八八，2；彩版四六，6）。

陶钵　1件。标本M78：3，泥质灰陶，轮制，火候较高。敞口内敛，束颈，鼓腹，斜腹略弧，小平底。口径16.4厘米，腹径17.6厘米，底径4.6厘米，通高6.8厘米（图八八，3）。

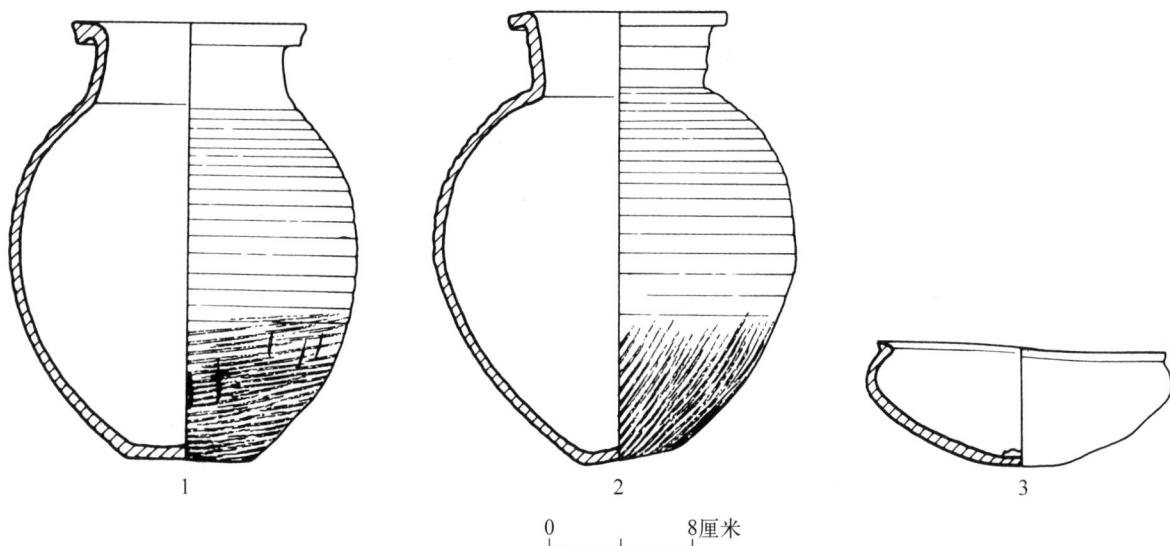

图八八　M78出土陶器

1. 陶罐（M78：1）　2. 陶罐（M78：2）　3. 陶钵（M78：3）

三十五、M79

1. 墓葬形制

M79位于发掘区Ⅰ区中部，T1117内北部，东邻M80，西邻M78。开口于④层下，墓口距地表4.2米。南北向，方向3°。为长方形竖穴土圹墓，墓圹南北长3米，宽1.2米，墓底距墓口1.8米。四壁整齐垂直，经过加工抹光，墓底较平（图八九）。内填黄褐色花土，土质较疏松。

葬具为木棺与头箱，腐朽严重，仅存朽痕。头箱位于木棺的北端，平面呈长方形，南北长0.98米，宽0.62～0.8米，残高0.4米，板痕厚约0.04米。木棺位于头箱的南端，平面呈长方形，南北长1.95米，宽0.6～0.7米，残高0.4米，板痕厚约0.04米。棺内葬人骨架一具，保存较好，头向西，面向南，为仰身直肢葬，骨架长1.64米，性别女，年龄约35岁。

2. 出土器物

出土器物4件，除铜钱放于棺内，其余器物放于头箱内。

陶壶　2件。泥质灰陶，轮制，火候高。标本M79：2，敞口，束颈，圆鼓腹，弧收，高足，足外

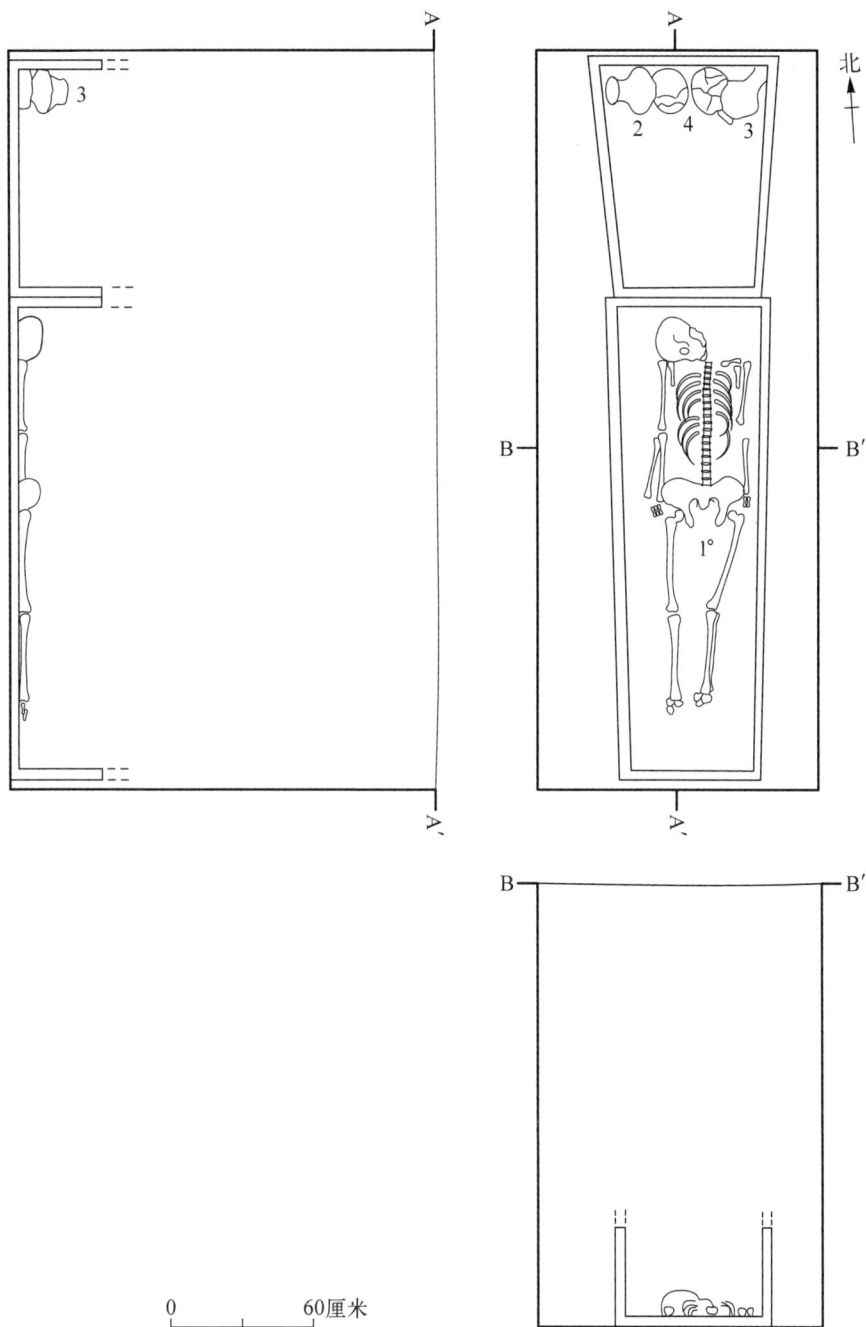

图八九　M79平、剖面图

1. 铜钱　2. 陶壶　3. 陶壶　4. 陶鼎

撇，下腹压印绳纹。口径10.6厘米，腹径18.4厘米，足径10厘米，通高25厘米（图九〇，1；彩版四七，1）；标本M79：3，敞口，束颈，圆鼓腹，弧收，高足，足外撇，下腹压印绳纹。口径11.4厘米，腹径19.6厘米，足径10厘米，通高25.6厘米（图九〇，2；彩版四七，2）。

　　陶鼎　1件（带盖）。标本M79：4，泥质灰陶，手轮兼制，火候高。敞口，浅腹，圜底，最大径

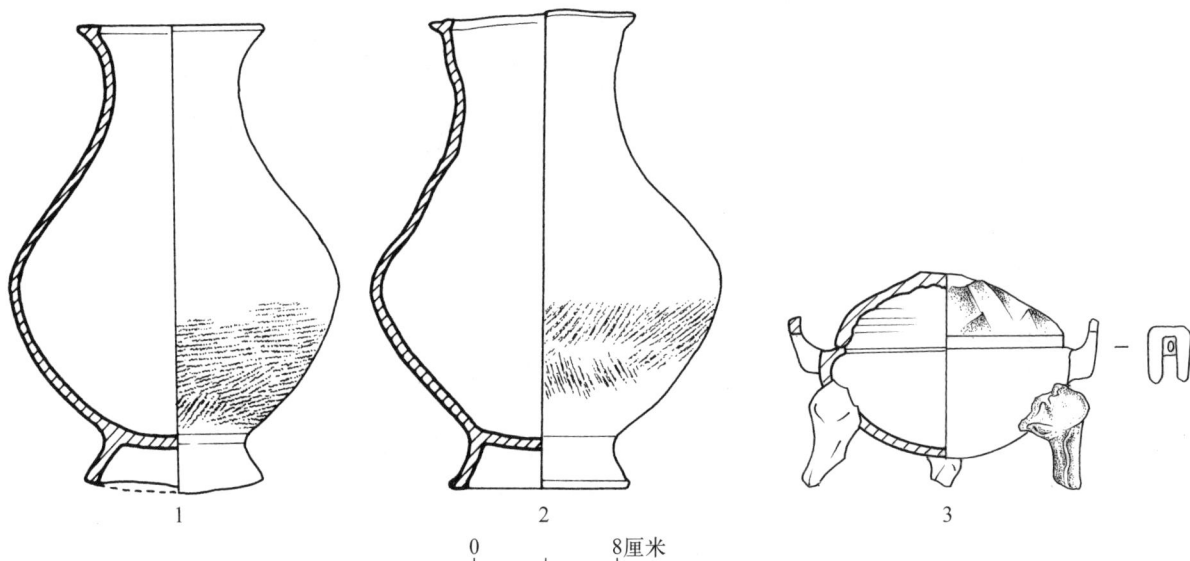

图九〇　M79出土陶器

1. 陶壶（M79:2）　2. 陶壶（M79:3）　3. 陶鼎（M79:4）

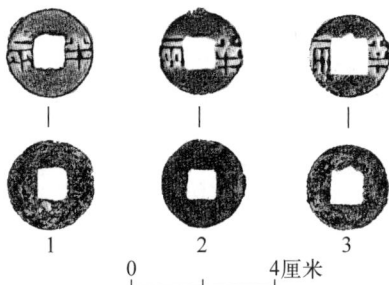

图九一　M79出土半两钱

1. M79:1-1　2. M79:1-2　3. M79:1-3

位于器身与器口结合处，接口处为子母口，附对称双耳，略外撇，外侧内凹，耳部穿孔，腹部贴三足，模制，形似马蹄。覆钵形盖，略变形。鼎下腹有刮胎痕。口径12.8厘米，通高11.6厘米（图九〇,3；彩版四七,3）。

半两铜钱　3枚。圆形方穿，正面穿左右篆书"半两"二字，"半"字两点折收，上横笔上折收，"两"字上横笔较短，内收，下为"双人"两，郭细而不明显，钱背磨郭。标本M79:1-1，钱径2.3厘米，穿径1厘米，厚0.11厘米（图九一,1）；标本M79:1-2，钱径2.4厘米，穿径0.9厘米，厚0.12厘米（图九一,2）。标本M79:1-3，圆形方穿，正面穿左右篆书"半两"二字，"半"字两点折收，上横笔上折收，"两"字上横笔与下同宽，下为"十字"两，郭细而不明显，钱背磨郭。钱径2.25厘米，穿径1.1厘米，厚0.12厘米（图九一,3）。

三十六、M80

1. 墓葬形制

M80位于发掘区Ⅰ区中部，T1117内东北部，东邻M81，西邻M79。开口于④层下，墓口距地表4.2米。南北向，方向为6°。为长方形竖穴土圹墓，墓圹南北长2.5米，宽1.04米，墓底距墓口2.24米。四壁垂直整齐，壁面经过加工抹光，墓底较平。在墓圹的西南角距墓口1.28米处修筑壁龛，壁龛为弧顶，斜壁，平底，面宽0.48米，进深0.3米，高0.38米。内填黄褐色花土，土质疏松（图九二）。

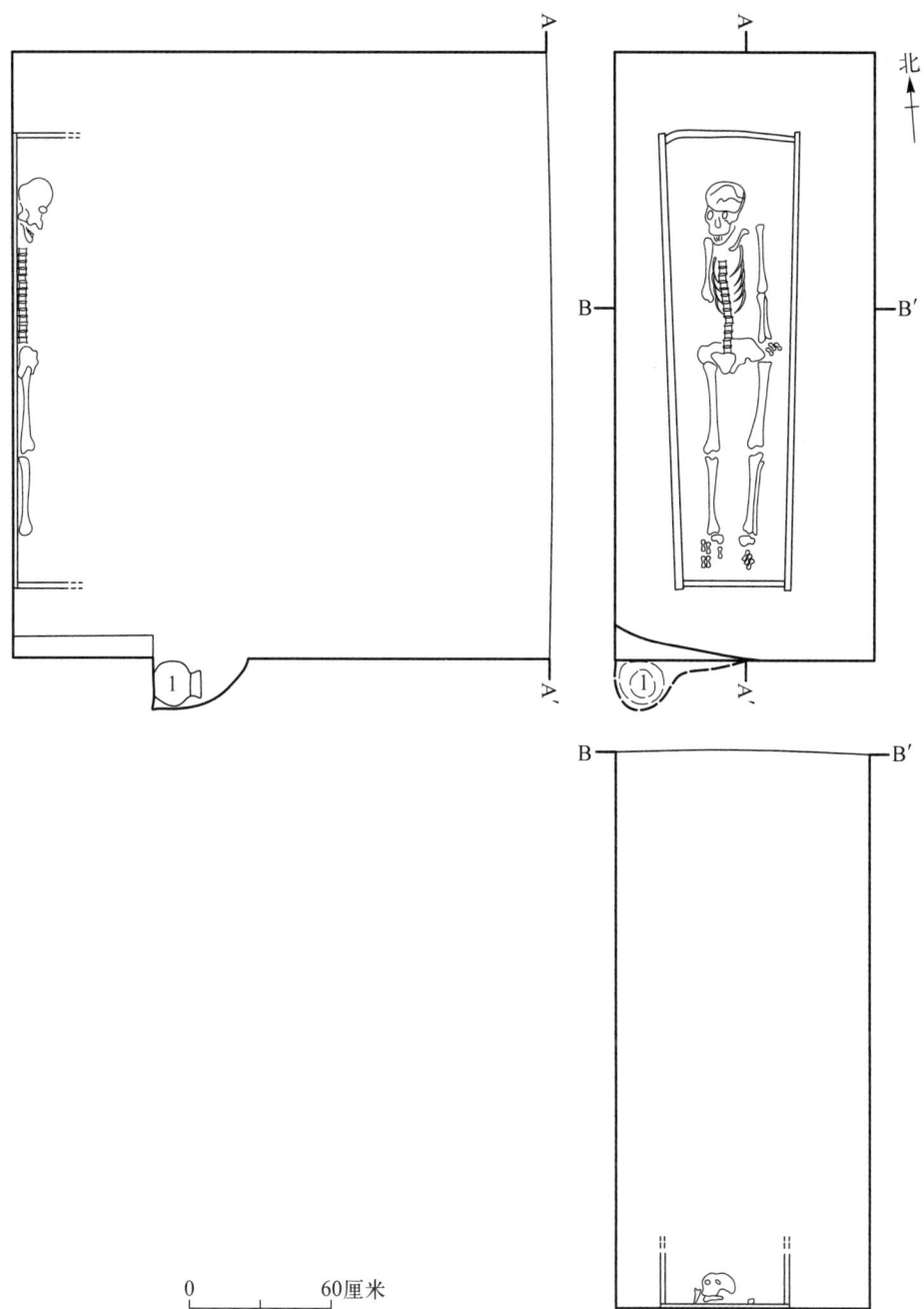

图九二　M80平、剖面图

1. 陶罐

　　葬具为木棺,腐朽严重,保存较差。平面呈梯形,北宽南窄,南北长1.78米,宽0.42～0.54米,残高0.2米,板痕厚约0.02米。棺内葬人骨架一具,保存一般,头向北,面向上,未见右侧胳膊下肢部分,为仰身直肢葬,骨架长1.5米,性别女,年龄40岁。

2. 出土器物

出土器物1件，放于壁龛内。

陶罐　1件。标本M80：1，泥质灰陶，手轮兼制，火候较高。敞口，小折沿，尖圆唇，短束颈，溜肩，圆鼓腹，下弧收，小平底。肩与腹部饰两周凹弦纹，下腹至底压印绳纹。口径13.8厘米，腹径20.8厘米，底径6厘米，通高22.8厘米（图九三；彩版四七，4）。

三十七、M81

1. 墓葬形制

M81位于发掘区Ⅰ区中部，T1117内东北部，西邻M80。开口于④层下，墓口距地表4米。南北向，方向为0°。为梯形竖穴土圹墓，墓圹南北长2.15米，宽1.14～1.2米，墓底距墓口2米。北宽南窄，四壁垂直整齐，壁面经过加工抹光，墓底较平。四壁距墓口1.24米处向内折收修筑宽窄不一的生土二层台，台宽0.16～0.3米，高0.76米。在北壁中部，距墓口0.82米处修筑壁龛，壁龛直壁，圜平顶，平底，底与二层台齐平，面宽0.4米，进深0.2米，高0.42米。土圹内填黄褐色花土，土质较硬，集束夯夯筑，每层厚0.12～0.15米，夯层深1.3米，夯窝直径约0.03～0.05米（图九四；彩版一〇，3）。

葬具为木棺，腐朽严重，仅存朽痕，平面呈长方形，南北长2.02米，宽0.62米，残高0.4米，板痕厚约0.04米。棺内葬人骨架一具，保存一般，头向北，面向西，为仰身直肢葬，双腿下肢交叉并拢，骨架长1.7米，性别男，年龄44岁。

2. 出土器物

出土器物2件，一件放置于壁龛内，另一件掉落于二层台上。

陶罐　2件。泥质灰陶，手轮兼制，火候高。标本M81：1，敞口，折沿，方唇，短束颈，溜肩，鼓腹，下腹弧收，小平底。下腹至底压印绳纹，下腹刮胎痕迹明显。口径13.2厘米，腹径19.4厘米，底径7.4厘米，通高21.6厘米（图九五，1；彩版四七，5）。标本M81：2，敞口，斜折沿，方唇，短束颈，溜肩，鼓腹弧收，小平底。上腹饰凹弦纹，下腹至底压印绳纹，下腹刮胎痕迹明显。口径13.4厘米，腹径19.5厘米，底径6厘米，通高20.8厘米（图九五，2；彩版四七，6）。

三十八、M82

1. 墓葬形制

M82位于发掘区Ⅰ区中部，T1017内东部，开口于④层下，墓距地表4.3米。南北向，方向9°。为长方形竖穴土圹单室墓，南北长3米，宽1.6米，墓底距墓口2.3米。平面呈长方形，四壁整齐垂直，经过加工抹光，墓底较平。内填黄褐色花土，土质较较硬，竖夯夯筑，夯层深1.6米，夯层厚约0.08～0.12米，夯窝直径约0.03～0.05米（图九六）。

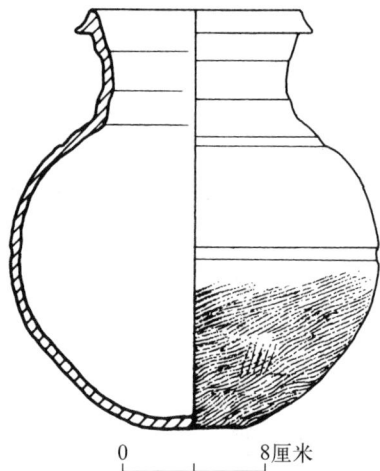

图九三　M80出土陶罐（M80：1）

0 ——— 8厘米

北

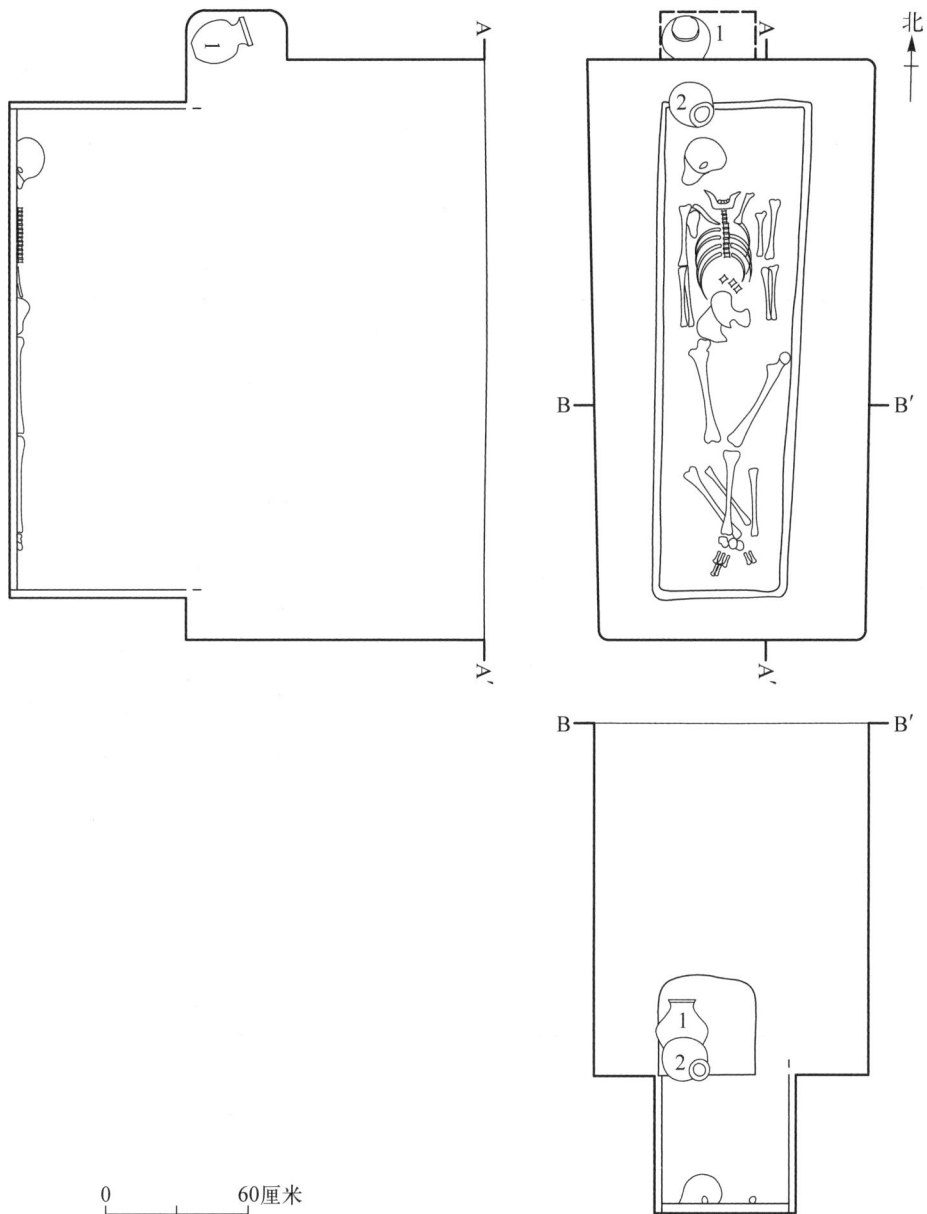

0   60厘米

图九四　M81平、剖面图

1.陶罐　2.陶罐

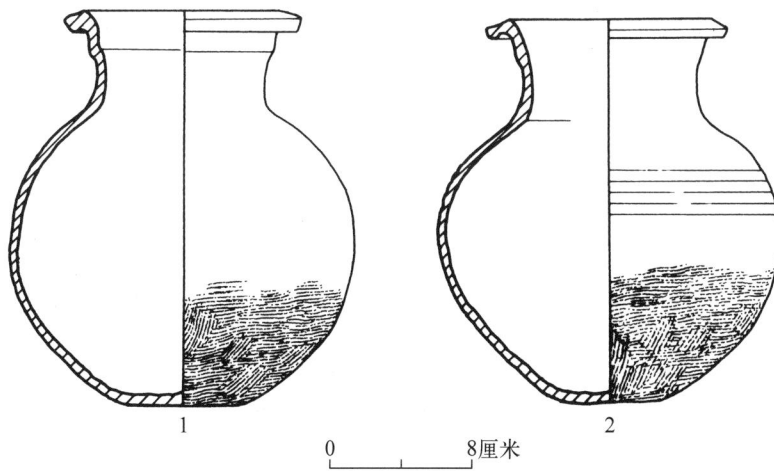

1   2

0   8厘米

图九五　M81出土陶罐

1.陶罐（M81：1）　2.陶罐（M81：2）

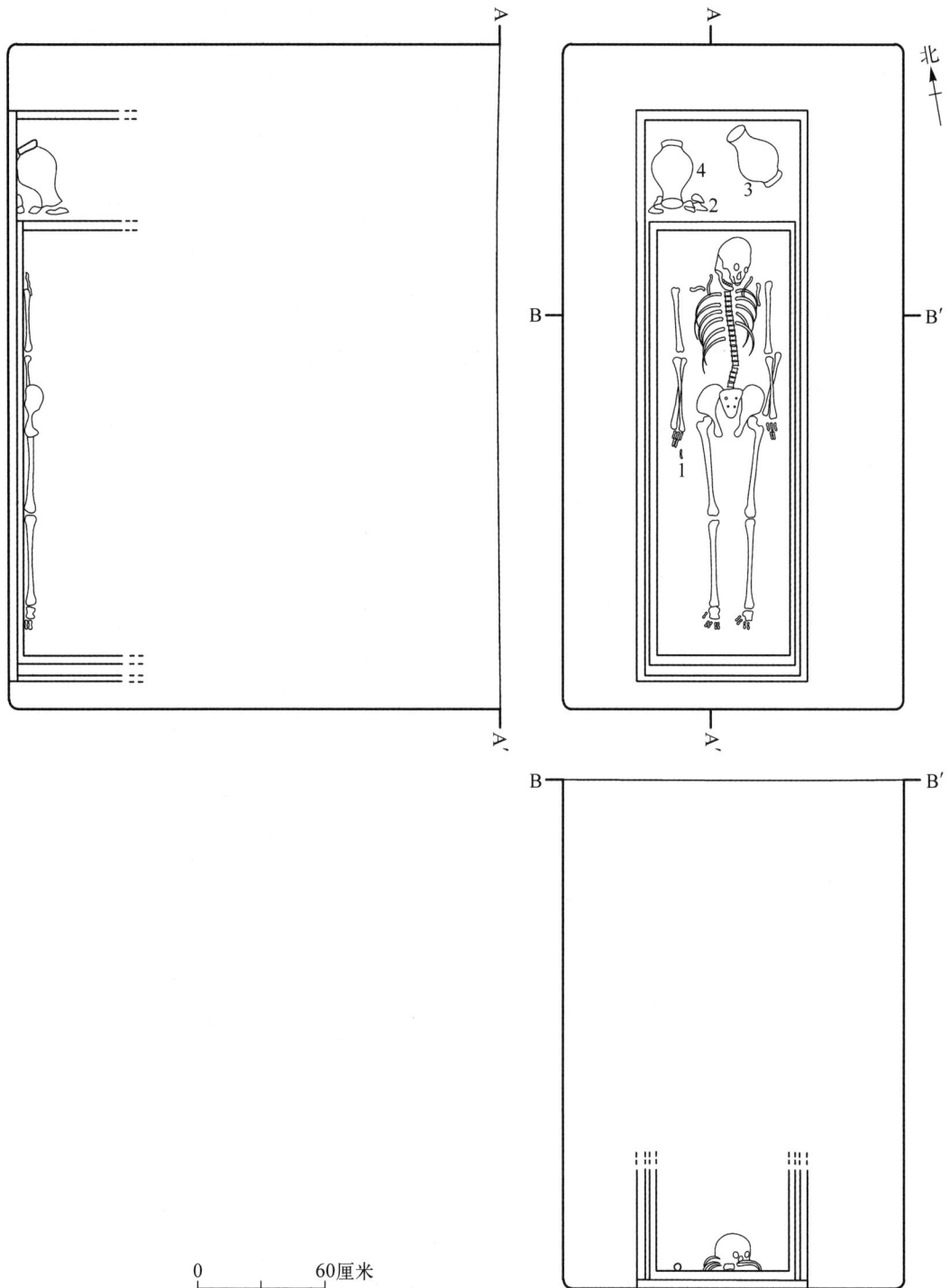

0 _____ 60厘米

图九六　M82平、剖面图

1. 铜带钩　2. 陶盒　3. 陶壶　4. 陶壶

葬具为一椁一棺,木质,腐朽严重,仅存朽痕。椁痕平面呈长方形,南北长2.56米,宽0.84米,残高0.5米,板痕厚约0.05米;棺痕平面呈长方形,南北长2米,宽0.7米,残高0.5米,板痕厚约0.04米。棺内葬人骨架一具,保存较好,头向北,面向上,为仰身直肢葬,骨架长1.78米,男性,年龄约35岁。

2. 出土器物

出土器物4件,铜带钩放于棺内,其余器物放于头箱内。

铜带钩　1件(残)。标本M82:1,青铜质,范铸。正面首部为兽面形,下端弯钩残缺,背面圆钮。残长4.7厘米(图九七,3;彩版四八,3)。

陶盒　1件套(带盖)。标本M82:2,泥质灰陶,轮制,火候高。敛口,浅鼓腹,弧收,小平底,腹部饰两周凹弦纹,覆钵形器盖。口径13.6厘米,底径6.2厘米,通高10.8厘米(图九七,4)。

陶壶　2件,泥质灰陶,轮制,火候高。标本M82:3,浅盘口,束颈,鼓腹弧收,矮圈足,足壁外撇。颈部饰凹弦纹,内壁盘胎痕迹明显。口径12.2厘米,腹径22.4厘米,底径11.4厘米,通高19.4厘米(图九七,2;彩版四八,1)。标本M82:4,敞口内敛,束颈,鼓腹弧收,矮圈足,足壁外撇,颈部有一周凹弦纹。口径13.4厘米,腹径22.1厘米,底径15.4厘米,通高31.2厘米(图九七,1;彩版四八,2)。

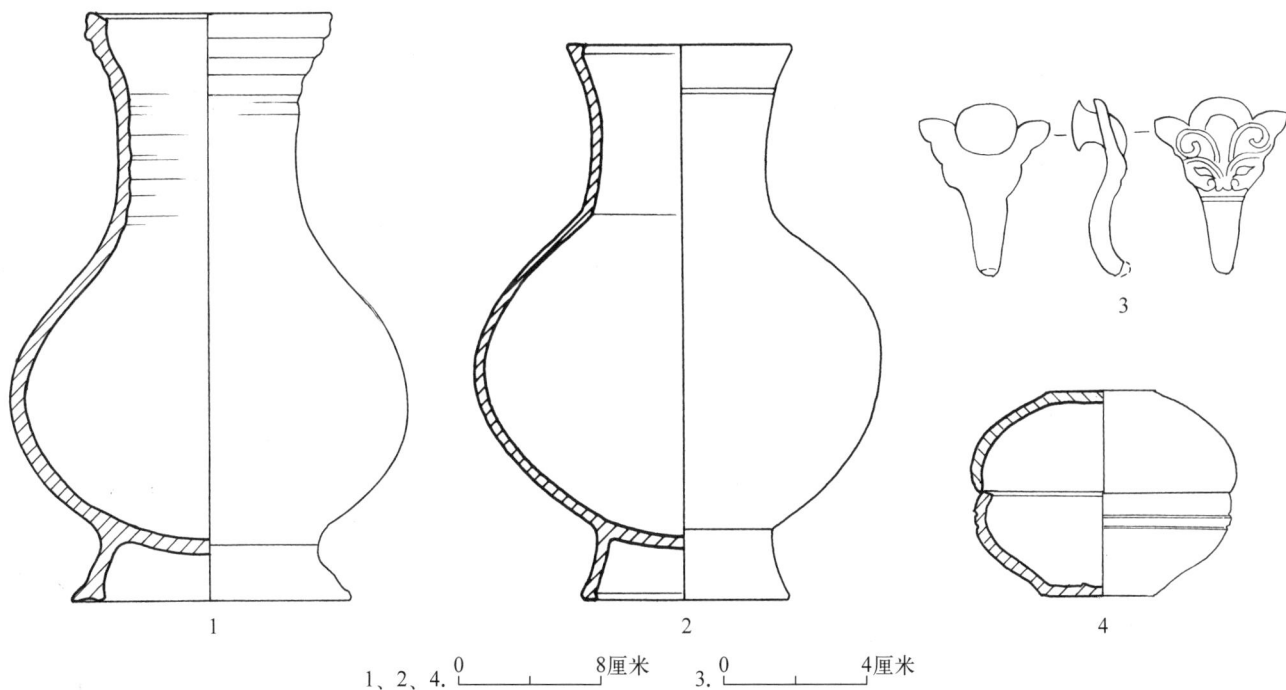

1、2、4.　0————8厘米　　3.　0————4厘米

图九七　M82出土器物

1.陶壶(M82:4)　2.陶壶(M82:3)　3.铜带钩(M82:1)　4.陶盒(M82:2)

三十九、M87

1. 墓葬形制

M87位于发掘区Ⅰ区南部，T0819内西北角，西邻M231，南部与西部被M88、M86打破。开口于④层下，墓口距地表4.3米。南北向，方向5°。为长方形竖穴土圹单室墓，南北长3.4米，宽1.56米，墓底距墓口2.7米。平面呈长方形，墓壁整齐较直，经过抹光加工，墓底较平。内填黄褐色花土，土质较硬，竖夯夯筑，夯层深1.8米，每层厚约0.08～0.12米，夯窝直径约0.05～0.07米（图九八）。

葬具为一椁一棺，木质，腐朽严重，仅存朽痕。椁痕平面呈长方形，南北长3.15米，宽0.9～1米，残高0.8米，板痕厚约0.04米；木棺位于椁内，大部分腐朽严重，还残存棺顶与侧板局部，平面呈长方形，南北长2.1米，宽0.82米，残高0.4米，板痕厚约0.04米。棺内葬人骨架1具，保存较差，头向北，面向不详，为仰身直肢葬，人骨架长1.6米，男性，年龄约36岁。

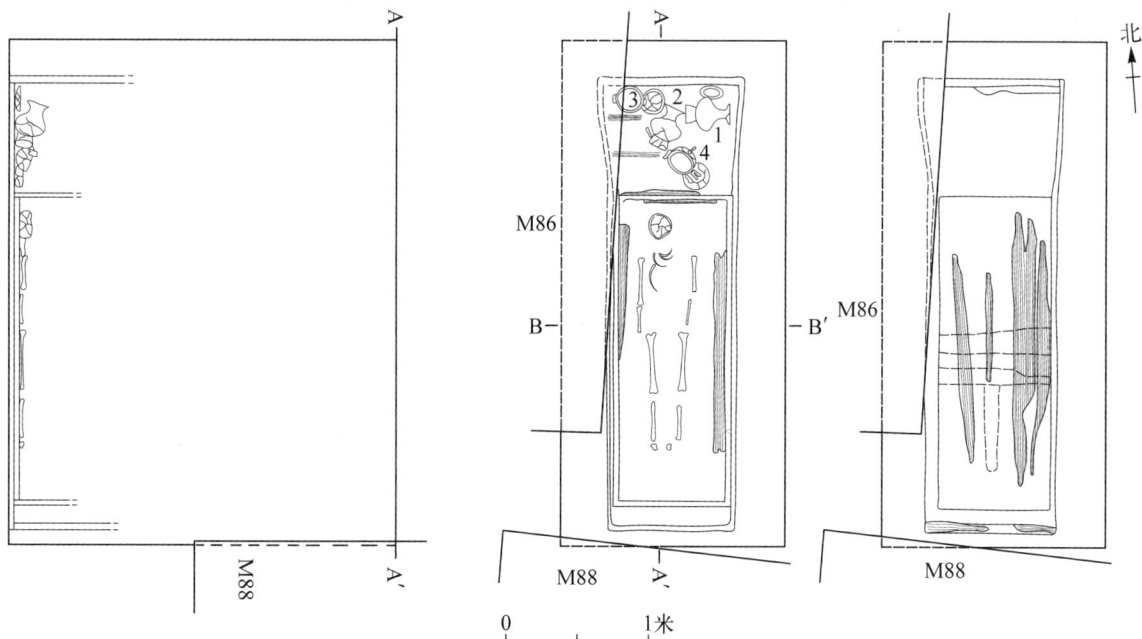

图九八　M87平、剖面图
1. 陶壶　2. 陶壶　3. 陶鼎　4. 陶鼎

2. 出土器物

出土器物4件，放于椁内，棺外的北侧。

陶壶　2件（套）。泥质灰陶，轮制，火候高。标本M87：1，敞口，折沿，方圆唇，长束颈，鼓腹弧收，高圈足，覆钵形器盖。内壁轮痕清晰。口径18.8厘米，腹径22.8厘米，底径15.4厘米，通高37.8厘米（图九九，1；彩版四八，4）。标本M87：2，敞口，折沿，方圆唇，长束颈，鼓腹弧收，高圈足。器表腹部饰两周凹弦纹，内壁轮痕清晰。口径17.6厘米，腹径20.8厘米，底径14.2厘米，通高30.4厘米（图九九，2；彩版四八，5）。

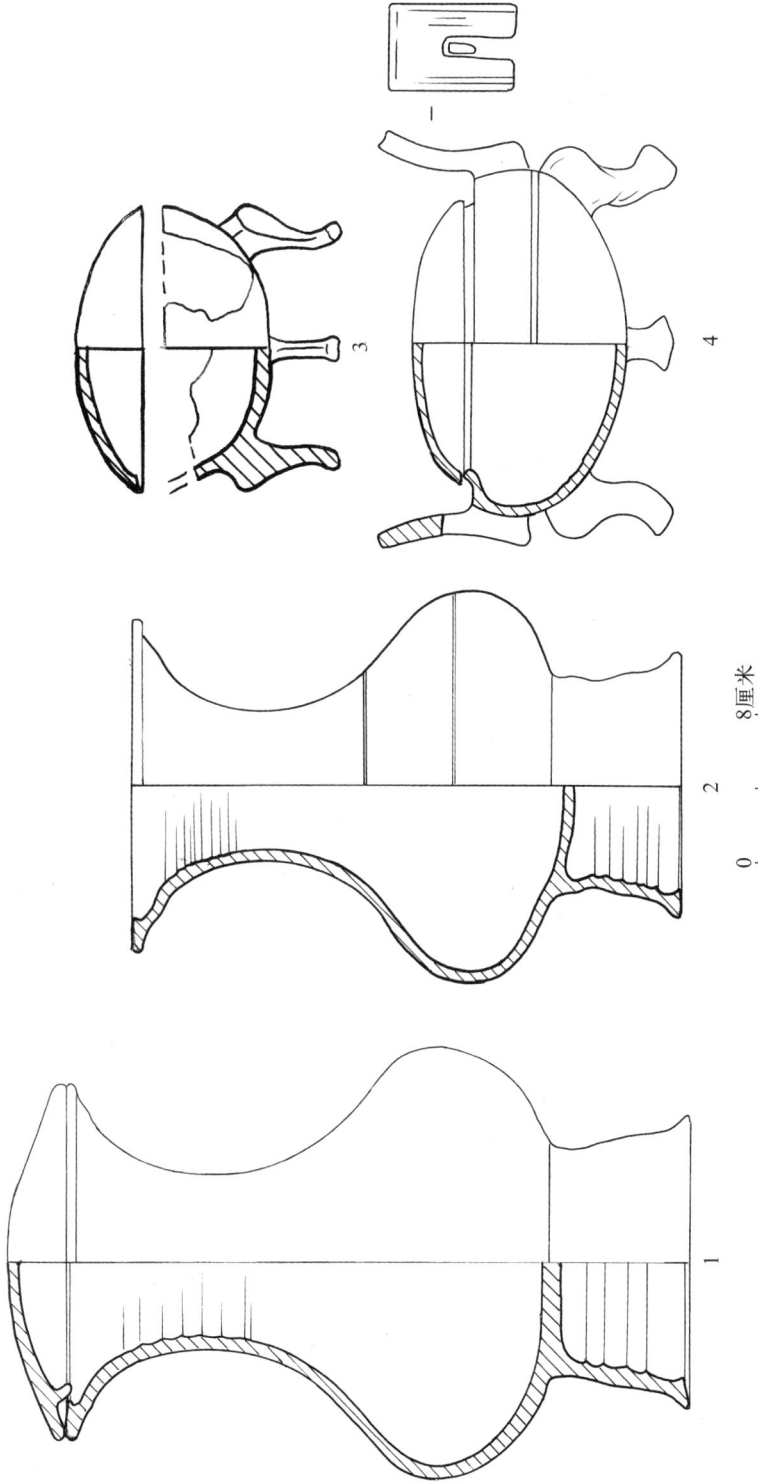

图九九 M87 出土陶器

1.陶壶（M87：1） 2.陶壶（M87：2） 3.陶鼎（M87：3） 4.陶鼎（M87：4）

0   2   8厘米

陶鼎 2件（套），残。泥质灰陶，手轮兼制。标本M87：3，口耳残缺，浅腹弧收，圜底，下腹附贴三兽蹄形足。覆钵形器盖。口径15.2厘米，通高13.2厘米（图九九，3）。标本M87：4（套），火候高。敛口，浅弧腹，圜底。口腹处贴对称双耳，耳外撇，中部中空，底附三兽蹄形足。覆钵形器盖，敞口，弧顶。口径15.6厘米，通高16.6厘米（图九九，4；彩版四八，6）。

四十、M89

1. 墓葬形制

M89位于发掘区Ⅰ区东南部，T0820内西部，东部被M90打破。开口于④层下，墓口距地表4.3米。南北向，方向8°。为长方形竖穴土圹单室墓，南北长3.1米，宽1.36米，墓底距墓口2.04米。平面呈长方形，四壁整齐较直，经过加工抹光，墓底较平。内填黄褐色花土，土质疏松夹细沙，湿软（图一〇〇）。

葬具为一椁一棺，木质，腐朽严重，仅存朽痕。椁痕平面呈长方形，南北长2.84米，宽0.84米，残高0.34米，板痕厚约0.04米；木棺平面呈长方形，南北长1.8米，宽0.66米，残高0.34米，板痕厚0.03米。内葬人骨架1具，保存一般，左手压于盆骨下，头向北，面向上，为仰身直肢葬，骨架长约1.38米，性别男，年龄约40岁。

2. 出土器物

出土器物5件，放置于头箱内。

陶罐 1件。标本M89：1，敛口，折沿，方唇内凹，矮束颈，溜肩，鼓腹，下曲收，平底。肩部拍印绳纹。口径16.5厘米，腹径37.5厘米，底径11.4厘米，通高37.5厘米（图一〇一，1；彩版四九，1）。

陶盒 1件（套）。标本M89：2，泥质灰陶，轮制，火候高。敛口，浅腹弧收，平底，覆钵形器盖。口径15.8厘米，底径7厘米，通高12.5厘米（图一〇一，4；彩版四九，3）。

陶鼎 1件。标本M89：3，泥质灰陶，手轮兼制，火候高。子母口内敛，鼓腹圜底，腹部贴对称方耳，耳外撇，底附三兽蹄形足，覆钵形器盖。口径13.2厘米，腹径15.6厘米，通高14厘米（图一〇一，5；彩版四九，4）。

陶壶 2件（残）。泥质灰陶，手轮兼制，火候高。标本M89：4，敛口，折沿，尖圆唇，长束颈，鼓腹弧收，底部残缺，沿下至上腹饰彩绘，部分脱落。口径12厘米，腹径20.4厘米，残高24厘米（图一〇一，3）。标本M89：5，敛口，折沿，方圆唇，长束颈，鼓腹弧收，矮圈足，足壁外撇，颈部至中腹饰彩绘，部分已脱落。口径13.4厘米，腹径20.7厘米，底径10.2厘米，通高29厘米（图一〇一，2；彩版四九，2）。

四十一、M92

1. 墓葬形制

M92位于发掘区Ⅰ区东南部，T0820内东北角，北邻M95，东邻M137，西邻M90，被M91打破。

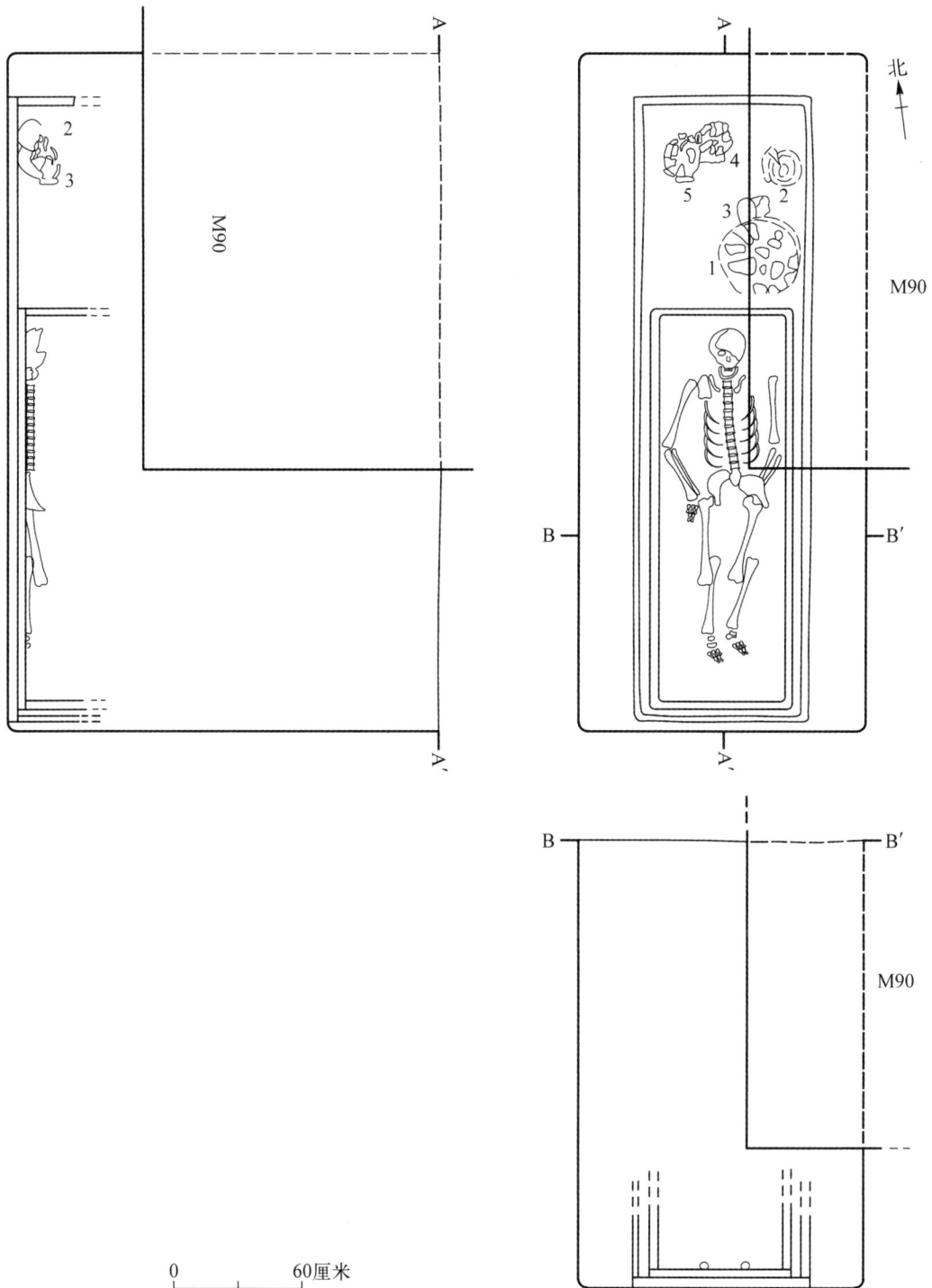

图一〇〇 M89平、剖面图

1. 陶罐 2. 陶盒 3. 陶鼎 4. 陶壶 5. 陶壶

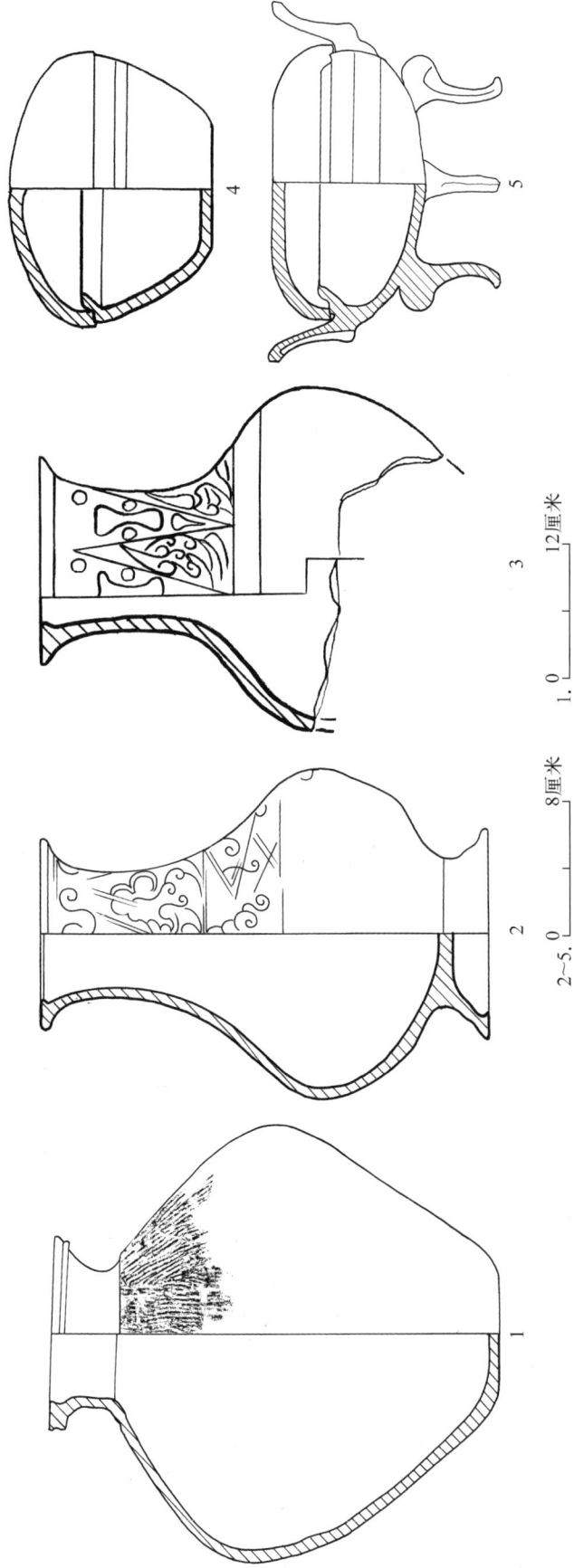

图一〇一　M89 出土陶器

1. 陶罐（M89：1）　2. 陶壶（M89：5）　3. 陶壶（M89：4）　4. 陶盒（M89：2）　5. 陶鼎（M89：3）

2~5. 0　　　　　8厘米　　1. 0　　　　　　12厘米

开口于④层下,墓口距地4.3米。南北向,方向2°。为长方形竖穴土圹单室墓,南北长3.1米,宽1.8米,墓底距墓口2.4米。四壁整齐较直,经过加工抹光,墓底较平。内填黄褐色花土,土质疏松,呈块状(图一〇二)。

葬具为一椁一棺,木质,腐朽严重,仅存朽痕。椁平面呈长方形,南北长2.88米,宽0.96米,残高0.5米,板痕厚约0.04米;木棺位于椁内,平面呈长方形,南北长1.96米,宽0.6米,残高0.3米,板痕厚约0.02~0.04米。棺内葬人骨架1具,保存较差,头向北,面向下,为仰身直肢葬,女性,年龄约35岁,骨架长约1.64米。

2. 出土器物

出土器物3件,均放置于椁内棺外的北侧。

陶壶　2件(带盖)。泥质灰陶,轮制,火候高。标本M92:1,盘口,长束颈,鼓腹弧收,覆盘形高圈足,平顶盖。口径22.3厘米,腹径26.6厘米,底径20.8厘米,通高46.4厘米(图一〇三,1;彩版四九,5)。标本M92:2,盘口,长束颈,鼓腹弧收,底部残缺,平顶盖。口径21.8厘米,腹径26.2厘米,残高40.2厘米(图一〇三,2;彩版四九,6)。

石器　1件(残)。标本M92:3,青石质,整体呈圆形,边缘残缺,胎体较薄,中部穿孔。直径5.7厘米,孔径0.8厘米(图一〇三,3)。

四十二、M94

1. 墓葬形制

M94位于发掘区Ⅰ区东南部,T0920内西部,东邻M95,南邻M90。开口于④层下,墓口距地表4.3米。南北向,方向185°。为长方形竖穴土圹单室墓,南北长3.1米,宽2.3米,墓底距墓口1.46米。四壁整齐较直,墓底较平。内填黄褐色花土,土质疏松夹细沙,湿软(图一〇四)。

葬具为一椁一棺,木质,腐朽严重,仅存朽痕。椁痕南北长2.8米,宽0.96米,脚残高0.16米,板痕厚约0.04米;棺痕平面呈长方形,南北长1.58米,宽0.64米,残高0.16米,板痕厚约0.03米;木棺位于头箱的南侧,内葬人骨架1具,保存较差,凌乱,头向南,面向南,葬式不详,女性,年龄约36岁。

2. 出土器物

出土器物3件,放置于脚箱内。

陶罐　2件。泥质灰陶,手轮兼制,火候高。标本M94:1,敛口,折沿,方唇,矮束颈,鼓腹弧收,平底。中腹饰凹弦纹,下腹至底拍印绳纹。口径15.6厘米,腹径26.2厘米,底径7.6厘米,通高24.4厘米(图一〇五,1;彩版五〇,1)。标本M94:3,敞口,折沿内凹,方唇,矮束颈,鼓腹弧收,小平底,腹部饰弦纹。口径11.6厘米,腹径20.4厘米,底径5.6厘米,通高23.4厘米(图一〇五,2;彩版五〇,3)。

陶盒　1件(套)。标本M94:2,敞口,浅腹弧收,小平底,覆盆形器盖,器表饰凹弦纹。口径13.4厘米,底径4.6厘米,通高12.8厘米(图一〇五,3;彩版五〇,2)。

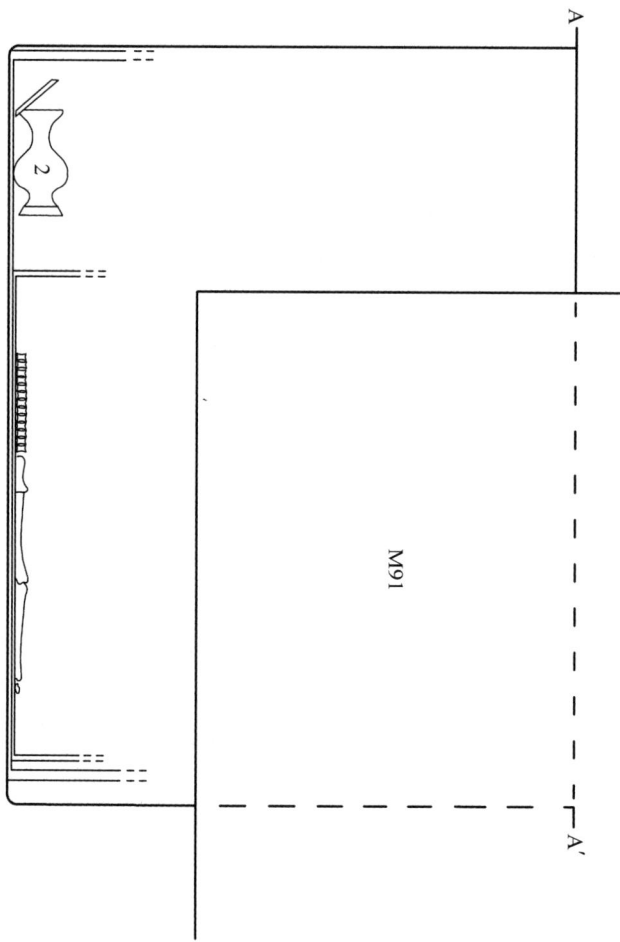

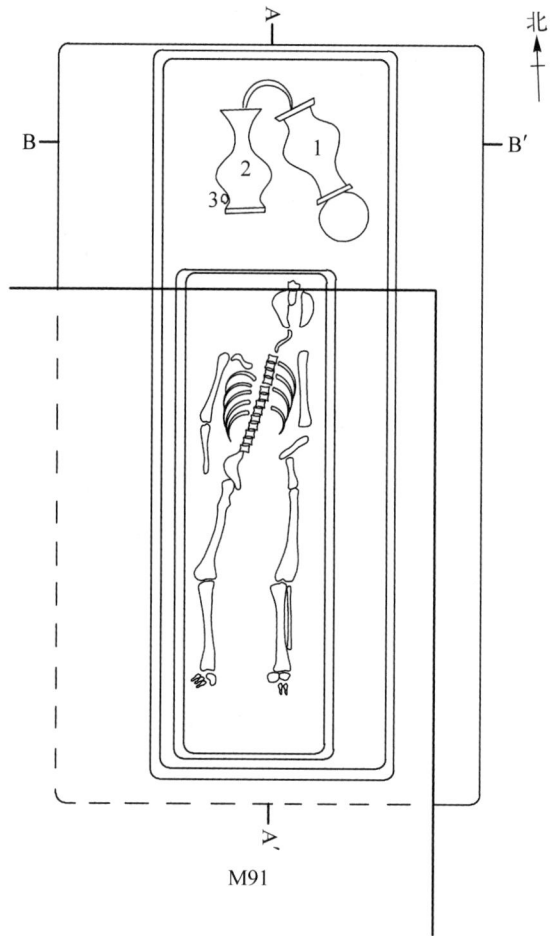

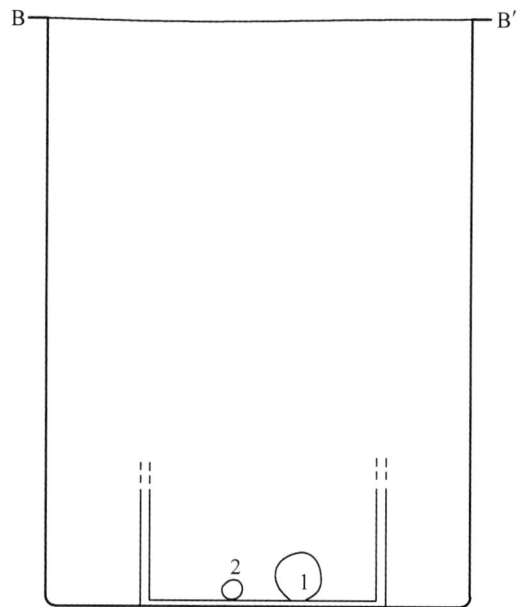

图一〇二　M92平、剖面图

1.陶壶　2.陶壶　3.石器

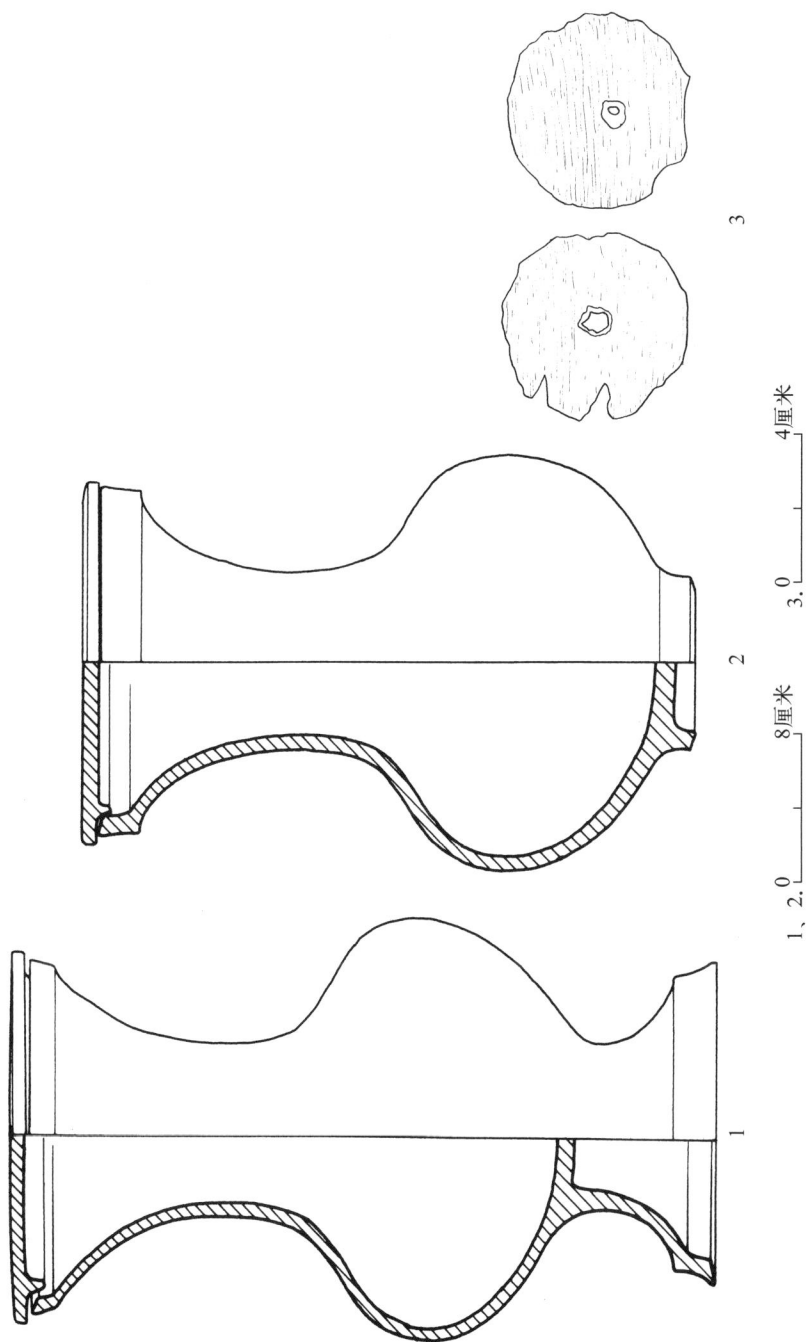

图一〇三　M92 出土器物

1. 陶壶（M92∶1）　2. 陶壶（M92∶2）　3. 石器（M92∶3）

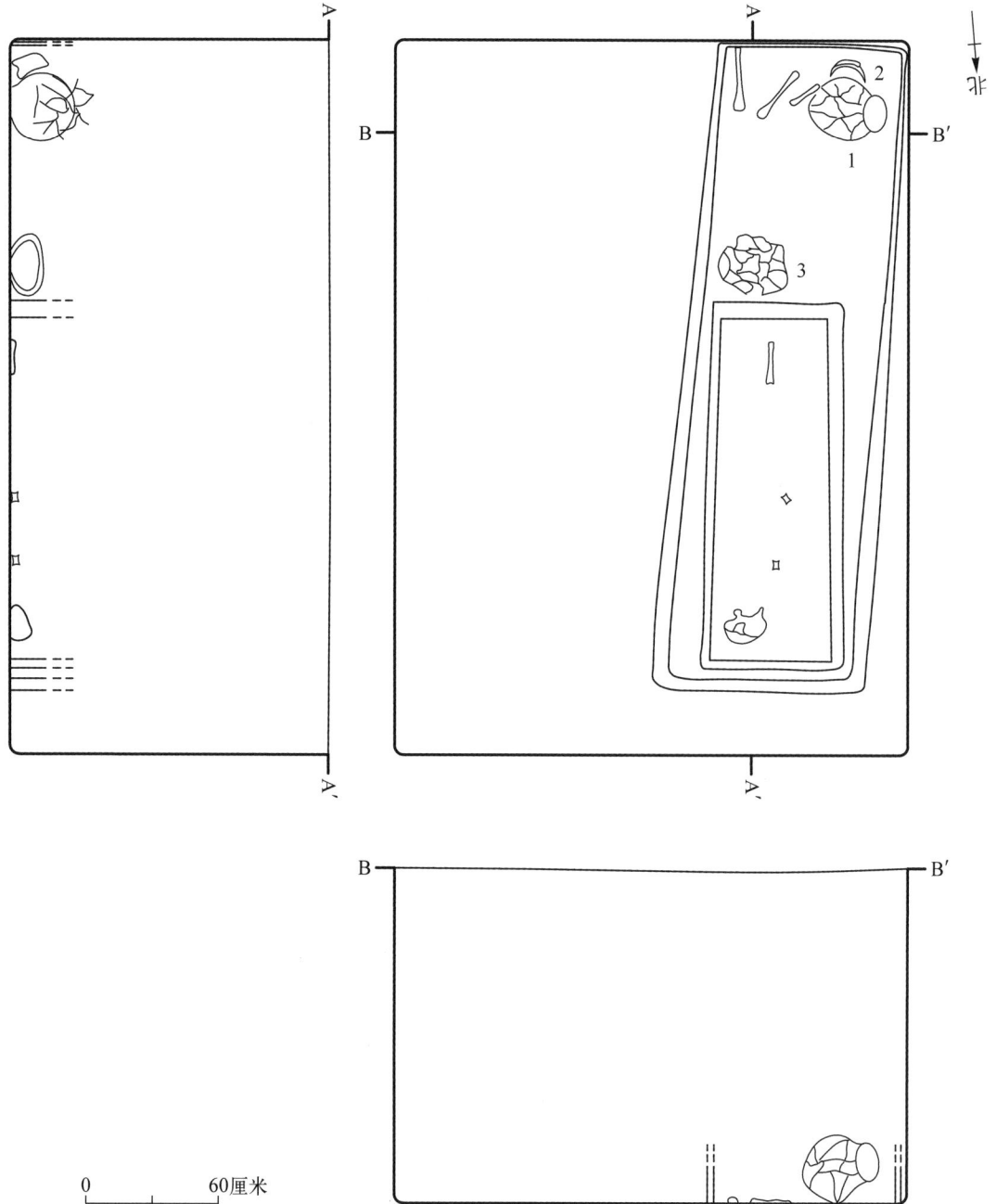

图一〇四　M94 平、剖面图

1. 陶罐　2. 陶盒　3. 陶罐

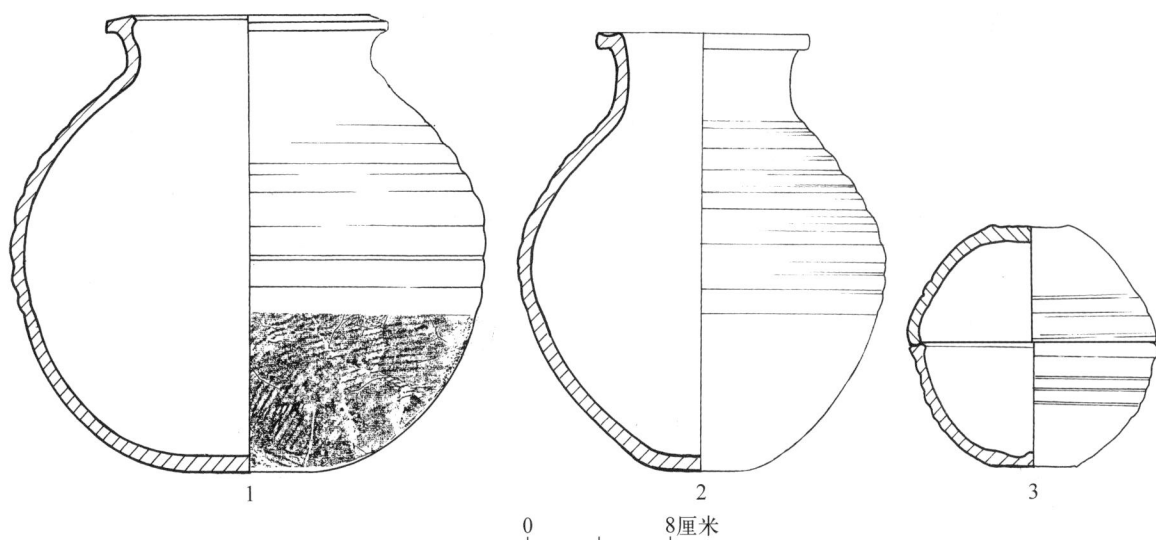

图一〇五　M94出土陶器

1. 陶罐(M94：1)　2. 陶罐(M94：3)　3. 陶盒(M94：2)

四十三、M95

1. 墓葬形制

M95位于发掘区Ⅰ区东南部，T0920内中部，西邻M94，南邻M92。开口于④层下，墓口距地表4.3米。南北向，方向352°。为长方形竖穴土圹单室墓，口部南北长3.18米，宽1.64米；底部南北长3.04米，宽1.44米，墓底距墓口1.72～2.1米。口大底小，四壁整齐内斜，经过加工抹光，墓底较平。内填黄褐色花土，土质较硬，竖夯夯筑，夯层厚约1米，每层厚约0.15～0.2米，夯窝直径约0.03～0.05米(图一〇六)。

葬具为一棺一头箱，腐朽严重，仅存朽痕。棺位于头箱南侧，平面呈长方形，南北长1.54米，宽0.6～0.68米，残高0.1米，板痕厚约0.02米。棺内葬人骨架一具，保存较差，凌乱，头向北(位于头箱内)，面向、葬式、骨架不详，男性，年龄约35岁，应为二次葬。头箱位于木棺的北侧，平面呈长方形，东西长0.92米，南北宽0.62米，残高0.4米，板痕厚约0.04米。

2. 出土器物

出土器物3件，放置于头箱内。

陶罐　1件。标本M95：1，泥质灰陶，手轮兼制，火候高。敛口，折沿，方唇，束颈，鼓腹弧收，平底。上腹饰凹弦纹与戳印纹，下腹至底拍印绳纹。口径18.6厘米，腹径31.2厘米，底径6.4厘米，通高32.2厘米(图一〇七，3；彩版五〇，6)。

陶壶　2件。泥质灰陶，手轮兼制，火候高。标本M95：2，敞口，束颈，鼓腹弧收，矮圈足，足壁外撇。器表描绘白色彩绘，部分脱落。口径12.2厘米，腹径18.4厘米，底径14.2厘米，通高24.2厘米(图一〇七，1；彩版五〇，4)。标本M95：3，敞口内敛，束颈，鼓腹弧收，矮圈足，足壁较直，

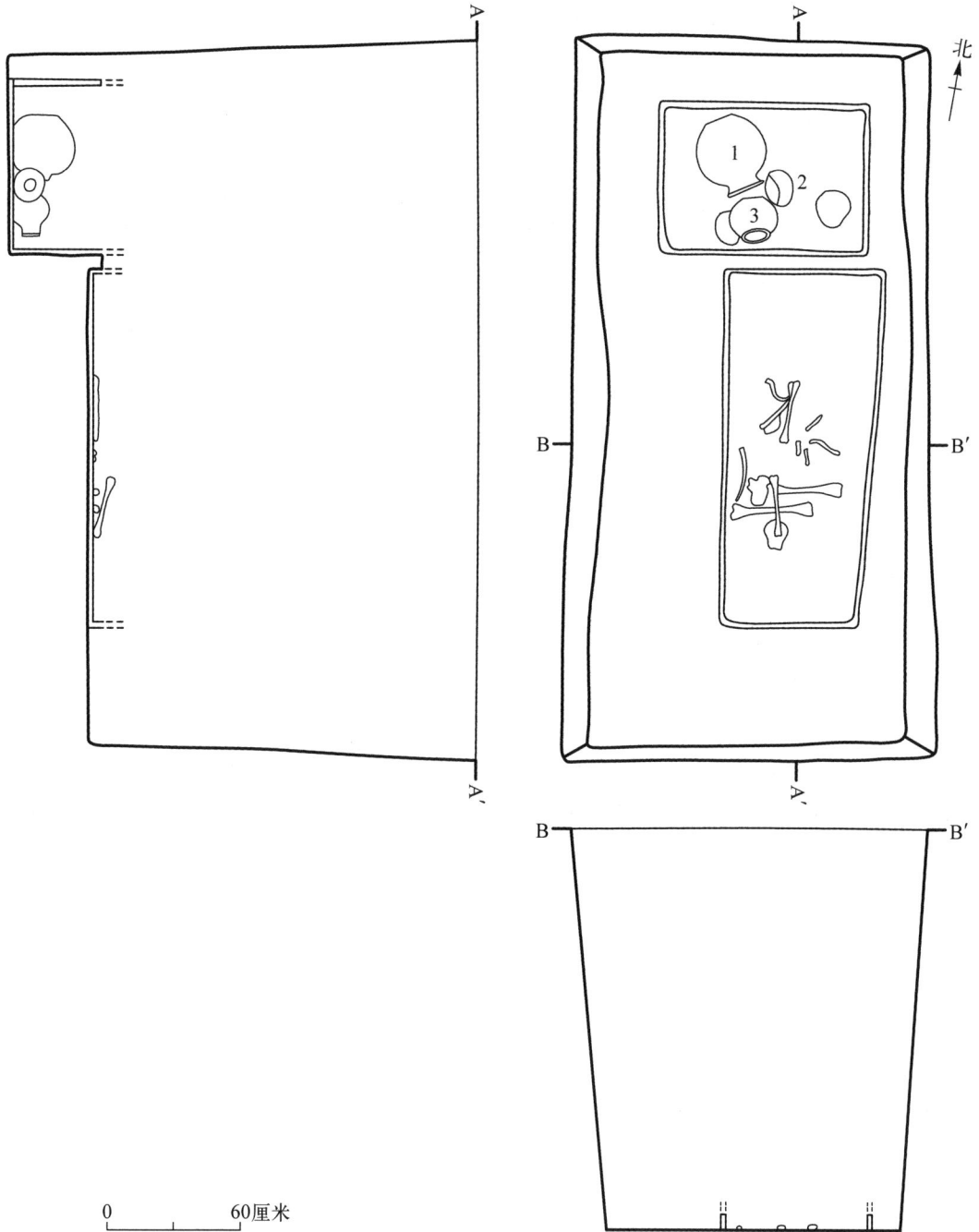

图一〇六　M95平、剖面图

1. 陶罐　2. 陶壶　3. 陶壶

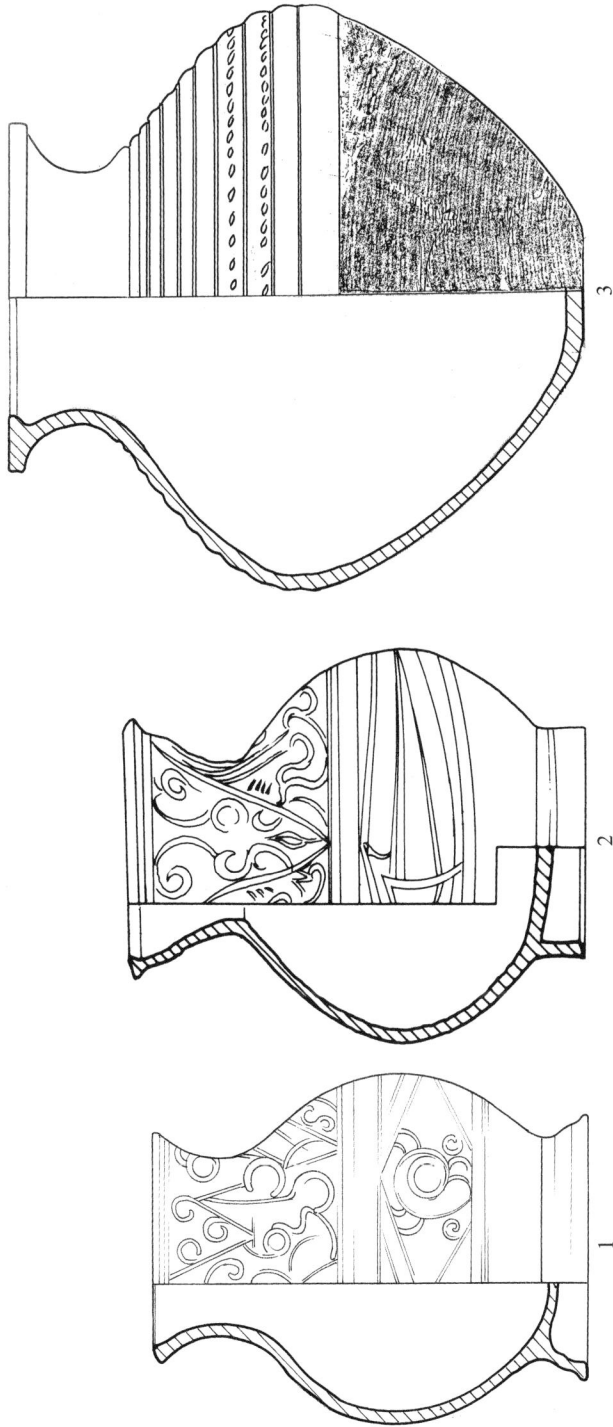

图一〇七　M95 出土陶器

1. 陶壶（M95：2）　2. 陶壶（M95：3）　3. 陶罐（M95：1）

器表描绘白色彩绘，部分脱落。口径13.6厘米，腹径20.8厘米，底径12.4厘米，通高25.2厘米（图一〇七，2；彩版五〇，5）。

四十四、M97

1. 墓葬形制

M97位于发掘区Ⅰ区中部偏东，T1019内中部，北邻M99，西邻M98。开口于④层下，墓口距地表4.2米。南北向，方向13°。为长方形竖穴土圹单室墓，南北长3.6米，宽1～1.16米，墓底距墓口2.24米。四壁整齐，经过加工抹光，墓底较平。内填黄褐色花土，土质较硬，竖夯夯筑，夯层厚约1.5米，每层厚约0.13～0.17米，夯窝直径约0.03～0.05米（图一〇八）。

葬具为一棺一头箱，木质，腐朽严重，仅存朽痕。棺位于头箱南侧，平面呈长方形，南北长2.1米，宽0.65米，残高0.14～0.34米，板痕厚约0.05米。棺内葬人骨架一具，保存较好，头向北，面向东，为仰身直肢葬，骨架长1.7米，男性，年龄约40岁。头箱位于棺的北侧，平面呈长方形，南北长0.96米，宽0.7米，残高0.34米，板痕厚约0.05米。

2. 出土器物

出土器物5件，放置于头箱内。

陶罐　3件，泥质灰陶，手轮兼制，火候高。标本M97：1，敞口内敛，折沿，方唇，短束颈，鼓腹弧收，圜平底。上腹饰凹弦纹，下腹至底拍印绳纹。口径12.1厘米，腹径20.1厘米，底径6.4厘米，通高25.8厘米（图一〇九，1；彩版五一，1）。标本M97：2，口径12.6厘米，腹径22.4厘米，底径7.2厘米，通高20.4厘米（图一〇九，3）。标本M97：3，敞口，折沿，方唇，矮束颈，鼓腹弧收，小平底。颈部有一道凸棱，上腹饰凹弦纹，下腹至底拍印绳纹。口径12.8厘米，腹径21.4厘米，底径4.8厘米，通高24.8厘米（图一〇九，2；彩版五一，2）。

陶盒　2件套。泥质灰陶，轮制，火候高。标本M97：4，敞口，浅腹弧收，小平底，腹壁饰凹弦纹，下腹刮胎痕迹明显，覆盆形器盖。口径12.2厘米，底径3.6厘米，通高11.4厘米（图一〇九，4）。标本M97：5，敞口内敛，浅腹弧收，小平底，腹壁饰凹弦纹，下腹刮胎痕迹明显，覆盆形器盖。口径12.2厘米，底径4.2厘米，通高12.8厘米（图一〇九，5）。

四十五、M99

1. 墓葬形制

M99位于发掘区Ⅰ区中部偏东，T1119内南部，南邻M97，西端被M98打破。开口于④层下，墓口距地表4.2米。东西向，方向277°。为长方形竖穴土圹墓，东西长3.5米，宽1.8～1.9米，墓底距墓口2米。平面呈长方形，四壁垂直整齐，经过加工抹光，底部较平。内填黄褐色花土，土质较硬，竖夯夯筑，夯层深约1.2米，每层厚0.15～0.2米，夯窝直径约0.04～0.06米（图一一〇）。

葬具为一椁一棺，木质，腐朽严重，仅存朽痕。椁平面呈长方形，南北长2.8米，宽0.82～1米，残高0.4米，板痕厚约0.02米。棺位于椁内，平面呈长方形，南北长2.04米，宽0.74～0.84米，残高

北

0　　　60厘米

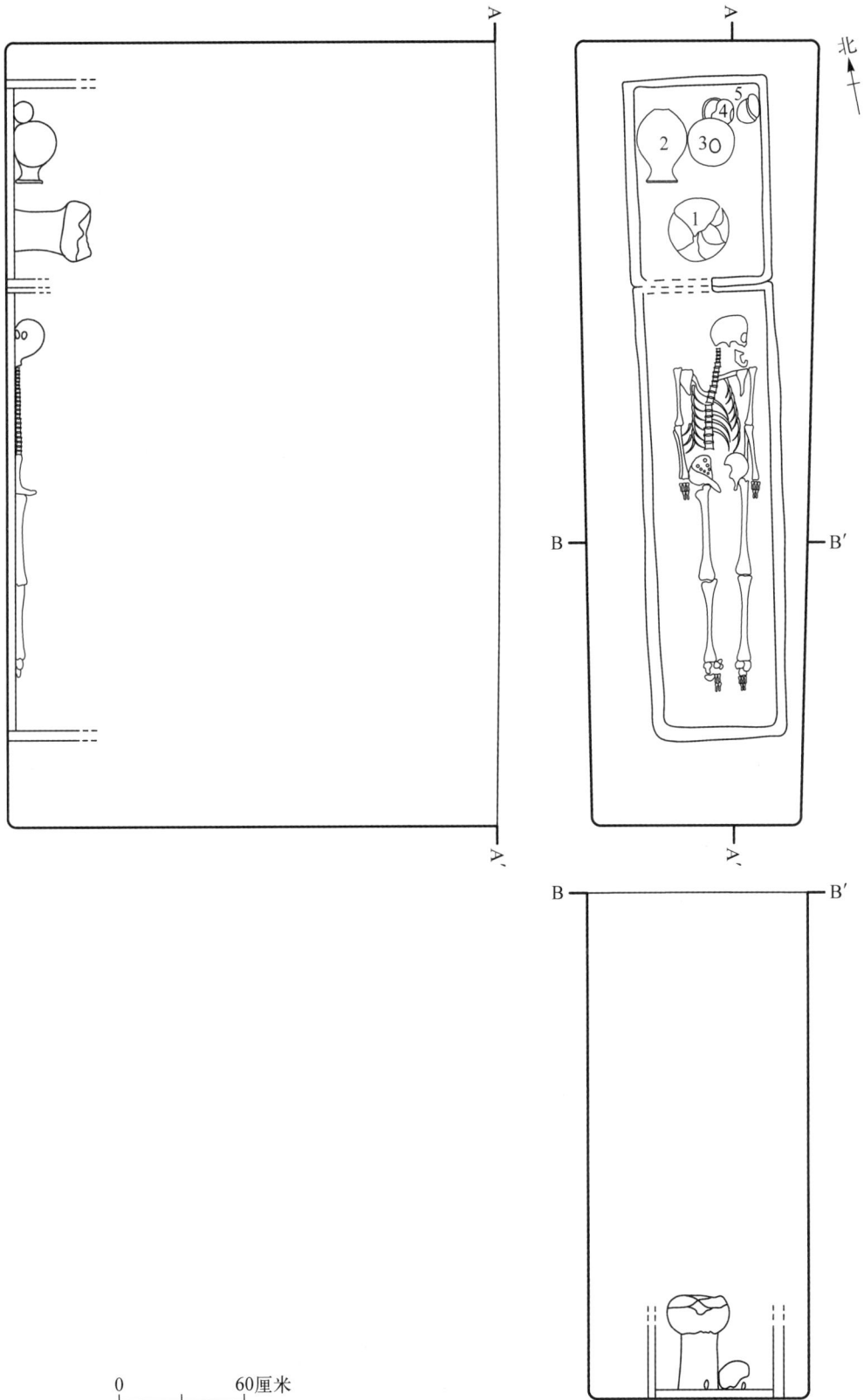

图一〇八　M97平、剖面图

1. 陶罐　2. 陶罐　3. 陶罐　4. 陶盒　5. 陶盒

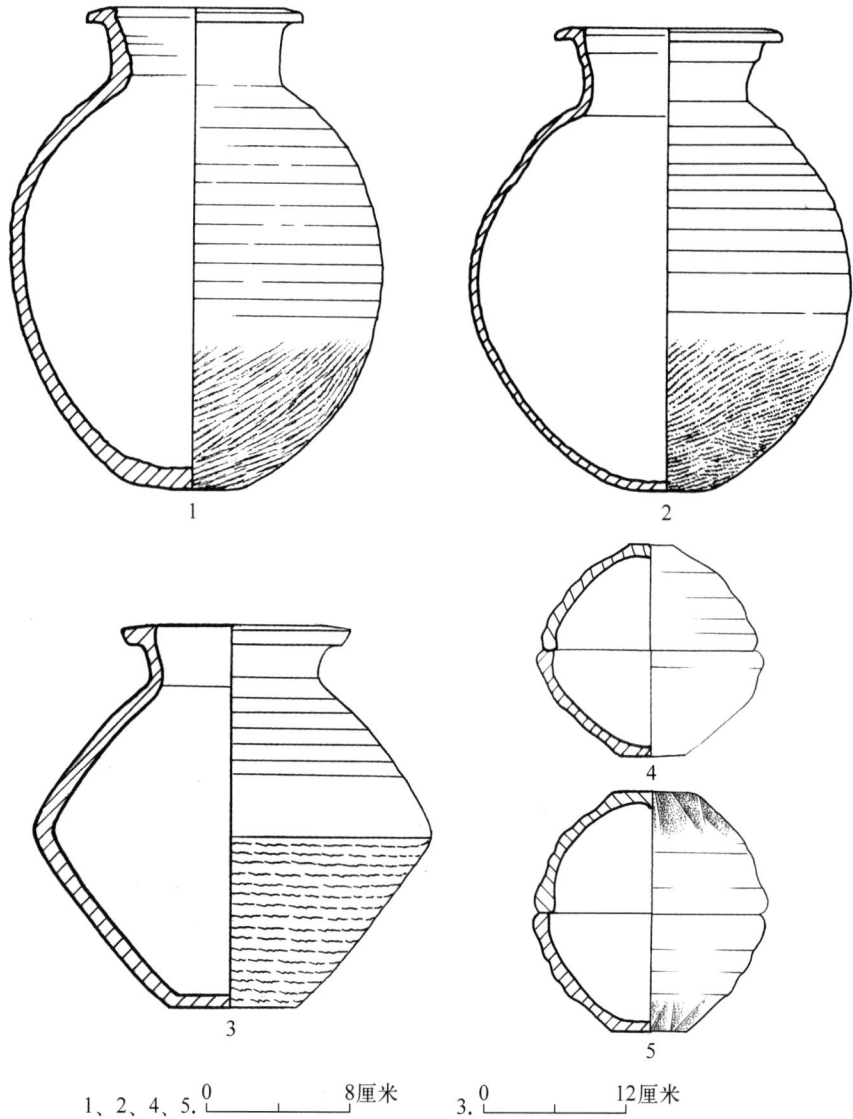

图一〇九　M97出土陶器

1. 陶罐（M97：1）　2. 陶罐（M97：3）　3. 陶罐（M97：2）　4. 陶盒（M97：4）　5. 陶盒（M97：5）

0.3米，板痕厚约0.04米。棺内葬人骨架一具，保存较差，凌乱，头向西，面向上，为仰身直肢葬，骨架长1.9米，男性，年龄约36岁。

2. 出土器物

出土器物3件，陶器放置于椁内棺外北侧，铜印放置于盆骨的右侧。

铜印章　1枚。标本M99：1，青铜质，模制，圆形钮，穿孔，长方形钮座，方形印面阴刻篆书"上官印"三字。边长2.4厘米，钮孔0.2厘米，通高1.8厘米（图一一一，3；彩版五一，3）。

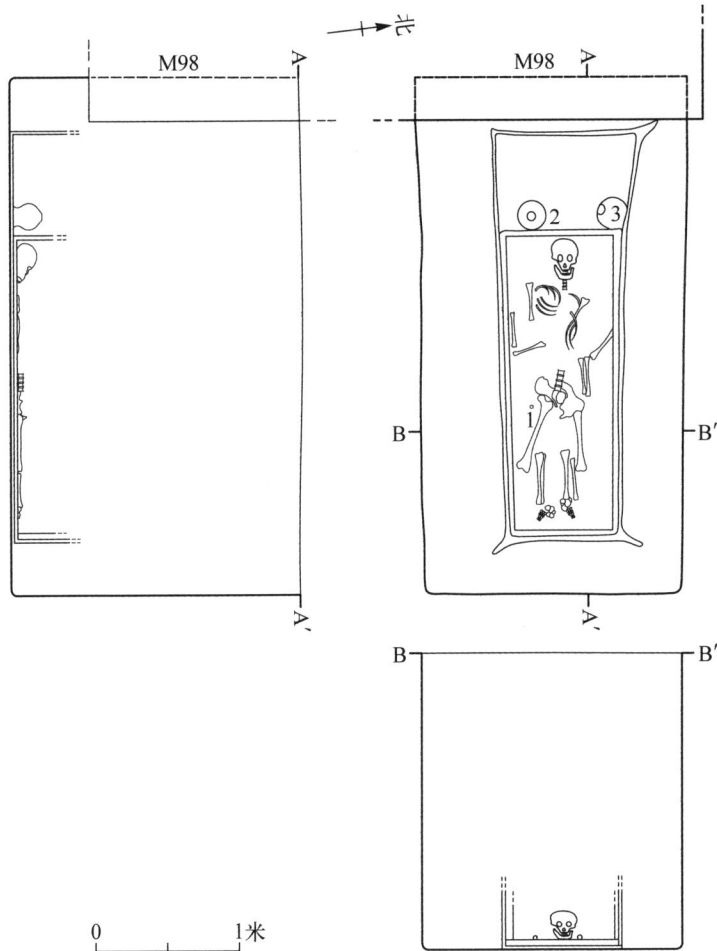

图一一〇　M99平、剖面图

1. 铜印章　2. 陶罐　3. 陶罐

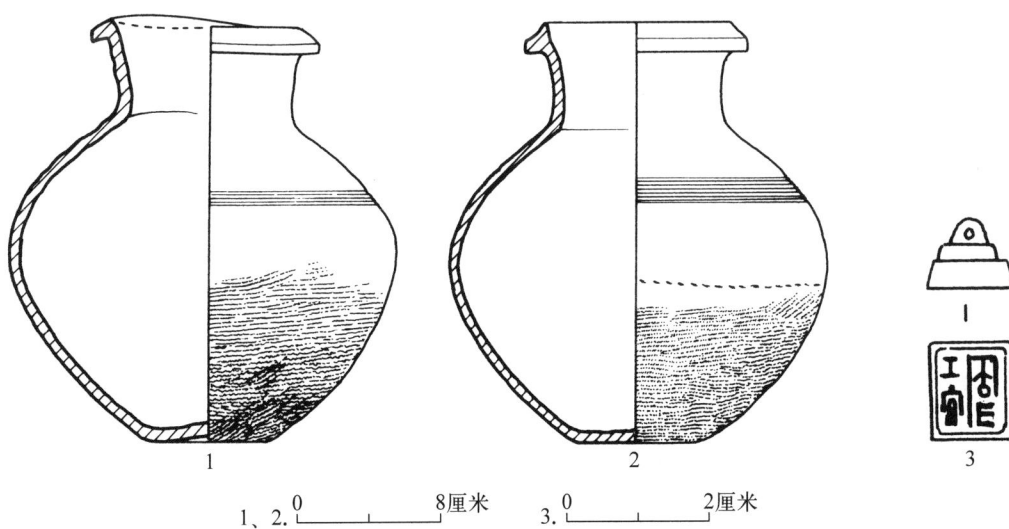

1. 2. 0　　8厘米　　3. 0　　2厘米

图一一一　M99出土器物

1. 陶罐（M99：2）　2. 陶罐（M99：3）　3. 铜印章（M99：1）

陶罐　2件。泥质灰陶，手轮兼制，火候高。标本M99：2，敞口，短折沿，方唇，矮束颈，鼓腹弧收，平底。上腹饰凹弦纹，下腹拍印绳纹。口径12.6厘米，腹径21.6厘米，底径6.8厘米，通高22.6厘米（图一一一，1；彩版五一，4）。标本M99：3，敞口，折沿，方唇，矮束颈，鼓腹弧收，平底。上腹饰凹弦纹，中腹一周戳印纹，下腹至底拍印绳纹。口径12.2厘米，腹径21.2厘米，底径6.4厘米，通高22.4厘米（图一一一，2）。

四十六、M101

1. 墓葬形制

M101位于发掘区Ⅰ区中部，T1018内东北角，北邻M122。开口于④层下，墓口距地表4.2米。东西向，方向101°。为长方形竖穴土圹单室墓，东西长3.06米，宽1.2米，墓底距墓口2.86米。四壁整齐竖直，经过加工抹光，墓底较平。内填黄褐色花土，土质较较硬，竖夯夯筑，夯层深2.2米，夯层厚约0.08～0.12米，夯窝直径约0.03～0.05米（图一一二）。

葬具为一椁一棺，木质，腐朽严重，仅存朽痕。椁平面呈长方形，东西长2.78米，宽0.82米，残高0.44米，板痕厚约0.04米；木棺位于椁内，平面呈长方形，东西长2.02米，宽0.66米，残高0.36米，板痕厚约0.04米。棺内葬人骨架一具，保存较好，头向东，面向上，为仰身直肢葬，骨架长1.74米，女性，年龄约35岁。

2. 出土器物

出土器物4件，放于椁内棺外的北侧。

陶罐　2件。泥质灰陶，手轮兼制，火候高。标本M101：1，敞口，折沿，方唇，矮束颈，颈部微折收，圆鼓腹下弧收，小平底略上凹。上腹饰凹弦纹，下腹至底拍印绳纹。口径12.4厘米，腹径21.2厘米，底径5.6厘米，通高25.2厘米（图一一三，1；彩版五一，5）。标本M101：4，直口，折沿，方唇，矮束颈，圆鼓腹，下弧收，小平底略上凹。颈部有一道凸棱，下腹至底拍印绳纹。口径12.4厘米，腹径22.4厘米，底径6.2厘米，通高25.2厘米（图一一三，2；彩版五二，1）。

陶盒　2件。泥质灰陶，轮制，火候高。标本M101：2，敞口，浅弧腹，小平底，中腹有一道凸棱，下腹饰凹弦纹，覆盆形器盖。口径12.8厘米，底径6.2厘米，通高12.6厘米（图一一三，3）；标本M101：3，敞口，浅弧腹，小平底，中腹有一道凸棱，覆盆形器盖。口径12.2厘米，底径6.2厘米，通高11.2厘米（图一一三，4）。

四十七、M103

1. 墓葬形制

M103位于发掘区Ⅰ区中部偏北，T1317内中部，东邻M104。开口于④层下，墓口距地表4.2米。南北向，方向3°。为长方形竖穴土圹墓，南北长3.4米，宽1.4米，墓底距墓口1.6米。四壁整齐，经过加工抹光，底部较平。内填黄褐色花土，土质较硬，竖夯夯筑，每层厚0.1～0.12米，夯层深1米，夯窝直径约0.03～0.05米（图一一四）。

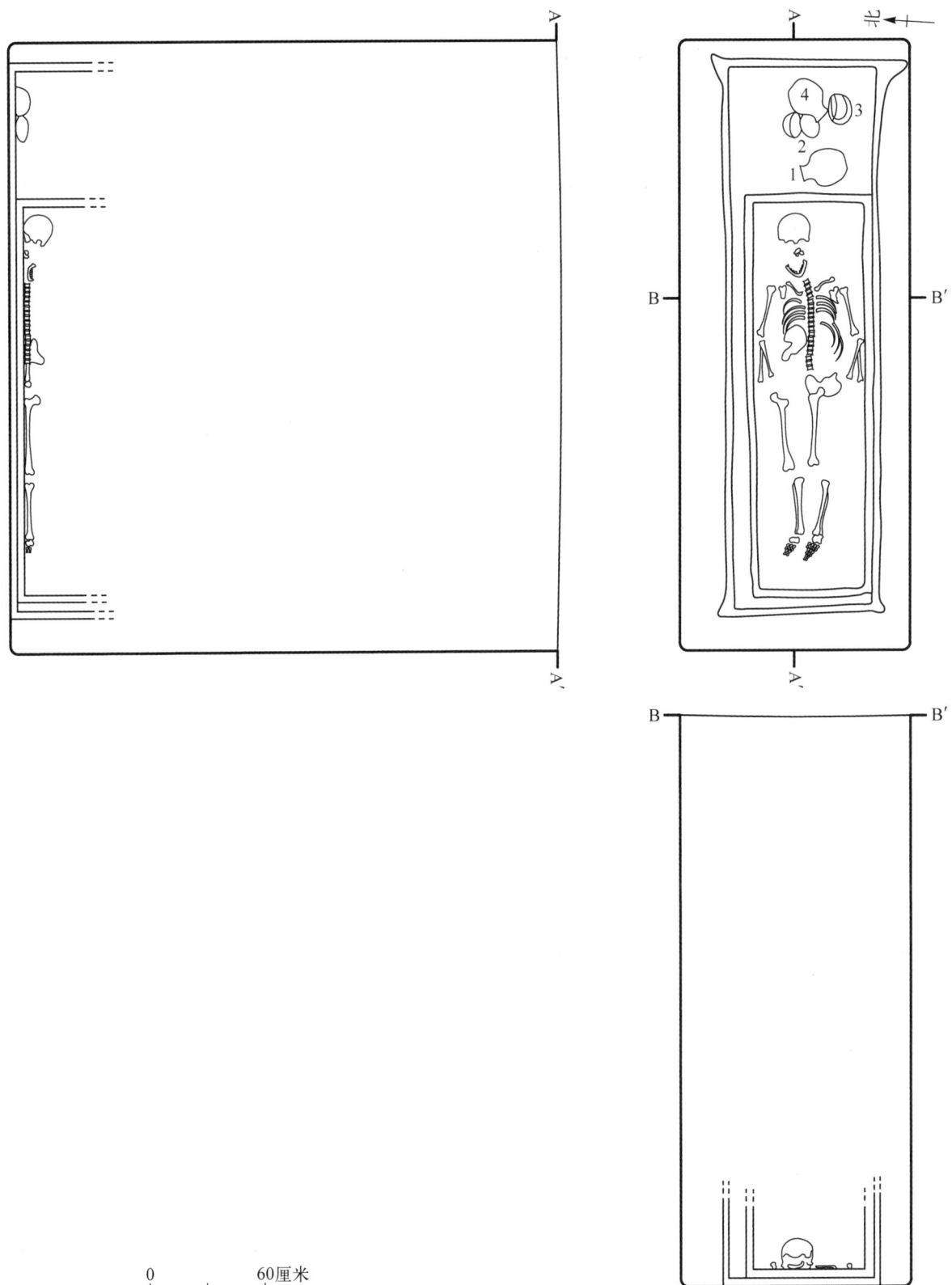

图一一二　M101平、剖面图

1. 陶罐　2. 陶盒　3. 陶盒　4. 陶罐

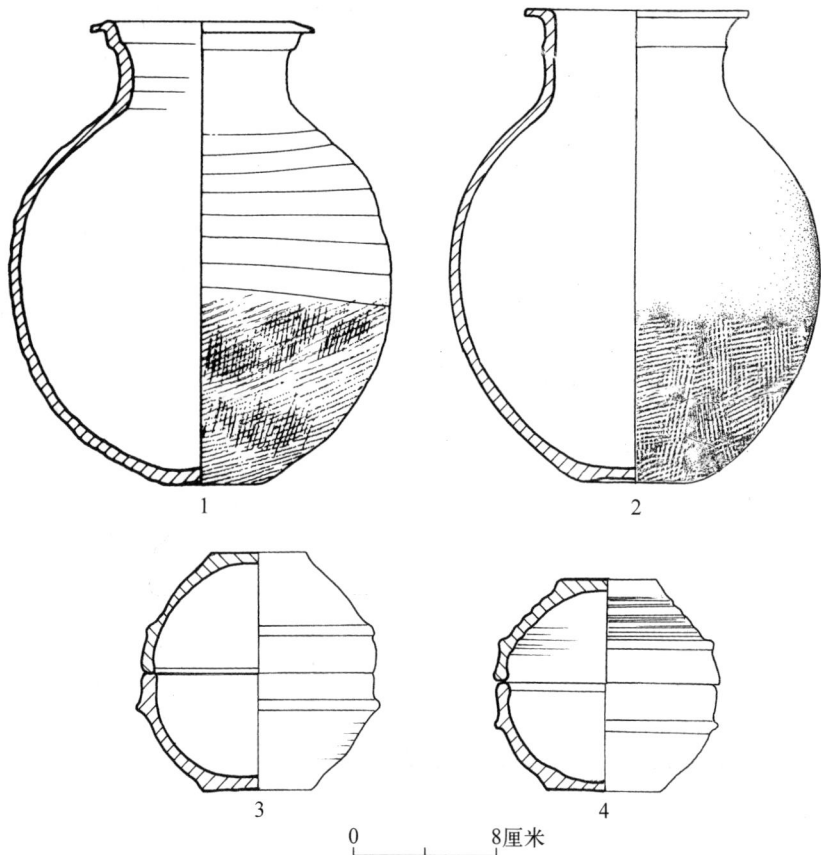

图一一三　M101 出土陶器

1. 陶罐（M101：1）　2. 陶罐（M101：4）　3. 陶盒（M101：2）　4. 陶盒（M101：3）

　　葬具为一椁一棺，木质，腐朽严重，仅存朽痕。椁痕平面呈长方形，南长3.08米，东西宽0.84米，残高0.4米，板痕厚约0.04米；棺痕平面呈长方形，南北长2米，宽0.65米，残高0.3米，板痕厚约0.04米。棺内葬人骨架一具，保存较差，头向北，面向不详，为仰身直肢葬，骨架长1.57米，女性，年龄约35岁。

2. 出土器物

出土器物10件，均放置于头箱内。

　　陶器盖　2件。泥质灰陶，轮制，火候高。标本M103：1，覆钵形器盖，敞口，弧形顶。口径17.2厘米，高4.2厘米（图一一五，3）。标本M103：4，覆钵形器盖，敞口，弧形顶。口径17.2厘米，高3.8厘米（图一一五，10）。

　　陶鼎　2件（套）。泥质灰陶，手轮兼制，火候高。标本M103：2，敛口，浅弧腹，圜底。口腹处贴对称双耳，略外撇，耳外侧有凹槽，凹槽中部穿孔，底附三兽蹄形足。口径17.8厘米，高18.2厘米（图一一五，5；彩版五二，2）。标本M103：3，敛口，浅弧腹，圜平底。口腹处贴对称双耳，外

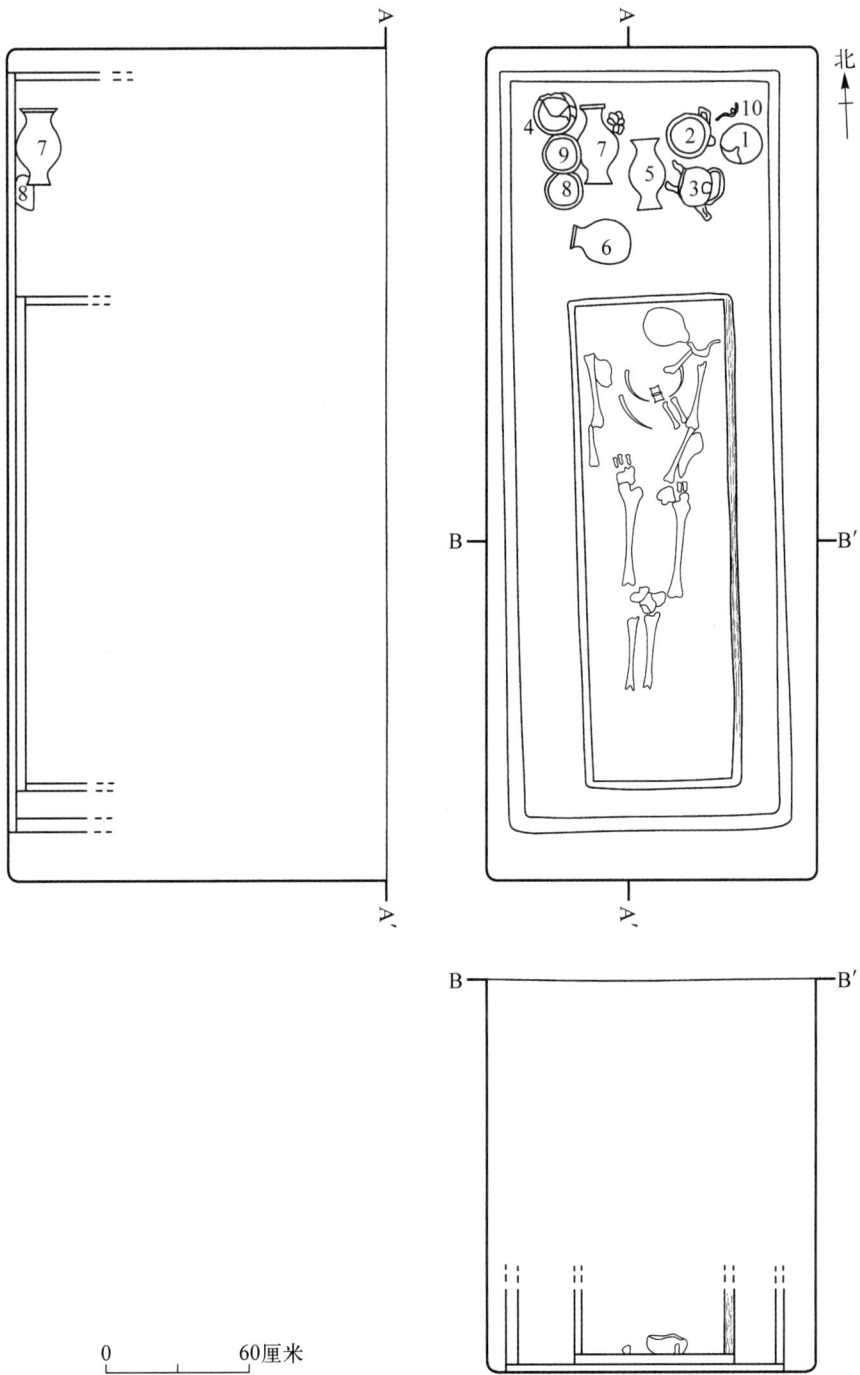

图一一四　M103平、剖面图

1.陶器盖　2.陶鼎　3.陶鼎　4.陶器盖　5.陶壶　6.陶罐　7.陶壶　8.陶盒　9.陶盒　10.铜带钩

图一一五　M103出土陶器

1. 陶壶（M103：5）　2. 陶壶（M103：7）　3. 陶器盖（M103：1）　4. 陶罐（M103：6）　5. 陶鼎（M103：2）　6. 陶鼎（M103：3）
7. 陶盒（M103：8）　8. 陶盒（M103：9）　9. 铜带钩（M103：10）　10. 陶器盖（M103：4）

撒,耳外侧有凹槽,凹槽中部穿孔,底附三兽蹄形足,覆钵形器盖。口径16.2厘米,通高18.2厘米（图一一五,6;彩版五二,3）。

陶壶　2件。泥质灰陶,轮制,火候高。标本M103:5,敞口内敛,折沿,方圆唇,长束颈,鼓腹弧收,高圈足,足壁收腰,足外撇,内壁轮痕清晰。口径15.8厘米,腹径19.8厘米,底径13.2厘米,通高28.2厘米（图一一五,1;彩版五二,4）。M103:7,敞口内敛,折沿,尖唇,长束颈,鼓腹弧收,高圈足,足壁收腰,足外撇,颈部饰二周凹弦纹,内壁轮痕清晰。口径16.2厘米,腹径20.2厘米,底径13.4厘米,通高28.6厘米（图一一五,2;彩版五二,5）。

陶罐　1件。标本M103:6,泥质灰陶,手轮兼制,火候高。敞口,方唇,矮束颈,鼓腹弧收,小平底略上凹。上腹饰凹弦纹,下腹至底压印绳纹。口径12.2厘米,腹径20.2厘米,底径8.2厘米,通高21.2厘米（图一一五,4;彩版五三,2）。

陶盒　2件（套）。泥质灰陶,轮制,火候高。标本M103:8,敛口,浅腹,弧收,矮圈足,足壁外撇,覆盆形器盖。器盖表与下腹饰有凹弦纹。口径18.8厘米,底径7.8厘米,通高15.2厘米（图一一五,7;彩版五三,1）。标本M103:9,敛口,浅腹弧收,矮圈足,足壁外撇,覆盆形器盖。盖与下腹饰凹弦纹。口径17.6厘米,底径6.8厘米,通高13.2厘米（图一一五,8;彩版五二,6）。

铜带钩　1件。标本M103:10,范铸,青铜质。钩首残缺,钩身扁平,圆钮。残长5.3厘米（图一一五,9;彩版五三,3）。

四十八、M104

1. 墓葬形制

M104位于发掘区Ⅰ区中部偏北,T1317内中部,西邻M103。开口于④层下,墓口距地表4.2米。南北向,方向2°。为长方形竖穴土圹单室墓,口部南北长2.5米,宽1.3米,底部南北长2.3米,宽1.1米,墓底距墓口2.3米。口大底小,四壁整齐内斜,经过加工抹光,墓底东西两侧修筑生土二层台,宽0.2,高0.5米。底部较平。内填黄褐色花土,土质较疏松（图一一六）。

二层台内放置木棺,腐朽严重,仅存朽痕,木棺平面呈长方形,南北长1.95米,宽0.7米,高0.5米,板痕厚约0.03米。棺内葬人骨架一具,保存较差,头向东,面向北,为仰身直肢葬,骨架长1.66米,男性,年龄约40岁。

2. 出土器物

出土器物1件,放于二层台内,木棺外北侧。

陶罐　1件。标本M104:1,泥质灰陶,手轮兼制,火候高。敞口,方唇略内凹,矮束颈,圆鼓腹,下弧收,圜平底略上凹。上腹饰凹弦纹,下腹至底压印绳纹。口径13.2厘米,腹径23.1厘米,底径7.4厘米,通高24.5厘米（图一一七）。

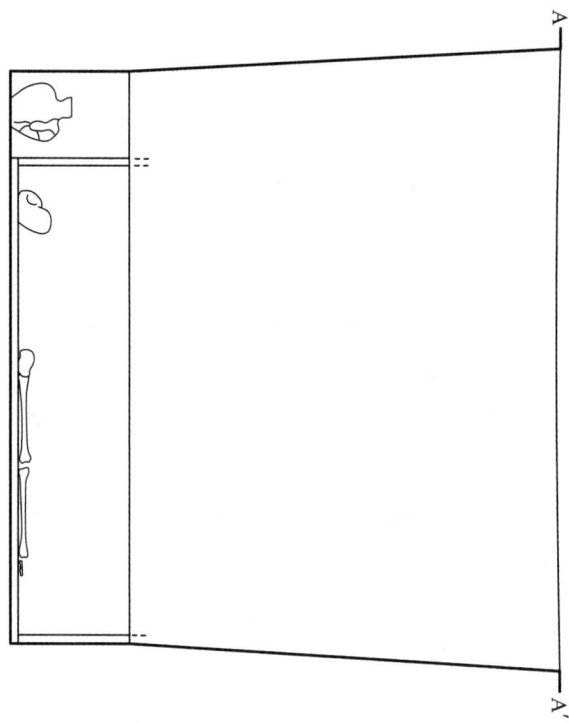
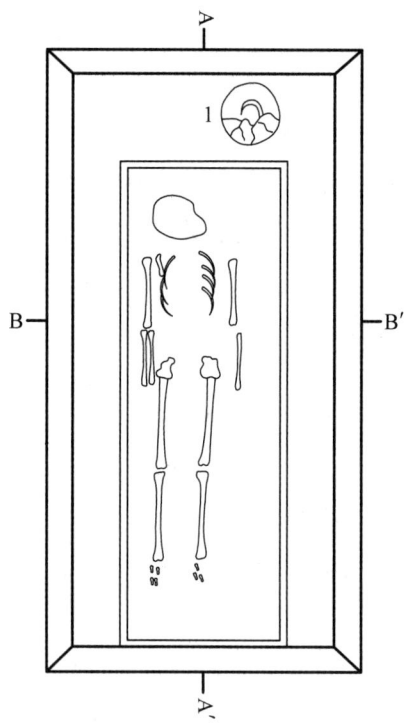
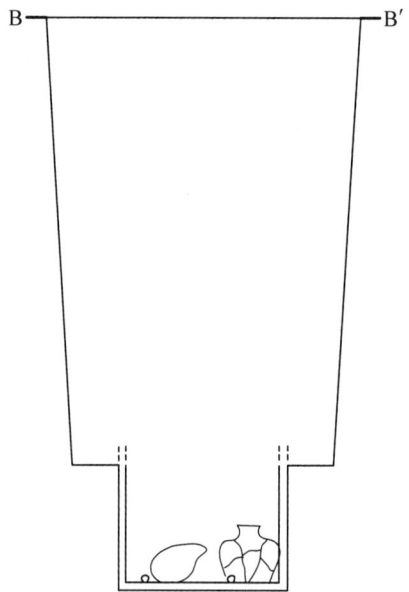

0   60厘米

图一一六　M104平、剖面图

1. 陶罐

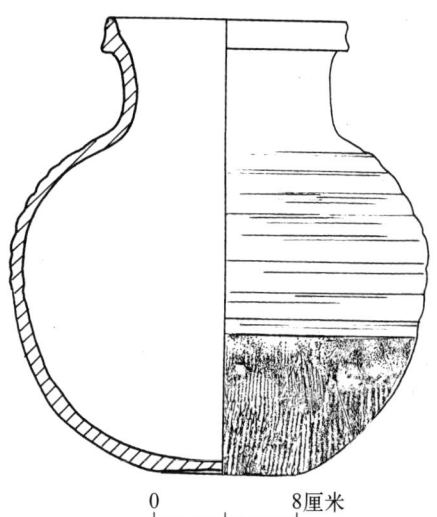

0   8厘米

图一一七　M104出土陶罐

（M104：1）

四十九、M105

1. 墓葬形制

M105位于发掘区Ⅰ区中部, T1018内东南角, 西北邻M83。开口于④层下, 墓口距地表4.3米。南北向, 方向5°。为长方形竖穴土圹单室墓, 南北长2.5米, 宽1.04米, 墓底距墓口2.06米。四壁垂直整齐, 经过加工抹光, 墓底较平。内填黄褐色花土, 土质疏松(图一一八)。

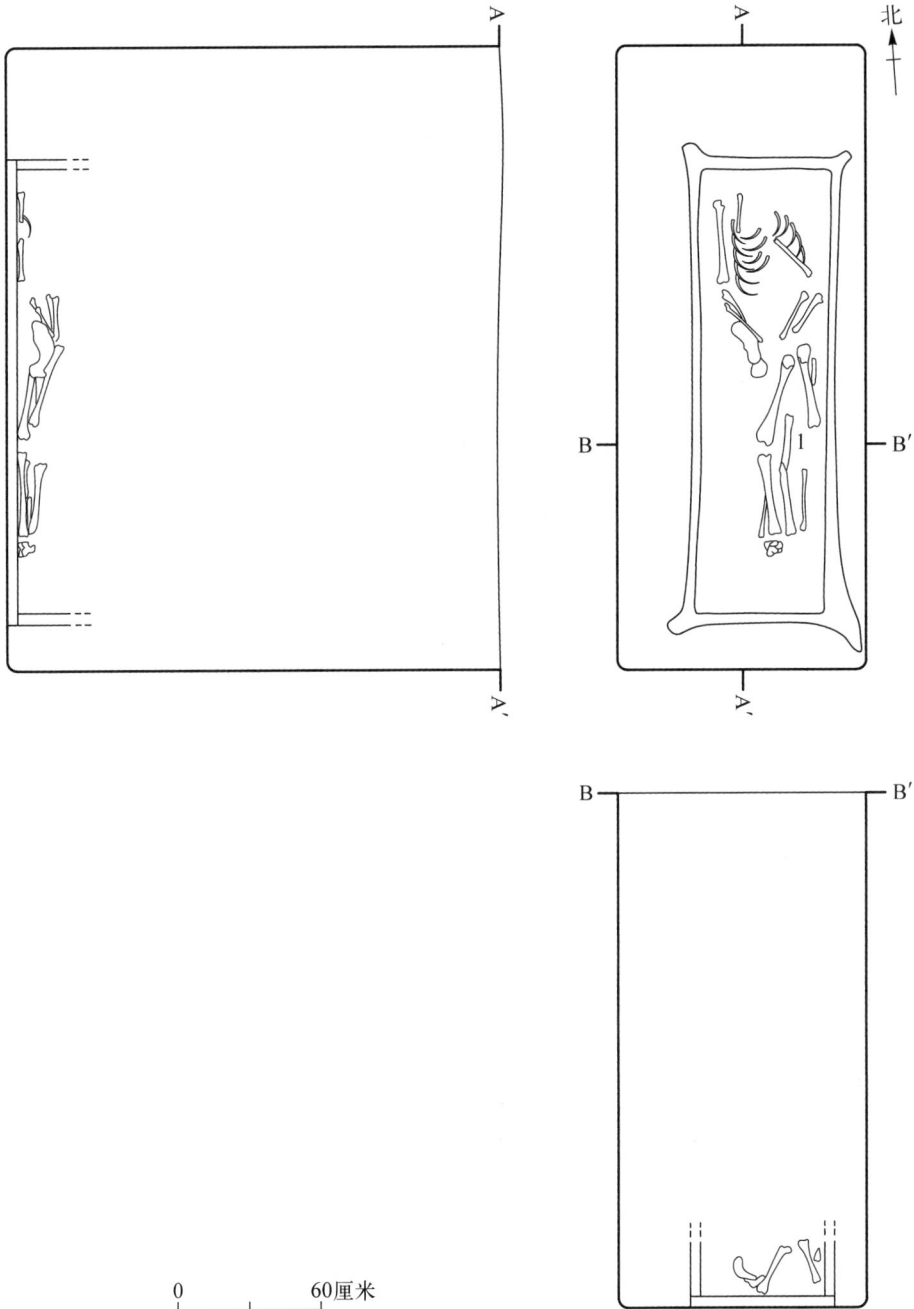

图一一八 M105平、剖面图

1. 铜剑(M105∶1)

葬具为木棺,腐朽严重,保存较差。平面呈长方形,南北长1.78米,宽0.52米,残高0.22米,板痕厚约0.04米。棺内葬人骨架一具,保存一般,未见头骨,头向、面向不详,为仰身直肢葬,骨架残长1.44米,男性,年龄约16岁。

2. 出土器物

出土器物1件,放于棺内,左侧腿骨下。

铜剑   1件（残）。标本M105：1,以剑格为界分为剑柄和剑身两部分,剑柄为圆柱形,茎体上有二道凸箍,剑格呈凹形,剑身为柳叶状,中锋,双刃。残长42.4厘米,宽4.8厘米（图一一九；彩版五三,4）。

五十、M106

1. 墓葬形制

M106位于发掘区Ⅰ区中部,T1118内中部,北邻M107。开口于④层下,墓口距地表4.2米。东西向,方向100°。为长方形竖穴土圹单室墓,东西长3.1米,宽1.06～1.2米,墓底距墓口2.04米。口大底小,东西两壁垂直整齐,南北两壁内斜,四壁经过加工抹光,土圹内填黄褐色花土,土质疏松,湿软,含细沙（图一二〇）。

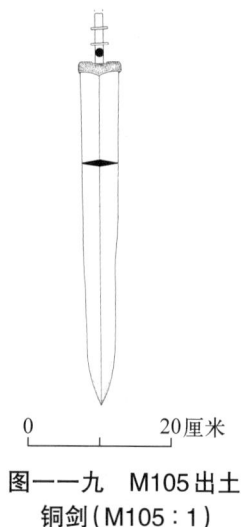

图一一九   M105出土
铜剑（M105：1）

0   20厘米

葬具为一棺一椁,木质,腐朽严重,仅存棺痕。椁痕平面呈长方形,东西长2.6米,宽0.6米,残高0.3米,板痕厚0.04米。棺痕平面呈长方形,东西长1.8米,宽0.44米,残高0.28米,板痕厚约0.04米。棺内葬人骨架一具,保存较好,头向东,面向北,为仰身直肢葬,骨架长1.54米,女性,年龄约35岁。

2. 出土器物

出土器物3件,均放于椁内棺外的北侧。

陶罐   2件。泥质灰陶,手轮兼制,火候高。标本M106：1,敞口,折沿,方唇,口部变形,矮束颈,鼓腹弧收,小平底。上腹饰凹弦纹,下腹至底压印绳纹。口径12.2厘米,腹径21.2厘米,底径6.8厘米,通高26.8厘米（图一二一,1）。标本M106：2,敞口内敛,折沿,方唇,矮束颈,鼓腹,下弧收,下腹略变形,小平底。颈与上腹饰凹弦纹,下腹至底压印绳纹。口径12.2厘米,腹径20.2厘米,底径6.4厘米,通高26.2厘米（图一二一,2）。

陶盒   1件。标本M106：3,泥质灰陶,轮制,火候高。敞口,浅腹弧收,平底,内壁轮痕清晰。口径11.6厘米,底径5.2厘米,通高5.4厘米（图一二一,3）。

五十一、M107

1. 墓葬形制

M107位于发掘区Ⅰ区中部,T1118内中部,南邻M106。开口于④层下,墓口距地表4.2米。

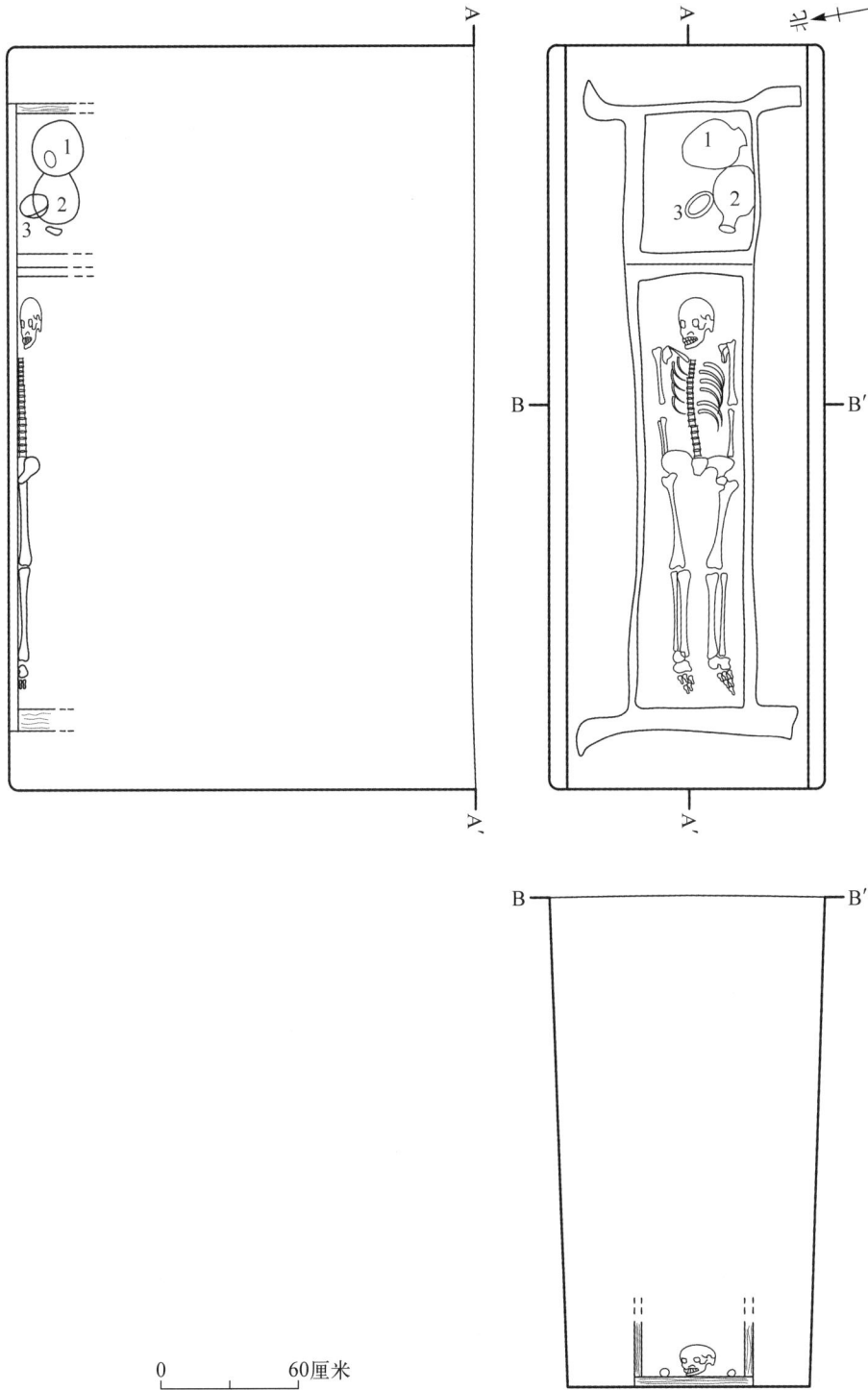

图一二〇　M106平、剖面图

1. 陶罐　2. 陶罐　3. 陶盒

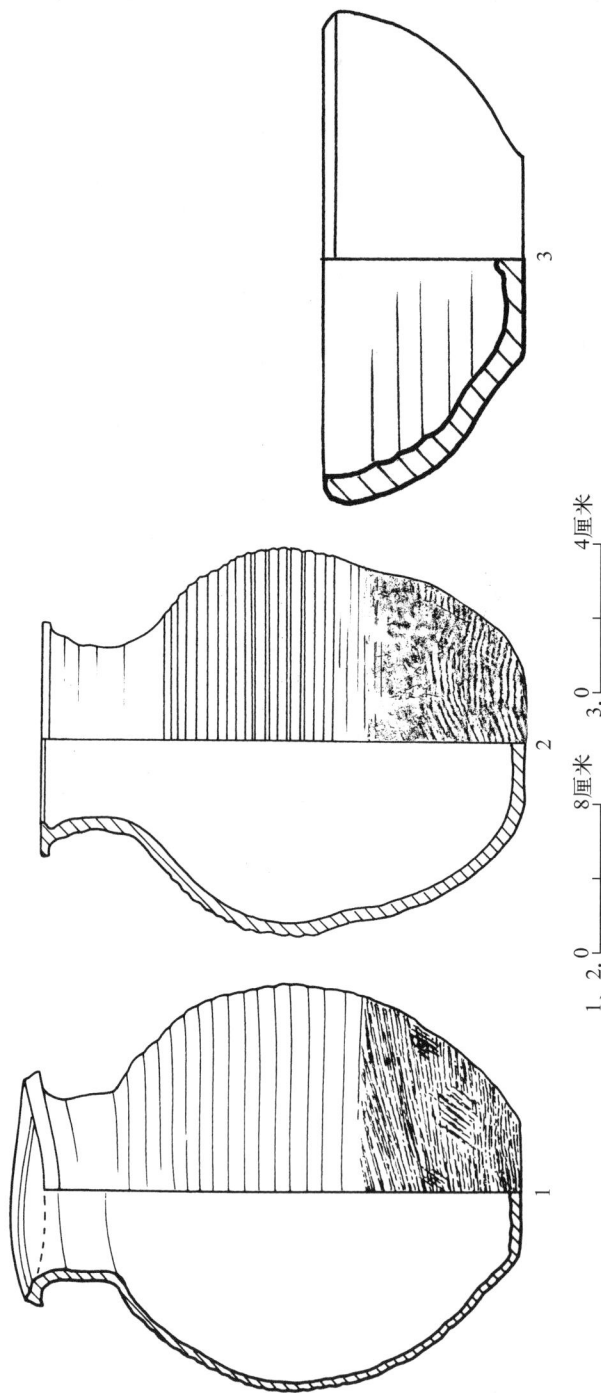

图一二一　M106 出土陶器

1. 陶罐（M106：1）　2. 陶罐（M106：2）　3. 陶盒（M106：3）

东西向,方向100°。为长方形竖穴土圹单室墓,东西长3.4米,宽1.08～1.2米,墓底距墓口2.06米。口大底小,东西两壁垂直整齐,南北两壁内斜,四壁经过加工抹光,墓底较平。内填黄褐色花土,土质较硬,竖夯夯筑,夯层厚1.6米,每层厚约0.1～0.13米,夯窝直径约0.03～0.06米(图一二二)。

葬具为木棺与头箱,腐朽严重,保存较差。头箱位于木棺的东侧,平面呈长方形,东西长0.86米,南北宽0.64米,残高0.4～0.56米,板痕厚约0.04米;木棺位于头箱的西侧,平面呈长方形,东西长1.92米,宽0.58米,残高0.3米,板痕厚约0.04米。棺内葬人骨架一具,保存一般,头向东,面向上,为仰身直肢葬,骨架长1.7米,男性,年龄约36岁。

2. 出土器物

出土器物5件,放于头箱内。

陶罐　1件。标本M107:1,泥质灰陶,手轮兼制,火候高。敞口内凹,尖圆唇,矮束颈,鼓腹弧收,小平底。上腹饰凹弦纹,中腹饰二周戳印纹,下腹至底压印绳纹。口径15.6厘米,腹径31.2厘米,底径7.6厘米,通高30.8厘米(图一二三,5;彩版五三,6)。

陶壶　1件(套)。标本M107:2,敞口内凹,长束颈,鼓腹弧收,矮圈足,足壁外撇,器表饰彩绘,已脱落。覆钵形器盖,敞口,弧壁,弧形顶。口径12.6厘米,腹径19.2厘米,底径8.8厘米,通高25.6厘米(图一二三,2)。

铜带钩　1件。标本M107:3,钩首残缺,钩身扁平,圆钮。残长6厘米(图一二三,4;彩版五三,1)。

陶鼎　1件。标本M107:4,泥质灰陶,手轮兼制。敛口,浅腹弧收,圜底,口部外侧贴对称双耳,耳外撇,下腹附贴三兽蹄形足。口径12.8厘米,通高12.2厘米(图一二三,1;彩版五三,5)。

陶盒　1件。标本M107:5,泥质灰陶,轮制,火候高。敞口,浅腹折弧收,小平底。口径14厘米,底径5.4厘米,通高7.2厘米(图一二三,3)。

五十二、M108

1. 墓葬形制

M108位于发掘区Ⅰ区中部偏北,T1219内西部,西距M235约4米。开口于④层下,墓口距地表4.2米。南北向,方向20°。为长方形竖穴土圹单室墓,南北长2.8米,宽0.96米,墓底距墓口2.3米。四壁垂直整齐,经过加工抹光,墓底较平。内填黄褐色花土,土质较疏松(图一二四)。

葬具为木棺,腐朽严重,保存较差。平面呈长方形,南北长2.02米,宽0.62米,残高0.36米,板痕厚约0.02米。棺内葬人骨架一具,保存一般,头向北,面向东,为仰身直肢葬,右侧小腿骨残缺,骨架长1.58米,男性,年龄约16岁。

2. 出土器物

无。

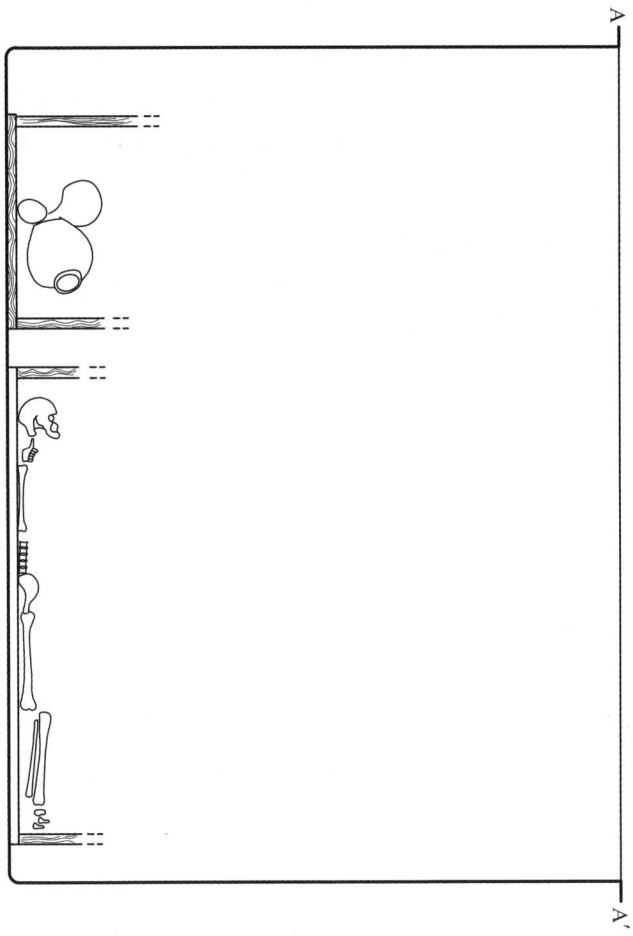

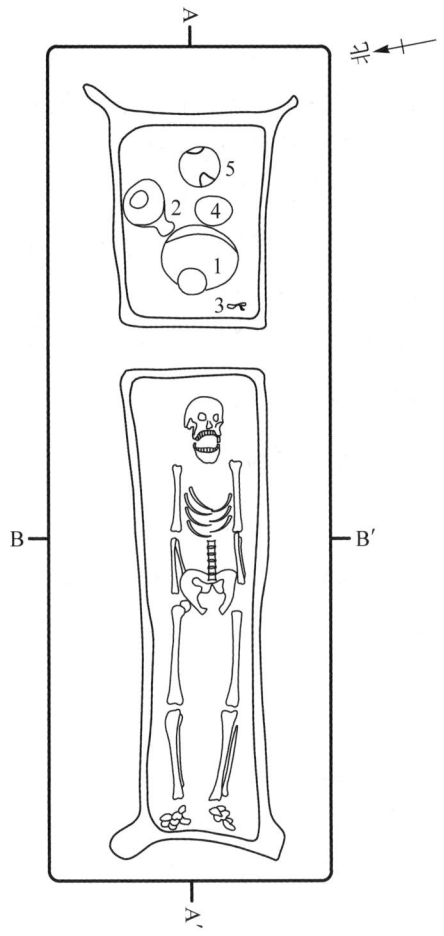

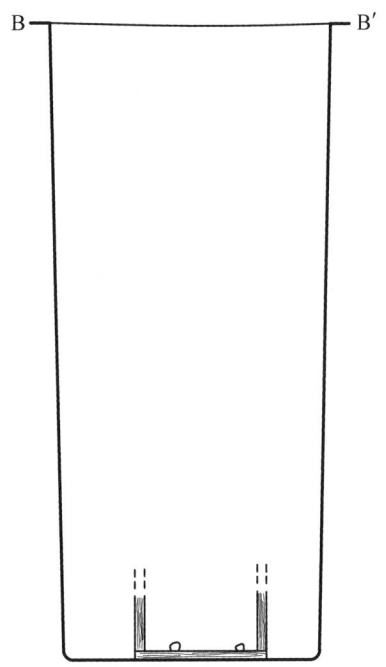

0   60厘米

图一二二　M107平、剖面图

1. 陶罐　2. 陶壶　3. 铜带钩　4. 陶鼎　5. 陶盒

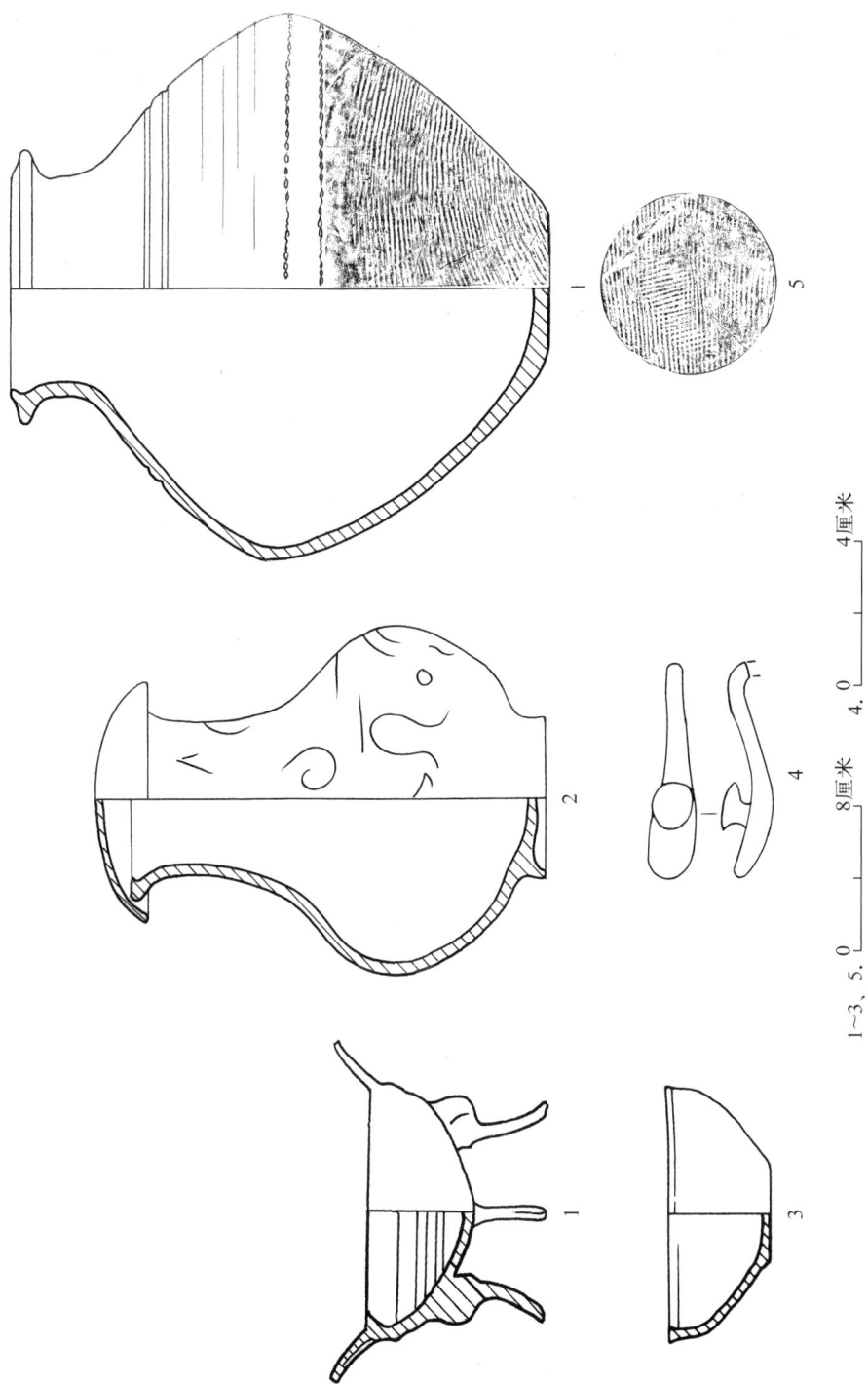

图一二三　M107 出土器物

1. 陶鼎（M107：4）　2. 陶壶（M107：2）　3. 陶盒（M107：5）　4. 铜带钩（M107：3）　5. 陶罐（M107：1）

0 ⊢——⊣ 60厘米

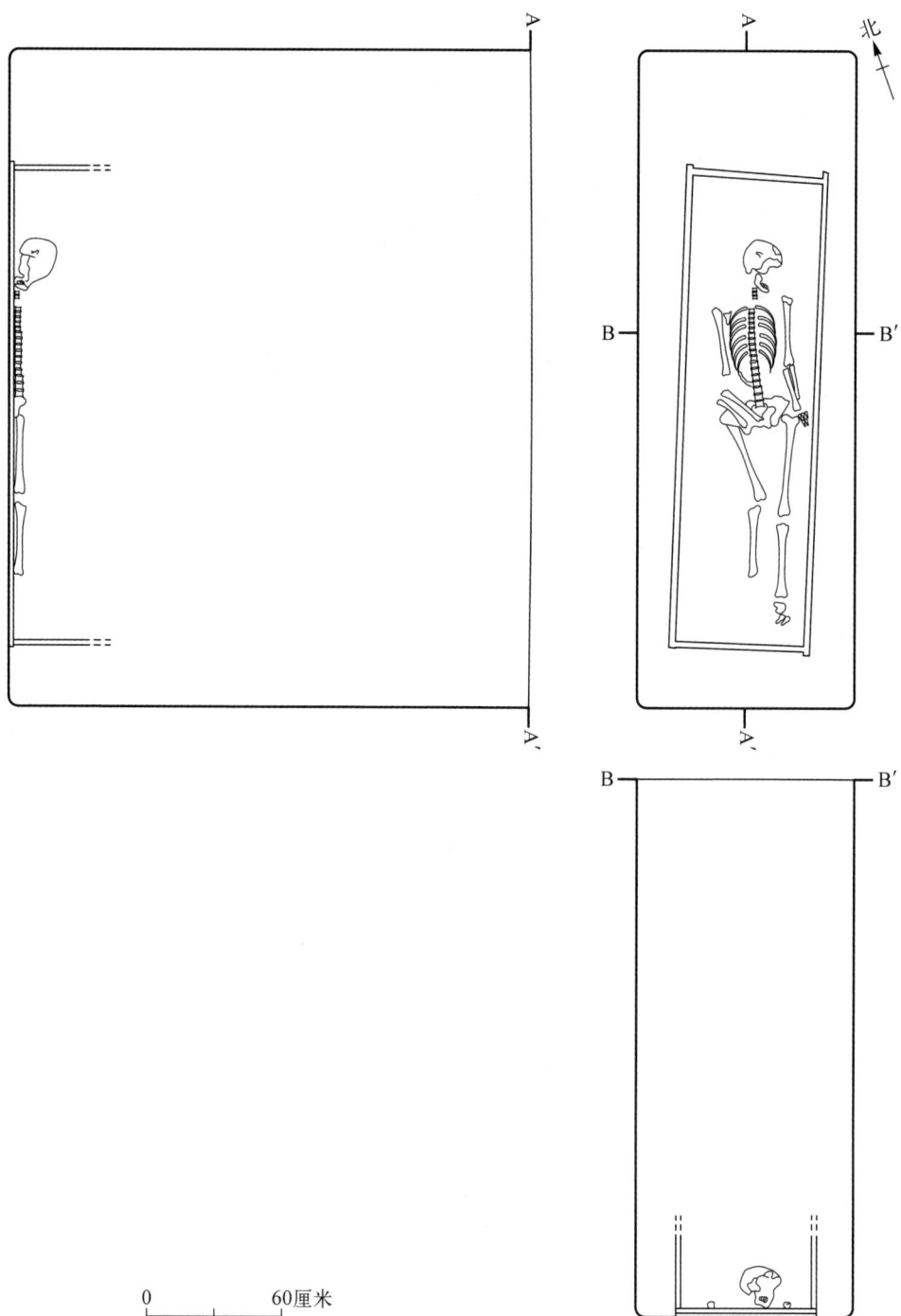

图一二四　M108平、剖面图

五十三、M109

1. 墓葬形制

M109位于发掘区Ⅰ区中部,T1020内西北角,西邻M100。开口于④层下,墓口距地表4.2米。南北向,方向10°。为长方形竖穴土圹单室墓,南北长3.1米,宽1.1米,墓底距墓口2.5米。四壁整齐(口部东侧坍塌),经过加工抹光,墓底较平。内填黄褐色花土,土质较硬,竖夯夯筑,夯层厚约1.9米,每层厚约0.15~0.2米,夯窝直径约0.03~0.05米(图一二五;彩版一〇,4)。

葬具为一椁一棺,腐朽严重,仅存朽痕。椁痕平面呈长方形,南北长约2.76米,宽0.82米,高0.3米,板痕厚约0.04米;棺位于椁内,平面呈长方形,棺痕南北长2.04米,宽0.72米,残高0.3米,板痕厚约0.04米。棺内葬人骨架一具,保存较好,头向北,面向上,为仰身直肢葬,左手放于盆骨上,骨架长1.6米,男性,年龄约35岁。

2. 出土器物

出土器物2件,放置于椁内,棺外的北侧。

陶罐　2件。泥质灰陶,手轮兼制,火候高。标本M109:1,敞口,折沿,方唇,矮束颈,颈部微折,鼓腹曲收,小平底。上腹饰凹弦纹,下腹至底拍印绳纹。口径15.2厘米,腹径24.8厘米,底径7.2厘米,通高29.4厘米(图一二六,1;彩版五四,2)。标本M109:2,口部变形,直口内敛,折沿,方唇,矮束颈,鼓腹弧收,小平底略上凹。中腹以上饰凹弦纹,内壁盘胎痕迹明显。口径15.8厘米,腹径26.2厘米,底径9.2厘米,通高30.4厘米(图一二六,2)。

五十四、M110

1. 墓葬形制

M110位于发掘区Ⅰ区中部,T1119内中部,北邻M129。开口于④层下,墓口距地表4.2米。东西向,方向110°。为长方形竖穴土圹单棺墓,口部东西长3.45米,宽1.23米;底部东西长3.3米,宽1.05米,墓底距墓口2.04米。口大底小,四壁整齐内斜,经过加工抹光,墓底较平。内填黄褐色花土,土质较硬,竖夯夯筑,夯层厚约1.3米,每层厚约0.15~0.18米,夯窝直径约0.03~0.05米(图一二七)。

葬具为一椁一棺,木质,腐朽严重,仅存朽痕,略变形。椁平面呈长方形,东西长2.94米,宽0.84~0.98米,残高0.44米,板痕厚约0.04米;棺位于椁内,平面呈长方形,东西长1.96米,宽0.42~0.5米,残高0.3米,板痕厚约0.06米。棺内葬人骨架一具,保存较好,头向东,面向南,为仰身直肢葬,骨架长1.6米,女性,年龄约30岁。

2. 出土器物

出土器物5件,放置于头箱内。

陶罐　1件。标本M110:1,泥质灰陶,手轮兼制,火候高。敞口内凹,短折沿,方唇,矮束颈,

北

0 ⸻ 60厘米

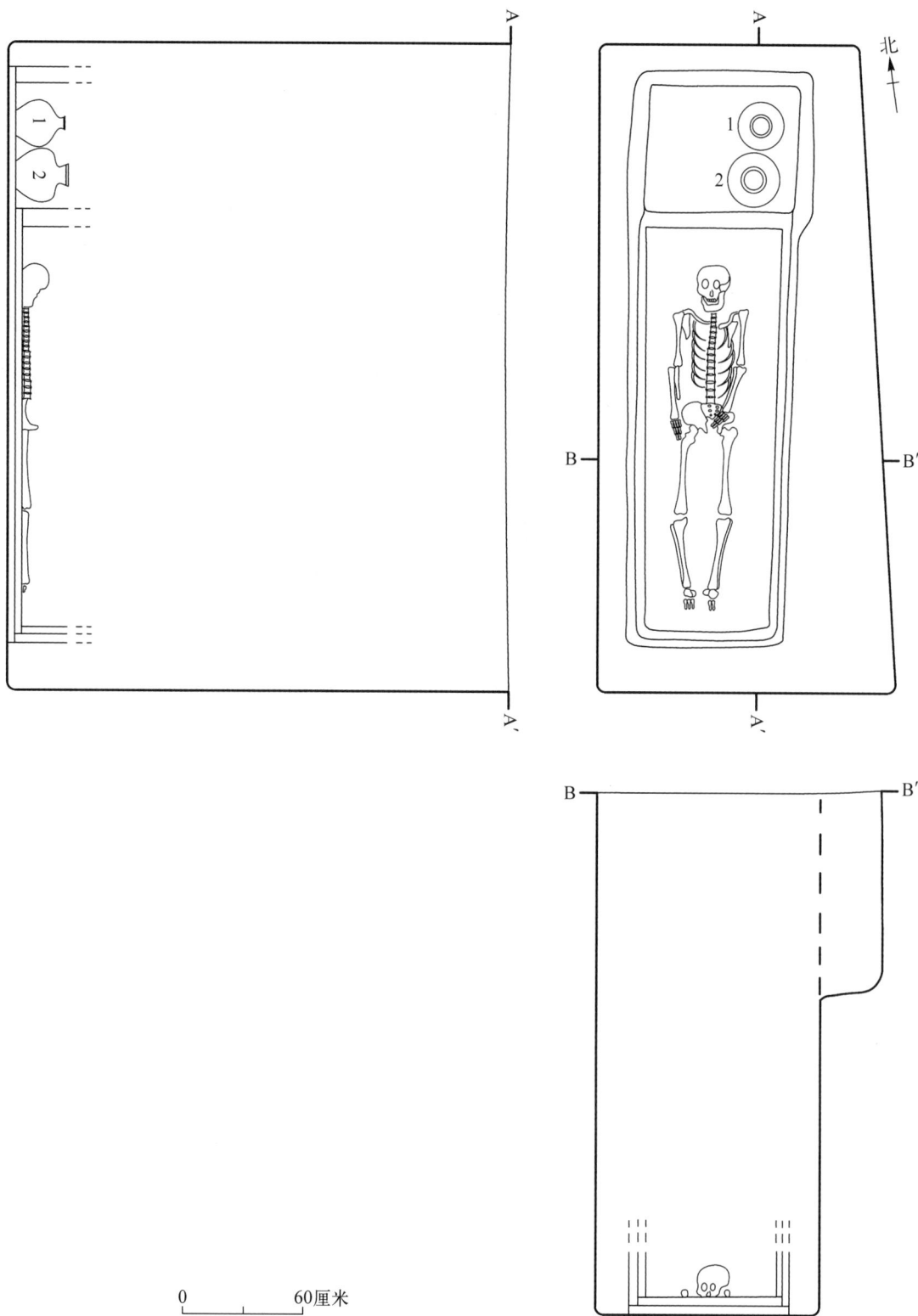

图一二五　M109平、剖面图

1. 陶罐　2. 陶罐

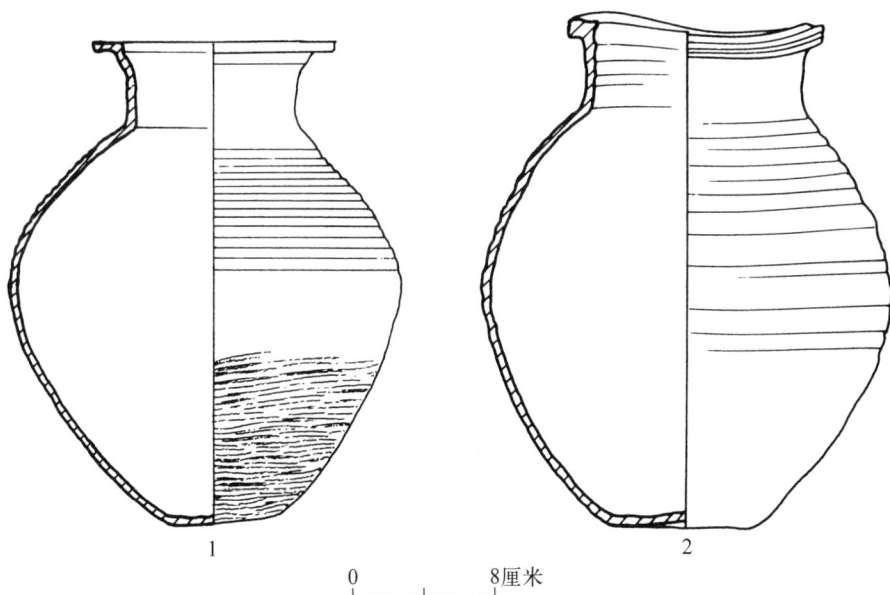

图一二六 M109出土陶罐

1. 陶罐（M109：1） 2. 陶罐（M109：2）

鼓腹弧收，小平底。上腹饰四周凹弦纹，中腹至底压印绳纹。口径17.2厘米，腹径21.6厘米，底径9.2厘米，通高21.8厘米（图一二八，5；彩版五四，3）。

陶盒 1件（套）。标本M110：2，泥质灰陶，轮制，火候高。敛口，浅腹弧收，平底，内壁轮痕清晰。盖敛口，弧形顶。口径14.2厘米，底径4.8厘米，通高11.8厘米（图一二八，1；彩版五四，4）。

陶鼎 1件（套）。标本M110：3，泥质灰陶，手轮兼制，火候高。敛口，浅腹折收，下腹斜壁，平底。口部贴对称双耳，耳外撇，耳外侧有凹槽，下腹覆三兽蹄形足。盖口微敞，弧形顶，盖表描绘彩绘，大部分已脱落。口径12.4厘米，通高14厘米（图一二八，2；彩版五四，5）。

陶壶 2件。泥质灰陶，手轮兼制，火候高。标本M110：4，敞口内凹，折沿，方唇，长束颈，鼓腹弧收，矮圈足，足壁外撇。口径13.4厘米，腹径19.2厘米，底径11.2厘米，通高26.6厘米（图一二八，3；彩版五四，6）。标本M110：5，敞口内凹，折沿，方唇，长束颈，鼓腹弧收，矮圈足，足壁外撇。器表饰彩绘，部分已脱落。口径13.8厘米，腹径20.6厘米，底径10.8厘米，通高27.6厘米（图一二八，4；彩版五五，1）。

五十五、M111

1. 墓葬形制

M111位于发掘区Ⅰ区西北部，T1312内西北角，东邻M51，南邻M50，被M43、M50打破。开口于④层下，墓口距地表4.3米。南北向，方向5°。为长方形竖穴土圹单室墓，南北长4米，宽1.3

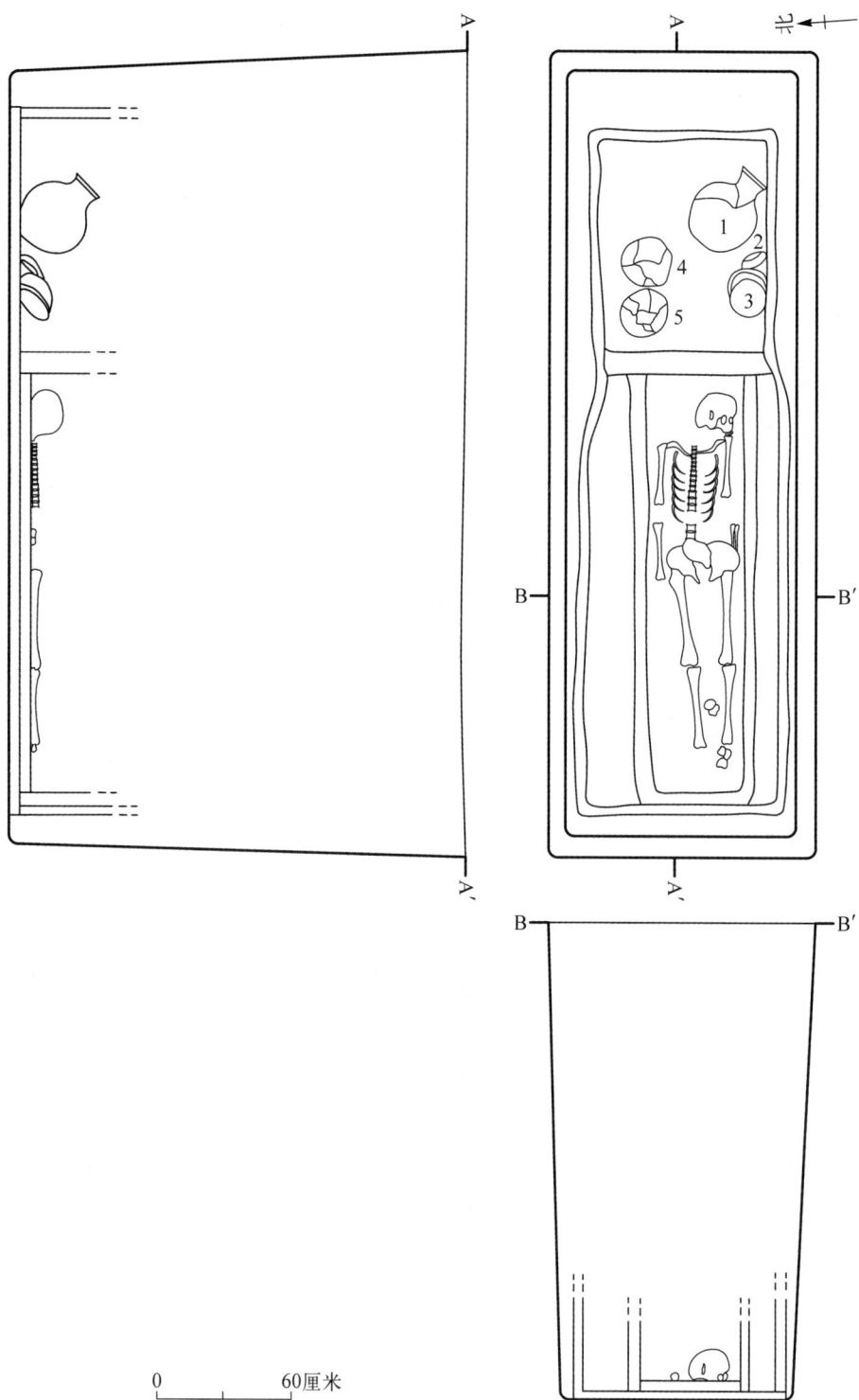

图一二七　M110平、剖面图

1.陶罐　2.陶盒　3.陶鼎　4.陶壶　5.陶壶

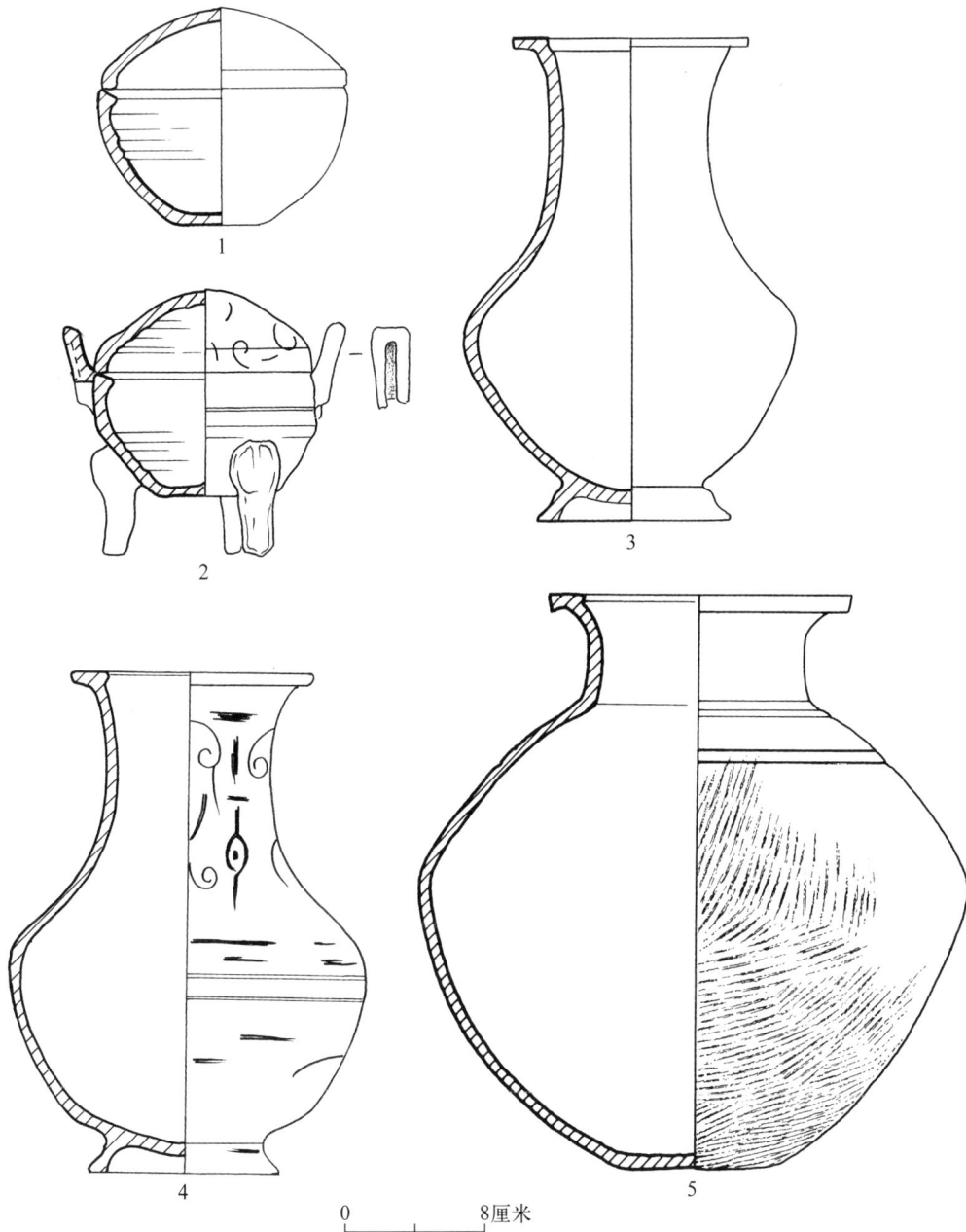

图一二八 M110出土陶器

1. 陶盒（M110：2） 2. 陶鼎（M110：3） 3. 陶壶（M110：4） 4. 陶壶（M110：5） 5. 陶罐（M110：1）

米，墓底距墓口2.9米。四壁垂直整齐，经过加工抹光，底部较平。内填黄褐色花土，土质较较硬，竖夯夯筑，夯层深2.2米，每层厚约0.08～0.12米，夯窝直径约0.03～0.05米（图一二九；彩版一一，1）。

葬具为一椁一棺，腐朽严重，仅存朽痕。木椁平面呈长方形，南北长3.62米，宽1.16～1.2米，残高0.6米，板痕厚约0.03米。腐朽严重，仅残留少量横向椁顶板与局部侧板，顶板宽约0.1米，厚0.03米。侧板残长1.3米，宽约0.24米，板痕厚约0.03米；木棺位于椁内，腐朽严重，仅存朽痕，平面呈长方形，南北长1.9米，宽0.7米，残高0.42米，板痕厚约0.04米。棺内葬人骨架一具，保存一般，头向北，面向东，为仰身直肢葬，骨架长1.63米，女性，年龄约35岁。

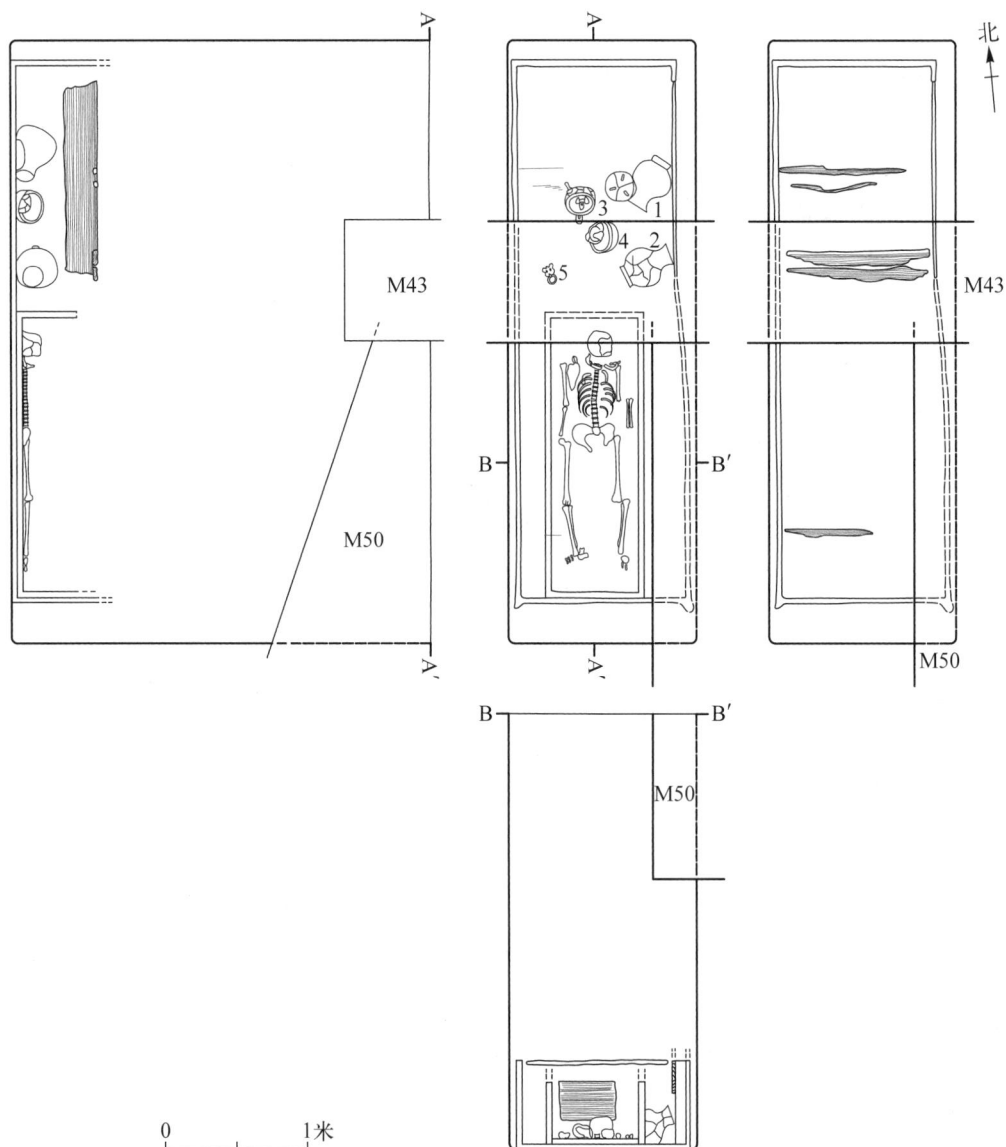

图一二九　M111平、剖面图

1. 陶壶　2. 陶壶　3. 陶盒　4. 陶鼎　5. 铜铺首

2. 出土器物

出土器物5件,放于椁内,木棺外北侧。

陶壶 2件。泥质灰陶,手轮兼制,火候高。标本M111:1,敞口内敛,方圆唇,束颈,鼓腹弧收,覆盘形底座。口下一周凹弦纹,颈腹处饰凸弦纹,口下至中腹描绘彩绘,中腹装饰对称兽面铺首。口径16.2厘米,腹径26.4厘米,底径13.6厘米,通高35.6厘米(图一三〇,4;彩版五五,2)。标本M111:2,敞口内敛,方唇,束颈,鼓腹弧收,矮圈足,足壁外撇。颈腹、中腹、足饰凸弦纹,口至中腹处描绘彩绘(倒三角及如意纹),中腹处装饰对称兽面铺首。口径15.6厘米,腹径26.8厘米,底径14.8厘米,通高34.4厘米(图一三〇,5;彩版五五,3)。

陶盒 1件套。标本M111:3,泥质灰陶,手轮兼制,火候高。子母口,浅腹弧收,矮圈足,覆盆形器盖,盖腹壁描绘彩绘,部分脱落。口径16.4厘米,底径9.2厘米,通高13.2厘米(图一三〇,2;彩版五五,4)。

陶鼎 1件套。标本M111:4,泥质灰陶,手轮兼制,火候高。敛口,浅腹,折收,圜底。口腹处贴对称方形耳,耳外撇,中部穿孔,底附三兽蹄形足。覆钵形器盖,盖顶贴三对称圆环,盖与鼎身描绘彩绘,部分脱落。口径18.2厘米,通高18.4厘米(图一三〇,3;彩版五五,5)。

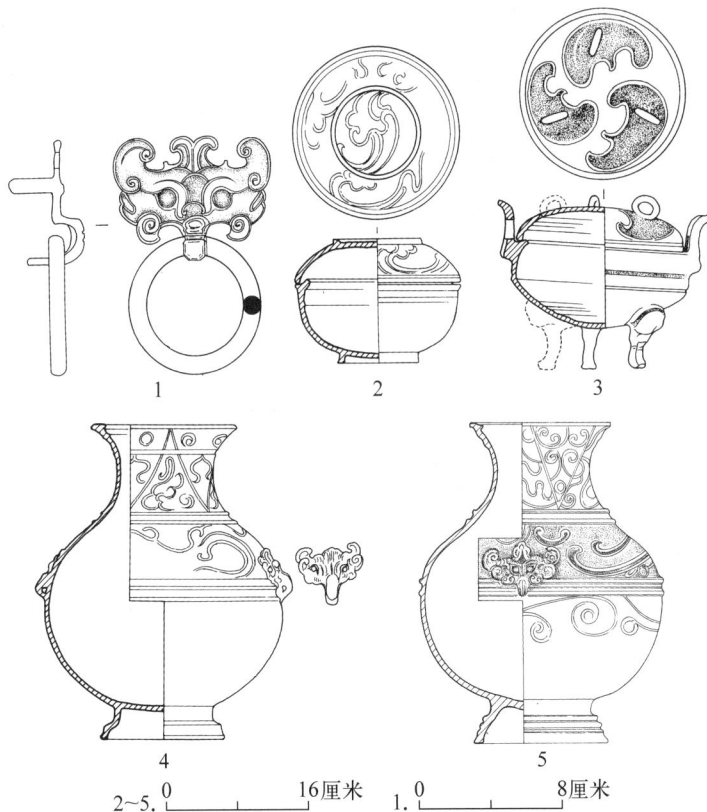

图一三〇　M111出土器物

1. 铜铺首(M111:5)　2. 陶盒(M111:3)　3. 陶鼎(M111:4)　4. 陶壶(M111:1)　5. 陶壶(M111:2)

铜铺首　1件。标本M111：5，范铸，青铜质，兽面纹，竖鼻下衔环，内侧有楔形榫。通长12.6厘米，衔环直径7.4厘米（图一三〇，1；彩版五五，6）。

五十六、M113

1. 墓葬形制

M113位于发掘区Ⅰ区东部，T1121内西部，东邻M8。开口于④层下，墓口距地表4.2米。南北向，方向5°。为长方形竖穴土圹单室墓，南北长3.26米，宽1.4米，墓底距墓口2.6米。四壁整齐，经过加工抹光，底部较平。内填黄褐色花土，土质较硬，竖夯夯筑，每层厚0.1～0.12米，夯层深2米，夯窝直径约0.03～0.05米（图一三一；彩版一一，2）。

葬具为一椁一棺，木质，腐朽严重，仅存朽痕。椁痕南北长2.96米，宽1.16米，残高0.6米，板痕厚约0.04～0.06米；棺痕平面呈长方形，棺痕南北长2.1米，宽0.67～0.8米，残高0.34米，板痕厚约0.1米。棺内葬人骨架一具，保存一般，头向北，面向西，脊椎扭曲变形，为侧身直肢葬，骨架长1.64米，女性，年龄约16岁。

2. 出土器物

出土器物2件，放置于椁内棺外的北侧。

陶罐　2件。泥质灰陶，手轮兼制，火候高。标本M113：1，敞口，折沿，方唇，矮束颈，折肩，直腹，下腹弧收，平底。中腹饰凹弦纹，下腹拍印绳纹。口径18.2厘米，腹径26.8厘米，底径9.8厘米，通高24.2厘米（图一三二，1；彩版五六，1）；标本M113：2，敞口，矮领，折肩，最大径位于肩处，腹曲收，平底。肩部阳刻有二字铭文，字迹不清，腹部饰凹弦纹。口径16.8厘米，腹径23.6厘米，底径15.4厘米，通高19.2厘米（图一三二，2；彩版五六，2）。

五十七、M114

1. 墓葬形制

M114位于发掘区Ⅰ区东北部。T1120内西北角，开口于④层下，墓口距地表4.2米。南北向，方向10°。为长方形竖穴土圹单室墓，南北长2.26米，宽0.84米，墓底距墓口1.16米。四壁整齐，经过加工抹光，四壁向下距墓口0.86米时内折修筑宽窄不一的生土二层台，台宽0.4～0.36米，高0.3米，墓底较平。内填黄褐色花土，土质疏松，湿软，含细沙（图一三三）。

未见葬具痕迹，二层台内葬人骨架一具，保存较差，凌乱，头向北，面向西，为仰身直肢葬，骨架长1.53米，女性，年龄约30岁。

2. 出土器物

无。

0 　　　　60厘米

图一三一　M113平、剖面图

1. 陶罐　2. 陶罐

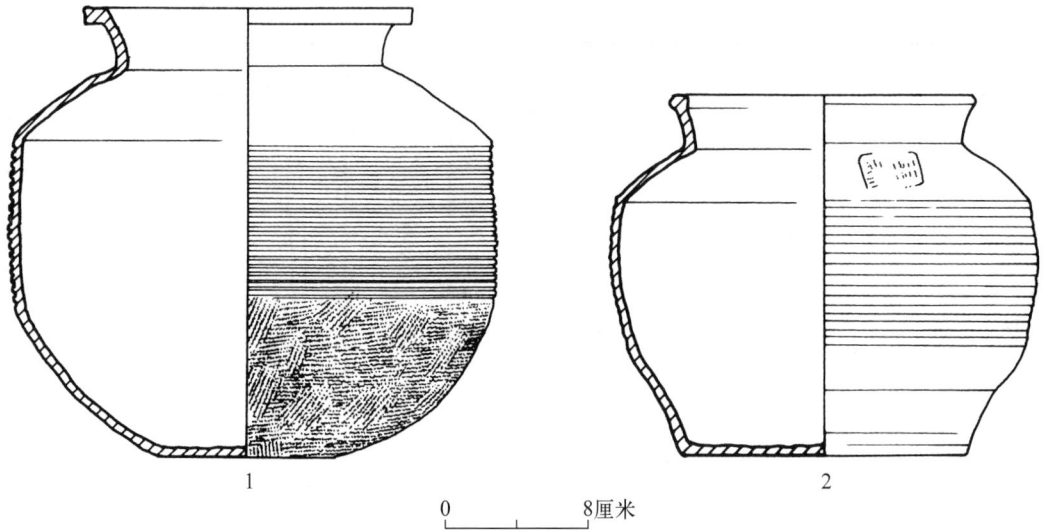

0　　　　　8厘米

图一三二　M113出土陶器

1. 陶罐（M113∶1）　2. 陶罐（M113∶2）

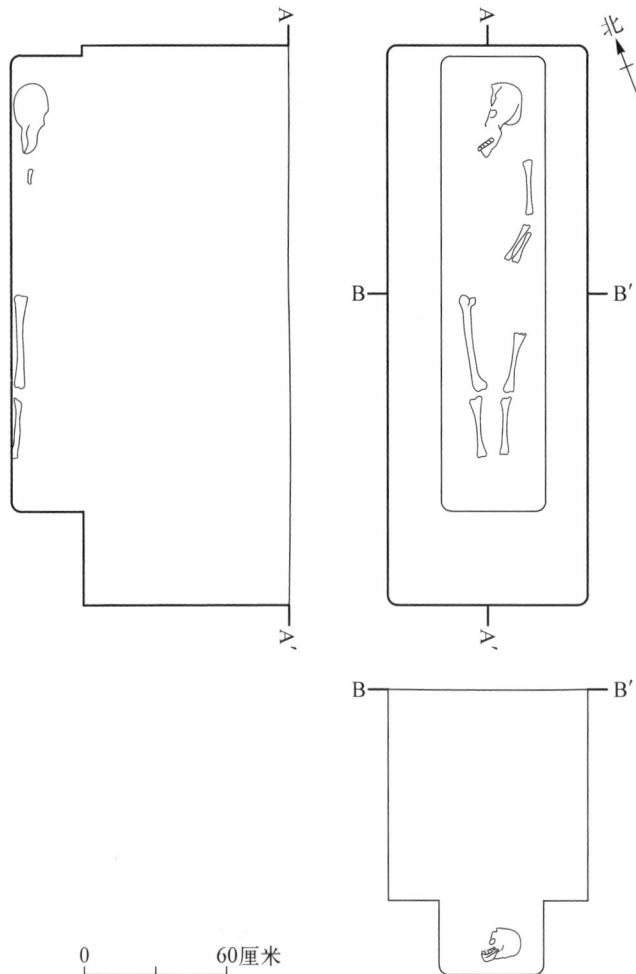

0　　　　　60厘米

图一三三　M114平、剖面图

五十八、M115

1. 墓葬形制

M115位于发掘区Ⅰ区东北部,T1219内东部,北邻M117。开口于④层下,墓口距地表4.2米。南北向,方向0°。为长方形竖穴土圹单室墓,南北长2.26米,宽0.9米,墓口距墓底1.4米。四壁整齐,经过加工抹光,距墓口1.2米时折收修筑生土二层台,台宽0.2米,深0.2米,底部较平。内填黄褐色花土,土质较硬,竖夯夯筑,夯层深约1米,每层厚0.17~0.2米,夯窝直径约0.04~0.06米(图一三四)。

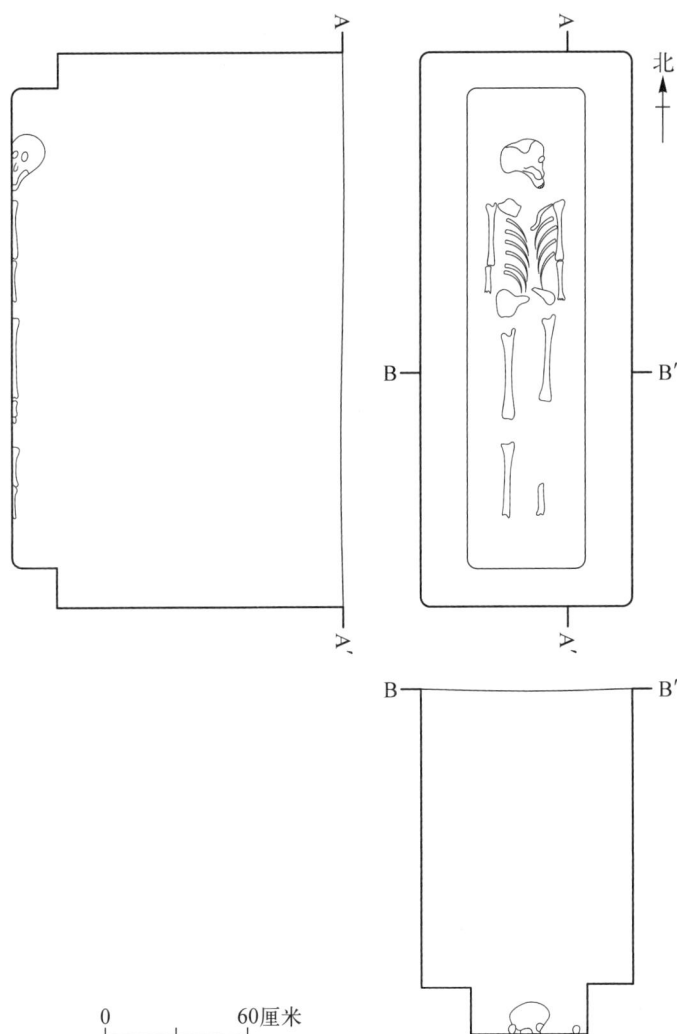

图一三四　M115平、剖面图

二层台内未见用棺痕迹,葬人骨架一具,保存一般,头向北,面向东,为仰身直肢葬,骨架长1.54米,男性,年龄约40岁。

2. 出土器物

无。

五十九、M118

1. 墓葬形制

M118位于发掘区Ⅰ区东北部，T1320内西部，东侧与西侧被M149、M117打破。开口于④层下，墓口距地表4.2米。南北向，方向13°。为长方形竖穴土圹墓，南北长2.5米，东西宽1.08米，墓底距墓口1.9米。四壁整齐，底部较平。内填黄褐色花土，土质疏松（图一三五）。

葬具为木棺与头箱，腐朽严重，仅存朽痕。头箱位于木棺的北侧，平面呈长方形，东西长0.7米，南北宽0.6米，残高0.2米。棺痕平面略呈梯形，北宽南窄，南北长1.98米，宽0.44～0.56米，残高0.2米。棺内葬人骨架一具，保存一般，头向北，面向西，为仰身直肢葬，右手压于盆骨下，身高1.68米，女性，年龄约30岁。

2. 出土器物

出土器物2件，均放置于头箱内。

陶罐　1件。标本M118：1，泥质灰陶，手轮兼制，火候高，敞口，折沿，方唇，束颈，鼓腹弧收，小平底。上腹饰凹弦纹，下腹至底拍印绳纹。口径12.2厘米，腹径19.2厘米，底径5.2厘米，通高23.6厘米（图一三六；彩版五六，3）。

陶碗　1件（残）。标本M118：2，残片，无法复原。

六十、M119

1. 墓葬形制

M119位于发掘区Ⅰ区东北部，T1319内西南角，东侧被M117打破，西邻M236。开口于④层下，墓口距地表4.2米。南北向，方向11°。为长方形竖穴土圹单室墓，南北长3.66米，宽2米，墓底距墓口2.8米。四壁整齐，经过加工抹光，墓底较平。内填黄褐色花土，土质疏松（图一三七）。

葬具为一椁一棺，木质，腐朽严重，仅存朽痕。椁痕平面呈"亚"字形，南北长2.6米，宽0.8米，残高0.54米，板痕厚约0.04米。木棺位于椁内，平面呈长方形，棺痕南北长1.8米，宽0.7米，残高0.5米，板痕厚约0.04米。棺内葬人骨架1具，保存一般，头向北，面向下，为仰身直肢葬，骨架长约1.56米，男性，年龄约36岁。

2. 出土器物

出土器物5件，均放置于椁内棺外的北侧。

陶壶　2件。泥质灰陶，手轮兼制，火候高。标本M119：1；子母口，内敛，长束颈，鼓腹弧收，矮圈足。颈部有一道凸棱，上腹饰一周凹弦纹，器表描绘彩绘，部分已脱落。覆钵形器盖，盖顶有

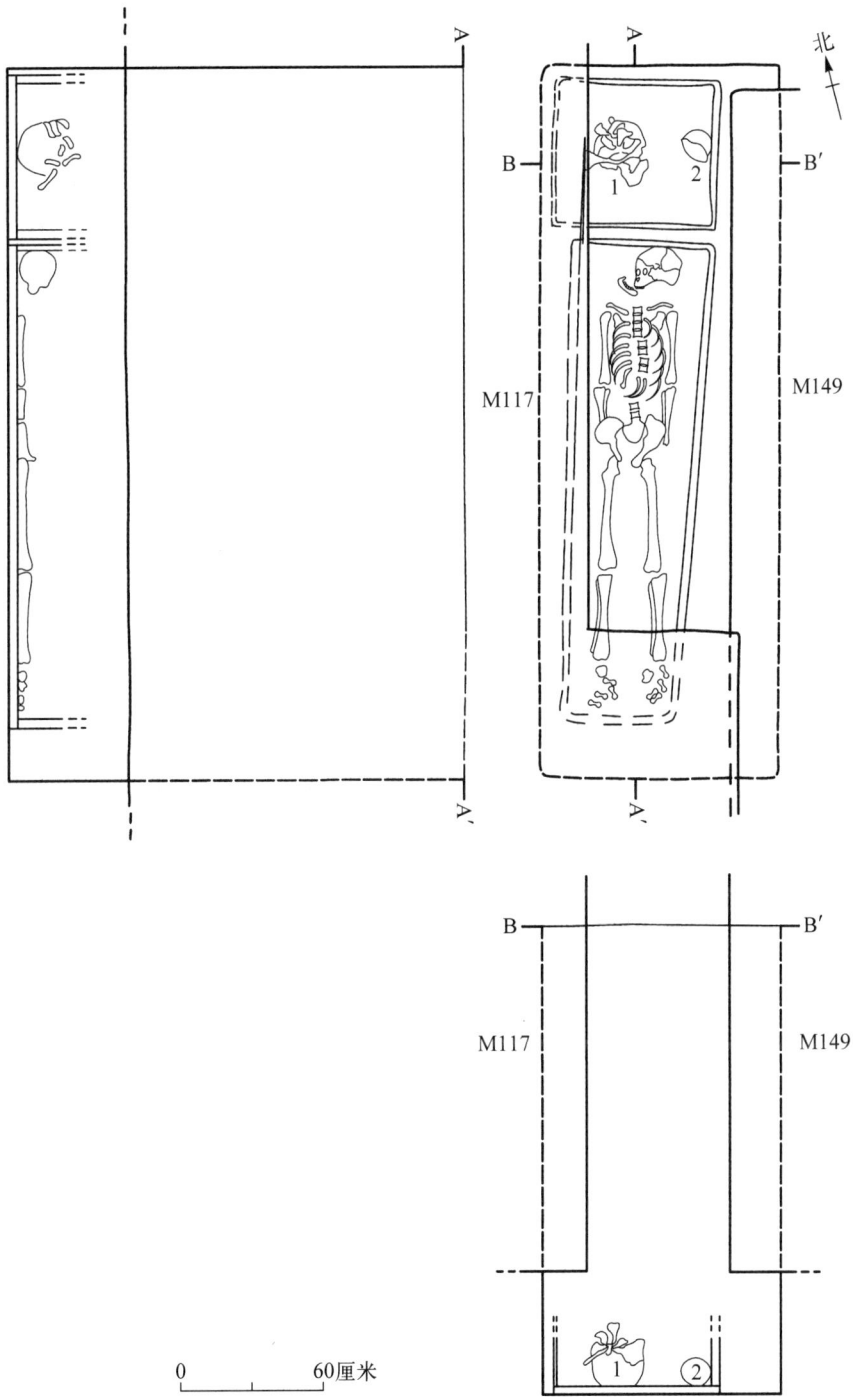

图一三五 M118平、剖面图

1. 陶罐 2. 陶碗

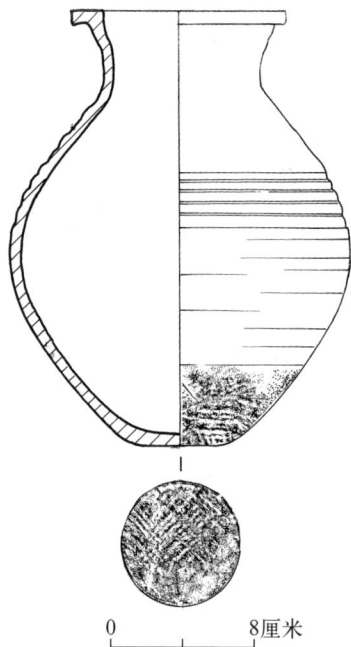

图一三六　M118出土陶罐（M118：1）

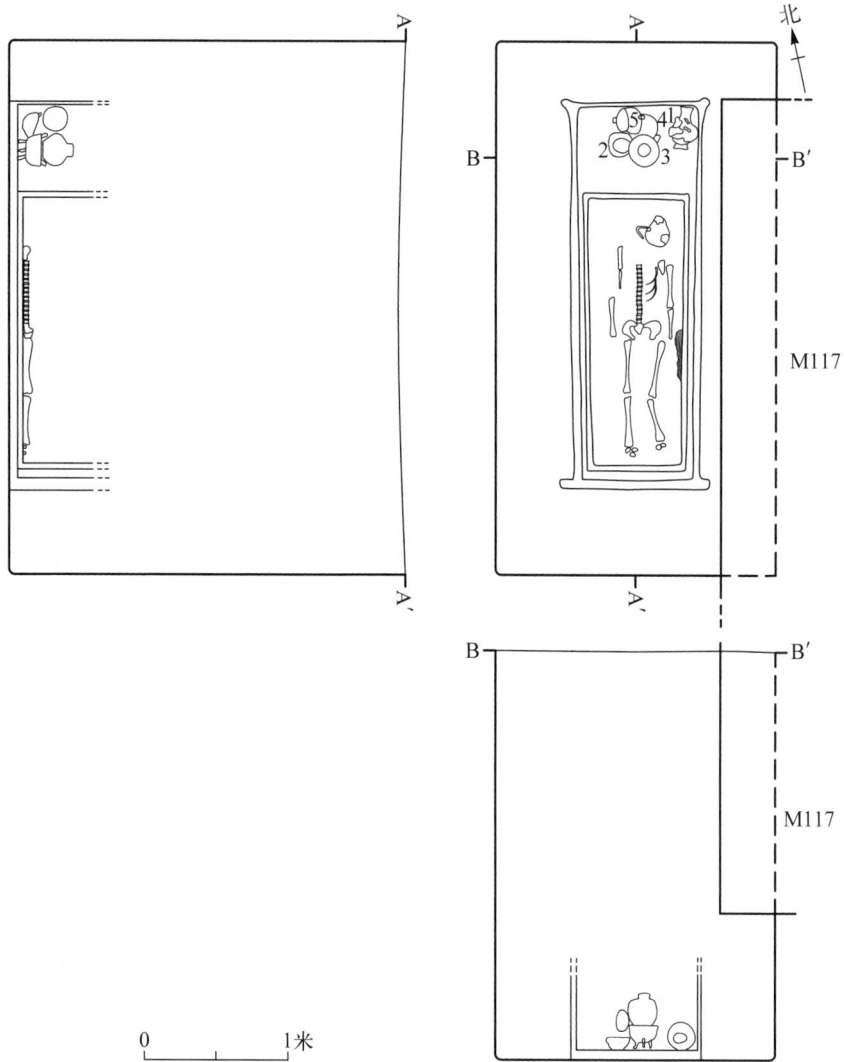

0　　　　　　1米

图一三七　M119平、剖面图

1.陶壶　2.陶壶　3.陶鼎　4.陶器盖　5.陶鼎

圆帽形钮。口径14.2厘米，腹径21.2厘米，底径12.4厘米，高34.8厘米（图一三八，1；彩版五六，4）。标本M119：2，口部残缺，束颈，鼓腹弧收，矮圈足。颈部有一道凸棱，器表描绘彩绘，部分已脱落。口残径11.4厘米，腹径22.2厘米，底径12.2厘米，残高29.2厘米（图一三八，2；彩版五六，5）。

　　陶鼎　2件。泥质灰陶，手轮兼制，火候高。标本M119：3，子母口，腹微鼓，下腹弧收，圜底。口腹处贴对称方形耳，外撇，耳中部穿孔，底附三兽蹄形足，覆钵形器盖。口径19.8厘米，通高21.2厘米（图一三八，4；彩版五六，6）；标本M119：5，子母口，鼓腹弧收，圜底。口腹处贴称方耳，外撇，耳中部穿孔，底附三兽蹄形足，覆钵形器盖。口径20.2厘米，通高20.4厘米（图一三八，5；彩版五七，1）。

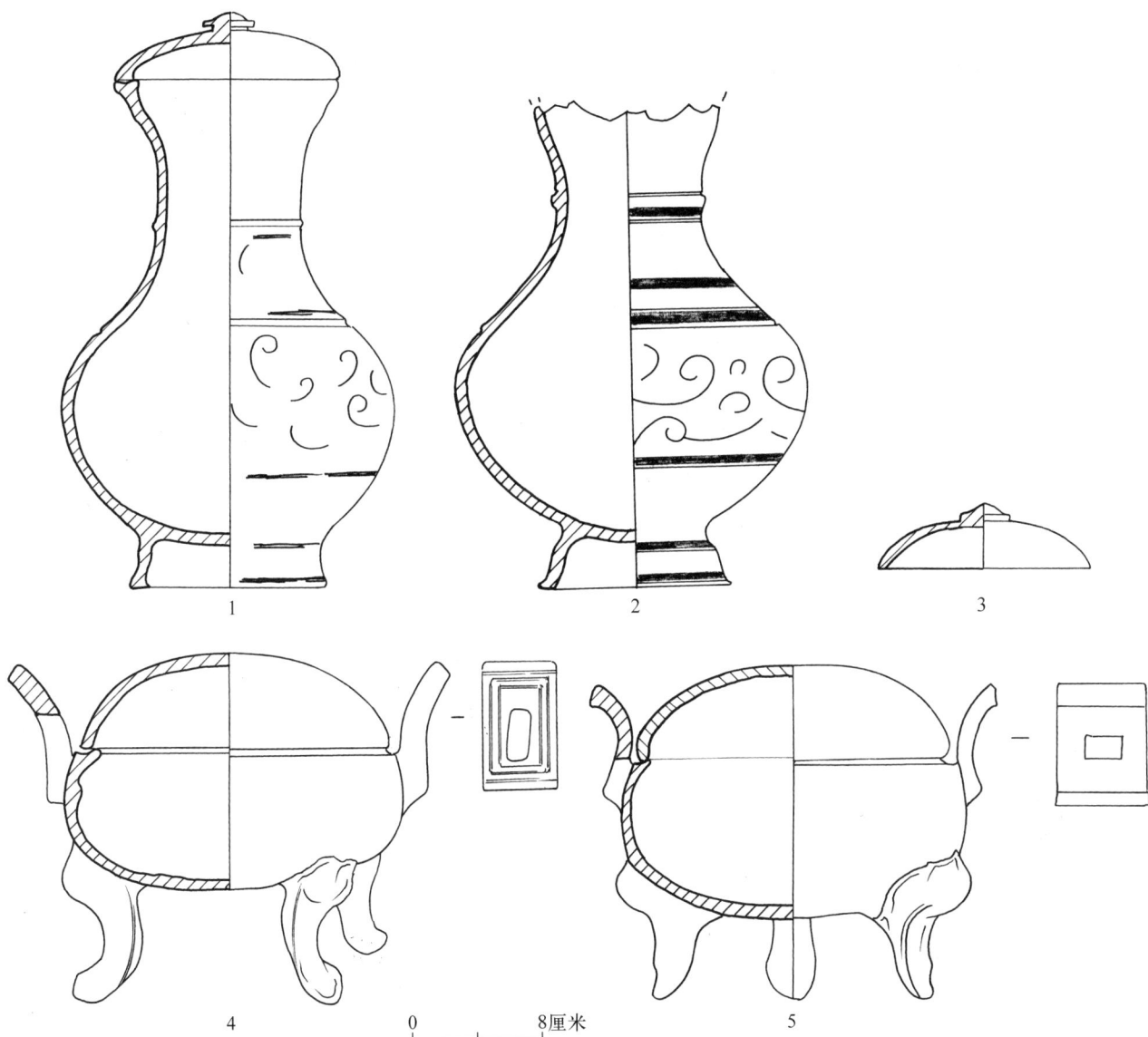

图一三八　M119出土陶器

1. 陶壶（M119：1）　2. 陶壶（M119：2）　3. 陶器盖（M119：4）　4. 陶鼎（M119：3）　5. 陶鼎（M119：5）

陶器盖　1件。标本M119∶4，泥质灰陶，轮制。覆钵形器盖，盖口微敛。口径13.8厘米，通高4.2厘米（图一三八，3）。

六十一、M121

1. 墓葬形制

M121位于发掘区Ⅰ区东北部，T1319内西部，东邻M147，被M120打破。开口于④层下，墓口距地表4.2米。南北向，方向10°。为长方形竖穴土圹墓，南北长3.3米，宽1.1～1.14米，墓底距墓口2米。四壁整齐，经过加工抹光，底部较平。内填黄褐色花土，土质较硬，竖夯夯筑，每层厚0.15～0.2米，夯层深1.3米，夯窝直径约0.03～0.05米（图一三九）。

葬具为一椁一棺，木质，腐朽严重，仅存朽痕。椁痕南北长约3.03米，宽0.8米，残高0.4米，板痕厚约0.03米；棺位于椁内，平面呈长方形，南北长1.86米，宽0.63米，残高0.4米，板痕厚约0.04米。棺内葬人骨架一具，保存一般，头向北，面向上，为仰身直肢葬，骨架长1.65米，女性，年龄约30岁。

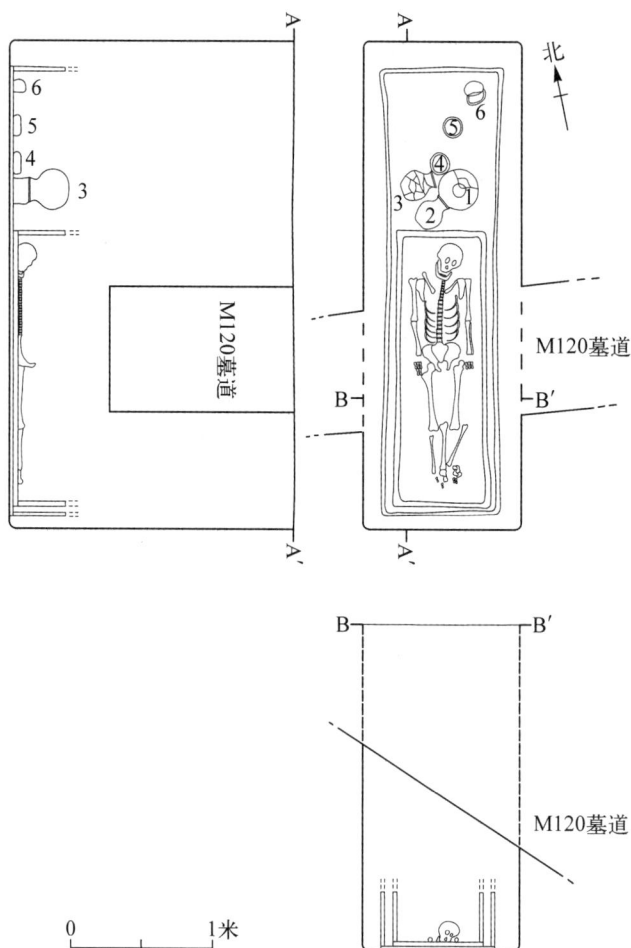

图一三九　M121平、剖面图

1. 陶罐　2. 陶罐　3. 陶盒　4. 陶盒

2. 出土器物

出土器物4件,均放置于椁内棺外北侧。

陶罐　2件。泥质灰陶,手轮兼制,火候高。标本M121:1,直口内敛,短折沿,方唇,矮领,鼓腹弧收,平底。上腹饰凹弦纹与一周戳印纹,下腹至底拍印绳纹。口径18.4厘米,腹径32.2厘米,底径10.2厘米,通高29.2厘米(图一四〇,1;彩版五七,2)。标本M121:2,敞口,折沿内凹,方唇,束颈,鼓腹弧收,小平底。上腹饰凹弦纹,下腹拍印绳纹。口径13.2厘米,腹径21.4厘米,底径5.2厘米,通高27.6厘米(图一四〇,2;彩版五七,3)。

陶盒　2件(套)。泥质灰陶,轮制,火候高。标本M121:3,敞口,浅弧腹,小平底略上凹,腹壁饰凹弦纹,覆盆形器盖。口径13.8厘米,底径5.2厘米,通高13.6厘米(图一四〇,3)。标本M121:4,敛口,浅弧壁,小平底,覆盆形器盖。口径14.4厘米,底径5.2厘米,通高13.2厘米(图一四〇,4)。

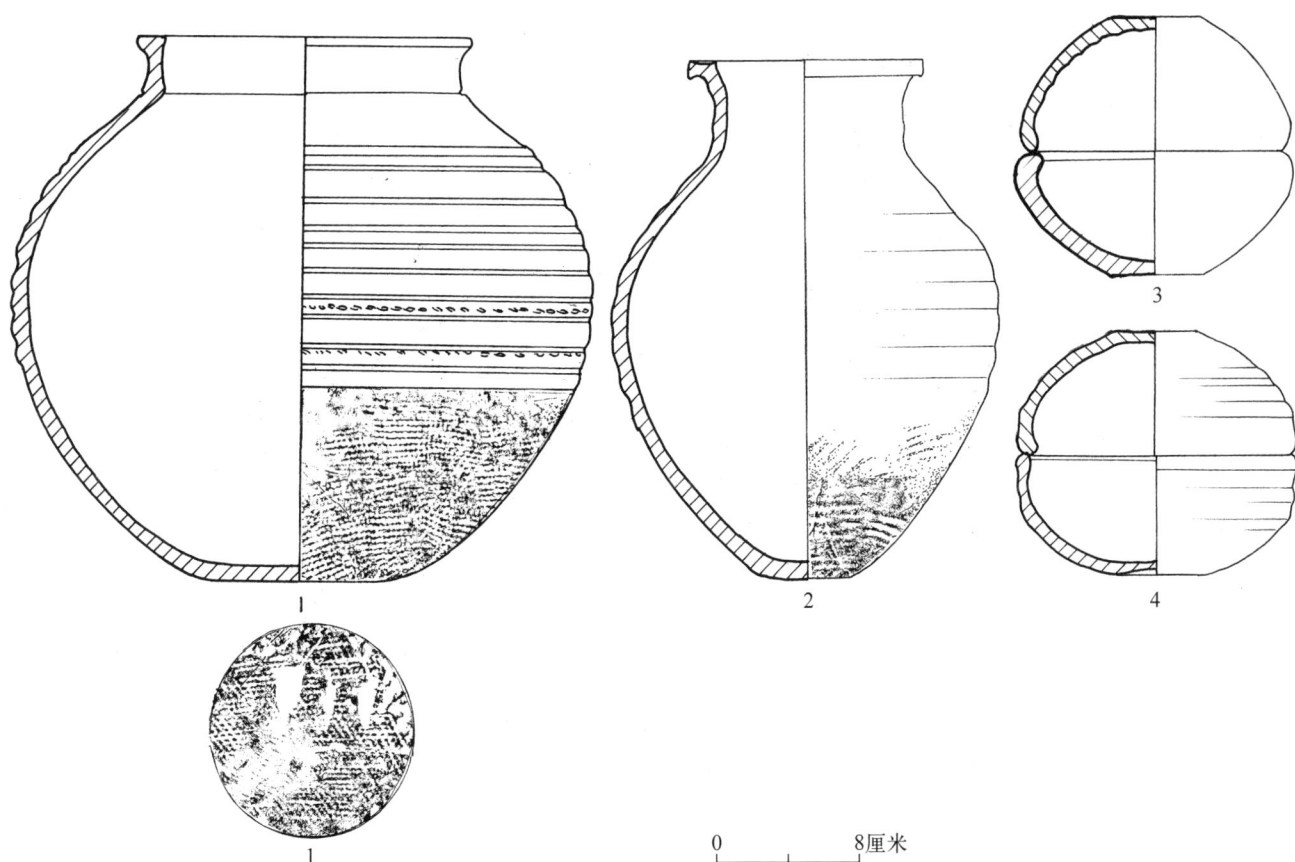

0　　　　8厘米

图一四〇　M121出土陶器

1. 陶罐(M121:1)　2. 陶罐(M121:2)　3. 陶盒(M121:3)　4. 陶盒(M121:4)

六十二、M122

1. 墓葬形制

M122位于发掘区Ⅰ区中部，T1018内东北角，北邻M123，南邻M101。开口于④层下，墓口距地表4.2米。东西向，方向110°。为长方形竖穴土圹单室墓，东西长3.76米，宽1.22米，墓底距墓口2.2米。四壁竖直整齐，经过加工抹光，底部较平。内填黄褐色花土，土质较硬，竖夯夯筑，每层厚0.15~0.2米，夯层深1.4米，夯窝直径约0.03~0.05米（图一四一）。

葬具为一椁一棺，木质，大部分腐朽严重，少部分保存较好。椁痕顶板、底板皆用宽窄不一的木板横向盖顶及铺底与四周侧立木板组合呈长方形。东西长3.34米，宽0.98米，残高0.4米。椁顶板长约0.98米，宽约0.08~0.22米，厚约0.03米。椁底板长约0.98米，宽约0.06~0.12米，厚约0.05米。棺位于椁内，平面呈长方形，棺痕东西长2米，宽0.5~0.62米，残高0.36米，板痕厚约

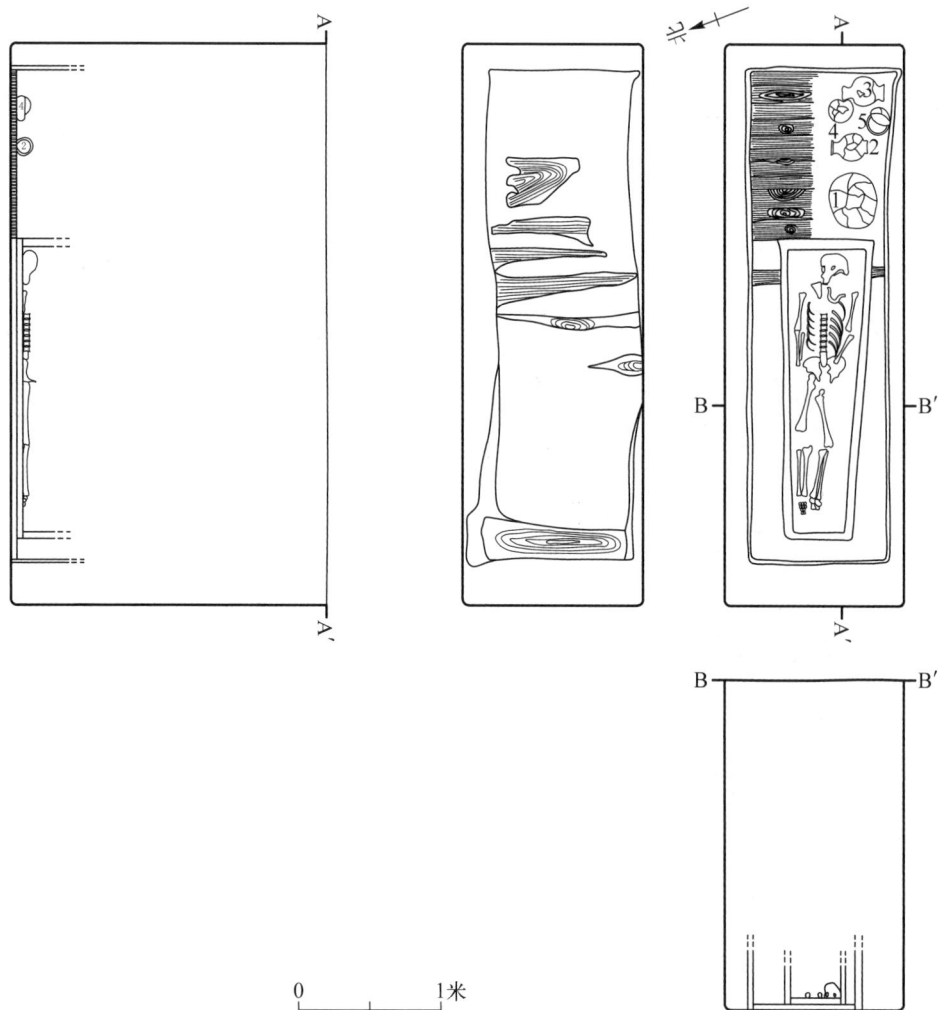

0　　　　　1米

图一四一　M122平、剖面图

1. 陶罐　2. 陶壶　3. 陶鼎　4. 陶盒　5. 陶壶

0.05米。棺内葬人骨架一具,保存一般,头向东,面向北,为仰身直肢葬,身高1.7米,男性,年龄约40岁。

2. 出土器物

出土器物5件,均放置于头箱内棺外北侧。

陶罐　1件。标本M122:1,泥质灰陶,手轮兼制,火候高。敛口,折沿,方唇,束颈,溜肩,鼓腹弧收,平底。肩部阴刻草书六字,二行,字迹不清。中腹饰凹弦纹与戳印纹,下腹拍印绳纹,颈内壁饰凹弦纹。口径12.1厘米,腹径34.8厘米,底径8.7厘米,通高33.4厘米(图一四二,5;彩版五七,6)。

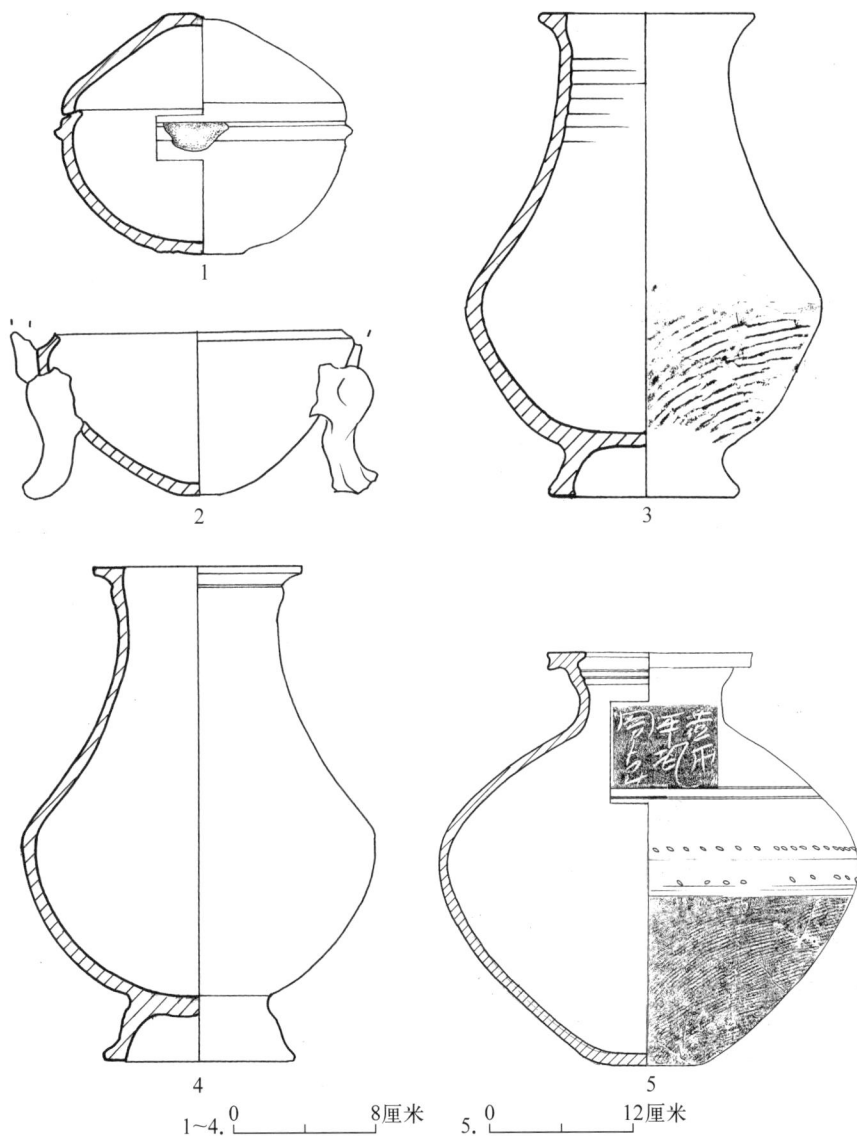

图一四二　M122出土陶器

1. 陶盒(M122:4)　2. 陶鼎(M122:3)　3. 陶壶(M122:2)　4. 陶壶(M122:5)　5. 陶罐(M122:1)

陶壶　2件。泥质灰陶，手轮兼制，火候高。标本M122：2，敛口，短折沿，方圆唇，束颈，鼓腹弧收，矮圈足，足壁外撇，足内敛。下腹拍印绳纹。口径11.8厘米，腹径19.8厘米，底径10.6厘米，通高26.2厘米（图一四二，3；彩版五八，1）。标本M122：5，敞口，折沿，方唇，束颈，鼓腹弧收，矮圈足，足壁外撇。沿下饰一周凹弦纹。口径11.6厘米，腹径19.6厘米，底径10.4厘米，通高26.2厘米（图一四二，4；彩版五八，2）。

陶鼎　1件。标本M122：3，泥质灰陶，手轮兼制，火候高。子母口，浅腹弧收，圜底，腹部最大径处贴对称双耳，已残，中腹附贴三兽蹄形足。口径16.2厘米，通高9.2厘米（图一四二，2；彩版五七，5）。

陶盒　1件。标本M122：4，泥质灰陶，轮制，火候高。子母口，浅腹弧收，小平底，口部有一周凸棱，覆盆形器盖。口径14.6厘米，底径4.8厘米，通高12.8厘米（图一四二，1；彩版五七，4）。

六十三、M123

1. 墓葬形制

M123位于发掘区Ⅰ区中部，T1118内东南角，北邻M108，南邻M122。开口于④层下，墓口距地表4.2米。东西向，方向110°。为长方形竖穴土圹单棺墓，东西长3.14米，宽1.05米，墓底距墓口2.2米。四壁整齐竖直，经过加工抹光，墓底较平。内填黄褐色花土，土质较硬，竖夯夯筑，夯层厚约1.4米，每层厚约0.15～0.2米，夯窝直径约0.03～0.05米（图一四三）。

葬具为一椁一棺，木质，腐朽严重，仅存朽痕。椁痕平面呈长方形，南北长2.72米，宽0.84米，残高0.4米，板痕厚约0.04米；棺痕平面呈长方形，南北长1.96米，宽0.62米，残高0.4米，板痕厚约0.04米。棺内葬人骨架一具，保存较好，头向东，面向南，为仰身直肢葬，骨架长1.7米，男性，年龄约40岁。

2. 出土器物

出土器物5件，放置于头箱内。

陶罐　3件。泥质灰陶，手轮兼制，火候高。标本M123：1，敞口，矮束颈，溜肩，鼓腹，下腹曲收，平底。肩部饰三角戳印纹及二周凹

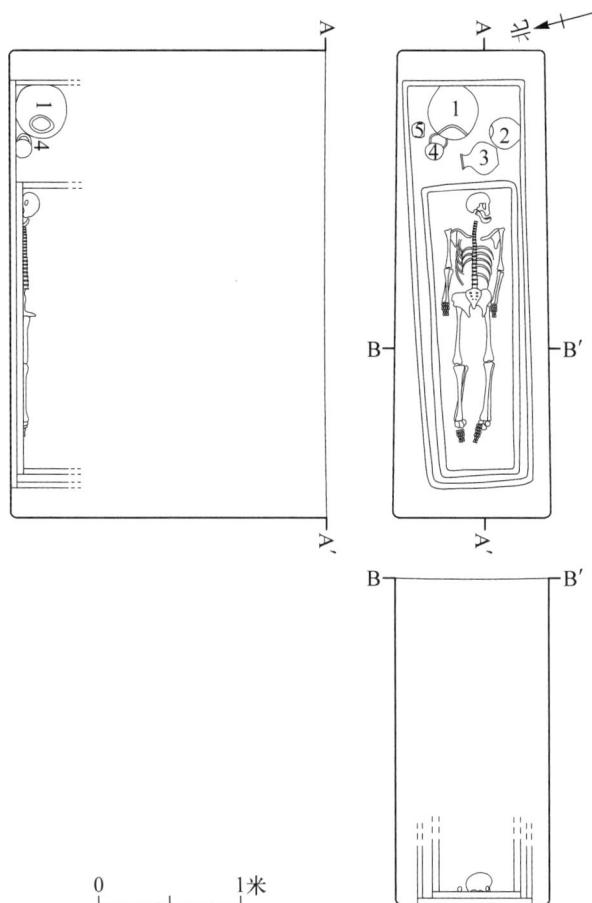

图一四三　M123平、剖面图

1. 陶罐　2. 陶罐　3. 陶罐　4. 陶盒　5. 陶器盖

弦纹,下腹压印绳纹。口径16.4厘米,腹径32.8厘米,底径15.2厘米,通高26.8厘米(图一四四,5;彩版五八,3)。标本M123:2,敞口,折沿,方唇,矮束颈,鼓腹弧收,小平底。上腹饰凹弦纹,下腹至底压印绳纹。口径12.8厘米,腹径20.2厘米,底径6.6厘米,通高26.2厘米(图一四四,3;彩版五八,4)。标本M123:3,敞口,短折沿,方唇,矮束颈,鼓腹弧收,小平底。上腹饰凹弦纹,下腹至底压印绳纹。口径13.8厘米,腹径23.4厘米,底径4.2厘米,通高28.4厘米(图一四四,4;彩版五八,5)。

陶盒　1件(套)。标本M123:4,泥质灰陶,轮制,火候高。敛口,折腹,下曲收,小平底。覆钵形器盖,弧形顶。口径12.4厘米,底径4.2厘米,通高10.6厘米(图一四四,2)。

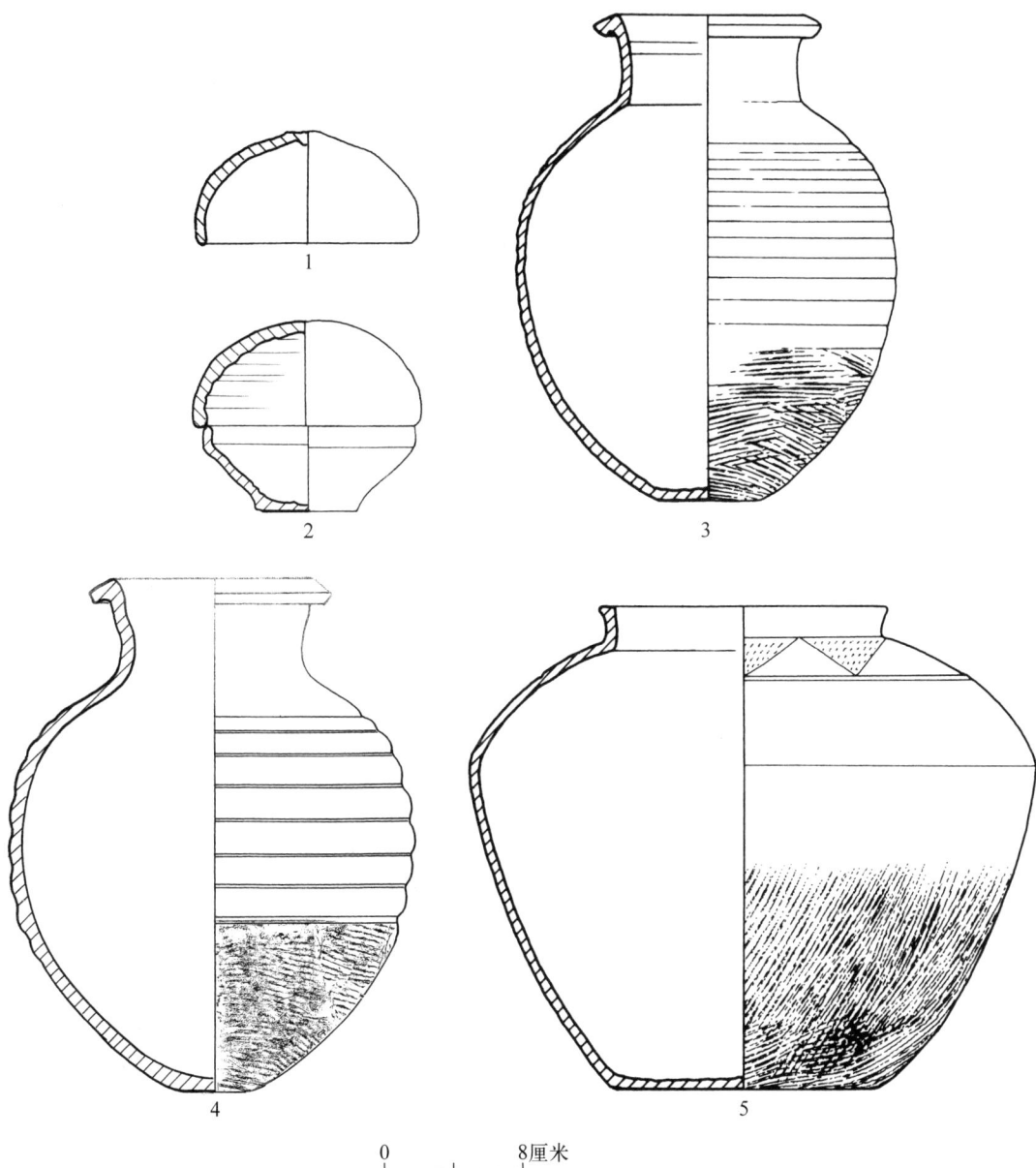

0　　　　　　8厘米

图一四四　M123出土陶器

1.陶器盖(M123:5)　2.陶盒(M123:4)　3.陶罐(M123:2)　4.陶罐(M123:3)　5.陶罐(M123:1)

陶器盖　1件。标本M123∶5，泥质灰陶，轮制，火候高。敛口，浅弧腹，小平底。口径12.2厘米，底径2.2厘米，高6.4厘米（图一四四，1）。

六十四、M124

1. 墓葬形制

M124位于发掘区Ⅰ区西北部，T1612内南部，南邻M33。开口于④层下，墓口距地表4.2米。南北向，方向10°。为长方形竖穴土圹单室墓，南北长2.34米，东西宽1.1米，墓底距墓口1.41米。四壁整齐竖直，墓底较平，墓口向下1.25米时，底部四周修筑宽窄不一的生土二层台，宽0.16～0.38米，高0.16米。在墓圹的西南角，修筑有壁龛，平顶，顶距墓口0.6米，底距墓底0.35米，面宽0.26米，进深0.2米，高0.3米。土圹内填黄褐色花土，土质较松软，黏性大（图一四五；彩版一〇，3）。

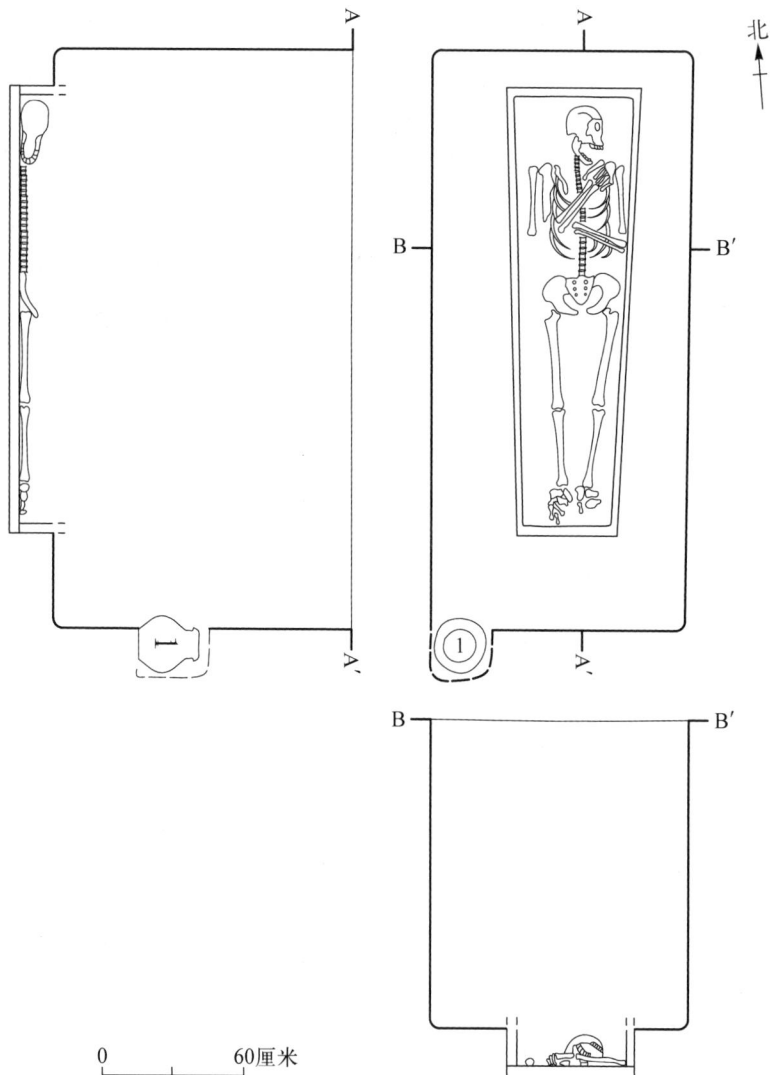

图一四五　M124平、剖面图

1. 陶罐

葬具为木棺,腐朽严重,仅存朽痕。平面呈梯形,北宽南窄,棺痕南北长2.14米,宽0.64米,残高0.5米,棺板厚约0.04米。棺内葬人骨架一具,保存较好,头向北,面向东,双手抱拢于胸前,为仰身直肢葬,骨架长约1.81米,男性,年龄约45岁。

2. 出土器物

出土器物1件,放置于壁龛内。

陶罐　1件。标本M124∶1,泥质灰陶,手轮兼制,火候高。敞口折沿,尖圆唇,矮领,鼓腹弧收,平底。颈、上腹饰凹弦纹,下腹至底拍印绳纹。口径13.2厘米,腹径21.8厘米,底径8.8厘米,通高2.36厘米(图一四六;彩版五八,6)。

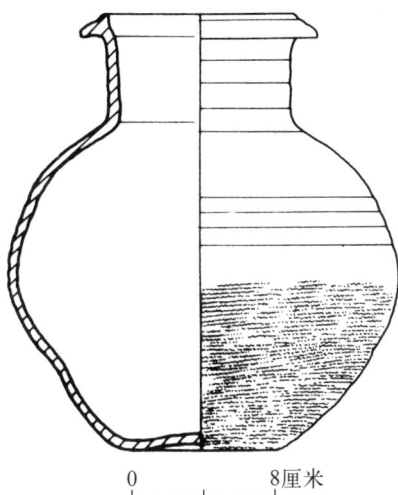

图一四六　M124出土陶罐(M124∶1)

六十五、M125

1. 墓葬形制

M125位于发掘区Ⅰ区西北部,T1513内东部,西邻M128。开口于④层下,墓口距地表4.2米。南北向,方向6°。为长方形竖穴土圹单室墓,南北长3.6米,东西宽1.4米,墓底距墓口2.2米。口底同宽,四壁整齐,底部较平。内填黄褐色花土,土质较硬,竖夯夯筑,夯层深1.4米,每层厚约0.1~0.12米,夯窝直径约0.03~0.05米(图一四七)。

葬具为一椁一棺,木质,腐朽严重,仅存朽痕。椁痕平面呈长方形,略变形,盖与底均以长约0.84米,宽约0.12米的木板横向并列组成,椁盖保存较差,残留零散残段,椁底保存较好,椁痕南北残长3.36米,残宽0.72~0.84米,残高0.56米,椁板痕厚约0.06米;椁内放置木棺,棺痕南北长2.14米,宽0.64米,残高0.5米,棺板厚约0.04米。棺内葬人骨架一具,保存一般,头向北,面向上,为仰身直肢葬,骨架长约1.78米,男性,年龄约40岁。

2. 出土器物

出土器物5件,均放置于椁内棺外的北端。

铜带钩　1件(残)。标本M125∶1,钩首与钮残缺,截面呈圆形。残长3.2厘米(图一四八,5)。

陶罐　1件。标本M125∶2,泥质灰陶,手轮兼制,火候高。敛口,折沿,方唇,束颈,弧腹斜收,平底。上腹饰凹弦纹,下腹拍印绳纹,内壁盘胎痕迹明显。口径16.2厘米,腹径34.2厘米,底径9.6厘米,通高29.6厘米(图一四八,1;彩版五九,2)。

陶壶　2件。泥质灰陶,手轮兼制,火候高。标本M125∶3,敛口,短折沿,尖唇,长束颈,鼓腹弧收,矮圈足,腹部饰凹弦纹,下腹饰戳印纹及拍印绳纹。口径12.2厘米,腹径20.6厘米,底径8.2厘米,通高25.2厘米(图一四八,3;彩版五九,1)。标本M125∶5,敛口,短折沿,尖唇,长束颈,鼓腹弧收,矮圈足,腹部以上饰凹弦纹。口径12.4厘米,腹径20.4厘米,底径8.4厘米,通高25.2厘米

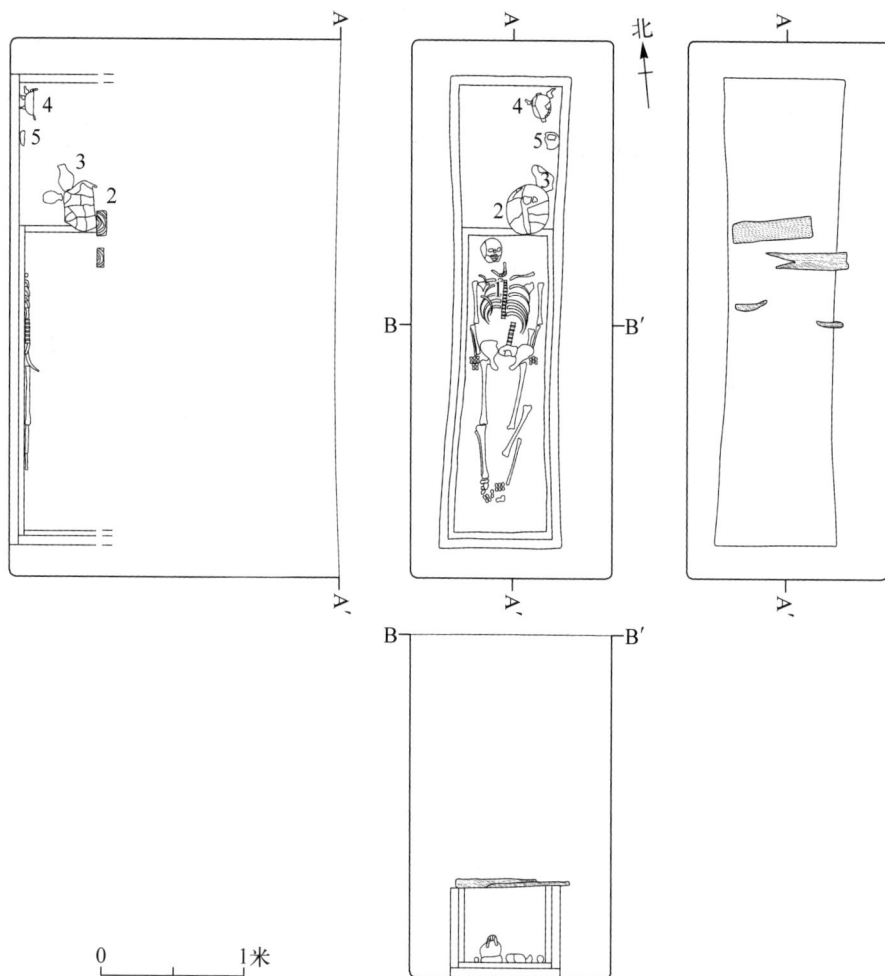

图一四七　M125平、剖面图

1. 铜带钩　2. 陶罐　3. 陶壶　4. 陶鼎　5. 陶壶

（图一四八，2；彩版五九，4）。

　　陶鼎　1件。标本M125：4，泥质灰陶，手轮兼制，火候高。敛口，浅腹弧收，圜底。口部贴对称长方形双耳，底附三兽蹄形足，内壁盘胎痕迹明显，覆钵形器盖。口径13.8厘米，通高12.8厘米（图一四八，4；彩版五九，3）。

六十六、M126

1. 墓葬形制

　　M126位于发掘区Ⅰ西北部，T1413内中部，东邻M213。开口于④层下，墓口距地表4.2米。南北向，方向5°。为长方形竖穴土圹单室墓，南北长2.5米，东西宽1.08米，墓底距墓口1.8米。四壁整齐竖直，底部较平，内填黄褐色花土，土质疏松（图一四九；彩版一一，3）。

　　葬具为木棺，腐朽严重，仅存朽痕。南北残长2.08米，残宽0.88米，残高0.4米，板痕厚约0.06

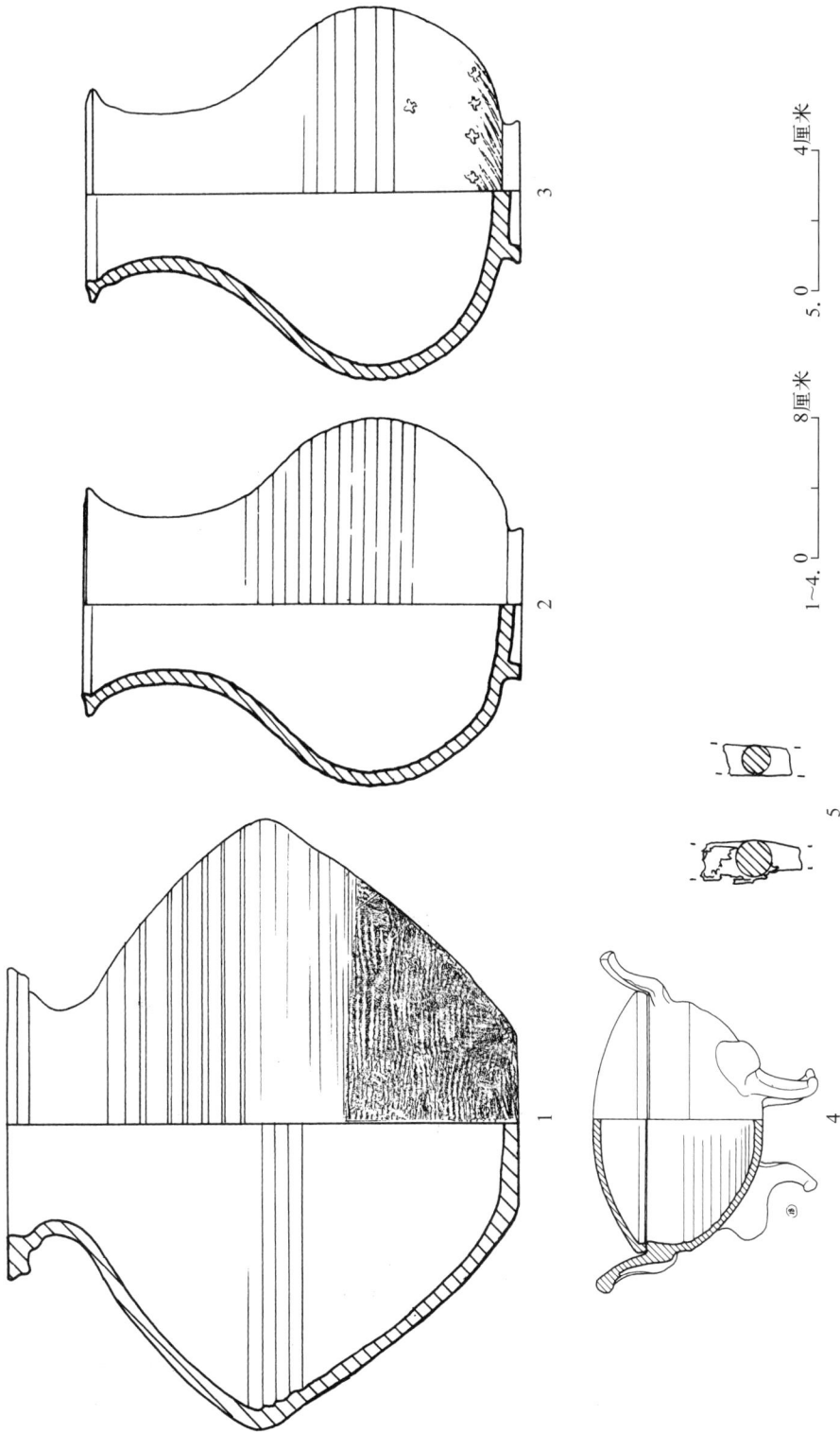

图一四八　M125 出土器物

1. 陶罐（M125∶2）　2. 陶壶（M125∶3）　3. 陶壶（M125∶3）　4. 陶鼎（M125∶4）　5. 铜带钩（M125∶1）

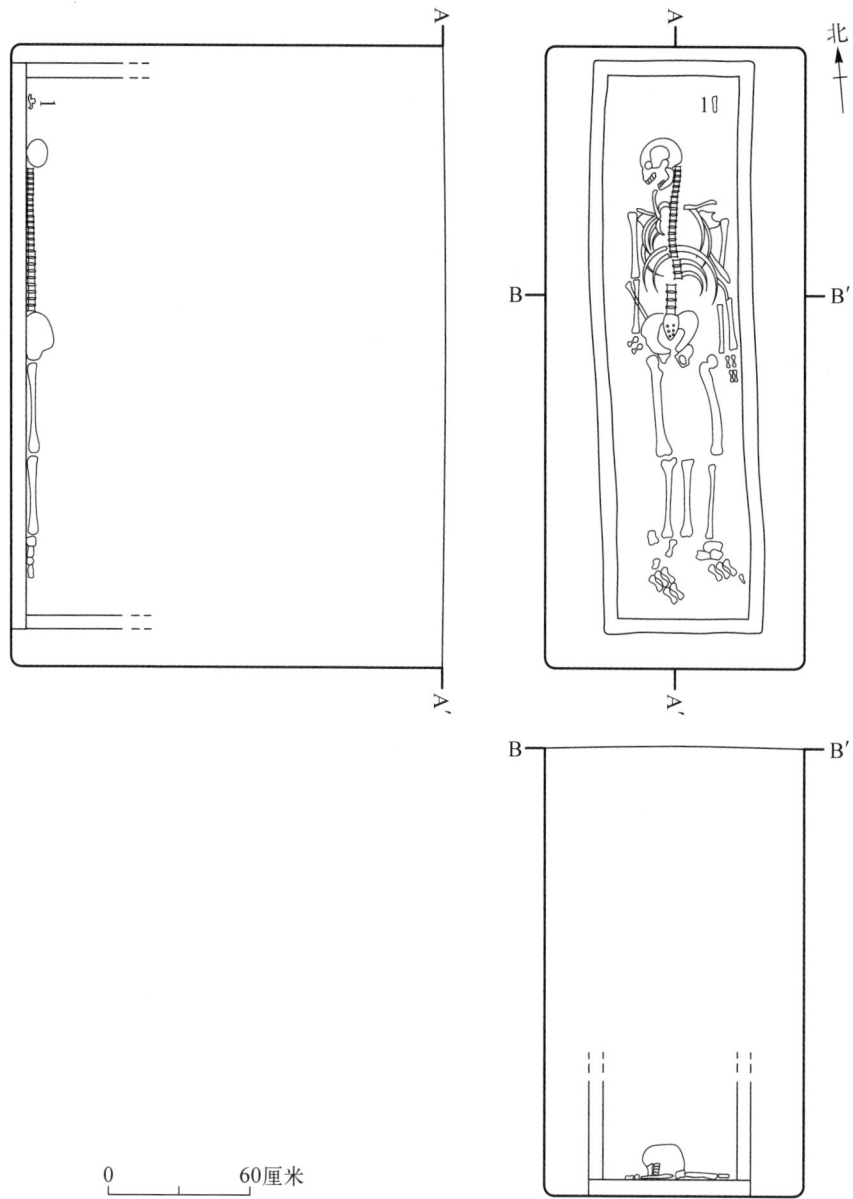

图一四九　M126平、剖面图

1. 铜带钩

米，底部铺垫一层白灰，厚约0.03厘米。棺内葬人骨架一具，保存较差，头向北，面向西，为仰身直肢葬，骨架长1.89米，女性，年龄约30岁。

2. 出土器物

出土器物1件。

铜带钩　1件。标本M126∶1，青铜质，模制整体呈如意形，钩首弯曲（已残），截面呈半圆形，圆钮。通长6.5厘米（图一五○；彩版五九，5）。

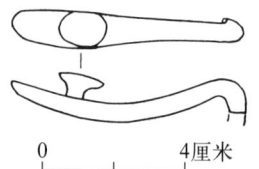

图一五○　M126出土铜带钩（M126∶1）

六十七、M127

1. 墓葬形制

M127位于发掘区Ⅰ区西北部，T1513内西南角，东邻M263，被M263打破。开口于④层下，墓口距地表4.2米。南北向，方向10°。为长方形竖穴土圹单室墓，南北长3.1米，宽1.6米，墓底距墓口2.5米。四壁竖直整齐，经过加工抹光，底部较平。内填黄褐色花土，土质较硬，竖夯夯筑，夯层深1.8米，每层厚约0.12～0.15米，夯窝直径约0.03～0.05米（图一五一）。

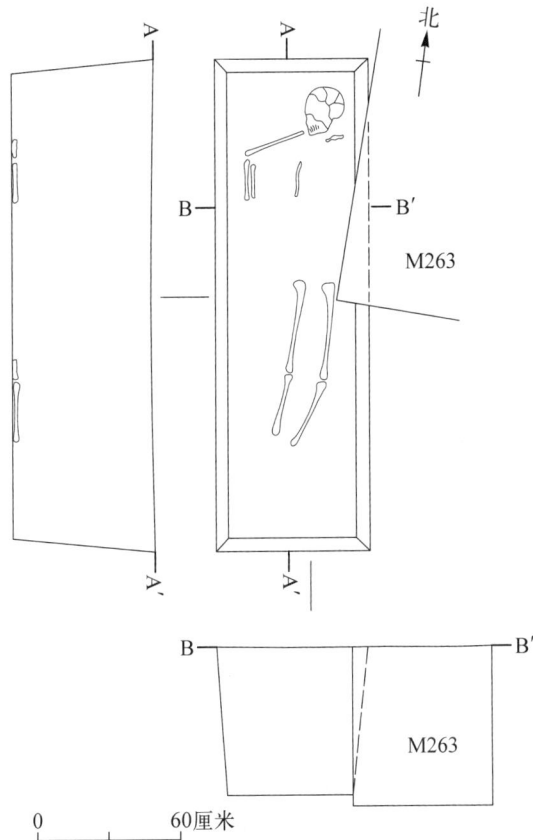

图一五一　M127平、剖面图

葬具为一椁一棺，木质，腐朽严重，仅存朽痕。椁痕平面呈长方形，南北长2.5米，宽0.8米，残高0.2米。板痕厚约0.03米；木棺位于椁内，平面呈长方形，南北长1.86米，宽0.58～0.64米，残高0.2米，板痕厚约0.03米。棺内葬人骨架1具，保存较好，头向北，面向西，为仰身直肢葬，骨架长1.66米，女性，年龄约16岁。

2. 出土器物

无。

六十八、M129

1. 墓葬形制

M129位于发掘区Ⅰ区中部，T1119内中部，南邻M110。开口于④层下，墓口距地表4.2米。东西向，方向100°。为长方形竖穴土圹单棺墓，东西长3.6米，宽1.14～1.58米，墓底距墓口1.6米。平面呈梯形，东宽西窄，四壁整齐，经过加工抹光，墓底较平。内填黄褐色花土，土质较硬，竖夯夯筑，夯层厚约1米，每层厚约0.13～0.17米，夯窝直径约0.03～0.05米（图一五二）。

葬具为一棺一头箱，木质，腐朽严重，仅存朽痕。头箱位于木棺的北侧，平面呈长方形，东西长1.14米，宽0.84米，残高0.3米，板痕厚约0.04米。棺位于头箱南侧，平面呈长方形，南北长1.9米，宽0.56～0.74米，残高0.3米，板痕厚约0.04米，底部铺垫一层白灰，厚约0.02米。棺内葬人骨架一具，保存较好，头向东，面向南，为仰身直肢葬，骨架长1.66米，男性，年龄约45岁。

2. 出土器物

出土器物5件，放置于头箱内。

陶罐　3件。泥质灰陶，手轮兼制，火候高。标本M129：1，敛口，短折沿，方唇，矮束颈，鼓腹曲收，平底。上腹饰凹弦纹，下腹压印绳纹。口径14.6厘米，腹径32.4厘米，底径12.4厘米，通高33.2厘米（图一五三，1；彩版五九，6）。标本M129：2，敞口内凹，短折沿，方唇，矮束颈，鼓腹弧收，小平底。上腹饰凹弦纹，下腹至底压印绳纹，器表描彩绘，大部分已脱落。口径14.2厘米，腹径21.8厘米，底径7.2厘米，通高28.2厘米（图一五三，4；彩版六〇，1）。标本M129：3，口残，矮束颈，鼓腹弧收，平底上凹。下腹压印绳纹。口径12.4厘米，腹径22.2厘米，底径8.6厘米，残高26.8厘米（图一五三，5；彩版六〇，2）。

陶盆　1件。标本M129：4，泥质灰陶，轮制。敞口，浅腹弧收，平底。口径13.6厘米，底径5.6厘米，高5.8厘米（图一五三，2）。

陶盒　1件。标本M129：5，泥质灰陶，轮制，火候高。敛口，浅腹弧收，平底。覆盆形器盖，敞口，曲弧腹，平顶略凹。口径11.8厘米，底径4.6厘米，通高10.8厘米（图一五三，3）。

六十九、M130

1. 墓葬形制

M130位于发掘区Ⅰ区东南部，T0721内西北角，北邻M93。开口于④层下，墓口距地表4.3米。南北向，方向10°。为长方形竖穴土圹单室墓，南北长2.7米，宽1.06米，墓底距墓口2.22米。四壁竖直整齐，经过加工抹光，距墓口向下折收在东、南、西三侧修筑宽窄不一的生土二层台，台宽0.1～0.22米，高0.42米，墓底较平。在北壁内修筑壁龛，平底，直壁弧顶，面宽0.6米，进深0.18米，高0.42米，壁龛顶距墓口1.34米。土圹内填黄褐色花土，土质疏松，湿软，含细沙（图一五四；彩版一二，1）。

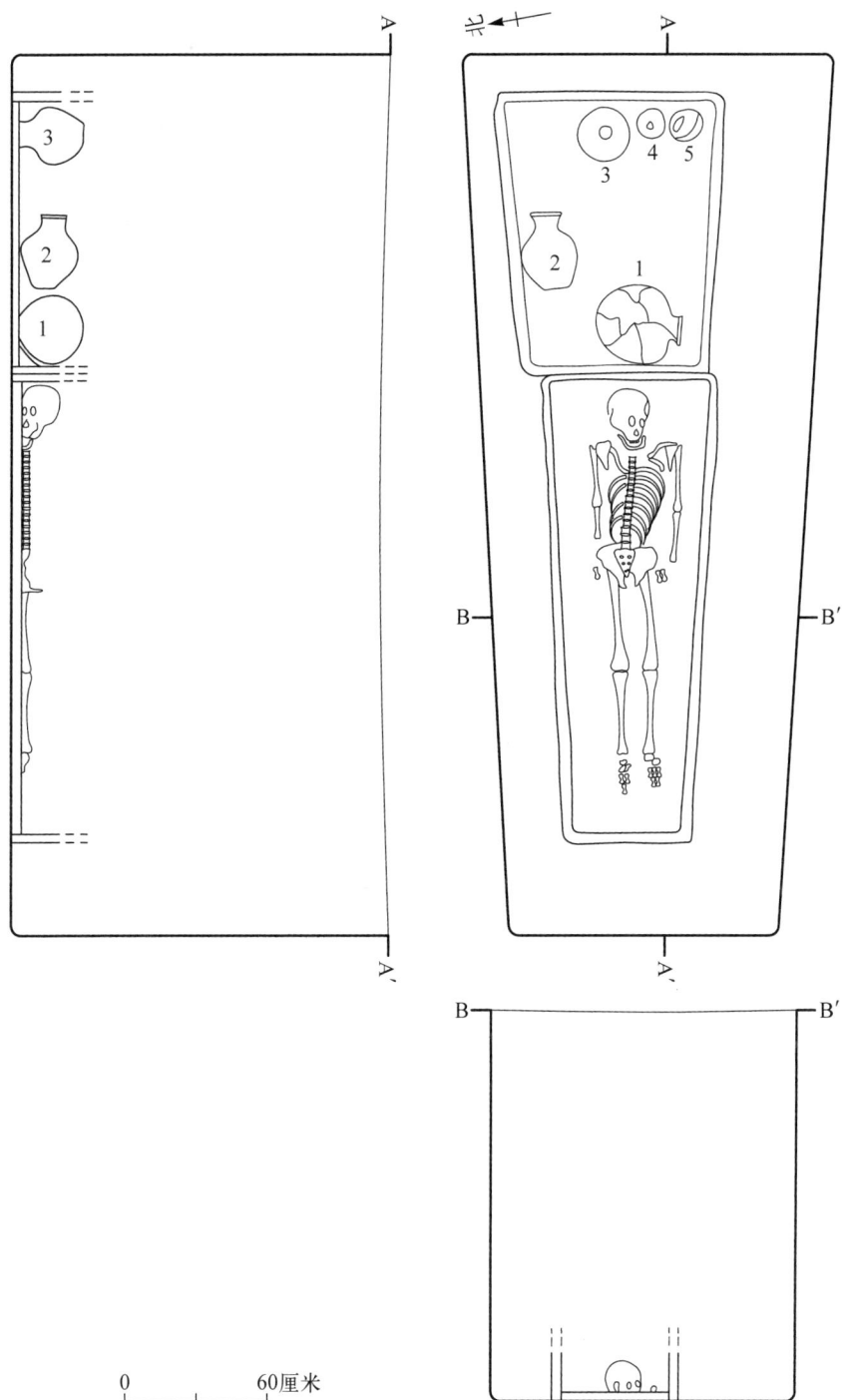

图一五二 M129平、剖面图

1. 陶罐　2. 陶罐　3. 陶罐　4. 陶盆　5. 陶盒

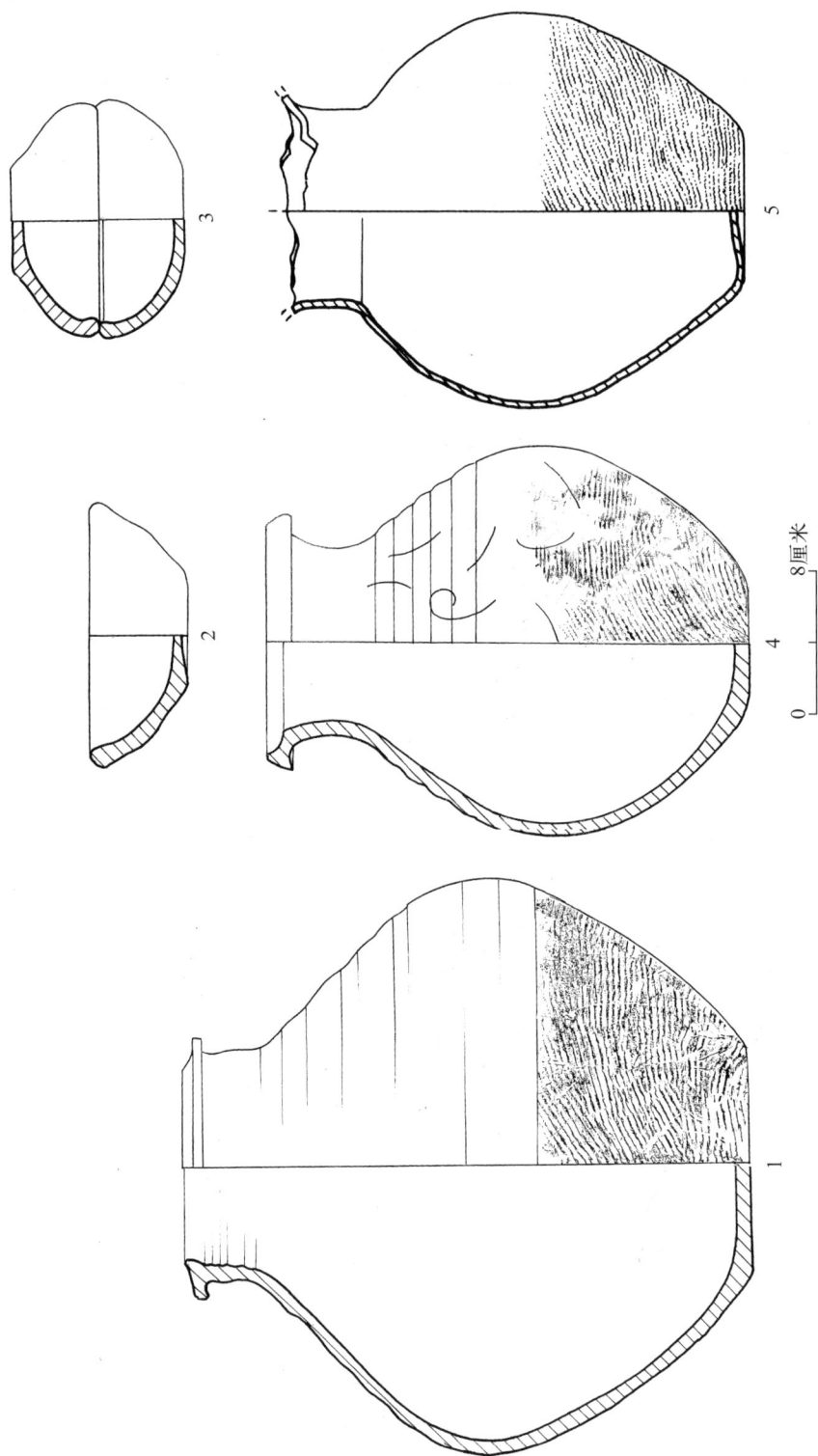

图一五三　M129 出土陶器

1. 陶罐（M129：1）　2. 陶盆（M129：4）　3. 陶盆（M129：5）　4. 陶罐（M129：2）　5. 陶罐（M129：3）

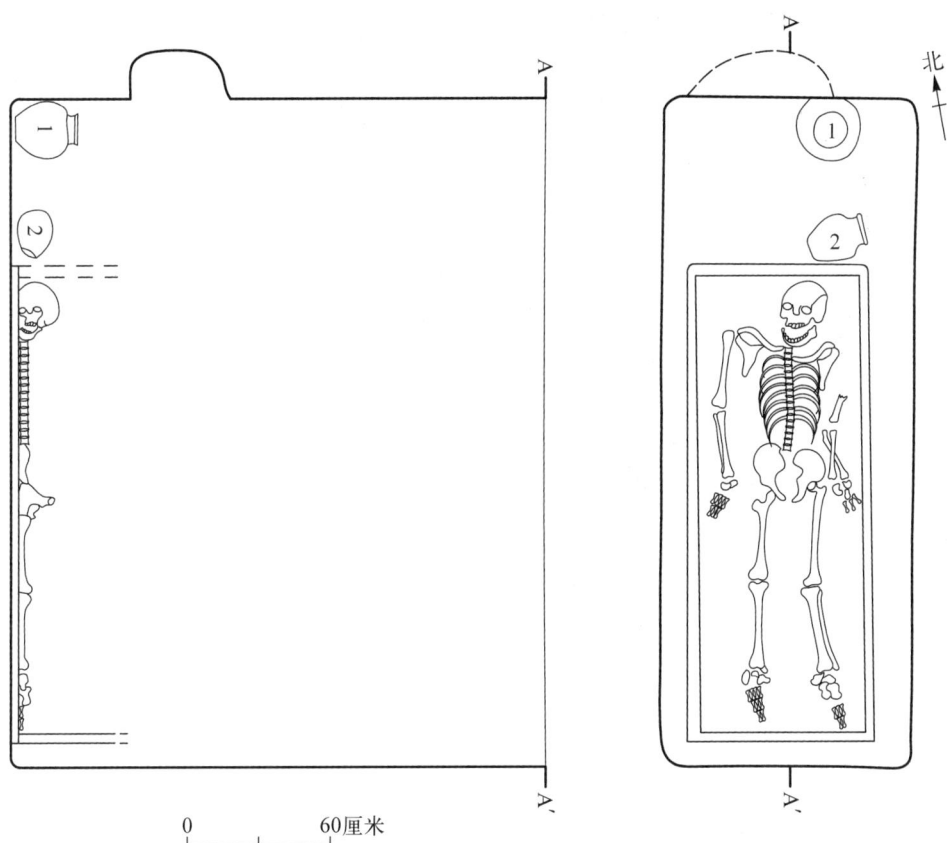

图一五四　M130平、剖面图

1. 陶罐　2. 陶罐

葬具为木棺,腐朽严重,仅存朽痕。棺痕平面呈长方形,南北长1.92米,宽0.76米,残高0.46米,板痕厚约0.04米。棺内葬人骨架一具,保存较好,头向北,面向西,为仰身直肢葬,骨架长1.62米,女性,年龄约25岁。

2. 出土器物

出土器物2件。放置于棺外北侧。

陶罐　2件。泥质灰陶,手轮兼制,火候高。标本M130:1,敞口,折沿,方唇,矮领,颈部微折,鼓腹曲收,小平底略上凹。上腹饰凹弦纹,下腹至底拍印绳纹。口径13.2厘米,腹径20.8厘米,底径6.4厘米,通高25.6厘米(图一五五,1)。标本M130:2,敞口,折沿,方唇,矮束颈,鼓腹弧收,小平底。上腹饰凹弦纹,下腹至底拍印绳纹。口径13.6厘米,腹径20.6厘米,底径5.2厘米,通高24.6厘米(图一五五,2)。

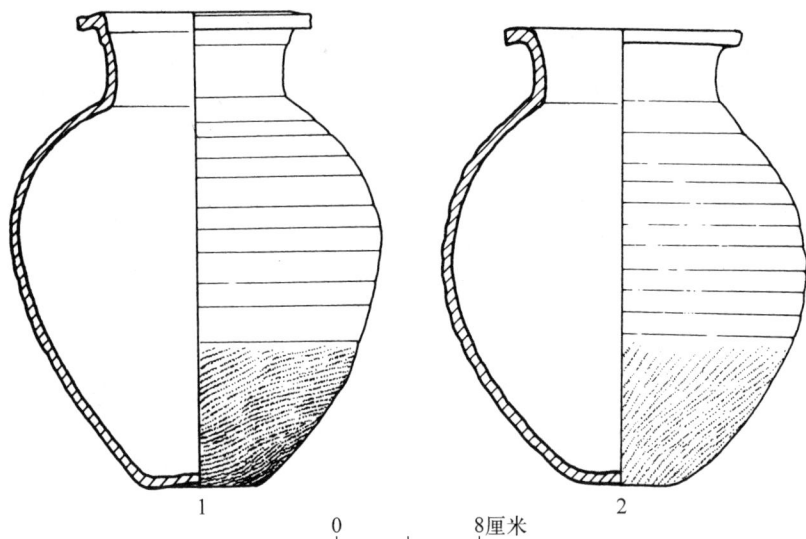

图一五五　M130出土陶罐

1. 陶罐（M130：1）　　2. 陶罐（M130：2）

七十、M131

1. 墓葬形制

M131位于发掘区Ⅰ区西部，T1212内东北部，东、西被M58、M52打破。开口于④层下，墓口距地表4.2米。南北向，方向7°。为长方形竖穴土圹单室墓，南北长3米，东西宽1.4～1.5米，墓底距墓口3.3米。平面呈梯形，南窄北宽，四壁整齐，底部较平。内填黄褐色花土，土质较硬，竖夯夯筑，夯层深1.8米，每层厚0.15～0.2米，夯窝直径约0.04～0.06米（图一五六；彩版一二，2）。

葬具为一椁一棺，木质，腐朽严重，仅存朽痕。椁平面呈长方形，南北长2.55米，宽1.2～1.26米，残高0.5米，板痕厚约0.03米。棺位于椁内，平面呈长方形，南北长1.84米，宽0.65米，残高0.5米，板痕厚约0.04米。棺内葬人骨架一具，保存一般，头向北，面向上，为仰身直肢葬，身高1.54米，女性，年龄约30岁。

2. 出土器物

出土器物2件，均放置于椁内，棺外北侧。

陶罐　2件（残）。泥质灰陶，手轮兼制，火候高。标本M131：1，敞口，方唇内凹，矮束颈，鼓腹弧收，平底。中腹饰弦断绳纹，下腹拍印绳纹。口径16.2厘米，腹径30.2厘米，底径12.8厘米，通高25.2厘米（图一五七，1；彩版六〇，3）；标本M131：2，敞口，折沿，方唇，矮束颈，鼓腹弧收，小平底。上腹饰弦断绳纹，中腹至底拍印绳纹。口径13厘米，腹径20.6厘米，底径7.6厘米，通高22.4厘米（图一五七，2；彩版六〇，4）。

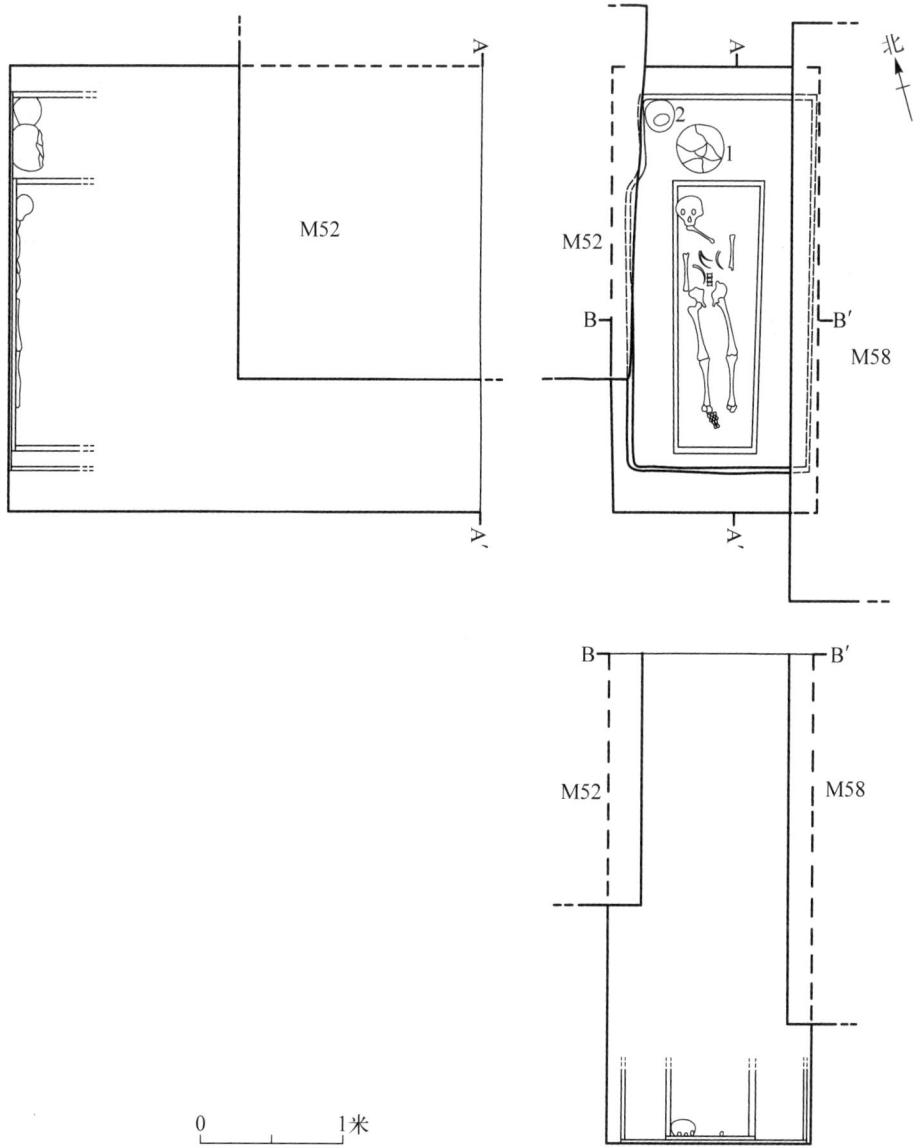

图一五六　M131平、剖面图

1. 陶罐　2. 陶罐

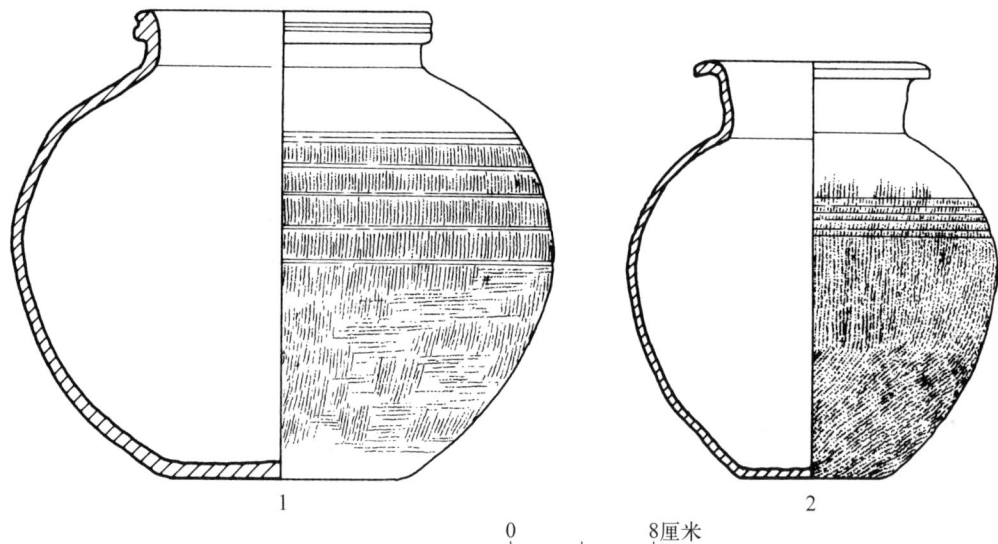

图一五七　M131出土陶器

1.陶罐（M131∶1）　2.陶罐（M131∶2）

七十一、M132

1. 墓葬形制

M132位于发掘区Ⅰ区东南部，T0721内南部，北邻M29。开口于④层下，墓口距地表4.3米。南北向，方向35°。为长方形竖穴土圹单室墓，南北长2.7米，宽1.06米，墓底距墓口2.22米。四壁竖直整齐，经过加工抹光，四壁向下距墓口1.4米时内折修筑宽窄不一的生土二层台，台宽0.2～0.38米，高0.58米，墓底较平。土圹内填黄褐色花土，土质疏松，湿软，含细沙（图一五八）。

葬具为一椁一棺，木质，腐朽严重，仅存朽痕。椁平面呈长方形，南北长2.46米，东西宽0.96米，残高0.57米，板痕厚0.04米。棺痕平面呈长方形，南北长2.1米，宽0.84米，残高0.5米，板痕厚约0.04米。棺内葬人骨一具，保存较好，头向北，面向东，为仰身直肢葬，骨架长1.64米，女性，年龄约16岁。

2. 出土器物

出土器物2件，放置于二层台内，棺外北侧。

陶壶　2件。泥质灰陶，轮制，火候高。标本M132∶1，敞口内敛，长束颈，鼓腹弧收，矮圈足，器表饰凸弦纹。口径12.4厘米，腹径19.2厘米，底径12.8厘米，通高26.4厘米（图一五九，1；彩版六〇，5）。标本M132∶2，盘口，束颈，鼓腹弧收，覆盘形矮圈足，足壁外撇，腹部饰凹弦纹，足外壁饰凸弦纹。口径12.6厘米，腹径20.2厘米，底径12.8厘米，通高26.4厘米（图一五九，2；彩版六〇，6）。

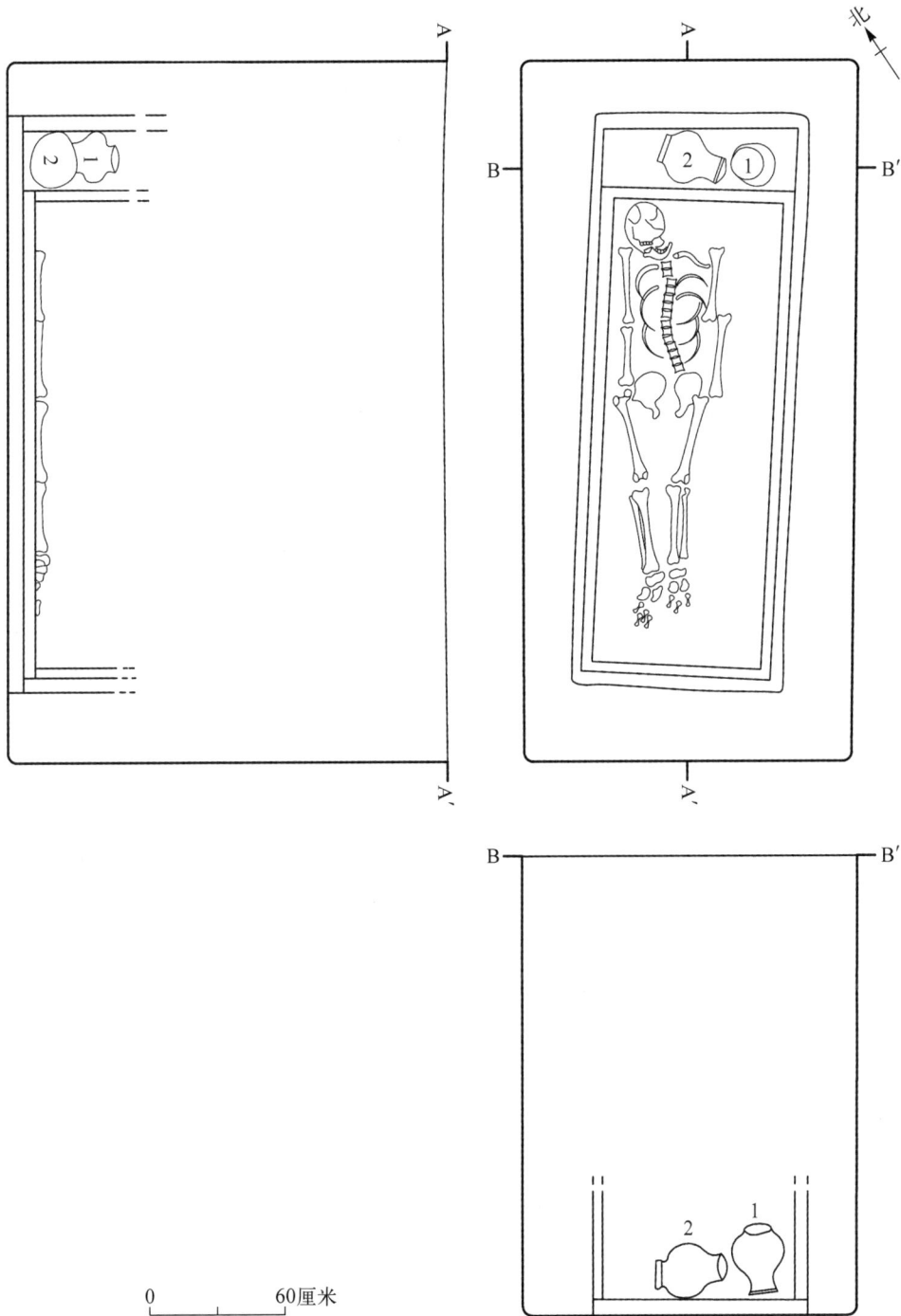

图一五八　M132平、剖面图

1. 陶壶　2. 陶壶

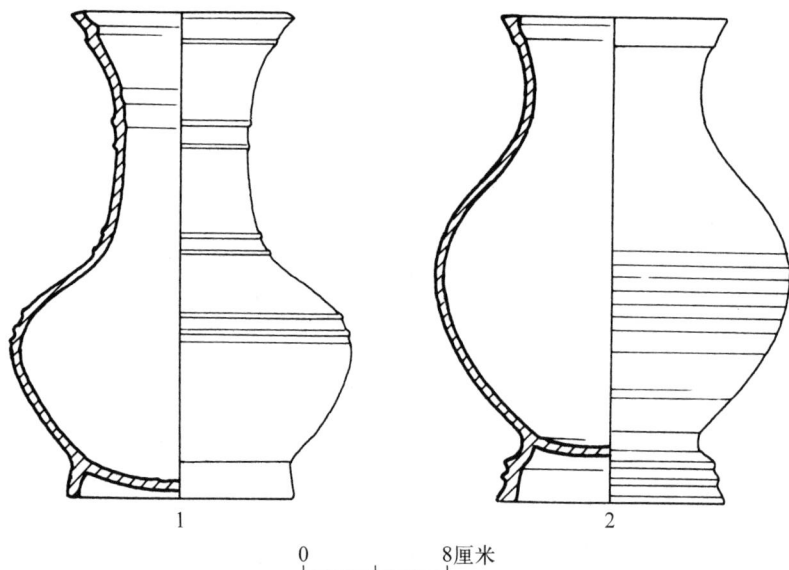

图一五九　M132出土陶壶

1、2.（M132：1、M132：2）

七十二、M133

1. 墓葬形制

M133位于发掘区 I 区东南部，T0823内中部偏西，北邻M27。开口于④层下，墓口距地表4米。南北向，方向5°。该墓为长方形竖穴土圹单棺墓，口部南北长2.7米，宽1.28米；底部南北长2.5米，宽1.06～1.1米，墓口距底1.4米。口大底小，四壁整齐内斜，经过加工抹光，底部较平。内填黄褐色花土，土质较硬，竖夯夯筑，每层厚0.18～0.2米，夯层深1米，夯窝直径约0.03～0.05米（图一六〇）。

葬具为木棺，腐朽严重，仅存朽痕。平面呈长方形，南北长1.9米，宽0.65米，残高0.2米，板痕厚约0.05米。棺内葬人骨架一具，保存较好，头向北，面向西，为仰身直肢葬，骨架长1.63米，女性，年龄约35岁。

2. 出土器物

无。

七十三、M135

1. 墓葬形制

M135位于发掘区 I 区东部，T0824内东南角，开口于④层下，墓口距地表4.3米。南北向，方向8°。为长方形竖穴土圹双棺合葬墓，南北长3.43米，东西宽2.6米，墓底距墓口2.45米。四壁整齐，底部较平，内填黄褐色花土，经过夯打，夯窝呈圆形，直径约0.06～0.1米，深1米，夯层厚约

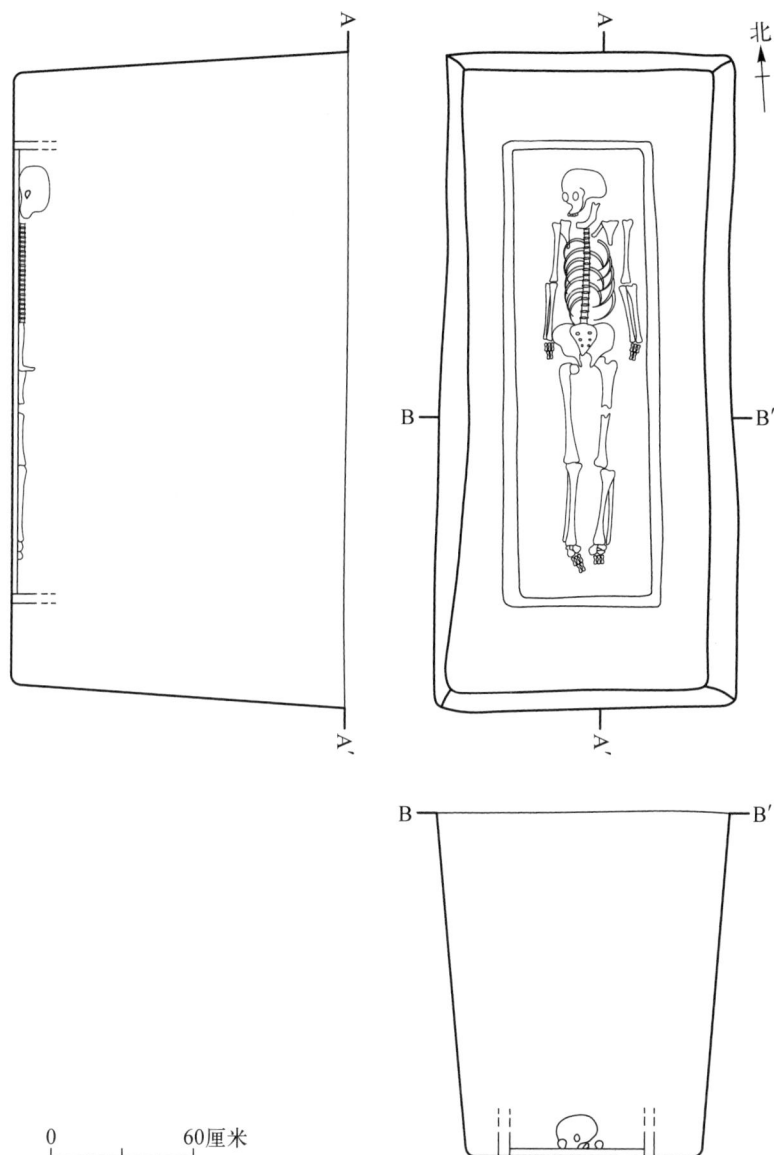

图一六〇　M133平、剖面图

0.15～0.2厘米,土质致密(图一六一;彩版一二,3)。

　　葬具为一椁一头箱二棺,木质,腐朽严重,仅存朽痕。椁痕平面呈长方形,南北两端外出榫,南北残长3.27米,宽2.2米,残高0.48米,板厚约0.04～0.08米。头箱位于椁室内背部,东西长2.08米,南北长1.09米,内放置随葬器物。东棺痕南北残长2米,东西宽0.7米,板厚约0.04米,棺内置人骨架一具,头向北,面向上,为仰身直肢葬,保存状况差,身高1.56米,女性,年龄约35岁。在人骨架头骨右侧出土金饰一件。在棺的上部及棺内底部铺有一层白灰,厚约0.01米。西棺痕南北残长2米,东西残宽0.64米,残高0.3米,板厚约0.04米,棺内置人骨架一具,头向北,面向东,为仰身直肢葬,保存状况差,身高1.72米,男性,年龄约40岁。棺底铺有一层白灰,厚约0.01米。

图一六一　M135平、剖面图

1.铜印章　2.陶罐　3.陶盒　4.陶壶　5.陶鼎　6.陶壶　7.金饰

2. 出土器物

随葬器物7件,皆放于头箱内。

铜印章 1件。标本M135:1,方形,内空,正背皆有四字,正面篆书"任苣之印",背部篆书"任□国印",一字不清晰。边长1.8厘米,厚0.7厘米(图一六二,5;彩版六一,5)。

陶罐 1件。泥质灰陶,手轮兼制,火候高。标本M135:2,敞口,折沿,方唇略内凹,束颈,鼓腹曲收,小平底略上凹,中腹以下压印绳纹。口径14.2厘米,腹径33.6厘米,底径12.3厘米(图一六二,1;彩版六一,1)。

陶盒 1件套(残)。标本M135:3,盒已残缺,无法复原。覆钵形器盖,盖上有彩绘,大部分已脱落。盖径14.6厘米,高3.8厘米(图一六二,6)。

陶壶 2件。泥质灰陶,手轮兼制,火候高。标本M135:4,敞口,折沿,方圆唇,长束颈,鼓腹弧收,矮圈足,足壁外撇。器表描绘彩绘,大部分已脱落。口径12.2厘米,腹径19.2厘米,底径9.6厘米,通高28.6厘米(图一六二,2)。标本M135:6,敞口,短折沿,方圆唇,长束颈,鼓腹弧收,矮圈足,足壁外撇,足旋刮。器表描彩绘,大部分已脱落。口径12.2厘米,腹径21.2厘米,底径10.2厘米,通高29.8厘米(图一六二,3)。

陶鼎 1件(套)。标本M135:5,泥质灰陶,手轮兼制,火候高。敛口,浅腹折收,下腹斜收,平底。口腹处贴对称双耳,耳外撇,耳外侧有凹槽,下腹附贴三兽蹄形足,内壁轮痕清晰。覆钵形器盖,盖敞口,弧形顶,盖身饰凹弦纹。口径14.2厘米,通高15.2厘米(图一六二,4;彩版六一,2)。

金饰 1件(残)。标本M135:7,残留部分呈不规则形。残长1.1厘米(图一六二,7;彩版六一,3)。

七十四、M136

1. 墓葬形制

M136位于发掘区Ⅰ区东南部,T0821内西部,北邻M137,东邻M93,西邻M91,被M93打破。开口于④层下,墓口距地表4.3米。南北向,方向8°。为长方形竖穴土圹单室墓,南北长2.5米,宽0.8米,墓底距墓口0.9米。四壁整齐竖直,墓底较平,内填红褐色花土,土质疏松,湿软(图一六三)。

葬具为木棺,腐朽严重,仅存朽痕。平面呈长方形,南北长1.8米,宽0.45米,残高0.24米,板痕厚约0.03米。木棺内葬人骨架1具,保存一般,双手环抱于胸前,双脚交叉并拢,头向北,面向上,为仰身直肢葬,骨架长约1.4米,男性,年龄约16岁。

2. 出土器物

无。

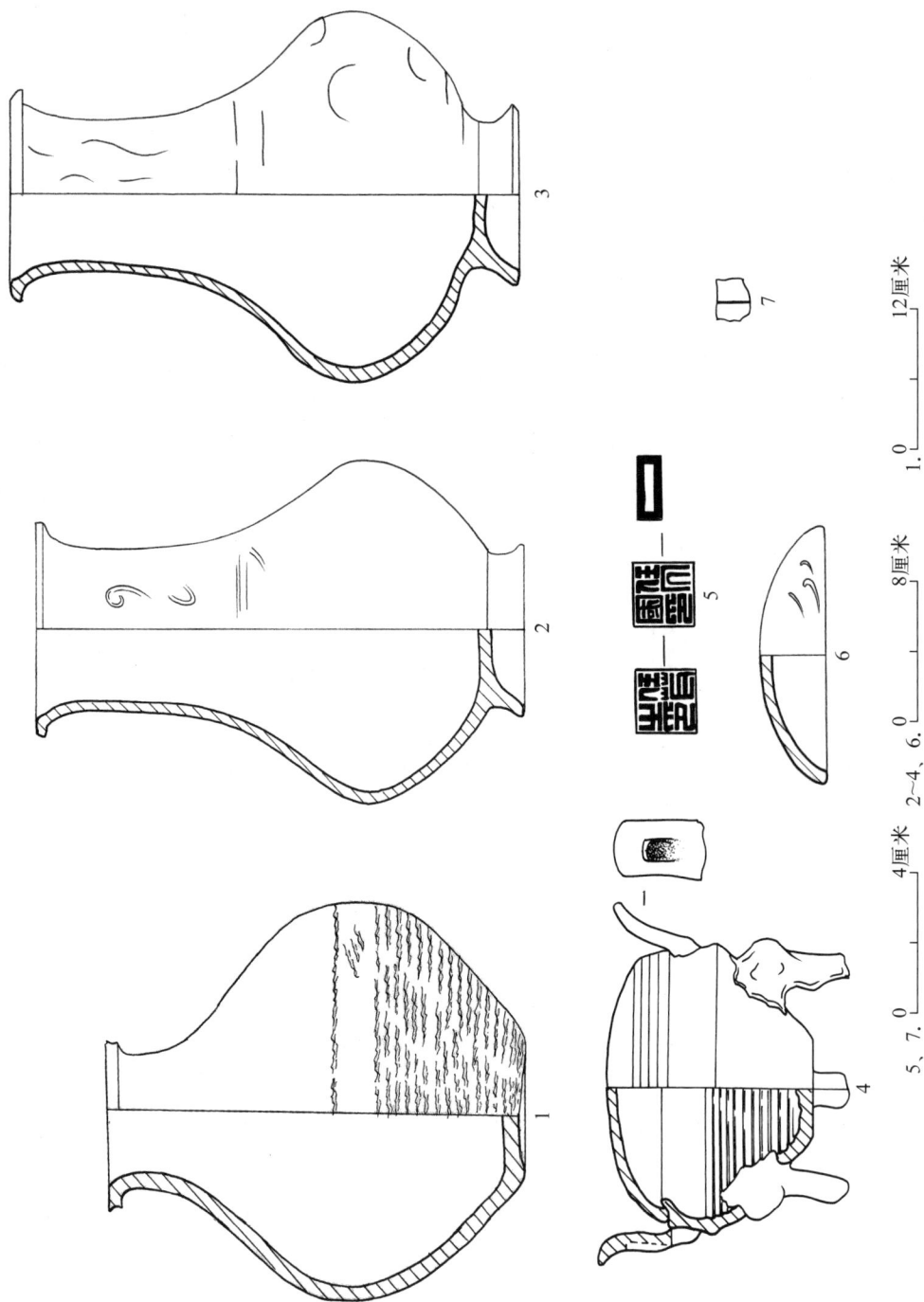

图一六二　M135 出土器物

1. 陶罐（M135 : 2）　2. 陶壶（M135 : 4）　3. 陶壶（M135 : 6）　4. 陶鼎（M135 : 5）　5. 铜印章（M135 : 1）　6. 陶盒（M135 : 3）　7. 金饰（M135 : 7）

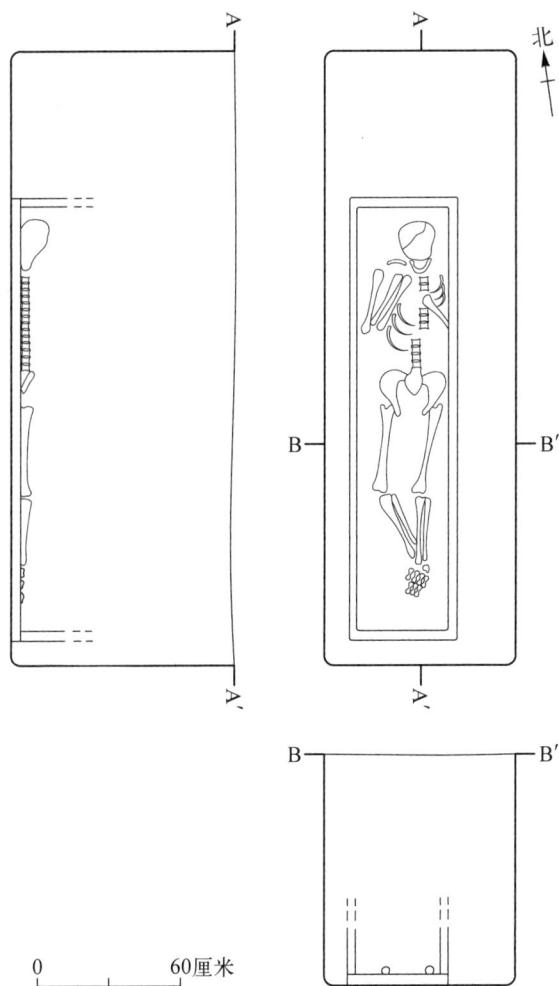

图一六三　M136平、剖面图

七十五、M137

1. 墓葬形制

M137位于发掘区Ⅰ区东南部，T0821内西北角，北邻M112，东邻M93，南邻M136，西邻M92，被M93打破。开口于④层下，墓口距地表4.3米。南北向，方向10°。为长方形竖穴土圹单室墓，南北长3.3米，宽1.2米，墓底距墓口1.2米。四壁整齐竖直，经过加工抹光，墓底较平，内填黄褐色花土，土质疏松（图一六四）。

葬具为一椁一棺，木质，腐朽严重，仅存朽痕。椁痕平面呈"亚"字形，南北长2.6米，宽0.76米，残高0.2米，板痕厚约0.04米。木棺位于椁内，平面呈长方形，棺痕南北长1.9米，宽0.54米，残高0.18米，板痕厚约0.03米。棺内葬人骨架1具，保存一般，头向北，面向西，为仰身直肢葬，骨架残长约1.54米，性别男，年龄约45岁。

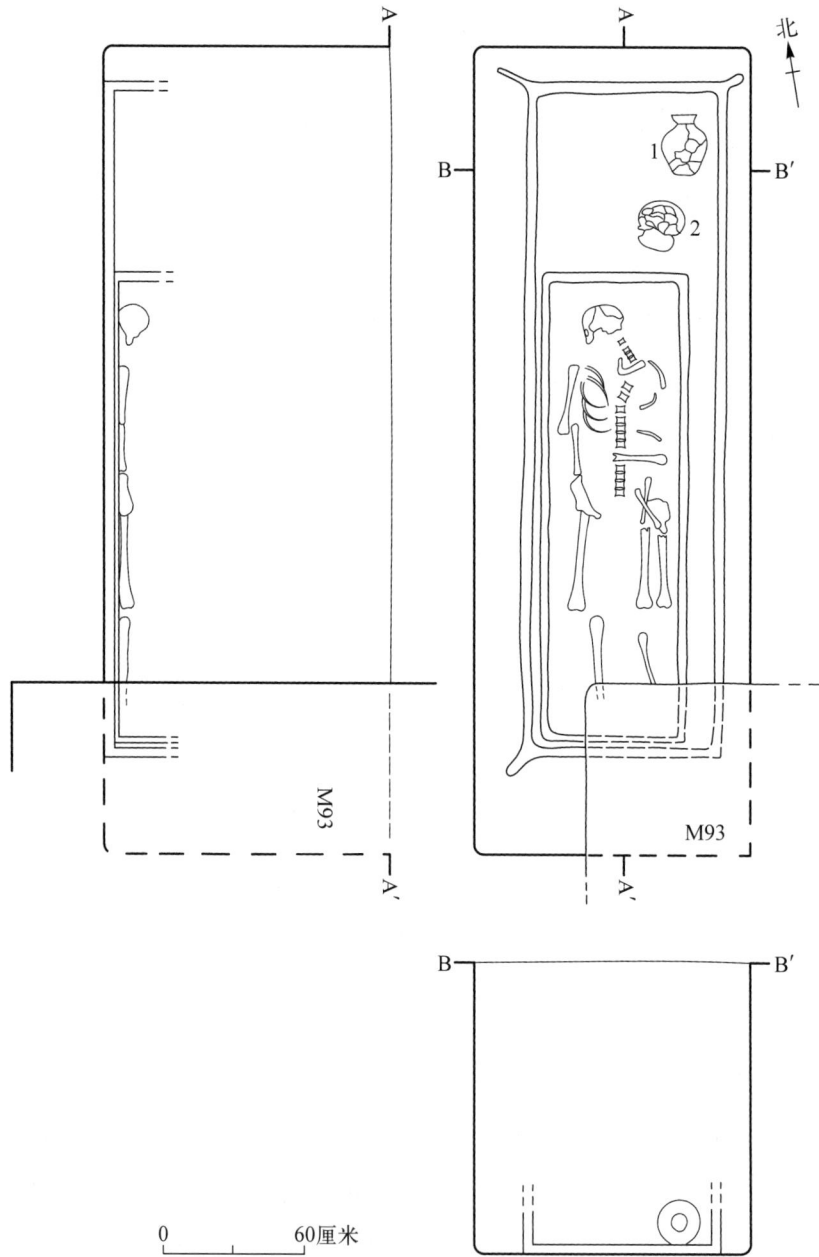

图一六四　M137平、剖面图

1. 陶罐　2. 陶罐

0　　　　60厘米

2. 出土器物

出土器物2件,均放置于椁内棺外的北侧。

陶罐　2件。泥质灰陶,手轮兼制,火候高。标本M137:1,敞口,短折沿,方唇,矮束颈,圆鼓腹,下弧收,圜平底,器表拍印绳纹。口径12.8厘米,腹径20.8厘米,底径6.8厘米,通高22.6厘米(图一六五,1;彩版六一,6)。标本M137:2,敞口,短折沿,矮束颈,股腹弧收,小平底,腹壁与器底拍印绳纹。口径12.6厘米,腹径20.4厘米,底径8.2厘米,通高22.8厘米(图一六五,2;彩版六二,1)。

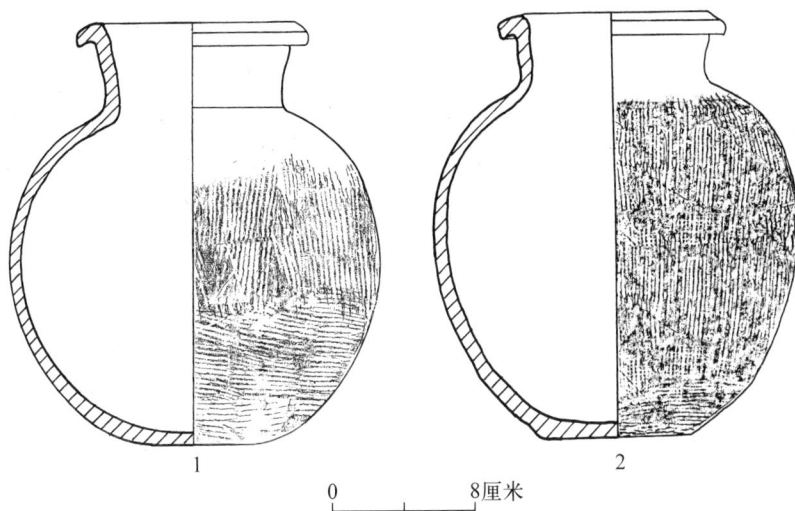

图一六五　M137出土陶器

1. 陶罐(M137:1)　2. 陶罐(M137:2)

七十六、M147

1. 墓葬形制

M147位于发掘区Ⅰ区东北部,T1319内西部,西邻M121,被M120打破。开口于④层下,墓口距地表4.2米。南北向,方向9°。为长方形竖穴土圹单室墓,南北长2.9米,东西宽1米,墓底距墓口0.9米。四壁整齐,底部较平,内填黄褐色花土,土质疏松(图一六六)。

葬具为木棺与头箱,腐朽严重,仅存朽痕。棺痕平面呈长方形,南北长2.2米,宽0.7米,残高0.2米。棺内未见人骨架;头箱位于木棺的北侧,平面呈长方形,东西长0.8米,南北宽0.36米,残高0.23米。

2. 出土器物

出土器物2件,1号器物放置于头箱内,2号放置于棺内北侧。

陶罐　1件。标本M147:1,泥质灰陶,轮制,火候高。敛口,方圆唇,矮束颈,鼓腹曲收,平底。口径18.6厘米,腹径22.2厘米,底径11.2厘米,通高27.4厘米(图一六七,1;彩版六二,2)。

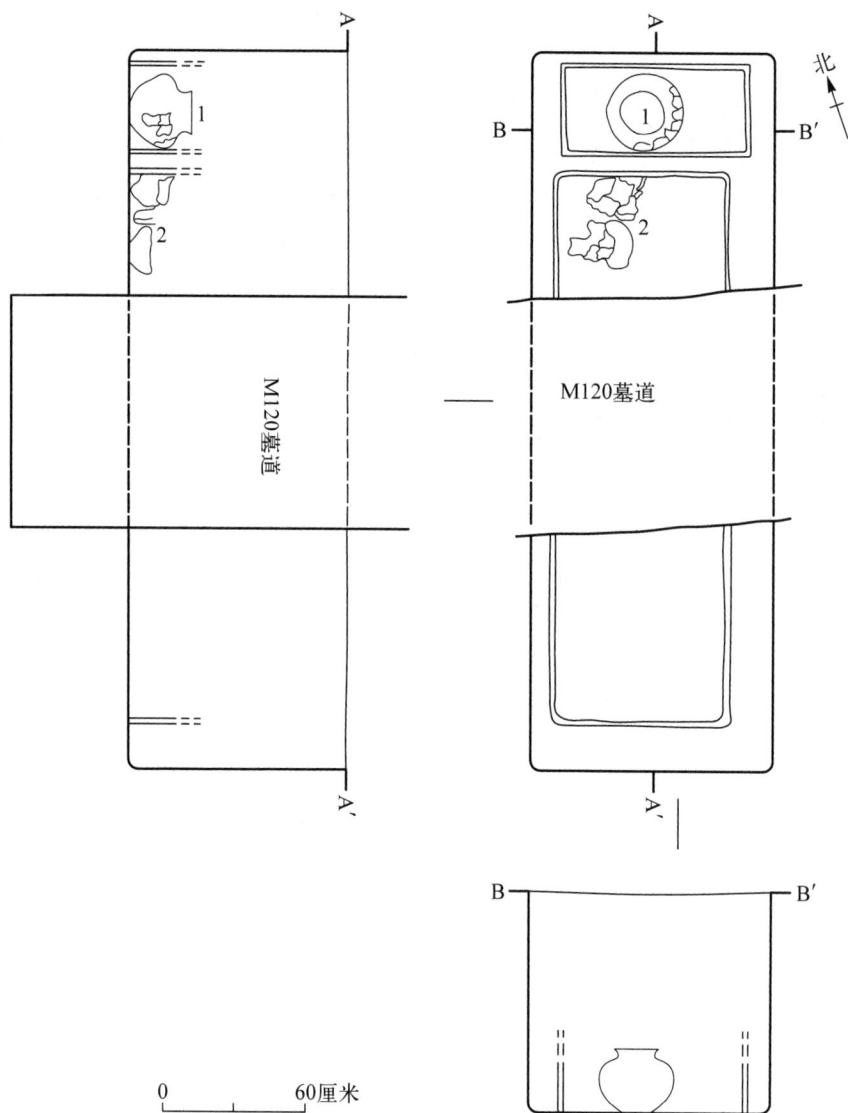

图一六六　M147平、剖面图

1.陶罐　2.陶鼎

　　陶鼎　1件（套）。标本M147:2,敛口,浅腹,弧收。口部贴对称长方形耳,底附三兽蹄形足,覆钵形器盖。口径13.4厘米,通高11.4厘米(图一六七,2;彩版六二,3)。

七十七、M149

1. 墓葬形制

　　M149位于发掘区Ⅰ区东北部,T1320内西部,西邻M118。开口于④层下,墓口距地表4.2米。南北向,方向12°。为长方形竖穴土圹单棺墓,南北长3米,东西宽1米,墓底距墓口1.84米。四壁竖直整齐,底部较平,内填黄褐色花土,土质疏松(图一六八)。

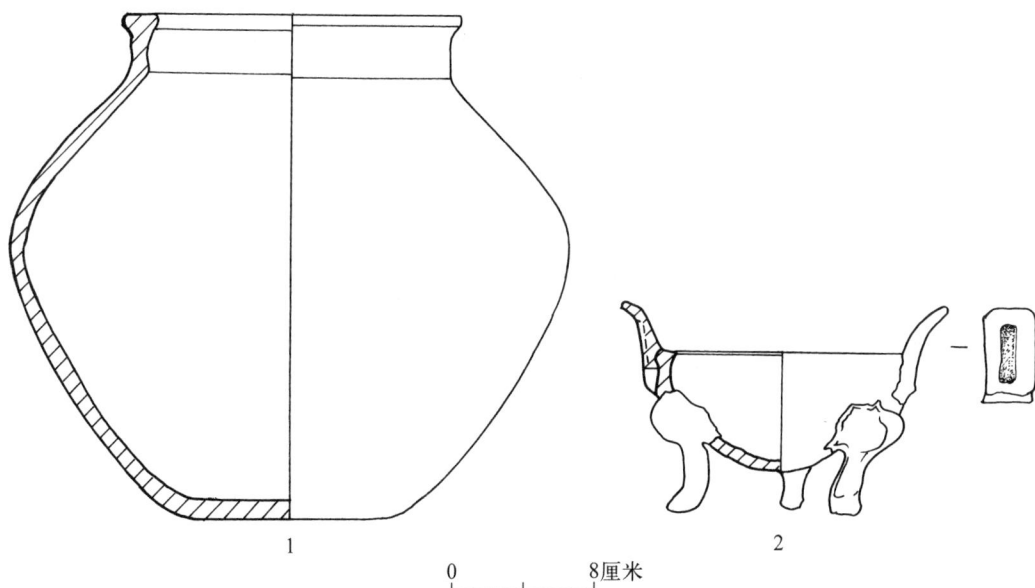

图一六七　M147出土陶器

1. 陶罐（M147：1）　2. 陶鼎（M147：2）

葬具为木棺与头箱，腐朽严重，仅存朽痕。头箱平面呈长方形，东西长0.87米，南北宽0.52米，残高0.34米，板痕厚约0.04米。木棺南北长1.94米，宽0.78米，残高0.34米，板痕厚约0.04米。棺内葬人骨架一具，保存较好，头向北，面向西，为仰身直肢葬，骨架长1.5米，男性，年龄约45岁。

2. 出土器物

出土器物2件，放置于头箱内。

陶罐　2件。泥质灰陶，手轮兼制，火候高。标本M149：1，敞口，折沿，方唇，矮束颈，鼓腹弧收，小平底略上凹。上腹饰凹弦纹，中腹至底拍印绳纹，内壁盘胎痕迹明显。口径12.2厘米，腹径20.2厘米，底径4.4厘米，通高25.2厘米（图一六九，1；彩版六二，4）。标本M149：2，敞口，折沿，方唇，矮束颈，鼓腹弧收，小平底。上腹饰凹弦纹，中腹至底拍印绳纹。口径12.8厘米，腹径20.6厘米，底径4.8厘米，通高25.8厘米（图一六九，2；彩版六二，5）。

七十八、M151

1. 墓葬形制

M151位于发掘区Ⅰ区东部，T1124内东南角，西邻M150。开口于④层下，墓口距地表4.2米。南北向，方向4°。为梯形竖穴土圹单室墓，口部南北长2.9米，宽1.6～1.7米，墓底距墓口1.8米。北宽南窄，四壁整齐竖直，经过加工抹光，墓底较平。内填黄褐色花土，土质略硬，呈块状（图一七〇）。

葬具为一椁一棺，木质，腐朽严重，仅存朽痕。椁痕平面呈"亚"字形，挤压变形，南北长2.7米，宽0.76～0.92米，残高0.3米，板痕厚约0.04米。木棺位于椁内，平面呈长方形，南北长1.84米，

北

0　　　60厘米

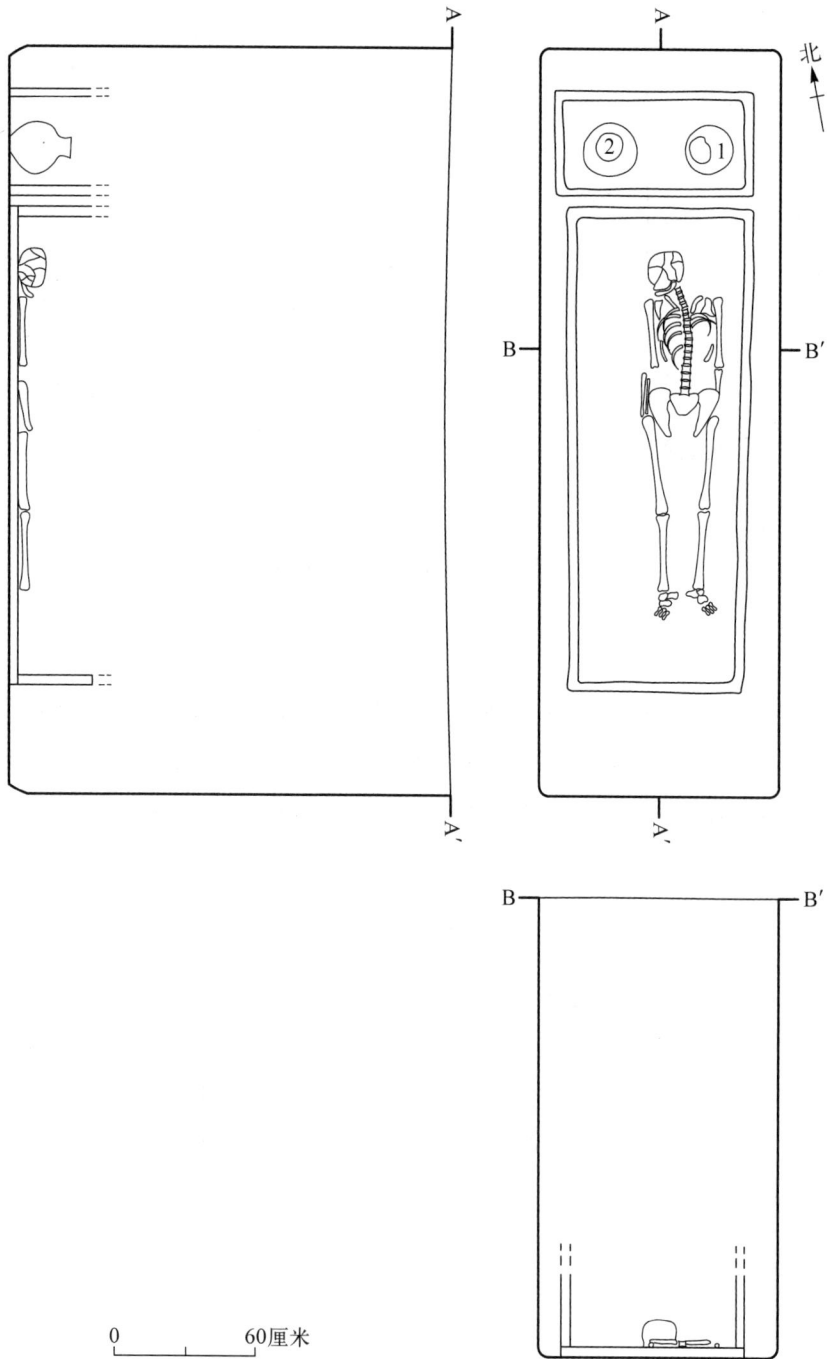

图一六八　M149平、剖面图

1. 陶罐　2. 陶罐

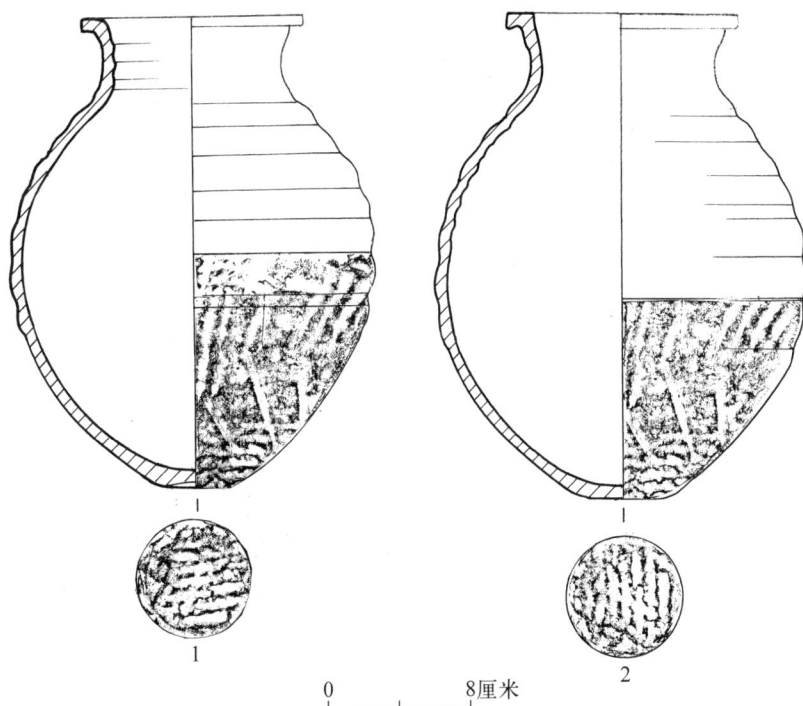

图一六九　M149出土陶罐

1. 陶罐（M149∶1）　2. 陶罐（M149∶2）

宽0.46～0.6米，残高0.3米，板痕厚约0.03米。棺内葬人骨架1具，保存较差，头向北，面向上，为仰身直肢葬，骨架长约1.54米，女性，年龄约35岁。

2. 出土器物

出土器物6件，均放置于椁内棺外的北侧。

陶鼎　2件（套）。泥质灰陶，手轮兼制，火候高。标本M151∶1，敞口，浅弧腹，圜底。口部贴对称长方形耳，耳外撇。底附三兽蹄形足。覆钵形器盖。口径17.6厘米，通高14.8厘米（图一七一，4；彩版六三，2）。标本M151∶3，敛口，浅弧腹，圜底，底附三兽蹄形足。覆钵形器盖，盖敞口，弧形顶。口径15.4厘米，通高15.2厘米（图一七一，5）。

陶壶　2件（套）。泥质灰陶，轮制，火候高。标本M151∶2，敞口内敛，折沿，方唇，长束颈，鼓腹弧收，矮圈足，足壁外撇，覆钵形器盖。口径36.4厘米，腹径40.2厘米，底径24.8厘米，通高64.2厘米（图一七一，2；彩版六二，6）。标本M151∶4，侈口，束颈，鼓腹弧收，喇叭形矮圈足。口径29.2厘米，腹径38.2厘米，底径24.2厘米，高60.2厘米（图一七一，1；彩版六三，1）。

陶钵　1件。标本M151∶5，泥质灰陶，轮制，火候高。侈口微敛，浅弧腹，圜底。口径20.6厘米，高7.6厘米（图一七一，6；彩版六三，3）。

陶盒　1件套（残）。标本M151∶6，泥质灰陶。轮制。子母口内敛，折肩，下腹曲收，底残缺，覆钵形器盖。口径16厘米，肩径19厘米，残高8.6厘米（图一七一，3）。

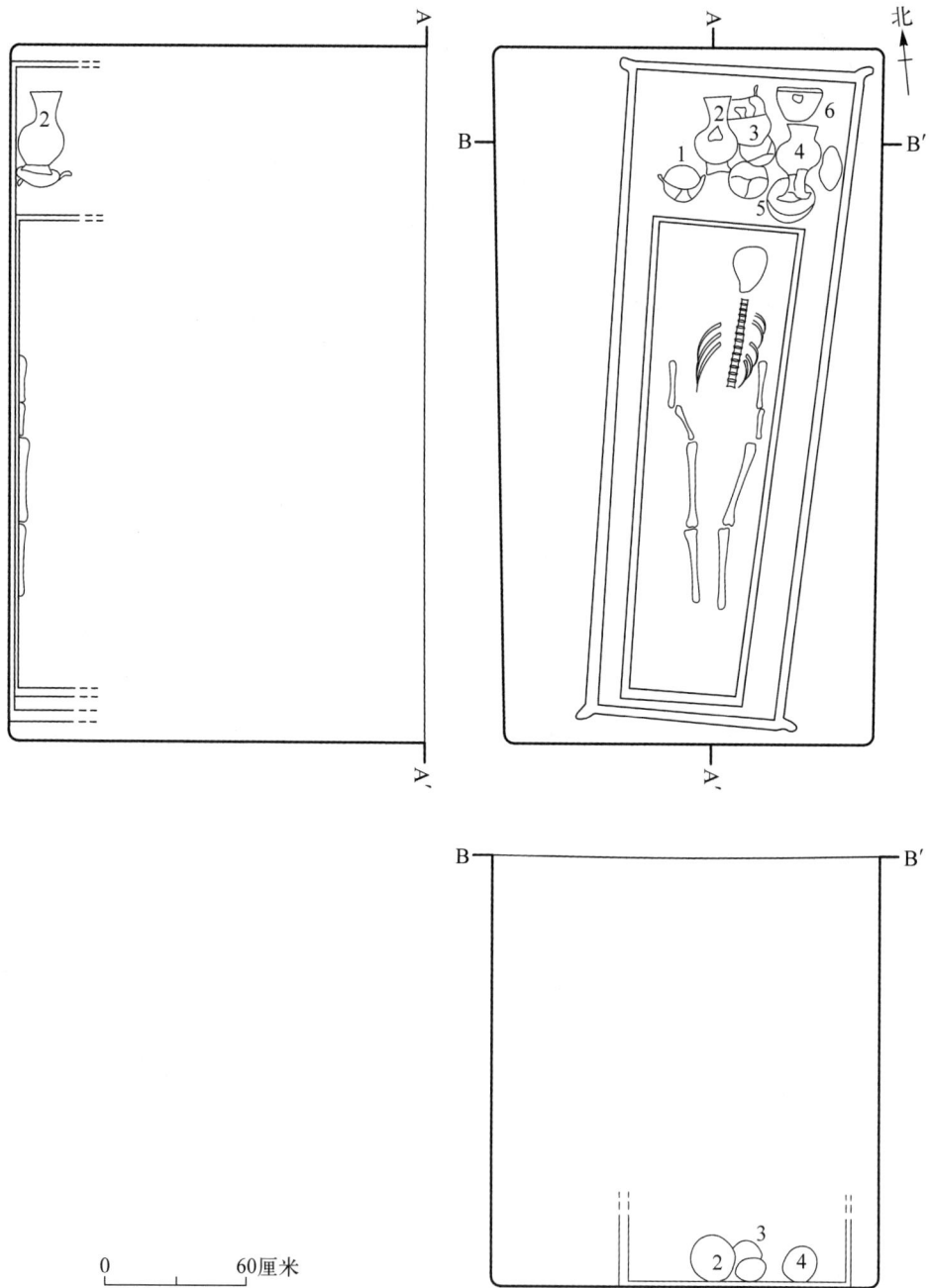

图一七〇　M151平、剖面图

1. 陶鼎　2. 陶壶　3. 陶鼎　4. 陶壶　5. 陶钵　6. 陶盒

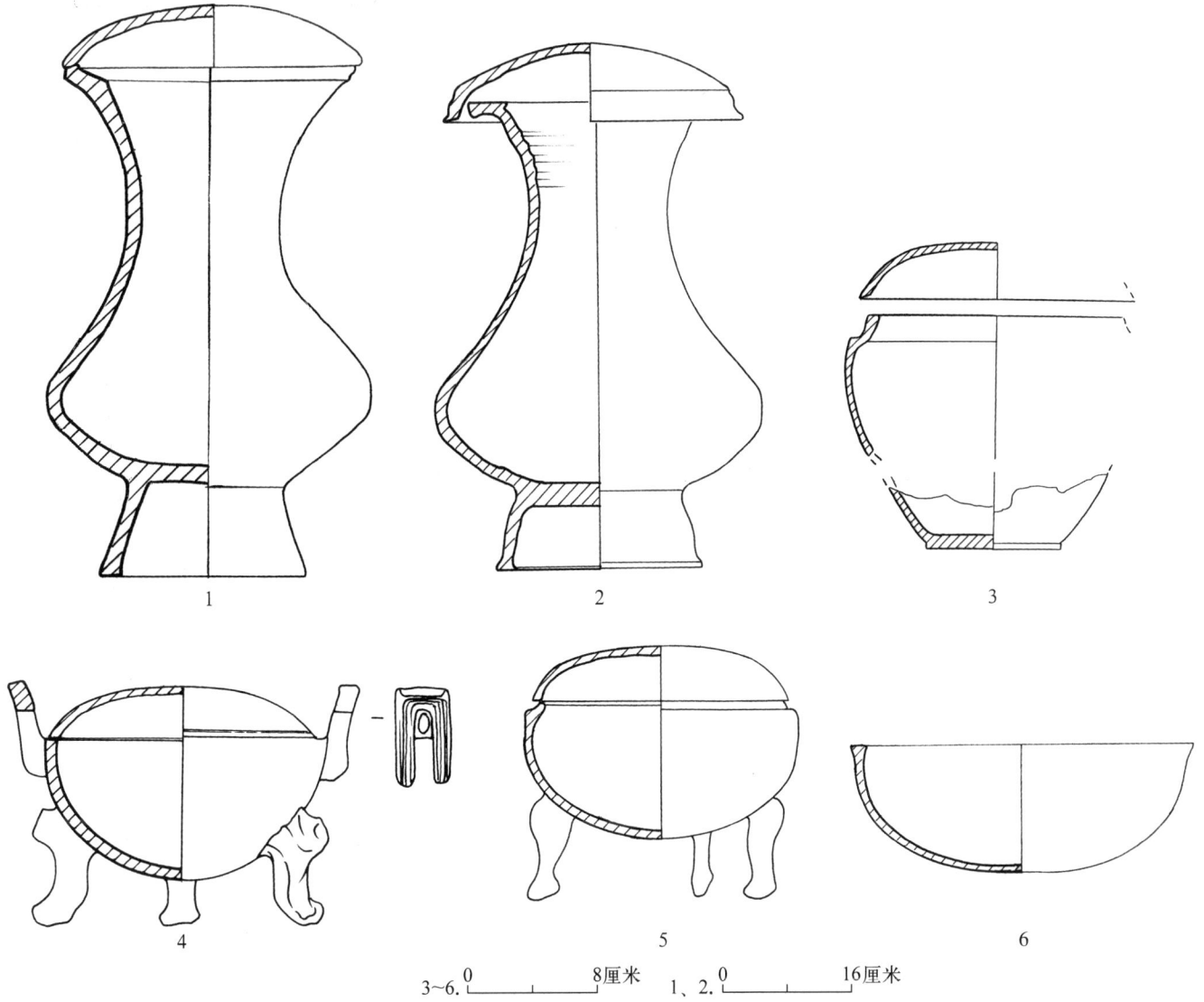

图一七一　M151 出土陶罐

1.陶壶（M151：4）　2.陶壶（M151：2）　3.陶盒（M151：6）　4.陶鼎（M151：1）　5.陶鼎（M151：3）　6.陶钵（M151：5）

七十九、M152

1. 墓葬形制

M152位于发掘区Ⅰ区东北部，T1224内西南部，东邻M156。开口于④层下，墓口距地表4.2米。南北向，方向2°。为长方形竖穴土圹单室墓，南北长3.4米，东西宽1.3米，墓底距墓口1.5米。口底同宽，四壁整齐，底部较平，内填黄褐色花土，土质略硬，呈块状（图一七二）。

土圹内未见葬具及人骨架痕迹，似为墓迁葬。

2. 出土器物

无。

八十、M153

1. 墓葬形制

M153位于发掘区Ⅰ区中部偏南，T0819内中部，西侧被M84打破。开口于④层下，墓口距地表4.3米。南北向，方向13°。为长方形竖穴土圹单室墓，南北长2.2米，宽0.9米，墓底距墓口1.2米。四壁整齐竖直，经过加工抹光，墓底较平。内填黄褐色花土，土质疏松，呈块状（图一七三）。

葬具为木棺，腐朽严重，仅存朽痕。平面呈长方形，南北长1.8米，宽0.5米，残高0.2米，板痕厚约0.02米。棺内葬人骨架1具，保存一般，头向北，面向上，为仰身直肢葬，骨架长约1.42米，女性，年龄约16岁。

2. 出土器物

无。

八十一、M155

1. 墓葬形制

M155位于发掘区Ⅰ区东北部，T1122内西南角，东西被M10、M9打破。开口于④层下，墓口距地表4.2米。南北向，方向12°。为长方形竖穴土圹单室墓，南北长3米，东西宽1.16米，墓底距墓口2.3米。四壁整齐竖直，底部较平，内填黄褐色花土，土质较硬，竖夯夯筑，夯层深1.6米，每层厚0.1～0.14米，夯窝直径约0.03～0.05米（图一七四）。

葬具为木棺与头箱，腐朽严重，仅存朽痕。头箱位于木棺的北侧，平面呈长方形，东西宽0.76米，南北长0.91米，残高0.24米，板痕厚约0.04米。棺痕平面略呈梯形，北宽南窄，南北长1.92米，宽0.42～0.6米，残高0.24米，板痕厚约0.04米。棺内葬人骨架一具，保存较好，头向北，面向西，为仰身直肢葬，身高1.65米，女性，年龄约35岁。

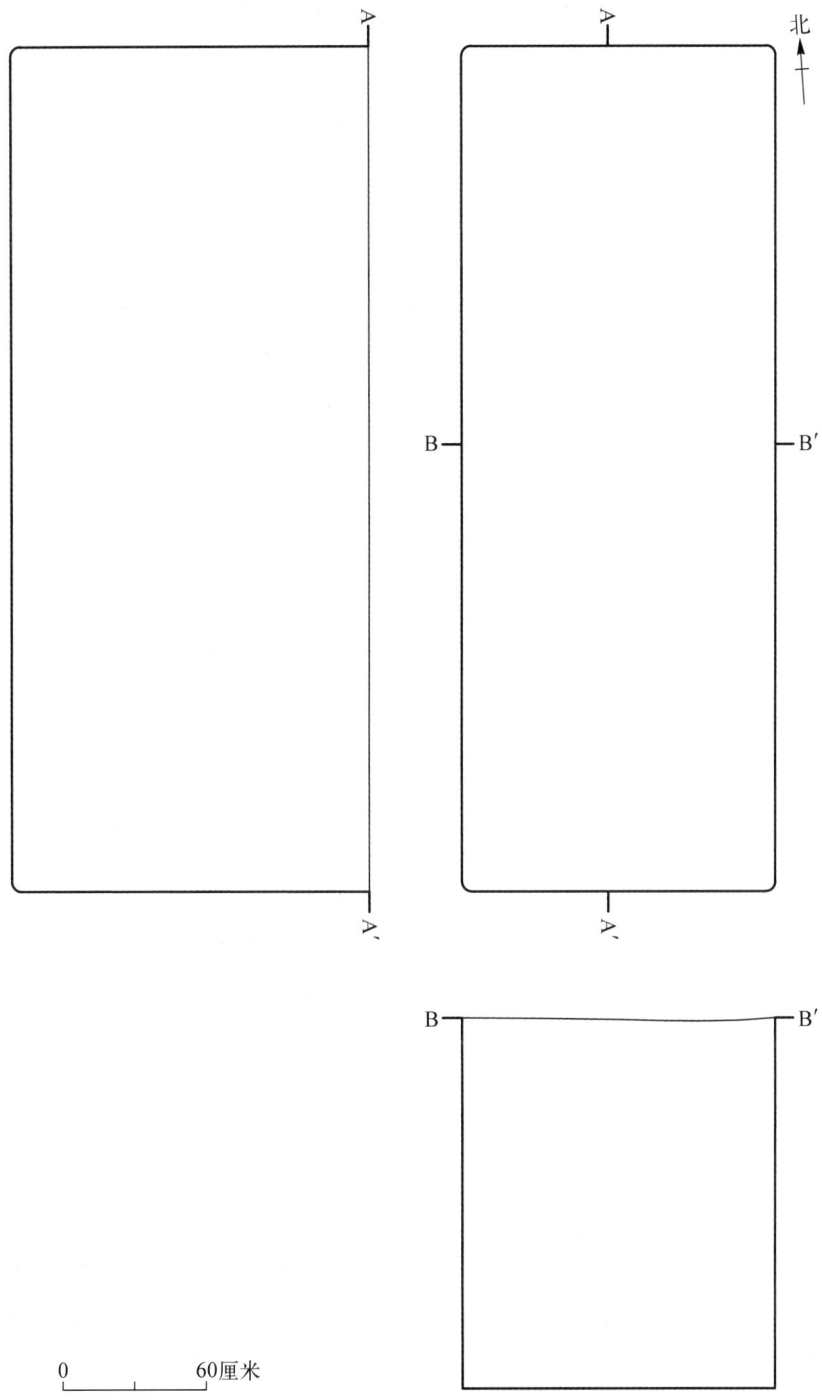

图一七二 M152平、剖面图

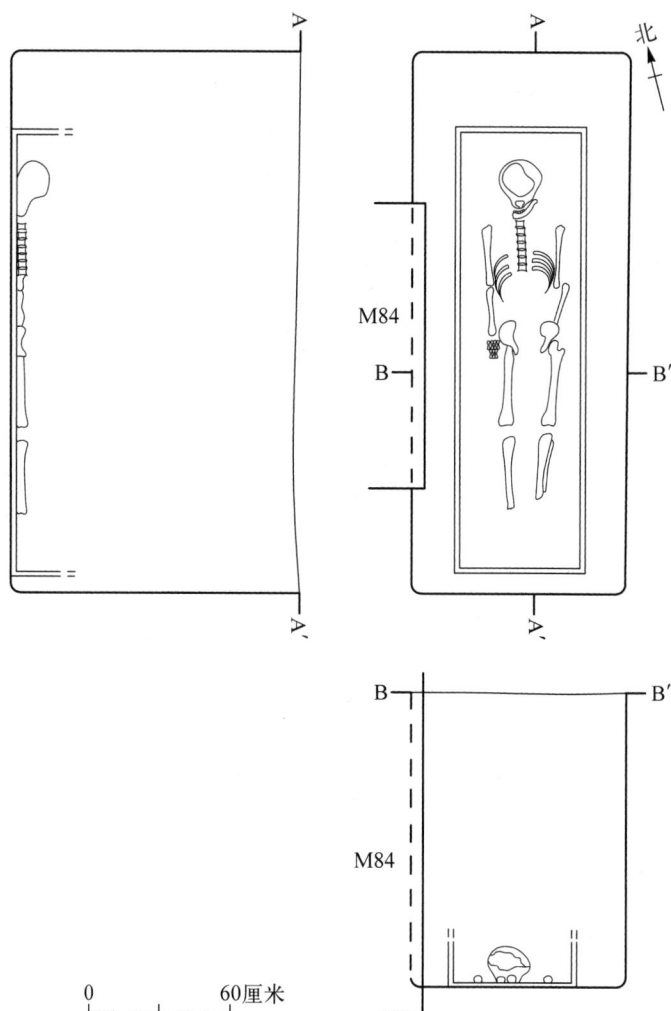

图一七三　M153平、剖面图

2. 出土器物

出土器物6件,均放置于头箱内。

陶壶　2件。泥质灰陶,手轮兼制,火候高。标本M155:1,敛口,尖唇,长束颈,鼓腹弧收,圈足较矮。器表描绘彩绘,已脱落。口径12.8厘米,腹径20.2厘米,底径8.8厘米,通高26.2厘米(图一七五,6;彩版六三,5)。标本M155:5,直口,折沿,方圆唇,长束颈,鼓腹弧收,矮圈足,足内敛。沿下至中腹描绘彩绘,下腹拍印绳纹。口径11.2厘米,腹径20.8厘米,底径8.8厘米,通高26.2厘米(图一七五,5;彩版六三,6)。

陶盒　1件。标本M155:2,泥质灰陶,轮制,火候高。敛口,鼓腹曲收,小平底,覆盆形器盖。口径12.4厘米,腹径14.4厘米,底径4.2厘米,通高10.8厘米(图一七五,3;彩版六四,1)。

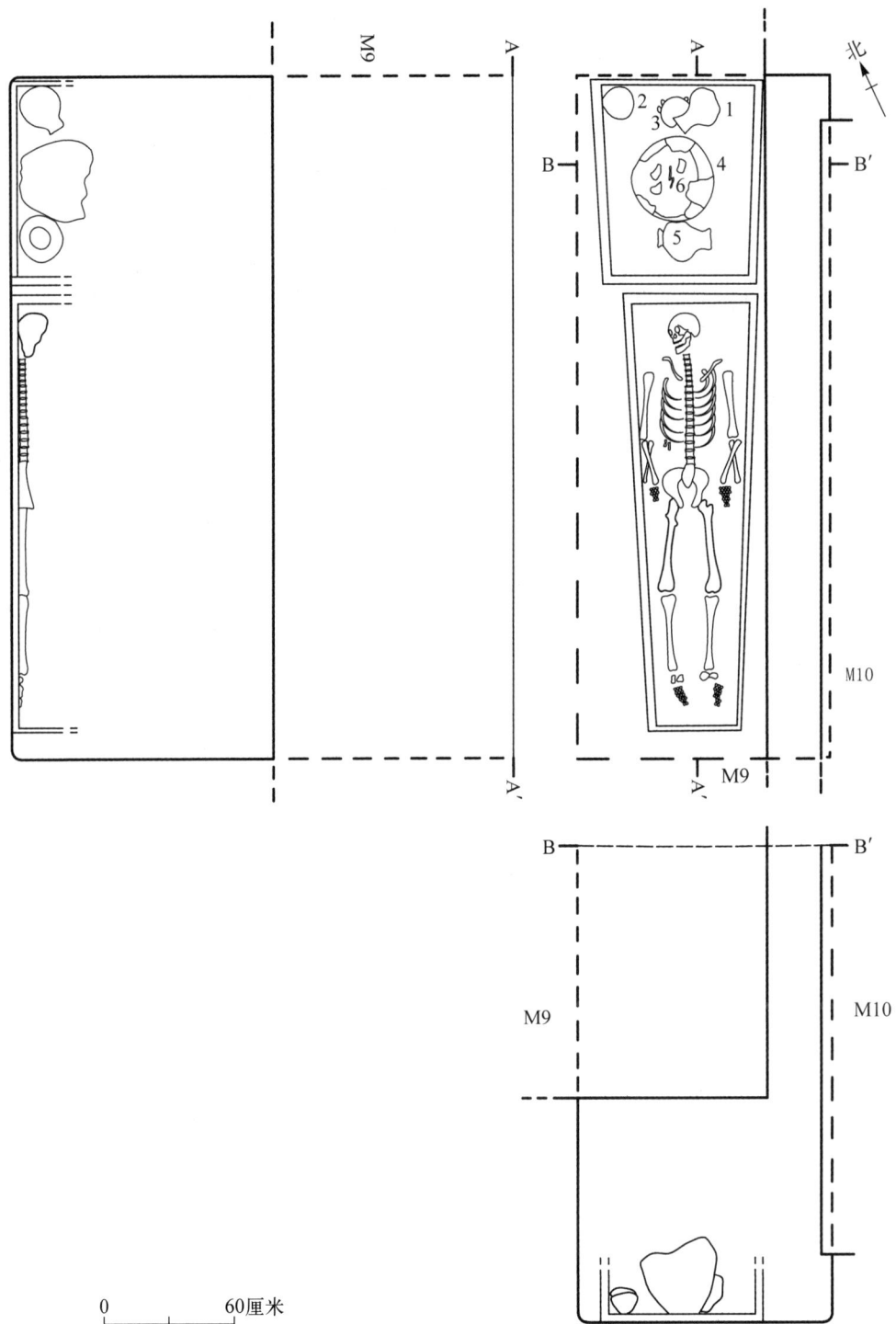

图一七四 M155平、剖面图

1.陶壶 2.陶盒 3.陶鼎 4.陶罐 5.陶壶 6.铜饰

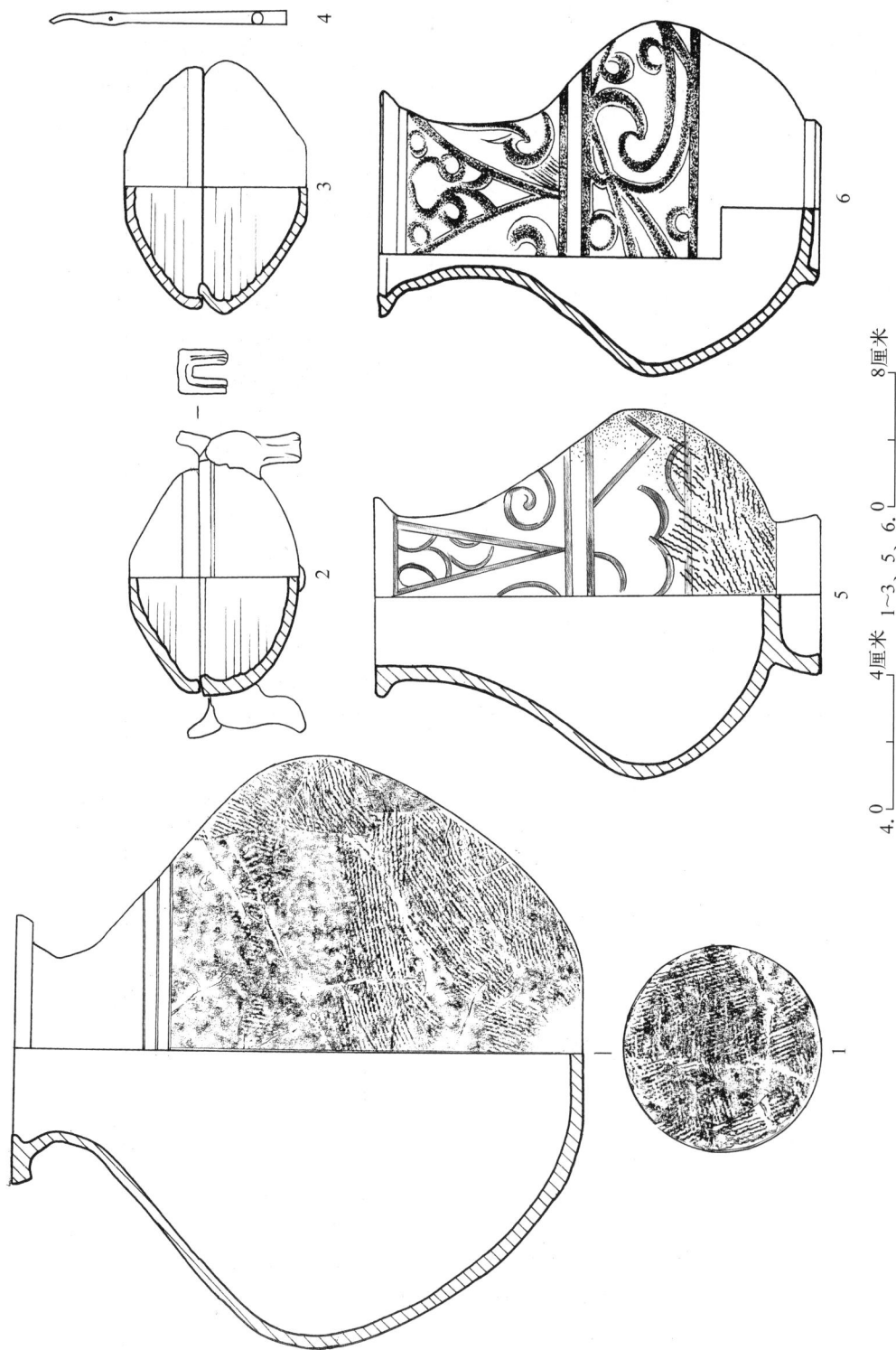

图一七五　M155 出土陶器

1. 陶罐（M155：4）　2. 陶鼎（M155：3）　3. 陶盒（M155：2）　4. 铜饰（M155：6）　5. 陶壶（M155：5）　6. 陶壶（M155：1）

陶鼎 1件。标本M155：3，泥质灰陶，手轮兼制，火候高。敛口，浅腹弧收，圜底。口部贴对称长方形耳，耳穿孔，腹部附贴三兽蹄形足，覆盆形器盖。口径13.2厘米，通高10.4厘米（图一七五，2；彩版六四，2）。

陶罐 1件。标本M155：4，泥质灰陶，手轮兼制，火候高。敛口，折沿，方唇，束颈，鼓腹弧收，平底。上腹三周凹弦纹以下至底拍印绳纹。口径15.2厘米，腹径33.4厘米，底径9.2厘米，通高33.6厘米（图一七五，1；彩版六四，3）。

铜饰 1件。标本M155：6，青铜质，范铸。首部上端略尖，稍弯曲，下部扁平，中部有小孔，体呈圆柱状。通长6.8厘米（图一七五，4；彩版六三，4）。

八十二、M156

1. 墓葬形制

M156位于发掘区Ⅰ区东北部，T1224内中部，西南被M152打破。开口于④层下，墓口距地表4.2米。南北向，方向16°。为长方形竖穴土圹单室墓，南北长2.7米，宽1米，墓底距墓口2.3米。四壁竖直整齐，经过加工抹光，墓底较平。内填黄褐色花土，土质疏松，呈块状（图一七六）。

葬具为头箱与木棺，腐朽严重，仅存朽痕。头箱位于木棺的北侧，平面呈长方形，东西长0.7米，宽0.5米，残高0.3米，板痕厚约0.04米；木棺位于头箱南侧，平面呈长方形，挤压变形，南北长1.9米，宽0.46～0.64米，残高0.3米，板痕厚约0.03米。棺内葬人骨架1具，保存一般，头向北，面向上，为仰身直肢葬，骨架长约1.54米，男性，年龄约45岁。

2. 出土器物

出土器物3件，1件放于棺内，其余器物均放置于头箱内。

陶罐 2件。泥质灰陶，手轮兼制，火候高。标本M156：1，敛口，折沿，方唇，束颈，鼓腹弧收，平底。上腹饰三周凹弦纹，以下至底拍印绳纹。口径1.38厘米，腹径32.2厘米，底径9.2厘米，通高30.2厘米（图一七七，1；彩版六四，4）。标本M156：2，敛口，折沿，方唇，矮束颈，鼓腹弧收，小平底。上腹饰凹弦纹，下腹至底拍印绳纹。口径10.6厘米，腹径20.2厘米，底径5.6厘米，通高22.6厘米（图一七七，2；彩版六四，5）。

铜钱 2枚。标本M156：3-1，方穿圆钱，正背有郭，郭缘较窄。正面穿左右篆书“五铢”二字，“五”字两股交笔弯曲较大，上下横笔出头，“铢”字“金”头三角形较小，低于“朱”旁，“朱”头方折。钱背素面。钱径2.6厘米，穿径0.93厘米，厚0.2厘米（图一七八，1）。标本M156：3-2，方穿圆钱，正背有郭，郭缘较窄。正面穿左右篆书“五铢”二字，“五”字两股交笔弯曲较大，上下横笔出头，“铢”字“金”头三角形较小，低于“朱”旁，“朱”头方折。钱背素面。钱径2.55厘米，穿径0.95厘米，厚0.17厘米（图一七八，2）。

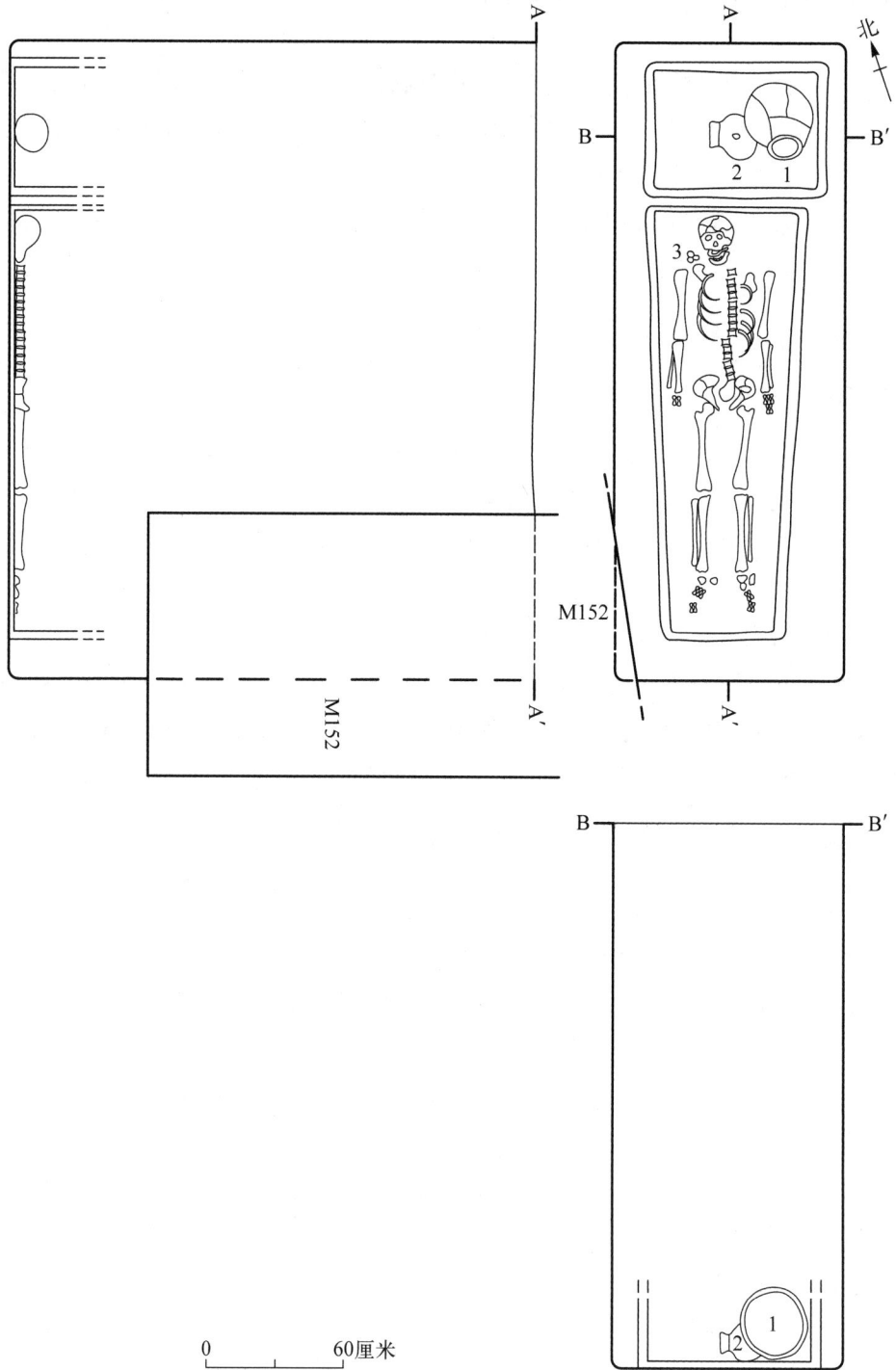

图一七六　M156平、剖面图

1. 陶罐　2. 陶罐　3. 铜钱

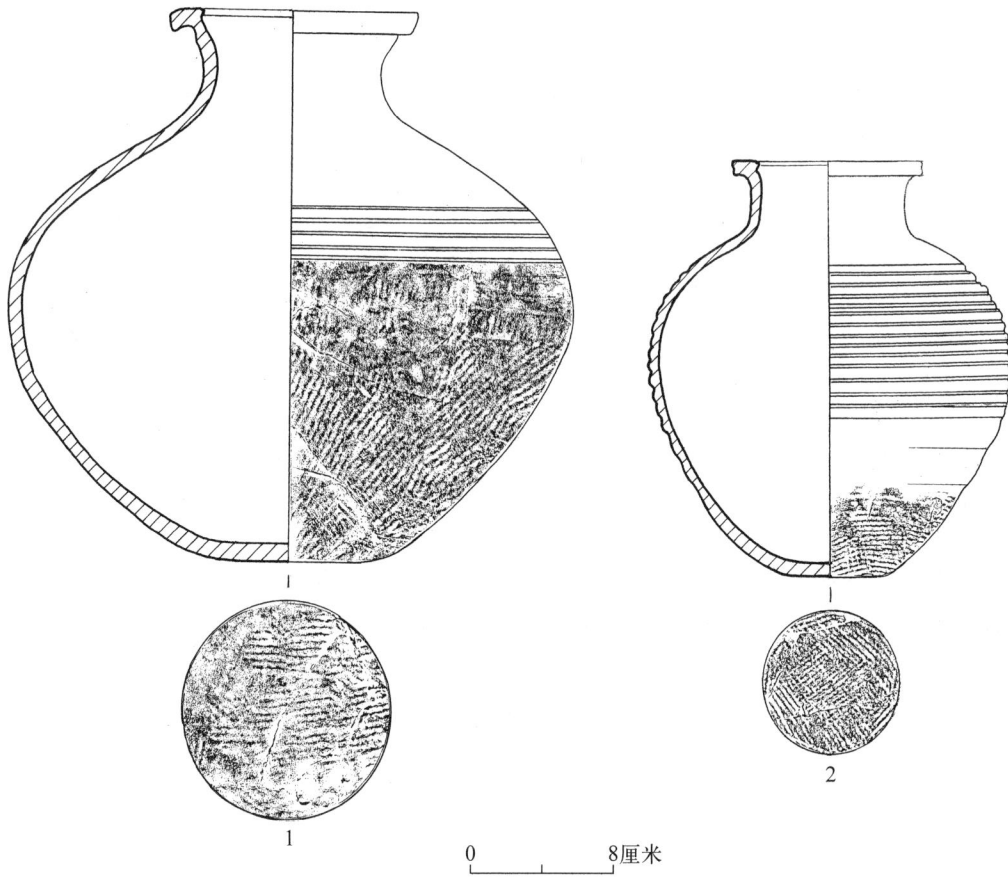

图一七七　M156出土器物

1.陶罐（M156：1）　2.陶罐（M156：2）

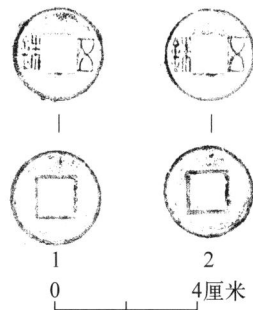

图一七八　M156出土五铢钱

1、2.（M156：3-1，M156：3-2）

八十三、M157

1. 墓葬形制

M157位于发掘区Ⅰ区西部，T1311内南部，西邻M49。开口于④层下，墓口距地表4.3米。南北向，方向7°。为长方形竖穴土圹单室墓，南北长3.25米，宽1米，墓底距墓口2.1米。平面呈长方形，四壁整齐竖直，经过加工抹光，墓底较平，内填黄褐色花土，土质较硬，竖夯夯筑，夯层深1米，层厚0.15～0.2米，夯窝直径约0.03～0.06米（图一七九）。

葬具为木棺与头箱，腐朽严重，仅存朽痕。头箱位于木棺的北侧，平面呈长方形，挤压变形，南北长1.18米，宽0.7～0.86米，残高0.4米，板痕厚约0.04～0.6米；木棺位于头箱的南端，平面呈长方形，南北长1.86米，宽0.68米，残高0.4米，板痕厚约0.04米。木棺内葬人骨架1具，保存一般，头向北，面向上，为仰身直肢葬，骨架长约1.62米，男性，年龄约35岁。

2. 出土器物

出土器物4件，均放置于头箱内。

陶鼎　1件套（残）。标本M157:1，泥质灰陶，手轮兼制，火候高。敛口，浅腹弧收，圜底。口部贴对称长方形耳，耳外撇，底附三兽蹄形足，覆钵形器盖，盖壁折收。口径16.8厘米，通高20.2厘米（图一八〇,4；彩版六四,6）。

陶盒　1件（套）。标本M157:2，泥质灰陶，轮制，火候高。敛口，鼓腹弧收，小平底，覆盆形器盖。器表饰凹弦纹。口径16.6厘米，底径6.4厘米，通高14.2厘米（图一八〇,3；彩版六五,1）。

陶壶　2件。泥质灰陶，手轮兼制，火候高。标本M157:3，盘口，短折沿，尖唇，长束颈，鼓腹弧收，矮圈足。器表饰凹弦纹，腹部最大径处附贴对称衔环铺首，内壁轮痕清晰。口径17.2厘米，腹径28.2厘米，底径13.2厘米，通高43.8厘米（图一八〇,2；彩版六五,2）。标本M157:4，盘口，折沿，方唇，长束颈，鼓腹弧收，矮圈足。中腹以上饰凹弦纹，腹径最大处附贴对称衔环铺首，下腹拍印绳纹，内壁轮痕清晰。口径16.4厘米，腹径31.4厘米，底径13.2厘米，通高45.2厘米（图一八〇,1；彩版六五,3）。

八十四、M158

1. 墓葬形制

M158位于发掘区Ⅰ区中部，T1215内东北角，南邻M159。开口于④层下，墓口距地表4.2米。南北向，方向4°。为竖穴土圹单室墓，南北长3.05米，宽1.29米，墓底距墓口2.2米。墓壁整齐竖直，墓底较平。内填黄褐色花土，土质较硬致密，竖夯夯筑，夯层深1.5米，每层厚约0.08～0.1米，夯窝直径约0.05～0.07米（图一八一）。

葬具为一椁一棺，木质，腐朽严重，仅存朽痕。椁痕平面呈长方形，南北长2.7米，宽1.02米，残高0.3米，板痕厚约0.03米；棺痕平面呈长方形，南北长2米，宽0.6～0.72米，残高0.3米，板痕

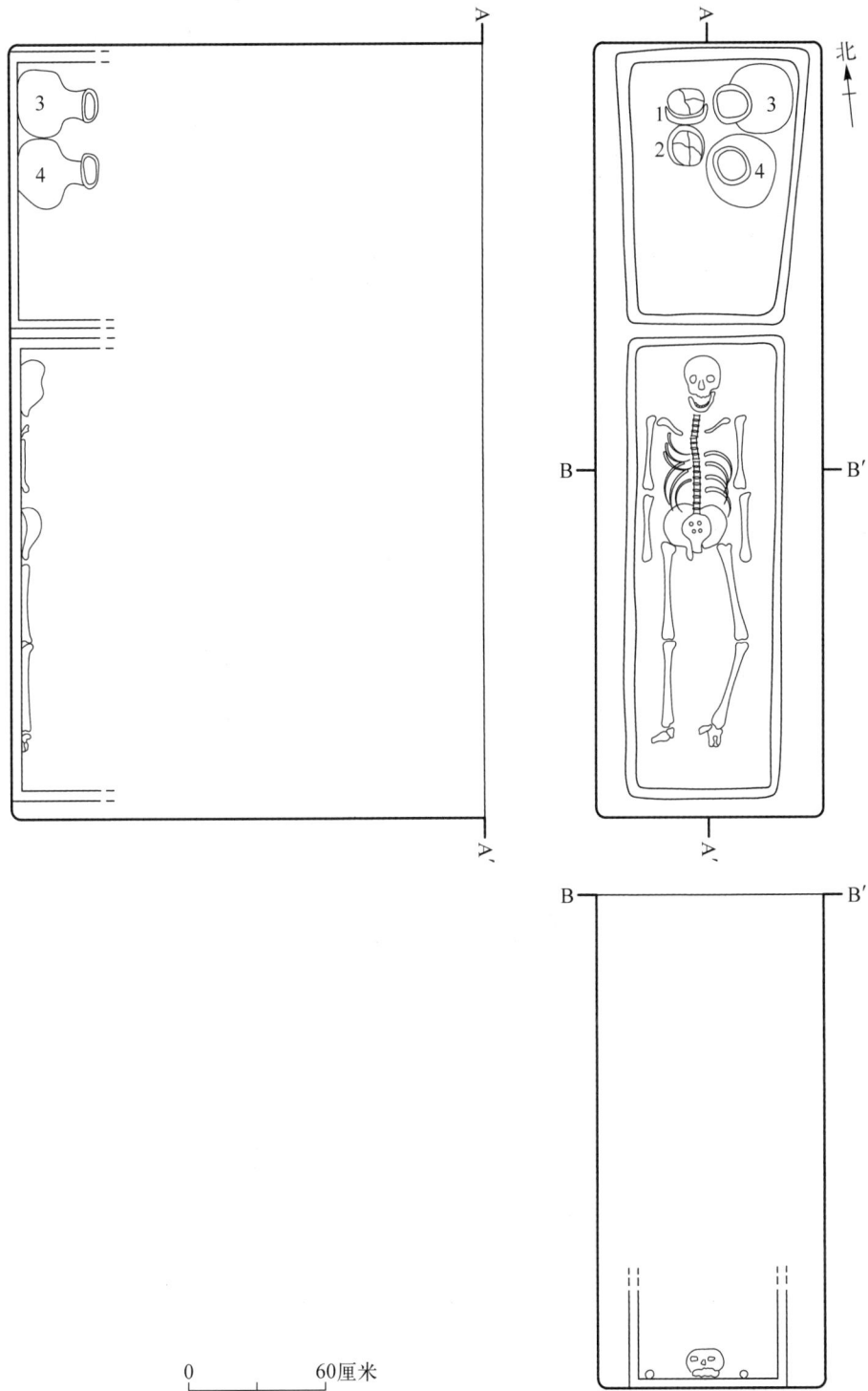

图一七九　M157平、剖面图

1. 陶鼎　2. 陶盒　3. 陶壶　4. 陶壶

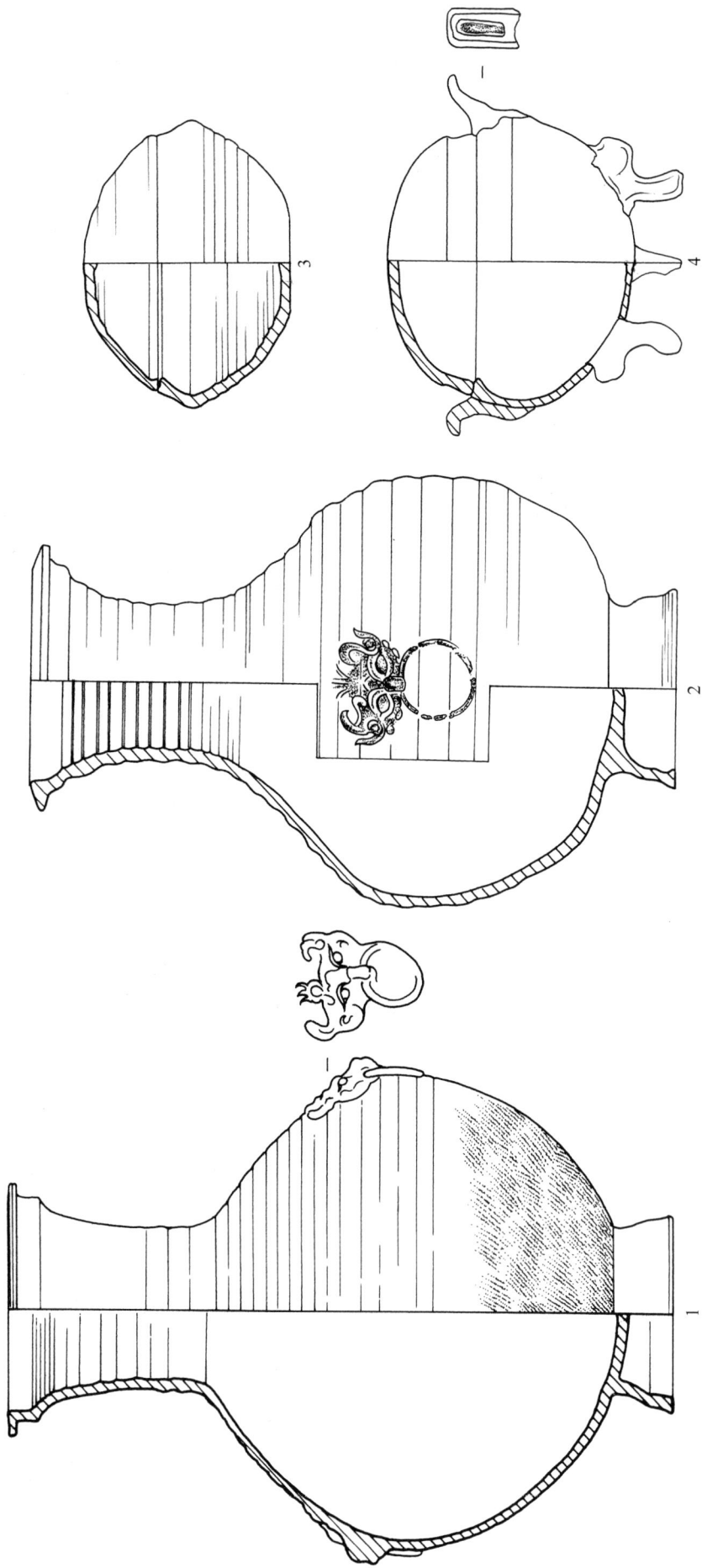

图一八〇 M157出土陶器

1. 陶壶（M157：4） 2. 陶壶（M157：3） 3. 陶盒（M157：2） 4. 陶鼎（M157：1）

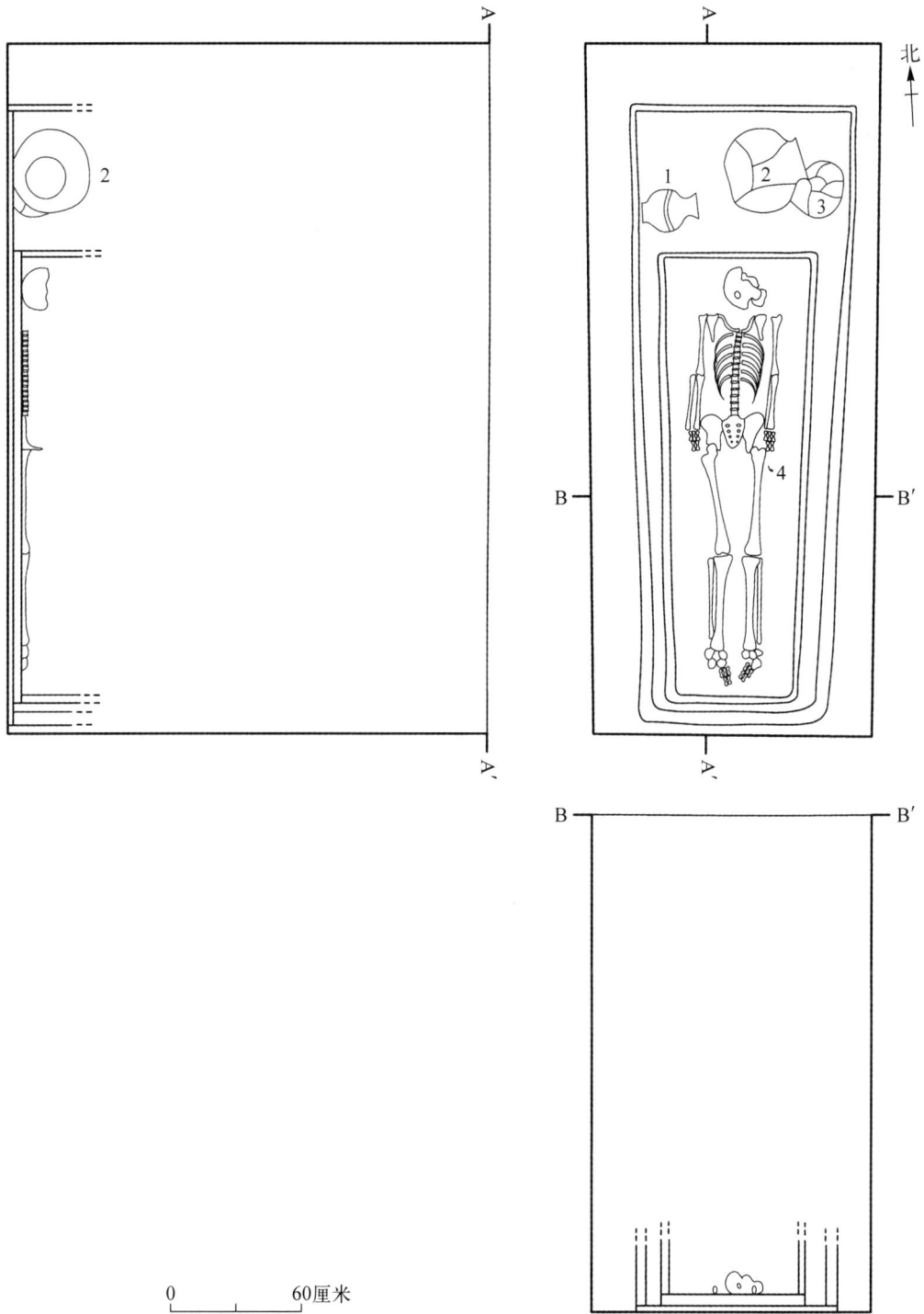

0 ⊢——⊣ 60厘米

图一八一　M158平、剖面图

1. 陶罐　2. 陶罐　3. 陶罐　4. 玉饰

厚约0.03米。棺内葬人骨架1具，保存较好，头向北，面向东，为仰身直肢葬，骨架长1.68米，女性，年龄约35岁。

2. 出土器物

出土器物4件，一件放于棺内，其余均放于椁内棺外的北侧。

陶罐　3件。泥质灰陶，手轮兼制，火候高。标本M158：1，敞口，方唇，矮束颈，圆鼓腹，下弧收，下平底。上腹饰凹弦纹，下腹至底拍印绳纹。口径13.2厘米，腹径22.4厘米，底径7.2厘米，通高23.2厘米（图一八二，2；彩版六五，4）。标本M158：2，敞口，方唇，矮束颈，鼓腹弧收，小平底。上腹饰凹弦纹，下腹至底拍印绳纹。口径14.2厘米，腹径22.4厘米，底径8.2厘米，通高23.2厘米（图一八二，3；彩版六五，5）。标本M158：3，敞口，方唇，束颈，鼓腹弧收，平底。上腹饰弦断绳纹，下腹拍印绳纹。口径16.8厘米，腹径32.2厘米，底径14.2厘米，通高29.2厘米（图一八二，1；彩版六五，6）。

玉饰　1件（残）。标本M158：4，磨制，白玉质，复原形状呈圆环形。外径5.1厘米，内径3.3厘米，肉宽0.8厘米（图一八二，4；彩版六六，1）。

八十五、M159

1. 墓葬形制

M159位于发掘区Ⅰ区中部，T1215内东南角，北邻M158。开口于④层下，墓口距地表4.2米。南北向，方向10°。为长方形竖穴土圹单室墓，南北长3.26米，东西宽1.33米，墓底距墓口约2米。四壁竖直整齐，底部较平，内填黄褐色夯花土，土质致密，束夯夯筑，夯层深1.3米，夯层厚约0.1～0.12米，夯窝直径为0.1～0.13米（图一八三）。

葬具为一椁一棺，木质，腐朽严重，仅存朽痕。椁痕平面呈长方形，南北长3.08米，宽0.88～1.14米，残高0.3米，板痕厚约0.03米；棺痕南北长1.93米，宽0.56～0.62米，残高0.2米，板痕厚0.03米，棺内葬人骨一具，保存较差。头向北，面向上，仰身直肢葬，身高1.78米，男性，年龄约40岁。

2. 出土器物

出土器物5件，均放置于椁内棺外的北侧。

陶罐　1件。标本M159：1，泥质灰陶，手轮兼制，火候高。敞口内敛，折沿，方唇，矮束颈，溜肩，鼓腹弧收，小平底。肩部饰二周凹弦纹，中腹饰一周戳印纹，下腹至底压印绳纹。口径16.6厘米，腹径32.2厘米，底径8.6厘米，通高32.2厘米（图一八四，1；彩版六六，2）。

陶壶　2件。泥质灰陶，手轮兼制，火候高。标本M159：2，敞口，折沿，方圆唇，长束颈，鼓腹弧收，矮圈足，足壁外撇，器表饰彩绘，部分脱落。口径13.2厘米，腹径21.2厘米，底径12.2厘米，通高30.2厘米（图一八四，2；彩版六六，3）。标本M159：3，敛口，折沿，方圆唇，长束颈，鼓腹弧收，矮圈足，足壁外撇，器表饰彩绘，部分脱落。口径12.8厘米，腹径22.4厘米，底径10.6厘米，通高29.2厘米（图一八四，5；彩版六六，4）。

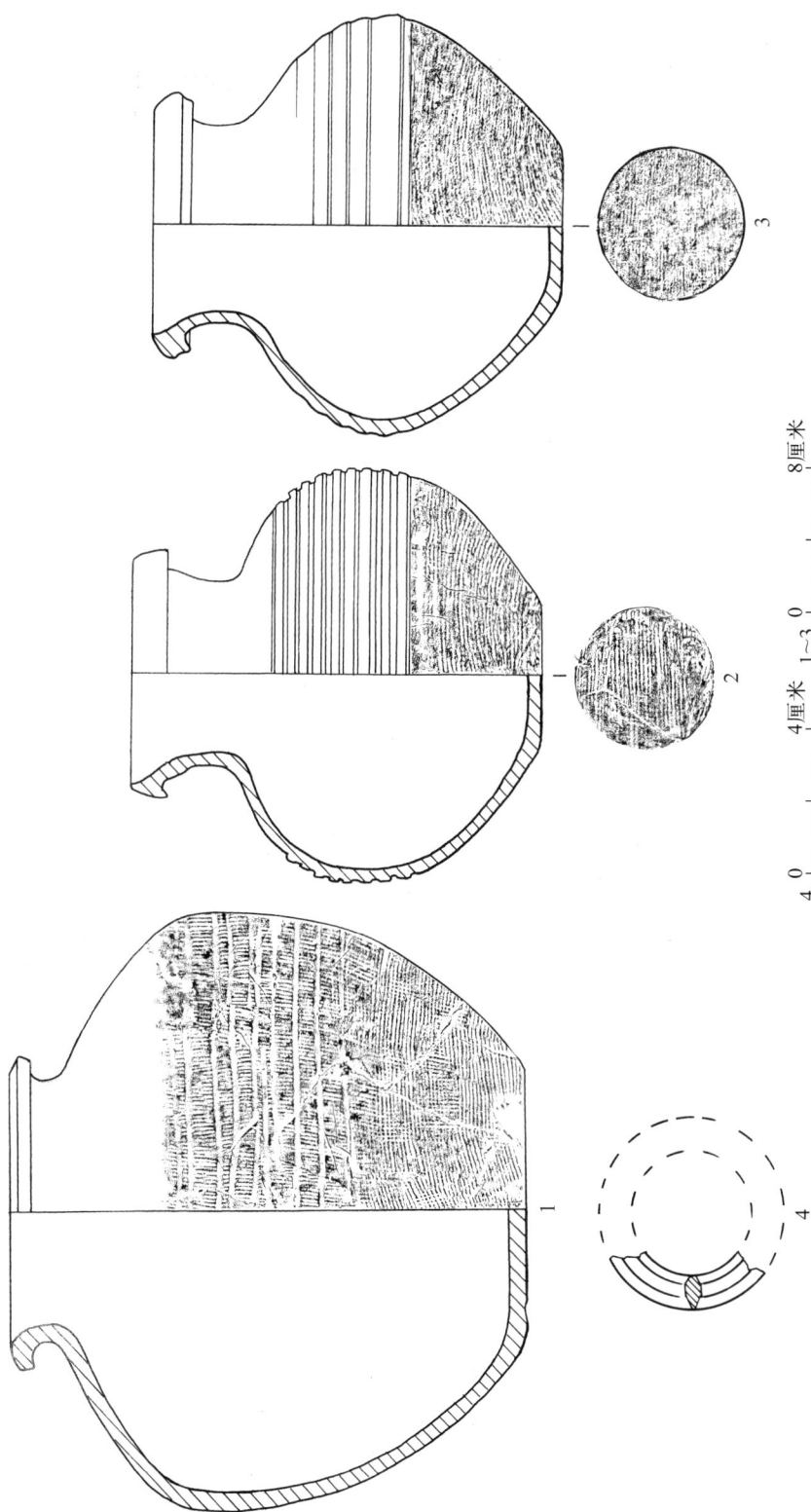

图一八二　M158 出土器物

1. 陶罐（M158∶3）　2. 陶罐（M158∶1）　3. 陶罐（M158∶2）　4. 玉佩（M158∶4）

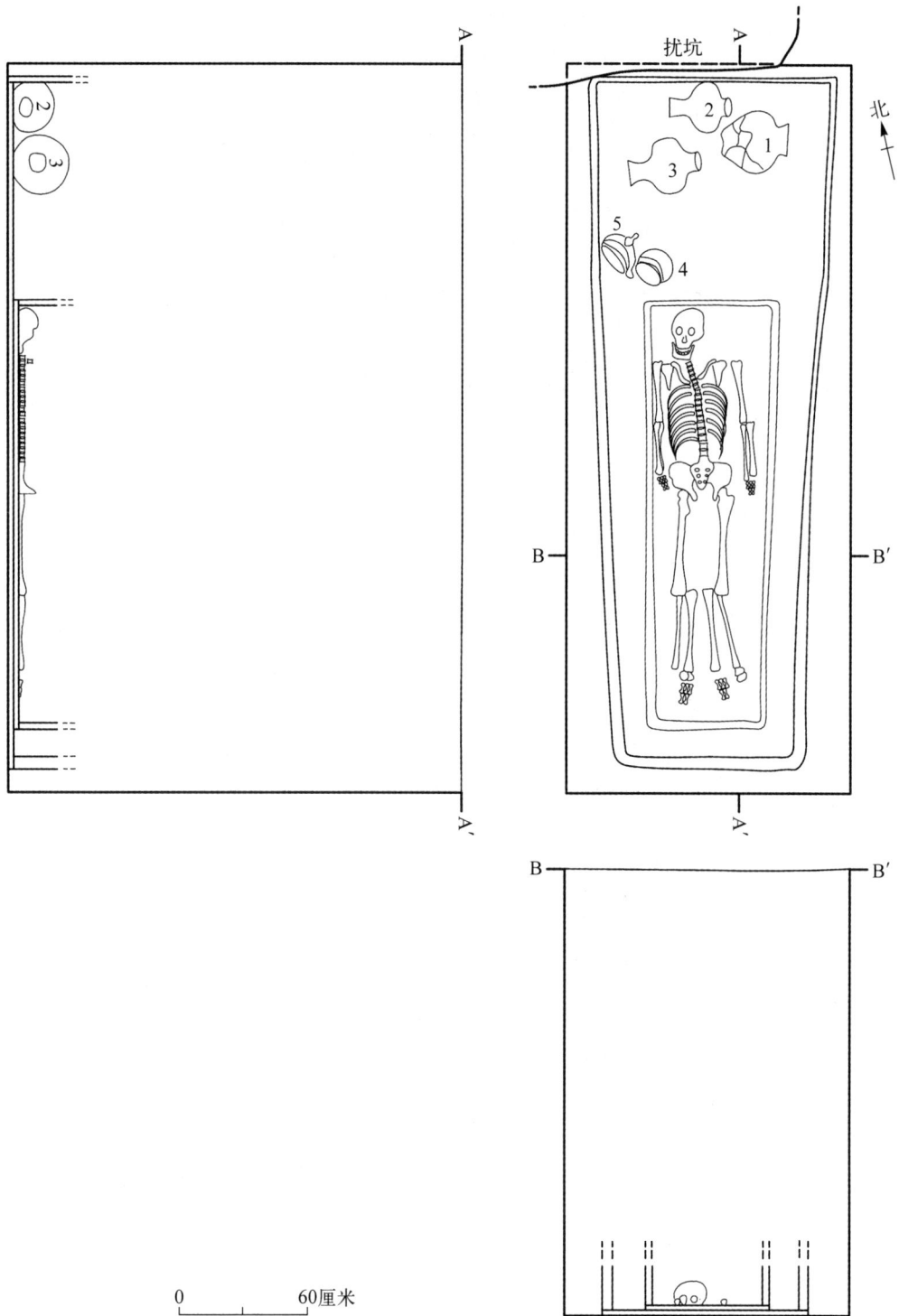

图一八三　M159平、剖面图

1.陶罐　2.陶壶　3.陶壶　4.陶盒　5.陶鼎

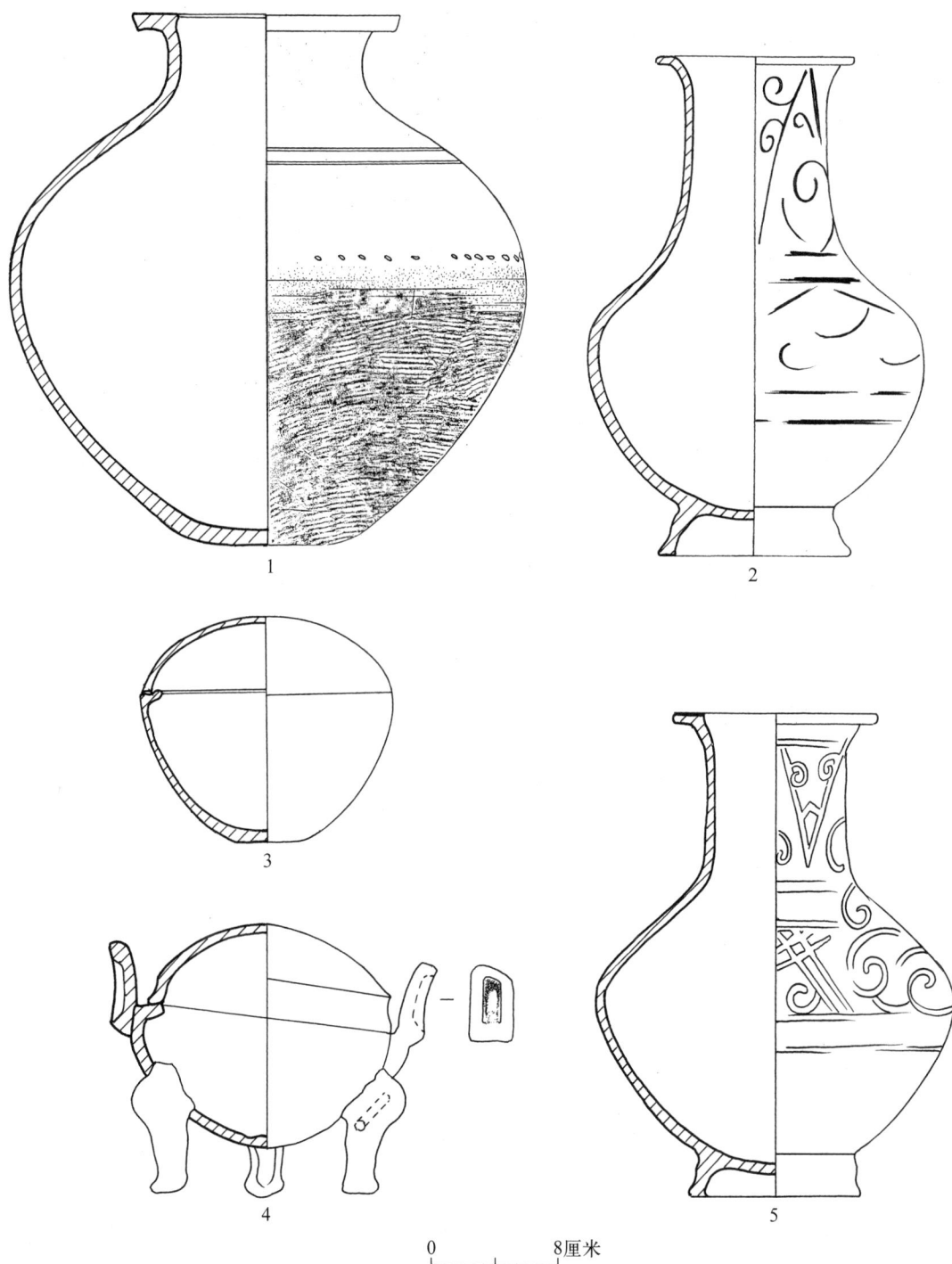

0　　　　　　　　8厘米

图一八四　M159出土陶器

1. 陶罐（M159：1）　2. 陶壶（M159：2）　3. 陶盒（M159：4）　4. 陶鼎（M159：5）　5. 陶壶（M159：3）

陶盒　1件套。标本M159：4，泥质灰陶，轮制，火候高。子母口内敛，浅腹曲收，小平底，覆钵形器盖。口径15.7厘米，底径3.9厘米，通高13.5厘米（图一八四，3；彩版六六，5）。

陶鼎　1件。标本M159：5，泥质灰陶，手轮兼制，火候高。敛口，浅腹弧收，圜底。口部贴对称双耳，外撇，耳外侧中部有凹槽。覆钵形器盖，敞口，弧形顶，口部外侧有一周凹槽。口径15.6厘米，通高16.6厘米（图一八四，4；彩版六六，6）。

八十六、M162

1. 墓葬形制

M162位于发掘区Ⅰ区中部，T1015内北部，西邻M260。开口于④层下，墓口距地表4.2米。南北向，方向20°。为长方形竖穴土圹单室墓，南北长3.6米，宽0.92米，墓底距墓口1.94米。四壁整齐较直，经过加工抹光，墓底较平。内填黄褐色花土，土质较硬，竖夯夯筑，夯层深1.1米，夯层厚约0.12～0.15米，夯窝直径约0.03～0.06米（图一八五）。

葬具为一椁一棺，木质，腐朽严重，仅存朽痕。椁痕平面呈长方形，南北长2.18米，宽0.76～0.88米，残高0.54米，板痕厚约0.02米；棺痕平面呈长方形，南北长1.84米，宽0.44～0.56米，残高0.14米，板痕厚约0.02米。棺内葬人骨架1具，保存较好，头向北，面向西，为仰身直肢葬，骨架长约1.52米，男性，年龄约45岁。由于进水，棺飘起，高于椁底0.4米。

2. 出土器物

出土器物3件，均放置于椁内棺外的北侧。

陶壶　2件。泥质红陶，手轮兼制，火候高。标本M162：1，无法复原，口及下腹残缺，覆盘形底座。底径17.4厘米，残高28.2厘米（图一八六，2）。标本M162：2，敞口，长束颈，鼓腹弧收，覆盘形底座。上腹饰一周凸弦纹，下腹压印绳纹。口径17.6厘米，腹径28.6厘米，底径16.2厘米，通高42.8厘米（图一八六，1；彩版六七，1）。

陶鼎　1件（残）。标本M162：3，泥质红陶，手轮兼制，火候高。敞口，浅折腹，下腹弧收。口部贴对称双耳，足残缺。口径14.4厘米，残高7.8厘米（图一八六，3；彩版六七，2）。

八十七、M164

1. 墓葬形制

M164位于发掘区Ⅰ区中部，T1114内东南角，东邻M163，西邻M165。开口于④层下，墓口距地表4.2米。南北向，方向182°。为长方形竖穴土圹单室墓，南北长3.2米，东西宽1.1米，墓底距墓口约2.4米。四壁竖直整齐，底部较平。内填黄褐色花土，土质致密，束夯夯筑，夯层厚约0.1～0.12米，夯窝直径约0.12～0.15米，总夯层厚约1.8米（图一八七）。

葬具为一棺一椁，木质，腐朽严重，仅存朽痕。椁痕平面呈长方形，南北长2.95米，南宽0.75米，北宽0.64米，残高0.35米，板痕厚0.03米；棺痕平面呈长方形，南北长1.83米，东西宽0.5米，残高0.35米，板痕厚0.03米。棺内葬人骨一具，保存较差，头向南，面向西，右手放于盆骨上，仰身直

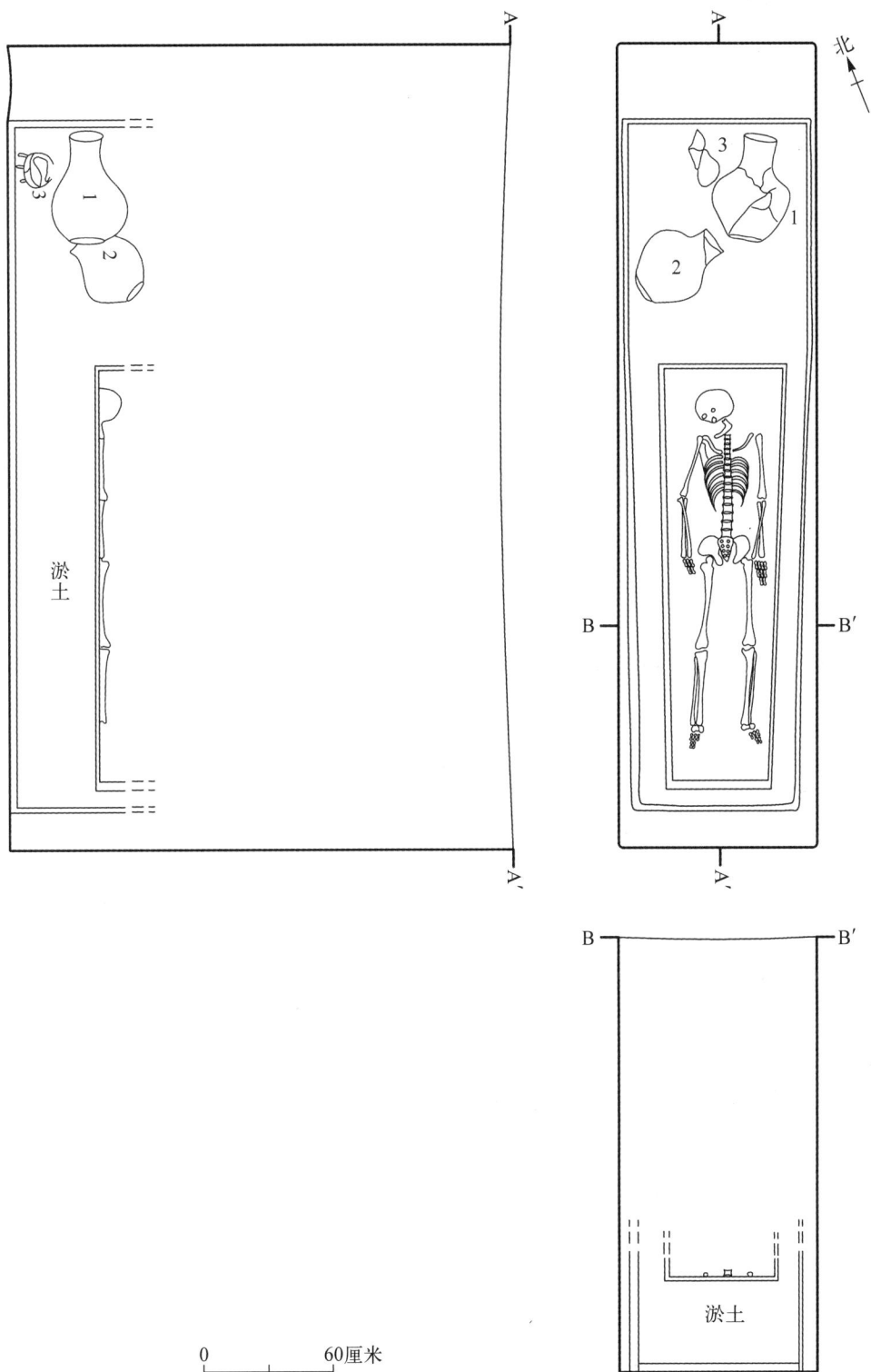

图一八五　M162平、剖面图

1.陶壶　2.陶壶　3.陶鼎

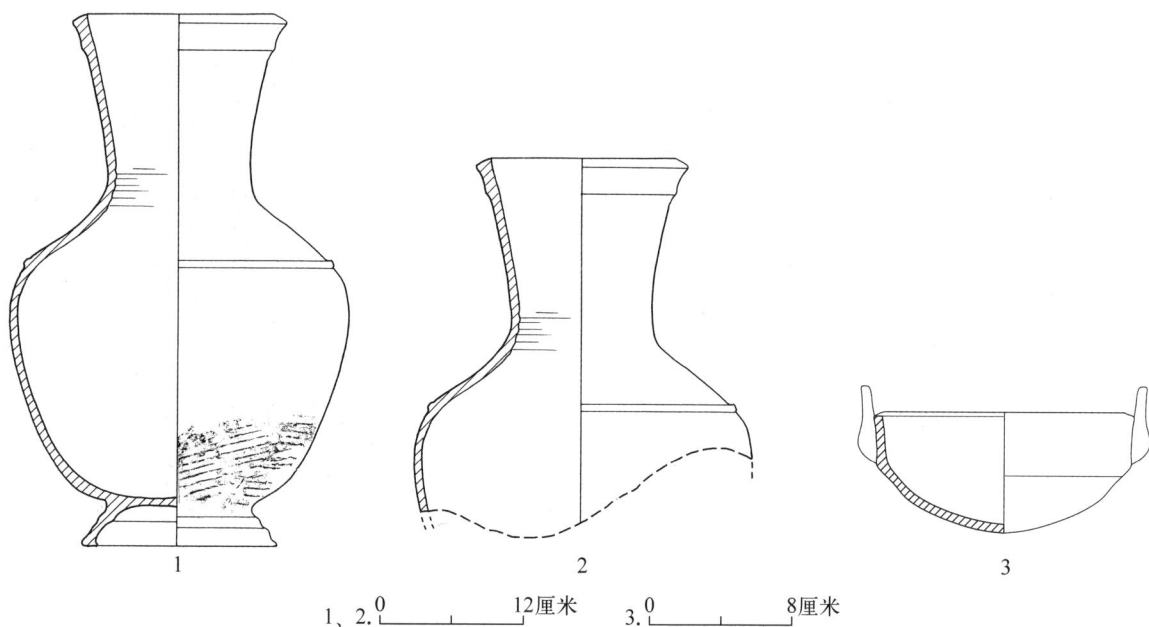

图一八六　M162出土陶器

1. 陶壶（M162：2）　　2. 陶壶（M162：1）　　3. 陶鼎（M162：3）

肢葬,身高1.62米,男性,年龄约35岁。

2. 出土器物

出土器物4件,均放置于椁内棺外的北侧。

陶罐　2件。泥质灰陶,手轮兼制,火候高。标本M164：1,敞口,短折沿,方唇,束颈,鼓腹弧收,小平底。上腹饰凹弦纹,下腹至底拍印绳纹。口径11.6厘米,腹径20.8厘米,底径9.2厘米,通高26.4厘米（图一八八,2；彩版六七,3）。标本M164：2,敛口,口突起,短折沿,尖圆唇,束颈,鼓腹弧收,平底。上腹饰凹弦纹,下腹拍印绳纹。口径13.2厘米,腹径19.4厘米,底径5.8厘米,高25.2厘米（图一八八,1；彩版六七,4）。

陶盒　2件（套）。泥质灰陶,轮制,火候高。标本M164：3,敞口,浅弧腹,小平底,腹部饰凹弦纹。覆盆形器盖,内壁轮痕清晰,器表一周凹弦纹。口径13.2厘米,底径4.4厘米,通高9.8厘米（图一八八,4）。标本M164：4,略变形,敛口,鼓腹,曲收,小平底,内壁轮痕清晰,覆盆形器盖。口径12.2厘米,腹径13.6厘米,底径5.8厘米,通高9.4厘米（图一八八,3）。

八十八、M165

1. 墓葬形制

M165位于发掘区Ⅰ区中部,T1114内东南部,东邻M164。开口于④层下,墓口距地表4.2米。南北向,方向5°。为长方形竖穴土圹单室墓,南北长3.4米,东西宽1.2米,墓底距墓口2.3米。四壁竖直整齐,底部较平,内填黄褐色花土,土质疏松（图一八九）。

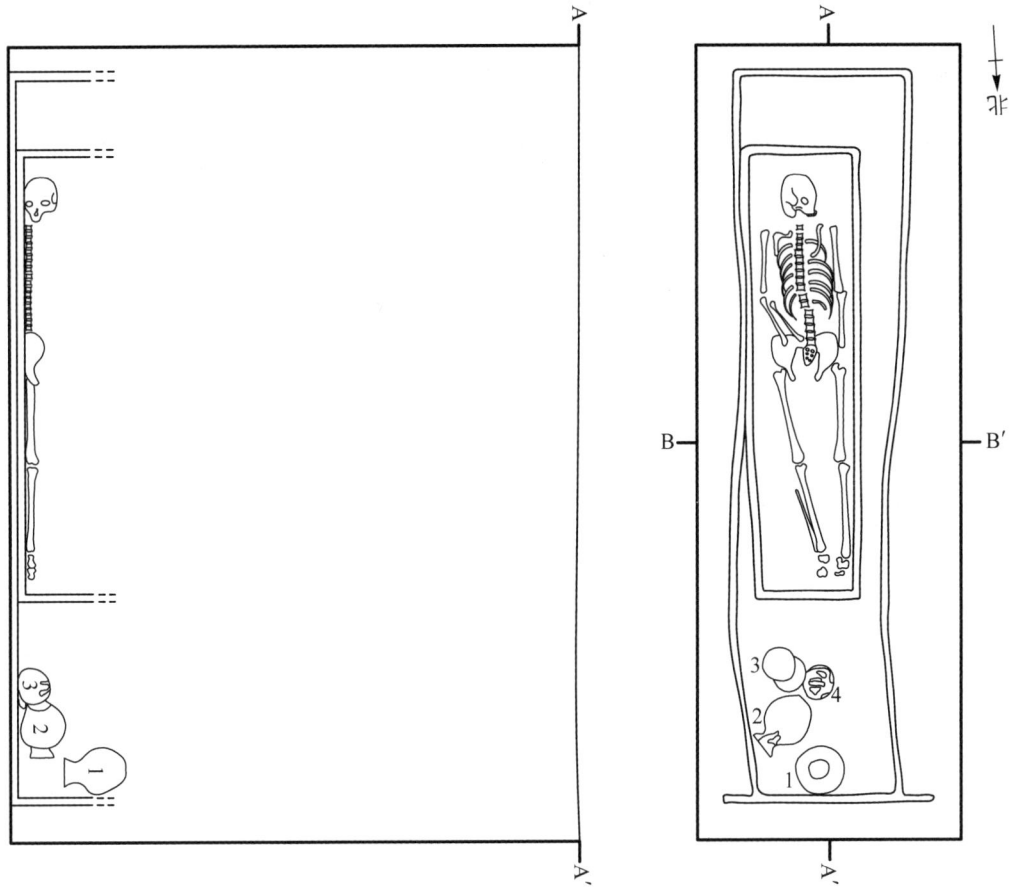

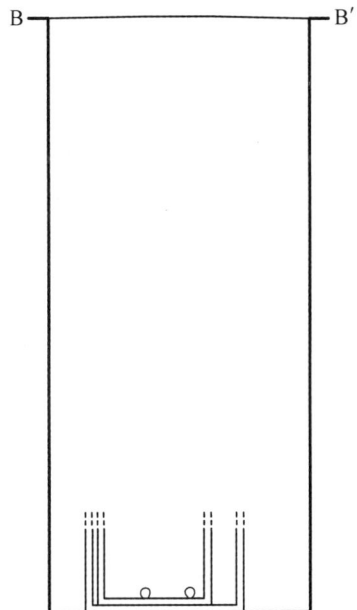

图一八七　M164平、剖面图

1. 陶罐　2. 陶罐　3. 陶盒　4. 陶盒

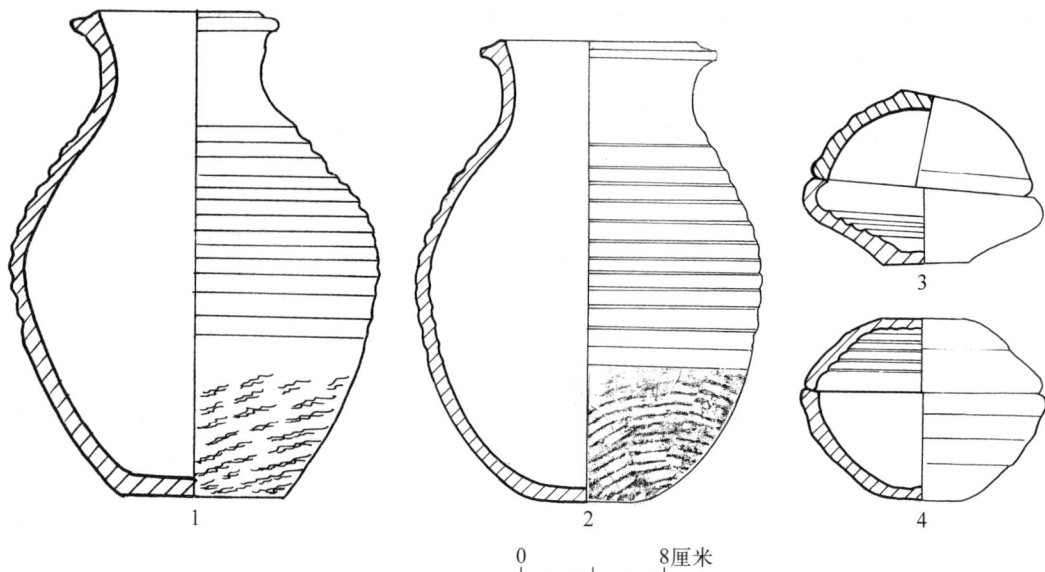

图一八八　M164出土陶器

1. 陶罐（M164：2）　2. 陶罐（M164：1）　3. 陶盒（M164：4）　4. 陶盒（M164：3）

葬具为木棺与头箱，腐朽严重，仅存朽痕。头箱位于木棺的北侧，平面呈长方形，略变形，南北长0.94米，东西宽0.71～0.8米，残高0.3米，板痕厚约0.04米。棺痕平面略呈梯形，北宽南窄，南北长2.02米，宽0.54～0.66米，残高0.3米，板痕厚约0.04米。棺内葬人骨架一具，保存一般，头向北，面向上，为仰身直肢葬，女性，年龄约25岁。

2. 出土器物

出土器物5件，均放置于头箱内。

陶壶　1件。泥质灰陶，手轮兼制，火候高。标本M165：1，敞口，圆唇，长束颈，鼓腹弧收，矮圈足。口至中腹描绘彩绘，部分已脱落，内壁轮痕清晰。口径12.6厘米，腹径21.2厘米，底径10.6厘米，通高29.2厘米（图一九〇，3；彩版六七，5）。

陶盒　1件（残）。标本M165：2，泥质灰陶，轮制。残破严重，无法复原。

陶鼎　1件。标本M165：3，泥质灰陶，手轮兼制，火候高。敛口，浅腹弧收，圜底。口部贴对称双耳，耳较直，腹部附贴三兽蹄形足。口径16.8厘米，通高14.4厘米（图一九〇，4；彩版六七，6）。

陶罐　2件。泥质灰陶，手轮兼制，火候高。标本M165：4，敞口微敛，折沿，方唇，鼓腹弧收，小平底。上腹饰凹弦纹，下腹至底拍印绳纹。口径12.8厘米，腹径21.6厘米，底径7.2厘米，通高24.2厘米（图一九〇，2；彩版六八，1）。标本M165：5，敛口，折沿，方唇，矮束颈，鼓腹下曲收，小平底，器表拍印绳纹。口径15.8厘米，腹径34.6厘米，底径12.2厘米，通高32.8厘米（图一九〇，1；彩版六八，2）。

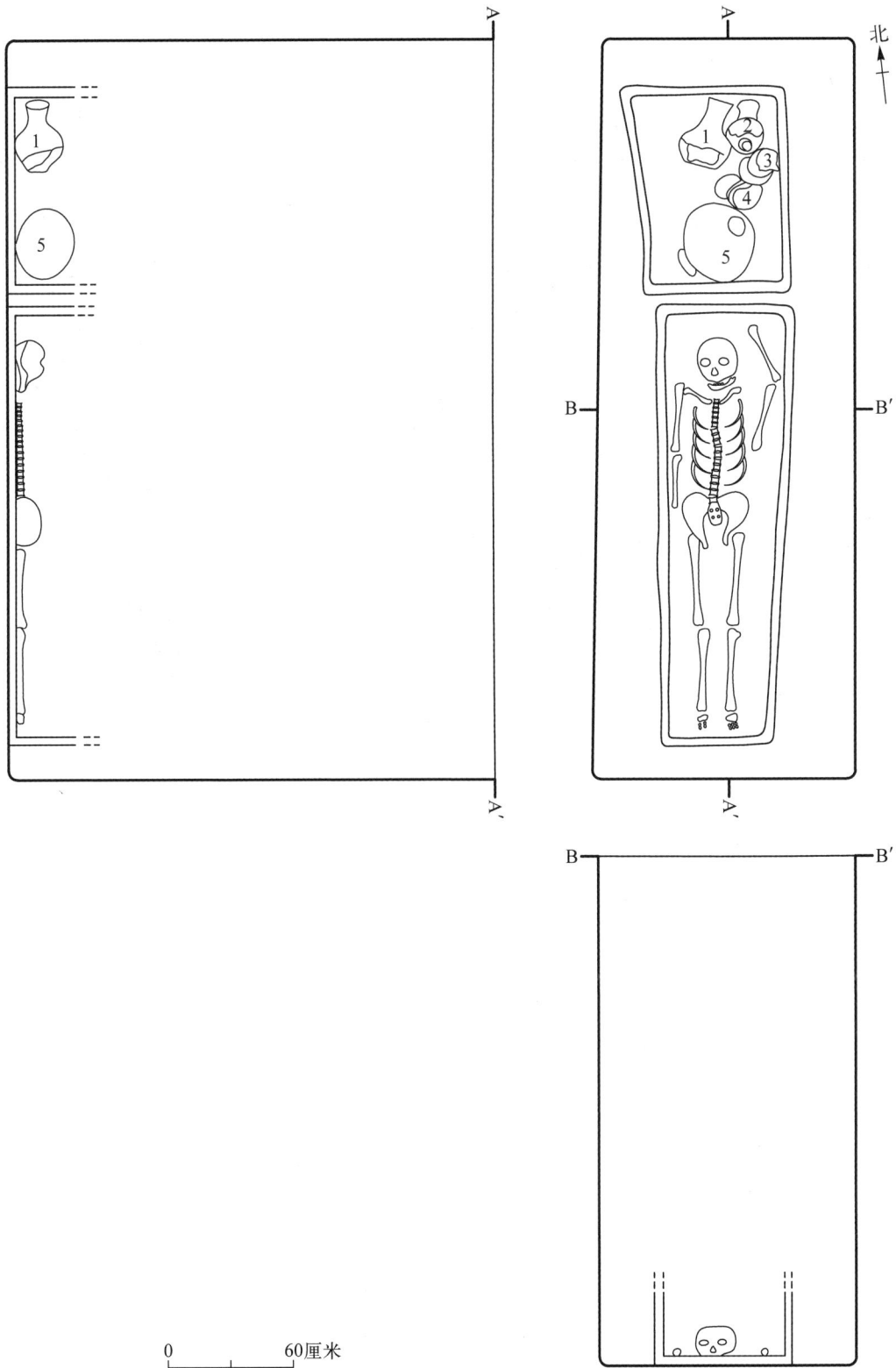

图一八九　M165平、剖面图

1.陶壶　2.陶盒　3.陶鼎　4.陶罐　5.陶罐

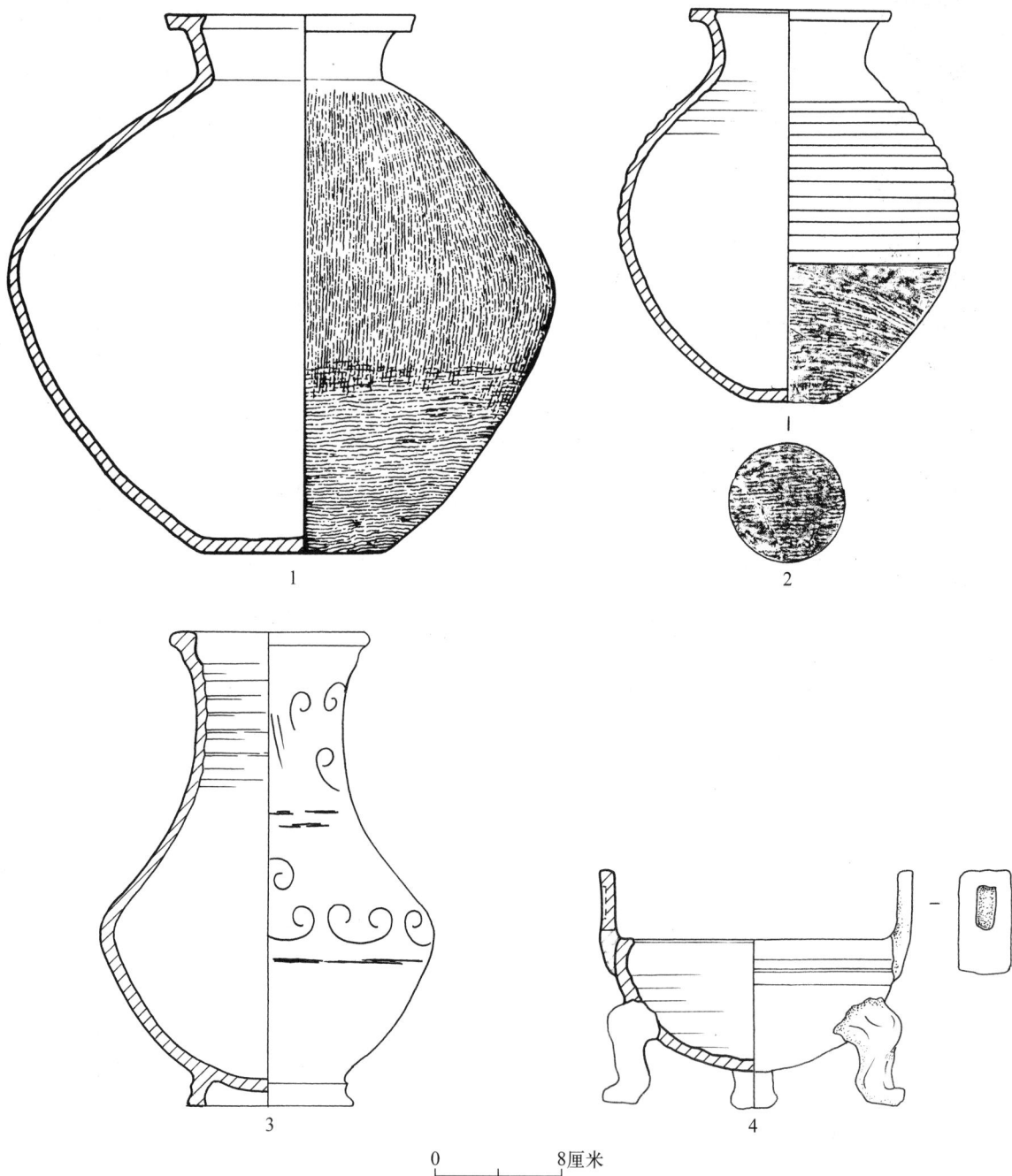

0 　　　　　8厘米

图一九〇　M165 出土陶器

1. 陶罐（M165：5）　2. 陶罐（M165：4）　3. 陶壶（M165：1）　4. 陶鼎（M165：3）

八十九、M167

1. 墓葬形制

M167位于发掘区Ⅰ区中部偏西，T1114内西部，南邻M166，被M166打破。开口于④层下，墓口距地表4.2米。南北向，方向350°。为长方形竖穴土圹单室墓，南北长1.6米，宽0.9米，墓底距墓口1.5米。四壁整齐竖直，经过加工抹光，墓底较平。内填黄褐色花土，土质疏松（图一九一）。

葬具为木棺，腐朽严重，仅存朽痕。残留部分平面呈长方形，南北残长1.34米，宽0.52米，残高0.4米，板痕厚约0.02米。棺内葬人骨架1具，残留部分保存较好，头向北，面向西，为仰身直肢葬，骨架残长约1.22米，男性，年龄约40岁。

2. 出土器物

无。

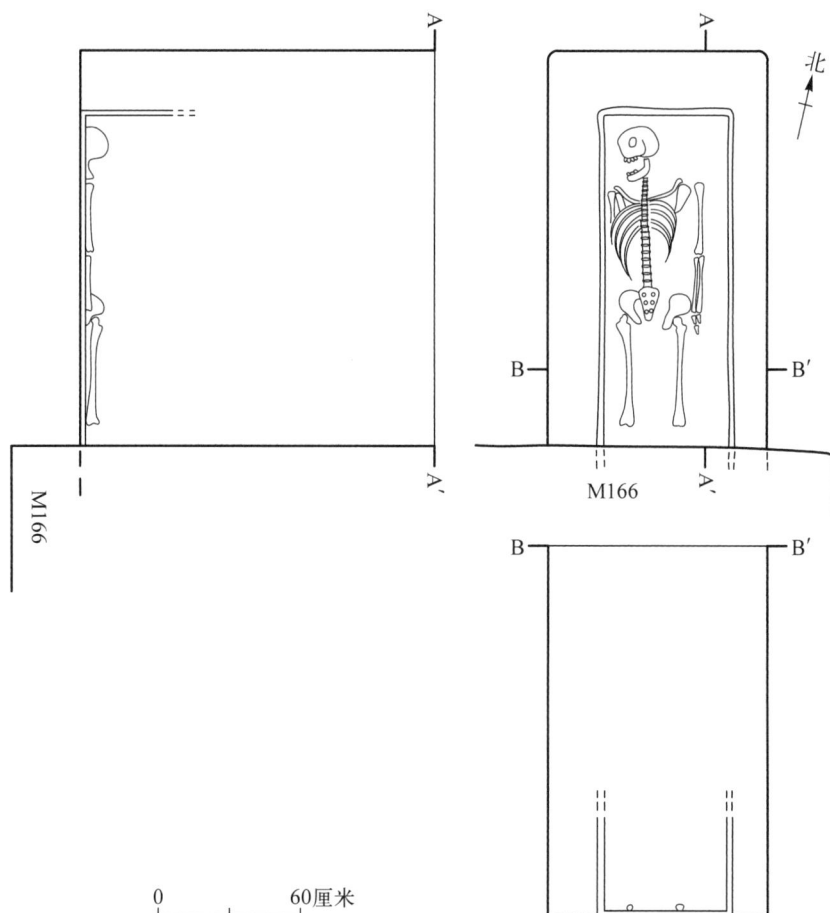

图一九一　M167平、剖面图

九十、M168

1. 墓葬形制

M168位于发掘区Ⅰ区中部偏西,T1014内西北部,被M166打破。开口于④层下,墓口距地表4.2米。东西向,方向100°。为长方形竖穴土圹单室墓,东西残长1.94米,宽0.9米,墓底距墓口1.6米。残存部分墓壁整齐较直,经过加工抹光,墓底较平。内填黄褐色花土,土质较硬,竖夯夯筑,夯层深0.7米,夯层厚约0.1～0.12米,夯窝直径约0.03～0.05米(图一九二)。

葬具为木棺与头箱,腐朽严重,仅存朽痕:头箱位于木棺的东侧,平面呈长方形,南北长0.61米,东西宽0.48米,残高0.2米,板痕厚约0.03米;木棺位于头箱的西侧,残存部分平面呈长方形,

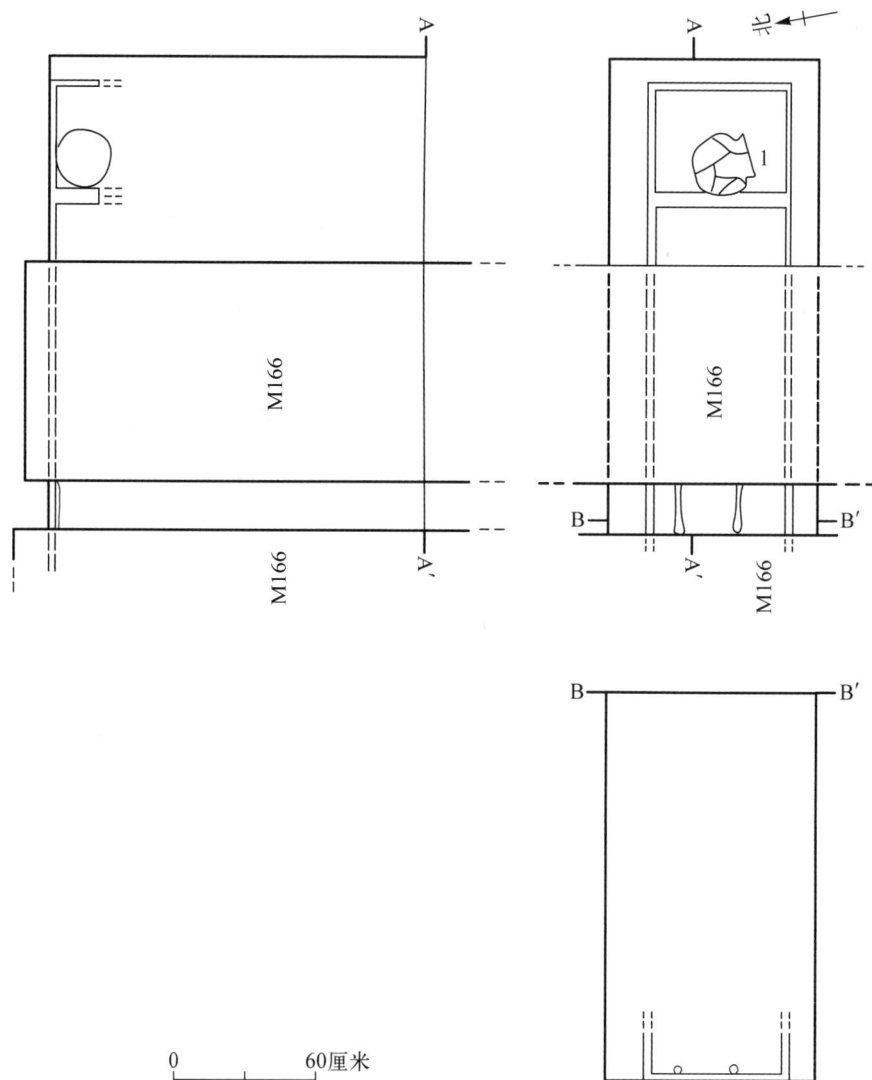

图一九二　M168平、剖面图

1. 陶罐

东西长1.34米,宽0.62米,残高0.2米,板痕厚约0.03米。棺内葬人骨架1具,保存较差,仅剩部分腿骨,头向东,面向不详,葬式、性别不详。

2.出土器物

出土器物1件,放于头箱内。

陶罐　1件(残)。标本M168:1,泥质灰陶,手轮兼制,火候高。敞口,方唇,矮束颈,鼓肩,腹弧收,平底。上腹饰凹弦纹,下腹至底拍印绳纹。口径17.6厘米,肩径27.2厘米,底径13.2厘米,通高25.2厘米(图一九三)。

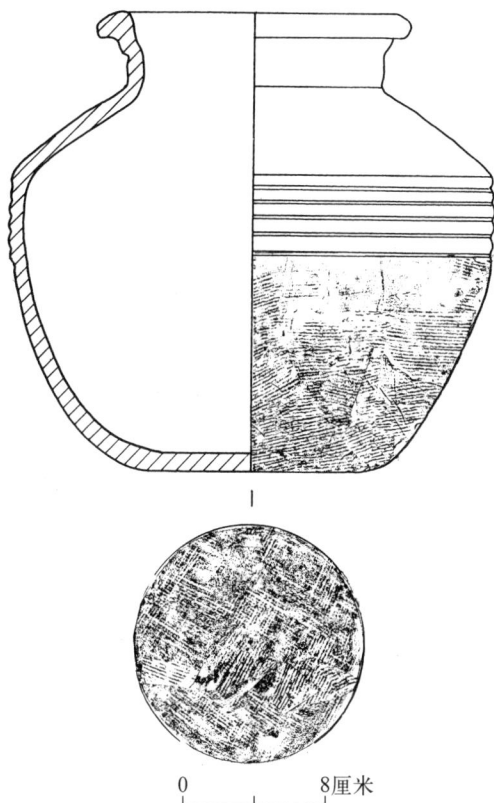

0　　　　　8厘米

图一九三　M168出土陶罐(M168:1)

九十一、M169

1.墓葬形制

M169位于发掘区Ⅰ区西南部,T1013内东南部,东邻M172,被M166打破。开口于④层下,墓口距地表4.3米。南北向,方向10°。为竖穴土圹单室墓,南北长2.5米,宽0.9～1米,墓底距墓口1.7米。平面略呈梯形,北窄南宽,四壁整齐竖直,经过加工抹光,墓底较平。内填黄褐色花土,土质疏松(图一九四)。

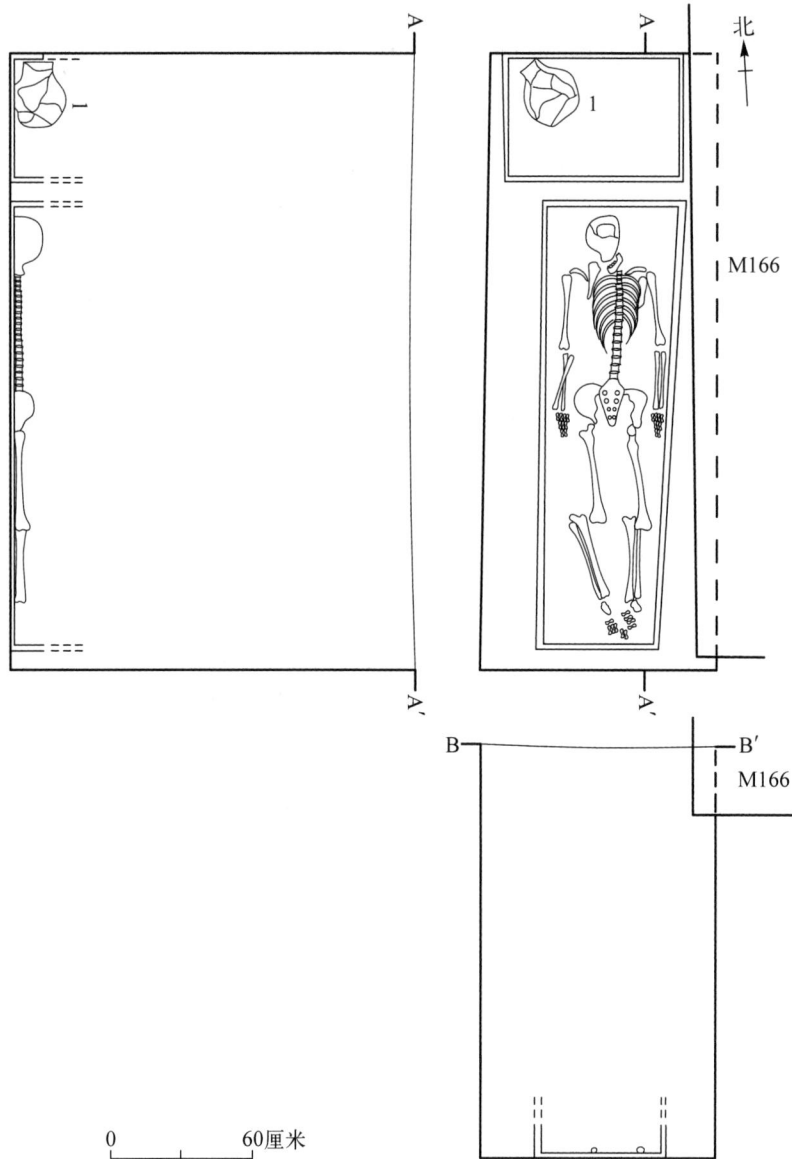

图一九四　M169平、剖面图

1. 陶罐

　　葬具为头箱与木棺，腐朽严重，仅存朽痕。头箱位于木棺的北侧，平面呈长方形，东西长0.72米，宽0.48米，残高0.14米，板痕厚约0.02米；木棺位于头箱的南侧，挤压变形，平面略呈长方形，南北长1.76米，宽0.48～0.56米，残高0.14米，板痕厚约0.02米。棺内葬人骨架1具，保存较好，头向北，面向西，为仰身直肢葬，双脚并拢，骨架长约1.6米，女性，年龄约30岁。

2. 出土器物

出土器物1件,放置于头箱内。

陶罐　1件(残)。标本M169:1,泥质灰陶,手轮兼制,火候高。敞口,方唇,矮束颈,鼓腹弧收,小平底略上凹。上腹饰凹弦纹,下腹至底压印绳纹。口径13.8厘米,腹径20.8厘米,底径6.2厘米,通高27.4厘米(图一九五;彩版六八,3)。

九十二、M171

1. 墓葬形制

M171位于发掘区Ⅰ区西南部,T0913内东部,东侧被M170打破。开口于④层下,墓口距地表4.3米。东西向,方向95°。为长方形竖穴土圹单室墓,东西残长1.6米,宽0.94米,墓底距墓口1.6米。四壁整齐竖直,经过加工抹光,墓底较平。内填黄褐色花土,土质较硬,竖夯夯筑,夯层深0.8米,夯层厚约0.1~0.12米,夯窝直径约0.03~0.05米(图一九六)。

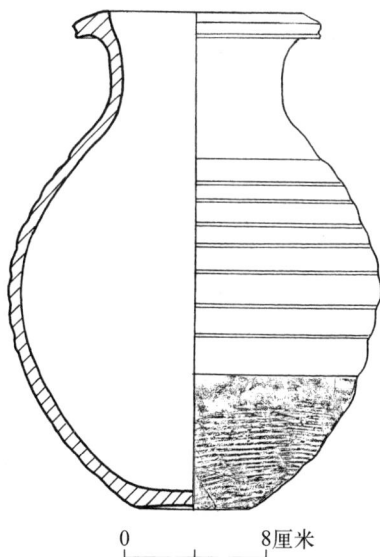

图一九五　M169出土陶罐
(M169:1)

葬具为木棺,腐朽严重,仅存朽痕,棺痕残存部分平面呈长方形,东西长1.4米,宽0.65米,残高0.2米,板痕厚约0.03米。棺内葬人骨架一具,保存较差,头向东,面向不详,为仰身直肢葬,骨架残长约1.2米,女性,年龄约36岁。

2. 出土器物

无。

九十三、M172

1. 墓葬形制

M172位于发掘区Ⅰ区西南部,T1014内西南部,西邻M169,被M166打破。开口于④层下,墓口距地表4.2米。南北向,方向5°。为长方形竖穴土圹单室墓,南北长1.7米,宽0.8米,墓底距墓口0.12~0.58米。平面呈长方形,墓壁整齐竖直,墓底较平。内填黄褐色花土,土质疏松(图一九七)。

由于被M166打破,该墓破坏严重,未见葬具,仅见头骨,头向北,面向上,葬式、年龄不详。

2. 出土器物

无。

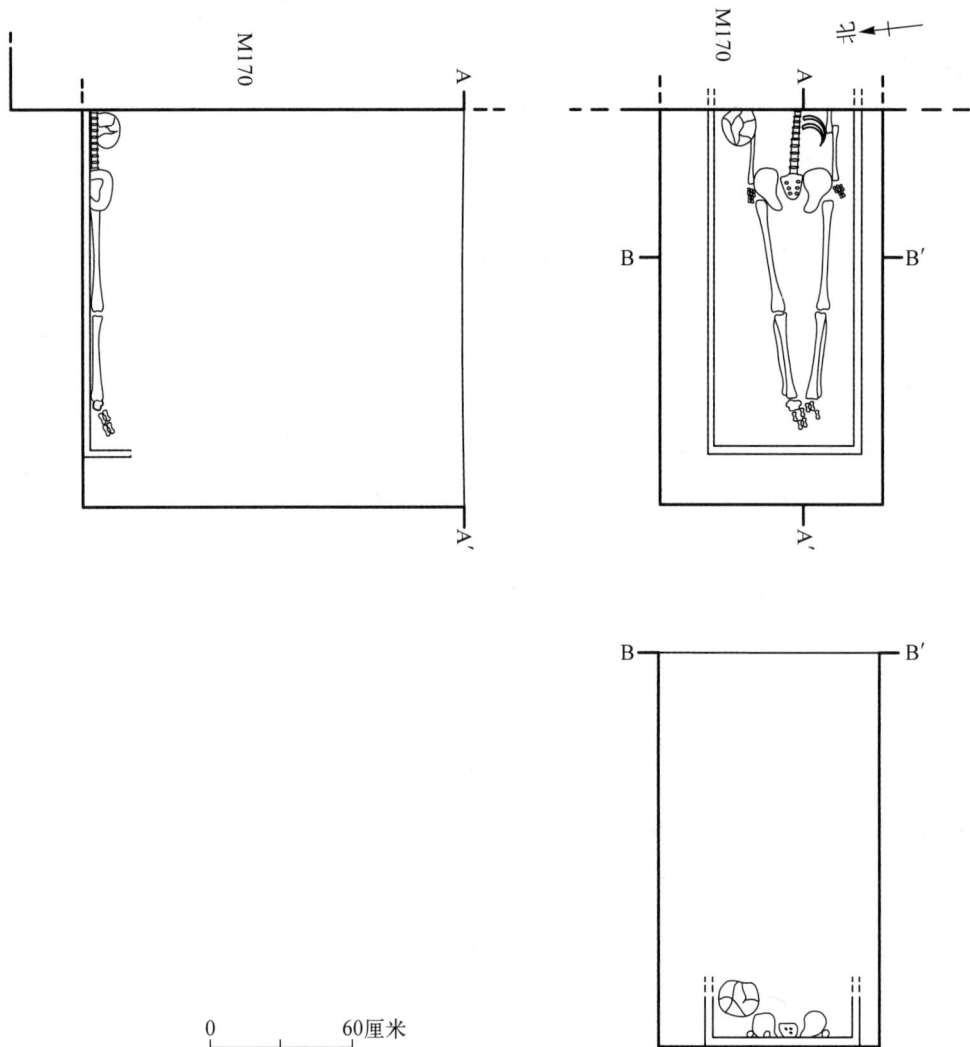

图一九六　M171平、剖面图

九十四、M174

1. 墓葬形制

M174位于发掘区Ⅰ区西南部，T0912内西南角，东邻M175，西邻M176，同时被M176打破。开口于④层下，墓口距地表4.3米。东西向，方向95°。为长方形竖穴土圹单室墓，东西残长1.9米，宽0.8米，墓底距墓口1.2米。四壁整齐竖直，经过加工抹光，墓底较平。内填黄褐色花土，土质疏松（图一九八）。

葬具为木棺，腐朽严重，仅存朽痕。棺痕平面呈梯形，东西残长1.7米，宽0.54～0.68米，残高0.3米，板痕厚约0.03米。棺内葬人骨架1具，保存较差，头向东，面向南，为仰身直肢葬，右手放于腹部，骨架残长约1.3米，女性，年龄约20岁。

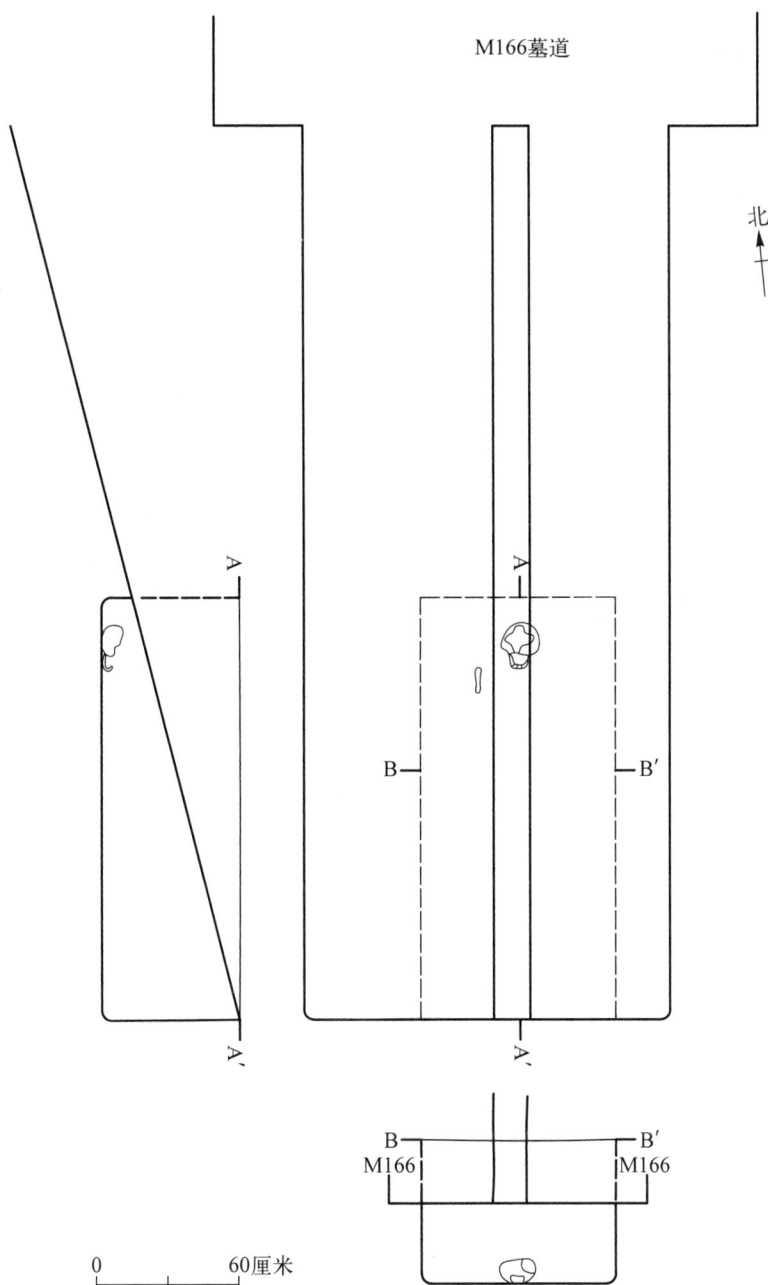

图一九七　M172平、剖面图

2. 出土器物

无。

九十五、M175

1. 墓葬形制

M175位于发掘区Ⅰ区西南部，T0912内南部，西邻M174。开口于④层下，墓口距地表4.3米。

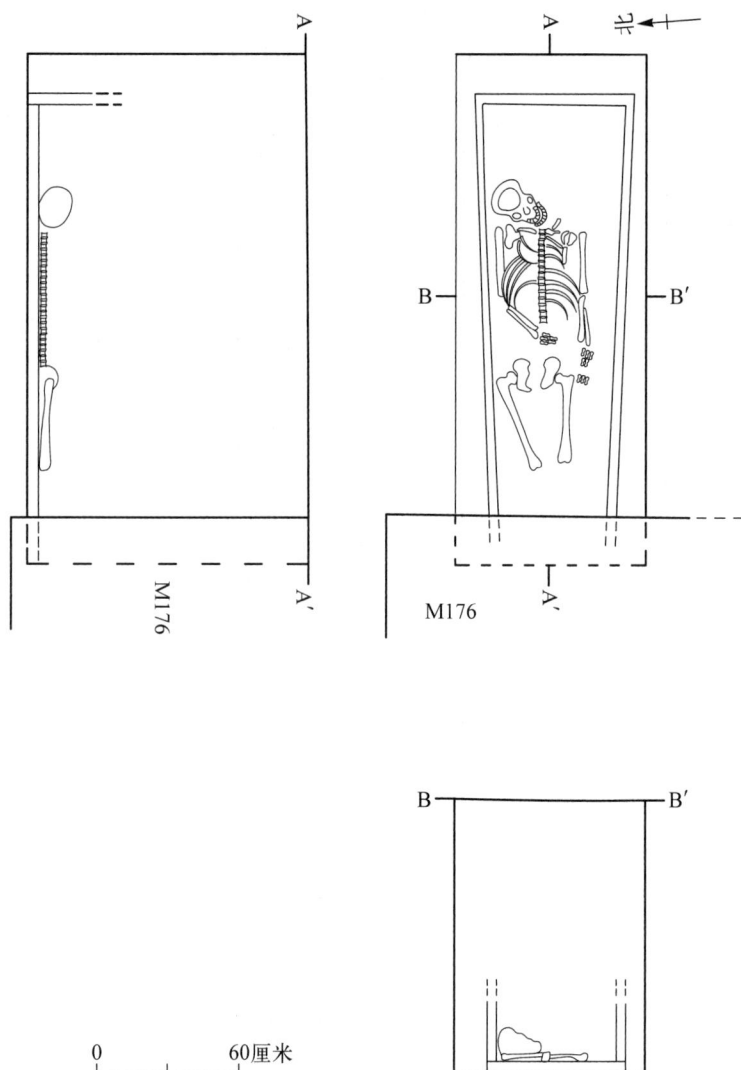

0　　　　　60厘米

图一九八　M174平、剖面图

南北向，方向10°。为长方形竖穴土圹单室墓，南北长2.8米，宽1.6米，墓底距墓口1.8米。墓壁整齐竖直，经过加工抹光，墓底较平。内填黄褐色花土，土质较硬，竖夯夯筑，夯层深1米，夯层厚约0.1～0.12米，夯窝直径约0.05～0.08米（图一九九）。

葬具为一椁一棺，木质，腐朽严重，仅存朽痕。椁痕平面呈长方形，东西长2.5米，南北宽0.94～1.1米，残高0.4米，板痕厚约0.03米；棺痕平面呈长方形，南北长2米，宽0.55～0.66米，残高0.4米，板痕厚约0.03米。棺内葬人骨架1具，保存较差，头向北，面向上，为仰身直肢葬，骨架长约1.67米，女性，年龄约35岁。

2. 出土器物

出土器物2件，放于头箱内。

陶罐　2件。泥质灰陶，手轮兼制，火候高。标本M175：1，敞口，尖唇，矮束颈，鼓腹弧收，

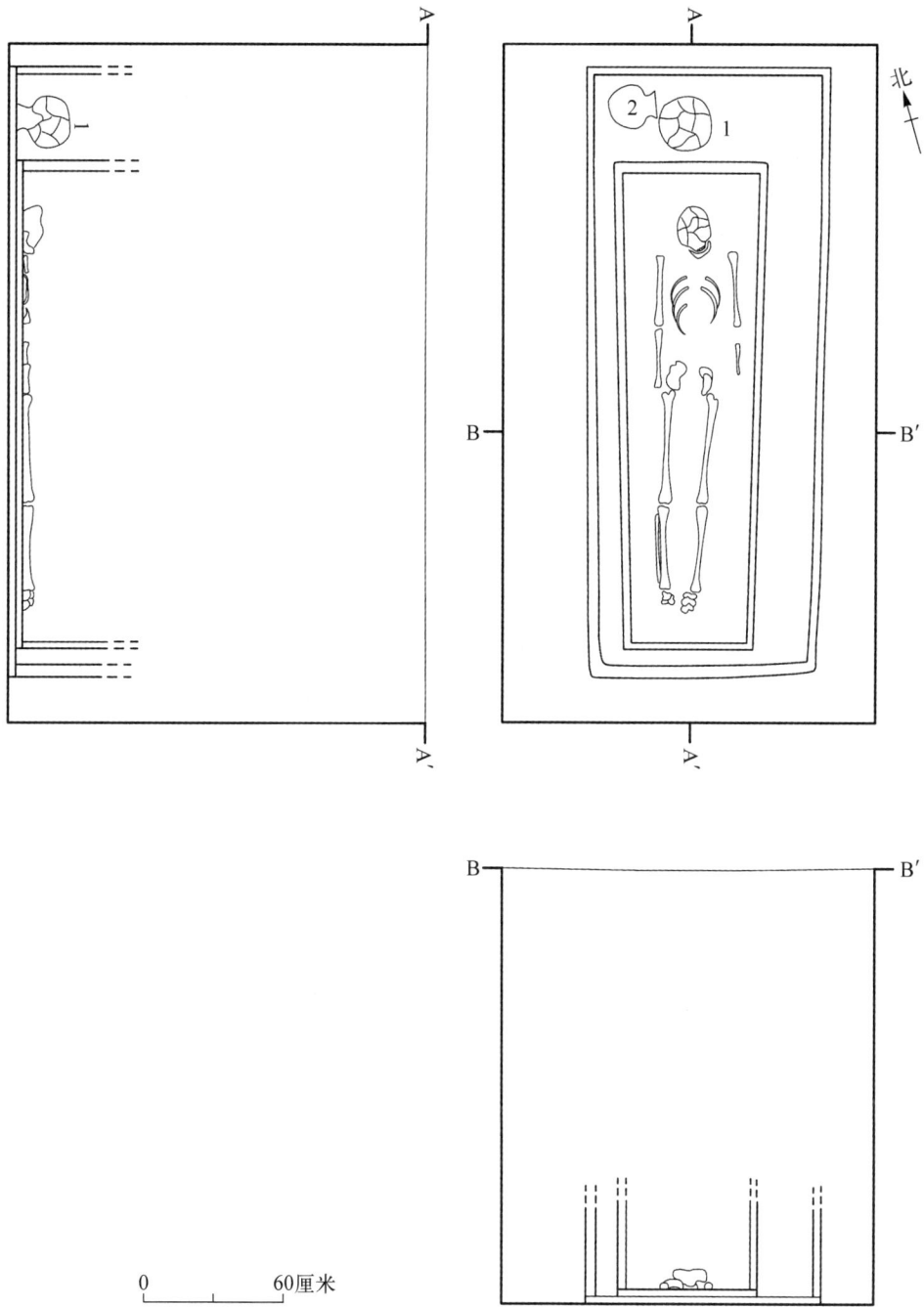

图一九九 M175平、剖面图

1. 陶罐 2. 陶罐

圜平底。上腹饰凹弦纹,下腹至底压印绳纹。口径13.8厘米,腹径20.2厘米,底径5.8厘米,通高27.2厘米(图二〇〇,1;彩版六八,4)。标本M175:2,敞口,圆唇,矮束颈,丰肩,鼓腹弧收,平底。中腹饰凹弦纹,下腹至底压印绳纹。口径13.2厘米,腹径21.8厘米,底径7.2厘米,通高23.2厘米(图二〇〇,2;彩版六八,5)。

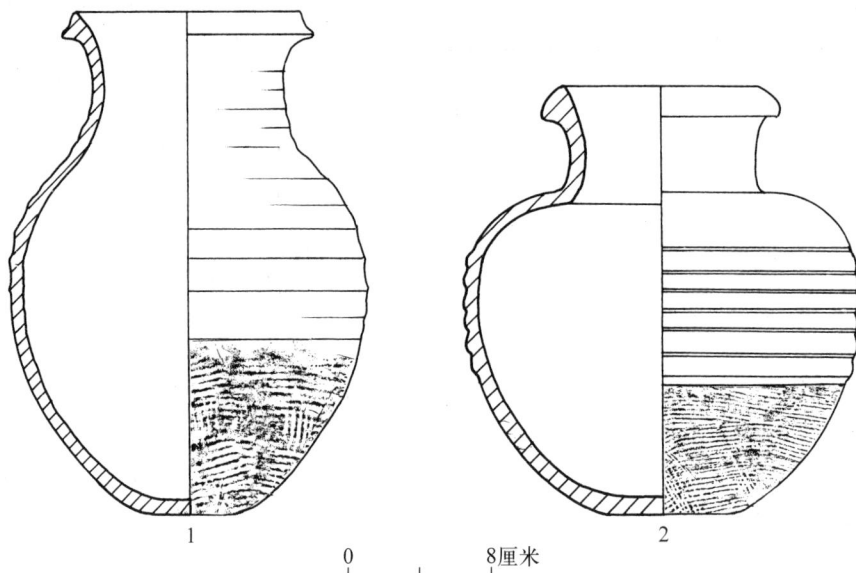

图二〇〇　M175 出土陶罐

1. 陶罐（M175：1）　2. 陶罐（M175：2）

九十六、M176

1. 墓葬形制

M176位于发掘区Ⅰ区西南部，T0911内东南角，东邻M174，西邻M177。开口于④层下，墓口距地表4.3米。南北向，方向13°。为长方形竖穴土圹单室墓，南北长3.4米，宽1.1米，墓底距墓口1.4米。墓壁整齐竖直，墓底较平。内填黄褐色花土，土质较硬，竖夯夯筑，夯层深0.7米，每层厚约0.08～0.12米，夯窝直径约0.03～0.05米（图二〇一）。

葬具为头箱与木棺，腐朽严重，仅存朽痕。头箱位于木棺的北端，箱痕平面呈长方形，东西长0.63～0.69米，宽0.5米，残高0.3米，板痕厚约0.03米；棺痕位于头箱南侧，平面呈长方形，南端挡板外出榫。南北长2.05米，宽0.63～0.69米，残高0.3米，板痕厚约0.03米。棺内葬人骨架1具，保存一般，头向北，面向上，为仰身直肢葬，人骨架长1.7米，女性，年龄约30岁。

2. 出土器物

出土器物4件，放于头箱内。

陶罐　2件。泥质灰陶，手轮兼制，火候高。标本M176：1，敞口，短折沿，方唇，矮束颈，鼓腹弧收，小平底略上凹。上腹饰凹弦纹，下腹压印绳纹。口径12.8厘米，腹径21.8厘米，底径5.4厘米，通高22.2厘米（图二〇二，2）。标本M176：4，敞口，方唇内凹，束颈，鼓腹弧收，小平底略上凹。上腹饰凹弦纹，下腹至底压印绳纹。口径12.8厘米，腹径20.2厘米，底径4.2厘米，通高27.6厘米（图二〇二，1；彩版六八，6）。

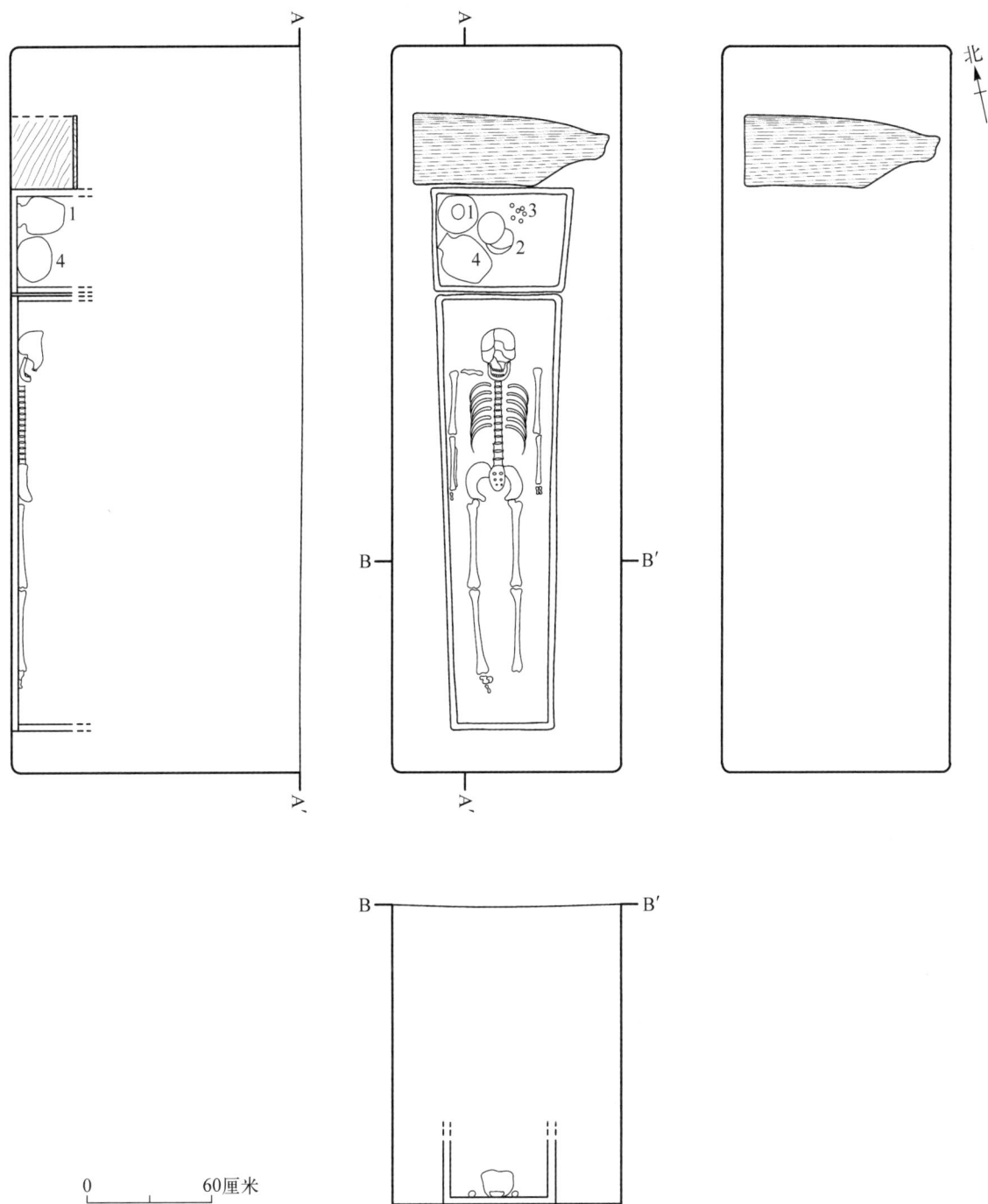

图二〇一 M176平、剖面图

1. 陶罐 2. 陶盒 3. 铜钱 4. 陶罐

陶盒 1件（套）。标本M176：2，泥质灰陶，轮制，火候高。敛口，鼓腹曲收，小平底。覆盆形器盖，盖口微敛，曲腹，平顶。口径12.6厘米，底径4.2厘米，通高12.8厘米（图二〇二，3）。

铜钱 1枚。标本M176：3，方孔圆钱，正背有郭，郭缘较窄。正面左右篆书"五铢"二字。

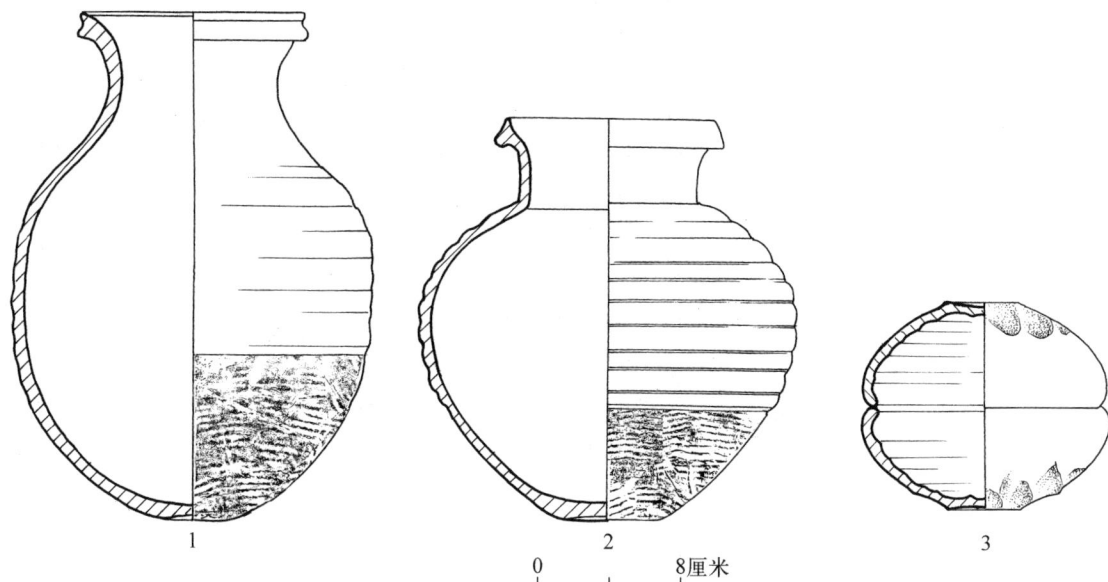

图二〇二　M176出土陶器

1.陶罐（M176：4）　2.陶罐（M176：1）　3.陶盒（M176：2）

"五"字交股缓曲，曲度较大。"铢"字"金"字旁头三角形，下四点略长，"朱"字上方下圆折。钱径2.55厘米，孔径1厘米，厚0.1厘米（图二〇三）。

九十七、M177

1. 墓葬形制

M177位于发掘区Ⅰ区西南部，T0911内东南部，东邻M176，西邻M251。开口于④层下，墓口距地表4.3米。南北向，方向10°。为长方形竖穴土圹单室墓，南北长3.36米，东西宽1米，墓口距墓底1.8米。四壁整齐竖直，底部较平，内填黄褐色花土，土质疏松（图二〇四）。

葬具为一棺一椁，木质，腐朽严重，仅残朽痕。椁南北长3.26米，宽1.0米，高0.5米，板厚约0.04米；棺痕残长1.96米，残宽0.79米，残高0.2米，板厚约0.04米。棺内葬人骨架一具，保存较差，头向北，面向不详，为仰身直肢葬，身高1.7米，男性，年龄约35岁。

2. 出土器物

出土器物5件，放置于椁内棺外的北侧。

陶罐　1件。标本M177：1，泥质灰陶，手轮兼制，火候高。敛口，折沿，方唇，矮束颈，溜肩，鼓腹曲收，小平底。肩部饰二周凹弦纹，中腹有一周戳印纹，下腹至底压印绳纹。口径17.8厘米，腹径33.4厘米，底径6.8厘米，通高35.2厘米（图二〇五，1）。

陶盒　1件套。标本M177：2，泥质灰陶，轮制。敛口，浅腹曲收，底残，覆钵形器盖。口径

图二〇三　M176出土
五铢钱（M176：1）

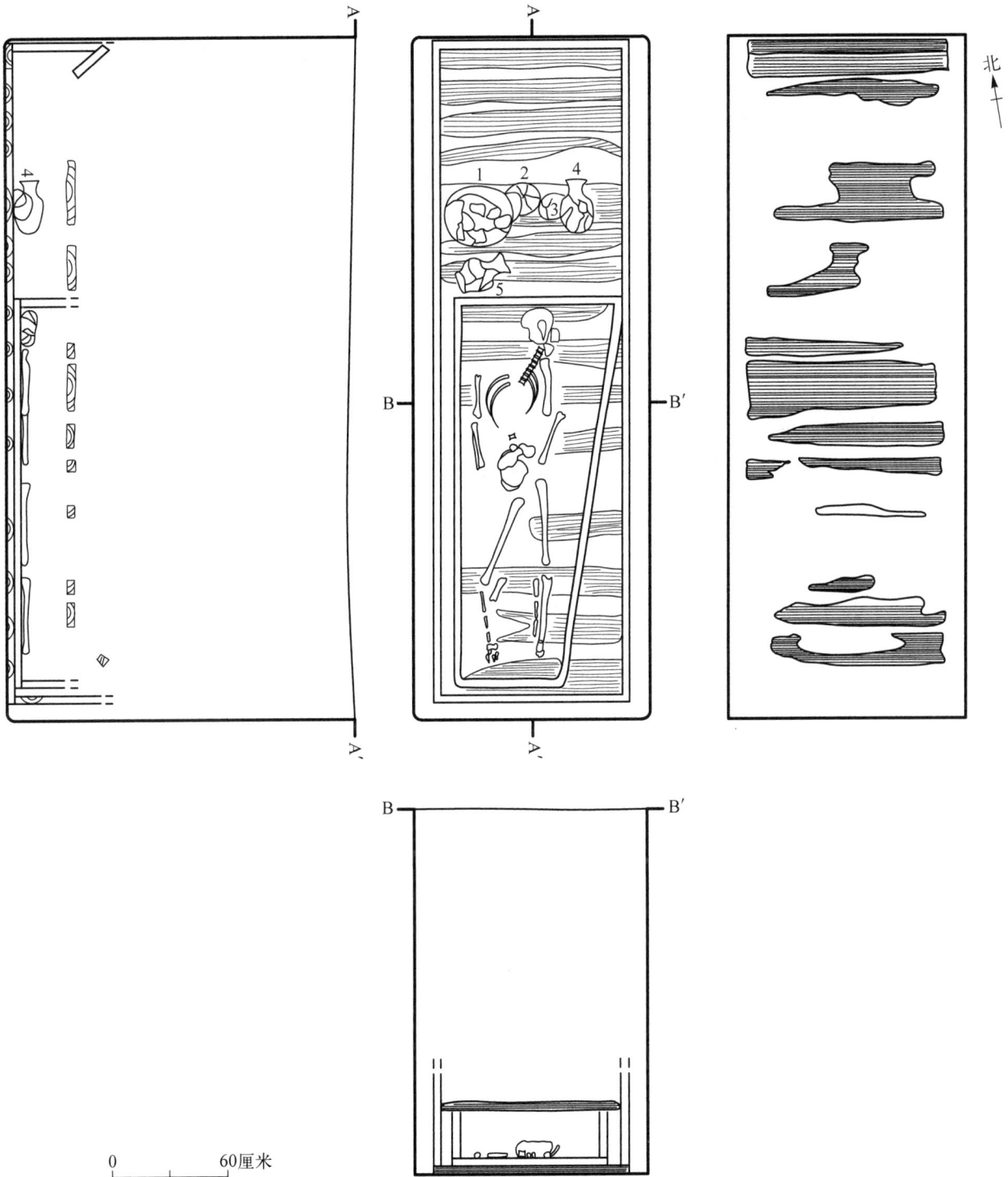

图二〇四　M177平、剖面图

1. 陶罐　2. 陶盒　3. 陶鼎　4. 陶壶　5. 陶壶

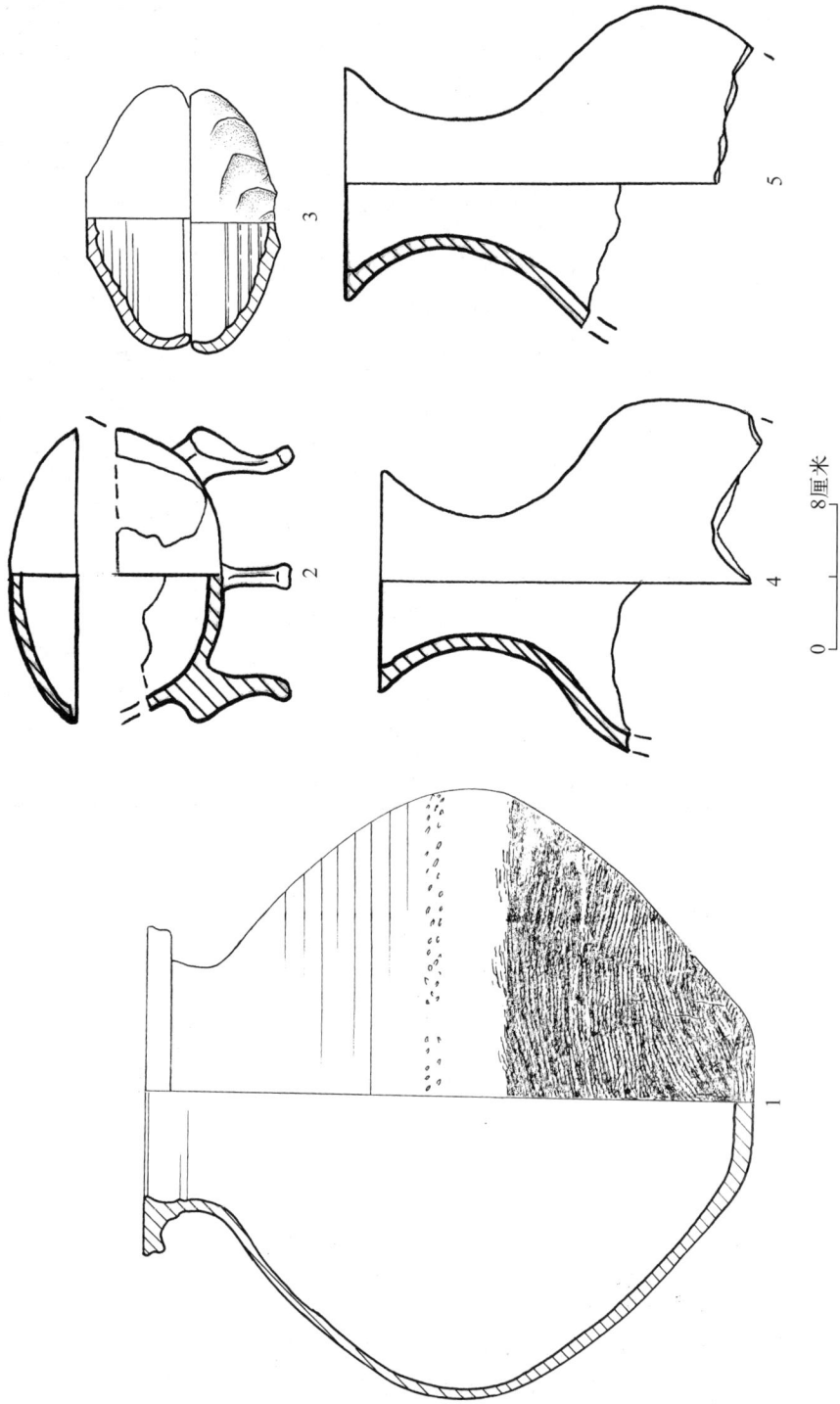

图二〇五　M177 出土陶器

1. 陶罐（M177：1）　2. 陶鼎（M177：2）　3. 陶盒（M177：3）　4. 陶壶（M177：5）　5. 陶壶（M177：4）

13.6厘米,通高10.8厘米(图二〇五,3)。

陶鼎　1件套(残)。标本M177:3,泥质灰陶,手轮兼制。口部残缺,浅弧腹,圜底,下腹附贴三兽蹄形足,覆钵形器盖。残腹径17.5厘米,残高10厘米(图二〇五,2)。

陶壶　2件(残)。泥质灰陶,轮制。标本M177:4,敞口,尖唇,长束颈,鼓腹,下腹弧收,底残缺。口径12.8厘米,腹径19厘米,残高21厘米(图二〇五,5)。标本M177:5,敞口,尖唇,长束颈,鼓腹,下腹弧收,底残缺。口径12.5厘米,腹径20.8厘米,残高20.4厘米(图二〇五,4)。

九十八、M178

1. 墓葬形制

M178位于发掘区Ⅰ区西部,T1013内北部,东邻M179,西邻M182。开口于④层下,墓口距地表4.3米。南北向,方向3°。为长方形竖穴土圹单室墓,南北长3.2米,东西宽1.2~1.3米,墓底距墓口约2.1米。四壁竖直整齐,底部较平,内填黄褐色花土,土质致密,束夯夯筑,夯层深1.8米,夯层厚约0.08~0.12米,夯窝直径约0.1~0.12米(图二〇六)。

葬具为木棺与头箱,腐朽严重,仅存朽痕。头箱位于木棺的北部,平面近梯形,南北长0.9米,宽0.72~0.88米,残高0.3米,板痕厚0.03米;棺痕平面呈长方形,南北长2.06米,宽0.6米,残高0.3米,板痕厚0.03米。棺内葬人骨架一具,保存较差,头向北,面向东,为仰身直肢葬,身高1.82米,男性,年龄约35岁。

2. 出土器物

出土器物4件,均放置于头箱内。

陶罐　2件。泥质灰陶,手轮兼制,火候高。标本M178:1,敞口,折沿,方唇,鼓腹斜收,小平底,下腹拍印绳纹。口径13.2厘米,腹径19.8厘米,底径6.2厘米,通高25.2厘米(图二〇七,1;彩版六九,1)。标本M178:2,敞口,折沿,方唇,束颈,鼓腹弧收,小平底。上腹饰凹弦纹,下腹拍印绳纹。口径13.6厘米,腹径19.8厘米,底径4.8厘米,通高25.2厘米(图二〇七,2;彩版六九,2)。

陶盒　2件套。泥质灰陶,轮制,火候高。标本M178:3,直口,浅弧腹,小平底,覆钵形器盖。口径13.2厘米,底径4.4厘米,通高11.2厘米(图二〇七,3)。标本M178:4,敛口,浅弧腹,小平底,覆钵形器盖,腹部饰一周凹弦纹,内壁轮痕清晰。口径12.8厘米,底径4.2厘米,通高11.4厘米(图二〇七,4)。

九十九、M179

1. 墓葬形制

M179位于发掘区Ⅰ区西部,T1013内北部,东邻M166,西邻M178,同时被M178打破。开口于④层下,墓口距地表4.2米。南北向,方向8°。为长方形竖穴土圹单室墓,南北长2米,宽0.7米,墓底距墓口约0.62米。四壁竖直整齐,底部较平,内填黄褐色花土,土质致密,束夯夯筑,夯层深0.2米,夯层厚约0.08~0.1米,夯窝直径约0.1~0.12米(图二〇八)。

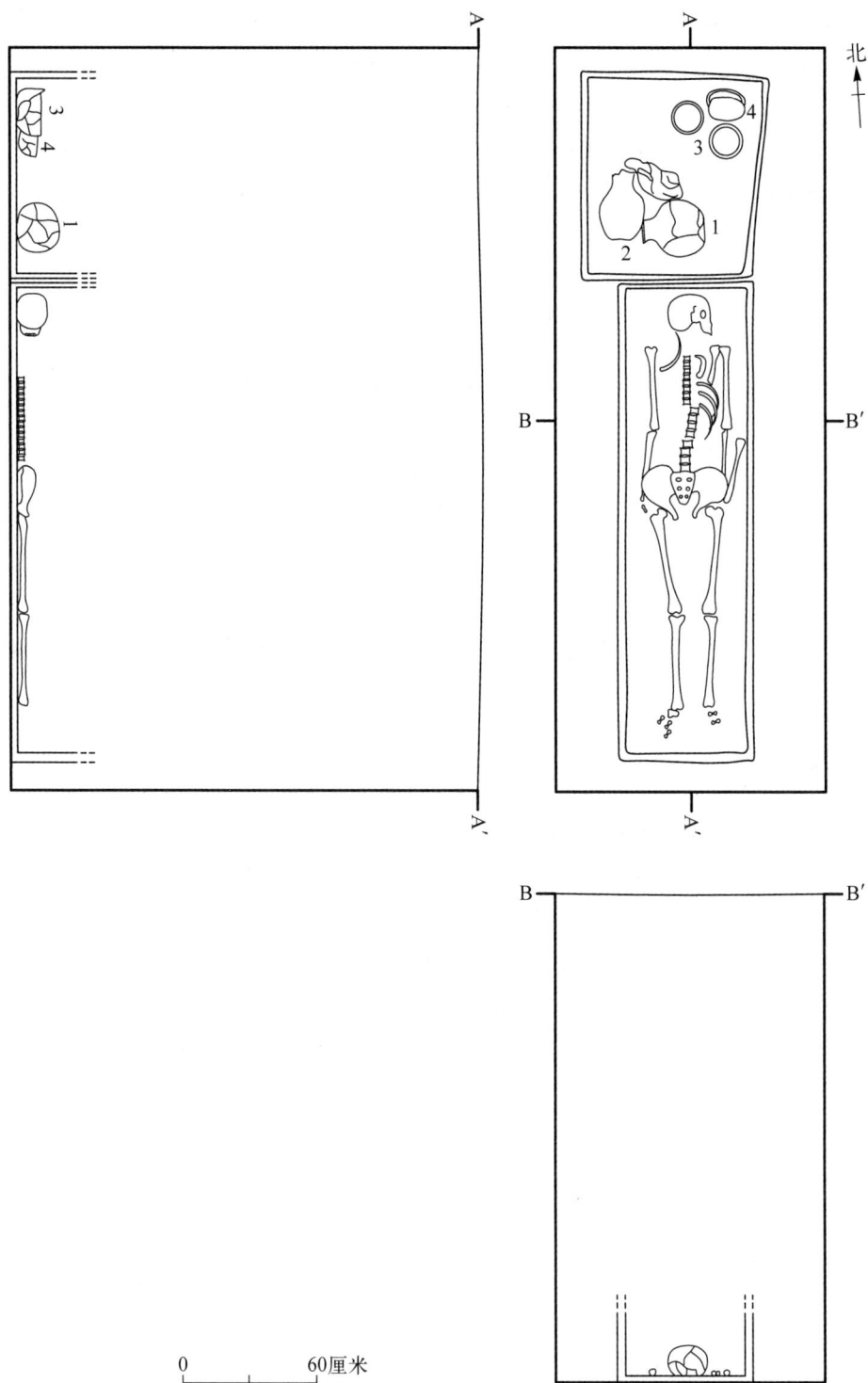

0 ⊢————⊢ 60厘米

图二〇六　M178平、剖面图

1. 陶罐　2. 陶罐　3. 陶盒　4. 陶盒

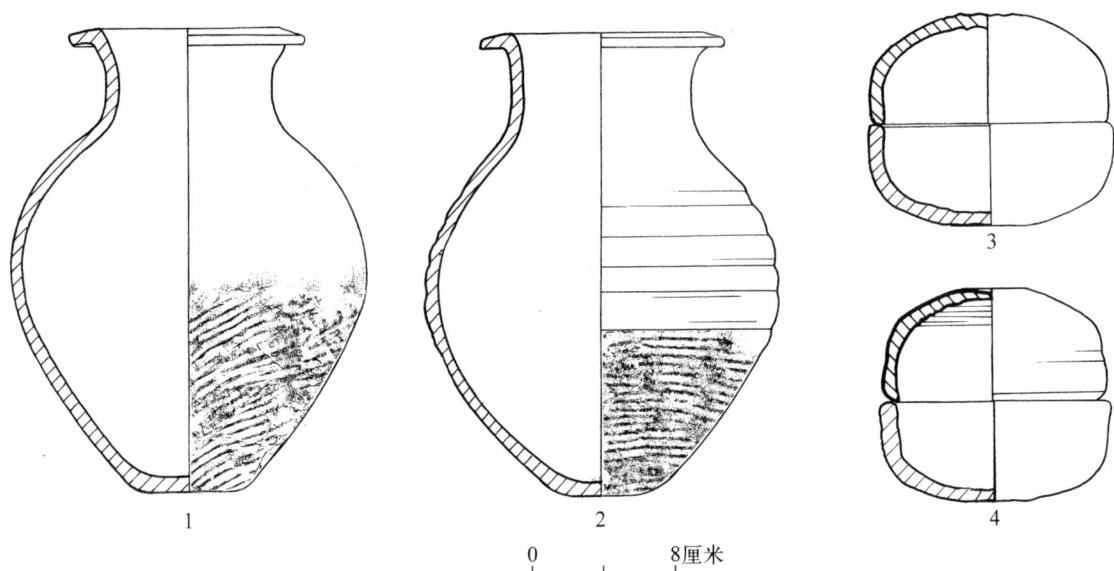

图二〇七　M178出土陶器

1. 陶罐（M178:1）　2. 陶罐（M178:2）　3. 陶盒（M178:3）　4. 陶盒（M178:4）

葬具为木棺，腐朽严重，仅存朽痕。平面呈长方形，南北长1.80米，东西宽0.5米，残高0.22米，板痕厚0.02米，棺内葬人骨架一具，保存较差，头向北，面向东，仰身直肢葬，身高1.65米，女性，年龄约30岁。

2. 出土器物

无。

一〇〇、M181

1. 墓葬形制

M181位于发掘区Ⅰ区西部，T1113内中部，南邻M182，被M180打破。开口于④层下，墓口距地表4.2米。南北向，方向13°。为长方形竖穴土圹单室墓，南北长3.4米，宽1米，墓底距墓口约1.8米。四壁竖直整齐，底部较平。内填黄褐色夯花土，土质致密。束夯夯筑，夯层深1米，夯层厚约0.08～0.12米，夯窝直径约0.1～0.12米（图二〇九）。

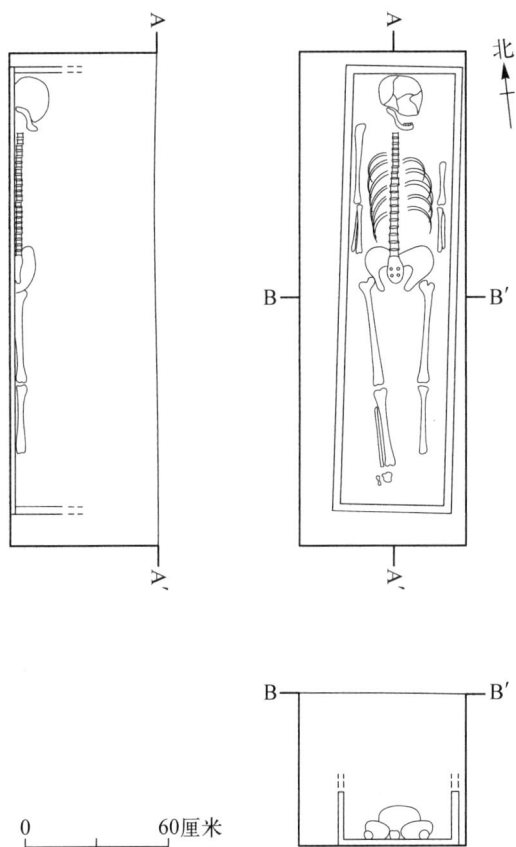

图二〇八　M179平、剖面图

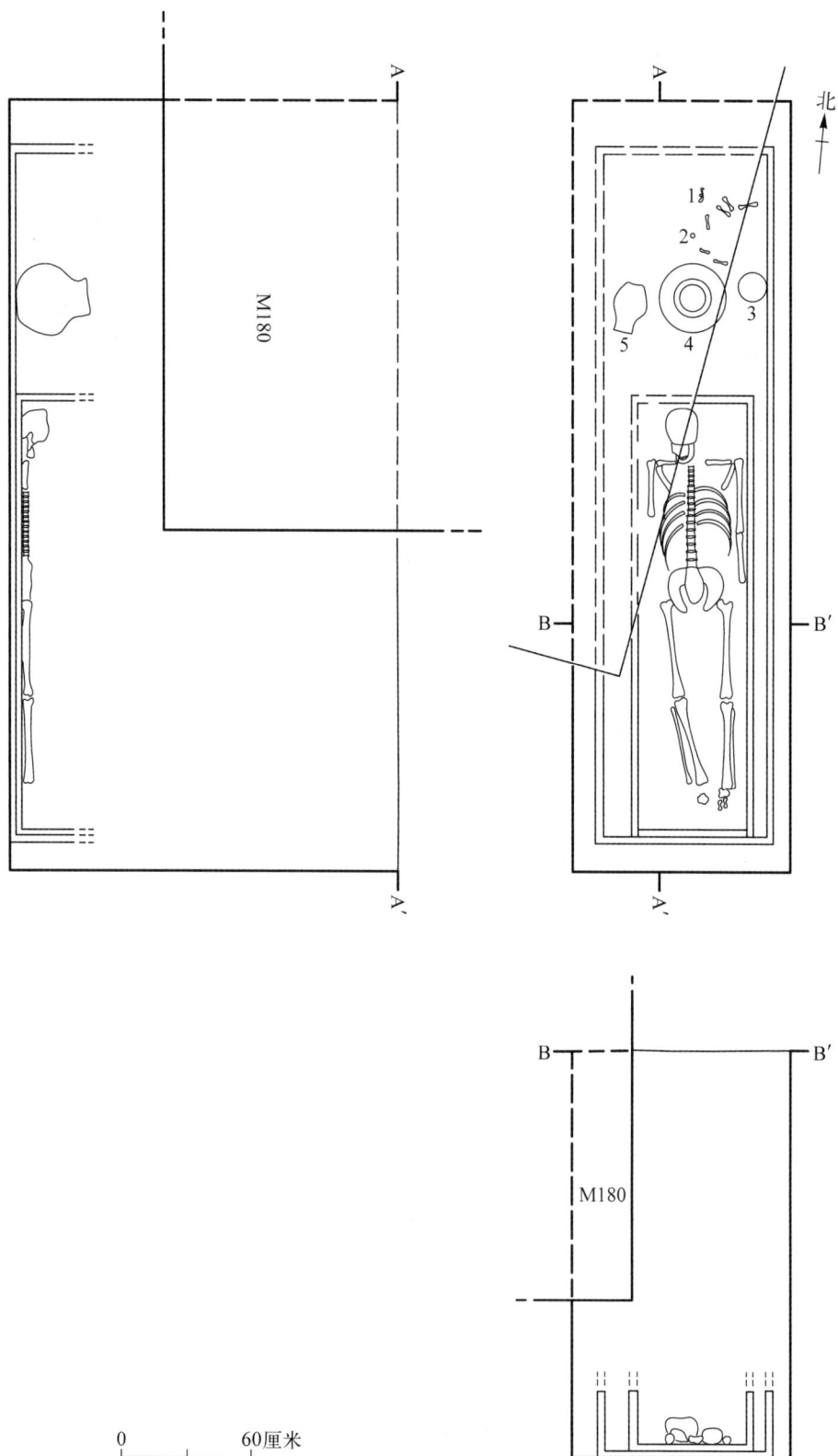

图二〇九　M181平、剖面图

1.铜带钩　2.铜印章　3.单耳杯　4.陶罐　5.陶罐

葬具为一椁一棺,木质,腐朽严重,仅存朽痕。椁痕平面呈长方形,南北长3.1米,宽0.83米,高0.3米,板痕厚0.03米;棺痕平面呈长方形,南北长1.95米,宽0.56米,残高0.27米,板痕厚0.03米。棺内葬人骨架一具,保存较差,头向北,面向上,仰身直肢葬,身高1.76米,男性,年龄约35岁。

2. 出土器物

出土器物5件,均放置于椁内棺外的北侧。

铜带钩 1件。标本M181:1,范铸,青铜质。整体呈如意状,钩首弯曲,截面呈半圆形,圆钮。通长6.4厘米(图二一〇,3;彩版六九,3)。

铜印章 1件。标本M181:2,范铸,方形,内空,正面篆书"日利",寓意"吉语",背部似为"虎"形。边长1.5厘米,厚0.6厘米(图二一〇,4;彩版六九,5)。

单耳杯 1件。标本M181:3,泥质灰陶,手轮兼制,火候高。直口,直腹,平底,腹部一侧贴"C"形耳。口径14.8厘米,底径13.6厘米,通高13.2厘米(图二一〇,5;彩版六九,4)。

陶罐 2件。泥质灰陶,手轮兼制,火候高。标本M181:4,敛口,折沿,方唇,矮束颈,鼓腹弧收,小平底。上腹饰凹弦纹与二周戳印纹,下腹至底拍印绳纹。口径18.6厘米,腹径33.4厘米,底径7.2厘米,通高32.8厘米(图二一〇,1;彩版七〇,1)。标本M181:5,口部变形,敛口,方圆唇,矮束颈,鼓腹弧收,小平底。上腹饰凹弦纹,下腹至底拍印绳纹。口径12.2厘米,腹径21.4厘米,底径5.8厘米,通高25.6厘米(图二一〇,2;彩版七〇,2)。

一〇一、M182

1. 墓葬形制

M182位于发掘区Ⅰ区西部,T1013内北部,北邻M181,东邻M178,西侧被M180打破。开口于④层下,墓口距地表4.2米。南北向,方向6°。为长方形竖穴土圹单室墓,南北长2.5米,宽1.2米,墓底距墓口2.5米。墓壁竖直整齐,墓底较平。内填黄褐色花土,土质较硬,竖夯夯筑,夯层深1.8米,每层厚约0.08～0.12米,夯窝直径约0.05～0.07米(图二一一)。

葬具为木棺,腐朽严重,仅存朽痕,棺痕平面呈长方形,南北长2米,宽0.7米,残高0.5米,板痕厚约0.03米。棺内葬人骨架1具,保存一般,头向北,面向西,为侧身屈肢葬,人骨架长1.63米,女性,年龄约35岁。

2. 出土器物

无。

一〇二、M184

1. 墓葬形制

M184位于发掘区Ⅰ区东北部,T1318内北部,东邻M188。开口于④层下,墓口距地表4.2米。南北向,方向5°。为长方形竖穴土圹单室墓,南北长2.36米,东西宽0.75米,墓底距墓口1.2米。

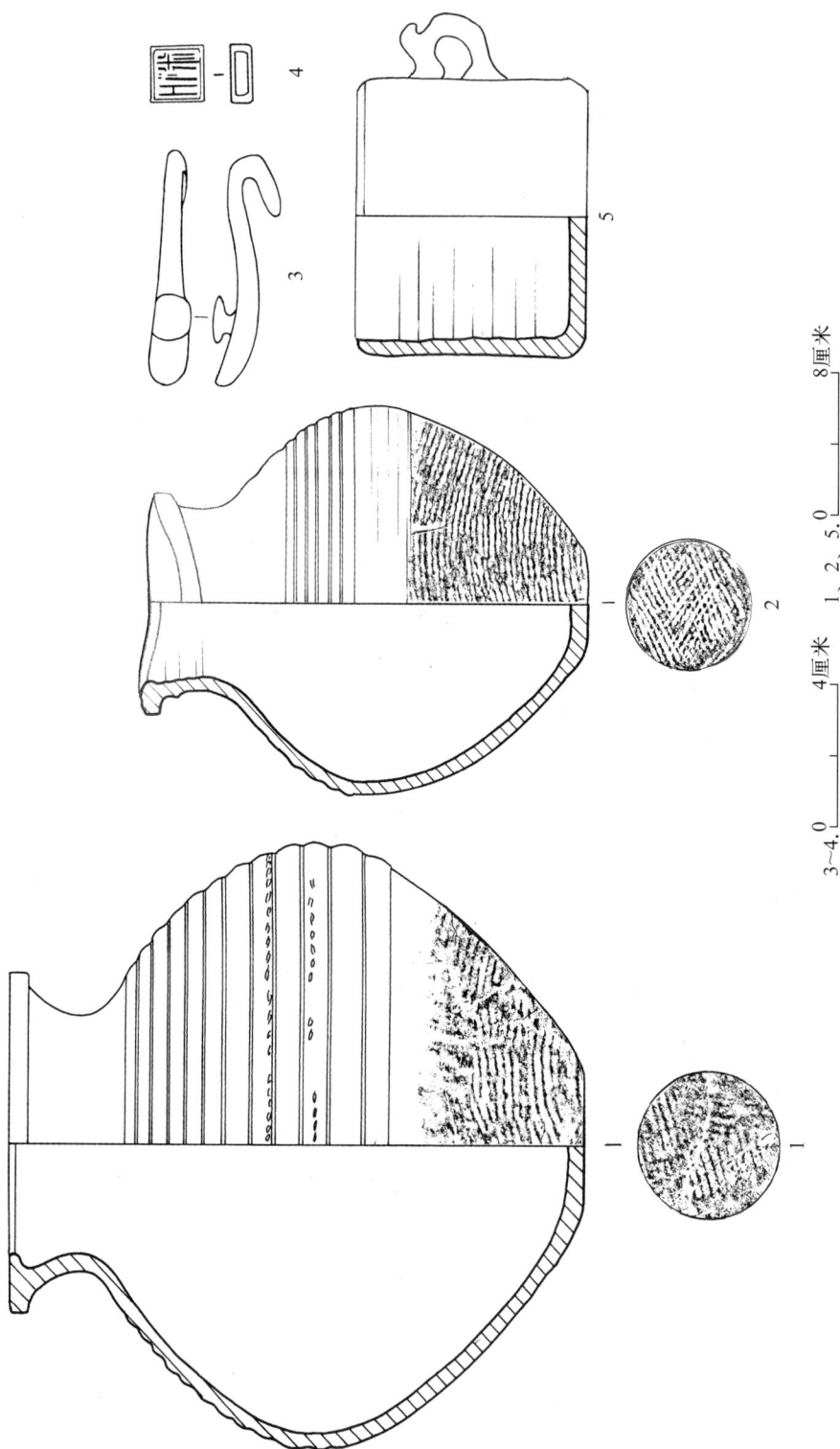

图二一〇　M181 出土器物

1. 陶罐（M181：4）　2. 陶罐（M181：5）　3. 铜带钩（M181：1）　4. 铜印章（M181：2）　5. 单耳杯（M181：3）

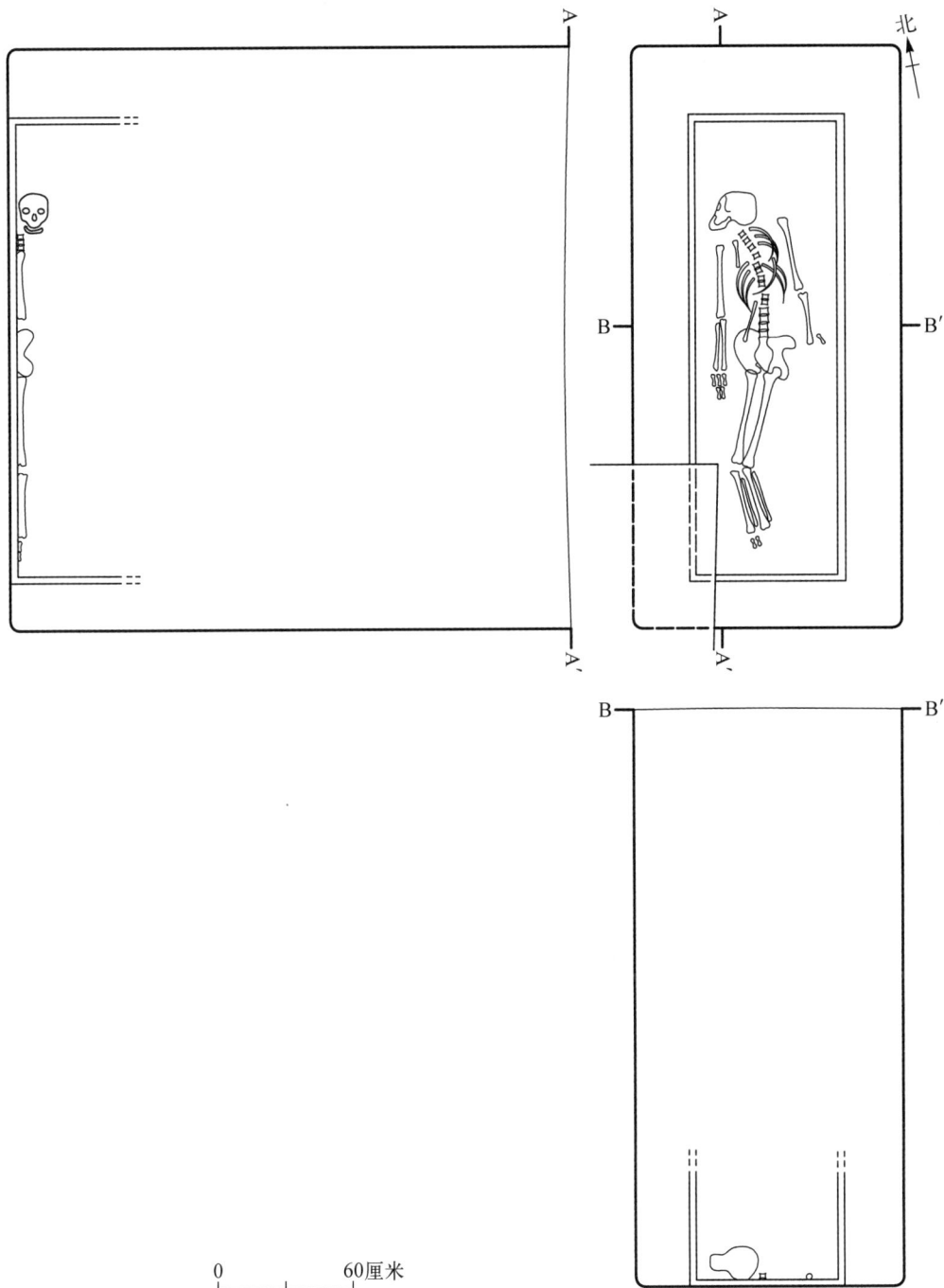

图二一一　M182平、剖面图

四壁竖直整齐,底部较平,内填黄褐色花土,土质疏松(图二一二)。

葬具为木棺,腐朽严重,仅存朽痕。平面呈长方形,南北残长1.9米,残宽0.48米,板痕厚约0.03米。棺内葬人骨架一具,保存较差,头向北,面向西,为仰身直肢葬,身高1.7米,女性,年龄约35岁。

2. 出土器物

出土器物1件,放置于棺外的北侧偏西。

陶罐　1件。标本M184:1,泥质灰陶,手轮兼制,火候高。敞口、短折沿,方唇,矮束颈,丰肩,鼓腹弧收,小平底,器表压印绳纹。口径11.6厘米,腹径21.4厘米,底径7厘米,通高30.2厘米(图二一三;彩版七〇,3)。

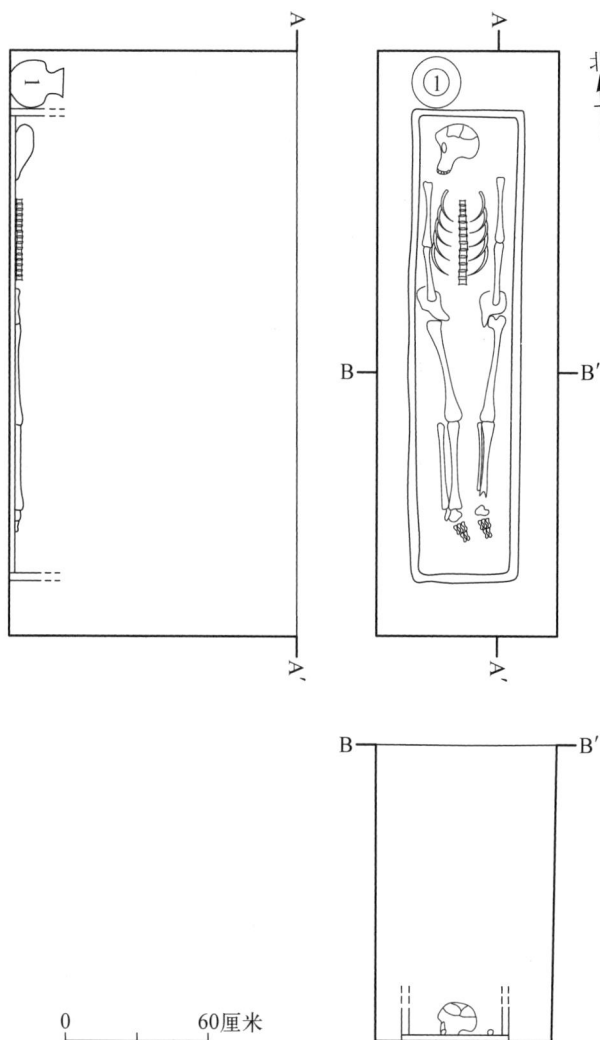

图二一二　M184平、剖面图
1.陶罐

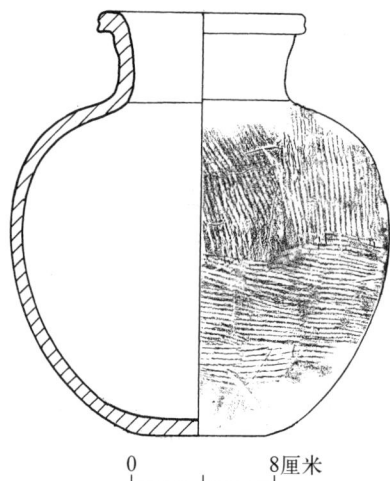

图二一三　M184出土陶罐
(M184:1)

一〇三、M186

1. 墓葬形制

M186位于发掘区Ⅰ区西部,T1213内南部,被M185、M183打破。开口于④层下,墓口距地表4.2米。南北向,方向5°。为长方形竖穴土圹单室墓,南北长3.6米,东西宽1.3米,墓底距墓口约2.45米。四壁竖直整齐,底部较平。内填黄褐色花土,土质致密,束夯夯筑,夯层深1.9米,每层厚0.08～0.12米,夯窝直径约0.08～0.11米(图二一四)。

葬具为一椁一棺,木质,腐朽严重,仅存朽痕。椁痕平面呈长方形,南北长3.2米,东西宽0.82～1米,残高0.4米,板痕厚0.03米;棺痕平面呈长方形,南北长2.06米,东西宽0.63米,残高0.4米,板痕厚0.03米,棺底铺白灰一层,厚约0.01米。棺内葬人骨架一具,保存较差,头向北,面向东,为仰身直肢葬,身高1.83米,男性,年龄约40岁。

2. 出土器物

出土器物5件,放置于椁内棺外的北侧。

陶壶 2件。泥质灰陶,手轮兼制,火候高。标本M186:1,敛口,尖唇,束颈,鼓腹弧收,矮圈足,口至中腹描绘彩绘,部分已脱落。口径12.4厘米,腹径21.8厘米,底径9.2厘米,通高27.2厘米(图二一五,4;彩版七〇,4)。标本M186:2,敛口,尖唇,束颈,鼓腹弧收,矮圈足,足壁外撇。口至中腹描绘彩绘,部分已脱落。口径12.6厘米,腹径21.4厘米,底径10.4厘米,通高26.2厘米(图二一五,5;彩版七〇,5)。

陶罐 1件(套)。标本M186:3,泥质灰陶,手轮兼制,火候高。敛口,折沿,方唇,鼓腹斜收,小平底。颈至中腹饰凹弦纹,中腹有两周戳印纹,下腹至底拍印绳纹。口径15.2厘米,腹径32.6厘米,底径11.2厘米,通高36.2厘米(图二一五,1;彩版七〇,6)。

陶鼎 1件(套)。标本M186:4,泥质灰陶,手轮兼制,火候高。敛口,浅弧腹,圜底。口部贴对称双耳,耳外撇,下腹附贴三兽蹄形足。覆钵形器盖,盖身饰凹弦纹。口径12.8厘米,通高15.4厘米(图二一五,2;彩版七一,1)。

陶器盖 1件。标本M186:5,泥质灰陶,手轮兼制,火候高。覆钵形器盖,盖身描绘彩绘,已脱落。口径10.4厘米,通高3.2厘米(图二一五,3)。

一〇四、M188

1. 墓葬形制

M188位于发掘区Ⅰ区东北部,T1319内北部,西邻M184。开口于④层下,墓口距地表4.2米。南北向,方向4°。为长方形竖穴土圹单室墓,南北长3米,宽1.35～1.45米,墓底距墓口约2.5米。四壁竖直整齐,底部较平。内填黄褐色花土,土质致密,束夯夯筑,夯层深约1.8米,每夯层厚0.08～0.11米,夯窝直径约0.1～0.12米(图二一六)。

葬具为一椁一棺,木质,腐朽严重,仅存朽痕。椁痕平面呈长方形,南北长2.8米,东西宽

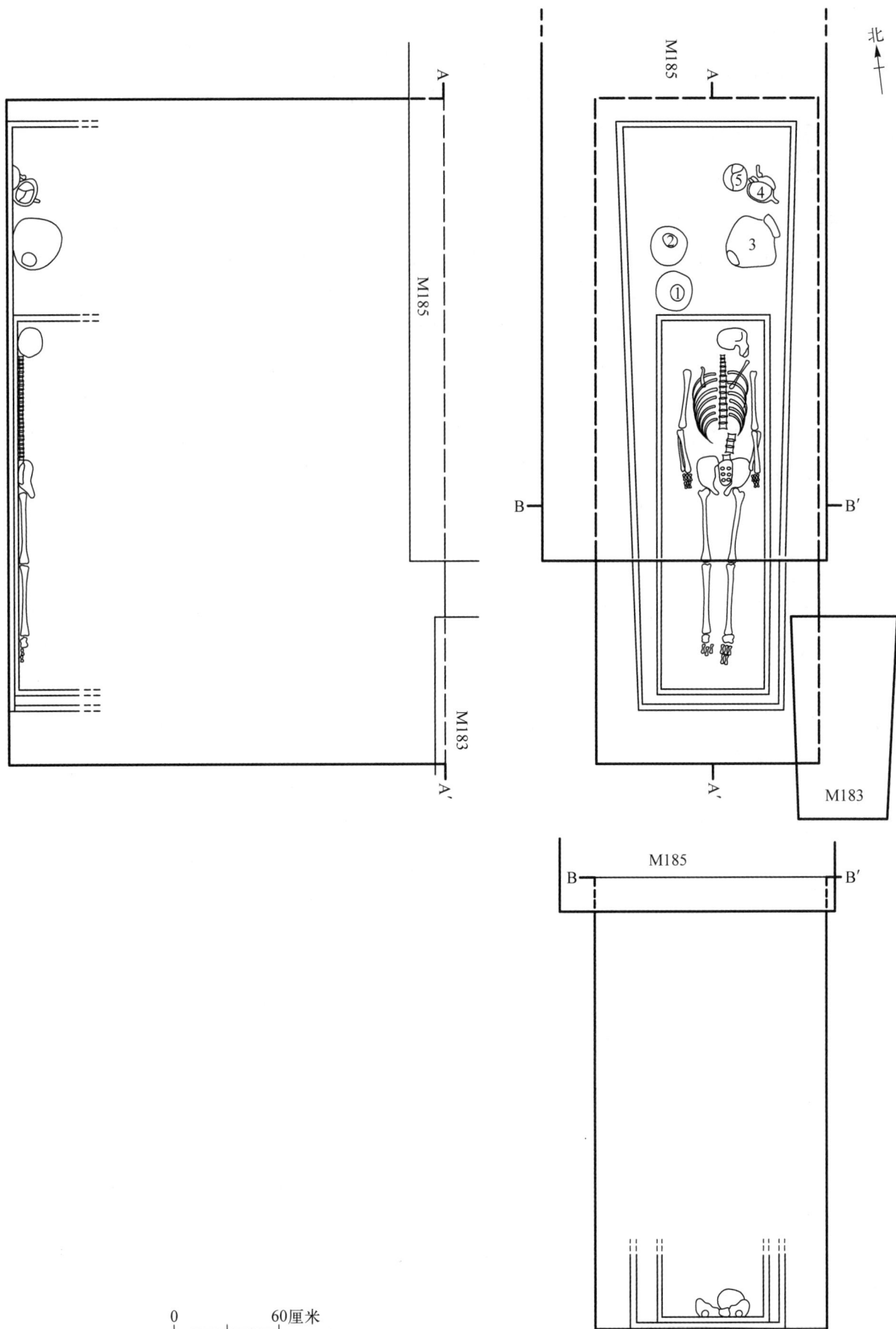

北

M185

M185

M183

M185

M183

0 60厘米

图二一四 M186平、剖面图

1. 陶壶 2. 陶壶 3. 陶罐 4. 陶鼎 5. 陶器盖

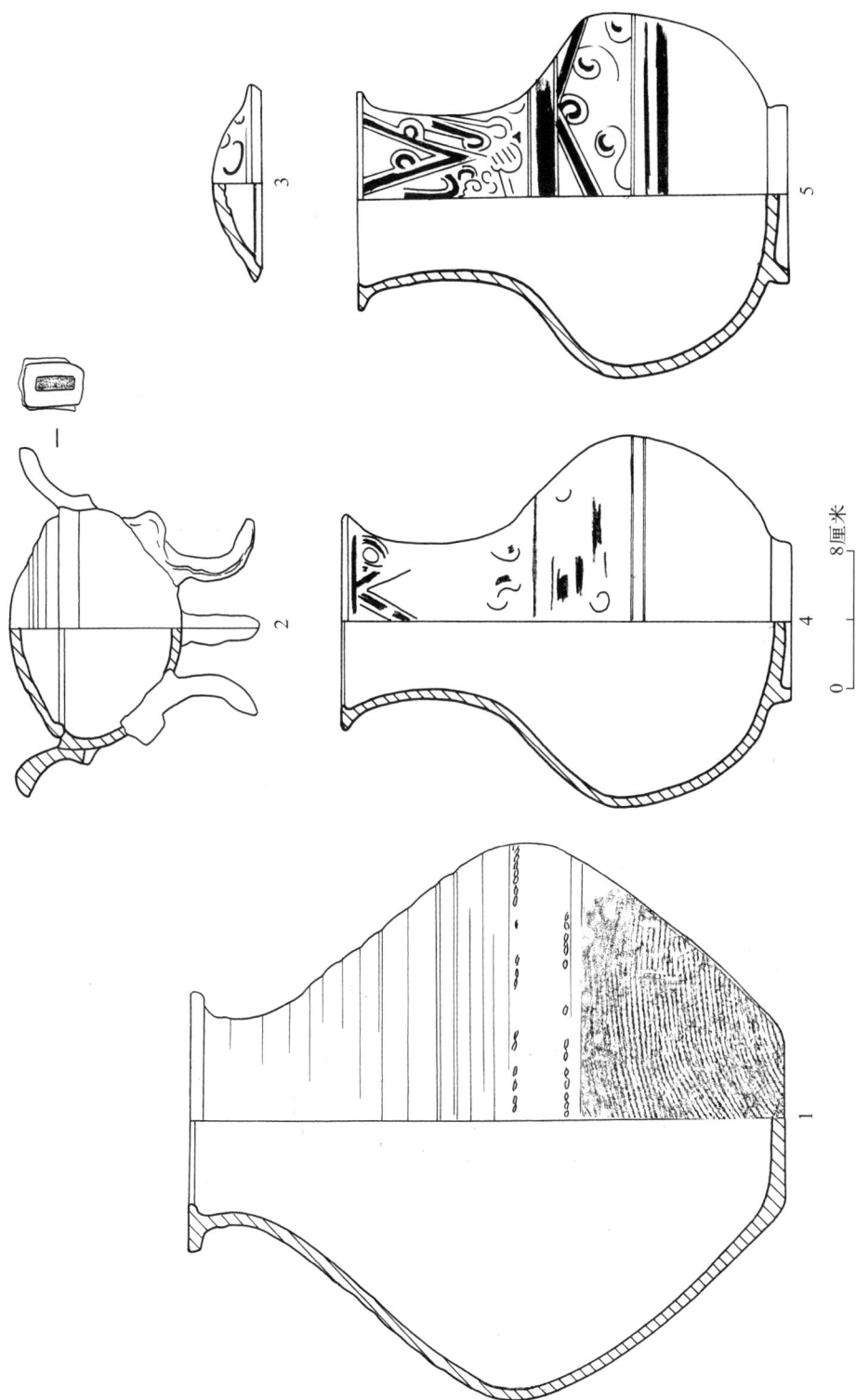

图二一五 M186 出土陶器

1. 陶罐（M186：3） 2. 陶鼎（M186：4） 3. 陶器盖（M186：5） 4. 陶壶（M186：1） 5. 陶壶（M186：2）

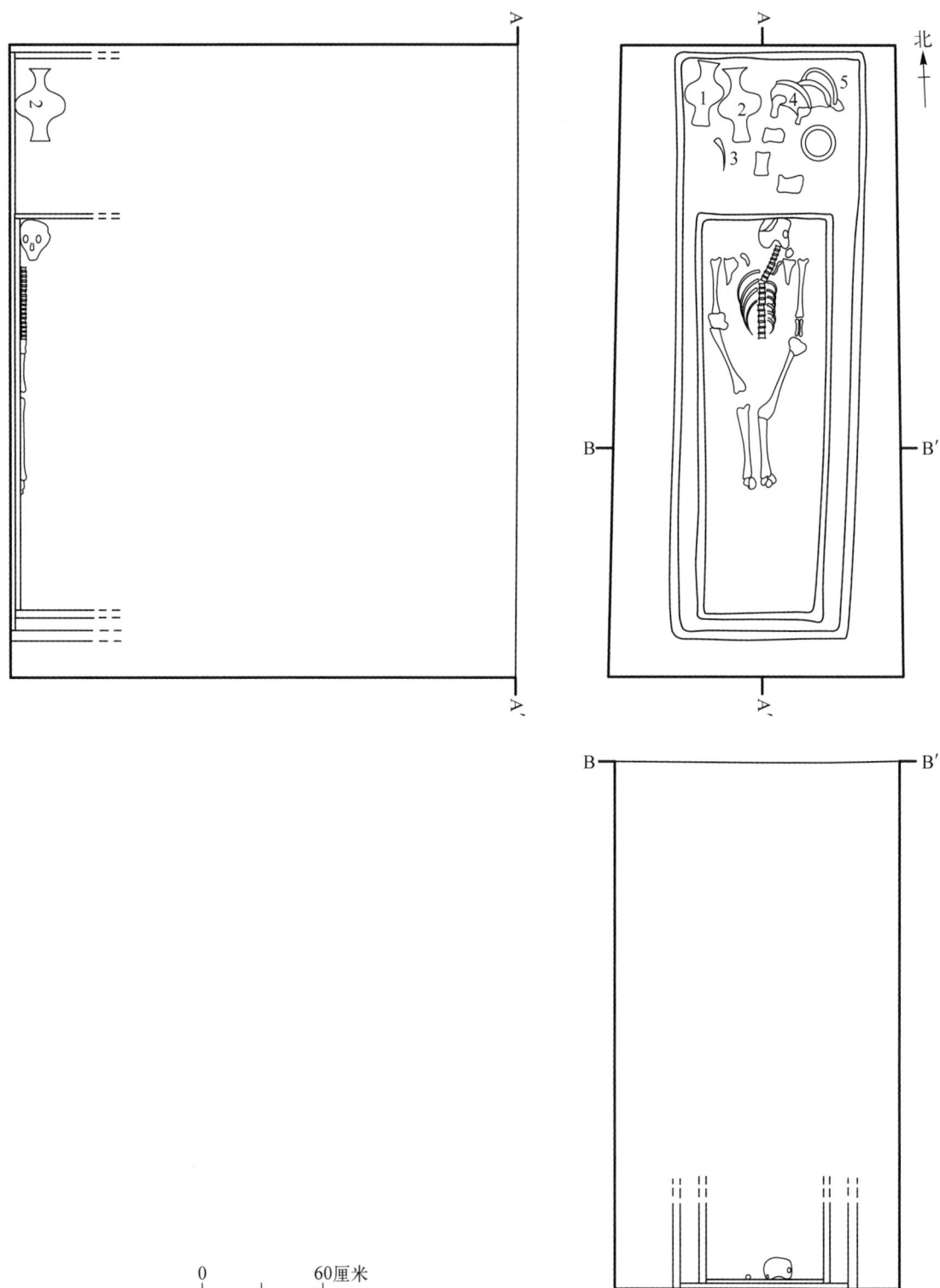

图二一六　M188平、剖面图

1.陶壶　2.陶壶　3.铜带钩　4.陶鼎　5.陶盒

0.86～0.94米,残高0.4米,板痕厚0.03米;棺痕平面呈长方形,南北长1.92米,南宽0.62米,北宽0.67米,高0.4米,板痕厚0.03米,棺内葬人骨架一具,保存较差。头向北,面向东,仰身直肢葬,身高1.28米,男性,年龄约35岁。

2. 出土器物

出土器物5件,皆放置于椁内棺外的北侧。

陶壶　2件套。泥质灰陶,手轮兼制,火候高。标本M188:1,敞口,折沿,方唇,长束颈,鼓腹弧收,高圈足,足壁外撇。覆钵形器盖,盖敞口,弧形顶。器表饰彩绘,部分脱落。口径16.4厘米,腹径20.8厘米,底径14.6厘米,通高33.2厘米(图二一七,1;彩版七一,2)。标本M188:2,敞口,折沿,方唇,长束颈,鼓腹弧收,高圈足,足壁外撇。覆钵形器盖,盖敞口,弧形顶。器表描绘彩绘,部分脱落。口径17.4厘米,腹径21.2厘米,底径17.6厘米,通高33.4厘米(图二一七,2;彩版七一,3)。

铜带钩　1件(残)。标本M188:3,模铸,青铜质,钩首残缺,钩身截面呈扁圆形,圆钮。残长7.8厘米(图二一七,3;彩版七一,4)。

陶鼎　1件。标本M188:4,泥质灰陶,手轮兼制,火候高。敛口,浅腹弧收,圜平底。口部贴对称双耳,外撇,耳中部有方孔,下腹附贴三兽蹄形足。覆钵形器盖,盖敞口,弧形顶。器表描绘彩绘,部分脱落。口径17.2厘米,通高21.2厘米(图二一七,4;彩版七一,6)。

陶盒　1件。标本M188:5,泥质灰陶,手轮兼制,火候高。敛口,浅腹弧收,饼形矮圈足,腹盘形器盖。下腹饰二周凹弦纹,器表整体饰彩绘,部分脱落。口径18.6厘米,底径9.2厘米,通高16.8厘米(图二一七,5;彩版七一,5)。

一〇五、M192

1. 墓葬形制

M192位于发掘区Ⅰ区西部,T1111东南角,南端被M191打破。开口于④层下,墓口距地表4.2米。南北向,方向10°。为长方形竖穴土圹单室墓,南北长2.6米,宽1～1.08米,墓底距墓口深2.6米。四壁整齐竖直,经过加工抹光,墓底较平。内填黄褐色花土,土质疏松(图二一八;彩版一二,1)。

葬具为头箱与木棺,腐朽严重,仅存朽痕。头箱位于木棺的北侧,平面呈长方形,东西长0.76米,宽0.44米,残高0.3米,板痕厚约0.02米;木棺位于头箱的南侧,挤压变形,平面略呈长方形,南北长1.7米,宽0.5～0.7米,残高0.3米,板痕厚约0.02～0.04米。棺内葬人骨架1具,保存较好,头向北,面向上,为仰身直肢葬,骨架长约1.54米,女性,年龄约35岁。

2. 出土器物

出土器物3件,均放置于头箱内。

陶壶　1件套。标本M192:1,泥质灰陶,轮制火候高。敞口,方唇,束颈,鼓腹弧收,腹部贴对称双系,矮圈足,足壁外撇。覆钵形盖,子母口。口径10.2厘米,腹径17.4厘米,底径10.4厘米,通高22.4厘米(图二一九,3;彩版七二,2)。

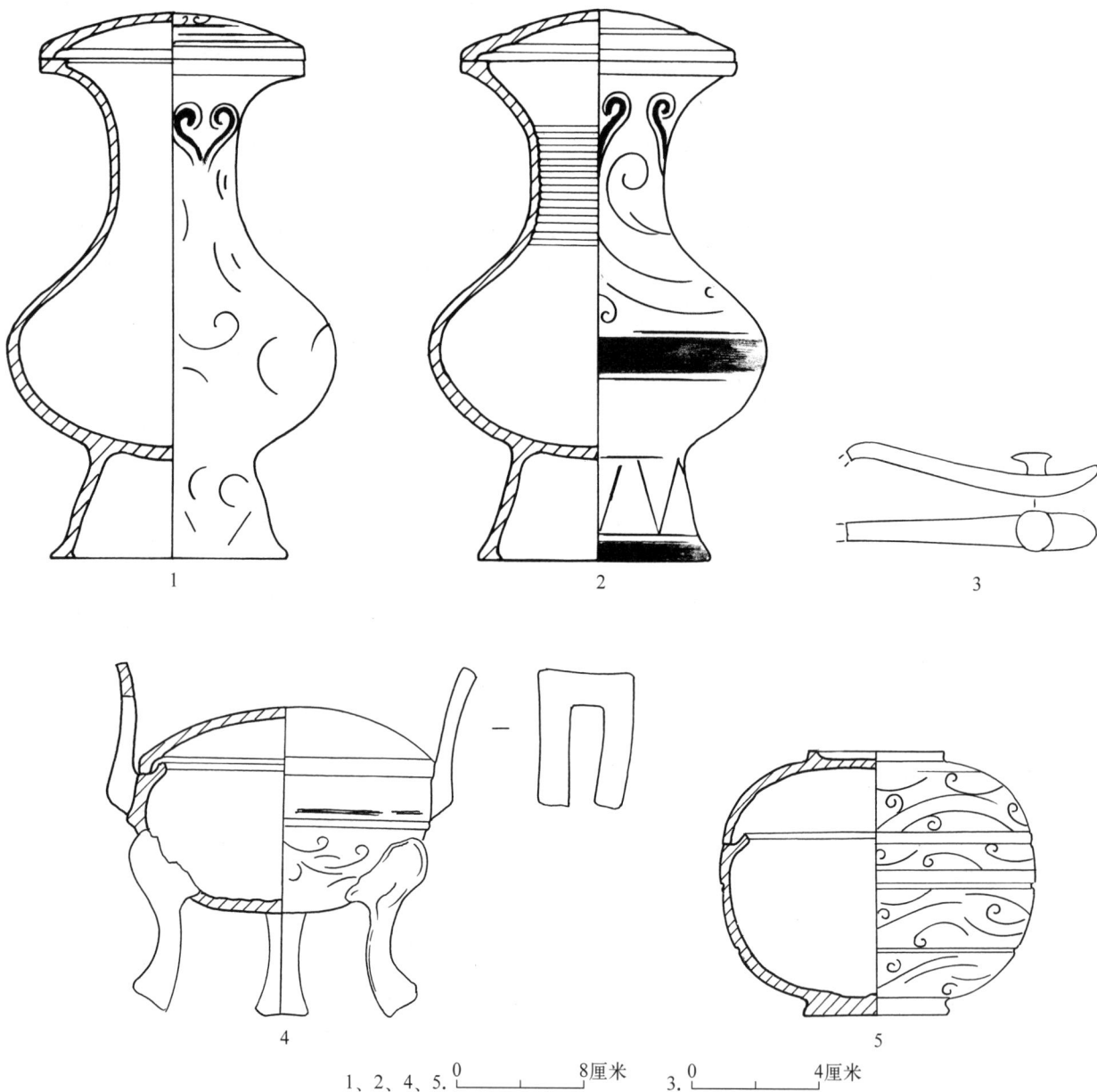

1、2、4、5. |0   8厘米| 3. |0   4厘米|

图二一七　M188出土器物

1. 陶壶（M188：1）　2. 陶壶（M188：2）　3. 铜带钩（M188：3）　4. 陶鼎（M188：4）　5. 陶盒（M188：5）

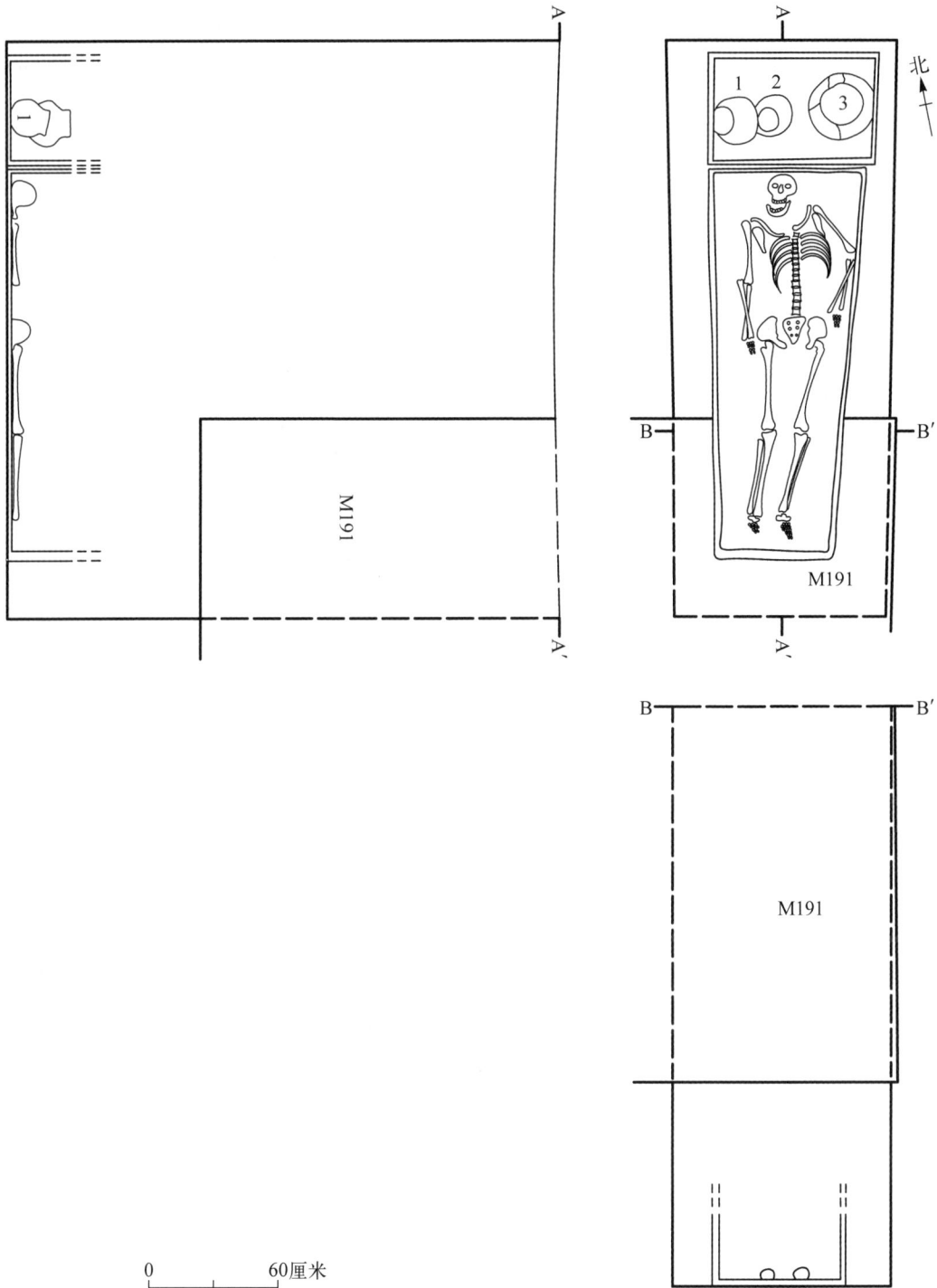

图二一八　M192平、剖面图

1. 陶壶　2. 陶罐　3. 陶罐

陶罐　2件（残）。标本M192：2，泥质灰陶，手轮兼制。敞口，短折沿，方唇，矮束颈，鼓腹弧收，平底。器表及底拍印绳纹。口径12.8厘米，腹径21.4厘米，底径7.2厘米，高23.2厘米（图二一九，2；彩版七二，1）。标本M192：3（残），泥质灰陶，轮制。敛口，短折沿，束颈，颈部有一周凸棱，鼓腹弧收，小平底。腹部饰凹弦纹。口径13.2厘米，腹径20.4厘米，底径5.2厘米，通高25.1厘米（图二一九，1）

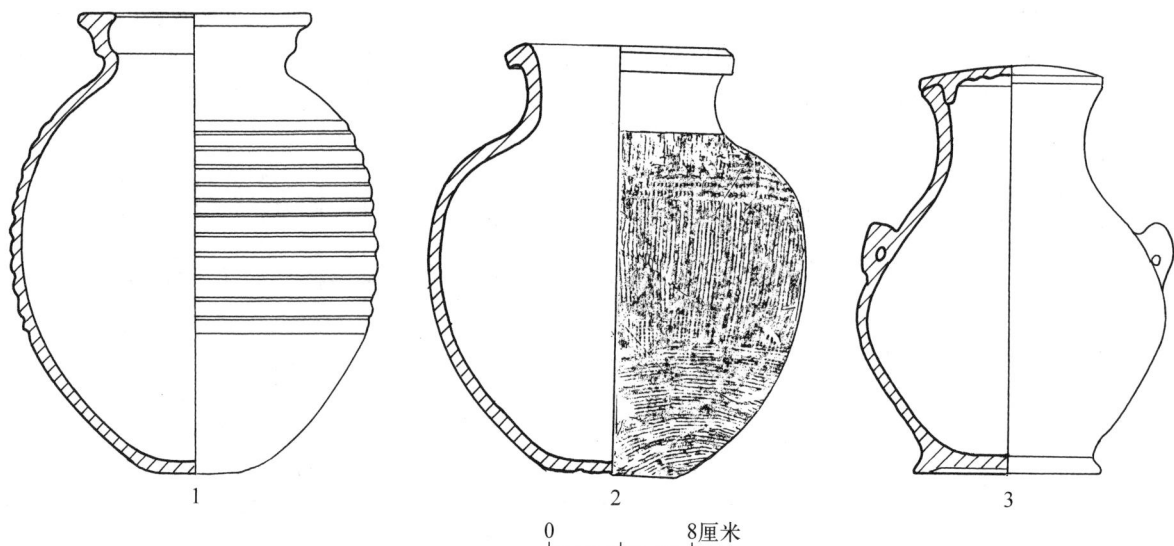

图二一九　M192出土陶器

1. 陶罐（M192：3）　2. 陶罐（M192：2）　3. 陶壶（M192：1）

一〇六、M194

1. 墓葬形制

M194位于发掘区Ⅰ区西部，T1211内东北角，北邻M50。开口于④层下，墓口距地表4.2米。南北向，方向7°。为长方形竖穴土圹单室墓，南北长2.5米，宽1米，墓底距墓口2.44米。四壁整齐竖直，经过加工抹光，墓底较平。内填黄褐色花土，土质较硬，呈块状，竖夯夯筑，夯层深1.7米，每层厚0.15～0.2米，夯窝直径约0.03～0.06米（图二二〇；彩版一三，1）。

葬具为木棺，腐朽严重，仅存朽痕。平面近似长方形，北宽南窄，南北长2.2米，宽0.48～0.68米，残高0.3米，板痕厚约0.03～0.05米。木棺内葬人骨架1具，保存一般，头向北，面向东，为仰身直肢葬，骨架长约1.52米，男性，年龄约40岁。

2. 出土器物

出土器物7件，均放置于棺内。

陶罐　1件。标本M194：1，泥质灰陶，手轮兼制，火候高。敞口，尖唇，矮领，鼓腹弧收，小平底。中腹饰凹弦纹，下腹至底拍印绳纹。口径12.2厘米，腹径20.8厘米，底径5.2厘米，通高20.2

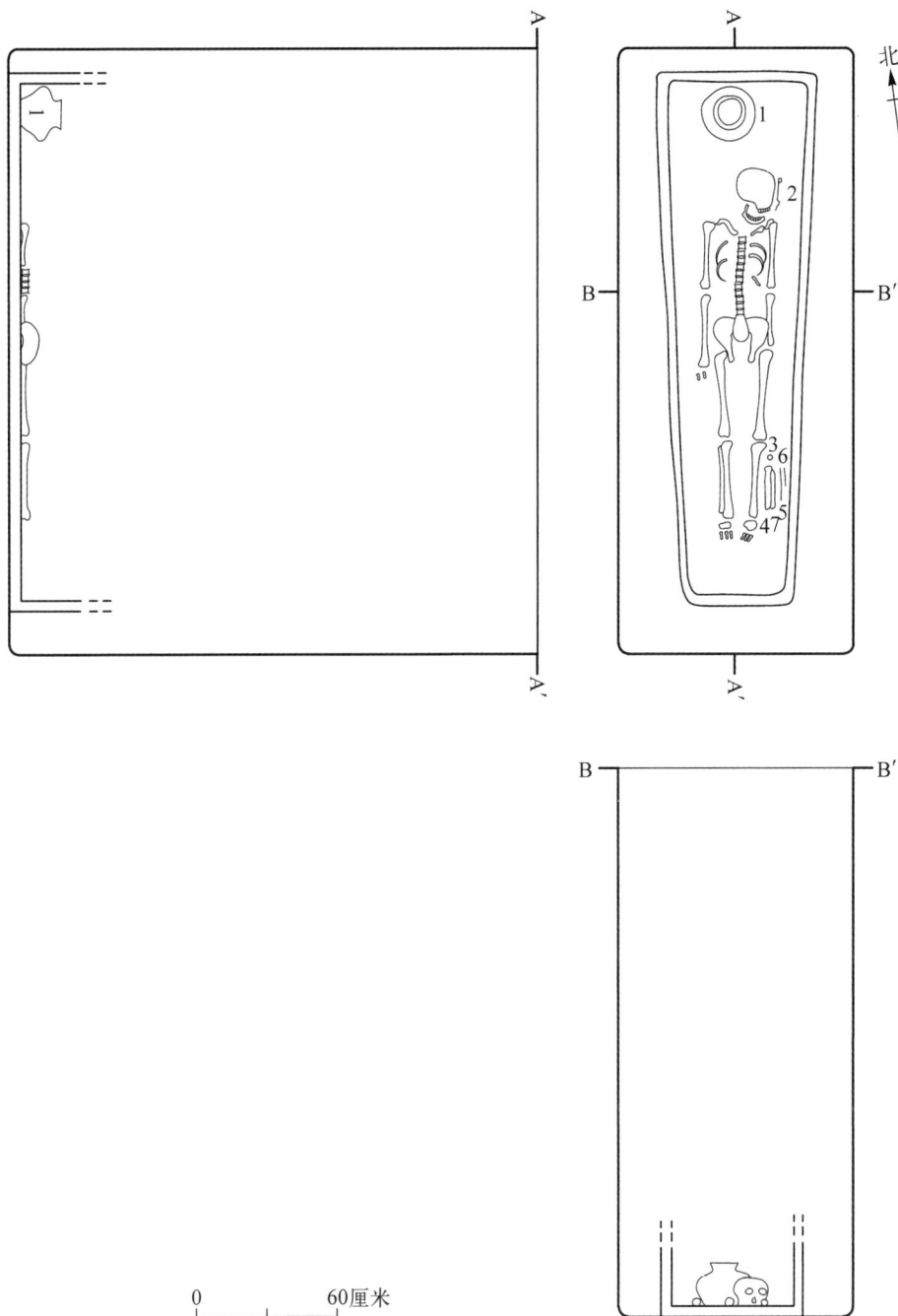

图二二〇　M194平、剖面图

1.陶罐　2.铜带钩　3.陶纺轮　4.环首刀　5.陶鱼　6.骨算筹　7.环首刀

厘米(图二二一,1;彩版七二,3)。

　　铜带钩　1件。标本M194:2,范铸,钩首弯曲,截面扁平,圆钮,整体呈"如意"状。通长15.4厘米(图二二一,3;彩版七二,4)。

　　陶纺轮　1件。标本M194:3,泥质灰陶,手制,火候高。圆形饼状,中部穿孔。直径2.2厘

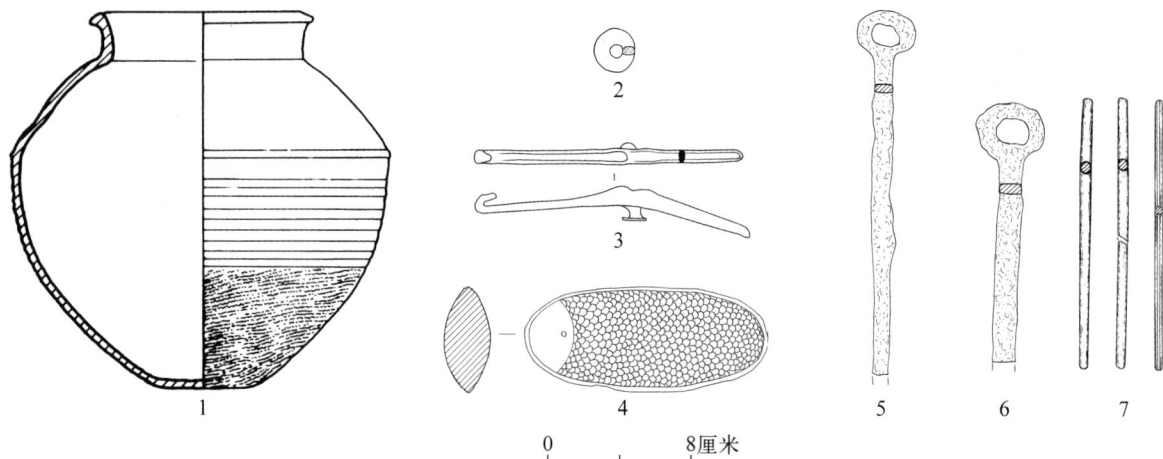

图二二一　M194 出土器物

1. 陶罐（M194：1）　2. 陶纺轮（M194：3）　3. 铜带钩（M194：2）　4. 陶鱼（M194：5）　5. 环首刀（M194：4）
6. 环首刀（M194：7）　7. 骨算筹（M194：6）

米,孔径 0.6 厘米,厚 0.5 厘米(图二二一,2)。

环首刀　2 件（残）。标本 M194：4,刀身残缺,刀首呈环状,柄为长条形,略窄于刀身。残长 19.2 厘米（图二二一,5）。标本 M194：7（残）,刀身残缺,刀首呈环状,柄为长条形,略窄于刀身。残长 13.6 厘米（图二二一,6）。

陶鱼　1 件。标本 M194：5,泥质灰陶,手制,火候高。整体呈椭圆形,前端修饰鱼首,鱼眼清晰,鱼身压印鳞纹。通长 13.4 厘米（图二二一,4;彩版七二,5）。

骨算筹　3 根,形制相同,但长短不一。标本 M194：6,磨制,圆柱形。直径 0.6 厘米,通长 14.2 厘米（图二二一,7;彩版七二,6）。

一〇七、M196

1. 墓葬形制

M196 位于发掘区 I 区西部,T1111 内北部,西邻 M230,被 M195、M197 打破。开口于④层下,墓口距地表 4.2 米。东西向,方向 100°。为长方形竖穴土圹单室墓,东西长 3.6 米,宽 1.5 米,墓底距墓口 1.6 米。墓壁整齐竖直,墓底较平。内填黄褐色花土,土质较硬致密,竖夯夯筑,夯层深 0.8 米,每层厚约 0.08～0.1 米,夯窝直径约 0.05～0.07 米（图二二二）。

葬具为头箱与木棺,腐朽严重,仅存朽痕:头箱位于木棺的东端,平面呈长方形,东西长 1.14 米,宽 1 米,残高 0.2 米,板痕厚约 0.03 米;木棺位于头箱的西端,平面呈长方形,东西长 2 米,宽 0.56～0.61 米,残高 0.1 米,板痕厚约 0.03 米。棺内葬人骨架 1 具,保存一般,头向东,面向上,为仰身直肢葬,骨架长 1.72 米,男性,年龄约 35 岁。

2. 出土器物

出土器物 3 件,均放于头箱内。

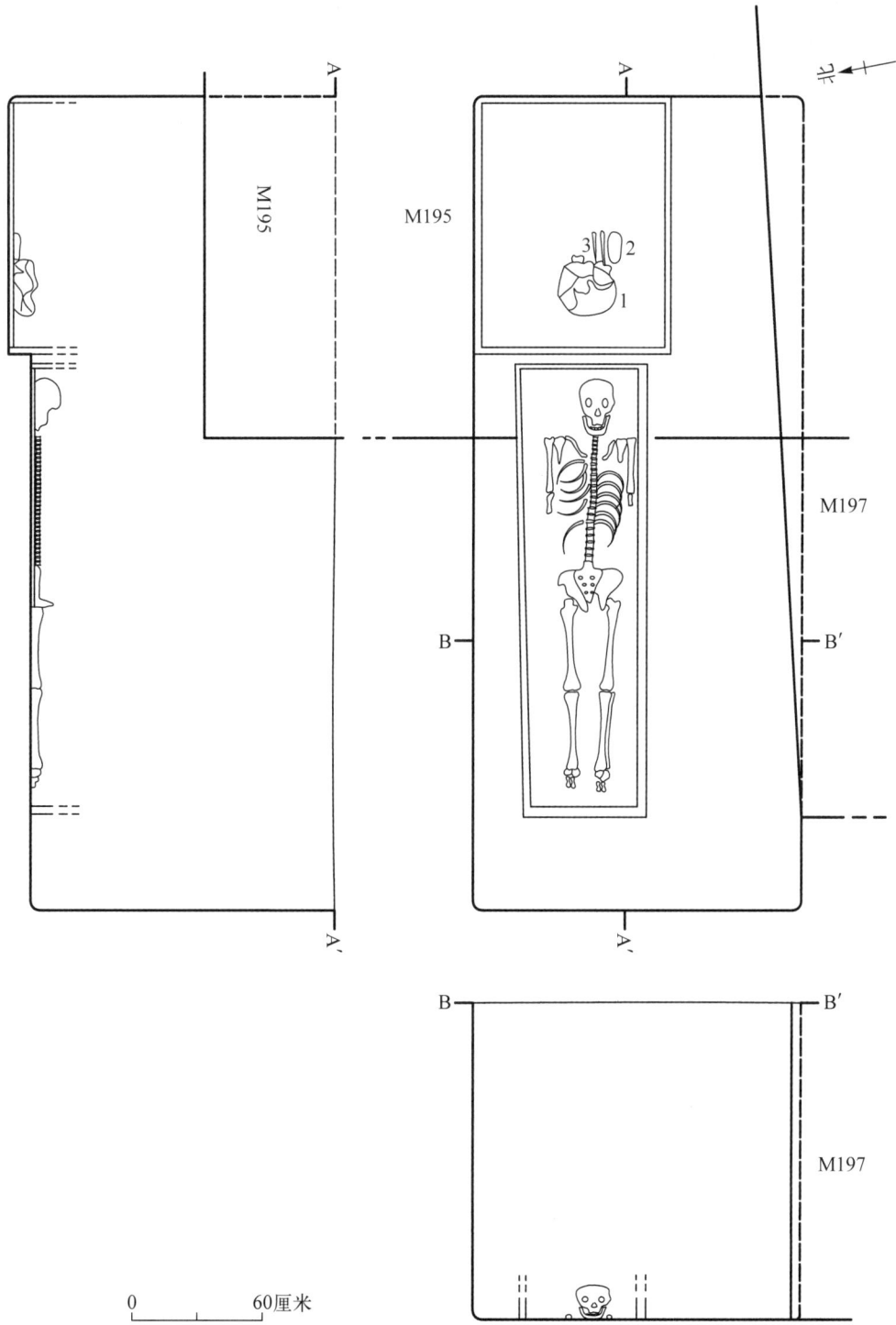

图二二二　M196平、剖面图

1.陶罐　2.火山石　3.铜饰

陶罐 1件。标本 M196：1，泥质灰陶，手轮兼制。直口，平折沿，方唇，短束颈，鼓腹曲收，小平底。上腹饰弦纹，中腹有一周戳印纹，下腹至底压印绳纹。口径 14.6 厘米，腹径 31.2 厘米，底径9 厘米，通高 31 厘米（图二二三，3）。

火山石 1件。标本 M196：2，灰色砾石质，平面呈椭圆形，器表见腐蚀性蜂窝状小孔。长26.8 厘米，宽 12.8 厘米，厚 5.2 厘米（图二二三，2；彩版七三，1）。

铜饰 1件。标本 M196：3，青铜质，拐尺状筒形饰。长 2.3 厘米，直径 0.7 厘米（图二二三，1；彩版七三，2）。

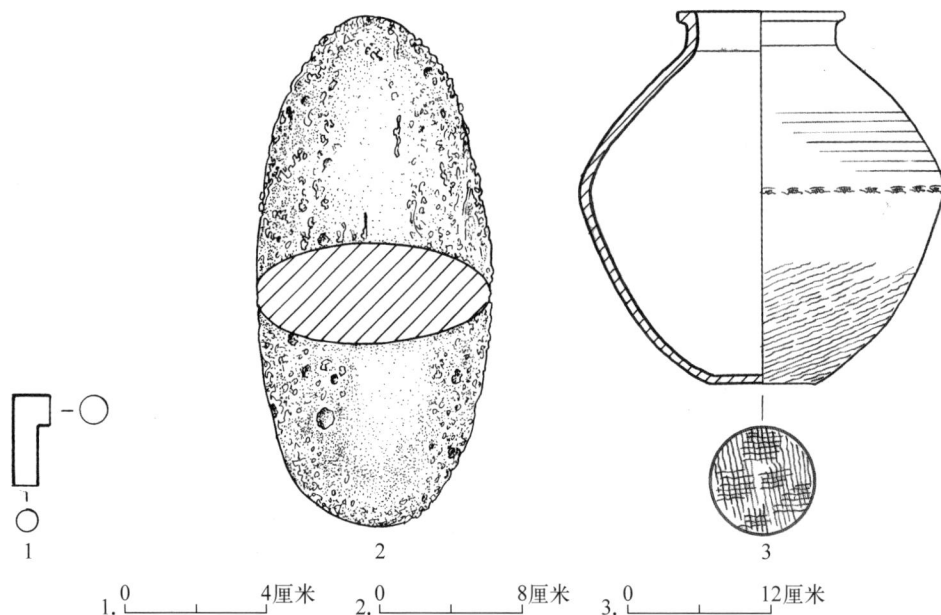

图二二三　M196 出土器物

1. 铜饰（M196：3）　2. 火山石（M196：2）　3. 陶罐（M196：1）

一〇八、M197

1. 墓葬形制

M197 位于发掘区Ⅰ西部，T1111 内南部，北邻 M196，被 M195 打破。开口于④层下，墓口距地表 4.2 米。东西向，方向 95°。为梯形竖穴土圹单室墓，东西长 3.68 米，宽 1.2～1.3 米，墓底距墓口1.88 米。东窄西宽，墓壁整齐竖直，墓底较平。内填黄褐色花土，土质较硬致密，竖夯夯筑，夯层深 1.1 米，每层厚 0.08～0.12 米，夯窝直径约 0.05～0.07 米（图二二四；彩版一三，2）。

葬具为一椁一棺，木质，腐朽严重，仅存朽痕。椁痕平面呈长方形，略挤压变形，东西长 3.3米，宽 0.9～0.98 米，残高 0.38 米，板痕厚约 0.06～0.08 米；棺痕平面呈长方形，东西长 2.04 米，宽0.64 米，残高 0.36 米，板痕厚约 0.04 米。棺内葬人骨架一具，头向东，面向北，为仰身直肢葬，骨架长约 1.56 米，女性，年龄约 25 岁。

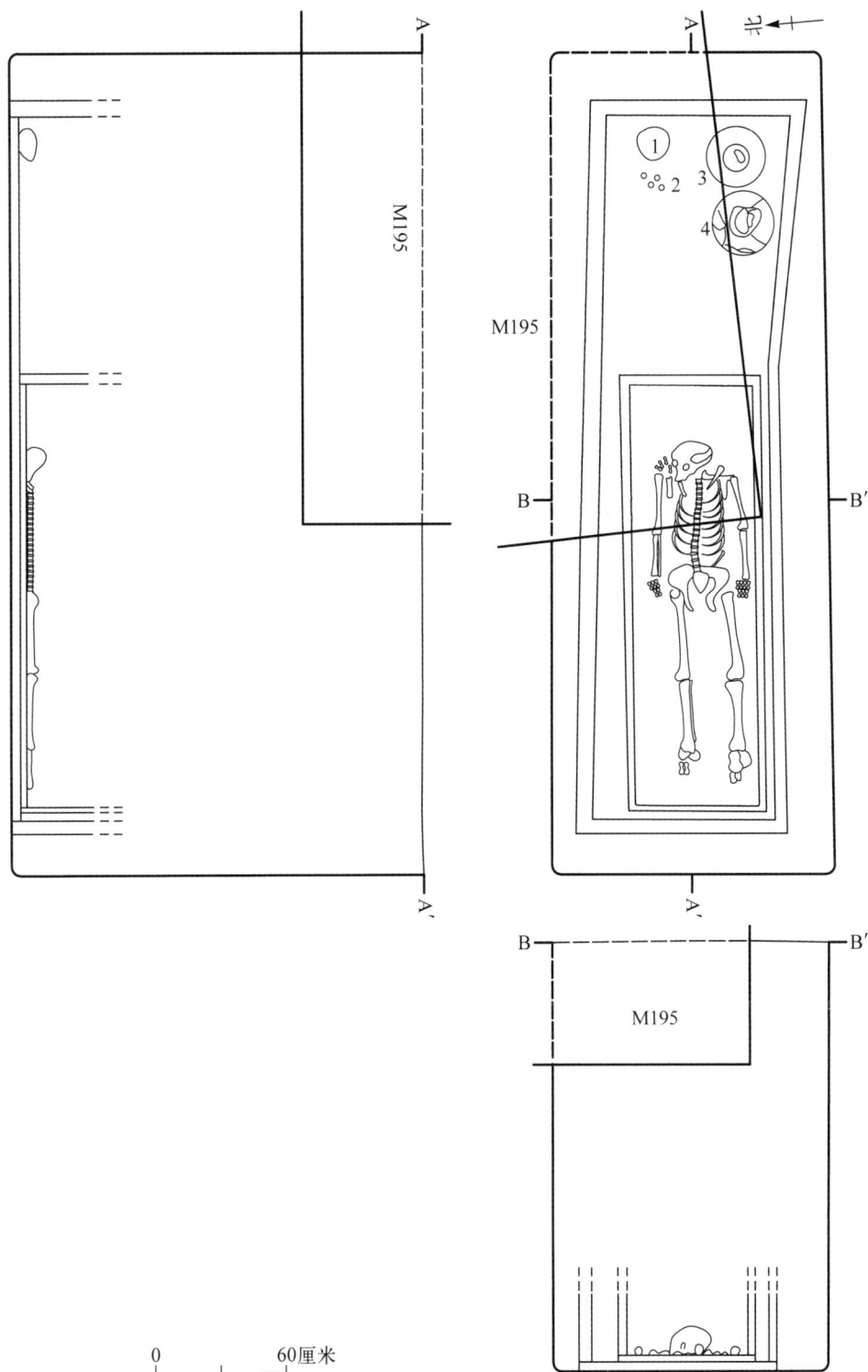

图二二四 M197平、剖面图

1. 陶盒 2. 铜钱 3. 陶罐 4. 陶罐

2. 出土器物

出土器物4件，均放于头箱内。

陶盒　1件（套）。标本M197：1，泥质灰陶，轮制，火候高。敛口，浅腹弧收，小平底，上腹饰二周凹弦纹。覆钵形器盖，盖身曲收，内壁轮痕清晰。口径13.3厘米，底径4.8厘米，通高10.8厘米（图二二五，3；彩版七三，3）。

陶罐　2件。泥质灰陶，手轮兼制，火候高。标本M197：3，敛口，折沿，方唇，鼓腹斜收，小平底。上腹饰凹弦纹，下腹拍印绳纹。口径17.6厘米，腹径33.2厘米，底径10.4厘米，通高32.1厘米（图二二五，2；彩版七三，4）。标本M197：4，敛口，折沿，方唇，束颈，鼓腹略弧收，小平底。颈与上腹饰凹弦纹，凹弦纹以下拍印绳纹。口径17.2厘米，腹径31.8厘米，底径9.2厘米，通高31.2厘米（图二二五，1；彩版七三，5）。

铜钱　1枚。标本M197：2，圆形方穿，正面穿左右篆书"五铢"二字，"五"字两股交笔弯曲，"铢"字"金"旁三角形，下四点细长，"朱"旁上横笔方折，下垂笔圆折，正背有郭，郭缘较窄。钱径2.6厘米，穿径0.95厘米，厚0.15厘米（图二二六）。

一〇九、M198

1. 墓葬形制

M198位于发掘区Ⅰ区西部，T1110内东南角，西北邻M199。开口于④层下，墓口距地表4.2米。东西向，方向275°。为长方形竖穴土圹单室墓，东西长2.4米，宽0.9米，墓底距墓口1.7米。墓壁整齐竖直，墓底较平。内填黄褐色花土，土质较硬致密，竖夯夯筑，夯层深1米，每层厚约0.08～0.1米，夯窝直径约0.05～0.07米（图二二七）。

葬具为木棺，腐朽严重，仅存朽痕，棺痕平面呈长方形，东西长1.92米，宽0.44～0.52米，残高0.2米，板痕厚约0.03米。棺内葬人骨架2具，保存较好：北侧人骨架头向西，面向南，为侧身直肢葬，骨架长1.72米，男性，年龄不详；南侧人骨架头向西，面向北，为侧身屈肢葬，骨架长1.68米，女性，年龄不详。北侧骨架下肢叠压于南侧骨架下肢上。

2. 出土器物

无。

一一〇、M199

1. 墓葬形制

M199位于发掘区Ⅰ西部，T1110内南部，北邻M229，东南邻M198。开口于④层下，墓口距地表4.2米。东西向，方向100°。为长方形竖穴土圹单室墓，东西长2.9米，宽1.08米，墓底距墓口0.98米。墓壁整齐竖直，墓底较平。内填黄褐色花土，土质较硬致密，竖夯夯筑，夯层深0.4米，每层厚约0.08～0.1米，夯窝直径约0.05～0.07米（图二二八）。

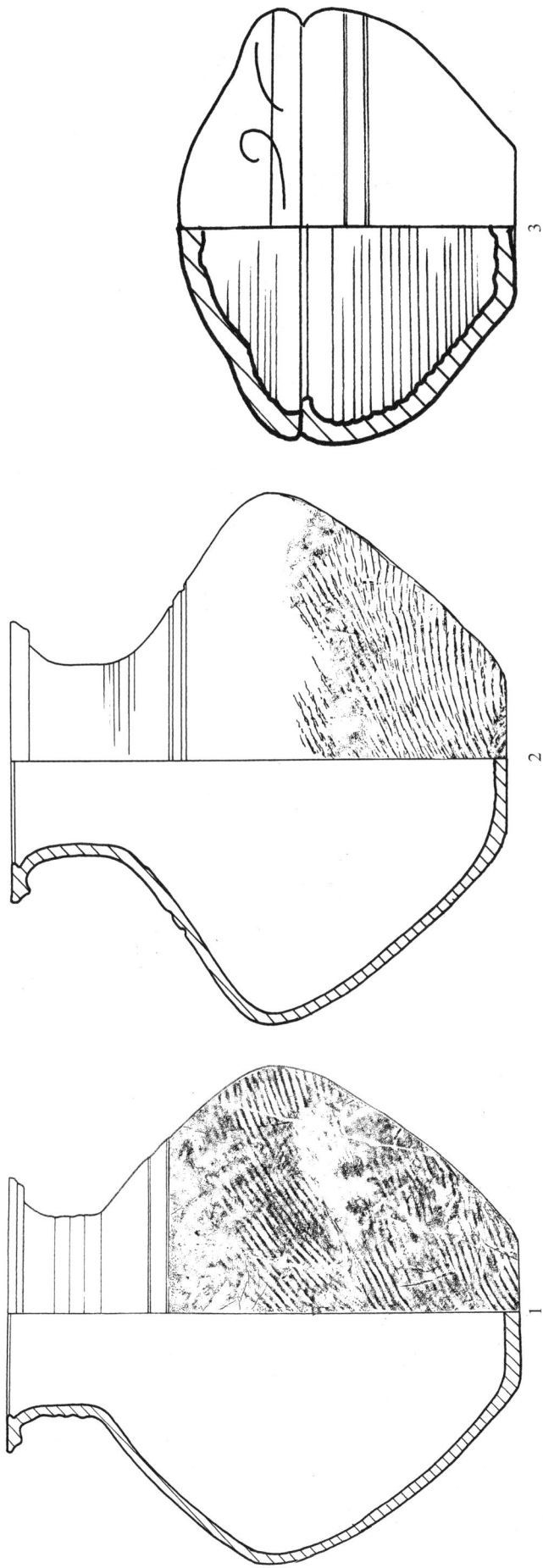

图二二五 M197 出土陶器

1. 陶罐（M197：4）　2. 陶罐（M197：3）　3. 陶盒（M197：1）

3.0　　　4厘米　　1，2. 0　　　8厘米　　1，2. 0

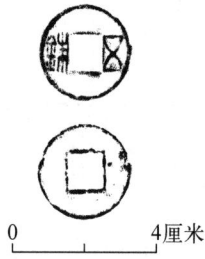

0　　　　　　4厘米

图二二六　M197出土五铢钱（M197∶2）

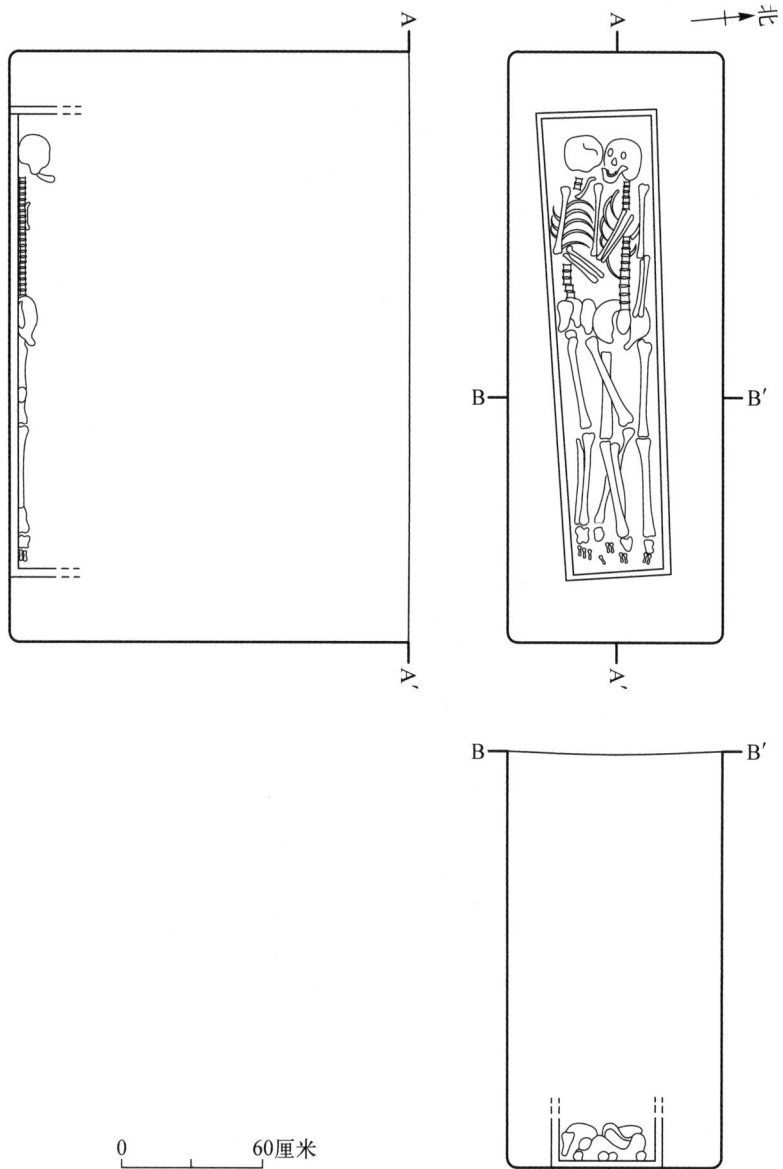

0　　　　　　60厘米

图二二七　M198平、剖面图

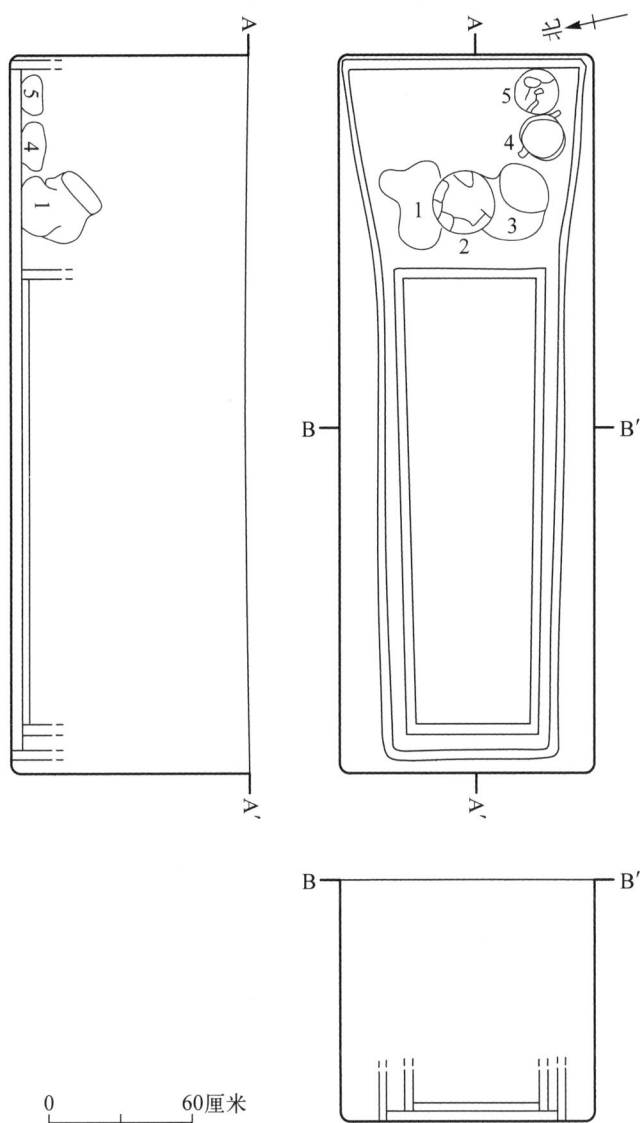

图二二八　M199平、剖面图

1.陶壶　2.陶壶　3.陶罐　4.陶鼎　5.陶盒

　　葬具为一椁一棺,木质,腐朽严重,仅存朽痕。椁痕平面呈长方形,东西长2.8米,宽0.72~0.98米,残高0.2米,板痕厚约0.03米;棺痕平面呈长方形,东西长1.9米,宽0.6米,残高0.14米,板痕厚约0.03米。棺内人骨架腐朽严重,仅存痕迹。

2.出土器物

出土器物5件,均放于头箱内。

陶壶　2件(残)。泥质灰陶,手轮兼制,火候高。标本M199:1,敞口,沿上一周凹槽,尖圆唇,长束颈,鼓腹弧收,底部残缺。口径13.8厘米,腹径20厘米,残高25厘米(图二二九,4)。标本M199:2,口、颈、底残缺,中腹鼓起,下腹弧收。腹部描绘彩绘,大部分已脱落。腹径20厘米,残高15.6厘米(图二二九,5)。

陶罐　1件。标本M199:3,泥质灰陶,手轮兼制,火候高。盘口,尖圆唇,束颈,鼓腹弧收,平底上凹。器表压印绳纹。口径20.2厘米,腹径31.8厘米,底径12.4厘米,通高28.8厘米(图二二九,1;彩版七三,6)。

陶鼎　1件(套)。标本M199:4,泥质灰陶,手轮兼制,火候高。敛口,浅腹折收,下斜腹,小平底。口部贴对称双耳,外撇,耳外侧有凹槽,下腹附贴三兽蹄形足。覆钵形器盖,盖敛口,弧形顶,器表饰凹弦纹,内壁轮痕清晰。口径14.8厘米,通高15.4厘米(图二二九,3;彩版七四,1)。

陶盒　1件。标本M199:5,泥质灰陶,轮制,火候高。敛口,浅腹弧收,平底。口径13.4厘米,底径7.2厘米,高7.6厘米(二二九,2;彩版七四,2)。

一一一、M201

1. 墓葬形制

M201位于发掘区Ⅰ区西部,T1210内南部,西端被M200打破。开口于④层下,墓口距地表4.2米。东西向,方向282°。为长方形竖穴土圹单室墓,东西长2.3米,宽1米,墓底距墓口3米。墓壁整齐竖直,经过加工抹光,墓底较平。内填黄褐色花土,土质较硬,竖夯夯筑,夯层深2.2米,每层厚约0.08~0.12米,夯窝直径约0.03~0.05米(图二三○)。

葬具为木棺与脚箱,腐朽严重,仅存朽痕。棺痕平面呈长方形,位于脚箱的西侧,挤压变形,东西长1.77米,宽0.52~0.62米,残高0.4米,板痕厚约0.03米。棺内葬人骨架一具,保存一般,头向西,面向南,为仰身直肢葬,骨架长约1.6米,女性,年龄约16岁。脚箱位于木棺的东侧,平面呈长方形,南北长0.8米,东西宽0.39米,残高0.4米,板痕厚约0.03米。

2. 出土器物

出土器物3件,放于脚箱内。

陶盒　1件。标本M201:1,泥质灰陶,轮制,火候高。敞口,折腹,下腹斜收,饼形圈足略上凹。上腹饰凹弦纹。口径20.4厘米,底径8.8厘米,高7.6厘米(图二三一,3;彩版七四,3)。

陶罐　2件。泥质灰陶,手轮兼制,火候高。标本M201:2,敞口,短折沿,尖唇,矮束颈,丰肩,鼓腹弧收,小平底略上凹。上腹饰凹弦纹,下腹至底压印绳纹。口径12.4厘米,腹径22.2厘米,底径8.2厘米,通高24.2厘米(图二三一,2;彩版七四,4)。标本M201:3,敞口,短折沿,尖唇,矮束颈,丰肩,鼓腹弧收,小平底。上腹饰凹弦纹,下腹至底压印绳纹。口径14.6厘米,腹径26.2厘米,底径8.2厘米,通高26.8厘米(图二三一,1;彩版七四,5)。

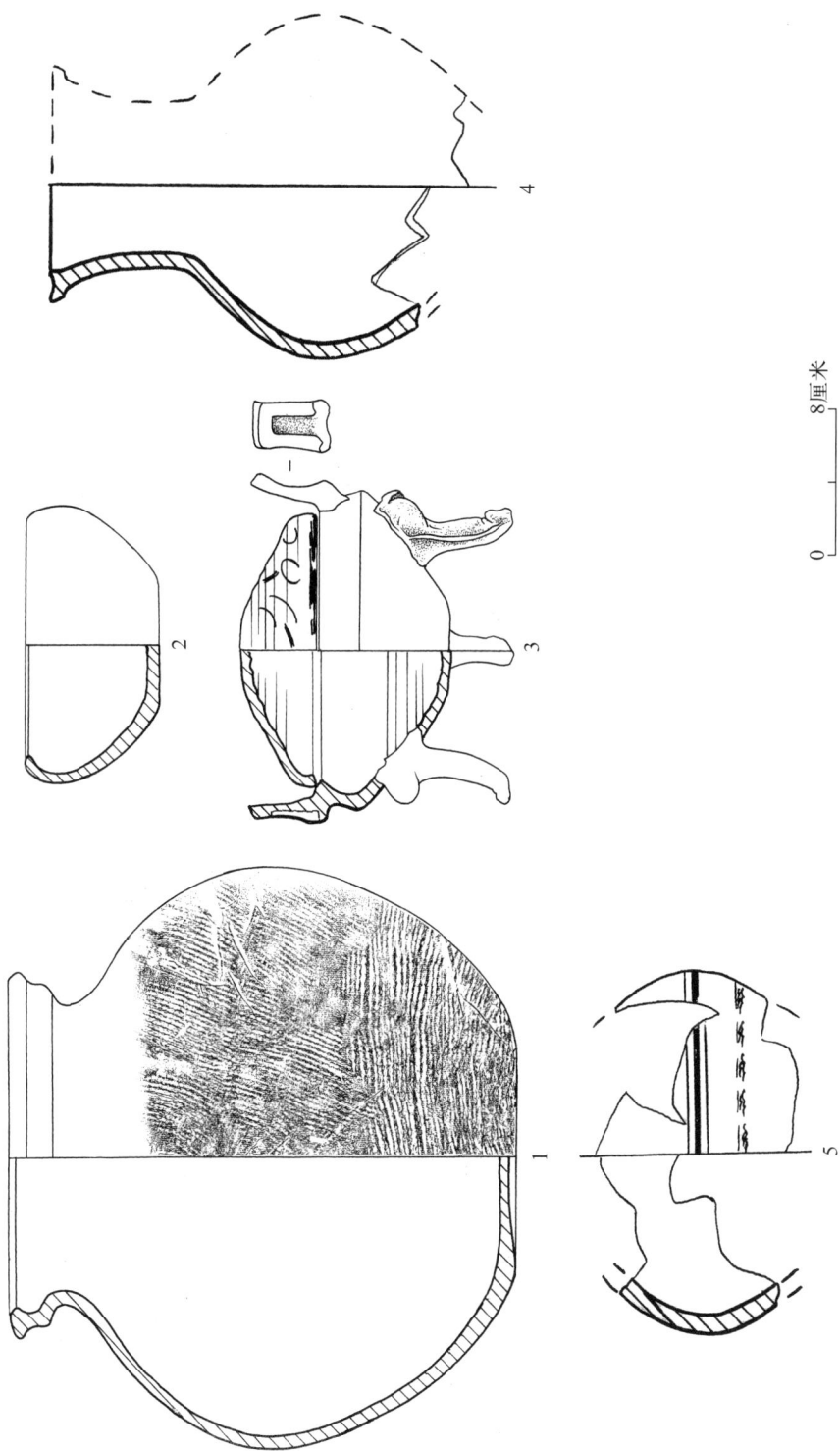

图二二九　M199出土陶器

1. 陶罐（M199：3）　2. 陶盒（M199：5）　3. 陶鼎（M199：4）　4. 陶壶（M199：1）　5. 陶壶（M199：2）

0 ＿＿＿＿ 60厘米

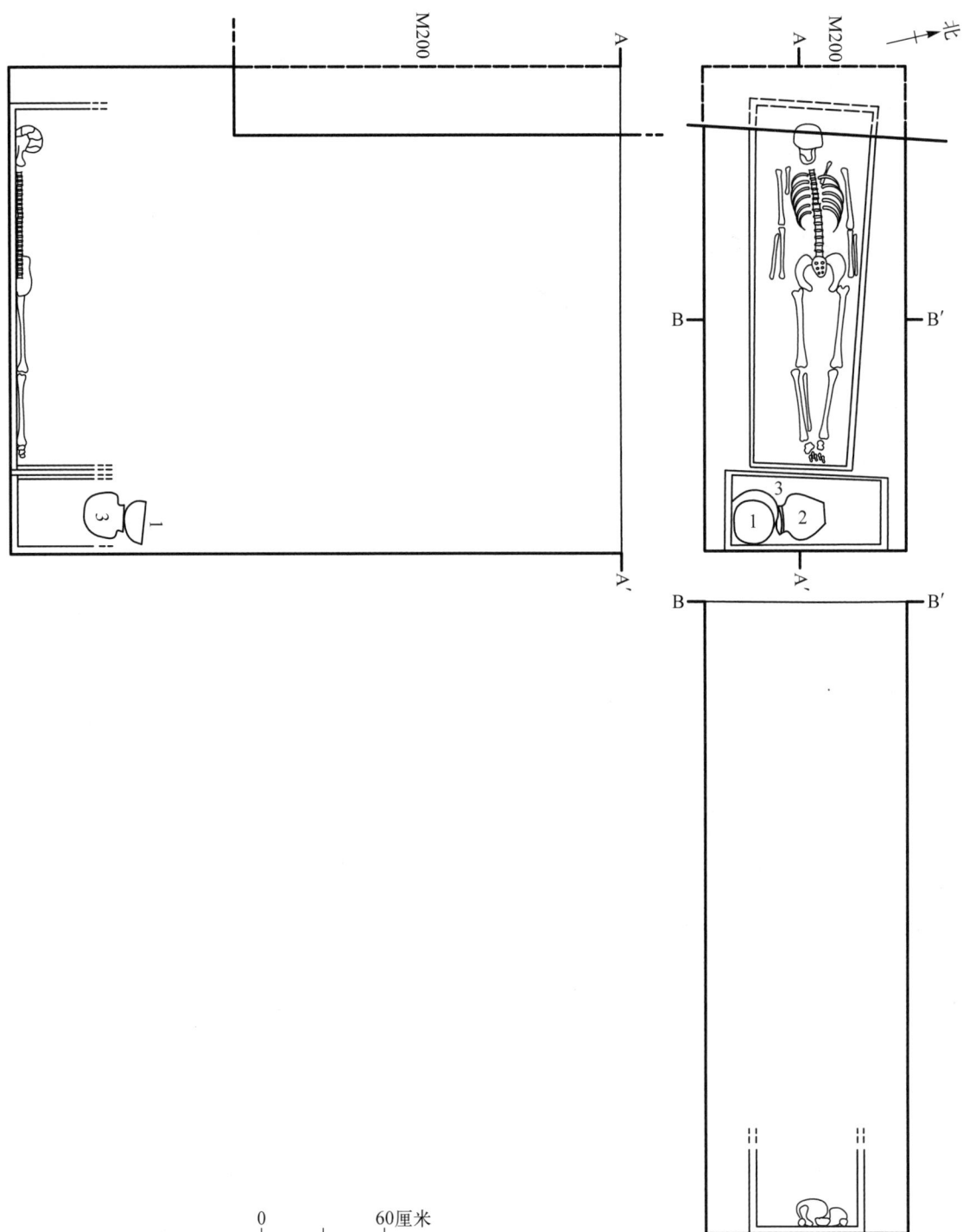

图二三〇　M201平、剖面图

1.陶盒　2.陶罐　3.陶罐

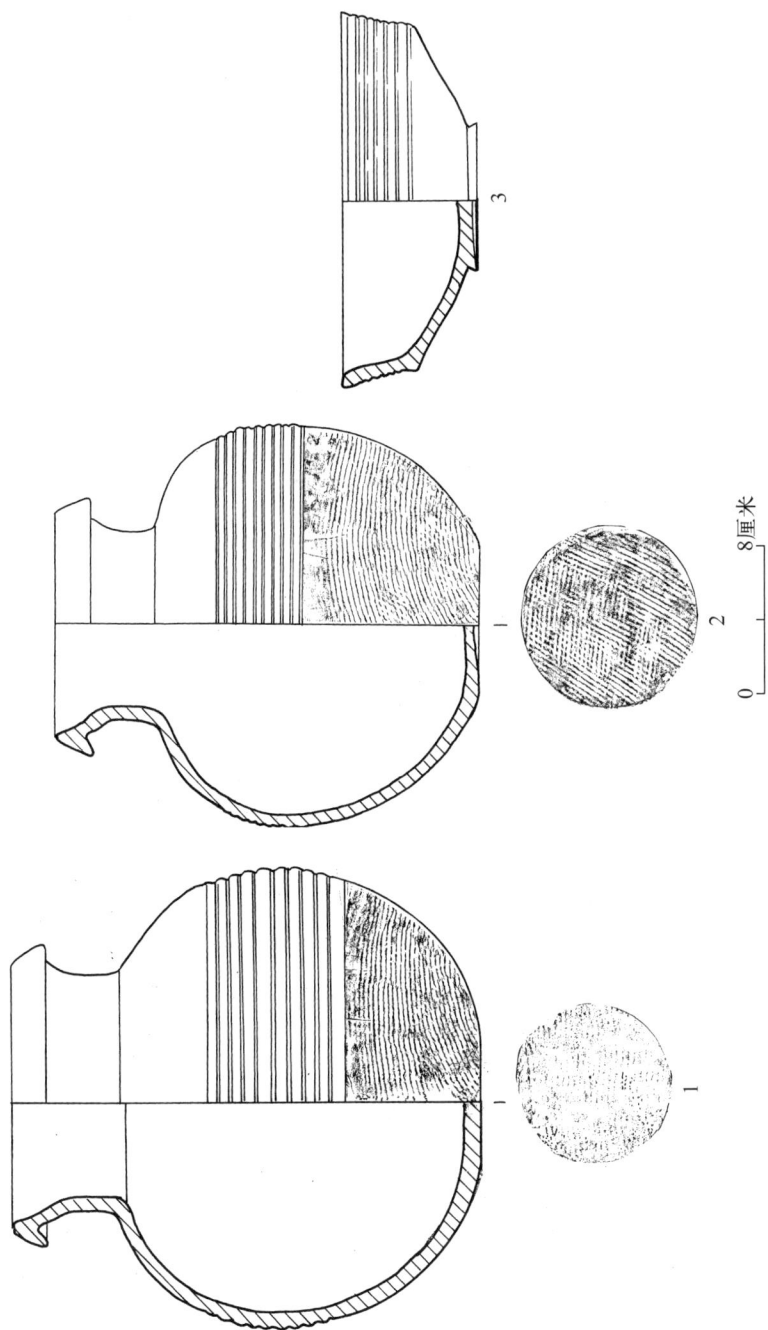

图二三一　M201 出土陶器

1. 陶罐（M201：3）　2. 陶罐（M201：2）　3. 陶盒（M201：1）

一一二、M203

1. 墓葬形制

M203位于发掘区Ⅰ区西部，T1209内东北角，西邻M45，南部被现代坑打破。开口于④层下，墓口距地表4.2米。南北向，方向5°。为长方形竖穴土圹单室墓，南北长2.34米，宽1米，墓底距墓口1.9米。四壁整齐竖直，墓底较平。内填黄褐色花土，土质较硬致密，竖夯夯筑，夯层深1.2米，每层厚约0.09～0.11米，夯窝直径约0.05～0.08米（图二三二）。

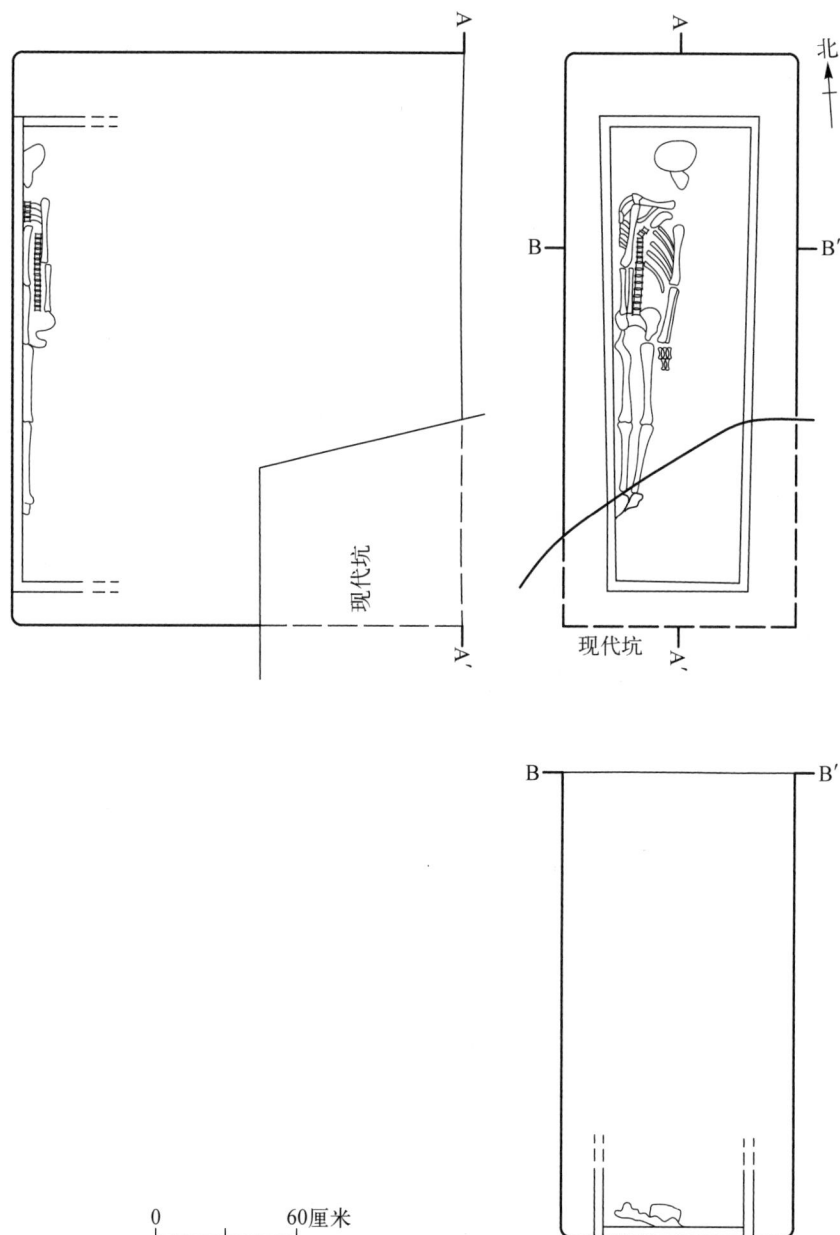

图二三二　M203平、剖面图

葬具为木棺,腐朽严重,仅存朽痕。棺痕平面呈长方形,略挤压变形,南北长1.84米,宽0.6米,残高0.28米,板痕厚约0.04米。棺内葬人骨架一具,保存较好,头向北,面向东,为侧身直肢葬,骨架长约1.5米,女性,年龄约35岁。

2. 出土器物

无。

一一三、M204

1. 墓葬形制

M204位于发掘区Ⅰ区西部,T1209内西北角,东邻M44。开口于④层下,墓口距地表4.2米。南北向,方向15°。为长方形竖穴土圹单室墓,南北长2.4米,宽1米,墓底距墓口1.9米。四壁整齐竖直,经过加工抹光,墓底较平。内填黄褐色花土,土质疏松(图二三三)。

葬具为一椁一棺,木质,腐朽严重,仅存朽痕。椁痕平面呈长方形,南北长2.4米,宽0.84米,残高0.36米,板痕厚约0.02~0.04米;棺痕平面呈长方形,南北长1.85米,宽0.5米,残高0.36米,板痕厚约0.02~0.04米。棺内葬人骨架一具,保存一般,头向北,面向西,为仰身直肢葬,骨架长约1.66米,女性,年龄约35岁。

2. 出土器物

出土器物1件,放置于椁内,木棺外北侧。

陶盒　1件。泥质灰陶,轮制,火候高。标本M204:1,敞口,浅折腹,下腹曲收,小平底。上腹饰凹弦纹,内壁轮痕清晰。口径21.8厘米,底径8.4厘米,通高8.2厘米(图二三四)。

一一四、M206

1. 墓葬形制

M206位于发掘区Ⅰ区西部,T1309内西北角,西南被M205打破。开口于④层下,墓口距地表4.2米。南北向,方向10°。为长方形竖穴土圹单室墓,口部南北长4.2米,宽2.9米,底部南北长3.1米,宽1.26米,墓底距墓口3.8米。口大底小,四壁整齐较斜,经过加工抹光,墓底较平。内填黄褐色花土,土质较硬,竖夯夯筑,夯层深3米,每夯层厚约0.1~0.12米,夯窝直径约0.03~0.06米(图二三五;彩版一三,3)。

葬具为一椁一棺,木质,腐朽严重,仅存朽痕。椁痕平面呈长方形,南北长3.16米,宽1米,残高0.6米,板痕厚约0.06米;棺痕平面呈长方形,南北长2.12米,宽0.94米,残高0.48米,板痕厚约0.04米。棺内葬人骨架一具,保存较差,凌乱,头向北,面向西,为仰身直肢葬,骨架长约1.62米,男性,年龄约40岁。

2. 出土器物

出土器物5件,放于椁内,木棺外北侧。

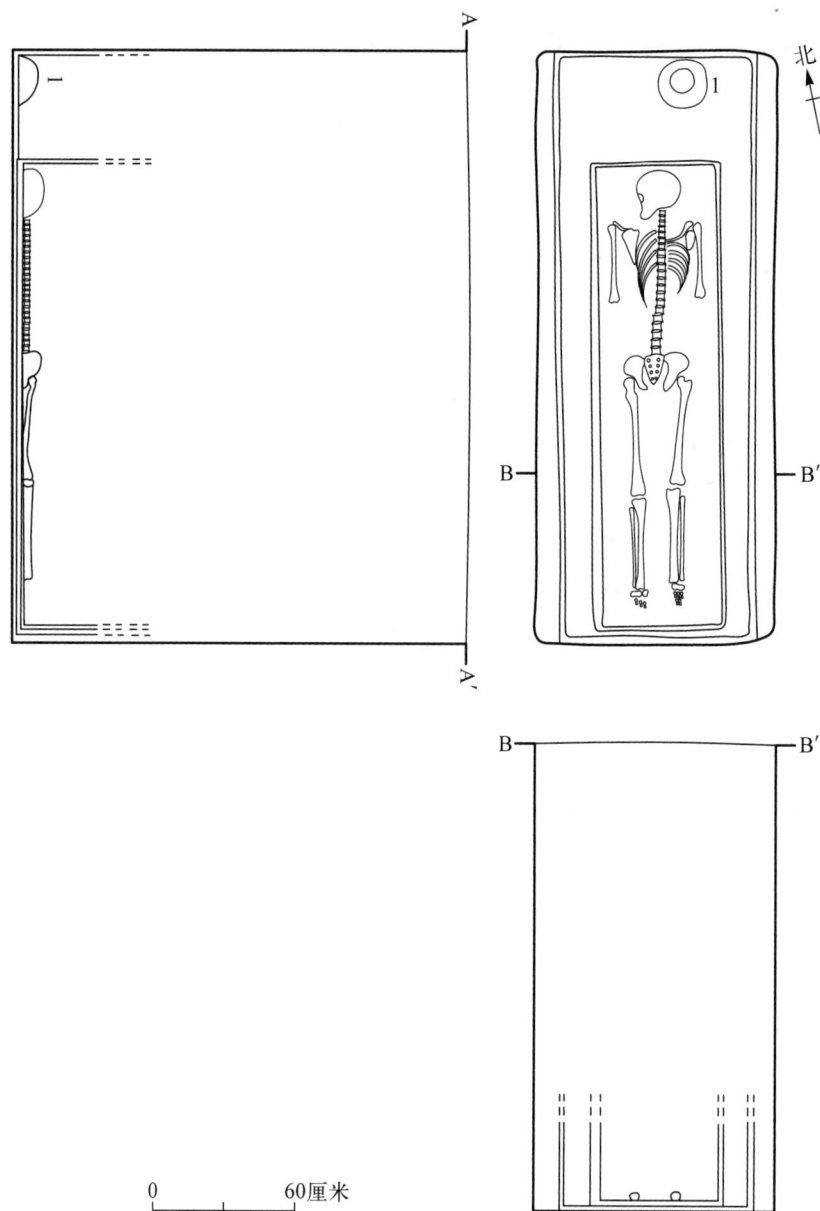

图二三三　M204平、剖面图

1. 陶盒

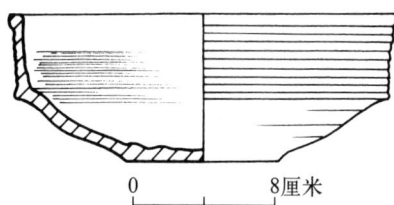

图二三四　M204出土陶盒（M204：1）

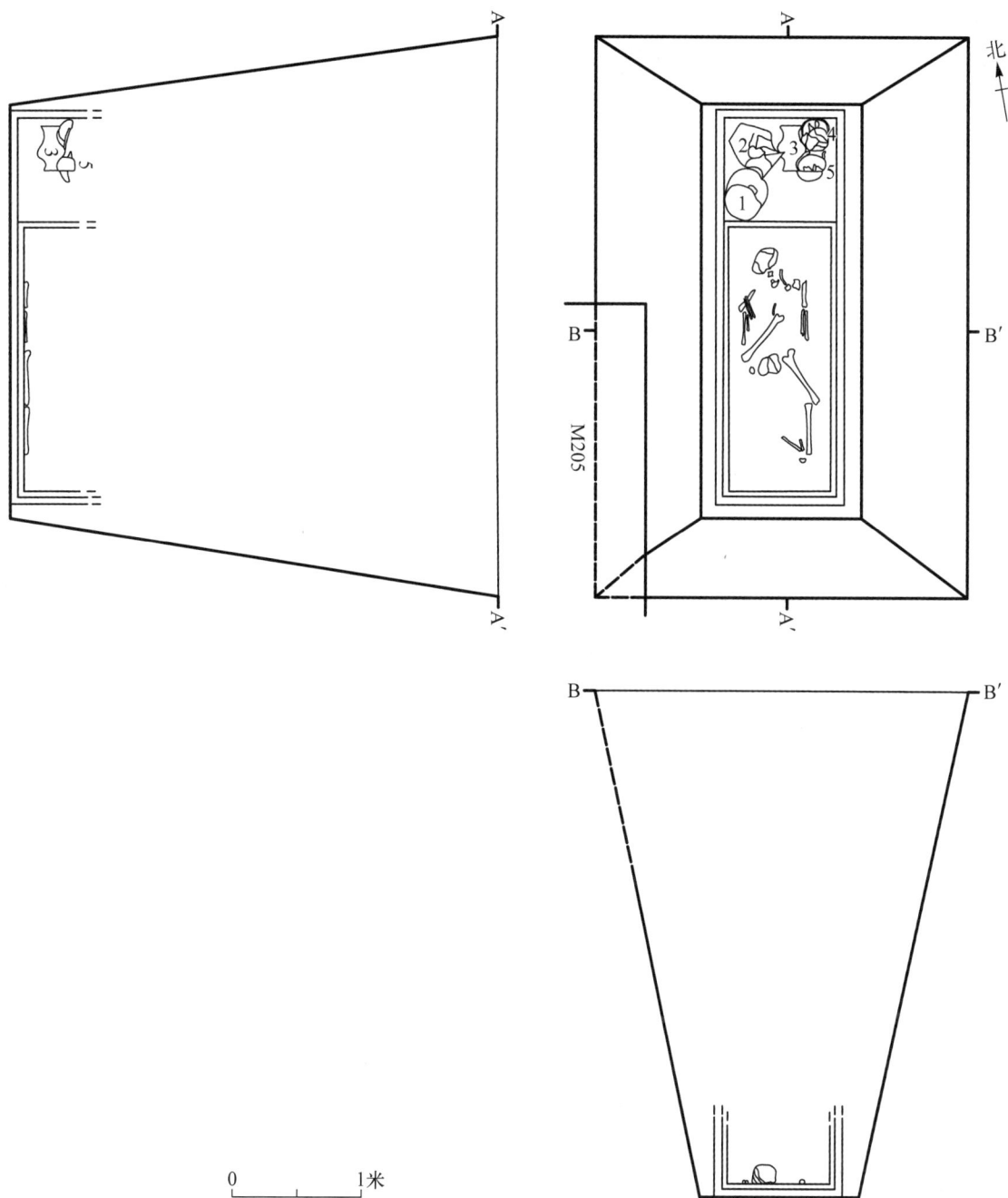

图二三五　M206平、剖面图

1. 陶罐　2. 陶罐　3. 陶壶　4. 陶盒　5. 陶鼎

陶罐　2件。标本M206：1，泥质灰陶，手轮兼制，火候高。敞口，折沿，方唇，矮束颈，丰肩，鼓腹弧收，小平底。肩部饰二周凹弦纹，上腹饰间隔绳纹，中腹至底压印绳纹。口径28.4厘米，腹径33.6厘米，底径11.2厘米，通高35.4厘米（图二三六，1；彩版七四，6）。标本M206：2，泥质灰陶，手轮兼制，火候高。侈口，折沿，方唇，矮束颈，丰肩，鼓腹弧收，中腹以下残缺。上腹饰间隔绳

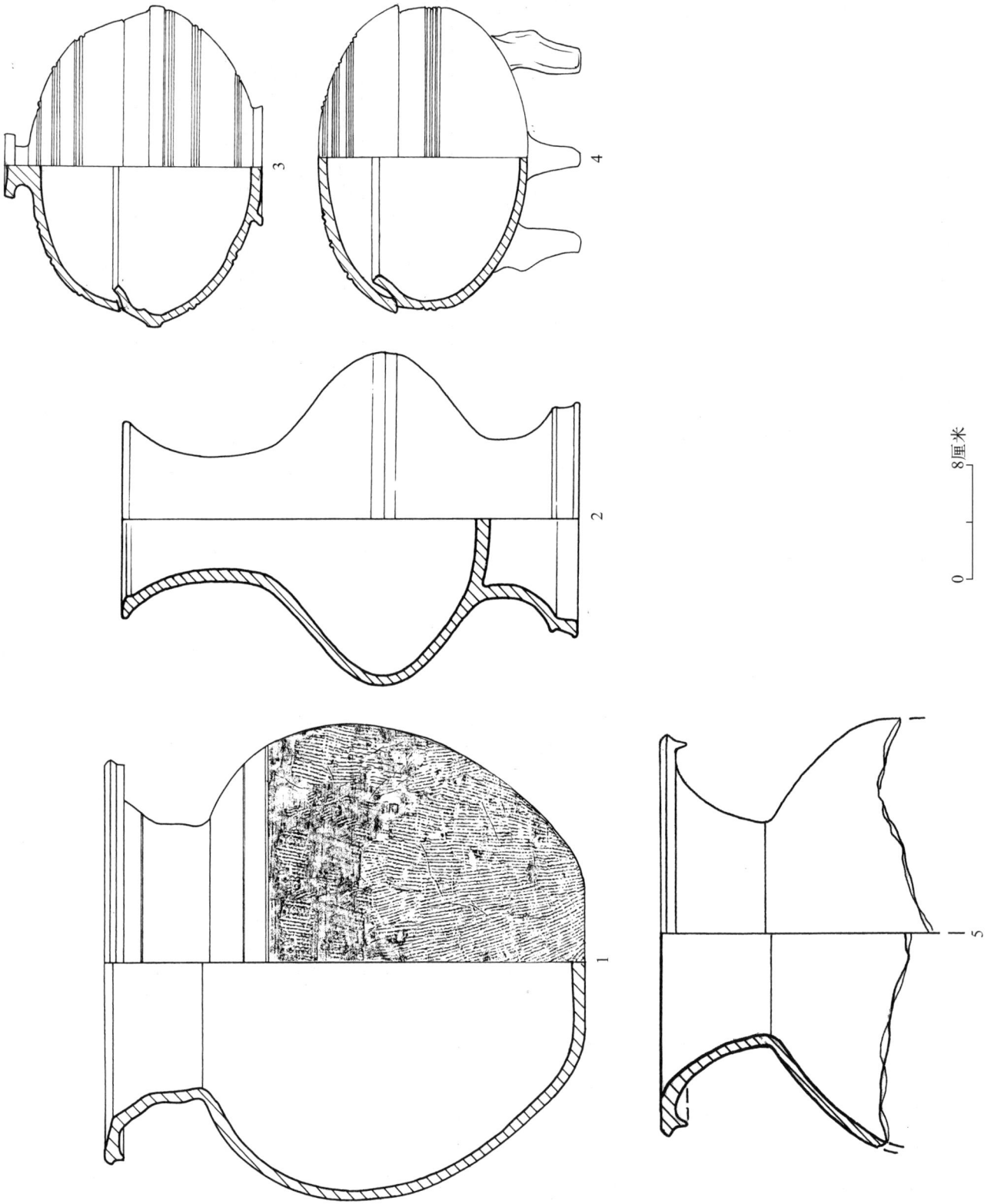

图二三六　M206 出土陶器

1. 陶罐（M206∶1）　2. 陶壶（M206∶3）　3. 陶盒（M206∶4）　4. 陶鼎（M206∶5）　5. 陶罐（M206∶2）

纹。口径30厘米,腹径31.7厘米,残高16厘米(图二三六,5)。

陶壶　1件。泥质灰陶,轮制,火候高。标本M206∶3,敞口,长束颈,鼓腹弧收,高圈足。中腹饰三周凹弦纹。口径13.6厘米,腹径23.8厘米,底径16.6厘米,通高33.6厘米(图二三六,2)。

陶盒　1件。标本M206∶4,泥质灰陶,轮制,火候高。敛口,鼓腹弧收,矮圈足。腹径最大处饰一道凸棱,腹部饰凹弦纹。盖敞口,弧形顶,顶中部圆钮座,腹壁饰凹弦纹。口径20.6厘米,腹径22.6厘米,底径8.4厘米,通高18.6厘米(图二三六,3)。

陶鼎　1件。标本M206∶5,泥质灰陶,手轮兼制,火候高。敛口,浅弧腹,圜底,底附三兽蹄形足。覆钵形器盖,敞口,弧形顶,腹壁饰凹弦纹。口径20.8厘米,通高19.4厘米(图二三六,4)。

一一五、M209

1. 墓葬形制

M209位于发掘区Ⅰ区西北部,T1509内东部,北邻M210,西邻M208。开口于④层下,墓口距地表4.2米。南北向,方向7°。为长方形竖穴土圹单室墓,土圹南北长2.1米,宽0.6米,墓底距墓口0.6米。四壁整齐,经过加工抹光,底部较平。内填黄褐色花土,土质较硬(图二三七)。

葬具为木棺,腐朽严重,仅存朽痕。棺痕平面呈长方形,南北长1.7米,宽0.48~0.5米,残高0.2米,板痕厚约0.03米。棺内葬人骨架一具,保存一般,头向北,面向东,为仰身屈肢葬,右手放于盆骨上,下肢曲缩于大腿骨旁,骨架长1.3米,女性,年龄约16岁。

2. 出土器物

无。

一一六、M210

1. 墓葬形制

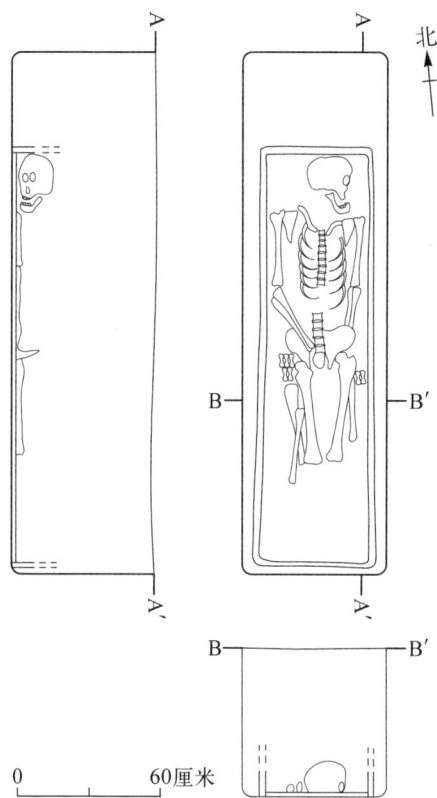

图二三七　M209平、剖面图

M210位于发掘区Ⅰ区西北部,T1509内东北角,南邻M209,西邻M208。开口于④层下,墓口距地表4.2米。东西向,方向95°。为长方形竖穴土圹单室墓,东西长2.8米,南北宽1.2米,墓底距墓口2.2米。四壁整齐,底部较平,在土圹的南壁与东壁拐角处距墓底0.9米处修筑壁龛,进深0.15米,高0.3米。土圹内填黄褐色花土,土质疏松(图二三八;彩版一四,1)。

葬具为木棺,腐朽严重,仅存朽痕。棺痕平面呈长方形,东西长2.17米,宽0.62米,残高0.3米,板痕厚0.04米。棺内葬人骨架一具,保存一般,头向东,面向上,左手压于身下,为仰身直肢葬,男性,年龄约16岁。

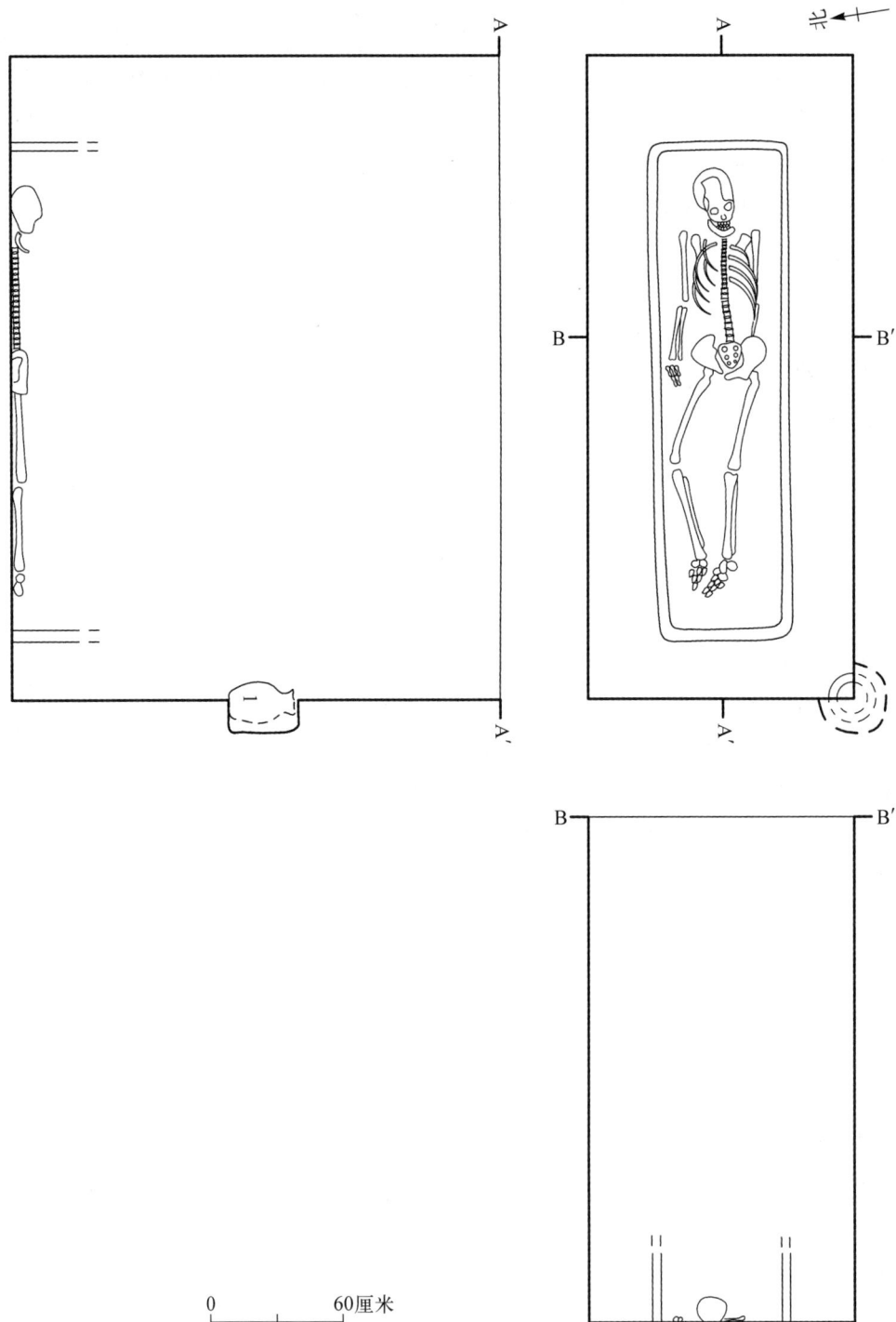

0　　　　　　60厘米

图二三八　M210平、剖面图

1. 陶罐

2. 出土器物

出土器物1件,放置于壁龛内。

陶罐　1件。标本 M210∶1,泥质灰陶,手轮兼制,火候高。敞口,方唇,矮领,溜肩,鼓腹弧收,小平底略上凹。上腹及下腹拍印绳纹,中腹饰间断绳纹。口径11.2厘米,腹径23.6厘米,底径8.2厘米,通高23.8厘米(图二三九;彩版七五,1)。

一一七、M211

1. 墓葬形制

M211位于发掘区Ⅰ区西北部,T1610内西部,开口于④层下,墓口距地表4.2米。东西向,方向100°。为长方形竖穴土圹单室墓,东西长2.7米,宽0.7~0.8米,墓底距墓口0.4米。西窄东宽,墓壁整齐,墓底较平。内填黄褐色花土,土质较硬,呈块状(图二四〇)。

葬具为木棺,腐朽严重,仅存朽痕。平面呈长方形,挤压变形,东西长2.18米,宽0.64~0.74米,残高0.15米,板痕厚约0.03米。木棺内葬人骨架一具,保存一般,头向东,面向北,为侧身直肢葬,骨架长约1.42米,男性,年龄约20岁。

2. 出土器物

无。

一一八、M212

1. 墓葬形制

M212位于发掘区Ⅰ区西北部,T1510内北部,北邻M223,东邻M221,西邻M31。开口于④层下,墓口距地表4.2米。南北向,方向13°。为长方形竖穴土圹单室墓,南北长2.2米,宽0.6米,墓底距墓口1米。口底同宽,墓壁整齐,墓底较平。内填黄褐色花土,土质较硬,呈块状(图二四一)。

葬具为木棺,腐朽严重,仅存朽痕。平面呈长方形,南北长1.74米,宽0.4~0.5米,残高0.2米,板痕厚约0.03米。棺底铺垫一层厚约0.02米的白灰。棺内葬人骨架一具,保

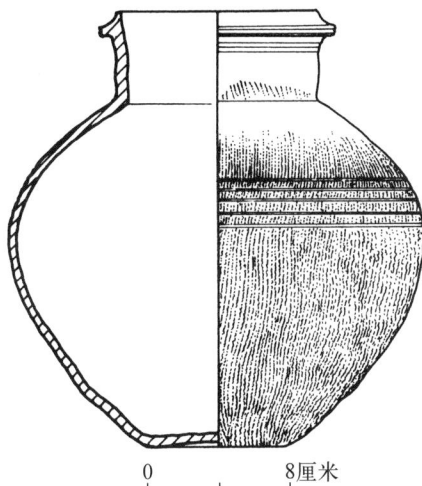

图二三九　M210出土陶罐(M210∶1)

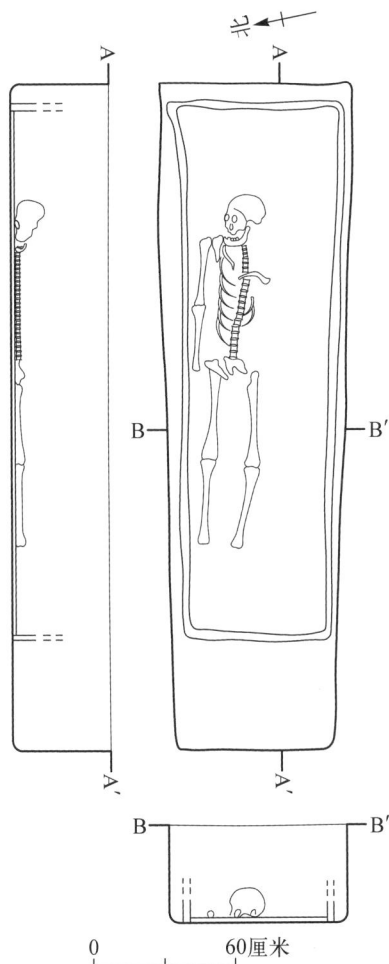

图二四〇　M211平、剖面图

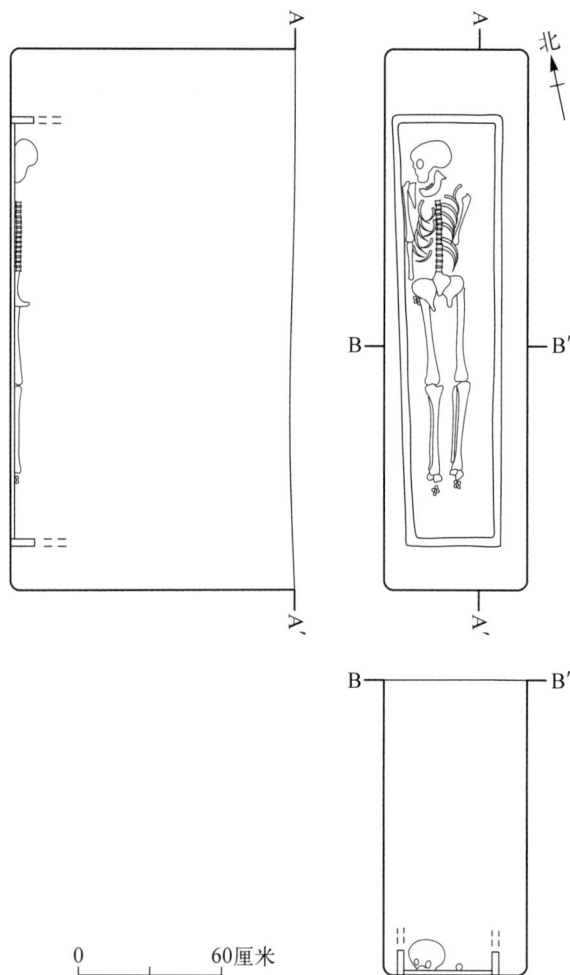

图二四一　M212平、剖面图

存一般，头向北，面向西，为仰身直肢葬，双手压于盆骨下，骨架长约1.47米，女性，年龄约16岁。

2. 出土器物

无。

一一九、M213

1. 墓葬形制

M213位于发掘区Ⅰ区西北部，T1413内东部，南邻M215，西邻M126。开口于④层下，墓口距地表4.2米。南北向，方向3°。为长方形竖穴土圹单室墓，口部南北长3.46米，宽1.4米；底部南北长3.36米，宽1.3米，墓底距墓口2.1米。口大底小，四壁整齐较斜，经过加工抹光，墓底较平。内填黄褐色花土，土质较硬，竖夯夯筑，夯层深1.5米，每层厚0.15～0.18米，夯窝直径约0.03～0.06米（图二四二）。

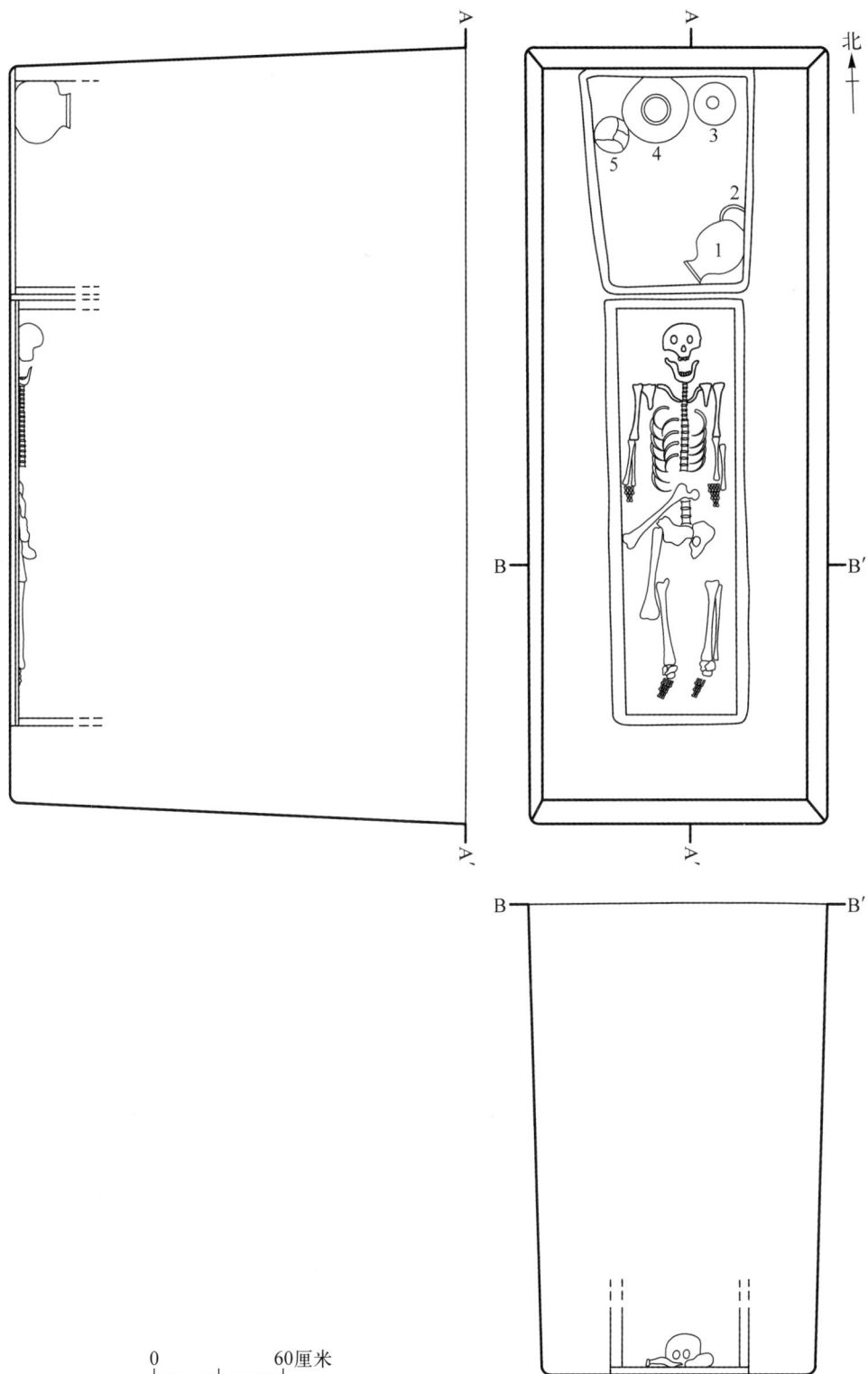

图二四二　M213平、剖面图

1.陶罐　2.陶盆　3.陶鼎　4.陶罐　5.陶盒

葬具为木棺与头箱,腐朽严重,仅存朽痕。头箱位于木棺的北侧,平面呈长方形,挤压变形,南北长1米,宽0.68~0.8米,残高0.3米,板痕厚约0.03米。木棺位于头箱的南端,平面呈长方形,南北长1.92米,宽0.63米,残高0.3米,板痕厚约0.03米,棺底铺垫一层厚约0.02米的白灰。棺内葬人骨架一具,保存一般,头向北,面向上,为仰身直肢葬,骨架长约1.64米,男性,年龄约35岁。

2. 出土器物

出土器物5件,均放置于头箱内。

陶罐　2件。泥质灰陶,手轮兼制,火候高。标本M213:1,直口,方唇,矮束颈,鼓腹弧收,平底。上腹饰凹弦纹,下腹至底拍印绳纹。口径12.8厘米,腹径27.8厘米,底径9.4厘米,通高23.6厘米(图二四三,2;彩版七五,2)。标本M213:4,敞口内敛,束颈,鼓腹弧收,小平底。中腹饰凹弦纹,下腹拍印绳纹。口径12.2厘米,腹径22厘米,底径7.4厘米,通高28厘米(图二四三,1;彩版七五,3)。

陶盆　1件。标本M213:2,泥质灰陶,轮制,火候高。敞口,方圆唇,束颈,鼓腹弧收,小平底。腹部饰凹弦纹,内壁轮痕清晰。口径13.6厘米,底径4.5厘米,通高7厘米(图二四三,3;彩版七五,4)。

陶鼎　1件套。标本M213:3,泥质灰陶,手轮兼制,火候高。敛口,浅弧腹,圜底。口部贴对称双耳,腹部附贴三兽形足,覆钵形器盖。口径15.4厘米,通高15.6厘米(图二四三,4;彩版七五,5)。

陶盒　1件套。标本M213:5,泥质灰陶,轮制,火候高。敛口,鼓腹,斜收,小平底,内壁轮痕清晰,覆盆形器盖。口径13.2厘米,底径6.2厘米,通高10.8厘米(图二四三,5)。

一二〇、M214

1. 墓葬形制

M214位于发掘区Ⅰ区西北部,T1513内东南角,北邻M125。开口于④层下,墓口距地表4.2米。东西向,方向88°。为长方形竖穴土圹单室墓,口部东西长2.34米,宽1.2米;底部东西长2.14米,宽1米,墓底距墓口2.02米。口大底小,四壁整齐内斜,经过加工抹光,底部较平。内填黄褐色花土,土质较硬,竖夯夯筑,夯层深1.3米,每层厚约0.15~0.18米,夯窝直径约0.03~0.05米(图二四四)。

葬具为木棺,腐朽严重,仅存朽痕。棺痕平面呈长方形,略变形,东西长2.06米,宽0.54~0.64米,残高0.2米,板痕厚约0.03米。棺内葬人骨架一具,保存较好,头向东,面向南,为仰身直肢葬,骨架长1.76米,男性,年龄约35岁。

2. 出土器物

无。

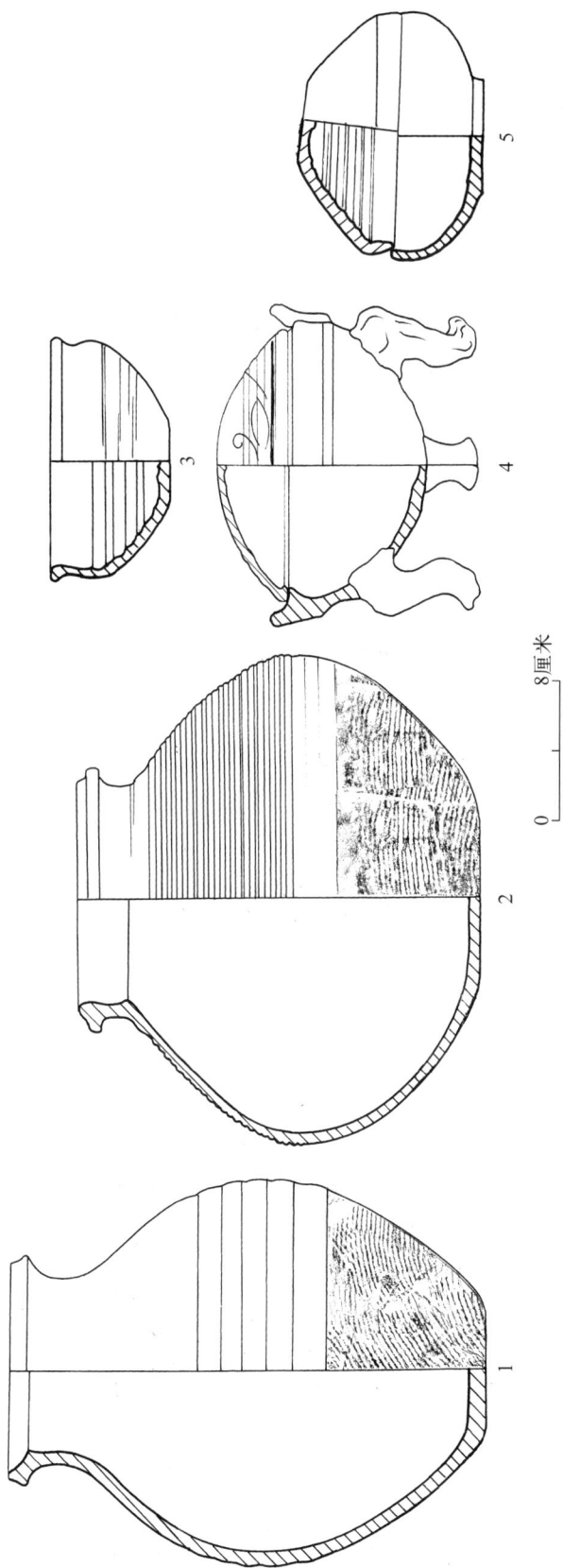

图二四三　M213出土陶器

1. 陶罐（M213：4）　2. 陶罐（M213：1）　3. 陶盆（M213：2）　4. 陶鼎（M213：3）　5. 陶盒（M213：5）

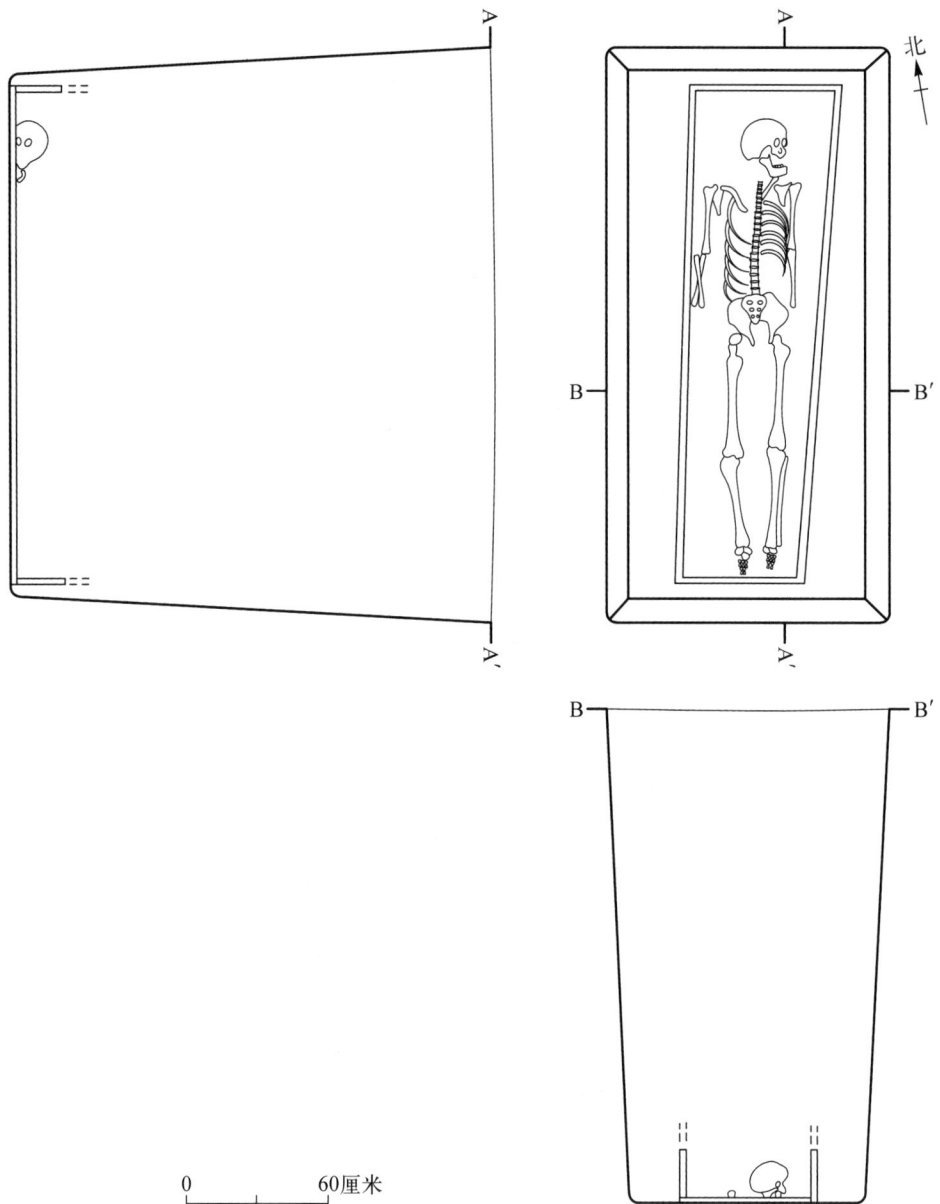

0 ⊢━━━━┤ 60厘米

图二四四　M214平、剖面图

一二一、M215

1. 墓葬形制

M215位于发掘区Ⅰ区西北部，T1313内东北角，北邻M213。开口于④层下，墓口距地表4.2米。南北向，方向0°。为长方形竖穴土圹单室墓，南北长2.6米，宽1.26米，墓底距墓口1.8米。四壁整齐竖直，经过加工抹光，墓底较平，内填黄褐色花土，土质较硬，竖夯夯筑，夯层深1米，每层厚0.15～0.2米，夯窝直径约0.03～0.06米（图二四五）。

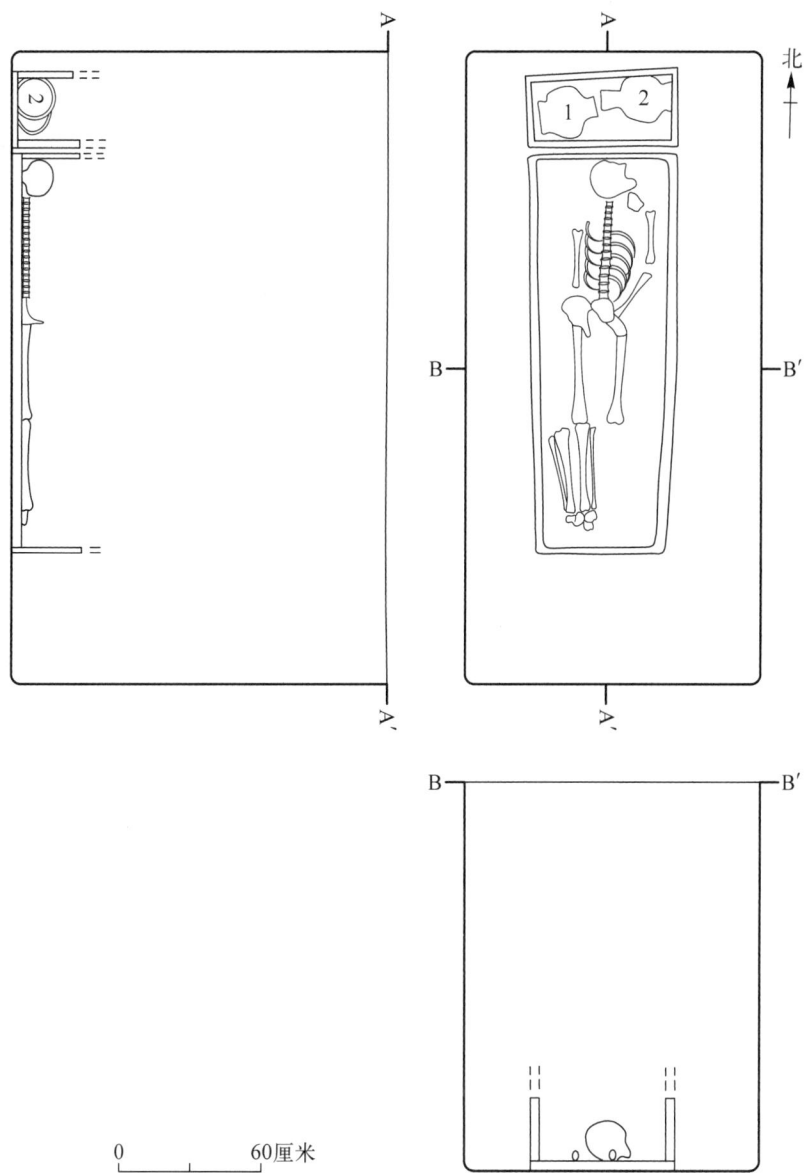

图二四五　M215平、剖面图

1. 陶壶　2. 陶壶

葬具为木棺与头箱，腐朽严重，仅存朽痕。木棺位于头箱的南端，平面呈长方形，南北长1.66米，宽0.56～0.64米，残高0.3米，板痕厚约0.03米。木棺内葬人骨架一具，保存一般，头向北，面向南，为仰身直肢葬，骨架长约1.5米，男性，年龄约35岁。头箱位于木棺的北侧，平面呈长方形，东西长0.64米，宽0.32米，残高0.3米，板痕厚约0.03米。

2. 出土器物

出土器物2件，均放置于头箱内。

陶壶　2件。泥质灰陶，手轮兼制，火候高。标本M215：1，敞口，短折沿，方唇，束颈，圆鼓腹，下弧收，矮圈足，足壁外撇。上腹刻花间隔如意、三角纹。口径13.4厘米，腹径21.4厘米，底径15.4厘米，通高25.6厘米（图二四六，1；彩版七五，6）。标本M215：2，敞口，短折沿，方唇，束颈，圆鼓腹，矮圈足，足外撇。颈部饰两周凸弦纹，上腹饰倒三角纹、如意纹及间隔凹弦纹，颈部内壁饰凹弦纹。口径13.8厘米，腹径21.8厘米，底径13.8厘米，通高28.6厘米（图二四六，2；彩版七六，1）。

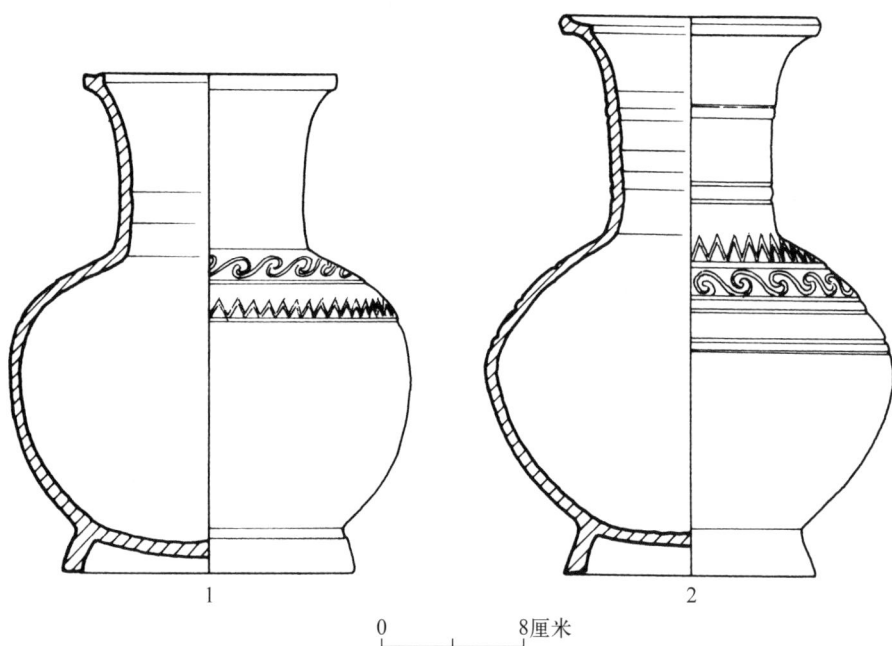

图二四六　M215出土陶壶

1. 陶壶（M215：1）　2. 陶壶（M215：2）

一二二、M217

1. 墓葬形制

M217位于发掘区Ⅰ区西部，T1213东北部，北邻M216。开口于④层下，墓口距地表4.2米。南北向，方向3°。为长方形竖穴土圹单室墓，口部南北长3.2米，宽1.6米；底部南北长3.2米，宽1.3米，墓底距墓口2.8米。口大底小，南北两壁壁整齐较直，东西两壁较斜，四壁经过加工抹光，墓底较平。内填黄褐色花土，土质较硬，竖夯夯筑，夯层深2米，每夯层厚约0.12～0.15米，夯窝直径约0.03～0.05米（图二四七）。

葬具为一椁一棺，木质，腐朽严重，仅存朽痕。椁痕平面呈"亚"字形，南北长2.7米，宽0.9米，残高0.6米，板痕厚约0.04～0.06米。棺痕平面呈长方形，南北长1.98米，宽0.6米，残高0.38米，板痕厚约0.04米。棺内葬人骨架一具，保存一般，较凌乱，头向北，面向不详，为仰身直肢葬，骨架长约1.6米，女性，年龄约25岁。

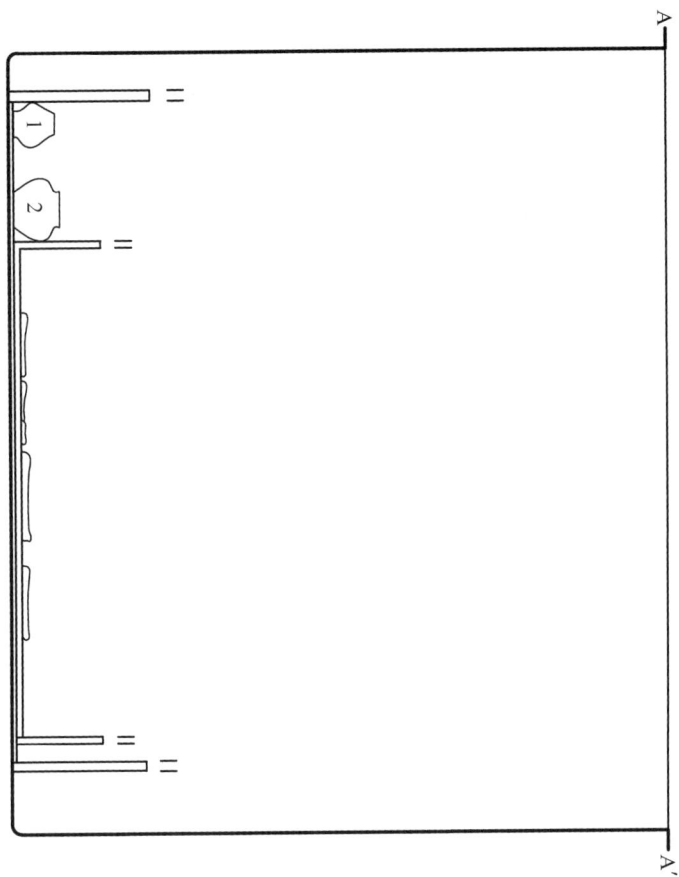

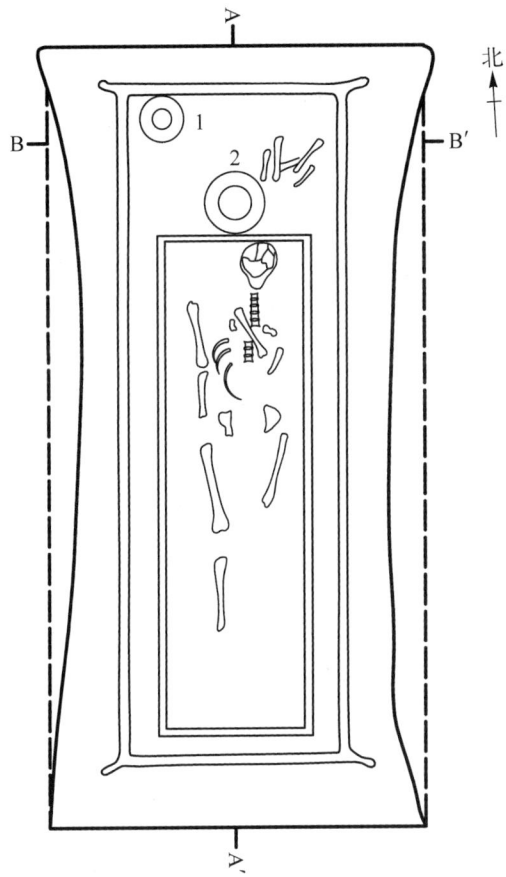

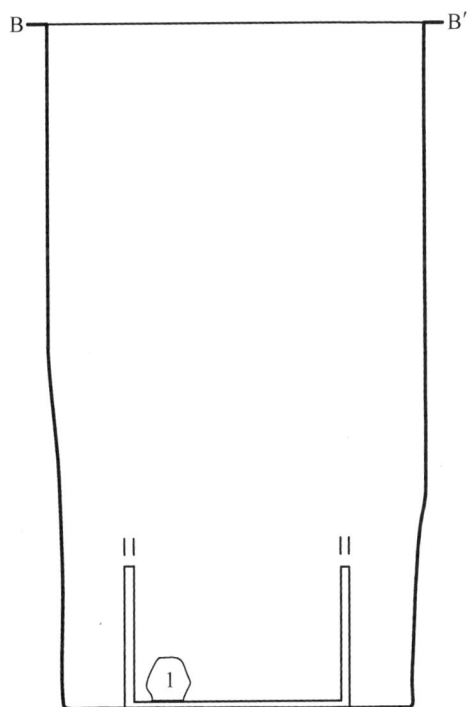

0　　　　60厘米

图二四七　M217平、剖面图

1. 陶罐　2. 陶罐

2. 出土器物

出土器物2件，均放置于椁内棺外的北侧。

陶罐　2件。泥质灰陶，手轮兼制，火候高。标本M217∶1，略变形，敞口，短折沿，方唇，束颈，鼓腹弧收，小平底。上腹饰凹弦纹，下腹压印绳纹。口径12.2厘米，腹径21.2厘米，底径7.6厘米，通高22.8厘米（图二四八，1；彩版七六，2）。标本M217∶2，敛口，矮领，鼓腹弧收，平底。中腹有一周戳印纹，下腹压印绳纹。口径16.4厘米，腹径25.4厘米，底径9.6厘米，通高17.2厘米（图二四八，2；彩版七六，3）。

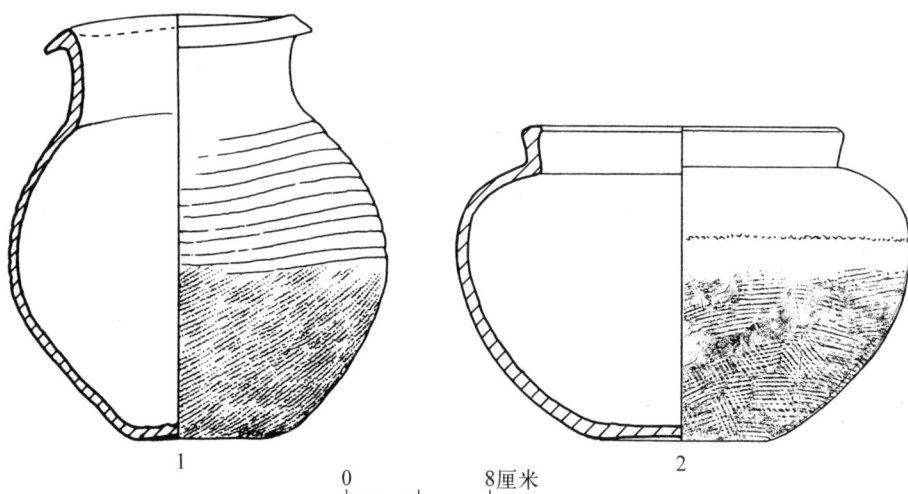

图二四八　M217出土陶器

1. 陶罐（M217∶1）　2. 陶罐（M217∶2）

一二三、M218

1. 墓葬形制

M218位于发掘区Ⅰ区中部偏北，T1317内西部，开口于④层下，墓口距地表4.2米。南北向，方向7°。为长方形竖穴土圹单室墓，南北长3.24米，东西宽1.04米，墓底距墓口1.6米。四壁整齐，底部较平，内填黄褐色花土，土质疏松（图二四九；彩版一四，2）。

葬具为一椁一棺，木质，腐朽严重，仅存朽痕。椁痕平面呈长方形，南北长2.92米，宽0.82米，残高0.24米，板痕厚约0.04米；棺痕平面呈长方形，南北长1.86米，宽0.7米，残高0.24米，板痕厚约0.04米。棺内葬人骨架一具，保存较好，头向北，面向上，为仰身直肢葬，双手略压于盆骨下，身高1.72米，男性，年龄约35岁。

2. 出土器物

出土器物5件，均放置于头箱内。

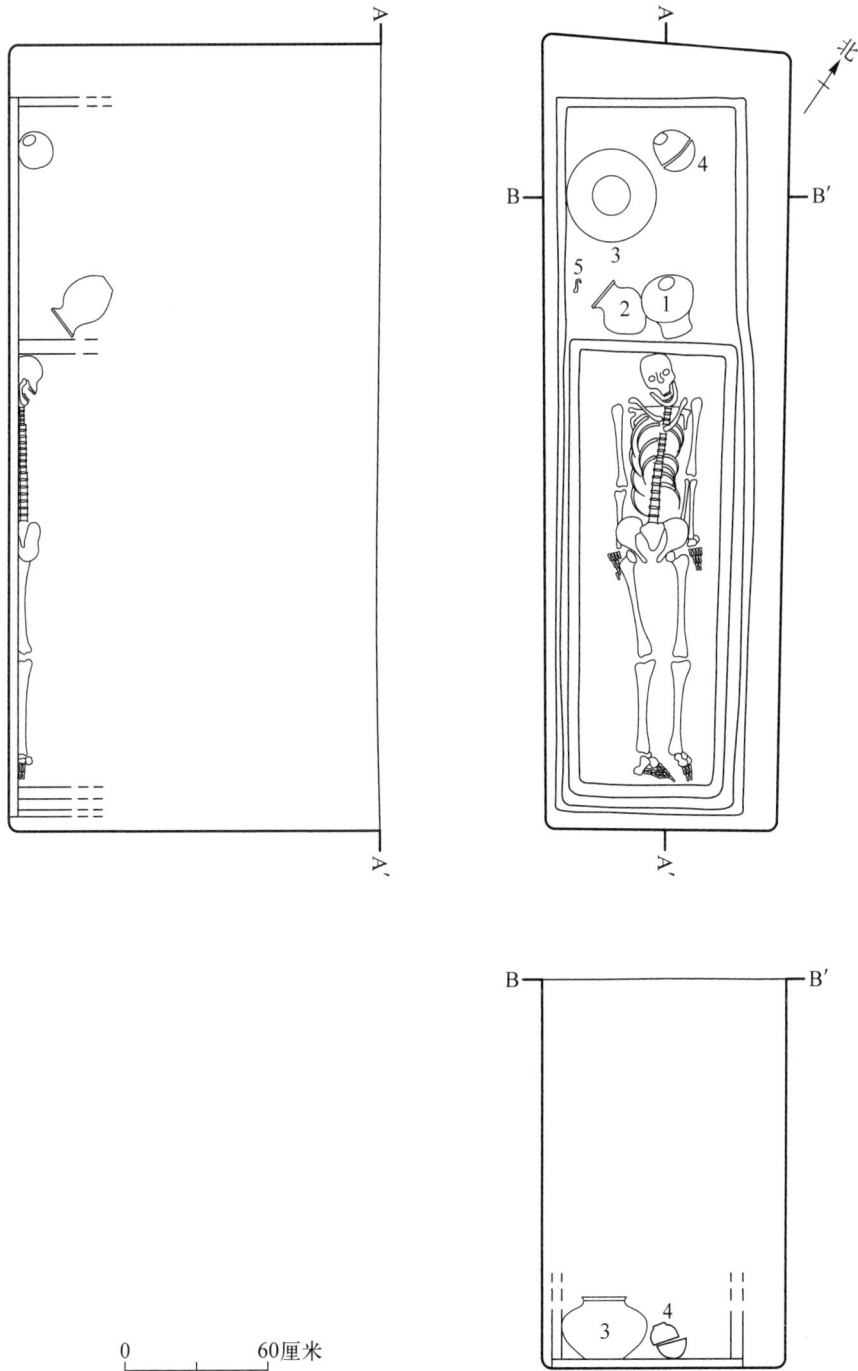

北

B　B'

B　B'

0　60厘米

图二四九　M218平、剖面图

1.陶罐　2.陶罐　3.陶罐　4.铜带钩　5.陶盒

陶罐　3件。泥质灰陶，手轮兼制，火候高。标本M218：1，敞口，折沿，方唇，矮束颈，鼓腹弧收，小平底。中腹饰凹弦纹，下腹至底压印绳纹。口径13.6厘米，腹径22.2厘米，底径6.4厘米，通高27.8厘米（图二五〇，2；彩版七六，4）。标本M218：2，敞口，折沿，方唇，矮束颈，鼓腹弧收，小平底。器表上部饰凹弦纹，下腹至底压印绳纹。口径12.8厘米，腹径20.6厘米，底径6.3厘米，通高26.1厘米（图二五〇，3；彩版七六，5）。标本M218：3，敛口，折沿，方唇，短束颈，鼓腹曲收，平底。上腹及中腹饰凹弦纹，下腹与底压印绳纹。口径17.1厘米，腹径32.2厘米，底径12.6厘米，通高31厘米（图二五〇，1）。

陶盒　1件套（残）。标本M218：4，泥质灰陶，轮制。敞口微敛，浅腹略弧收，平底，腹部饰弦纹。覆盆形器盖。口径13.6厘米，底径6.4厘米，通高14厘米（图二五〇，5；彩版七六，6）。

铜带钩　1件。标本M218：5，范铸，青铜质，钩首弯曲，钩身截面呈半圆形，圆钮。通长15厘米（图二五〇，4；彩版七七，1）。

一二四、M221

1. 墓葬形制

M221位于发掘区Ⅰ区西北部，T1510内北部，北邻M223，东邻M222，南邻M32，西部被M212打破。开口于④层下，墓口距地表4.2米。东西向，方向93°。为长方形竖穴土圹单室墓，东西长3.3米，宽0.6米，墓底距墓口1.2米。四壁整齐竖直，墓底较平。内填黄褐色花土，土质疏松（图二五一）。

葬具为木棺，腐朽严重，仅存朽痕。棺痕平面呈长方形，南北长1.74米，宽0.4～0.5米，残高0.12米，板痕厚约0.02～0.03米。棺内葬人骨架1具，保存较好，头向北，面向西，为仰身直肢葬，骨架长约1.47米，女性，年龄约40岁。

2. 出土器物

出土器物5件，铜钱放于棺内，其余器物放置于棺外的东侧。

陶壶　2件。泥质灰陶，手轮兼制，火候高。标本M221：2，浅盘口内敛，折沿，方唇，长束颈，鼓腹弧收，浅覆盘形圈足。颈与中腹各饰两道凸弦纹，中腹附贴对称兽面铺首。口径16.8厘米，腹径28.6厘米，底径16.2厘米，通高28.2厘米（图二五二，1；彩版七七，2）。标本M221：3，浅盘口，内敛，折沿，方唇，束颈，鼓腹弧收，矮圈足，足壁外撇。颈部与中腹各饰两道凸弦纹，凸弦纹之间描绘彩绘，部分已脱落，中腹附贴对称兽面铺首。口径16.6厘米，腹径27.4厘米，底径13.2厘米，通高35厘米（图二五二，2；彩版七七，3）。

陶罐　1件。标本M221：4，泥质灰陶，手轮兼制，火候高。敛口，折沿，方唇，束颈，鼓腹弧收，小平底。颈部一侧阴刻篆书铭文，字迹不清，上腹饰凹弦纹，中腹有两周戳印纹，下腹至底拍印绳纹。口径16.8厘米，腹径31.8厘米，底径9.1厘米，通高33.6厘米（图二五二，3；彩版七七，4）。

陶鼎　1件。标本M221：5，泥质灰陶，手轮兼制，火候高。敛口，浅弧腹，圜底，口部贴

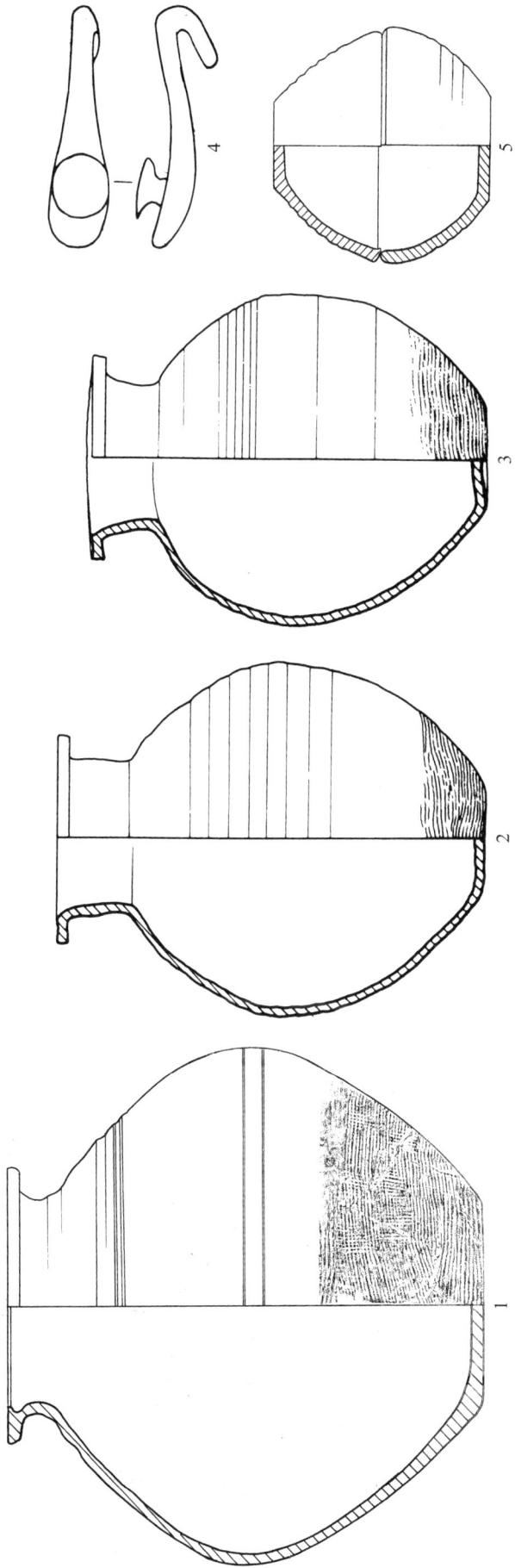

图二五〇 M218出土器物

1. 陶罐（M218：3） 2. 陶罐（M218：2） 3. 陶罐（M218：1） 4. 铜带钩（M218：5） 5. 陶盒（M218：4）

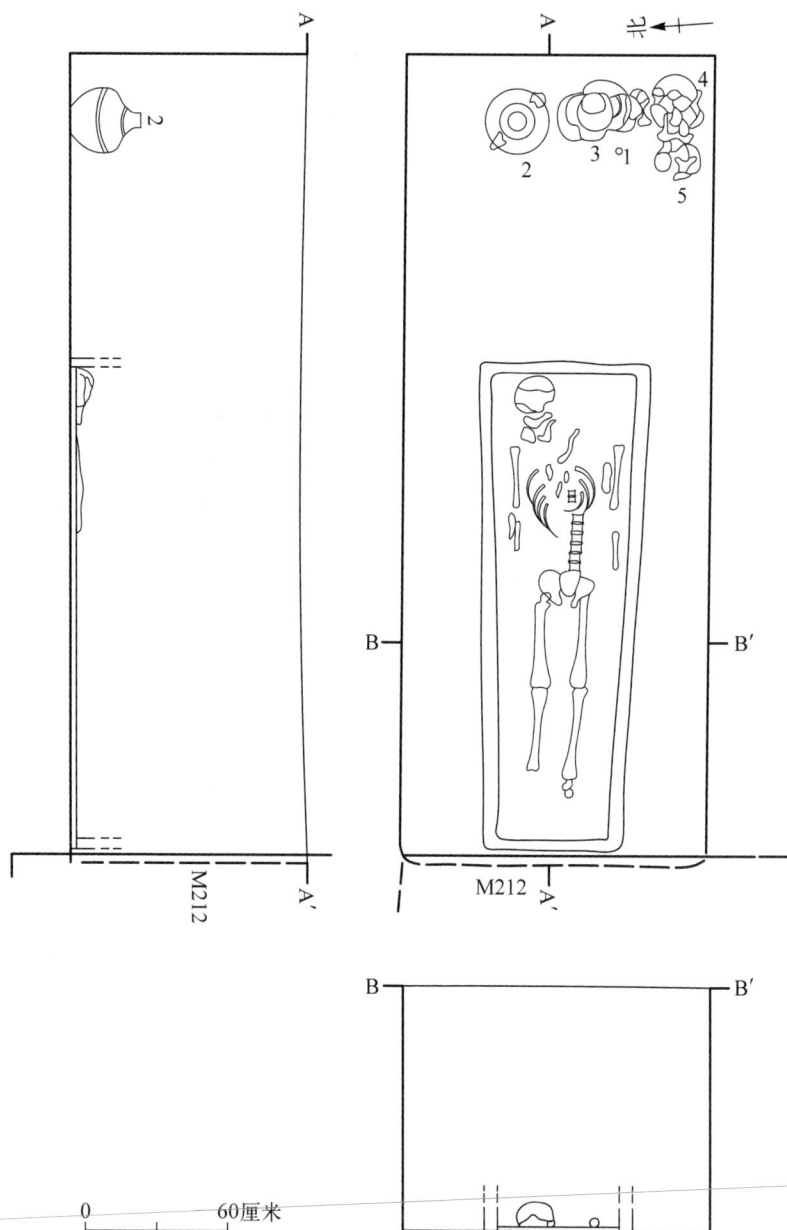

图二五一　M221平、剖面图

1. 铜钱　2. 陶壶　3. 陶壶　4. 陶罐　5. 陶鼎

对称双耳，已残，下腹附贴三兽蹄形足。口径13.2厘米，通高14.6厘米（图二五二，4；彩版七七，5）。

　　铜钱　3枚，形制相同。标本M221：1，圆形方穿，正面穿左右篆书"五铢"二字，"五"字交笔弯曲，"铢"字"金"旁上部三角形，下四点粗短，"朱"旁上横笔方折，下垂笔圆折。正背有郭，郭缘较窄，背穿四角略圆滑。钱径2.55厘米，穿径1厘米，厚0.15厘米（图二五三）。

图二五二　M221出土陶器

1. 陶壶（M221：2）　　2. 陶壶（M221：3）　　3. 陶罐（M221：4）　　4. 陶鼎（M221：5）

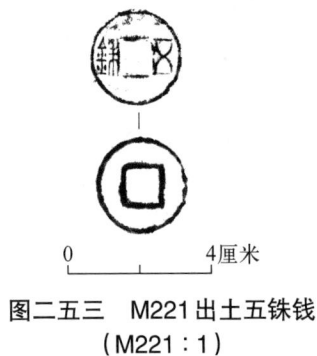

图二五三　M221出土五铢钱
（M221：1）

一二五、M222

1. 墓葬形制

M222位于发掘区Ⅰ区西北部，T1610内东南角，南、西被M32、M221、M223打破。开口于④层下，墓口距地表4.2米。南北向，方向8°。为长方形竖穴土圹单室墓，南北长4.08米，宽1.82米，墓底距墓口2.1米。墓壁整齐较直，墓底较平。内填黄褐色花土，土质较硬，竖夯夯筑，夯层深1.4米，每层厚约0.08～0.12米，夯窝直径约0.05～0.07米（图二五四）。

由于破坏严重，未见葬具及人骨架痕迹。

2. 出土器物

无。

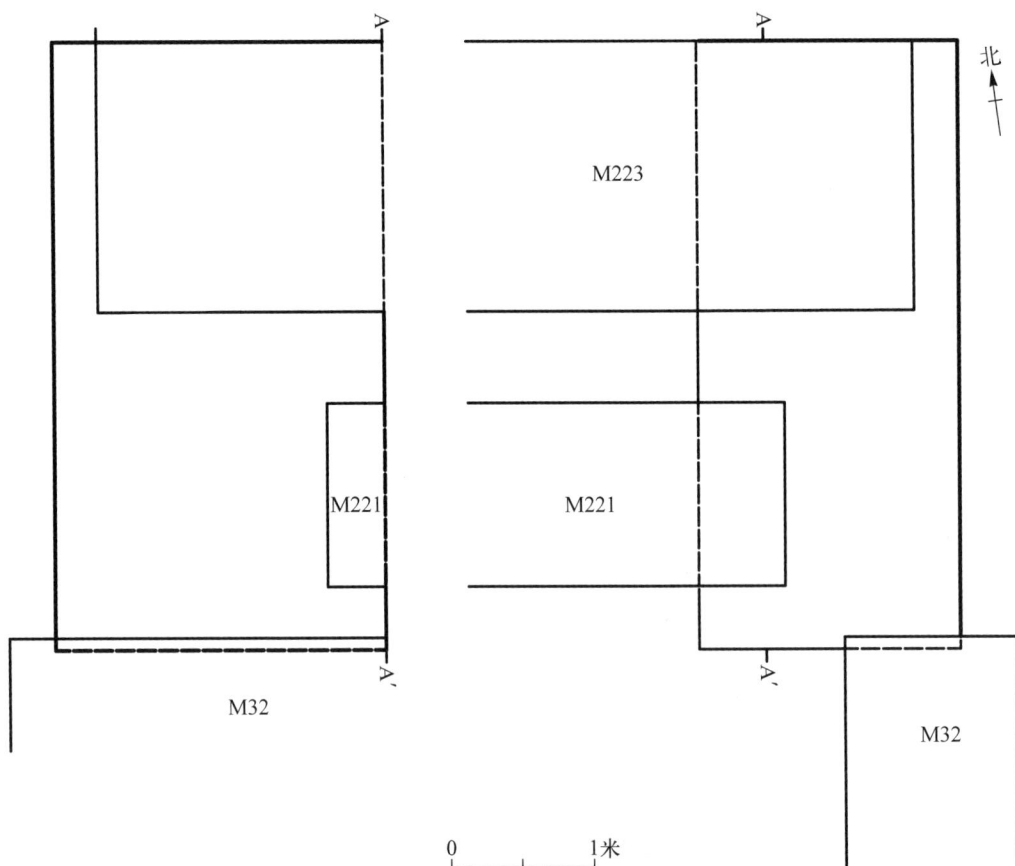

图二五四　M222平、剖面图

一二六、M223

1. 墓葬形制

M223位于发掘区Ⅰ西北部，T1610内南部，东邻M222，南邻M212、M221。开口于④层下，墓口距地表4.2米。东西向，方向97°。为长方形竖穴土圹单室墓，口部东西长4.24米，宽1.83米；底部东西长4.02米，宽1.76米，墓底距墓口2.54米。口大底小，四壁整齐稍斜，经过加工抹光，墓底较平，内填黄褐色花土，土质较硬，竖夯夯筑，夯层深1.8米，每夯层厚约0.12～0.15米，夯窝直径约0.03～0.05米（图二五五）。

图二五五　M223平、剖面图

1.彩绘陶壶　2.彩绘陶壶　3.陶鼎　4.陶盒

葬具为一椁一棺，木质，腐朽严重，仅存朽痕。椁痕平面呈"亚"字形，东西长3.6米，宽1.08米，残高0.44米，板痕厚约0.04～0.06米。棺痕平面呈长方形，上部存留部分盖板，东西长2.1米，宽0.7米，残高0.4米，板痕厚约0.04～0.08米。棺内葬人骨架一具，保存一般，头向东，面向北，为仰身直肢葬，脊椎扭曲变形，骨架长约1.54米，男性，年龄约45岁。

2. 出土器物

出土器物4件，均放置于椁内棺外的北侧。

彩绘陶壶　2件（套）。泥质灰陶，手轮兼制，火候高。标本M223：1，盘口内敛，尖圆唇，束颈，鼓腹弧收，矮圈足，覆钵形器盖。颈部、腹、足各饰两周凸弦纹，器表涂红彩绘，部分脱落。中腹附贴对称兽面铺首。口径15.6厘米，腹径29.2厘米，底径14.6厘米，通高41.6厘米（图二五六，1；彩版七七，6）。标本M223：2，盘口内敛，方圆唇，束颈，鼓腹弧收，矮圈足，覆钵形器盖。颈部、腹、足各饰两周凸弦纹，器表涂红彩绘，部分脱落。中腹附贴对称兽面铺首。口径14.8厘米，腹径27.6厘米，底径14.2厘米，通高40.2厘米（图二五六，2）。

陶鼎　1件套。泥质灰陶，手轮兼制，火候高。标本M223：3，敛口，浅弧腹，圜底，口部贴对称双耳，耳口外折，中部有凹槽，下腹附贴三兽形足，覆钵形器盖。口径20.6厘米，通高17.4厘米（图二五六，4）。

陶盒　1件。标本M223：4，泥质灰陶，手轮兼制，火候高。敛口，浅腹弧收，小平底，覆钵形器盖，器表描绘红彩绘。口径19.2厘米，底径9.2厘米，通高13.2厘米（图二五六，3；彩版七八，1）。

一二七、M228

1. 墓葬形制

M228位于发掘区Ⅰ区西部，T1110内东北部，北邻M227，南邻南邻M229。开口于④层下，墓口距地表4.2米。南北向，方向10°。为长方形竖穴土圹单室墓，南北长2.2米，宽0.8米，墓底距墓口1.3米。墓壁整齐竖直，墓底较平。内填黄褐色花土，土质疏松，湿软（图二五七）。

葬具为木棺，腐朽严重，仅存朽痕。棺痕平面呈长方形，南北长1.98米，宽0.58米，残高0.2米。棺内葬人骨架一具，保存一般，头向北，面向西，为仰身直肢葬，左手放于盆骨下，骨架长约1.76米，男性，年龄约24岁。

2. 出土器物

无。

一二八、M229

1. 墓葬形制

M229位于发掘区Ⅰ区西部，T1110内中部，北邻M228，南邻M199。开口于④层下，墓口距地

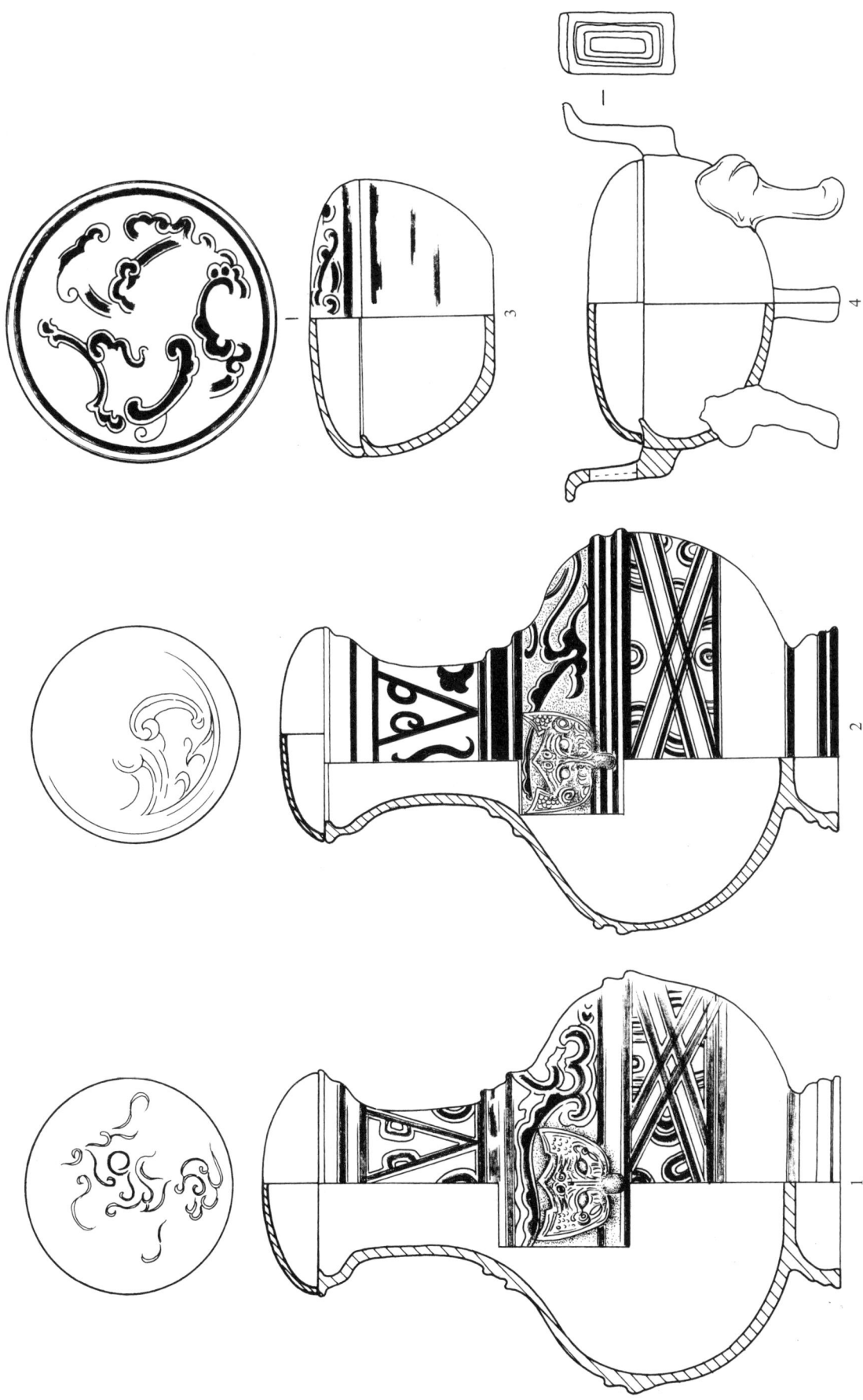

图二五六　M223 出土陶器

1. 彩陶壶（M223：1）　　2. 彩陶壶（M223：2）　　3. 陶盒（M223：4）　　4. 陶鼎（M223：3）

0　　　　2　　　　4　　　　8厘米

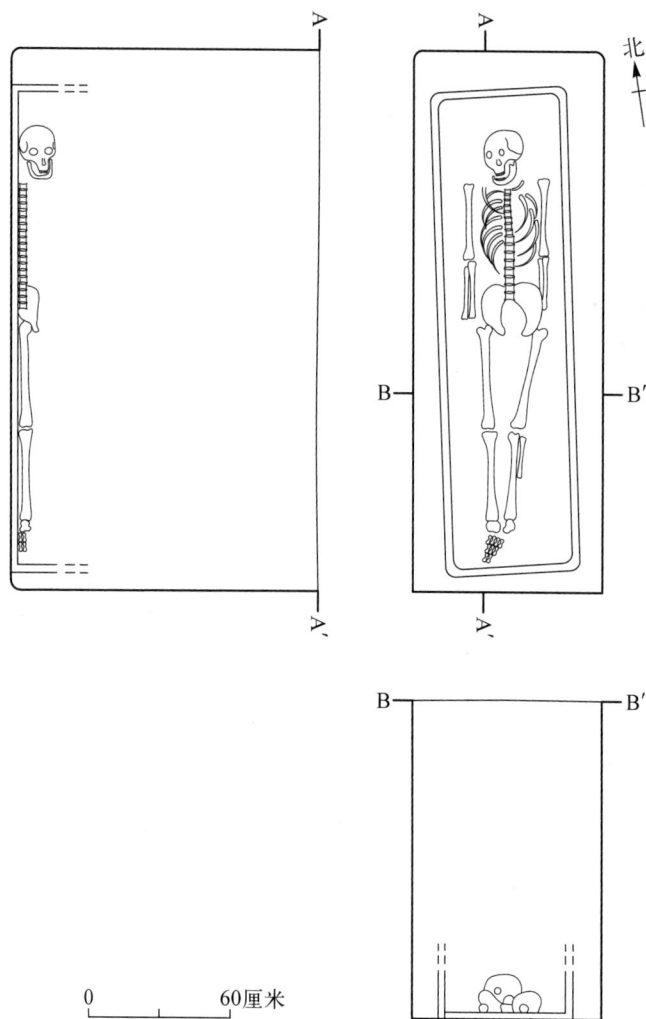

图二五七　M228平、剖面图

表4.2米。东西向，方向95°。为竖长方形穴土圹单室墓，东西长2.7米，宽0.7米，墓底距墓口1.2米。四壁整齐竖直，经过加工抹光，墓底较平。内填黄褐色花土，土质较硬，竖夯夯筑，夯层深0.4米，每夯层厚约0.1～0.12米，夯窝直径约0.03～0.05米（图二五八）。

葬具为一头箱一棺，木质，腐朽严重，仅存朽痕。头箱平面呈长方形，东西长0.63～0.65米，宽0.64米，残高0.2米，板痕厚约0.03米；棺痕平面呈长方形，东西长1.83米，宽0.45米，残高0.2米，板痕厚约0.03米。棺内葬人骨架1具，保存较差，头向东，面向不详，为仰身直肢葬，骨架残长约1.28米，男性，年龄约35岁。

2. 出土器物

出土器物3件，均放置于头箱内。

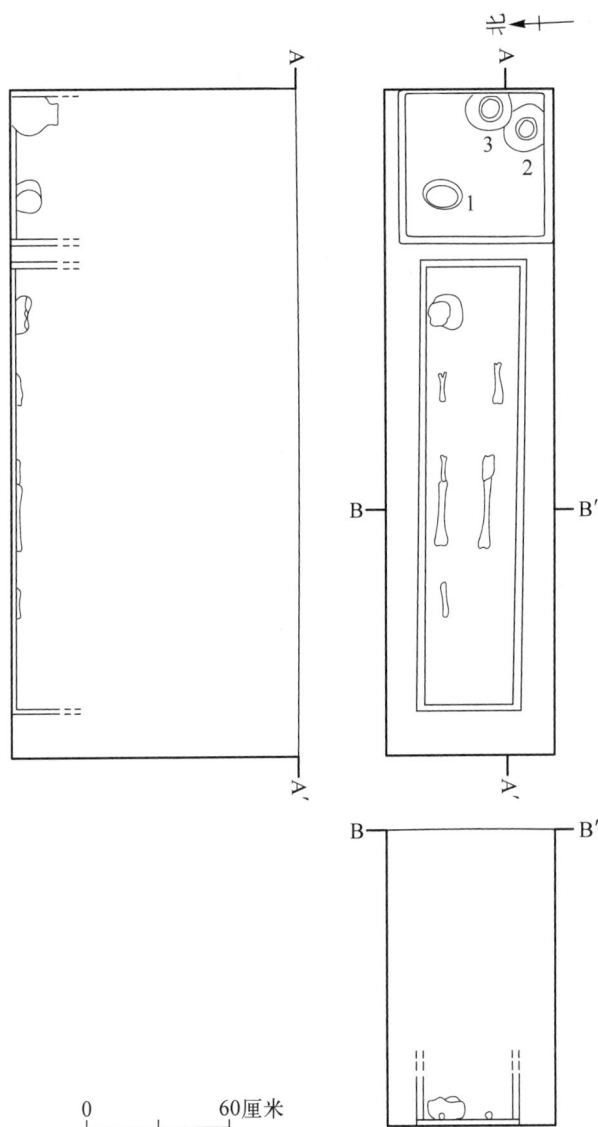

图二五八 M229平、剖面图

1.陶盒 2.陶罐 3.陶罐

陶盒 1件。标本M229∶1，泥质灰陶，轮制，火候高。敛口，浅腹弧收，小平底，下腹见刮胎痕。口径12.6厘米，底径6厘米，高6厘米（图二五九，3；彩版七八，2）。

陶罐 2件。泥质灰陶，手轮兼制，火候高。标本M229∶2，敞口，折沿，方唇，唇内有一道凹槽，矮束颈，鼓腹曲收，小平底。中腹饰凹弦纹，下腹至底压印绳纹。口径11.8厘米，腹径20.2厘米，底径6.6厘米，高24.2厘米（图二五九，1；彩版七八，3）。标本M229∶3，敞口，折沿，方唇，唇内有一道凹槽，矮束颈，鼓腹曲收，小平底略上凹。上腹饰凹弦纹，下腹至底压印绳纹。口径11.4厘米，腹径21.6厘米，底径6.2厘米，高24.2厘米（图二五九，2）。

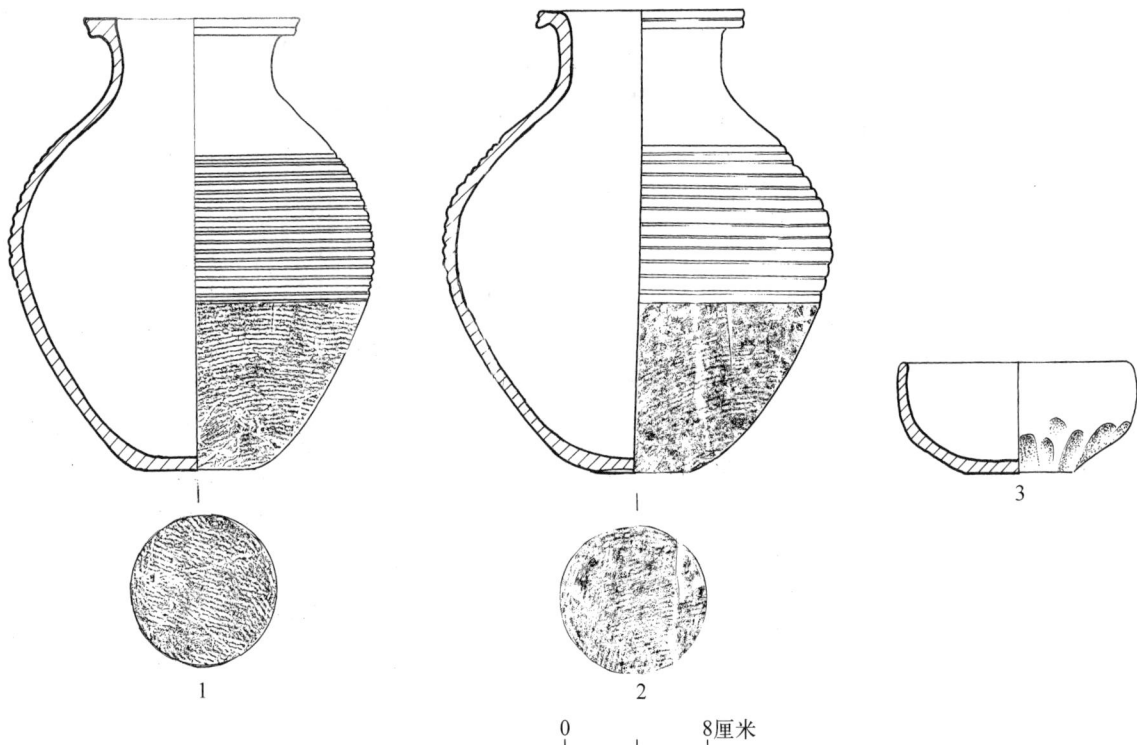

图二五九　M229出土陶器

1. 陶罐（M229：2）　2. 陶罐（M229：3）　3. 陶盒（M229：1）

一二九、M230

1. 墓葬形制

M230位于发掘区Ⅰ区西部，T1111内西北部，北邻M69，东部被M196打破。开口于④层下，墓口距地表4.2米。南北向，方向2°。为长方形竖穴土圹单室墓，南北长2.4米，宽0.92～1米，墓底距墓口2.4米。四壁整齐竖直，经过加工抹光，墓底较平。内填黄褐色花土，土质疏松（图二六〇）。

葬具为一椁一棺，木质，腐朽严重，仅存朽痕。椁痕平面呈长方形，南北长0.66米，宽0.28米，残高0.2米，板痕厚约0.02米；棺痕平面呈长方形，南北长1.74米，宽0.38～0.44米，残高0.2米，板痕厚约0.02米。棺内葬人骨架一具，保存一般，头向北，面向东，为侧身直肢葬，双手压于盆骨下，女性，年龄约30岁。

2. 出土器物

出土器物1件，放于椁内棺外的北侧。

陶罐　1件。标本M230：1，泥质灰陶，手轮兼制，火候高。敞口，短折沿，方唇，矮束颈，鼓腹弧收，小平底略上凹。颈下至中腹饰四周凹弦纹，下腹至底压印绳纹。口径12.2厘米，腹径21.8

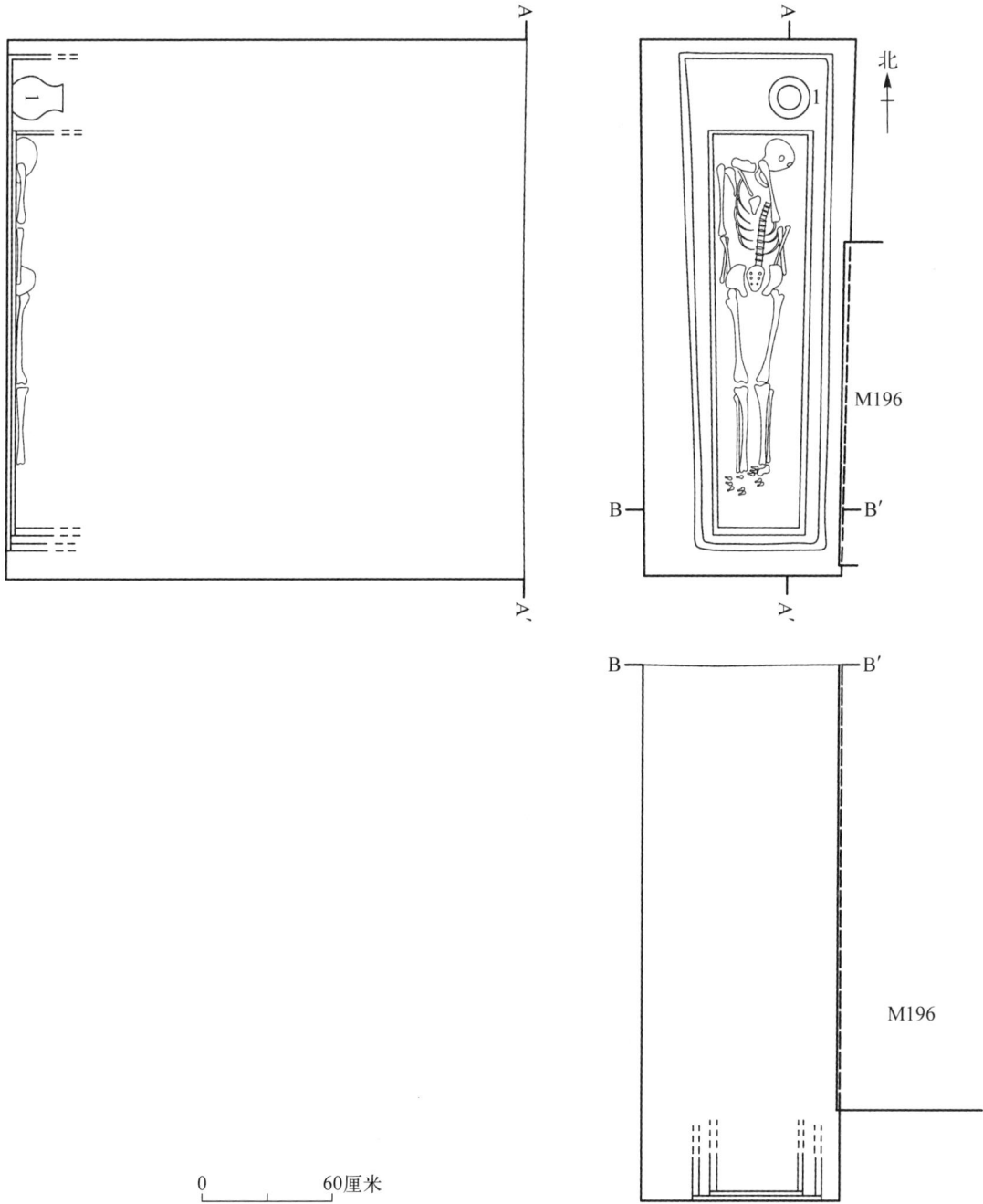

图二六〇　M230平、剖面图

1. 陶罐

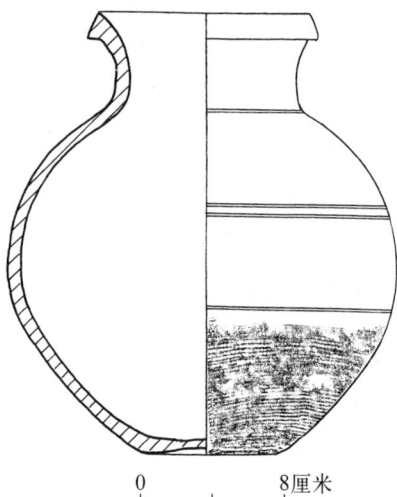

图二六一　M230出土陶罐
（M230 : 1）

厘米，底径7.6厘米，高24.2厘米（图二六一；彩版七八，4）。

一三〇、M231

1. 墓葬形制

M231位于发掘区Ⅰ区中部偏南，T0808内东北角，东邻M87，被M86打破。开口于④层下，墓口距地表4.2米。南北向，方向5°。为长方形竖穴土圹单室墓，南北长3.3米，东西宽1.56米，墓底距墓口2.98米。四壁整齐竖直，底部较平。内填黄褐色花土，土质致密，束夯夯筑，夯层厚2.34米，每层厚0.10米，夯窝直径约0.09米（图二六二）。

葬具为一椁一棺，木质，腐朽严重，仅存棺痕。椁痕平面呈长方形，南北长3.08米，宽1.22米，残高0.48米，板痕厚0.04~0.06米；棺痕平面呈长方形，南北长2米，东西宽0.68米，残高0.3米，板痕厚0.04米。棺内葬人骨一具，保存较差，头向北，为仰身直肢葬，身高1.6米，女性，年龄约35岁。

2. 出土器物

出土器物6件，放置于椁内棺外的北侧。

陶罐　3件（残）。泥质灰陶，轮制，火候高。标本M231 : 1，敞口，矮领，鼓肩，下腹束收，小平底上凹。口径20厘米，肩径25.4厘米，底径12厘米，高19厘米（图二六三，5）。标本M231 : 2，侈口，折沿，方唇，矮颈较束，鼓腹斜收，下腹及底残缺。口径30.8厘米，腹径37厘米，残高28厘米（图二六三，3；彩版七九，1）；标本M231 : 3，敞口，短折沿，方圆唇，矮领，鼓肩，下腹束收，小平底上凹。器表肩部阴刻铭文无法辨识，内壁轮痕清晰。口径20.2厘米，肩径26.2厘米，底径13.2厘米，高20.8厘米（图二六三，6；彩版七八，6）。

陶盆　1件。标本M231 : 4，泥质灰陶，轮制，火候高。敞口，折沿，尖唇，弧形顶，内壁饰凹弦纹及划纹。口径4.2厘米，高21.2厘米（图二六三，4；彩版七九，2）。

铜带钩　1件（残）。标本M231 : 5，范铸，青铜质，钩首残缺，钩身截面呈半圆形，圆钮。通长6厘米（图二六三，2；彩版七九，3）。

骨器　6块，形制相同。标本M231 : 6，骨质，磨制。平面呈长方形。长3厘米，宽1.4厘米，厚0.6厘米（图二六三，1；彩版七八，5）。

一三一、M232

1. 墓葬形制

M232位于发掘区Ⅰ区中部偏北，T1217内东北角，东邻M233。开口于④层下，墓口距地表4.2米。南北向，方向355°。为长方形竖穴土圹单室墓，南北长3.65米，宽1.24米，墓底距墓口2.02

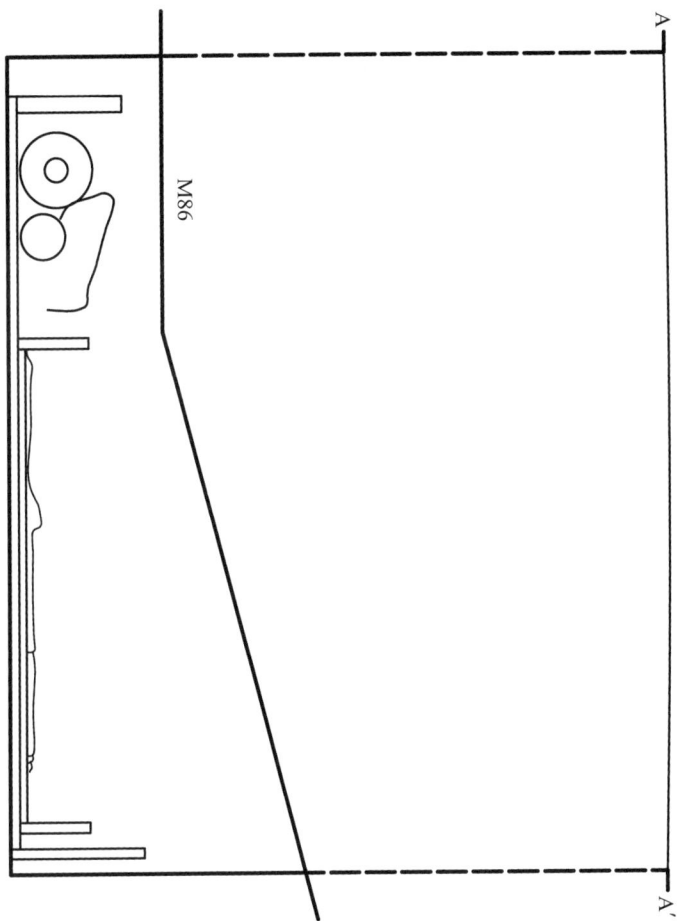

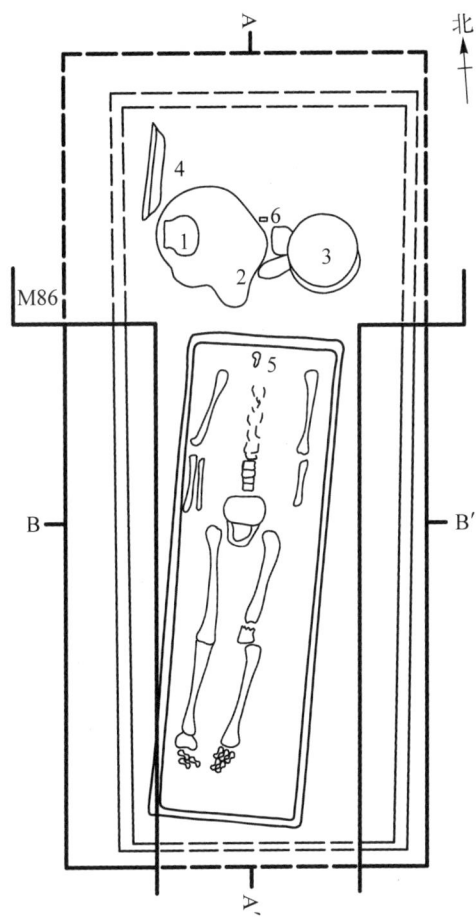

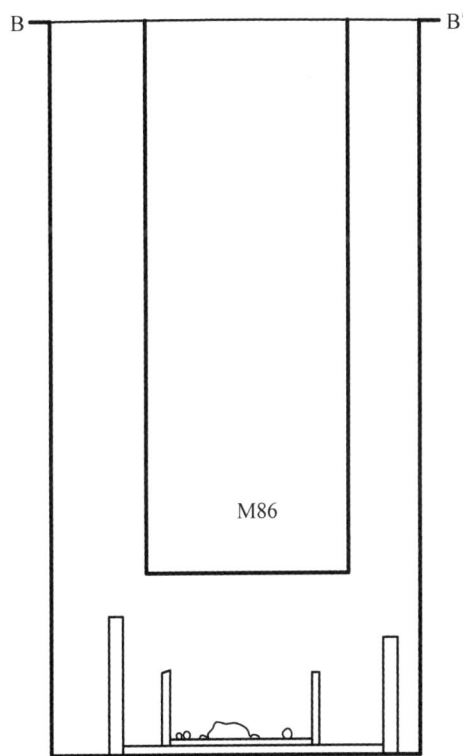

图二六二　M231平、剖面图

1.陶罐　2.陶罐　3.陶罐　4.陶盆　5.铜带钩　6.骨器

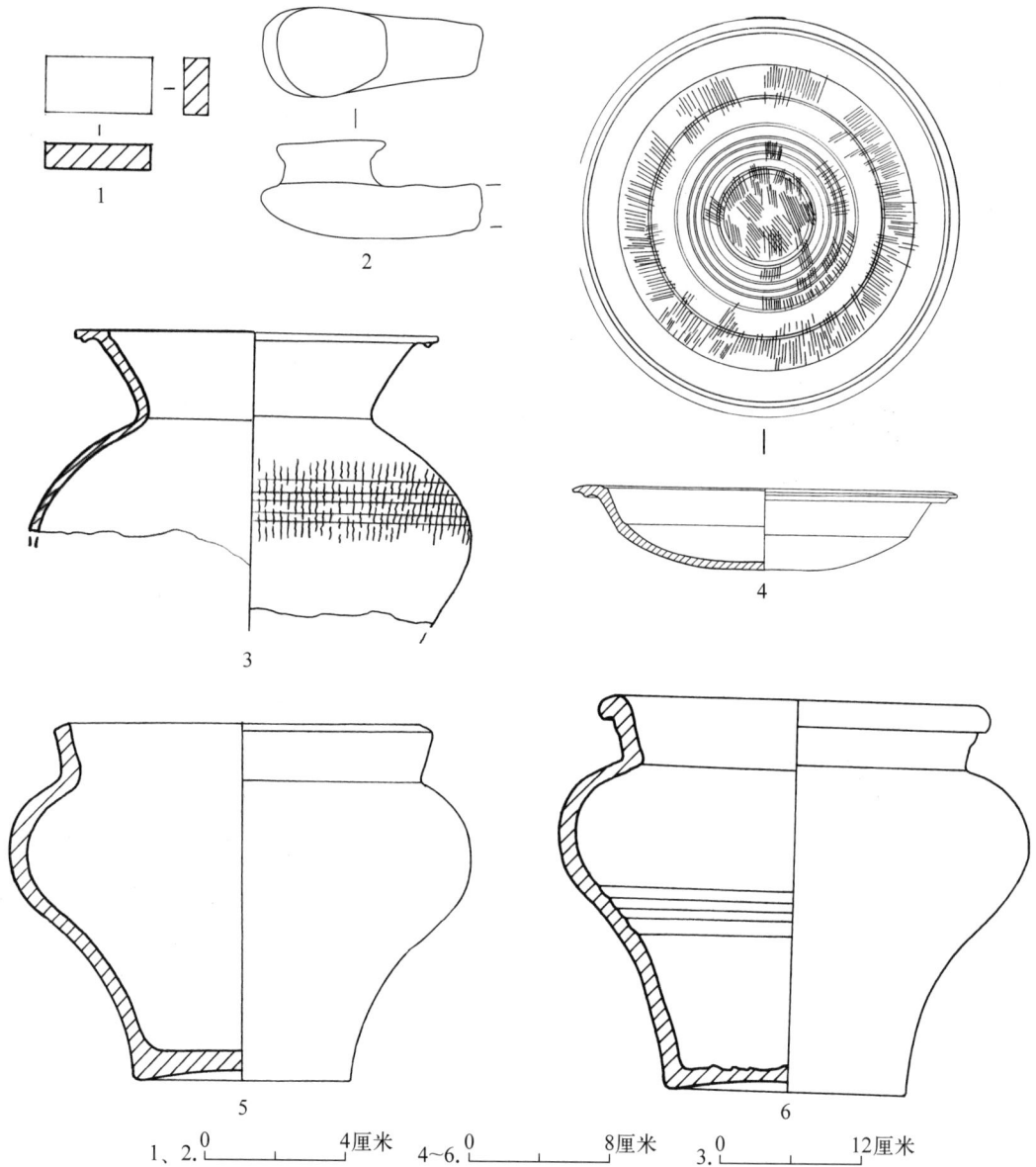

图二六三　M231出土陶器

1. 骨器（M231∶6）　2. 铜带钩（M231∶5）　3. 陶罐（M231∶2）　4. 陶盆（M231∶1）　5. 陶罐（M231∶3）　6. 陶罐（M231∶4）

米。四壁竖直整齐，经过加工抹光，墓底较平。内填黄褐色花土，土质较硬，竖夯夯筑，夯层深约1.3米，每层厚约0.1～0.12米，夯窝直径约0.03～0.06米（图二六四）。

　　葬具为一椁一棺，木质，腐朽严重，仅存朽痕。椁痕平面呈长方形，南北长3.26米，东西宽0.94米，残高0.42米，板痕厚约0.03米；棺痕平面呈长方形，南北长1.9米，宽0.52～0.56米，残高0.42米，板痕厚约0.02～0.03米。棺内葬人骨架1具，保存较好，头向北，面向上，为仰身直肢葬，右手放于盆骨上，骨架长约1.54米，女性，年龄35岁。

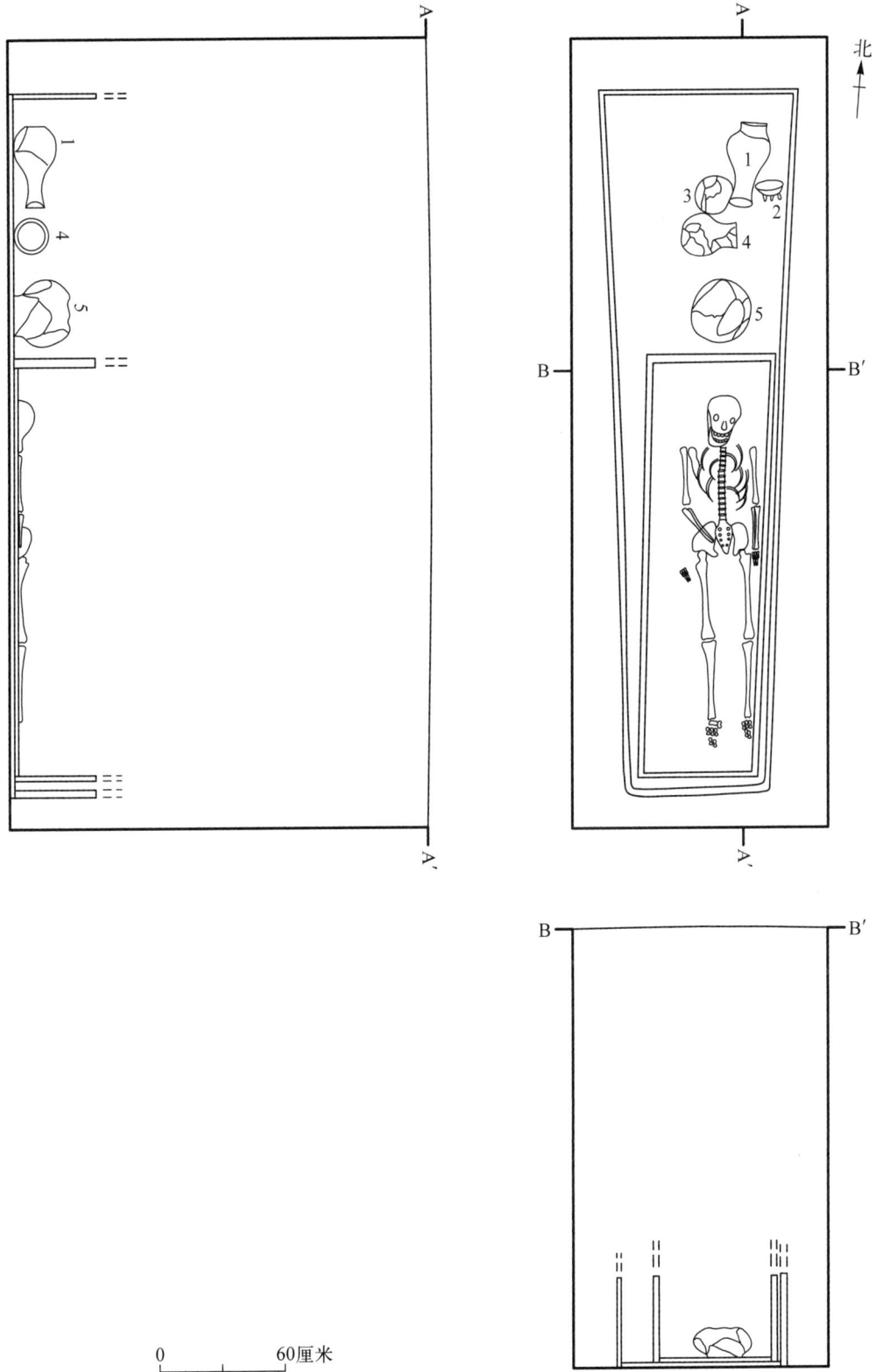

图二六四　M232平、剖面图

1.陶壶　2.陶鼎　3.陶盒　4.陶壶　5.陶罐

2. 出土器物

出土器物5件，放于头箱内。

陶壶　2件（残）。泥质灰陶，手轮兼制，火候高。标本M232：1，敞口内敛，尖圆唇，长束颈，鼓腹弧收，矮圈足，足壁外撇。器表饰彩绘，大部分已脱落。口径12.6厘米，腹径20.2厘米，底径10.6厘米，通高28厘米（图二六五，1；彩版七九，4）。标本M232：4，敞口内敛，尖圆唇，长束颈，鼓腹弧收，矮圈足，足壁外撇，器表饰彩绘，大部分已脱落。口径12.8厘米，腹径20.6厘米，底径11.6厘米，通高27.4厘米（图二六五，2；彩版七九，5）。

陶鼎　1件（残）。标本M232：2，泥质灰陶，手轮兼制。子母口内敛，浅弧腹，圜底。口腹处贴对称双耳，耳外撇。口径20.4厘米，高17厘米（图二六五，4）。

陶盒　1件（残）。标本M232：3，泥质灰陶，轮制。残破严重，无法复原。

陶罐　1件（残）。标本M232：5，泥质灰陶，手轮兼制，火候高。敛口，折沿，方唇，矮束颈，鼓腹弧收，小平底。上腹饰一周凹弦纹，下腹及底压印绳纹。口径16.6厘米，腹径34.1厘米，底径8.2厘米，通高31.9厘米（图二六五，3；彩版七九，6）。

一三二、M233

1. 墓葬形制

M233位于发掘区Ⅰ区中北部，T1217东北角，东邻M234，西邻M232。开口于④层下，墓口距地表4.2米。南北向，方向10°。为长方形竖穴土圹单室墓，南北长2.1米，宽0.8米，墓底距墓口1.2米。四壁竖直整齐，经过加工抹光，墓底较平。内填黄褐色花土，土质较硬，竖夯夯筑，夯层深0.6米，每层厚约0.1~0.12米，夯窝直径约0.03~0.05米（图二六六）。

葬具为木棺，腐朽严重，仅存朽痕。棺痕平面呈长方形，南北长1.88米，宽0.47~0.53米，残高0.2米，板痕厚约0.03米。棺内葬人骨架一具，保存一般，头向北，面向东，为仰身直肢葬，骨架长约1.62米，男性，年龄约16岁。

2. 出土器物

无。

一三三、M234

1. 墓葬形制

M234位于发掘区Ⅰ区北部，T1218内西北部，东部被M235打破，西邻M233。开口于④层下，墓口距地表4.2米。南北向，方向10°。为长方形竖穴土圹单室墓，南北长2.4米，宽0.88米，墓底距墓口1.72米。四壁竖直整齐，经过加工抹光，墓底较平。内填黄褐色花土，土质疏松（图二六七）。

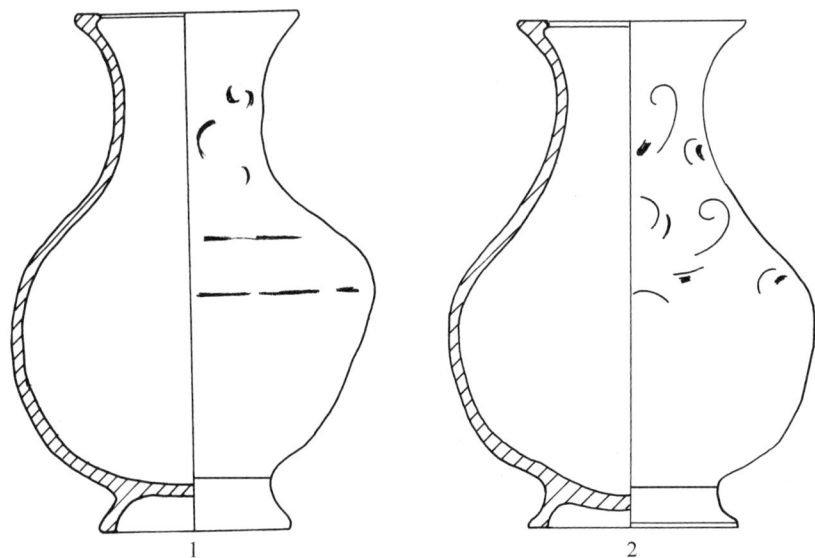

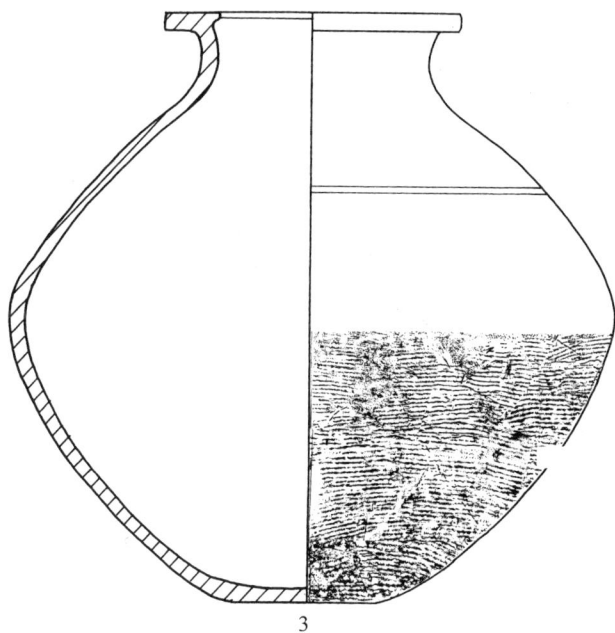

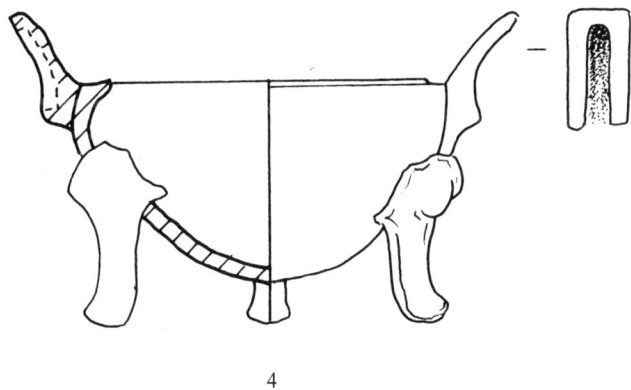

0 ___ 8厘米

图二六五　M232出土陶器

1. 陶壶（M232∶1）　2. 陶壶（M232∶4）　3. 陶罐（M232∶5）　4. 陶鼎（M232∶2）

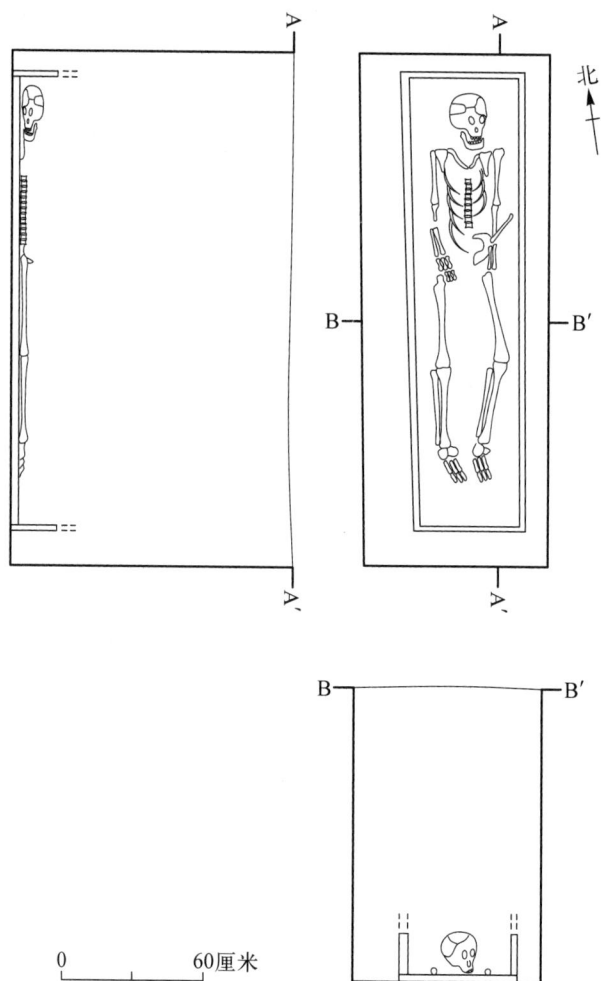

图二六六　M233平、剖面图

葬具为头箱与木棺，腐朽严重，仅存朽痕。头箱位于木棺的北侧，平面呈长方形，东西长0.56～0.6米，南北宽0.32米，残高0.22米，板痕厚约0.03米；木棺位于头箱的南侧，平面呈长方形，南北长1.6米，宽0.48～0.5米，残高0.22米，板痕厚约0.02～0.04米。棺内葬人骨架一具，保存较好，头向北，面向东，为仰身直肢葬，骨架长约1.42米，女性，年龄约20岁。

2. 出土器物

出土器物1件，放于头箱内。

陶罐　1件（残）。标本M234：1，泥质灰陶，手轮兼制，火候高。口、颈部残缺，鼓腹弧收，小平底略上凹。器表上腹饰凹弦纹，中腹至底拍印绳纹。腹径23.4厘米，底径5.6厘米，残高17.6厘米（图二六八）。

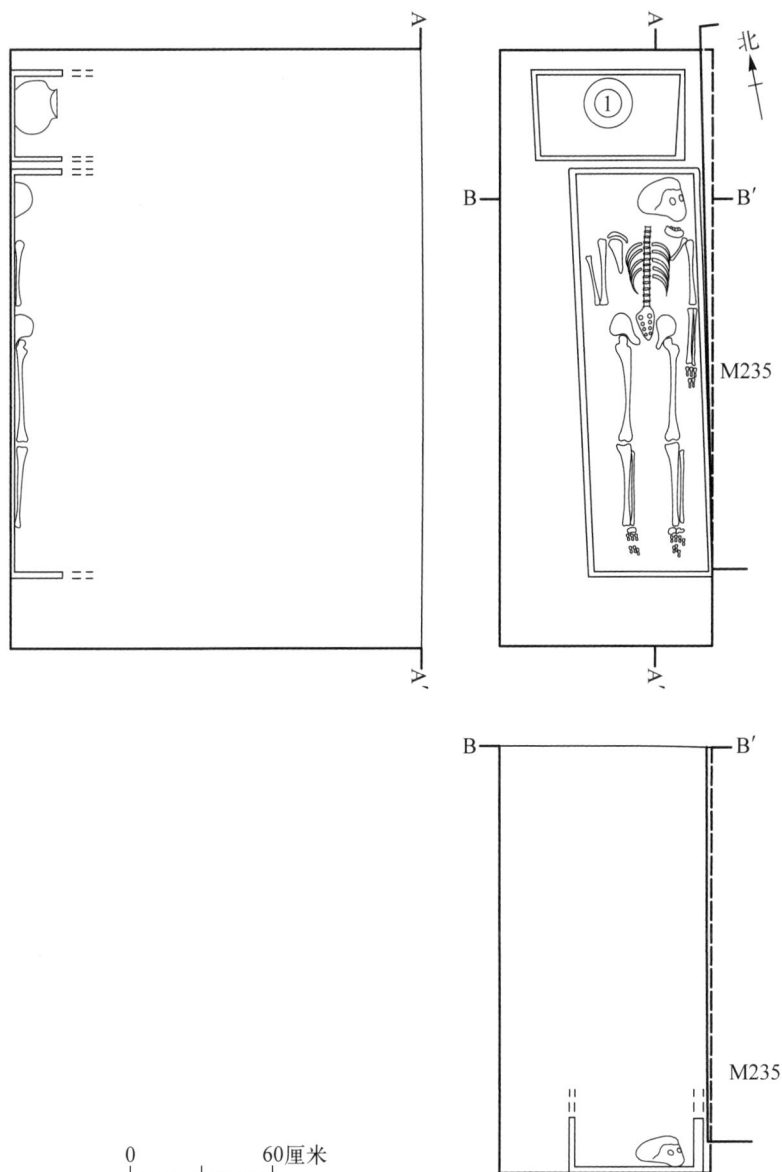

图二六七 M234 平、剖面图

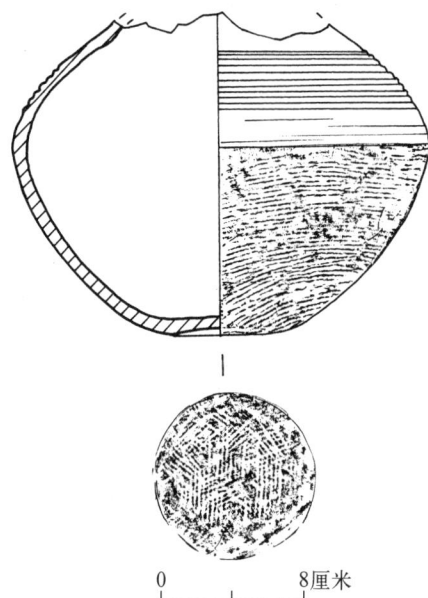

1. 陶罐

图二六八 M234 出土陶罐（M234∶1）

一三四、M235

1. 墓葬形制

M235位于发掘区Ⅰ区北部，T1218内北部，西邻M234。开口于④层下，墓口距地表4.2米。南北向，方向15°。为长方形竖穴土圹单室墓，南北长2.5米，宽1～1.1米，墓底距墓口1.8米。平面近梯形，北窄南宽，四壁竖直整齐，经过加工抹光，墓底较平。内填黄褐色花土，土质较硬，竖夯夯筑，夯层深约1米，每层厚约0.1～0.12米，夯窝直径约0.03～0.06米（图二六九）。

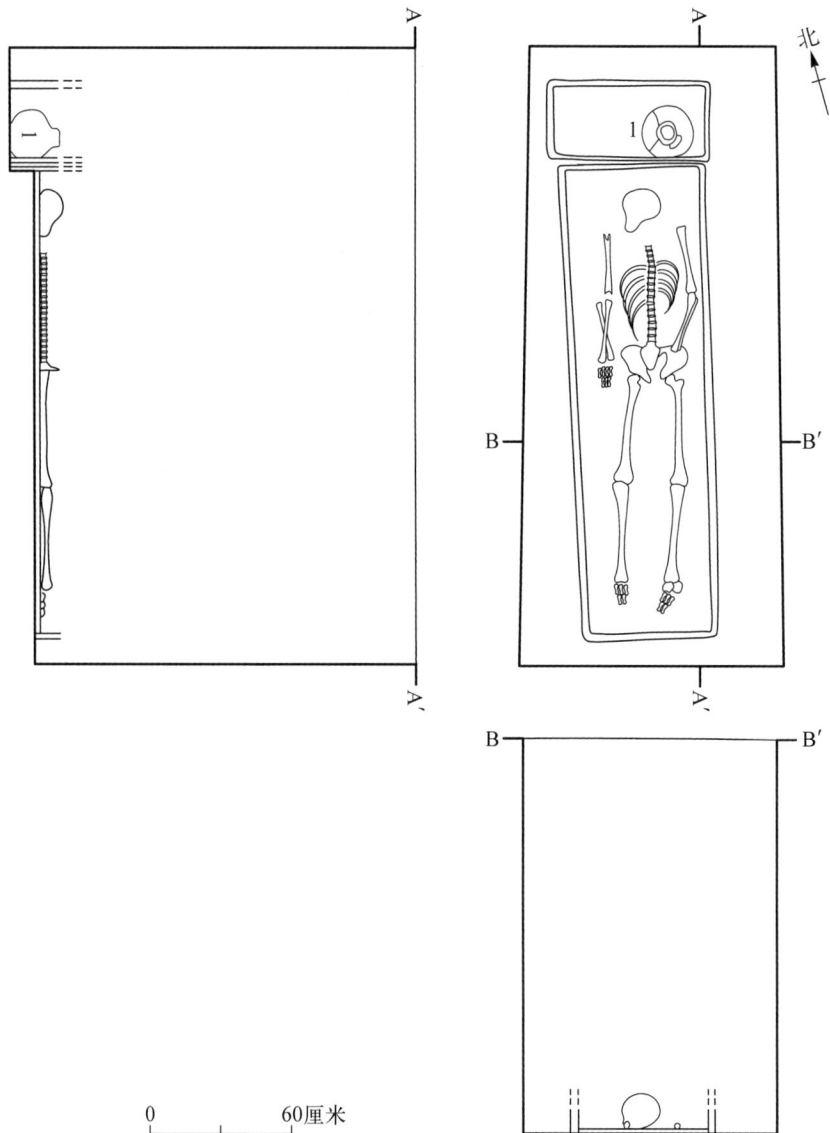

图二六九　M235平、剖面图

1. 陶罐

葬具为一头箱一棺,木质,腐朽严重,仅存朽痕。头箱位于木棺的北侧,平面呈长方形,东西长0.68米,宽0.32米,残高0.1米,板痕厚约0.03米;木棺位于头箱的南侧,平面呈长方形,南北长1.92米,宽0.57米,残高0.1米,板痕厚约0.03米。棺内葬人骨架1具,保存一般,头向北,面向西,为仰身直肢葬,左手放于盆骨上,骨架长约1.59米,男性,年龄约25岁。

2. 出土器物

出土器物1件,放于头箱内。

陶罐 1件(残)。标本M235:1,泥质灰陶,轮制。口、颈、底残缺,鼓腹,弧收。腹径20.2厘米,残高14.2厘米(图二七〇)。

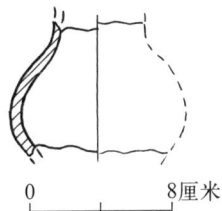

图二七〇 M235出土陶罐
(M235:1)

一三五、M236

1. 墓葬形制

M236位于发掘区Ⅰ区北部,T1319内南部,东邻M119。开口于④层下,墓口距地表4.2米。南北向,方向5°。为长方形竖穴土圹单室墓,南北长2.6米,宽1.2米,墓底距墓口2.2米。四壁竖直整齐,经过加工抹光,墓底较平。内填黄褐色花土,土质较硬,竖夯夯筑,夯层深约1.3米,每层厚约0.1~0.13米,夯窝直径约0.03~0.05米(图二七一)。

葬具为一椁一棺,木质,腐朽严重,仅存朽痕。椁痕平面呈长方形,东西长2.48米,宽0.64~0.86米,残高0.2米,板痕厚约0.03米;棺痕平面呈长方形,南北长1.84米,宽0.63~0.65米,残高0.2米,板痕厚约0.03米。棺内葬人骨架1具,保存一般,头向北,面向东,为仰身直肢葬,骨架长约1.78米,女性,年龄约30岁。

2. 出土器物

出土器物2件,放于椁内棺外的北侧。

陶罐 2件。标本M236:1,泥质灰陶,手轮兼制,火候高。敞口,方唇,短束颈,鼓腹弧收,小平底略上凹。中腹饰凹弦纹,下腹至底拍印绳纹。口径13厘米,腹径23.4厘米,底径4.2厘米,通高25.8厘米(图二七二,1)。标本M236:2,敞口,折沿,方唇,短束颈,鼓腹弧收,小平底。中腹饰戳印纹,下腹至底拍印绳纹。口径12.8厘米,腹径20.4厘米,底径5.2厘米,通高23.6厘米(图二七二,2;彩版八〇,1)。

一三六、M240

1. 墓葬形制

M240位于发掘区Ⅰ区南部,T0716内东部,东邻M241,南邻M256。开口于④层下,墓口距地表4.2米。南北向,方向7°。为长方形竖穴土圹单室墓,南北长1.8米,宽0.8米,墓底距墓口1.6米。四壁整齐,经过加工抹光,墓底较平。内填黄褐色花土,土质疏松(图二七三)。

葬具为木棺,腐朽严重,仅存朽痕。棺痕平面呈长方形,南北长1.66米,宽0.54米,残高0.3

米，板痕厚约0.03米。棺内葬人骨架一具，保存一般，头向北，面向西，为仰身直肢葬，骨架长约1.56米，女性，年龄约30岁。

2. 出土器物

无。

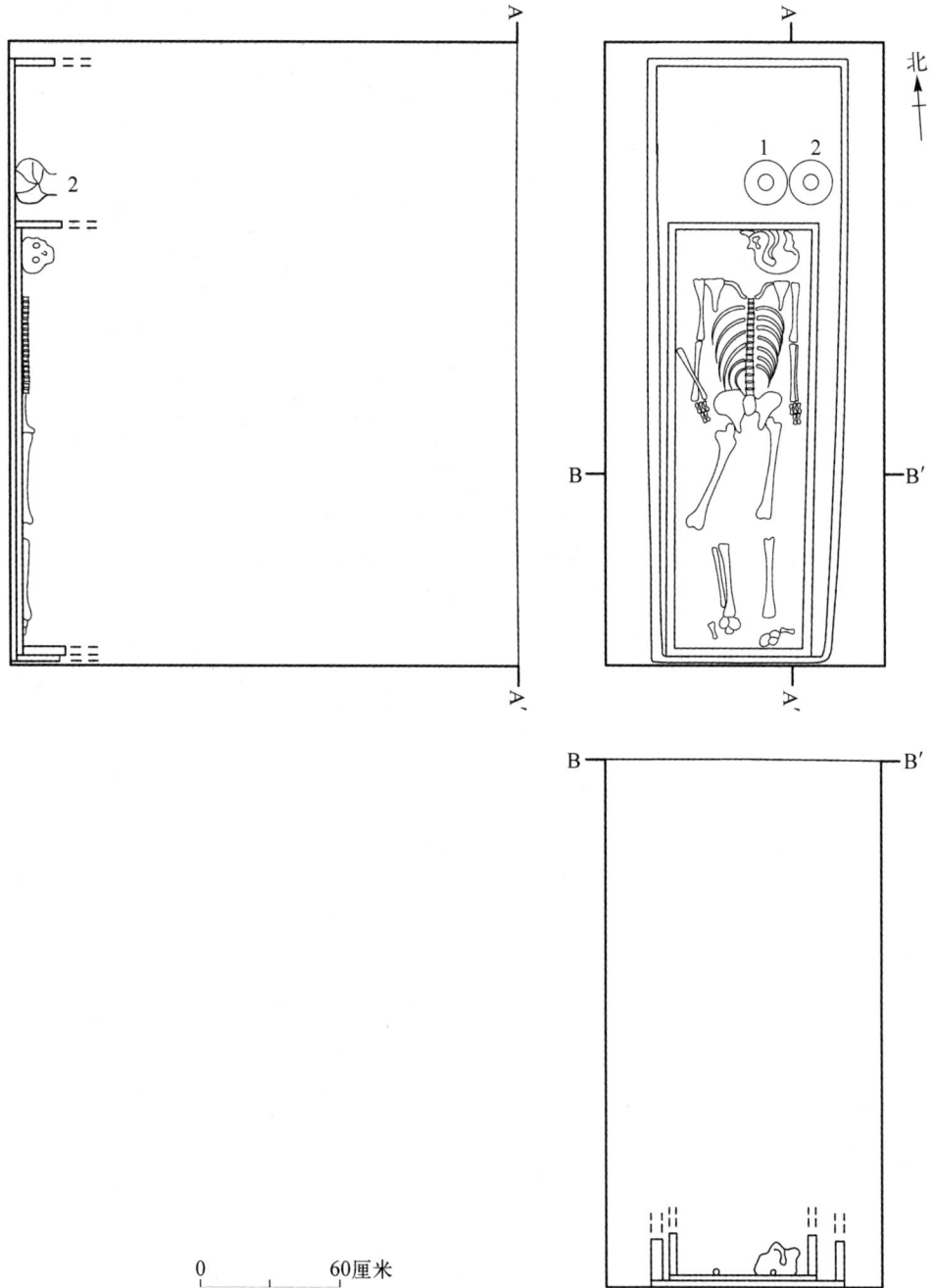

图二七一　M236平、剖面图

1. 陶罐　2. 陶罐

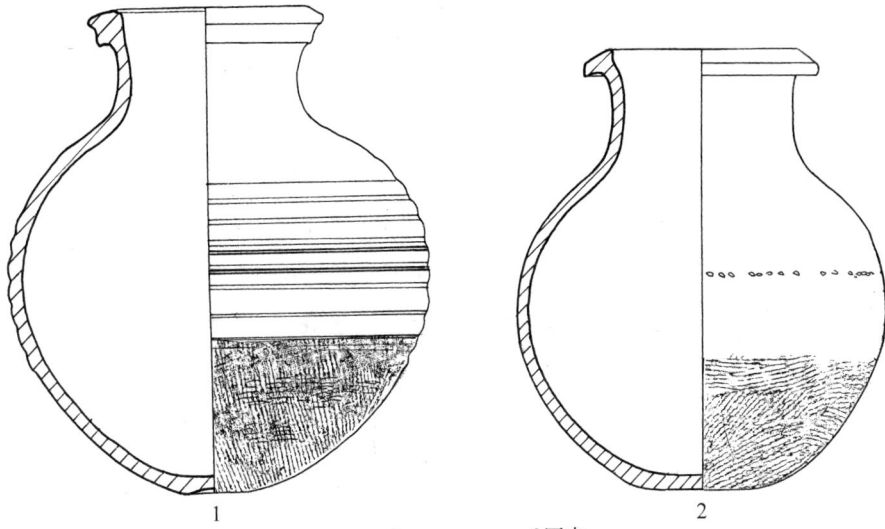

0   8厘米

图二七二　M236出土陶罐

1、2.（M236∶1、M236∶2）

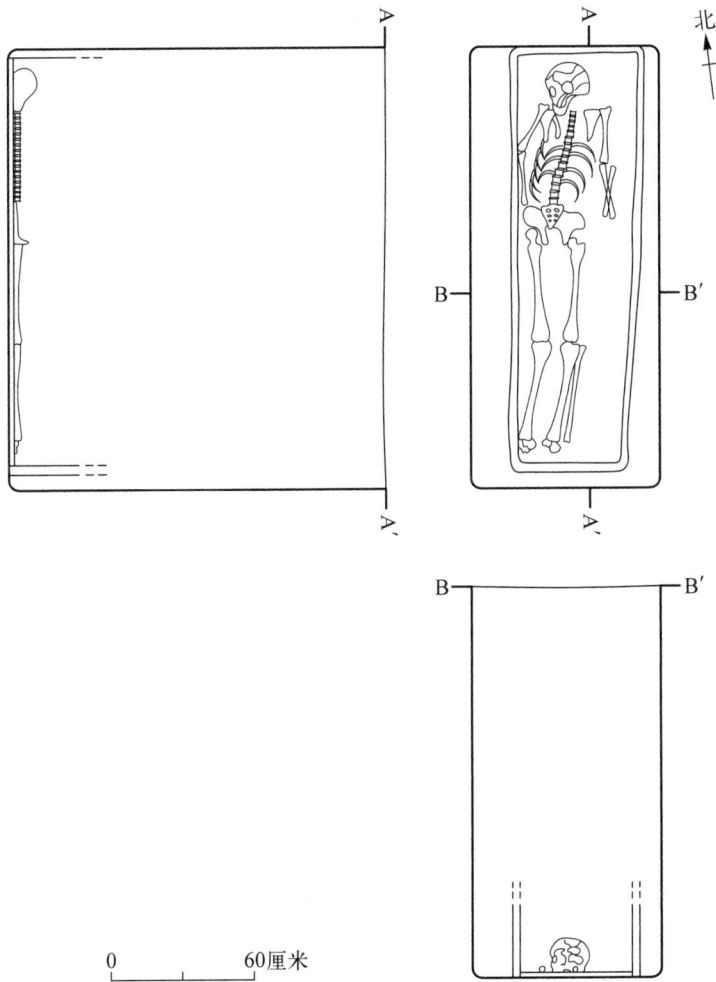

0   60厘米

图二七三　M240平、剖面图

一三七、M241

1. 墓葬形制

M241位于发掘区Ⅰ区南部，T0717内西部，南邻M256，西邻M240。开口于④层下，墓口距地表4.2米。南北向，方向5°。为长方形竖穴土圹单室墓，南北长2.66米，宽1.2米，墓底距墓口1.82米。四壁竖直整齐，经过加工抹光，墓底较平。内填黄褐色花土，土质疏松（图二七四）。

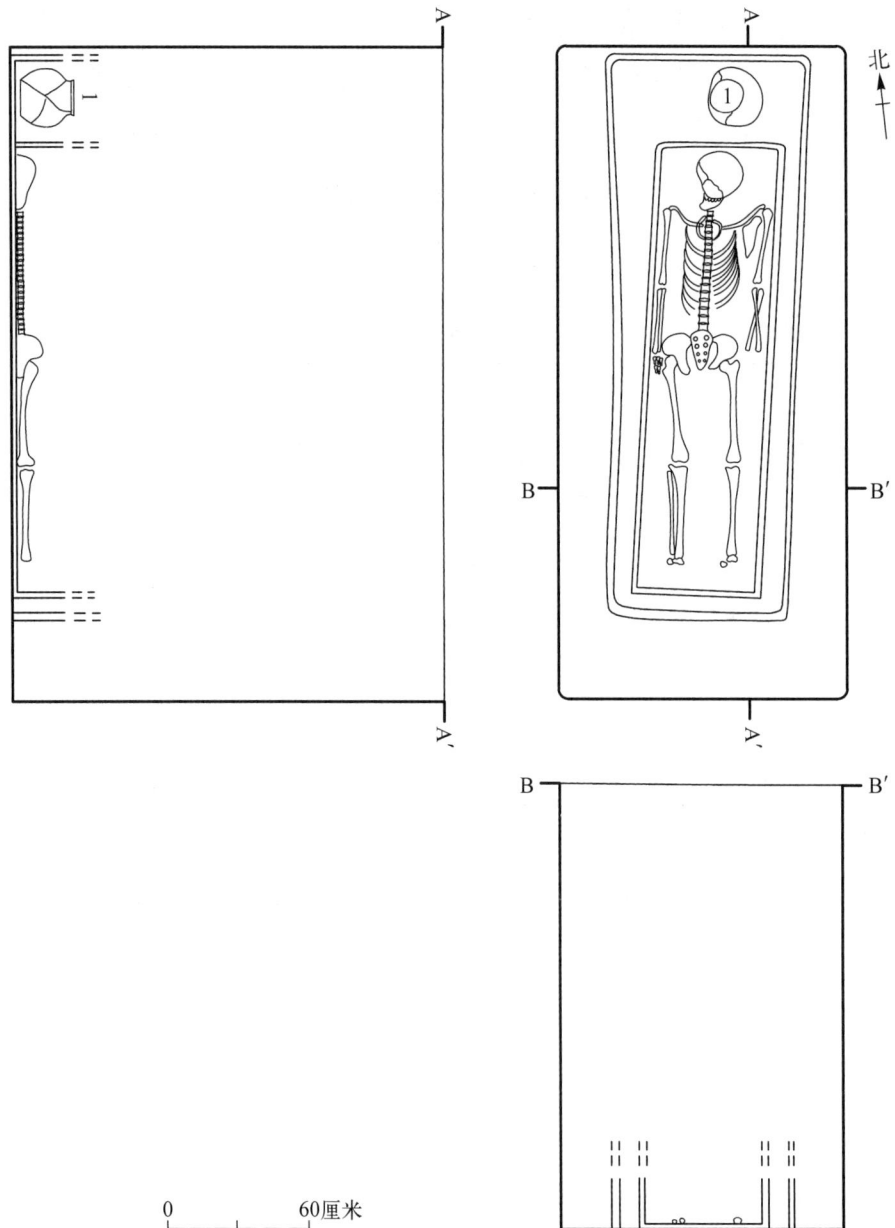

0　　　　　60厘米

图二七四　M241平、剖面图

1. 陶罐

葬具为一椁一棺,木质,腐朽严重,仅存朽痕。椁痕平面呈长方形,东西长2.28米,南北宽0.74～0.86米,残高0.22米,板痕厚约0.03米;棺痕平面呈长方形,南北长1.78米,宽0.5米,残高0.22米,板痕厚约0.02～0.03米。棺内葬人骨架一具,保存较好,头向北,面向西,为仰身直肢葬,骨架长约1.66米,男性,年龄约35岁。

2. 出土器物

出土器物1件,放于椁内棺外的北侧。

陶罐　1件(残)。标本M241:1,泥质灰陶,手轮兼制,火候高。敞口,尖唇,短束颈,鼓腹弧收,小平底。中腹饰凹弦纹,下腹至底拍印绳纹。口径12.2厘米,腹径22.6厘米,底径6厘米,通高24.6厘米(图二七五;彩版八〇,2)。

一三八、M242

1. 墓葬形制

M242位于发掘区Ⅰ区南部,T0817内中部,西南邻M102。开口于④层下,墓口距地表4.2米。南北向,方向7°。为长方形竖穴土圹单室墓,南北长2.85米,宽0.9～1米,墓底距墓口1.7米。平面近梯形,北宽南窄,四壁竖直整齐,经过加工抹光,墓底较平。内填黄褐色花土,土质较硬,竖夯夯筑,夯层深约0.8米,每层厚0.10～0.12米,夯窝直径约0.04～0.06米(图二七六)。

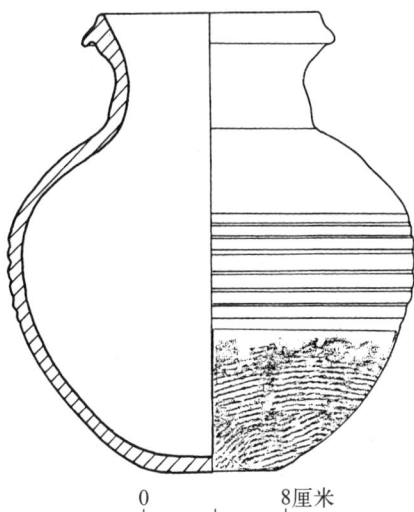

图二七五　M241出土陶罐
（M241:1）

葬具为头箱与木棺,木质,腐朽严重,仅存朽痕。头箱位于木棺的北侧,平面近方形,边长0.54～0.58米,残高0.2米,板痕厚约0.03米;木棺位于头箱的南侧,平面呈长方形,南北长1.82米,宽0.63～0.66米,残高0.2米,板痕厚约0.03米。棺内葬人骨架一具,保存一般,头向北,面向上,为仰身直肢葬,骨架长约1.6米,女性,年龄约30岁。

2. 出土器物

出土器物1件,放于头箱内。

陶壶　1件(残)。标本M242:1,敞口内敛,束颈,鼓腹弧收,覆盘形底足。口径13厘米,腹径21.2厘米,底径12.6厘米,通高29.2厘米(图二七七;彩版八〇,3)。

一三九、M243

1. 墓葬形制

M243位于发掘区Ⅰ区南部,T0718内东北角,北邻M154,东南邻M244。开口于④层下,墓口距地表4.2米。南北向,方向8°。为长方形竖穴土圹单室墓,南北残长2.7米,宽1.4米,墓底距

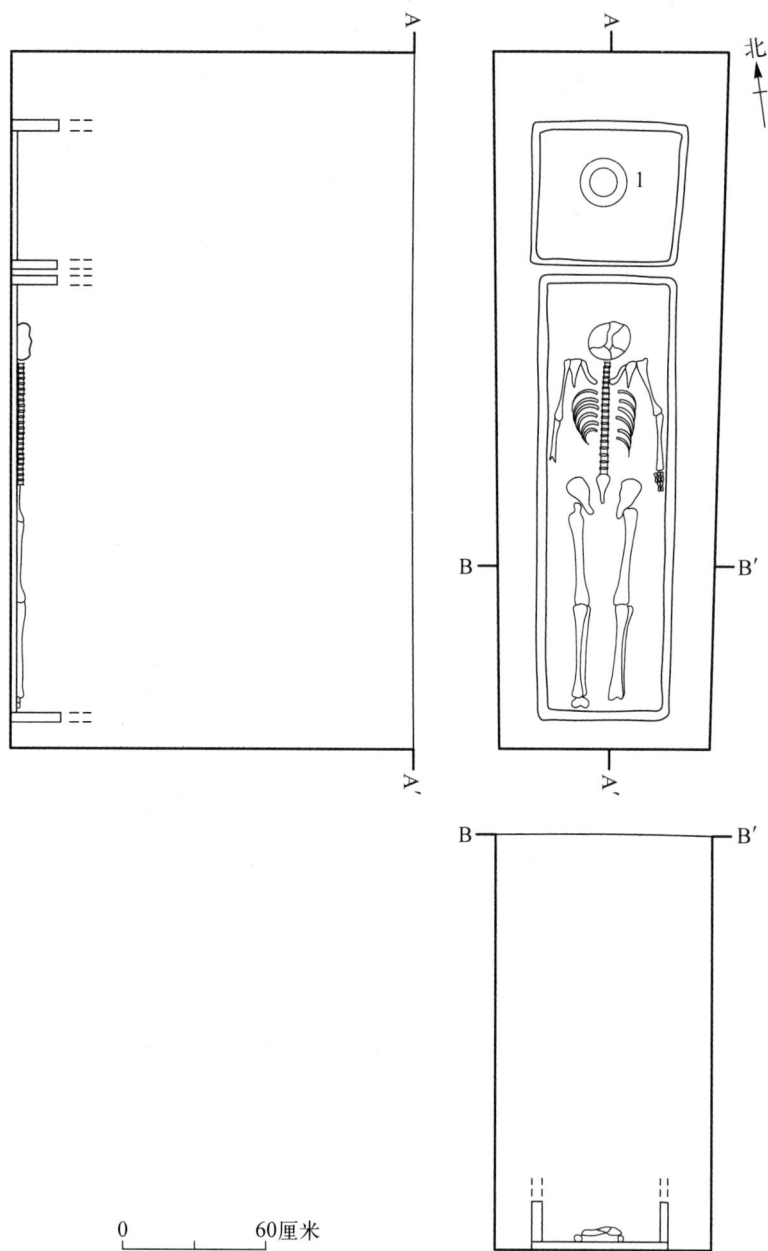

图二七六　M242平、剖面图
1.陶壶

图二七七　M242出土陶壶
（M242：1）

墓口1.2米。四壁竖直整齐，经过加工抹光，墓底较平。内填黄褐色花土，土质较疏松，湿软（图二七八；彩版一四,3）。

　　葬具为木棺，腐朽严重，仅存朽痕。棺痕平面呈长方形，南北长2.02米，宽0.86米，残高0.12米，板痕厚约0.03米。棺内葬人骨架一具，保存较差，头向北，面向不详，为仰身直肢葬，骨架残长约1.44米，男性，年龄约30岁。

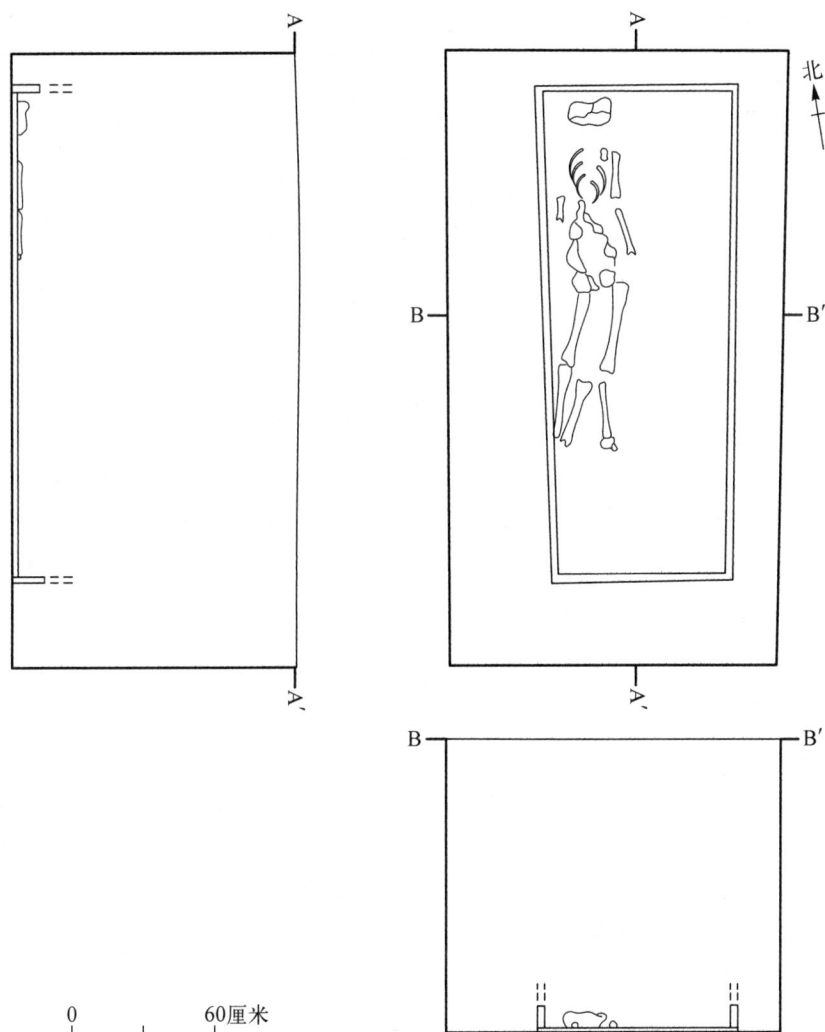

0　　　　60厘米

图二七八　M243平、剖面图

2. 出土器物

无。

一四〇、M244

1. 墓葬形制

M244位于发掘区Ⅰ区南部,T0719内西南部,西北邻M243。开口于④层下,墓口距地表4.2米。南北向,方向15°。为长方形竖穴土圹单室墓,南北长3米,宽1.6米,墓底距墓口1.72米。四壁竖直整齐,经过加工抹光,墓底较平。内填黄褐色花土,土质疏松(图二七九)。

葬具为头箱与木棺,腐朽严重,仅存朽痕。头箱位于木棺的北侧,平面呈长方形,东西长0.9米,南北宽0.6米,残高0.38米,板痕厚约0.03米;木棺位于头箱的南侧,挤压变形,平面近长方

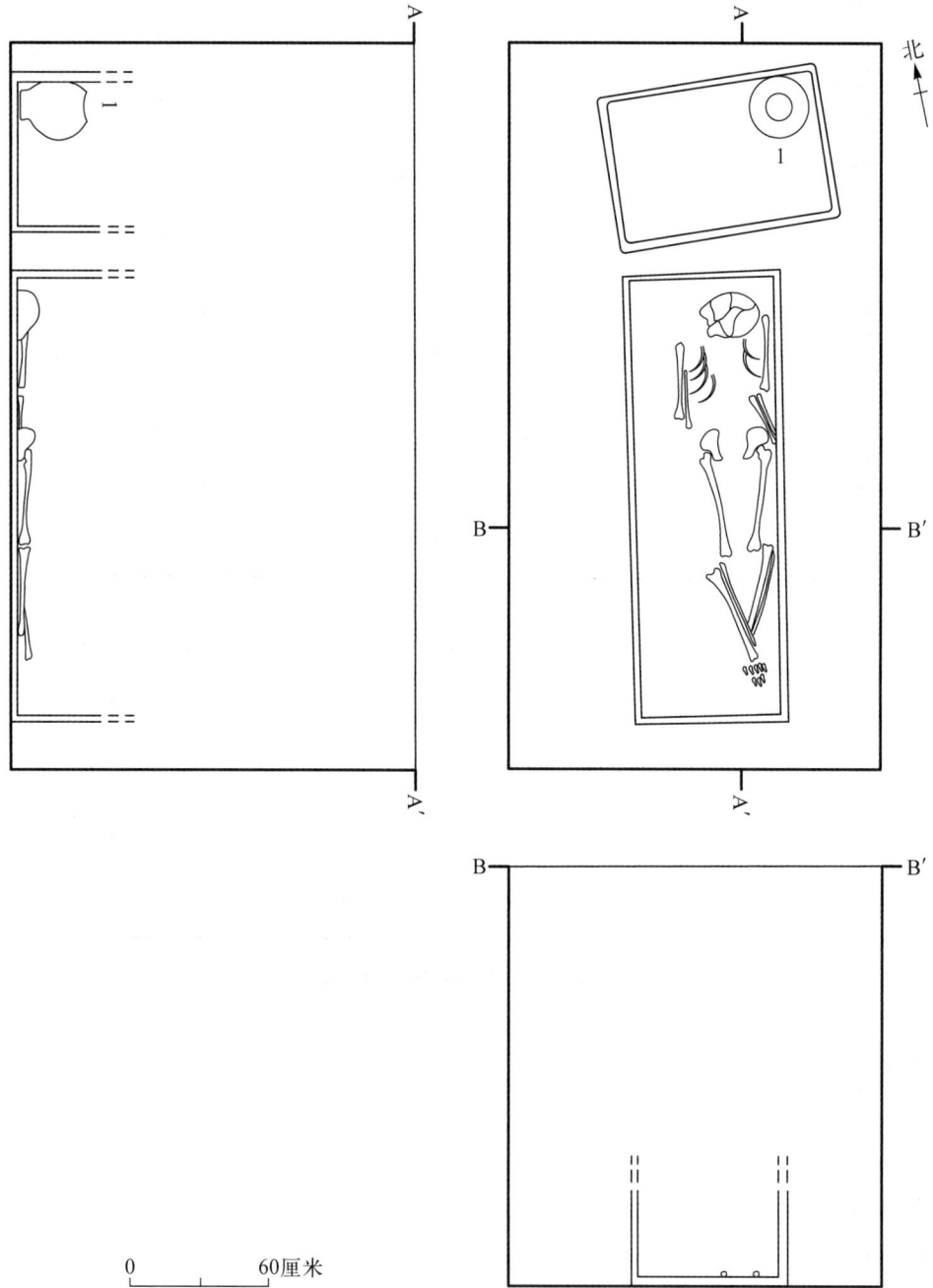

图二七九　M244 平、剖面图

1.陶罐

形,南北长1.8米,宽0.6~0.62米,残高0.38米,板痕厚约0.02~0.04米。棺内葬人骨架1具,保存一般,头向北,面向西,为仰身直肢葬,双脚交叉并拢,骨架长约1.5米,女性,年龄约30岁。

2. 出土器物

出土器物1件,放于头箱内。

陶罐 1件(残)。标本M244:1,泥质灰陶,手轮兼制,火候高。敞口,方圆唇,矮领,溜肩,鼓腹弧收,小平底略上凹。领部有一道凸棱,下腹至底拍印绳纹,中腹一侧阴刻一字铭文,字迹不清。口径19.8厘米,腹径32.8厘米,底径10.4厘米,通高30.2厘米(图二八〇;彩版八〇,4)。

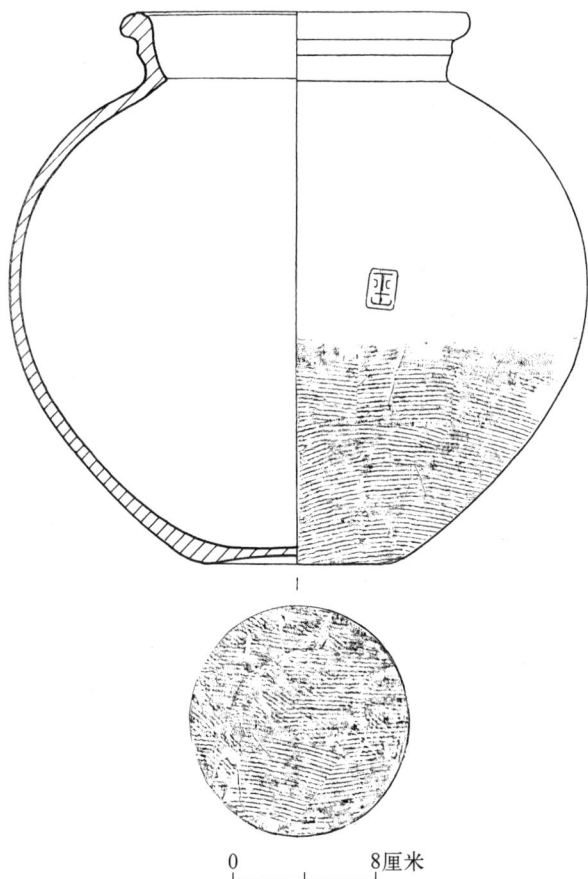

图二八〇 M244出土陶罐(M244:1)

一四一、M245

1. 墓葬形制

M245位于发掘区Ⅰ区东南部,T0720内中部,开口于④层下,墓口距地表4.2米。南北向,方向8°。为长方形竖穴土圹单室墓,南北长3.2米,宽1.52米,墓底距墓口1.02米。四壁竖直整齐,经过加工抹光,墓底较平。内填黄褐色花土,土质疏松(图二八一)。

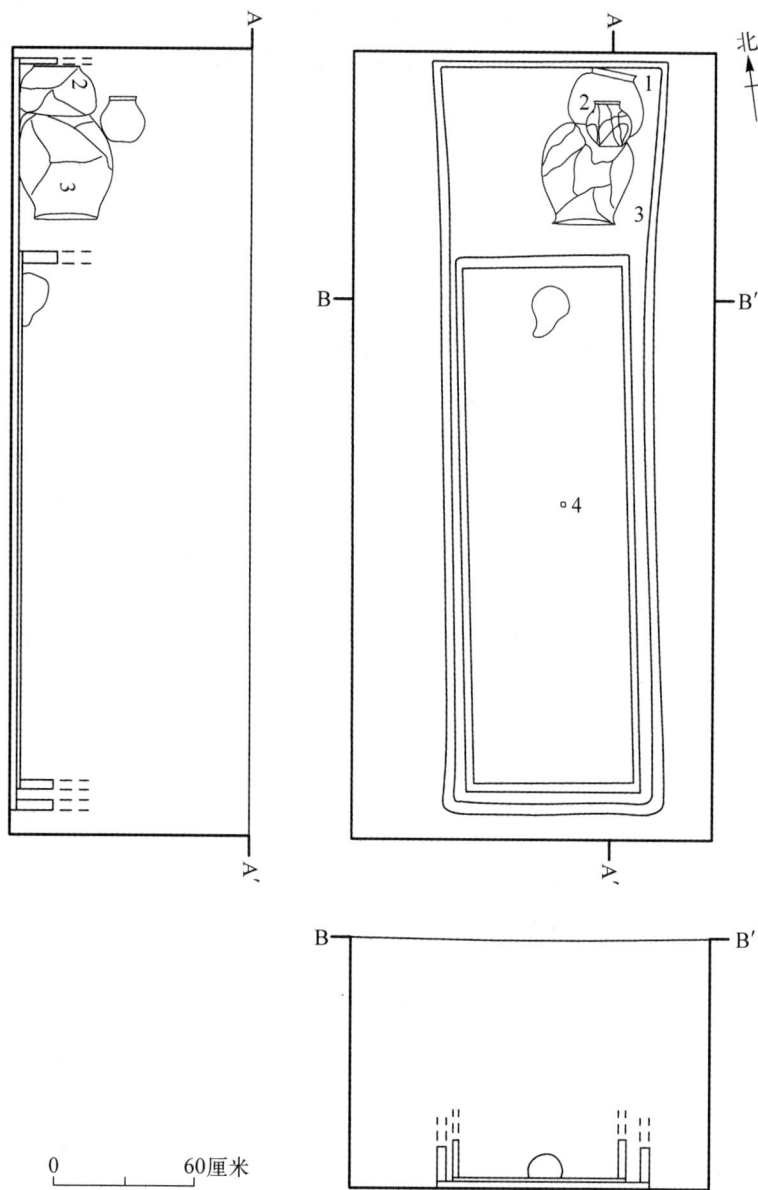

图二八一　M245平、剖面图

1. 陶罐　2. 陶罐　3. 陶罐　4. 玉印章

葬具为一椁一棺，木质，腐朽严重，仅存朽痕。椁痕平面呈长方形，南北长3.02米，东西宽0.9~0.92米，残高0.18米，板痕厚约0.02~0.04米；棺痕平面呈长方形，位于头箱的南侧，南北长2.1米，宽0.68米，残高0.18米，板痕厚约0.03米。棺内葬人骨架一具，保存较差，仅剩头骨，头向北，面向西，葬式、性别、年龄、不详。

2. 出土器物

出土器物4件，一件放于棺内，其余均放于脚箱内。

陶罐　3件。标本M245：1，残，泥质灰陶，手轮兼制，火候高。口、颈残缺，溜肩，鼓腹弧收，小平底略上凹。中腹饰凹弦纹，下腹至底拍印绳纹。腹径19.8厘米，底径6厘米，残高16.2厘米（图二八二，1）。标本M245：2，泥质灰陶，手轮兼制。敞口，方唇内凹，束颈，鼓腹弧收，平底。中腹饰凹弦纹，下腹至底拍印绳纹。口径16.8厘米，腹径25厘米，底径12.6厘米，通高21.2厘米（图二八二，2；彩版八〇，5）。标本M245：3，泥质灰陶，手轮兼制，火候高。直口，方唇内凹，矮领，溜肩，鼓腹曲收，平底。中腹饰凹弦纹，下腹拍印绳纹。口径13.8厘米，腹径20.6厘米，底径9.8厘米，通高20厘米（图二八二，3；彩版八〇，6）。

玉印章　1枚。标本M245：4，手制，白玉质。方形钮，穿孔，覆斗形印身，印面呈方形，阳刻篆书"孔驱"二字。边长2.2厘米，通高2厘米（图二八二，4；彩版八一，1）。

一四二、M246

1. 墓葬形制

M246位于发掘区Ⅰ区东南部，T0622内西北部，东邻M247。开口于④层下，墓口距地表4.2米。南北向，方向19°。为长方形竖穴土圹单室墓，南北长2.95米，宽0.95～1.06米，墓底距墓口2米。墓壁竖直整齐，经过抹光加工，墓底较平。内填黄褐色花土，土质较硬，竖夯夯筑，夯层深1.2米，每层厚约0.1～0.12米，夯窝直径约0.03～0.06米（图二八三）。

葬具为头箱与木棺，木质，腐朽严重，仅存朽痕。头箱位于木棺的南端，平面近长方形，南北长0.78米，宽0.66～0.72米，残高0.3米，板痕厚约0.03米；木棺位于头箱北端，平面呈长方形，南北长1.9米，宽0.58米，残高0.3米，板痕厚约0.03米。棺内葬人骨架一具，保存较差，头向南，面向西，为仰身直肢葬，人骨架长1.37米，男性，年龄约35岁。

2. 出土器物

出土器物5件，除铜钱放于棺内，其余器物均放于头箱内。

陶罐　2件。泥质灰陶，手轮兼制，火候高，标本M246：1，敞口，方唇内凹，短束颈，鼓腹弧收，小平底略上凹。上腹饰凹弦纹，下腹至底拍印绳纹。口径11.6厘米，腹径19.4厘米，底径4.2厘米，通高25.2厘米（图二八四，2；彩版八一，2）。标本M246：2，敛口，折沿，方圆唇，矮束颈，鼓腹斜收，圜平底。上腹饰凹弦纹，下腹至底拍印绳纹。口径16.2厘米，腹径35.4厘米，底径9.6厘米，通高32厘米（图二八四，1；彩版八一，3）。

陶鼎　1件（套）。标本M246：3，泥质灰陶，手轮兼制。敛口，浅腹弧收，圜底，中腹贴对称双耳，底附三兽蹄形足，覆钵形器盖。口径14.2厘米，通高11.8厘米（图二八四，3；彩版八一，4）。

陶盒　1件（残）。标本M246：4，泥质灰陶，轮制，火候高。略变形，敛口，浅腹弧收，小平底，覆钵形器盖。口径13.2厘米，底径3.5厘米，通高9.4厘米（图二八四，4；彩版八一，5）。

铜钱　1枚。标本M246：5，圆形方穿，正面穿左右篆书"五铢"二字，"五"字两股交笔弯曲，"铢"字"金"旁上部箭镞形，下四点细长，"朱"旁上横笔方折，下垂笔圆折，正背有郭，郭缘较窄。钱径2.6厘米，穿径0.9厘米，厚0.15厘米（图二八五）。

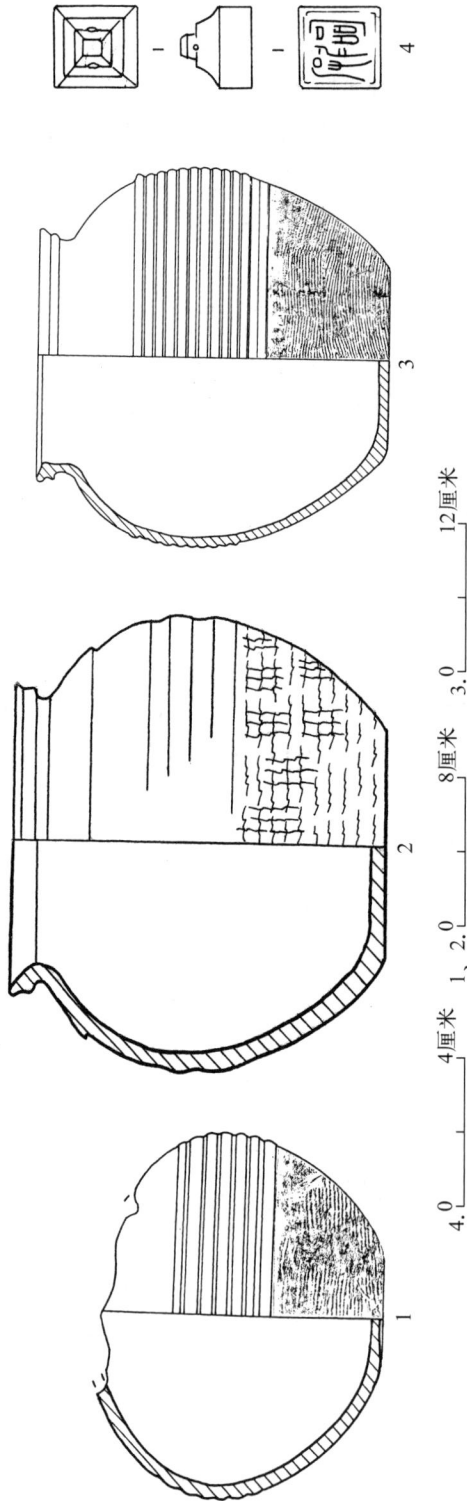

图二八三　M245 出土器物

1. 陶罐（M245 : 1）　2. 陶罐（M245 : 2）　3. 陶罐（M245 : 3）　4. 玉印章（M245 : 4）

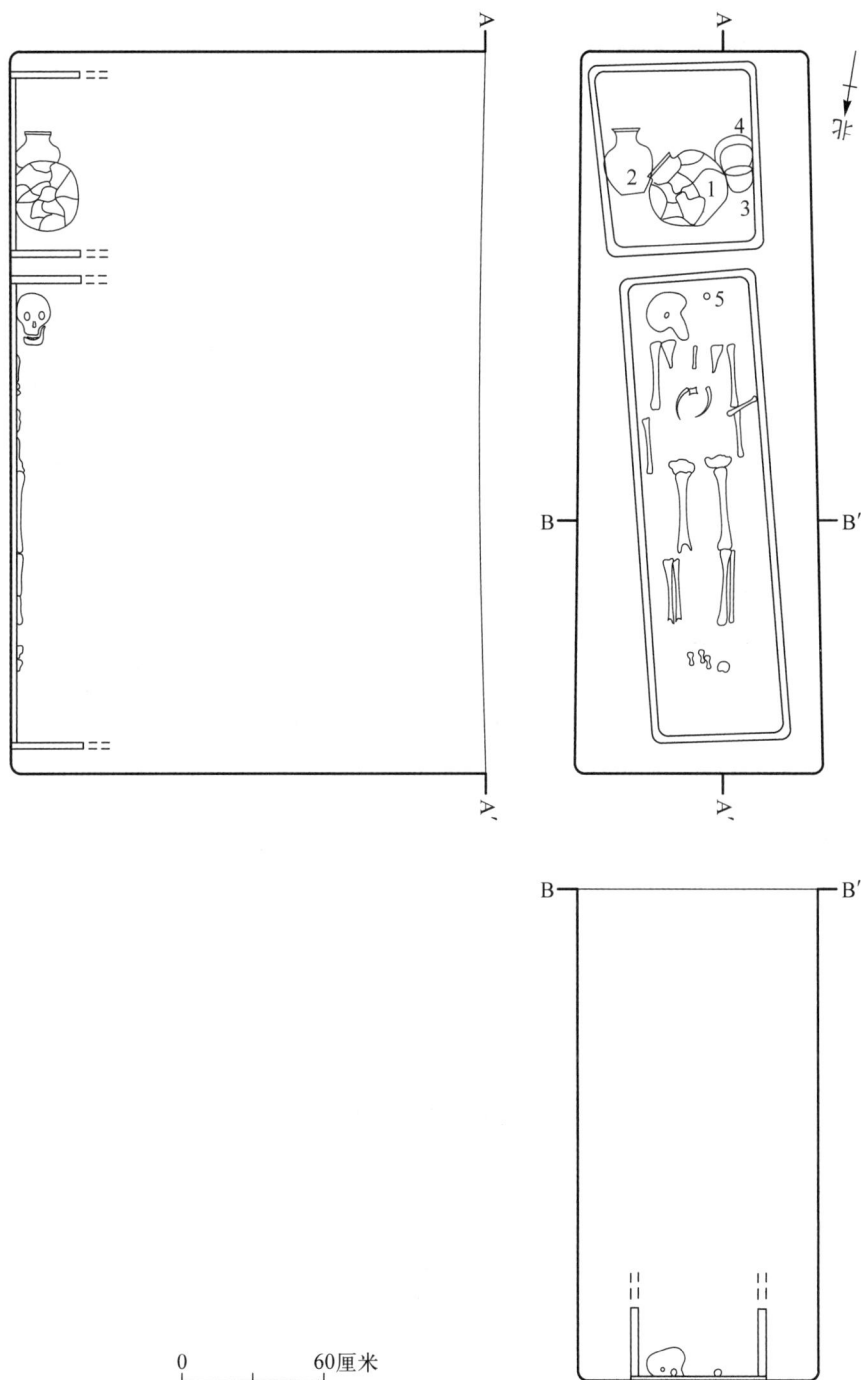

图二八三 M246平、剖面图

1. 陶罐 2. 陶罐 3. 陶鼎 4. 陶盒 5. 铜钱

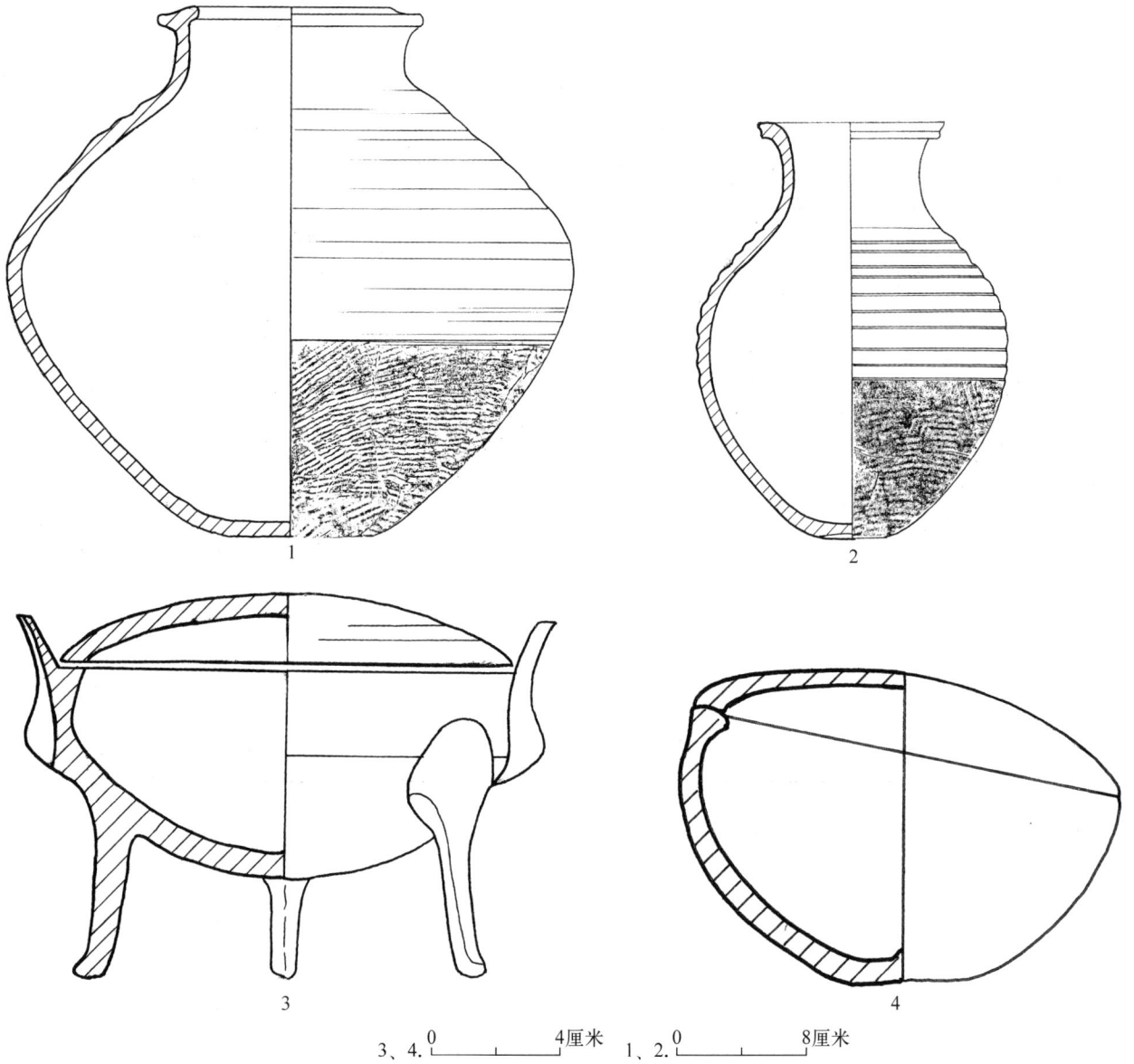

3、4. 0 _____ 4厘米　　　1、2. 0 _____ 8厘米

图二八四　M246出土陶器

1. 陶罐（M246：2）　2. 陶罐（M246：1）　3. 陶鼎（M246：3）　4. 陶盒（M246：4）

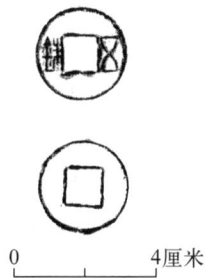

0 _____ 4厘米

图二八五　M246出土五铢钱（M246：5）

一四三、M248

1. 墓葬形制

M248位于发掘区Ⅰ区东南部，T0623内中部，东部被M249打破。开口于④层下，墓口距地表4.2米。南北向，方向15°。为长方形竖穴土圹单室墓，南北长3.16米，宽1.3米，墓底距墓口2米。四壁竖直整齐，经过加工抹光，墓底较平。内填黄褐色花土，土质较硬，竖夯夯筑，夯层深1.1米，每层厚约0.12～0.15米，夯窝直径约0.03～0.05米（图二八六；彩版一五，1）。

葬具为一椁一棺，木质，腐朽严重，仅存朽痕。椁痕平面呈长方形，南北长3.04米，宽0.8～1米，残高0.3米，板痕厚约0.03米；棺痕平面近长方形，挤压变形，南北长1.88米，宽0.52～0.57米，残高0.3米，板痕厚约0.03米。棺内葬人骨架1具，保存较差，凌乱，头向北，面向上，为仰身直肢葬，骨架残长约1.54米，女性，年龄约35岁。

2. 出土器物

出土器物8件，除一件发现于填土内，一件放于棺内，其余器物均放置于头箱内。

陶罐　1件。标本M248：1，泥质灰陶，手轮兼制，火候高。器物略变形，敞口，折沿，方唇，束颈，鼓腹斜收，平底。器表拍印绳纹。口径16.4厘米，腹径35.7厘米，底径12.6厘米，通高36.9厘米（图二八七，5；彩版八二，1）。

陶壶　2件。泥质灰陶，手轮兼制，火候高。标本M248：2，敞口，尖圆唇，长束颈，鼓腹弧收，矮圈足，腹部拍印绳纹。口径10.2厘米，腹径16.2厘米，底径9.2厘米，通高24厘米（图二八七，6；彩版八二，2）。标本M248：3，器物略变形，敞口内敛，长束颈，鼓腹弧收，矮圈足。口径10.8厘米，腹径18.6厘米，底径10.6厘米，通高24.6厘米（图二八七，7；彩版八二，3）。

陶盒　2件。泥质灰陶，轮制，火候高。标本M248：4，敛口，浅腹曲收，平底，覆盆形器盖。口径13.2厘米，底径6.4厘米，通高11.2厘米（图二八七，2；彩版八二，4）。标本M248：5，敛口，浅腹弧收，圜底，覆盆形器盖。口径13.2厘米，通高11.6厘米（图二八七，1；彩版八二，5）。

铜带钩　1件。标本M248：6，钩首弯曲，整体呈"如意"状，截面为圆形，圆钮，钮两侧錾刻有螺纹状纹饰。通长6.2厘米（图二八七，4；彩版八二，6）。

铜勺　1件。标本M248：7，青铜质，范铸。由勺和柄两部分组成。勺平面呈圆形，敞口，浅弧壁，小平底。勺口一侧贴长条形柄，扁平，柄首呈桃形，首中部有圆形小孔。口径1.8厘米，底径0.9厘米，高1厘米，通长5.1厘米（图二八七，3；彩版八三，1）。

铜钱　2枚。方孔圆钱，正面穿左右篆书"半两"二字，"半"字两点折笔向上，上横较直，"两"字为十字两，上横与下同宽。正背有郭，郭缘较窄。M248：8-1，钱径2.3厘米，孔径1厘米，厚0.1厘米（图二八八，1）。M248：8-2，钱径2.35厘米，孔径0.85厘米，厚0.1厘米（图二八八，2）。

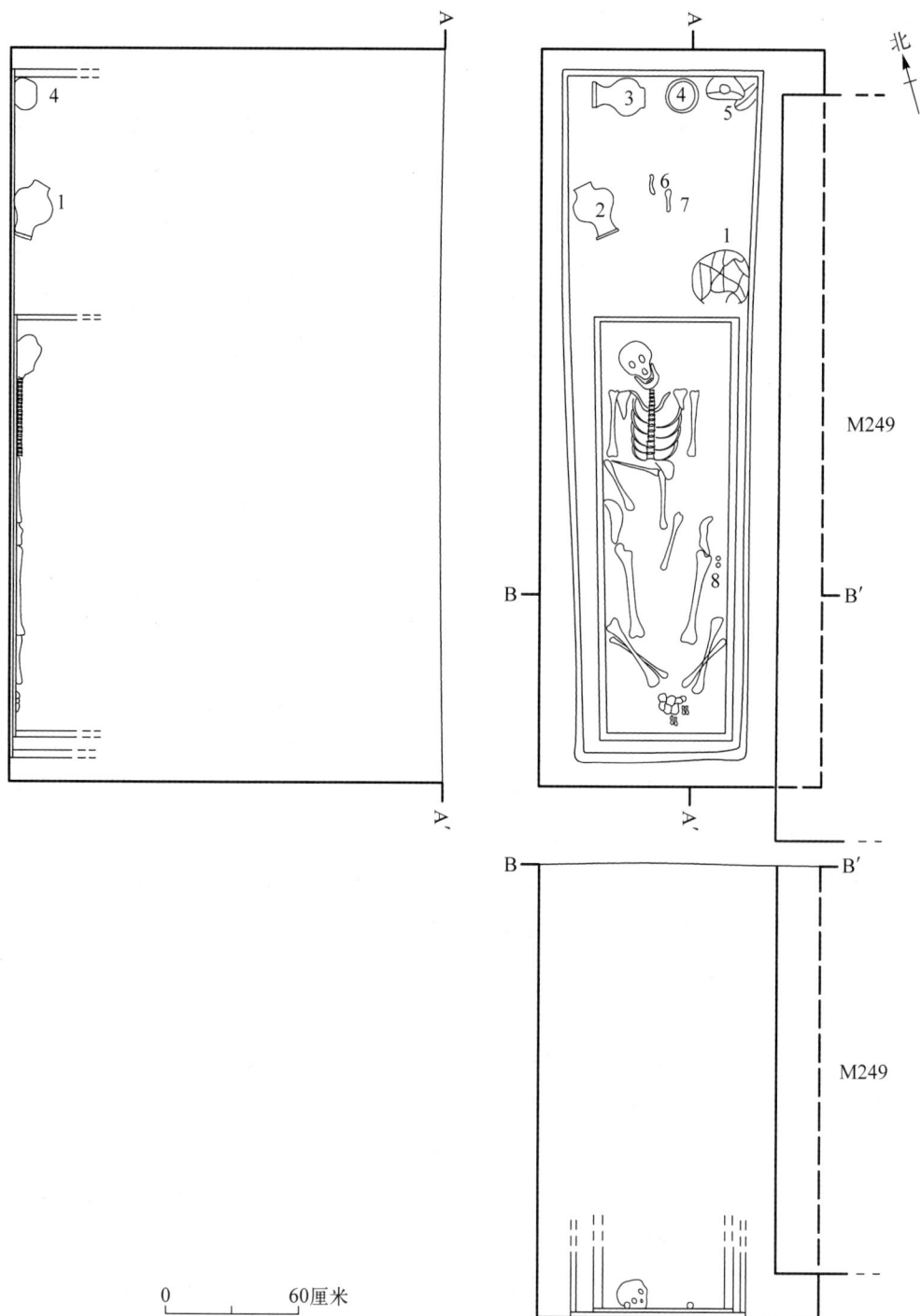

图二八六　M248平、剖面图

1. 陶罐　2. 陶壶　3. 陶壶　4. 陶盒　5. 陶盒　6. 铜带钩　7. 铜勺　8. 铜钱

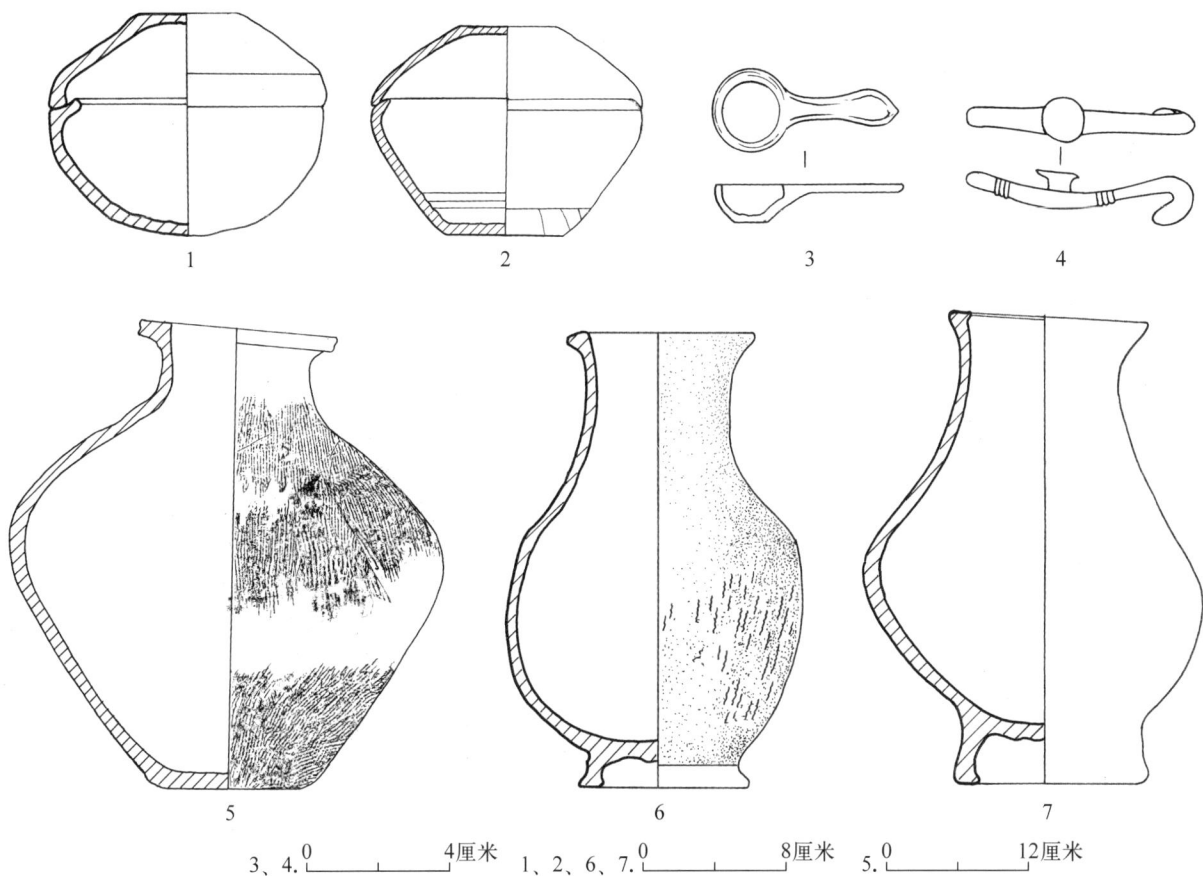

图二八七　M248出土器物

1. 陶盒（M248：5）　2. 陶盒（M248：4）　3. 铜勺（M248：7）　4. 铜带钩（M248：6）　5. 陶罐（M248：1）

6. 陶壶（M248：2）　7. 陶壶（M248：3）

一四四、M249

1. 墓葬形制

M249位于发掘区Ⅰ区东南部，T0623内中部，西邻M248。开口于④层下，墓口距地表4.2米。南北向，方向8°。为长方形竖穴土圹单室墓，南北长3.3米，宽1.2米，墓底距墓口2米。墓壁竖直整齐，经过加工抹光，墓底较平。内填黄褐色花土，土质较硬，竖夯夯筑，夯层深约1.3米，每层厚约0.1～0.12米，夯窝直径约0.03～0.06米（图二八九）。

葬具为一椁一棺，木质，腐朽严重，仅存朽痕。椁痕平面近方形，挤压变形，南北长3.16米，宽0.8～0.94米，残高0.2米，板痕厚约0.03米；棺痕平面呈长方形，南北长1.98米，宽0.6米，残高0.2

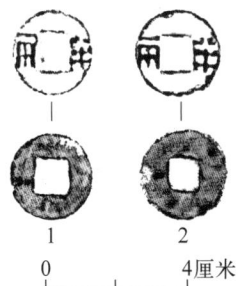

图二八八　M248出土半两钱

1、2.（M248：8-1、M248：8-2）

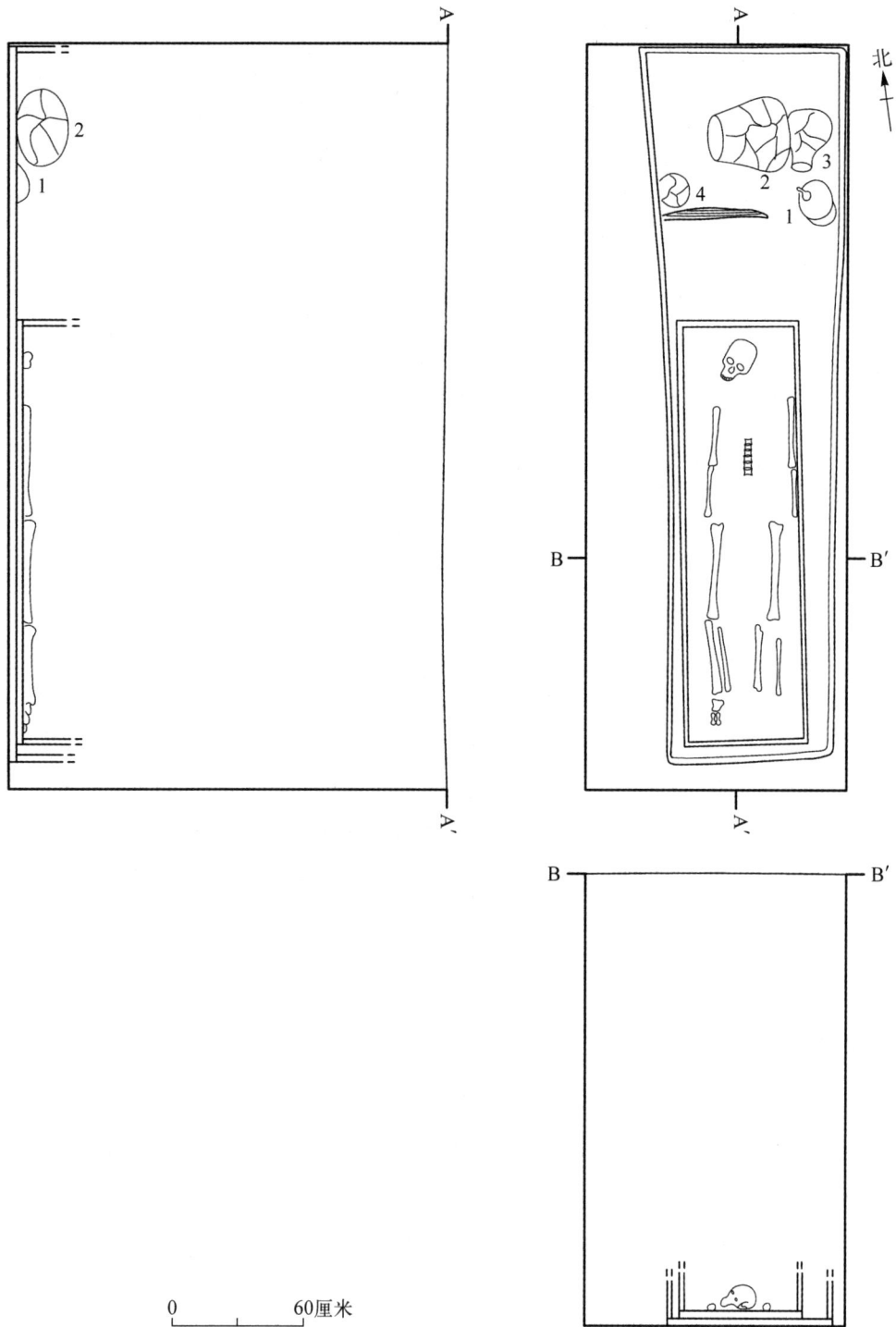

图二八九　M249平、剖面图

1.陶鼎　2.陶罐　3.陶壶　4.陶壶

米,板痕厚约0.03米。棺内葬人骨架一具,保存较差,头向北,面向上,为仰身直肢葬,骨架长约1.66米,男性,年龄约40岁。

2. 出土器物

出土器物4件,放于头箱内。

陶鼎　1件。标本M249:1,泥质灰陶,手轮兼制,火候高。敛口,浅腹弧收,圜底,口部贴对称双耳,耳外撇,底附三兽蹄形足,覆钵形器盖。口径16厘米,通高17.4厘米(图二九〇,2;彩版八三,2)。

陶罐　1件。标本M249:2,泥质灰陶,手轮兼制,火候高。敞口,折沿,方唇,短束颈,鼓腹斜收,平底略上凹。上腹饰凹弦纹,中腹至底拍印绳纹。口径17.4厘米,腹径34.2厘米,底径12.8厘米,通高33厘米(图二九〇,1;彩版八三,3)。

陶壶　2件。M249:3与M249:4均为碎片,无法复原。

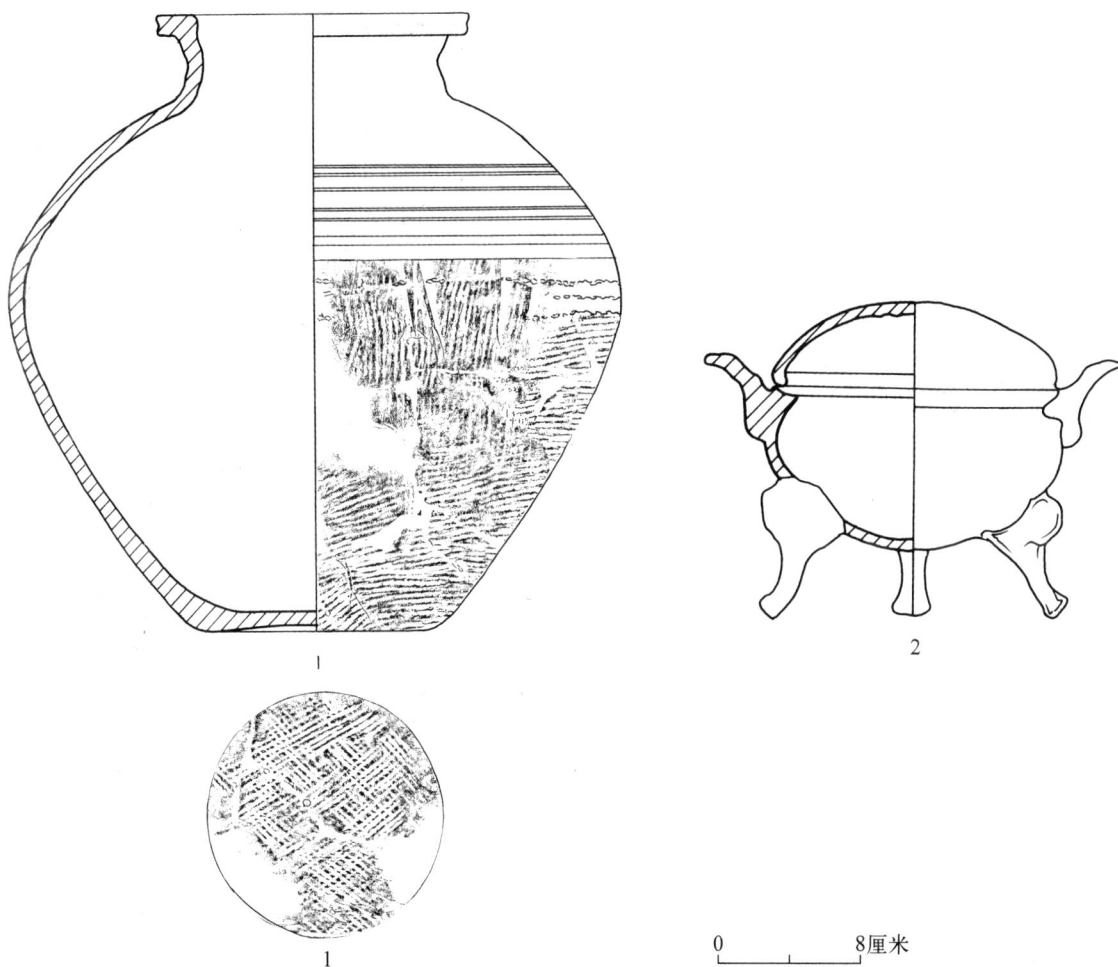

0 —— 8厘米

图二九〇　M249出土器物

1.陶罐(M249:2)　2.陶鼎(M249:1)

一四五、M250

1. 墓葬形制

M250位于发掘区Ⅰ区东南部，T0623内东南角，开口于④层下，墓口距地表4.2米。南北向，方向8°。为长方形竖穴土圹单室墓，南北长2.6米，宽1.2米，墓底距墓口2.2米。四壁竖直整齐，经过加工抹光，墓底较平。内填黄褐色花土，土质疏松（图二九一）。

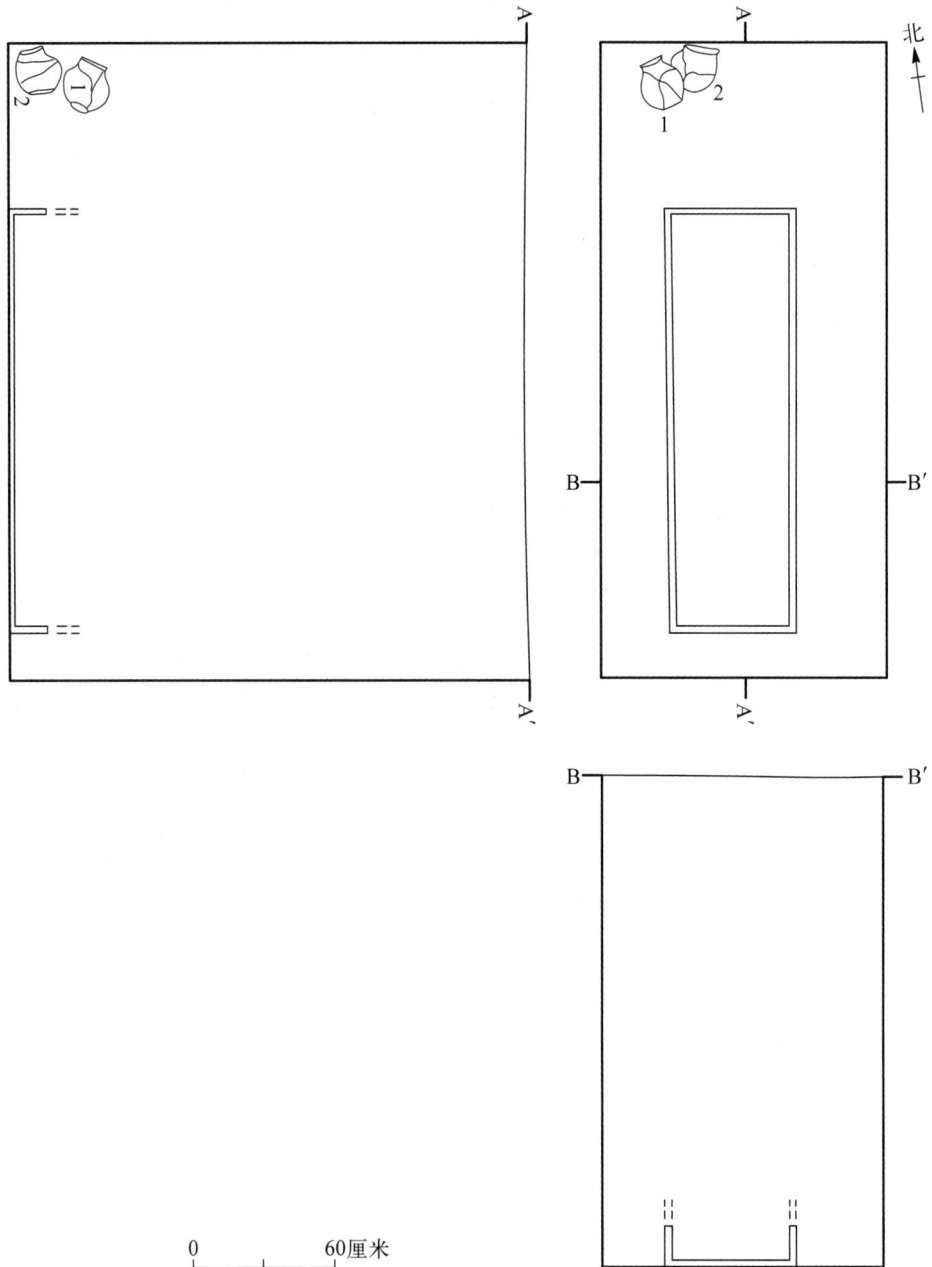

图二九一　M250平、剖面图

1. 陶罐　2. 陶罐

葬具为木棺,腐朽严重,仅存朽痕。棺痕平面呈长方形,南北长1.68米,宽0.48～0.5米,残高0.18米,板痕厚约0.03米。棺内未见人骨架痕迹。

2. 出土器物

出土器物2件,放于木棺外北侧。

陶罐　2件。泥质灰陶,手轮兼制,火候高。标本M250:1,敞口内敛,方唇内凹,短束颈,溜肩,鼓腹弧收,平底略上凹。肩部饰凹弦纹,下腹至底拍印绳纹。口径14.4厘米,腹径21.4厘米,底径10.2厘米,通高17.8厘米(图二九二,1;彩版八三,4)。标本M250:2,泥质灰陶,手轮兼制。口、颈、上腹及底残缺,中腹鼓起,下腹弧收,下腹饰凹弦纹及网格纹。腹径20.8厘米,残高11.4厘米(图二九二,2)。

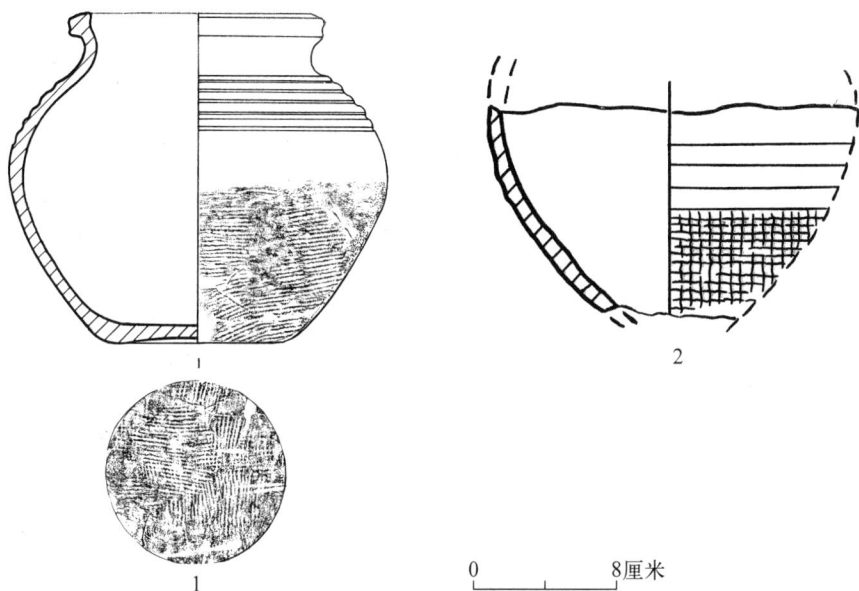

0　　　　　8厘米

图二九二　M250出土陶罐

1. 陶罐(M250:1)　2. 陶罐(M250:2)

一四六、M251

1. 墓葬形制

M251位于发掘区Ⅰ区西南部,T0911内中部,东邻M177。开口于④层下,墓口距地表4.2米。南北向,方向15°。为长方形竖穴土圹单室墓,南北长2.3米,宽1米,墓底距墓口1.6米。四壁竖直整齐,墓底较平。内填黄褐色花土,土质较硬,竖夯夯筑,夯层深0.7米,每层厚约0.08～0.12米,夯窝直径约0.05～0.07米(图二九三)。

葬具为木棺,腐朽严重,仅存朽痕。棺痕平面呈长方形,南北长1.91米,宽0.67米,残高0.3米,板痕厚约0.03米。棺内葬人骨架一具,保存较差,头向北,面向西,为仰身直肢葬,人骨架长1.22米,男性,年龄16岁。

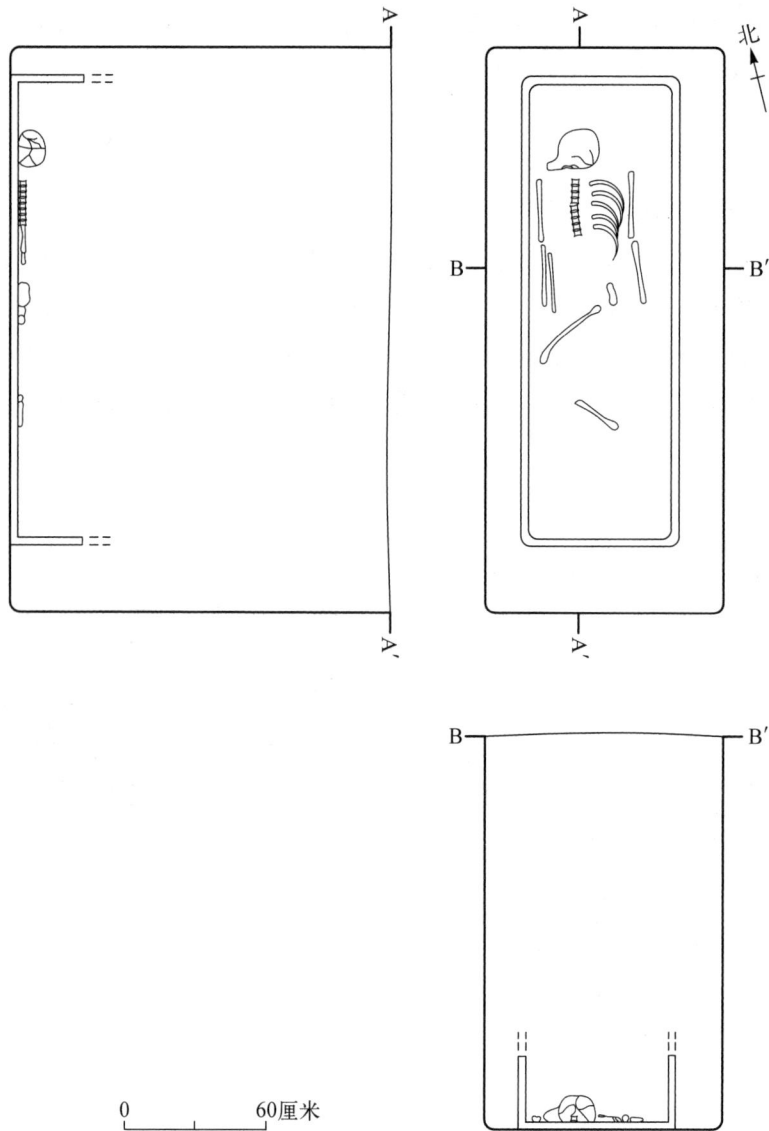

图二九三　M251平、剖面图

2. 出土器物

无。

一四七、M255

1. 墓葬形制

M255位于发掘区Ⅰ区东南部，T0522内东北角，开口于④层下，墓口距地表4.2米。南北向，方向5°。为长方形竖穴土圹单室墓，南北长3.12米，东西宽1.6米，墓底距墓口2米。四壁竖直整齐，底部较平。内填黄褐色花土，土质致密，束夯夯筑，夯层深1.4米，每夯层厚约0.1～0.18厘米，夯窝为圆形，直径约0.09～0.12厘米（图二九四；彩版一五，2）。

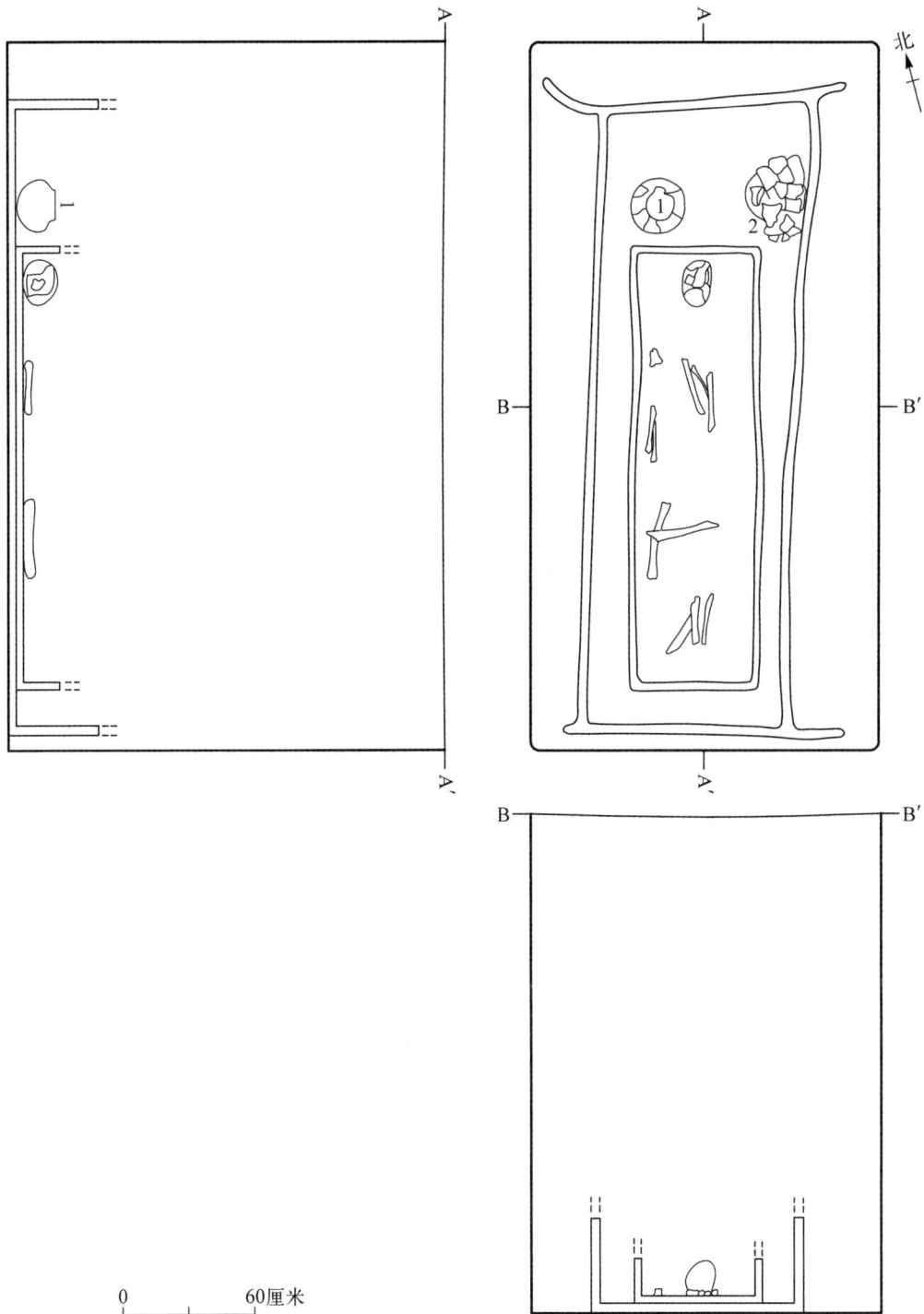

图二九四 M255平、剖面图

1. 陶罐 2. 陶罐

葬具为一椁一棺，木质，腐朽严重，仅存朽痕。椁痕平面呈长方形，南北残长2.84米，残宽0.97米，残高0.42米，板痕厚约0.04米；棺痕平面呈长方形，南北残长1.96米，残宽0.59米，残高0.2米，板厚约0.03米。棺内葬人骨架一具，保存较差，头向北，面向不详，为仰身直肢葬，人骨架残高1.53米，男性，年龄约35岁。

2. 出土器物

出土器物2件，放置于椁内棺外北侧。

陶罐　2件。泥质灰陶，手轮兼制，火候高。标本M255∶1，敞口，方唇，束颈，圆鼓腹下弧收，小平底。上腹饰凹弦纹，下腹至底压印绳纹。口径14.6厘米，腹径23.2厘米，底径8.2厘米，高19.8厘米（图二九五，1；彩版八三，5）；标本M255∶2，敞口，圆唇，束颈，鼓腹弧收，平底。中腹饰凹弦纹，下腹至底拍印绳纹。口径15.2厘米，腹径23.2厘米，底径8.6厘米，通高20.2厘米（图二九五，2；彩版八三，6）。

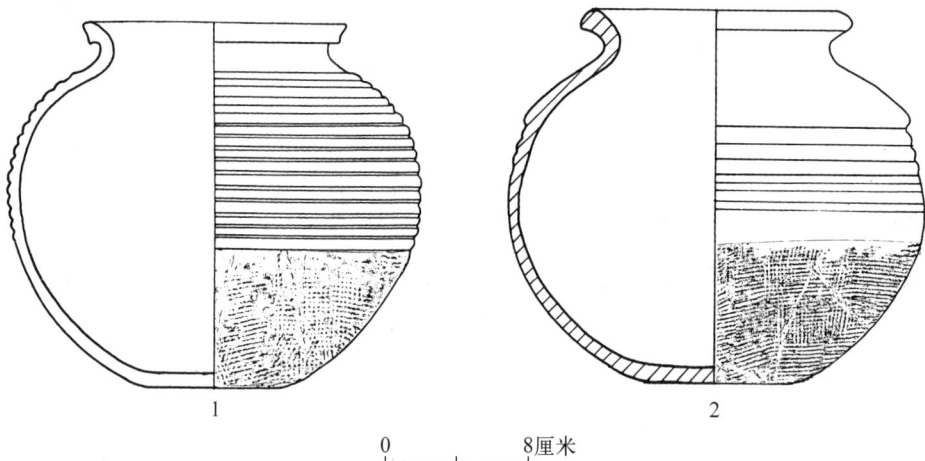

0　　　　8厘米

图二九五　M255出土陶罐

1. 陶罐（M255∶1）　2. 陶罐（M255∶2）

一四八、M256

1. 墓葬形制

M256位于发掘区Ⅰ区南部，T0616内东北角，北邻M240，东邻M258，西邻M264。开口于④层下，墓口距地表4.2米。南北向，方向8°。为长方形竖穴土圹单室墓，南北长4米，东西宽1.4米，墓底距墓口2.6米。四壁竖直整齐，底部较平，内填黄褐色花土，土质疏松（图二九六）。

葬具为一椁一棺，木质，腐朽严重，仅存朽痕。椁痕平面呈长方形，南北残长3.36米，残宽0.88米，残高0.4米，板厚约0.04米；棺痕平面呈长方形，南北残长2.14米，残宽0.62米，残高0.34米，板厚约0.04米，在棺的底部铺有厚约0.5厘米的白灰。棺内葬人骨一具，保存较差，头向北，面向西，为仰身直肢葬，身高1.88米，男性，年龄约40岁。

图二九六　M256平、剖面图

1. 铜钱　2. 铜带钩　3. 陶罐　4. 陶罐　5. 陶壶　6. 陶壶　7. 陶鼎　8. 陶盒

2. 出土器物

出土器物8件,均放于椁内棺外的北侧。

铜带钩　1件(残)。标本M256:2,整体呈"如意"状,钩首弯曲,两端残缺,截面呈圆形,圆钮。残长8.2厘米(图二九七,1;彩版八四,1)。

陶罐　2件。泥质灰陶,手轮兼制,火候高。标本M256:3,敞口,尖唇,矮束颈,圆鼓腹,下弧收,圜平底,器表饰凹弦纹。口径16.8厘米,腹径31.8厘米,底径8.8厘米,通高26厘米(图二九七,6;彩版八四,2)。标本M256:4,敛口,折沿,方唇内凹,束颈,鼓腹斜收,平底,器表拍印绳纹。口径16厘米,腹径32.2厘米,底径10.2厘米,通高32.1厘米(图二九七,5;彩版八四,3)。

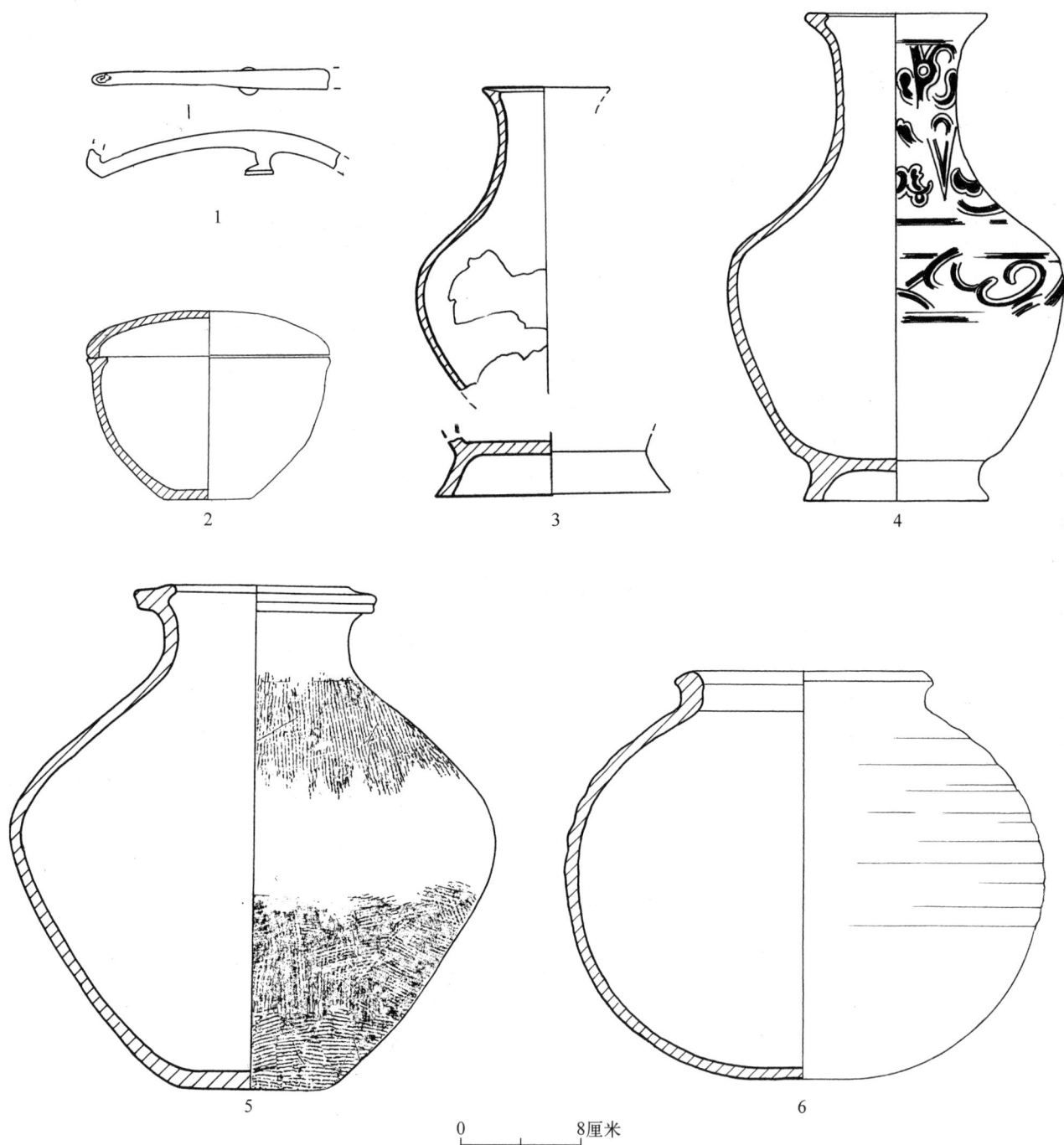

图二九七　M256出土器物

1. 铜带钩（M256：2）　2. 陶盒（M256：8）　3. 陶壶（M256：5）　4. 陶壶（M256：6）　5. 陶罐（M256：4）　6. 陶罐（M256：3）

陶壶 2件。泥质灰陶,轮制。标本M256:5,残,无法复原,敞口内敛,尖唇,长束颈,鼓腹下弧收,底部残缺。口径12.6厘米,腹径19.8厘米,残高28厘米(图二九七,3)。标本M256:6,敞口内敛,长束颈,鼓腹曲收,矮圈足,器表涂抹彩绘,部分脱落。口径12厘米,腹径22.2厘米,底径12.2厘米,通高30.1厘米(图二九七,4)。

陶鼎 1件。标本M256:7,碎片,无法复原。

陶盒 1件(套)。标本M256:8,泥质灰陶,轮制。子母口内敛,浅腹弧收,平底。覆钵形器盖。口径16厘米,底径5.6厘米,通高12.1厘米(图二九七,2;彩版八四,4)。

铜钱 1枚。标本M256:1,圆形方穿,正面穿左右篆书"半两"二字,"半"字两点横折,上横笔向上折收,中竖笔断开,"两"字上横笔与下同宽,为十字两,正面有郭,郭缘较窄,钱背磨郭。钱径2.6厘米,穿径0.8厘米,厚0.1厘米(图二九八)。

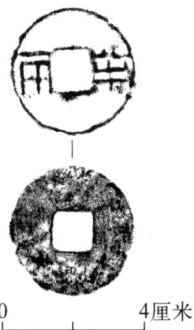

图二九八 M256出土半两钱
(M256:1)

一四九、M257

1. 墓葬形制

M257位于发掘区Ⅰ区西部,T1308内西南角,北部被M205打破,开口于④层下,墓口距地表4.2米。南北向,方向10°。为长方形竖穴土圹单室墓,南北长3.6米,东西宽1.32,墓底距墓口1.8米。四壁整齐,底部较平,东壁倾斜内收,在土圹的底部北侧、东侧、南侧均留有生土台,土圹内填黄褐色花土,土质较疏松(图二九九;彩版一五,3)。

葬具为一椁一棺,木质,腐朽严重,仅存朽痕。椁痕南北残长3.06米,残宽0.68米,残高0.38米,板痕厚约0.04米。棺痕南北残长2.12米,残宽0.6米,残高0.38米,板厚约0.04米,底部铺有一层0.5厘米厚的白灰。棺内葬人骨架一具,保存较差,头向北,面向上,为仰身直肢葬,身残高1.86米,男性,年龄约35岁。

2. 出土器物

出土器物6件,4件放置于椁内棺外的北侧,1件放置于棺内。

陶罐 1件。标本M257:1,泥质灰陶,手轮兼制,火候高。敛口,折沿,方唇,矮束颈,鼓腹曲收,小平底。上腹饰凹弦纹,中腹以下拍印绳纹。口径15.4厘米,腹径31.2厘米,底径9.2厘米,通高30厘米(图三〇〇,1;彩版八四,5)。

陶壶 2件。泥质灰陶,手轮兼制,火候高。标本M257:2,残碎,无法复原。标本M257:4,敞口,折沿,方唇,长束颈,鼓腹弧收,矮圈足,足壁外撇,足旋刮。器表描绘彩绘,大部分已脱落。口径14.6厘米,腹径20厘米,底径9.6厘米,通高26.8厘米(图三〇〇,2;彩版八四,6)。

陶盒 2件(套)。标本M257:3,泥质灰陶,手轮兼制,火候高。敛口,浅腹弧收,小平底,覆盆形器盖。下腹描绘彩绘,盖身饰凹弦纹。口径14.4厘米,底径5.2厘米,通高14.2厘米(图三〇〇,4;彩版八五,1)。标本M257:5,泥质灰陶,轮制,火候高。敞口,浅弧腹,小平底,腹壁饰凹弦纹,

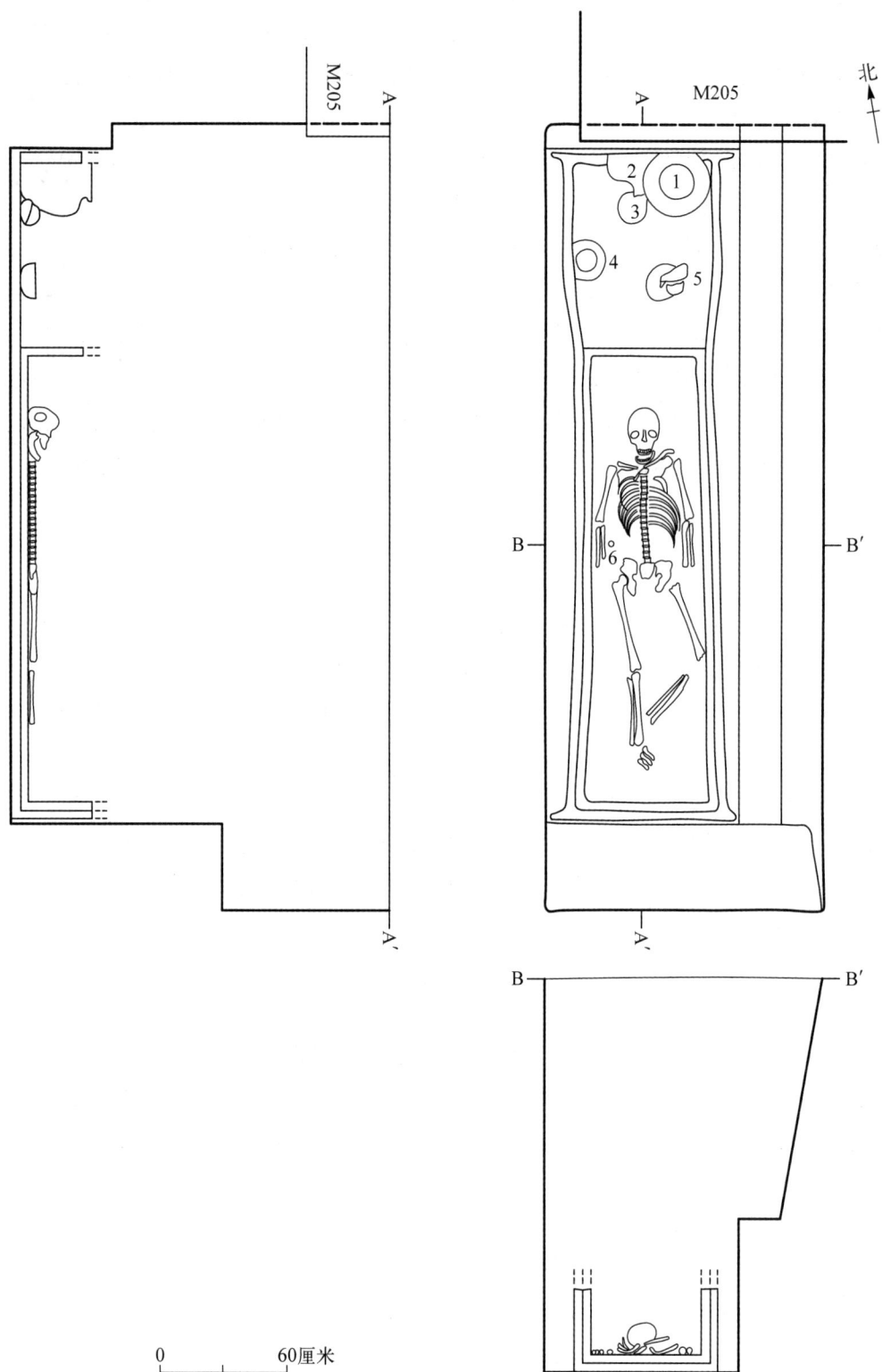

图二九九　M257平、剖面图

1.陶罐　2.陶壶　3.陶盒　4.陶壶　5.陶盒　6.玛瑙珠

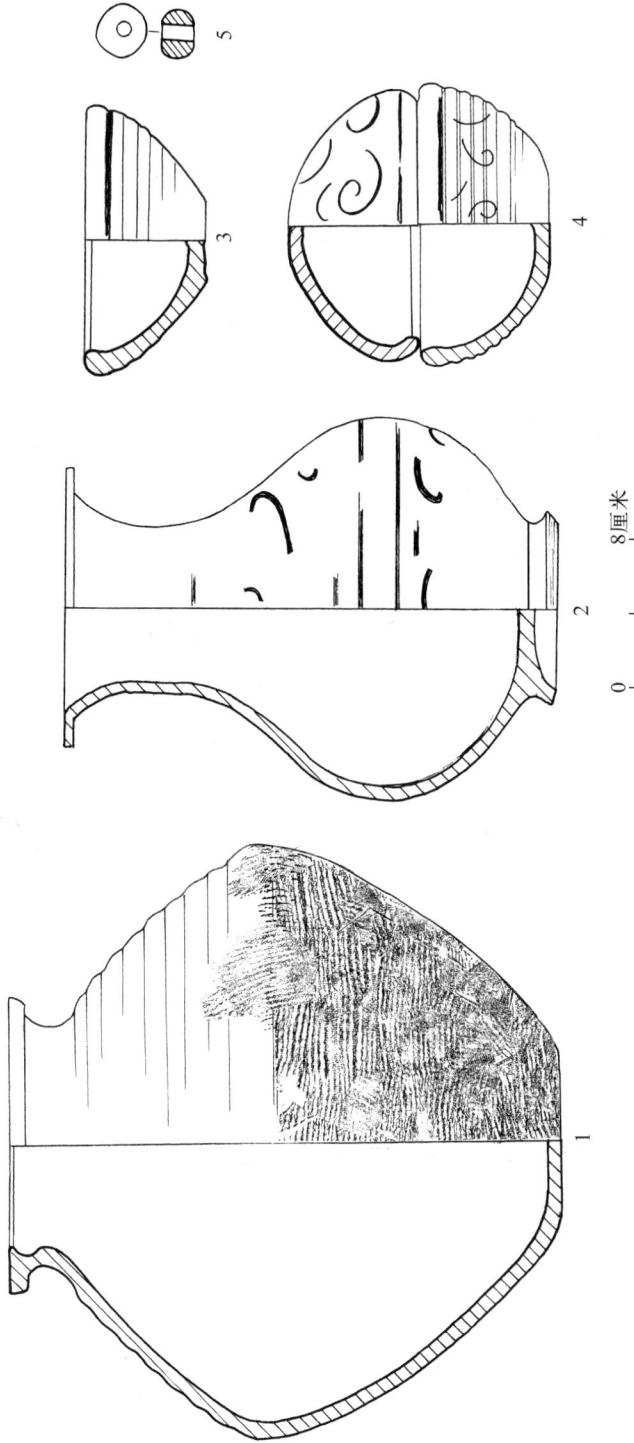

图三〇〇　M257 出土器物

1. 陶罐（M257：1）　2. 陶壶（M257：2）　3. 陶盒（M257：5）　4. 陶盒（M257：3）　5. 玛瑙珠（M257：6）

并描绘彩绘,彩绘大部分已脱落。口径14厘米,底径4.2厘米,通高6.6厘米(图三〇〇,3)。

玛瑙珠　1颗。标本M257:6,平面呈圆形,上下扁平,中部穿孔。直径1.4厘米,孔径0.4厘米,厚0.9厘米(图三〇〇,5)。

一五〇、M258

1. 墓葬形制

M258位于发掘区Ⅰ区南部,T0717内南部,西邻M256。开口于④层下,墓口距地表4.2米。南北向,方向5°。为长方形竖穴土圹单室墓,南北长3.46米,东西宽1.2米,墓底距墓口2.2米,四壁整齐,底部较平,内填黄褐色花土,土质疏松(图三〇一)。

葬具为一椁一棺,木质,腐朽严重,仅存朽痕。椁痕南北残长2.64米,残宽0.4米,残高0.4米,板厚约0.04米。棺痕南北残长2.1米,东西残宽0.72米,残高0.36米,板厚约0.04米,棺底部铺有一层厚约0.5厘米的白灰。棺内葬人骨一具,保存较差,头向北,面向不详,为仰身直肢葬,身高残高1.46米,男性,年龄约35岁。

在木棺的北端外侧与椁的北端内侧放置有随葬品。

2. 出土器物

出土器物4件,均放于椁内棺外的北侧。

陶罐　2件。泥质灰陶,轮制。标本M258:2与M258:3,残碎,无法复原。

石器　1件。标本M258:4,砾石质,平面近圆饼形,直径5.4厘米,厚1.7厘米(图三〇二;彩版八五,2)。

铜钱　1枚。标本M258:1,圆形方穿,正面穿左右篆书"半两"二字,"半"字两点呈撇形,"两"字上横与下同宽,为十字两。正背有郭,郭缘较窄。钱径2.4厘米,穿径0.9厘米,厚0.1厘米(图三〇三)。

一五一、M260

1. 墓葬形制

M260位于发掘区Ⅰ区中部,T1015内北部,北邻M261,东邻M162,西邻M163。开口于④层下,墓口距地表4.2米。南北向,方向15°。为梯形竖穴土圹单室墓,南北长3.1米,宽1～1.1米,墓底距墓口2.3米。北宽南窄,四壁竖直整齐,经过加工抹光,墓底较平。内填黄褐色花土,土质较硬,竖夯夯筑,夯层深约1.6米,每夯层厚约0.1～0.13米,夯窝直径约0.03～0.05米(图三〇四)。

葬具为头箱与木棺,木质,腐朽严重,仅存朽痕。头箱位于木棺的北侧,平面呈长方形,南北长1.05米,宽0.65米,残高0.5米,板痕厚约0.03米;木棺位于头箱的南侧,平面呈长方形,南北长1.9米,宽0.56米,残高0.3米,板痕厚约0.03米,底部铺垫一层白灰,厚约0.03米。棺内葬人骨架一具,保存较好,头向北,面向上,为仰身直肢葬,骨架长约1.78米,女性,年龄约30岁。

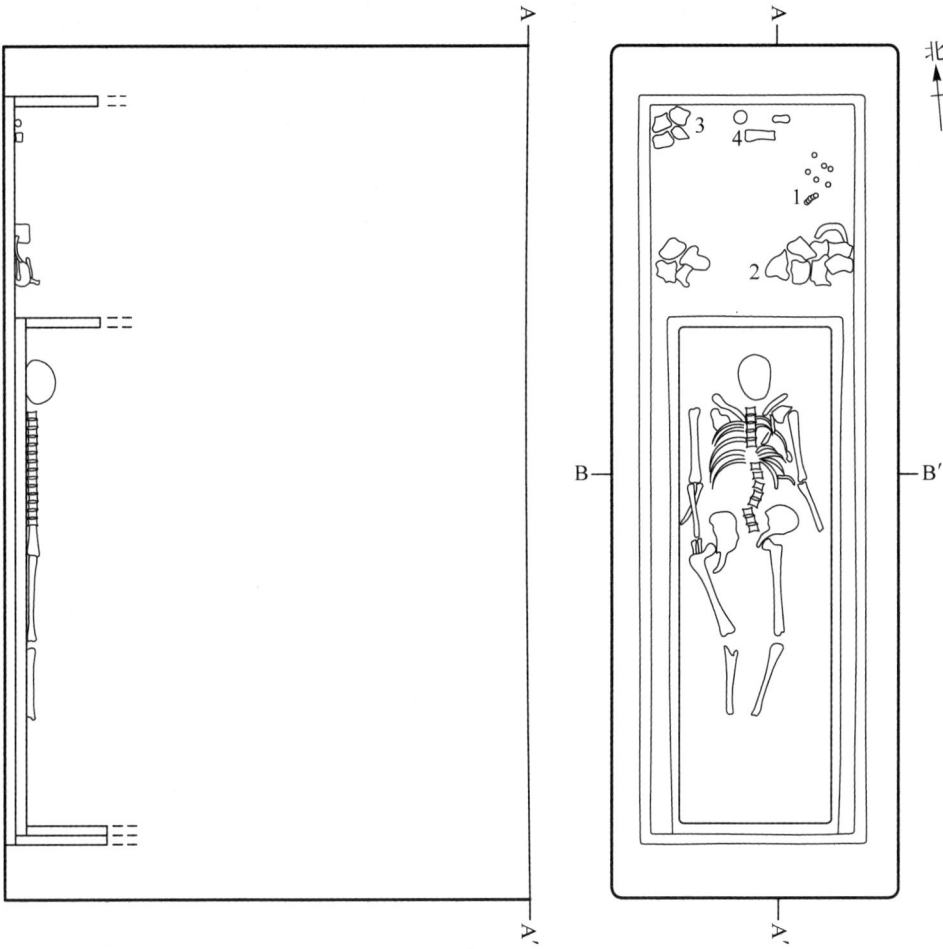

图三〇一　M258平、剖面图

1.铜钱　2.陶罐　3.陶罐　4.石器

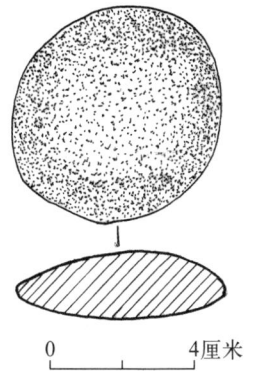

图三〇二　M258出土石器
（M258：4）

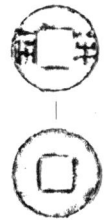

图三〇三　M258出土
五铢钱（M258：1）

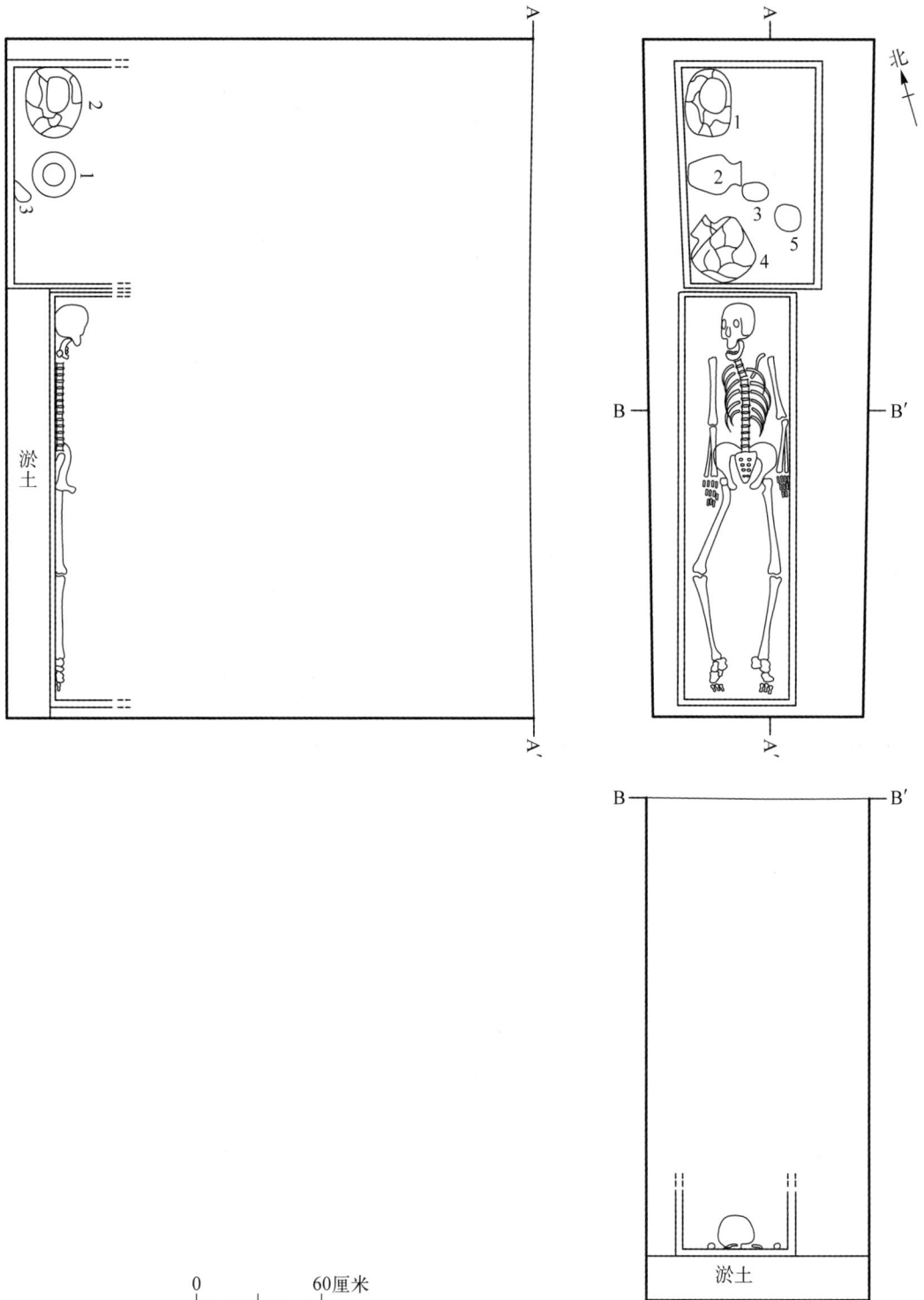

图三〇四　M260平、剖面图

1. 陶罐　2. 陶罐　3. 陶盆　4. 陶罐　5. 陶盒

2. 出土器物

出土器物5件,放于头箱内。

陶罐　3件。泥质灰陶,手轮兼制,火候高。标本M260:1,敛口,折沿,方圆唇,束领,鼓腹弧收,平底。上腹饰凹弦纹,下腹至底拍印绳纹。口径15.6厘米,腹径31.4厘米,底径15.2厘米,通高23.2厘米(图三〇五,3;彩版八五,3)。标本M260:2,敛口,折沿,尖圆唇,束颈,鼓腹斜收,平底。上腹饰三周凹陷纹,下腹拍印绳纹。口径14.2厘米,腹径33厘米,底径9.8厘米,通高32.2厘

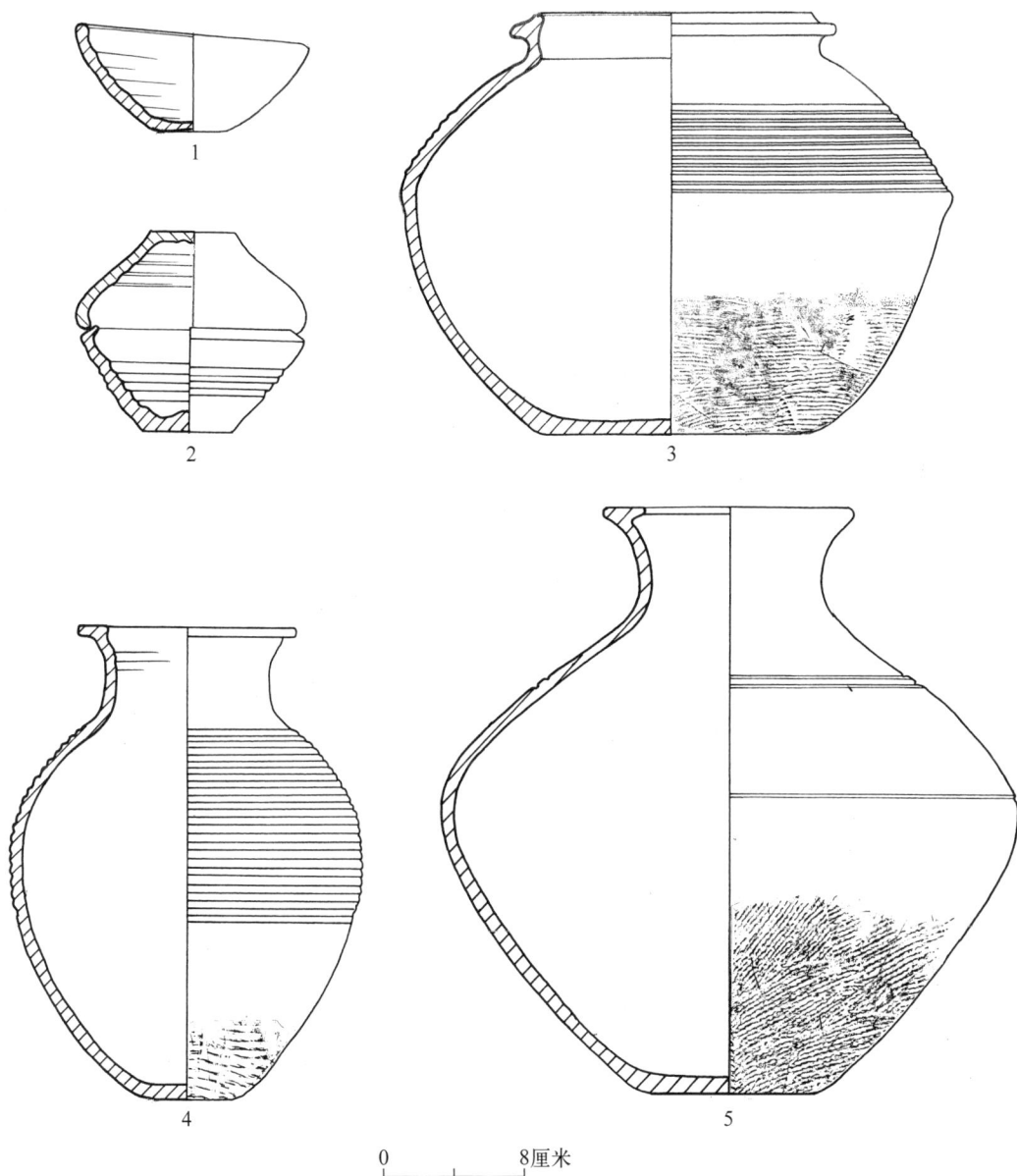

0　　　　8厘米

图三〇五　M260出土陶器

1.陶盆(M260:3)　2.陶盒(M260:5)　3.陶罐(M260:1)　4.陶罐(M260:4)　5.陶罐(M260:2)

米（图三〇五，5；彩版八五，4）。标本M260：4，敞口，折沿，方向混，束颈，鼓腹弧收，小平底。上腹饰凹弦纹，下腹至底拍印绳纹。口径12.4厘米，腹径20.2厘米，底径5.8厘米，通高26厘米（图三〇五，4；彩版八五，5）。

陶盆　1件。泥质灰陶，轮制，火候高。标本M260：3，敞口，浅腹略弧收，小平底，内壁轮痕清晰。口径13.2厘米，底径4.2厘米，通高6.2厘米（图三〇五，1）。

陶盒　1件套。标本M260：5，泥质灰陶，轮制，火候高。敛口，斜腹，小平底。覆盆形器盖，平顶，腹壁曲收，敛口。器表饰凹弦纹，内腹壁轮痕清晰。口径12.6厘米，底径5.2厘米，通高11.2厘米（图三〇五，2）。

一五二、M262

1. 墓葬形制

M262位于发掘区Ⅰ区中部，T1015内西南角，北邻M163，被H1叠压打破，开口于④层下，墓口距地表4.2米。东西向，方向275°。为长方形竖穴土圹单室墓，东西长1.5米，宽0.6米，墓底距墓口1米。四壁竖直整齐，墓底较平。内填黄褐色花土，土质疏松，湿软（图三〇六）。

未见葬具痕迹，仅见头骨，头向西，面向上，葬式、性别、年龄等不详。

2. 出土器物

出土器物碎陶片1袋，无法复原。

一五三、M263

1. 墓葬形制

M263位于发掘区Ⅰ区西北部，T1513内西南角，南邻M127。开口于④层下，墓口距地表4.2米。南北向，方向8°。为梯形竖穴土圹单室墓，南北长2.16米，宽0.52～0.7米，墓底距墓口0.7米。北窄南宽，墓壁竖直整齐，经过烘烤，墓底较平。内填黄褐色花土，土质疏松（图三〇七）。

未见葬具及人骨架痕迹。

2. 出土器物

无。

一五四、M264

1. 墓葬形制

M264位于发掘区Ⅰ区南部，T0616内东北角，东邻M256。开口于④层下，墓口距地表4.2米。南北向，方向10°。为长方形竖穴土圹单室墓，南北长3.2米，南北宽1.52米，墓底距墓口2.5米，四壁整齐，底部较平，内填黄褐色花土，土质疏松（图三〇八）。

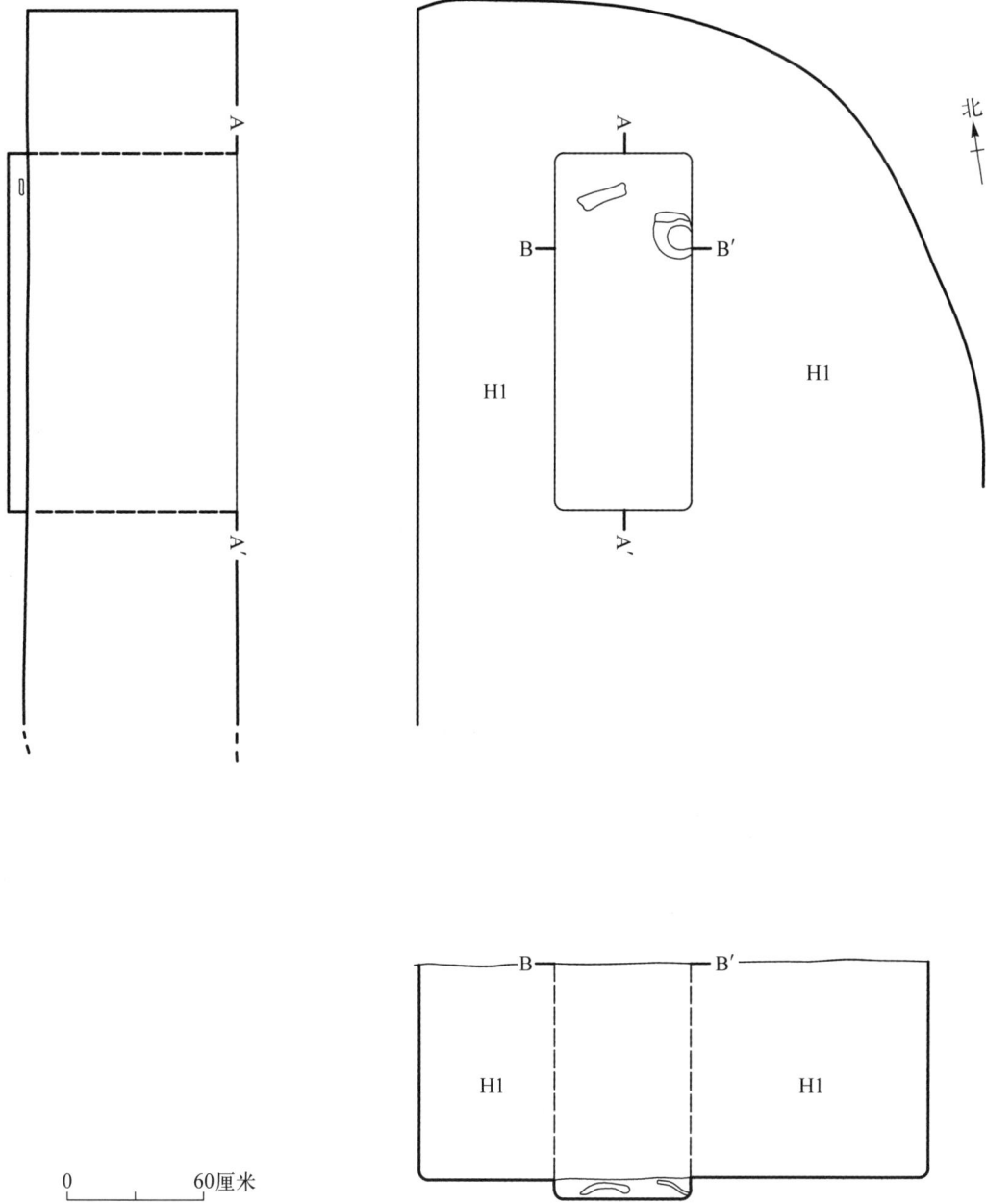

0   60厘米

图三〇六 M262平、剖面图

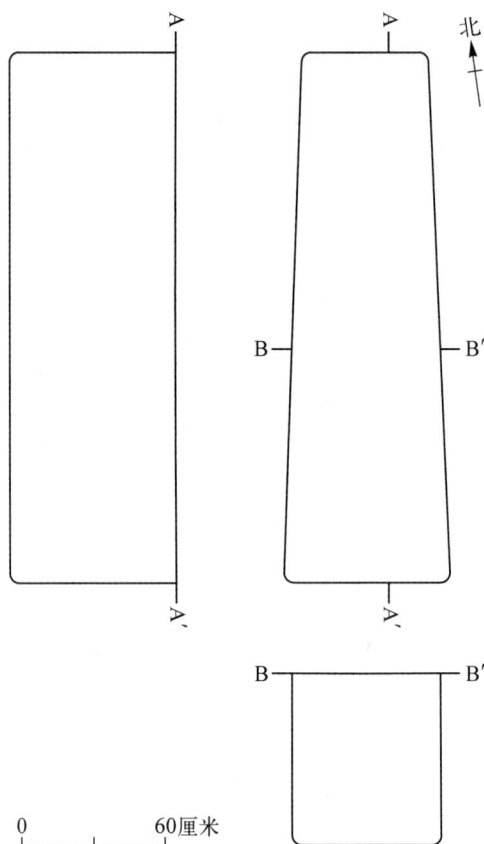

图三〇七 M263平、剖面图

葬具为一椁一棺，木质，腐朽严重，仅存朽痕。椁痕平面呈长方形，残留部分椁板，南北长3.04米，宽1.13米，残高0.5米，板厚约0.04米；棺痕平面呈长方形，南北长2米，宽0.6米，残高0.22米，板厚约0.04米。棺内葬人骨架一具，保存较差，头向北，面向不详，为仰身直肢葬，性别、年龄不详。

2. 出土器物

出土器物3件，均放置于椁内棺外的北侧。

陶罐 1件。标本M264：1，泥质灰陶，手轮兼制。敛口，折沿，方唇，短束颈，鼓腹曲收，平底，器表拍印绳纹。口径12.3厘米，腹径23.6厘米，底径7.2厘米，通高23厘米（图三〇九，3）。

陶壶 2件。泥质灰陶，轮制。标本M264：2，敛口，折沿，方唇，长束颈，圆鼓腹，下腹弧收，矮圈足，足外撇，覆钵形器盖。器表中腹至器盖描绘彩绘，下腹压印绳纹。口径13.4厘米，腹径23.2厘米，底径10.8厘米，通高32厘米（图三〇九，1；彩版八五，6）。标本M264：3，敛口，折沿，方唇，长束颈，鼓腹曲收，腹最大径位于中部靠上，矮圈足，足壁较直，覆钵形器盖。器表中腹至器盖描绘彩绘。口径13.2厘米，腹径24.2厘米，底径10.8厘米，通高34厘米（图三〇九，2；彩版八六，1）。

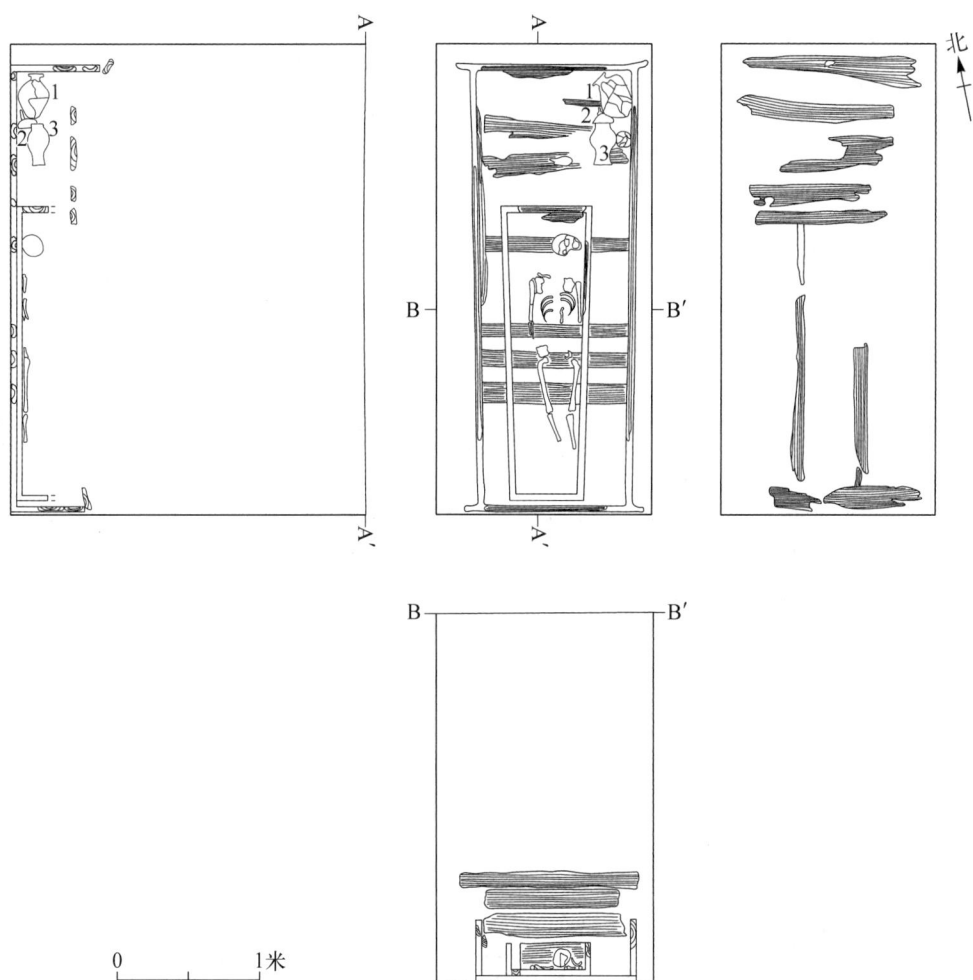

图三〇八 M264平、剖面图

1. 陶罐 2. 陶壶 3. 陶壶

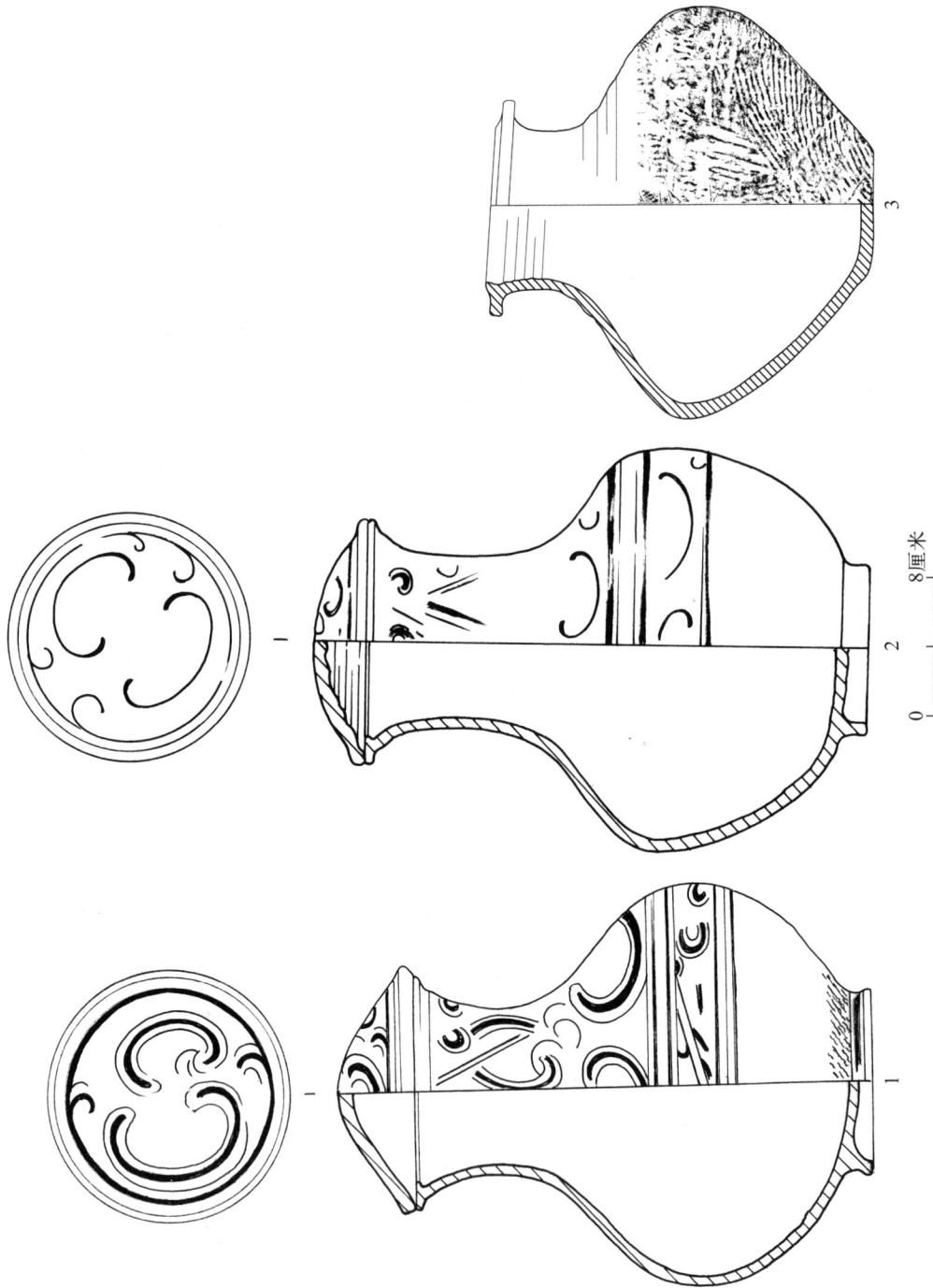

图三〇九　M264 出土陶器

1. 陶壶（M264：2）　2. 陶壶（M264：3）　3. 陶罐（M264：1）

第三节 竖穴土圹砖椁墓

竖穴土圹砖椁墓11座,编号为M47、M74、M75、M76、M84、M88、M102、M116、M154、M160、M161。

一、M47

1. 墓葬形制

M47位于发掘区Ⅰ区西部,T1311内西部,东北邻M41,东邻M48。开口于③层下,打破④⑤层,墓口距地表3.9米。南北向,方向26°。为长方形竖穴土圹砖券单室墓,土圹南北长2.8米,宽1.08米,墓底距墓口0.42米。土圹内用青砖券制砖椁,平面呈长方形,顶部破坏严重,券制不详,仅残留下部,四壁残留部分用青砖叠压错缝平砌,残高0.28~0.34米。底部用青砖纵横平铺墁地。砖椁内未见葬具及人骨架痕迹(图三一〇)。

用砖规格:0.27×0.14-0.04米。

2. 出土器物

无。

二、M74

1. 墓葬形制

M74位于发掘区Ⅰ区中部,T1116内东南角,西邻M219。开口于③层下,墓口距地表3.9米。南北向,方向350°。为长方形竖穴土圹砖椁墓,南北长2.85米,东西宽1.34~1.46米,墓底距墓口1.68米。土圹平面呈长方形,四壁整齐,底部较平。内填黄褐色花土,土质疏松(图三一一)。

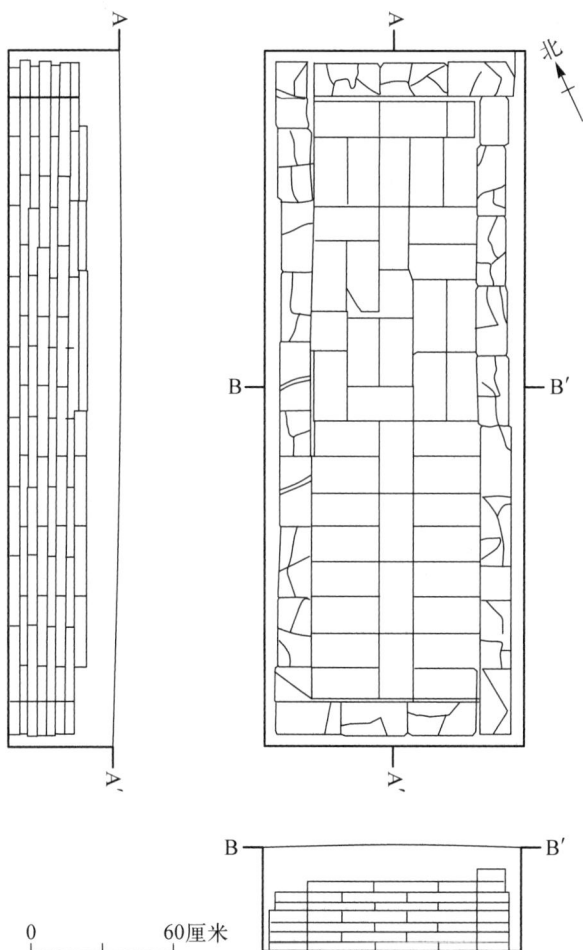

图三一〇 M47平、剖面图

土圹内用规格为0.3×0.15-0.06米的青砖砌制砖椁,椁顶坍塌,四壁用青砖叠压错缝平砌,底部用青砖块纵横平铺墁地。砖椁内葬人骨架一具,保存一般,头向北,面向西,为仰身直肢葬,左上肢缺失,身高1.56米,女性,年龄约20岁。

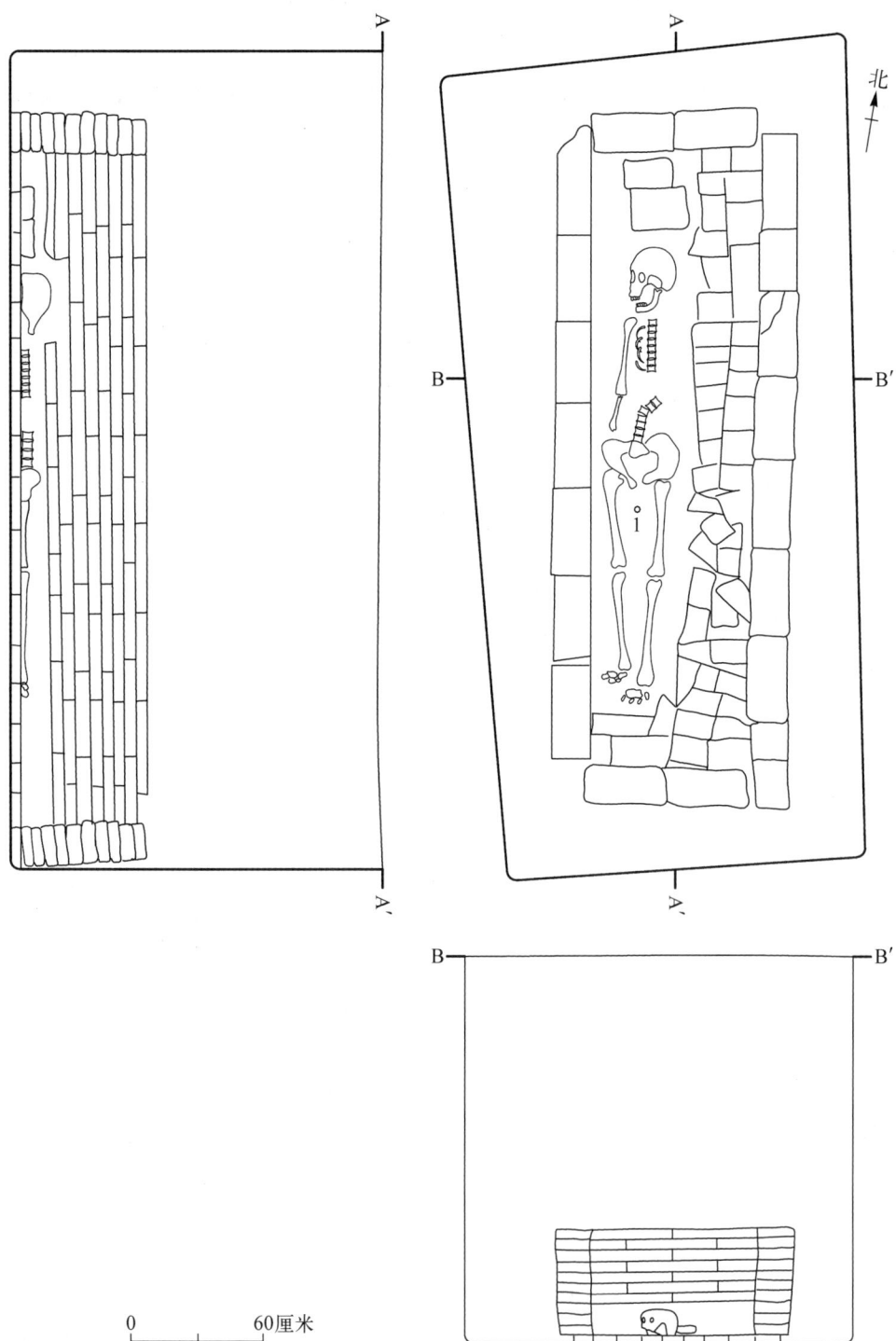

图三一一　M74平、剖面图

1. 铜钱

2. 出土器物

出土器物1件,放置于两腿之间。

铜钱　1枚。标本M74:1,方孔圆钱,正面穿左右篆书"五铢"二字,"五"字两股交笔弯曲较大,"铢"字"金"旁三角较尖,下四点细长,"朱"头圆折,垂笔圆折。正背有郭,郭缘较窄。钱径2.5厘米,孔径0.95厘米,厚0.1厘米(图三一二)。

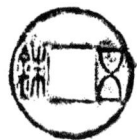

图三一二　M74出土五铢钱

三、M75

1. 墓葬形制

M75位于发掘区Ⅰ区中部,T1117内南部,开口于③层下,墓口距地表3.9米。南北向,方向10°。为长方形竖穴土圹砖棺墓,土圹南北长2.94米,东西宽1.2米,墓底距墓口2.05米。平面呈长方形,四壁整齐,底部较平,内填黄褐色花土,土质疏松(图三一三;彩版一六,1)。

土圹内砌置砖棺,顶部坍塌,四壁残留部分用规格为0.27×0.16-0.05米的青灰砖叠压错缝平砌,南北长2.04、宽0.72、残高0.46~0.6米。棺内葬人骨架一具,保存较差,头向北,面向东,为仰身直肢葬,身高1.62米,女性,年龄约20岁。

2. 出土器物

出土器物1件,放置于两下肢之间。

铜钱　1枚。标本M75:1,方孔圆钱,正面穿左右篆书"五铢"二字,"五"字两股交笔弯曲较大,"铢"字"金"旁三角形,下四点粗短,"朱"头方折,垂笔圆折。正背有郭,郭缘较窄。钱径2.55厘米,孔径0.95厘米,厚0.15厘米(图三一四)。

四、M76

1. 墓葬形制

M76位于发掘区Ⅰ区中部,T1116内东部,北邻M77。开口于③层下,墓口距地表3.9米。南北向,方向13°。为长方形竖穴土圹瓦砾椁墓,南北长2.98米,宽0.9米,墓底距墓口1.77米。四壁整齐,底部较平,内填黄褐色花土,土质疏松(图三一五)。

在土圹内下部,距墓口1.25米时四周用外饰粗绳纹瓦片砌制砖椁,椁顶坍塌,底部用瓦片平铺墁地。椁内未见用棺痕迹,葬人骨架一具,保存较好,头向北,面向上,为仰身直肢葬,身高1.66米,女性,年龄约30岁。

2. 出土器物

出土器物2件,放置于椁内人骨架的北端。

陶罐　2件(残)。泥质灰陶,手轮兼制。标本M76:1,侈口,圆唇,束颈,溜肩,鼓腹弧收,圜

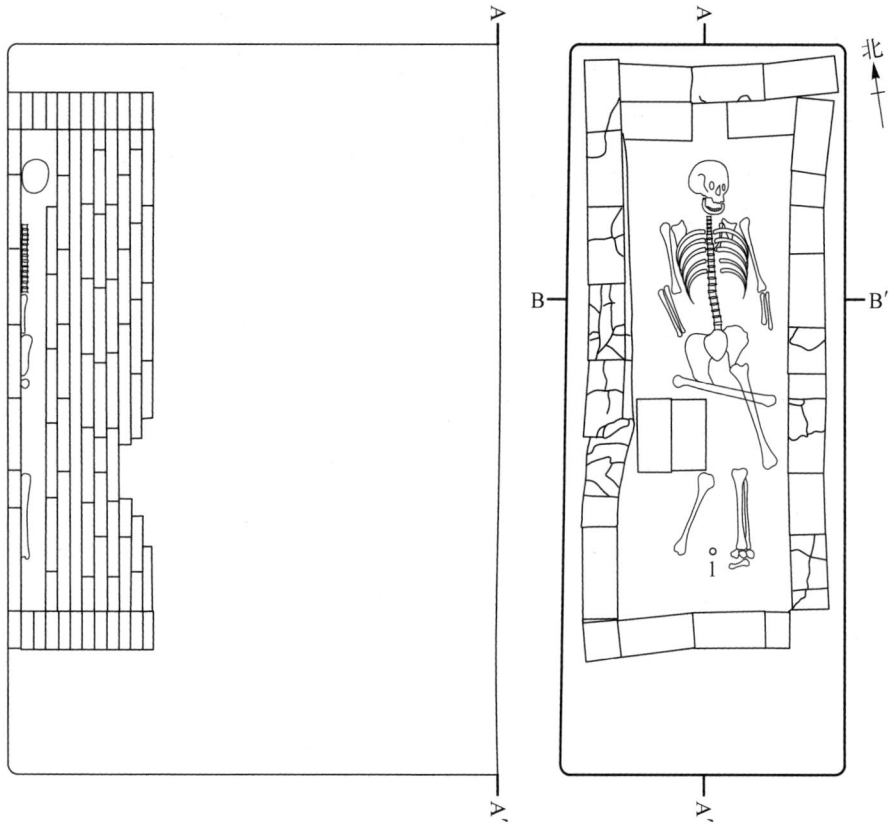

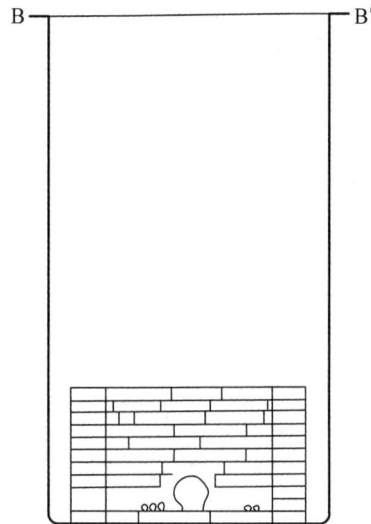

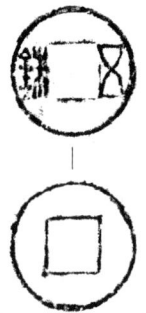

图三一三　M75平、剖面图

1. 铜钱

图三一四　M75出土
五铢钱（M75：1）

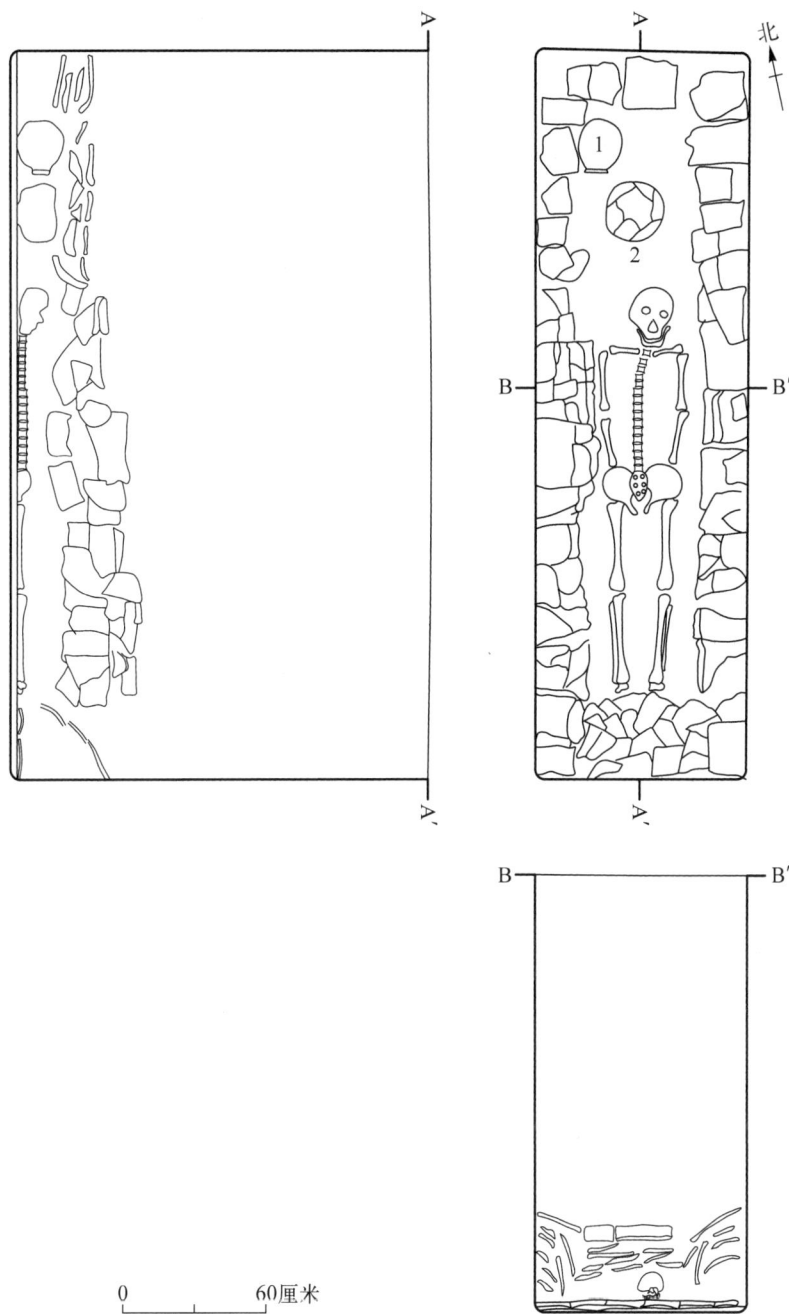

图三一五　M76平、剖面图

1. 陶罐　2. 陶罐

平底。中腹饰凹弦纹,下腹至底压印绳纹。口径14.6厘米,腹径21厘米,底径7.2厘米,高16.6厘米(图三一六,1;彩版八六,2)。标本M76:2,侈口,圆唇,束颈,溜肩,鼓腹弧收,平底。中腹饰凹弦纹,下腹至底压印绳纹,内壁轮痕清晰。口径15.6厘米,腹径20.4厘米,底径8.4厘米,高14.8厘米(图三一六,2;彩版八六,3)。

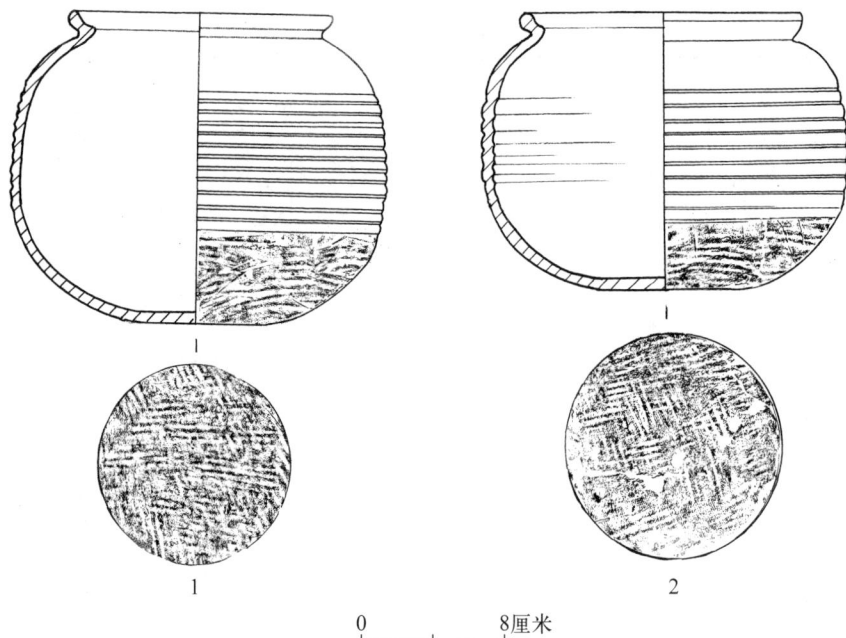

图三一六　M76出土陶罐

1. 陶罐（M76：1）　　2. 陶罐（M76：2）

五、M84

1. 墓葬形制

M84位于发掘区Ⅰ区中部偏南，T0819内西部，东邻M153，南邻M154，西邻M86。开口于③层下，墓口距地表4米。东西向，方向95°。为长方形竖穴土圹砖券单室墓，东西长3.3米，宽1.18米，墓底距墓口1米。土圹内用青砖券制砖椁，平面呈长方形，顶部破坏严重，券制不详，仅残留下部，四壁残留部分用青砖叠压错缝平砌，残高0.44～0.64米。底部用青砖砌制呈人字形平铺墁地，东部残缺（图三一七）。

未见用棺痕迹，仅见凌乱人骨架，头向东，面向南，葬式不详，性别、年龄不详。

用砖规格：0.26×0.13–0.04米。

2. 出土器物

出土器物3件。放置于砖椁内东部。

陶罐　3件。泥质灰陶，手轮兼制。标本M84：1，敞口，折沿，方唇内凹，矮束颈，鼓腹弧收，小平底。上腹饰凹弦纹，下腹至底拍绳纹。口径12.6厘米，腹径19.2厘米，底径4.2厘米，高25厘米（图三一八，1；彩版八六，4）。标本M84：2，敛口，短折沿，方圆唇，矮束颈，溜肩，鼓腹弧收，圜底。肩至中腹饰凸弦间断绳纹，下腹拍印绳纹。口径13.2厘米，腹径19.8厘米，底径4.8厘米，高26厘米（图三一八，3；彩版八六，5）。标本M84：3，敞口，折沿，方唇，矮束颈，鼓腹弧收，小平底。上腹饰凹弦纹，下腹至底拍印绳纹。口径18.6厘米，腹径37.2厘米，高32.1厘米（图三一八，2；彩版八六，6）。

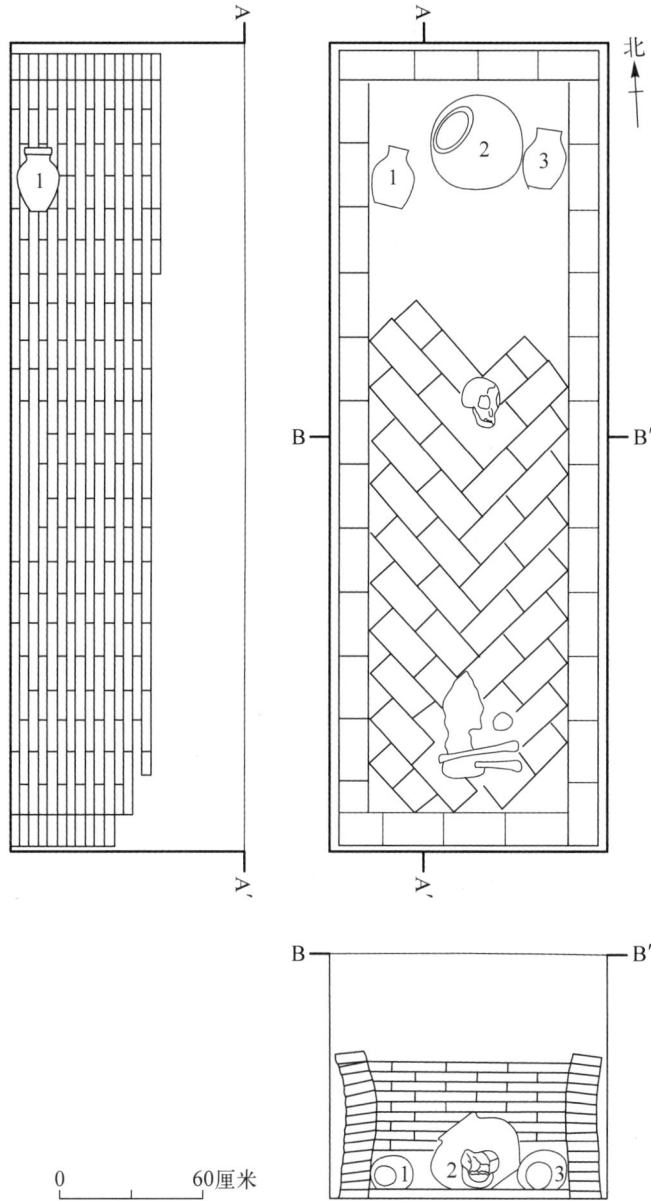

图三一七 M84平、剖面图

1. 陶罐 2. 陶罐 3. 陶罐

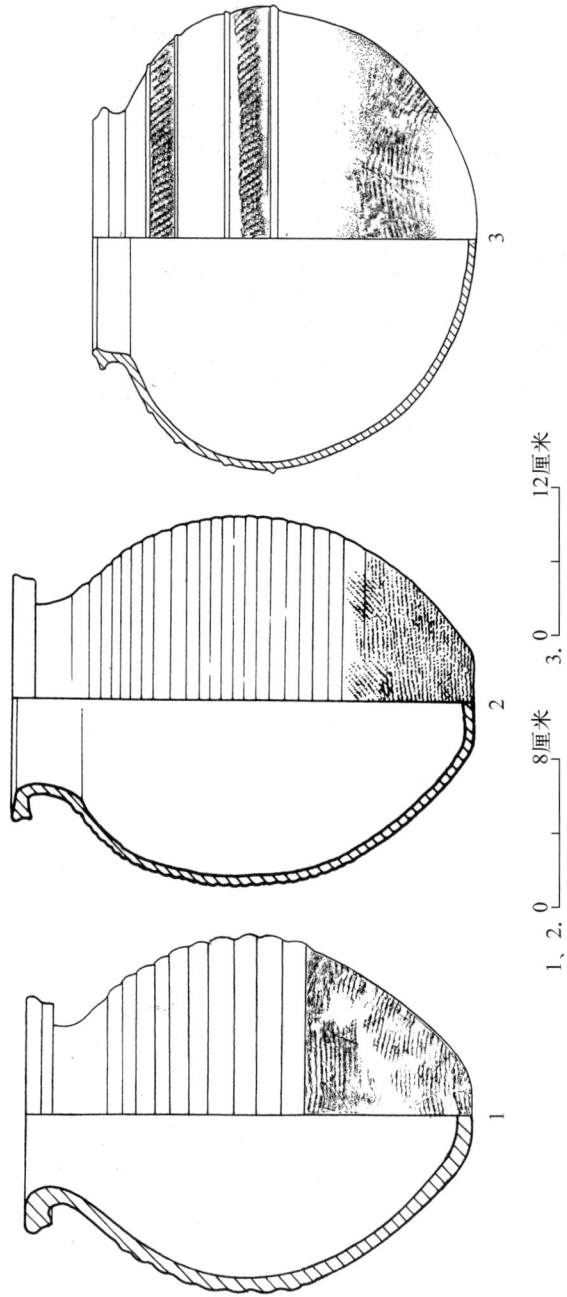

图三一八　M84 出土陶罐

1. 陶罐（M84：1）　2. 陶罐（M84：3）　3. 陶罐（M84：2）

六、M88

1. 墓葬形制

M88位于发掘区Ⅰ区中部偏南,T0819内西北部,北邻M87,西邻M86。开口于③层下,墓口距地表4米。东西向,方向280°。为长方形竖穴土圹砖椁墓,平面呈长方形,东西通长3.28米,宽1.3米,墓底距墓口1.4米。土圹内四周用青砖叠压错缝平砌砖椁,顶部被破坏,墓底用青砖平铺呈人字形墁地(图三一九)。

砖椁内未见用棺痕迹,仅见凌乱人骨放置于砖椁内西端,头向西,面向、葬式不详,骨架长度不详,男性,年龄约35岁。

用砖规格:0.28×0.14-0.05米。

2. 出土器物

出土器物3件,均放置于砖椁内东端。

陶罐　3件。标本M88:1,泥质灰陶,轮制。口、颈残缺,鼓腹弧收,平底。中腹饰一周凹弦纹。腹径22厘米,底径10厘米,残高16.4厘米(图三二〇,1)。标本M88:2,泥质灰陶,手轮兼制,变形。敞口,折沿,方唇,矮束颈,鼓腹弧收,小平底略上凹。中腹饰凹弦纹,下腹至底压印绳纹。口径11.6厘米,腹径18.4厘米,底径4.4厘米,高26.2厘米(图三二〇,2;彩版八七,1)。标本M88:3,泥质灰陶,手轮兼制。口残,矮束颈,鼓腹弧收,底部残缺。腹径10厘米,残高24厘米(图三二〇,3)

七、M102

1. 墓葬形制

M102位于发掘区Ⅰ区中部偏南,T0817内西南角,东北邻M242。开口于③层下,墓口距地表4米。南北向,方向3°。平面为竖穴土圹砖椁合葬墓,开土圹南北长3.28米,宽2.2米,墓底距墓口1.4米。平面呈长方形,顶部被破坏,券制不详,东、南、西三壁下部用青砖叠压砌制呈人字形,其上用青砖叠压错缝平砌。北端用青砖垒砌。墓底用砖纵横平铺墁地。南北长3.08米,宽1.82米,残高0.62～0.74米(图三二一;彩版一六,3)。

砖椁内未见葬具,葬人骨架二具:东侧骨架头向北,面向上,为仰身直肢葬,左手蜷伏于胸前,右手放于盆骨上,男性,年龄约35岁;西侧骨架头向北,面向上,为仰身直肢葬,女性,年龄约30岁。

用砖规格:0.28×0.14-0.05米,0.27×0.14-0.05米。

2. 出土器物

出土器物2件。

陶罐　1件。标本M102:2,泥质灰陶,轮制。盘口,束颈,溜肩,鼓腹弧收,平底。肩部饰一周回形纹。口径13.6厘米,腹径23.4厘米,底径12.4厘米,高23.2厘米(图三二二;彩版八七,2)。

北↑

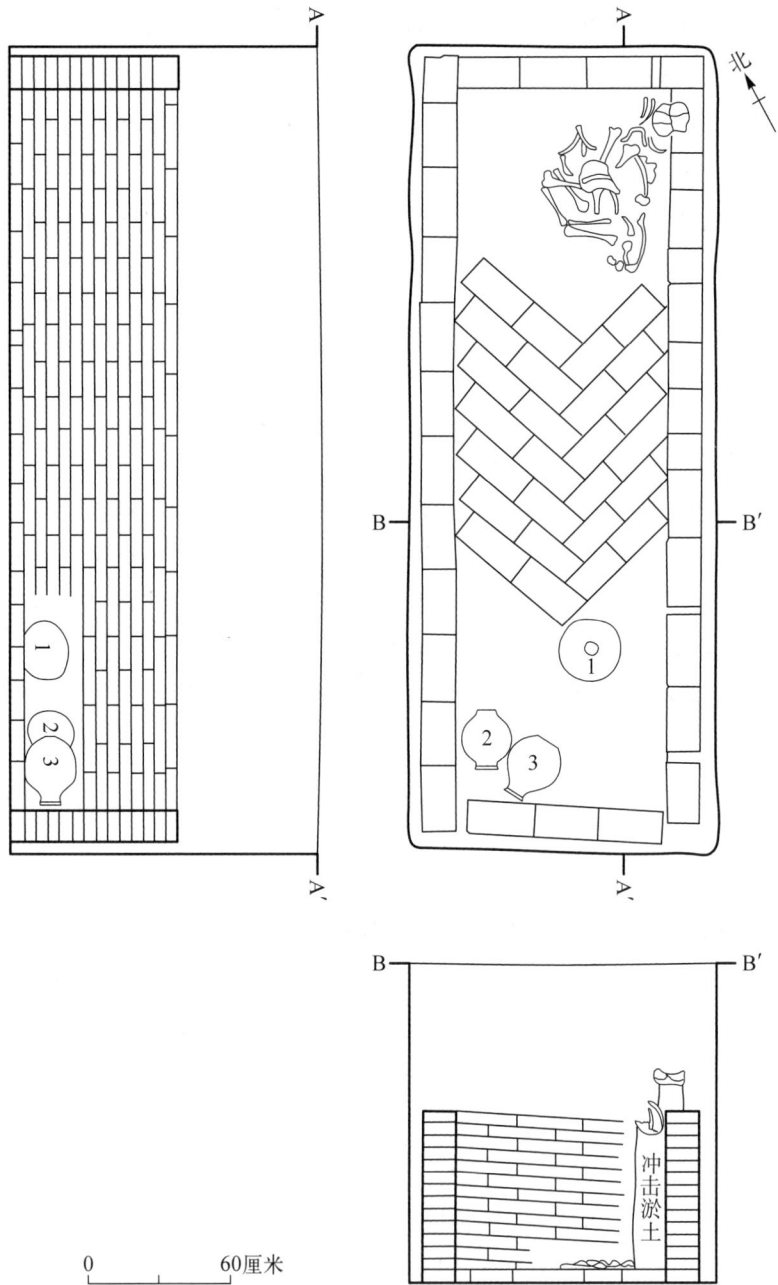

0 _____ 60厘米

图三一九　M88平、剖面图

1. 陶罐　2. 陶罐　3. 陶罐

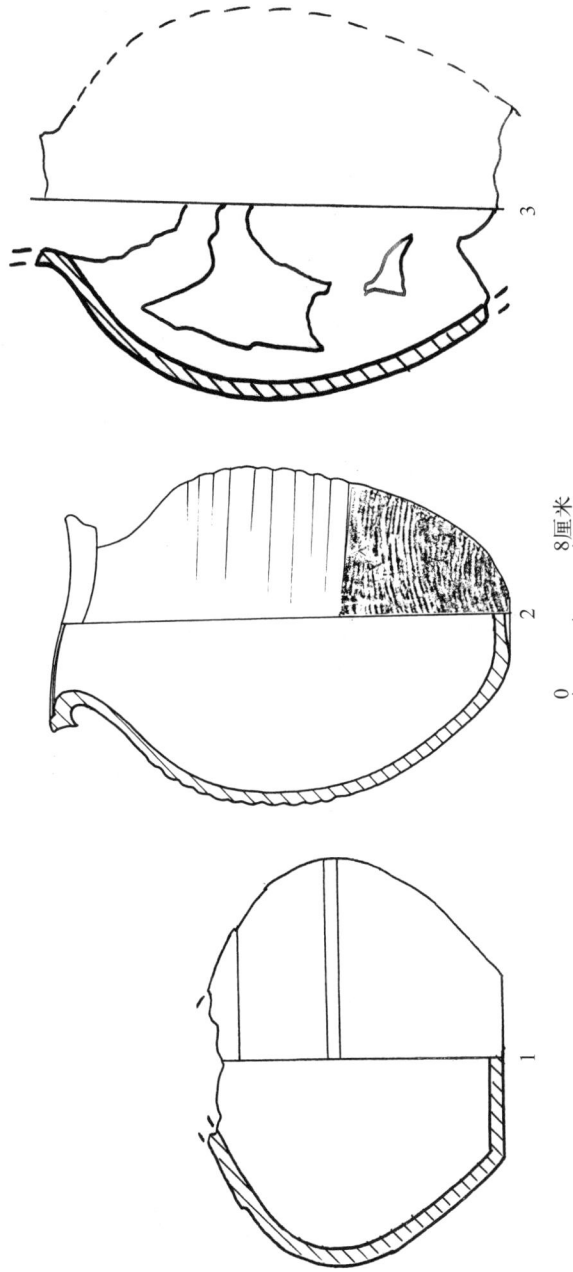

图三二〇　M88 出土陶器

1. 陶罐（M88：1）　2. 陶罐（M88：2）　3. 陶罐（M88：3）

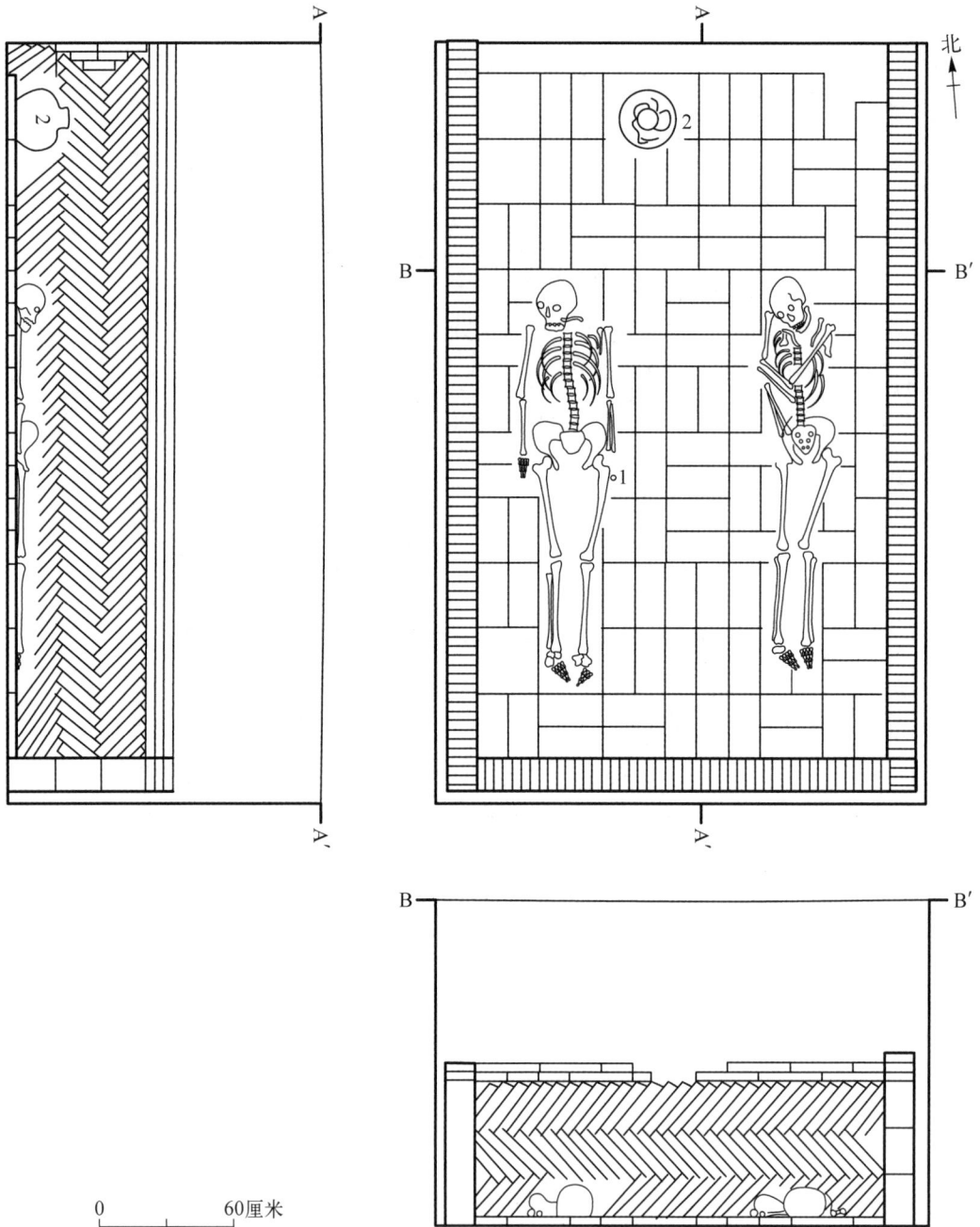

图三二一　M102平、剖面图

1. 铜钱　2. 陶罐

铜钱　2枚。标本M102：1-1，方孔圆钱，正面篆书"大泉五十"四字。"大"字呈圆弧状。"五"字两股交笔弯曲。"泉"字中竖中断，下两撇呈燕翅状。正背有郭，正面郭缘略窄，背面郭缘略宽。钱径2.7厘米，孔径0.8厘米，厚0.2厘米（图三二三，1）。标本M102：1-2，方孔圆钱，正面篆书"大泉五十"四字。"大"字呈圆弧状。"五"字两股交笔弯曲。"泉"字中竖中断，下两撇呈燕翅状。正背有郭，郭缘略宽。钱径2.75厘米，孔径0.85厘米，厚0.2厘米（图三二三，2）。

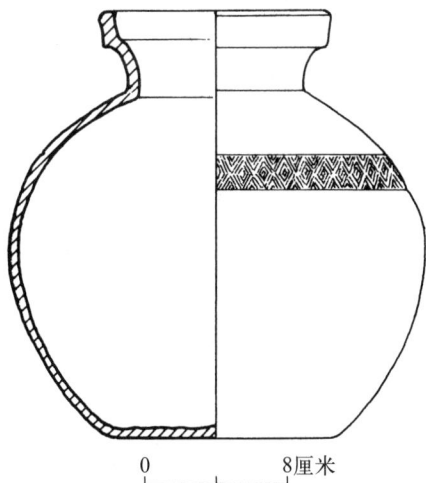

图三二二　M102出土陶罐（M102：2）

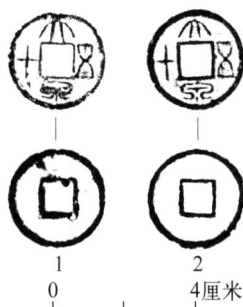

图三二三　M102出土大泉五十钱

1、2.（102：1-1、102：1-2）

八、M116

1. 墓葬形制

M116位于发掘区Ⅰ区东北部，T1320内东南角，开口于③层下，墓口距地表3.9米。南北向，方向2°。平面为长方形竖穴土圹砖椁墓，南北长2.7米，宽1.48米，墓底距墓口2.34米。四壁整齐，经过加工抹光，底部较平。内填黄褐色花土，土质较硬，竖夯夯筑，夯层厚1.5米，每层厚约0.15米，夯窝直径约0.03～0.05米（图三二四）。

土圹内四周用青砖叠压错缝平砌砌制砖椁，椁底用青砖砌制呈人字形平铺墁地，南北长2.2米，宽0.86米，高0.8米。砖椁内放置木棺，平面呈长方形，腐朽严重，仅存朽痕，南北长1.84米，宽0.6米，残高0.12米，板痕厚约0.04米。棺内葬人骨架一具，头向北，面向西，双手放于盆骨上，为仰身直肢葬，骨架长1.7米，男性，年龄约40岁。

用砖规格：0.35×0.15-0.05米。

2. 出土器物

无。

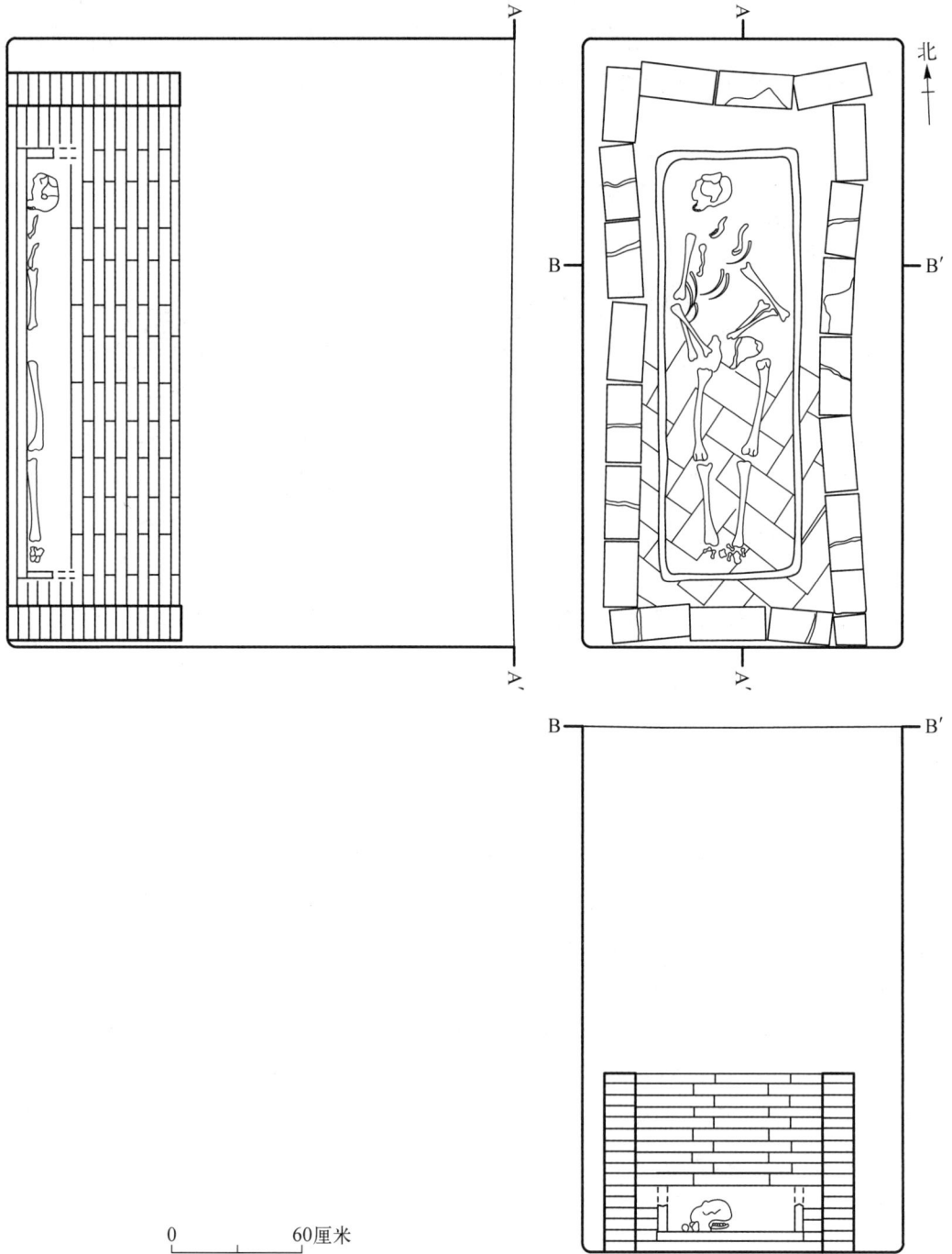

图三二四　M116平、剖面图

0　　　　60厘米

九、M154

1. 墓葬形制

M154位于发掘区Ⅰ区中部偏南，T0819内西南角，北邻M84。开口于③层下，墓口距地表4米。东西向，方向95°。平面为长方形竖穴土圹砖券单室墓，土圹东西长2.9米，宽1.1米，墓底距墓口0.6米。土圹内用青砖券制砖椁，平面呈长方形，破坏严重，顶部券制不详，仅残留北壁与墓底局部，北壁残留部分用青砖叠压错缝平砌，残高0.18~0.3米。底部用青砖并列错缝平铺墁地（图三二五）。

砖椁内未见葬具及人骨架痕迹。依据目前残留的北壁砖椁情况来看，该砖椁似为二次垒砌。

用砖规格：0.27×0.13-0.04米。

2. 出土器物

无。

十、M160

1. 墓葬形制

M160位于发掘区Ⅰ区西部，T1214内南部，东侧被M161打破。开口于③层下，墓口距地表4米。南北向，方向5°。平面为长方形竖穴土圹砖椁墓，南北长3.7米，宽1.44米，墓底距墓口2.06米。墓壁整齐较直，经过加工抹光，墓底较平。内填黄褐色花土，土质较硬，竖夯夯筑，夯层深1.5米，每层厚约0.1~0.12米，夯窝直径约0.03~0.06米（图三二六）。

土圹内用青砖砌制砖椁，平面呈长方形，顶部坍塌，券制不详，四壁用青砖叠压错缝平砌，底部用青砖并列纵铺。砖椁内放置木棺与头箱：头箱位于木棺的北侧，平面呈长方形，南北长1.24米，宽0.85米，残高0.3米，板痕厚约0.03米；木棺位于头箱的南侧，平面呈长方形，南北长1.94米，宽0.6~0.66米，残高0.2米，板痕厚约0.03米，底部铺垫一层厚约0.03米的白灰。棺内葬人骨架1具，保存较差，头向北，面向东，为仰身直肢葬，骨架长约1.56米，女性，年龄约35岁。

用砖规格：0.3×0.12-0.06米。

2. 出土器物

出土器物8件，放于头箱内。

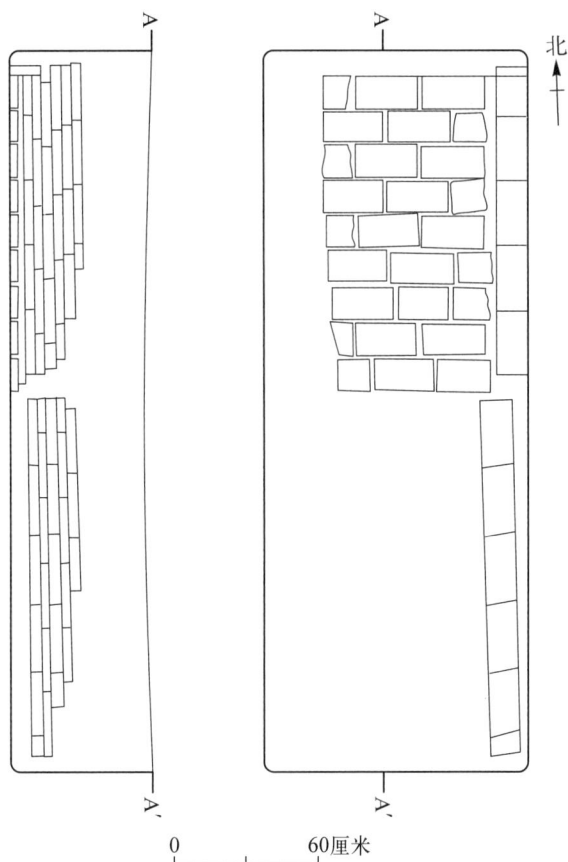

图三二五　M154平、剖面图

0　　　　60厘米

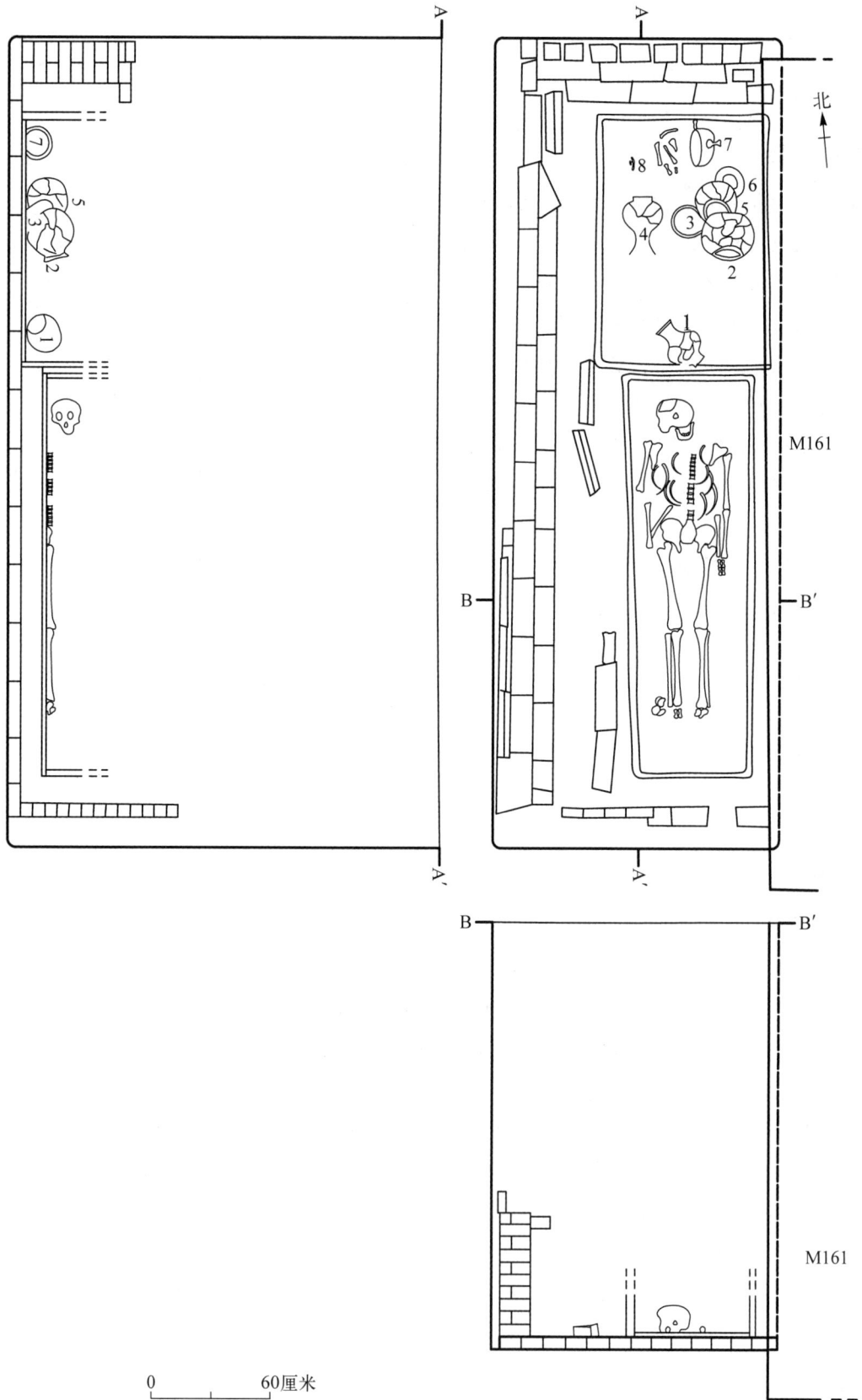

北

M161

M161

0   60厘米

图三二六　M160平、剖面图

1.陶壶　2.陶罐　3.陶盒　4.陶壶　5.陶罐　6.陶器盖　7.陶鼎　8.铜带钩

陶壶　2件（残）。泥质灰陶，轮制。标本M160：1，敞口，折沿，方圆唇，长束颈，鼓腹弧收，腹最大径位于中腹靠上，矮圈足，足壁外撇，器表描绘彩绘，已脱落。口径12.2厘米，腹径19.6厘米，底径10.2厘米，通高26厘米（图三二七，1；彩版八七，3）。标本M160：4，敞口，撇沿，方唇，长束颈，鼓腹弧收，腹最大径位于中腹，矮圈足，足壁外撇，器表描绘彩绘，部分脱落。口径12.4厘米，腹径20厘米，底径12厘米，高28厘米（图三二七，2；彩版八七，4）。

陶罐　2件（残）。标本M160：2，泥质灰陶，轮制。敞口，矮领，鼓腹弧收，下腹及底残缺。口径12厘米，腹径17.8厘米，残高8.2厘米（图三二七，7）。标本M160：5，泥质灰陶，轮制。敛口，尖唇，矮束颈，鼓腹弧收，底部残缺。口径19.6厘米，腹径29.2厘米，残高23.6厘米（图三二七，5）。

陶盒　1件（残）。标本M160：3，泥质灰陶，轮制。敛口，浅腹略弧收，平底，覆钵形器盖。口径16.2厘米，底径6.4厘米，高11.4厘米（图三二七，6；彩版八七，5）。

陶器盖　1件（残）。标本M160：6，泥质灰陶，轮制。子母口器盖，敛口，折沿，方圆唇，盖顶有圆珠形钮。口径9.2厘米，高5.6厘米（图三二七，3）。

陶鼎　1件（残）。标本M160：7，泥质灰陶，手轮兼制。敛口，浅腹曲收，小平底。口部外侧贴对称双耳，耳外撇，下腹附贴三兽蹄形足。口径13厘米，高14.8厘米（图三二七，4；彩版八七，6）。

铜带钩　1件。标本M160：8，青铜质，范铸。曲棒形，钩首残缺，断面呈圆形，圆帽形钮。残长12.4厘米（图三二七，8；彩版八八，1）。

十一、M161

1. 墓葬形制

M161位于发掘区Ⅰ区西部，T1214内南部，西邻M160。开口于③层下，墓口距地表4米。南北向，方向10°。平面为长方形竖穴土圹砖椁墓，土圹南北长3.84米，宽1.5～1.6米，墓底距墓口2.4米。北宽南窄，四壁整齐，经过加工抹光，底部较平。内填黄褐色花土，土质较硬，竖夯夯筑，夯层深1.8米，每层厚约0.12～0.15米，夯窝直径约0.03～0.05米（图三二八；彩版一六，2）。

土圹内用青砖砌制砖椁，平面为长方形，西壁略挤压变形，南北长3.7米，宽1.4米，四壁用青砖叠压错缝平砌，其上用青砖并列纵铺盖顶，局部破坏，残留部分顶砖下陷，墓底用青砖并列错缝横铺墁地，高0.62米。砖椁内放置木棺，平面呈长方形，南北长2.1米，宽0.74～0.9米，残高0.14米。棺内葬人骨架一具，保存较差，凌乱，头向北，面向下，为仰身直肢葬，男性，年龄约40岁。

2. 出土器物

出土器物6件，均放于头箱内。

陶罐　1件（残）。标本M161：1，泥质灰陶，手轮兼制。敞口微敛，折沿，方唇，短束颈，折腹，下腹曲收，小平底。下腹压印绳纹。口径18.4厘米，腹径40.4厘米，底径10.6厘米，高38.4厘米（图三二九，4；彩版八八，2）。

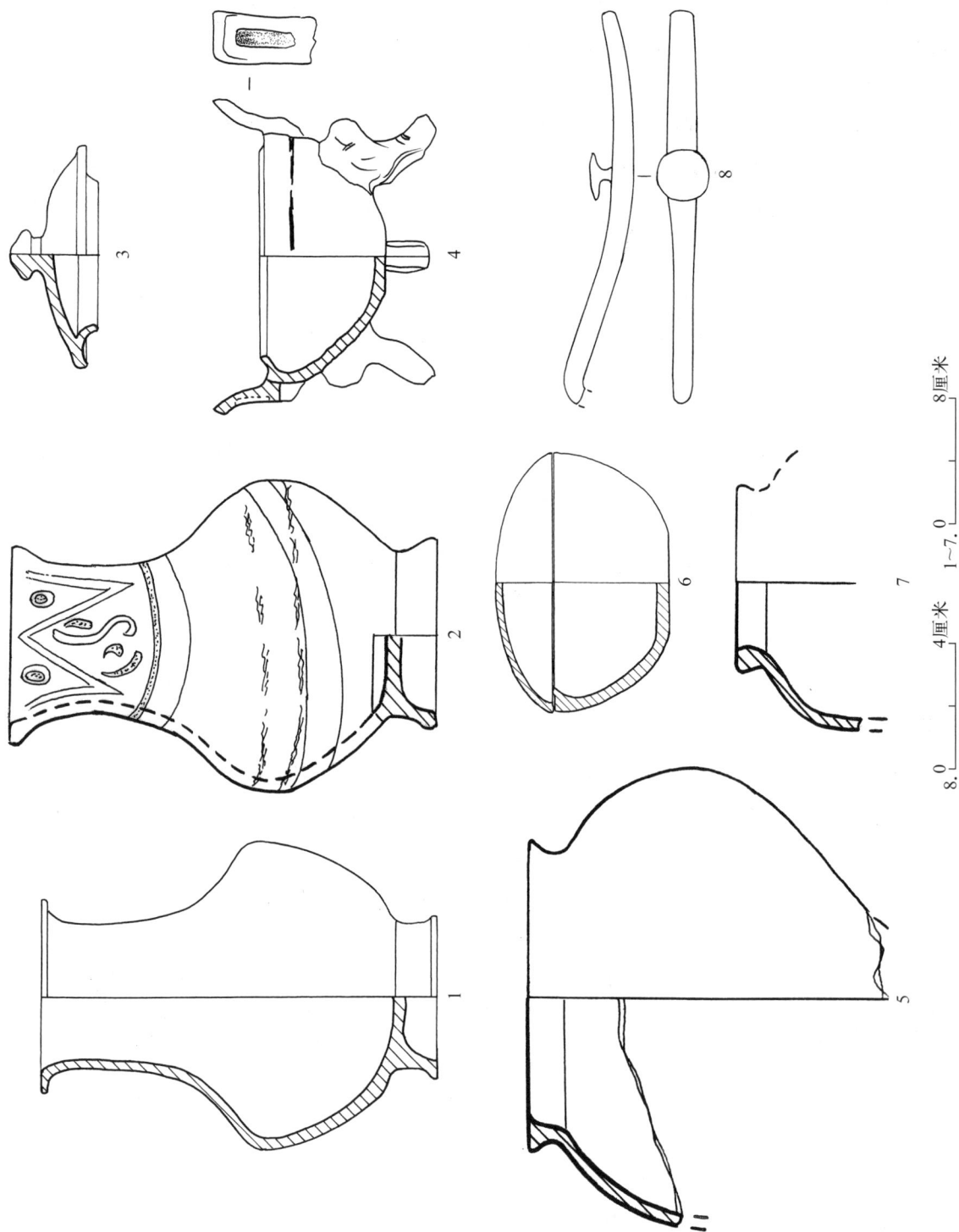

图三二七　M160 出土器物

1、2. 陶壶（M160：1、M160：4）　3. 陶器盖（M160：6）　4. 陶鼎（M160：7）　5、7. 陶罐（M160：5、M160：2）　6. 陶盒（M160：3）　8. 铜带钩（M160：8）

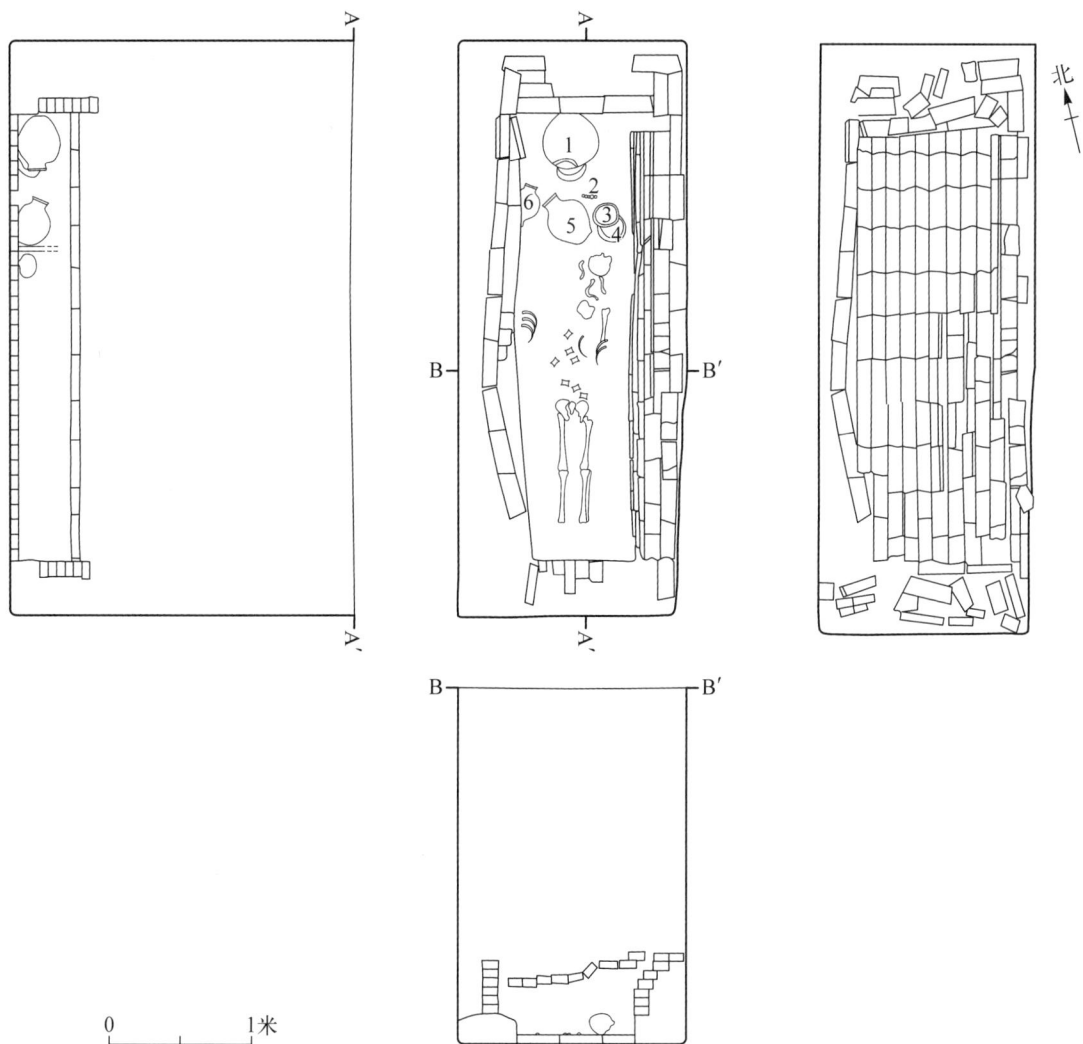

图三二八　M161平、剖面图

1.陶罐　2.铜钱　3.陶鼎　4.陶盒　5.陶壶　6.陶壶

　　陶鼎　1件。标本M161：3，泥质灰陶，手轮兼制，火候高。敛口，浅腹弧收，平底。腹部最大径处贴对称长方形耳，耳首略外撇，中腹附贴三兽蹄形足。口径13.8厘米，通高16.6厘米（图三二九，5；彩版八八，3）。

　　陶盒　1件。标本M161：4，泥质灰陶，轮制，火候高。敛口，尖唇，腹微鼓，下弧收，平底。口径13.2厘米，腹径16.6厘米，底径6.8厘米，通高9.4厘米（图三二九，2；彩版八八，4）。

　　陶壶　2件。泥质灰陶，轮制。标本M161：5，敞口内敛，尖唇，长束颈，腹及底残缺。口径12.2厘米，残高10.8厘米（图三二九，3）。标本M161：6，口、下腹及底残缺，长束颈，鼓腹弧收，上腹饰二道弦纹。腹径21.4厘米，残高19.4厘米（图三二九，1）。

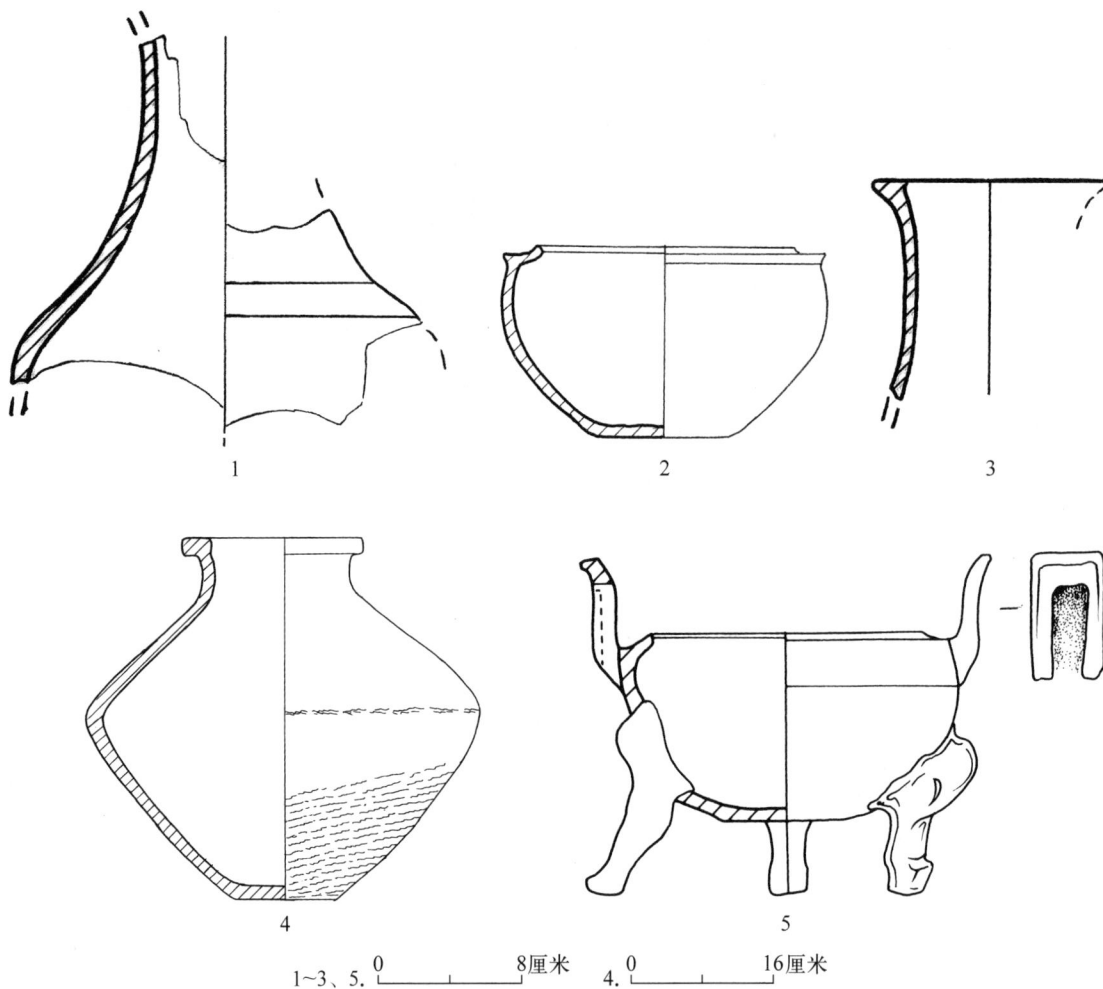

图三二九　M161出土陶器

1、3. 陶壶（M161∶6、M161∶5）　2. 陶盒（M161∶4）　4. 陶罐（M161∶1）　5. 陶鼎（M161∶3）

铜钱　5枚。形制相同，标本M161∶2，方孔圆钱，正面穿左右篆书"五铢"二字。"五"字两股交笔弯曲。"铢"字"金"旁三角形，下四点略长，"朱"旁上部方折，垂笔圆折。正背有郭，郭缘较窄。口径2.55厘米，孔径1厘米，厚0.1厘米（图三三〇）。

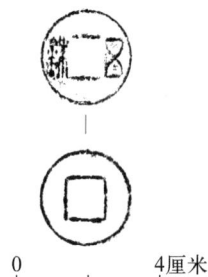

图三三〇　M161出土五铢钱
（M161∶2）

第五章 东汉墓葬、窑址、灰坑

东汉时期墓葬共56座,可分为三个类型,其中竖穴土圹砖室墓2座、刀形竖穴土圹墓34座、甲字形竖穴土圹墓20座。另外窑址8座、灰坑5个。

第一节 竖穴土圹砖室墓

一、M185

1.墓葬形制

M185位于发掘区Ⅰ区西部,T1213南部,南邻M183,西邻M187,开口于③层下,墓口距地表3.9米。南北向,方向184°。平面呈长方形竖穴土圹砖券单室墓,破坏较严重,南北长3米,宽1.4～1.64米,墓底距墓口0.16米。北宽南窄,墓壁整齐较直,墓底较平。内填黄褐色花土,土质疏松,湿软(图三三一)。

土圹内用青砖砌制,顶、四壁及墓底大部分砌砖已被破坏,仅残存局部铺底砖,残存部分用青砖并列纵铺。墓室内未见葬具及人骨架痕迹。

2.出土器物

无。

二、M187

1.墓葬形制

M187位于发掘区Ⅰ区西部,T1212东南部,北邻M58,东邻M185,南邻M189。开口于

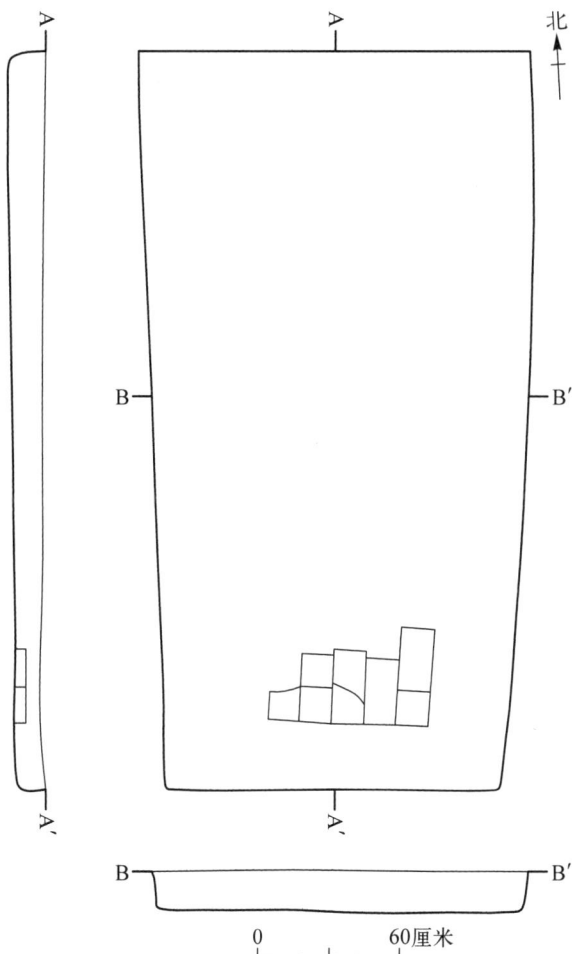

图三三一 M185平、剖面图

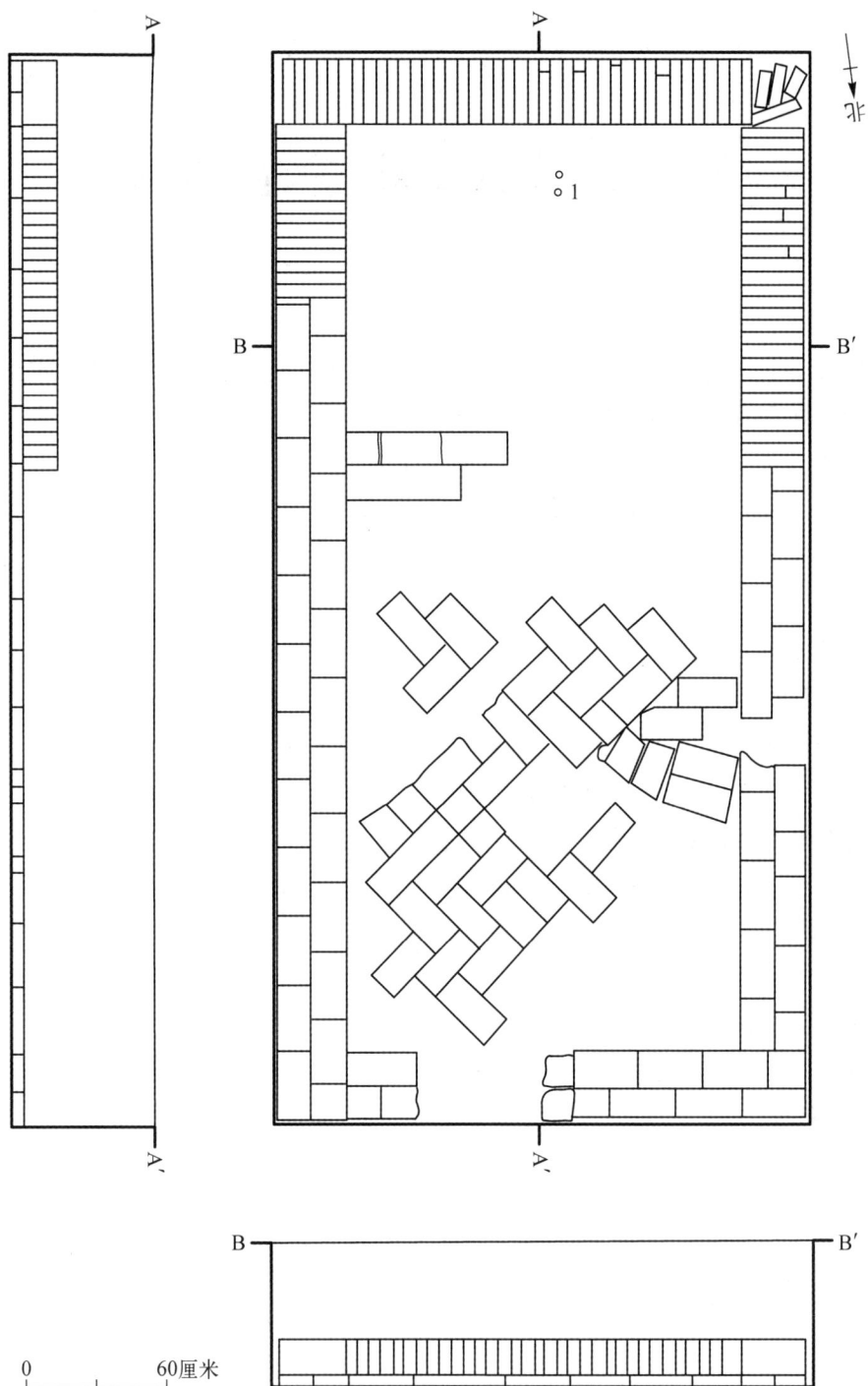

图三三二　M187平、剖面图

1. 铜钱

③层下，墓口距地表3.9米。南北向，方向8°。平面呈长方形竖穴土圹砖室墓，由于盗扰破坏较为严重，仅残存少量砖室壁、铺地砖。未发现墓道所处位置。南北长4.4米，东西宽2.3米，现墓口距墓底0.6米，残存砖室壁最高0.2米，最低0.05米（一层平砖）。现存土圹墓圹南北长4.4米，宽2.3米，墓室内长3.8米，宽1.68米，残存砖墙砌法为一丁一顺。四壁残留部分用砖一顺一丁砌制，底部铺地砖大部分残缺，残留部分北部用砖砌制呈人字形，南部用砖并列顺铺。墓室内未发现葬具及人骨痕迹。残存少量随葬品（图三三二）。

用砖规格：0.28×0.14-0.05米。

2. 出土器物

出土器物2件。

铜钱　2枚。标本M187：1-1，圆形方穿，正面穿左右篆书"货泉"二字，字体为悬针篆，"泉"字中竖中断，正背有郭，周郭及字体线条纤细。钱径2.2厘米，穿径0.65厘米，厚0.15厘米（图三三三，1）。标本M187：1-2，圆形方穿，正面穿左右篆书"货泉"二字，字体为悬针篆，"泉"字中竖中断，正背有郭，周郭及字体线条纤细。钱径2.3厘米，穿径0.7厘米，厚0.15厘米（图三三三，2）。

纹饰砖　1块。标本M187：3，泥质灰陶，模制。平面呈长方形，一面刻划交叉"C"形纹饰。砖长28厘米，宽14厘米，厚5厘米（图三三三，3）

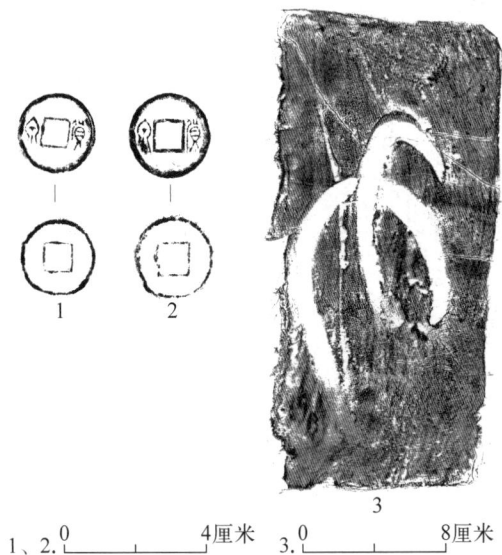

图三三三　M187出土铜钱、纹饰砖
1、2.货泉（M187：1-1、M187：1-2）　3.纹饰砖（M187：2）

第二节　甲字形竖穴土圹墓

一、M8

1. 墓葬形制

M8位于发掘区Ⅰ区东部，T1121内中部，东北邻M3，东邻M9，西邻M113。开口于③层下，墓口距地表3.9米。南北向，方向185°。平面呈甲字形竖穴土圹砖券单室墓，南北长12.2米，宽0.7～3米，墓底距墓口0～1.5米。由墓道、墓门、墓室三部分组成（图三三四；彩版一七，1）。

墓道　位于墓门南端，南北长7米，宽0.7～0.9米，深0～1.5米。平面呈梯形，南窄北宽，东西两壁垂直整齐，坡状底，坡长7.01米，坡度10°。内填红褐色花土，土质疏松，包含较多碎砖块等。

墓门　位于墓道北侧，北与墓室连接。平面呈长方形，面宽0.9米，进深0.26米，残高0.52～0.82米。破坏较严重，东西两壁用青砖一顺一丁叠压垒砌，砌至0.58米时开始起券，残留部分为双层拱形券顶。墓门砌制双重封门，内侧用青砖一顺一丁叠压砌制，外侧用青砖叠压错缝平砌封堵，残高0.86米。

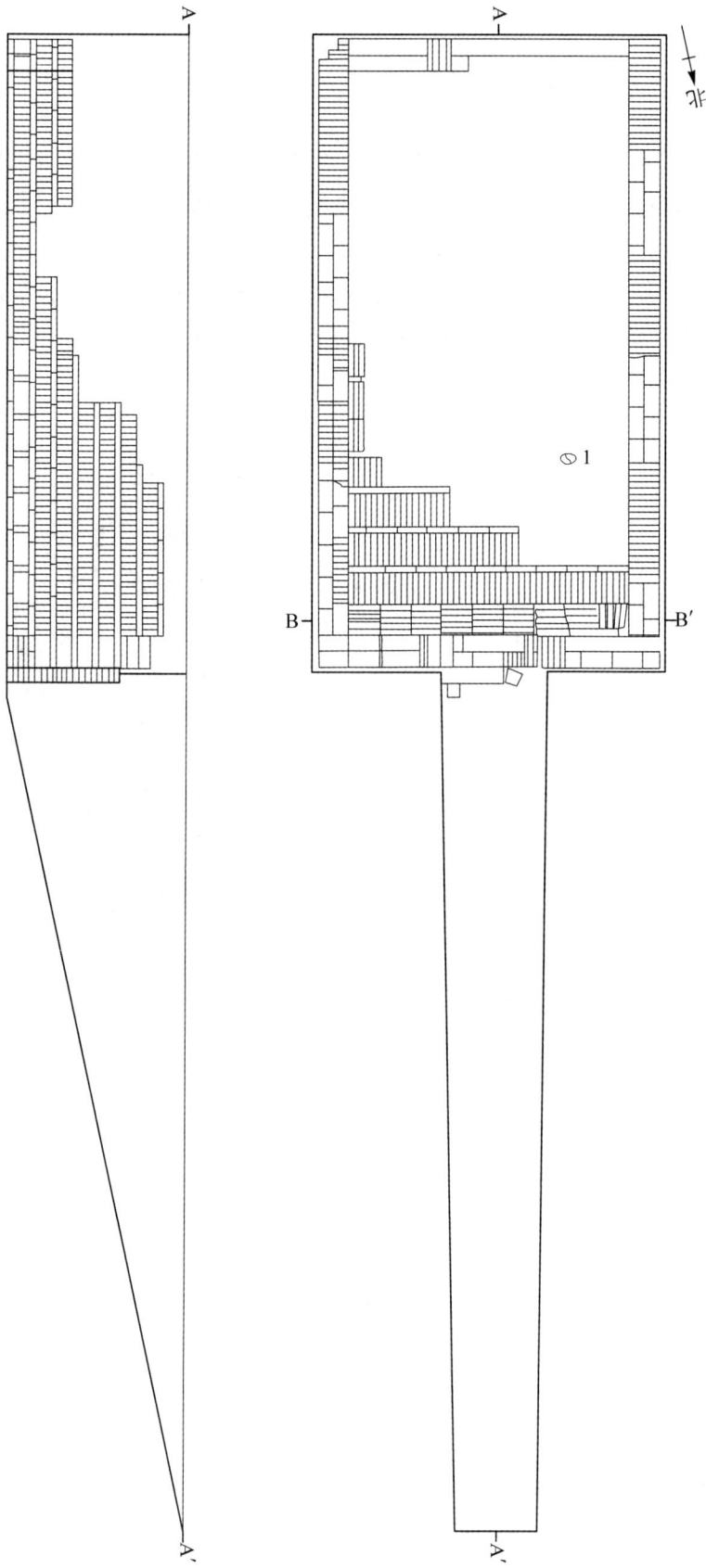

图三三四　M8平、剖面图

1. 陶耳杯

0　　　　1米

墓室 位于墓门北侧,平面呈长方形,南北长4.86米,宽2.36米,残高0.16～1.26米。破坏较严重,仅残留下部,顶部券制不详,四壁残留部分用青砖一顺一丁叠压垒砌,墓底用青砖一顺一丁并列砌制平铺,大部分已被破坏。墓室内未见葬具及人骨架痕迹。

用砖规格:0.26×0.13-0.04米,0.27×0.13-0.05米。

2. 出土器物

出土器物1件,位于墓室南端偏东部。

陶耳杯 1件(残)。标本M8:1。泥质灰陶,模制,火候高。平面呈椭圆形,敞口,两侧附残月形耳,浅斜腹,平底。长12.2厘米,宽9.2厘米,通高2.8厘米(图三三五)。

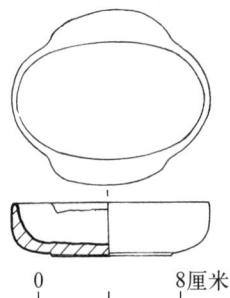

图三三五 M8出土陶耳杯
(M8:1)

二、M37

1. 墓葬形制

M37位于发掘区Ⅰ区西北部,T1512内南部,西邻M36。开口于③层下,墓口距地表4米。南北向,方向180°。为甲字形竖穴土圹砖券单室墓,南北通残长7.5米,宽0.72～2.04米,墓底距墓口0.1～1.5米。由墓道、墓门、墓室三部分组成(图三三六;彩版一七,2)。

墓道 位于墓门的南端,南北长3.2米,宽0.66～0.76米,墓底距墓口0.1～1.5米。平面呈长方形竖穴土圹斜坡式,北宽南窄,东西两壁较直、整齐,底为斜坡状,坡长3.8米,坡度30°。内填黄褐色花土,土质疏松,土内夹杂碎砖块等。

墓门 位于墓道北端,北与墓室连接,破坏较严重,顶部坍塌,形制不详,仅残留下部。残留部分平面呈长方形,东西两壁用青砖叠压错缝平砌,面宽0.8米,进深0.28米,残高0.4米。墓门内侧用青砖侧立垒砌呈人字形封堵。

墓室 位于墓门北侧,南北长3.4米,宽1.47米。平面呈长方形,顶部已被破坏,形制不详,四壁残留部分用青砖一顺一丁叠压错缝平砌,墓底用青砖二顺二平纵横平铺墁地。在墓室内北部修筑器物台,南北宽0.56米,东西长1.48米,高0.24米。台面用青砖纵横平铺,侧面用青砖侧立包边。墓室内未见用棺痕迹,因盗扰严重,未见人骨架。

用砖规格:0.28×0.15-0.06米。

2. 出土器物

无。

三、M38

1. 墓葬形制

M38位于发掘区Ⅰ区西北部,T1409内中部,北邻M208。开口于③层下,墓口距地表4米。南北向,方向190°。为甲字形竖穴土圹单室砖券单室墓,南北通残长7.8米,宽0.74～2.1米,墓底距墓口0～1.7米。由墓道、墓门、墓室三部分组成（图三三七）。

墓道　位于墓门的南端，南北长2.7米，宽0.74～0.86米，墓底距墓口0.1～1.8米。平面呈长方形竖穴土圹斜坡式，南窄北宽，东西两壁较直、整齐，底为斜坡状，坡长3.8米，坡度28°。内填黄褐色花土，土质疏松，土内夹杂碎砖块等。

墓门　位于墓道北端，北与墓室连接，平面呈长方形，面宽0.94米。顶部坍塌，券制不详，东西两壁用青砖一顺一丁叠压垒砌，残高1.14米。墓门内用青砖侧立叠压砌制，残高0.7米。

墓室　位于墓门北侧，南北长3.4米，宽1.54米。平面呈长方形，顶部已被破坏，券制不详，四壁用青砖一顺一丁叠压垒砌，残高0.43～1.33米。墓底用青砖侧立砌制呈人字形平铺墁地。墓室内未见用棺痕迹，仅见凌乱骨骼，头向、面向、葬式、年龄、性别不详。

用砖规格：0.28×0.15–0.04米，0.28×0.14–0.05米。

2. 出土器物

出土器物4件。

陶器盖　2件。泥质灰陶，手轮兼制。标本M38：2，博山式器盖，盖敞口，折沿上翘。口径12厘米，高6.6厘米（图三三八，2）。标本M38：3，博山式器盖，盖敞口，短折沿，方唇。口径12.8厘米，高6.6厘米（图三三八，3）。

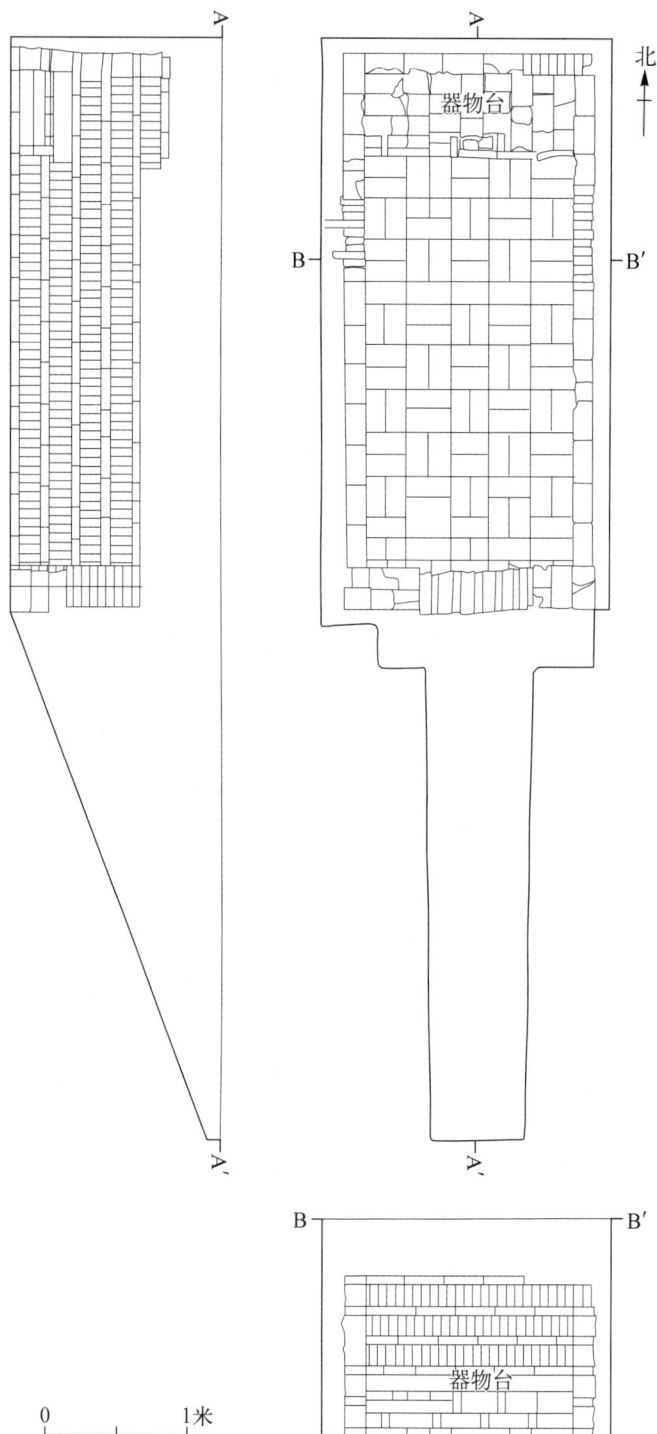

图三三六　M37平、剖面图

陶罐　1件（残）。标本M38：4，泥质灰陶。轮制。敞口，折沿，沿上有一周凹槽，方唇，短束颈，鼓腹弧收，下腹及底残缺。口径13.8厘米，腹径24.8厘米，残高23厘米（图三三八，1）。

铜钱　1枚。标本M38：1，圆形方穿，正面穿左右篆书"五铢"二字。"五"字两股交笔弯曲。

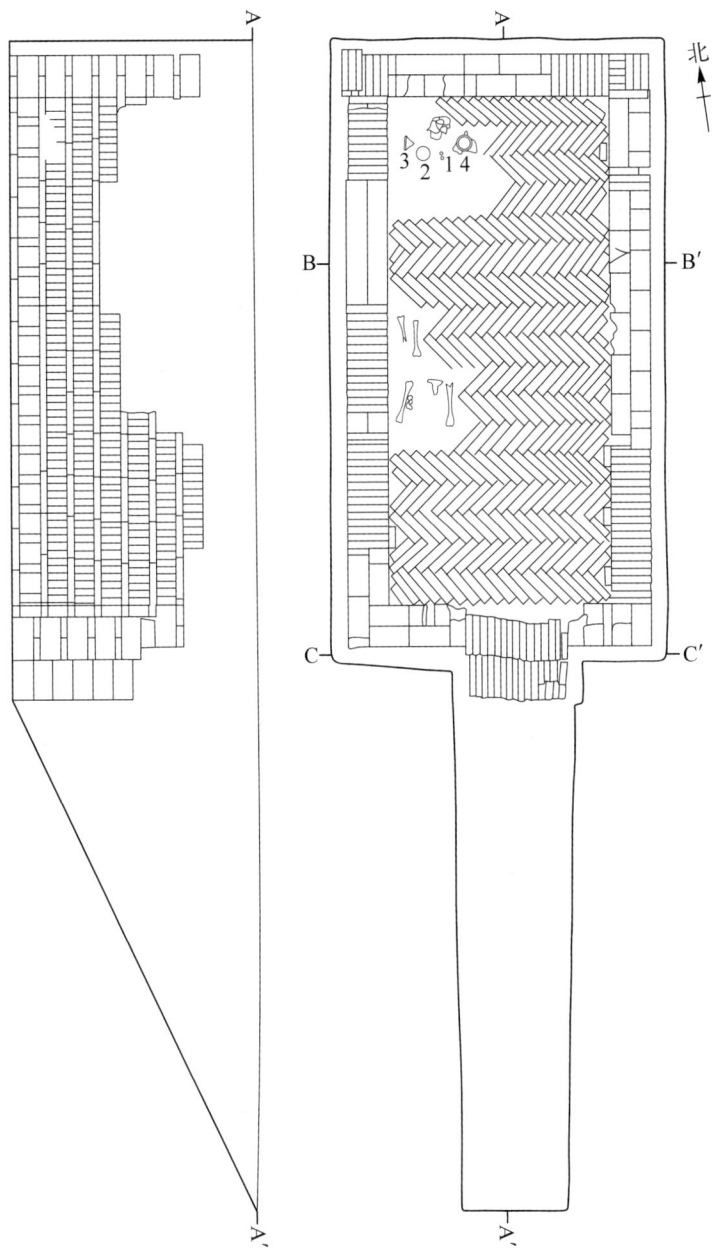

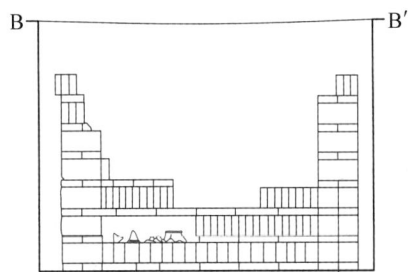

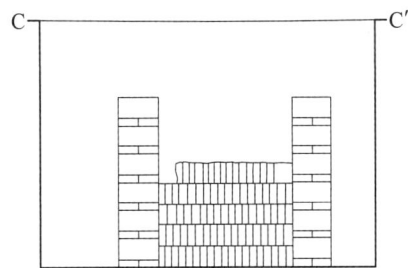

A
A'
北
A'
A'
B — B'
C — C'

墓门正视图

0 —— 1米

图三三七　M38平、剖面图

1.铜钱　2.陶器盖　3.陶器盖　4.陶罐

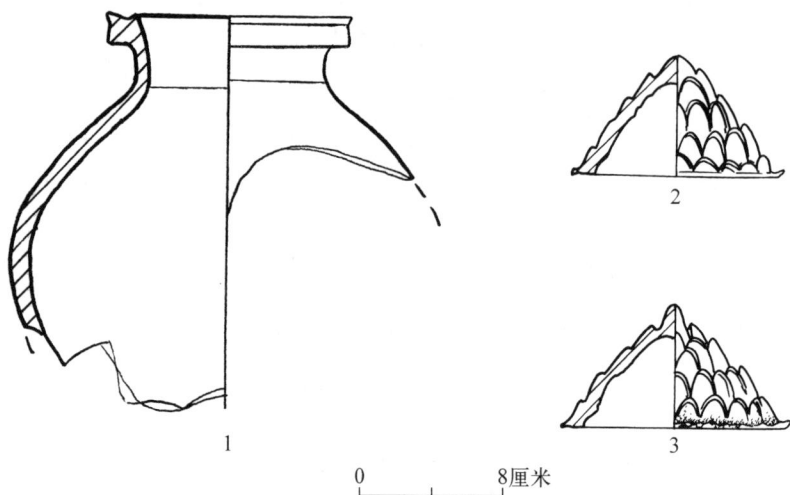

图三三八　M38出土器物
1. 陶罐（M38∶4）　2. 陶器盖（M38∶2）　3. 陶器盖（M38∶3）

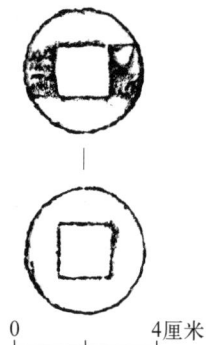

图三三九　M38出土五铢钱
（M38∶1）

"铢"字"金"旁三角形，下四点粗短，"朱"旁上部圆折，垂笔圆折。正背有郭，郭缘较窄。钱径2.5厘米，穿径1.05厘米，厚0.1厘米（图三三九）。

四、M45

1. 墓葬形制

M45位于发掘区Ⅰ区西部，T1309内东部，东南邻M203，西邻M44。开口于③层下，墓口距地表4米。南北向，方向10°。为甲字形竖穴土圹砖券单室墓，南北通长6.4米，宽0.72～1.6米，墓底距墓口0～1.08米。由墓道、墓门、墓室三部分组成（图三四○）。

墓道　位于墓门的北端，南北长2.44米，宽0.72米，墓底距墓口0～1.04米。平面呈长方形竖穴土圹斜坡式，东西两壁较直、整齐，底为斜坡状，坡长2.9米，坡度16°。内填黄褐色花土，土质疏松，土内夹杂碎砖块等。

墓门　位于墓道南端，南与墓室连接，已被破坏，东西两壁用青砖叠压平砌，砌至0.56米时开始起券，已被破坏，残留部分应为拱形券顶。面宽0.9米，进深0.34米，残高0.8米。墓门内用青砖叠压平砌两排封堵（底部一层为侧立砌制），壁面向内倾斜，残高0.7米。

墓室　位于墓门南侧，土圹南北长3.94米，宽1.4～1.6米。平面呈长方形，四壁用青砖叠压错缝平砌，砌至0.56米时开始起券，已被破坏，残留部分为拱形券顶，残高0.84米。墓底用青砖一顺一丁平铺墁地。墓室内未见用棺痕迹。未见葬具及人骨架痕迹。

用砖规格：0.23×0.13–0.04米。

2. 出土器物

无。

五、M48

1. 墓葬形制

M48位于发掘区Ⅰ区西部,T1311内西南角,北邻M41,东邻M49,西邻M47。开口于③层下,墓口距地表4米。南北向,方向10°。为甲字形竖穴土圹砖券单室墓,南北通长7.6米,宽0.92~2.64米,墓底距墓口0~1.4米。由墓道、墓门、墓室三部分组成(图三四一)。

墓道 位于墓门的北端,南北长3.5米,宽0.92~1.18米,墓底距墓口0~1.4米。平面呈长方形竖穴土圹斜坡式,北窄南宽,东西两壁较直、整齐,底为斜坡状,坡长3.8米,坡度23°。内填黄褐色花土,土质疏松,土内夹杂碎砖块等。

墓门 位于墓道南端,南与墓室连接,已被破坏,券制不详。

墓室 位于墓门南侧,土圹南北长4.08米,宽2.64米。平面呈长方形,顶部已被破坏,券制不详,四壁用青砖三顺一丁叠压垒砌,残高0.52~0.98米。墓底用青砖侧立砌制呈人字形平铺墁地。墓室内未见用棺痕迹,仅见人骨架一具,头向北,面向不详,仰身直肢葬,男性,年龄约45岁。

用砖规格:0.27×0.13-0.04米。

2. 出土器物

出土器物3件。

铜钱 2枚。标本M48:1-1,圆形方穿,正面篆书"货泉"二字,字体为悬针篆,"泉"字中竖中断。正背有郭,周郭及字体线条纤细。钱径2.2厘米,穿径0.65厘米,厚0.15厘米(图三四二,2)。标本M48:1-2,圆形方穿,正面篆书"货泉"二字,字体为悬针篆,"泉"字中竖中断。正背有郭,周郭及字体线条纤细。钱径2.3厘米,穿径0.6厘米,厚0.15厘米(图三四二,3)。

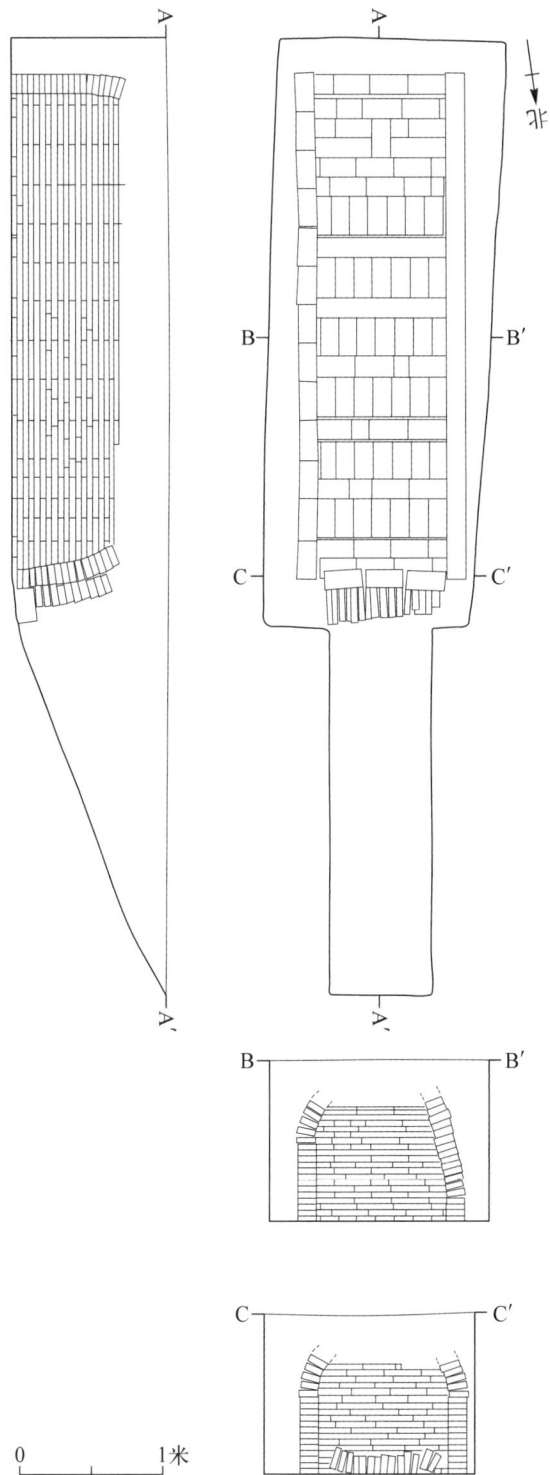

图三四〇 M45平、剖面图

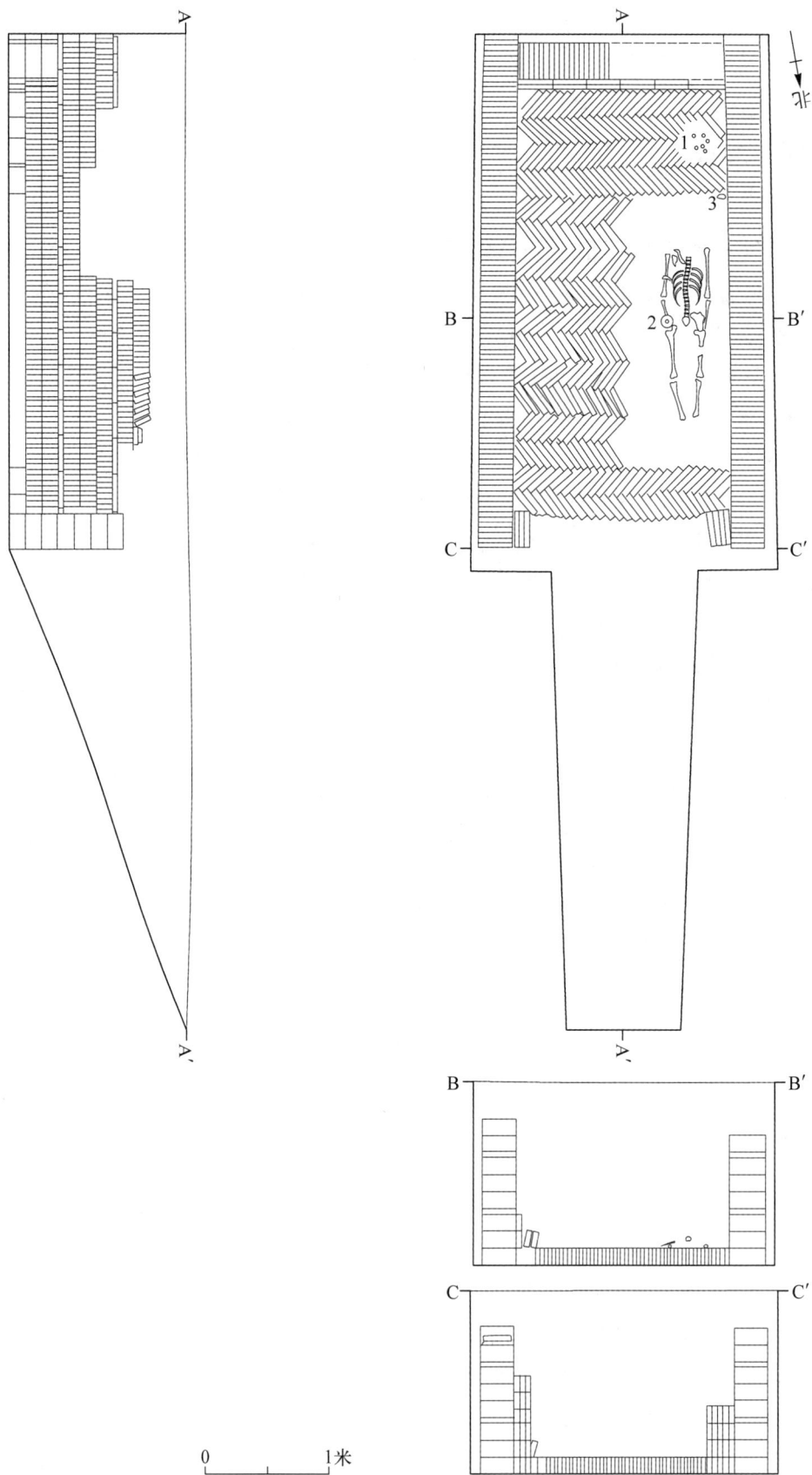

图三四一 M48平、剖面图

1. 铜钱 2. 铜镜 3. 陶器盖

铜镜　1件(残)。标本M48:2,青铜质,模制。镜背圆钮穿孔,四叶形钮座,四叶间有"长宜子孙"四字铭文,一周栉齿纹与凸弦纹外为内向八莲弧纹,连弧纹间有变形小字。外两栉齿纹条带之间有八组云雷纹。外区素面较宽,向内稍斜,斜折缘,镜面光滑微凸。直径15.8厘米,厚0.6厘米(图三四二,1;彩版八八,5)。

陶器盖　1件。标本M48:3,泥质灰陶,手轮兼制,火候高。博山式器盖。盖径12.4厘米,高4.4厘米(图三四二,4)。

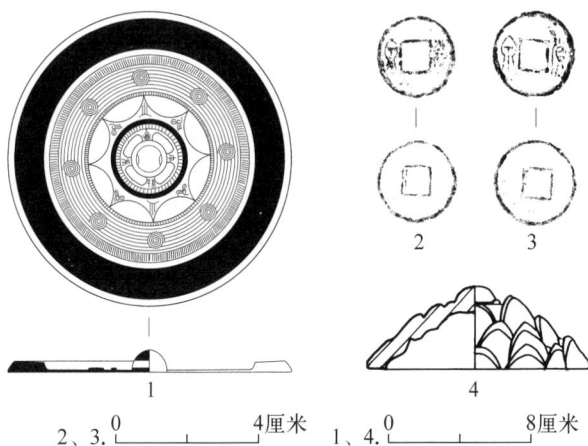

图三四二　M48出土器物

1.铜镜(M48:2)　2、3.货泉(M48:1-1、M48:1-2)　4.陶器盖(M48:3)

六、M50

1. 墓葬形制

M50位于发掘区Ⅰ区西部,T1312内西南部,北邻M111,东邻M51、M52,西南邻M194,北部被M43打破。开口于③层下,墓口距地表4米。南北向,方向2°。为甲字形竖穴土圹砖券单室墓,土圹南北残长9米,宽0.84~2米,墓底距墓口0.5~1.5米。由墓道、墓门、墓室三部分组成(图三四三)。

墓道　位于墓门的北端,北部被M43打破,南北残长2.68米,宽0.84米,墓底距墓口0.5~1.46米。平面呈长方形竖穴土圹式,东西两壁较直、整齐,底为斜坡状,坡长3.1米,坡度20°。内填黄褐色花土,土质疏松,土内夹杂碎砖块等。

墓门　位于墓道南侧,南与墓室连接,以东西墓壁为门洞壁,内用青砖双重垒砌封堵:外侧用青砖叠压错缝平砌封堵,面宽1.2米,进深0.14米,高0.96米;内侧用青砖侧立砌制呈人字形封堵,面宽1.2米,进深0.28,高1.22米。

墓室　位于墓门南侧,土圹南北长6.28米,宽2米,深1.5米。破坏严重,整体平面呈长方形,四壁残留部分用青砖侧立叠压错缝垒砌,顶部券制不详。墓底用青砖二顺二平平铺墁地。砖室南北长5.38米,宽1.44米,残高1.26~1.4米。墓室内未见葬具及人骨架痕迹。

用砖规格:0.28×0.14-0.04米。

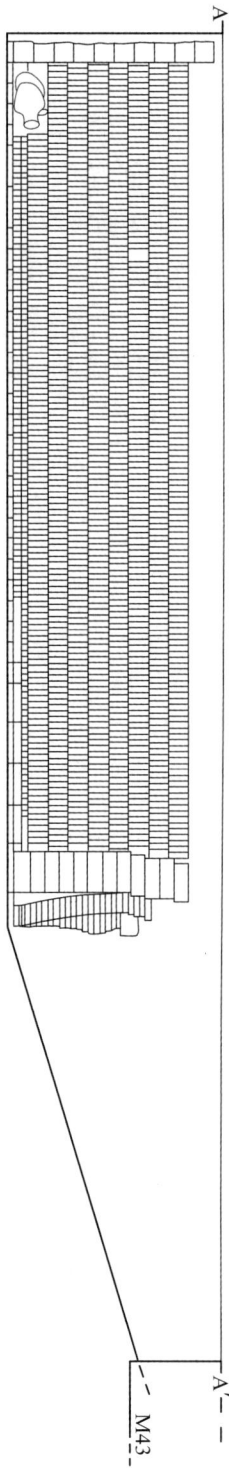

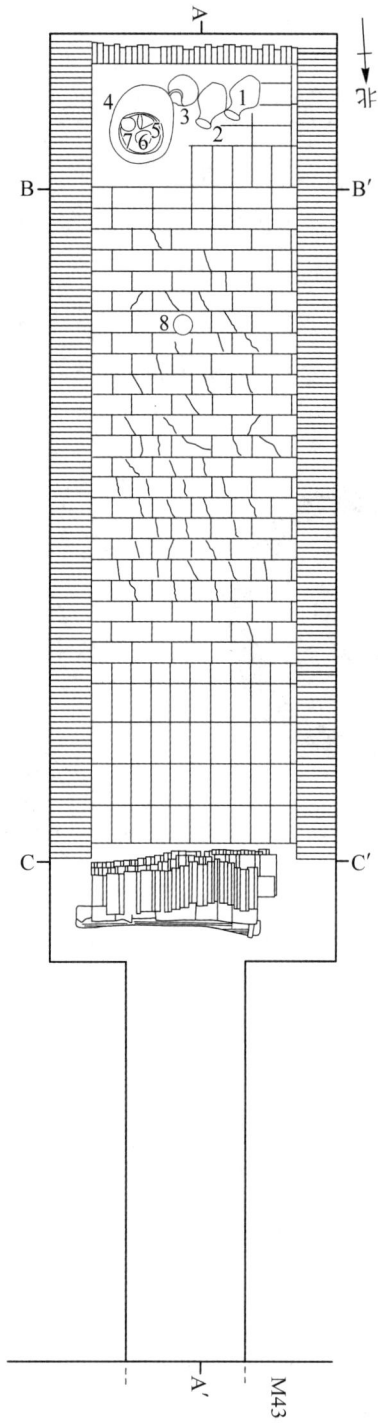

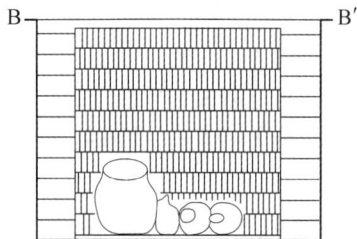

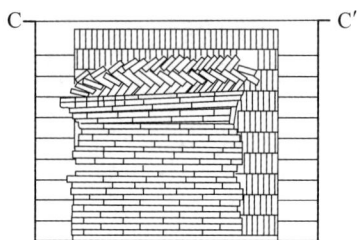

图三四三　M50平、剖面图

1. 盘口壶　2. 陶罐　3. 盘口壶　4. 陶瓮　5. 陶博
山炉盖　6. 陶博山炉盖　7. 陶博山炉盖　8. 铜镜

0 ⊢ 1米

2. 出土器物

出土器物8件,放于墓室内南端。

盘口壶　2件。泥质灰陶,轮制(内壁盘胎痕迹明显),火候高。标本M50:1,子母口内敛,折沿,方唇,短束颈,溜肩,鼓腹曲收,大平底。肩及腹部饰凹弦纹。口径12.6厘米,腹径19.8厘米,底径13.2厘米,通高25.8厘米(图三四四,7;彩版八九,1)。标本M50:3,子母口内敛,折沿,方唇,短束颈,溜肩,鼓腹曲收,平底。肩部与下腹饰凹弦纹,中腹有一周戳印纹。口径14.2厘米,腹径20.8厘米,底径12.6厘米,高26.8厘米(图三四四,9;彩版八九,3)。

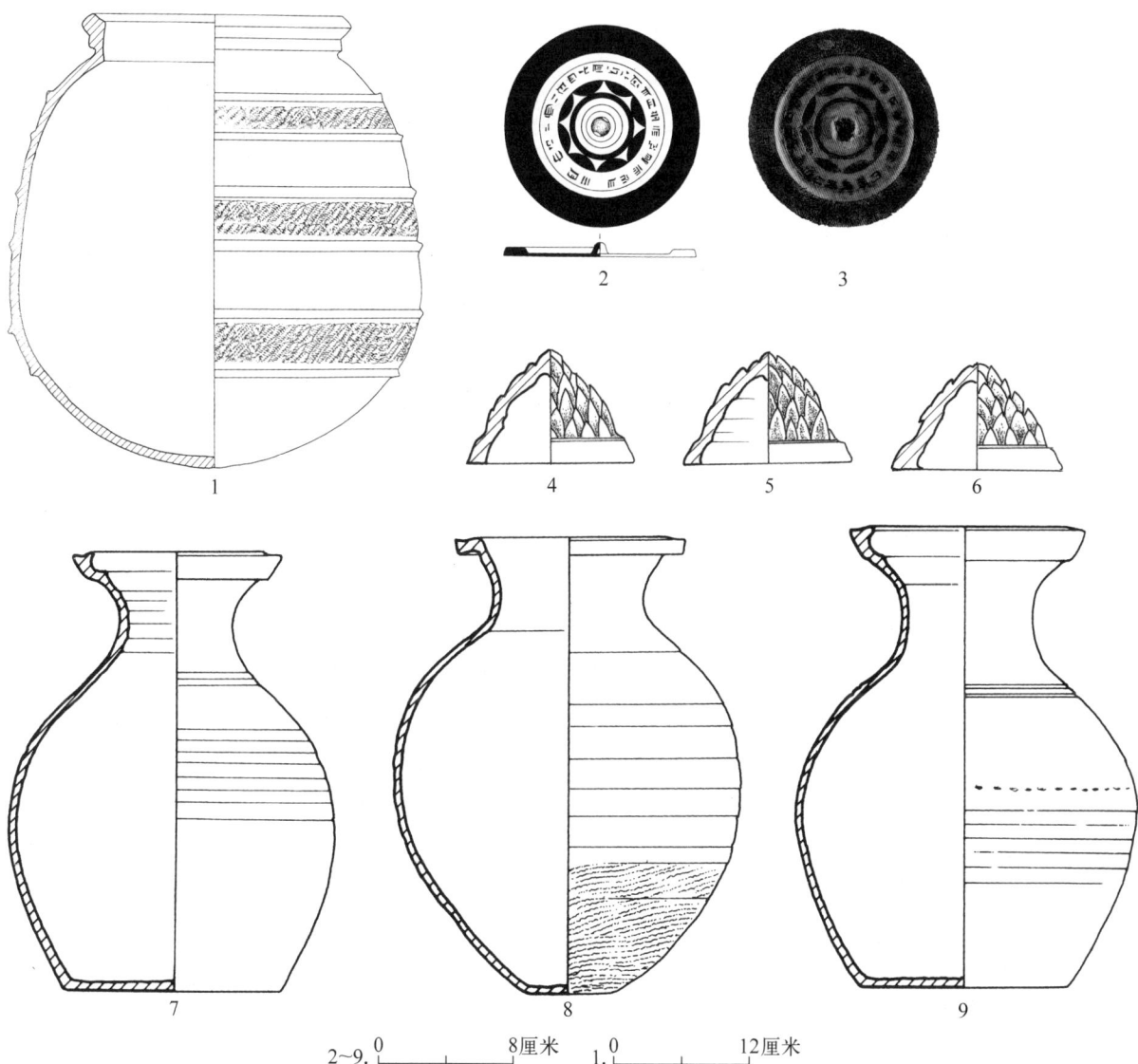

图三四四　M50出土器物

1. 陶瓮(M50:4)　2. 铜镜(M50:8)　3. 铜镜拓片　4. 陶博山炉盖(M50:5)　5. 陶博山炉盖(M50:6)　6. 陶博山炉盖(M50:7)
7. 盘口壶(M50:1)　8. 陶罐(M50:2)　9. 盘口壶(M50:3)

陶罐　1件。标本M50：2，泥质灰陶，手轮兼制。敞口，折沿，方唇，短束颈，鼓腹曲收，小平底。上腹饰凹弦纹，下腹至底压印绳纹。口径14厘米，腹径21.2厘米，底径5.4厘米，高26.6厘米（图三四四，8；彩版八九，2）。

陶瓮　1件。标本M50：4，夹砂夹蚌灰陶，手轮兼制。敞口，方唇，矮领，鼓腹下垂，圜底。器表饰间断绳纹。口径22.5厘米，腹最大径37.5厘米，高39.9厘米（图三四四，1；彩版八九，4）。

陶博山炉盖　3件。夹砂夹蚌灰陶，手轮兼制。标本M50：5，博山式器盖，口径11.8厘米，高6.8厘米（图三四四，4）。M50：6，博山式器盖，口径10.2厘米，高6.6厘米（图三四四，5）。标本M50：7，博山式器盖，口径10.2厘米，高6厘米（图三四四，6）。

铜镜　1件。标本M50：8，青铜质，模铸。镜背圆钮穿孔，四叶形钮座，其外一周凸弦纹，内区两栉齿纹条带之间为"内而清而以□而光而象夫日□月□而□□□月"20字铭文带，六字不清，每一字或两字之间加"而"字。外区素面，较宽，镜缘斜折。镜面平整光滑。直径12厘米，厚0.28厘米（图三四四，2、3；彩版八八，6）。

七、M52

1. 墓葬形制

M52位于发掘区Ⅰ区西部，T1312内中部偏南，北部被M43打破，东邻M131，西邻M50、M51。开口于③层下，墓口距地表4米。南北向，方向2°。平面呈甲字形竖穴土圹砖券单室墓，土圹南北残长9.65米，宽1.1～1.8米，墓底距墓口0.5～1.6米。顶部被破坏，平面呈"凸"字形，由墓道、墓门、墓室三部分组成（图三四五；彩版一七，3）。

墓道　位于墓门的北端，南北残长3.4米，宽1.1米，墓底距墓口0.5～1.6米。平面呈长方形竖穴土圹式，东西两壁较直、整齐，底为斜坡状，坡长3.58米，坡度16°。内填黄褐色花土，土质疏松，土内夹杂碎砖块等。

墓门　位于墓道南端，南与墓室连接，平面呈长方形，面宽1.08米，进深0.28米。东西两壁用青砖叠压错缝平砌，顶部坍塌券制不详。墓门内用青砖叠压错缝平砌封堵。

墓室　位于墓门南侧，土圹南北长6.25米，宽1.8米，深1.6米。破坏严重，整体平面呈长方形，四壁用青砖叠压错缝平砌，砌至1.4米时开始起券，残留部分呈拱形，墓底前半部分用青砖并列纵铺，后半部分用青砖二顺二平平铺。南北长5.08米，宽1～1.08米，残高0.6～1.5米。墓室内未见葬具，仅见凌乱人骨架，疑似为两具。依据发掘情况来看，该墓为二次使用，东西两壁有二次使用的砌制现象。第一次使用南北残长1.64米，宽1米；第二次使用南北长3.44米，宽1.08米。

用砖规格：0.28×0.14-0.04米。

2. 出土器物

出土器物14件，放于墓室南端。

陶双系罐　4件。泥质灰陶，手轮兼制。标本M52：1，敞口，尖唇，矮束颈，溜肩，鼓腹弧收，饼形底。肩颈处有对称桥形系，系穿孔，肩部刻划仰、俯莲纹，中腹饰二周凹弦纹。口径10.4

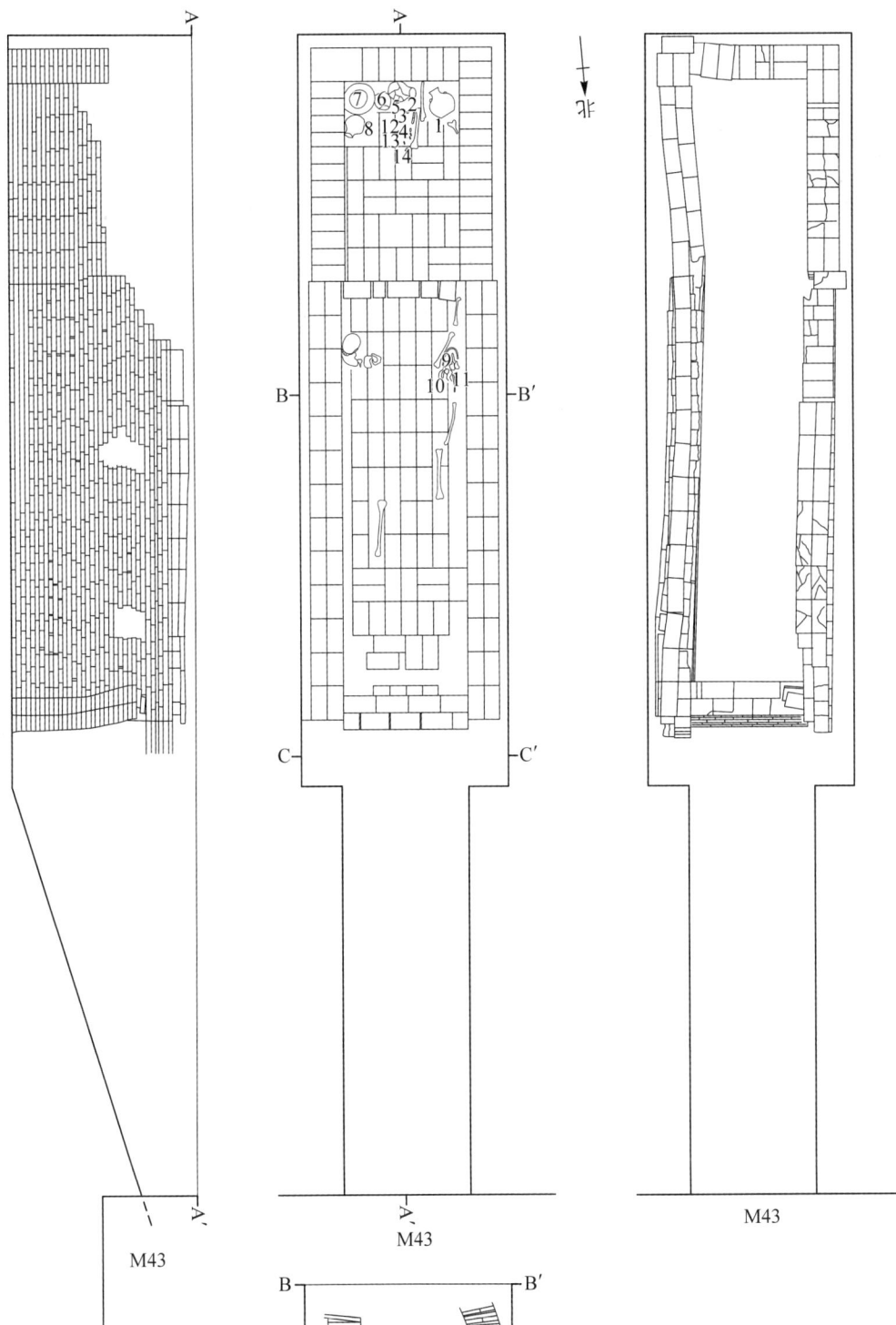

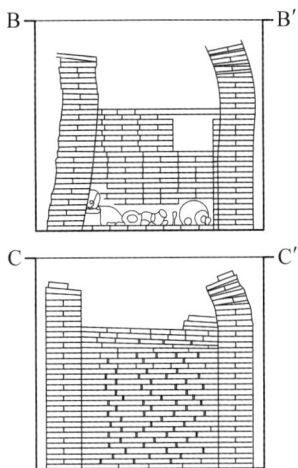

图三四五　M52平、剖面图

1. 陶双系罐　2. 铜轴　3. 铜车軎　4. 盖弓帽

5. 陶双系罐　6. 陶罐　7. 陶双系罐　8. 陶双系罐

9. 铜泡钉　10. 铜当卢　11. 铜马衔

12. 轭首饰　13. 衡末饰　14. 车軥

0　　　　　1米

厘米，腹径25.6厘米，底径12.6厘米，高25厘米（图三四六，1；彩版八九，5）。标本M52：5，敞口，尖唇，矮束颈，溜肩，鼓腹弧收，饼形底。肩径处有对称桥形系，系穿孔，肩部刻划俯、仰莲纹，中腹有二周凹弦纹，下腹有二周戳印纹。口径8.2厘米，腹径18.4厘米，底径11.6厘米，高18.6厘米（图三四六，4）。标本M52：7，敞口，尖唇，矮束颈，溜肩，鼓腹弧收，饼形底。肩径处有对称桥形系，系穿孔，肩部饰仰、俯莲纹，中腹饰凹弦纹及戳印纹。口径11厘米，腹径25.2厘米，底径13.6厘米，高25.2厘米（图三四六，2）。标本M52：8，敞口，尖唇，矮束颈，溜肩，鼓腹弧收，饼形底。颈部有一周凹弦纹，肩径处有对称桥形系，系穿孔。肩部饰仰、俯莲纹，中部饰二周凹弦纹及三周戳印纹。口径8.8厘米，腹径18.6厘米，底径9.8厘米，高18.4厘米（图三四六，3；彩版八九，6）。

陶罐 1件。标本M52：6，泥质灰陶，轮制。敞口，方圆唇，短束颈，圆鼓腹，下腹弧收，平底。口径7.4厘米，腹径14.2厘米，底径6.8厘米，高12.6厘米（图三四六，5；彩版九〇，1）。

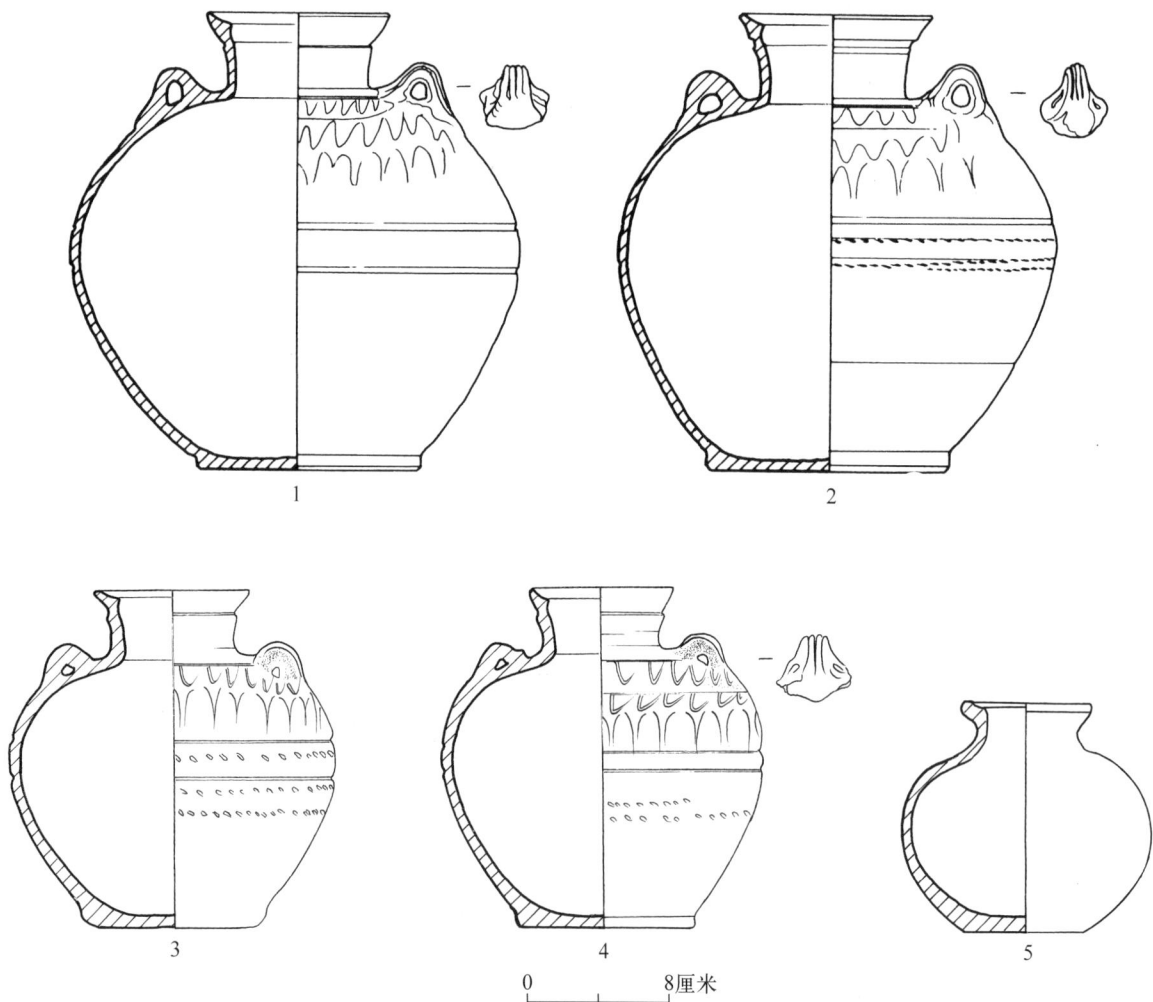

0　　　　8厘米

图三四六　M52出土陶器

1.陶双系罐（M52：1）　2.陶双系罐（M52：7）　3.陶双系罐（M52：8）　4.陶双系罐（M52：5）　5.陶罐（M52：6）

　　铜轴　1件（残）。标本M52：2，青铜质，范铸。直筒形，中部突起三道弦纹，两端处各突起一道弦纹。残长5.1厘米，直径1.6厘米（图三四七，2；彩版九〇，4）。

　　铜车軎　1件。标本M52：3，青铜质，范铸。口缘较宽大，中部与末端各突起一道弦纹，近口段有辖孔。最大径2.2厘米，最小径1.4厘米，长3.1厘米（图三四七，3）。

　　盖弓帽　5枚。范铸，青铜质，形制相同。标本M52：4，圆筒形，中空成銎，口缘处略宽大，上端稍缩小，顶部如一圆球，器中部偏上挑起一钩。直径0.8厘米，高1.9厘米（图三四七，6）。

　　铜泡钉　3件。标本M52：9，青铜质，范铸，形制相同。圆帽形，口部较敞，内中部突起长条状乳钉。口径2.1厘米，高1.6厘米（图三四七，4；彩版九〇，3）。

　　铜当卢　1件。标本M52：10，青铜质，范铸。正面轮廓似马头形，中间镂空，背面有两个半环形钮。宽3.2厘米，高9.2厘米（图三四七，1；彩版九〇，2）。

　　铜马衔　2件。标本M52：11，青铜质，范铸，形制相同。两端莲弧形薄片，内部镂空，主茎呈圆柱状，中部用衔环链接。高9.7厘米，宽13.5厘米（图三四七，5）。

　　轭首饰　1件。标本M52：12，青铜质，范铸。圆筒形，口端略粗，顶端封闭，外壁近顶端有二

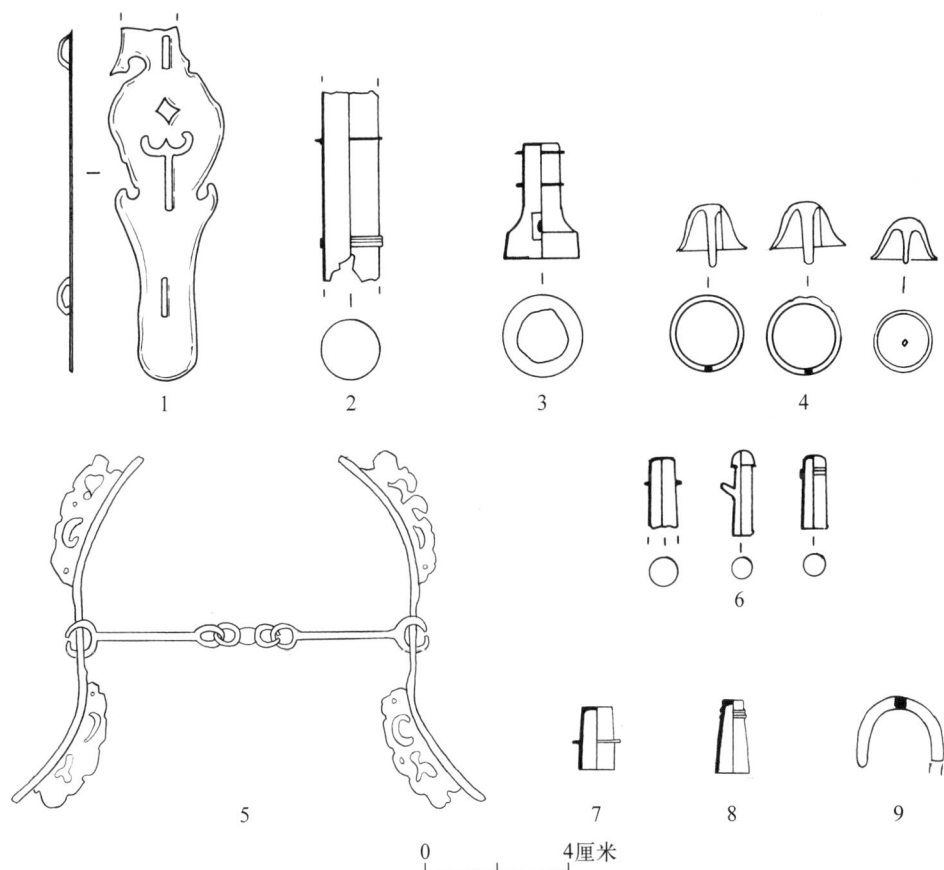

图三四七　M52出土铜器

1. 铜当卢（M52：10）　2. 铜轴（M52：2）　3. 铜车軎（M52：3）　4. 铜泡钉（M52：9）　5. 铜马衔（M52：11）　6. 盖弓帽（M52：4）
7. 轭首饰（M52：12）　8. 衡末饰（M52：13）　9. 车�（M52：14）

道凸棱。口径1厘米，通长2厘米（图三四七,7）。

衡末饰　1件。标本M52：13,青铜质,范铸。圆筒形,口端略粗,顶端封闭,外壁中部有一道凸棱。直径1厘米,长1.7厘米（图三四七,8）。

车辖　1件。标本M52：14,青铜质,模制。平面呈"U"形,末端齐平呈锥状。宽2.5厘米,高2厘米（图三四七,9）。

八、M54

1. 墓葬形制

M54位于发掘区Ⅰ区西北部,T1313内西南部,东邻M57,西邻M55。开口于③层下,墓口距地表4米。南北向,方向8°。为甲字形竖穴土圹砖券单室墓,土圹南北通长7.78米,东西宽0.96～1.7米,墓底距墓口0～1.3米。由墓道、墓室两部分组成（图三四八）。

墓道　位于墓门的北端,平面呈长方形,东西两壁垂直整齐,底为斜坡式,坡度为19°。南北长3.4米,东西宽0.96米,墓底距墓口0～1.24米。内填红褐色花土,土质疏松,内夹杂少量碎砖块等。

墓室　位于墓道南端,平面呈长方形,土圹南北长4.38米,东西宽1.7米。土圹内用青砖券制,顶部已被破坏,仅残留下部,残留部分周壁用青灰砖一顺一丁叠压砌置。墓底残留部分用青砖"一封书"式平铺墁地。墓道与墓室之间用双排青灰砖叠压平砌封堵。因盗扰严重,墓室内未见葬具及人骨架痕迹。

用砖规格：0.28×0.14–0.04米。

2. 出土器物

出土器物3件。

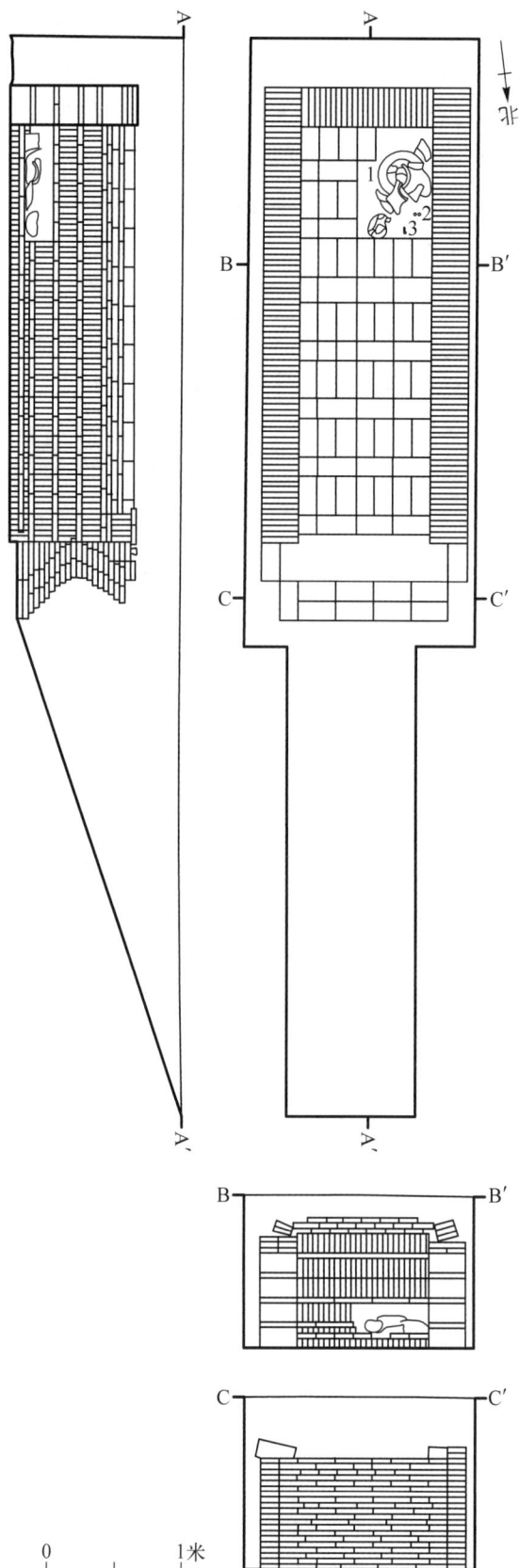

图三四八　M54平、剖面图

1. 陶罐　2. 铜钱　3. 铜柄

陶罐　1件（残）。标本M54：1，泥质灰陶，手轮兼制。敛口，短折沿，方圆唇，矮束颈，溜肩，鼓腹，腹部最大径位于上部，下腹弧收，平底。中腹饰戳印纹，中腹上下饰凹弦纹，下腹压印绳纹。口径18.6厘米，腹径34.2厘米，底径12.2厘米，通高29.2厘米（图三四九，1；彩版九〇，5）。

铜柄　1件。标本M54：3，青铜质，范铸。柄首呈倒"C"形，柄体呈圆筒形，内空。柄体直径1.3厘米，通长9厘米（图三四九，2；彩版九〇，6）。

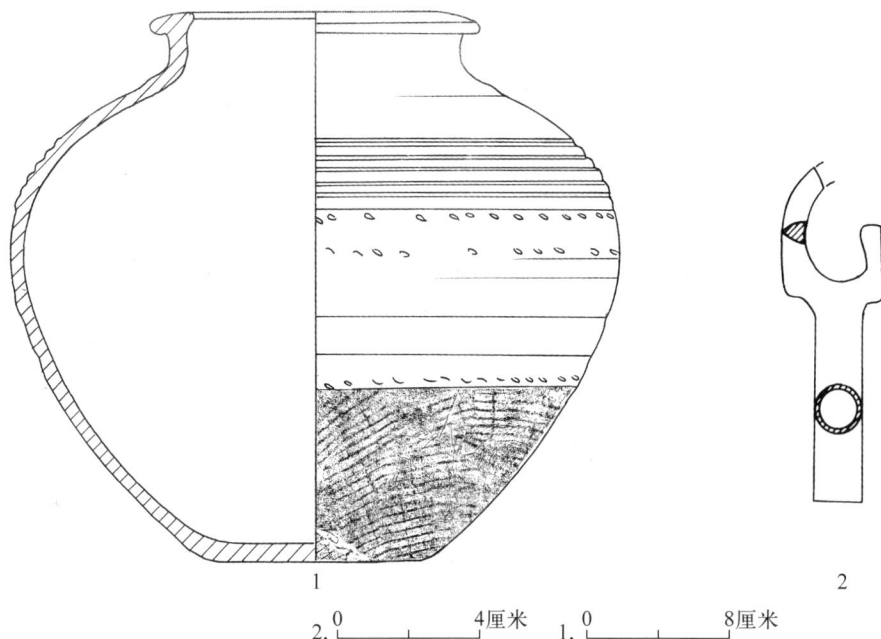

图三四九　M54出土器物

1.陶罐（M54：1）　2.铜柄（M54：3）

铜钱　2枚。标本M54：2-1，圆形方穿，正面穿左右篆书"半两"二字。"半"字上横折笔向上，"两"字为双人两，上横与下同宽，正背郭缘较窄。钱径2.45厘米，穿径0.8厘米，厚0.05厘米（图三五〇，1）。标本M54：2-2，圆形方穿，正面穿左右篆书"五铢"二字。"五"字两股交笔弯曲，"铢"字"金"旁头呈三角形，下四点细长，"朱"旁上横圆折，垂笔圆折。正背郭缘较窄。钱径2.5厘米，穿径0.95厘米，厚0.05厘米（图三五〇，2）。

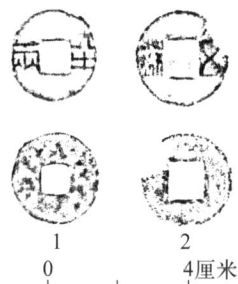

图三五〇　M54出土铜钱

1.半两（M54：2-1）　2.五铢（M54：2-2）

九、M55

1.墓葬形制

M55位于发掘区Ⅰ区西部，T1313内西南部，东邻M54，西邻M53、M58。开口于③层下，墓口距地表4米。南北向，方向13°。为甲字形竖穴土圹砖券单室墓，南北长8米，东西宽0.66～1.6米。由墓道、封门砖、墓室三部分组成（图三五一；彩版一八，1）。

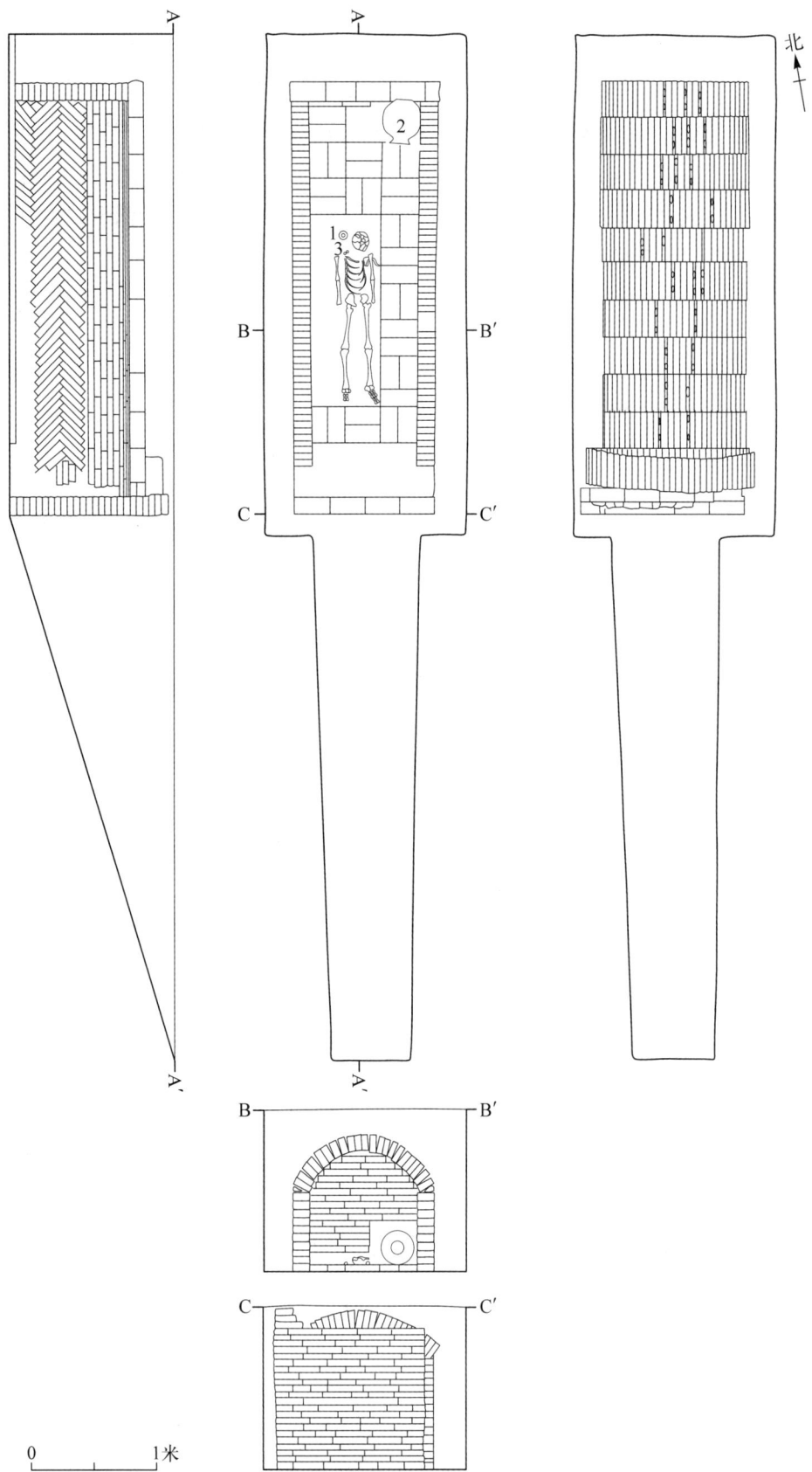

图三五一　M55平、剖面图

1. 铜镜　2. 陶罐　3. 铜钱

墓道　位于封门的北端,南北长4.1米,东西宽0.66～0.86米,墓底距墓口0～1.3米。平面呈长方形竖穴土圹式,北窄南宽,东西两壁垂直整齐,底为斜坡状,坡长2.45米,坡度18°。内填黄褐色花土,土质较硬,土内夹杂残砖块及少量陶片。

封门砖　位于墓道南端,紧靠墓室,东西向,用青砖叠压错缝平砌封堵。东西长1.3米,高1.1米。

墓室　位于封门转的南侧,平面呈长方形,保存较好,南北长3.2米,宽1.16米。东西两壁下部用青砖叠压垒砌呈人字形,其上用青砖叠压错缝平砌,砌至0.62米时开始起券,券顶为拱形并列券,在券顶的北端又附加一层拱券。后壁用青砖叠压错缝平砌。墓底用青砖二顺二平平铺墁地。

未见葬具痕迹,在墓底中部发现人骨架一具,保存较好,头向南,面部不详,为仰身直肢葬,骨架长1.35米,女性,年龄约16岁。

用砖规格:0.28×0.14-0.05米。

2. 出土器物

出土器物3件,铜镜、铜钱放置于头骨的东侧,陶罐放置于墓室底部的西南角。

铜镜　1件。标本M55:1,模制。镜面平整,光滑。镜背圆钮穿孔,圆形钮座,围钮座为内向八连弧纹,连弧纹与钮座间有线条衔接(二条或三条),连弧纹外侧两栉齿纹条带之间为"内而青而昭而以而明而光而日而月而"16字铭文带,外区素面。直径9.2厘米,厚0.4厘米(图三五二,2)。

陶罐　1件。标本M55:2,泥质灰陶,手轮兼制。敞口,短折沿,方唇略内凹,短束颈,球形鼓腹,下腹弧收,小平底。上腹饰网格纹,中腹饰凹弦纹及戳印纹,下腹压印绳纹。口径12.2厘米,

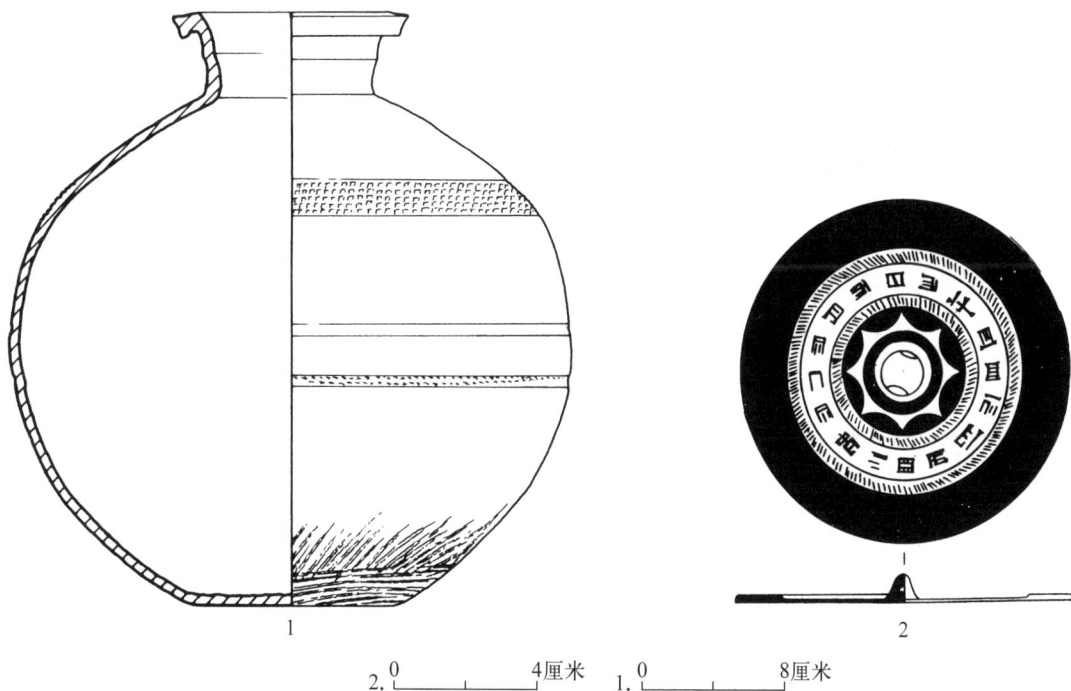

2. |0————4厘米|　1. |0————8厘米|

图三五二　M55出土器物

1. 陶罐(M55:2)　2. 铜镜(M55:1)

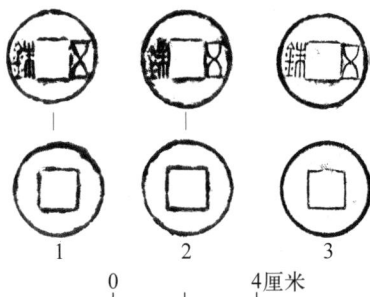

图三五三　M55出土五铢钱

1～3.(M55：3-1、M55：3-2、M55：3-3)

腹径31.6厘米,底径11.6厘米,高32厘米（图三五二,1）。

铜钱　3枚。标本M55：3-1,圆形方穿,正面穿左右篆书"五铢"二字。"五"字两股交笔弯曲,"铢"字"金"旁头呈三角形,下四点较短,"朱"旁上部横笔方折,下垂笔方折。正背有郭,郭缘较窄。钱径2.55厘米,穿径1厘米,厚0.15厘米（图三五三,1）。标本M55：3-2,圆形方穿,正面穿左右篆书"五铢"二字。"五"字两股交笔弯曲,"铢"字"金"旁头呈三角形,下四点较短,"朱"旁上部横笔圆折,下垂笔方折。"金"旁低于"朱"旁。正背有郭,郭缘较窄。钱径2.55厘米,穿径1.05厘米,厚0.15厘米（图三五三,2）。标本M55：3-3,圆形方穿,正面穿左右篆书"五铢"二字。"五"字两股交笔弯曲较大,"铢"字"金"旁头呈三角形,下四点细长,"朱"旁上部横笔圆折,下垂笔圆折。"金"旁低于"朱"旁。正背有郭,郭缘较窄。钱径2.6厘米,穿径0.95厘米,厚0.15厘米（图三五三,3）。

十、M83

1. 墓葬形制

M83位于发掘区Ⅰ区中部,T1018内中部,东北邻M101。开口于③层下,墓口距地表3.9米。南北向,方向173°。为甲字形竖穴土圹砖券单室墓,南北通长9.5米,宽0.8～2.2米,墓底距墓口0～1.6米。由于破坏盗扰严重,仅存底部,残留部分由墓道、墓室两部分组成（图三五四）。

墓道　位于墓室的南端,南北长4.8米,宽0.8米,墓底距墓口0～1.6米。平面呈长方形竖穴土圹式,东西两壁较直、整齐,底为斜坡状（北端较平,南端为斜坡状）,坡长5.2米,坡度20°。内填黄褐色花土,土质疏松,土内夹杂碎砖块等。

墓室　位于墓道北端,平面呈长方形,土圹南北长4.7米,宽2.2米,深1.6米。破坏较严重,顶及周壁券制不详,仅残留底部,墓底用青砖与砖块纵横平铺墁地。室内未见用棺痕迹。未见葬具及人骨架痕迹。

用砖规格：0.27×0.13-0.05米。

2. 出土器物

出土器物3件,一件位于墓室北端的扰坑内,其余散落于墓室内。

盘口壶　2件（残）。泥质灰陶,轮制。标本M83：1,浅盘口,口内敛,尖唇,矮束颈,鼓腹曲收,平底。上腹饰凹弦纹,下腹饰刻划纹。口径14.6厘米,腹径27厘米,底径10.4厘米,高26.2厘米（图三五五,2；彩版九一,1）。标本M83：3,口颈残缺,鼓腹曲收,平底。下腹饰弦纹。腹径20.2厘米,底径15.4厘米,残高22厘米（图三五五,3）。

陶罐　1件（残）。标本M83：2,夹砂夹蚌红陶,轮制。敞口,圆唇,口下一道凸棱,束颈,鼓腹曲收,平底,上腹饰三周凹弦纹。口径12.2厘米,腹径19.2厘米,底径14厘米,高24.2厘米（图三五五,1；彩版九一,2）。

扰坑

扰坑

北

A

A

B

B′

1

2

3

B

B′

A′

A′

0   1米

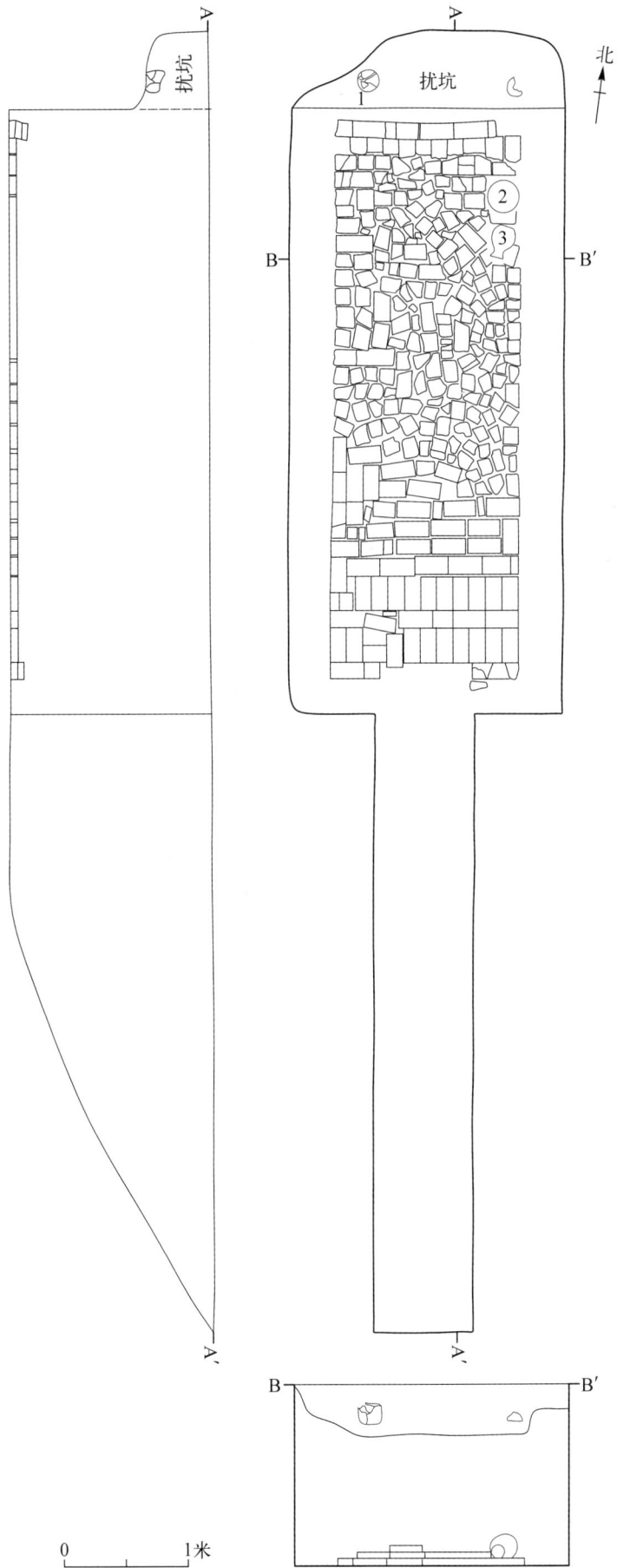

图三五四　M83平、剖面图

1.盘口壶　2.陶罐　3.盘口壶

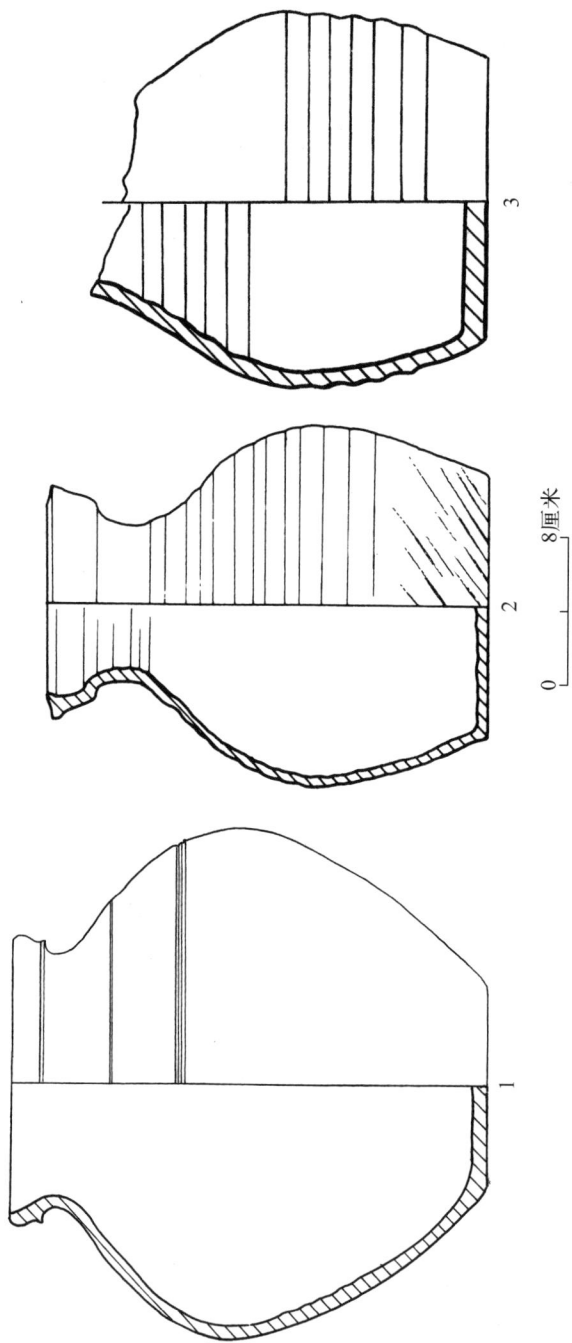

图三五五　M83 出土陶器

1. 陶罐（M83：2）　2. 盘口壶（M83：1）　3. 盘口壶（M83：3）

十一、M117

1. 墓葬形制

M117位于发掘区Ⅰ区东北部，T1310内西南部，北部被M120打破，东邻M118、M149，西邻M119。开口于③层下，墓口距地表3.9米。南北向，方向15°。为甲字形竖穴土圹单室砖券合葬墓，南北残长9.04米，宽1～2.76米，墓底距墓口0.5～2米。由墓道、墓门、墓室三部分组成（图三五六）。

墓道 位于墓门的北端，平面呈长方形竖穴土圹斜坡式，北端被M120打破，南北残长3.84米，宽1米。东西两壁较直、整齐，底为斜坡状，坡残长3.9米，墓底距墓口残高0.5～2米。内填黄褐色花土，土质疏松，土内夹杂碎砖块等。

墓门 位于墓道南端，南与墓室连接，破坏较严重，残留部分平面呈长方形，东西两壁用青砖一顺一丁叠压垒砌，面宽0.74米，进深0.28米，残高0.72米。墓门内用青砖侧立垒砌封堵，残高0.14米。

墓室 位于墓道南端，平面呈长方形，南北长5.2米，宽2.76米。顶部已被破坏，残留部分四壁及铺底砖。四壁用青砖一顺一丁叠压错缝垒砌，残高0.58～1.48米。墓底前半部平铺呈"一封书"式，后半部用青砖侧立错缝砌制墁地。

未见用棺痕迹，在中部发现两具骨架：西侧骨架保存一般，头向南，面向西，为仰身直肢葬，骨架残长1.38米，女性，年龄约30岁；东侧骨架保存一般，较凌乱，头向南，面向西，葬式不详，男性，年龄45岁。

用砖规格：0.28×0.14–0.05米。

2. 出土器物

出土器物3件，均放置西侧头骨下。

琉璃耳珰 1件。标本M117：1，天蓝色琉璃磨制而成，整体呈喇叭状，中部穿孔。直径1.6厘米，高1.8厘米，孔径0.1厘米（图三五七，2；彩版九一，3）。

水晶珠 3件。形制相同，浅绿色水晶磨制而成。标本M117：2，圆形，中间穿孔。直径1.2厘米，孔径0.3厘米，厚0.8厘米（图三五七，3；彩版九一，4）。

铜钱 1枚。标本M117：3，圆形方穿，正面穿左右篆书"五铢"二字，"五"字两股交笔弯曲较大，"铢"字"金"旁三角形，下四点细长，"朱"旁上横笔与下垂笔圆折，正背有郭，郭缘略窄。钱径2.6厘米，穿径1厘米，厚0.1厘米（图三五七，1）。

十二、M166

1. 墓葬形制

M166位于发掘区Ⅰ区西部，T1114内西南部，北邻M167，南邻M172、M169。开口于③层下，墓口距地表3.9米。南北向，方向185°。为甲字形竖穴土圹砖瓦混券单室墓，南北长12.1米，东西

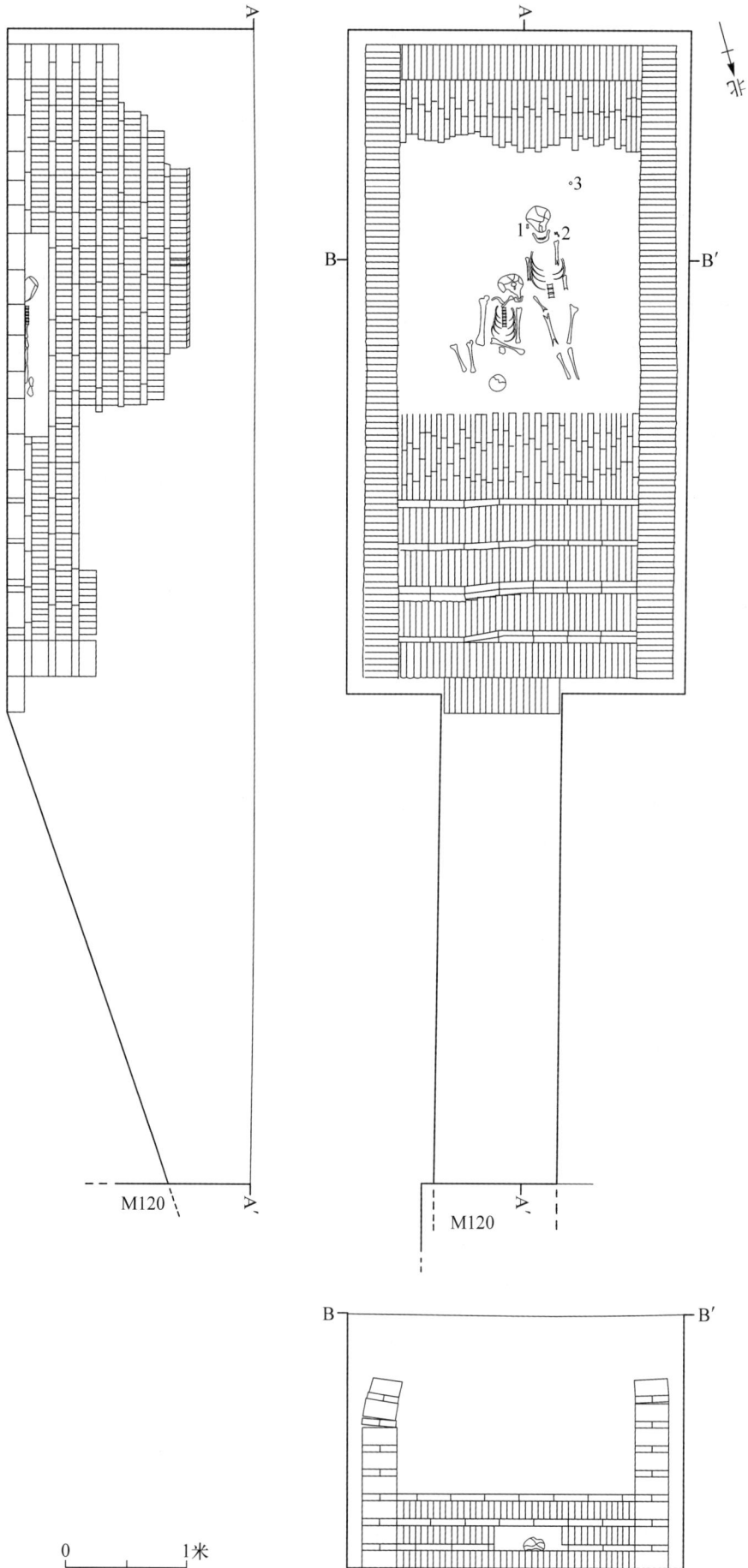

图三五六 M117平、剖面图

1. 琉璃耳珰 2. 水晶珠 3. 铜钱

宽1.48～3.1米,墓底距墓口0.2～2.2米。由双墓道、封门、墓室三部分组成(图三五八;彩版一八,2)。

墓道　位于墓室南端,南北长6.8米,总宽1.48～2.3米,墓底距墓口0.2～1.98米。平面呈梯形,南窄北宽,中部隔开一分为二,东侧宽0.62～0.98米,西侧宽0.76～1.06米,墓壁整齐,坡状底,坡长7.05米。内填红褐色花土,土质疏松,含少量瓦片及碎砖块等。

封门　位于墓道北端,墓室外侧,二次封堵。西侧用青砖叠压错缝平砌;东侧下部用青砖叠压垒砌呈人字形,上部用砖叠压错缝平砌,残高1.62～1.74米。

墓室　位于墓道与封门的北端,平面呈长方形,南北长4.88米,宽1.7米。顶部破坏严重,券制不详,四壁下部用碎瓦片叠压垒砌,其上用青砖叠压错缝平砌,残高1.1～1.56米,墓底北高南低略呈坡状。未见葬具及人骨架痕迹。

用砖规格:0.28×0.14-0.05米。

2. 出土器物

出土器物10件,其中M166:9、M166:10在填土内,其余器物放置于墓室内北端。

陶双系壶　2件。泥质灰陶,手轮兼制。标本M166:1,敞口,尖唇,矮束颈,颈上部有一周凹弦纹,溜肩,鼓腹,下弧收,饼形圈足。肩径处附贴对称双系,系穿孔,肩部饰仰莲纹,颈至中腹有三周凹弦纹。口径6.8厘米,腹径14.4厘米,底径9.4厘米,高13.6厘米(图三五九,3;彩版九一,5)。标本M166:2,残片,无法复原。

陶罐　4件。泥质灰陶,手轮兼制。标本M166:3,敛口,短折沿,尖圆唇,矮束颈,溜肩,鼓腹,下弧收,平底。轮制,腹部饰凹弦纹。口径12厘米,腹径21.6厘米,底径14厘米,高17.6厘米(图三五九,1;彩版九一,6)。标本M166:5,盘口内敛,尖唇,束颈,圆肩,鼓腹,下腹弧收,平底。轮制,肩至中腹饰三组间隔凹弦纹。口径6.4厘米,腹径15厘米,底径8厘米,高15.2厘米(图三五九,2)。标本M166:6,直口,平沿,方圆唇,矮束颈,溜肩,鼓腹,下腹弧收,平底。肩部饰一周网格带纹,下腹至底压印绳纹。口径12.8厘米,腹径24.6厘米,底径8.8厘米,高21.4厘米(图三五九,6;彩版九二,2)。标本M166:8,敛口,矮领,溜肩,鼓腹,下腹弧收,平底。中腹至底压印绳纹,上腹轮旋痕明显。口径19.8厘米,腹径30厘米,底径5.2厘米,高24厘米(图三五九,5)。

铜环　2件。形制相同,标本M166:4,青铜质,模制。平面呈圆环状,直径2.5厘米,厚0.5厘米(图三五九,9;彩版九二,1)。

陶瓮　2件(残)。标本M166:7,夹砂夹蚌红陶,轮制。侈口,尖唇,束颈,深腹略鼓,下腹曲收,底部残缺。口径28.7厘米,腹径32厘米,残高27厘米(图三五九,7)。标本M166:9,夹砂夹云母灰陶,手轮兼制。敛口,尖唇,束颈,溜肩,鼓腹,下腹弧收,圜底。肩至中腹饰两组间隔弦

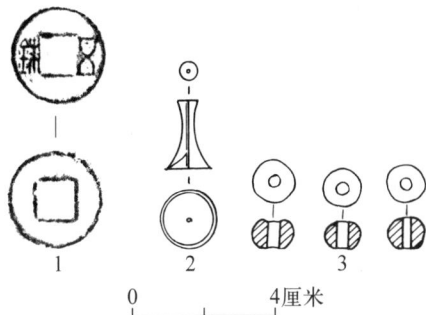

图三五七　M117出土器物

1. 铜钱(M117:3)　2. 琉璃耳珰(M117:1)
3. 水晶珠(M117:2)

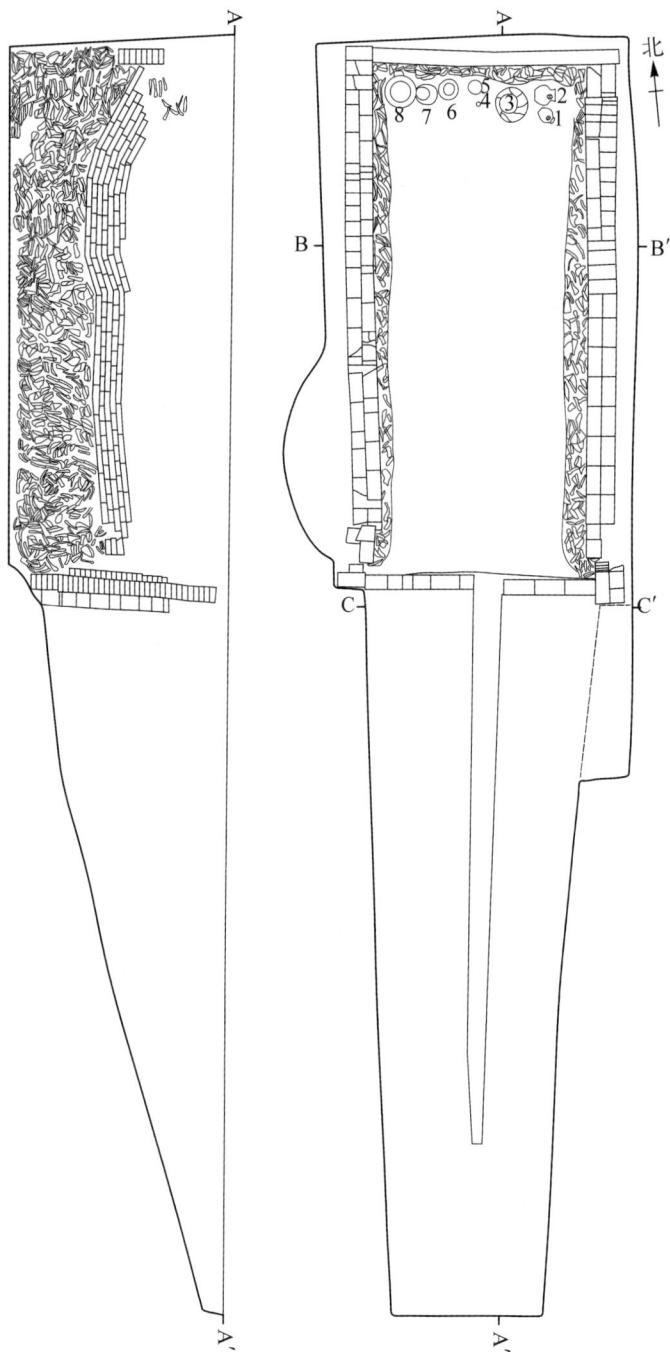

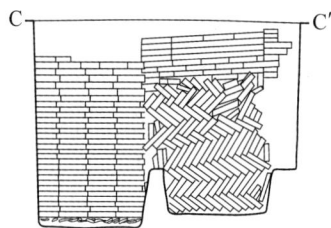

图三五八 M166平、剖面图

1.双系陶壶 2.双系陶壶 3.陶罐 4.铜环
5.陶罐 6.陶罐 7.陶瓮 8.陶罐 9.陶瓮（填土）
10.瓦当（填土）

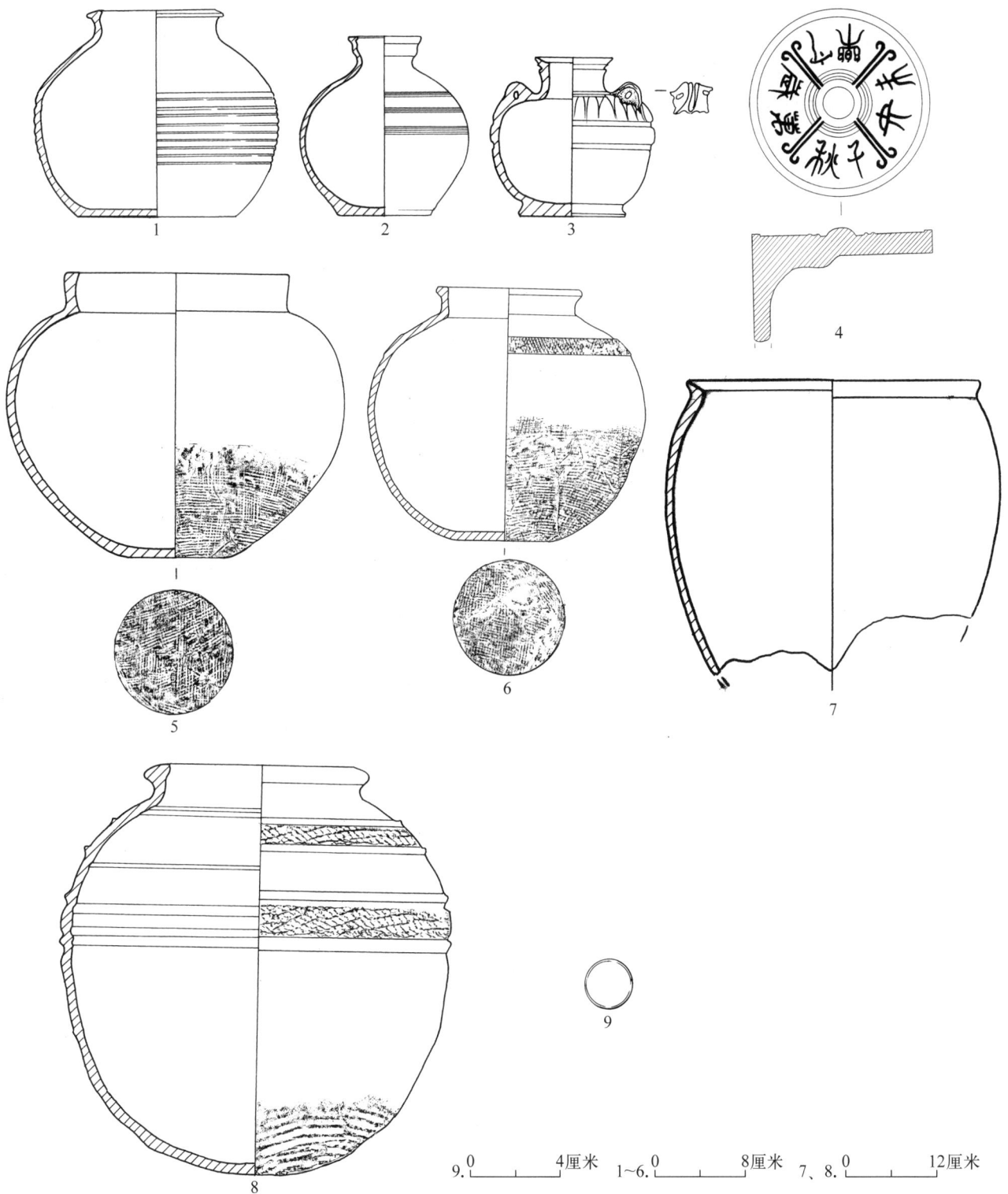

图三五九　M166出土器物

1.陶罐（M166：3）　2.陶罐（M166：5）　3.双系陶壶（M166：1）　4.瓦当（M166：10）　5.陶罐（M166：8）　6.陶罐（M166：6）
7.陶瓮（M166：7）　8.陶瓮（M166：9）　9.铜环（M166：4）

断绳纹纹带，下腹至底压印绳纹。口径19.8厘米，腹径34.6厘米，高35厘米（图三五九，8；彩版九二，3）。

瓦当　1件。标本M166：10，泥质灰陶，模制。瓦身残缺，圆形当首，圆珠形圆心外围有两周凸弦纹，其外有篆书"长乐未央千秋万岁"八字，每两个字为一个等份，分为四个等份。残长9厘米，直径16厘米，厚2厘米（图三五九，4；彩版九二，4）。

十三、M170

1. 墓葬形制

M170位于发掘区西Ⅰ区南部，T0914内西部，西邻M171。开口于③层下，墓口距地表4米。南北向，方向189°。甲字形竖穴土圹砖券单室墓，土圹南北长11.92米，宽0.86～3.02米，墓底距墓口0.9～2.04米。破坏严重，残留部分由墓道、墓室两部分组成（图三六〇）。

墓道　位于墓室南端，南北长4.96米，宽0.6～1米，墓底距墓口0.9～1.96米。平面近梯形，南窄北宽，墓壁整齐，坡状底，坡长5.1米，坡度20°。内填红褐色花土，土质疏松、湿软，土内夹杂少量碎砖块等。

墓室　位于墓道北端，平面近长方形，南北长6.26米，宽2.96米。破坏严重，残留南壁局部，顶部券制不详，墓壁残留部分用青砖侧立叠压垒砌，墓底铺底砖无存，南高北低略呈缓坡状，墙壁残高0.05～0.52米。墓室内未见葬具及人骨架痕迹。

用砖规格：0.28×0.14-0.05米。

2. 出土器物

无。

十四、M189

1. 墓葬形制

M189位于发掘区Ⅰ区西南部，T1112内东南部，北邻M187，东邻M180，西邻M202、M220。开口于③层下，墓口距地表4米。南北向，方向10°。为甲字形竖穴土圹砖券单室墓，破坏严重，南北长12.04米，宽0.82～3.04米，墓底距墓口0～2.38米。残存部分由墓道、墓室二部分组成（图三六一；彩版一八，3）。

墓道　位于墓室的北端，南北长5.5米，宽0.82～1.6米，墓底距墓口0～2.18米。平面呈梯形，北窄南宽，直壁，南端底部较平，用青砖纵横平铺五排，北端为坡状底，坡长6米，坡度25°。内填红褐色花土，土质疏松，含较多碎砖块。

墓室　位于墓道南端，南北长6米，宽2.36米。平面呈长方形，破坏较严重，顶部券制不详，四壁残留部分用青砖叠压错缝垒砌呈人字形，墓底用青砖侧立并列横铺，中部用青砖南北侧立砌制三排，把墓底一分为二，北部高于南部0.14米。墓室内未见葬具及人骨架痕迹。

用砖规格：0.28×0.14-0.04米。

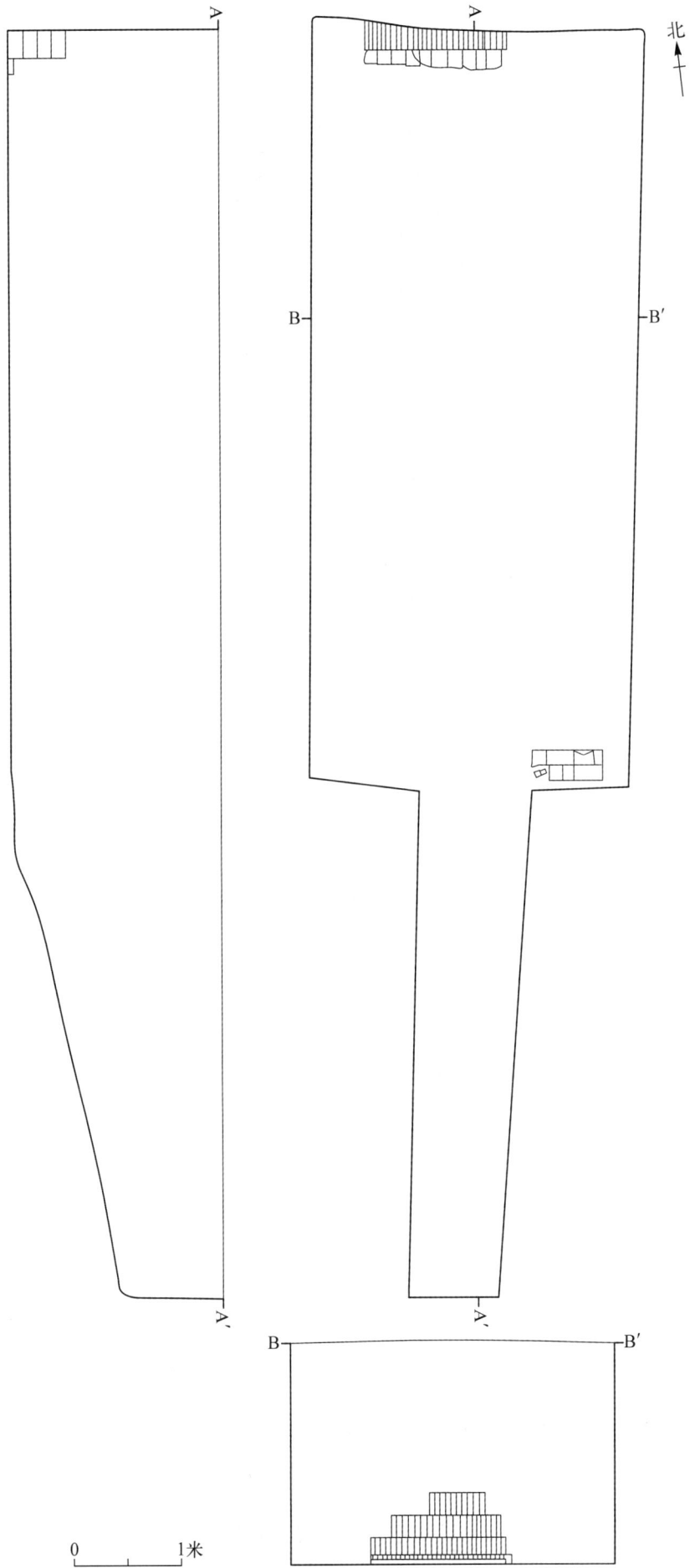

北

图三六〇　M170平、剖面图

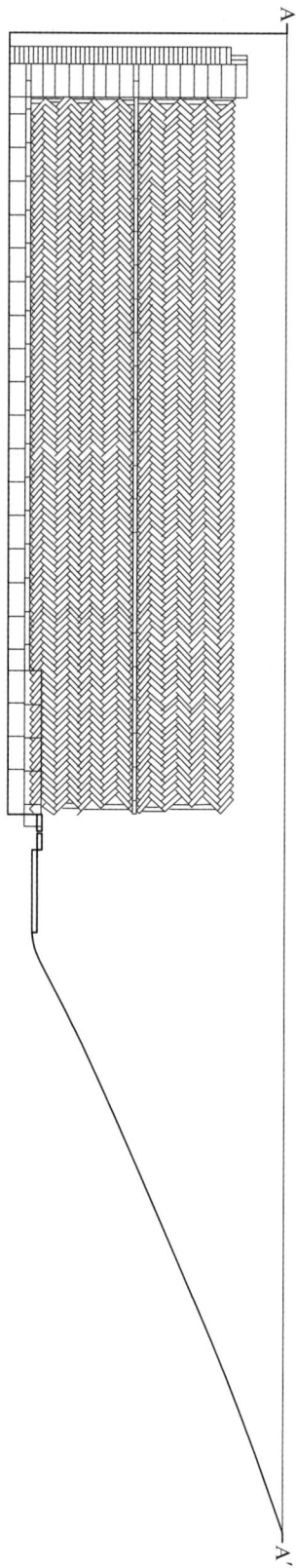

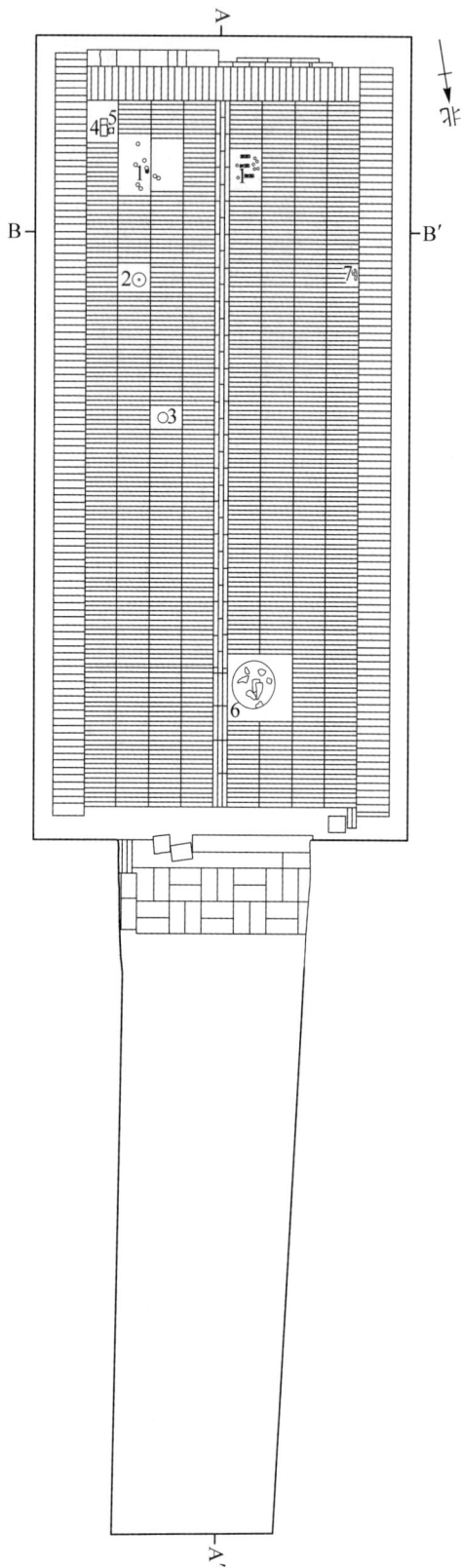

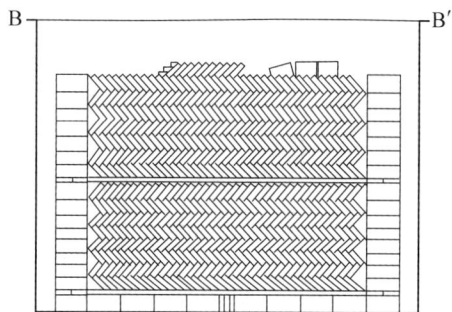

图三六一 M189平、剖面图

1. 铜钱 2. 铜镜 3. 铜镜 4. 石圭板
5. 磨杵 6. 陶罐 7. 铜带钩

0   1米

2. 出土器物

出土器物7件。

铜镜　2件。红铜质，模制。标本M189∶2，镜面平整光滑，镜背圆钮穿孔，圆形钮座，围钮一圈凸弦纹，内区凸弦纹外有一周连弧纹（12连弧），连弧纹外两栉齿纹条带之间为"内而清而以而昭而明而□□光而象而日而月而"20字铭文带，有两个字不清晰，外区素面，稍向内斜，边缘呈三角形。直径23.2厘米，厚0.8厘米（图三六二，2、5；彩版九二，5）。标本M189∶3，镜面光滑，突起。镜背圆钮穿孔，内区围钮一周连弧纹（10连弧），中区两栉齿纹条带之间为"内而清而以而昭而光而日而月而"14字铭文带，外区素面较宽，边缘呈三角形。直径18.6厘米，厚0.6厘米（图三六二，3、6；彩版九二，6）。

石圭板　1件。标本M189∶4，青石质，磨制。平面呈长方形，体薄，一面光滑，一面不平整。长13.8厘米，宽5.8厘米，厚0.5厘米（图三六二，4；彩版九三，1）。

磨杵　1件。标本M189∶5，青石质，磨制。方形底座，底座上有圆形钮。座边长3.2厘米，钮直径3.2厘米，高1.3厘米（图三六二，7；彩版九三，2）。

陶罐　1件（残）。标本M189∶6，泥质灰陶，手轮兼制。敞口，方唇，矮束颈，颈部一道凸弦纹，圆肩，鼓腹，下腹弧收，平底。肩部饰两组弦断间隔绳纹带，中腹饰戳印纹，下腹至底拍印绳纹。口径13.2厘米，腹径28.8厘米，底径9.2厘米，高29.4厘米（图三六二，1；彩版九三，3）。

铜带钩　1件。标本M189∶7，青铜质，模铸。钩为兽首状，弯曲，北部一圆钮，腹部较长，腹上部鼓起呈弧形，截面呈扁圆形。长9.3厘米（图三六二，8；彩版九三，4）。

铜钱　19枚。标本M189∶1-1，圆形方穿，正面穿左右篆书"货泉"二字，15枚。"泉"字中竖中断，正背有郭，周郭及文字线条纤细，劲挺有神，为悬针篆。钱径2.2～2.35厘米，穿径0.6～0.85厘米，厚0.15厘米（图三六三，2）。标本M189∶1-2（4枚），圆形方穿，正面穿左右篆书"五铢"二字，"五"字两股交笔弯曲略小，"铢"字"金"旁尖呈小三角形，下四点细长，"朱"字上笔与下垂笔圆折。正背有郭，郭缘较窄。钱径2.25～2.5厘米，穿径0.95～1厘米，厚0.1～0.15厘米（图三六三，1）。

十五、M193

1. 墓葬形制

M193位于发掘区Ⅰ区西部，T1112内西北部，南邻M192。开口于③层下，墓口距地表4米。南北向，方向194°。为甲字形竖穴土圹砖券单室墓，破坏严重，南北长7.2米，宽0.74～1.32米，墓底距墓口0.18～0.78米。由墓道、墓门、墓室三部分组成（图三六四）。

墓道　位于墓门的南端，南北长3.95米，宽0.74～1.15米，墓底距墓口0.18～1.32米。平面呈梯形，南窄北宽，直壁，坡状底，坡长4.05米。内填红褐色花土，土质疏松，含较多碎砖块。

墓门　位于墓道北端，北与墓室连接。平面呈长方形，面宽0.57米，进深0.15米。破坏严重，顶部券制不详，东西两壁残留部分用青砖叠压平砌，残高0.6～0.76米。墓门外残留二层叠压平

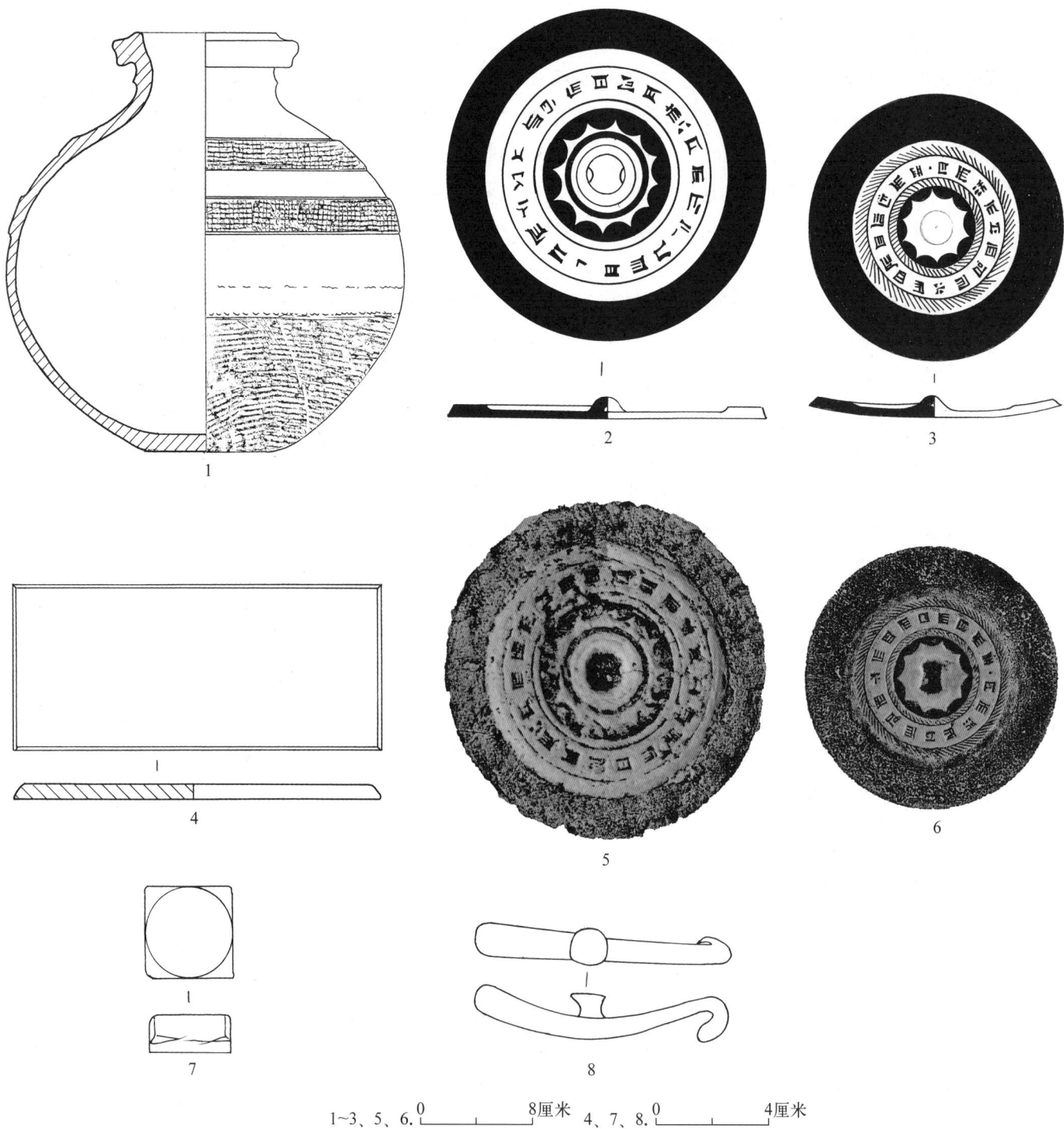

图三六二　M189出土器物

1.陶罐（M189：6）　2.铜镜（M189：2）　3.铜镜（M189：3）　4.石圭板（M189：4）　5.铜镜拓片（M189：2）　6.铜镜拓片（M189：3）
7.磨杵（M189：5）　8.铜带钩（M189：7）

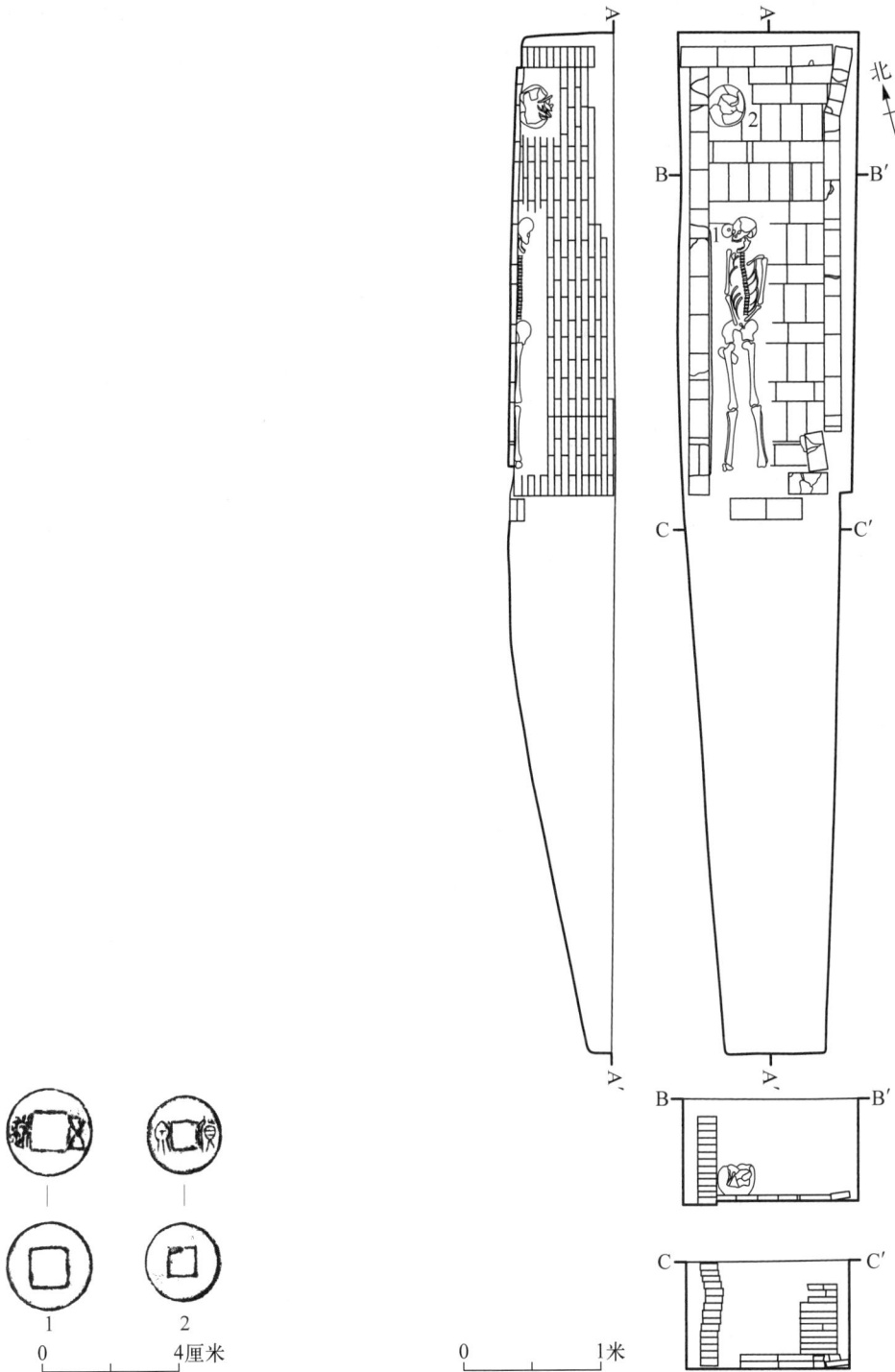

图三六三　M189出土铜钱

1. 五铢（M189：1-2）
2. 货泉（M189：1-1）

图三六四　M193平、剖面图

1. 铜镜　2. 陶罐

砌青砖封堵。

墓室　位于墓门北端，南北长2.86米，宽0.9米。平面呈长方形，破坏较严重，顶部券制不详，四壁残留部分用青砖叠压错缝平砌，墓底用青砖纵横平铺墁地，底部自南向北略呈缓坡状，残高0.68～0.76米。墓室内未见葬具，葬人骨架1具，保存较好，头向北，面向西，为侧身屈肢葬，双手并拢放于盆骨上，骨架长约1.78米，男性，年龄约35岁。

用砖规格：0.28×0.14-0.045米。

2. 出土器物

出土器物2件。铜镜放于头骨左侧，陶罐放于墓室内西北角。

铜镜　1件。标本M193：1，镜面光滑，微凸，镜背圆钮穿孔，圆钮座，围钮座一圈凸弦纹，钮座与凸弦纹之间为四组线条衔接，每组三条，凸弦纹与外十二内向连弧纹之间为四组线条衔接（每组三条线），连弧纹外两栉齿纹条带之间为"内而清而以而昭而明而光而象而夫而日而月而"20字铭文带，外区素面，镜缘稍斜。直径12.3厘米，厚1.6厘米（图三六五，2；彩版九三，5）。

陶罐　1件（残）。标本M193：2，敞口，平沿，尖唇，束颈，溜肩，鼓腹弧收，平底。肩部有一周网格纹带，中腹饰一周戳印纹，下腹至底拍印绳纹。口径19厘米，腹径32.2厘米，底径16.2厘米，高27.4厘米（图三六五，1；彩版九三，6）。

十六、M205

1. 墓葬形制

M205位于发掘区Ⅰ区西部，T1308内东北部，东邻M206，南邻M257。开口于③层下，墓口距地表4米。南北向，方向4°。为甲字形竖穴土圹砖券单室墓，由于破坏严重，仅存下半部分，土圹南北通长13.8米，东西0.8～3.34米，墓底距墓口0.8米。由墓道、墓门、墓室三部分组成（图三六六）。

墓道　位于墓室的北端，平面呈长方形，东西两壁垂直整齐，底为斜坡式，坡度为13°，南北长6.98米，东西宽0.8～1.24米，墓底距墓口0～0.8米，内填红褐褐色花土，土质疏松，内夹少量碎砖块等。

墓门　连接墓道、墓室，位于墓室北壁中部，长方形拱券式，宽1.24米，进深0.28米，借墓室南壁为两侧门洞壁，券顶破坏严重，无券顶，室高0.7米。封门砖置于门洞内，以残砖错缝叠砌，宽1.24米，高0.45米，壁厚0.28米。

墓室　位于墓室的最南端，长方形拱形券，土圹长6.82米，宽3.34米，内室长6.4米，宽2.5米，破坏严重，残存部分壁。东西壁为横砖错缝叠砌，南壁无壁砖，北壁为横砖错缝叠砌，无铺底砖。未见葬具及人骨架痕迹。

2. 出土器物

无。

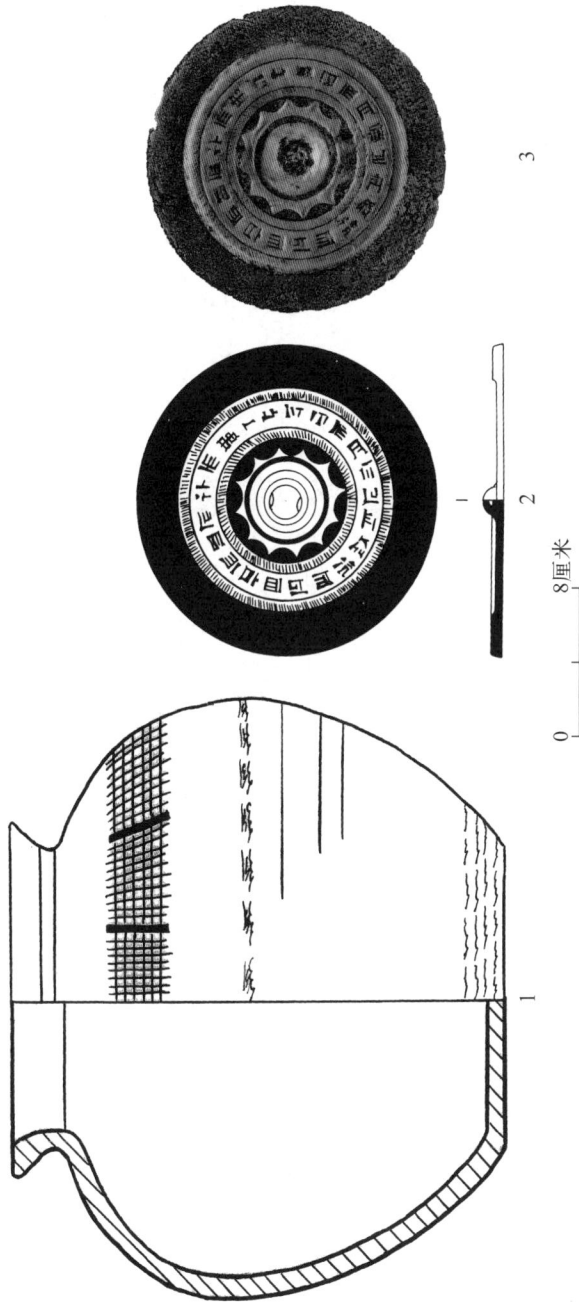

图三六五　M193 出土器物

1. 陶罐（M193：2）　2. 铜镜（M193：1）　3. 铜镜拓片

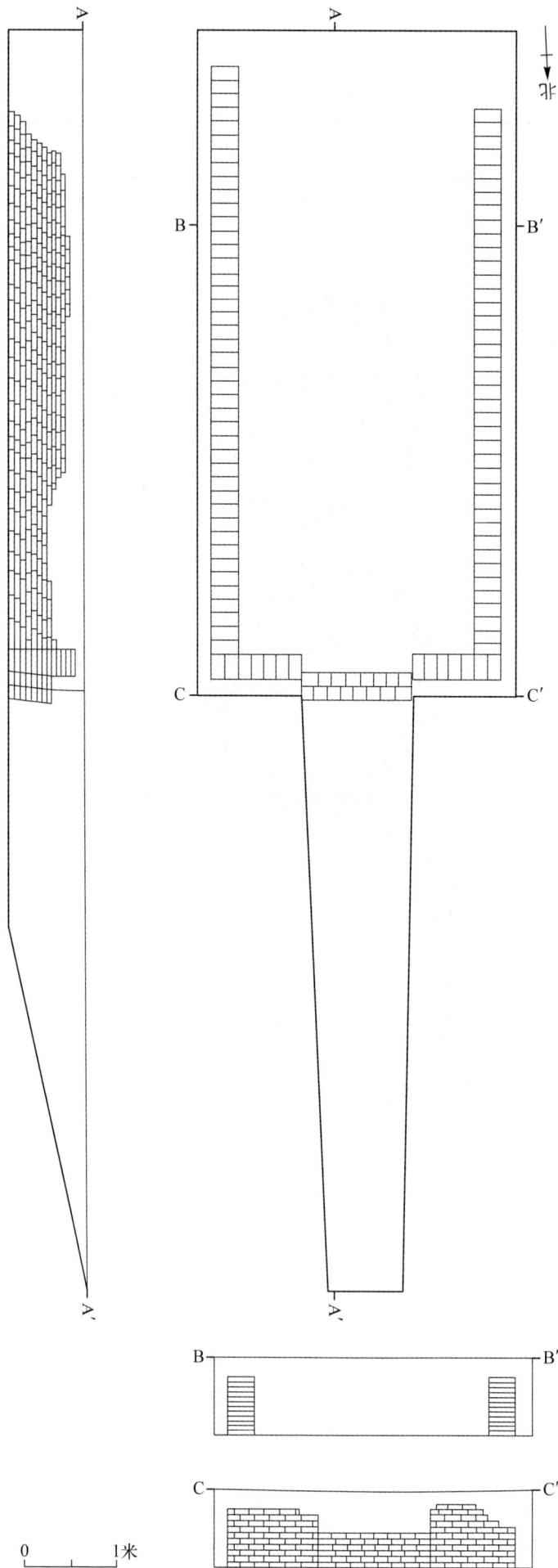

图三六六　M205平、剖面图

0　　　　1米

十七、M208

1. 墓葬形制

M208位于发掘区Ⅰ西北部，T1509内中部，东邻M209、M210，西邻M207。开口于③层下，墓口距地表4米。南北向，方向5°。为甲字形竖穴土圹砖券单室合葬墓，南北长10.52米，东西宽0.9～2.42米，墓底距墓口0～2.1米。破坏严重，残留部分由墓道、墓门、墓室三部分组成（图三六七；彩版一九，1）。

墓道　位于墓门北端，南北长5.56米，宽0.9米，墓底距墓口0～1.96米。平面呈长方形，墓壁整齐，坡状底，坡长5.8米，坡度15°。内填红褐色花土，土质疏松，含少量碎砖块等。

墓门　位于墓道南端，南与墓室连接，平面呈长方形，面宽0.88米，进深0.28米。顶部破坏严重，券制不详，东西两壁用青砖一顺一丁叠压垒砌，残高0.8米。墓门内用青砖块叠压错缝平砌封堵。

墓室　位于墓门的南端，平面呈长方形，南北长4.4米，宽1.78米。顶部破坏严重，券制不详，北、东、西三壁用青砖一顺一丁叠压垒砌，南壁用青砖五块为一组叠压垒砌，残高0.6～1.42米，墓底北部用青砖侧立并列纵铺，南部用青砖铺砌两层，下层用砖并列错缝横铺，其上用砖砌制呈人字形平铺，且中部隔开一分为二。

墓室内未见葬具痕迹，仅见两具骨架：西侧人骨架保存较差，凌乱，头向南，面向、葬式、年龄不详，男性；东侧人骨架保存一般，头向南，面向上，为仰身直肢葬，骨架残长1.32米，女性，年龄20岁。

用砖规格：0.28×0.14-0.04米。

2. 出土器物

出土器物3件，放置于墓室内。

铜钱　2枚（西侧骨架旁）。标本M208∶1-1，圆形方穿，正面穿左右篆书"五铢"二字，"五"字上下横笔出头，两股交笔弯曲，"铢"字"金"旁三角形，下四点较长，"朱"旁上部横笔与下垂笔均圆折，正背有郭，郭缘较窄。钱径2.55厘米，穿径0.95厘米，厚0.1厘米（图三六九，1）。标本M208∶1-2，圆形方穿，正面穿左右篆书"五铢"二字，"五"字两股交笔弯曲，"铢"字"金"旁三角形，下四点较长，"朱"旁上部横笔与下垂笔均圆折，正背有郭，郭缘较窄。钱径2.55厘米，穿径1.05厘米，厚0.1厘米（图三六九，2）。

琉璃耳珰　2枚（东侧骨架头骨旁），形制相同。标本M208∶2，天蓝色琉璃质，整体似喇叭形，上部略小，中部束腰，下部较宽，中心穿孔。长2.1厘米，直径1.6厘米（图三六八，1；彩版九四，1）。

陶器盖　1件。标本M208∶3，泥质灰陶，手轮兼制。博山式器盖，盖口较敞。口径14.8厘米，高6.8厘米（图三六八，2）。

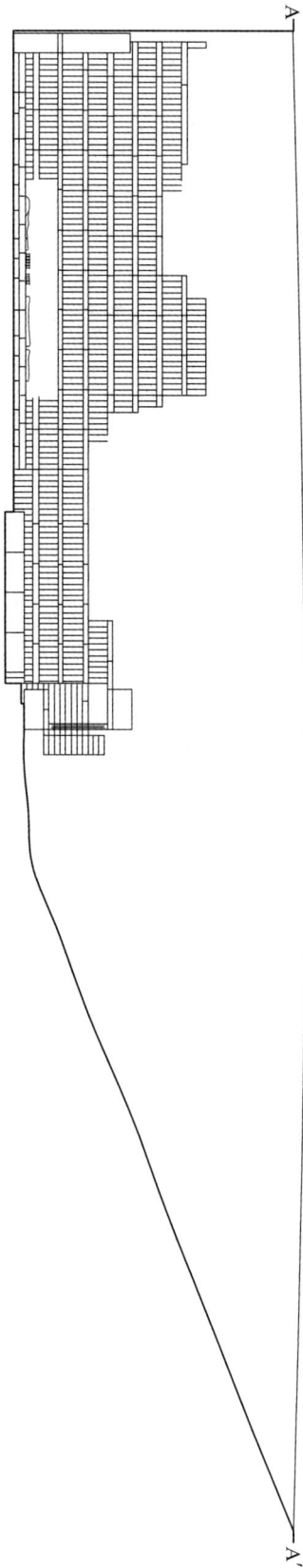

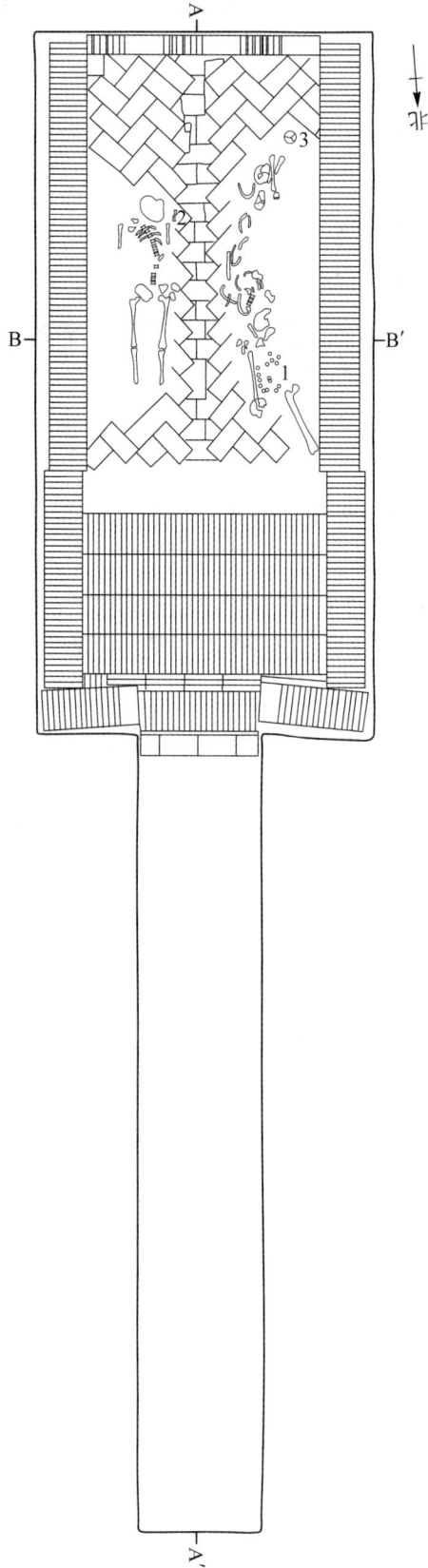

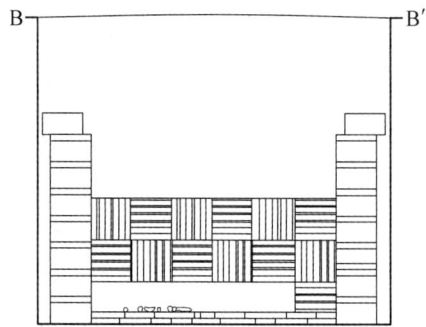

图三六七　M208平、剖面图

1. 铜钱　2. 琉璃耳珰　3. 陶器盖

0　　　　　　1米

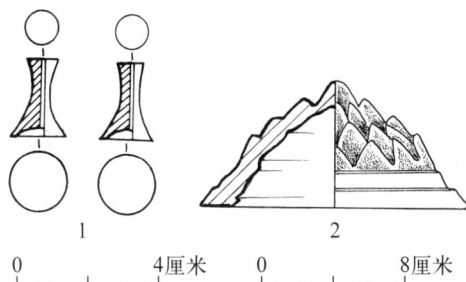

图三六八　M208出土器物

1. 琉璃耳珰（M208：2）　2. 陶器盖（M208：1）

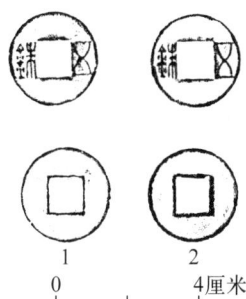

图三六九　M208出土五铢钱

1、2.（M208：1-1、M208：1-2）

十八、M216

1. 墓葬形制

M216位于发掘区Ⅰ区中部偏西北，T1313内东南部，北邻M215，南邻M217，西邻M57。开口于③层下，墓口距地表3.9米。南北向，方向12°。为甲字形竖穴土圹砖券单室墓，南北长8.1米，宽0.6～2.36米，墓底距墓口0～0.3米。破坏较严重，残留部分由墓道、墓室二部分组成（图三七〇）。

墓道　位于墓室北端，南北长3.9米，宽0.6～1.1米，深0.3米。平面近梯形，北窄南宽，东西两壁垂直整齐，斜坡底，底坡长3.86米。内填黄褐色花土，土质疏松，土内包含较多碎砖块等。

墓室　位于墓道南端，平面呈长方形，南北长

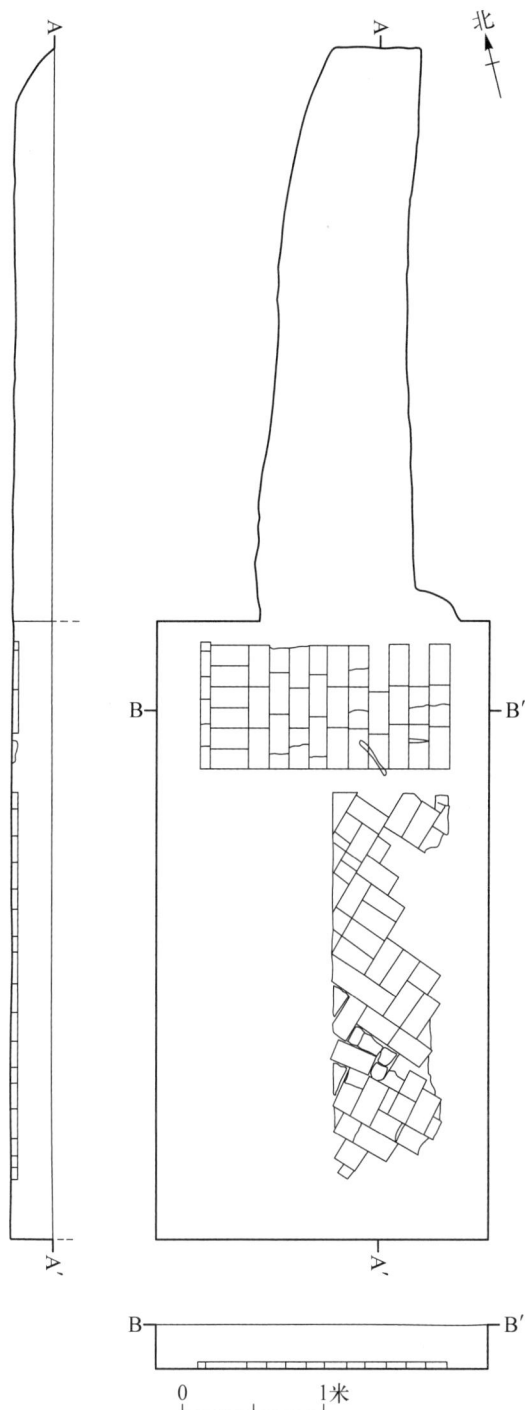

图三七〇　M216平、剖面图

4.2米，宽2.36米，残高0.3米。破坏较严重，仅残留底部局部铺底砖，北侧用青砖并列错缝纵铺，南侧局部用青砖砌制成人字形平铺，顶部及周壁券制不详。未见葬具痕迹，仅见极少部分凌乱肢骨，头向、面向、葬式、性别、年龄不详。

用砖规格：0.28×0.14-0.05米。

2. 出土器物

无。

十九、M219

1. 墓葬形制

M219位于发掘区Ⅰ区中部，T1116内南部，东邻M74。开口于③层下，墓口距地表3.9米。南北向，方向177°。为甲字形竖穴土圹砖券单室合葬墓，局部破坏，南北长12.5米，宽1～1.54米，墓底距墓口0.22～1.88米。由墓道、封门、墓室三部分组成（图三七一；彩版一九，2）。

墓道　位于墓门的南端，南北长7.1米，宽1～2.13米，墓底距墓口深0.22～1.88米。平面呈梯形，南窄北宽，直壁，坡状底局部高低不平，坡长6.9米。内填红褐色花土，土质疏松，含较多碎砖块。

封门　位于墓道与墓室之间，用青砖叠压错缝垒砌封堵于墓室口，高1.64米，宽1.84米。以发掘情况来看，封门经过二次封堵垒砌。

墓室　位于墓门北侧，南北长4.4米，宽1.45～1.54米。平面呈长方形，挤压变形。四壁用青砖叠压错缝平砌，砌至0.98米时开始起券，为双层拱形券顶，局部破坏，墓底用青砖砌制呈人字形平铺墁地。

墓室内葬两具人骨架：东侧葬具为木棺，腐朽严重，仅存木痕，平面呈长方形，南北长1.76米，宽0.74米，残高0.1米，棺底铺垫一层厚约0.03米的白灰。棺内人骨架保存较好，头向北，面向西，为仰身直肢葬，男性，骨架长约1.66米；西侧未见葬具，仅见凌乱骨架，应为二次迁葬，头向北，面向、葬式不详，女性。

用砖规格：0.27×0.13-0.03米，0.28×0.14-0.05米。

2. 出土器物

出土器物6件，铜钱放于双腿之间，其余器物放于墓室北部。

陶罐　5件（残）。泥质灰陶，手轮兼制。标本M219：2，敞口，平沿，方唇，矮束颈，溜肩，鼓腹，下腹弧收，平底。肩部饰弦断网格纹，中腹饰凹弦纹，下腹至底拍印绳纹。口径13厘米，腹径24.8厘米，底径9.2厘米，高24厘米（图三七二，4）。标本M219：3，敞口，平沿，斜方唇，束颈，溜肩，鼓腹，下腹弧收，平底。肩至中腹饰凹弦纹，中部有一周网格纹带，下腹至底拍印绳纹。口径12.8厘米，腹径22.4厘米，底径9.4厘米，高22厘米（图三七二，2）。标本M219：4，口、颈、上腹及底残缺，鼓腹弧收，中腹下部拍印粗绳纹，下腹拍印细绳纹。腹径36厘米，残高26厘米（图三七二，1）。标本M219：5，敞口，平沿，斜方唇，矮束颈，溜肩，鼓腹，下腹弧收，平底。肩部旋轮痕清晰，中腹饰凹弦纹，下腹至底拍印绳纹。口径13.4厘米，腹径27.2厘米，底径9.2厘米，高25.4厘米（图三七二，5）。标本M219：6，敞口，方唇，矮束颈，溜肩，鼓腹，下腹弧收，平底。肩部有一周

北

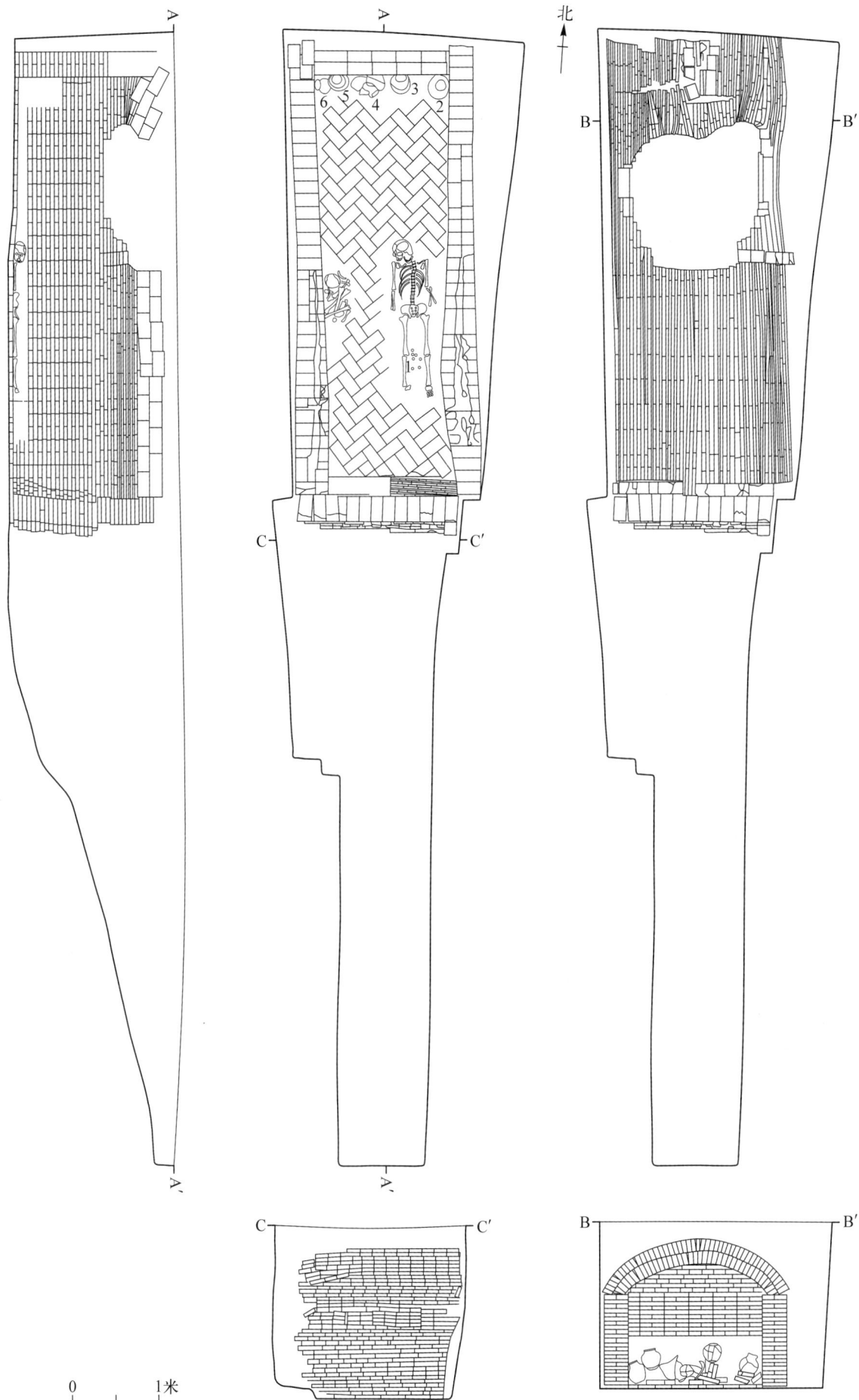

图三七一　M219平、剖面图

1. 铜钱　2. 陶罐　3. 陶罐　4. 陶罐　5. 陶罐　6. 陶罐

0 　　　　1米

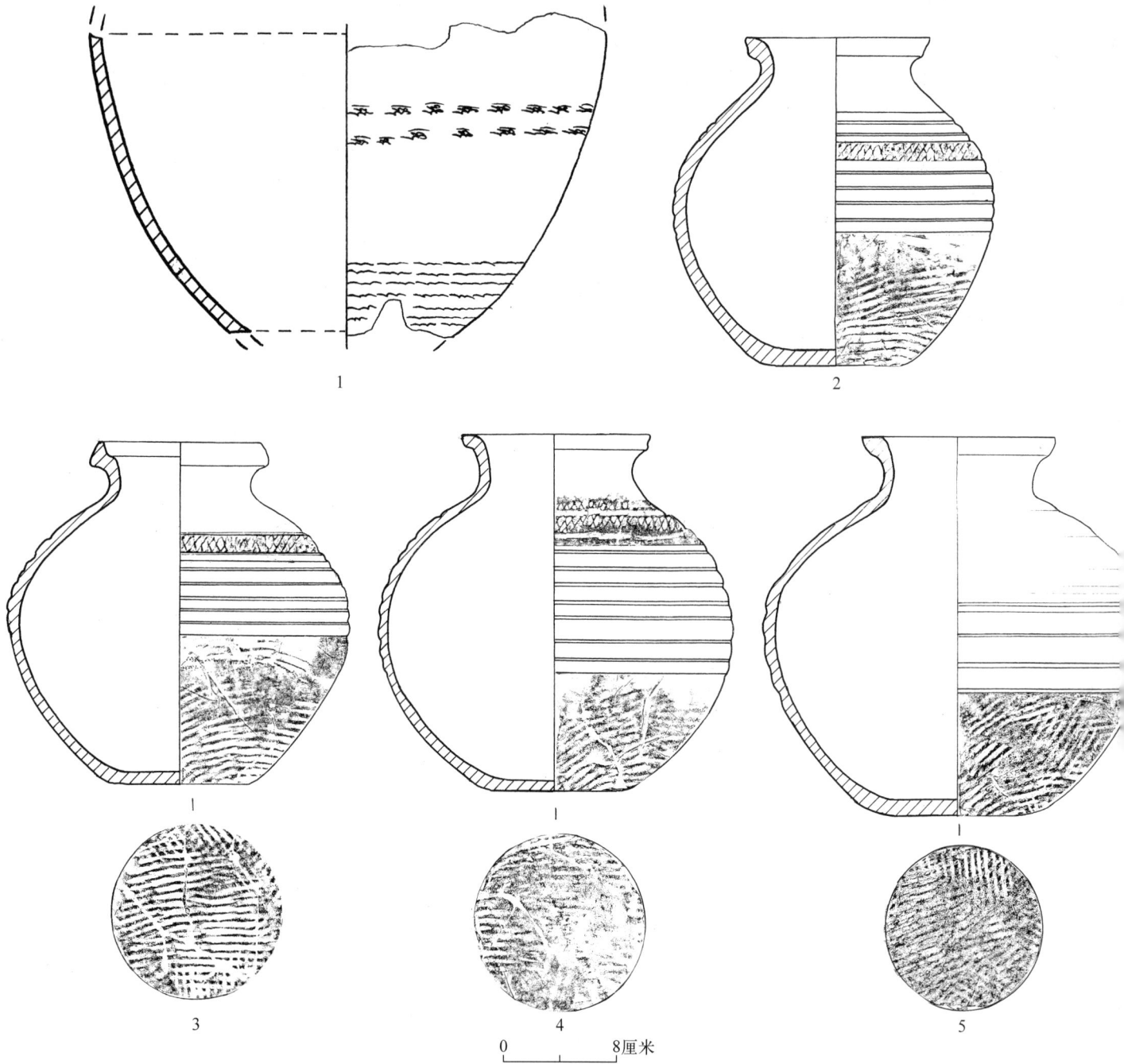

图三七二　M219出土器物

1. 陶罐（M219∶4）　2. 陶罐（M219∶3）　3. 陶罐（M219∶6）　4. 陶罐（M219∶2）　5. 陶罐（M219∶5）

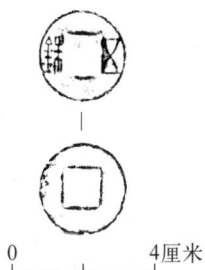

图三七三　M219出土五铢钱
（M219∶1）

网格纹带，中腹饰凹弦纹，下腹至底拍印绳纹。口径11.2厘米，腹径24厘米，底径9.8厘米，高23.2厘米（图三七二，3）。

铜钱　4枚。标本M219∶1，圆形方穿，正面穿左右篆书"五铢"二字，"五"字两股交笔弯曲，"铢"字"金"旁三角形，下四点较短，"朱"旁上部横笔与下垂笔均圆折，正背有郭，郭缘较窄。钱径2.45厘米，穿径1厘米，厚0.1厘米（图三七三）。

二十、M237

1. 墓葬形制

M237位于发掘区Ⅰ区中部偏南，T0916内西南部，东邻M85，南邻M238、M239。开口于③层下，墓口距地表4米。南北向，189°。为甲字形竖穴土圹砖券单室墓，土圹南北长8.56米，宽0.86～2.2米，墓底距墓口0.21～1.23米。破坏严重，残留部分由墓道、墓室二部分组成（图三七四；彩版一九，3）。

墓道　位于墓室南端，南北长4.14米，宽0.86米，墓底距墓口0.21～1.12米。墓壁整齐，坡状底，坡长4.66米，坡度14°。内填红褐色花土，土质

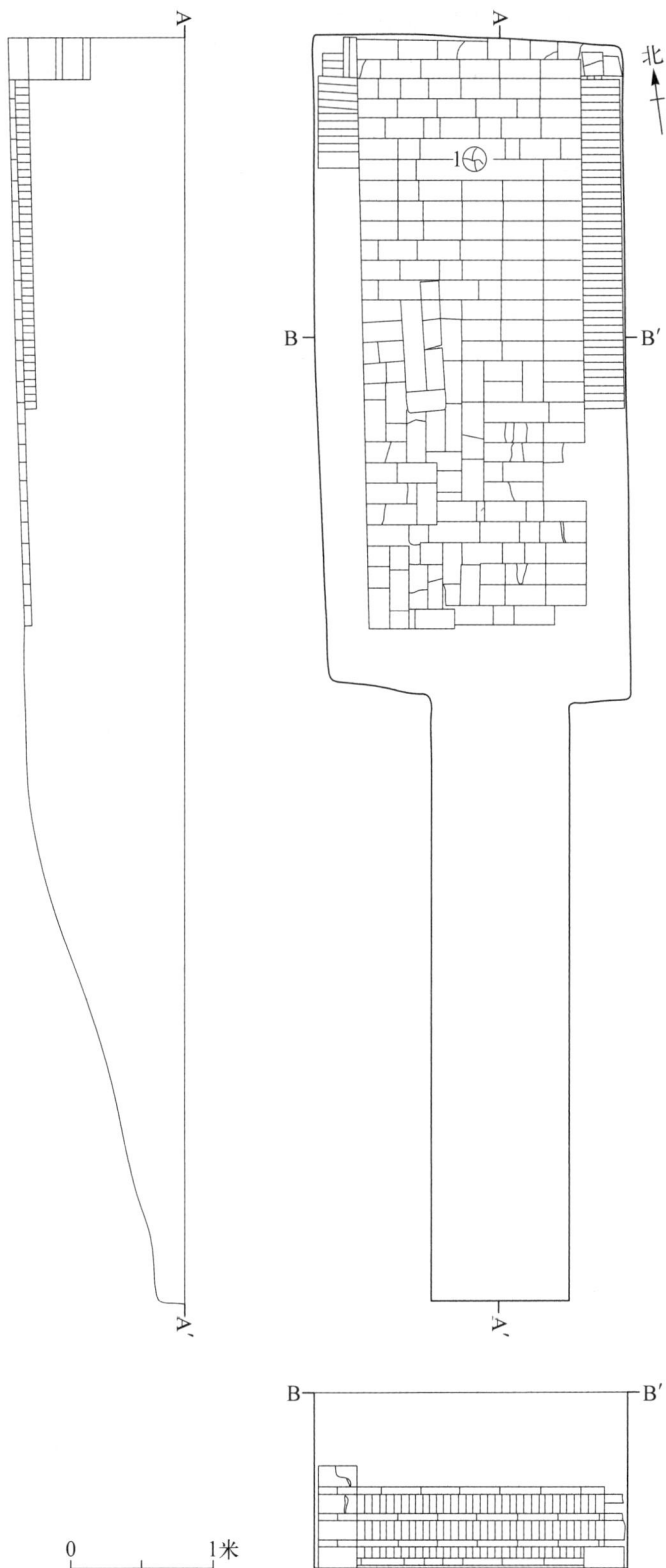

图三七四　M237平、剖面图
1. 铜镜

疏松、湿软，土内夹杂少量碎砖块等。

墓室　位于墓道北端，平面长方形，南北长4.46米，宽2.18米。破坏严重，残留下部，顶部券制不详，四壁残留部分用青砖一顺一丁叠压垒砌，墓底南高北低略呈坡状，用青砖纵横错缝平铺，墓室残高0.14～0.59米。墓室内未见葬具及人骨架痕迹。

用砖规格：0.28×0.14–0.05米。

2. 出土器物

出土器物1件。

铜镜　1件（残，复原）。标本M237：1，青铜质，模制。镜背圆钮穿孔，四叶形钮座，四叶间有"长宜子孙"四字，一周栉齿纹与凸弦纹外为内向八莲弧纹，连弧纹间有变形小字。外两栉齿纹条带之间有八组云雷纹。外区素面较宽，向内稍斜，斜折缘，镜面光滑微凸。直径15.2厘米，厚0.6厘米（图三七五；彩版九四，2）。

图三七五　M237出土铜镜
（M237：1）

第三节　刀把形竖穴土圹砖室墓

一、M9

1. 墓葬形制

M9位于发掘区Ⅰ区东部，T1121内东部，北邻M3，东邻M155。开口于③层下，墓口距地表3.9米。南北向，方向185°。为刀把形竖穴土圹砖券单室墓，土圹南北通长11.63米，东西宽0.8～2.26米，墓底距墓口0.58～1.54米。由于破坏严重，残留部分由墓道、墓门、墓室三部分组成（图三七六）。

墓道　位于墓门的南端，平面呈梯形，北宽南窄，东西两壁垂直整齐，底部高低不平，呈缓斜坡状。南北长5.8米，东西宽0.54～1.1米，墓底距墓口0.58～1.54米。内填灰褐色花土，土质疏松，内夹杂少量碎砖块等。

墓门　位于墓道北端，北与墓室相连，平面呈长方形，东西两壁用青砖叠压砌制（西壁为叠压错缝平砌，东壁为一顺一丁叠压平砌），砌至1米时开始起券，双层拱形券顶，上层被破坏。面宽0.94米，进深0.28米，高1.22米。墓门内用双排青砖叠压砌置封堵（外侧为青砖叠压错缝平砌，内侧为青砖砌制呈人字形）。

墓室　位于墓道北端，平面呈长方形，南北长5.83米，东西宽2.26米。顶部已被破坏，仅残留下部，残留部分周壁用青砖一顺一丁叠压砌置，残高0.98～1.36米。墓底用砖并列侧立砌制纵铺墁地。墓室内北侧用青砖纵横叠压平砌有器物台，东西长1.6米，南北宽1.2米，高于墓底0.1米。未见用葬具痕迹，仅见凌乱骨骼，头向、葬式、身高、年龄、性别不详。

用砖规格：0.26～0.28×0.14–0.04～0.06米。

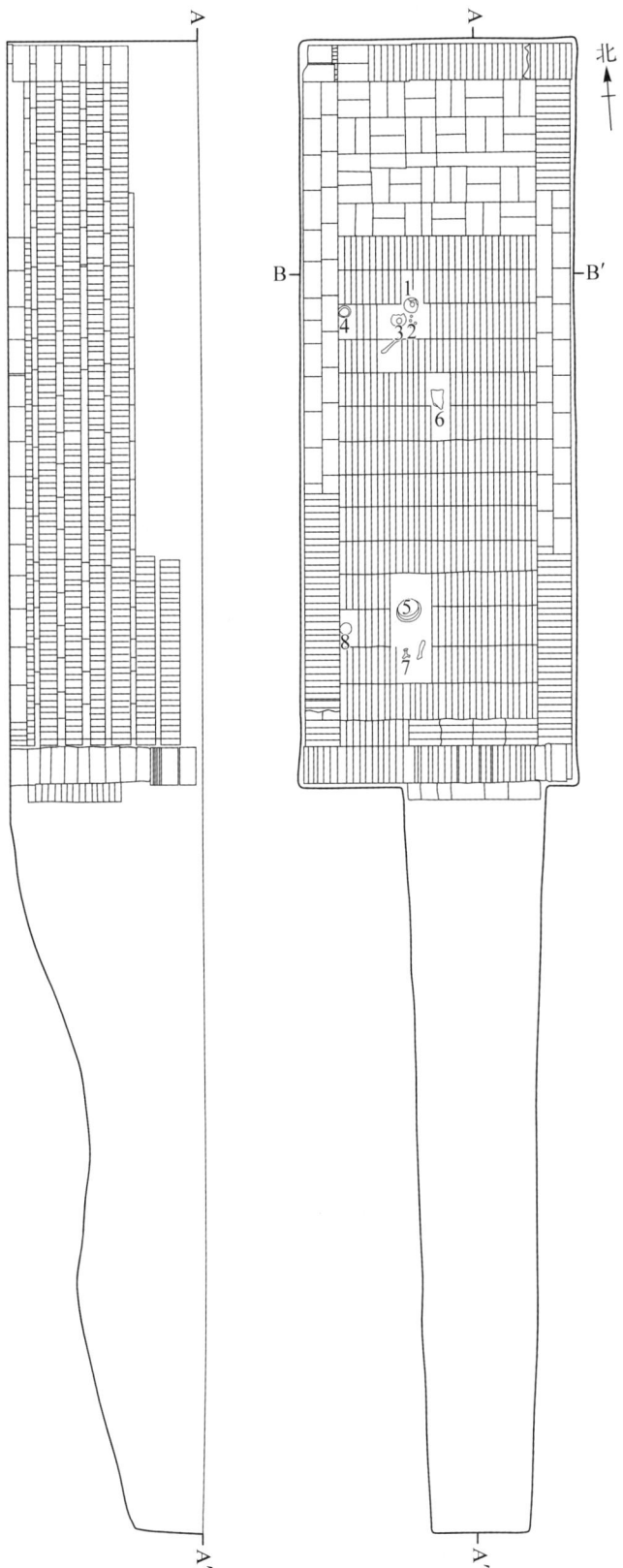

図三七六　M9平、剖面图

1.陶器盖　2.陶盆　3.铜钱　4.陶耳杯　5.陶井　6.陶狗
7.陶鸡　8.陶甑

0 _____ 1米

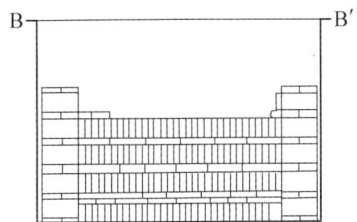

2. 出土器物

8件，散落于墓室内。

陶器盖　1件（残）。标本M9：1，泥质灰陶，手制，火候高。博山式器盖，盖径17.2厘米，高4.8厘米（图三七七，5）。

陶盆　1件（残）。标本M9：2，泥质灰陶，轮制，火候高。敞口，折沿，尖唇，浅腹弧收，平底。口径10.6厘米，底径4.2厘米，高4.8厘米（图三七七，4）。

陶耳杯　1件。标本M9：4，泥质灰陶，模制，火候高。平面呈椭圆形，敞口，口部两侧附残月形双耳，浅斜腹，平底。长10厘米，宽8.6厘米，高4厘米（图三七七，3）。

陶井　1件。标本M9：5，泥质灰陶，轮制，轮痕清晰，火候高。敞口，折沿，方圆唇，浅斜腹，底口外展，平底。口径14.6厘米，底径15.6厘米，高10.2厘米（图三七七，2；彩版九四，3）。

陶狗　1件（残）。标本M9：6，泥质灰陶，模制。面部不清，昂首，圆嘴，两耳下垂，身体后部及四肢残缺，残留部分似坐卧状。残长11.1厘米，残高6.2厘米（图三七七，6）。

陶鸡　1件。标本M9：7，泥质灰陶，模制，火候高。尖喙，身体肥硕，尾巴上翘（残缺），呈站立状，方形底座。长6.5厘米，通高7.2厘米（图三七七，7；彩版九四，4）。

陶甑　1件。标本M9：8，泥质灰陶，手轮兼制，火候高。敞口，折沿，方唇，浅腹曲收，小平底，底部有8个穿孔。口径10厘米，底径2.8厘米，4.6高厘米（图三七七，1）。

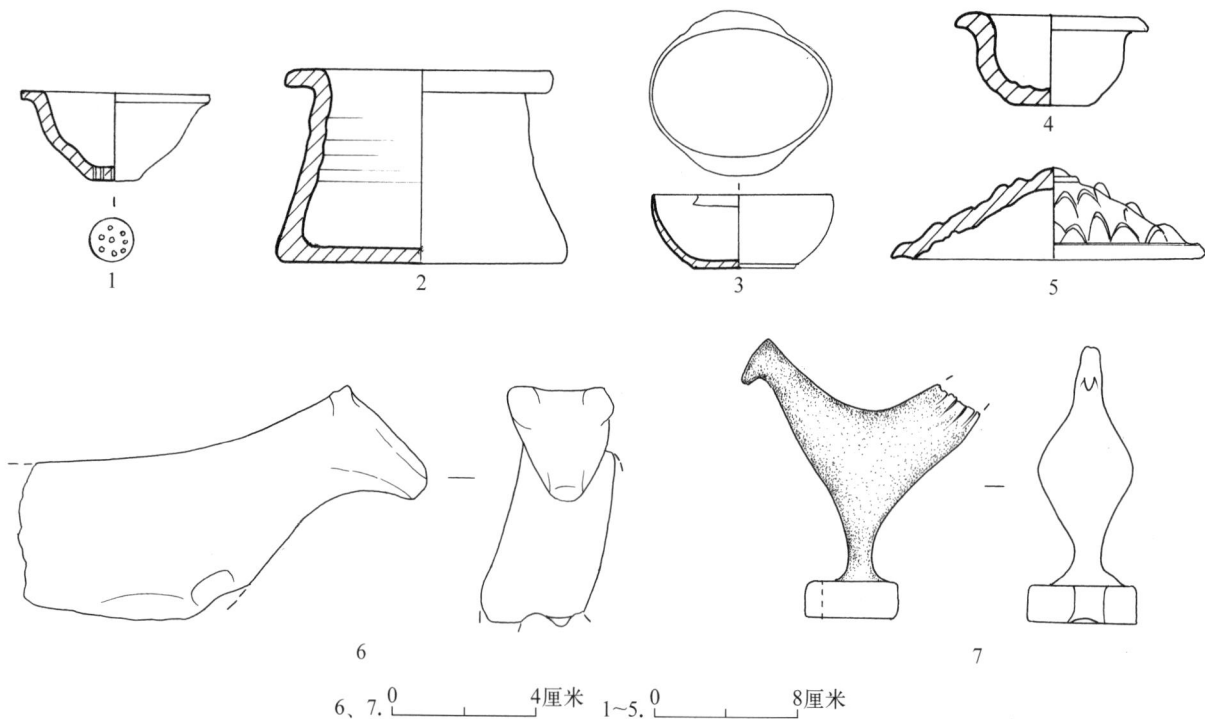

6, 7. 　0 ⸻ 4厘米　　1~5. 　0 ⸻ 8厘米

图三七七　M9出土陶器

1.陶甑（M9：8）　2.陶井（M9：5）　3.陶耳杯（M9：4）　4.陶盆（M9：2）　5.陶器盖（M9：1）　6.陶狗（M9：6）　7.陶鸡（M9：7）

铜钱　1枚。标本M9：3，圆形方穿，正背有郭，郭缘较窄。正面穿左右篆书"五铢"二字，"五"字两股交笔弯曲，"铢"字"金"旁三角形，下四点细长，"朱"旁上部方折，下垂笔圆折。钱径2.6厘米，穿径0.95厘米，厚0.15厘米（图三七八）。

二、M11

1. 墓葬形制

M11位于发掘区Ⅰ区东部，T1122内东部，东邻M12。开口于③层下，墓口距地表3.9米。南北向，方向186°。为刀把形竖穴土圹砖券单室墓，南北通长8.84米，宽0.7～2.4米，墓底距墓口0～0.74米。由于破坏严重，仅残留底部与部分壁砖，由墓道、墓室两部分组成（图三七九）。

墓道　位于墓室的南端，南北长4.34米，宽0.7米，墓底距墓口0～0.74米，平面呈长方形，东西两壁整齐较直，底呈斜坡状，坡长4.5米，坡度9°。内填黄褐色花土，土质疏松，土内夹杂较多碎砖块等。

墓室　位于墓道北端，平面呈长方形，由于破坏严重，顶及大部分墙壁已荡然无存，仅残留部分墙壁与铺底砖。四壁残留部分用青砖一顺一丁叠压砌制，残高0.05～0.25米。墓底用青砖二顺二丁并列平铺墁地，局部残缺。未见葬具及人骨架痕迹。

用砖规格：0.28×0.14-0.05米。

2. 出土器物

出土器物4件，散落于墓室内。

陶鸡　1件。标本M11：1，泥质灰陶，模制。昂首，尖圆喙，身体肥硕，尾略下垂，呈站立状，椭圆形底座内凹。长4.8厘米，通高6.4厘米（图三八〇，1；彩版九四，5）。

陶狗　1件。标本M11：2，泥质灰陶，模制。昂首，双耳残缺，身体肥硕，短尾，四肢短粗外撇，呈站立状。长7.6厘米，通高4.5厘米（图三八〇，2；彩版九四，6）。

陶盘　1件（残）。标本M11：3，泥质灰陶，轮制，火候高。侈口，方圆唇，浅腹斜收，中腹微折，平底。口径18厘米，底径8厘米，高4厘米（图三八〇，3）。

铜钱　6枚。标本M11：4-1（3枚），圆形方穿，正背有郭，郭缘较窄。正面篆书"五铢"二字，"五"字两股交笔弯曲，"铢"字"金"旁三角形，下四点细长，"朱"旁上笔方折，下垂笔圆折。钱径2.6厘米，穿径0.95～1厘米，厚0.15厘米（图三八一，1）。标本M11：4-2（1枚），圆形方穿，正面篆书"货泉"二字，"泉"字中竖中断，正背有郭，周郭及字体线条纤细，字体为悬针篆。钱径2.3厘米，穿径0.65厘米，厚0.15厘米（图三八一，3）。标本M11：4-3（2枚），圆形方穿，正面篆书"五铢"二字，"五"字两股交笔弯曲，"铢"字"金"旁三角形较大，下四点细长，"朱"旁上笔下垂笔圆折。正背有郭，郭缘较窄。钱径2.6厘米，穿径0.95厘米，厚0.15厘米（图三八一，2）。

图三七八　M9出土五铢钱（M9：3）

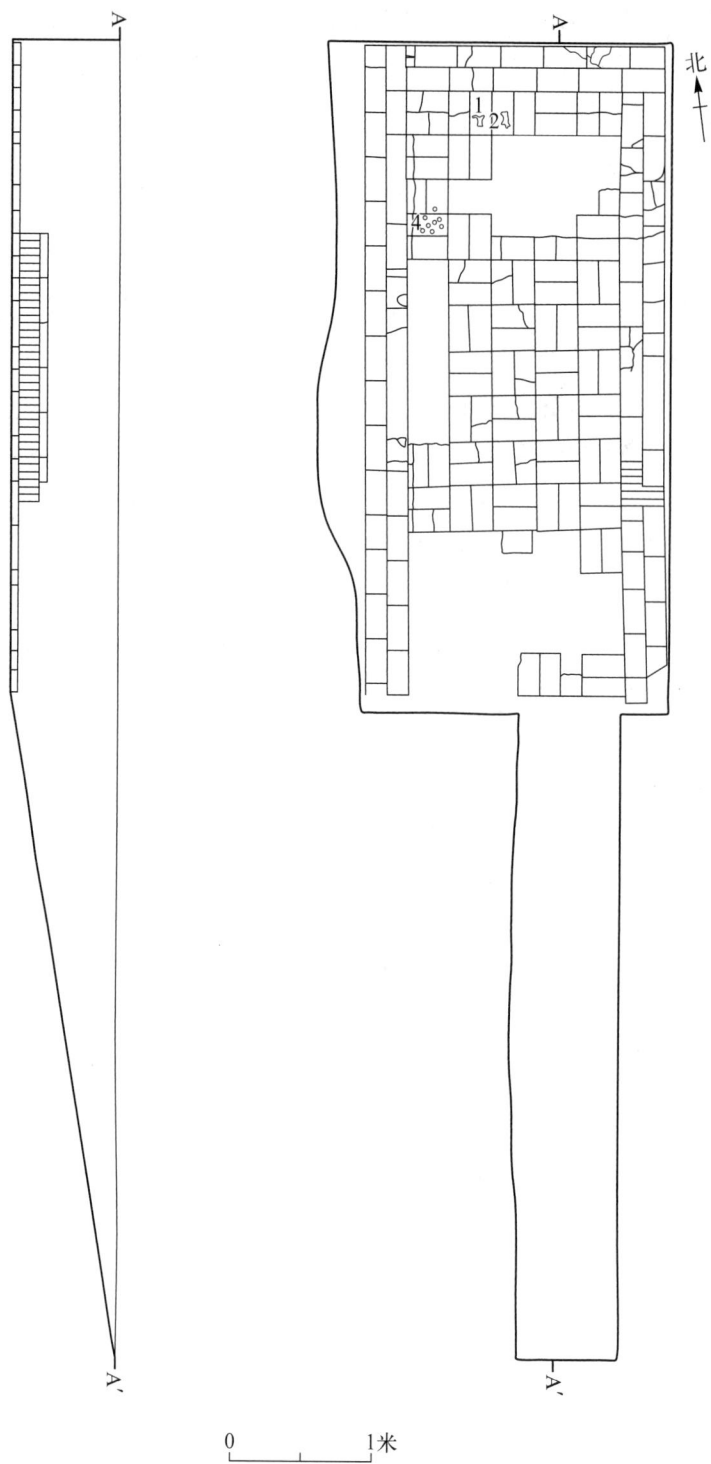

图三七九　M11平、剖面图

1.陶鸡　2.陶狗　3.陶盘（填土）　4.铜钱

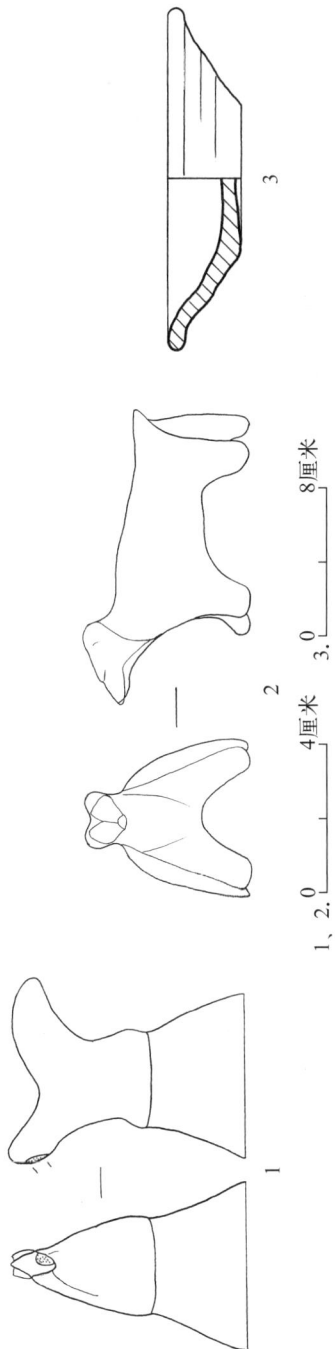

图三八〇　M11 出土陶器

1. 陶鸡（M11∶1）　2. 陶狗（M11∶2）　3. 陶盘（M11∶3）

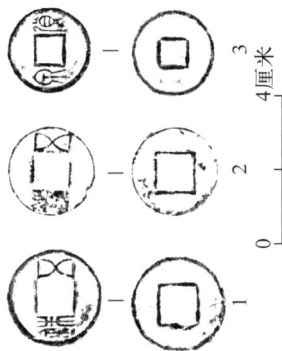

图三八一　M11 出土铜钱

1. 五铢（M11∶4-1）　2. 五铢（M11∶4-3）　3. 货泉（M11∶4-2）

三、M12

1. 墓葬形制

M12位于发掘区Ⅰ区东部，T1123内西部，东邻M13，南邻M19、M20，西邻M11、M16。开口于③层下，墓口距地表3.9米。南北向，方向190°。为刀把形竖穴土圹砖券单室墓，南北长10.88米，宽0.88～2.14米，墓底距墓口0.14～1.8米。由墓道、墓门、墓室三部分组成（图三八二；彩版二〇，1）。

墓道　位于墓门南端，南北长5.78米，宽0.88米，深0.14～1.8米。平面呈长方形，壁直整齐，坡状底，坡长6.16米，坡度28°。内填红褐色花土，土质疏松，土内包含较多碎砖块等。

墓门　位于墓道北侧，北与墓室连接。平面呈长方形，面宽0.86米，进深0.26米，残高0.9～1.4米。破坏较严重，东壁用青砖一顺一丁叠压垒砌，西壁用叠压错缝平砌，顶部券制不详。墓门内用青砖砌制呈人字形封堵，残高0.86米。

墓室　位于墓门北侧，平面呈长方形，南北长4.4米，宽1.54米，残高0.72～1.4米。破坏较严重，仅残留下部，顶部券制不详，四壁残留部分用青砖一顺一丁叠压垒砌，墓底残留部分用青砖侧立砌制呈人字形平铺墁地。未见葬具及人骨架痕迹。

用砖规格：0.28×0.13-0.05米，0.26×0.13-0.04米。

2. 出土器物

6件，放置于墓室内南半部。

铜剑格　1件。标本M12：2，范铸。平面呈椭圆形，中空。直径4厘米，孔径1.7厘米，厚0.7厘米（图三八三，2）。

陶鸡　1件。标本M12：3，泥质灰陶，模制。矮冠，尖喙，身体肥硕，长尾上翘，腹下有圆形底座。长8.6厘米，高7.8厘米（图三八三，1）。

陶狗　1件。标本M12：4，泥质灰陶，手制，火候高。面部不清，两尖耳高耸，身躯肥硕，尾巴上翘，前肢直立，后肢平直呈坐卧状。长12.1厘米，高7.5厘米（图三八三，3；彩版九五，3）。

陶壶　2件。泥质灰陶，轮制。标本M12：5，浅盘口，长束颈，中腹圆鼓，下腹直收，平底，内壁轮痕清晰。口径12厘米，腹径16厘米，底径10.6厘米，通高30.6厘米（图三八三，4；彩版九五，1）。标本M12：6，浅盘口，尖圆唇，长束颈，中腹圆鼓，下腹略直收，平底，内壁轮痕清晰。口径12厘米，腹径16.4厘米，底径10.8厘米，通高30.8厘米（图三八三，5；彩版九五，2）。

铜钱　10枚（形制相同）。标本M12：1，圆形方穿，正面穿左右篆书"五铢"二字，"五"字两股交笔弯曲，"铢"字"金"旁上部三角形，下四点细长，"朱"旁上横笔与下垂笔圆折，正背有郭，郭缘较窄。钱径2.5厘米，穿径1厘米，厚0.1厘米（图三八四）。

北

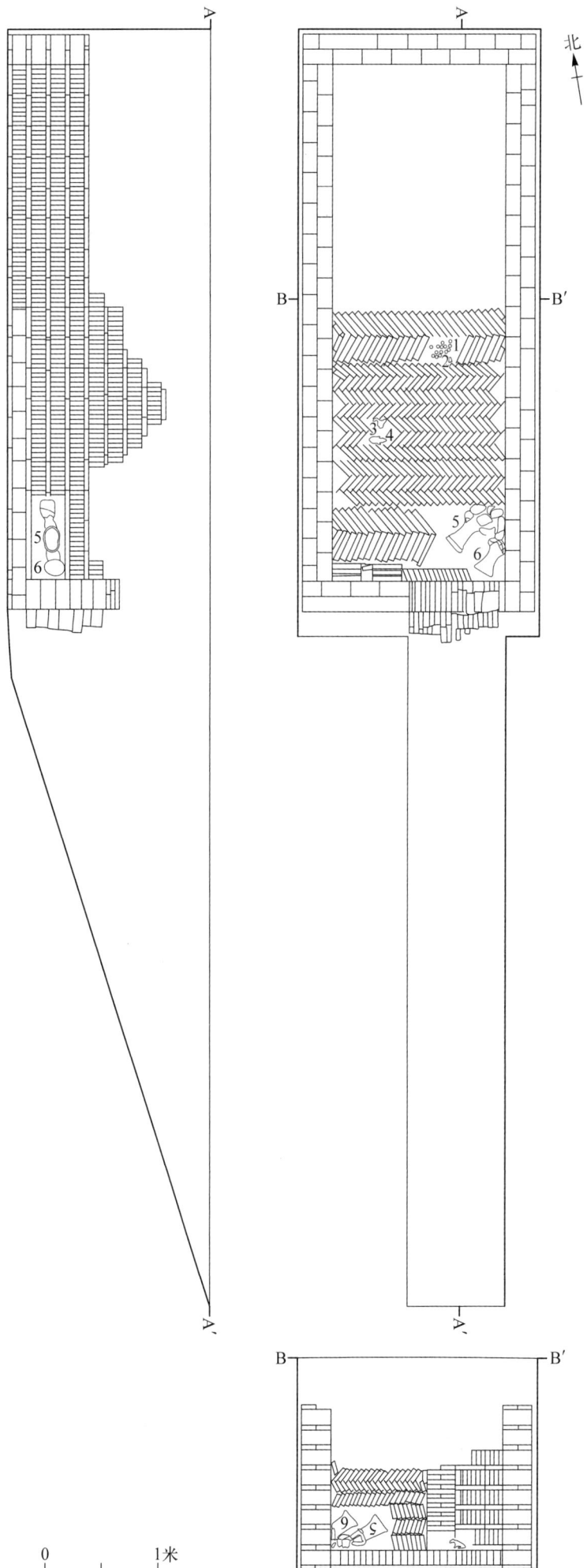

图三八二　M12平、剖面图

1. 铜钱　2. 铜剑格　3. 陶鸡　4. 陶狗
5. 陶壶　6. 陶壶

0　　　　　　1米

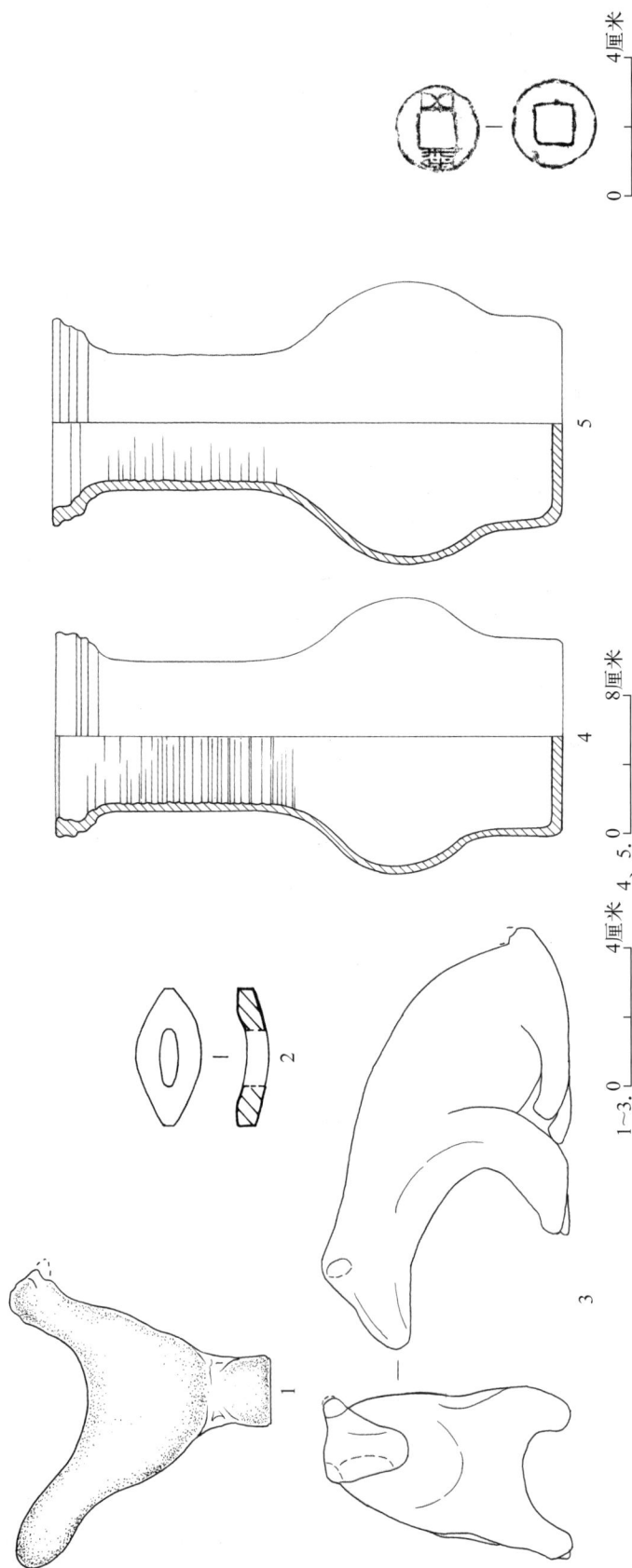

图三八四 M12 出土五铢钱
（M12：1）

4厘米

0

图三八三 M12 出土器物

8厘米

4厘米 4、5.

4厘米 1～3.

0

0

1. 陶鸡（M12：3） 2. 铜剑格（M12：2） 3. 陶狗（M12：4） 4. 陶壶（M12：5） 5. 陶壶（M12：6）

四、M15

1. 墓葬形制

M15位于发掘区Ⅰ区东部，T1123内东部，东邻M150，西邻M14。开口于③层下，墓口距地表3.9米。南北向，方向170°。为刀把形竖穴土圹砖券单室合葬墓，南北通长10.08米，宽0.82～2.36米，墓底距墓口0～2米。由于破坏严重，仅残留下部，由墓道、墓门、墓室三部分组成（图三八五；彩版二〇，2）。

墓道　位于墓门的南端，南北长6.22米，宽0.82米，墓底距墓口0～2米。平面呈长方形，东西两壁整齐较直，底呈斜坡状，坡长6.54米，坡度21°。内填黄褐色花土，土质疏松，土内夹杂较多碎砖块等。

墓门　位于墓道北端，北与墓室连接，面宽0.88米，进深0.28米。东西两壁用青砖一顺一丁叠压垒砌，砌至0.62米时开始起券，双层拱形券顶，下层券顶残缺。券顶之上用青砖一顺一丁叠压砌制，与墓门构成整个门楼。墓门高0.91米，门楼残高1.89米。墓门内用青砖叠压错缝平砌封堵，上部破坏，残高0.6米。

墓室　位于墓门北侧，平面呈长方形，顶部已被破坏，仅残留下部。南北长4.6米，宽2.36米。四壁用青砖一顺一丁叠压垒砌，砌至1.16米时开始起券，顶部已被破坏，券制不详，残高1.46～1.96米。墓底用碎砖块纵横错缝平铺墁地。二顺二丁并列平铺墁地，局部残缺。

墓室内未见葬具痕迹，葬人骨架2具，保存较差，由于墓室进水，骨架悬于空中。东侧骨架头向北，面向东，为侧身直肢葬，骨架长约1.42米，女性，年龄约30岁。西侧骨架头向北，面向西，为仰身直肢葬，骨架长约1.7米，男性，年龄约35岁。

用砖规格：0.28×0.14-0.05米。

2. 出土器物

出土器物20件，除铜钱、铜镜放于骨架旁及1件陶壶放于墓室南端外，其余器物均放于墓室北端。

铜钱　6枚。标本M15：1-1（4枚），圆形方穿，穿左右篆书"五铢"二字。"五"字两股交笔弯曲，"铢"字"金"旁三角形较小，下四点粗短，"朱"旁上部横笔方折，下垂笔圆折。正背有郭，郭缘较窄。钱径2.5厘米，穿径0.9厘米，厚0.15厘米（图三八七，1）。标本M15：1-2（2枚），圆形方穿，穿左右篆书"五铢"二字。"五"字两股交笔弯曲，"铢"字"金"旁三角形较大，下四点细长，"朱"旁上部横笔方折，下垂笔圆折。正背有郭，郭缘较窄。钱径2.55～2.6厘米，穿径0.9～0.95厘米，厚0.15厘米（图三八七，2）。

铜镜　1件。标本M15：2，模铸。正面平整光滑，镜背中部圆钮穿孔，内区内侧两条龙同向环钮与二虎对峙，龙虎为浅圆雕手法，二龙张口，口内含珠，虎亦张口，二龙形态相同。龙虎外侧一圈凸弦纹，内区外缘为一周栉齿纹条带。外区中部一圈波浪纹条带两侧为素面条带。镜面微凸，光滑平整。草叶纹外一周栉齿纹条带，外区向内倾斜，中部波浪纹条带两侧为素面条带。边

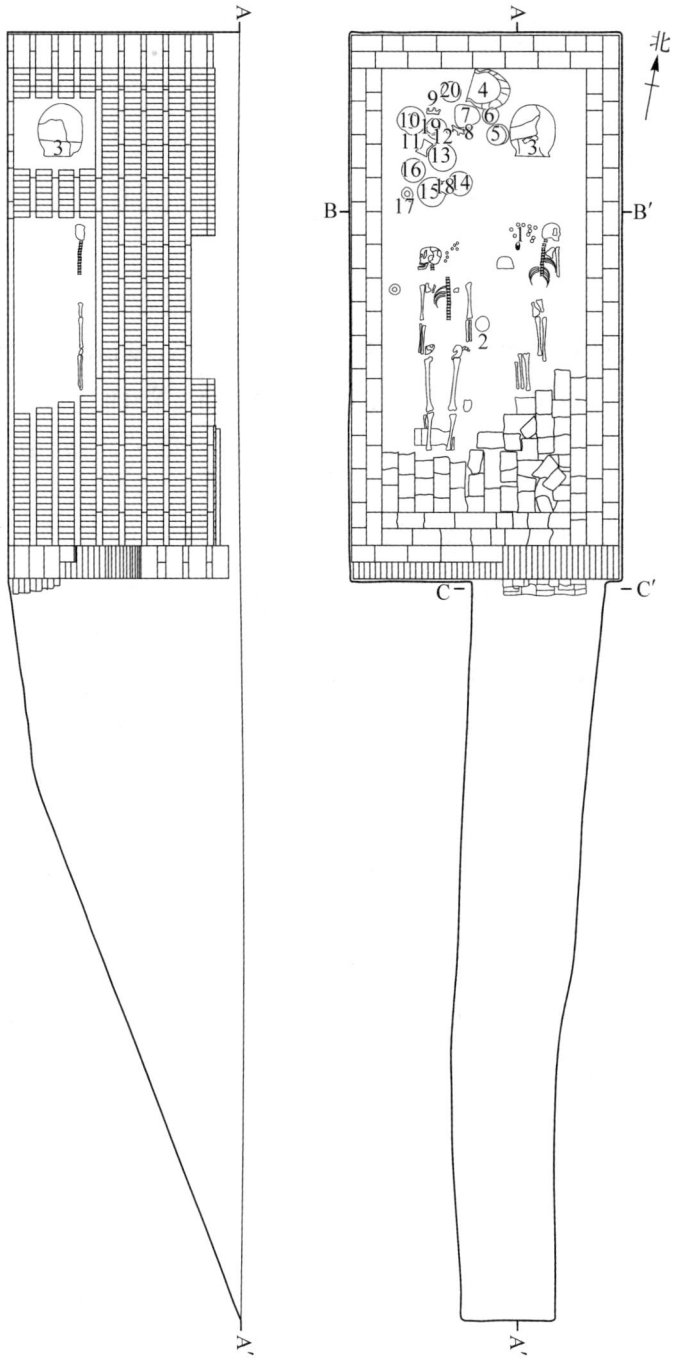

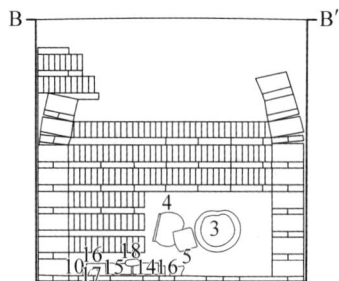

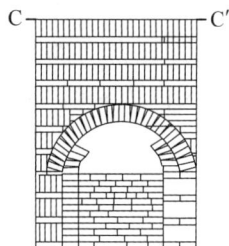

北

图三八五　M15平、剖面图

1. 铜钱　2. 铜镜　3. 陶瓮　4. 陶瓮　5. 盘口壶
6. 陶井　7. 陶灶　8. 陶猪　9. 陶狗　10. 陶盆
11. 陶灯　12. 陶奁　13. 陶奁　14. 陶奁　15. 陶钵
16. 陶耳杯　17. 陶耳杯　18. 盘口壶　19. 陶甑
20. 陶盆

0　　　　1米

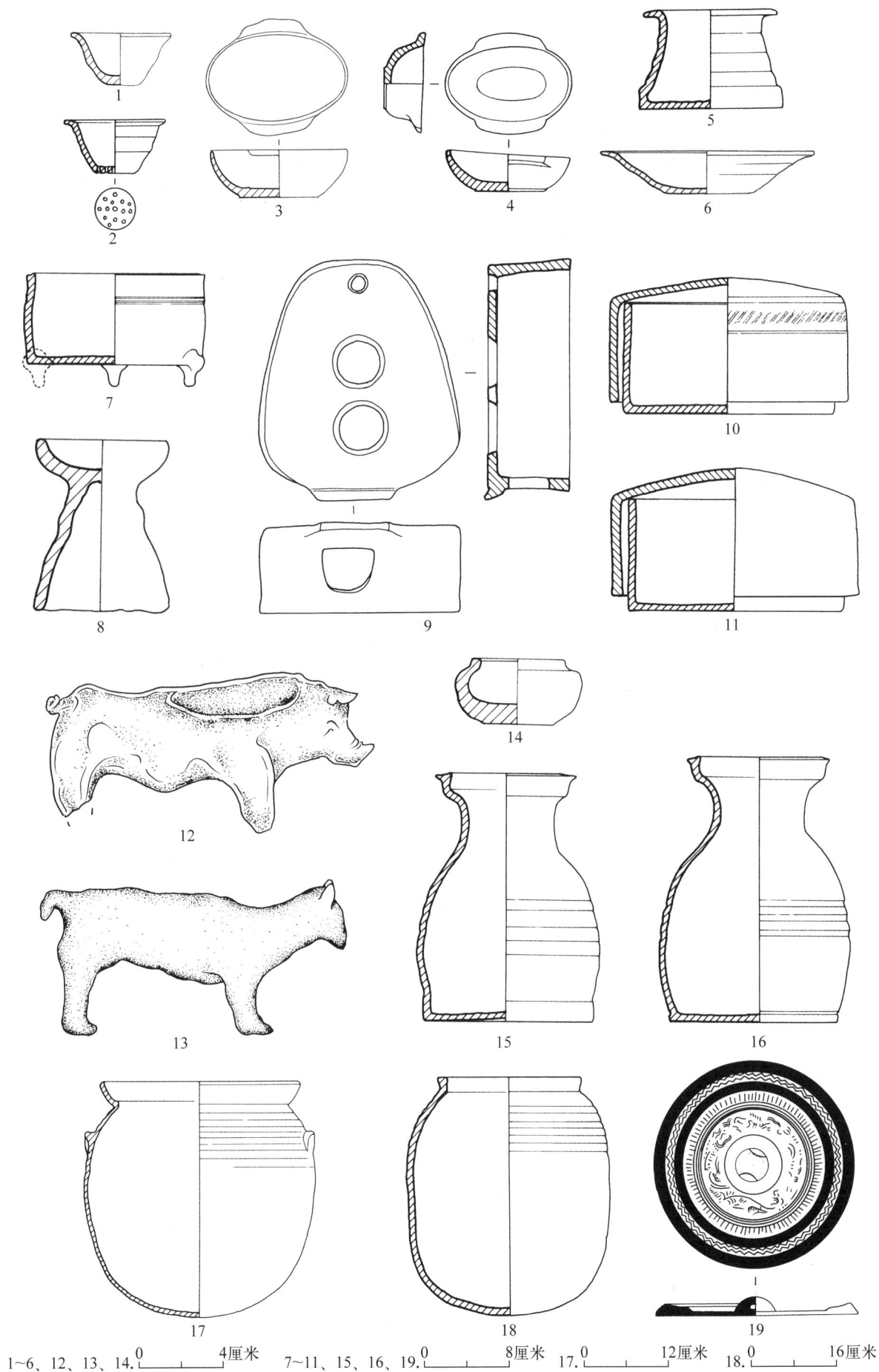

图三八六　M15出土器物

1.陶盆（M15∶20）　2.陶甑（15∶19）　3.陶耳杯（15∶16）　4.陶耳杯（15∶17）　5.陶井（15∶6）　6.陶盆（15∶10）　7.陶奁（15∶12）
8.陶灯（15∶11）　9.陶灶（15∶7）　10.陶奁（15∶14）　11.陶奁（15∶13）　12.陶猪（15∶8）　13.陶狗（15∶9）　14.陶钵（15∶15）
15.盘口壶（15∶5）　16.盘口壶（15∶18）　17.陶瓮（15∶4）　18.陶瓮（15∶3）　19.铜镜（15∶2）

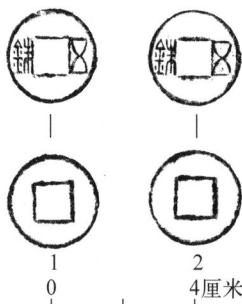

图三八七　M15出土五铢钱
1、2.(M15：1-1、M15：1-2)

缘斜折。镜面微凸，光滑。直径19.2厘米，厚1.2厘米（图三八六，19；彩版九六，5）。

陶瓮　2件。夹砂夹蚌红陶，轮制，火候高。标本M15：3，敞口，矮领，深腹略鼓，圜底。上腹饰凹弦纹。口径27.2厘米，腹径38.8厘米，通高44.2厘米（图三八六，18；彩版九七，1）。标本M15：4，侈口，束颈，鼓腹，弧收，圜底。上腹饰凹弦纹，并有对称双板。口径28.5厘米，腹径33.1厘米，通高32.7厘米（图三八六，17；彩版九七，2）。

盘口壶　2件。泥质灰陶，轮制，火候高。标本M15：5，盘口，尖唇，束颈，腹略鼓，下腹微收，平底略上凹，腹部饰凹弦纹。口径13.4厘米，腹径17.4厘米，底径16厘米，通高22.6厘米（图三八六，15；彩版九六，4）。标本M15：18，盘口，尖唇，束颈，腹略鼓，下腹微收，平底。中腹饰凹弦纹，下腹一周凹弦纹。口径13.4厘米，腹径18.4厘米，底径15.8厘米，高24.2厘米（图三八六，16）。

陶井　1件。标本M15：6，敞口，折沿，尖唇，束腰，平底外展，腹部饰凹弦纹。口径6.4厘米，底径6.8厘米，高4.6厘米（图三八六，5；彩版九五，4）。

陶灶　1件。标本M15：7，泥质灰陶，手轮兼制，火候高。平面呈马蹄形，内空。灶面二釜锅上下并列分布，圆形烟孔位于灶台后部，灶台前部装饰挡火墙，正面有近方形火门。长22.2厘米，宽19.2厘米，高8.2厘米（图三八六，9；彩版九五，6）。

陶猪　1件。标本M15：8，泥质灰陶，手制，火候高。嘴巴微翘，面部清晰，耳微下垂，身体肥硕，尾巴向上卷曲，四肢呈站立状。通长15.5厘米，高7.4厘米（图三八六，12；彩版九六，2）。

陶狗　1件。标本M15：9，尖嘴，面部不清，双耳上扬，身体肥硕，尾部弯曲下垂。通长14.7厘米，高6.8厘米（图三八六，13；彩版九六，3）。

陶盆　2件。泥质灰陶，轮制。标本M15：10，侈口，折沿，方唇，浅腹，斜曲收，平底。口径10厘米，底径4.2厘米，通高2厘米（图三八六，6；彩版九五，5）。标本M15：20，敞口，方圆唇，浅腹，斜曲收，小平底。口径4.7厘米，底径1.6厘米，高2.4厘米（图三八六，1）。

陶灯　1件。标本M15：11，泥质灰陶，手制，火候高。灯盘敞口，浅腹弧收，喇叭形底座。口径12.8厘米，底径13厘米，通高15.8厘米（图三八六，8）。

陶奁　1件。标本M15：12，泥质灰陶，手轮兼制，火候高。直口，浅腹微鼓，平底，上腹饰凹弦纹，底部附贴三兽蹄形足。口径17.6厘米，底径16.6厘米，高10.4厘米（图三八六，7；彩版九六，1）。

陶奁　2件套。泥质灰陶，轮制，火候高。标本M15：13，直口，浅腹，腹壁较直，平底。器盖敞口，直腹壁，圜平顶，外腹壁饰一周凹弦纹及划线纹。口径23.8厘米，底径20.4厘米，通高13厘米（图三八六，11）。标本M15：14，直口，浅腹，腹壁微收，平底。器盖敞口，浅腹，腹壁较直，圜形顶。口径22.6厘米，底径20厘米，通高12.6厘米（图三八六，10）。

陶钵　1件。标本M15：15，泥质灰陶，轮制，火候高。敛口，矮领，鼓肩，浅腹弧收，小平底。口径4.4厘米，腹径6厘米，底径3.3厘米，高3厘米（图三八六，14）。

陶耳杯　2件。泥质灰陶，手轮兼制，火候高。标本M15：16，平面呈椭圆形，敞口，浅弧壁，饼形底,口部附贴半月形板。口径长6.8厘米,底径3.7厘米,高2.2厘米(图三八六,3;彩版九六,6)。M15:17,平面呈椭圆形,敞口,浅弧壁,饼形底,口部附贴半月形板。口径长6厘米,底径3.3厘米,高1.9厘米(图三八六,4)。

陶甑 1件。标本M15:19,泥质灰陶,手轮兼制,火候高。敞口,折沿,方唇,浅曲腹,小平底,底部分布圆形镂空。口径4.8厘米,底径1.9厘米,高2.5厘米(图三八六,2)。

五、M17

1. 墓葬形制

M17位于发掘区Ⅰ区东部,T1022内西部,东邻M18。开口于③层下,墓口距地表4米。南北向,方向185°。为刀把形竖穴土圹砖券单室墓,南北长7.22米,宽0.76～1.62米,墓底距墓口1.74米。由墓道、墓门、墓室三部分组成(图三八八;彩版二○,3)。

墓道 位于墓门南端,南北长4.26米,宽0.76米,口距墓底0.28～1.74米。平面呈长方形,东西两壁垂直整齐,底部自上而下修筑五步台阶,台阶面宽相同,进深与高度不一,面宽0.76米,进深0.38～0.72米,高0.2～0.28米。内填红褐色花土,土质疏松,土内夹杂较多的碎砖块等。

墓门 位于墓道北端,北接墓室,平面呈长方形,面宽0.54米,进深0.28米。墓门东西壁用青砖一顺一丁叠压垒砌,砌至0.74米时开始起券,为双层拱形券顶,门高0.94米。墓门内下部用青砖一丁二顺垒砌,其上用青砖侧立叠压砌制三层,最后用青砖叠压错缝平砌三层封堵。

墓室 位于墓门北侧,平面呈长方形,南北长2.54米,宽1米,残高0.9～1.64米。顶部破坏,券制不详,四壁用青砖一顺一丁叠压垒砌,墓底用青砖二顺二丁纵横平铺墁地。用砖规格:0.28×0.14-0.04米。

葬具为陶棺,位于墓室内中部,平面呈梯形,上宽下窄,南北长1.3米,宽0.37～0.43米,高0.3米,盖厚0.03米。棺内葬人骨架1具,头向北,面向不详,为仰身直肢葬,女性,年龄约18岁。

2. 出土器物

出土器物7件,位于墓室内陶棺外的北侧。

陶奁 2件(复原)。泥质灰陶,轮制,火候高。标本M17:1,直口,浅腹,腹壁较直,平底。口径24.2厘米,底径23厘米,高12.4厘米(图三八九,4;彩版九七,3)。M17:7,敛口,浅曲腹,平底略上凹。口径28厘米,底径24.2厘米,高12.6厘米(图三八九,5;彩版九七,4)。

陶灯 1件。标本M17:2,灯盘敞口,尖唇,喇叭形底座,座壁微曲,座口旋刮。口径12.8厘米,底径12厘米,通高19.6厘米(图三八九,2)。

陶井 1件。标本M17:3,泥质灰陶,轮制,火候高。敞口,折沿,方唇,腹壁微曲,呈桶状,平底。口径12.2厘米,底径10厘米,高12.6厘米(图三八九,3;彩版九七,5)。

陶灶 1件。标本M17:4,泥质灰陶,模制。马蹄状灶体,内空,灶面三釜锅呈"品"字形分布,前端挡火墙略外撇,后部有圆形烟囱,正面设长方形灶门。长19.6厘米,宽16.2厘米,高8.8厘米(图三八九,6;彩版九七,6)。

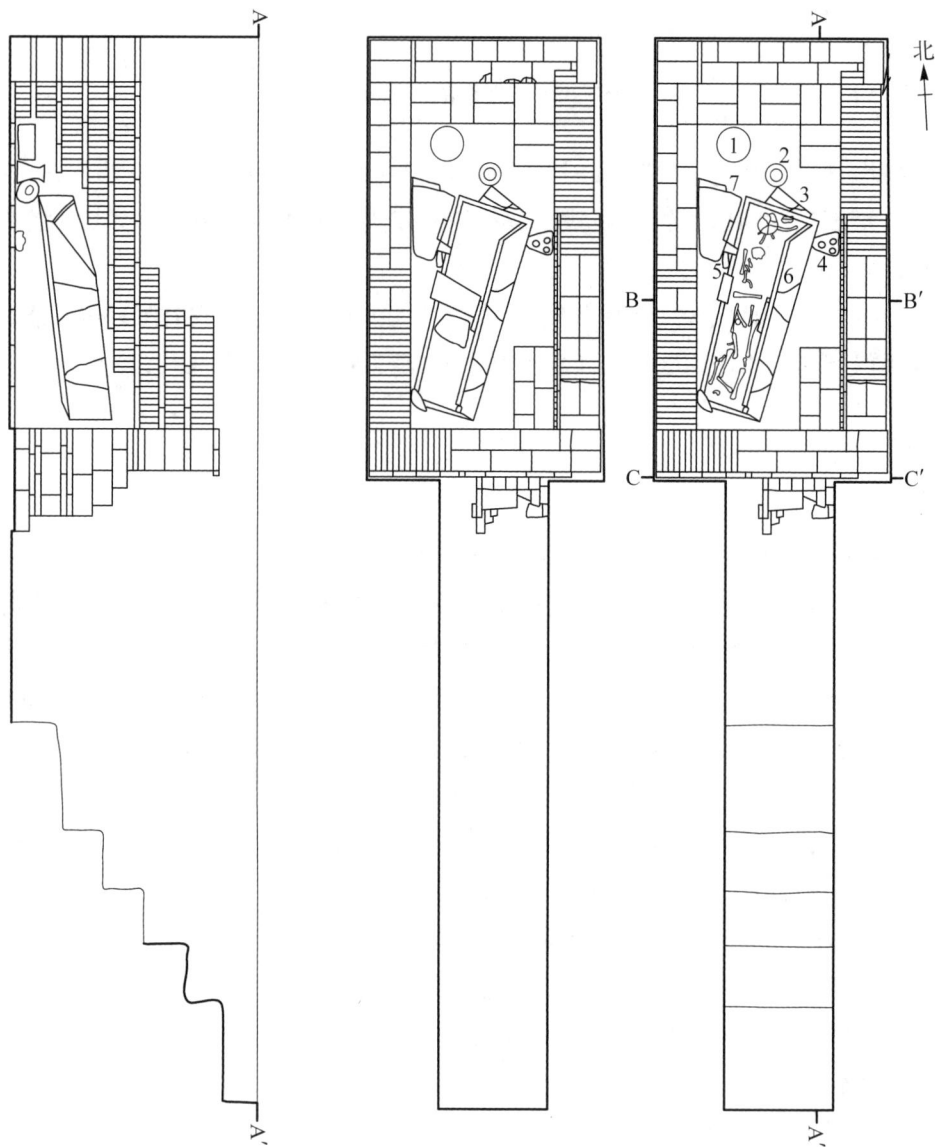

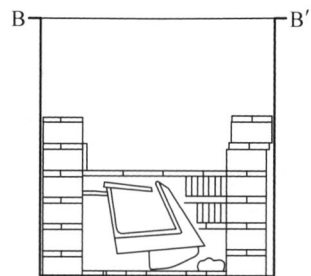

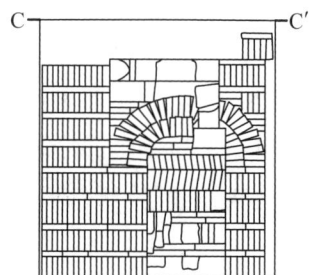

北

0 ___ 1米

图三八八 M17平、剖面图

1.陶奁 2.陶灯 3.陶井 4.陶灶 5.陶仓 6.陶棺 7.陶奁

图三八九　M17出土陶器

1.陶仓（M17：5）　2.陶灯（M17：2）　3.陶井（M17：3）　4.陶奁（M17：1）　5.陶奁（M17：7）　6.陶灶（M17：4）

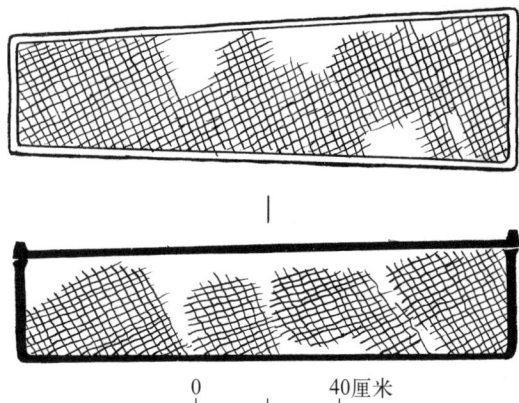

图三九〇　M17出土陶棺（M17:6）

陶仓　1件（复原）。标本M17:5，泥质灰陶，轮制。浅盘口，束颈，腹最大径位于下部，鼓腹，平底略上凹。颈部饰凹弦纹，内壁轮痕清晰。口径13.8厘米，腹径19.2厘米，底径14.4，高32厘米（图三八九,1;彩版九八,1）。

陶棺　1件套（复原）。标本M17:6，泥质灰陶，模制。平面呈梯形，上宽下窄，直壁，平底。内壁饰席纹，盖呈长方形，盖顶四周凸起。棺长138厘米，宽36~42厘米，高28~30厘米;盖长140厘米，宽38~44厘米，厚3厘米（图三九〇;彩版九八,2）。

六、M18

1. 墓葬形制

M18位于发掘区Ⅰ区东部，T1022内东部，西邻M17。开口于③层下，墓口距地表4米。南北向，方向175°。为刀把形竖穴土圹砖券单室墓，南北通长7.04米，宽0.84~1.66米，墓底距墓口2米。由墓道、墓门、墓室三部分组成（图三九一）。

墓道　位于墓门的南端，平面呈长方形竖穴土圹式，南北长4.1米，宽0.84米。东西两壁较直、整齐，底部修筑四步台阶，台阶宽窄、高度不一。台阶宽0.34~0.7米，高0.2~0.44米。墓底距墓口0~2米。内填黄褐色花土，土质疏松，土内夹杂碎砖块等。

墓门　位于墓道北端，北与墓室连接，平面呈长方形，面宽0.54米，进深0.28米，高0.98米。东西两壁用青砖叠压错缝平砌，砌至0.76米时开始起券，为双层拱形券顶，券顶之上用青砖一顺一丁砌制照壁，由于上部已被破坏，整体残高1.74米。墓门内外用青砖叠压平砌封堵。

墓室　位于墓门北端，平面呈长方形，南北长2.94米，宽1.66米。顶部已被破坏，残留四壁用青砖一顺一丁叠压垒砌，残高1.08~1.74米。墓底用青砖一顺二丁平铺墁地。以目前发掘暴露的情况来看，后壁也高于券顶，与南壁齐平，因此与南壁构成了前后照壁。用砖规格:0.28×0.14-0.05米。

葬具为陶棺，平面呈长方形，长1.38米，宽0.48米，高0.3米。棺内见零星碎骨。

2. 出土器物

出土器物8件，均放置于墓室内，陶棺的北、东两侧。

陶井　1件（复原）。标本M18:1，泥质灰陶，轮制。敛口，折沿，方唇，束颈，桶状井壁略束腰，平底。器表下部有刻画字符。口径10.4厘米，底径11厘米，高10.4厘米（图三九二,7;彩版九八,3）。

陶灶　1件（复原）。标本M18:2，泥质夹细沙灰陶，模制。前宽后窄，平面呈桃形，灶面前端三釜锅呈"品"字形分布，后端修饰实心烟囱，正面有长方形火门，门上挡火墙上翘。灶体内空。

北

0   1米

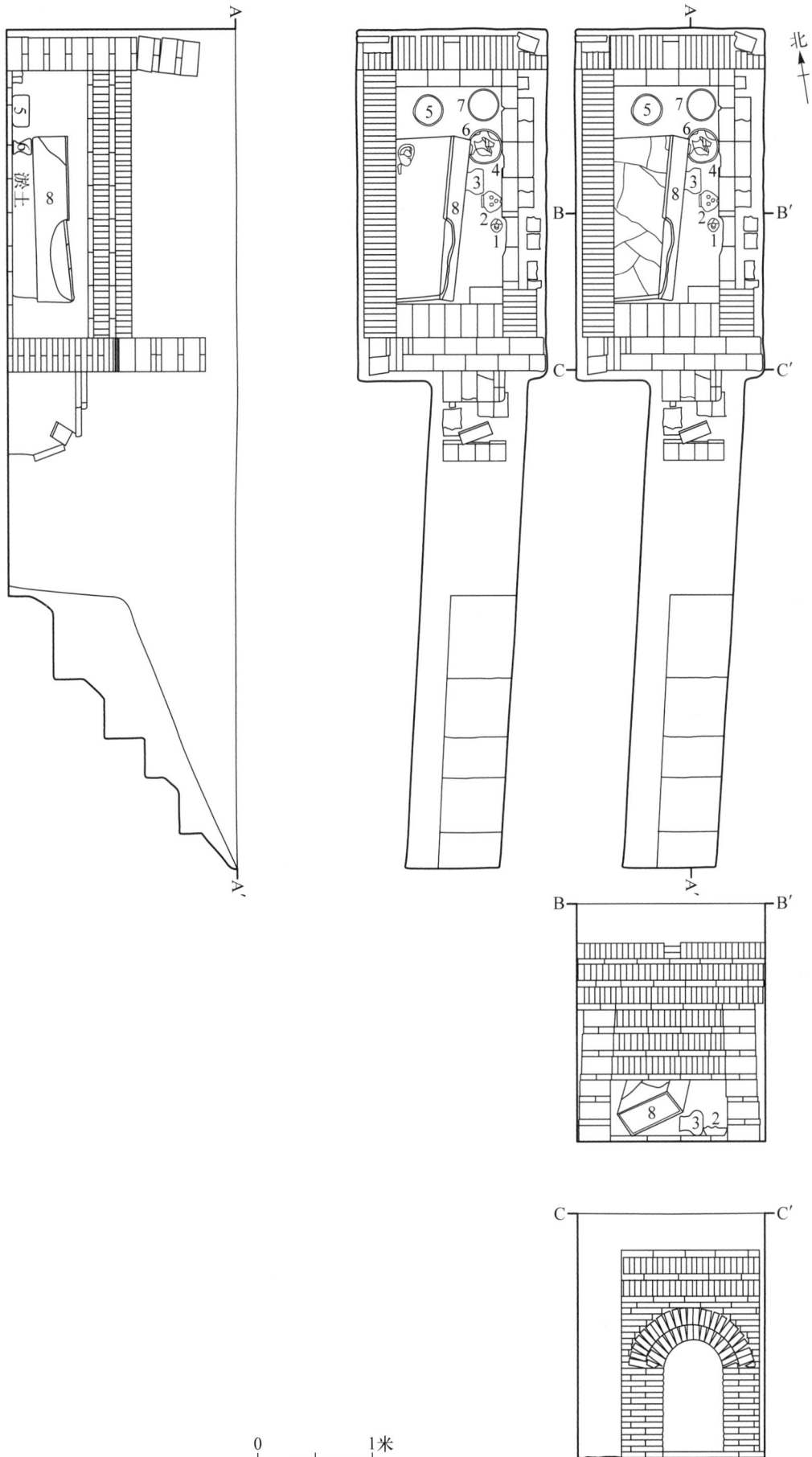

图三九一　M18平、剖面图

1.陶井　2.陶灶　3.陶灯　4.陶罐　5.陶奁　6.陶罐　7.陶奁　8.陶棺

长19.8厘米，宽15.6厘米，灶门宽5.4厘米，高6.2厘米，灶高8厘米（图三九二，3；彩版九八，4）。

陶灯　1件。标本M18∶3，泥质灰陶，轮制。浅盘口，方圆唇，底座斜壁，座口收束，下腹有刻划纹。口径11厘米，底径9.2厘米，高18.6厘米（图三九二，6）。

陶罐　2件。标本M18∶4（复原），泥质灰陶，手轮兼制。敞口微敛，折沿，方唇内凹，束颈，鼓腹弧收，小平底。上腹饰凹弦纹，下腹至底压印绳纹。口径11.4厘米，腹径19.2厘米，底径5厘米，高24.2厘米（图三九二，2）。标本M18∶6，敞口，折沿，方唇，束颈，溜肩，鼓腹曲收，小平底。肩部饰一周网格纹，中腹饰戳印纹，下腹至底压印绳纹。口径15厘米，腹径36.2厘米，底径13.2厘米，高35.4厘米（图三九二，1；彩版九八，6）。

陶奁　2件。泥质灰陶，轮制。标本M18∶5，敛口，浅斜腹，平底，底口微收。口径22厘米，底径20.8厘米，高12.8厘米（图三九二，5；彩版九八，5）。标本M18∶7，敞口，浅腹，腹壁收束，平底，底口旋刮。口径26厘米，底径22厘米，高13厘米（图三九二，4）。

陶棺　1件。标本M18∶8，泥质灰陶，模制。平面呈梯形，上宽下窄，直壁，平底。内壁饰席纹，盖呈长方形，盖顶四周凸起。棺长138厘米，宽36～40厘米，高28～30厘米；盖长140厘米，宽36～42厘米，厚4厘米（图三九二，8；彩版九九，1）。

七、M21

1. 墓葬形制

M21位于发掘区Ⅰ区东南部，T0921内中部，东邻M22、M23，南邻M29。开口于③层下，墓口距地表4米。南北向，方向185°。为刀把形竖穴土圹砖券单室墓，南端被M29打破，南北残长7.86米，宽0.9～2.46米，墓底距墓口0.98～2.28米。破坏严重，仅残留下部，由墓道、墓门、墓室三部分组成（图三九三）。

墓道　位于墓门的南端，南北残长3.56米，宽0.9米，墓底距墓口0.3～1.8米。平面呈长方形，墓壁整齐较直，底呈斜坡状，坡残长3.58米，坡度20°。内填黄褐色花土，土质疏松，土内夹杂较多碎砖块等。

墓门　位于墓道北端，北与墓室连接。面宽0.84米，进深0.28米。东西两壁下部用青砖二顺二丁叠压垒砌，其上用青砖叠压平砌，砌至1.08米时开始起券，为拱形双层券顶，墓门高1.34米。封门砖垒砌两重，外重用青砖叠压错缝平砌，内重用青砖砌制呈人字形封堵。

墓室　位于墓门北端，平面呈长方形，由于破坏严重，顶部形制不详，四壁残留部分用青砖二顺二丁叠压垒砌，底部用青砖二顺二平纵横平铺墁地，墓室残高1.5～2.3米。从目前发掘情况来看，南北两壁应高于券顶部分，疑似为挡壁墙。用砖规格：0.28×0.14–0.06米。

墓室内未见葬具，仅见两具凌乱骨架：西侧骨架保存较好，头向北，面向上，仰身直肢葬，骨架长1.84米，男性，年龄约40岁；东侧骨架保存较差，头向、面向、葬式、年龄、性别不详。

2. 出土器物

7（碎片不计）件。除铜钱放置于西侧骨架旁外，其余器物均放置于墓室内东侧。

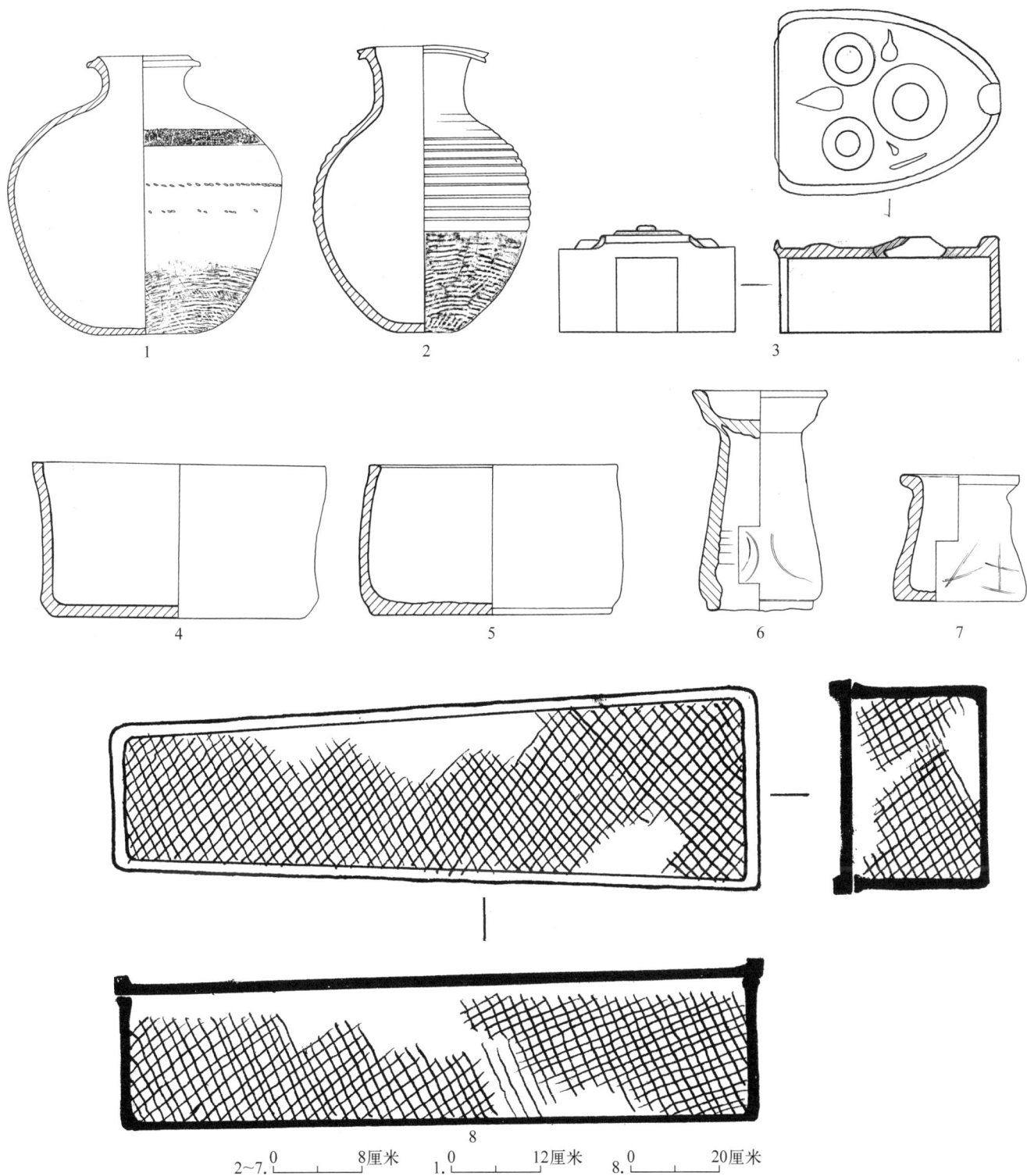

图三九二　M18出土陶器

1、2.陶罐（M18：6、M18：4）　3.陶灶（M18：2）　4.陶奁（M18：7）　5.陶奁（M18：5）　6.陶灯（M18：3）

7.陶井（M18：1）　8.陶棺（M18：7）

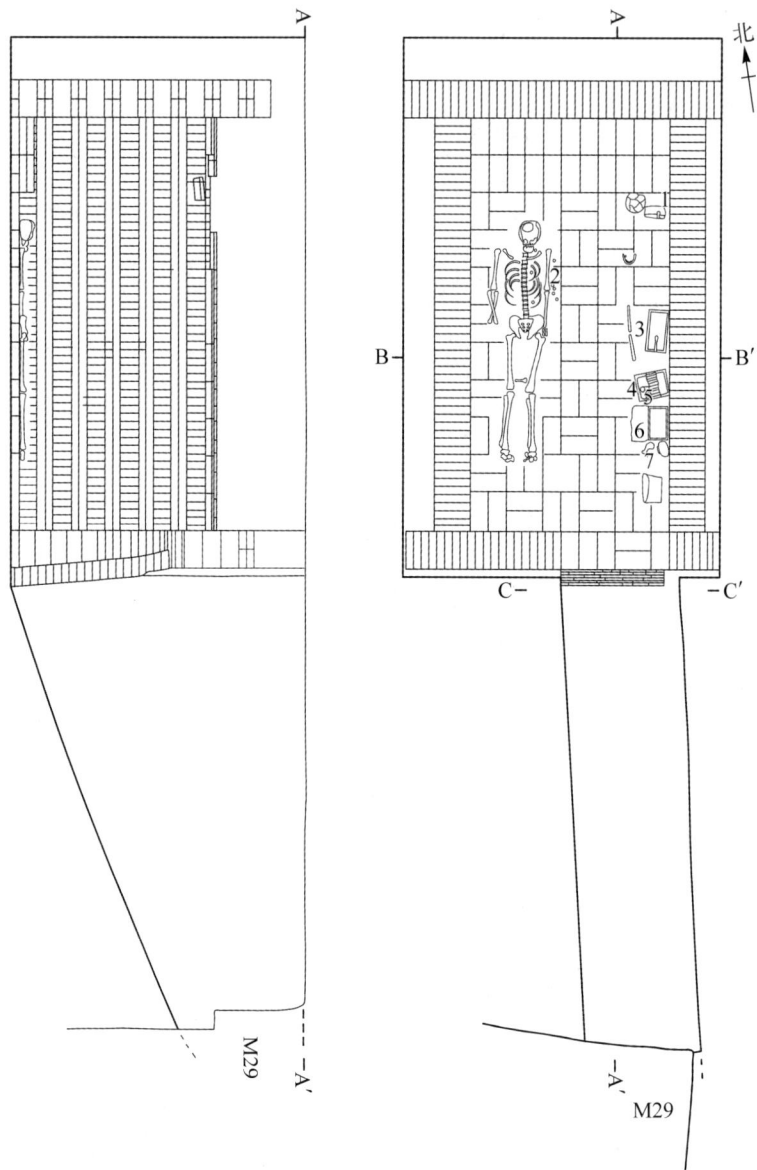

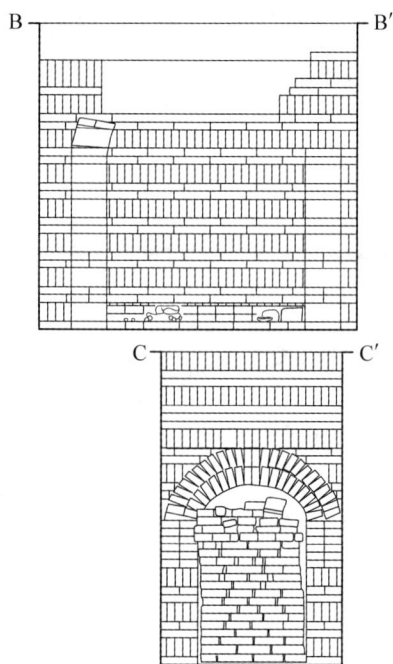

图三九三　M21平、剖面图

1.陶奁　2.铜钱　3.陶盒　4.陶灶　5.陶狗　6.陶房　7.陶鸡

陶奁　1件。标本M21:1,泥质灰陶,轮制。敞口,直腹壁,平底。口径26厘米,底径24.2厘米,高12.6厘米(图三九四,5)。

陶盒　1件(残)。标本M21:3,泥质灰陶,模制,火候高。平面呈长方形,直口,浅直腹,腹壁略外弧,平底。口长31.4厘米,口宽15.8厘米,高10.6厘米(图三九四,3;彩版九九,2)。

陶灶　1件(残)。标本M21:4,泥质灰陶,模制,火候高。平面呈长方形,灶面三釜锅呈品字形摆放,前有挡火墙,后有烟囱,釜锅四周装饰有灶具及食物,灶体正面修筑拱形灶门。长23.2厘米,宽18.6厘米,高10.6厘米,造门高6.2厘米,宽5.6厘米(图三九四,2;彩版九九,3)。

陶狗　1件(残)。标本M21:5,泥质灰陶,模制,火候高。昂首,面部不清,身体肥硕,尾巴残缺,四肢呈蜷卧状。长12.2厘米,高8.2厘米(图三九四,4;彩版九九,4)。

陶房　1件。标本M21:6,泥质灰陶,模制。两面坡式房顶,"山"字形房脊,房顶修饰瓦垄,房体直壁,平底,内空,正面中部有长方形窗口。通高34厘米(图三九四,1;彩版九九,5)。

陶鸡　1件(残)。标本M21:7,泥质红陶,模制,火候高。尖喙,低冠,身躯肥硕,尾巴残缺,翅、尾翎羽清晰,椭圆形底座。残长8.7厘米,高10.4厘米(图三九四,6)。

铜钱　9枚。标本M21:2-1,圆形方穿,钱体较薄,正面穿左右篆书"半两"二字,"半"字模糊不清,"两"字为十字两。钱径2.45厘米,穿径0.85厘米,厚0.05厘米(图三九五,1)。标本M21:2-2,圆形方穿,钱体较薄,正面穿左右篆书"半两"二字,"半"字上横不折笔向上,"两"字为十字两。钱径2.4厘米,穿径1厘米,厚0.05厘米(图三九五,2)。标本M21:2-3,圆形方穿,正面篆书"五铢"二字,"五"字两股交笔弯曲,"铢"字"金"旁首部呈箭镞形,下四点粗短,"朱"旁上部横笔方折,下垂笔圆折。正背有郭,郭缘较窄。钱径2.6厘米,穿径1厘米,厚0.15厘米(图三九五,3)。标本M21:2-4(2枚),圆形方穿,正面篆书"五铢"二字,"五"字两股交笔弯曲,"铢"字"金"旁首部呈三角形,下四点细长,"朱"旁上部横笔方折,下垂笔圆折。正背有郭,郭缘较窄。钱径2.6厘米,穿径0.95厘米,厚0.15厘米(图三九五,4)。标本M21:2-5(2枚),圆形方穿,正面篆书"五铢"二字,"五"字两股交笔弯曲,"铢"字"金"旁首部呈三角形,下四点细长,"朱"旁上部横笔与下垂笔圆折。正背有郭,郭缘较窄。钱径2.6厘米,穿径1.1厘米,厚0.1厘米(图三九五,5)。标本M21:2-6(2枚),圆形方穿,正面篆书"五铢"二字,"五"字两股交笔弯曲,"铢"字"金"旁首部呈三角形,下四点细长,"朱"旁上部横笔与下垂笔圆折。正背有郭,郭缘经过剪修。钱径2.4厘米,穿径0.95厘米,厚0.1厘米(图三九五,6)。标本M21:2-7(2枚),圆形方穿,正面篆书"货泉"二字,"泉"字中竖中断,正背有郭,郭缘及字体线条纤细,字体为悬针篆。钱径2.15～2.25厘米,穿径0.7厘米,厚0.15厘米(图三九五,7)。

八、M24

1. 墓葬形制

M24位于发掘区Ⅰ区东南部,T0922内西部,东邻M25,西邻M22、M23。开口于③层下,墓口距地表4米。南北向,方向185°。为刀把形竖穴土圹砖券单室墓,南北通长8.84米,宽0.6～2.12米,墓底距墓口0.3～1.8米。破坏严重,仅残留下部,由墓道、墓门、墓室三部分组成(图三九六)。

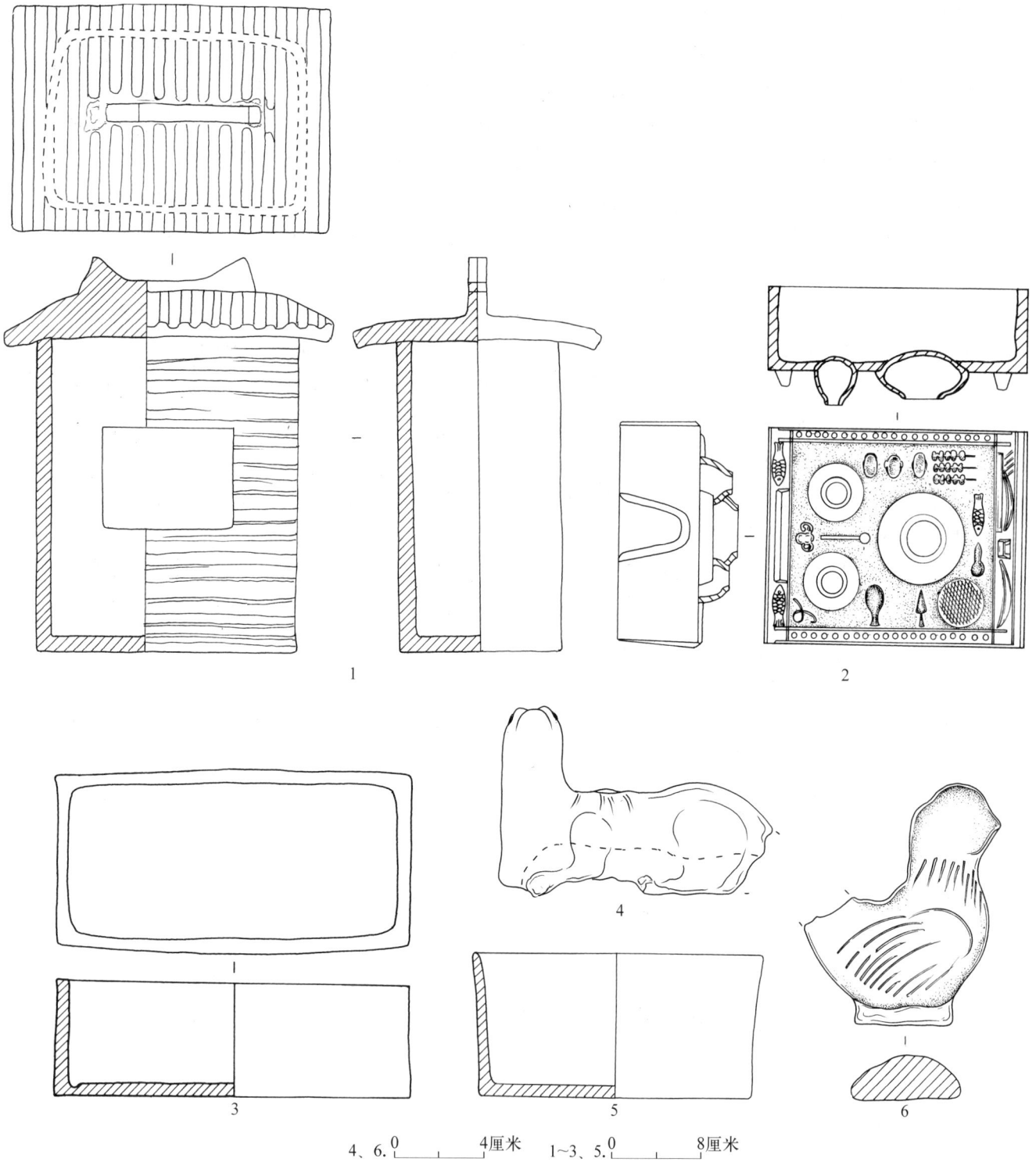

4、6. ⊢0————4厘米　　1~3、5. ⊢0————8厘米

图三九四　M21 出土陶器

1. 陶房（M21∶6）　2. 陶灶（M21∶4）　3. 陶盒（M21∶3）　4. 陶狗（M21∶5）　5. 陶奁（M21∶1）　6. 陶鸡（M21∶7）

墓道　位于墓门的南端，南北长4.68米，宽0.6～0.84米，墓底距墓口0.3～1.8米。平面呈梯形，南窄北宽，墓壁整齐较直，底呈斜坡状，坡长4.84米，坡度20°。内填黄褐色花土，土质疏松，土内夹杂较多碎砖块等。

墓门　位于墓道北端，北与墓室连接。面宽0.84米，进深0.29米。东西两壁用青砖二顺二丁叠压垒砌，砌至0.84米时开始起券，大部分已被破坏，残留部分为拱形券顶，残高1.06米。封门砖垒砌两重，外重用青砖侧立叠压垒砌，内重用青砖砌制呈人字形封堵，残高0.5～0.86米。

墓室　位于墓门北端，平面呈长方形，由于破坏严重，顶部形制不详，四壁残留部分用青砖二顺二丁叠压垒砌，底部用青砖纵横平铺墁地，墓室残高0.58～1.3米。用砖规格：0.29×0.14-0.06米。

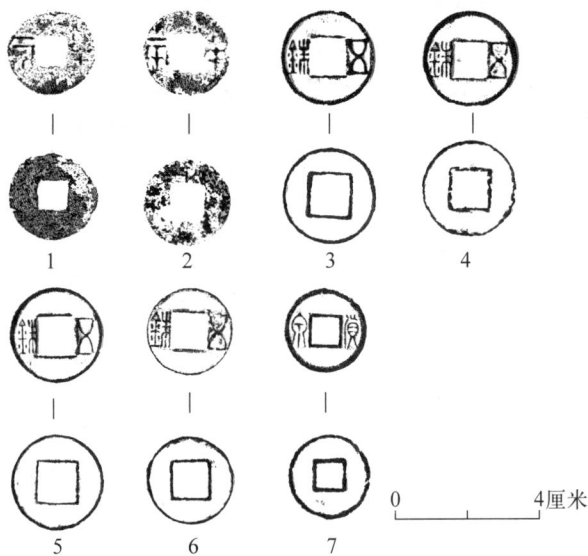

图三九五　M21出土铜钱

1、2. 半两（M21：2-1、M21：2-2）　3～6. 五铢（M21：2-3、M21：2-4、M21：2-5、M21：2-6）　7. 货泉（M21：2-7）

墓室内未见葬具，仅见两具凌乱骨架：西侧骨架保存较差，头向北，面向不详，仰身直肢葬，年龄性别不详；东侧骨架保存较差，头向、面向、葬式、年龄、性别不详。

2. 出土器物

出土器物9件。除8号器物放置于墓道内墓门的外侧外，其余器物均放置于墓室内。

陶罐　1件（残）。标本M24：1，泥质灰陶，轮制痕迹明显，火候高。敞口，斜折沿，尖圆唇，短束颈，鼓腹，下腹曲收，平底。腹部饰凹弦纹，底口饰弦纹。口径10.8厘米，腹径14.8厘米，底径9.6厘米，高20.6厘米（图三九七，7；彩版九九，6）。

陶狗　1件（残）。标本M24：3，泥质灰陶，手模兼制，火候高。昂首，一耳耸起，身体略瘦，尾巴残缺，四肢粗壮，整体呈坐卧状。高7.4厘米，长10.8厘米（图三九七，8）。

陶奁　2件（残）。泥质灰陶，轮制，火候高。标本M24：4，直口，浅直腹，平底，底口外展。口径20.4厘米，底径21.4厘米，高7厘米（图三九七，6）。标本M24：8，敛口，浅腹外曲，平底，器表饰凹弦纹。口径19.6厘米，底径18.6厘米，高9.6厘米（图三九七，5）。

陶磨　1件。标本M24：5，泥质灰陶，手轮兼制，火候高。圆形饼状，上下相合。上片中部有圆形握手，内有横档，底面上凹。下片中部有乳突，外围饰戳印纹，底面上凹。直径8.6厘米，通高4.6厘米（图三九七，1；彩版一〇〇，1）。

陶井　1件。标本M24：6，泥质灰陶，轮制。直口，平折沿，方唇，直腹，平底，腹部饰凹弦纹。口径14.6厘米，底径10.8厘米，通高13.4厘米（图三九七，2）。

陶灯　1件（残）。标本M24：7，泥质灰陶，手轮兼制，火候高。灯口呈浅盘状，高足，足呈喇

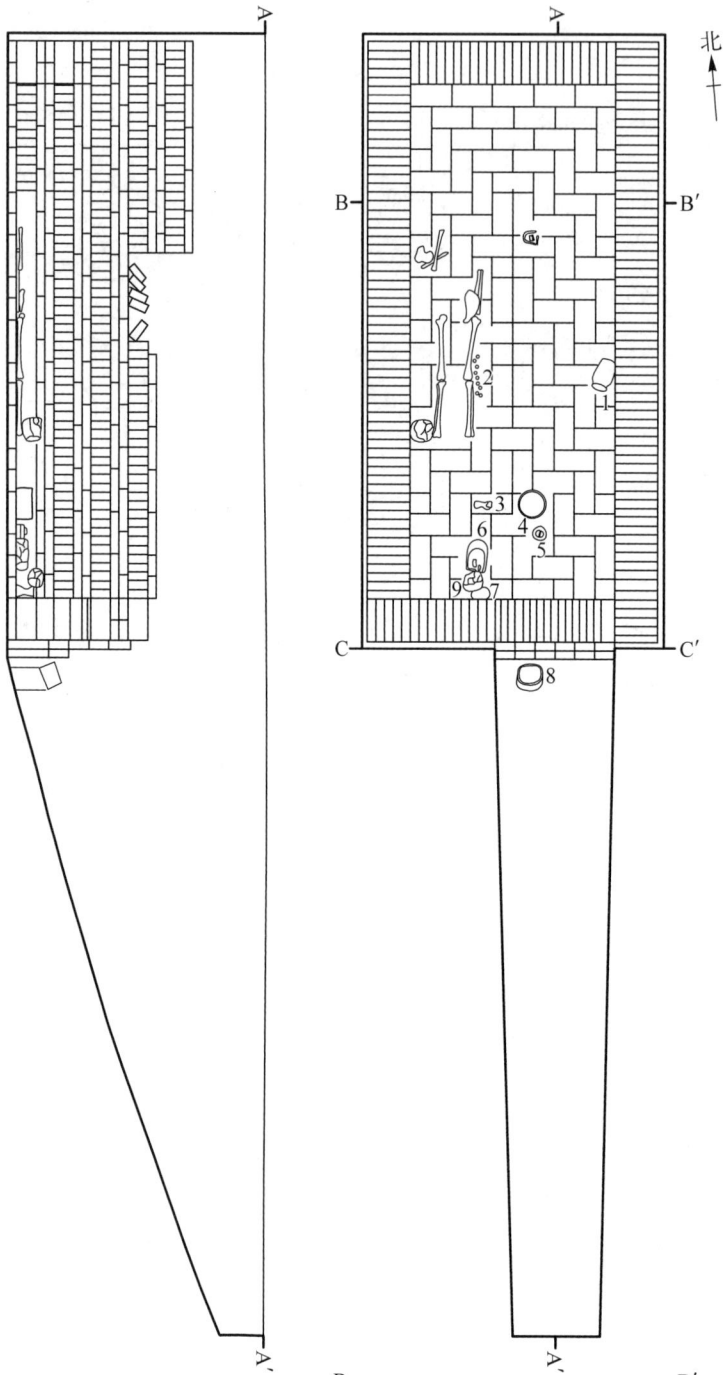

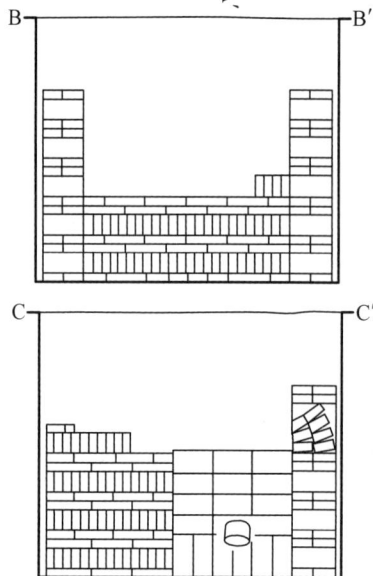

北

图三九六 M24平、剖面图

1.陶罐 2.铜钱 3.陶狗 4.陶奁 5.陶磨
6.陶井 7.陶灯 8.陶奁 9.陶瓮

墓门正视图

0　　　　1米

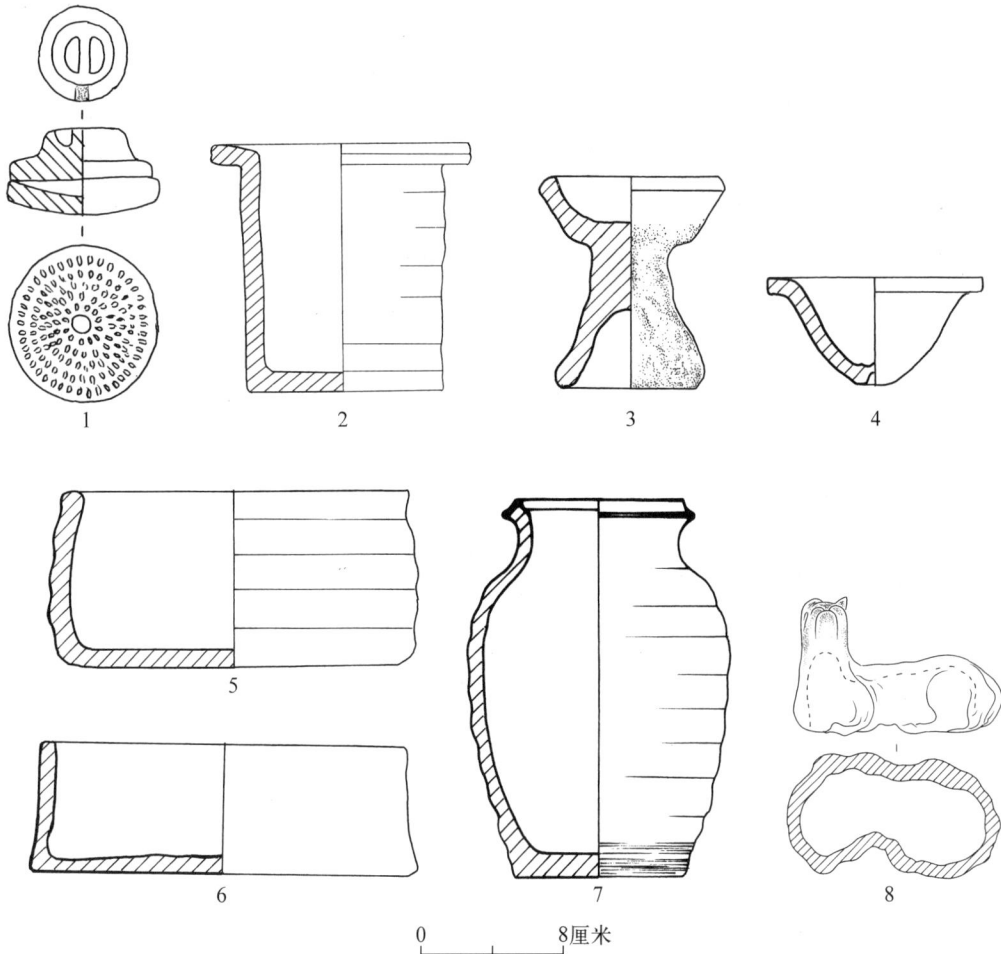

图三九七　M24出土陶器

1. 陶磨（M24：5）　2. 陶井（M24：6）　3. 陶灯（M24：7）　4. 陶瓮（M24：9）　5. 陶奁（M24：8）　6. 陶奁（M24：4）

7. 陶罐（M24：1）　8. 陶狗（M24：3）

叭形，有捏制痕迹。口径10.4厘米，足径8厘米，通高11.4厘米（图三九七，3；彩版一〇〇，2）。

　　陶瓮　1件（残）。标本M24：9，泥质灰陶，轮制，火候高。敞口，折沿，方唇，斜腹，小圜底，内凹。口径12厘米，底径2.2厘米，高5.8厘米（图三九七，4）。

　　铜钱　3枚。标本M24：2，圆形方穿，正面穿左右篆书"五铢"二字，"五"字两股交笔弯曲，"铢"字"金"旁首部三角形，下四点细长，"朱"旁上部横笔与下垂笔均圆折。正背有郭，郭缘较窄。钱径2.5～2.55厘米，穿径0.95～1厘米，厚0.1厘米（图三九八）。

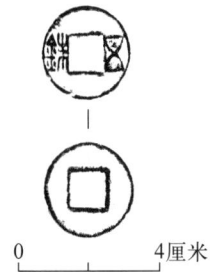

图三九八　M24出土五铢钱
（M24：2）

九、M25

1. 墓葬形制

M25位于发掘区Ⅰ区东南部，T0922内中部，南邻M134，西邻M24。开口于③层下，墓口距地表4米。南北向，方向178°。为刀把形为竖穴土圹砖券单室墓，南北通长8.52米，宽0.7~1.86米，墓底距墓口0.3~1.9米。破坏严重，仅残留下部，由墓道、墓门、墓室三部分组成（图三九九）。

墓道　位于墓门的南端，南北长4.6米，宽0.7米，墓底距墓口0.3~1.9米。平面呈长方形，墓壁整齐较直，底呈斜坡状，坡长4.4米，坡度21°。内填黄褐色花土，土质疏松，土内夹杂较多碎砖块等。

墓门　位于墓道北端，北与墓室连接。面宽0.66米，进深0.28米。东西两壁下部用青砖一顺一丁叠压垒砌，砌至0.57米时开始起券，拱形券顶，墓门高0.76米。墓门外侧用青砖砌制呈人字形封堵于墓门。封门砖内一块青砖上见有"四十"字样。

墓室　位于墓门北端，平面呈长方形，南北长3.7米，宽1.86米，距墓口深1.9米。四壁用青砖一顺一丁叠压垒砌，砌至1米时开始内折起券，由于顶部破坏严重，残留部分为向上逐层内折，底部用青砖二顺二平纵横平铺墁地，墓室残高0.76~1.26米。用砖规格：0.28×0.14-0.05米。

墓室内未见葬具，仅见两具凌乱骨架：西侧骨架保存较差，头向北，面向不详，仰身直肢葬，女性，年龄不详；东侧骨架保存一般，头向北，面向不详，为仰身直肢葬，男性，年龄不详。

2. 出土器物

14件。铜钱放置于东侧骨架内，其余器物均放置于墓室内西南部。

陶罐　1件（残）。标本M25：1，泥质灰陶，轮制，火候高。敞口，斜折沿，尖圆唇，短束颈，鼓腹，下腹曲收，平底。其表饰凹弦纹，底口上部饰弦纹。口径10.8厘米，腹径14.4厘米，底径8.2厘米，高22.6厘米（图四〇〇，11）。

陶奁　3件（残）。泥质灰陶，轮制。标本M25：2，火候高。直口，浅直腹，平底。腹部饰一周凹弦纹。口径17.6厘米，底径18.2厘米，高8.6厘米（图四〇〇，6）。标本M25：6，火候高。直口微敛，浅腹稍斜，平底，底口外展，腹部饰一周凹弦纹。口径19.6厘米，底径21.2厘米，高10.2厘米（图四〇〇，5）。标本M25：9，平口，浅直腹，平底，腹部饰一周凹弦纹。口径17厘米，底径16.6厘米，高8.4厘米（图四〇〇，3）。

陶杯　1件（残）。标本M25：3，泥质灰陶，轮制，火候高。敞口，方圆唇，斜直腹，饼形圆足。口径12.4厘米，底径10.6厘米，高10.8厘米（图四〇〇，8；彩版一〇〇，3）。

陶磨　1件（套）。标本M25：4，泥质灰陶，手轮兼制。圆形饼状，上下相合。上片中部有圆形握手，内有横档，底面上凹。下片中部有乳突，外围饰戳印纹，底面上凹。直径8.8厘米，通高2.8厘米（图四〇〇，12）。

陶鸡　1件。标本M25：7，泥质红陶，模制，火候高。身体肥胖，尖喙，低冠，翘尾，羽翼、尾翎羽清晰，腹下为椭圆形底座。高10.2厘米，长11.8厘米（图四〇〇，7；彩版一〇〇，4）。

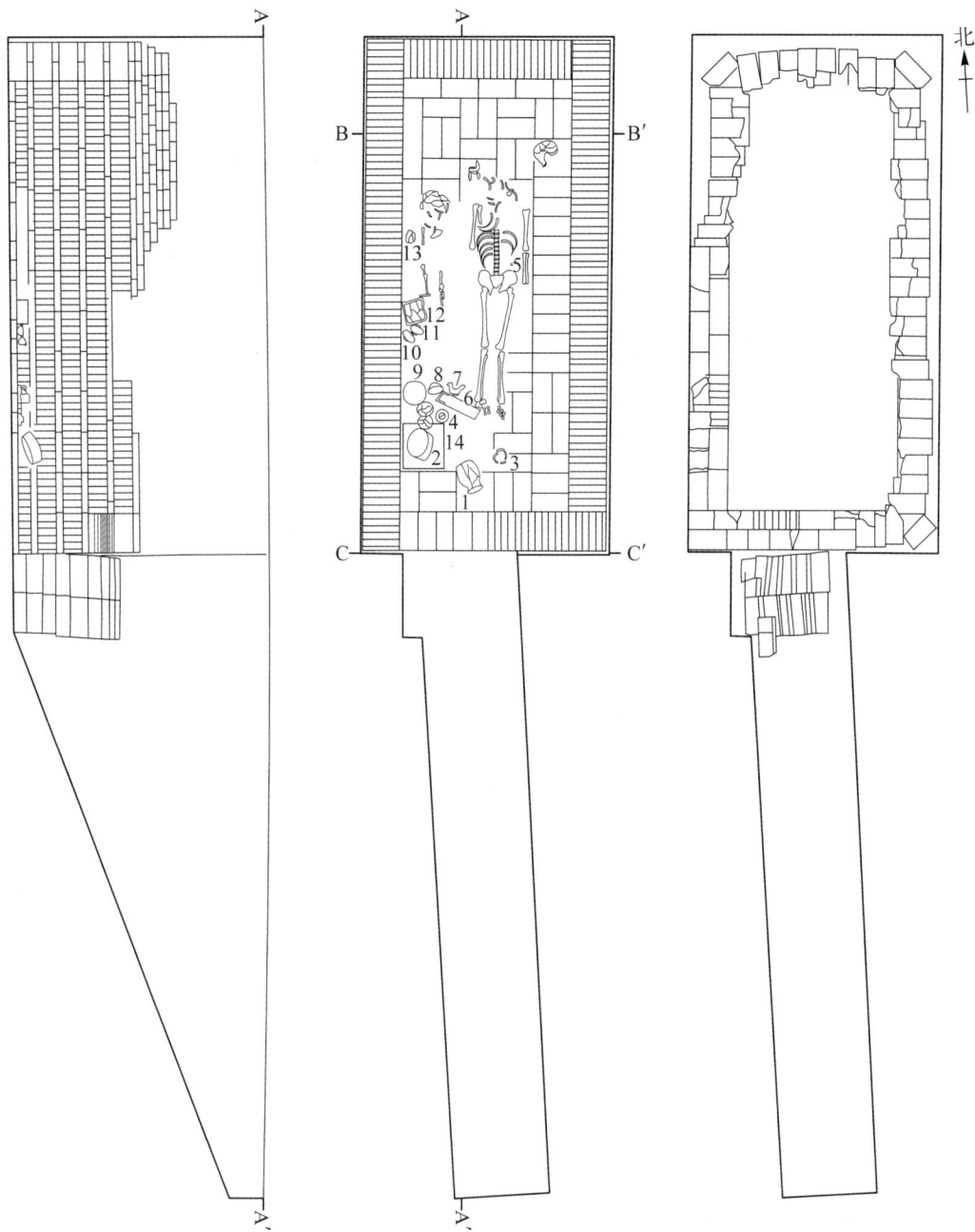

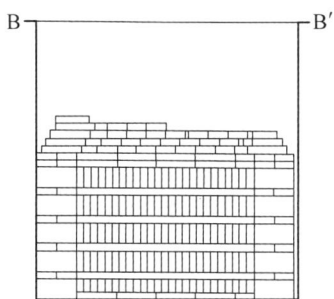

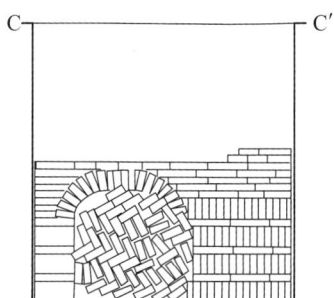

北

图三九九　M25平、剖面图

1. 陶罐　2. 陶奁　3. 陶杯　4. 陶磨　5. 铜钱
6. 陶奁　7. 陶鸡　8. 陶瓮　9. 陶奁　10. 陶耳杯
11. 陶耳杯　12. 陶厕　13. 陶井　14. 陶案

0　　　　　　1米

墓门正视图

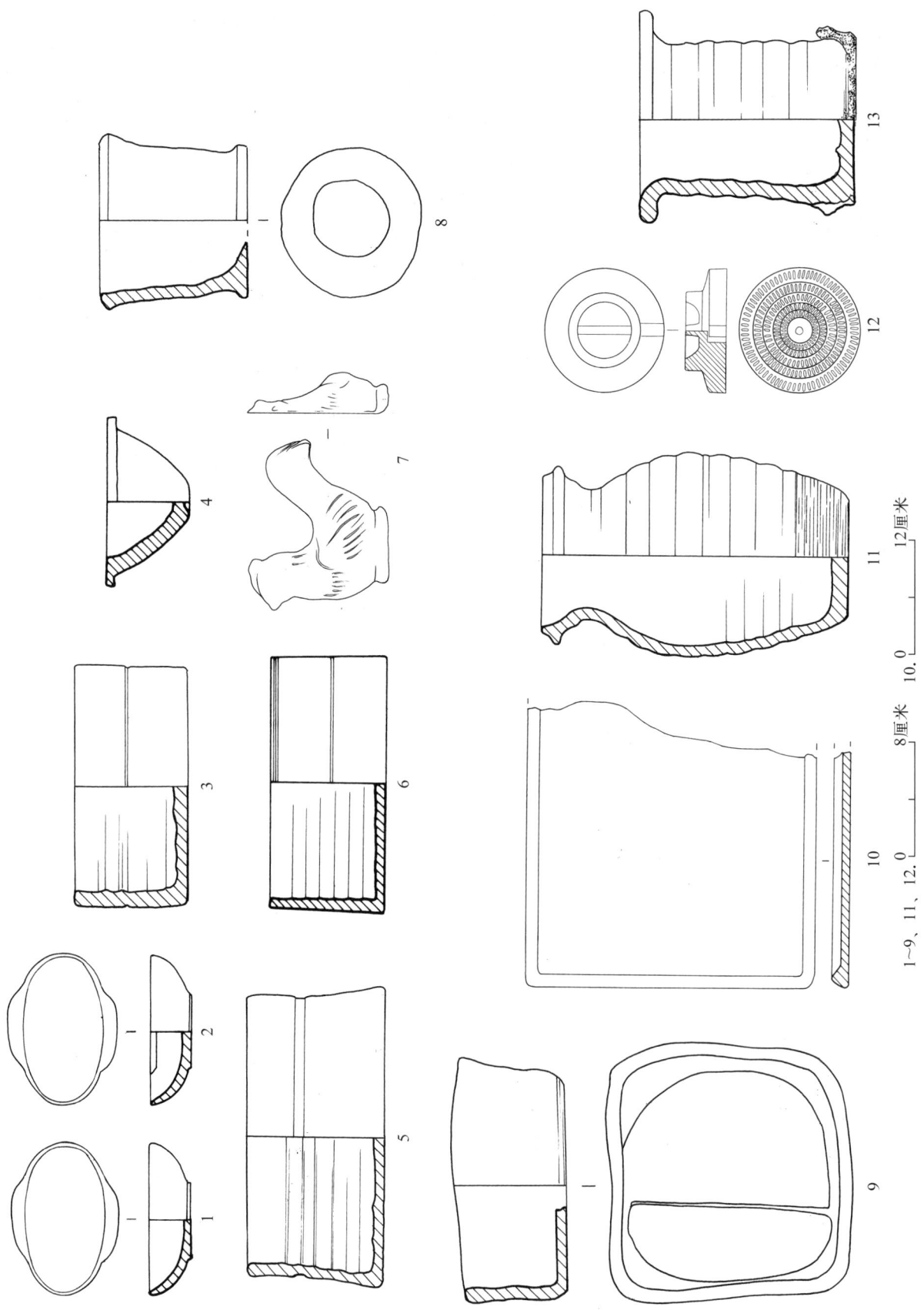

图四〇〇 M25 出土陶器

1、2. 陶耳杯（M25：11，M25：10）　3. 陶奁（M25：9）　4. 陶盆（M25：8）　5. 陶瓷（M25：6）　6. 陶瓮（M25：2）　7. 陶鸡（M25：7）　8. 陶杯（M25：3）　9. 陶厕（M25：12）
10. 陶案（M25：14）　11. 陶罐（M25：1）　12. 陶磨（M25：4）　13. 陶井（M25：13）

陶瓮　1件。标本M25：8，敞口，折沿，方唇，斜腹，小平底上凹。口径11.8厘米，底径2.4厘米，高6厘米（图四〇〇，4）。

陶耳杯　2件（残）。泥质灰陶，轮制。平面呈椭圆形，敞口，口部附对称残月形耳，浅腹，椭圆形饼足。标本M25：10，口径长10.8厘米，底径长5.2厘米，高3.2厘米（图四〇〇，2）。标本M25：11，口径10.8厘米，底径5.2厘米，高3厘米（图四〇〇，1）。

陶厕　1件（残）。标本M25：12，泥质灰陶，模制。上面较平，一侧有半月形孔，浅腹略外撇。直径17.2厘米，孔径14.6厘米，底径16厘米，高8.4厘米（图四〇〇，9）。

陶井　1件。标本M25：13，泥质灰陶，轮制，火候高。井圈呈圆形，敞口，折沿，方圆唇，井身较直，平底，井身饰凹弦纹。口径13厘米，底径11.8厘米，高16厘米（图四〇〇，13）。

陶案　1件（残）。标本M25：14，泥质红陶，火候高。平面呈长方形，侈口，尖圆唇，浅腹，平底。残长30.2厘米，宽32.1厘米，厚1.8厘米（图四〇〇，10）。

铭文砖　1块。标本M25：14，泥质灰陶，模制。平面呈长方形，一面刻划"四十"二字。长28厘米，宽14厘米，厚5厘米（图四〇一，1）。

铜钱　7枚。标本M25：5-1（2枚），圆形方穿，正面穿左右篆书"五铢"二字，"五"字两股交笔弯曲，"铢"字"金"旁上部等腰三角形，下四点方形较短，"朱"字头方折，下垂笔圆折，"金"旁与"朱"旁齐平。正背有郭，郭缘较窄。钱径2.6厘米，穿径0.95厘米，厚0.15厘米（图四〇一，2）。标本M25：5-2（1枚），圆形方穿，正面穿左右篆书"五铢"二字，"五"字两股交笔弯曲，"铢"字"金"旁上部三角形较小，下四点较细，"朱"字头方折，下垂笔圆折，"金"旁低于"朱"旁。正背有郭，郭缘较窄。钱径2.45厘米，穿径0.9厘米，厚0.15厘米（图四〇一，3）。标本M25：5-3（1枚），

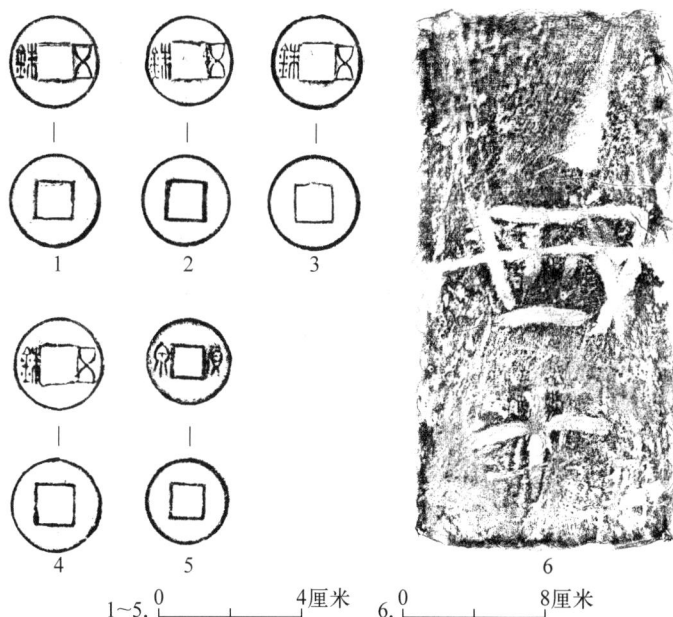

图四〇一　M25出土铜钱、墓砖

1～4.五铢（M25：5-1、M25：5-2、M25：5-3、M25：5-4）　5.货泉（M25：5-5）　6.铭文砖（M25：15）

圆形方穿，正面穿左右篆书"五铢"二字，"五"字两股交笔弯曲，"铢"字"金"旁上部三角形，下四点粗短，"朱"字头圆折，下垂笔圆折。正背有郭，郭缘较窄。钱径2.55厘米，穿径0.95厘米，厚0.15厘米（图四〇一，4）。标本M25：5-4（1枚），圆形方穿，正面穿左右篆书"五铢"二字，"五"字两股交笔弯曲，"铢"字"金"旁上部三角形，下四点细长，"朱"字头圆折，下垂笔圆折。正背有郭，周郭剪修。钱径2.35厘米，穿径1厘米，厚0.1厘米（图四〇一，5）。标本M25：5-5（2枚），圆形方穿，正面穿左右篆书"货泉"二字，"泉"字中竖中断。正背有郭，周郭及字体线条纤细，字体为悬针篆。钱径2.25厘米，穿径0.7厘米，厚0.15厘米（图四〇一，6）。

十、M27

1. 墓葬形制

M27位于发掘区Ⅰ区东南部，T0923内西南部，东邻M28，南邻M133，西邻M30。开口于③层下，墓口距地表4米。南北向，方向175°。为刀把形竖穴土圹砖券单室墓，南北通长10米，宽0.8～2.6米，墓底距墓口0.2～1.6米。上部北端破坏严重，仅存下半部分，由墓道、墓门、墓室三部分组成（图四〇二）。

墓道　位于墓门南端，南北长5.4米，宽0.8～0.9米，墓底距墓口0.2～1.6米。平面呈长方形，南窄北宽，东西两壁垂直整齐，底呈斜坡状，坡长5.6米，坡度10°。内填黄褐色花土，土质疏松，土内夹杂较多碎砖块等。

墓门　位于墓道北端，北与墓室连接。面宽0.84米，进深0.28米。顶部破坏，券制不详，东西两壁残留部分用青砖一顺一丁叠压垒砌，残高0.38米。

墓室　位于墓门北端，平面呈长方形，南北长4.6米，宽2～2.6米，底距墓口1.6米。顶部破坏严重，形制不详，四壁残留部分用青砖一顺一丁叠压垒砌，底部用青砖一顺一丁纵横错缝平铺墁地，墓室残高0.24～0.95米。用砖规格：0.28×0.14-0.05米。

墓室内未见葬具和人骨架痕迹。

2. 出土器物

出土器物9件。分散放置于墓室内。

陶房　1件。标本M27：1，泥质灰陶，手轮兼制。顶部为两面坡式硬山顶，坡上装饰瓦垄，仓体呈长方形，正面中部有方形孔，一侧侧面上部有圆孔。长23.6厘米，宽10厘米，通高30.2厘米（图四〇三，4）。

陶鸡　1件。标本M27：3，泥质灰陶，手制，火候高。尖喙，矮冠耸立，翘尾，呈站立状，翅、尾翎羽不清晰。长9.8厘米，高7.1厘米（图四〇三，3）。标本M27：6（残），尖圆喙，圆形双目，双翼展开呈飞状，尾翼翘起。腹下座扁平上窄下宽，下部残缺。长7.7厘米，残高11.5厘米（图四〇三，1；彩版一〇〇，5）。

陶狗　1件（残）。标本M27：4，泥质灰陶，手制，火候高。站立状，面部不清，两耳耸起，身躯清瘦，尾巴上卷，四肢呈尖状外撇。长10.6厘米，高6.7厘米（图四〇三，2）。

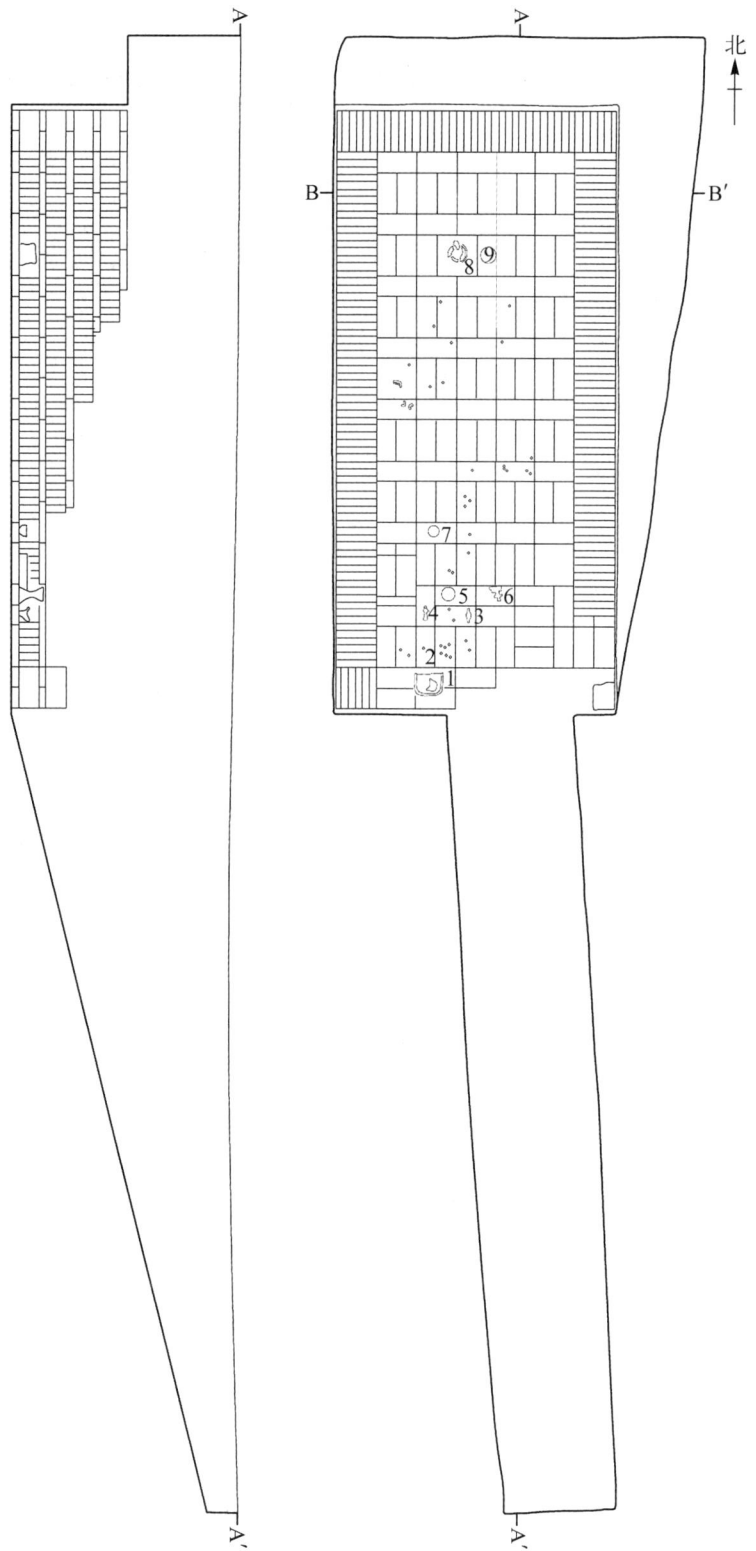

图四〇二　M27 平、剖面图

1. 陶房　2. 铜钱　3. 陶鸡　4. 陶狗　5. 陶灯
6. 陶鸡　7. 陶甑　8. 陶壶　9. 陶壶

0   1 米

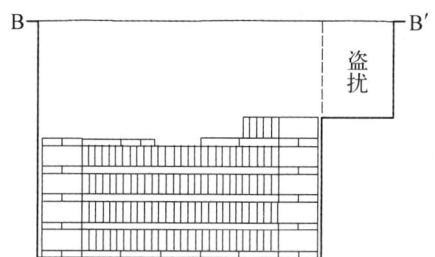

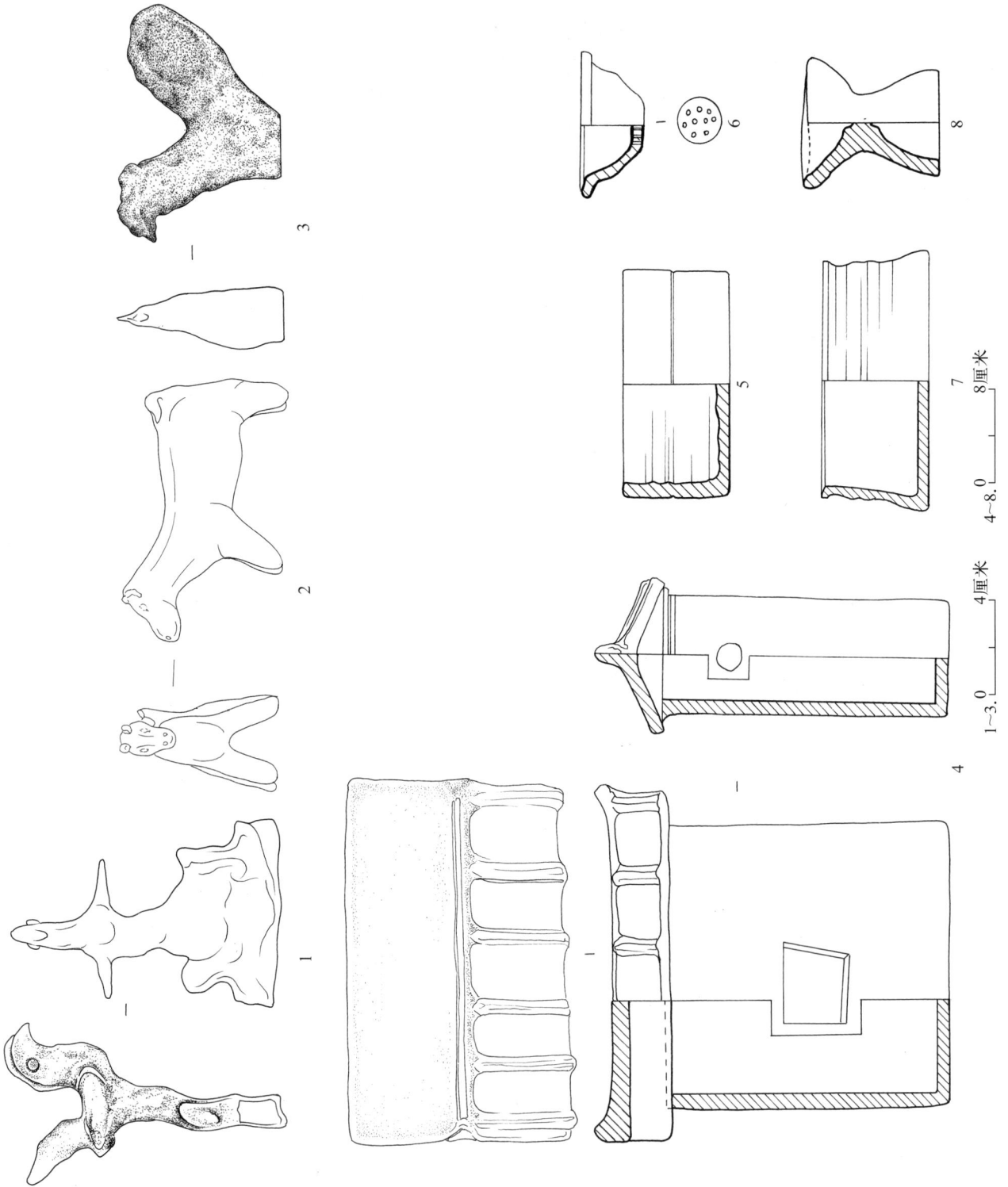

图四〇三 M27 出土陶器

1. 陶鸡（M27：6） 2. 陶狗（M27：4） 3. 陶鸡（M27：3） 4. 陶房（M27：1） 5. 陶径（M27：9） 6. 陶甑（M27：7） 7. 陶径（M27：8） 8. 陶灯

陶灯　1件。标本M27：5，泥质灰陶，手制，火候高。敞口，方圆唇，浅腹曲收，束腰喇叭形高足。口径10.8厘米，底径8.6厘米，高11.6厘米（图四〇三，8）。

陶甑　1件。标本M27：7，泥质灰陶，手轮兼制，火候高。敞口，折沿，方圆唇，浅腹，下腹有刮胎痕，小平底，底部有8个小镂孔。口径12厘米，底径4厘米，高5.4厘米（图四〇三，6）。

陶盌　2件（残）。泥质灰陶，轮制，火候高。标本M27：8，敛口，方唇，浅腹斜收，腹部饰凹弦纹，平底。口径19.4厘米，底径21.4厘米，高9.2厘米（图四〇三，7）。标本M27：9，泥质灰陶，轮制，火候高。平口，浅直腹稍斜，平底。口径18.8厘米，底径18.4厘米，高9.4厘米（图四〇三，5）。

铜钱　9枚。标本M27：2-1（2枚），圆形方穿，正面篆书"五铢"二字，"五"字上下横笔外出，两股交笔弯曲，"铢"字"金"旁上部等腰三角形，下四点粗短，"朱"旁上横笔方折，下垂笔圆折，"金"与"朱"旁齐平。正背有郭，郭缘较窄。钱径2.55厘米，穿径0.95厘米，厚0.1厘米（图四〇四，1）。标本M27：2-2（4枚），圆形方穿，正面篆书"五铢"二字，"五"字两股交笔弯曲，"铢"字"金"旁上部三角形，下四点细长，"朱"旁上横笔与下垂笔圆折，"金"旁低于"朱"旁。正背有郭，郭缘较窄。钱径2.55厘米，穿径0.95厘米，厚0.1厘米（图

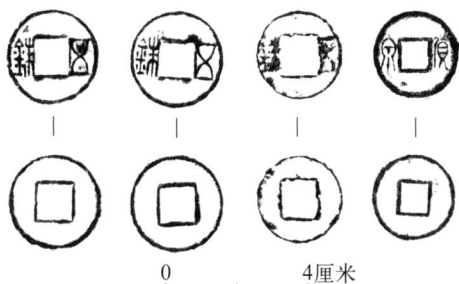

图四〇四　M27出土铜钱
1～3. 五铢（M27：2-1、M27：2-2、M27：2-3）
4. 货泉（M27：2-4）

四〇四，2）。标本M27：2-3（1枚），圆形方穿，正面篆书"五铢"二字，"五"字上下横笔外出，两股交笔缓曲，"铢"字模糊不清，正背有郭，周郭剪修。钱径2.35厘米，穿径1厘米，厚0.1厘米（图四〇四，3）。标本M27：2-4（2枚），圆形方穿，正面篆书"货泉"二字，"泉"字中竖中断，正背有郭，周郭及字体线条纤细，字体为悬针篆。钱径2.1～2.3厘米，穿径0.65～0.75厘米，厚0.1厘米（图四〇四，4）。

十一、M28

1. 墓葬形制

M28位于发掘区Ⅰ区东南部，T0923内中部，西邻M27。开口于③层下，墓口距地表4米。南北向，方向185°。为刀把形竖穴土圹砖券墓，土圹南北通长9.14米，东西宽0.92～2.02米，墓底距墓口1.45米。由于破坏严重，仅存下半部分，由墓道、墓门、墓室三部分组成（图四〇五；彩版二一，1）。

墓道位于墓门的南端，平面呈长方形，东西两壁垂直，底为斜坡状，坡度为24°，坡长5.12米，墓道南北长5米，宽0.92米。墓道底距墓口0.2～1.45米，内填黄褐色花土，土质疏松。

墓门位于墓道的北端，北与墓室相连，平面呈长方形，东西两壁青灰色砖一顺一丁叠压砌置，砌至0.81米时开始起券，拱形券顶，局部被破坏。面宽0.9米，进深0.28米，进高1.03米，墓门内以青灰砖一顺一丁叠压砌置。

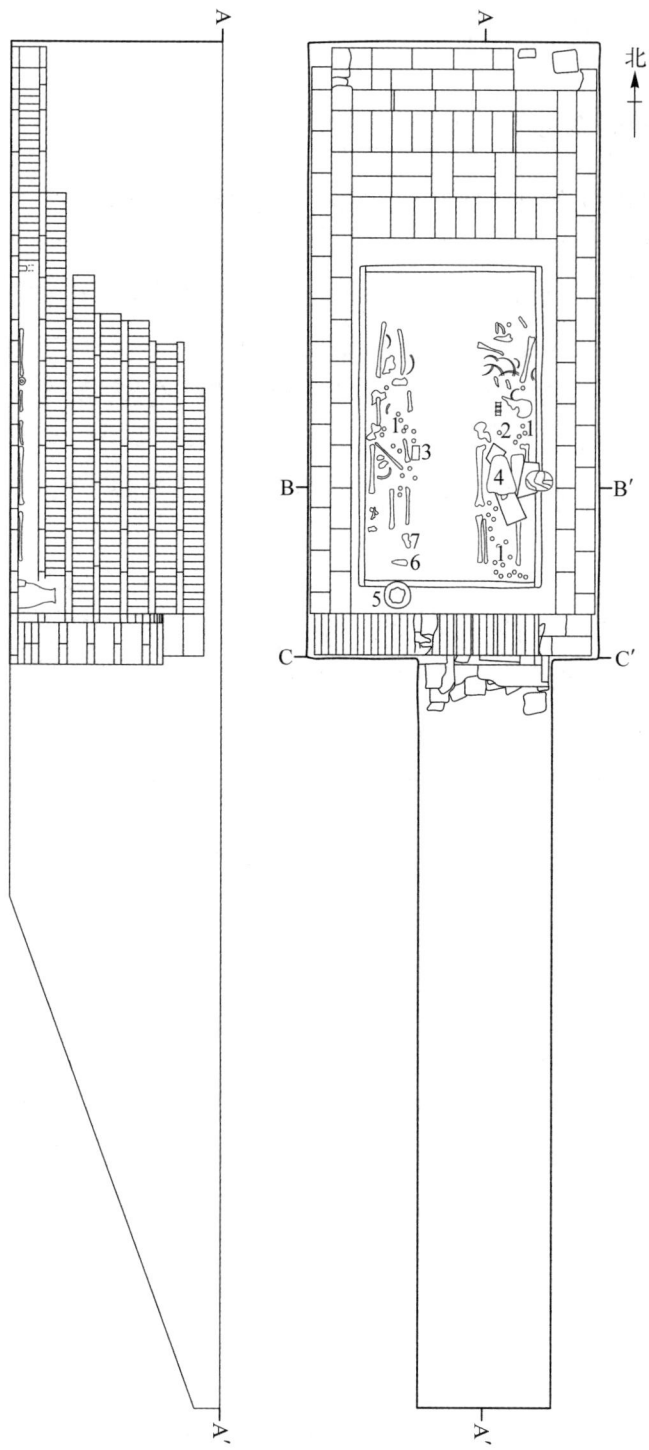

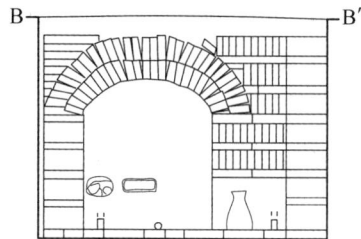

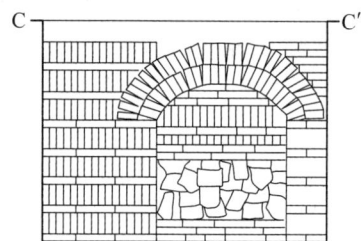

北

图四〇五　M28 平、剖面图

1. 铜钱　2. 铜环　3. 石圭　4. 陶灶
5. 陶仓　6. 陶狗　7. 陶猪

0　　　　　1米

墓室位于墓门的北端,平面呈长方形,南北长3.5米,东西宽1.62米,顶部已被破坏,仅残留下半部,残留部分周壁用青灰砖一顺一丁叠压砌置。用砖规格:0.28×0.14−0.05米。

墓室底部残留有木棺的朽痕,朽痕南北长2.14米,宽1.26米,残高0.06米,棺板厚约0.04米,棺内见有两具凌乱分布的骨骼。

2. 出土器物

出土器物8件,除陶仓放置于棺外北侧外,其余器物均放置于棺内。

铜环　2枚,形制相同。标本M28:2,青铜质,模铸,圆环形。直径2.4厘米,厚0.3厘米(图四〇六,2)。

石圭　1件。标本M28:3,青石质,平面呈长方形,正面磨光,背素面。长19.8厘米,宽9.8厘米,厚0.4厘米(图四〇六,4)。

陶灶　1件(残)。标本M28:4,泥质灰陶,手模兼制,火候高。平面呈椭圆形,前宽后窄,灶面前部有两个圆形釜孔,后部有方形烟囱。正面有长方形火门,火门上有遮烟墙,无底,内空。长22.8厘米,宽18厘米,高7.6厘米(图四〇六,5;彩版一〇〇,6)。

陶仓　1件(残)。标本M28:5,泥质灰陶,手轮兼制,火候高。仓顶残缺,平面呈椭圆形,口小底大,直腹稍斜,正面有长方形孔。口径15.6厘米,底径14.8厘米,残高14.8厘米(图四〇六,6)。

陶狗　1件(残)。标本M28:6,泥质灰陶,手制,火候高。面部不清,两耳耸起,身躯肥硕,尾部上翘略卷,四肢直立,呈站立状。长11.5厘米,高6.5厘米(图四〇六,1)。

陶猪　1件(残)。标本M28:7,泥质灰陶,手制,火候高。嘴呈圆形略上扬,身躯肥硕,鬃毛清晰耸立,尾部上扬残缺,四肢短粗,呈站立状。长11.9厘米,高12厘米(图四〇六,3;彩版一〇一,1)。

铭文砖　1块。标本M28:8,泥质灰陶,模制。平面呈长方形,一面刻划二字,字迹不清。长28厘米,宽14厘米,厚5厘米(图四〇七,3)

铜钱　2枚。标本M28:1-1,圆形方穿,正面穿左右篆书"五铢"二字,"五"字两股交笔弯曲,"铢"字"金"旁三角形,下四点细长,"朱"旁上横笔与下垂笔圆折,正背有郭,郭缘较窄。钱径2.6厘米,穿径0.95厘米,厚0.15厘米(图四〇七,1)。标本M28:1-2,圆形方穿,正面穿左右篆书"五铢"二字,"五"字两股交笔弯曲,"铢"字"金"旁三角形,下四点较粗,"朱"旁上横笔与下垂笔圆折,正背有郭,郭缘较窄。钱径2.6厘米,穿径1厘米,厚0.1厘米(图四〇七,2)。

十二、M31

1. 墓葬形制

M31位于发掘区Ⅰ区西北部,T1510内中部,北邻M212。开口于③层下,墓口距地表4米。南北向,方向30°。为刀把形竖穴土圹单室砖券单室墓,南北通残长6.28米,宽0.7~2米,墓底距墓口0.1~1.8米。由墓道、墓门、墓室三部分组成(图四〇八)。

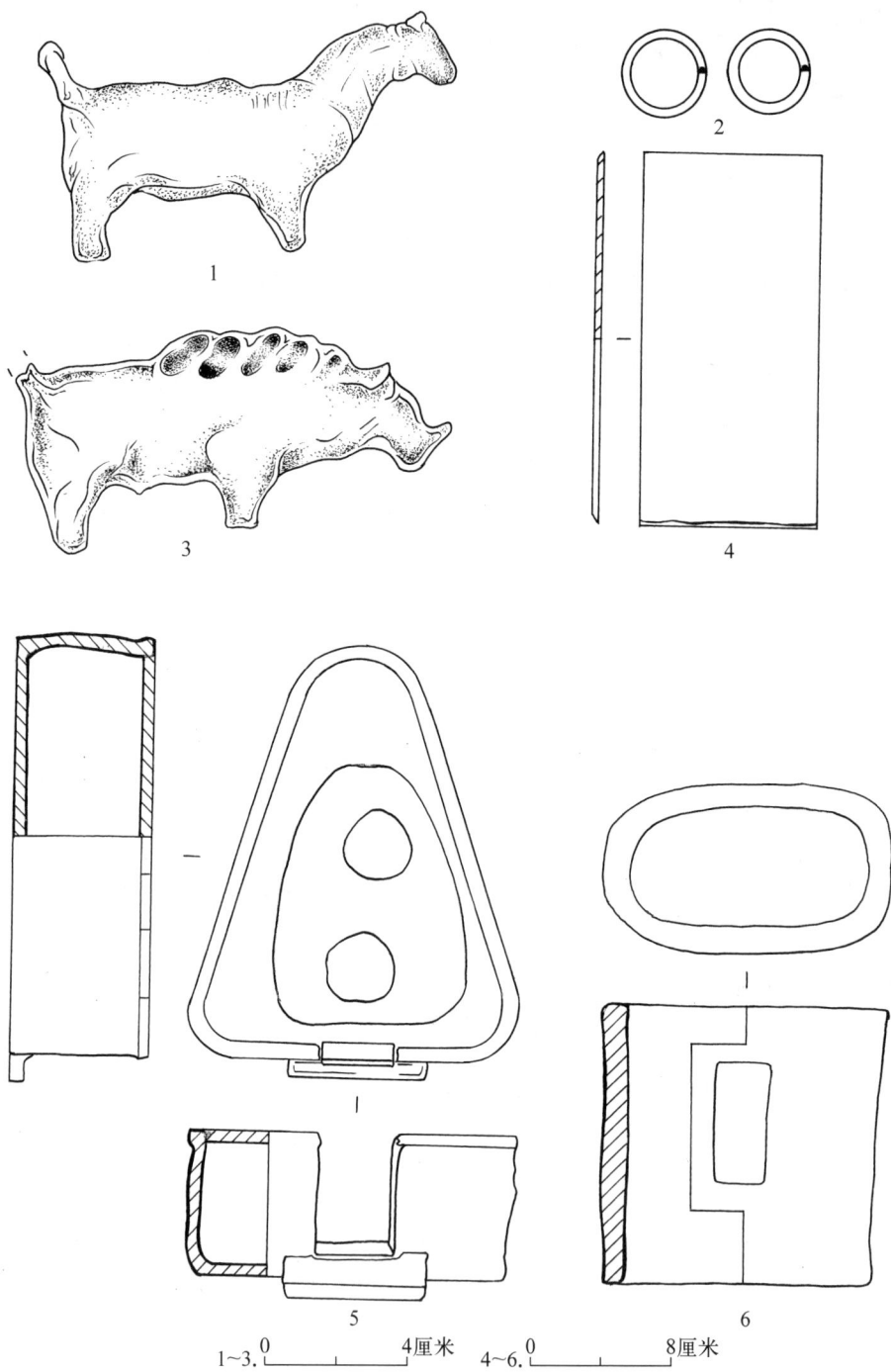

图四〇六　M28 出土陶器

1. 陶狗（M28：6）　2. 铜环（M28：2）　3. 陶猪（M28：7）　4. 石圭（M28：3）　5. 陶灶（M28：4）　6. 陶仓（M28：5）

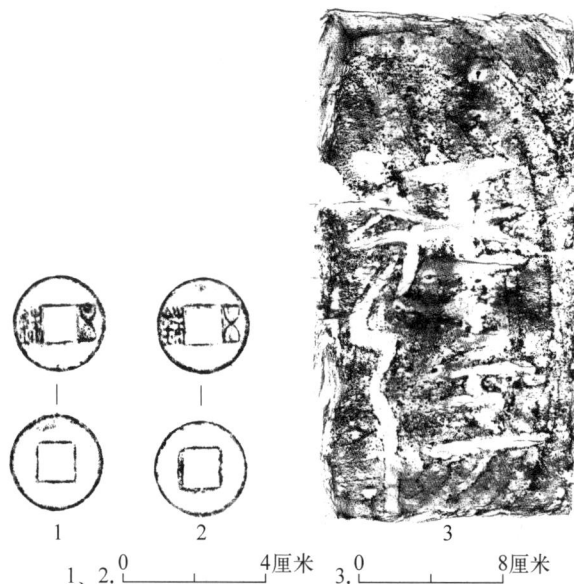

图四〇七　M28出土铜钱、墓砖

1、2. 五铢（M28：1-1、M28：1-2）　3. 墓砖（M28：8）

墓道　位于墓门的北端，南北长2.7米，宽0.7米，墓底距墓口0.1～1.8米。平面呈长方形竖穴土圹斜坡式，东西两壁较直、整齐，底为斜坡状，坡长3.2米，坡度53°。内填黄褐色花土，土质疏松，土内夹杂碎砖块等。

墓门　位于墓道南端，南与墓室连接，平面呈长方形，面宽0.7米，高1.02米。东壁用青砖一顺一丁叠压垒砌，西壁用青砖叠压错缝，砌至0.6米时开始起券，拱形券顶。

墓室　位于墓门南侧，南北长2.96米，宽1.4米。平面呈长方形，顶部大部分已被破坏，残留一排拱形券顶，后壁用青砖叠压错缝平砌，东西两壁用青砖一顺一丁叠压错缝垒砌略弧收呈拱形券顶，墓底用青砖二顺二平纵横平铺墁地。用砖规格：0.28×0.15-0.05米。

墓室内未见葬具痕迹，因盗扰严重，未见人骨架。

2. 出土器物

出土器物仅1件，为铜钱。

铜钱　1枚。标本M31：1，圆形方穿，正面篆书"五铢"二字，"五"字两股交笔斜直，"铢"字"金"旁上部三角形，下四点细长，"朱"旁上横笔方折，下垂笔圆折，正背有郭缘较窄。钱径2.5厘米，穿径1厘米，厚0.15厘米（图四〇九）。

十三、M35

1. 墓葬形制

M35位于发掘区Ⅰ区西北部，T1411内东北部，东邻M36，南邻M39。开口于③层下，墓口距

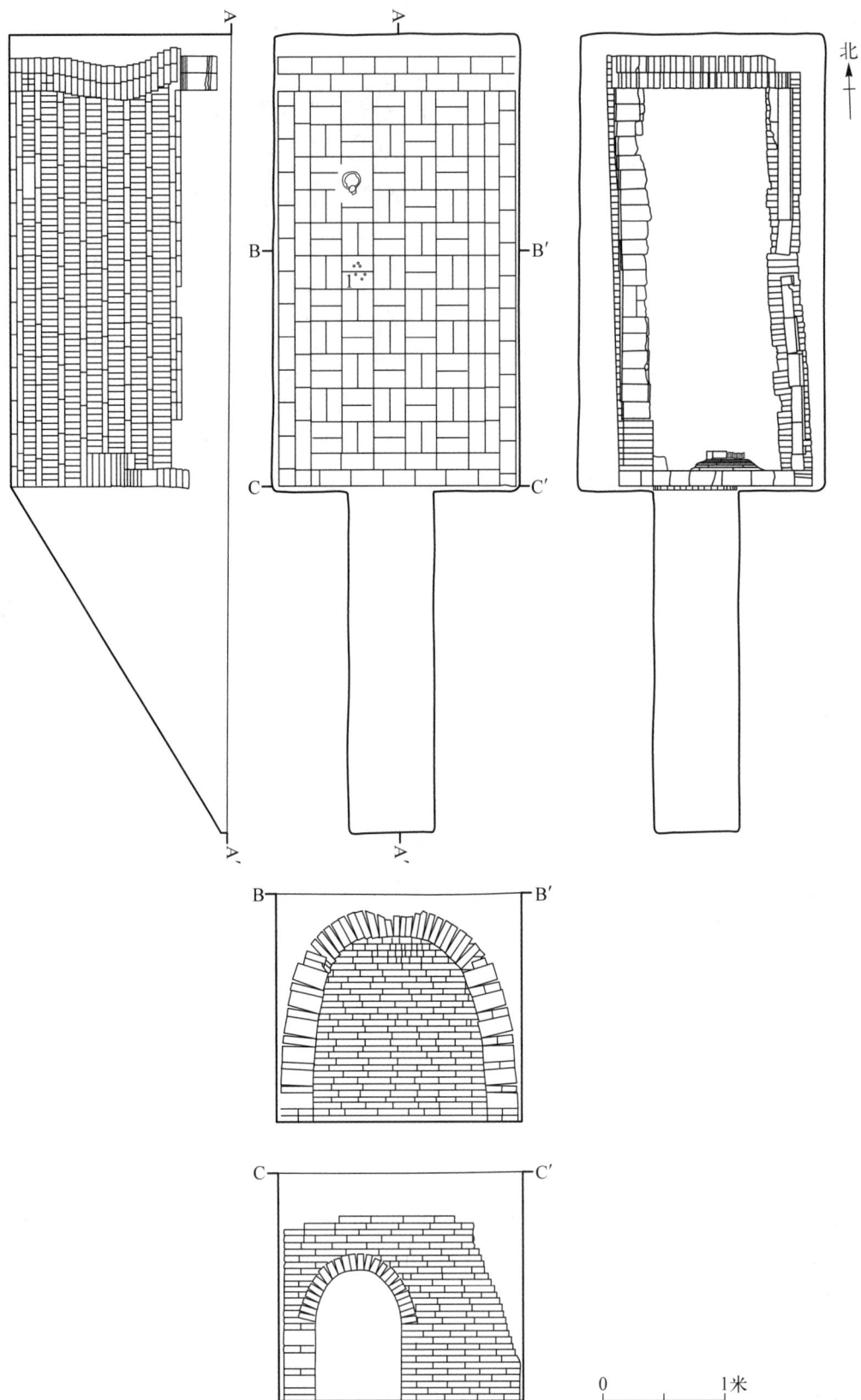

图四〇八 M31 平、剖面图

1.铜钱

地表4米。南北向，方向182°。为刀把形竖穴土圹砖券单室墓，土圹南北通长8.18米，宽0.8～2米，墓底距墓口0～2.4米。顶部被破坏，由墓道、墓门、墓室三部分组成（图四一〇；彩版二一，2）。

墓道　位于墓门的南端，南北长4米，宽0.8米，墓底距墓口0～2.4米。平面呈长方形竖穴土圹式，东西两壁较直、整齐，底为斜坡状，坡长4.65米，坡度30°。内填黄褐色花土，土质疏松，土内夹杂碎砖块等。

墓门　位于墓道北侧，北与墓室连接，东西两壁用青砖叠压错缝平砌，砌至0.75米时开始起券，券顶残留部分为拱形。面宽0.9米，进深0.28米，残高0.82～1.14米。墓门内用双排青砖叠压错缝平砌封堵。

墓室　位于墓门南侧，土圹南北长4.18米，宽2.01米，深2.4米。破坏严重，整体平面呈长方形，四壁残留部分用青砖一顺一丁叠压垒砌，顶部券制不详。墓底用青砖一顺二平平铺墁地。砖室南北长2.8米，宽1.36米，残高0.35～1.34米；墓室内北部修筑长方形器物台，东西长1.36米，宽0.65米，内用黄褐色花土填实，高于墓底0.2米。台面用砖块纵横平铺，侧面用青砖叠压错缝平砌包边。用砖规格：0.28×0.14-0.05米。

墓室内未见葬具及人骨架痕迹。

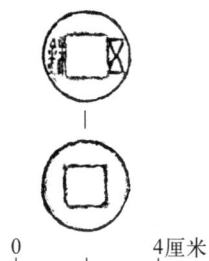

图四〇九　M31出土五铢钱
（M31：1）

2. 出土器物

22件，放于墓室内南部。

陶仓　1件（残），标本M35：1，泥质灰陶，手轮兼制，火候高。敞口，短折沿，方唇，束颈，浅腹略弧，器表饰凹弦纹，平底。口径13.2厘米，底径13.6厘米，高20.8厘米（图四一一，9；彩版一〇一，2）。

盘口瓶　2件。泥质灰陶，轮制，火候高。标本M35：2，盘口，尖圆唇，束颈，鼓腹，曲收，平底。腹部饰凹弦纹。口径14.8厘米，底径7.6厘米，高28.2厘米（图四一一，7；彩版一〇一，3）。标本M35：3，盘口，尖圆唇，束颈，鼓腹，下腹斜收，平底。下腹饰凹弦纹。口径15厘米，底径7.2厘米，高23厘米（图四一一，8）。

陶瓮　1件（残）。标本M35：4，泥质灰陶，轮制，盘胎痕清晰。直口，深直腹，平底。腹部饰凹弦纹。口径21.6厘米，底径21.6厘米，高8.8厘米（图四一一，20）。

陶罐　1件。标本M35：5，泥质灰陶，手轮兼制，火候高。子母口，尖圆唇，矮束颈，溜肩，鼓腹，下腹曲收，平底。肩部饰一圈网格纹。口径15.6厘米，腹径25.8厘米，底径17.6厘米，高20.6厘米（图四一一，14）。

陶井　1件（残）。标本M35：6，泥质灰陶，手轮兼制，内壁轮痕清晰，火候高。顶部四阿顶饰瓦棱，横梁呈长方形，圆形井口微侈，井口下收束，喇叭形井壁，平底。底径12.4厘米，通高23.6厘米（图四一一，15；彩版一〇一，4）。

陶狗　1件。标本M35：7，泥质灰陶，模制，火候高。昂首，小耳，身躯略胖，尾巴略卷曲，四

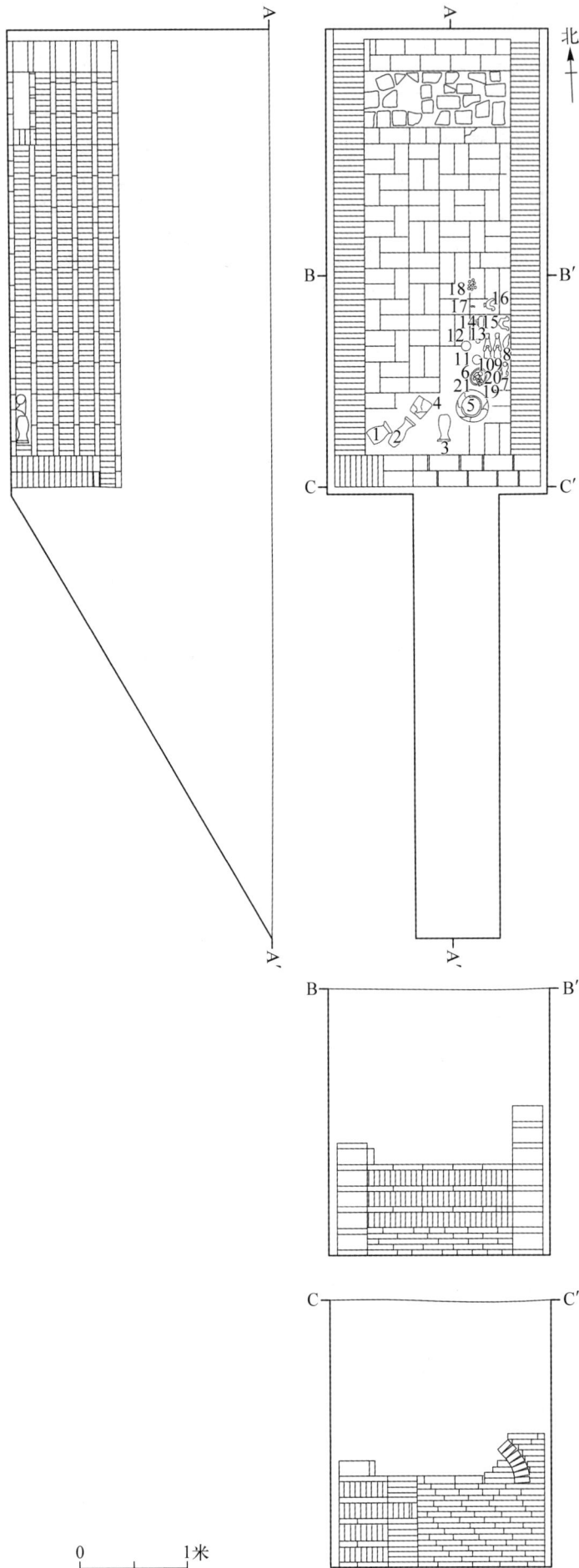

图四一〇　M35 平、剖面图

1. 陶罐　2. 盘口瓶　3. 盘口瓶　4. 陶瓮　5. 陶罐
6. 陶井　7. 陶狗　8. 陶猪　9. 陶俑　10. 陶俑
11. 陶桶　12. 陶瓮　13. 陶瓮　14. 陶耳杯　15. 陶鸡
16. 陶鸡　17. 铜环　18. 铜钱　19. 陶灯　20. 陶案
21. 陶灶

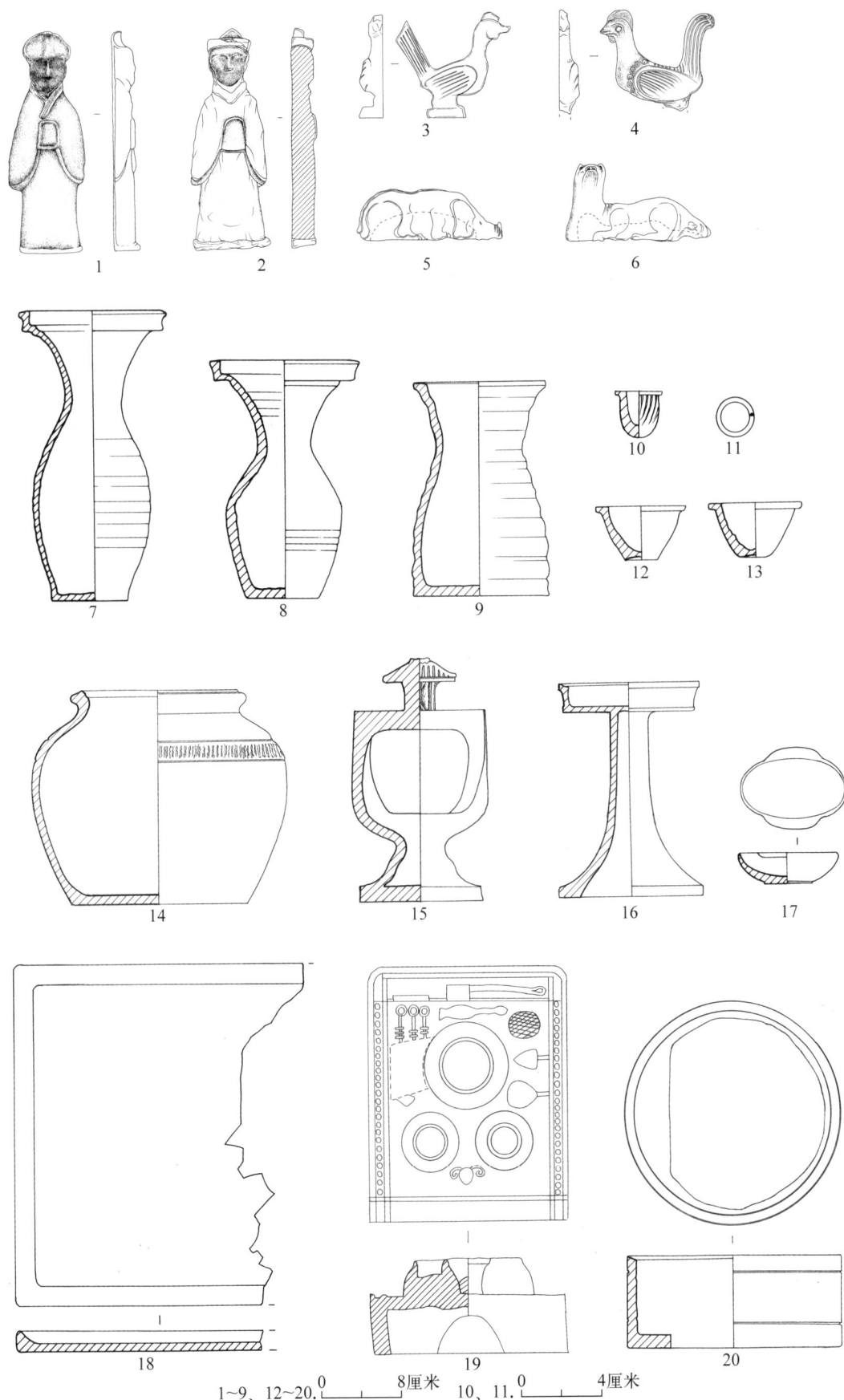

图四一一　M35出土陶器

1、2.陶俑(M35:9、M35:10)　3、4.陶鸡(M35:15、M35:16)　5.陶猪(M35:8)　6.陶狗(M35:7)　7、8.盘口瓶(M35:2、M35:3)
9.陶罐(M35:1)　10.陶桶(M35:11)　11.铜环(M35:17)　12、13.陶瓮(M35:12、M35:13)　14.陶罐(M35:5)　15.陶井(M35:6)
16.陶灯(M35:19)　17.陶耳杯(M35:14)　18.陶案(M35:20)　19.陶灶(M35:21)　20.陶奁(M35:4)

肢粗壮呈坐卧状。通高3.7厘米，长7.3厘米（图四一一，6；彩版一〇一，5）。

陶猪　1件。标本M35：8，泥质灰陶，手、模兼制，火候高。长嘴略上卷，双耳模糊不清，双目微凸，身躯肥壮，尾巴下垂，四肢粗壮呈俯卧状。高2.4厘米，长7.3厘米（图四一一，5）。

陶俑　2件。泥质灰陶，模制，火候高。标本M35：9，头戴帽，面部不清，下颌略尖，身穿长袍，双手拢袖于胸前。通高21.4厘米，宽7.6厘米（图四一一，1；彩版一〇一，6）。标本M35：10，头戴官帽，发髻耸起，面目不清，小耳，隆鼻，下颌略尖，身穿长袍，双手拢袖于胸前。通高21.2厘米，宽7.6厘米（图四一一，2；彩版一〇二，1）。

陶桶　1件（残）。标本M35：11（残），泥质灰陶，手轮兼制，火候高。敞口，折沿，方唇，浅腹，曲收，圜底，腹、底饰回弦纹。口径2.3厘米，高2.3厘米（图四一一，10；彩版一〇二，2）。

陶瓮　2件。泥质灰陶，轮制，火候高。敞口，折沿，方唇，浅腹曲收，小平底略内凹。标本M35：12，口径9厘米，底径3厘米，高5.2厘米（图四一一，12）。标本M35：13，口径9.4厘米，底径2.8厘米，高5.2厘米（图四一一，13）。

陶耳杯　1件。标本M35：14，平面呈椭圆形，敞口，浅腹，矮足，平底，口部附对称残月形耳。口径10.6厘米，底径4.8厘米，高3厘米（图四一一，17）。

陶鸡　2件。泥质灰陶，模制，火候高。标本M35：15，尖喙，翘尾，翅、尾羽翎清晰，腹下方形底座。通高5.1厘米，长5.7厘米（图四一一，3）。标本M35：16，尖喙，圆眼，冠高耸，翘尾略卷曲，翅、尾羽翎清晰，腹下底座残缺。通高4.8厘米，长5.7厘米（图四一一，4）。

铜环　3枚，形制相同。标本M35：17，青铜质，模制，圆环形。直径2厘米（图四一一，11）。

陶灯　1件（残）。标本M35：19，泥质灰陶，轮制，火候高。浅盘，敞口，圆柱状柄，喇叭形底座，内空。盘径14厘米，底径14.6厘米，通高20.6厘米（图四一一，16）。

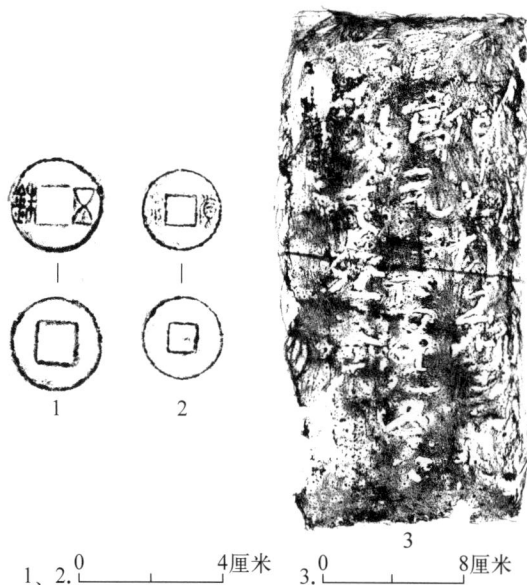

图四一二　M35出土铜钱、墓砖

1. 五铢（M35：18-1）　2. 货泉（M35：18-2）　3. 墓砖（M35：24）

陶案　1件（残）。标本M35：20，泥质红陶，火候高。平面呈长方形，侈口，尖圆唇，浅腹，平底。残长29.4厘米，宽33厘米，高2.2厘米（图四一一，18）。

陶灶　1件（残）。标本M35：21，泥质灰陶，手模兼制，火候高。平面呈长方形，灶面三釜呈"品"字形分布，釜周围摆放食品及食用工具，后面修饰方形烟囱，正面有半圆形火门。长24.6厘米，宽20.2厘米，高9.1厘米（图四一一，19；彩版一〇二，3）。

铭文砖　1块。标本M35：22，泥质灰陶，模制。平面呈长方形，一面刻草书三行，23字，字迹不清。长28厘米，宽14厘米，厚5厘米（图四一二，3）。

铜钱　10枚。标本M35：18-1，圆形方

穿,正面穿左右篆书"五铢"二字,"五"字两股交笔弯曲,"铢"字"金"旁上部三角形,下四点粗短,"朱"旁上下笔均圆折。正背有郭,郭缘较窄。钱径2.6厘米,穿径0.95厘米,厚0.1厘米(图四一二,1)。标本M35:18-2,圆形方穿,正面穿左右篆书"货泉"二字,字迹不清,字体纤细,为悬针篆,正背有郭,郭缘较窄。钱径2.2厘米,穿径0.7厘米,厚0.15厘米(图四一二,2)。

十四、M36

1. 墓葬形制

M36位于发掘区Ⅰ区西北部,T1512内西南部,东邻M37,西邻M35。开口于③层下,墓口距地表4米。南北向,方向180°。为刀把形竖穴土圹砖券单室墓,土圹南北通长7.36米,东西宽0.76~2.26米,墓底距墓口1.9米。由于破坏严重,墓仅存下半部分,由墓道、墓门、墓室三部分组成(图四一三)。

墓道　位于墓门南端,南北长2.96米,东西宽0.76米,墓底距墓口0~1.9米。平面呈长方形,东西两壁垂直整齐,底为斜坡式,坡度为34°,坡长3.57米。内填红褐色花土,土质疏松,内夹杂少量碎砖块等。

墓门　位于墓道北端,北与墓室相连,平面呈长方形,顶部破坏,东西两壁用规格为0.28×0.14-0.05米的青灰色绳纹砖叠压错缝砌筑。面宽0.76米,进深0.32米,残高0.75米。

墓室　位于墓门北端,平面呈长方形,南北长3.36米,东西宽1.36米。顶部已被破坏,仅残留下部,残留部分周壁用规格为0.28×0.14-0.05米的青灰色绳纹砖一顺一丁叠压砌置。墓底残留部分用青砖纵横错缝平铺墁地,在墓室内北部砌置器物台,台面砌砖已被破坏,仅残留顺丁砌置的包边砖,东西长1.36米,南北宽0.6米,高于墓底0.14米。

因盗扰严重,墓室内未见用棺及人骨痕迹。

2. 出土器物

无。

十五、M44

1. 墓葬形制

M44位于发掘区Ⅰ区西部,T1309内中部,东邻M45。开口于③层下,墓口距地表4米。南北向,方向10°。为刀把形竖穴土圹砖券单室合葬墓,南北向,南北通残长8米,宽0.7~2.4米,墓底距墓口0~1.36米。由墓道、墓门、墓室三部分组成(图四一四;彩版二一,3)。

墓道　位于墓门的北端,南北长3.5米,宽0.72米,墓底距墓口0~1.04米。平面呈长方形竖穴土圹斜坡式,东西两壁较直、整齐,底为斜坡状,坡长4.18米,坡度20°。内填黄褐色花土,土质疏松,土内夹杂碎砖块等。

墓门　位于墓道南端,南与墓室连接,已被破坏,形制不详,仅残留部分封门砖,残留部分用青砖叠压错缝平砌封堵。残宽0.86,残高0.32米。

北

0　　　1米

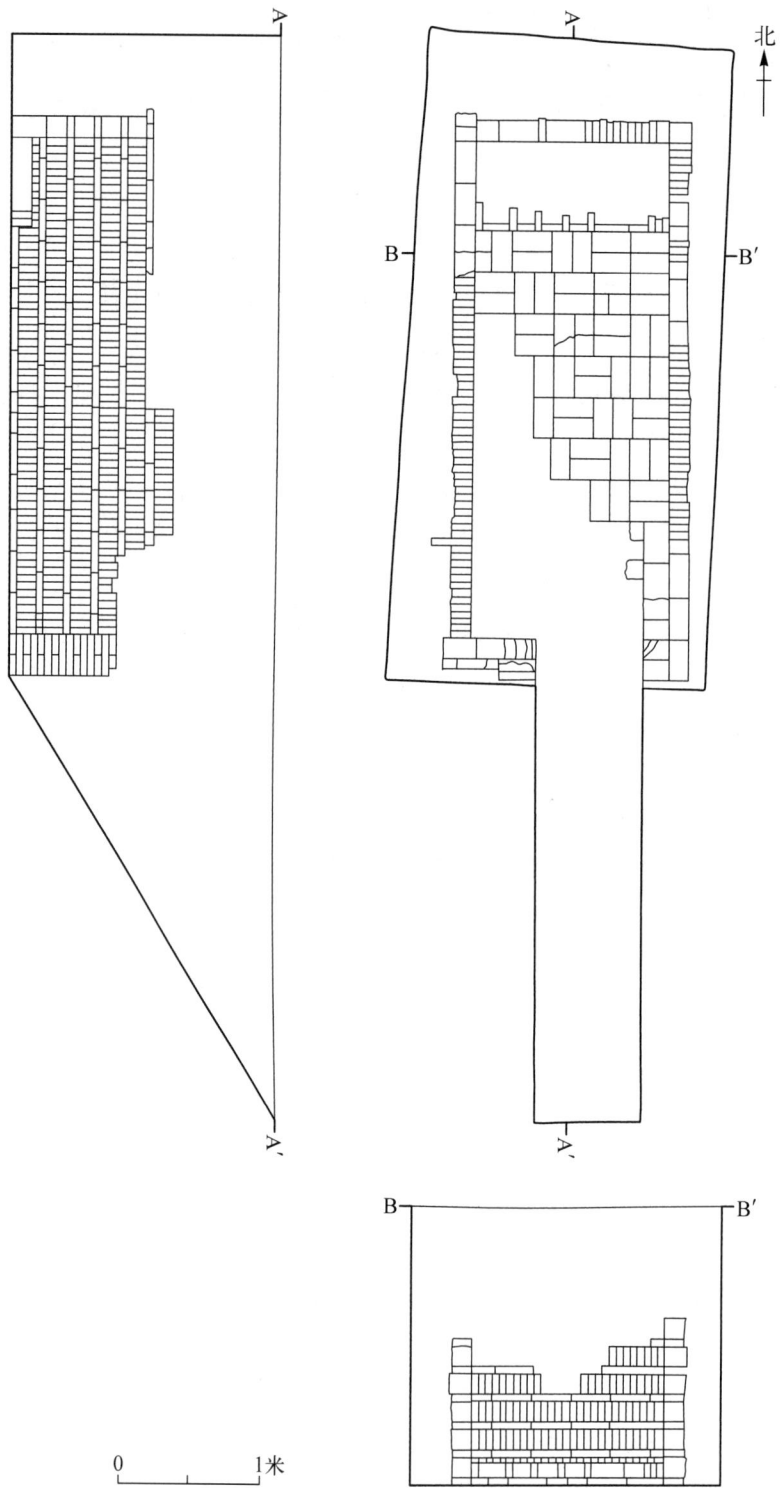

图四一三　M36平、剖面图

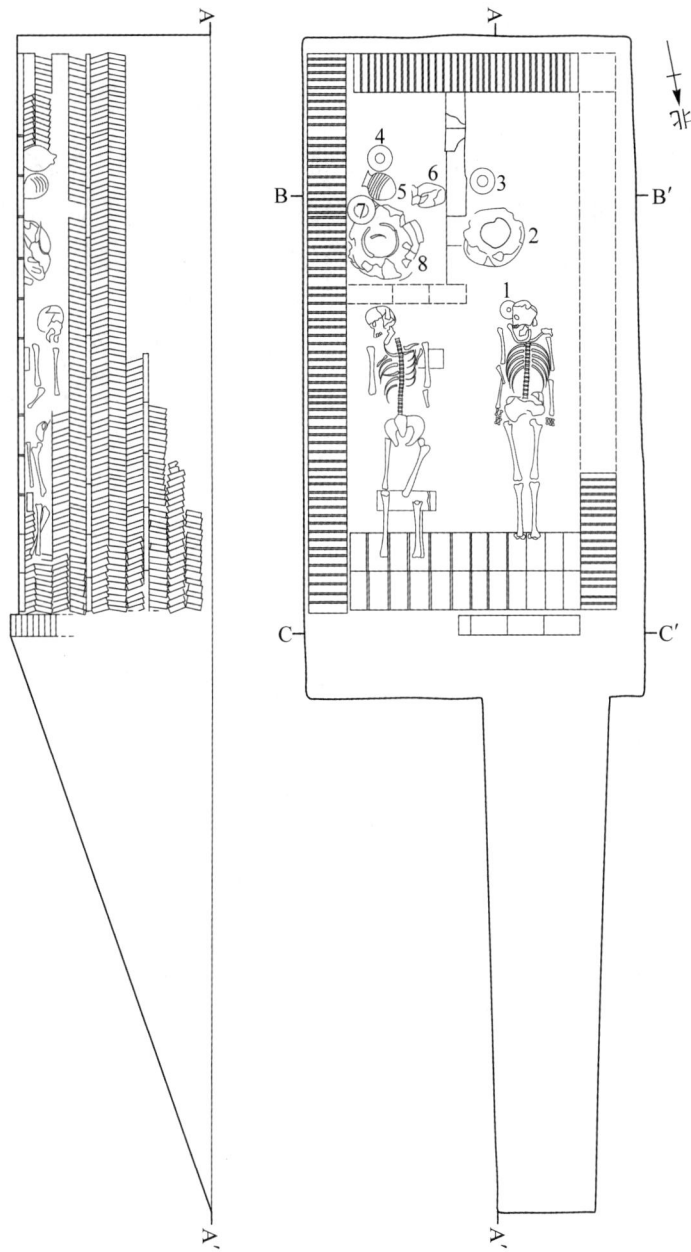

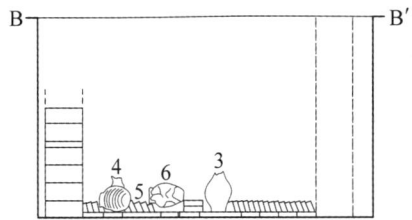

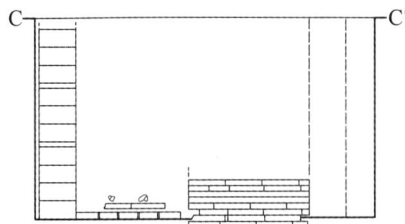

图四一四　M44 平、剖面图

1. 铜镜　2. 陶罐　3. 盘口壶　4. 盘口壶　5. 陶罐　6. 盘口壶　7. 陶罐　8. 陶罐

墓室　位于墓门南侧，平面呈长方形，土圹南北长4.5米，宽2.3～2.4米。砖室大部分已被破坏，仅残留局部，残留部分四壁用青砖侧立叠压垒砌呈人字形，顶部券制不详，残高0～1.3米。墓底用青砖并列纵铺墁地。在墓底中部靠南壁修筑隔墙，用青砖叠压错缝平砌，残长1.3米，宽0.14米，厚0.08米。用砖规格：0.26×0.14-0.04米，0.26×0.13-0.04米。

未见葬具痕迹，仅见两具骨架：西侧骨架头向南，面向上，为仰身直肢葬，骨架长1.62米，女性，年龄约30岁；东侧骨架头向南，面向西，为仰身直肢葬，骨架长1.72米，男性，年龄约35。

2. 出土器物

8件，除铜镜放于西侧头骨下外，其余器物均放于墓室内南部。

铜镜　1件。标本M44：1，四乳四虺镜，镜面光滑，镜背中部圆钮穿孔，钮座外有四组三直线与一周凸弦纹相连。内区两栉齿纹条带之间四条虺龙躯体弯曲，虺龙外侧各饰小鸟，四条虺龙之间以乳钉相隔。外区素面，平宽，斜缘。直径11.6厘米，厚0.4厘米（图四一六；彩版一〇三，2）。

陶罐　4件。标本M44：2，夹砂夹蚌红陶，手轮兼制，火候高。子母口内敛，方圆唇，矮束颈，溜肩，鼓腹，下腹曲收，平底。肩部压印两周网格纹。口径14.2厘米，腹径26.4厘米，底径9.2厘米，高19.6厘米（图四一五，6；彩版一〇二，6）。标本M44：5，泥质灰陶，手轮兼制，火候高。平口内敛，斜方唇，短束颈，鼓腹，下腹曲收，小平底。上腹饰凹弦纹，下腹及底拍印绳纹。口径13.8厘米，腹径19.8厘米，底径3.2厘米，高24厘米（图四一五，4；彩版一〇二，4）。标本M44：7，泥质灰陶，手轮兼制，火候高。平口内敛，短束颈，鼓腹曲收，小平底。上腹饰凹弦纹，下腹及底拍印绳纹。口径14厘米，腹径21.1厘米，底径4厘米，高25.6厘米（图四一五，5）。标本M44：8，泥质红陶，手轮兼制。敛口，短折沿，方唇，束颈，溜肩，鼓腹弧收，平底。肩部饰二周弦断网格纹。口径13厘米，腹径25.2厘米，底径8.2厘米，高18.8厘米（图四一五，7；彩版一〇三，1）。

盘口壶　3件。泥质灰陶，轮制。标本M44：3，火候高。盘口，束颈，鼓腹，下腹曲收，平底，底部饰凹弦纹。口径12.4厘米，腹径19厘米，底径12.1厘米，高22.6厘米（图四一五，2）。标本M44：4，敛口，短折沿，方唇，矮束颈，鼓腹曲收，平底，上腹饰凹弦纹。口径9.6厘米，腹径19厘米，底径14.8厘米，高22.8厘米（图四一五，3）。标本M44：6，火候高。盘口，束颈，鼓腹，下腹曲收，平底。博山式器盖。口径12.8厘米，腹径19厘米，底径13.2厘米，通高26.6厘米（图四一五，1；彩版一〇二，5）。

十六、M64

1. 墓葬形制

M64位于发掘区Ⅱ区东部，T5204内西北部，开口于③层下，墓口距地表4米。南北向，方向189°。为刀把形竖穴土圹砖券单室墓，土圹南北通长9.1米，宽0.9～2.2米，墓底距墓口0～1.7米。破坏较严重，由墓道、墓门、墓室三部分组成（图四一七；彩版二二，1）。

墓道　位于墓室的南端，南北长2.95米，宽0.9米，墓底距墓口0～1.7米。平面呈长方形竖穴

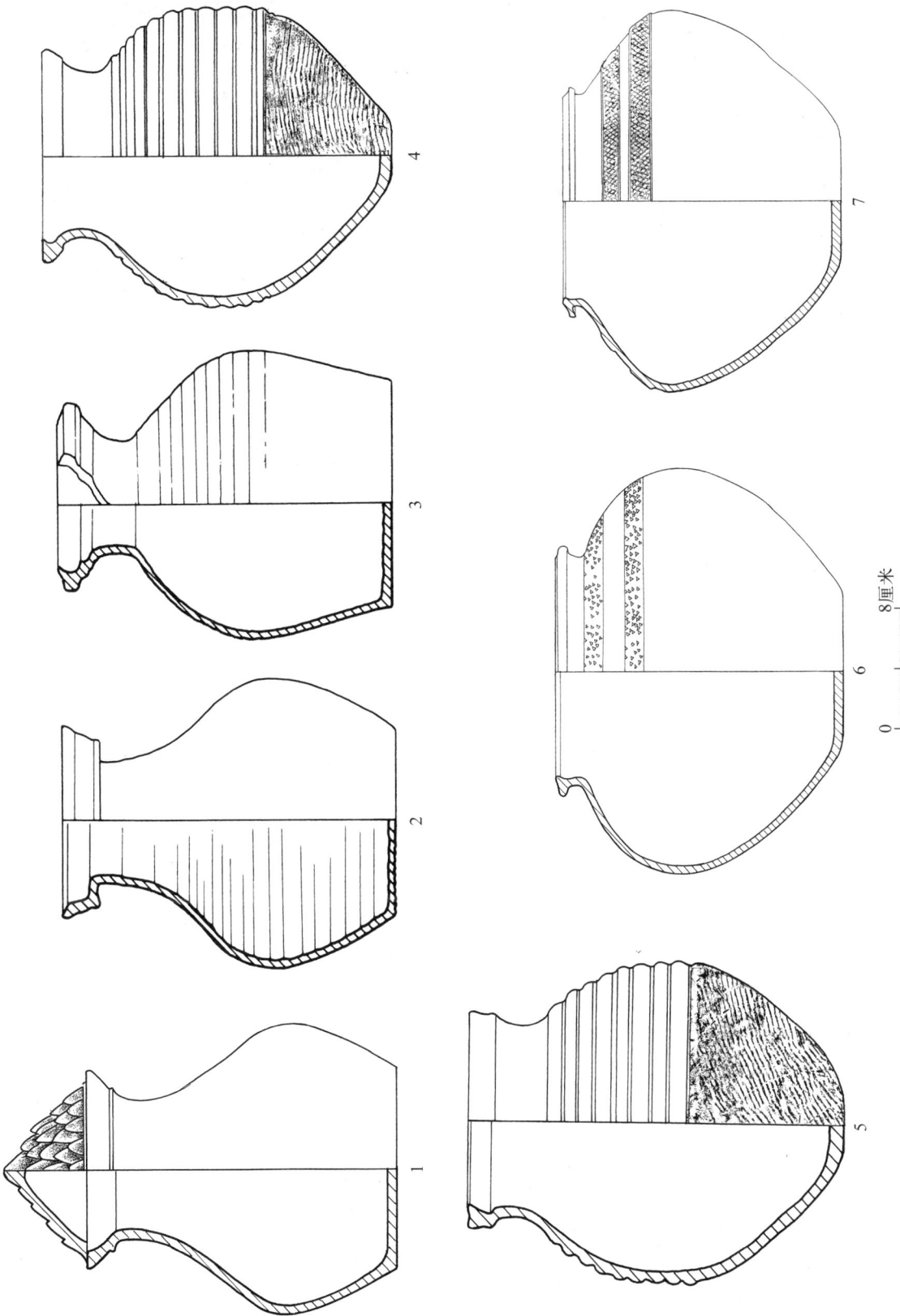

图四一五　M44出土陶器

1～3. 盘口壶（M44：6，M44：3，M44：4）　4～7. 陶罐（M44：5，M44：7，M44：2，M44：8）

土圹式，东西两壁较直、整齐，底为斜坡状，坡长3.42米，坡度21°。内填黄褐色花土，土质疏松，土内夹杂碎砖块等。

墓门　位于墓道北端，北与墓室连接，平面呈长方形，面宽0.95米，进深0.28米。东西两壁用青砖一顺一丁叠压垒砌，砌至0.76米时开始起券，双层拱形券顶，门高1.14米。墓门内外用青砖垒砌封堵：外侧用青砖叠压错缝平砌，高0.8米；内侧用青砖叠压砌制呈人字形，高1.12米。

墓室　位于墓门北侧，平面呈长方形，土圹南北长6.14米，宽2.2米，深1.7米。顶部坍塌，券制不详，四壁用青砖一顺一丁叠压垒砌，墓底用青砖二顺二丁平铺墁地。墓室南北长5.43米，宽1.5米，残高0.38～1.65米。用砖规格：0.28×0.14-0.05米。

墓室内未见葬具及人骨架痕迹。

图四一六　M44出土铜镜（M44：1）

2. 出土器物

出土器物18件，放于墓室内西南部。

陶灶　1件。标本M64：1，泥质灰陶，模制。平面呈马蹄形，前宽后窄，内空。灶面三釜锅呈"品"字形分布，内放置陶瓮、陶甑等。正面设长方形灶门，灶门上部设置挡火墙。长27.2厘米，宽19.4厘米，高8.4厘米，灶门高3厘米，宽6.2厘米（图四一九，1；彩版一〇三，3）。

陶院　1件（残）。标本M64：3，泥质灰陶，模制。平面呈长方形，一侧开门，院内两侧有对称硬山顶两面坡式厢房，厢房均一侧开门。长64厘米，宽58厘米，通高20.8厘米（图四一九，6；彩版一〇四，2）。

陶甑　1件。标本M64：5，泥质灰陶，手轮兼制。敞口，折沿，尖唇，浅曲腹，圜平底，底部有四个小孔。口径3.8厘米，底径1.1厘米，高2.2厘米（图四一八，1）。

陶勺　1件。标本M64：6，泥质灰陶，手制。勺前端平面呈圆形，圆圜底，尾部后加勺柄，圆形，柄首呈兽形，嘴巴大张。通长5.7厘米（图四一八，7；彩版一〇三，4）。

陶鸡　2件。泥质灰陶，模制。标本M64：7，直立状，面部不清，尖喙，冠高耸，身体肥硕，尾略翘，腹下有座。长9.7厘米，高6.5厘米（图四一八，8）。标本M64：8，直立状，面部不清，尖喙，无冠，身体肥硕，尾略上翘，腹下有圆柱状底座。长8厘米，高5厘米（图四一八，8）。

陶猪　1件。标本M64：9，长嘴，嘴巴较圆，双耳高耸，身体肥硕，尾下垂，四肢呈蜷卧状俯于地。通长10.2厘米（图四一八，10；彩版一〇三，5）。

陶狗　1件。标本M64：10，泥质灰陶，模制。昂首，两耳高耸，嘴巴微张，整体似坐卧状，颈部以下残缺。残长4.9厘米，高5.3厘米（图四一八，11；彩版一〇三，5）。

陶瓮　1件。标本M64：11，泥质灰陶，轮制。敛口，鼓腹斜收，小平底，下腹有一周凹弦纹。口径2.3厘米，腹径4厘米，底径1.2厘米，高2.4厘米（图四一八，3）。

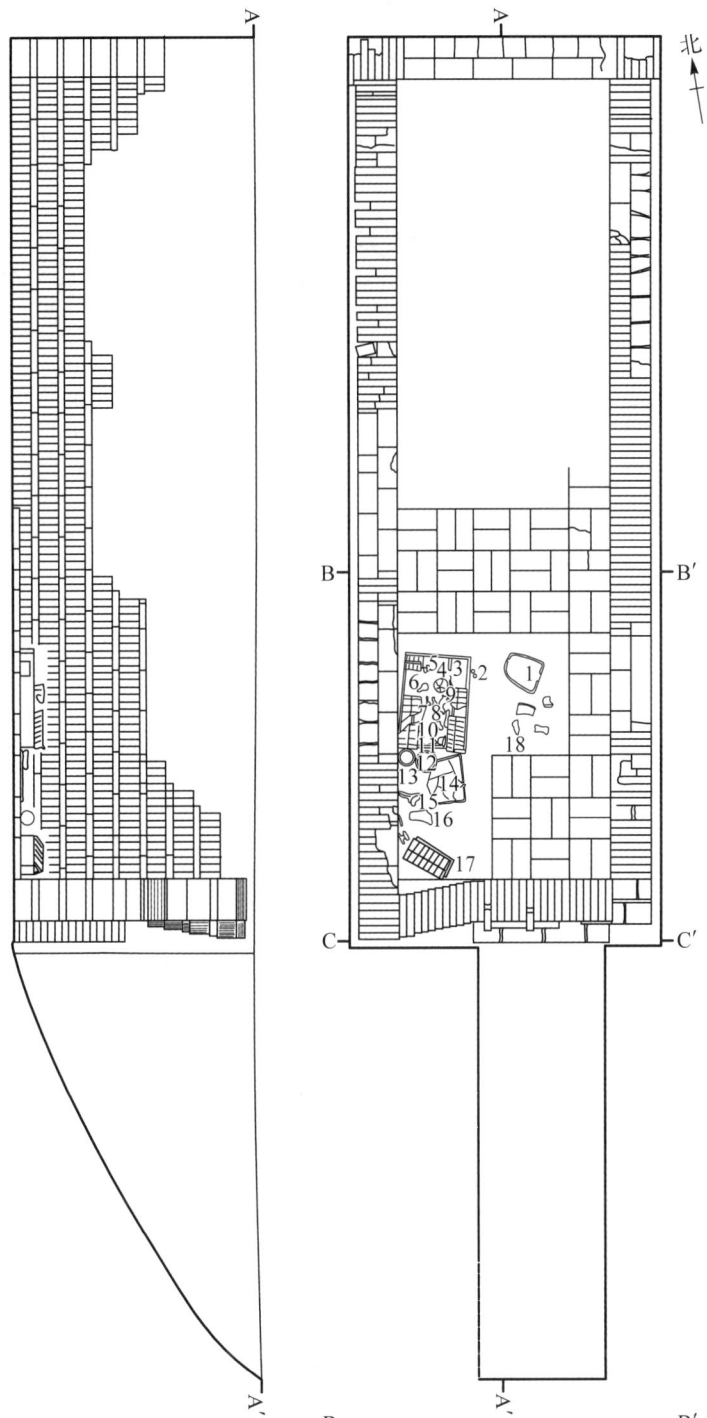

图四一七　M64 平、剖面图

1. 陶灶　2. 铜钱　3. 陶院　4. 陶器盖　5. 陶甑
6. 陶勺　7. 陶鸡　8. 陶鸡　9. 陶猪　10. 陶狗
11. 陶瓮　12. 陶器盖　13. 陶器盖　14. 陶案
15. 陶鐎斗　16. 陶灯　17. 陶房　18. 铜马衔

0 ————————— 1米

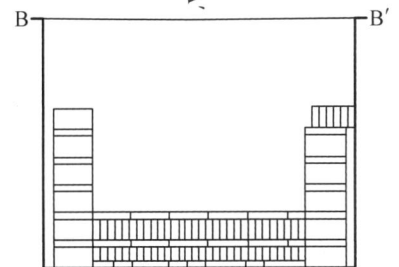

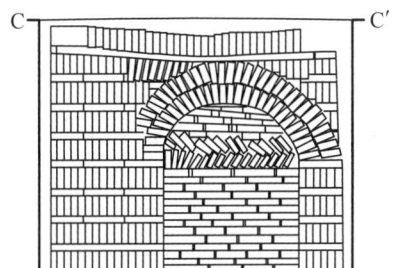

墓门正视图

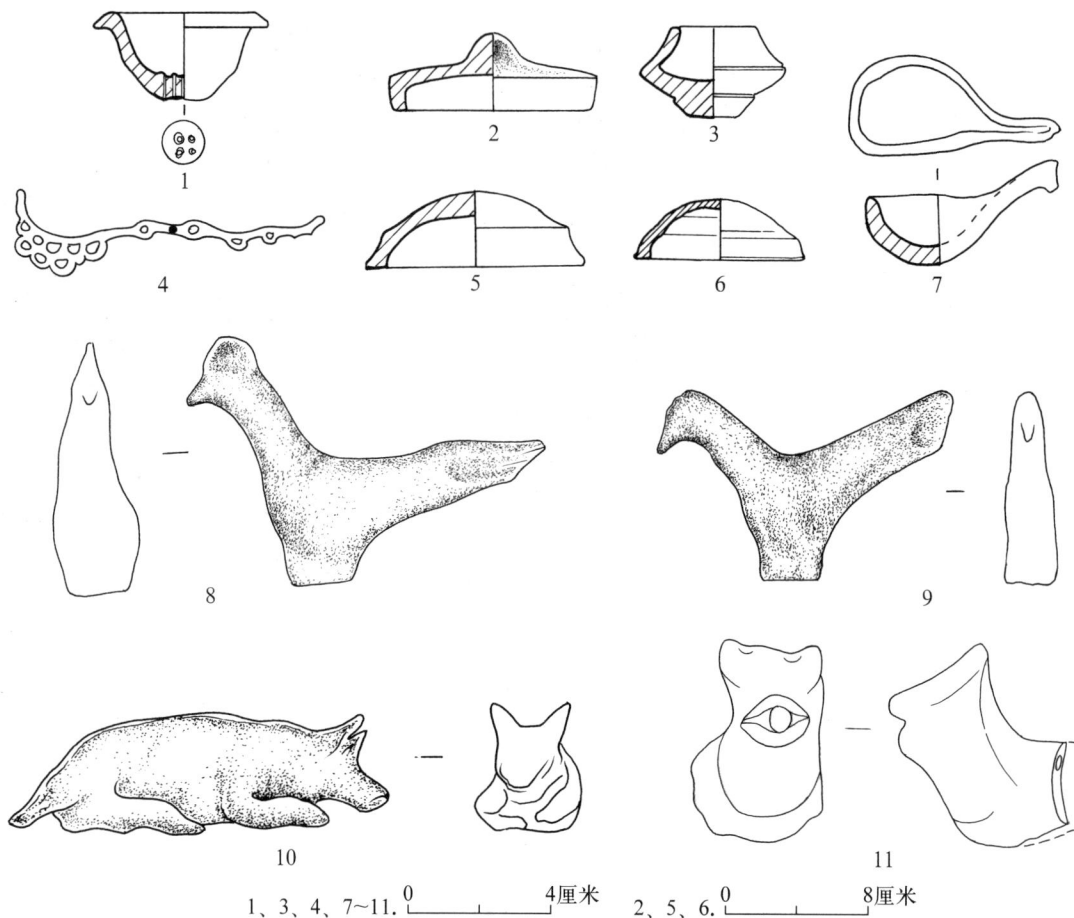

1、3、4、7~11. 0 ——— 4厘米　　2、5、6. 0 ——— 8厘米

图四一八　M64 出土陶器

1. 陶甑（M64：5）　2. 陶器盖（M64：4）　3. 陶瓮（M64：11）　4. 铜马衔（M64：18）　5. 陶器盖（M64：13）　6. 陶器盖（M64：12）
7. 陶勺（M64：6）　8. 陶鸡（M64：7）　9. 陶鸡（M64：8）　10. 陶猪（M64：9）　11. 陶狗（M64：10）

陶器盖　3件。泥质灰陶，轮制。标本 M64：4，盖敛口，折腹，圜平顶，顶部有圆钮。盖径10.8厘米，高4厘米（图四一八，2）。标本 M64：12，呈覆钵形，盖口较敞，弧形顶。盖径8.2厘米，高3.2厘米（图四一八，6）。标本 M64：13，呈覆钵形，盖口较敞，弧形顶。盖径12厘米，高4厘米（图四一八，5）。

陶案　1件（残）。标本 M64：14，泥质灰陶，轮制。平面呈长方形，敞口，尖唇，浅腹，内底四周有一圈凹槽，四角有圆孔。残长15.7厘米，宽16厘米，高1.5厘米（图四一九，5）。

陶镳斗　1件（复原）。标本 M64：15，泥质灰陶，手轮兼制。直口，矮领，溜肩，鼓腹下斜收，小平底，腹部一侧有长方形柄。口径10.4厘米，腹径15.4厘米，底径6.8厘米，柄长9.1厘米，通高8厘米（图四一九，2；彩版一〇三，6）。

陶灯　1件。标本 M64：16，泥质灰陶，手轮兼制，火候高。侈口，折沿方唇内凹，曲腹，平底，底口见刮胎痕，沿上附贴对等的8个圆形灯碗，灯碗为敞口，浅折腹，短柱状灯柱。口径34厘米，底径13.2厘米，灯碗口径8厘米，高5厘米，通高13.6厘米（图四一九，4；彩版一〇四，1）。

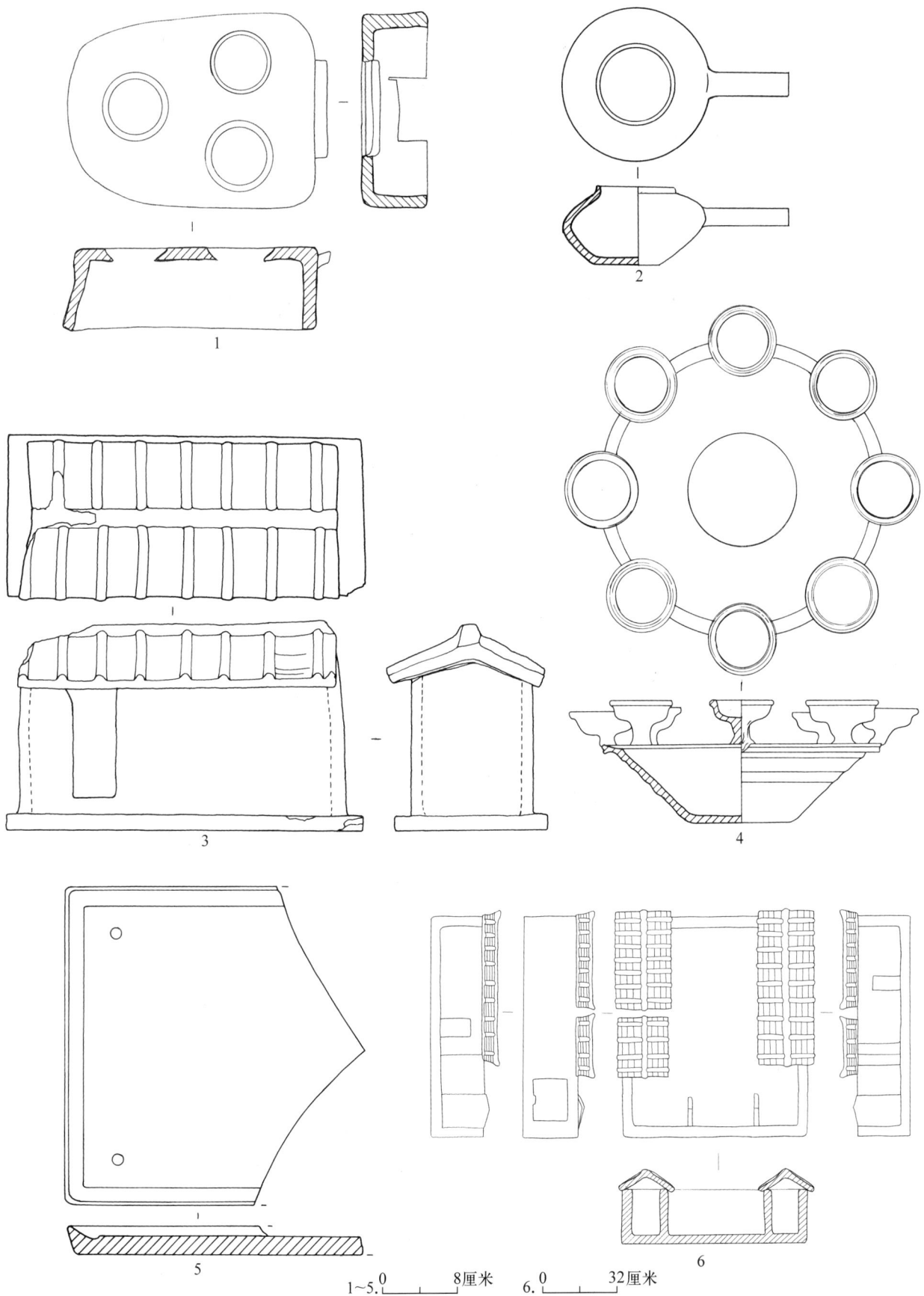

图四一九　M64出土陶器

1. 陶灶（M64∶1）　2. 陶镳斗（M64∶15）　3. 陶房（M64∶17）　4. 陶灯（M64∶16）　5. 陶案（M64∶14）　6. 陶院（M64∶3）

陶房　1件（残）。标本M64：17，泥质灰陶，模制。平面呈长方形，上部呈两面坡式硬山顶，平脊，坡上瓦垄清晰，四壁较直，前面一侧设长方形门，长方形底座均向四周延伸出墙体外。长37.2厘米，宽16厘米，高20.8厘米（图四一九，3；彩版一〇四，3）。

铜马衔　1件（残）。标本M64：18，青铜质，范铸。主茎呈圆柱状，两端为连弧形薄片，仅残留一端，内部镂空。长8.4厘米（图四一八，4）。

铜钱　2枚。标本M64：2-1，圆形方穿，正面穿左右篆书"五铢"二字，"五"字两股交笔弯曲，"铢"字"金"旁上部等腰三角形，下四点粗短，"朱"旁上横笔方折，下垂笔圆折，正背有郭，郭缘较窄。钱径2.5厘米，穿径0.95厘米，厚0.1厘米（图四二〇，1）。标本M64：2-2，圆形方穿，正面穿左右篆书"五铢"二字，"五"字两股交笔弯曲，"铢"字"金"旁上部等腰三角形，下四点细长，"朱"旁上横笔下垂笔圆折，正背有郭，郭缘较窄。钱径2.4厘米，穿径0.95厘米，厚0.1厘米（图四二〇，2）。

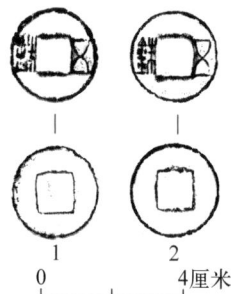

图四二〇　M64出土五铢钱

1、2.（M64：2-1、M64：2-2）

十七、M85

1. 墓葬形制

M85位于发掘区Ⅰ区中部偏南，T0916内东部，东邻M72。开口于③层下，墓口距地表4米。南北向，方向188°。为刀把形竖穴土圹砖券单室墓，南北通长7.8米，东西宽0.7～2.2米，墓底距墓口0.3～1.34米，由墓道、墓门、墓室三部分组成（图四二一）。

墓道　位于封门的北端，南北长3.68米，东西宽0.7～1.26米，墓底距墓口0.3～1.34米。平面呈梯形竖穴土圹式，南窄北宽，东西两壁垂直整齐，底部上半部修筑三步台阶，下半部为斜坡状。台阶宽0.5～0.55米，高0.12～0.18米。内填黄褐色花土，土质较硬，土内夹杂残砖块及少量陶片。

墓门　位于墓道北端，北与墓室连接，由于破坏严重，形制、砌法不详。

墓室　位于墓门的北侧，平面呈长方形，保存较差，南北长4.12米，宽2.2米。破坏严重，仅存局部，残留部分四壁用青砖一顺一丁叠压垒砌，墓底用青砖二顺二丁平铺墁地。墓室长3.46米，宽1.54米，残高0～0.75米。用砖规格：0.3×0.15-0.05米，0.28×0.13-0.04米。

墓室内未见葬具及人骨架痕迹。

2. 出土器物

出土器物2件，散布于墓室内。

陶盆　1件。标本M85：2，泥质灰陶，轮制。敞口，折沿，圆唇下垂，浅腹斜收，平底上凹。口径6厘米，底径2.6厘米，高4厘米（图四二二，1）。

铜钱　2枚。标本M85：1-1，圆形方穿，正面穿左右篆书"五铢"二字，"五"字两股交笔弯曲，"铢"字"金"旁上部等腰三角形，下四点粗短，"朱"旁上横笔方折，下垂笔圆折，正背有郭，郭缘较窄。钱径2.55厘米，穿径0.95厘米，厚0.15厘米（图四二二，2）。标本M85：1-2，圆形方穿，

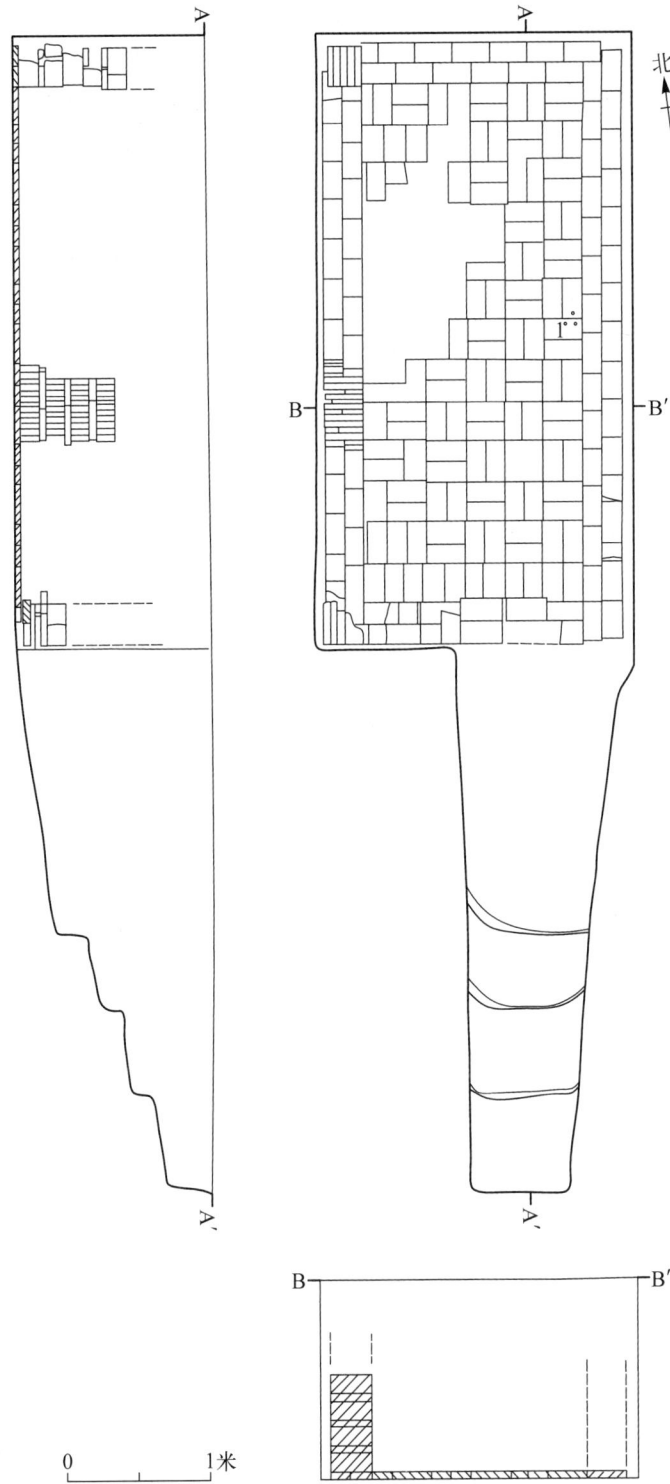

图四二一　M85平、剖面图

1. 铜钱　2. 陶盆（填土）

正面穿左右篆书"五铢"二字，"五"字两股交笔缓曲，"铢"字"金"旁上部三角形，下四点细长，"朱"旁上横笔与下垂笔圆折，正背有郭，郭缘较窄。钱径2.6厘米，穿径0.9厘米，厚0.15厘米（图四二二，3）。

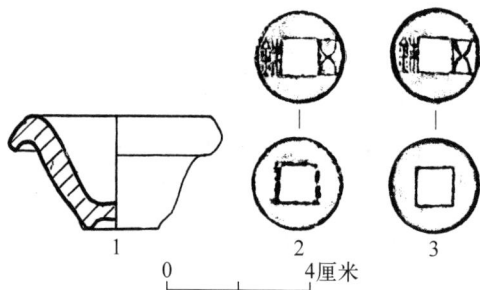

图四二二　　M85出土器物
1. 陶盆（M85：2）　2、3. 五铢（M85：1-1、M85：1-2）

十八、M90

1. 墓葬形制

M90位于发掘区Ⅰ区东南部，T0820内中部，北邻M94，东邻M91，西邻M89。开口于③层下，墓口距地表4米。南北向，方向182°。为刀把形竖穴土圹砖券单室墓，南北长8.08米，宽0.6～2.5米，墓底距墓口0.7～1.7米。由墓道、墓门、墓室三部分组成（图四二三）。

墓道　位于墓门南端，局部被现代沟打破，南北残长3.2米，宽0.6～0.8米，口距墓底0.7～1.7米。平面呈梯形，南窄北宽，东西两壁垂直整齐，底部南端为斜坡状，北端为平底，底坡残长2.84米，坡度20°。内填红褐色花土，土质疏松，土内夹杂较多的碎砖块等。

墓门　位于墓道北端，北接墓室，平面呈长方形，面宽0.8米，进深0.3米。墓门东壁用青砖一顺一丁叠压垒砌，西壁用青砖叠压错缝平砌，两壁砌至0.95米时开始起券，顶部破坏，券制不详，残高1.14米。墓门内用青砖砌制两重封门，外重用青砖叠压错缝横砌，内重用青砖叠压错缝顺砌封堵。

墓室　位于墓门北侧，平面呈长方形，南北长4.4米，宽2米。顶部破坏，券制不详，东西两壁较斜，南北两壁较直，四壁用青砖一顺一丁叠压垒砌，墓底用青砖二顺二丁纵横平铺墁地，残高0.8～1.15米。用砖规格：0.3×0.14-0.05米。

墓室内未见葬具及人骨架痕迹。

2. 出土器物

出土器物12件，散落于墓室内。

陶厕　1件（残）。标本M90：1，泥质灰陶，轮制。平面近圆形，直口微敞，直腹，平底，底部一侧有半圆形孔。口径18厘米，底径16.4厘米，孔径15.4厘米，高9.2厘米（图四二四，9）。

陶奁　2件（复原）。泥质灰陶，轮制。标本M90：2，敞口，口大底小，浅曲腹，平底，腹部饰凹弦纹。口径20.6厘米，底径17.8厘米，高9.2厘米（图四二四，10）。标本M90：11，直口，圆唇，浅直腹，平底。口径21.4厘米，底径20厘米，高10.4厘米（图四二四，11）。

陶井　1件（残）。标本M90：3，泥质灰陶，轮制。敞口，圆唇，桶状腹，平底，腹部饰凹弦纹。口径12.6厘米，底径10.8厘米，高11.4厘米（图四二四，1）。

陶灶　1件（残）。标本M90：4，泥质灰陶，模制。平面呈马蹄形，内空。灶面三釜锅呈"品"字形分布，灶体前侧上部设长方形灶门，灶门上部设挡火墙。长23.6厘米，宽20.2厘米，高10.2厘米，灶门高3厘米，宽4.6厘米（图四二四，8；彩版一〇四，6）。

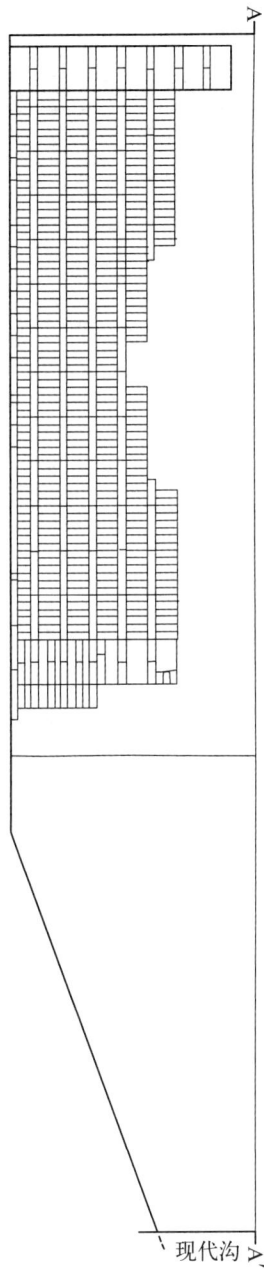

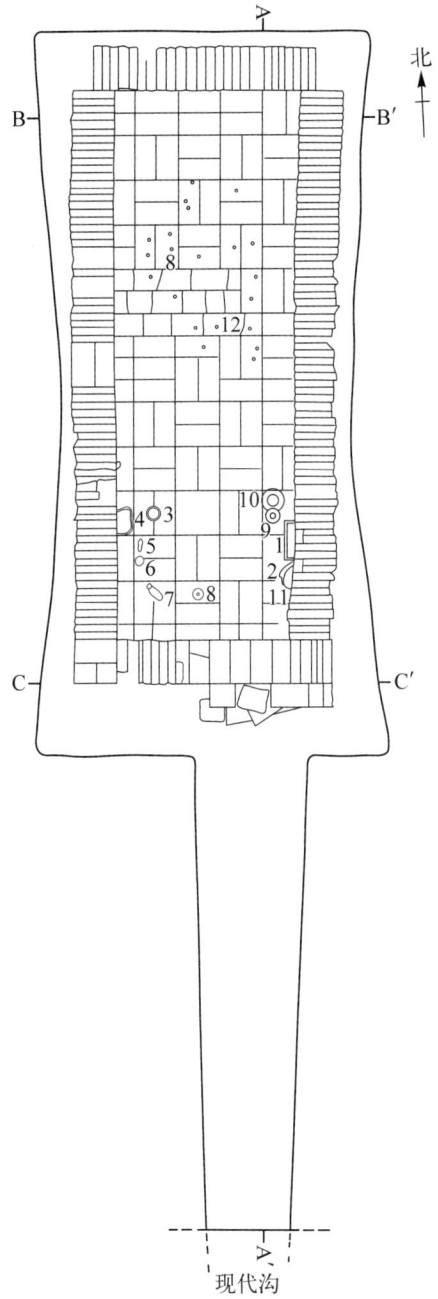

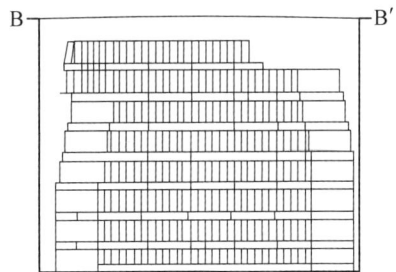

图四二三　M90平、剖面图

1. 陶厕　2. 陶仓　3. 陶井　4. 陶灶
5. 陶狗　6. 陶甑　7. 陶猪　8. 陶器盖
9. 陶案　10. 陶盆　11. 陶仓　12. 铜钱

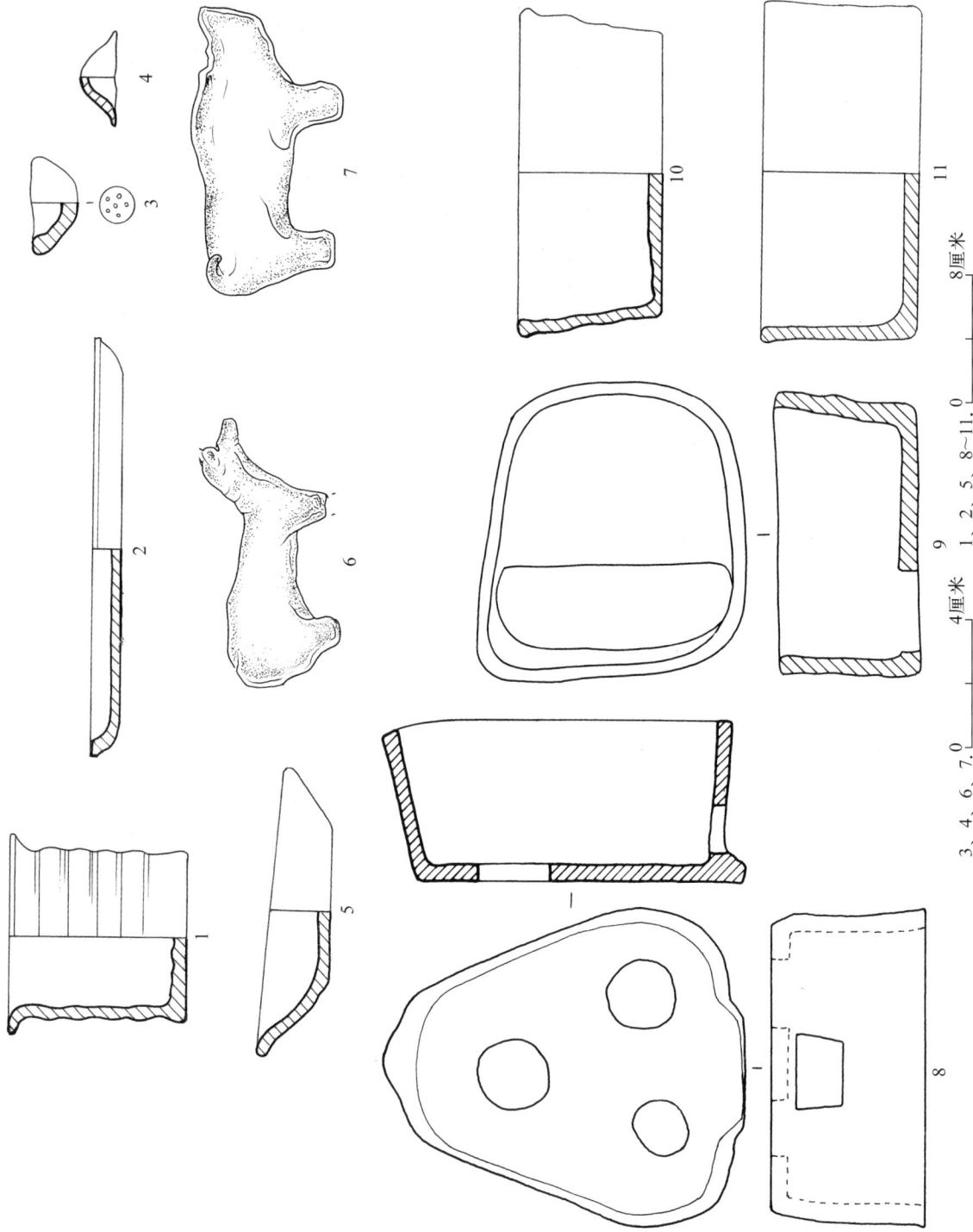

图四二四　M90 出土陶器

1. 陶井（M90：3）　2. 陶案（M90：9）　3. 陶瓿（M90：8）　4. 陶器盖（M90：6）　5. 陶盆（M90：10）　6. 陶狗（M90：5）　7. 陶猪（M90：7）　8. 陶灶（M90：4）
9. 陶厕（M90：1）　10. 陶盉（M90：2）　11. 陶奁（M90：11）

陶狗 1件（残）。标本M90：5，泥质灰陶，模制。昂首，嘴巴较长，两耳高耸，身体肥硕，尾巴附于尾部，四肢呈站立状。通长8.5厘米（图四二四，6）。

陶甑 1件。泥质灰陶，轮制。标本M90：6，敞口，浅斜腹，圜底，底部有六个小圆孔。口径3.1厘米，高1.5厘米（图四二四，3）。

陶猪 1件（残）。标本M90：7，泥质红陶，模制。昂首，面部不清，身体肥硕，尾巴向上卷曲，四肢呈站立状。通长9.1厘米，高5.1厘米（图四二四，7；彩版一〇四，5）。

陶器盖 1件。标本M90：8，帽形，敞口，折沿，尖唇，弧形顶。口径3厘米，高1.2厘米（图四二四，4）。

陶案 1件（复原）。标本M90：9，泥质灰陶，轮制。圆形，敞口，方唇，浅腹，平底。口径26.4厘米，底径21.8厘米，高1.8厘米（图四二四，2；彩版一〇四，4）。

陶盆 1件。标本M90：10，泥质灰陶，轮制，变形。侈口，沿稍撇，圆唇，浅腹斜收，平底。口径18.2厘米，底径9.6厘米，高5厘米（图四二四，5）。

铜钱 20枚。标本M90：12-1（8枚），圆形方穿，正面穿左右篆书"五铢"二字，"五"字两股交笔缓曲，"铢"字"金"旁上部呈等腰三角形，下四点细长，"朱"旁上横笔与下垂笔圆折，正背有郭，郭缘较窄。钱径2.5厘米，穿径1.05厘米，厚0.1厘米（图四二五，1）。标本M90：12-2（10枚），圆形方穿，正面穿左右篆书"五铢"二字，"五"字两股交笔弯曲，"铢"字"金"旁上部呈等腰三角形，下四点细长，"朱"旁上横笔方折，下垂笔圆折，正背有郭，郭缘较窄。钱径2.5厘米，穿径1厘米，厚0.1厘米（图四二五，2）。标本M90：12-3（2枚），圆形方

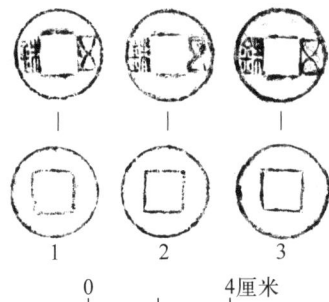

图四二五 M90出土五铢钱
1~3.（M90：12-1、M90：12-2、M90：12-3）

穿，正面穿左右篆书"五铢"二字，"五"字两股交笔弯曲，"铢"字"金"旁上部呈箭镞形，下四点细长，"朱"旁上横笔与下垂笔圆折，正背有郭，郭缘较窄。钱径2.6厘米，穿径0.95厘米，厚0.1厘米（图四二五，3）。

十九、M91

1. 墓葬形制

M91位于发掘区Ⅰ区东南部，T0820内东部，北邻M92，东邻M136、M137，西邻M90。开门于③层下，墓口距地表4米。南北向，方向7°。为刀把形竖穴土圹砖券单室墓，南北长8.44米，宽0.8~2.12米，墓底距墓口0.14~1.44米。由墓道、墓门、墓室三部分组成（图四二六）。

墓道 位于墓门南端，局部被现代沟打破，南北残长4.48米，宽0.8米，口距墓底0.14~1.44米。平面呈长方形，东西两壁垂直整齐，斜坡底，底坡残长4.52米，坡度14°。内填红褐色花土，土质疏松，土内夹杂较多的碎砖块等。

墓门 位于墓道北端，北接墓室，平面呈长方形，面宽0.79米，进深0.28米。墓门东壁用青砖一顺一丁叠压垒砌，西壁用青砖叠压错缝平砌，两壁砌至0.94米时开始起券，顶部破坏，残留部分

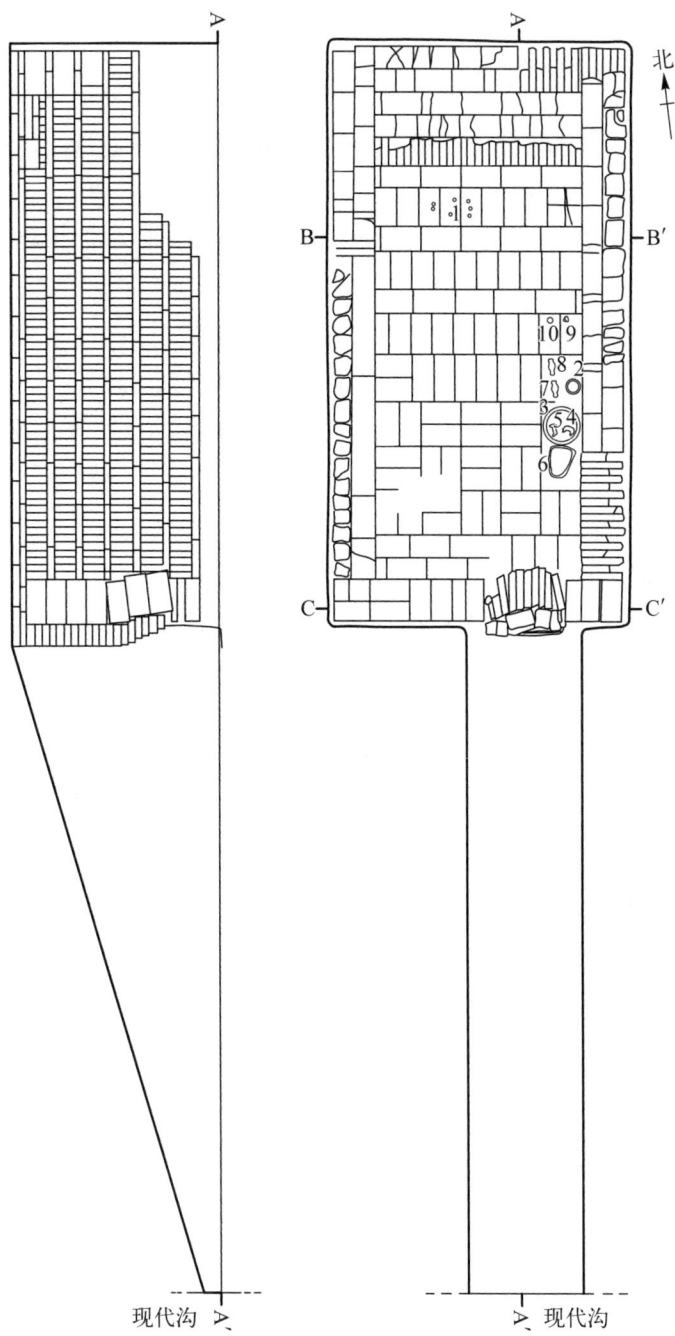

现代沟 A′

A′ 现代沟

北

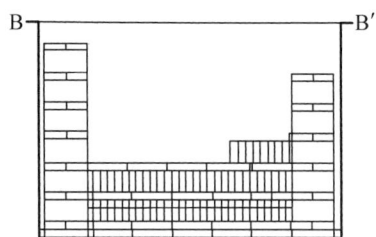

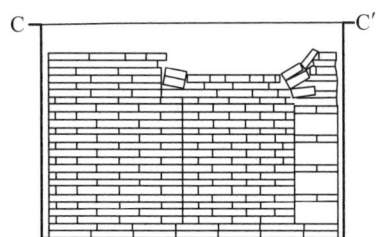

0   1米

图四二六　M91平、剖面图

1.铜钱　2.陶井　3.陶盆　4.陶猪　5.陶狗
6.陶灶　7.陶俑　8.陶俑　9.陶瓮　10.陶甑
11.陶豆（填土中）

为拱形券,残高1.12米。墓门内用青砖侧立叠压砌制封堵。

墓室　位于墓门北侧,平面呈长方形,南北长3.94米,宽2.12米。顶部破坏,券制不详,四壁用青砖一顺一丁叠压垒砌,墓底用青砖纵横平铺墁地,残高0.51~1.3米。在墓室内底部北端用青砖砌筑器物台,东西长1.44米,南北宽0.5米,台高0.14米。台壁用青砖侧立垒砌包边,台面用青砖并列错缝横铺。

墓室内未见葬具及人骨架痕迹。

2. 出土器物

出土器物11件,散落于墓室内。

陶井　1件(残)。标本M91:2,泥质红陶,轮制。敞口,浅腹束腰,平底。口径12.8厘米,底径11.8厘米,高8.6厘米(图四二七,5)。

陶盆　1件(残)。标本M91:3,泥质灰陶,轮制。敞口,平沿,尖圆唇,浅腹弧收,饼形底,内底刻划鱼图案。口径25.8厘米,底径18厘米,高5.2厘米(图四二七,7;彩版一〇五,1)。

陶猪　1件(残)。标本M91:4,泥质红陶,模制。昂首,圆嘴,面部不清,小耳耸起,身体肥硕,脊背突起,尾巴上扬贴于脊背,四肢呈站立状。通长8.8厘米,高5.5厘米(图四二七,10;彩版一〇五,2)。

陶狗　1件(残)。标本M91:5,泥质红陶,手制。头部残缺,身体肥硕,短尾上卷,四肢短粗呈站立状。残长6.4厘米,高4.5厘米(图四二七,9)。

陶灶　1件(残)。标本M91:6,泥质红陶,模制。平面近方形圆角,内空。灶面前部设椭圆形锅,后部设长方形烟道。长17.8厘米,宽17.6厘米,高6厘米(图四二七,8)。

陶俑　2件。泥质灰陶,模制。标本M91:7,头部残缺,身穿长袍,双手拢于胸前,呈站立状。残高8.6厘米(图四二七,2;彩版一〇五,3)。标本M91:8,面部不清,身穿长袍,双臂垂于两侧。高10.6厘米(图四二七,1;彩版一〇五,4)。

陶瓮　1件。标本M91:9,泥质红陶,轮制。敞口,浅斜腹,圜底。口径2.4厘米,高1.5厘米(图四二七,3)。

陶甑　1件。标本M91:10,泥质红陶,轮制。敞口,浅弧腹,圜底,底部分布四个小圆孔。口径2.5厘米,高1.5厘米(图四二七,4)。

陶豆　1件(残)。标本M91:11,泥质红陶,轮制。敞口浅斜腹,短束颈,底座残缺。口径2.6厘米,残高2.6厘米(图四二七,6)。

铜钱　2枚。标本M91:1-1,圆形方穿,正面穿左右篆书"五铢"二字,"五"字两股交笔弯曲,"铢"字"金"旁上部三角形,下方形四点,"朱"旁上横笔与下垂笔均圆折,正背有郭,郭缘较窄。钱径2.5厘米,穿径0.95厘米,厚0.1厘米(图四二八,1)。标本M91:1-2,圆形方穿,正面穿左右篆书"五铢"二字,"五"字两股交笔弯曲,"铢"字"金"旁上部箭镞形,下方形四点,"朱"旁上横笔与下垂笔均圆折,正背有郭,郭缘较窄,"铢"字"金"旁低于"朱"旁。钱径2.55厘米,穿径0.95厘米,厚0.1厘米(图四二八,2)。

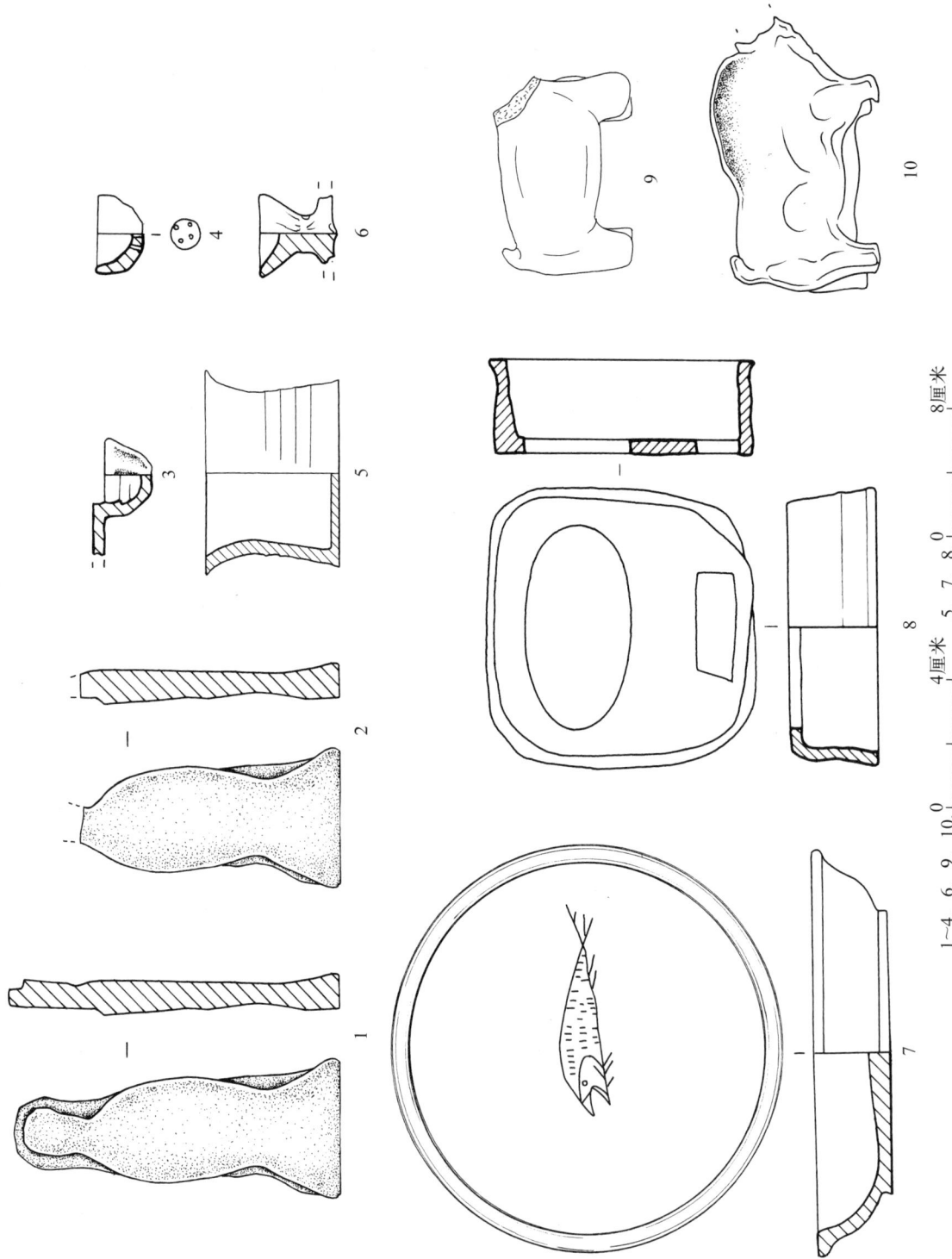

图四二七　M91 出土陶器

1. 陶俑（M91：8）　2. 陶俑（M91：7）　3. 陶瓮（M91：9）　4. 陶甑（M91：10）　5. 陶井（M91：11）　6. 陶豆（M91：2）　7. 陶盆（M91：3）
8. 陶灶（M91：6）　9. 陶狗（M91：5）　10. 陶猪（M91：4）

1~4、6、9、10. 0　　　　4厘米　　　　8厘米
5、7、8. 0　　　　　　　　4厘米　　　　8厘米

二十、M93

1. 墓葬形制

M93位于发掘区Ⅰ区东南部,T0821南西部,北邻M137,东邻
M29,西邻M136。开口于③层下,墓口距地表4米。南北向,方向
185°。为刀把形为竖穴土圹砖券单室墓,土圹南北通长8.94米,东西
宽0.68~2.98米,墓底距墓口0.44~1.9米。破坏严重,仅存底端局
部,由墓道、甬道、墓室三部分组成(图四二九)。

墓道　位于甬道南端,平面略呈梯形,北宽南窄,南北长4.4米,
东西宽0.68~0.8米,墓底距墓口0.44~1.88米。东西两壁垂直整
齐,底为斜坡式,坡度为18°,底坡长4.7米。内填红褐色花土,土质
疏松,内夹杂少量碎砖块等。

甬道　位于墓道北端,北与墓室连接,平面呈长方形,顶部已被
破坏,仅残留下端局部,残留部分东西两壁用青灰砖二顺一丁叠压
砌置。东西宽0.8米,南北长1.05米,残高0.06~0.21米。

墓室　位于墓道北端,平面呈长方形,土圹南北长3.78米,东西宽2.98米。土圹内用青灰砖
券制,券顶及四壁、墓底大部分已被破坏,仅残留局部,残留部分周壁用规格为0.3×0.15-0.06米
的青灰砖二顺一丁叠压砌置,残高0.06~1.9米。墓底用砖两顺两竖纵横平铺墁地。

未见葬具痕迹,葬人骨架一具,保存较差,仅残留头骨一个。

2. 出土器物

出土器物1件,放置于墓室底部。

铜钱　9枚。标本M93:1-1(2枚),圆形方穿,正面穿左右篆书"五铢"二字,"五"字两股
交笔缓曲,"铢"字"金"旁上部三角形,下四点粗短,"朱"旁上横笔方折,下垂笔圆折,正背有
郭,郭缘较窄。钱径2.5厘米,穿径0.9厘米,厚0.1厘米(图四三〇,1)。标本M93:1-2(2枚),
圆形方穿,正面穿左右篆书"五铢"二字,"五"字两股交笔缓曲,"铢"字"金"旁上部三角形,下
四点粗短,"朱"旁上横笔方折,下垂笔圆折,"金"旁与"朱"旁齐平,正背有郭,郭缘较窄。钱径
2.55厘米,穿径0.9厘米,厚0.1厘米(图四三〇,2)。标本M93:1-3(2枚),圆形方穿,正面穿左
右篆书"五铢"二字,"五"字两股交笔缓曲,"铢"字"金"旁上部三角形,下四点粗短,"朱"旁上
横笔与下垂笔圆折,正背有郭,郭缘较窄。钱径2.55厘米,穿径0.95厘米,厚0.1厘米(图四三〇,
3)。标本M93:1-4,圆形方穿,正面穿左右篆书"货泉"二字,"泉"字中竖中断,正背有郭,周郭
及字体线条纤细,钱径2.2厘米,穿径0.75厘米,厚0.15厘米(图四三〇,4)。标本M93:1-5(2
枚),圆形方穿,正面穿左右篆书"五铢"二字,"五"字两股交笔弯曲,"铢"字"金"旁上部三角
形,下四点粗短,"朱"旁上横笔方折,下垂笔圆折,"金"旁低于"朱"旁,正背有郭,周郭经过剪
修。钱径2.15~2.4厘米,穿径0.9~1.05厘米,厚0.55~0.1厘米(图四三〇,5)。

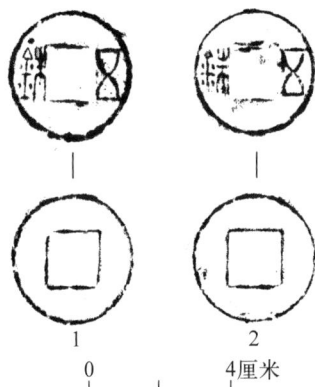

图四二八　M91出土五铢钱

1、2.(M91:1-1、M91:1-2)

北

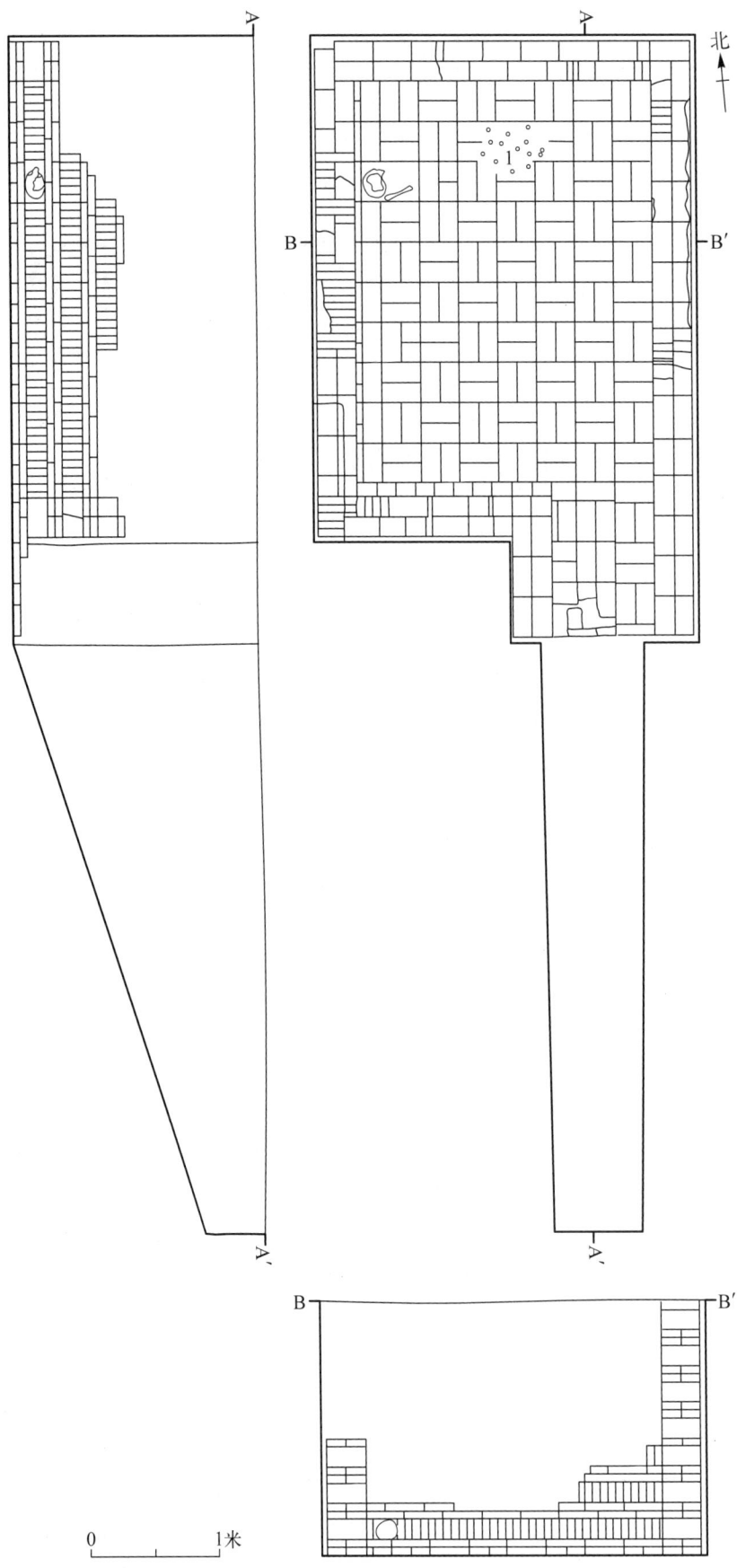

图四二九　M93平、剖面图

1. 铜钱

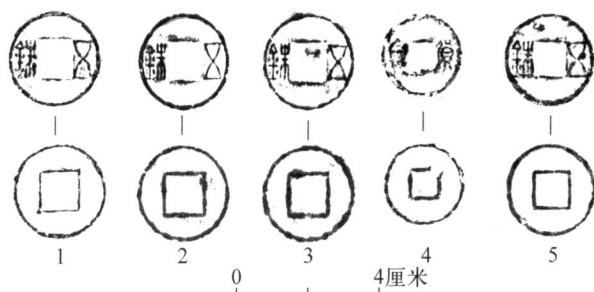

图四三〇 M93出土铜钱

1～3、5.五铢（M93：1-1、M93：1-2、M93：1-3、M93：1-5） 4.货泉（M93：1-4）

二十一、M98

1. 墓葬形制

M98位于发掘区Ⅰ区中部，T1019内西北部，东邻M99、M97，西邻M101、M122。开口于③层下，墓口距地表3.9米。南北向，方向167°。为刀把形竖穴土圹砖券单室墓，南北通长12.1米，宽1.1～2.48米，墓底距墓口0～1.6米。破坏严重，仅存下部，由墓道、墓门、墓室三部分组成（图四三一）。

墓道 位于墓室的南端，南北长6.13米，宽1.1米，墓底距墓口0～1.6米。平面呈长方形竖穴土圹式，东西两壁较直、整齐，底为斜坡状，坡长6.31米，坡度17°。内填黄褐色花土，土质疏松，土内夹杂碎砖块等。

墓门 位于墓道北端，北与墓室连接，平面呈长方形，面宽0.9米，进深0.27米。东西两壁用青砖一顺一丁叠压垒砌，砌至0.85米时开始起券，拱形券顶，门高1.16米。墓门外侧用青砖叠压错缝平砌，内侧用青砖侧立叠压砌制呈人字形形成双层封门。

墓室 位于墓门北侧，平面呈长方形，土圹南北长5.88米，宽2.48米，深1.6米。破坏较严重，顶券制不详，四壁用青砖一顺一丁叠压垒砌，残高0.33～1.33米。墓底用青砖并列侧立砌制呈人字形平铺墁地。用砖规格：0.27×0.13-0.04米。

未见葬具，仅见凌乱肢骨，头向、面向、葬式、性别、年龄不详。

2. 出土器物

出土器物15件，均放置于墓室内西南部。

盘口壶 1件。标本M98：1，泥质灰陶，轮制。浅盘口略内敛，束颈，鼓腹曲收，平底。器表饰弦纹。口径14.4厘米，腹径20.8厘米，底径14.4厘米，高24.2厘米（图四三二，13）。

陶盘 1件（复原）。标本M98：2，泥质灰陶，轮制。侈口，折沿，方唇，浅腹曲收，平底，腹部饰弦纹。口径34.4厘米，底径20.1厘米，高6厘米（图四三二，9）。

陶案 1件（复原）。标本M98：3，泥质灰陶，轮制。平面呈长方形，侈口，尖圆唇，浅腹，平底。长45厘米，宽39厘米，高2.4厘米（图四三二，14）。

北

A A'

B B'

C C'

9
8
10
13
2
6
4
14
5
3
1

9
7 8
12 10
11
15 13
6 11 2
4 14
3 5
1

A' A'

B B'

C C'

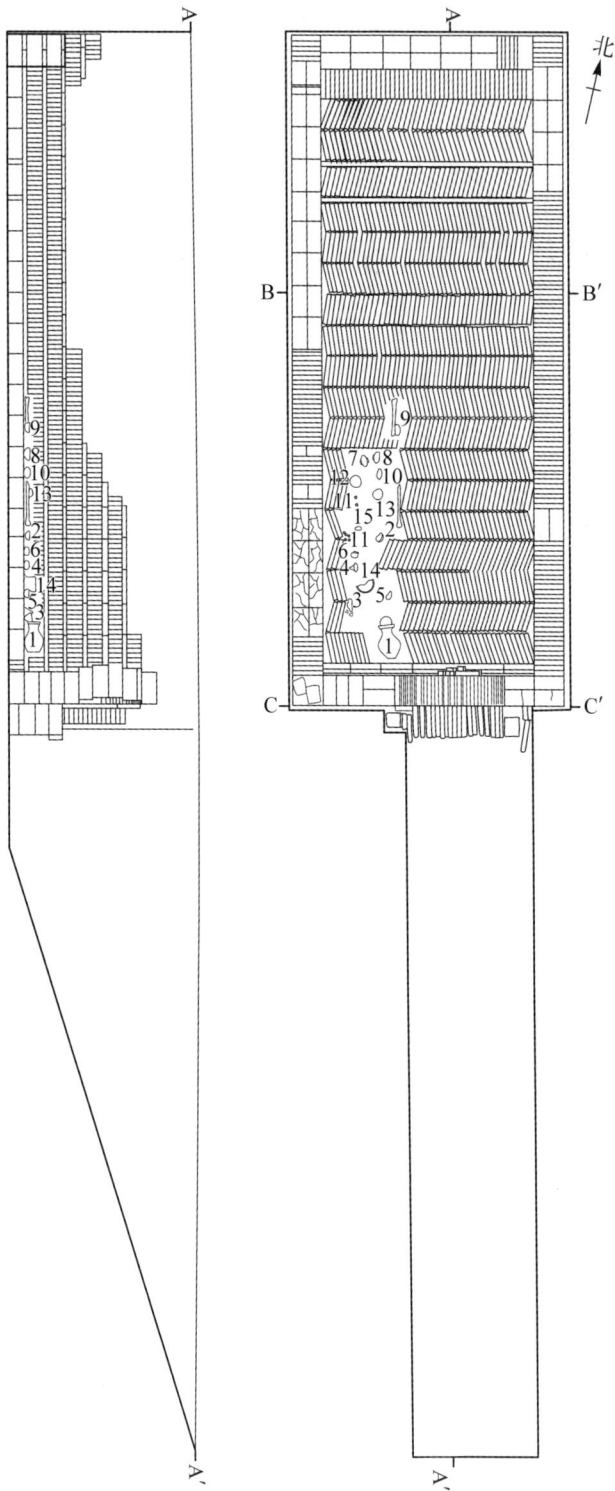

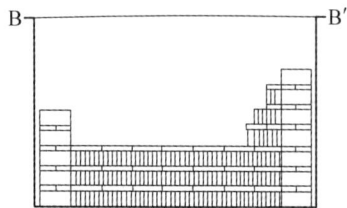

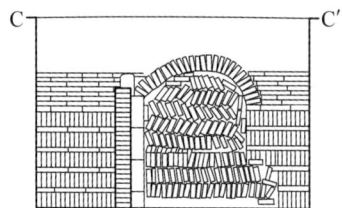

图四三一　M98平、剖面图

1.盘口壶　2.陶盘　3.陶案　4.陶器盖　5.陶耳杯
6.陶耳杯　7.陶耳杯　8.陶耳杯　9.陶耳杯　10.陶耳杯
11.铜钱　12.陶盆　13.陶盆　14.陶奁　15.铅车軎

0 　　　　1米

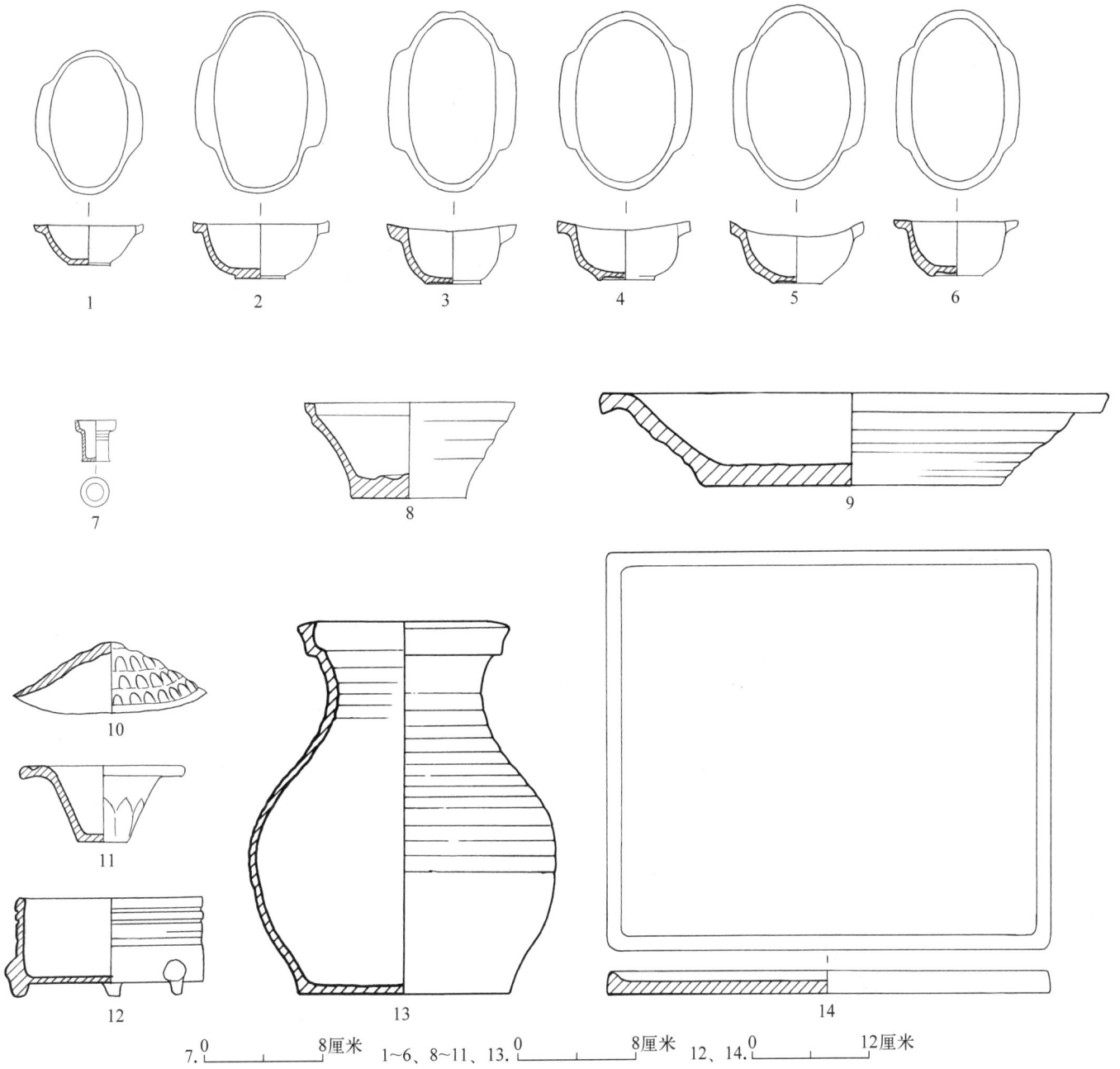

图四三二　M98出土器物

1~6.陶耳杯（M98：8、M98：5、M98：6、M98：7、M98：9、M98：10）　7.铅车軎（M98：15）　8.陶盆（M98：13）　9.陶盘（M98：2）

10.陶器盖（M98：4）　11.陶盆（M98：12）　12.陶奁（M98：14）　13.盘口壶（M98：1）　14.陶案（M98：3）

陶器盖　1件。标本M98：4，泥质灰陶，模制。博山式器盖。口径13厘米，高4.6厘米（图四三二，10）。

陶耳杯　6件。泥质灰陶，模制。标本M98：5，平面呈椭圆形，敞口，浅腹，饼形矮足，口部附对称残月形耳。口径9～11.8厘米，底径3.2厘米，高3.6厘米（图四三二，2）。标本M98：6，平面呈椭圆形，敞口，浅腹，饼形矮足，口部附对称残月形耳。口径8.8～11.8厘米，底径3.8厘米，高3.8厘米（图四三二，3）。标本M98：7，平面呈椭圆形，敞口，浅腹，饼形矮足，口部附对称残月形耳。口径9～11.6厘米，底径3.6厘米，高3.8厘米（图四三二，4）。标本M98：8，平面呈椭圆形，敞口，浅腹，饼形矮足，口部附对称残月形耳。口径7.2～9.4厘米，底径2.8厘米，高2.6厘米（图四三二，1）。标本M98：9，平面呈椭圆形，敞口，浅腹，凹形足，口部附对称残月形耳。口径9～12厘米，底径3.6厘米，高4厘米（图四三二，5）。标本M98：10，平面呈椭圆形，敞口，浅腹，凹形足，口部附对称残月形耳。口径8.4～11.6厘米，底径3.6厘米，高3.6厘米（图四三二，6）。

陶盆　2件。标本M98：12，泥质灰陶，手轮兼制。敞口，折沿，沿上有一周凹槽，方圆唇，浅腹斜收，小平底，下腹见刮胎痕。口径11.5厘米，底径3.6厘米，通高5厘米（图四三二，11）。标本M98：13，泥质灰陶，轮制。敞口，方唇，浅腹曲收，平底，腹部饰凹弦纹。口径14.4厘米，底径8厘米，通高6.2厘米（图四三二，8）。

陶奁　1件。标本M98：14，泥质灰陶，手轮兼制。直口，浅直腹，腹部饰凹弦纹，平底，底附三兽蹄形矮足。口径19.2厘米，底径20厘米，通高9.6厘米（图四三二，12）。

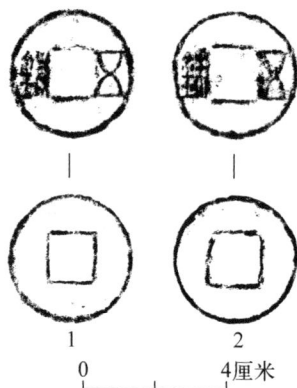

图四三三　M98出土五铢钱

1、2.（M98：11-1、M98：11-2）

铅车軎　2件，形制相同。标本M98：15，铅质，模制，口缘较宽大，内空，末端封闭，外壁中部有二道凸弦纹，侧面有对称双箍。口径2.8厘米，尾端1.8厘米，长2.7厘米（图四三二，7）。

铜钱　2枚。标本M98：11-1，圆形方穿，正面穿左右篆书"五铢"二字，"五"字两股交笔弯曲，"铢"字"金"旁上部三角形，下四点粗短，"朱"旁上横笔与下垂笔圆折，"金"旁与"朱"旁齐平，正背有郭，郭缘较窄。钱径2.55厘米，穿径0.9厘米，厚0.15厘米（图四三三，1）。标本M98：11-2，圆形方穿，正面穿左右篆书"五铢"二字，"五"字两股交笔缓曲，"铢"字"金"旁上部呈箭镞形，下四点略长，"朱"旁上横笔与下垂笔圆折，"金"旁低于"朱"旁，正背有郭，郭缘较窄。钱径2.55厘米，穿径1厘米，厚0.15厘米（图四三三，2）。

二十二、M100

1. 墓葬形制

M100位于发掘区Ⅰ区中部，T1019内东部，东邻M109，南邻M96。开口于③层下，墓口距地表4米。南北向，方向192°。为刀把形为竖穴土圹砖券单室墓，土圹南北通长9.36米，东西宽0.96～2.32米，墓底距墓口深0～1.4米。破坏严重，仅存墓底局部，由墓道、墓室两部分组成（图四三四）。

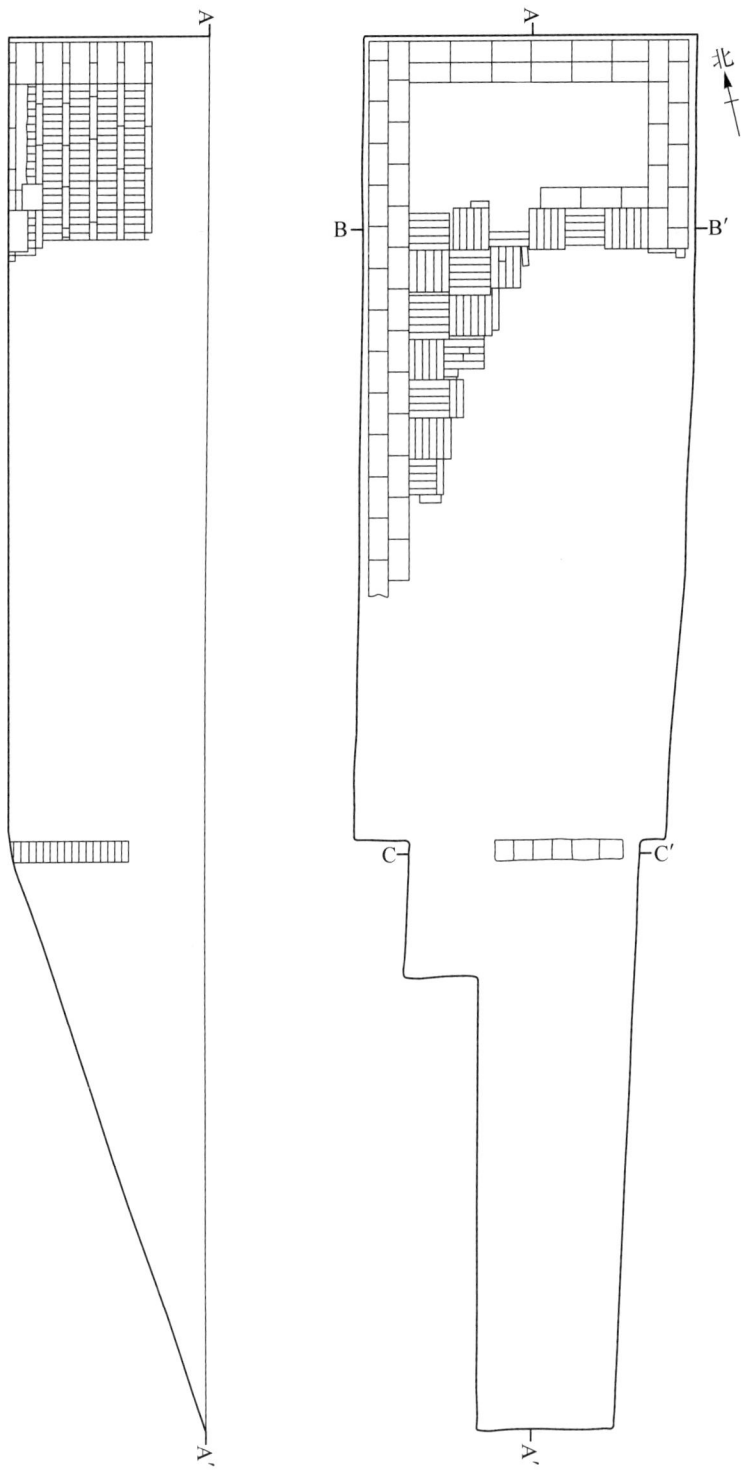

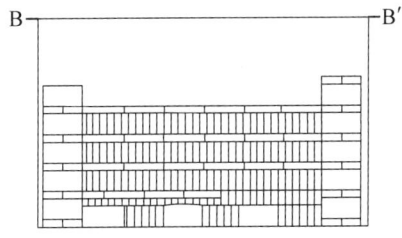

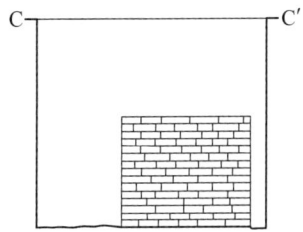

北

0 1米

图四三四 M100平、剖面图

墓道 位于墓室的南端，南北长3.82米，东西宽0.96~1.62米，墓底距墓口0~1.36米。平面呈梯形，北宽南窄，东西两壁垂直整齐，底为斜坡式，坡度为23°，底坡长4.06米。内填红褐色花土，土质疏松，内夹杂少量碎砖块等。

墓室 位于墓道北端，平面呈长方形，土圹南北长5.4米，东西宽2.2~2.32米。土圹内青灰砖券制，券顶及四壁、墓底大部分已被破坏，仅残留局部，残留部分周壁用规格为0.28×0.14–0.05米的青灰砖一顺一丁叠压砌置。墓底残留部分用砖纵横平铺墁地。墓道与墓室之间残留部分用单层青灰砖叠压错缝平砌封堵。

墓室内未见葬具及人骨架痕迹。

2. 出土器物

无。

二十三、M112

1. 墓葬形制

M112位于发掘区Ⅰ区中部偏东，T1020内中部，南邻M137。开口于③层下，墓口距地表4米。南北向，方向108°。为刀把形竖穴土圹砖券单室墓，南北通长14.06米，宽0.96~2.2.42米，墓底距墓口0~2.58米。破坏严重，仅存下半部分，由墓道、墓门、墓室三部分组成（图四三五；彩版二二，2）。

墓道 位于墓门南端，南北长7.9米，宽0.96米，墓底距墓口0.2~2.4米。平面呈长方形，东西两壁垂直整齐，底呈斜坡状，坡长8.2米，坡度18°。内填红褐色花土，土质疏松，土内夹杂较多碎砖块等。

墓门 位于墓道北端，北与墓室连接。面宽0.9米，进深0.26米。东西两壁用青砖叠压错缝平砌，砌至0.9米时开始起券，为双层拱形券顶，高1.31米。墓门内下部用土垫起0.3米的土台，台上用青砖叠压错缝平砌11层，其上用青砖砌制呈人字形封堵。

墓室 位于墓门北端，平面呈长方形，南北长5.13米，宽1.74米，底距墓口深2.58米。顶部破坏严重，形制不详，北、东、西三壁用青砖一顺一丁叠压垒砌，南壁下部用青砖叠压错缝平砌至1.48米时用砖一顺一丁砌制。墓底用青砖5至7块为一组纵横侧立墁地。墓室残高0.72~1.76米。在墓室内北端修筑器物台，器物台用青砖侧立错缝纵砌，东西长1.74米，南北宽0.8米，高0.13米。用砖规格：0.28×0.13–0.05米。

墓室内未见葬具人骨架痕迹。

2. 出土器物

出土器物17件。除铜钱散落于墓室底部外，其余器物均放置于器物台上。

陶樽 1件。标本M112：2，泥质灰陶，手轮兼制。直口，浅直腹，平底，口部外侧有一周凹弦纹，底附三兽蹄形足。口径21.2厘米，底径20厘米，高11.2厘米（图四三六，12）。

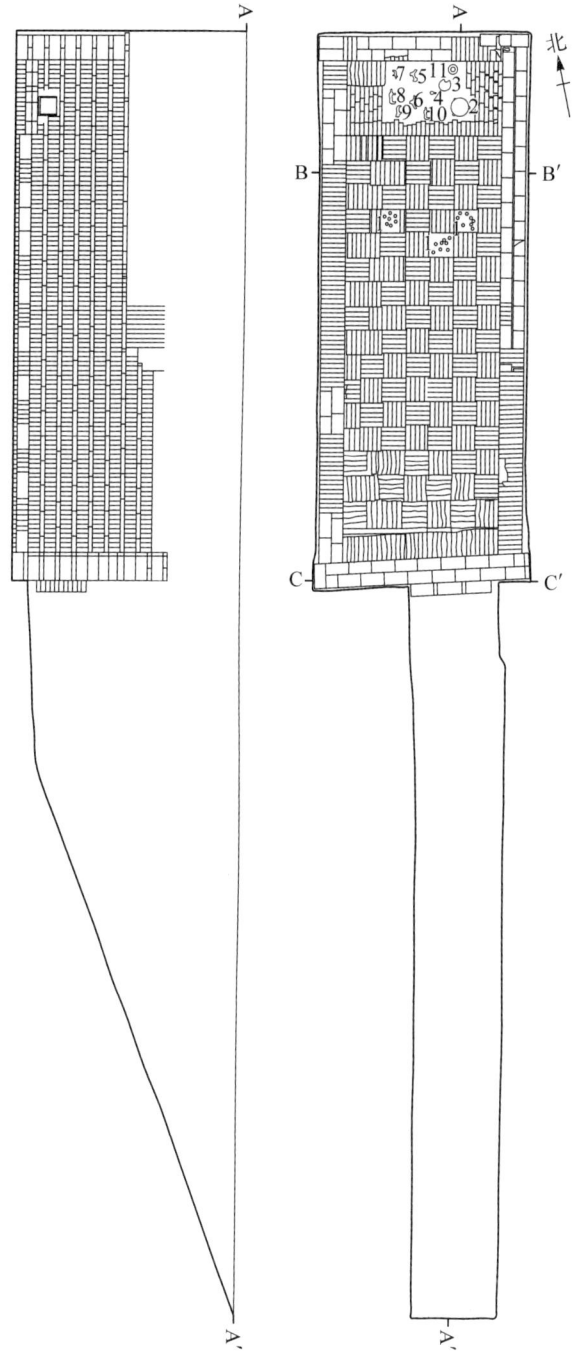

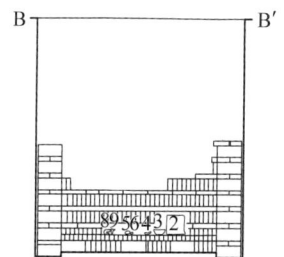

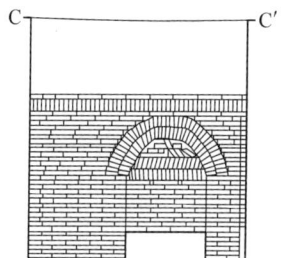

图四三五　M112平、剖面图

1. 铜钱　2. 陶樽　3. 陶器盖　4. 陶勺　5. 陶鸡　6. 陶鸡

7. 陶狗　8. 陶猪　9. 陶狗　10. 陶狗　11. 陶盆　12. 陶壶

13. 陶灯　14. 陶案　15. 陶奁　16. 陶桶　17. 陶瓮

0　　　　1米

陶器盖　1件（残）。标本M112∶3，泥质灰陶，轮制。敞口，浅腹弧收，圜顶。口径16.2厘米，高6厘米（图四三六，15）。

陶勺　1件（残）。标本M112∶4，手制，前端宽肥呈椭圆形，浅腹圆圜底，尾部附贴短柄，柄首下垂。通长7厘米（图四三六，1）。

陶鸡　2件。泥质灰陶，模制。标本M112∶5，尖喙，高冠，尾巴上翘残缺，腹下圆形底座，底座内凹，腹下有捏印纹。残长8.9厘米，高7.7厘米（图四三六，4）。标本M112∶6，尖喙，无冠，脖颈较长，尾巴上翘略下弧，腹下圆形底座，底座内凹。长10.5厘米，高6.2厘米（图四三六，3）。

陶猪　1件。标本M112∶7，泥质灰陶，模制。圆嘴，两耳耸起，身体肥硕，脊背突起，短尾上扬卷起，四肢短粗呈站立状。长16.2厘米，高7.8厘米（图四三六，5；彩版一〇五，5）。

陶狗　3件。泥质灰陶，模制。标本M112∶8，昂首，面部不清，双耳高耸，身体肥硕，短尾下垂，四肢呈站立状。通长9.2厘米，高5.7厘米（图四三六，2）。标本M112∶9，昂首，面部不清，尖耳高耸，脊背拱起，短尾下垂，四肢呈站立状。长15.6厘米，高8.5厘米（图四三六，6）。标本M112∶10，昂首，长嘴，双耳残缺，身体肥硕，短尾略上翘，前肢直立，后肢蜷曲呈坐卧状。通长11.6厘米（图四三六，7）。

陶盆　1件。标本M112∶11，泥质灰陶，轮制。侈口，平沿，方唇，浅腹弧收，平底，内壁轮痕清晰。口径24.4厘米，底径14.2厘米，高5.2厘米（图四三六，8）。

陶壶　1件。标本M112∶12，泥质灰陶，轮制。敞口方唇，短束颈，折肩，直腹，腹径最大处位于底部，平底。口径14厘米，底径20.2厘米，高22厘米（图四三六，9；彩版一〇五，6）。

陶灯　1件。标本M112∶13，泥质灰陶，手轮兼制。侈口，平沿，方圆唇，浅斜腹，平底。沿上贴四个对等距离的豆形灯碗。口径35.4厘米，底径15.5厘米，高14.7厘米（图四三六，13；彩版一〇六，1）。

陶案　1件（残）。标本M112∶14，泥质灰陶，模制。平面呈长方形，部分残缺，敞口，圆唇，浅直腹，平底，内底四角各有一个小圆孔。残长19.4厘米，宽31.4厘米，高2.6厘米，孔径1厘米（图四三六，14；彩版一〇六，2）。

陶奁　1件（复原）。泥质灰陶，轮制。标本M112∶15，直口，直腹，平底，腹部有两周凹弦纹。口径25厘米，底径25.4厘米，高厘14米（图四三六，16）。

陶桶　1件。标本M112∶16，直口，矮领，腹微鼓，弧收，小平底。口径3.5厘米，腹径3.9厘米，底径1.8厘米，高4.9厘米（图四三六，10）。

陶瓮　1件。标本M112∶17，泥质灰陶，轮制。敛口，鼓腹，弧收，小平底。口径2.6厘米，底径1.2厘米，高2厘米（图四三六，11）。

铜钱　11枚。标本M112∶1-1（2枚），圆形方穿，正面穿左右篆书"五铢"二字，"五"字两股交笔弯曲，"铢"字"金"旁三角形，下四点粗短，"朱"旁上部方折，下垂笔圆折。正背有郭，郭缘较窄。钱径2.6厘米，穿径0.95厘米，厚0.1米（图四三七，1）。标本M112∶1-2（8枚），圆形方穿，正面穿左右篆书"五铢"二字，"五"字两股交笔弯曲，"铢"字"金"旁三角形，下四点细长，

图四三六 M112出土陶器

1. 陶勺（M112：4）　2. 陶狗（M112：8）　3. 陶鸡（M112：6）　4. 陶鸡（M112：5）　5. 陶猪（M112：7）　6. 陶狗（M112：9）
7. 陶狗（M112：10）　8. 陶盘（M112：11）　9. 陶壶（M112：12）　10. 陶桶（M112：16）　11. 陶瓮（M112：17）　12. 陶樽（M112：2）
13. 陶灯（M112：13）　14. 陶案（M112：14）　15. 陶器盖（M112：3）　16. 陶奁（M112：15）

"朱"旁上部圆折，下垂笔圆折。正背有郭，郭缘较窄。钱径2.55厘米，穿径0.95厘米，厚0.1米（图四三七，2）。标本M112：1–3（1枚），圆形方穿，正面穿左右篆书"五铢"二字，"五"字两股交笔弯曲，"铢"字"金"旁三角形，下四点粗短，"朱"旁上部圆折，下垂笔圆折。正背有郭，郭缘经过剪修。钱径2.45厘米，穿径0.95厘米，厚0.1米（图四三六，3）。

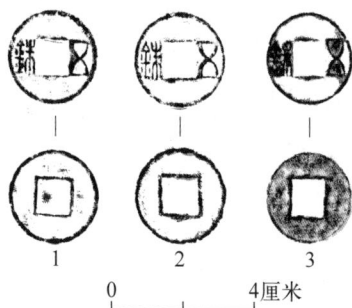

图四三七　M112出土五铢钱
1～3.五铢（M112：1–1、M112：1–2、M112：1–3）

二十四、M163

1. 墓葬形制

M163位于发掘区Ⅰ区中部，T1115内西部，东邻M261，西邻M164。开口于③层下，墓口距地表3.9米。南北向，方向186°。为刀把形竖穴土圹砖券单室墓，南北长10.03米，宽1.18～3.14米，墓底距墓口0.62～1.56米。由墓道、墓门、墓室三部分组成（图四三八）。

墓道　位于墓门南端，南北长3.63米，宽1.18～1.44米，深0.62～1.56米。平面近长方形，北窄南宽，东西两壁垂直整齐，底部北端为三级阶梯状，南端为缓坡状。台阶宽窄、进深高尺寸不等，面宽1.32，进深0.26～0.48米，高0.16～0.18米。底坡长2.26米。内填黄褐色花土，土质疏松，土内包含较多碎砖块等。

墓门　位于墓道北侧，北与墓室连接。平面呈长方形，面宽1.06米，进深0.28米，残高0.85～1.52米。破坏较严重，顶部券制不详，仅残留下部，残留部分东西两壁用青砖叠压错缝垒砌。墓门外侧用青砖侧立并列垒砌封堵，内用青砖叠压错缝平砌封堵，残高0.6米。

墓室　位于墓门北侧，平面呈长方形，南北长5.45米，宽3.14米，残高0.2～1.54米。破坏较严重，仅残留下部，顶部券制不详，残留部分挤压变形，四壁用青砖叠压错缝平砌，墓底未见铺底砖。用砖规格：0.28×0.14–0.04米，0.28×0.14–0.05米。

葬具为木棺，位于室内南部偏西，腐朽严重，仅存朽痕。棺痕平面呈长方形，南北长1米，宽0.6米，残高0.1米，棺底铺垫一层厚约0.03米的白灰。棺内葬人骨架一具，保存较差、凌乱，头向南，面向不详，仰身直肢葬，男性，年龄约40岁。

2. 出土器物

出土器物22件。

红陶罐　3件。夹砂夹云母红陶，轮制。标本M163：2，口残，束颈，鼓腹弧收，平底。上腹饰凹弦纹。腹径32厘米，底径18.6厘米，高30.4厘米（图四三九，6）。M163：5，敞口，圆唇，圆肩，鼓腹，下腹弧收，平底。肩部饰二组凹弦纹。口径15厘米，腹径26.2厘米，底径8.2厘米，高24.2厘米（图四三九，2；彩版一〇六，3）。标本M163：6，敞口，圆唇，圆肩，鼓腹，下腹弧收，平底。肩部饰二组凹弦纹。口径13.4厘米，腹径26.2厘米，底径9.8厘米，高23.2厘米（图四三九，3；彩版一〇六，4）。

北

图四三八 M163平、剖面图

1.铜钱 2.红陶罐 3.铜镖衔 4.陶瓮
5.红陶罐 6.红陶罐 7.陶罐 8.陶罐
9.陶罐 10.陶瓮 11.铜车轴 12.铜车
軎 13.盖弓帽 14.车校 15.铜辄首饰
16.衡末饰 17.马蹄形饰 18.圆环形饰
19.车辖 20.圆帽形饰 21.扣形饰
22.兽面饰（14～22填土内）

0 ____ 1米

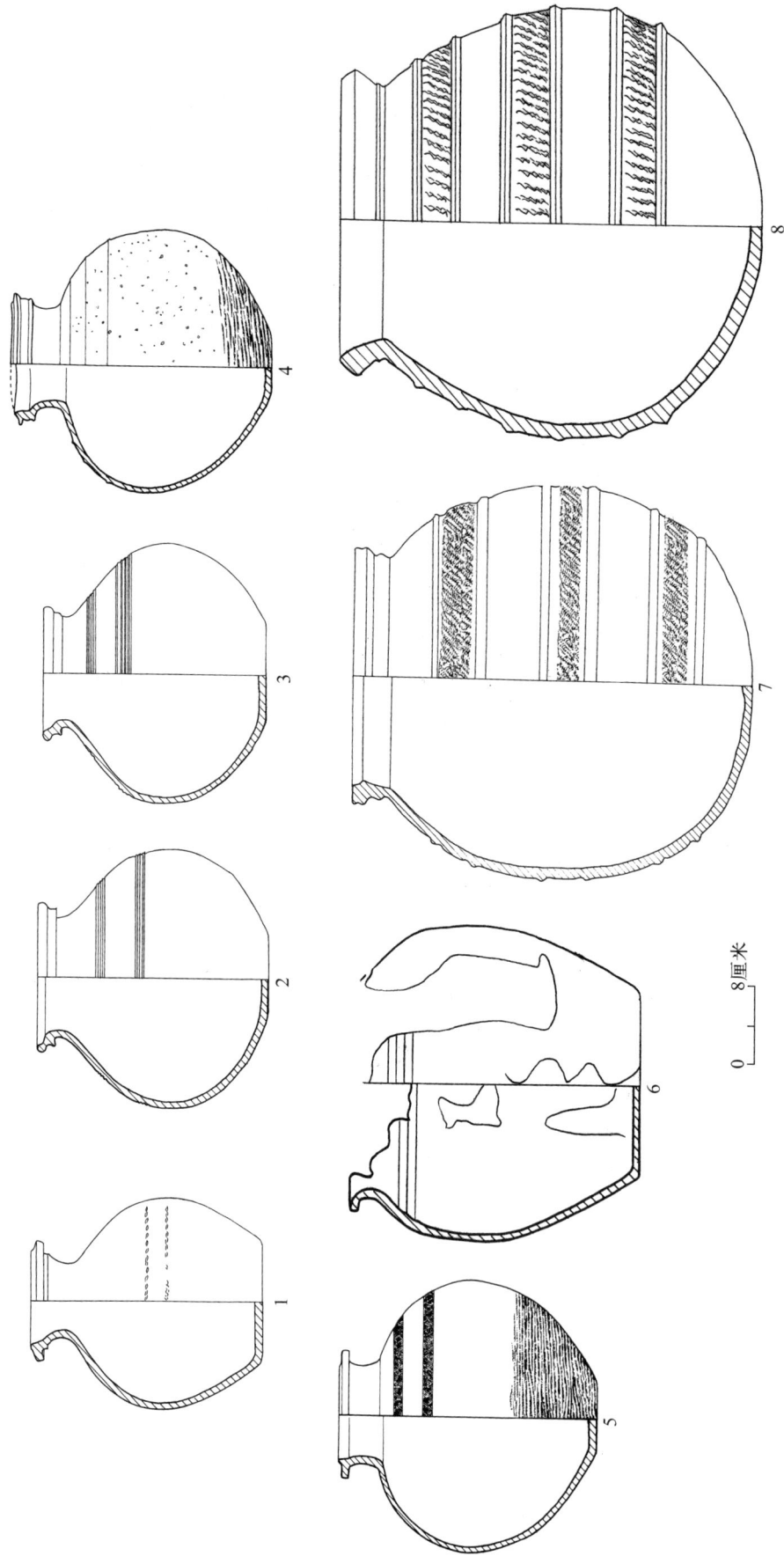

图四三九　M163 出土陶器

1. 陶罐（M163：8）　2. 红陶罐（M163：5）　3. 红陶罐（M163：6）　4. 陶罐（M163：7）　5. 陶罐（M163：9）　6. 红陶罐（M163：2）　7. 陶瓮（M163：10）　8. 陶瓮（M163：4）

　　铜镳衔　1件（残）。标本M163：3，模制，锤碟而成。柱状颈体，两端焊接莲弧形薄片，镂空，颈体中部套衔环。通长11.3厘米（图四四〇，1）。

　　陶瓮　2件（残）。夹砂夹云母灰陶，手轮兼制。标本M163：4，敞口，方唇，束颈，鼓腹弧收，圜底。器表饰三组凸弦纹相间的绳纹纹带。口径30厘米，腹径44厘米，通高44厘米（图四三九，8）。标本M163：10，敞口内敛，方唇，矮束颈，鼓腹，下腹弧收，圜底。器表饰三组凸弦纹相间的绳纹纹带。口径26厘米，腹径40厘米，高41.8厘米（图四三九，7；彩版一〇六，6）。

　　陶罐　3件。泥质灰陶，手轮兼制。标本M163：7，盘口，尖唇，方折沿，矮束颈，溜肩，鼓腹，下腹弧收，小平底。肩部饰三道凸弦纹。口径11.6厘米，腹径22.6厘米，底径6厘米，高27.2厘米（图四三九，4）。标本M163：8，敞口，短折沿，方唇，束颈，溜肩，鼓腹，下腹曲收，平底。颈部有一周凸棱，中腹饰戳印纹。口径9.6厘米，腹径21.4厘米，底径12厘米，高24.2厘米（图四三九，1）。标本M163：9，敞口，折沿，方唇，矮束颈，溜肩，鼓腹，下腹弧收，平底。肩部饰两周回形纹，下腹至底压印绳纹。口径9.6厘米，腹径27.6厘米，底径7.2厘米，高27.2厘米（图四三九，5；彩版一〇六，5）。

　　铜车轴　2件（残）。形制相同，青铜质，模铸。标本M163：11，圆筒形，器表中部突起三道凸弦纹，两端各突起一道凸弦纹。残长8.3厘米，直径1.7厘米（图四四〇，2）。

　　铜车䡇　2件。形制相同，青铜质，模制。标本M163：12，口缘宽大，呈圆形，内空，䡇体呈圆筒形，器表饰两道对等距离的凸弦纹，口下穿孔，孔内有铆钉。长7.8厘米，直径1.5厘米（图

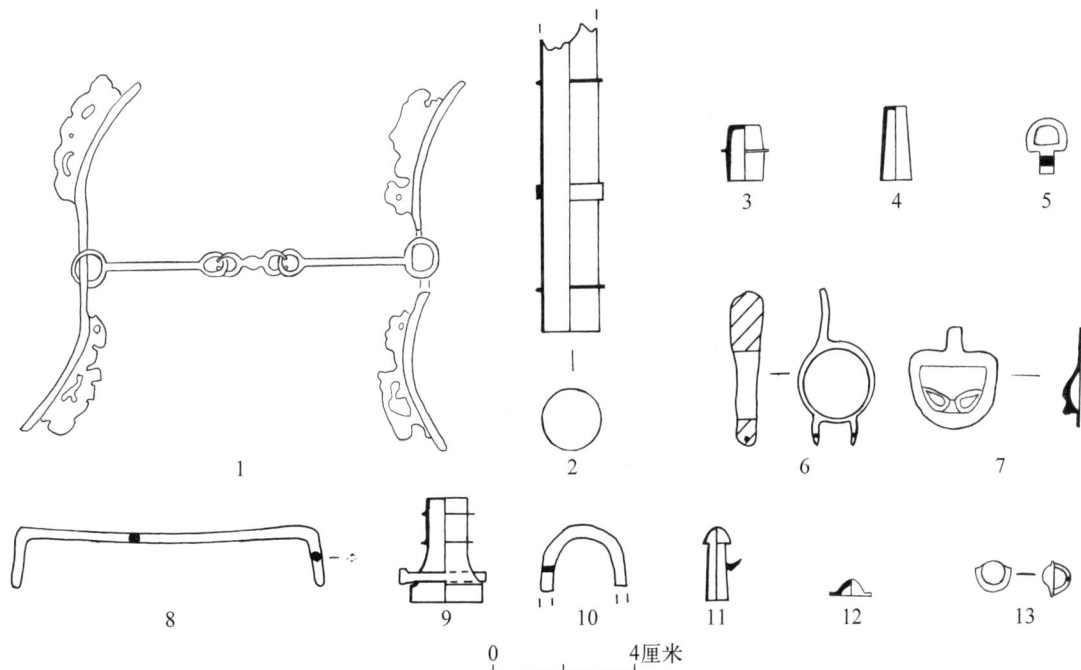

图四四〇　M163出土铜器

1. 铜镳衔（M163：3）　2. 铜车轴（M163：11）　3. 铜轭首饰（M163：15）　4. 衡末饰（M163：16）　5. 马蹄形饰（M163：17）
6. 圆环形饰（M163：18）　7. 兽面饰（M163：22）　8. 车校（M163：14）　9. 铜车䡇（M163：12）　10. 车辖（M163：19）
11. 盖弓帽（M163：13）　12. 圆帽形饰（M163：20）　13. 扣形饰（M163：21）

四四〇,9)。

盖弓帽　1件。标本M163:13,青铜质,模铸。圆筒形,中空成銎,口缘处略宽大,上端稍缩小,顶部半圆呈帽形,中部往上挑起一钩。长1.8厘米,直径0.7厘米(图四四〇,11)。

车校　3件,形制相同。标本M163:14,青铜质,模铸。长条形,两端折收,稍端呈锥状。通长8.4厘米(图四四〇,8)。

铜軎首饰　2件,形制相同。标本M163:15,铜质,圆筒形,口端略粗,顶端封闭,外壁素面。口径0.8厘米,通长1.4厘米(图四四〇,3)。

衡末饰　2件,形制相同。标本M163:16,铜质,圆筒形,一端封闭,外壁中部有一道凸棱。口径0.8厘米,长1厘米(图四四〇,4)。

马蹄形饰　1件。标本M163:17,铜质,平面呈马蹄状环形,一端出榫。长1.5厘米(图四四〇,5)。

圆环形饰　1件。标本M163:18,铜质,平面呈圆形状,一端出一榫,一端出二榫,二榫首端有圆孔。直径2厘米,通长3.8厘米(图四四〇,6)。

车輨　1件。标本M163:19,铜质,平面呈"U"形,末端齐平,呈柱状。长2.2厘米(图四四〇,10)。

圆帽形饰　1件。标本M163:20,模制,圆形,顶部中心鼓起。直径1.2厘米,高0.6厘米(图四四〇,12)。

扣形饰　1件。标本M163:21,模制。圆形,顶部中心鼓起,沿下下垂一环。直径1厘米,高0.8厘米(图四四〇,13)。

兽面饰　2件,形制相同。标本M163:22,模制。平面呈马蹄形,正面为兽形,上端凸起一榫,背部凹进。长2.5厘米,宽2.3厘米(图四四〇,7)。

铜钱　3枚。标本M163:1-1,圆形方穿,正面篆书"五铢"二字,"五"字两股交笔弯曲,"铢"字"金"旁上部三角形,下四点细长,"朱"旁上横笔与下垂笔圆折,正背有郭,周郭经过剪修。钱径2.2厘米,穿径1.05厘米,厚0.05厘米(图四四一,1)。标本M163:1-2(2枚),圆形方穿,正面穿上下左右篆书"大泉五十"四字,"大"字呈圆弧状,"五"字两股交笔弯曲,"泉"字肩部较窄,下呈燕翅形。正背内外有郭,郭缘宽厚。钱径2.7厘米,穿径0.95厘米,厚0.2厘米(图四四一,2)。

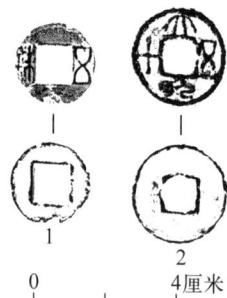

图四四一　M163出土铜钱
1. 五铢(M163:1-1)
2. 大泉五十(M163:1-2)

二十五、M173

1. 墓葬形制

M173位于发掘区Ⅰ区西南部,T0913内西北部,西邻M225。开口于③层下,墓口距地表4米。南北向,方向196°。为刀把形竖穴土圹砖券单室合墓,南北长10.4米,东西宽0.9~2.46米,墓底距墓口0~2.1米。由墓道、墓门、墓室三部分组成(图四四二;彩版二二,3)。

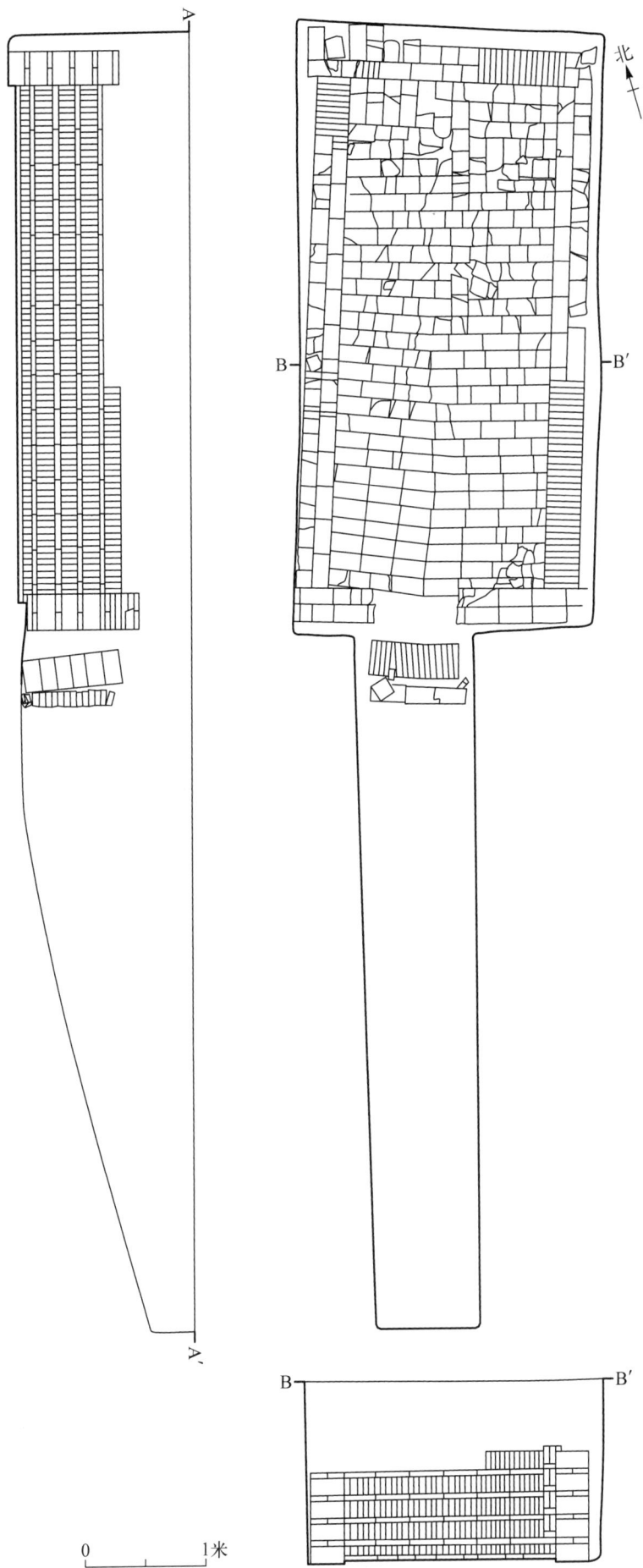

图四四二　M173平、剖面图

墓道　位于墓门的北端，南北长5.52米，宽0.86～0.98米，墓底距墓口0.36～1.5米。平面近似长方形，直壁，坡状底，坡长5.96米。内填红褐色花土，土质疏松，含较多碎砖块。

墓门　位于墓道北端，北与墓室连接，平面呈长方形，面宽0.72米，进深0.28米。破坏严重，仅存下部，东西两壁残留部分用青砖一顺一丁叠压垒砌，砌至0.8米时开始起券，残留部分为双层拱券，残高0.88米。墓门外砌制双重封门：外侧用单排青砖叠压错缝平砌封堵；内侧用青砖侧立叠压错缝垒砌封堵。以发掘情况来看，封门经过二次封堵垒砌。

墓室　位于墓门北侧，南北长4.06米，宽1.74米。平面呈长方形，顶部破坏严重，券制不详，四壁用青砖一顺一丁叠压垒砌，残高0.72～0.92米。墓底用青砖并列错缝横铺墁地。用砖规格：0.27×0.14-0.05米。

墓室内未见葬具及人骨架痕迹。

2. 出土器物

无。

二十六、M180

1. 墓葬形制

M180位于发掘区Ⅰ区西部，T1113内西南部，北邻M186，东邻M181、M182，西邻M189。开口于③层下，墓口距地表4米。南北向，方向13°。为刀把形竖穴土圹砖券单室墓，南北长9.48米，宽0.7～2.32米，墓底距墓口0～0.98米。由墓道、墓门、墓室三部分组成（图四四三）。

墓道　位于墓门的北端，南北长5米，宽0.7～0.95米，深0～0.9米。平面呈梯形，北窄南宽，东西两壁垂直整齐，斜坡底，坡长5.1米，坡度6°。内填黄褐色花土，土质疏松，土内包含较多碎砖块等。

墓门　位于墓道南侧，南与墓室连接。平面呈长方形，面宽0.86米，进深0.28米，残高0.24～0.29米。破坏较严重，顶部券制不详，仅残留下部，残留部分东西两壁用青砖一顺一丁叠压垒砌。

墓室　位于墓门南侧，平面呈长方形，南北长3.9米，宽1.4～1.5米，残高0.24～0.85米。破坏较严重，仅残留下部，顶部券制不详，残留部分四壁用青砖、红砖一顺一丁叠压垒砌，墓底用青砖、红砖并列错缝横铺墁地。墓底呈北高南低状。用砖规格：0.28×0.14-0.045米，0.27×0.135-0.04米。

墓室内未见葬具及人骨架痕迹。

2. 出土器物

无。

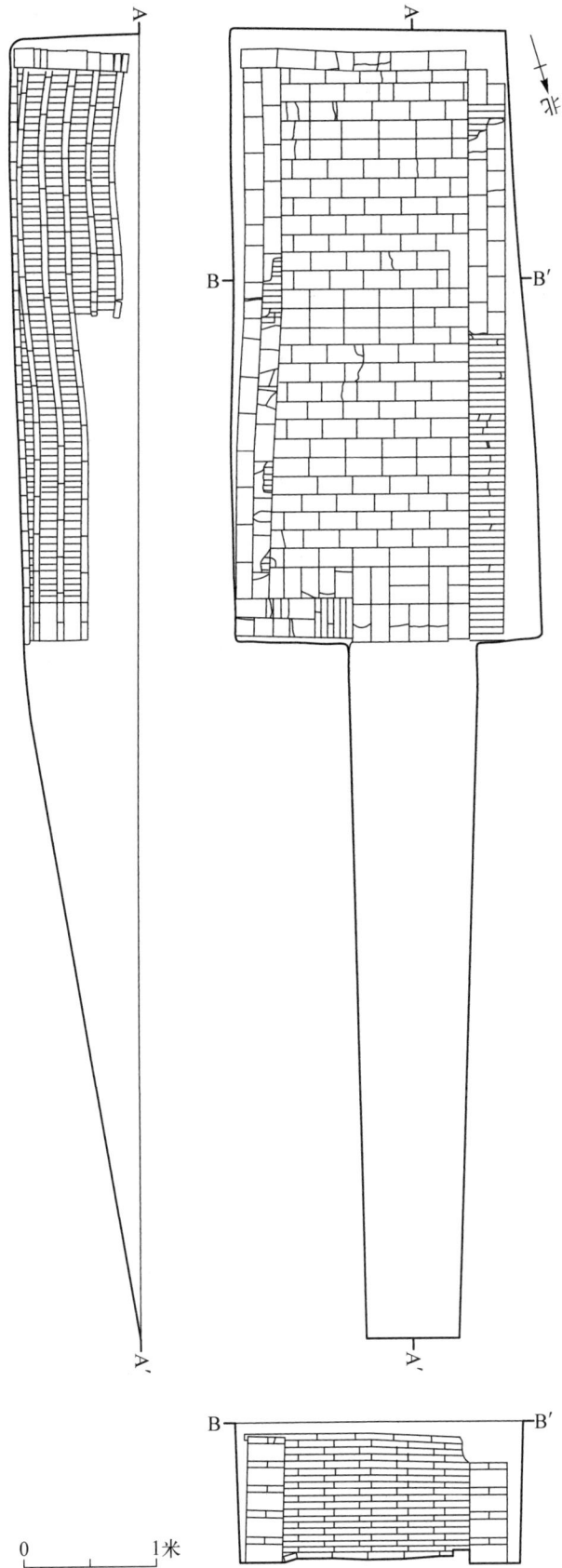

0   1米

图四四三　M180平、剖面图

二十七、M190

1. 墓葬形制

M190位于发掘区Ⅰ区西部，T1112内南部，东邻M189。开口于③层下，墓口距地表4米。南北向，方向10°。为刀把形竖穴土圹砖券单室墓，土圹南北长10.7米，东西宽0.9～2.18米，墓底距墓口1.36米。破坏严重，墓室仅存下半部分，由墓道、墓门、墓室三部分组成（图四四四；彩版二三，1）。

墓道　位于墓门的北端，平面呈长方形，南北长6.18米，东西宽0.74～0.9米，深0～1.36米。东西两壁垂直整齐，底为斜坡状，坡度为12～18°，坡长6.3米。内填黄褐色花土，土质疏松，土内夹杂少量的碎砖块等。

墓门　位于墓道的南端，南与墓室相连，由于破坏严重，残存少量封门砖。铺底砖为一平一丁顺砌，残留两组，所用砖为青褐色条砖，墓门进深0.36米，宽0.86米。

墓室位于墓门的南端，平面呈长方形，南北长3.78米，东西宽1.52米，顶部已无，残留部分周壁用一顺一丁叠压砌置。墓底用砖平铺一层，多为横砖，少部分夹杂顺砖，个别行列用残砖。用砖大部分为青褐色，规格为28×14×5厘米。

墓室内未见葬具及人骨架痕迹。

2. 出土器物

出土器物6件。

陶灶　1件。标本M190：1，泥质灰陶，模制。平面呈马蹄形，内空，灶面前部三个灶眼呈"品"字形分布，后部设圆形烟囱。正面有近方形灶门，门上侧设置挡火墙，挡火墙上撇。长21.8厘米，宽17.4厘米，高6.8厘米（图四四五，4；彩版一〇七，1）。

陶盆　1件。标本M190：2，泥质灰陶，轮制。侈口，平沿，方圆唇，浅斜腹，曲收，腹部饰凹弦纹，平底。口径4.5厘米，底径2.1厘米，高2.3厘米（图四四五，3）。

陶盆　1件。标本M190：3，泥质灰陶，轮制。侈口，折沿略上翘，方唇，浅腹弧收，平底。口径28.2厘米，底径14厘米，高5.4厘米（图四四五，6）。

陶鸡　2件。泥质灰陶，模制。标本M190：4，冠略低，头微下垂，尖圆喙，羽翼不清，长尾，腹下圆形底座。通长11.4厘米，高7.8厘米（图四四五，2）。标本M190：6，低冠，头微下垂，尖喙，羽翼不清，长尾，腹下圆形底座。长10.5厘米，高7.2厘米（图四四五，1）。

陶狗　1件。标本M190：5，泥质灰陶，模制。昂首，双耳高耸，身体肥硕，短尾曲直，四肢略瘦呈站立状。长14.6厘米，高9.3厘米（图四四五，5；彩版一〇七，2）。

二十八、M195

1. 墓葬形制

M195位于发掘区Ⅰ区西部，T1111内北部，东邻M193，南邻M196、M197，西邻M230。开口

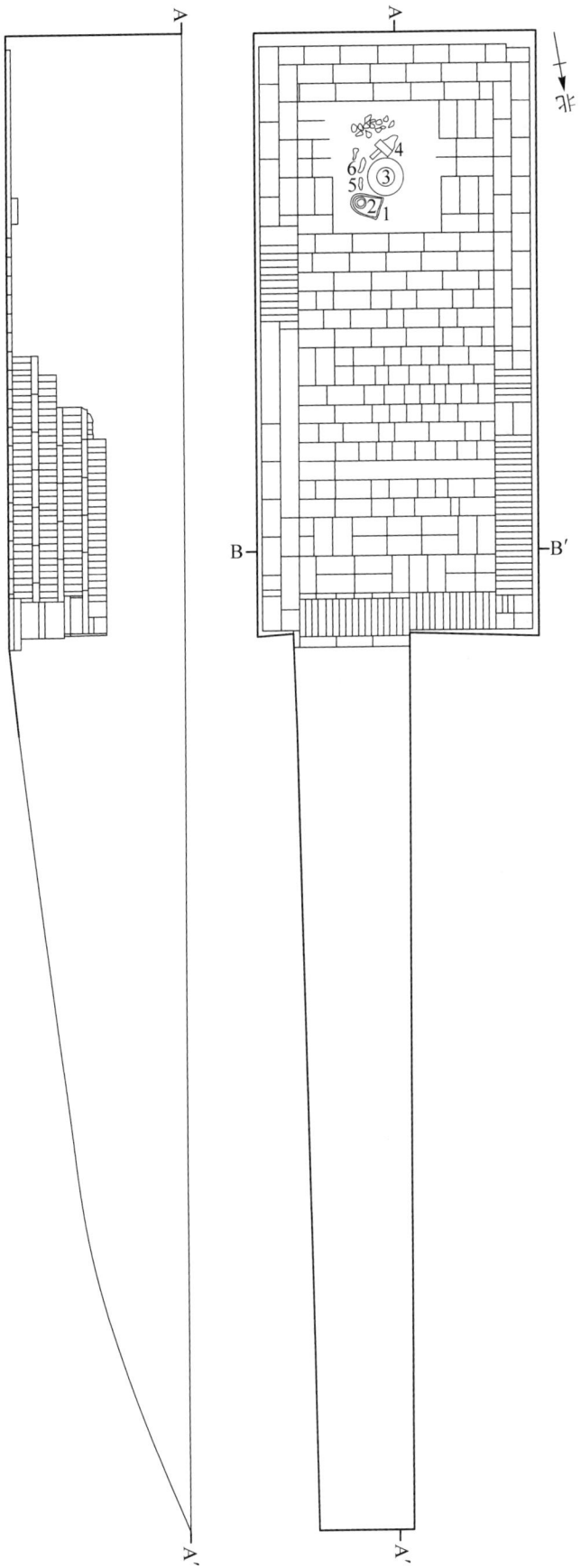

图四四四　M190平、剖面图

1. 陶灶　2. 陶盆　3. 陶盆　4. 陶鸡　5. 陶狗　6. 陶鸡

0 　　　　　 1米

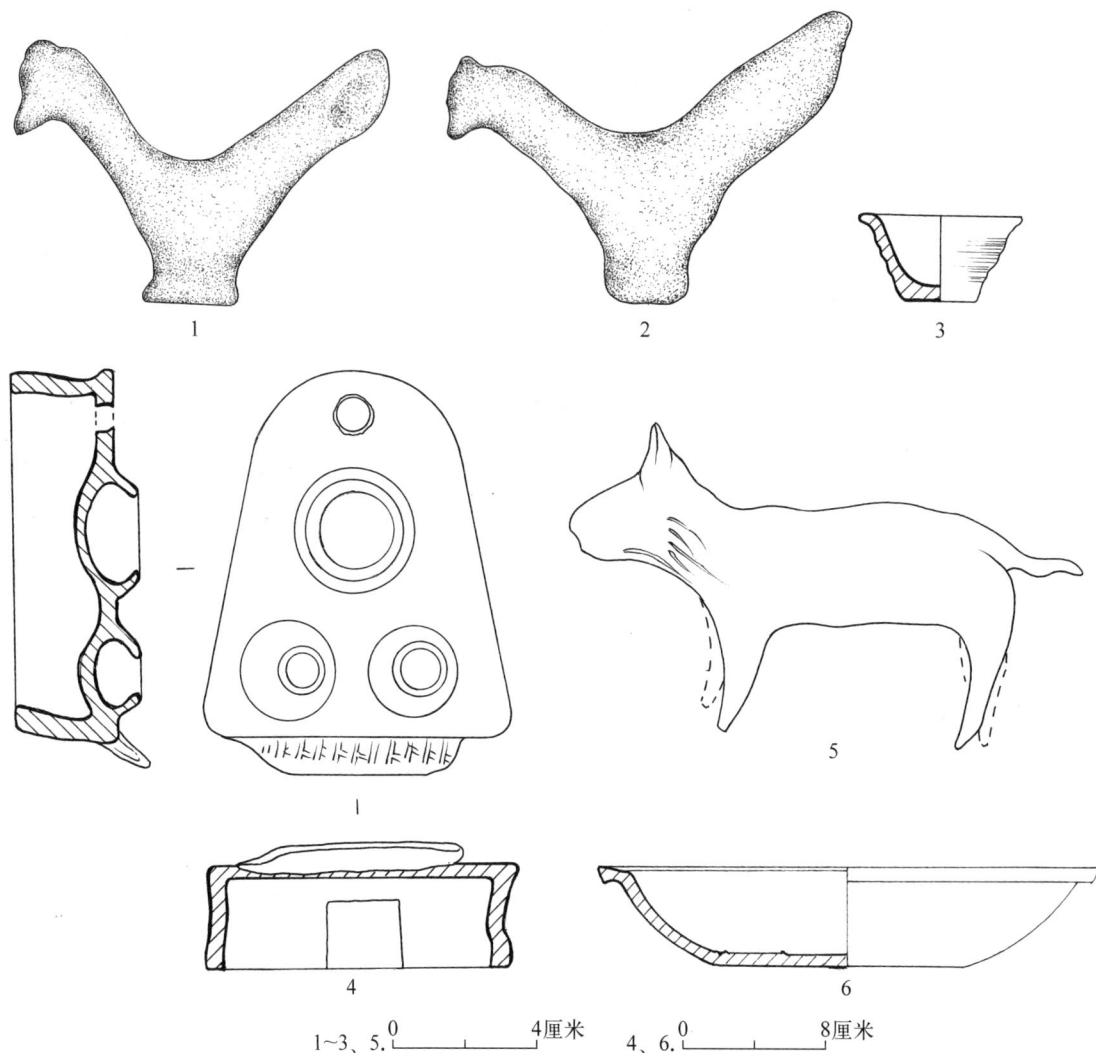

图四四五　M190出土陶器

1、2. 陶鸡（M190：6、M190：4）　3. 陶盆（M190：2）　4. 陶灶（M190：1）　5. 陶狗（M190：5）　6. 陶盆（M190：3）

于③层下，墓口距地表4米。南北向，方向9°。为刀把形竖穴土圹砖券单室合葬墓，南北长7.46米，宽0.6～2.32米，墓底距墓口0～0.6米。破坏严重，残存部分由墓道、墓室两部分组成（图四四六）。

墓道　位于墓室的北端，南北长3.2米，宽0.6～1.16米，深0～0.48米。平面呈梯形，北窄南宽，东西两壁垂直整齐，斜坡底，坡长3.28米。内填黄褐色花土，土质疏松，土内包含较多碎砖块等。

墓室　位于墓道南端，平面呈长方形，南北长4.26米，宽2.1米，残高0～0.49米。破坏较严重，仅残留下部，顶部券制不详，残留部分四壁用青砖、红砖一顺一丁叠压垒砌，墓底用青砖、红砖并列错缝纵横平铺墁地。墓底呈北高南低状。用砖规格：0.28×0.14-0.045米。

墓室内未见葬具，仅见2具凌乱人骨架。头向、面向、葬式、性别、年龄不详。

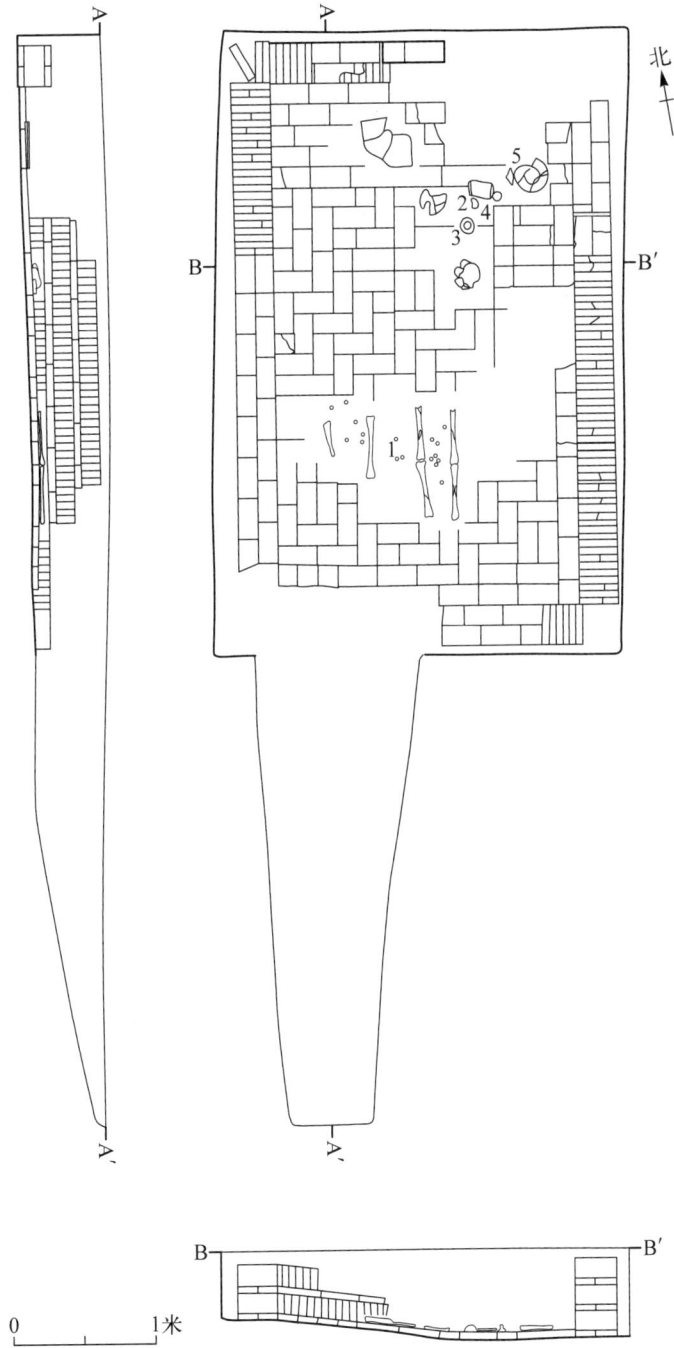

图四四六　M195平、剖面图

1. 铜钱　2. 陶盆　3. 陶器盖　4. 陶耳杯　5. 陶盆

2. 出土器物

出土器物5件，铜钱放于人骨架周围，其余器物放于墓室内北部，人骨架的北侧。

铜钱　2枚。标本M195∶1-1，圆形方穿，正面穿左右篆书"五铢"二字，"五"字两股交笔弯曲，"铢"字"金"旁三角形，下四点细长，"朱"旁上横笔方折，下垂笔圆折。正背有郭，郭缘较窄。钱径2.2厘米，穿径1厘米，厚0.15厘米（图四四七，4）。标本M195∶1-2，圆形方穿，正面穿左右篆书"五铢"二字，"五"字两股交笔弯曲，"铢"字"金"旁三角形，下四点细长，"朱"旁上横笔与下垂笔圆折。正背有郭，郭缘较窄。钱径2.35厘米，穿径0.95厘米，厚0.15厘米（图四四七，5）。

陶盆　1件。标本M195∶2，泥质灰陶，轮制。敞口，短折沿，尖圆唇，浅斜腹，小平底。口径8.2厘米，底径3.4厘米，高3厘米（图四四七，6）。

陶器盖　1件。标本M195∶3，泥质灰陶，手轮兼制。敞口，折沿圆唇，博山式顶。口径18厘米，高4厘米（图四四七，1）。

陶耳杯　1件。标本M195∶4，泥质灰陶，模制。平面呈椭圆形，两侧附贴月牙形板，浅腹斜收，小平底。口径9厘米，底径4.6厘米，高2.6厘米（图四四七，3）。

陶盆　1件。标本M195∶5，泥质灰陶，轮制。侈口，折沿，方唇，浅腹弧收，圜底。口径24厘米，高5厘米（图四四七，2）。

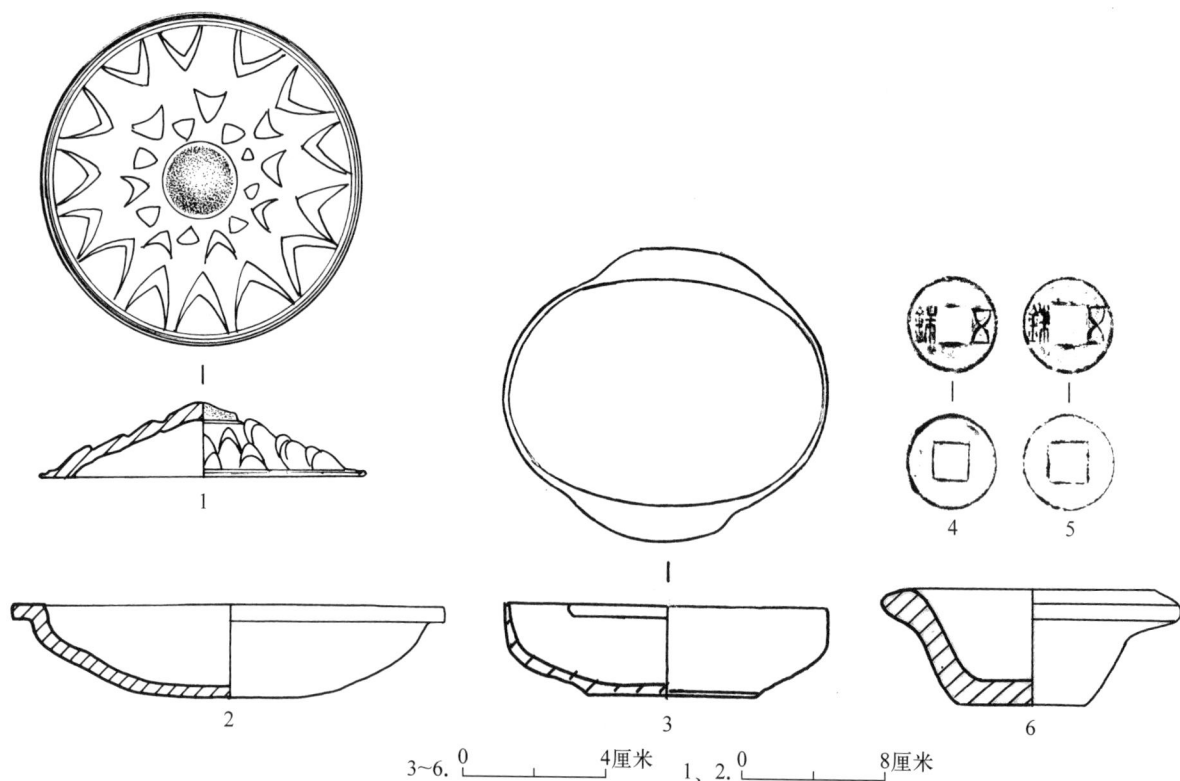

图四四七　M195出土器物

1. 陶器盖（M195∶3）　2. 陶盆（M195∶5）　3. 陶耳杯（M195∶4）　4、5. 铜钱（M195∶1-1、M195∶1-2）　6. 陶盆（M195∶2）

二十九、M200

1. 墓葬形制

M200位于发掘区Ⅰ区西部,T1210内中部,东邻M201,南部被M226打破。开口于③层下,墓口距地表4米。南北向,方向345°。为刀把形竖穴土圹砖券单室墓,南北长9.24米,东西宽0.9～2.8米,墓底距墓口1.7～2.2米。破坏严重,残留部分由墓道、墓门、墓室三部分组成(图四四八)。

墓道 位于墓门北端,南北长3.06米,宽0.9米,墓底距墓口1.7～2.2米。平面呈长方形,墓壁整齐,底部高低不平,呈缓坡状,坡长3.1米,坡度13°。内填红褐色花土,土质疏松,含少量碎砖块等。

墓门 位于墓道南端,南与墓室连接,平面呈长方形,面宽0.8米,进深0.28米。顶部破坏严重,券制不详,东西两壁用青砖叠压错缝垒砌,残高0.05～0.6米。

墓室 位于墓门的南端,平面呈长方形,南北长4.22米,宽1.78米。顶部破坏严重,券制不详,四壁用青砖叠压错缝垒砌,残高0.2～0.8米,墓底被破坏,未见铺底砖痕迹。用砖规格:0.28×0.14–0.04米。

墓室内未见葬具和人骨架痕迹。

2. 出土器物

出土器物3件,放置于墓室内。

铜镜 2件。青铜质,模铸。标本M200:1,四神规矩镜,镜面平整,光滑。镜背圆钮穿孔,四叶形钮座,座外一方框,框外四角有四乳,乳与乳之间纹饰不清,似为青龙、白虎、朱雀、玄武等物。边缘中部为三角形纹带。直径13.8厘米,厚0.3厘米(图四四九,2;彩版一〇七,3)。标本M200:2,镜面平整光滑,镜背圆钮穿孔,圆座,围座一圈凸弦纹,再外为12个内向连弧纹。内区两栉齿纹条带之间为"内而清而以而口而昭而明而光而象而夫而日而月而"22字铭文带,有一字不清晰,外区素面,较宽,边缘斜折。直径11.5厘米,厚0.5厘米(图四四九,1;彩版一〇七,4)。

铜钱 4枚,形制相同。圆形方穿,正面穿左右篆书"货泉"二字,字体为悬针篆,"泉"字中竖中断,正背有郭,周郭及字体线条纤细。标本M200:3-1,钱径2.1～厘米,穿径0.7～厘米,厚0.1厘米(图四五〇,1)。标本M200:3-2,钱径2.15厘米,穿径0.8厘米,厚0.1厘米(图四五〇,2)。

三十、M207

1. 墓葬形制

M207位于发掘区Ⅰ区西北部,T1509内西部,东邻M208。开口于③层下,墓口距地表4米。南北向,方向5°。为刀把形竖穴土圹砖券单室墓,土圹南北长11.4米,东西宽2.87米,墓底距墓口2.13米。破坏严重仅存下半部,残留部分由墓道、墓门、墓室三部分组成(图四五一)。

M226

A

A′

M226

A′

北

B —————— B′

B —————— B′

⊙
2

1

3 ⦿

0 ———————— 1米

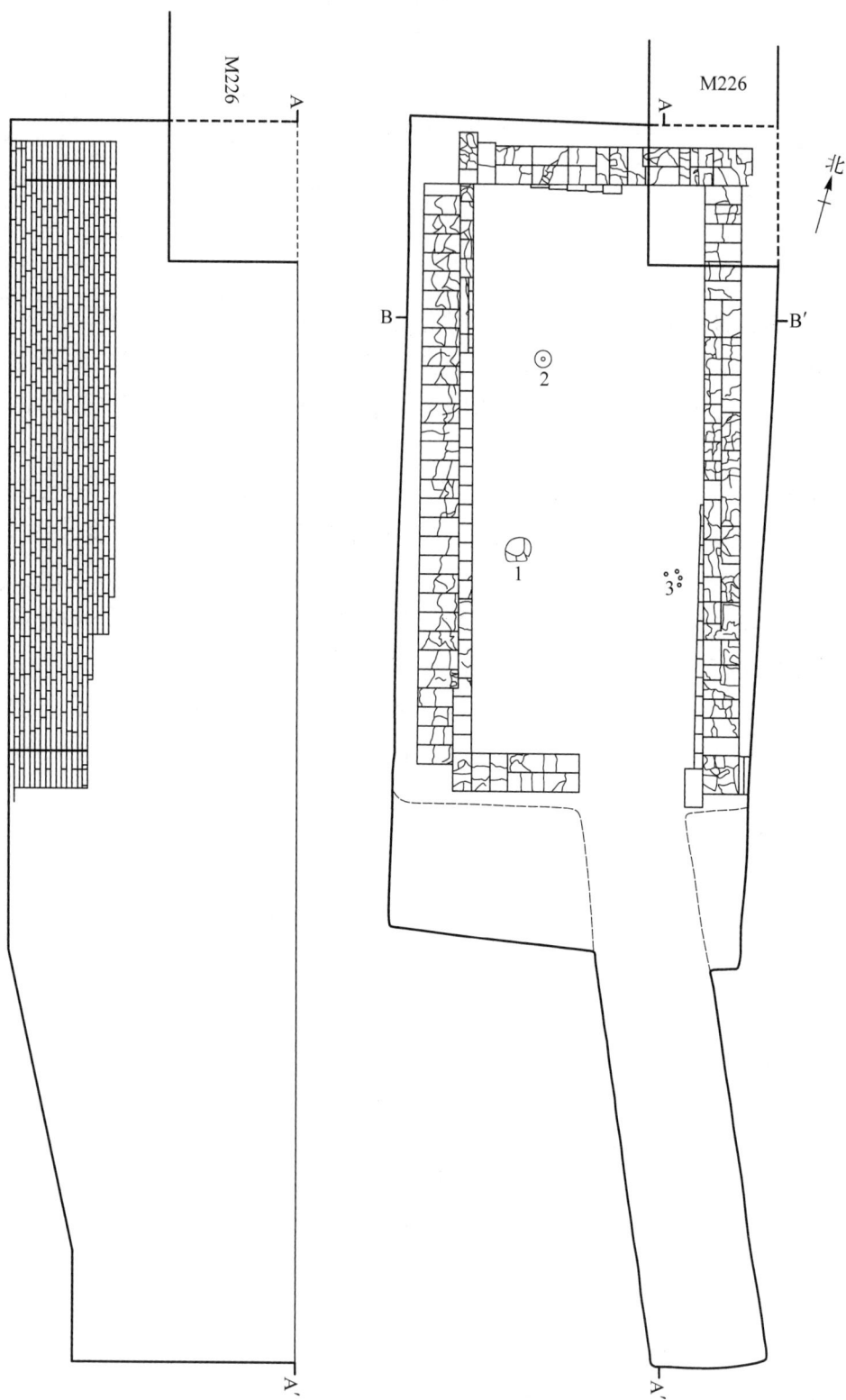

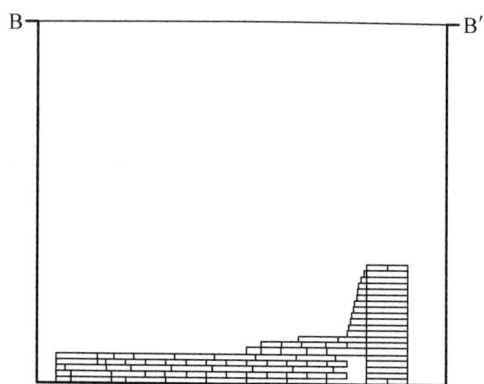

图四四八　M200平、剖面图

1. 铜镜　2. 铜镜　3. 铜钱

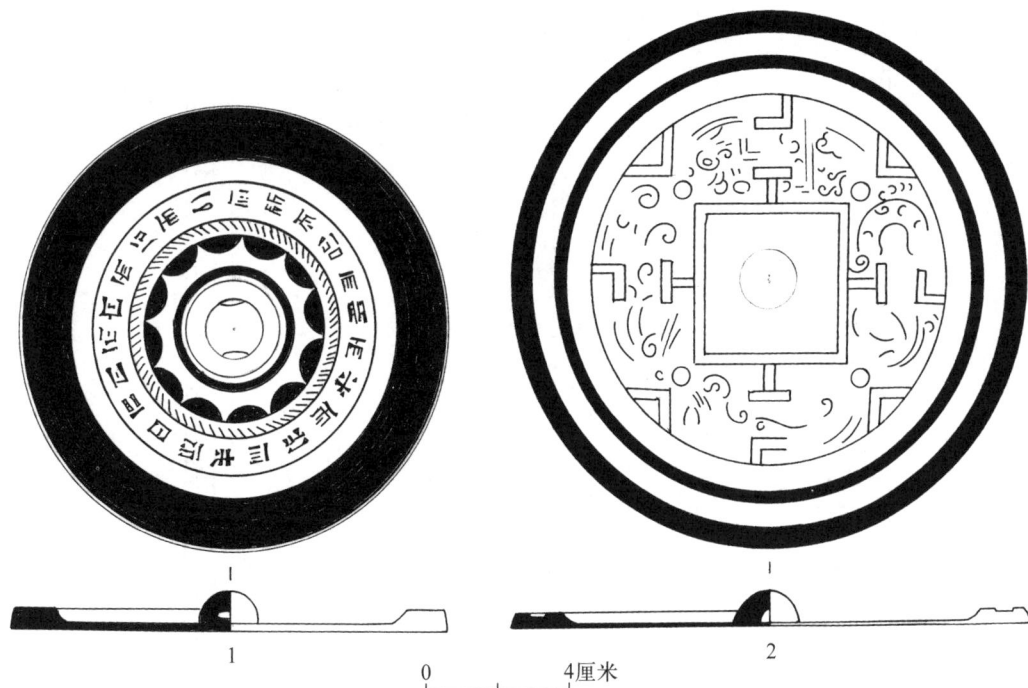

图四四九　M200出土铜镜

1、2.(M200：2、M200：1)

墓道　位于墓门的北端,平面呈长方形,东西两壁垂直整齐,底部为斜坡状,坡度25°,坡长5.5米,南北长5米,宽0.92米,墓底距墓口0～2米,内填黄褐色花土,土质较疏松。

墓门　位于墓道的南端,南与墓室相连接,已被破坏殆尽。

墓室　位于墓门的南端,平面呈长方形,南北长5.8米,东西宽2.1米,由于破坏严重,仅残留底部部分,周壁只有局部残留砖墙,用规格为0.28×0.14-0.05米的青灰砖以一顺一丁砌置,墓底已被破坏,墓室内未见葬具及人骨架痕迹。

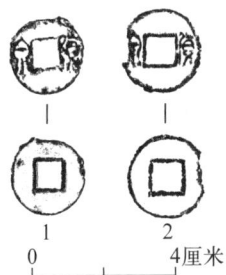

图四五〇　M200出土货泉钱

1、2.(M200：3-1、M200：3-2)

2. 出土器物

无。

三十一、M238

1. 墓葬形制

M238位于发掘区Ⅰ区南部,T0816内中部,西邻M239。开口于③层下,墓口距地表4米。南北向,方向185°。为刀把形竖穴土圹砖券单室墓,土圹南北长8.5米,宽0.8～2米,墓底距墓口0～1.4米。破坏严重,由墓道、墓门、墓室三部分组成(图四五二;彩版二三,2)。

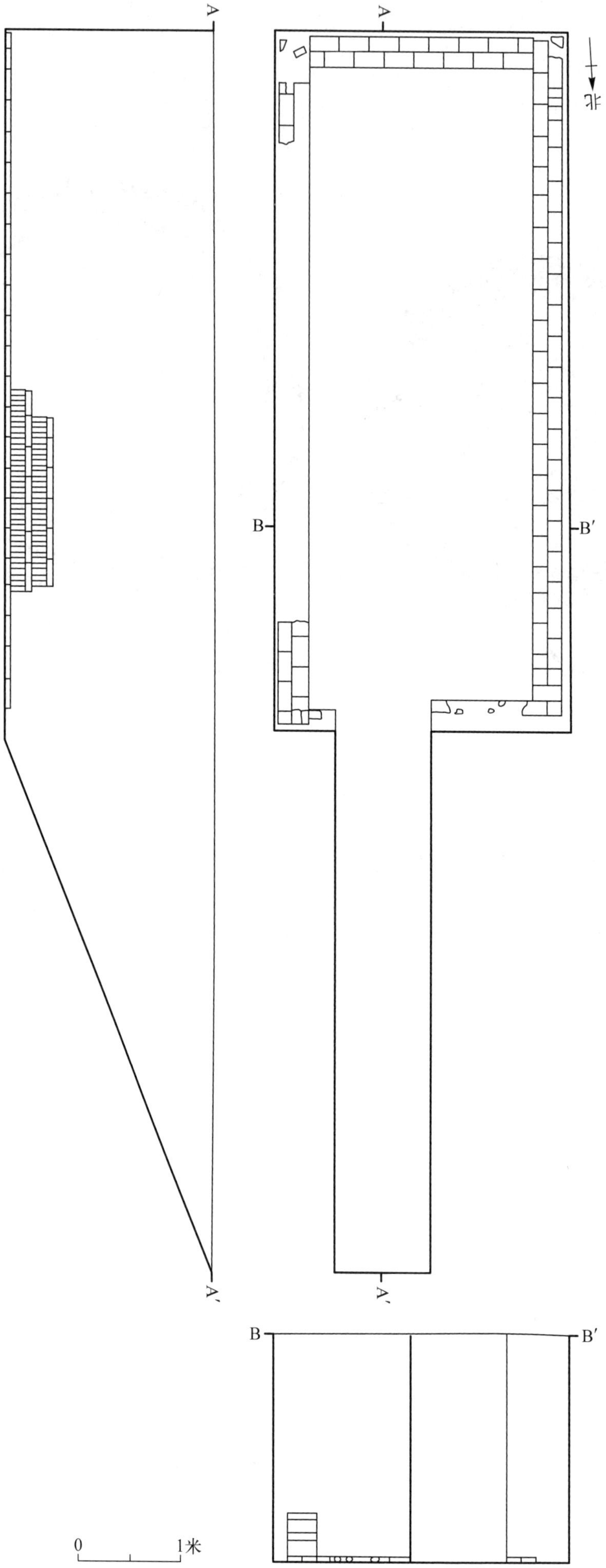

图四五一 M207平、剖面图

0   1米

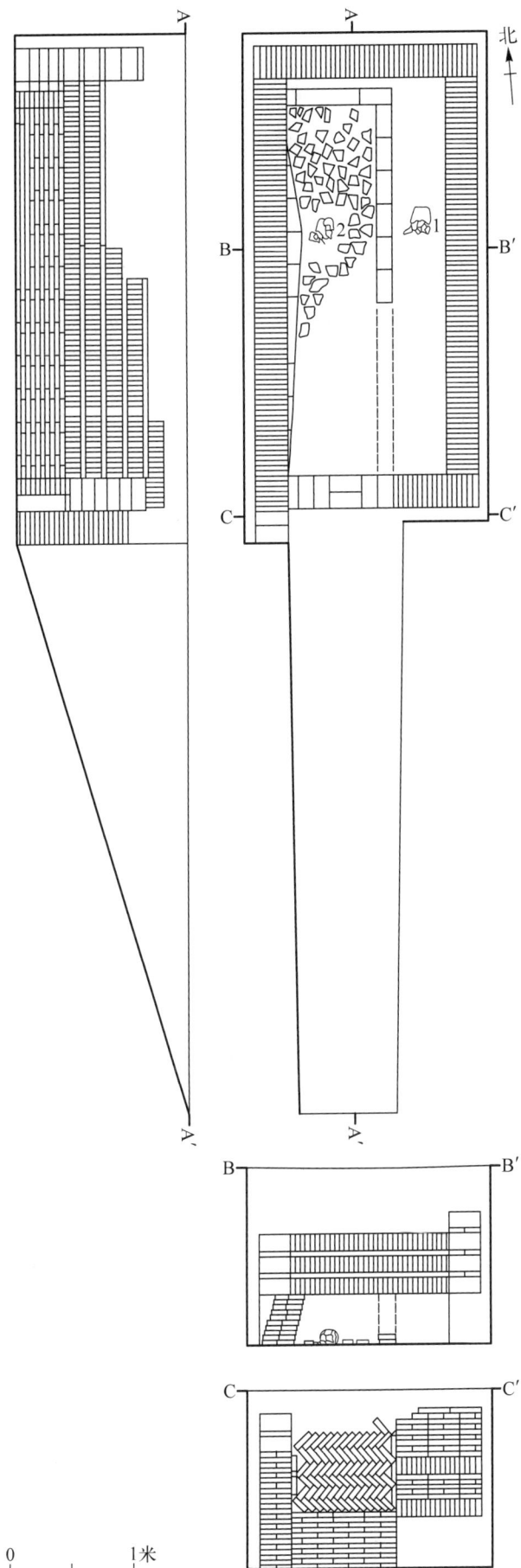

图四五二　M238平、剖面图

1. 盘口壶　2. 盘口壶

　　墓道　位于墓门南端，南北长4.5米，宽0.8～0.94米，墓底距墓口0～1.4米。平面近梯形，南窄北宽，墓壁整齐，坡状底，坡长4.7米，坡度14°。内填红褐色花土，土质疏松、湿软，土内夹杂少量碎砖块等。

　　墓门　位于墓道北端，北接墓室，平面呈长方形，面宽0.86米，进深0.26米。西壁下部用青砖叠压错缝平砌，上部用青砖一顺一丁叠压垒砌。东壁下部修筑活土台，台上下部用青砖一丁五顺垒砌三层，其上用青砖叠压错缝垒砌，门壁残高1.21米。墓门内下部用青砖叠压错缝平砌0.44米时开始用青砖叠压垒砌呈人字形封堵。

　　墓室　位于墓门北端，平面呈长方形，南北长4米，宽2米。破坏严重，顶部券制不详，四壁残留部分券制不一：北、东、南三壁下部修筑活土二层台，台上用青砖一顺一丁叠压垒砌；西壁下部用青砖叠压错缝垒砌，与墓室内棺床连为一体。墓壁残高0.74～1.2米。棺床位于墓室内西半部，平面呈长方形，南北长3.04米，东西宽0.86米，残高0.08米，床壁叠压平砌包边。棺床北壁向西叠压于墓室西壁下，南壁叠压于墓门内人字形封门砖下。经过发掘，依据墓葬形制的实际情况，初步推断该墓原为竖穴土圹砖椁墓，后来又把该墓改造为带墓道的竖穴土圹砖券墓。用砖规格：0.26×0.13-0.05米。

　　墓室内未见葬具及人骨架痕迹。

2. 出土器物

出土器物2件。

　　盘口壶　1件。标本M238：1，泥质灰陶，手轮兼制，火候高。盘口，短束颈，鼓腹弧收，平底，上腹与下腹饰凹弦纹。口径13.8厘米，腹径20.6厘米，底径13.2厘米，通高26.8厘米（图四五三，1）。

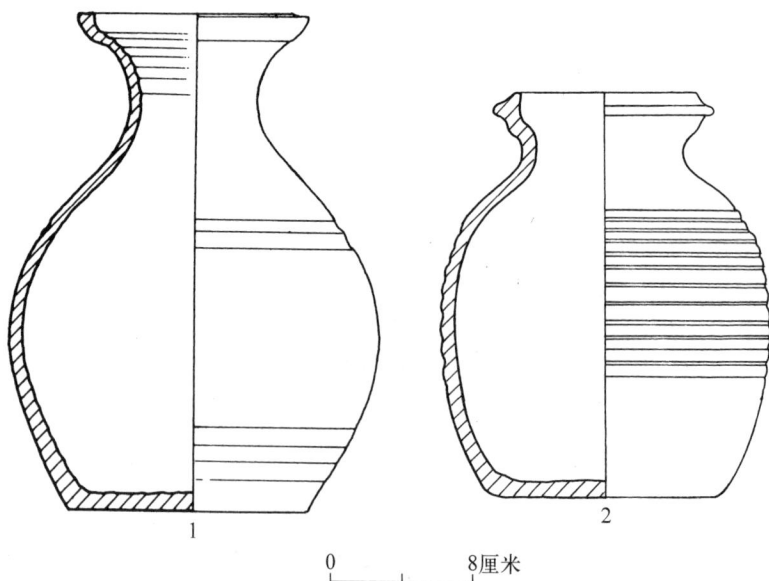

图四五三　M238出土盘口壶

1、2.（M238：1、M238：2）

陶罐 1件。标本M238：2，泥质灰陶，手轮兼制，火候高。敞口，折沿，方圆唇，束颈，腹微鼓，弧收，平底。器表饰凹弦纹。口径12.4厘米，腹径18.6厘米，底径12.8厘米，通高22厘米（图四五三，2）。

三十二、M239

1. 墓葬形制

M239位于发掘区Ⅰ区南部，T0815内东部，北邻M237，东邻M238。开口于③层下，墓口距地表4米。南北向，方向192°。为刀把形竖穴土圹砖券单室墓，南北长9.5米，东西宽0.88～2.44米，墓底距墓口0.14～1.48米。由墓道、墓门、墓室三部分组成（图四五四；彩版二三，3）。

墓道 位于墓门南端，南北长4.8米，宽0.88米，墓底距墓口0.14～1.4米。平面呈长方形，墓壁整齐，坡状底，坡长4.86米。内填红褐色花土，土质疏松，含少量碎砖块等。

墓门 位于墓道北端，北与墓室连接，平面呈长方形，面宽0.69米，进深0.28米。顶部破坏严重，券制不详，东西两壁用青砖侧立叠压垒砌，残高0.42米。

墓室 位于墓门的北端，平面呈长方形，南北长4.16米，宽1.62米。顶部破坏严重，券制不详，四壁下部用青砖侧立叠压垒砌，砌至0.98米时开始起券，残高0.5～1.26米，墓底用青砖侧立并列纵铺。用砖规格：0.28×0.14-0.05米。

墓室内未见葬具及人骨架痕迹。

2. 出土器物

出土器物4件，放置于墓室内。

铜镜 2件。模铸，青铜质。标本M239：1，镜面平整光滑，镜背圆钮穿孔，圆形钮座，钮座与外围一圈凸弦纹之间用六组线条（每组三条）衔接，凸弦纹与外侧一圈十二个内向连弧纹之间用三组线条（每组三条）衔接，连弧纹外侧两组栉齿纹条带之间为"内而清而以而昭而光而夫而日而月而"16字铭文带。外区素面，较宽，镜缘斜折。直径11厘米，厚0.4厘米（图四五五，3；彩版一〇七，5）。标本M239：2，镜面平整光滑，镜背圆钮穿孔，四叶纹钮座，座外方框，方框四边各向外延伸出一"T"形符号与"L"形符号相对，"T形符号"两侧各有一乳钉，方框四角又与"V"形符号相对，将镜的内区分为八等分。青龙、白虎、朱雀、玄武各为一等分，其他四等分配以鸟兽等。八等分与外围一圈栉齿纹条带之间为"尚方作佳镜真大好上有仙人不知老渴饮玉泉□"20字铭文带，有一字不清晰。外区整体向内倾斜，两三角锯齿纹条带之间为双线水波纹条带。镜缘斜折。直径15.1厘米，厚0.4厘米（图四五五，4；彩版一〇七，6）。

铜带钩 1件。标本M239：3，范铸，青铜质。整体呈"如意"形，钩首弯曲，截面呈半圆形，圆钮。通长8.5厘米（图四五五，1；彩版一〇八，1）。

盘口壶 1件。标本M239：4，泥质灰陶，轮制。口残，束颈，直腹，平底。器表饰弦纹，轮痕清晰。底径18厘米，残高24.2厘米（图四五五，2）。

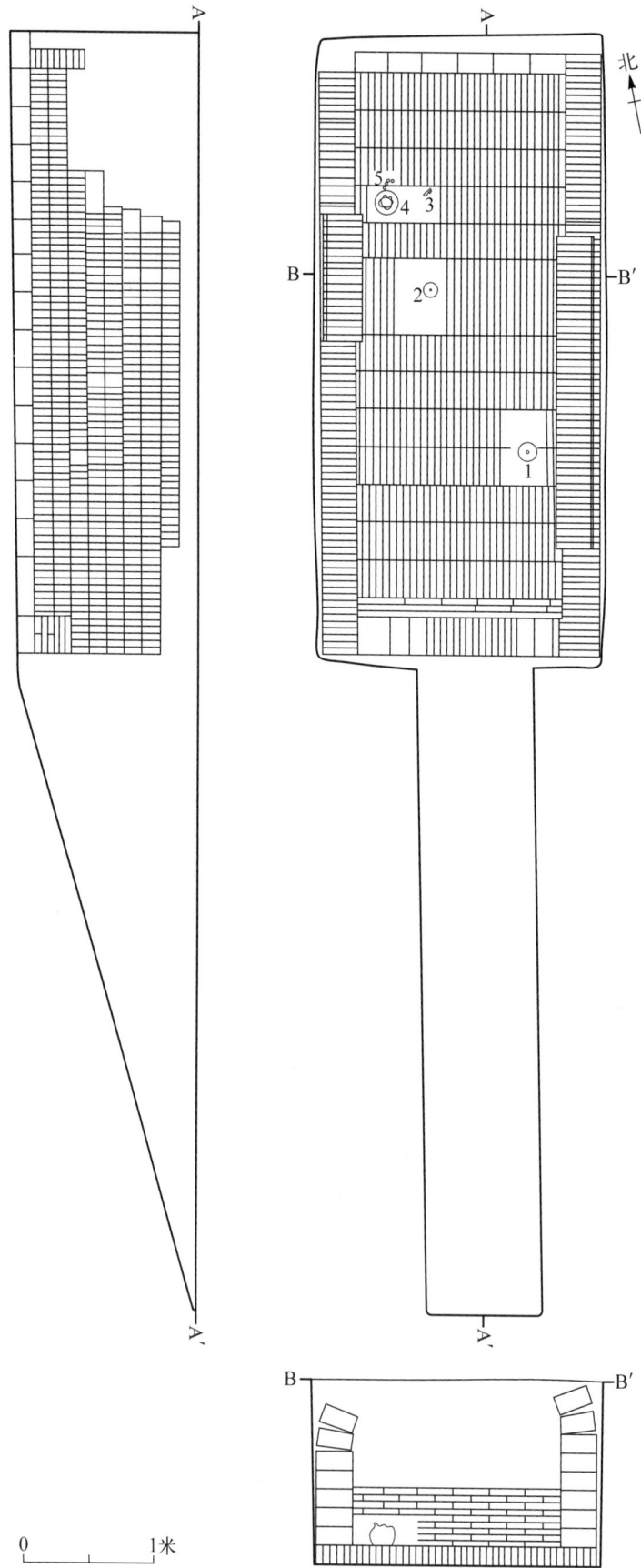

图四五四　M239平、剖面图

1. 铜镜　2. 铜镜　3. 铜带钩　4. 盘口壶　5. 铜钱

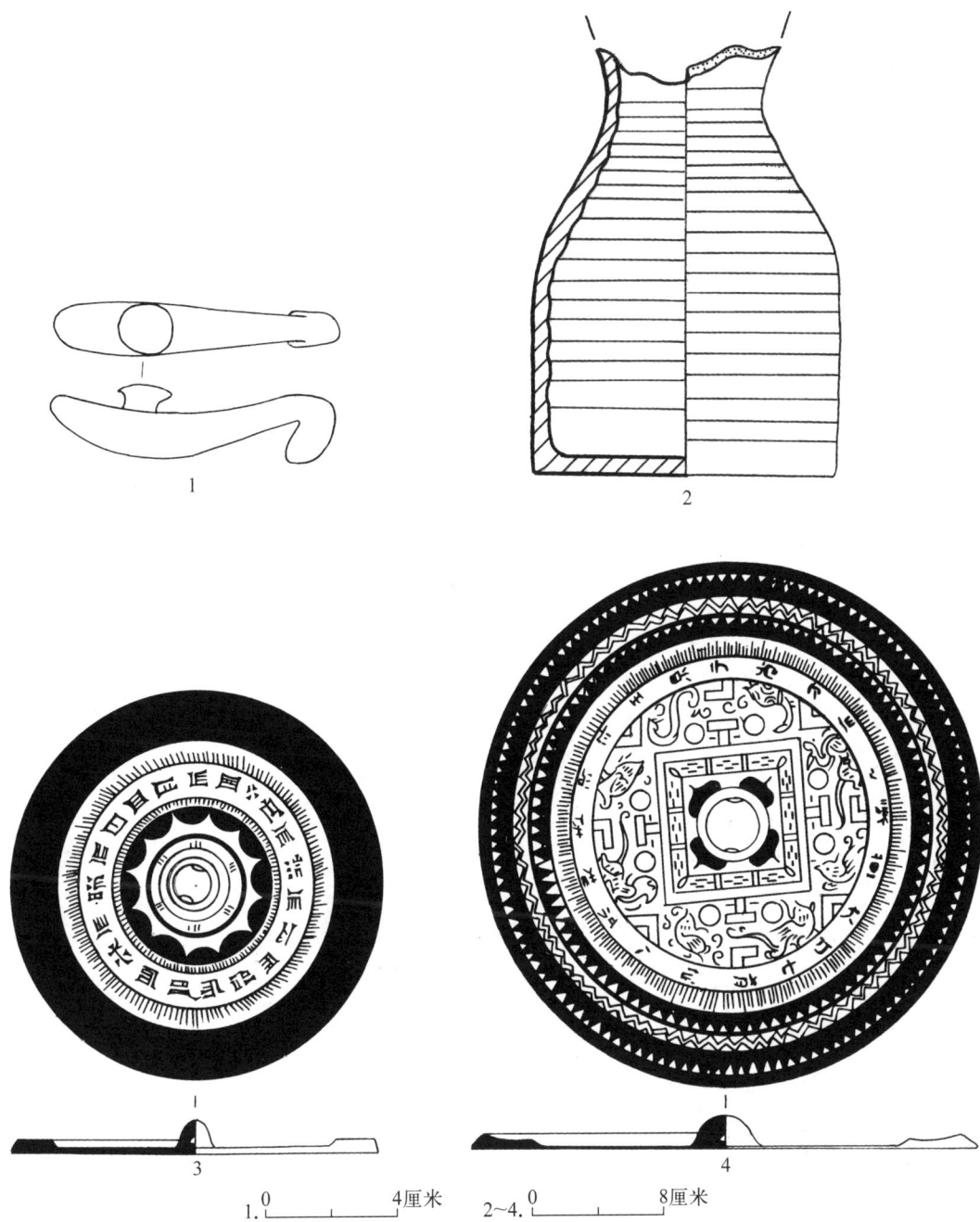

图四五五　M239 出土铜镜

1. 铜带钩（M239：3）　2. 盘口壶（M239：4）　3. 铜镜（M239：1）　4. 铜镜（M239：2）

第四节　竖穴土圹多室砖券墓

一、M120

1. 墓葬形制

M120位于发掘区Ⅰ区北部，T1319内北部，南邻M117、M119、M236，西邻M188。开口于③层下，墓口距地表3.8米。东西向，方向275°。为刀把形竖穴土圹砖券多室墓，东西通长13.96米，宽0.84～4.84米，墓底距墓口0～1.7米。破坏严重，残存部分由墓道、墓门、前室、北甬道、北后室、南甬道、南后室几部分组成（图四五六；彩版二四，1）。

墓道　位于墓门西端，东西长6.24米，宽0.84米，墓底距墓口0～1.7米。平面呈长方形，东西两壁垂直整齐，底呈斜坡状，坡长6.34米，坡度20°。内填红褐色花土，土质疏松，土内夹杂较多碎砖块等。

墓门　位于墓道东端，东与前室连接。面宽0.84米，进深0.28米。顶部破坏，券制不详，东西两壁残留部分用青砖二顺一丁叠压垒砌，残高1米。墓门内用青砖叠压错缝平砌封堵。

前室　位于墓门东端，平面呈长方形，南北长4.24米，东西宽3.92米。顶部破坏严重，形制不详，四壁残留部分用青砖二顺一丁叠压垒砌，砌至1.44米时开始起券，底部用青砖二顺二平纵横错缝平铺墁地，墓室残高0.77～1.87米。

北甬道　位于前室东端偏北，东与北后室连接。平面呈长方形，面宽0.84米，进深1.12米。南北两壁用青砖垒砌（北壁砌法为二顺一丁，南壁砌法为叠压错缝平砌），砌至0.96米时开始起券，为双层拱形券顶，甬道高1.18米。甬道口用青砖叠压错缝垒砌三层封堵。

北后室　位于北甬道东端，平面呈长方形，土圹东西长3.4米，南北宽2.06米。顶部破坏严重，券制不详，四壁用青砖二顺一丁叠压垒砌，残高0.77～0.97米，墓底用青砖二顺二平纵横平铺墁地。

室内未见葬具痕迹，发现骨架二具，保存较差，头向不详，均为直肢葬，性别、年龄不详。

南甬道　位于前室东端偏南，东与南后室连接。平面呈长方形，面宽0.82米，进深1.1米。南北两壁用青砖垒砌（南壁砌法为二顺一丁，北壁砌法为叠压错缝平砌），砌至0.96米时开始起券，为双层拱形券顶，甬道高1.18米。

南后室　位于南甬道东端，平面呈长方形，土圹东西长3.4米，南北宽2.08米。顶部破坏严重，券制不详，四壁用青砖二顺一丁叠压垒砌，砌至1.25米时开始起券，残高0.58～1.6米，墓底用青砖二顺二平纵横平铺墁地。用砖规格：0.28×0.14–0.05米。

室内未见葬具痕迹，发现骨架二具，保存较差，头向不详，均为仰身直肢葬，性别、年龄不详。

2. 出土器物

出土器物12件。2～11号器物放置于前室内东侧，1号器物放置于前室与后室骨架旁。

铜钱　33枚。标本M120：1-1（2枚），圆形方穿，正面穿左右篆书"半两"，"半"字两点撇

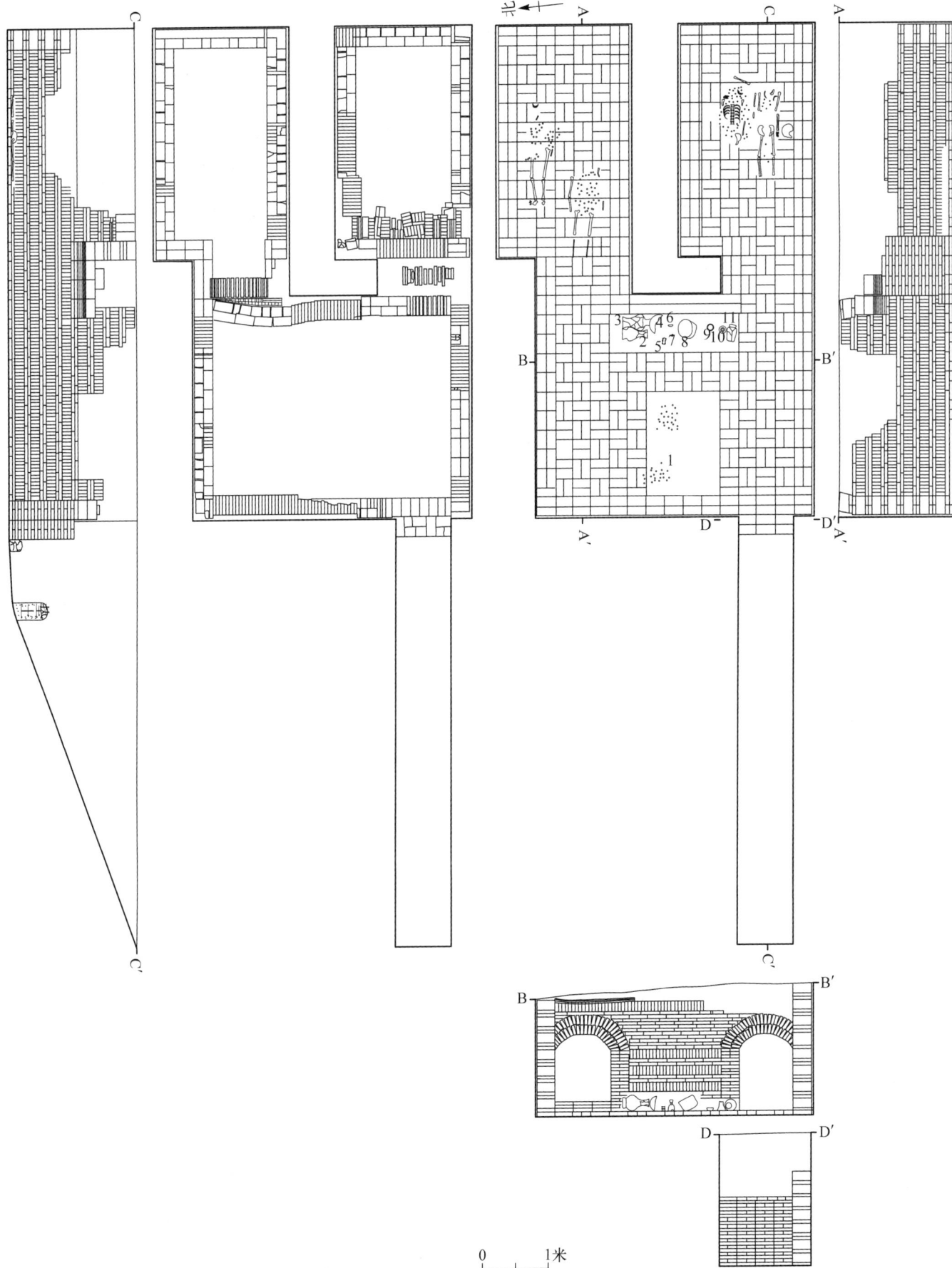

图四五六　M120 平、剖面图

1.铜钱　2.陶壶　3.陶壶　4.陶奁　5.陶兽首　6.陶俑　7.陶器　8.陶奁　9.陶洗　10.陶仓　11.陶罐（填土）　12.陶罐（填土）

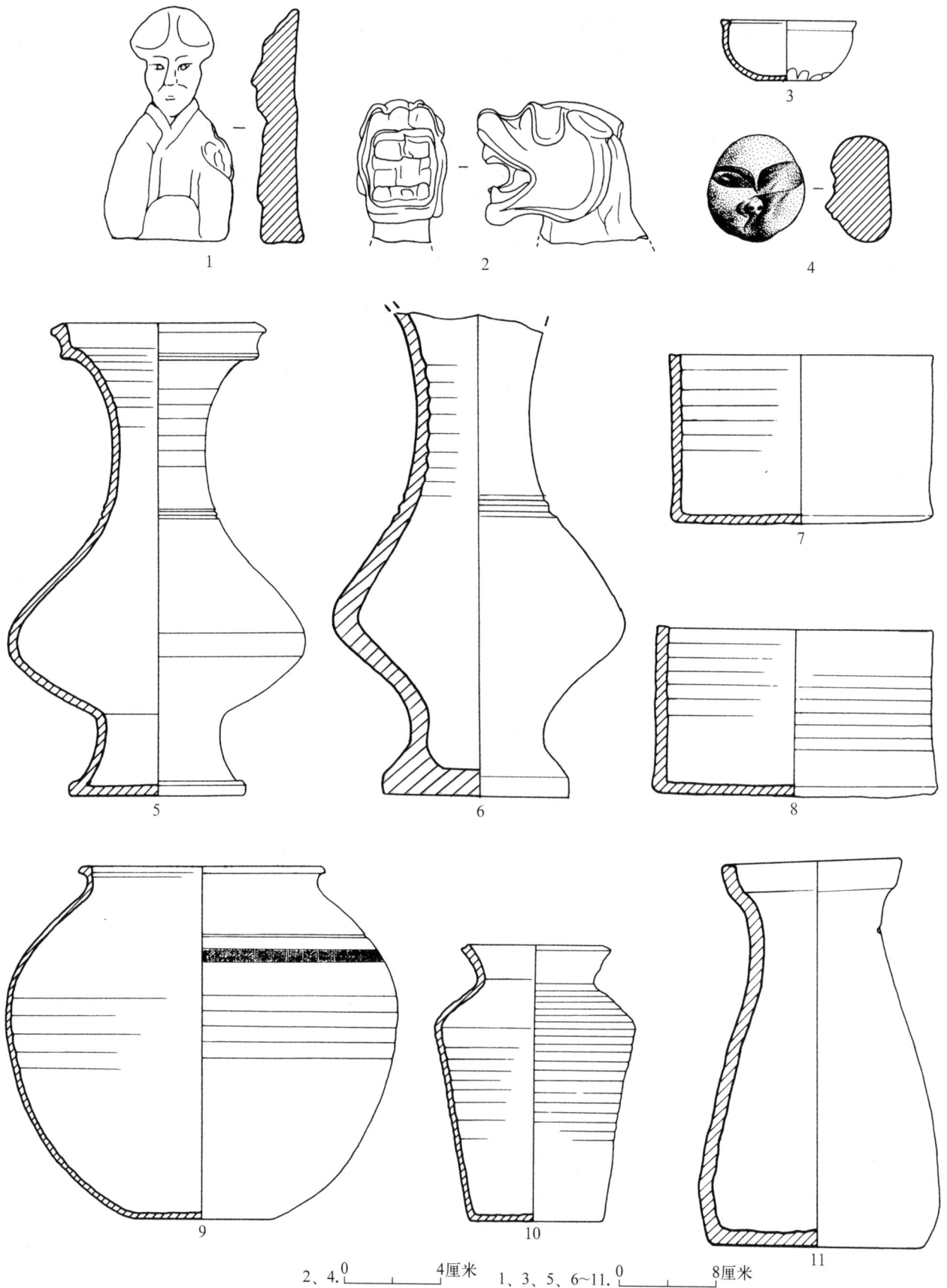

图四五七　M120出土陶器

1.陶俑（M120：6）　2.陶兽首（M120：5）　3.陶洗（M120：9）　4.陶器（M120：7）　5、6.陶壶（M120：2、M120：3）

7、8.陶奁（M120：4、M120：8）　9、10.陶罐（M120：12、M120：10）　11.陶仓（M120：11）

状，上横笔折收，"两"字为十字两，正背有郭，郭缘较窄。钱径2.3～2.4厘米，穿径0.75～0.8厘米，厚0.1厘米（图四五八，1）。标本M120：1-2（11枚），圆形方穿，正面穿左右篆书"五铢"二字，"五"字两股交笔弯曲，"铢"字"金"旁上部三角形，下四点粗短，"朱"旁上横笔方折，下垂笔圆折，正背有郭，郭缘较窄。钱径2.55～2.6厘米，穿径0.9～1厘米，厚0.15厘米（图四五八，2）。标本M120：1-3（2枚），圆形方穿，正面穿左右篆书"货泉"二字，字体为悬针篆，"泉"字中竖中断，正背有郭，周郭及字体线条纤细。钱径2.25厘米，穿径0.7厘米，厚0.15厘米（图四五八，3）。标本M120：1-4，圆形方穿，正面穿左右篆书"货泉"二字，字体为悬针篆，"泉"字中竖中断，正背磨郭。钱径2.35厘米，穿径0.7厘米，厚0.05厘米（图四五八，4）。标本M120：1-5（12枚），圆形方穿，正面穿左右篆书"五铢"二字，"五"字两股交笔弯曲，"铢"字"金"旁上部三角形，下四点细长，"朱"旁上横笔与下垂笔圆折，正背有郭，郭缘较窄。钱径2.5～2.6厘米，穿径0.9～0.95厘米，厚0.15厘米（图四五八，5）。标本M120：1-6，圆形方穿，正面穿左右篆书"五铢"二字，"五"字两股交笔缓曲，"铢"字"金"旁上部三角形，下四点细长，"朱"旁上横笔与下垂笔圆折。正背有郭，郭缘经过剪修。钱径2.4厘米，穿径0.9厘米，厚0.15厘米（图四五八，6）。标本M120：1-7（2枚），圆形方穿，正面穿左右篆书"五铢"二字，"五"字两股交笔弯曲，"铢"字"金"旁上部三角形，下四点细长，"朱"旁上横笔与下垂笔圆折。正背有郭，郭缘经过剪修。钱径2.45厘米，穿径0.95厘米，厚0.1厘米（图四五八，7）。标本M120：1-8，圆形方穿，正面穿左右篆书"五铢"二字，"五"字两股交笔缓曲，"铢"字"金"旁上部三角形，下四点细长，"朱"旁上横笔与下垂笔圆折。正背有郭，郭缘经过剪修。钱径2.35厘米，穿径1厘米，厚0.05厘米（图四五八，8）。标本M120：1-9，圆形方穿，正面穿左右篆书"五铢"二字，"五"字两股交笔缓曲，"铢"字"金"旁上部

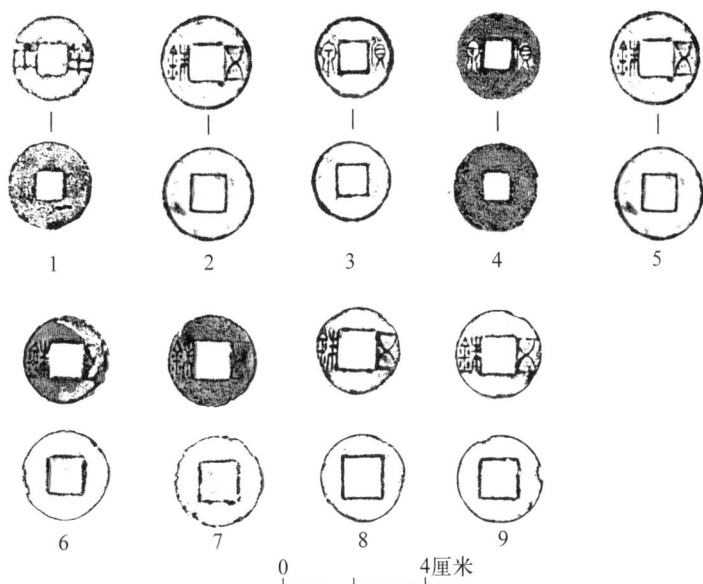

图四五八　M120出土铜钱

1. 半两（M120：1-1）　2. 五铢（M120：1-2）　3、4. 货泉（M120：1-3、M120：1-4）　5. 五铢（M120：1-5）　6. 五铢（M120：1-6）
7. 五铢（M120：1-7）　8. 五铢（M120：1-8）　9. 五铢（M120：1-9）

三角形，下四点细长，"朱"旁上横笔与下垂笔圆折。正背有郭，郭缘经过剪修。钱径2.4厘米，穿径0.85厘米，厚0.05厘米（图四五八，9）。

陶壶　2件。泥质灰陶，轮制。标本M120∶2，浅盘口，尖唇，长束颈，鼓腹弧收，高圈足，平底。颈部饰数道轮旋痕与两周凹弦纹，中腹有二道旋痕，内部盘胎痕迹明显。口径15.4厘米，腹径24.2厘米，底径14.2厘米，高37.2厘米（图四五七，5；彩版一〇八，2）。标本M120∶3，口部残缺，长束颈，鼓腹弧收，假圈足，平底。颈部饰二周凹弦纹，下腹有数周轮旋痕。腹径23.8厘米，底径15.2厘米，残高38厘米（图四五七，6）。

陶盉　2件。泥质灰陶，轮制。标本M120∶4，平口，直腹，平底，内壁轮旋痕明显。口径21.6厘米，底径21.4厘米，高13.4厘米（图四五七，7）。标本M120∶8，平口，直腹，腹部略束，平底。内外壁有数周轮旋痕。口径22.8厘米，底径23.4厘米，高13.2厘米（图四五七，8）。

陶兽首　1件。标本M120∶5，泥质红陶。模制。似龙形，昂首，嘴巴大张，獠牙锋利，卷舌，双目圆睁，耳下垂。残高5.6厘米（图四五七，2；彩版一〇八，3）。

陶俑　1件。标本M120∶6，泥质灰陶，模制。头戴帽，双目有神，耸鼻，小嘴，尖下颌，身穿长袍，双手拢于胸前，呈座状。高18.4厘米（图四五七，1；彩版一〇八，4）。

陶器　1件（残）。标本M120∶7，泥质灰陶，模制。平面呈椭圆形。残高4.2厘米（图四五七，4）。

陶洗　1件。标本M120∶9，泥质红陶，轮制。敛口，尖圆唇，束颈，浅腹弧收，平底，底部有刮胎痕。口径11厘米，底径4.8厘米，高4.8厘米（图四五七，3）。

陶仓　1件。标本M120∶10，泥质灰陶，轮制。浅盘口，方唇，束颈，深斜腹，平底。口径12.2厘米，底径11厘米，高21.8厘米（图四五七，10）。

陶罐　2件。泥质灰陶，轮制。标本M120∶11，敞口，方唇，矮领，束颈，折肩，深斜腹，平底。器表肩、腹与内壁轮旋痕明显。口径14.6厘米，底径17.6厘米，高30.4厘米（图四五七，11；彩版一〇八，6）。标本M120∶12，直口，口内有一周凹槽，平沿，尖圆唇，溜肩，鼓腹弧收，平底。肩部有一周凹弦纹，弦纹下有间隔回形纹，下腹与内壁轮旋痕明显。口径20厘米，腹径32厘米，底径11.6厘米，高27.6厘米（图四五七，9；彩版一〇八，5）。

二、M150

1. 墓葬形制

M150位于发掘区Ⅰ区东部，T1124、T1024内，东邻M151，西邻M15。开口于③层下，墓口距地表3.9米。南北向，方向185°。为甲字形竖穴土圹多室砖券墓，南北长14.7米，东西宽0.9～5.4米，墓底距墓口1.8米。由墓道、甬道、前室、东后室甬道、东后室、西后室甬道、西后室共七部分组成（图四五九；彩版二四，2）。

墓道　位于甬道的南端，平面呈长方形，东西两壁垂直整齐，底部为斜坡状，坡度为17°，坡长6.16米，南北长6米，宽0.9米，墓底距墓口0.05～1.8米。内填黄褐色花土，土质疏松，夹杂少量的碎砖块等。

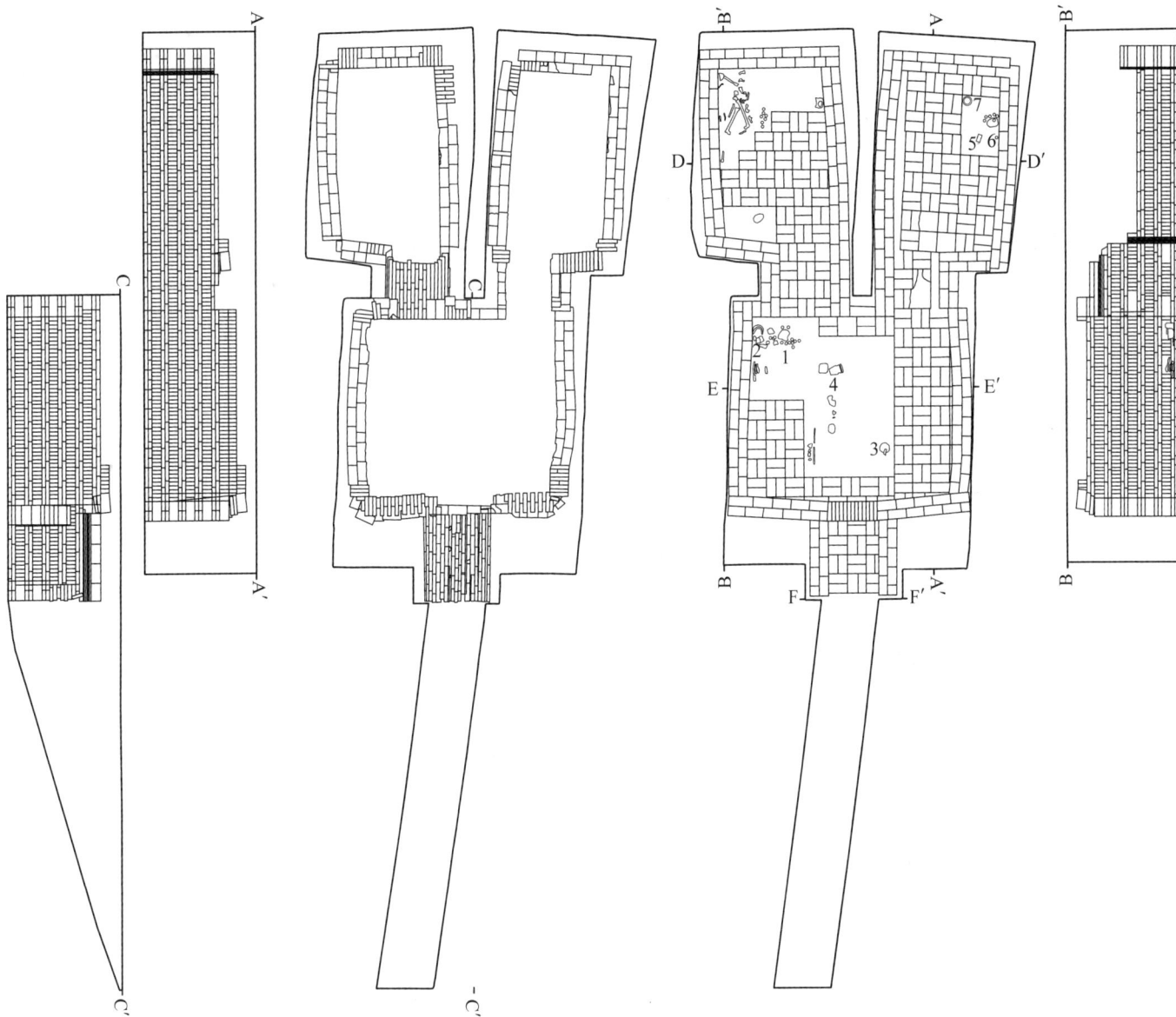

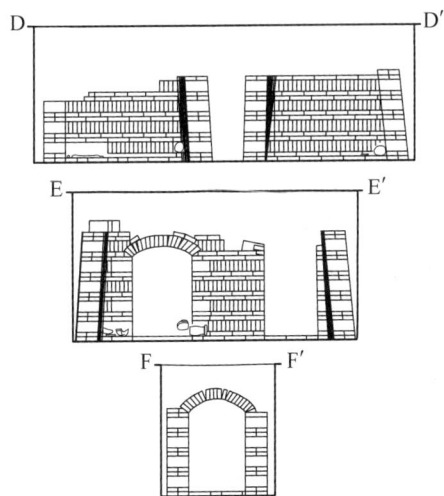

图四五九　M150平、剖面图

1.铜钱　2.陶奁　3.陶奁　4.陶罐　5.石圭板　6.石杵　7.陶器盖

甬道　位于墓道的北端，北与墓室相连，平面呈长方形，进深1.36米，面宽0.8米，高1.33米。东西两壁用规格为0.3×0.15-0.06米的青灰色砖二顺一丁叠压砌置，砌至1.14米时开始起券，拱形券顶，底部用砖二横二顺平铺。

前室　位于甬道的北端，北与东后室甬道和西后室甬道相连，平面呈长方形，东西长3.7米，南北宽2.84米，顶部已被破坏掉仅残存下半部分，四壁用规格为0.3×0.15-0.06米的青灰砖二顺一丁叠压砌置，略呈漫弧状，墙壁残高1.48～1.62米。墓底用砖二横二顺平铺墁地。

东后室甬道　位于前室的北端，北与东后室相连，平面呈长方形，进深为0.86米，面宽0.72米，残高1.4～1.58米。顶部残缺，东西两壁用规格为0.3×0.15-0.06米的青灰色砖二顺一丁叠压砌置，墓底用砖二横二顺平铺墁地。

东后室　位于东后室甬道的北端，平面呈长方形，南北长2.4米，东西宽1.66米，顶部残缺，四壁用规格为0.3×0.15-0.06米的青灰色砖二顺一丁叠压砌置，略呈漫弧状，墓底用砖二横二顺平铺墁地。

西后室甬道　位于前室的北端，北与西后室相连，平面呈长方形，进深1.02米，面宽0.8米，高1.27米。东西两壁用规格0.3×0.15-0.06米的青灰色砖二顺一丁叠压砌置，砌至1.14米时开始起券，拱形券顶，局部被破坏，底部用0.28×0.14-0.05米的青灰色砖二横二顺平铺墁地。

西后室　位于西后室甬道的北端，平面呈长方形，南北长2.26米，东西宽1.62～1.7米，顶部已被破坏，仅残存下半部，残存四壁用规格为0.3×0.15-0.06米的青灰色砖二顺一丁叠压砌置，略呈漫弧状，墓底用规格0.28×0.14-0.05米的青灰色砖二横二顺平铺墁地。

未见葬具痕迹，在墓室内见凌乱骨架，葬式、头向不详。其中前室内分别为成年女性二名、儿童一名；东后室内成年男性一名，西后室内为成年二名，分别为一男一女。

2. 出土器物

出土器物7件，大部分放置于前室的西半部，个别器物放置于右后室内东北部。

铜钱　22枚。标本M150：1-1（2枚），圆形方穿，正面穿左右篆书"半两"二字，"半"字两点折收，上横笔方折，"两"字上横笔较短，为双人两。正背有郭，郭缘较窄。钱径2.3厘米，穿径0.8～0.95厘米，厚0.1～0.15厘米（图四六一，1）。标本M150：1-2（1枚），圆形方穿，正面穿左右篆书"半两"二字，"半"字两点折收，上横笔方折，"两"字上横笔较短，为双人两。正背磨郭。钱径2.15厘米，穿径0.65厘米，厚0.05厘米（图四六一，2）。标本M150：1-3（6枚），圆形方穿，正面穿左右篆书"五铢"二字，"五"字两股交笔弯曲，"铢"字"金"旁上部三角形，下四点粗短，"朱"字上横笔方折，下垂笔圆折。正背有郭，郭缘较窄。钱径2.5～2.55厘米，穿径0.95～1.1厘米，厚0.1～0.15厘米（图四六一，3）。标本M150：1-4，圆形方穿，正面篆书"货泉"二字，字体为悬针篆，"泉"字中竖中断，正背有郭，周郭及字体线条纤细。钱径2.2厘米，穿径0.7厘米，厚0.1厘米（图四六一，4）。标本M150：1-5（10枚），圆形方穿，正面穿左右篆书"五铢"二字，"五"字两股交笔弯曲，"铢"字"金"旁上部三角形，下四点细长，"朱"字上横笔与下垂笔圆折。正背有郭，郭缘较窄。钱径2.45～2.55厘米，穿径0.9～1.05厘米，厚0.1～0.15厘米（图四六一，5）。标本

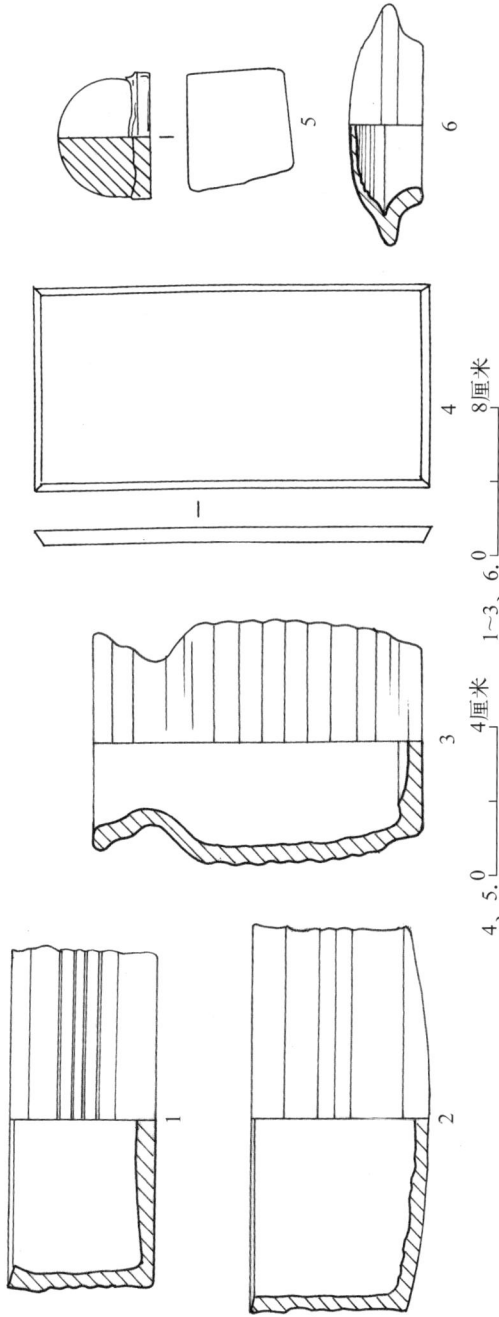

图四六〇　M150 出土陶器

1、2. 陶瓷（M150：2、M150：3）　3. 陶罐（M150：4）　4. 石圭板（M150：5）　5. 石杵（M150：6）　6. 陶器盖（M150：7）

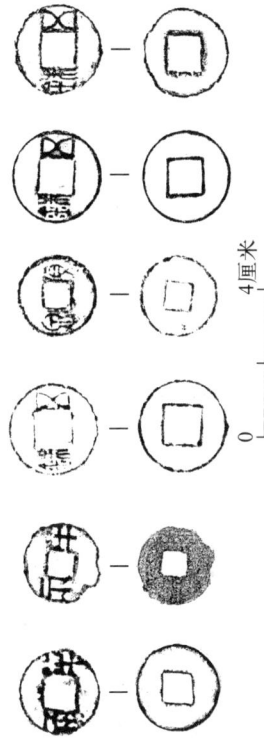

图四六一　M150 出土铜钱

1、2. 半两（M150：1-1、M150：1-2）　3. 五铢（M150：1-3）　4. 货泉（M150：1-4）　5、6. 五铢（M150：1-5、M150：1-6）

M150：1-6（2枚），圆形方穿，正面穿左右篆书"五铢"二字，"五"字两股交笔弯曲，"铢"字"金"旁上部三角形，下四点细长，"朱"字上横笔与下垂笔圆折。正背有郭，周郭剪修。钱径2.45厘米，穿径0.9～0.95厘米，厚0.05～0.1厘米（图四六一，6）。

陶盒　2件。泥质灰陶，轮制。标本M150：2，敛口，浅直腹，平底，腹部饰凹弦纹。口径18厘米，底径17.6厘米，高8.2厘米（图四六〇，1）。标本M150：3，直口，浅直腹，圜底，腹部饰凹弦纹。口径20.8厘米，底径20.4厘米，高9.8厘米（图四六〇，2）。

陶罐　1件。标本M150：4，泥质灰陶，轮制。浅盘口，圆唇，束颈，深腹略鼓，底口收束，平底，腹部饰凹弦纹。口径11.4厘米，腹径13厘米，底径9.6厘米，高18.4厘米（图四六〇，3；彩版一〇九，1）。

石圭板　1件。标本M150：5，青石质，磨制。平面呈长方形，正面平整光滑，背面粗糙，边缘呈三角形。长10.9厘米，宽5.4厘米，厚0.4厘米（图四六〇，4；彩版一〇九，2）。

石杵　1件。标本M150：6，青灰色石质，磨制。上部为圆球形，下部为方形底座。球径3厘米，底座边长3.1厘米，通高2.6厘米（图四六〇，5）。

陶器盖　1件。标本M150：7，泥质灰陶，轮制。圜平顶，中部折沿，尖圆唇，榫口较敛。口径8.4厘米，沿径12.4厘米（图四六〇，6）。

第五节　窑址及灰坑

窑址8座，编号为Y1～Y8；灰坑5个，编号为H1～H5。

一、Y1

1. 遗址形制

Y1位于发掘区Ⅰ区中部，T1116内西北部，开口于③层下，窑口距地表3.9米。平面呈长方形，南北向，顶部已被破坏，南北总长11.3米，东西宽2.38～3.85米，由操作间、火门、火膛、窑室、烟道五部分组成（图四六二；彩版二八，1）。

操作间　位于火门的北部，平面呈长方形竖穴土圹，口部南北长8.2米，东西宽3～3.85米，底部南北长6米，东西宽2.5～2.3米，底部距窑口1.6米，内填杂土及青灰砖，内含草木灰颗粒、红烧土等，土质疏松。

火门　位于操作间的南部，火膛的北部，形状呈长方形，东西长0.6米，进深0.4米，高0.25米，四周红烧土厚约0.1米。

火膛　位于火门的南部，窑室的北部，形状呈半圆形，东西宽2.2米，南北长1.4米，深0.7米，火膛的四周有青灰烧土和红烧土，青灰烧土厚0.06米，红烧土厚0.12米，底部有黑木灰和草木灰，厚约0.04米，内填杂土和碎砖块等。

窑室　位于火膛的南部，烟道的北部，平面呈长方形，顶部已坍塌，仅残存底半部，口部南北长2.72米，东西宽2.6～2.38米；底部南北长2.44米，东西宽2.44～2.53米，残高1.03～1.2米，内填

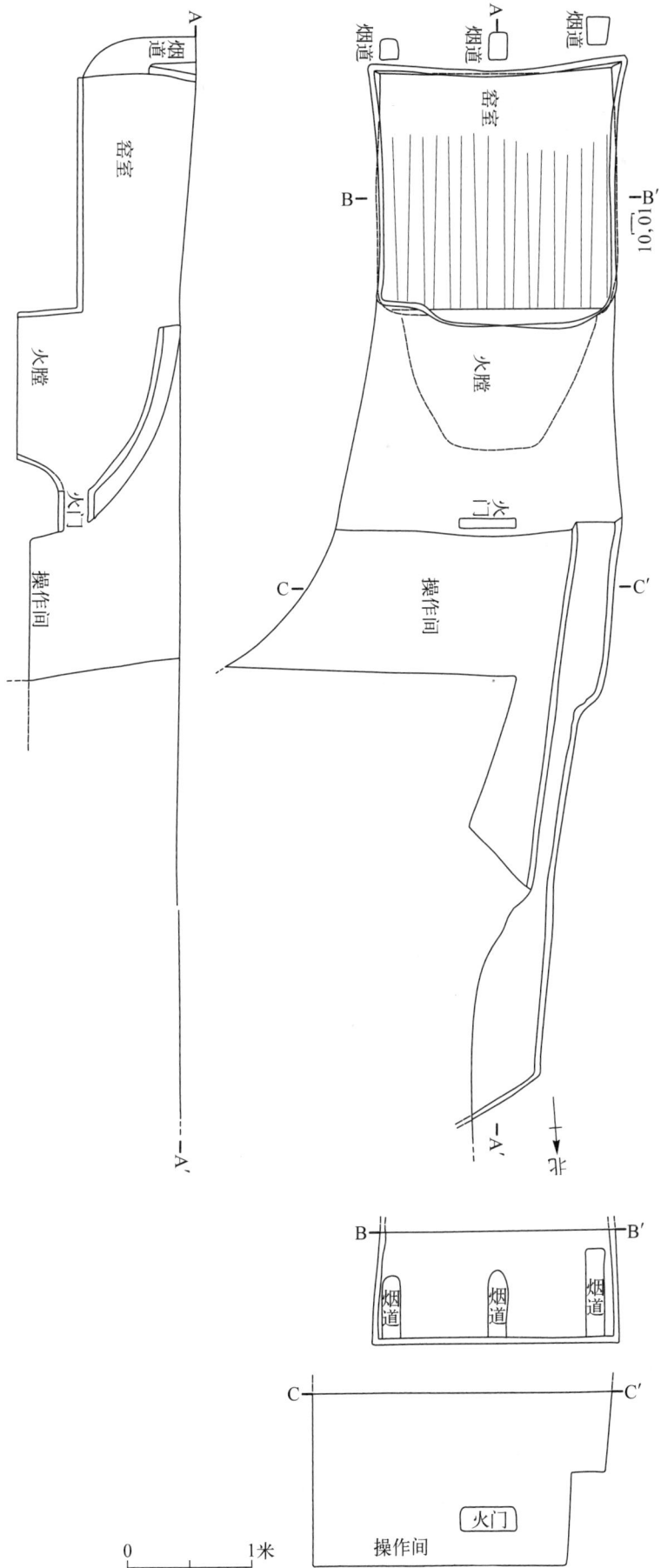

图四六二　Y1平、剖面图

窑室　火膛　火门　操作间　烟道

0　　　1米

杂土，含有碎砖块和红烧土块及青灰烧土块等。床面经火烧呈青灰色，留有火道痕，土质较硬，四壁有青灰烧土、红烧土，青灰烧土厚0.06米，红烧土厚0.12米。窑室的南部有三个烟道，烟道标号为烟道1、烟道2、烟道3。

烟道　烟道位于窑室的西南部，上部均被破坏，残存底半部，平面呈近长方形，南北长0.28米，东西宽0.2～0.3米，烟道周围经火烧坚硬，残存高1.2米。烟道2位于窑室的中南部，距烟道1间距0.85米，上部被破坏，残存底半部，平面近长方形，南北长0.26米，东西宽0.18～0.2米，残存高1.2米。烟道3位于窑室的东南部，距烟道2间距0.95米，上部被破坏，残存底半部，平面近正方形，南北长0.2米，东西宽0.19米，残存高1.2米。三个烟道周围红烧土厚0.08米。

2. 包含物

窑内残砖较多，不分层次，还有陶片等。

二、Y2

1. 遗址形制

Y2位于发掘区Ⅰ区中部，T1011内南部，开口于④层下，窑口距地表3.9米。平面呈长方形，南北向，顶部已被破坏，南北总长6.9米，东西宽1.72～3.2米，由操作间、火门、火膛、窑室、烟道五部分组成（图四六三；彩版二八，2）。

操作间　位于火门的南部，平面呈长方形竖穴土圹，南北长1.9米，东西宽1.8米，在操作间的东侧留有一条通道，平面呈长方形，东西长1.4米，南北宽0.6米，深0.1～0.9米，底部为斜坡状。底距口0.9米，内填杂土及青灰砖，内含草木灰颗粒、红烧土等，土质疏松。

火门　位于操作间的北部，火膛的南部，形状呈长方形，东西长0.32米，进深0.4米，高0.2米，四周红烧土厚约0.1米。

火膛　位于火门的北部，窑室的南部，形状呈半圆形，南北长1.6米，东西宽1.71米，深1.3米，火膛的四周有青灰烧土和红烧土，青灰烧土厚0.1米，红烧土厚0.15米，底部有黑木灰和草木灰，厚约0.03米，内填杂土和碎砖块等。

窑室　位于火膛的北部，烟道的南部，平面呈长方形，顶部已坍塌，仅残存底半部，口部南北长2.9米，东西宽1.84米；底部南北长3.2米，东西宽1.52米，深1米，内填杂土，含有碎砖块和红烧土块及青灰烧土块等。床面经火烧呈青灰色，土质较硬，四壁有青灰烧土、红烧土，青灰烧土厚0.1米，红烧土厚0.15米。窑室的北部有两个烟道，烟道标号为烟道1、烟道2。

烟道　位于窑室的北部，上部均被破坏，残存底部，烟室平面呈长方形，东西长1.62米，南北宽0.30米，残高0.8米。在烟室北部东西两端有两个排烟孔，口大底小，口部呈圆形，底部呈长方形。东排烟孔口部直径0.16米，底部宽0.16米，进深0.24米；西排烟孔口部直径0.16米，底部宽0.18米，进深0.24米。烟道周围经火烧坚硬，烟道周围红烧土厚约0.15米。

烟道

A′

窑床

B —| |— B′

火膛

火门

操作间

C —| |— C′

A

A′

窑床

北

火膛

火门

操作间

A

B —| |— B′

烟
道

窑床

C —   — C′

火门

0 —————— 60厘米

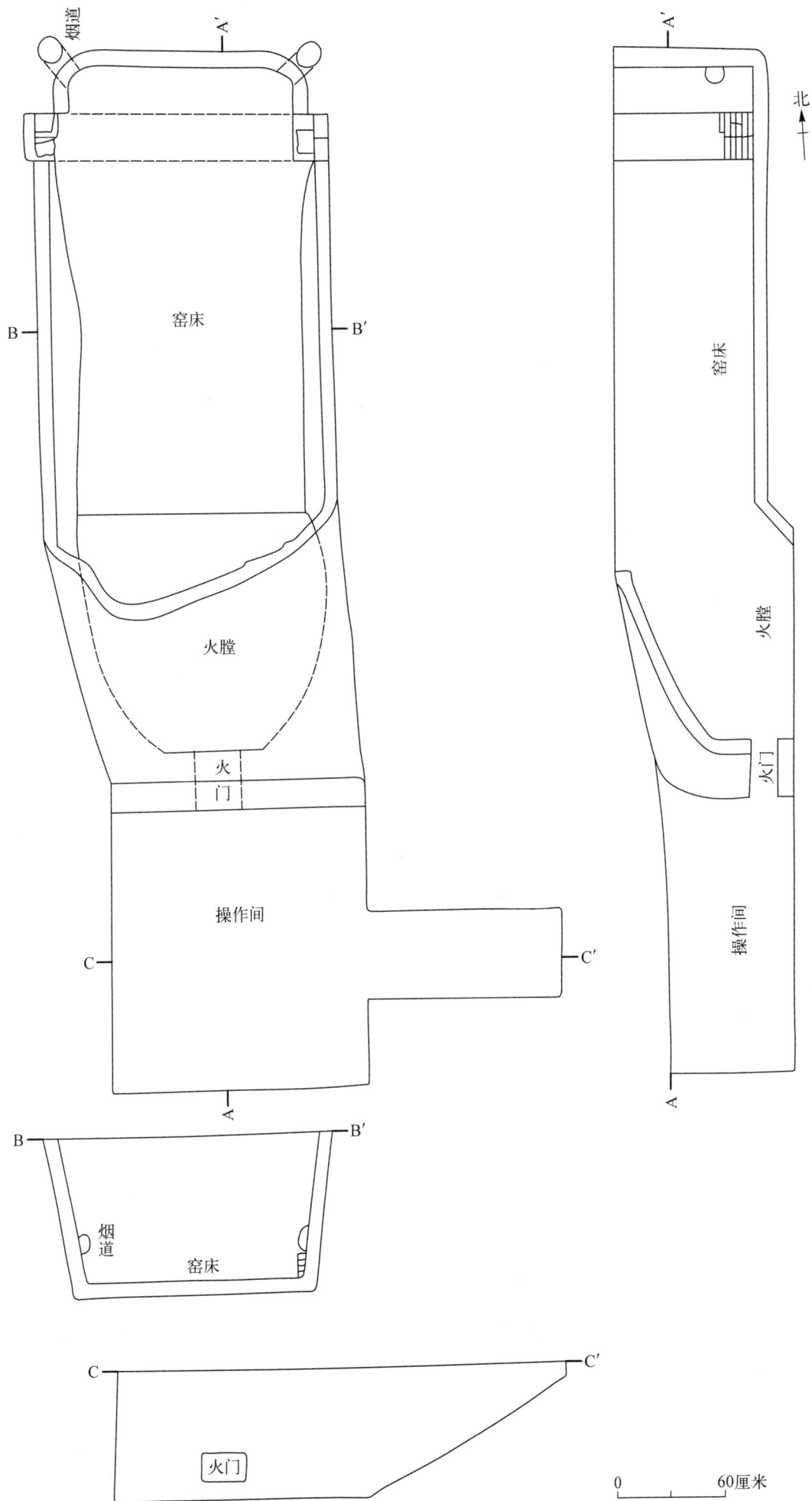

图四六三　Y2平、剖面图

2. 包含物

窑内残砖较多，不分层次，还有陶片等。

三、Y3

1. 遗址形制

Y3位于发掘区Ⅰ区中部，T1216内中部，开口于③层下，窑口距地表3.9米。平面呈马蹄形，东西向，顶部已被破坏，南北总长5.85米，东西宽0.45～2.52米，由操作间、火门、火膛、窑室、烟道五部分组成（图四六四；彩版二八，3）。

操作间　位于火门的西部，平面呈长方形竖穴土圹，口部东西长2.85米，南北宽2.52～4.85米，底部东西长1.93米，南北宽2.3米，底部距窑口1.95米，内填杂土及青灰砖，内含草木灰颗粒、红烧土等，土质疏松。

火门　位于操作间的东部，火膛的西部，形状呈长方形，南北长0.3米，进深0.34米，高0.25米，四周红烧土厚约0.1米。

火膛　位于火门的东部，窑室的西部，形状呈半圆形，南北宽1.66米，东西长1.11米，深0.6米，火膛的四壁有青灰烧土和红烧土，青灰烧土厚0.06米，红烧土厚0.12米，底部有黑木灰和草木灰，厚约0.03米，内含红烧土、青灰烧土和碎砖块等。

窑室　位于火膛的东部，烟道的西部，平面呈长方形，顶部已坍塌，仅残存底半部，口部东西长1.5米，南北宽0.45～1.82米；底部东西长1.55米，南北宽0.45～1.7米，残高1.25～1.2米。内填杂土，含有碎砖块和红烧土块及青灰烧土块等。床面经火烧呈青灰色，留有火道痕，土质较硬，四壁有青灰烧土、红烧土，青灰烧土厚0.06米，红烧土厚0.12米。窑室东壁有一个烟道。

烟道　位于窑室外东侧，上部均被破坏，残存底半部，平面呈长方形，南北长0.4米，东西宽0.2米，烟道周围经火烧坚硬，残存高1.18米。烟道周围红烧土厚0.12米。

2. 包含物

窑内残砖较多，不分层次。

四、Y4

1. 遗址形制

Y4位于发掘区Ⅰ中部，T1216内北部，开口于③层下，窑口距地表3.9米。平面呈马蹄形，南北向，坐北朝南，顶部已被破坏，南北总长6.9米，东西宽1.4～1.95米，由操作间、火门、火膛、窑室、烟道五部分组成（图四六五；彩版二九，1）。

操作间　位于火门的南部，平面呈长方形竖穴土圹，口部南北长4.5米，东西宽1.4～1.77米，底部南北长3.2米，东西宽1.57～1.2米，底部距窑口1.8米，内填杂土及青灰砖，内含草木灰颗粒、红烧土等，土质疏松。

烟道

窑室

B B′

火膛

火门

C C′

操作间

A′

北

A′

烟道

窑室

火膛

火门

操作间

A

B B′

烟道 窑室

C C′

火门

操作间

0 1米

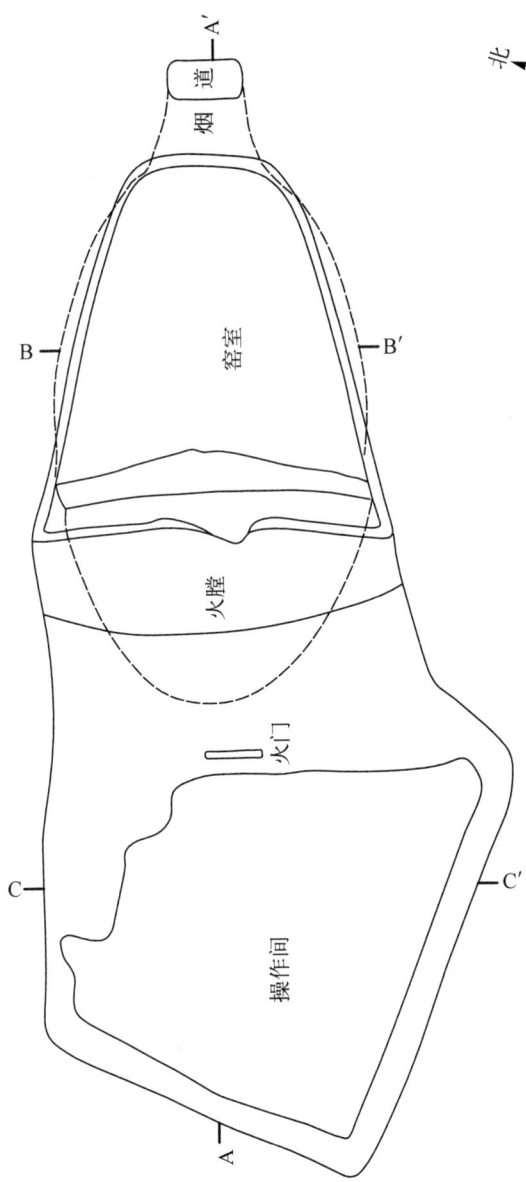

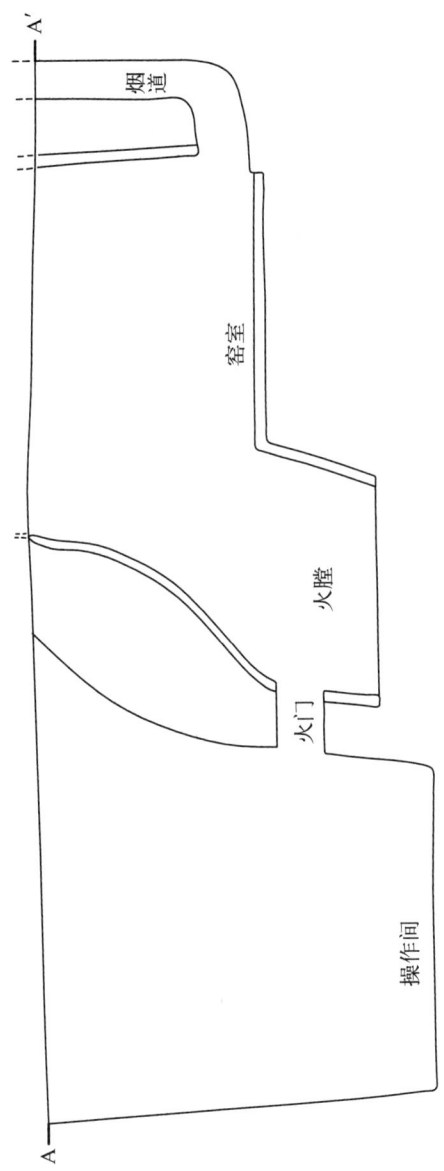

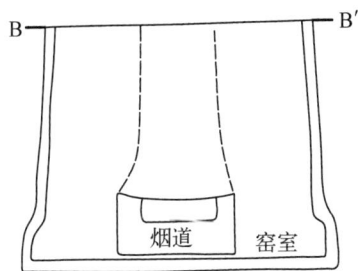

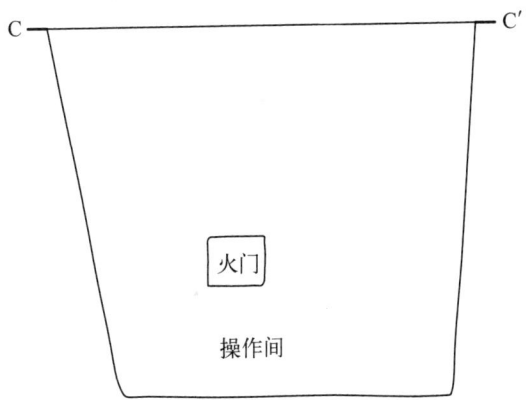

图四六四 Y3平、剖面图

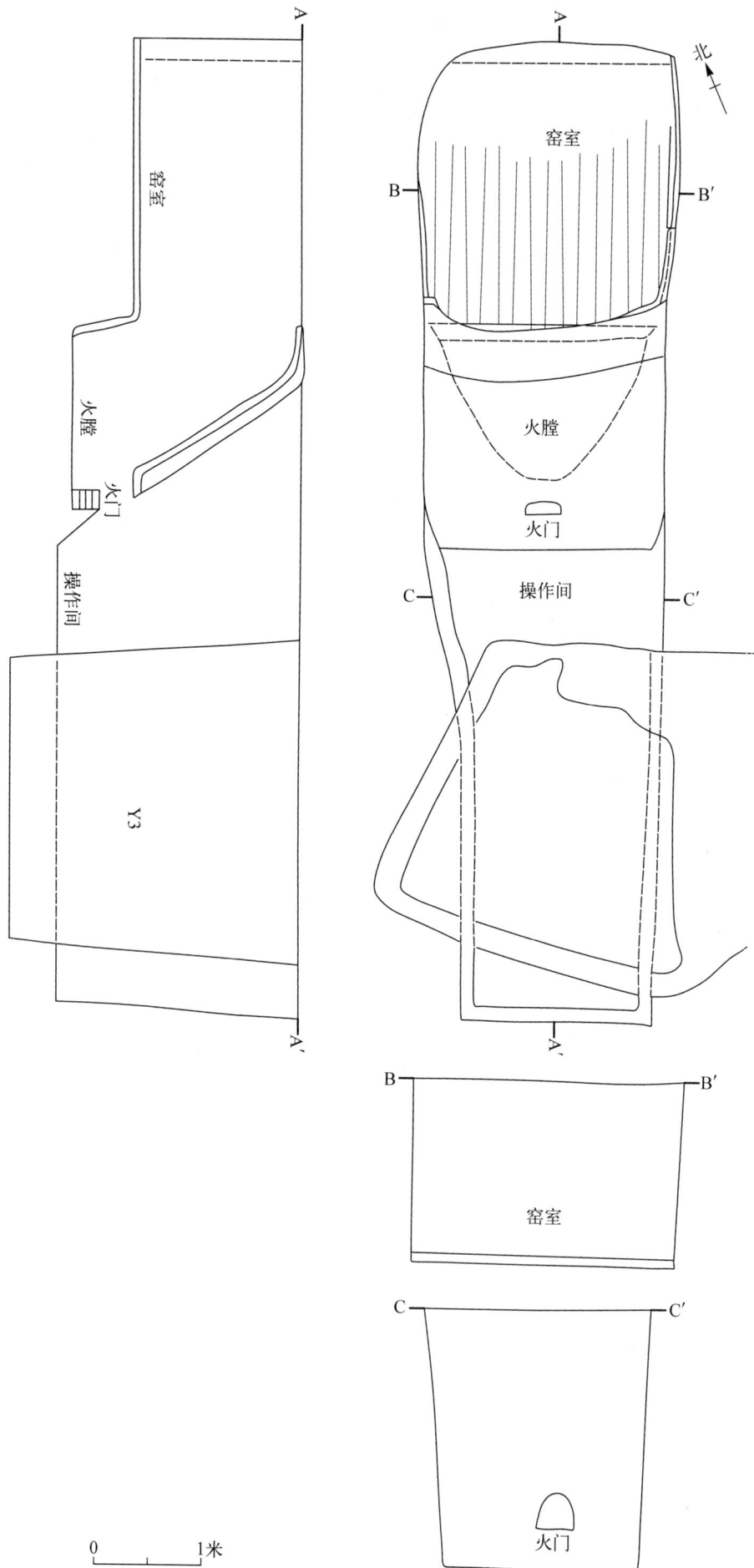

图四六五　Y4平、剖面图

窑室

火膛

火门

操作间

Y3

北

A

A′

B

B′

C

C′

0　　　　　1米

窑室

火膛

火门

操作间

B

B′

窑室

C

C′

火门

火门　位于操作间的北部，火膛的南部，形状呈半圆形，东西宽0.26米，进深0.14米，高0.25米。底部用残砖块垒砌，用砖规格：0.26×0.14-0.05米。

火膛　位于火门的北部，窑室的南部，形状呈半圆形，东西宽1.53米，南北长0.98米，深0.5米，火膛的四壁有青灰烧土和红烧土，青灰烧土厚0.06米，红烧土厚0.12米，底部有黑木灰和草木灰，厚约0.03米，内含红烧土、青灰烧土和碎砖块等。

窑室　位于火膛的北部，烟道的南部，平面呈长方形，顶部已坍塌，仅残存底半部，南北长1.85米，东西宽1.88米，残高1.2米。内填杂土，含有碎砖块和红烧土块及青灰烧土块等。床面经火烧呈青灰色，土质较硬，三壁有青灰烧土、红烧土，青灰烧土厚0.06米，红烧土厚0.12米。窑室北壁破坏严重已不存。

烟道　位于窑室的北部，上部均被破坏，残存底部，烟室平面呈长方形，东西长1.62米，南北宽0.15米，残高1.2米，烟道烟室及排烟孔外红烧土均厚0.1米。

2. 包含物

窑内残砖较多，不分层次。

五、Y5

1. 窑址形制

Y5位于发掘区Ⅱ区西部，T5002内西北部，开口于③层下，窑口距地表4米。南北向，顶部已被破坏，南北总长6.7米，由窑室、火膛、火门、操作间四部分组成（图四六六；彩版二九，2）。

操作间　位于窑室的北部，形状不规则形，与Y6共用一个操作间，南北长3.25米，东西宽2.36～2.4米，深1.6米，操作间的东部有一长方形通道，东西长4.2米，南北宽0.64～0.94米，底坡长3.95米，深0～1.55米。

火门　位于操作间和火膛之间，形状近梯形，外窄内宽，宽0.34～0.5米，进深0.54米，高0.3～0.52米，火门高于操作间0.42米，底部与顶部为厚约0.02～0.04米的红烧土，底部北高南低。

火膛　位于窑室的北部，形状呈半圆形，东西长3.3米，南北宽0.8米，低于窑床0.66米，顶部已坍塌，仅存底半部，残高1.24米。底部有黑木灰和草木灰，厚约0.02米，内含红烧土、青灰烧土和碎砖块等。

窑室　位于操作间的南部，平面呈长方形，顶部已坍塌，仅残存底半部，南北长2.56米，东西宽2.48～3.3米，残高0.56米，周壁为0.02～0.04米厚的红烧土，底部呈南高北低的缓坡状，窑床北部与火膛连接处用一层0.3×0.14-0.05米的青砖砌边，外侧有青灰烧结面。包含物有夹砂红陶片及素面青砖。

烟道　位于窑室的北部，自西向东等距离分布三个，平面均呈长方形，残高皆为1.2米。烟道1宽0.16米，进深0.18米；烟道2宽0.14米，进深0.2米；烟道3宽0.2米，进深0.24米。

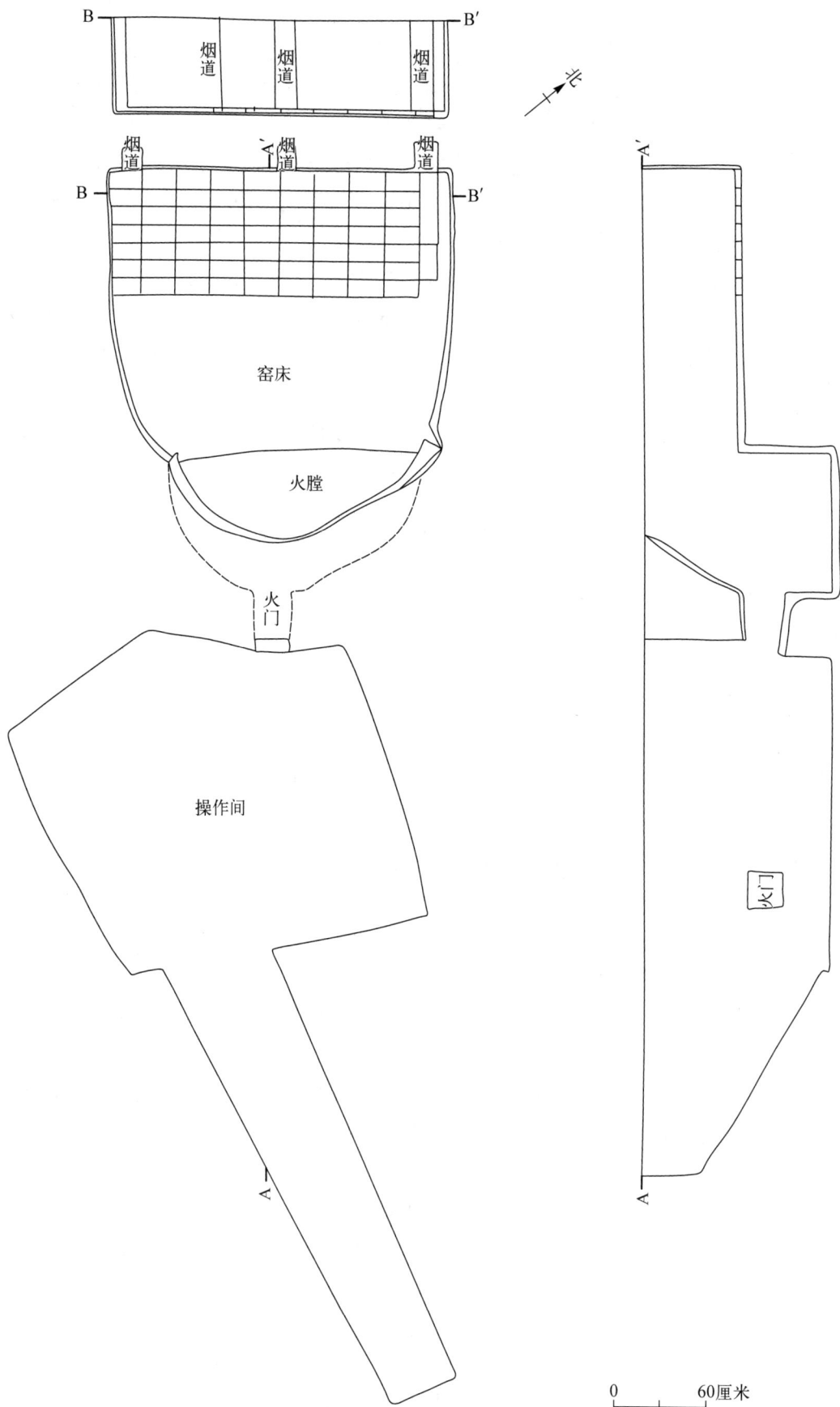

烟道

烟道

烟道

烟道

烟道

烟道

北

窑床

火膛

火门

操作间

火门

0　　　　60厘米

图四六六　Y5平、剖面图

2. 包含物

窑内填土包含有夹砂红陶片及素面青砖。

六、Y6

1. 窑址形制

Y6位于发掘区Ⅱ区西部，T5002内东南部，开口于③层下，窑口距地表4米，东西向，东西通长10.36米，由窑室、火膛、窑门、操作间四部分组成（图四六七；彩版二九，2）。

操作间　位于窑室的东部，形状不规则形，与Y5共用一个操作间，南北长3.25米，东西宽2.36～2.4米，深1.6米，操作间的东部有一长方形通道，东西长4.2米，南北宽0.64～0.94米，底坡长3.95米，深0～1.55米。

火门　位于火膛和操作间之间，形状近方形，宽0.32米，进深0.48米，高0.36米，窑门高于操作间0.46米，底部与顶部为厚约0.02～0.04米的红烧土。

火膛　位于窑室的东部，形状呈半圆形，南北长2.06米，东西宽0.75米，低于窑床0.8米，顶部已坍塌，仅存底半部，残高1.6米。

窑室　位于操作间的西部，平面为弧边方形，顶部已坍塌，仅残存底半部，东西长2.36米，南北宽2.48～2.96米，残高0.8米，底部较平，周壁为0.02～0.06米厚的红烧土，窑床西部底部用一层0.3×0.15-0.05米的青砖平砌铺地，周壁及底部为厚0.02～0.06米的红烧土，包含物有乳钉纹花卉砖及素面青砖。

2. 包含物

窑内填土包含有乳钉纹花卉残砖及素面青砖。

七、Y7

1. 遗址形制

Y7位于发掘区Ⅰ区西南部，T0813内中部。开口于③层下，窑口距地表4米。平面呈长方形，东西向，由于破坏严重，仅存底部，东西长6.9米，南北宽1.92～2.3米，由操作间、火门、火膛、窑室、烟道五部分组成（图四六八）。

操作间　位于火门的西部，平面呈长方形竖穴土圹，东西长2.42米，南北宽1.85米，深0.54米，内填杂土及青灰砖，包含草木灰颗粒、红烧土等，土质疏松。

火门　位于操作间的东部，窑室的西部，形状呈长方形，南北长0.28米，进深0.39米，高0.2米，四周红烧土厚约0.08米。

火膛　位于火门的东部，窑室的西部，形状呈半圆形，东西长1.63米，南北宽2.06米，深0.56米，火膛的四周有青灰烧土和红烧土，青灰烧土厚0.1米，底部有黑木灰和草木灰，厚约0.02米，内填杂土和碎砖块等。

北

窑床

火膛

火门

操作间

A

A′

A

窑床

烧结面

红烧土

火膛

火门

火门

操作间

A′

0　　　　60厘米

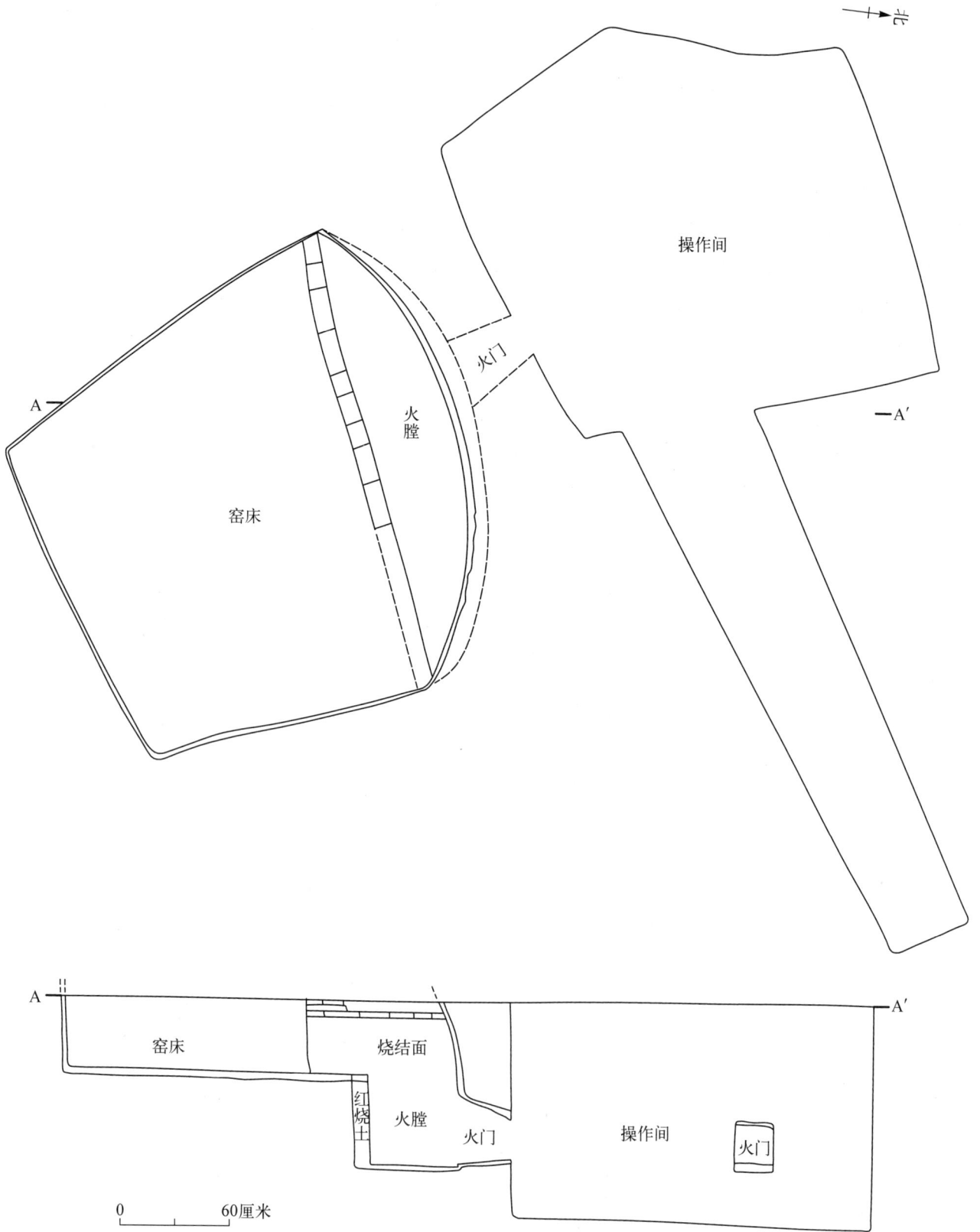

图四六七　Y6平、剖面图

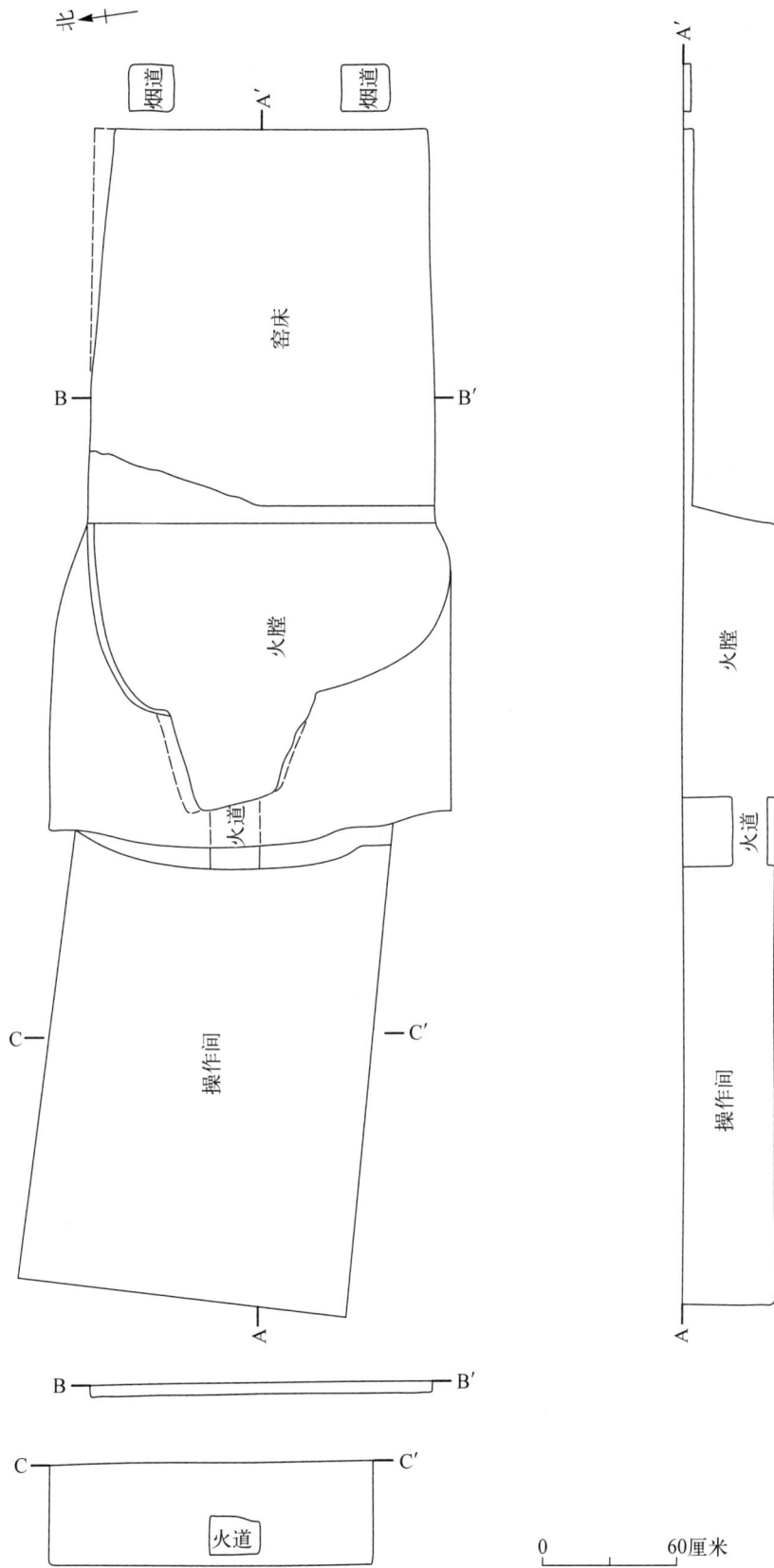

图四六八 Y7平、剖面图

窑室　位于火膛的东部，烟道的西部，平面呈长方形，由于破坏严重，仅残存底部，东西长2.1米，南北宽2米，深0.06米，内填杂土，有草木灰颗粒、红烧土块、青灰烧土块和碎砖等。

烟道　烟道位于窑室的西北部，仅残存底部，平面呈长方形，南北长0.28米，东西宽0.26米，周围有红烧土，残高0.04米。

2. 包含物

窑内包含残砖、草木灰颗粒和烧土块等。

八、Y8

1. 遗址形制

Y8位于发掘区Ⅰ区西南部，T0813内西北部。开口于③层下，窑口距地表4米。平面呈马蹄形，东西向，东西长3.38米，南北宽1.08～2米。由于破坏严重，残留部分由火膛和操作间两部分组成（图四六九）。

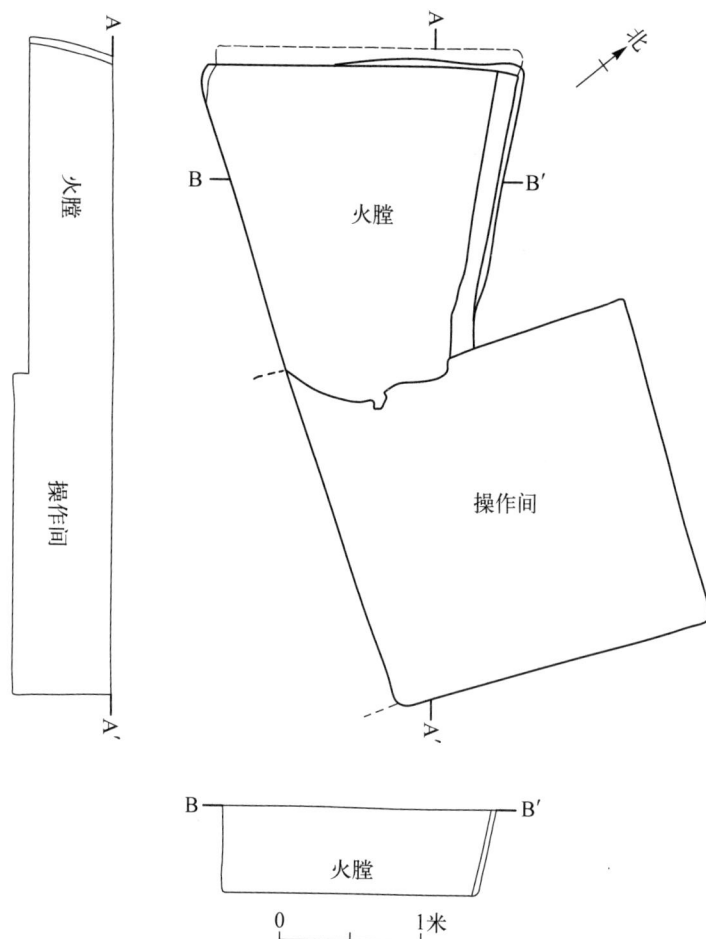

图四六九　Y8平、剖面图

　　火膛　位于操作间的西部，窑室的西部，形状呈半圆形，东西长1.74米，南北宽0.94米，深0.46米，火膛的四壁有青灰烧土和红烧土，青灰烧土厚0.1米，红烧土厚约0.15米，底部有黑木灰和草木灰，厚约0.02米，内填杂土，包含烧土块和碎砖等。

　　操作间　位于火膛的东部，平面呈长方形竖穴土圹，南北长1.8米，东西宽1.72米，深0.54米，内填杂土，包含木灰颗粒、红烧土块和碎砖等。

2. 包含物

窑内包含残砖、草木灰颗粒等，不分层次。

九、H1

1. 灰坑形制

H1位于发掘区Ⅰ区西部，T1015内西南部。开口于③层下，由于破坏严重，仅残存底半部，平面呈不规则状，斜壁，壁面不规则，底为环底。灰坑口直径6米，坑底直径4.36米（图四七〇）。

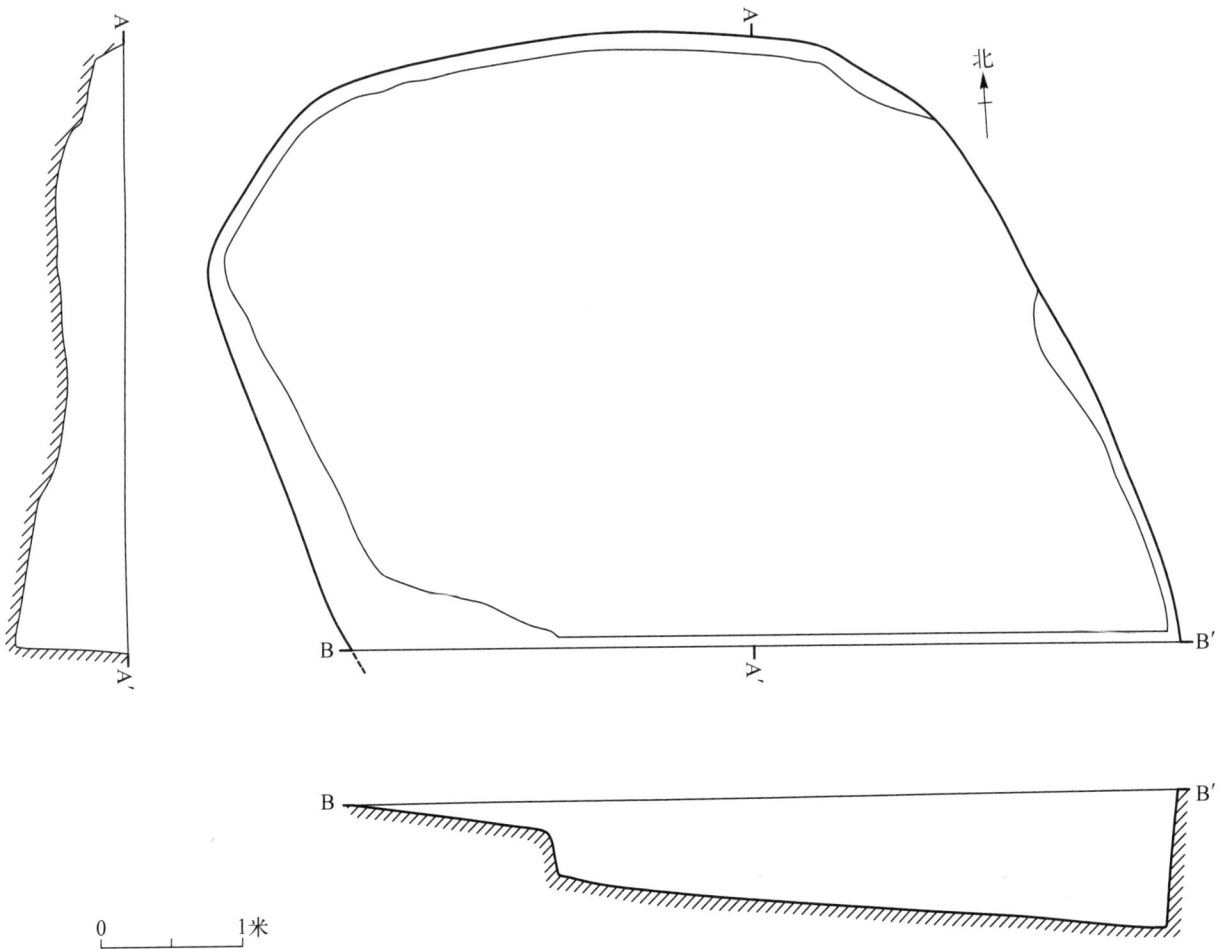

图四七〇　H1平、剖面图

坑内填土为灰褐色土,土质较疏松,包含有草木灰颗粒、烧土块、碎砖、陶片等,不分层次。

十、H2

1. 灰坑形制

H2位于发掘区Ⅰ区西北部,T1412内东北部。开口于③层下,平面呈不规则状,斜壁内收,壁面粗糙,底不平。灰坑口东西1.74米,南北0.36～0.48米,坑深0.38～0.52米(图四七一)。

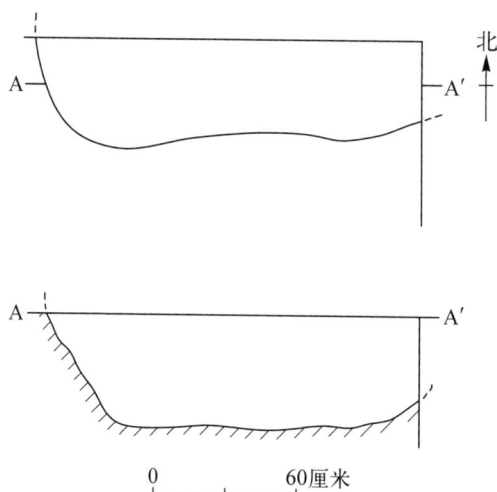

图四七一　H2平、剖面图

坑内填土为灰褐色土,土质较致密,包含有少量的草木灰颗粒、烧土粒。

2. 出土遗物

出土泥质灰陶片2片(绳纹)。

十一、H3

1. 灰坑形制

H3位于发掘区Ⅰ区西北部,T1513内中部。开口于③层下,平面呈半圆形,斜壁内收,壁面粗糙,底不平。灰坑口南北1.44米,东西0.48米,坑深0.26～0.42米(图四七二)。

坑内填土为灰褐色土,土质较致密,包含有少量的草木灰颗粒、烧土粒。

2. 包含物

出土泥质灰陶片2片(绳纹)。

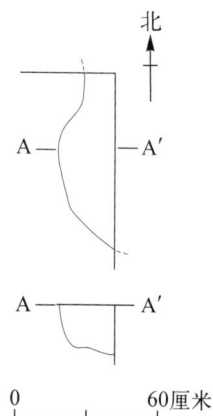

图四七二　H3平、剖面图

十二、H4

1. 灰坑形制

H4位于发掘区Ⅰ区西北部，T1412内东部。开口于③层下，平面呈半圆形，斜壁内收，壁面粗糙，底较平。灰坑口径1.88米，底径1.28米，坑深0.76米（图四七三）。

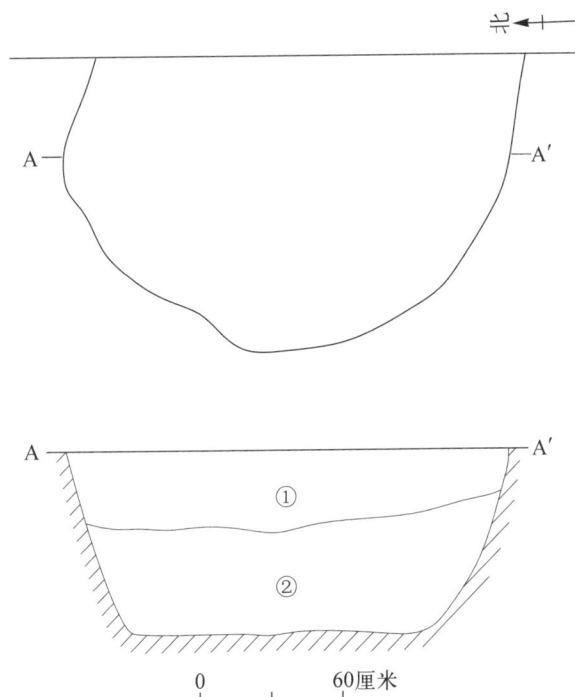

图四七三　H4平、剖面图

坑内堆积根据土质土色的不同可分为二层，第①层：厚0.2～0.35米，为灰褐色土，土质较致密，包含少量的草木灰颗粒、烧土粒、零星碎陶片；第②层：厚0.38～0.51米，土色为灰褐色，较致密，含少量的草木灰颗粒、零星烧土粒、碎石块等。

2. 出土遗物

出土少量陶片，多为夹砂灰陶片，可辨器形有罐。

十三、H5

1. 灰坑形制

H5位于发掘区西北部，T1513内西南部。开口于③层下，平面呈长方形，斜壁内收，壁面粗糙，底较平。东西2.04～2.35米，南北0.94～1.09米，坑深0.34～0.46米（图四七四）。

坑内填土为浅灰褐色，较致密，包含零星炭屑、烧土粒。

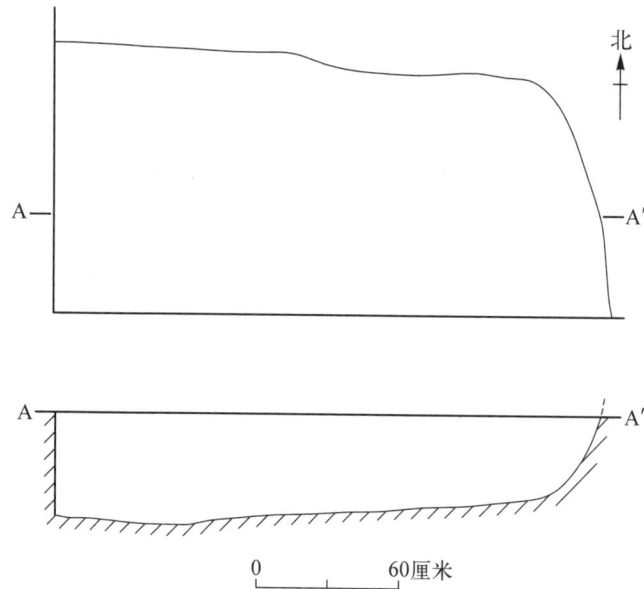

图四七四　H5平、剖面图

2. 包含物

出土泥质灰陶2片，夹砂红陶1片，均有绳纹。陶片个体较小，器形不详。

北京文物与考古系列丛书

北京市考古研究院　编著

广阳城墓地（一）

东周两汉至明清时期
墓葬考古发掘报告

下册

上海古籍出版社

第六章 魏晋墓葬

魏晋时期墓葬7座,皆为带墓道竖穴土圹砖券墓,分为单室、双室和三室砖券墓。

一、M29

1. 墓葬形制

M29位于发掘区Ⅰ区东南部,T0821内,北邻M21,西邻M93。开口于③层下,墓口距地表4米。南北向,方向192°。为刀把形竖穴土圹砖券单室合葬墓,南北通长10.22米,宽0.76~2.94米,墓底距墓口0~1.92米。由墓道、甬道、墓室三部分组成(图四七五;彩版二五,1)。

墓道 位于甬道南端,南北长5.8米,宽0.76米,墓底距墓口0.3~1.9米。平面呈长方形,东西两壁垂直整齐,底呈斜坡状,坡长5.8米,坡度34°。内填黄褐色花土,土质疏松,土内夹杂较多碎砖块等。

甬道 位于墓道北端,北与墓室连接。面宽0.76米,进深1.06米。东西两壁用青砖二顺一丁叠压垒砌,砌至1.2米时开始起券,顶部破坏,残留部分为拱形券顶,残高1.32米。

墓室 位于甬道北端,平面呈长方形,南北长3.06米,宽2.3米,底距墓口1.92米。方角,壁略弧,四壁用青砖二顺一丁叠压垒砌,由于顶部破坏严重,形制不详,底部用青砖二顺二平纵横平铺墁地,墓室残高1.32~1.74米。用砖规格:0.3×0.15-0.06米。

未见葬具,发现三具凌乱骨架:北侧骨架保存较差,凌乱,头向东,面向、葬式不详,女性,年龄约35岁;东侧骨架保存较差,凌乱,头向北,面向东,葬式不详,女性,年龄约50岁。西侧骨架保存较差,凌乱,头向北,面向、葬式不详,男性,年龄约40岁。

2. 出土器物

出土器物3件。

铜钱 15枚。标本M29:1-1,圆形方穿,正面穿左右篆书"五铢"二字,"五"字两股交笔缓曲,"铢"字"金"旁三角形,下四点细长,"朱"旁上横笔方折,下垂笔圆折,"金"旁低于"朱"旁,正背有郭,郭缘较窄。钱径2.5厘米,穿径0.9厘米,厚0.1厘米(图四七七,1)。标本M29:1-2(14枚),圆形方穿,正面穿左右篆书"五铢"二字,"五"字两股交笔弯曲,"铢"字"金"旁三角形,下四点细长,"朱"旁上横笔与下垂笔圆折,"金"旁与"朱"旁齐平,正背有郭,郭缘较窄。钱径

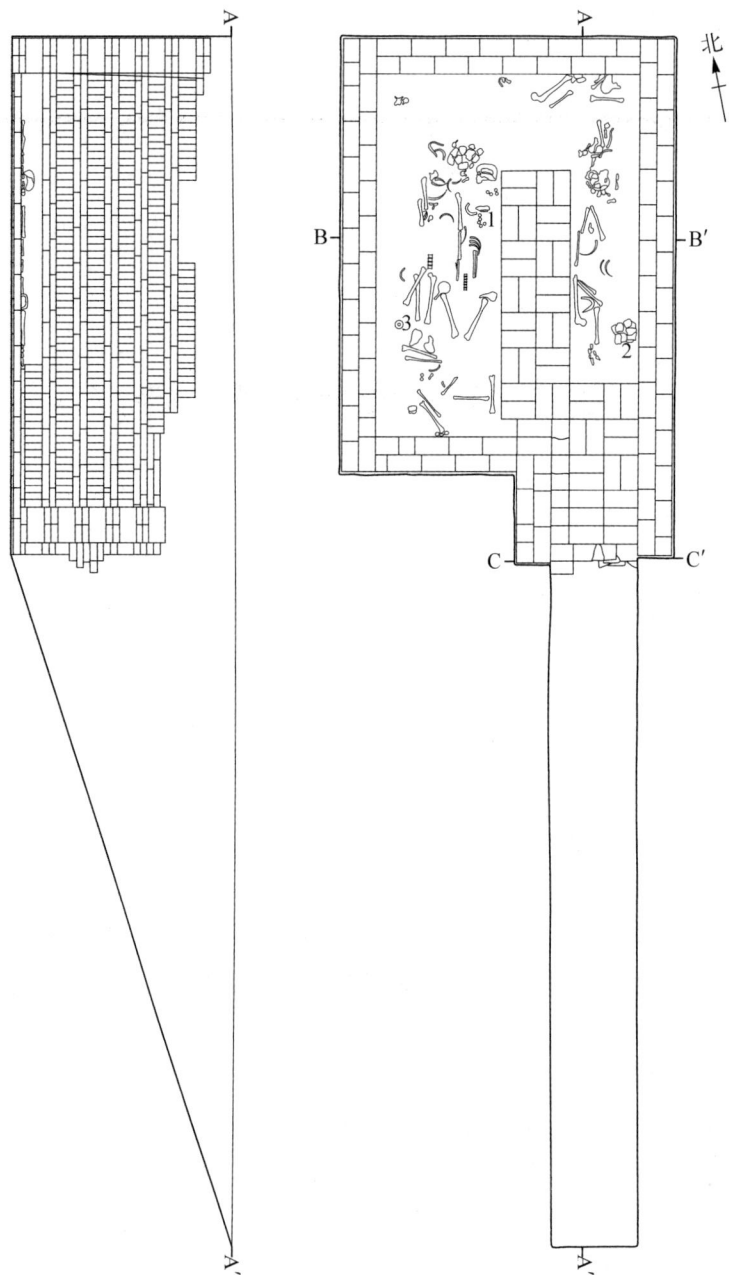

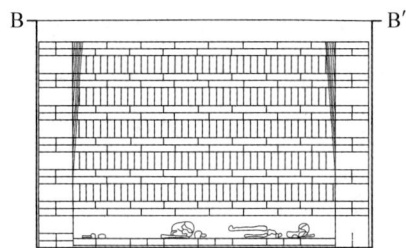

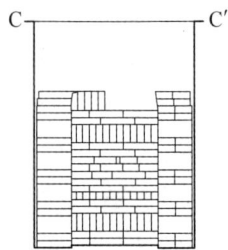

北

B ── ──B'

C ── ──C'

1

3

2

0　　　　　1米

墓门正视图

图四七五　M29平、剖面图

1. 铜钱　2. 陶洗　3. 铜镜

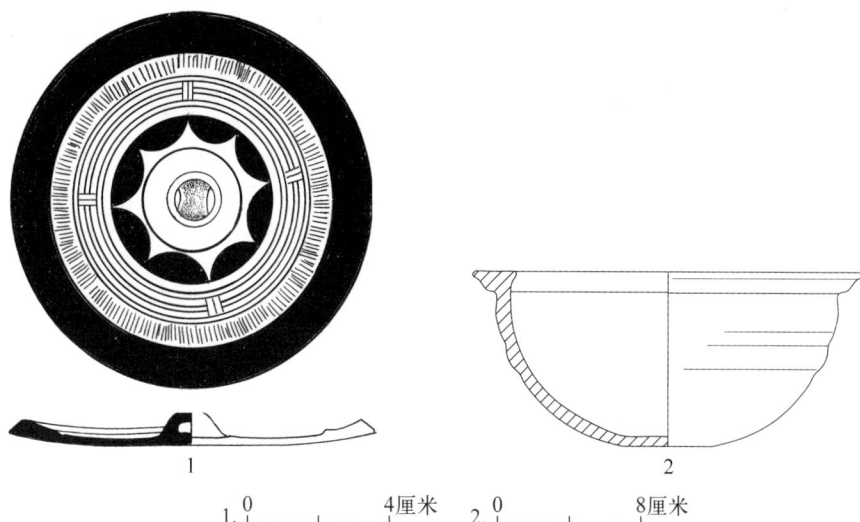

图四七六　M29出土器物

1. 铜镜（M29∶3）　2. 陶洗（M29∶2）

2.55～2.6厘米，穿径0.95厘米，厚0.1厘米（图四七七，2）。

　　陶洗　1件（残）。标本M29∶2，夹砂夹蚌红陶，轮制，火候高。敞口内敛，折沿，尖唇，浅腹弧收，小平底，腹部刮胎痕清晰。口径22厘米，底径5厘米，高9.4厘米（图四七六，2；彩版一○九，4）。

　　铜镜　1件。标本M29∶3，模制。镜面光滑，凸起。镜背圆钮穿孔，圆形钮座，座外一道凸弦纹，凸弦纹外侧为八个内向连弧纹，连弧纹与栉齿纹带之间为弦纹带。外区向内切斜，素面，镜缘斜折。直径10.3厘米，厚0.5厘米（图四七六，1；彩版一○九，3）。

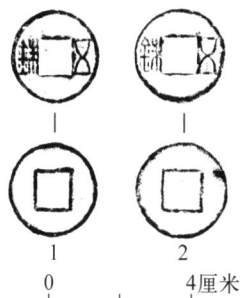

图四七七　M29出土五铢钱

1、2.（M29∶1-1、M29∶1-2）

二、M43

1. 墓葬形制

　　M43位于发掘区Ⅰ区西部，T1312内北部，北邻M42，南邻M50、M51、M52、M53。开口于③层下，墓口距地表4米。东西向，方向275°。为刀把形竖穴土圹砖券双室墓，东西长10.1米，宽0.76～2.62米，墓底距墓口0～0.86米。由墓道、甬道、前室、后甬道、后室五部分组成（图四七八；彩版二五，2）。

　　墓道　位于甬道西端，南北长2.7米，宽0.76～0.86米，口距墓底0～0.86米。平面呈梯形，西窄东宽，南北两壁垂直整齐，斜坡底，底坡长2.85米，坡度17°。内填红褐色花土，土质疏松，土内夹杂较多的碎砖块等。

　　甬道　位于墓道与前室之间，平面呈长方形，面宽0.8米，进深0.7米，残高0.46～0.86米。由于破坏严重，顶部券制不详，仅残留下部，残留部分东西两壁用青砖二顺一丁叠压垒砌。甬道内用青砖叠压错缝平砌封堵，仅残留一层。

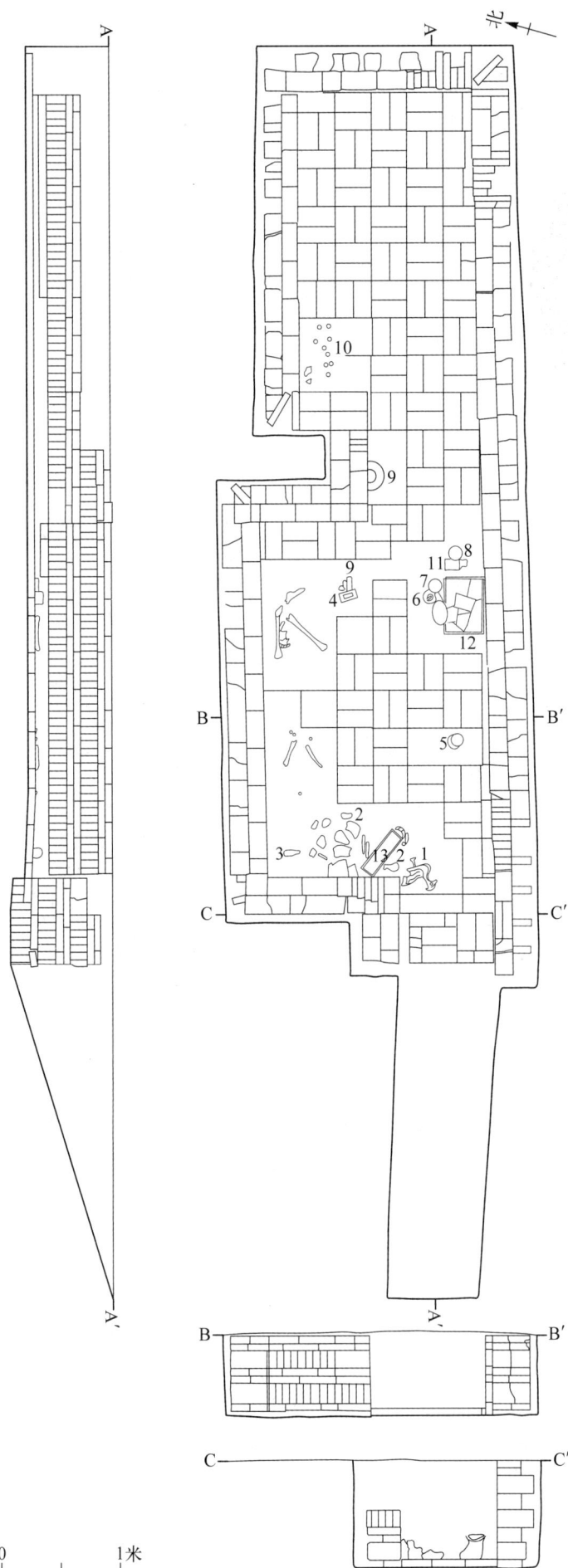

图四七八　M43平、剖面图

1. 陶鸡　2. 陶鸭　3. 陶猪　4. 陶房　5. 陶井
6. 陶磨　7. 陶甑　8. 陶耳杯　9. 陶盘　10. 铜钱
11. 陶俑　12. 陶案　13. 陶瓮

前室　位于甬道东侧,东接后甬道,由于破坏,顶部无存,券制不详。平面呈长方形,东西长2.86米,宽1.86～1.9米,残高0.7米。四壁残留部分用青砖二顺一丁叠压垒砌。墓底用青砖二顺二平纵横平铺墁地。

未见葬具,仅见凌乱碎骨,头向、面向、葬式、性别、年龄不详。

后甬道　位于前室与后室之间,由于破坏,顶部无存。平面呈长方形,面宽0.95米,进深1.05米,残高0.64米。顶部券制不详,东西两壁残留部分用青砖二顺一丁叠压垒砌。

后室　位于后甬道东侧,由于破坏,顶部无存。平面呈长方形,东西长2.4米,宽1.52米,残高0.46米。顶部券制不详,四壁残留部分用青砖二顺一丁叠压垒砌,墓底用青砖二平二顺纵横平铺墁地。

未见葬具及人骨架痕迹。

用砖规格:0.3×0.14-0.06米,0.3×0.16-0.06米。

2. 出土器物

出土器物13件,散落于前室内。

陶鸡　1件(残)。标本M43:1,泥质灰陶,手模兼制,火候高。站立状,尖喙,高冠耸立,身躯肥硕,尾巴上翘卷曲,翅、尾翎羽及双爪清晰。长16厘米,高18.2厘米(图四七九,1;彩版一〇九,5)。

陶鸭　2件(相同)。标本M43:2,泥质灰陶,模制,火候高。鸭首扭于身上,体态丰盈,羽翼清晰,尾巴直立,整体呈坐卧状。通长8.6厘米(图四七九,3;彩版一〇九,6)。

陶猪　1件。标本M43:3,泥质灰陶,手模兼制,火候高。体态丰盈,尾巴下垂,整体呈趴卧状。通长14.1厘米(图四七九,5;彩版一一〇,1)。

陶房　1件(残)。标本M43:4,泥质灰陶,轮制,火候高。残留部分呈长方体,中空,上部平面中部有长方形孔。残长7.6厘米,宽6.8厘米,高13.4厘米(图四七九,11)。

陶井　1件(残)。标本M43:5,泥质灰陶,轮制,火候高,内壁盘胎痕明显。敞口,束颈,圆形井圈,井沿稍斜,平底。井底饰凹弦纹。口径14.6厘米,底径18厘米,高13.2厘米(图四七九,6)。

陶磨　1件(残)。标本M43:6,泥质红陶,模制,火候高。圆形饼状,中部有圈足状握手,内有横档。直径9.6厘米,高3厘米(图四七九,9;彩版一一〇,2)。

陶甑　1件(残)。标本M43:7,泥质灰陶,手轮兼制,火候高。敞口,折沿,方唇,浅曲腹,小平底有箅孔。口径8.4厘米,底2.8径厘米,高4.6厘米(图四七九,12)。

陶耳杯　1件(残)。M43:8,泥质灰陶,手轮兼制,火候高。平面呈椭圆形,侈口,口部贴对称残月形耳,浅弧腹,矮足,平底。口径13.8厘米,底径8.2厘米,高4厘米(图四七九,7)。

陶盘　1件(残)。标本M43:9,泥质灰陶,轮制,火候高。侈口,短折沿,方唇,浅斜腹,平底。内底饰两周凸弦纹,外底饰两周凹弦纹。口径21.2厘米,底径14.6厘米,高3.6厘米(图四七九,8;彩版一一〇,3)。

图四七九　M43出土器物

1.陶鸡（M43：1）　2.陶俑（M43：11）　3.陶鸭（M43：2）　4.陶瓮（M43：13）　5.陶猪（M43：3）　6.陶井（M43：5）　7.陶耳杯（M43：8）
8.陶盘（M43：9）　9.陶磨（M43：6）　10.陶案（M43：12）　11.陶房（M43：4）　12.陶甑（M43：7）

陶俑　1件。标本M43:11,泥质灰陶,模制,火候高。仅有上半身,头戴官帽,面部不清晰,略瘦,颧骨略宽,尖下巴,身穿长袍,双手拢于胸前。高17.8厘米(图四七九,2;彩版一一〇,5)。

陶案　1件(残)。标本M43:12,泥质红陶,火候高。平面呈长方形,侈口,尖圆唇,浅腹,平底。长44.4厘米,宽32.4厘米,厚2厘米(图四七九,10;彩版一一〇,4)。

陶瓮　1件(残)。标本M43:13,泥质灰陶,轮制,火候高。敞口,折沿,方唇,浅曲腹,小平底。口径8.4厘米,高4.4厘米(图四七九,4)。

铜钱　7枚。标本M43:10-1(2枚),圆形方穿,正面穿左右篆书"五铢"二字,"五"字两股交笔弯曲,"铢"字"金"旁三角形,下四点细长,"朱"旁上横笔方折,下垂笔圆折,正背有郭,郭缘较窄。钱径2.6厘米,穿径0.95厘米,厚0.15厘米(图四八〇,1)。标本M43:10-2(2枚),圆形方穿,正面穿左右篆书"五铢"二字,"五"字两股交笔弯曲,"铢"字"金"旁三角形,下四点细长,"朱"旁上横笔与下垂笔圆折,正背有郭,郭缘较窄。钱径2.55厘米,穿径1.05厘米,厚0.1～0.15厘米(图四八〇,2)。标本M43:10-3(2枚),圆形方穿,正面穿左右篆书"五铢"二字,"五"字两股交笔弯曲,"铢"字"金"旁三角形,下四点细长,"朱"旁上横笔与下垂笔圆折,正背有郭,周郭经过剪修。钱径2.25～2.4厘米,穿径0.9厘米,厚0.1厘米(图四八〇,3)。标本M43:10-4(1枚),圆形方穿,正面穿左右篆书"货泉"二字,字体为悬针篆,"泉"字中竖中断,正背有郭,周郭及字体线条纤细。钱径2.25厘米,穿径0.7厘米,厚0.15厘米(图四八〇,4)。

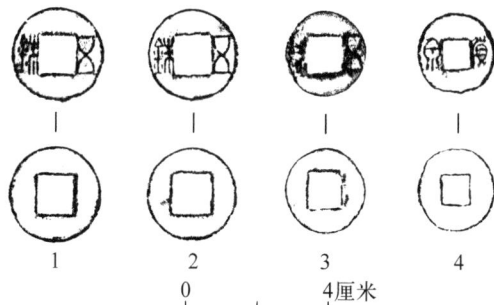

图四八〇　M43出土铜钱

1. 五铢(M43:10-1)　2. 五铢(M43:10-2)　3. 五铢(M43:10-3)　4. 货泉(M43:10-4)

三、M86

1. 墓葬形制

M86位于发掘区Ⅰ区中部偏南,分布于T0818、T0819、T0918、T0919内,东邻M87、M88、M84、M154,南邻M243,开口于③层下,墓口距地表4米。南北向,方向190°。为刀把形竖穴土圹四角攒顶三室砖券墓,土圹南北长14.1米,东西宽0.7～4.6米,墓底距墓口2.3米。由墓道、甬道、前室、东后室甬道、东后室、西后室甬道、西后室共七部分组成(图四八一;彩版二五,3)。

墓道　位于甬道的南端,平面呈长方形,东西两壁垂直整齐,底为斜坡式,坡度为10°,南北长6.46米,南宽0.7米,北宽1.5米。墓底距墓口0～2.3米,内填红褐色花土,土质疏松,夹杂少量碎

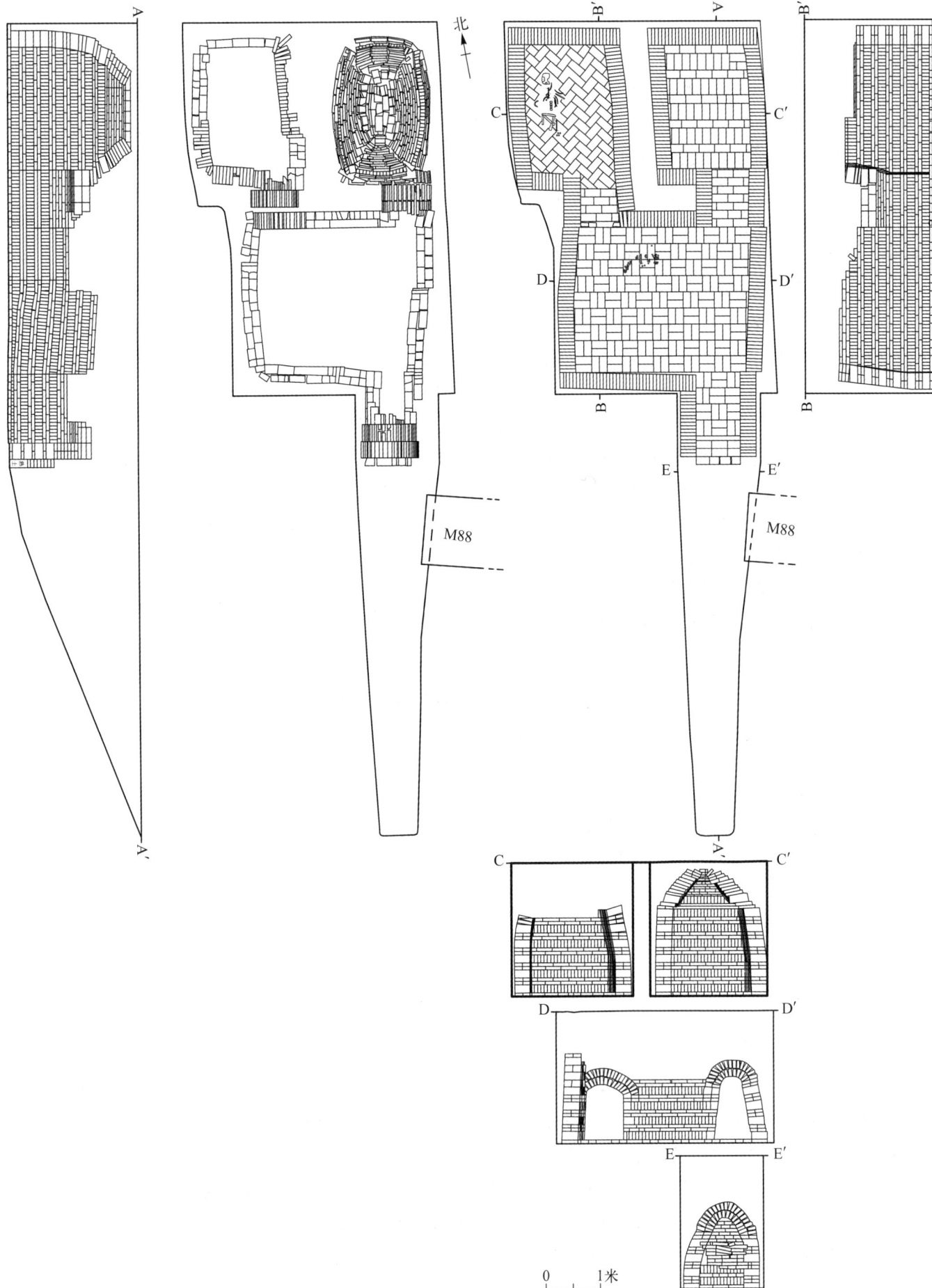

北十

M88

M88

0 ____ 1米

图四八一 M86平、剖面图

1. 铜钱 2. 陶盆

砖块等。

甬道　位于墓道的北端,北与墓室相连,平面呈长方形,东西壁用规格为0.28×0.14-0.06米的青灰色砖二顺一丁叠压砌置,砌至0.87米时开始起券,拱形券顶,局部被破坏,内深1.48米,宽0.8米,高1.22米,券顶为条砖两层顺砌,铺底为二平二顺平铺。

封门砖两重,外重置于门洞外侧,为叠压错缝平砌,宽0.8米,高0.47米,壁厚0.14米,内重下部以一顺一丁叠压垒砌至0.8米,其上为叠压错缝平铺封堵,宽0.8米,高1.22米,壁厚0.28米。

前室　位于甬道的北端,东后室甬道、西后室甬道相连,平面呈正方形,南北长2.72米,东西宽3.07米,顶部已被破坏,仅残留下部,残留部分周壁用规格为0.28×0.14-0.06米的青灰色砖二顺一丁叠压砌置,略呈漫弧状,墙壁残留高1.02～1.62米,墓底用砖二平二顺平铺墁地。

东后室甬道　位于前室的北端,北与东后室相连,平面呈长方形,东西壁用规格为0.28×0.14-0.06米的青灰色砖二顺一丁叠压砌置,砌置0.9米时开始起券,拱形券顶,内深1米,宽0.64～0.66米,高1.1米,券顶为条砖两层顺砌,底部用砖纵横平铺错缝墁地。

东后室　位丁东后室甬道的北端,平面呈长方形,东西宽1.4米,南北长2.1米,顶为四角攒顶,周壁用规格为0.28×0.14-0.06米的青灰色砖二顺一丁叠压砌置,略呈漫弧状,砌至1.47米起四角攒顶。墓底用砖二平一顺平铺墁地。

西后室甬道　位于前室的北端,北与西后室相连,平面呈长方形,东西壁用规格0.28×0.14-0.06米的青灰色砖二顺一丁叠压砌置,砌至0.78米时开始起券,拱形券顶,局部被破坏。内进深0.9米,宽0.62～0.72米,高0.96米,券顶为条砖两层顺砌,底部用砖纵横平铺。

西后室　位于西后室甬道的北端,平面呈长方形,南北长2.2米,东西宽1.47～1.55米,顶部已被破坏,仅残留下部,残留部分周壁用规格为0.28×0.14-0.06米的青灰色砖二顺一丁叠压砌置,略呈漫弧状,砌至1.31米时起四角攒顶。墙壁残高1.3～1.62米,墓底用砖砌制呈人字形平铺墁地。

未见葬具痕迹,仅见凌乱骨骼,头向北,面向南,葬式不详,性别年龄不详。

2. 出土器物

出土器物3件,铜钱放于前室背部偏西侧,陶盆是用填土内发现残片复原的。

铜钱　8枚。标本M86:1-1(3枚),圆形方穿,正面穿左右篆书"五铢"二字,"五"字两股交笔弯曲较大,"铢"字"金"旁三角形,下四点细长,"朱"旁上笔横折,下垂笔圆折,正背有郭,郭缘较窄。钱径2.55～2.6厘米,穿径0.95～1厘米,厚0.1厘米(图四八三,1)。标本M86:1-2(4枚),圆形方穿,正面穿左右篆书"五铢"二字,"五"字两股交笔弯曲较大,"铢"字"金"旁三角形,下四点细长,"朱"旁上笔横与下垂笔圆折,正背有郭,郭缘较窄。钱径2.5厘米,穿径0.95～1厘米,厚0.1厘米(图四八三,2)。标本M86:1-3,圆形方穿,正面穿左右篆书"半两"二字,"半"两点呈撇状,上横笔上折,"两"字为十字两,钱径2.3厘米,穿径0.9厘米,厚0.1厘米(图四八三,3)。

陶盆　2件。泥质灰陶,轮制。标本M86:2,敞口稍外撇,圆唇,浅曲腹,平底,腹部饰弦纹。口径20.4厘米,底径11.2厘米,高7.2厘米(图四八二,1;彩版一一〇,6)。标本M86:3,敞口,

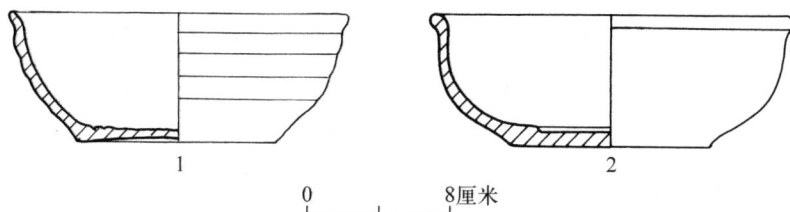

图四八二　M86出土陶盆

1、2.陶盆（M86：2、M86：3）

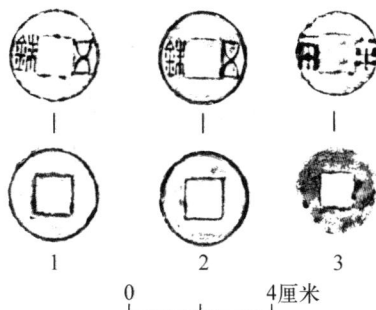

图四八三　M86出土铜钱

1、2.五铢（M86：1-1、M86：1-2）　3.半两（M86：1-3）

圆唇，弧腹，平底，内底圆形凹圈。口径19.2厘米，底径11厘米，高7.2厘米（图四八二，2；彩版一一一，1）。

四、M96

1. 墓葬形制

M96位于发掘区Ⅰ区中部，分布于T0919、T1019内，北邻M100。开口于③层下，墓口距地表4米。南北向，方向185°。为刀把形竖穴土圹砖券单室墓，土圹南北通长10.1米，东西宽0.92～2.49米，墓底距墓口2.1米。由墓道、甬道、墓室三部分组成（图四八四）。

墓道　位于甬道的南端，平面呈长方形，东西两壁垂直整齐，底为斜坡式，坡度为30°。南北长3.38米，东西宽0.92米，墓底距墓口0～2.1米。内填红褐色花土，土质疏松，内夹杂少量碎砖块等。

甬道　位于墓道北端，北与墓室相连，平面呈长方形，东西两壁用规格为0.28×0.14-0.05米的青灰色绳纹砖二顺一丁叠压砌置，砌至1.06米时开始起券，拱形券顶，局部被破坏。面宽0.99米，进深1.15米，高1.4米。甬道内用砖叠压砌置封堵（下部为一顺一丁叠压垒砌至0.89米，其上为叠压错缝平砌）。

墓室　位于甬道北端，平面呈长方形，南北长3.38米，东西宽1.68米。顶部已被破坏，仅残留下部，残留部分周壁用规格为0.28×0.14-0.05米的青灰色绳纹砖二顺一丁叠压砌置，略呈漫弧

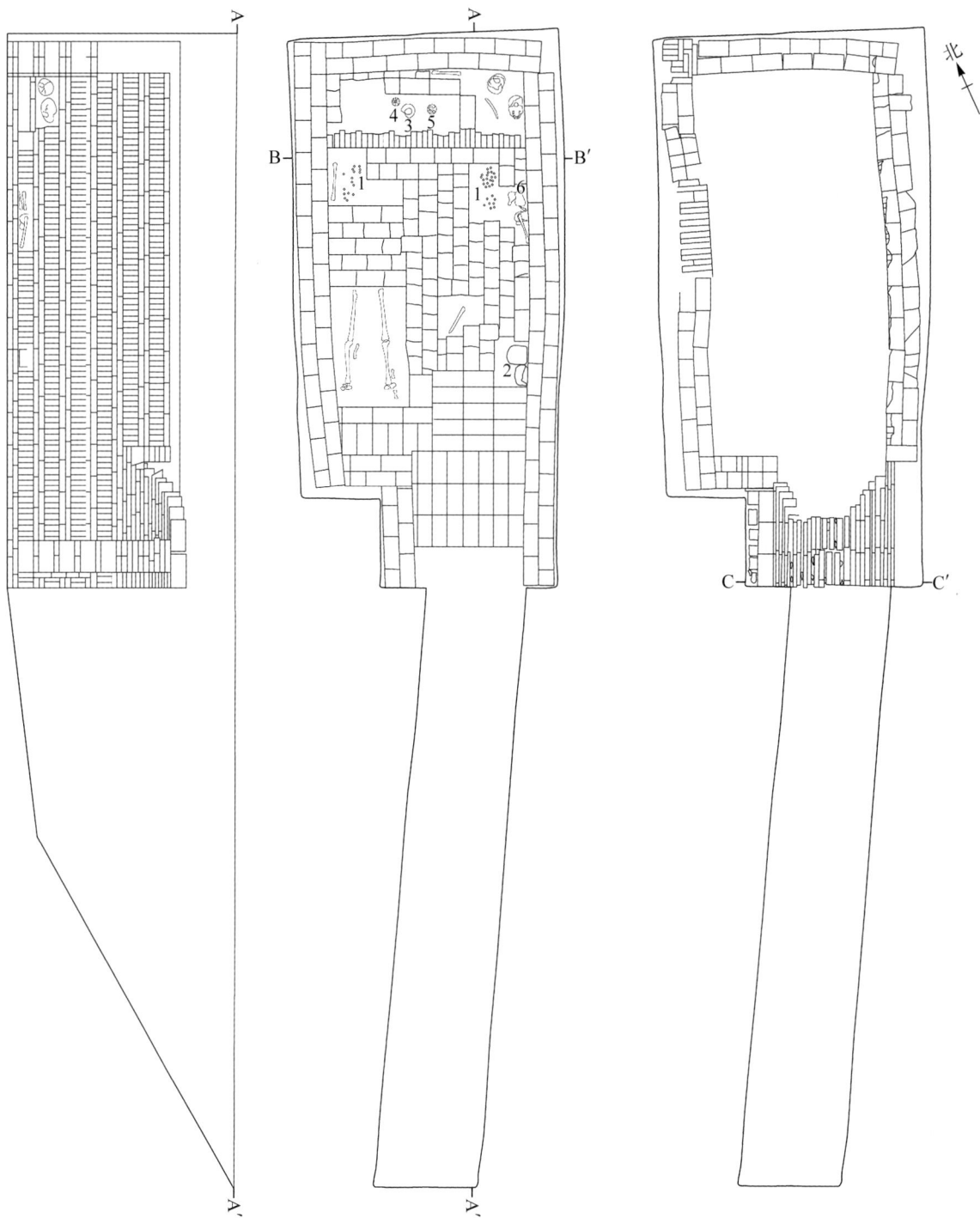

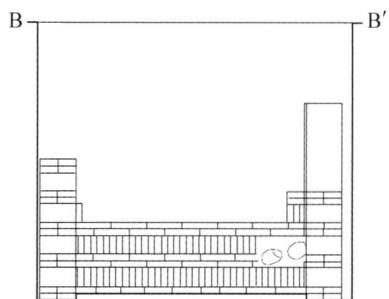

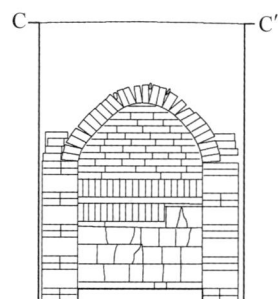

北

0   1米

图四八四　M96平、剖面图

1. 铜钱　2. 陶灶　3. 陶耳杯　4. 陶磨　5. 陶井　6. 陶鸡

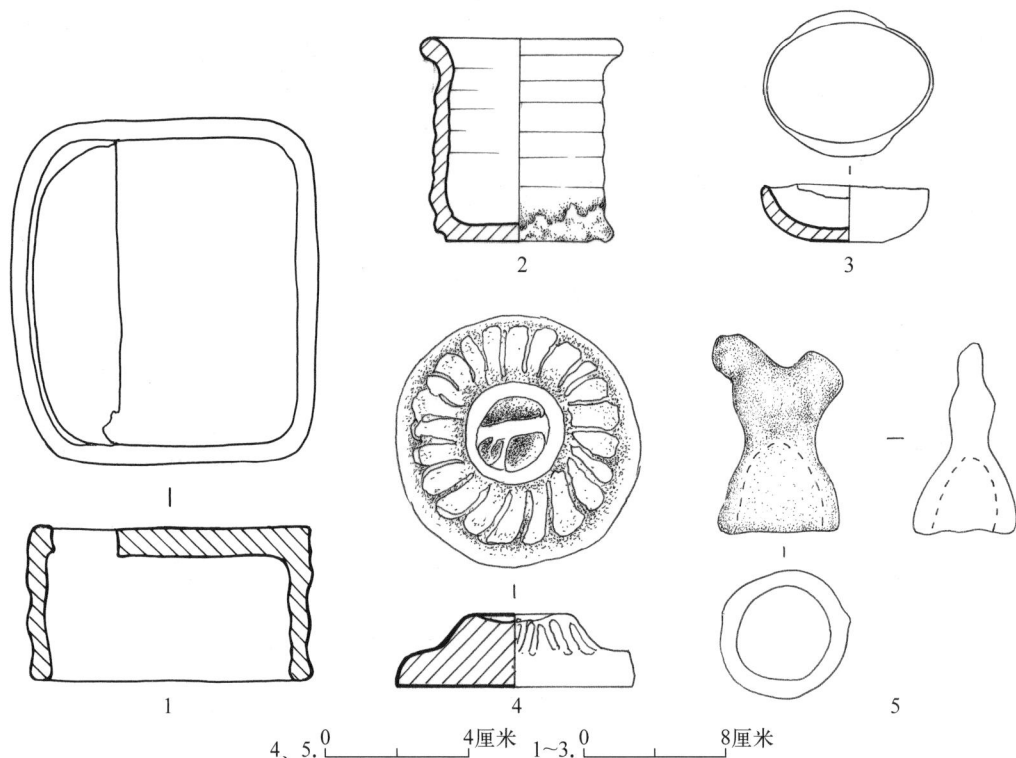

图四八五　M96出土陶器

1. 陶灶（M96：2）　2. 陶井（M96：5）　3. 陶耳杯（M96：3）　4. 陶磨（M96：4）　5. 陶鸡（M96：6）

状，墙壁残高0.92～1.5米。墓底用砖纵横错缝平铺墁地，在墓室内北部砌置器物台，东西长1.68米，南北宽0.64～0.69米，高于墓底0.16米。

未见用棺痕迹，仅见凌乱骨骼。

2. 出土器物

随葬器物6件。

铜钱　2枚。标本M96：1-1，圆形方穿，正面穿左右篆书"五铢"二字，"五"字两股交笔弯曲，"铢"字"金"旁三角形，下四点细长，"朱"旁上横笔与下垂笔圆折，正背有郭，郭缘较窄。钱径2.6厘米，穿径1厘米，厚0.1厘米（图四八六，1）。标本M96：1-2，圆形方穿，正面穿左右篆书"五铢"二字，"五"字两股交笔弯曲，"铢"字"金"旁三角形，下四点较粗，"朱"旁上横笔方折，下垂笔圆折，正背有郭，郭缘较窄。钱径2.55厘米，穿径1厘米，厚0.15厘米（图四八六，2）。

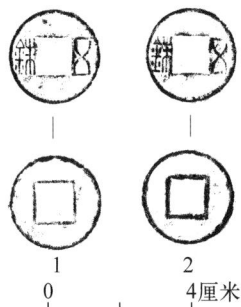

图四八六　M96出土五铢钱

1、2. 五铢（M96：1-1、M96：1-2）

陶灶　1件。M96：2，泥质灰陶，手轮兼制。近方形，灶面后部有半月形口，内空。长18.2厘米，宽17厘米，高8.2厘米（图四八五，1）。

陶耳杯　1件。标本M96：3，泥质灰陶，模制。敞口，弧腹，平底,两侧长边有弯月形板。长9.4厘米,宽4厘米,高3厘米(图四八五,3)。

陶磨　1件(套)。标本M96:4,泥质灰陶,手轮兼制。圆形饼状,上下相合,上片中部有圈足状握手,内有一横档,表面头凸棱;下片中部有一乳突,围乳突四周有凸棱。直径6.5厘米,通高2厘米(图四八五,4)。

陶井　1件。标本M96:5,泥质灰陶,轮制。敞口,短折沿,方圆唇,桶形腹,平底,腹部饰凹弦纹。口径11.6厘米,底径8.2厘米,高10.4厘米(图四八五,2)。

陶鸡　1件。标本M96:6,泥质灰陶,模制。首尾残缺,身体肥硕,腹下有圆形底座,底座内空。残长3.6厘米,残高5.3厘米(图四八五,5)。

五、M134

1. 墓葬形制

M134位于发掘区Ⅰ区东南部,分布于T0722、T0822内,北邻M25。开口于③层下,墓口距地表4米。南北向,方向178°。为刀把形竖穴土圹砖券双室墓,南北长10.8米,宽0.7～2.28米,墓底距墓口0～1.32米。由墓道、甬道、前室、后甬道、后室五部分组成(图四八七;彩版二六,1)。

墓道　位于甬道南端,南北长4.45米,宽0.7～0.96米,口距墓底0～1.32米。平面呈梯形,南窄北宽,东西两壁垂直整齐,斜坡底,底坡长4.65米,坡度13°。内填红褐色花土,土质疏松,土内夹杂较多的碎砖块等。

前甬道　位于墓道与前室之间,平面呈长方形,面宽0.68米,进深0.92米,高1.16米。东西两壁用青砖二顺一丁叠压垒砌,砌至0.75米时开始起券,为双层拱形券顶,上层券顶残缺。甬道内外砌制双重封堵:外重封门用青砖侧立叠压错缝垒砌,内侧封门下部用青砖二顺一丁垒砌,其上用青砖叠压错缝平砌。

前室　位于前甬道北侧,北接后甬道,平面呈长方形,南北长2.1米,宽1.6米,残高0.47～1.26米。顶部破坏,券制不详,四壁用青砖二顺一丁叠压垒砌,方角弧壁,底部用砖砌制呈人字形平铺。

棺床位于室内西部,南北长2.1米,宽0.9米,高0.06米。床面用青砖纵横平铺垒砌一层。棺床上葬人骨架2具,保存一般,头向北,面向不详,均为仰身直肢葬。东侧骨架男性,成年;西侧骨架女性,成年。

后甬道　位于前室与后室之间,平面呈长方形,面宽0.7米,进深0.86米,残高0.23～0.47米。破坏较严重,仅残留下部,方角弧壁,东西两壁残留部分用青砖二顺一丁叠压垒砌,其余券制不详。

后室　位于后甬道北侧,平面呈长方形,南北长2.02米,宽1.2～1.3米,残高0.23～0.36米。破坏较严重,仅残留下部,残留部分用青砖二顺一丁叠压垒砌,其余券制不详。底部用砖砌制呈人字形平铺。

棺床位于室内西南部,南北长1.22米,宽0.76米,高0.06米。床面用青砖并列纵铺垒砌一层。棺床上葬人骨架1具,保存较差,凌乱,头向、面向、葬式、性别、年龄不详。

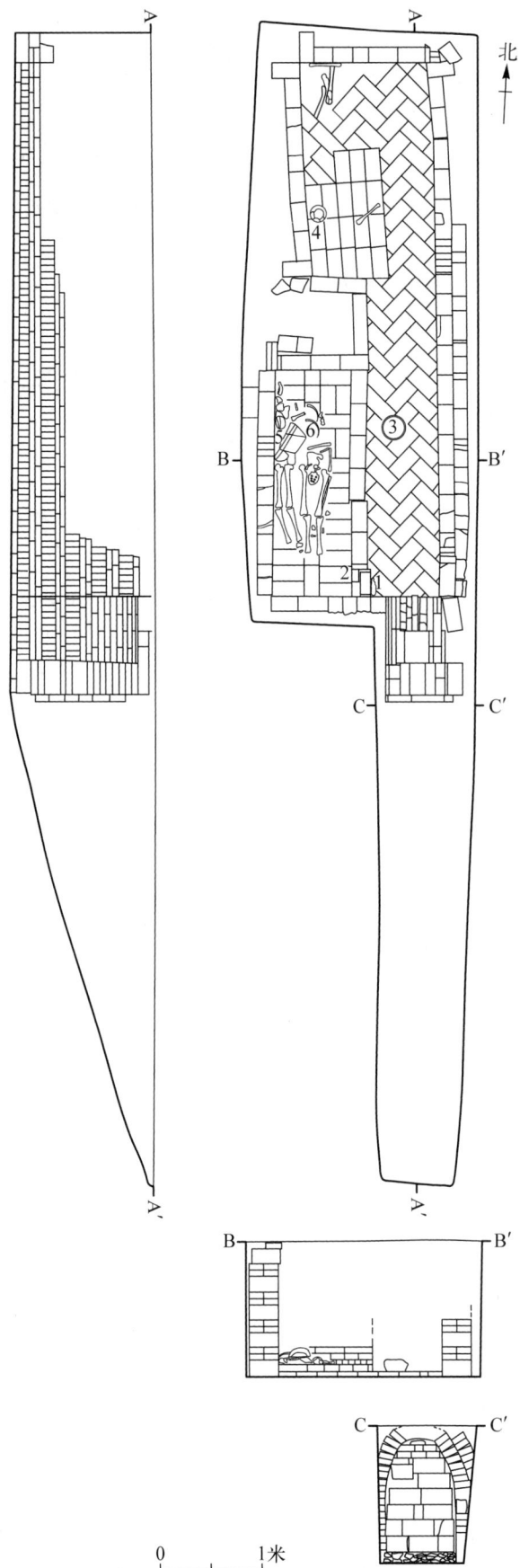

图四八七　M134 平、剖面图

1. 陶猪　2. 陶圈　3. 陶盘　4. 陶罐　5. 陶耳杯　6. 陶奁

整个墓室底部南低北高,自北向南略呈缓坡状。用砖规格:0.28×0.14-0.05米,0.3×0.14-0.06米。

2. 出土器物

随葬器物6件。

陶猪　1件(残)。标本M134:1,泥质灰陶,模制。嘴粗短,面部不清,耸耳贴于颈,腰粗体肥,尾下垂,四肢蜷曲卧于地。长16.4厘米,高6.5厘米(图四八八,1;彩版一一一,2)。

陶圈　1件(残)。标本134:2,泥质灰陶,模制。平面呈长方形,内空,右上角陶厕残缺,仅剩底部,右侧有斜坡形阶梯。长23.4厘米,宽18.2厘米,残高7厘米(图四八八,5;彩版一一一,3)。

陶盘　1件(残)。标本M134:3,泥质灰陶,轮制。侈口,折沿,方唇,浅斜腹,平底,内底有二周凸弦纹。口径24.6厘米,底径17.4厘米,高4厘米(图四八八,3)。

陶罐　1件(残)。标本M134:4,泥质灰陶,手轮兼制。敛口,尖唇,束颈,溜肩,鼓腹,下腹曲收,平底,底口见旋刮痕迹。肩部饰弦断栉齿纹。口径18厘米,腹径30厘米,底径15厘米,高24厘米(图四八八,2)。

陶耳杯　1件。标本M134:5,泥质灰陶,模制。椭圆形,敞口,口部附贴半月形耳,浅弧腹,假矮圈足。口径8.1厘米,底径1.5厘米,高2.2厘米(图四八八,4)。

陶奁　1件。标本M134:6,泥质灰陶,轮制。口微敞,直腹,平底,底附三圆乳钉形足,腹部饰凹弦纹。口径23.6厘米,底径22.6厘米,高10.2厘米(图四八八,6;彩版一一一,4)。

六、M191

1. 墓葬形制

M191位于发掘区Ⅰ区西部,T1011内北部,北邻M192。开口于③层下,墓口距地表4米。东西向,方向260°。为刀把形竖穴土圹砖券单室合葬墓,土圹东西长7.76米,宽0.75～2.18米,墓底距墓口0.6～1.8米。由墓道、墓门、墓室三部分组成(图四八九;彩版二六,2)。

墓道　位于墓门西端,东西长4.18米,宽0.75～0.98米,墓底距墓口0.6～1.8米。平面近梯形,西窄东宽,墓壁整齐,西部为坡状,东部为平底,坡长4.4米,坡度21°。内填红褐色花土,土质疏松、湿软,土内夹杂少量碎砖块等。

墓门　位于墓道东端,东与墓室连接,平面呈长方形,面宽0.9米,进深0.3米。南北两壁用绳纹砖二顺一丁叠压垒砌,砌至0.93米时开始起券,拱形券顶。墓门内下部用绳纹砖一丁一顺叠压垒砌至0.9米时,再用砖叠压错缝平砌至顶封堵,墓门高1.36米。

墓室　位于墓门东端,平面近长方形,东西长2.86米,宽1.4～1.48米。破坏严重,残留下部,顶部券制不详,四壁残留部分用青砖二顺一丁叠压垒砌,弧壁方角,墓底用青砖二顺二丁纵横平铺,残高1.26～1.24米。在墓室内东部修筑器物台,台面用绳纹砖并列横铺,台壁用青砖叠压错缝平砌包边,高0.12米。墓室内放置陶棺及人骨架各1具。陶棺呈椭圆形,无盖,长1.45米,宽0.16～0.44米,高0.25米,棺内未见人骨架痕迹;陶棺南侧人骨架未见葬具痕迹,保存较差、凌乱,头向东,面向上,葬式、年龄、性别、身高不详。

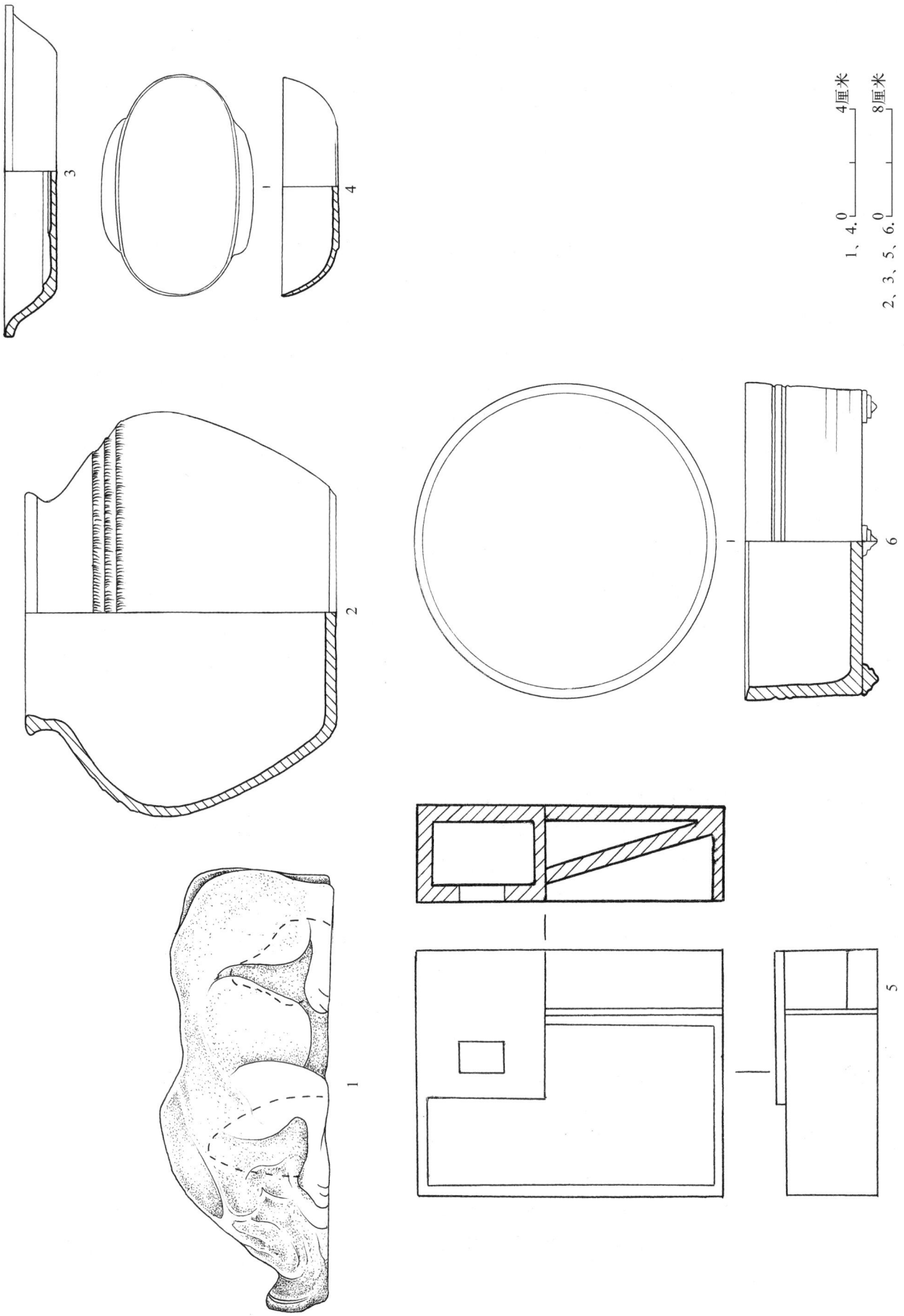

图四八八　M134 出土陶器

1. 陶猪 (M134：1)　2. 陶罐 (M134：4)　3. 陶盘 (M134：3)　4. 陶耳杯 (M134：5)　5. 陶圈 (M134：2)　6. 陶奁 (M134：6)

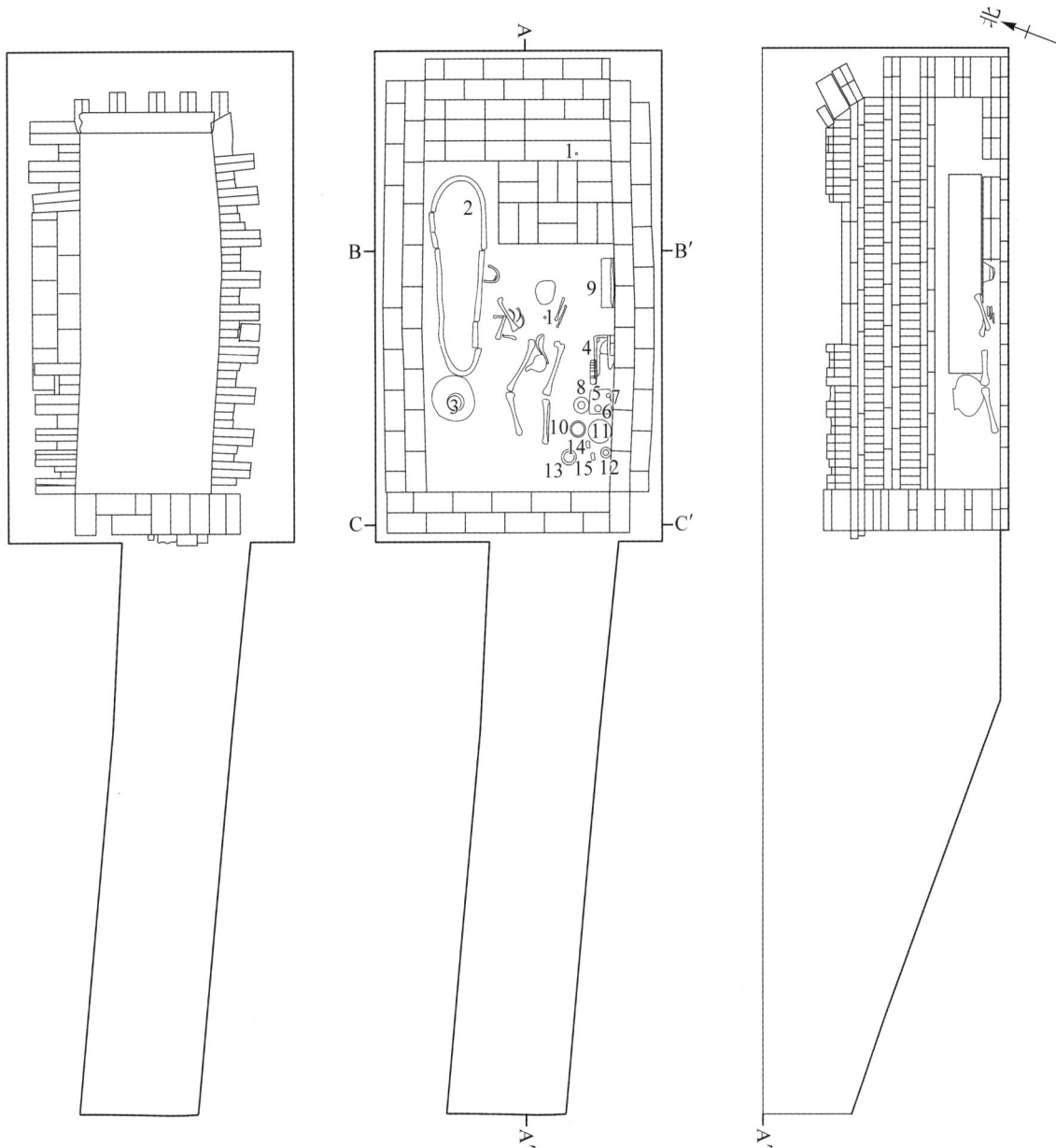

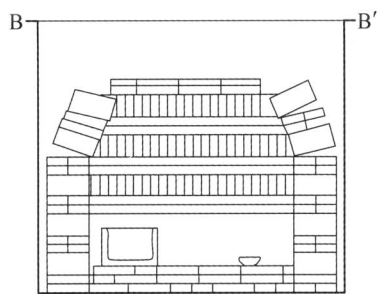

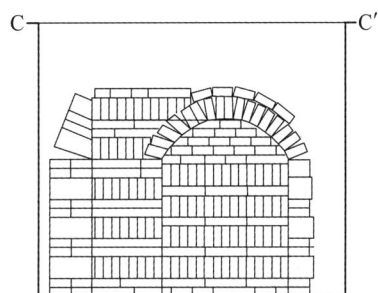

图四八九　M191平、剖面图

1. 铜钱　2. 陶棺　3. 陶罐　4. 陶房
5. 陶灶　6. 陶甑　7. 陶瓮　8. 陶井
9. 陶案　10. 陶罐　11. 陶奁　12. 陶磨
13. 陶罐　14. 陶耳杯　15. 陶耳杯

0　　　　1米

用砖规格：0.3×0.15–0.06米（饰绳纹）。

2. 出土器物

随葬器物15件，摆放于墓室西部，散乱人骨架的南北两侧。

铜钱　2枚。标本M191∶1-1，圆形方穿，正面篆书"五铢"二字，"五"字两股交笔缓曲，"铢"字"金"旁三角形，下四点较粗，"朱"旁上横笔与下垂笔圆折，正背有郭，郭缘较窄。钱径2.55厘米，穿径1厘米，厚0.15厘米（图四九一，1）。标本M191∶1-2，圆形方穿，正面篆书"五铢"二字，"五"字两股交笔弯曲，"铢"字"金"旁三角形，下四点较粗，"朱"旁上横笔与下垂笔圆折，正背有郭，郭缘较窄。钱径2.5厘米，穿径0.95厘米，厚0.15厘米（图四九一，2）。

陶棺　1具（残）。标本M191∶2，泥质灰陶，手制。平面呈椭圆形，敛口，浅直壁，平底，内壁饰席纹。长1.4米，宽0.28～0.4米，高0.264米（图四九〇，14；彩版一一二，1）。

陶罐　1件。标本M191∶3，夹砂夹云母红陶，轮制。敞口，平沿，圆唇，束颈，圆肩，鼓腹，下腹弧收，平底。内壁中腹有一周凸弦纹。口径15厘米，腹径34.8厘米，底径9.2厘米，高25.4厘米（图四九〇，13；彩板一一一，5）。

陶房　1件（残）。标本M191∶4，泥质灰陶，模制。两面坡式硬山顶，坡上瓦垄清晰，四壁较直，内空，平底。正面中部设长方形门，门内陶俑头戴帽，面部不清，高颧骨，耸鼻，尖圆下颌，身穿长袍，双手拢于胸前，目视前方，一侧设圆形窗口。长45厘米，宽25厘米，高44厘米；门长10厘米，高11厘米；窗孔直径3.5厘米（图四九〇，11；彩版一一一，6）。

陶灶　1件（残）。标本M191∶5，泥质灰陶，模制。灶体平面呈梯形，内空，前宽后窄，灶面前后设置挡风墙与烟囱，正面为拱形灶门。长17.4厘米，宽15.8厘米，高7厘米（图四九〇，12；彩版一一二，2）。

陶甑　1件。标本M191∶6，泥质灰陶，轮制。侈口，平沿，方圆唇，浅腹弧收，圜底，底部分布五个小圆孔。口径6.2厘米，高3.2厘米（图四九〇，1）。

陶瓮　1件（残）。标本M191∶7，泥质灰陶，轮制。敞口，平沿，方唇，浅斜腹，小平底。口径8.4厘米，底径3.2厘米，高4.4厘米（图四九〇，2）。

陶井　1件。标本M191∶8，泥质灰陶，轮制。敞口，平折沿，圆唇，浅曲腹，平底，底口外展。口径12厘米，底径9.6厘米，高8厘米（图四九〇，5）。

陶案　1件（残）。标本M191∶9，泥质灰陶，模制。平面呈长方形，两侧边缘有划线。长45.2厘米，宽35.6厘米，厚1.2厘米（图四九〇，7）。

陶罐　2件。泥质灰陶，轮制。标本M191∶10，浅盘口，尖圆唇，束颈，深腹略鼓，下曲收，平底。中腹饰凹弦纹，下腹见刮胎痕。口径9.4厘米，腹径12厘米，底径8.2厘米，高16.8厘米（图四九〇，6；彩版一一二，3）。标本M191∶13，浅盘口，尖圆唇，束颈，深腹略鼓，下腹曲收，平底。中腹饰凹弦纹，下腹见刮胎痕。口径8.8厘米，腹径11厘米，底径6.8厘米，高16厘米（图四九〇，9；彩版一一二，4）。

陶盉　1件。标本M191∶11，泥质灰陶，轮制，直口，桶形腹，平底，底口旋刮，腹壁饰凹弦纹。

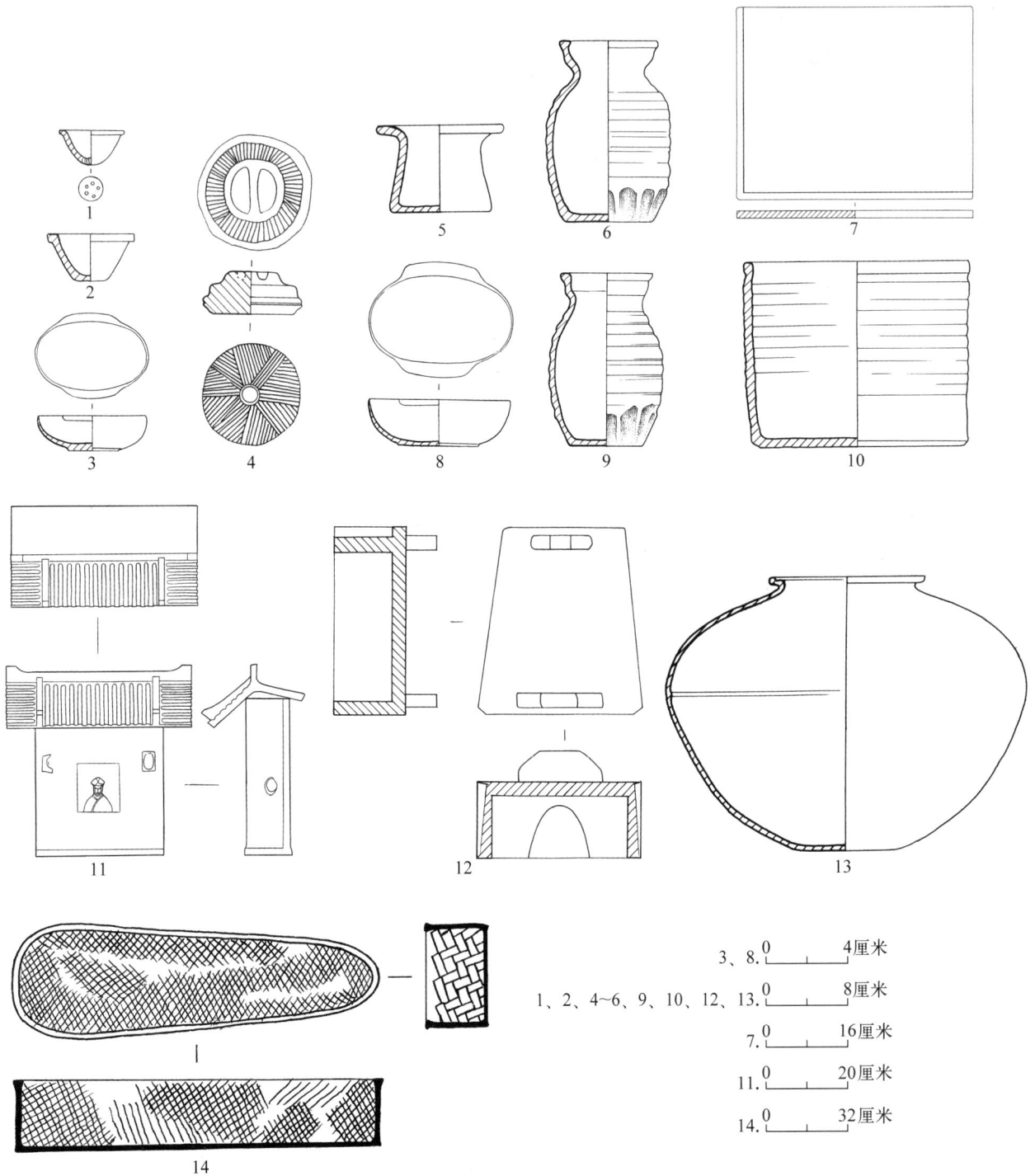

图四九〇　M191出土陶器

1. 陶甑（M191：6）　2. 陶瓮（M191：7）　3. 陶耳杯（M191：14）　4. 陶磨（M191：12）　5. 陶井（M191：8）　6. 陶罐（M191：10）
7. 陶案（M191：9）　8. 陶耳杯（M191：15）　9. 陶罐（M191：13）　10. 陶奁（M191：11）　11. 陶房（M191：4）　12. 陶灶（M191：5）
13. 陶罐（M191：3）　14. 陶棺（M191：2）

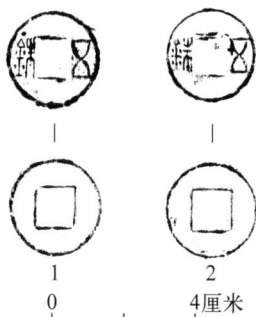

图四九一　M191出土五铢钱

1、2.(M191：1-1、M191：1-2)

口径21.6厘米,底径19.8厘米,高17.2厘米(图四九○,10)。

　　陶磨　1件(2片)。标本M191：12,泥质灰陶,模制。均圆饼形,上下相合,内面平,外面密布斜向凸棱。上片中部有圆足状握手,内有一横档。直径11厘米,高4厘米(图四九○,4;彩版一一二,5)。

　　陶耳杯　2件(残);泥质灰陶,模制。标本M191：14,平面呈椭圆形,侈口,浅弧腹,矮假圈足,口部附贴半圆形双耳,内壁涂红彩。口径5.2厘米,底径2.3厘米,高1.6厘米(图四九○,3)。标本M191：15(放于3号陶罐内),平面呈椭圆形,侈口,浅弧腹,矮假圈足,口部附贴半圆形双耳,内壁刷一层红彩。口径6.7厘米,底径3.8厘米,高2.1厘米(图四九○,8;彩版一一二,6)。

七、M259

1. 墓葬形制

　　M259位于发掘区Ⅳ区西北部,T5206内。开口于③层下,墓口距地表4米。南北向,方向205°。为刀把形竖穴土圹砖券双室墓,南北长10米,宽0.82～1.98米,墓底距墓口1.45米。由墓道、前甬道、前室、后甬道、后室五部分组成(图四九二)。

　　墓道　位于前甬道南端,平面呈长方形,南北长3.76米,宽0.82～1.04米,墓底距墓口0.1～1.45米。东西两壁垂直整齐,斜坡底,坡长3.76米,坡度18°。内填红褐色花土,土质疏松,夹杂少量碎砖块。

　　前甬道　位于墓道北端,北与前室连接。平面呈长方形,面宽0.58,进深1.04米。东西两壁用青砖二顺一丁叠压垒砌,砌至0.68米时开始起券,顶部破坏,残留部分呈拱形券顶,残高1.08米。甬道内用青砖叠压错缝纵砌封堵。

　　前室　位于前甬道与后甬道之间,平面呈长方形,南北长3.16米,宽1.5～1.6米。四壁用青砖二顺一丁叠压垒砌,砌至0.68米时开始起券,破坏严重,残留部分呈二顺一丁拱形券顶,残高0.75～1.2米,方角弧壁,墓底用青砖二顺二丁纵横平铺。室内未见葬具痕迹,仅见凌乱碎骨及残破头骨,头向、面向、葬式、性别、年龄不详。

　　后甬道　位于前室北端,北与后室连接,平面呈长方形,面宽0.68米,进深0.8米。东西两壁用青砖二顺一丁叠压垒砌,顶部破坏严重,券制不详,残高0.47米。

　　后室　位于后甬道北端,南北长1.96米,宽1.24～1.34米。四壁用青砖二顺一丁叠压垒砌,砌至0.68米时开始起券,底部破坏严重,券制不详,残高0.68～0.78米,方角弧壁,墓底用青砖二顺二丁纵横平铺。用砖规格：0.3×0.16-0.05米。

2. 出土器物

　　无。

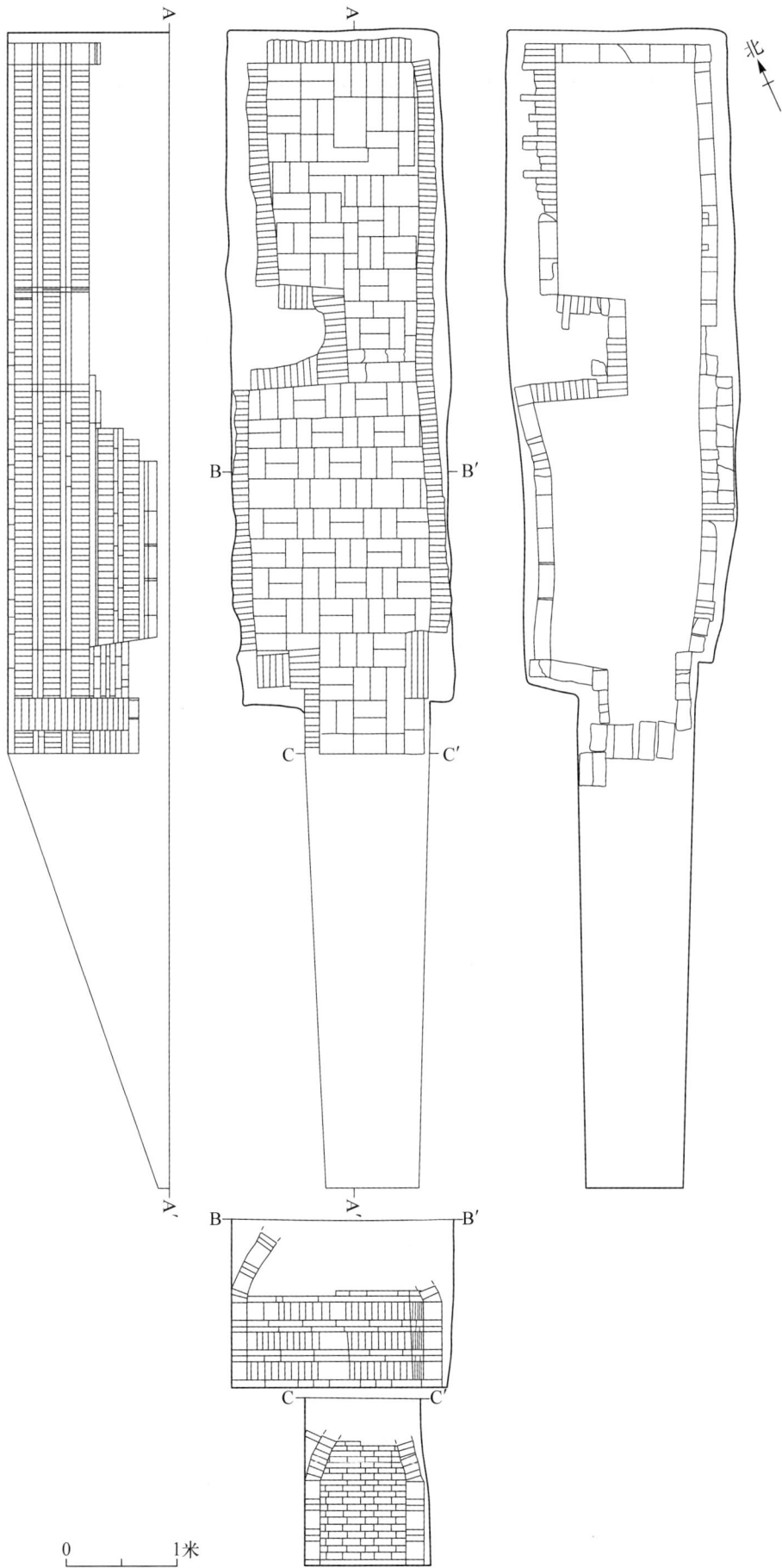

北

图四九二　M259平、剖面图

0　　　1米

第七章　唐、辽金墓葬

唐代墓葬2座,编号为M252、M254,其中M252为带墓道砖券单室墓,M254为瓮棺墓;辽金墓葬1座,为竖穴土圹砖券墓,编号为M253。

一、M252

1. 墓葬形制

M252位于发掘区Ⅳ西北部,T5105内东部,北邻M253、M254。开口于②层下,墓口距地表3.7米。南北向,方向192°。为球拍形带墓道竖穴土圹砖券单室墓,南北长6.72米,东西宽0.62~2.86米,墓底距墓口0.1~1.35米。平面呈球拍形,由墓道、甬道、墓室三部分组成(图四九三;彩版二六,3)。

墓道　位于墓门南端,南北长2.74米,宽0.6~0.82米,墓底距墓口0.1~1.3米。平面呈梯形,南窄北宽,墓壁整齐,墓道内南部修筑五步台阶,北部为斜坡状。台阶面宽0.62~0.75,进深0.3~0.4米,高0.15~0.3米。内填灰褐色花土,土质疏松,含少量碎砖块等。

甬道　位于墓道北端,北与墓室连接,平面呈长方形,面宽0.83米,进深0.6米。顶部破坏严重,券制不详,东西两壁下部用青砖三顺一丁叠压垒砌,上部用青砖二顺一丁叠压侧垒砌,残高0.91~1.07米。甬道内用青砖顺丁叠压垒砌封堵。

墓室　位于甬道的北端,平面呈椭圆形,南北长2.7米,宽2.36米。顶部破坏严重,券制不详,周壁用青砖二顺一丁叠压垒砌,残高0.42~0.93米,墓底用青砖一顺一丁并列平铺。在墓室内北部修筑棺床,东西长2.36米,南北宽1.58米,床面用青砖纵横平砌,床壁用青砖砌制呈须弥座形包边。墓室内未见葬具及人骨架痕迹。

用砖规格:0.36×0.16–0.05米(一面饰绳纹)(图四九四,3)。

2. 出土器物

出土器物2件,放置于墓室内南部。

铁镳斗　1件(残)。标本M252:1,敞口,撇沿,尖圆唇,浅斜腹弧收,平底。口部一侧有柄已残,底部三足已残。复原口径16.8厘米,残高8.8厘米(图四九四,2)。

陶罐　1件。标本M252:2,泥质灰陶,轮制,火候高。敞口,圆唇,束颈,鼓腹曲收,平底,内壁轮痕清晰。口径7厘米,腹径10.2厘米,底径5.6厘米,通高12.6厘米(图四九四,1;彩版一一三,1)。

北

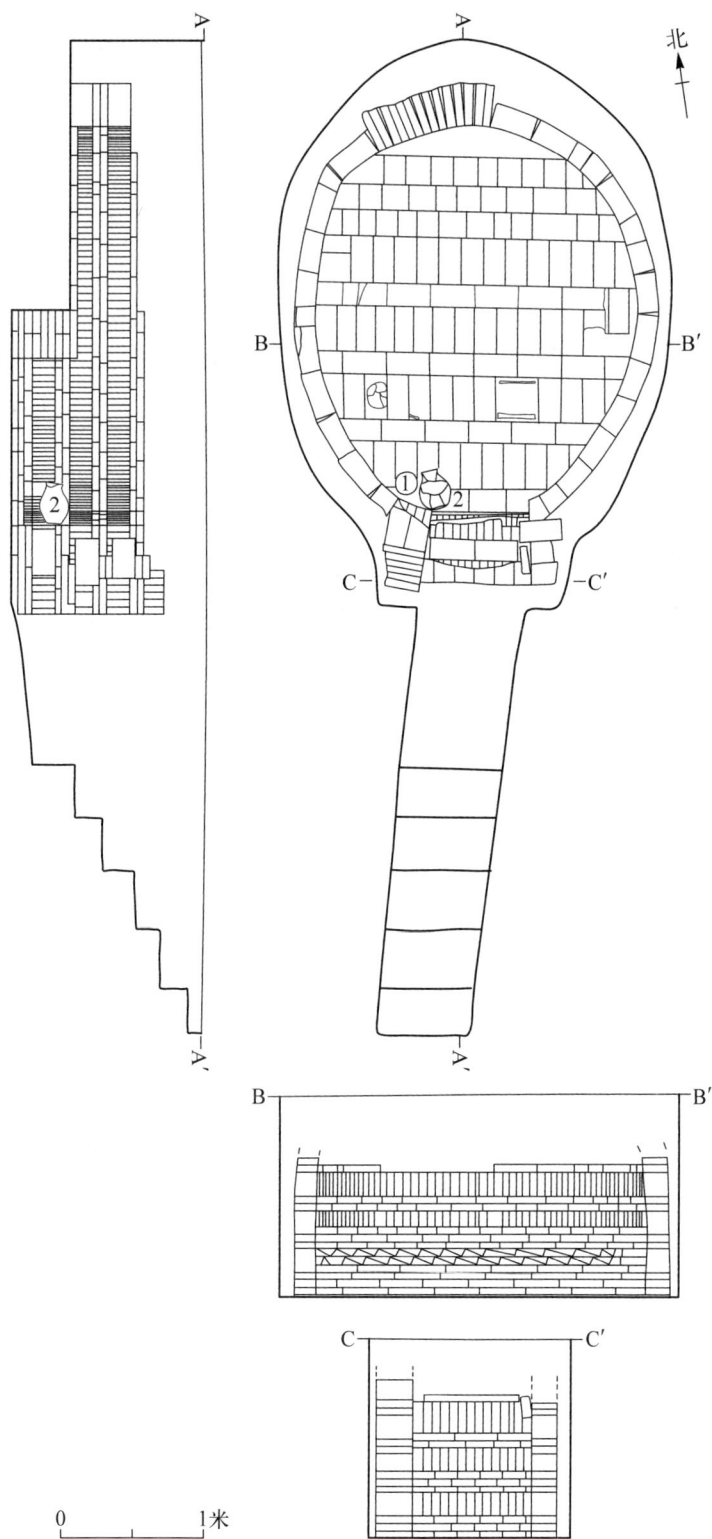

图四九三　M252平、剖面图

1. 铁镁斗　2. 陶罐

0　　　　1米

二、M254

1. 墓葬形制

M254位于发掘区Ⅳ区西北部，T5205内东南部，东邻M253。开口于②层下，墓口距地表3.65米。南北向，5°。为椭圆形竖穴土圹瓮棺墓，南北长1.9米，东西宽0.58～1米，墓底距墓口1.1米。墓壁整齐，墓底较平。内填红褐色花土，土质疏松（图四九五）。

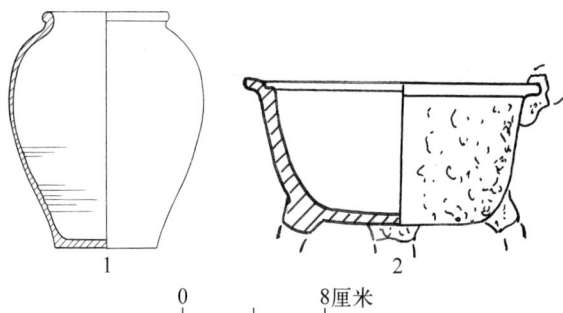

图四九四　M252出土器物
1. 陶罐（M252：2）　2. 铁镰斗（M252：1）

葬具为陶瓮，用陶瓮拼接而成，破坏严重，仅存局部。陶瓮内未见人骨架痕迹。

2. 出土器物

出土器物1件，放置于墓室内南部。

陶瓮　1件（复原）。标本M254：1，泥质浅黄陶，轮制。敞口，折沿，圆唇，束颈，溜肩，鼓腹弧收，平底。口径46厘米，腹径70.8厘米，底径28.8厘米，通高71.4厘米（图四九六）。

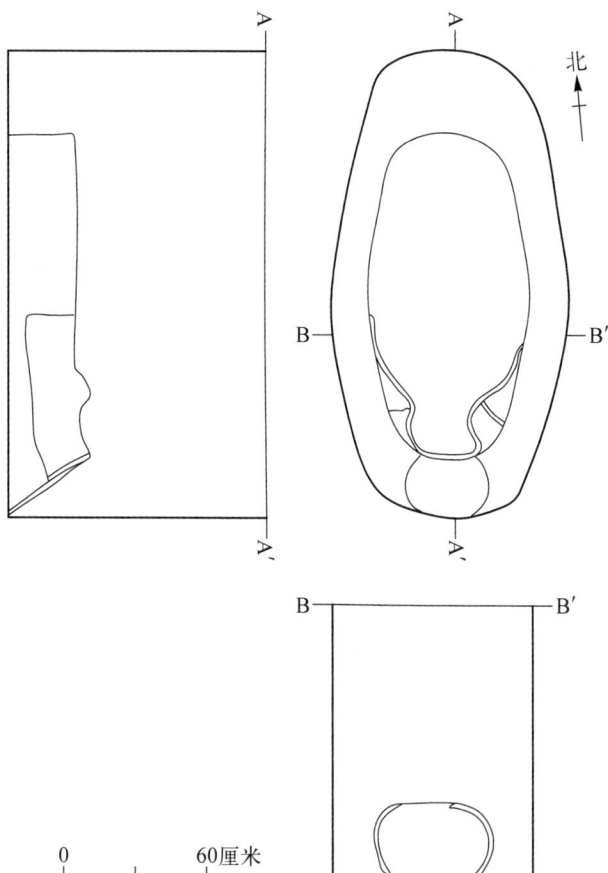

图四九五　M254平、剖面图

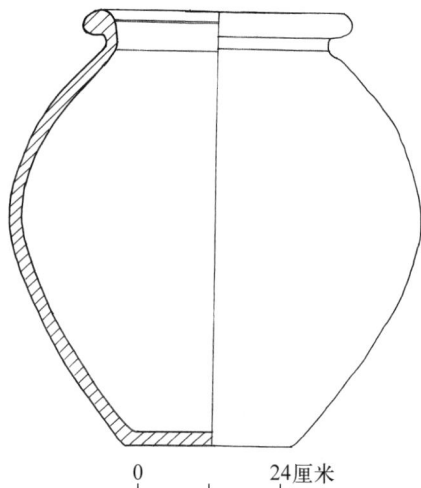

图四九六　M254出土陶瓮（M254：1）

三、M253

1. 墓葬形制

M253位于发掘区Ⅳ区西北部,T5205内东南部,西邻M254。开口于②层下,墓口距地表3.65米。南北向,350°。为长方形竖穴土圹砖券单室墓,南北长2.5米,东西宽1~1.2米,墓底距墓口0.6米。平面呈梯形,南宽北窄,墓壁整齐,墓底较平。内填灰褐色花土,土质疏松(图四九七;彩版二七,1)。

土圹内用青砖砌制砖室,四壁用青砖叠压错缝垒砌,逐层内收至顶。南北长1.3米,宽0.36~0.48米,高0.45米。砖室内未见人骨架痕迹。

用砖规格:0.36×0.16-0.05米(一面饰绳纹)。

2. 出土器物

无。

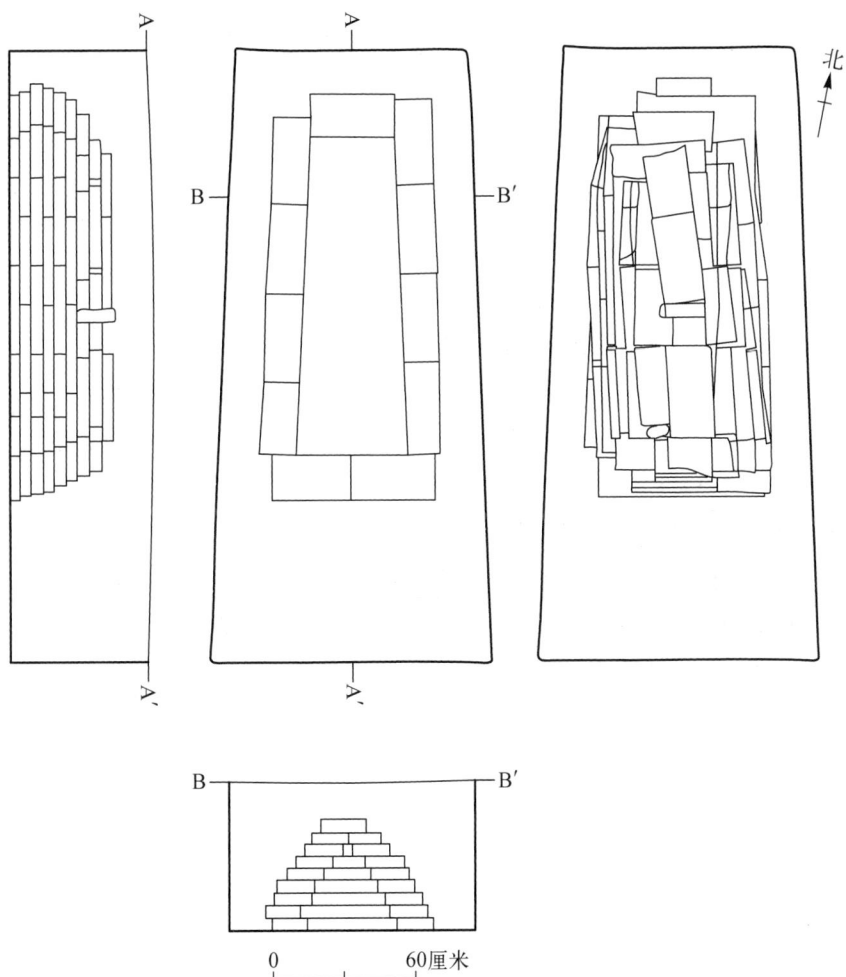

图四九七 M253平、剖面图

第八章 明清墓葬

6座,其中明代墓葬1座,编号M226。清代墓葬5座,编号M1、M2、M3、M69、M227。

第一节 明代墓葬M226

1. 墓葬形制

M226位于发掘区Ⅰ区西部,T1110内西北部,北邻M200。开口于①层下,墓口距地表3.4米。南北向,方向184°。为长方形竖穴土圹砖券单室墓,南北向,南北长2.28米,宽0.96米,墓底距墓口1米。土圹式四壁整齐较直,底部略平。内填灰褐色花土,土质疏松夹细沙,湿软(图四九八;彩版二七,2)。

土圹内用沟纹砖块砌制砖棺,南北长1.86米,宽0.9米,残高0.34米。破坏较严重,仅残留下部,顶部券制不详,残留部分四壁用沟纹砖块叠压错缝平砌,底部用沟纹砖块纵横错缝平砌。砖棺内葬人骨架1具,保存一般,头向南,面向上,为仰身直肢葬,女性,年龄约40岁。

用砖规格:长度不详,宽0.14~0.17米,厚0.035~0.06米。

2. 出土器物

出土器物3件。

双系瓷罐 1件。标本M226:1,白

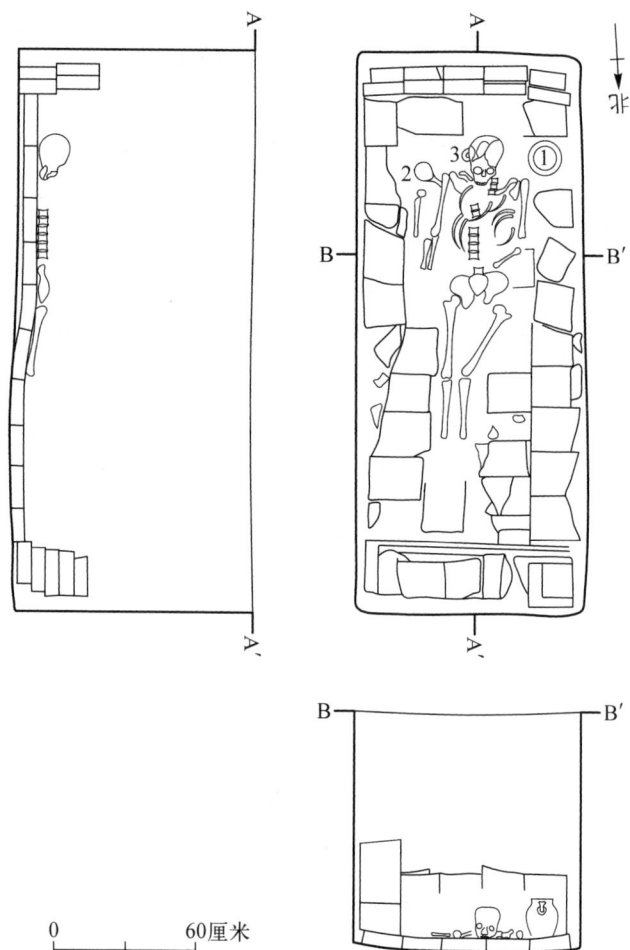

图四九八 M226平、剖面图

1. 双系瓷罐 2. 铜镜 3. 木梳

胎,胎质细腻,胎底涂抹一层化妆土。敞口,矮领,溜肩,鼓腹弧收,矮圈足,足内壁外撇,肩部贴对称桥形耳,器表施黑釉不到底,釉色莹润有光泽。口径11.6厘米,腹径15厘米,底径7.4厘米,高15.4厘米(图四九九,3;彩版一一三,2)。

铜镜　1件。标本M226:2,青铜质,范铸。锈蚀严重,上部为圆形,镜面锈蚀无光,镜背浮雕为树下赏花图;下部有长方形柄,柄部背面为花草浮雕。直径8厘米,柄长7.6厘米,宽2厘米,厚0.5厘米(图四九九,1;彩版一一三,3)。

木梳　1件(残)。标本M226:3,木质,手制。外区呈半圆形,内区篦齿残缺。长6.4厘米,宽3.2厘米(图四九九,2)。

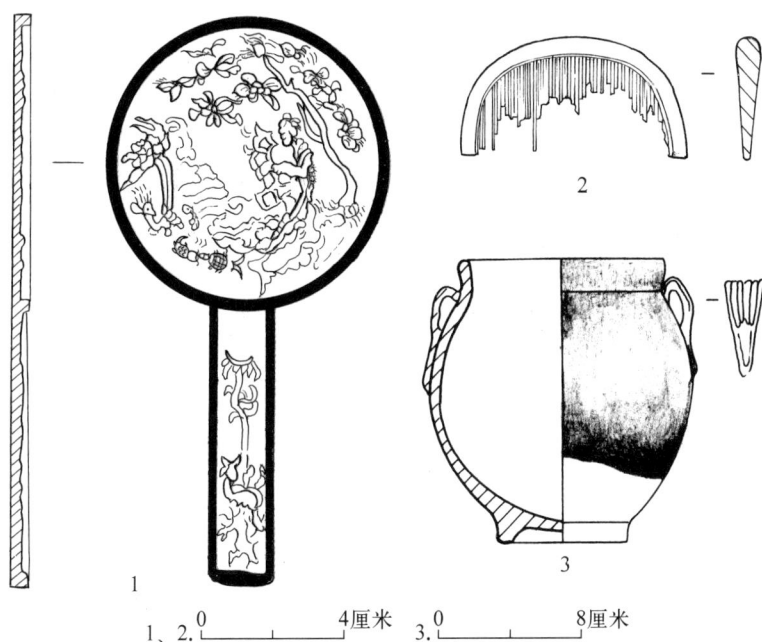

图四九九　M226出土器物

1. 铜镜(M226:2)　2. 木梳(M226:3)　3. 双系瓷罐(M226:1)

第二节　清代墓葬

一、M1

1. 墓葬形制

M1位于发掘区Ⅰ区东部边缘,T0924内东南部。开口于①层下,墓口距地表3.4米。南北向,方向0°。为长方形竖穴土圹双棺合葬墓,南北长2.9米,宽1.96米,墓底距墓口1.26米。北宽南窄,四壁整齐,墓底较平,内填黄褐色沙土,土质疏松。

葬具为双棺,木质,保存较好。东棺平面近似梯形,南北长2.38米,宽0.58~0.66米,高0.98米,板厚0.05~0.08米。棺内葬人骨架一具,保存较好,头向北,面向东,为侧身直肢葬,性别男,

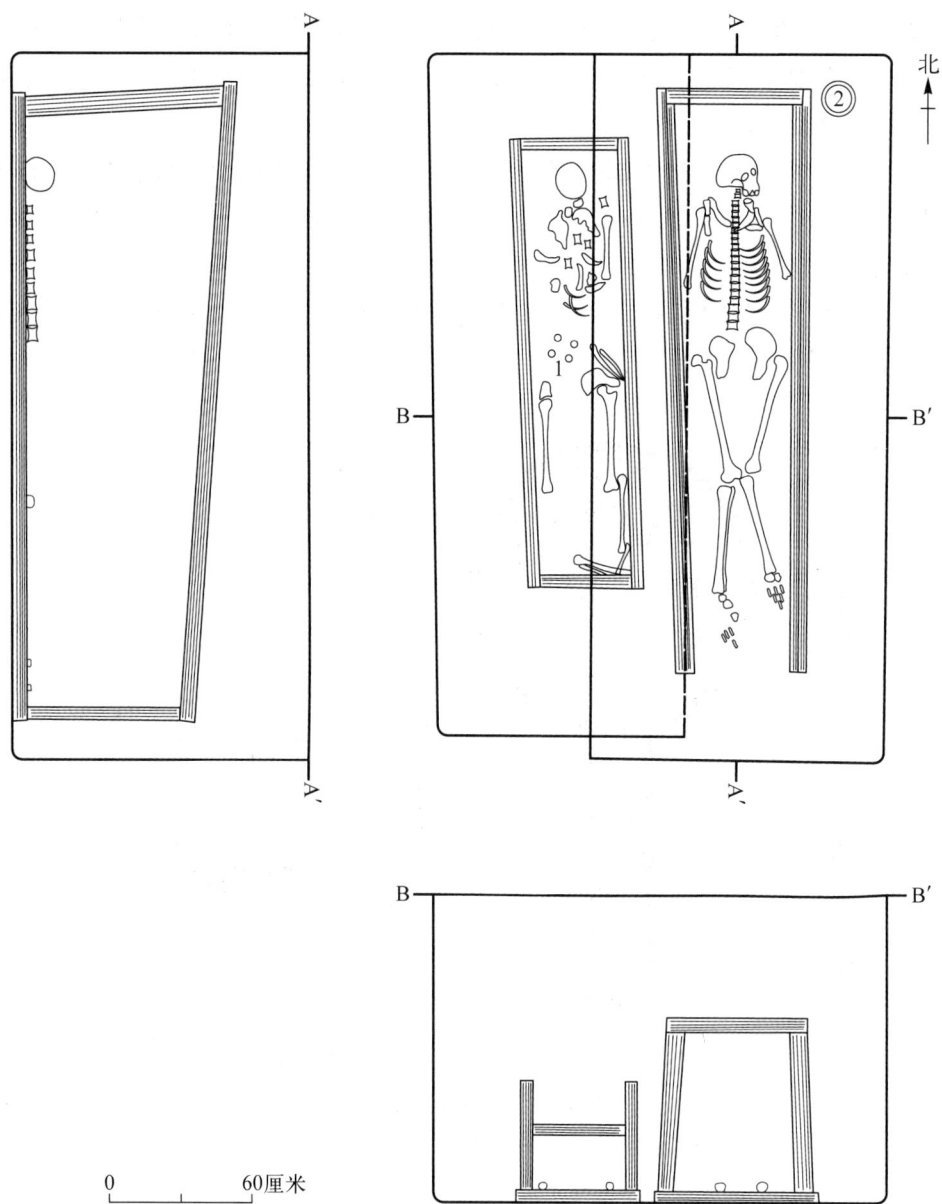

图五〇〇　M1平、剖面图

1. 铜钱　2. 陶双系罐

年龄约55岁；西棺保存略好，棺顶坍塌于棺内，平面呈长方形，南北长2.8米，宽0.7米，高0.5米，板厚0.05米。棺内葬人骨架一具，保存较差，头向北，面向不详，为仰身直肢葬，性别女，年龄约50岁。东棺打破西棺。

2. 出土器物

出土器物2件，铜钱放于西棺内，陶罐放于东棺外的东北角。

陶双系罐　1件。标本M1:1，泥质黄陶，轮制。直口，矮领，束颈，溜肩，鼓腹，矮圈足，足内壁外撇，领、肩处贴对称桥形耳。领部饰黑釉，流釉严重。口径13厘米，腹径16.2厘米，底径9厘米，高14.8厘米（图五〇一，1；彩版一一三，4）。

铜钱　1枚。标本M1∶2，方穿圆钱，正背有郭，郭缘略宽。正面篆书"元祐通宝"四字，旋读。钱背素面。钱径2.6厘米，穿径0.9厘米，厚0.12厘米（图五〇一，2）。

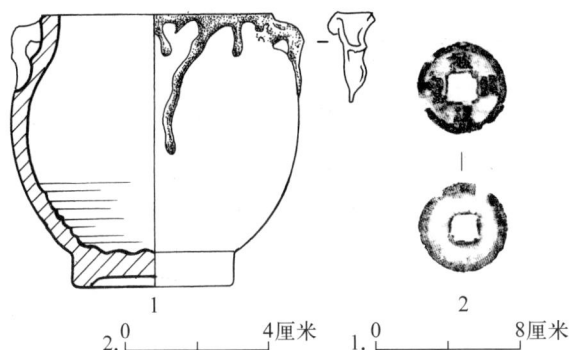

图五〇一　M1出土器物

1. 陶双系罐　2. 铜钱

二、M2

1. 墓葬形制

M2位于发掘区Ⅰ区西部，T1111内，东邻M193，西邻M196，南邻M197。开口于①层下，墓口距地表3.4米。南北向。方向350°。为长方形竖穴土圹单棺墓，南北长2.6米，东西宽1.48～1.6米，深1.48米。直壁、平底，内填浅灰褐色花土，土质疏松（图五〇二）。

葬具为木棺，腐朽严重，仅存朽痕。棺长2.06米，宽0.72～0.8米，残高0.64米。棺内葬人骨一具，保存一般，头向北，面向西，仰身直肢葬，女性，年龄约40岁。

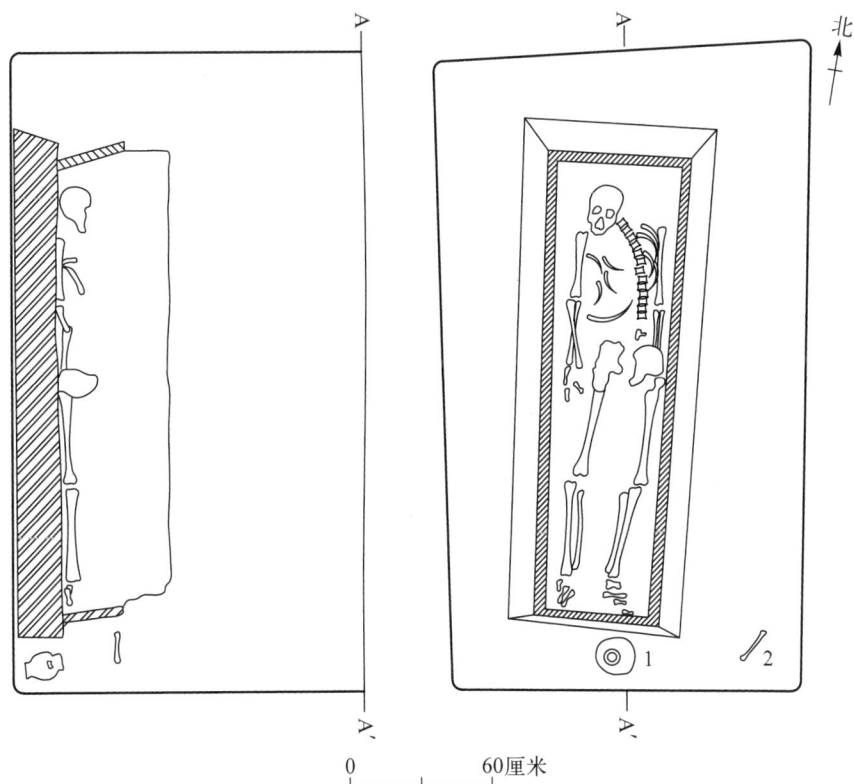

图五〇二　M2平、剖面图

1. 陶壶　2. 铜簪

2. 出土器物

出土器物2件，银簪放于棺内东北部，陶壶放置于棺外南端。

陶壶　1件。标本M2:1，泥质红陶，手轮兼制。直口，矮领，溜肩，鼓腹曲收，平底内凹。器表一侧肩部有流，一侧肩腹处附贴有耳，已残。口径6.8厘米，腹径13.6厘米，底径8.4厘米，高15厘米（图五〇三，1）。

铜簪　1件。标本M2:2，簪首残缺，簪体为圆柱状，下端呈锥形。残长16.4厘米（图五〇三，2）。

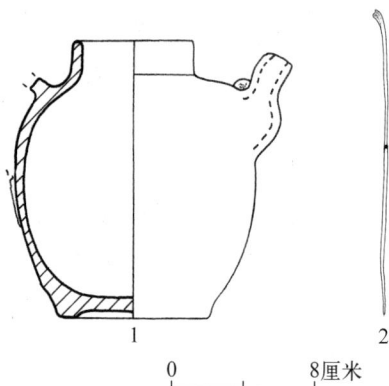

图五〇三　M2出土器物

1. 陶壶（M2:1）　2. 铜簪（M2:2）

三、M3

1. 墓葬形制

M3位于发掘区Ⅰ区东北部，T1221内东南部，南邻M9。开口于①层下，墓口距地表3.4米。南北向。方向10°。为长方形竖穴土圹单棺墓，南北长2.5米，宽1.2米，墓底距墓口0.8米。平面呈长方形，四壁整齐，底部较平。内填灰褐色花土，土质较疏松，含沙量大（图五〇四）。

葬具为木棺，保存一般，顶部腐朽。平面呈长方形，北宽南窄。南北长1.8米，宽0.54～0.6米，残高0.3米，板痕厚约0.04米。棺内未见人骨架，应为搬迁墓葬。

图五〇四　M3平、剖面图

2. 出土器物

无。

四、M69

1. 墓葬形制

M69位于发掘区Ⅰ区西部，T1221内西南部。开口于①层下，墓口距地表3.4米。南北向，方向25°。为正方形竖穴土圹双棺合葬墓，南北向，南北通长2.84米，宽2.6～2.7米，墓底距墓口0.64米。四壁整齐，底部较平，内填灰褐色花土，含沙量大（图五○五；彩版二七,3）。

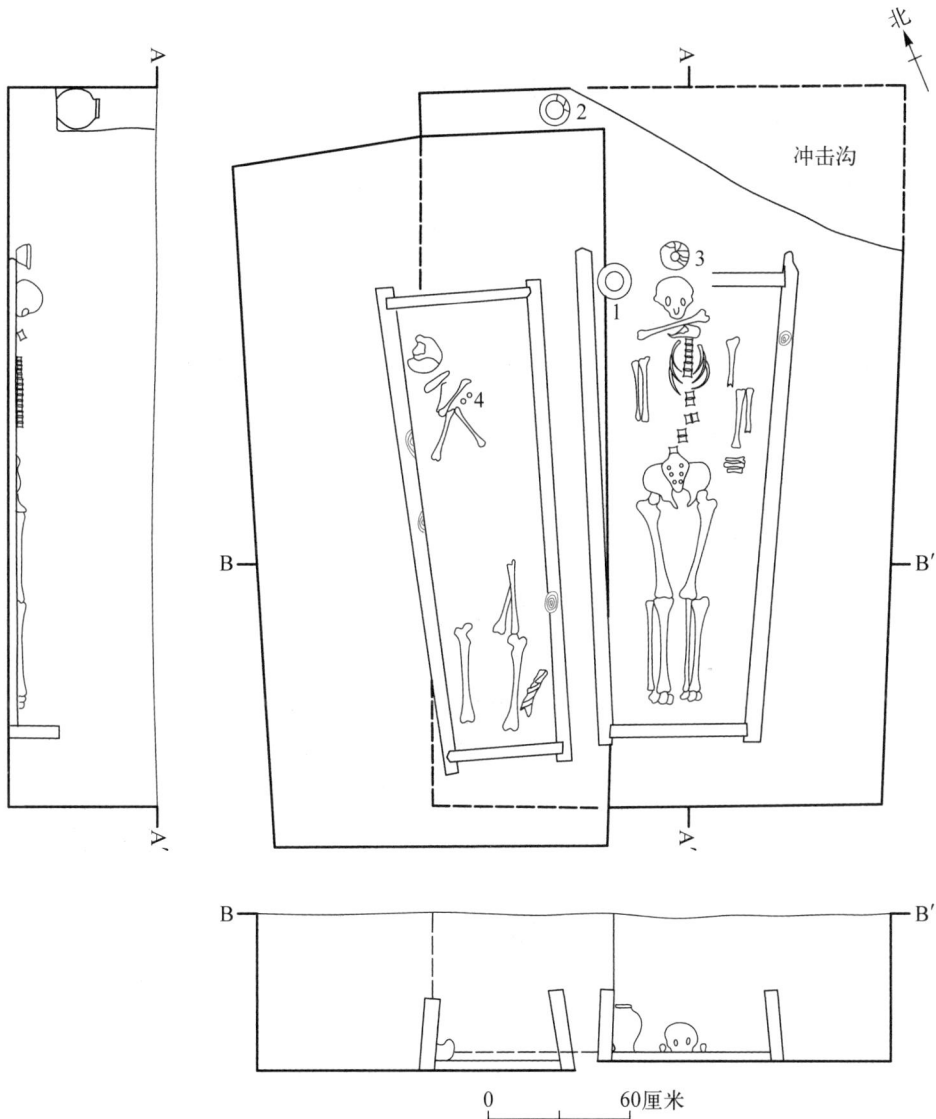

图五○五　M69平、剖面图
1. 灰釉瓷罐　2. 青釉瓷碗　3. 陶罐　4. 铜钱

　　葬具为木棺，保存较好，西棺打破东棺。西棺南北长1.9米，宽0.56～0.68米，残高0.34米，棺内骨架保存较差、凌乱，头向北，面向下，为仰身直肢葬，骨架长1.5米，女性，年龄约40岁；东棺南北长1.85米，宽0.68～0.88米，残高0.3米。棺内骨架保存较好，头向北，面向上，仰身直肢葬，男性，年龄约45岁。

2. 出土器物

出土器物4件。

　　灰釉瓷罐　1件（东棺）。标本M69：1，敛口，圆唇，矮领，溜肩，鼓腹弧收，凹形底，通体施酱釉，釉色暗淡无光泽。口径8.4厘米，腹径16.6厘米，底径8.6厘米，高15.8厘米（图五〇六，2；彩版一一三，5）。

　　青釉瓷碗　1件（残，东棺）。标本M69：2，侈口，短折沿，圆唇，浅弧腹，矮圈足，足旋刮，通体施青釉不到底，釉色莹润有光泽。内壁刻花，底部有涩圈。口径17.4厘米，底径6.4厘米，高6.5厘米（图五〇六，3；彩版一一三，6）。

　　陶罐　1件。标本M69：3，泥质红陶，轮制。直口，矮领，溜肩，鼓腹弧收，圈足底，足壁外撇。器表口部至下腹中部有一层黑衣。口径8.2厘米，腹径15厘米，底径8.4厘米，高14厘米（图五〇六，1）。

　　铜钱　1枚（西棺）。标本M69：4，方孔圆钱，正面穿左右隶书"元祐元宝"，四字，旋读，正面郭缘较宽，钱背磨郭。钱径2.4厘米，孔径0.6厘米，厚0.15厘米（图五〇六，4）。

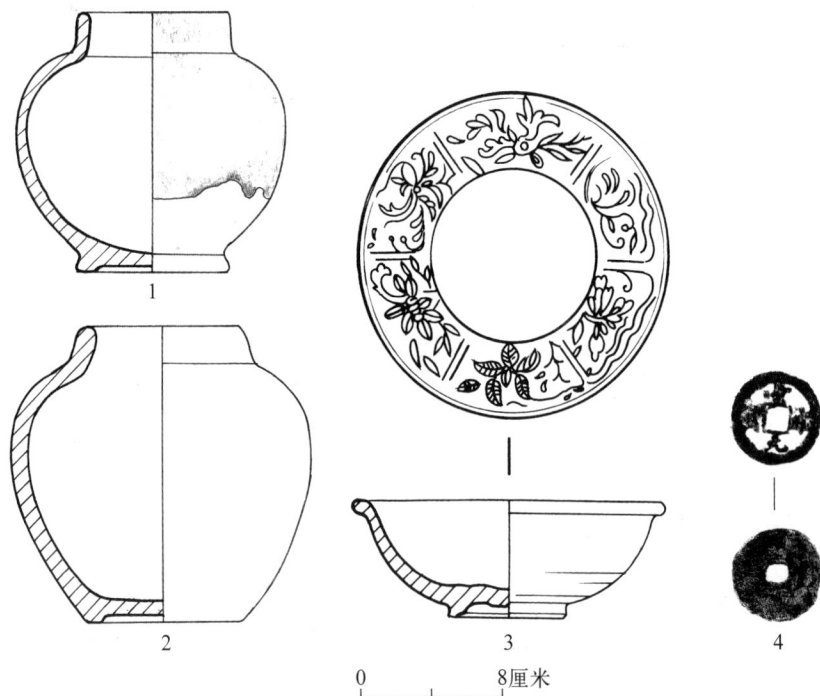

图五〇六　M69出土器物

1. 陶罐（M69：3）　2. 灰釉瓷罐（M69：1）　3. 青釉瓷碗（M69：2）　4. 铜钱（M69：4）

五、M227

1. 墓葬形制

M227位于发掘区Ⅰ区西部，T1110内东北部，南邻M228，西邻M201。开口于①层下，墓口距地表3.4米。南北向，方向20°。为长方形竖穴土圹双棺合葬墓，南北长2.5米，宽1.4米，墓底距墓口0.86米。墓壁整齐较直，墓底较平。内填灰褐色花土，土质疏松，湿软（图五○七）。

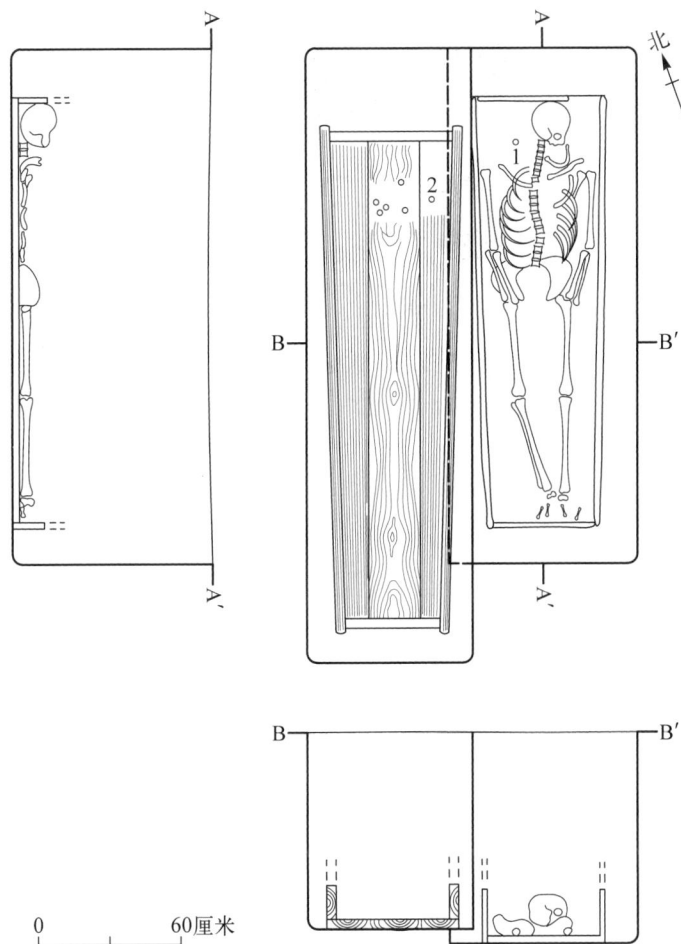

图五○七　M227平、剖面图
1. 石饰件　2. 铜钱

葬具为木棺，保存一般，西棺打破东棺，西棺高于东棺。西棺南北长2.06米，宽0.48～0.6米，残高0.18米。由于被盗扰，棺内未见人骨架痕迹。东棺南北长1.75米，宽0.48～0.58米，残高0.22米。棺内骨架保存较好，头向北，面向东，为仰身直肢葬，骨架长约1.7米，男性，年龄约55岁。

2. 出土器物

出土器物2件。

石饰件　1件（东棺）。标本M227：1，白石质，平面呈梅花形，中部穿孔，器表侧面錾刻凹槽。直径1.2厘米，孔径0.1厘米，高1.2厘米（图五〇八，3）。

铜钱　2枚（西棺）。标本M227：2-1，方孔圆钱，正面穿左右篆书"天圣元宝"，旋读。正背有郭，钱背磨郭。钱径2.5厘米，孔径0.75厘米，厚0.1厘米（图五〇八，1）。标本M227：2-1，方孔圆钱，正面穿左右隶书"天圣元宝"，旋读。正背有郭，郭缘略宽。钱径2.4厘米，孔径0.65厘米，厚0.1厘米（图五〇八，2）。

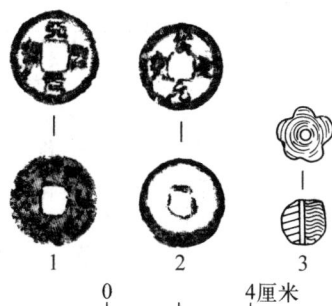

图五〇八　M227出土器物

1、2. 铜钱（M227：2-1、M227：2-2）　3. 石饰件（M227：1）

第九章 结 语

　　本报告发表了245座墓葬、8座窑址、5个灰坑,共计258个遗迹单位的资料。战国时期墓葬1座,约占0.4%;两汉时期墓葬228座,约占93.4%;魏晋时期墓葬7座,约占2.9%;唐、辽金时期墓葬3座,约占1.2%;明清时期墓葬6座,约占2.5%。228座两汉时期墓葬,墓葬形制有竖穴土圹瓮棺墓、竖穴土圹墓、竖穴土圹砖椁墓、甲字形竖穴土圹砖室墓、刀把形竖穴土圹砖室墓五个类型。以竖穴土圹墓为主(154座),约占67.5%;刀把形(34座)与甲字形竖穴(22座)、土圹砖室(11座)墓为辅,各约占14.9%与9.6%、4.8%;竖六土圹瓮棺墓(7座)最少,约占3.1%。245座墓葬时代跨战国、西汉、东汉、魏晋、唐、辽金及明清等几个大的时期,各时期遗存的内涵各不相同,表现出来的文化面貌也各有差异(附表一)。

第一节 墓葬形制

一、形制

1. 战国时期墓葬

战国墓1座,为长方形竖穴圹墓,口大底小,四壁修筑有二层台,北壁上设置小龛。

2. 两汉至魏晋时期墓葬

　　228座两汉时期墓葬,其形制可分为四大类,即竖穴土圹瓮棺墓、竖穴土圹墓、竖穴土圹砖椁墓、竖穴土圹砖室墓。

　　第一类　竖穴土圹瓮棺墓,7座,如M128、M183、M202、M220、M224、M225、M247。破坏较严重,有的瓮棺仅残留一件器物,总的来说此类墓葬是以两件陶瓮或陶瓮的器口相扣而成,也有三件陶瓮及陶瓮器口、底部相接而成的。以其为葬具,内置人骨,墓主基本为孩子。

　　第二类　竖穴土圹墓,154座,平面呈长方形,依据有无壁龛,可分为二型。

　　A型　5座,直壁,墓壁一端或一角带有小龛,如M80、M81、M124、M130、M210。

　　B型　149座,依据墓葬的口及壁有无收分及二层台,可分为三式。

　　Ⅰ式　10座,口大底小,壁面较斜。如M32、M78、M95、M104、M109、M127、M133、M206、M213、M214。

Ⅱ式　8座，壁面较斜或竖直，底部四周修筑二层台。如M6、M23、M40、M53、M114、M115、M132、M257。

Ⅲ式　131座，壁面较直，无收分。如M4、M5、M7、M10、M13、M14、M16、M19、M20、M22、M26、M30、M33、M34、M39、M41、M42、M46、M49、M51、M56、M57、M58、M70、M71、M72、M73、M77、M79、M82、M87、M89、M92、M94、M97、M99、M101、M103、M105～M108、M110、M111、M113、M115、M118、M119、M121、M122、M123、M125、M126、M129、M131、M135、M136、M137、M147、M149、M151、M152、M153、M155～M159、M162、M164、M165、M167、M168、M169、M171、M172、M174～M179、M181、M182、M184、M186、M188、M192、M194、M196～M199、M201、M203、M204、M209、M211、M212、M215、M217、M218、M221～M223、M228～M236、M240～M246、M248～M251、M255、M256、M258、M260、M262～M264。

竖穴土圹墓是中国最古老、最传统、使用时间最长的墓葬形制，早在八九千年前的湖南澧县彭头山文化、中原地区的裴李岗和老官台文化及宝鸡北首岭仰韶文化时期，先民们就采用了这种墓葬形式。之后的数千年时间，一直被沿用。直至今天，许多地方依然使用这种墓葬形式。西汉时期北京地区竖穴土圹墓占据主导地位。西汉晚期北京地区带墓道竖穴土圹墓开始出现，之后竖穴土坑墓在该地区渐居次要地位。该时期的竖穴土坑墓由宽渐窄，短渐狭长，由斜壁向直壁发展，器物放置位置由壁龛到底部棺外北侧，或椁内棺外北侧等。

第三类　竖穴土圹砖椁墓，11座，编号为M47、M74、M75、M76、M84、M88、M102、M116、M154、M160、M161。此类型墓葬平面呈长方形，在竖穴土圹内四周用砖垒砌形成砖椁，椁内葬人骨架，由于盗扰严重，这几座墓葬砖椁内仅有3座发现有木棺，其余未发现木棺痕迹。

第四类　竖穴土圹斜坡墓道砖室墓，54座，墓道平面呈长方形，墓底呈斜坡状。盗扰严重，大部分墓顶残缺，个别墓葬为拱形顶，墓室四壁用双排青灰砖一顺一丁垒砌或砌制呈人字形，依据墓道的位置（偏中或偏一侧）或墓室的多寡，分为A、B、C三个类型。

A型　20座。编号为M8、M37、M38、M45、M48、M50、M52、M54、M55、M83、M117、M166、M170、M189、M193、M205、M208、M216、M219、M237。为甲字形竖穴土圹砖室墓，墓道位于墓室一端的中部。

B型　32座，编号为M9、M11、M12、M15、M17、M18、M21、M25、M27、M28、M31、M35、M36、M44、M64、M85、M90、M91、M93、M98、M100、M112、M163、M173、M180、M190、M195、M200、M207、M238、M239。为刀把形竖穴土圹砖室墓，墓道位于墓室的一端偏一侧。

C型　2座。编号为M120、M150。为带墓道竖穴土圹砖券多室墓，墓室分布呈品字形。此类型墓葬是由墓道、甬道、前室、左右过道及左右后室组成的多室墓。

魏晋墓葬7座，皆为竖穴土圹砖室墓，由墓道、墓门或甬道、墓室（前室、后室或前室、双后室）组成。墓道平面呈长方形，底为斜坡状；墓门或甬道平面呈长方形，拱形券顶，内用青灰砖叠压砌制封堵，墓室平面近似长方形，方角弧壁，顶部近似椭圆形四角攒顶。依据墓室的多寡，可分为四式。

Ⅰ式　1座。编号为M86，由墓道、甬道、横前室、左右过道及左右后室几部分组成。甬道及左右过道为拱形券顶,甬道内用青灰砖砌制封堵(下部为一顺一丁砌制三层,其上用青灰砖叠压平砌),前室及左右后室墓壁均用双排青灰砖二顺一丁叠压砌制。

Ⅱ式 3座。编号为M43、M134、M259,由墓道、甬道前室、过道及后室几部分组成。甬道与前后室之间过道均为拱形券顶,前后室较短,四壁用双排青灰砖二顺一丁叠压砌制。个别墓葬前后室内分别修筑有棺床。

Ⅲ式 2座。编号为M29、M96,由墓道、甬道、墓室三部分组成。甬道为拱形券顶,内用砖叠压平砌封堵或一顺一丁(二顺一丁)叠压平砌封堵,墓室略短,四壁用双排青灰砖一顺一丁或二顺一丁叠压砌制,个别墓葬墓室内修筑有器物台。

Ⅳ式 1座,编号为M191,由墓道、墓门、墓室三部分组成。墓门为拱形顶,墓室略长,四壁用双排青灰砖一顺一丁叠压砌制。

该时期墓葬,墓道平面呈长方形,底部为斜坡状,甬道进深逐渐变短为墓门,品字形前后三室渐变为前后双室乃至单室等。墓室由短渐长,方形渐变为长方形,横向较长的前室渐变为纵向较长,墓室四角均为直角,墓壁皆为弧壁。

3. 唐、辽金时期墓葬

3座,依据墓葬形制及有无墓道,分为A、B、C三个类型。

A型 1座,编号为M252,为球拍形竖穴土圹砖券墓,由墓道、墓门、墓室三部分组成。墓道平面呈梯形,南窄北宽,底部南端修筑台阶,北端为斜坡状,墓门拱形券顶已被破坏,内用勾纹砖一顺一丁叠压砌制封堵,墓室为圆形,周壁用勾纹砖一顺一丁叠压砌制,墓室内修筑棺床。

B型 1座,编号为M254,平面呈椭圆形竖穴土圹式,内用陶瓮作为葬具。

C型 1座,编号为M253,为长方形竖穴土圹砖室墓,墓圹平面呈长方形,砖室平面呈梯形,南宽北窄,四壁用勾纹砖叠压平砌。

4. 明清时期墓葬

明代墓葬 1座,编号为M226。为竖穴土圹砖室墓,破坏较严重,仅残留底部及局部一角,底部用残砖块并列平铺,北壁用砖块叠压平砌。

清代墓葬 5座,皆为竖穴土圹墓,分为单棺墓和双棺墓两个类型。

A型 单棺墓 2座,编号为M2、M3。

B型 双棺墓 3座,编号为M1、M69、M227。

二、封土、填土及方向

1. 封土

245座墓葬均未发现封土,但大多数墓葬应该有封土,可能因年代久远、风雨冲刷、腐蚀或人为破坏等原因致使封土被夷为平地。同时也可能与永定河、小清河的变迁有关。

2. 填土

1座战国墓及154座西汉时期竖穴土圹墓，墓内填黄褐色（或红褐色）花土，土质较硬。其中87座墓葬经过夯筑，为圆夯，夯层厚薄不一，多在8～20厘米之间，夯窝直径2～8厘米。68座未经行夯，土质较疏松。

8座竖穴土圹瓮棺墓、11座竖穴土圹砖椁墓葬内填土皆为黄褐色花土，土质略疏松，致密。

56座东汉时期竖穴土圹带墓道砖室墓及7座魏晋时期墓葬内填土皆为黄褐色花土，土质疏松。墓门或甬道皆为拱形券顶，内用砖叠压砌制封堵（顺砖叠压平砌或一顺一丁叠压平砌，或顺砖与一顺一丁混砌封堵），墓室大部分被破坏，其券制不详。3座墓葬中修筑有器物台。

3座唐、辽金墓葬内填土皆为黄褐色花土，土质疏松。M252墓门内用砖二顺一丁叠压砌制封堵，墓室内修筑棺床；M254为长方形竖穴土圹瓮棺墓；M253为长方形竖穴土圹砖室墓。

6座明清时期墓葬皆为长方形竖穴土圹墓，墓内填土均为灰褐色花土，土质较疏松。

3. 方向

从总体上来看，墓葬方向多为南北向，东西向墓葬较少。

154座竖穴土圹墓中，南北向墓葬居多，共133座，占86.3%。东西向墓葬较少，共21座，占13.7%。

8座竖穴土圹瓮棺墓中，南北向7座（含唐代瓮棺墓M254），占87.5%。东西向1座，占12.5%。

7座竖穴土圹砖椁墓中，南北向4座，占57.1%。东西向3座，占42.9%。

56座竖穴土圹带墓道砖室墓中，37座墓葬墓道位于墓室南端，占66.1%；18座墓葬墓道位于墓室南端，占32.1%；东西向1座，墓道位于墓室西端，占1.8%。

7座魏晋时期墓葬中，南北向6座，占85.7%；东西向1座，占14.3%。

唐、辽金时期墓葬3座，皆为南北向。

明清时期墓葬6座，皆为南北向。

三、葬具与葬式

1. 战国及西汉时期竖穴土圹墓

1座战国竖穴土圹墓中，葬具为木棺，棺外有内外木椁，外椁平面呈"亚"字形，内椁及棺平面呈长方形。葬式为仰身直肢葬。

7座竖穴土圹瓮棺墓，总的来说是以两件陶瓮或陶瓮的器口相扣而成，也有三件陶瓮及陶瓮器口、底部相接而成的，以其为葬具。因破坏较严重，2座葬式不详，4座仅见零星碎骨，1座为仰身直肢葬，墓主基本为孩子。

154座竖穴土圹墓中，葬具大多数为木棺，部分棺外有头箱或者棺外有一椁，极少数棺外有石椁。其中6座葬具不详，葬具为木棺者47座，棺外有木椁者60座，棺外有石椁者2座，棺外有头箱者39座。木棺和木椁平面呈长方形者居多，少数木椁呈"亚"字形。木棺与木椁未发现用其他器具固定与拼接，可能为榫卯结构。

葬式绝大多数为仰身直肢葬,极少数为仰身屈肢葬与侧身屈肢葬。154座墓中,因迁葬或者其他原因未见人骨架,葬式不详者17座,134座为仰身直肢葬,2座为仰身屈肢葬。另外M198为一棺双人合葬,其中一具为仰身直肢葬,一具为侧身屈肢葬。

2. 西汉末东汉初期竖穴土圹砖椁墓

11座,皆用砖叠压错缝平砌呈长方形砖椁,大部分墓葬破坏较严重。其中砖椁内有木棺者4座,其余均未见葬具。

11座墓葬中,葬式基本为仰身直肢葬。2座葬式不详;2座墓葬内人骨架较凌乱,皆放置在一堆,似为二次葬;其余7座为仰身直肢葬。其中M102为双人合葬墓,M160与M161为同墓不同穴。

3. 东汉时期带墓道竖穴土圹砖室墓

因破坏及盗扰等原因,56座带墓道竖穴土圹砖室墓中,葬具为陶棺者2座,葬具为木棺者6座,其余墓葬均未发现葬具迹象。

9座双人合葬墓中,4座皆为仰身直肢葬,2座同为一具侧身直肢葬,一具仰身直肢葬,3座同为一具仰身直肢葬,一具较凌乱;余45座单人葬中,因破坏及盗扰等其他原因,28座未见人骨架,13座骨架较凌乱,葬式不详,3座葬式为仰身直肢葬,1座为侧身屈肢葬。

4. 魏晋时期墓葬

7座墓中有6座葬具不详,葬具为陶棺者1座。其中2座墓葬内修筑有棺床,1座墓葬内修筑有器物台。

因破坏及其他原因,该7座墓中人骨架较凌乱,葬式无法辨清。

5. 唐、辽金时期墓葬

3座墓葬中M252、M253葬具不详,其中M253内发现有碎烧骨块,M254葬具为瓮棺,其内未见人骨架痕迹。

6. 明清时期墓葬

6座墓葬中1座明代墓葬未见葬具,5座清代墓葬中葬具皆为木棺。

葬式多为仰身直肢葬,1座墓葬中一具为侧身屈肢葬,一具为仰身直肢葬,2座墓葬内未见人骨架,葬式不详。

第二节 器 物 组 合

战国及两汉魏晋时期墓葬的随葬品器物组合有比较明显的时代特征。西汉时期竖穴土圹墓内的随葬品与中原地区战国时期墓葬内的出土器物组合基本一致,有以鼎、盒(敦)、壶与鼎、罐、壶及罐、壶和罐为主的四个组合类型；西汉晚期及新莽时期竖穴土圹砖椁墓内的随葬品以罐类组合为主；东汉早期，带墓道砖券单室墓开始普遍出现，并以甲字形及刀把形砖券单室墓为主，竖穴土圹墓降为次要地位，鼎的使用逐渐减少，盒已基本不见，新的器形瓮开始出现；东汉中晚期，仍以壶、罐为主，新出现了一批生活明器，器形有井、盆、盘、灶、奁、灯、房（仓）、案、鸡、狗、陶耳杯等。另外东汉时期个别大型墓葬还伴有车马器饰件、琉璃饰件及铜饰件等器类；魏晋时期，壶的使用逐渐减少，罐为主要器形，同时伴有井、案、奁、灶、陶耳杯等器形（附表四）。

以战国、两汉及魏晋时期墓葬出土的随葬品为例（7座瓮棺墓除外），出土器物质地可分为陶、石、玉、铜、金、琉璃等六大类。器类多为明器，实用器极少。其器物组合如下：

一、战国时期墓葬

1座，出土器物为鬲、铜剑。

二、两汉时期墓葬

1. 西汉墓

165座，其中竖穴土圹墓154座，竖穴土圹砖椁墓11座（附表二）。

154座竖穴土圹墓中，随葬品器物组合以罐为主的墓葬有48座，约占31.4%；鼎、敦（盒）、壶、罐组合的墓葬有32座，约占20.9%；鼎、罐、壶组合的墓葬有11座，约占7.2%；罐、壶组合的墓葬有27座，约占17.6%（附表二）。

11座竖穴土圹砖椁墓，随葬品器物组合主要以罐为主。

2. 东汉墓

56座（附表三）。

甲字形竖穴土圹砖券单室墓20座，随葬品器物组合为壶、罐、瓮等，个别墓葬中还伴随有车马器构件、琉璃器及铜饰件等。

刀把形竖穴土圹砖券单室墓34座，随葬品器物组合为壶、罐、灶、奁、盆、盘、房（粮仓）、案、井、灯、陶耳杯、鸡、狗、猪等，个别墓葬中还伴随有陶房、陶俑、带钩、车马器物构件等。

竖穴土圹砖券多室墓2座，随葬品器物组合为壶、罐、房（粮仓）、盒（奁）、陶耳杯、案、井、灶、鸡、狗等。

三、魏晋时期墓葬

7座，随葬品器物组合为罐、井、案、灶、奁、灶、陶耳杯等。

第三节　出土器物

由于战国、唐、辽金及明清时期墓葬较少，而且破坏较严重，出土器物较少，因此对这几个时期的出土器物暂不探讨。下面主要对两汉魏晋墓葬内所出器物进行对比分析。

一、陶器

228座两汉魏晋墓葬时期(7座瓮棺墓除外)出土陶器(含残器)有鼎、盒、壶、罐、奁、灶、盆、盘、案、瓮、井、俑、鸡、狗等共计700余件。陶器在墓葬随葬品中占比较大,是分期断代的重要依据之一。其中鼎、盒、壶、罐四种器物出现率高,变化明显,拟对它们的变化规律加以总结并进行探讨。

鼎　共41件,皆为泥质灰陶,手轮兼制,结合盖顶、附耳、腹、足的变化特征分四型(图五〇九)。

A型　4件。子母口较深,口内敛,圆圜底,无耳,依据足部的变化分为三式。

Ⅰ式　1件,三兽蹄形足附贴于中腹处。如M72∶1。

Ⅱ式　1件,覆钵形器盖,三兽蹄形足附贴于下腹中部。如M72∶4。

Ⅲ式　2件,覆钵形器盖,三兽蹄形足附贴于底部。如M151∶5、M206∶5。

该型鼎三兽蹄形足由中腹逐渐下移至圜底部。

B型　14件,子母口略浅,口内敛,附耳位于口部外侧,依据器盖、腹、器底、附耳的高度及附足的变化可分为三式。

Ⅰ式　3件,附耳短且略直,中空,腹最大径位于口部,尖圜底,三兽蹄形足附贴于口部略下,覆盆形器盖。如M10∶3、M155∶3、M122∶3。

Ⅱ式　4件,附耳短且略外撇,半空,腹最大径位于口部,圜底,三兽蹄形足附贴于下腹中部,覆钵形器盖。如M213∶3、M79∶4、M159∶5、M151∶1。

Ⅲ式　7件,子母口较浅,口内敛,附耳位于口部外侧,短且外撇,撇度较大,腹最大径位于口部下侧,圜平底,底部附贴三兽蹄形足,覆钵形器盖。如M157∶1、M186∶4、M249∶1、M7∶3、M19∶5、M125∶4。

该型鼎鼎耳短直,并逐渐外撇,三兽蹄形足由中腹逐渐下移至底部。

C型　16件,依据附耳的变化可分为两个亚型。

Ca型　15件,依据附耳、腹的变化分为三式。

Ⅰ式　5件,子母口内敛,双附耳略外撇,腹最大径位于口部下侧,圜底,三兽蹄形足附贴于下腹中部,覆钵形器盖。如M103∶2、M188∶4、M165∶3、M221∶5、M162∶3。

Ⅱ式　6件,子母口内敛,双附耳外撇,腹最大径位于盖口结合处,下腹附贴三兽蹄形足,圜平底,覆钵形器盖。如M58∶4、M58∶5、M161∶3、M119∶5、M103∶3、M87∶4。

Ⅲ式　4件,子母口较浅,口内敛,双附耳较外撇,尖圜底,下腹附贴三兽蹄形足。如M30∶10、M30∶2、M147∶2、M232∶2。

Cb型　1件,子母口内敛,双附耳略外撇,首部外折,腹最大径位于盖口结合处,下腹附贴三兽蹄形足,圜底。如M223∶3。

该型鼎鼎耳由直逐渐外撇,底部圜平逐渐变圜。

D型　7件,依据器耳及器盖的变化分为两个亚型。

式 名称 型	陶鼎		
	I式	II式	III式
A型	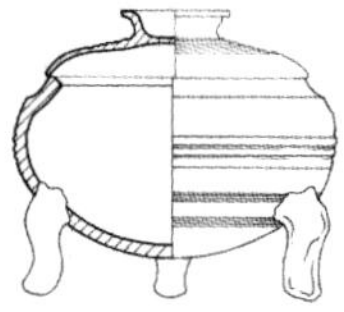 M72：1	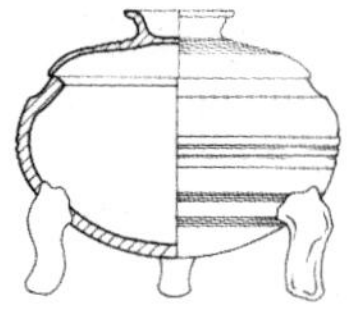 M72：4	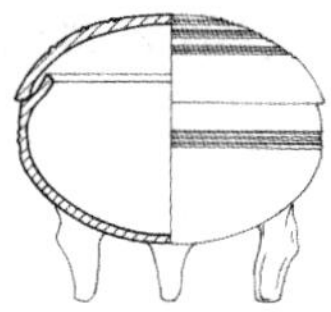 M206：5
B型	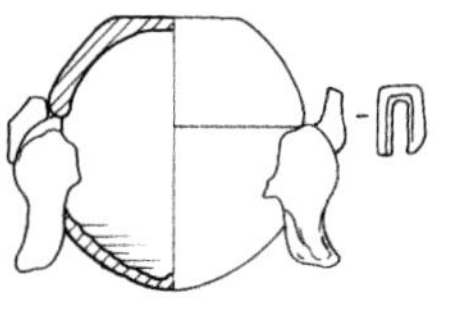 M10：3	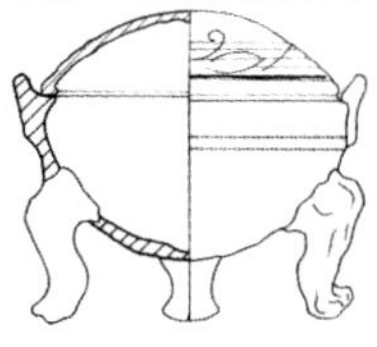 M213：3	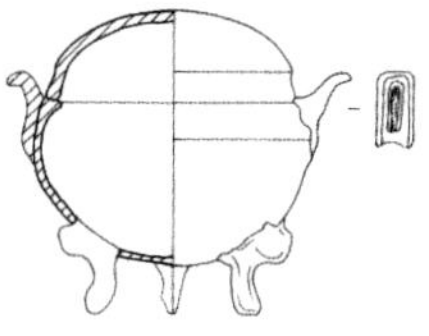 M157：1
C型　Ca型	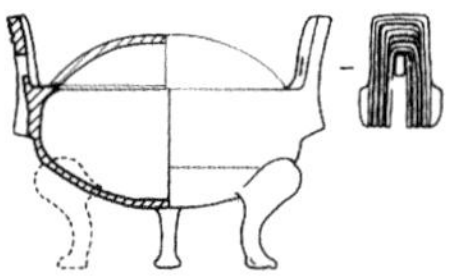 M103：2	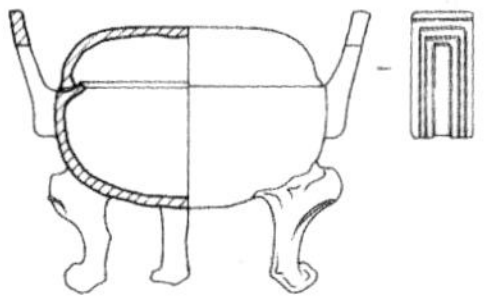 M58：4	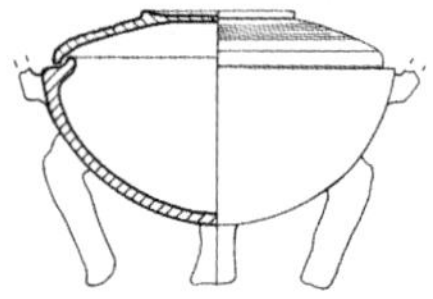 M223：6
Cb型		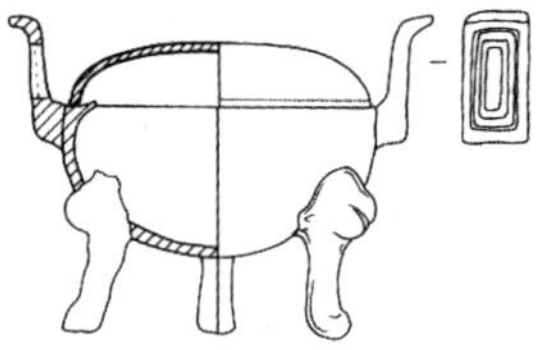 M223：3	
D型　Da型	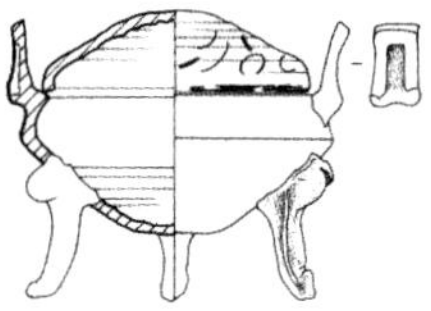 M119：4	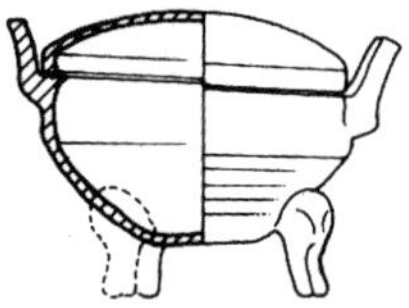 M33：3	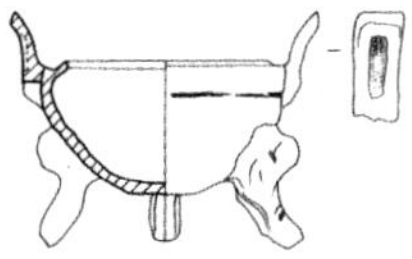 M160：7
Db型		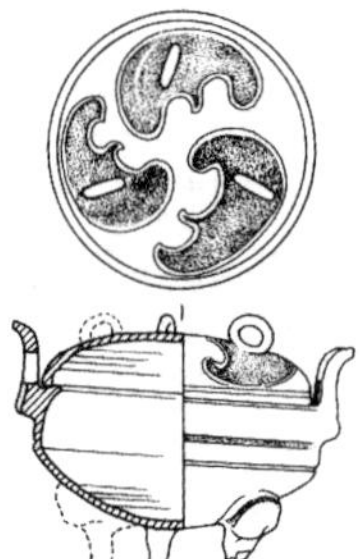 M111：4	

图五〇九　陶鼎类型图

Da型 6件,依据器耳的变化分为三式。

Ⅰ式 2件,敛口,双附耳略直,折腹斜收,小平底,腹最大径位于折肩处,肩下附贴三兽蹄形足,覆盆形器盖。如M199:4、M135:6。

Ⅱ式 2件,敛口,双附耳外撇,折腹曲收,平底,腹最大径位于折肩处,下腹附贴三兽蹄形足,覆钵形器盖。如M33:3、M110:3。

Ⅲ式 2件,敛口,双附耳较外撇,折腹弧收,圜底,腹最大径位于折肩处,下腹附贴三兽蹄形足。如M160:7、M19:5。

该型鼎鼎耳逐渐外撇,撇度较大,三兽蹄形足由折肩处逐渐下移,底部由平到圜。

Db型 1件,子母口内敛,双附耳略外撇,耳首微折,折腹曲收,小平底,腹最大径位于折收处,下腹附贴三兽蹄形足,覆钵形器盖,盖上有三个圆环形钮。如M111:4。

罐 共186件。依据口、腹的变化分为十型(图五一〇)。

A型 55件,椭圆形鼓腹罐,大多器表上腹饰弦纹,下腹至底压印绳纹,个别器物仅饰绳纹。依据口部变化分为三个亚型。

Aa型 46件。敞口,折沿,方唇,短束颈,鼓腹,腹呈椭圆形,下腹弧收,小平底。依据颈部变化分为二式。

Ⅰ式 41件。敞口,折沿,方唇,短束颈较直,如M260:4、M49:1、M97:1、M49:4、M101:6、M246:1、M149:1、M149:2、M4:2、M121:2、M130:2、M57:2、M53:4、M123:2、M130:1、M218:2、M78:1、M94:1、M169:1、M57:1、M109:2、M70:1、M106:1、M123:3、M5:2、M178:1、M178:2、M181:1、M181:5、M229:2、M229:3、M53:2、M106:2、M78:2、M218:1、M129:3、M97:3、M217:1、M165:4、M94:3、M156:2。

Ⅱ式 5件。颈部较短,收束较大。如M84:1、M84:3、M50:2、M238:1、M18:1。

该型器物颈部由直变束,逐渐变短。

Ab型 6件。敞口,斜方唇,短束颈,鼓腹,腹呈椭圆形,下腹弧收,小平底。如M175:1、M176:1、M213:4、M129:2、M164:1、M164:2。

Ac型 3件。浅盘口,方唇,短束颈,鼓腹,腹呈椭圆形,下腹弧收,小平底。依据口、颈的变化分为二式。

Ⅰ式 1件。浅盘口,短束颈较直。如M5:1。

Ⅱ式 2件。浅盘口略深,束颈较短,收束较大。如M44:5、M44:7。

该型器物,盘口逐渐加深,颈部由直到束,逐渐变短。

B型 共31件。折腹罐,敞口内敛,折沿,方唇,短束颈,溜肩,折腹,腹最大径位于中部二分之一处靠上,下腹曲收,小平底。器表纹饰有凹弦纹、弦纹、戳印纹、绳纹等。如M23:1、M197:4、M14:3、M165:5、M161:1、M260:2、M122:1、M110:1、M125:1、M89:1、M257:1、M197:3、M177:1、M246:2、M248:1、M256:4、M107:1、M22:1、M186:3、M159:1、M156:2、M232:5、M221:4、M181:4、M6:2、M109:1、M33:2、M129:1、M95:1、M155:4、M135:2。

C型 共45件。球形鼓腹罐,器表纹饰有弦纹、戳印纹及绳纹等。依据器物口、颈、腹的变化

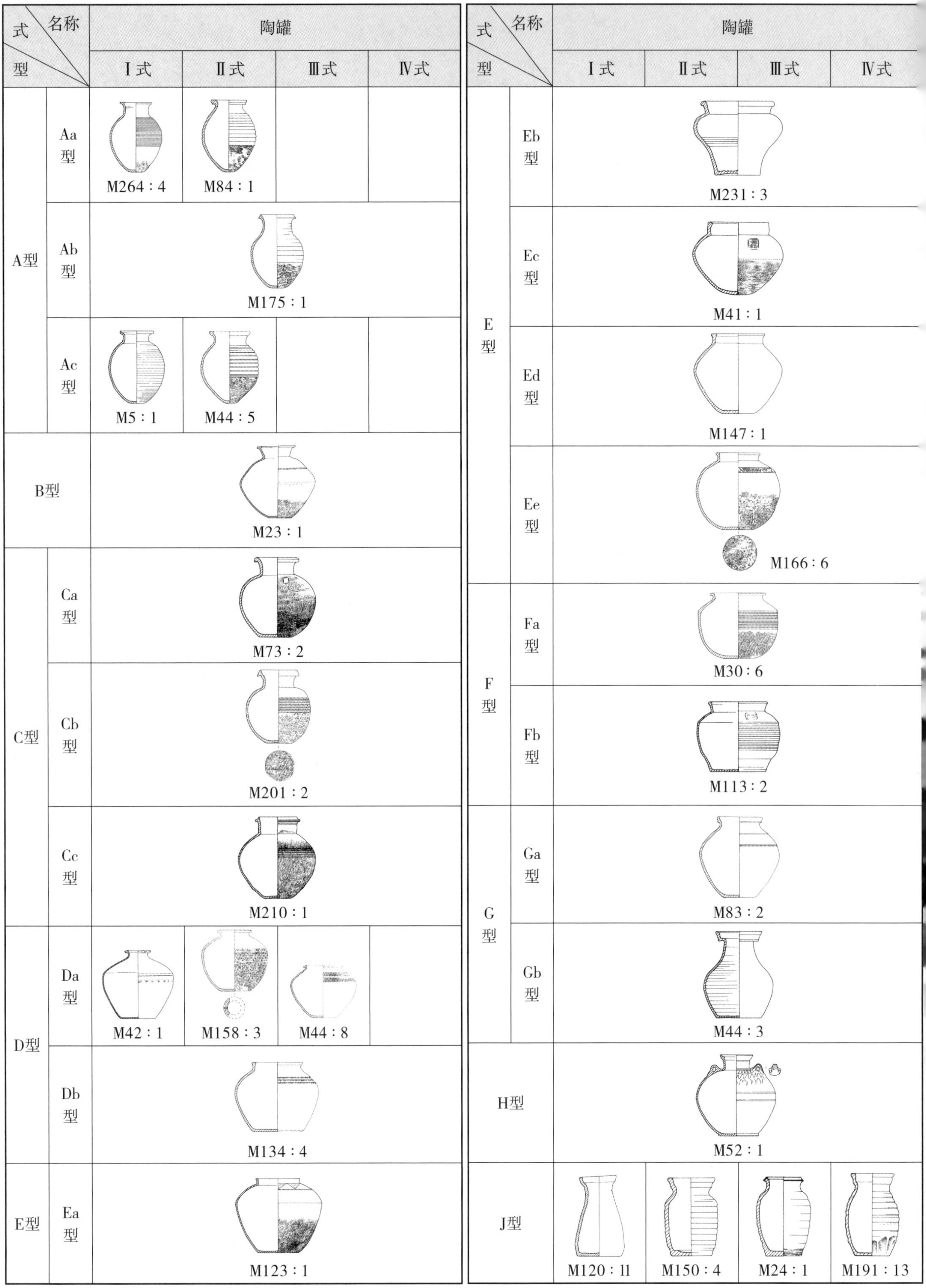

式 型	名称	陶罐			
		I式	II式	III式	IV式
A型	Aa 型	M264：4	M84：1		
	Ab 型		M175：1		
	Ac 型	M5：1	M44：5		
B型			M23：1		
C型	Ca 型		M73：2		
	Cb 型		M201：2		
	Cc 型		M210：1		
D型	Da 型	M42：1	M158：3	M44：8	
	Db 型		M134：4		
E型	Ea 型		M123：1		

式 型	名称	陶罐			
		I式	II式	III式	IV式
E 型	Eb 型		M231：3		
	Ec 型		M41：1		
	Ed 型		M147：1		
	Ee 型		M166：6		
F 型	Fa 型		M30：6		
	Fb 型		M113：2		
G 型	Ga 型		M83：2		
	Gb 型		M44：3		
H型			M52：1		
J型		M120：11	M150：4	M24：1	M191：13

图五一〇　陶罐类型图

分为三个亚型。

Ca型 21件。敞口,折沿,方唇,短束颈,溜肩,鼓腹,腹呈球形,下弧收,小平底。如M73:2、M131:3、M73:1、M194:1、M101:1、M46:1、M81:1、M6:1、M81:1、M53:3、M94:1、M131:1、M244:1、M189:6、M124:1、M163:9、M244:1、M245:1、M219:2、M28:5、M219:6。

Cb型 22件。敞口,斜折沿,尖唇(或方唇),短束颈,溜肩,鼓腹,腹呈球形,下腹弧收,小平底。如M201:2、M201:3、M175:2、M192:2、M184:1、M158:1、M158:2、M176:1、M56:1、M103:6、M30:1、M104:1、M241:1、M230:1、M30:9、M80:1、M32:1、M236:2、M30:8、M99:3、M137:1、M137:2。

Cc型 2件。敞口,围口有一周凸起,短折沿,方唇,矮束颈,溜肩,鼓腹,腹呈球形,下腹弧收,小平底。如M210:1、M213:1。

D型 鼓肩罐,9件。器表饰绳纹、弦纹、弦断绳纹、三角形几何纹、网格纹、戳印纹等,个别器物为素面,依据口、肩、腹的变化分为二个亚型。

Da型 7件。依据颈、腹的变化分为三式。

Ⅰ式 3件。敞口,折沿,方唇,短束颈,溜肩,腹部最大径位于肩部,下腹斜收,平底。如M42:1、M250:1、M249:2。

Ⅱ式 1件。敞口,折沿,方唇,束颈略短,溜肩,腹部最大径位于肩部,下腹略曲收,平底。如M158:3。

Ⅲ式 3件。敛口,个别器物围口有一周凸起,短折沿,方唇,束颈较短,溜肩,腹最大径位于肩部,下腹弧收,平底。如M44:8、M44:2、M191:3。

该型器物,口部由敞到敛,颈部越来越短,下腹由斜曲逐渐变弧。

Db型 2件。敞口,围口有一周凸起,折沿,尖圆唇,短束颈,溜肩,腹部最大径位于肩部,下腹曲收,平底。如M18:1、M134:4。

E型 矮领罐,10件。器表饰戳印纹、凹弦纹及绳纹等。依据腹部的变化分为五个亚型。

Ea型 1件。敞口,矮领,溜肩,鼓腹,腹最大径位于三分之二处,下斜收,平底。如M123:1

Eb型 2件。敞口,矮领,鼓肩,下腹束收,小平底上凹。如M231:1、M231:3。

Ec型 3件。敛口,矮领,丰肩,鼓腹,下腹弧收,圜平底。如M41:1、M217:2、M166:8。

Ed型 1件。敛口,矮领,溜肩,鼓腹,下腹斜收,平底。如M147:1。

Ee型 3件。直口微敞,矮领,鼓腹,腹呈球形,圜平底。如M166:6、M121:1、M256:3。

F型 折肩罐,7件,器表饰凹弦纹及绳纹。依据器物的腹部变化分为二个亚型。

Fa型 5件。敞口,短折沿,尖圆唇,矮束颈,折肩,下腹弧收,圜平底,腹最大径位于肩部。如M30:6、M30:7、M168:1、M255:4。

Fb型 2件。敞口,短折沿,方唇,矮束颈,折肩,中腹较直,下腹曲收,平底。如M113:1、M113:2。

G型 盘口壶,17件。器表饰弦纹较多,个别器物饰回形纹、仰莲纹、戳印纹等。依据口、腹、底的变化分为二个亚型。

Ga型　9件。浅盘口，束颈较短，圆鼓腹，下腹弧收，平底。如M83∶2、M163∶5、M166∶5、M219∶5、M102∶2、M163∶6、M219∶3、M255∶1、M199∶3。

Gb型　8件。浅盘口，口内敛，尖唇，矮束颈，鼓腹曲收，平底。如M44∶3、M15∶20、M44∶6、M98∶1、M50∶3、M15∶5、M50∶1、M83∶1。

H型　双系罐　5件。敞口，尖唇，矮束颈，溜肩，鼓腹弧收，饼形底。肩部处有对称桥形系，上腹饰仰、俯莲纹。如M52∶1、M52∶5、M52∶7、M52∶8、M166∶1。

J型　筒形罐，7件。依据口、肩、腹的变化分为四式。

Ⅰ式　1件。敞口，方唇，矮领，束颈，折肩，深斜腹，平底。如M120∶11。

Ⅱ式　1件。敞口，方唇，矮领，束颈，折肩，深直腹，平底。如M150∶4。

Ⅲ式　3件。敞口内敛，尖圆唇，束颈，圆肩，深腹略鼓，下腹曲收，平底。如M24∶1、M25∶1、M238∶2。

Ⅳ式　2件。浅盘口，尖圆唇，束颈，圆肩，深腹略鼓，下腹曲收，平底。如M191∶13、M191∶10。

该型器物，口部由敞到敛再变为盘口，肩部由折逐渐变圆，腹部由斜到直，逐渐变鼓。

盒　共51件，依据器形口、腹、底的变化分为七型（图五一一）。

A型　14件，依据口部的变化分为二式。

Ⅰ式　8件。子母口较深，浅腹弧收，小平底，器盖有覆钵形及覆盆形两种。如M13∶3、M7∶5、M26∶4、M89∶1、M248∶5、M51∶5、M161∶4、M197∶1。

Ⅱ式　6件。子母口较浅，浅腹略弧收，小平底，器盖为覆钵形。如M223∶1、M142∶1、M142∶2、M256∶7、M246∶4、M33∶4。

该型器物口部由深渐浅，腹部弧度逐渐变小。

B型　7件，圈足形盒，依据腹部的变化分为二个亚型。

Ba型　6件。子母口，浅腹弧收，矮圈足，覆盆形器盖，盖顶有矮圈足形握手。如M103∶9、M103∶10、M111∶3、M58∶7、M58∶6、M188∶5。

Bb型　1件。子母口，鼓腹曲收，腹最大径位于口部下侧，腹部有一道凸棱，下腹饰凹弦纹，矮圈足，覆钵形器盖，盖顶圆饼形握手。如M206∶4。

C型　2件。折腹盒，依据口、底的变化分为二个亚型。

Ca型　1件。直口，折腹，下腹斜曲收，小平底，腹部饰凹弦纹。如M204∶1。

Cb型　1件。敞口，折腹，下腹斜曲收，矮圈足，上腹饰凹弦纹。如M201∶1。

D型　5件。钵形盒，直口，浅弧腹，腹下垂，小平底。如M178∶4、M178∶6、M121∶4、M229∶1、M57∶4。

E型　敞口盆形盒，10件。依据口腹的变化分为二个亚型。

Ea型　8件。依据腹部变化分为二式。

Ⅰ式　6件。敞口，浅腹曲收，小平底，盖有覆钵形与覆盆形两个形制。如M49∶2、M129∶5、M106∶3、M97∶4、M218∶3、M257∶3。

式\名称		陶盒		
型		I式	II式	III式
A型		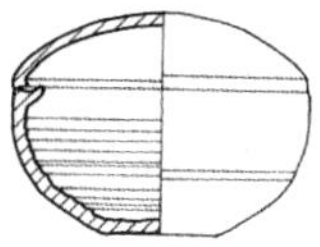 M13:3	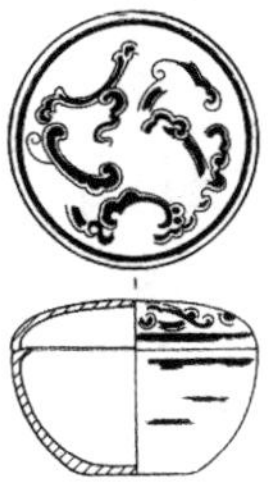 M223:4	
B型	Ba型		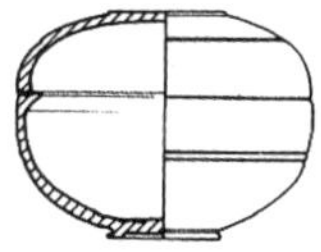 M103:9	
	Bb型		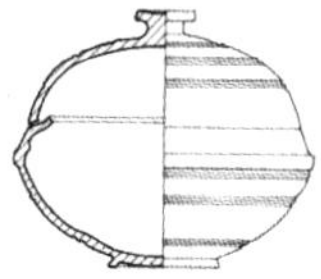 M206:4	
C型	Ca型		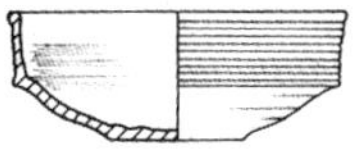 M204:1	
	Cb型		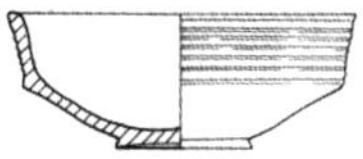 M201:1	
D型			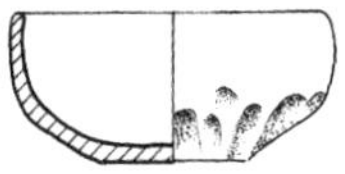 M229:1	
E型	Ea型	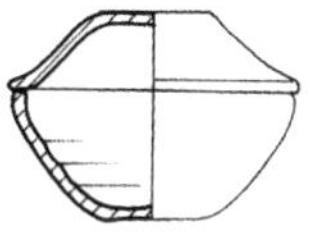 M49:2	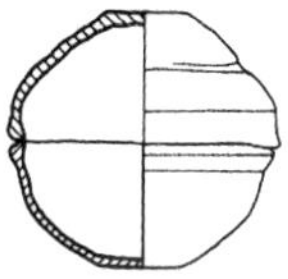 M53:5	
	Eb型		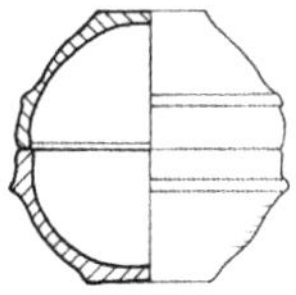 M101:2	
F型		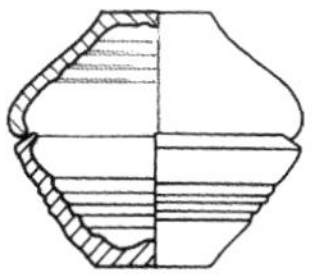 M260:5	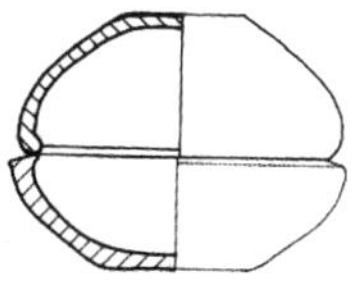 M23:6	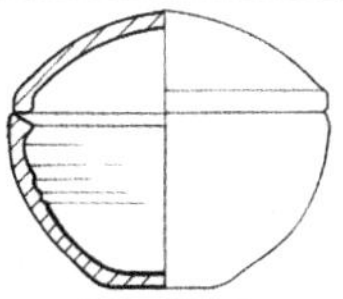 M110:2
G型		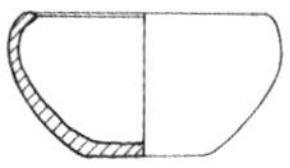 M199:5	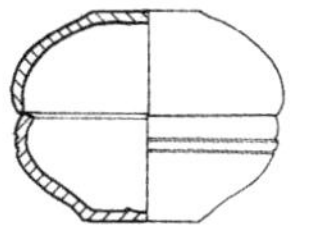 M82:2	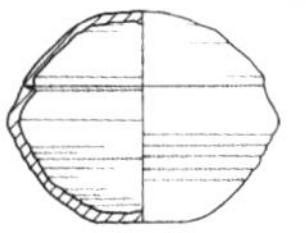 M157:2

图五一一 陶盒类型图

Ⅱ式　2件。敞口，浅腹，弧收，小平底，覆盆形器盖。如M5：3、M53：1-1。

Eb型　2件。敞口，浅腹略弧收，小平底，覆盆形器盖，下腹与盖身均饰一道凸棱。如M101：2、M101：5。

该型陶盒腹部由曲渐弧。

F型　5件。敛口盆形盒，依据腹部的变化分为三式。

Ⅰ式　1件。敛口，浅腹斜收，小平底，腹部饰凹弦纹，覆盆形器盖。如M260：5。

Ⅱ式　3件。敛口，浅腹曲收，小平底，盖为覆钵形与覆盆形两种。如M23：4、M19：4、M97：2。

Ⅲ式　1件。敛口，浅腹弧收，小平底，覆钵形器盖。如M110：2。

该型陶盒腹部由斜到曲，逐渐变弧。

G型　8件。鼓肩盒，依据肩、腹的变化分为三式。

Ⅰ式　5件。敛口，圆鼓肩，最大径位于口部下侧鼓肩处，浅腹弧收，小平底，覆盆形器盖。如M5：3、M122：4、M199：5、M176：4、M121：5。

Ⅱ式　2件。敛口，圆鼓肩，最大径位于口部下侧鼓肩处，浅腹曲收，覆盆形器盖。如M76：5、M82：1。

Ⅲ式　1件。敛口，凸鼓肩，浅腹曲收，小平底，覆钵形器盖。如M157：2。

该型陶盒肩部圆鼓逐渐凸起，腹部由弧渐曲。

壶　共97件，依据口、腹、足的变化分为五型（图五一二）。

A型　15件。皆为泥质灰陶，手轮兼制，个别器物上饰彩绘，下腹压印绳纹。依据器形的变化可分为二型。

Aa型　10件。敞口内敛，短束颈，鼓腹，弧收，矮圈足，足略外撇，腹最大径位于中腹靠上。如M10：2、M10：5、M248：3、M248：2、M232：4、M232：1、M165：1、M79：2、M79：2。

Ab型　5件。依据口、腹、足的变化分为二式。

Ⅰ式　4件。敞口，短束颈，球形腹，矮圈足，足外撇，个别器物上饰有彩绘及弦纹等。如M77：1、M95：2、M82：3、M82：2。

Ⅱ式　1件。侈口，长束颈，鼓腹，腹部下垂，高圈足，足外撇。如M151：4。

该型器物：Aa型为敞口内敛，鼓腹，腹部最大径位于中腹靠上，矮圈足，足外撇；Ab型器物变化为口部由敞到侈，颈由短渐长，球形腹到鼓腹，腹部下垂，足部由矮到高。

B型　6件。依据口、腹、足的变化分为三式。

Ⅰ式　1件。敞口，短折沿，束颈，鼓腹弧收，腹最大径位于腹上部，矮圈足，足壁较直。如M22：4。

Ⅱ式　3件。敞口，短折沿，束颈，鼓腹弧收，腹最大径位于中腹部，矮圈足，足壁较直。如M107：2、M95：2、M19：3。

Ⅲ式　2件。敞口，短折沿，束颈，鼓腹弧收，腹下垂，矮圈足，足壁较直。如M125：1、M125：2。

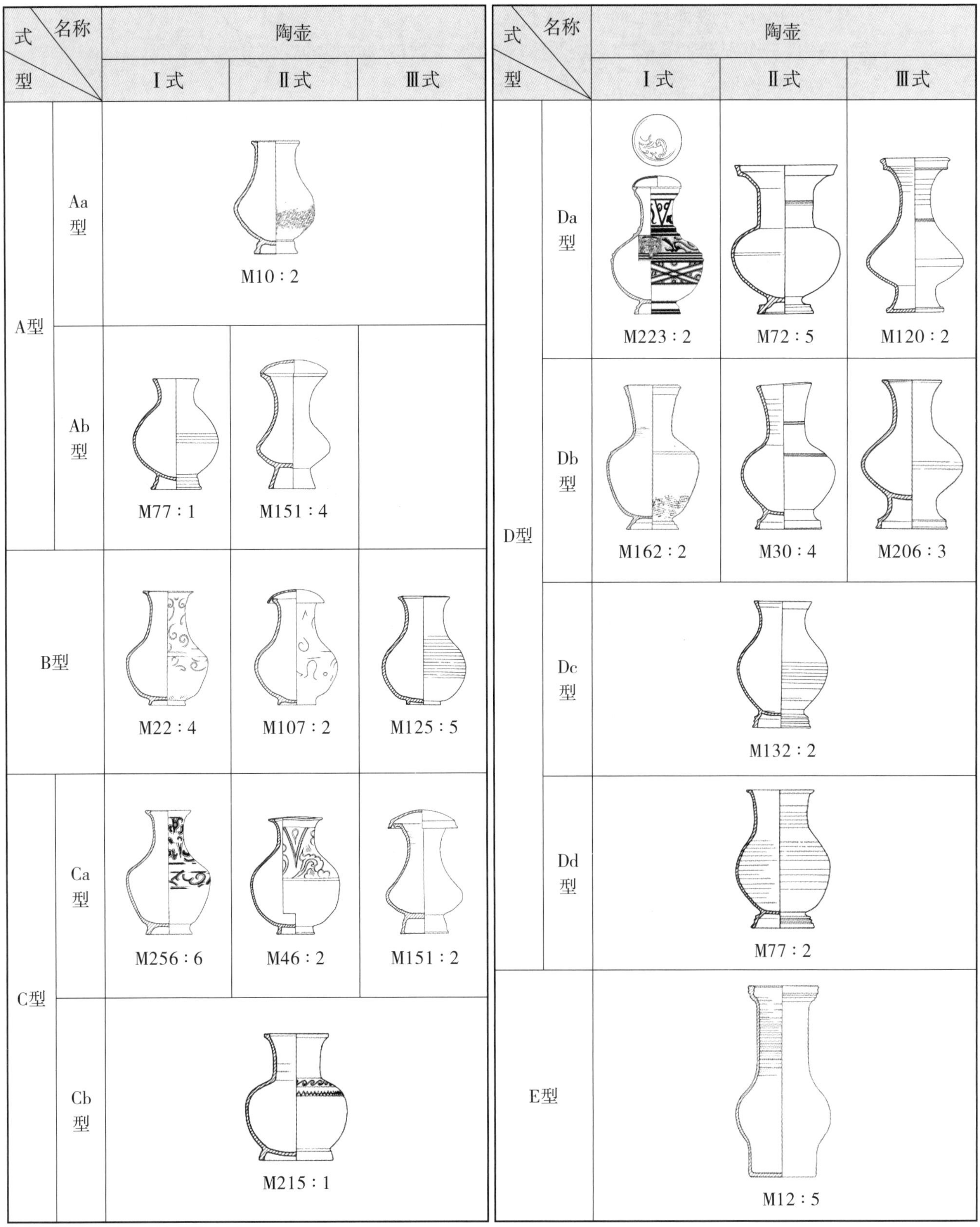

式\型\名称	陶壶		
	Ⅰ式	Ⅱ式	Ⅲ式
A型 Aa型		M10:2	
A型 Ab型	M77:1	M151:4	
B型	M22:4	M107:2	M125:5
C型 Ca型	M256:6	M46:2	M151:2
C型 Cb型		M215:1	

式\型\名称	陶壶		
	Ⅰ式	Ⅱ式	Ⅲ式
D型 Da型	M223:2	M72:5	M120:2
D型 Db型	M162:2	M30:4	M206:3
D型 Dc型		M132:2	
D型 Dd型		M77:2	
E型		M12:5	

图五一二 陶壶类型图

该型器物的变化是腹部自上而下逐渐下移。

C型　35件。个别器物器表饰彩绘及压印绳纹，依据口、腹、足的变化分为二亚型。

Ca型　33件，依据口、颈、腹、足的变化可分为三式。

Ⅰ式　17件。敞口内敛，折沿较短，束颈，鼓腹弧收，腹最大径位于腹上部，矮圈足，足外撇。如M256：6、N122：5、M110：5、M14：2、M110：4、M135：5、M51：3、M159：2、M159：3、M79：3、M13：1、M13：2、M33：5、M33：6、M14：1、M51：2、M160：1。

Ⅱ式　5件。敞口，折沿略短，束颈略长，椭圆形腹，下腹弧收，矮圈足，足外撇。如M46：2、M257：4、M135：7、M89：5、M19：2。

Ⅲ式　11件。侈口，折沿较长，长束颈，圆鼓腹弧收，腹下垂，圈足较高，足外撇，覆钵形器盖。如M151：2、M103：7、M103：5、M87：1、M87：2、M58：3、M58：2、M100：1、M100：2、M7：1、M7：2。

该型器物的变化为，折沿由短渐长，颈部由短到长，腹部最大径逐渐下移，圈足由矮渐高。

Cb型　2件。敞口，短折沿，方唇，束颈，圆鼓腹，下弧收，矮圈足，足壁外撇。上腹刻花间隔如意、三角纹。如M215：1、M215：2。

D型　19件。部分器物腹部附贴有对称铺首，个别器物上饰彩绘、压印绳纹及弦纹等，依据口、腹、足的变化分为四个亚型。

Da型　12件。依据口、腹、足的变化分为三式。

Ⅰ式　7件。盘口较浅，短束颈，椭圆形腹，下腹弧收，中腹上部附贴对称兽面铺首，矮圈足，圈足呈覆盘形，器表饰彩绘、弦纹及压印绳纹等，覆钵形器盖。如M223：4、M221：2、M157：4、M221：3、M223：1、M111：1、M111：2。

Ⅱ式　3件。盘口略深，长束颈，圆鼓腹，下弧收，高圈足，圈足呈覆盘形，盖为圆盘形，母口，平顶，个别器物器表饰弦纹。如M72：5、M92：1、M92：2。

Ⅲ式　2件。盘口较深，尖唇，长束颈，鼓腹呈圆珠状，下腹弧收，高圈足，平底。如M120：2、M120：1。

该型器物的变化为盘口由浅到深，颈部由短渐长，腹部由椭圆渐变为圆形，直至为圆珠状鼓腹，圈足逐渐变高。

Db型　4件。依据口、腹、足的变化分为三式。

Ⅰ式　1件。敞口，长束颈，鼓腹曲收，腹最大径位于上腹部，覆盘形圈足略矮，腹最大径处上部有一周凸弦纹，下腹压印绳纹。如M162：2。

Ⅱ式　2件。敞口，长束颈，鼓腹弧收，覆盘形矮圈足，器表饰凹弦纹、凸弦纹、彩绘等。如M30：4、M119：2。

Ⅲ式　1件。侈口，长束颈，圆鼓腹，弧收，腹部饰弦纹，覆盘形高圈足。如M206：3。

该型器物的变化为口部由敞到侈，腹部最大径逐渐下移，下腹由曲变弧，覆盘形圈足逐渐变高。

Dc型　2件。侈口，短束颈，圆鼓腹弧收，覆盘形矮圈足，个别器物器表饰弦纹。如M132：3、M242：1。

Dd型　1件。敞口,短折沿,束颈,鼓腹弧收,覆盘形矮圈足,器表饰弦纹。如M77：2。

E型　盘口瓶形壶　2件。浅盘口,长束颈,鼓腹,下腹斜直收,平底,整体似瓶形。如M12：6、M12：5。

二、金属器等

金属器等在随葬品中占比较少,本期报告收录的228座两汉及魏晋墓葬(7座瓮棺墓除外)中发现的金属器、玉石器及其他类型器的数量与类型都不多,可分为铜镜、铜钱、铜带钩、印章、铜剑、车马器、铜饰件及玉器、玛瑙器、琉璃器、骨器等类型。

（一）铜镜

仅有12座墓葬内随葬铜镜,其中随葬1面铜镜的有8座,随葬2面铜镜的有3座,共计出土铜镜15面。出土的15面铜镜中,4面铜镜残损,其余均保存较完好。镜类主要有素面弦纹镜、连弧纹昭明镜、四神规矩镜、四乳四虺镜、龙虎对峙镜、云雷镜几个类型(图五一三)。

A型　素面弦纹镜　2面,依据镜背纹饰分为二亚型。

Aa型　1面。镜面平整,光滑,镜身较薄。镜背弓形钮,钮身有二道凸棱,围钮5周弦纹。如M40：1与中国古代铜镜中的战国素面镜[1]近似。

Ab型　1面。镜面光滑,凸起。镜背圆钮穿孔,圆形钮座,座外有一道凸弦纹,凸弦纹外侧为八个内向连弧纹,连弧纹与栉齿纹带之间为弦纹带。外区向内倾斜,素面,镜缘斜折。如M29：2。

B型　连弧纹昭明镜　7面。依据内区连弧纹的多寡分为三式。

Ⅰ式　2面。镜面平整、光滑。镜背圆钮穿孔,四叶形钮座,其外有一周凸弦纹,凸弦纹外侧为内向八连弧纹,连弧纹外侧两栉齿纹条带之间为铭文带。外区素面,较宽,镜缘斜折。如M50：8、M55：1。

M50：8内铭文为"内而清而以□而光而象夫日□月□而□□□月"20字,六字不清晰,字体为篆、隶同书;M55：1内铭文为"内而青而昭而以而明而光而日而月而"16字,字体为篆、隶同书。

Ⅱ式　1面。镜面光滑、凸起。镜背圆钮穿孔,内区围钮有一周内向十连弧纹,连弧纹外侧两栉齿纹条带之间为铭文带,外区素面较宽,边缘呈三角形。如M189：3。

铭文为"内而清而以而昭而光而日而月而"14字,字体为篆、隶同书。

Ⅲ式　4面。镜面平整或者微凸,镜背圆钮穿孔,圆钮座,围钮座有一圈凸弦纹,凸弦纹外有一周内向十二连弧纹,连弧纹外两栉齿纹条带之间为铭文带,外区素面,稍向内斜,边缘呈三角形。如M193：1、M189：2、M239：1、M200：2。

M189：2内铭文为"内而清而以而昭而明而□□光而象而日而月而"20字,二个字不清晰,字体为篆、隶同书;M193：1内铭文为"内而清而以而昭而明而光而象而夫而日而月而"20字,字

---

[1] 孔祥星、刘一曼:《中国古代铜镜》,文物出版社,1984年,第25页图八。

式\型\名称		铜镜			铜带钩			
		Ⅰ式	Ⅱ式	Ⅲ式	Ⅰ式	Ⅱ式	Ⅲ式	Ⅳ式
A型	Aa型	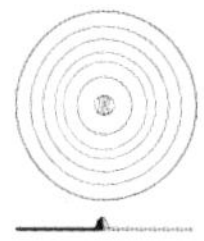 M40：1			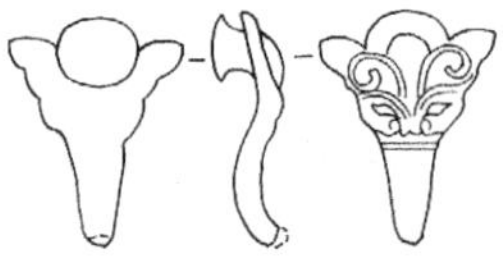 M82：1			
	Ab型	 M29：2						
B型		 M50：8	 M189：3	 M193：1	 M34：4	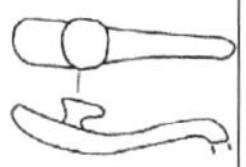 M70：5	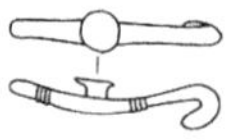 M248：6	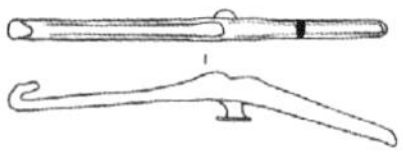 M194：2
C型	Ca型	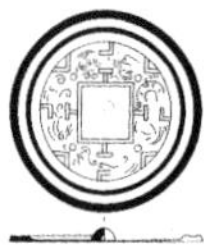 M200：1						
	Cb型	 M239：2						
D型		 M44：1						
E型		 M15：2						
F型		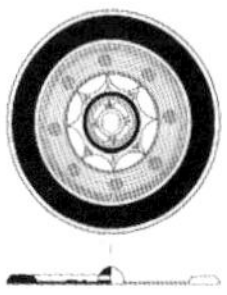 M48：2						

图五一三　铜镜、铜带钩类型图

体为篆、隶同书；M239：1内铭文为"内而清而以而昭而光而夫而日而月而"16字，字体为篆、隶同书；M200：2内铭文为"内而清而以而□而昭而明而光而象而夫而日而月而"22字，只有一字不清晰，字体为篆、隶同书。

C型 四神规矩镜，2面。依据乳钉的位置不同分为二个亚型。

Ca型 1面。镜面平整，光滑。镜背圆钮穿孔，四叶形钮座，座外有一方框，框外四角与"V形"符号之间各有一乳丁，将镜的内区分为八等分。青龙、白虎、朱雀、玄武各占一等分，其他四等分配以鸟兽等。外区中部为双线水波纹条带，镜缘斜折呈三角形。如M200：1。

Cb型 1面。镜面平整光滑，镜背圆钮穿孔，四叶纹钮座，座外方框，方框四边各向外延伸出一"T"形符号与"L"形符号相对，"T形符号"两侧各有一乳钉，方框四角又与"V"形符号相对，将镜的内区分为八等分。青龙、白虎、朱雀、玄武各占一等分，其他四等分配以鸟兽等。八等分与外围一圈栉齿纹条带之间为20字铭文带。外区整体向内倾斜，两三角锯齿纹条带之间为双线水波纹条带，镜缘斜折。如M239：2。

镜内铭文为"尚方作佳镜真大好上有仙人不知老渴饮玉泉□"20字，其中一字不清，字体为篆、隶同书。

D型 四乳四虺镜，1面。镜面光滑，镜背中部圆钮穿孔，钮座外有四组三直线与一周凸弦纹相连。内区两栉齿纹条带之间四条虺龙躯体弯曲，虺龙外侧各饰小鸟，四条虺龙之间以乳钉相隔。外区素面，平宽，斜缘。如M44：1。

E型 龙虎对峙镜，1面。镜面微凸，光滑平整。正面平整光滑，镜背中部圆钮穿孔，内区内侧两条龙与二虎对峙，龙虎为浅圆雕手法，二龙张口，口内含珠，虎亦张口，二龙形态相同。龙虎外侧有一圈凸弦纹，内区外缘为一周栉齿纹条带。外区中部有一圈波浪纹条带，两侧为素面条带。草叶纹外有一周栉齿纹条带，外区向内倾斜，中部波浪纹条带两侧为素面条带，边缘斜折。如M15：2。

F型 长宜子孙连弧纹云雷镜，2面。镜背圆钮穿孔，四叶形钮座，四叶间有"长宜子孙"四字，一周栉齿纹与凸弦纹外为内向八莲弧纹，连弧纹间有直线变形小字。外两栉齿纹条带之间有八组云雷纹。外区素面较宽，向内稍斜，斜折缘，镜面光滑微凸。如M48：2、M237：1。

（二）铜钱

235座两汉魏晋时期墓葬中有44座墓葬随葬有铜钱，共计240余枚。随葬铜钱的墓葬，出土铜钱多寡不一，铜钱在墓中的位置大部分放于棺内，极个别置于椁内或头箱内。铜钱种类有半两、五铢、新莽钱等。其中以五铢钱的数量最多（附表五）。

1. 半两钱

出土半两钱的墓葬有8座，共计13枚。其中3座墓葬仅出土半两铜钱，如M79、M248、M258；5座墓葬出土半两铜钱的同时并伴随有五铢、货泉及剪轮五铢出土，如M21、M54、M86、M120、M150。依据钱币字体的变化分为二型。

A型　5枚，圆形方穿，正面穿左右篆书"半两"二字，"半"字两点折收，上横笔上折收，"两"字为双人两，外郭较细，钱背磨郭。依据钱背及"两"字上横笔长短的变化分为二个亚型。

Aa型　1枚。"两"字上横笔与下同宽，钱背不磨郭。如M54：2-1。

Ab型　4枚。"两"字上横笔较短，向内收，钱背磨郭。如M79：1-1、M79：1-2、M150：1-1、M150：1-2。

B型　8枚，依据正面钱文的变化分为二个亚型。

Ba型　4枚。圆形方穿，正面穿左右篆书"半两"二字，"半"字两点折收向上，上横笔上折收，"两"字上横笔与下同宽，下为"十字"两，郭细而不明显，钱背磨郭（个别不磨郭）。如M79：1-3、M248：8-1、M248：8-2、M258：1。

Bb型　4枚。圆形方穿，正面穿左右篆书"半两"二字，"半"字两点呈撇状，上横笔上折收，"两"字上横笔较短，下为"十字"两，郭细而不明显，钱背有磨郭和不磨郭两种。如M21：2-1、M21：2-2、M120：1-1、M86：1-3。

2. 五铢钱

出土五铢钱的墓葬有39座，共计出土铜钱190余枚，由于锈蚀及破损，打拓片者有70枚。圆形方穿，正面穿左右有篆文"五铢"二字，依据郭缘有无剪修的状况分为二型，即有郭五铢（A型）及剪轮五铢（B型）。

A型　有郭五铢依据时代的早晚分为郡国五铢、上林三官五铢、宣帝五铢、更始五铢及东汉五铢等五个亚型。

Aa型　郡国五铢　24枚。"五"字两股交笔缓曲，"铢"字"金"旁首部三角形，下四点有长有短，"朱"旁上横笔方折，下垂笔圆折，钱背穿好，郭四角略圆滑。如M25：5-4、M25：5-1、M112：1-1、M21：2-6、M11：4-3、M150：1-3、M176：3、M191：1-1、M195：1-1、M221：1、M161：2、M90：12-1、M90：12-2、M90：12-3、M64：2-1、M246：1、M96：1-1、M93：1-1、M43：10-1、M54：2-2、M55：3-1、M55：3-2、M55：3-3、M156：3。

Ab型　上林三官五铢　4枚。字体修长秀丽，"五"字两股交笔缓曲，上下与两横笔交接处略向内收，"铢"字"金"旁首部三角形，下四点粗短，"朱"旁上横笔方折，下垂笔圆折，头和尾与"金"旁齐平。如M208：1-1、M208：1-2、M31：1、M150：1-3。

Ac型　宣帝五铢　6枚。"五"字两股交笔弯曲较大，上下两横笔出头，"铢"字"金"旁略小，呈等腰三角形，下四点短而细，"朱"旁上横笔方折，下垂笔圆折，"金"旁较"朱"旁略低。如M33：1、M25：5-2、M27：2-1、M120：1-2、M85：1-1、M29：1-1。

Ad型　更始五铢　4枚。"五"字两股交笔弯曲，上下横笔基本与两竖笔齐，"铢"字"金"旁三角形较小，下四点长方形，排列整齐，"朱"旁上下横笔均圆折。如M15：1-1、M96：1-1、M117：3、M75：1。

Ae型　东汉五铢　22枚。字体宽厚肥大，"五"字两股交笔弯曲，上下两横笔不出头，"铢"字"金"旁三角形略大，下四点较长，"朱"旁上横笔与下垂笔均圆折，中间直笔较长。如M25：5-

3、M27：2-2、M112：1-2、M9：3、M24：2、M11：4-3、M15：1-2、M150：1-5、M189：1-2、M191：1-2、M195：1-2、M219：1、M64：2-2、M28：1-2、M120：1-5、M86：1-1、M93：1-3、M74：1、M85：1-2、M43：10-2、M29：1-2、M38：1。

B型 剪轮五铢 10枚。用普通的五铢钱加工而成。如M27：2-3、M112：1-3、M150：1-6、M163：1-1、M120：1-6、M120：1-7、M120：1-8、M120：1-9、M93：1-5、M43：10-3。

3. 新莽钱

12座墓葬出土新莽钱，计14枚，种类有大泉五十及货泉两个类型。

A型 大泉五十 3枚。圆形方穿，面背有郭，郭缘宽厚。正面穿左右篆文"大泉五十"四字，对读。"大"字呈圆弧形，"泉"字中竖中断。如M163：1-2、M102：1-2、M102：1-3。

B型 货泉 11枚。圆形方穿，面背有郭，周郭及钱文线条纤细。穿左右篆文"货泉"二字，"泉"字中竖中断。如M25：5-8、M27：2-4、M11：4-2、M21：2-7、M150：1-4、M189：1-1、M200：3、M120：1-3、M120：1-4、M93：1-4、M43：10-4。

（三）铜带钩

铜带钩15件，均为铜质，以如意形居多，曲棒形较少，钩身与钩首基本为素面，背有圆柱帽形钮。依据形体不同分为二型（图五一三）。

A型 1件，钩身短小，钩身末端背部呈兽面形，钩首残缺，圆柱帽形钮位于钩身末端。如M82：1。

B型 14件，整体素面，依据圆柱帽形钮的位置分为四式。

Ⅰ式 4件。钩身短小，钩身呈扁圆形，钩首弯曲较长，圆柱帽形钮位于钩身末端。如M34：4、M16：1、M218：5、M26：7。

Ⅱ式 6件。钩身略长，钩身扁圆形，钩首弯曲略长，圆柱帽形钮位于钩身末端内侧。如M70：5、M107：3、M126：1、M181：1、M103：1、M239：1。

Ⅲ式 1件。钩身较长，钩身扁圆形，钩首弯曲稍短，圆柱帽形钮位于钩身偏中，钮两侧钩身有螺纹。如M248：6。

Ⅳ式 3件。钩身较长，钩首弯曲较短，圆柱帽形钮基本位于钩身中部。如M194：2、M160：8、M189：7。

该型带钩，钩首弯曲由长渐短，钩身逐渐变长，圆柱帽形钮由末端逐渐内移至钩身中部位置。

（四）印章

印章5枚，制作较为规整，有方形、覆斗形及龟形印等。印文有二字印、三字印及四字印。

A型 2枚，方形印。依据字体的多寡分为二个亚型。

Aa型 1枚。方形，内空，正面篆书"日利"，寓意"吉语"，背部似为"虎"形。如M181：2。

Ab型 1枚。方形，内空，正背皆有四字，正面篆书"任苢之印"，背部篆书"任□国印"，一字不清晰。如M135：1。

B型　1枚，龟形印。印体下部方形，上部龟形，正面篆书"任良和印"四字。如M51：6。

C型　2枚，覆斗形印。依据质地及钮部的变化分为二个亚型。

Ca型　1枚，玉石质，下部为覆斗形，上部方形钮，钮内有圆形小孔，印文二字，篆书"孔驱"。如M245：4

Cb型　1枚。铜质，下部为覆斗形，上部桥形钮，印文三字，篆书"上官印"。如M99：1。

（五）铜剑

铜剑　2件，均残。依据剑柄与剑格的不同分为二个类型。

A型　1件，空心柄。以格把剑体分为剑茎和剑身两部分：茎首为圆形，柱状茎体，茎首与茎体中空；剑身呈柳叶状，上宽下窄，中锋，双刃。如M261：1。

B型　1件，柱状柄。以剑格为界分为剑柄和剑身两部分，剑柄为圆柱形，茎体上有二道凸箍，剑格呈凹形，剑身为柳叶状，中锋，双刃。标本M105：1。

（六）车马器

235座两汉魏晋墓中，出土车马器的墓葬有3座，编号为M52、M98、M163，累计出土52件。器类有盖弓帽、车轴、车軎、当卢、衔镳 车辖、衡末饰等，质地皆为铜质。

1. 盖弓帽

23件。圆筒形，中空成銎，口缘处略宽大，上端稍缩小，顶部半圆呈帽形，中部一侧往上挑起一钩。如M52：4、M163：13。

2. 车轴

2件（残）。两端不封闭，呈直筒形，中部突起三道（或一道）凸弦纹，两端处各突起一道凸弦纹。如M52：2、M163：11。

3. 车軎

6件。略呈喇叭筒形，两端平齐，外壁中部与末端各有一道凸棱，近大端处有辖孔，个别器物有辖，辖插于辖孔内，钉形，一端有帽。如M52：3、M163：12，其中M98为铅质。

4. 当卢

1件。正面轮廓似马头形，中间镂空，背面有两个半环形钮。如M52：10。

5. 衔镳

2件。柱状径体，两端连弧形薄片，内部镂空，中部用衔环连接。如M52：11、M163：3。

6. 车辖

2件。平面略呈"U"形,末端齐平呈圆柱状或锥形。如M163∶19、M52∶14。

7. 衡末饰

4件。圆筒形,一端封闭,较平,一端口部略宽,器表外壁中部有一道凸棱。如M52∶13、M163∶17。

8. 轭首饰

4件。圆筒形,口端略粗,顶端封闭,器表近顶端有二道凸棱或素面。如M52∶12、M163∶15。

9. 车校

4件。长条形,两端内折成直角,平面呈"]"形。如M163∶14。

10. 车饰件

1件。带榫环形饰,环形,一侧扁平形榫,一侧呈凹形,顶端有对称双孔。如M163∶18。

11. 圆帽形饰

1件。圆形,顶部中心鼓起。如M163∶20。

12. 扣形饰

1件。圆形,顶部中心鼓起,沿下下垂一环。如M163∶21。

13. 兽面饰

2件,形制相同。平面呈马蹄形,正面为兽形,上端凸起一榫,背部凹进。如M163∶22。

(七)铜饰件

1. 铜泡钉

3件。形制相同,圆帽形,口部较敞,内中部突起长条状乳钉。如M52∶9。

2. 铜铺首

2件。依据形制的变化分为二型。

A型 1件。首面呈四叶柿蒂纹状,桥形钮,钮内系衔环。如M51∶1。

B型 1件。正面为兽面纹,竖鼻下衔环,背侧有对称楔形榫。如M111∶5。

3. 铜柄首

1件。柄首呈"C"形,柄体呈圆筒形,内空。如M54：3。

4. 锥形饰

1件。首部略曲,呈锥状,锥下端有圆孔,锥体呈喇叭形圆柱状,内空。如M155：5。

5. 铜环

5件。圆环状。如M28：2、M35：17。

（八）玉器、玛瑙器、琉璃器、骨器

1. 玉璧

1件（残）。复原为圆形,正面饰乳钉纹。如M30：3。

2. 玉环

3件（残）。白玉质,圆环形,依据剖面形状分为二型。

A型　2件。剖面呈菱形。如M158：4、M40：2。

B型　1件。剖面呈梯形。如M16：3。

3. 琉璃耳珰

3件。形制相同,天蓝色琉璃质,整体似喇叭形,上部略小,中部束腰,下部较宽,中心穿孔。如M117：1、M208：2。

4. 水晶珠

3枚。形制相同,浅绿色水晶磨制而成,圆形,中间穿孔。如M117：2。

5. 玛瑙珠

1枚。平面呈圆形,上下扁平,中部穿孔。如M257：6。

6. 骨算筹

依据形制的不同分为二型。

A型　3根（长短不一）。磨制,圆柱形。如标本M194：6。

B型　6块。平面呈长方形。如M72、M231：6。

7. 金饰

1件（残）。残留部分呈不规则形。如M135：8。

8. 环首刀

2件（残）。柄首呈环形，柄部呈长方形，略窄于刀身，刀身上部略宽厚，刃部较薄，中锋。如M194:4、M194:7。

第四节 分期与年代

此次发掘的战国、两汉、魏晋、唐和辽金至明清时期墓葬245座，以及窑址8座、灰坑5个等，共计258个遗迹单位，均未出土有明确纪年的实物资料，其时代的早晚关系只能依据墓葬形制、随葬器物特征及其组合关系横向对比进行分析推断。

一、战国、两汉及魏晋时期遗存分期及年代

（一）遗存分期

第一期　仅有1座，编号M261，口大底小，底部四周修筑生土二层台及墓壁上修筑壁龛，在壁龛内放置夹砂夹蚌红陶鬲2件，棺内出土铜剑1件。

第二期　7座，皆为竖穴土圹式瓮棺葬，瓮棺基本用两件或三件陶瓮对接而成。陶瓮可分为四个类型即侈口鼓腹圜底釜、盘口斜腹圜底釜、筒形釜及筒形器等。由于破坏严重，仅发现两座墓葬内葬有人骨架，经鉴定为儿童。

第三期　154座，皆为竖穴土圹墓，墓葬形制均为第一类的A型、B型。主要以第一类的B型Ⅲ式口底同宽墓为流行墓形，第一类的A型带小龛墓及第一类的B型Ⅰ式口大底小墓、Ⅱ式底部修筑二层台墓为辅。此类墓葬形制在北京地区较为常见，随葬品组合以罐为主的墓葬有48座，以鼎、敦（盒）、壶、罐为主墓葬有32座，鼎、罐、壶为主的墓葬有11座，以罐、壶为主的墓葬有27座。陶器以泥质灰陶为主，个别器物为泥质红陶，鼎、敦（盒）、壶等部分器形的器表施以红、黑、白三色相间彩绘，罐、壶器表下腹及底纹饰以拍印绳纹为主，个别器物还饰有弦纹。鼎，器形分为A型子母口无耳圜底鼎、B型子母口短耳圜底鼎、C型子母口长耳圜底鼎及D型子母口短耳折腹鼎四个类型，个别鼎耳首部外折，兽蹄形足外撇，覆钵形器盖，以B、C型鼎为主。A型鼎三兽蹄形足，足由中腹逐渐下移至底部。B型鼎，鼎耳短直，并逐渐外撇，三兽蹄形足由中腹逐渐下移至底部。Ca型鼎，鼎耳由直逐渐外撇，底部圜平逐渐变圜。Da型鼎，鼎耳逐渐外撇，撇度较大，三兽蹄形足由折肩处逐渐下移，底部由平到圜。盒（敦），器形分为A型盆形盒，子母口由深渐浅，盆形腹弧度逐渐变小，覆钵形盖；B型（Ba、Bb型）碗形盒，底部有矮圈足，覆钵形盖，有圈足形握手；C型折腹盒，上腹较直，下腹折收，小平底；D型钵形盒，直口，浅弧腹，腹下垂，小平底，钵形盖；E型（Ea、Eb型）盒，敞口，浅腹由曲渐弧，小平底，覆盆形盖；F型敛口盒，敛口，腹部由斜渐曲，再逐渐变弧，小平底，钵形盖与盆形盖；G型鼓肩盒，敛口，肩部圆鼓逐渐凸起，腹部由弧渐曲，小平底。以A、B型为主要使用器形。罐，器形种类较多，器形以AaⅠ式、Ab型椭圆形鼓腹罐、B型折腹罐、C型（Ca、Cb、Cc型）球形鼓腹罐为主；以D型（DaⅠ式、DaⅡ式）鼓肩罐、F型（Fa、Fb型）折肩罐为

辅；同时出现新的器形Ga Ⅰ式浅盘口壶。其余类型的罐出土较少，如E型（Ea、Eb、Ec、Ed、Ee型）矮领罐、Fa、Fb型折肩罐等，其中Ga型浅盘口壶皆与以上主要器形罐同出。壶，器形大部分通体施黑、白、红三色彩绘，脱落严重，部分器物还饰有弦纹、绳纹及戳印纹，个别器物腹部偏上侧有兽首衔环。器形分为Aa型敞口鼓腹壶，B型短折沿矮直足鼓腹壶，C型折沿鼓腹壶，Da型Ⅰ式、Ⅱ式浅盘口壶，Db型敞口盘底壶。Aa型壶敞口内敛，腹最大径位于中腹靠上，喇叭形矮圈足；Ab型壶敞口渐侈，颈由短渐长，喇叭形圈足逐渐增高；B型壶敞口短折沿，鼓腹逐渐下移，矮直足；Ca型壶折沿由短渐长，颈部逐渐变长，腹部逐渐下移，喇叭形圈足逐渐增高；Da型壶盘口由浅到深，颈部由短渐长，覆盘形圈逐渐变高；喇叭口形鼓腹盘底壶，长束颈，鼓腹逐渐下移，覆盘形圈足逐渐增高。

　　第四期　11座。皆为第三类的竖穴土圹砖椁墓，此类型墓葬平面呈长方形，在竖穴土圹内四周与底部用砖垒砌形成椁室，室内葬木棺葬具与死者。由于盗扰严重，发现有木棺葬具者3座，有陪葬品者5座，未见葬具、人骨架、陪葬品者3座。随葬器物仅有2座墓葬为鼎、盒、壶、罐组合，其他墓葬已不见第三期的鼎、盒、壶器形，三期内常见的Aa、Ab型椭圆形鼓腹罐还在继续使用，新形Ga型浅盘口鼓腹罐开始使用。

　　第五期　56座，皆为第四类的带墓道竖穴土圹砖室墓，其中以A型甲字形砖券单室墓、B型刀把形砖券单室墓为主，C型砖券多室墓极少，仅有2座。随葬器物以泥质灰陶为大宗，泥质红陶及夹砂灰陶极少。西汉时期墓葬中常见的A型、B型、C型、Da和Db型壶及鼎、盒等器形已不见，Aa、Ab型椭圆形鼓腹罐还在少量使用，Ga、Gb型盘口壶开始大量使用；Dc型假圈足壶、H型双系罐、J型筒形罐开始出现，并且使用量也较少。同时伴随陶奁、灶、井、房、陶耳杯、案、鸡、狗、猪等明器出土，个别墓葬还出土有车马器构件等。该期还发现窑址8座，灰坑5个。

　　第六期　7座。皆为带墓道竖穴土圹砖室墓，均为方角、弧壁，由墓道、墓门或甬道、墓室（前室、后室或前室、双后室）组成。依据其变化可分为四式，其变化过程为墓门进深逐渐加长形成甬道，单室渐变为前后双室，最后变化为前后三室或三室以上的多室墓。随葬器物壶的使用量相对于第五期使用量更少，罐类器形主要以Da型Ⅲ式鼓肩罐、J型Ⅳ式筒形罐为常见类型，其余陶奁、灶、盘、案、陶耳杯、鸡、狗、猪与第五期基本类同。

（二）遗存年代

　　第一期　1座。根据墓葬形制与出土遗物，此墓葬与房山岩山上墓地[1]，昌平松园村1号、2号墓[2]，怀柔城北墓地[3]、窦店战国墓[4]等同时期墓葬形制基本相同，出土遗物也颇为近似，出土陶鬲

① 北京市文物研究所：《岩上墓葬区考古发掘报告》，《南水北调中线一期工程文物保护项目北京市考古发掘报告第1号·北京段考古发掘报告集》，科学出版社，2008年。
② 苏天均：《北京昌平区松园村战国墓葬发掘纪略》，《文物》1959年9期。
③ 北京市文物工作队：《北京怀柔城北东周两汉墓葬》，《考古》1962年5期。
④ 刘乃涛、张中华、朱志刚：《北京窦店战国墓发掘简报》，《文物春秋》2010年5期。

与燕下都郎井村10号作坊遗址的战国晚期陶鬲T26②H141∶6、T25②H162∶3[①]相近，因此推断该墓为战国晚期墓葬。

第二期 7座。其中侈口鼓腹圜底釜M183∶1、M247∶2与延庆西屯Ⅰ M19、Ⅰ M39、Ⅰ M10[②]，及南正Y1∶1、Y1∶3、Y6∶5、G1②∶7[③]相似；盘口斜腹圜底釜与南正H8∶15、G5②∶8[④]，以及西屯Ⅱ M29[⑤]内出土同类器器形相似；筒形釜M128∶1、M128∶2、M224∶1、M225∶1与北京后屯村M773，北京胡各庄M77、M250、M261[⑥]，以及沈阳伯官屯瓮棺墓[⑦]内出土同类器器形相似；筒形器与辽宁三道壕M271、M237[⑧]内出土同类器器形相似。再依据瓮棺墓葬与西汉时期墓葬开口于同一层下的现象，故把这7座瓮棺墓葬推断为战国末期至西汉初期文化遗存。

第三期 154座。墓中随葬陶器为大宗，同时有4座随葬有铜镜，8座随葬有铜钱。其中Aa Ⅰ式椭圆形鼓腹罐与丰台王佐西汉墓M46[⑨]内出土陶罐、北京昌平西汉墓内Ⅰ式陶罐[⑩]、北京怀柔城西汉墓M66[⑪]内出土陶罐、五棵松篮球馆西汉墓M15∶5[⑫]、北京亦庄X10号地西汉晚期J1[⑬]内出土陶罐形制近似；Ab型罐与长沟西汉墓出土陶罐（M16∶2、M16∶4、M69∶1、M69∶3)[⑭]形制相似；B型折腹罐与济南魏家庄西汉墓同类器（M59∶1、M111∶3）近似[⑮]；Ca型球形鼓腹罐与济南魏家庄西汉墓出土陶罐（M109∶2、M163∶2)[⑯]形制近似、Cb型球形鼓腹罐与长沟西汉墓（M14∶1、M14∶2)[⑰]、邢台旅馆西汉墓（02XLM1∶1、02XLM34∶1)[⑱]、滕州朱洼西汉墓（M28∶1)[⑲]内出土陶罐形制近似；Cc型球形鼓腹罐与怀柔城北西汉墓Ⅰ、Ⅱ式[⑳]罐形制近似；Da型鼓肩罐与民乐八卦营西汉墓（M5∶3)[㉑]出土陶罐近似。常见盒类器形A型Ⅰ式与五棵松M18，A型Ⅱ式盒与五棵松

① 河北省文物研究所：《燕下都发掘报告》，文物出版社，1989年，第329页图196，2、4。
② 丁丽娜：《北京延庆区西屯墓地瓮棺墓发掘简报》，《北方文物》2021年5期。
③ 北京市文物研究所：《房山南正遗址——拒马河流域战国以降时期遗址发掘报告》，科学出版社，2008年。
④ 北京市文物研究所：《房山南正遗址——拒马河流域战国以降时期遗址发掘报告》，科学出版社，2008年。
⑤ 丁丽娜：《北京延庆区西屯墓地瓮棺墓发掘简报》，《北方文物》2021年5期。
⑥ 白岩：《北京地区战国秦汉瓮棺葬的考古学研究》，《四川文物》2021年4期，第151页图四、图五、图六、图七。
⑦ 沈阳市文物工作组：《沈阳伯官屯汉魏晋墓葬》，《考古》1964年11期。
⑧ 陈大为：《辽阳三道壕儿童瓮棺墓群发掘简报》，《考古通讯》1956年2期，图版十四M317、M271。
⑨ 北京市文物研究所：《丰台王佐遗址》，科学出版社，2010年。
⑩ 苏天均：《北京昌平半截塔村东周和两汉墓》，《考古》1963年3期。
⑪ 郭仁：《北京怀柔城北东周两汉墓葬》，《考古》1962年5期。
⑫ 北京市文物局、北京市文物研究所：《北京奥运场馆考古发掘报告·五棵松篮球馆工程》，科学出版社，2007年。
⑬ 北京市文物研究所：《北京亦庄X10号地发掘报告》，科学出版社，2010年。
⑭ 北京市文物研究所：《长沟汉墓》，科学出版社，2019年。
⑮ 山东省文物考古研究所：《海岱考古（第八辑）·济南市魏家庄汉代墓葬发掘报告》，科学出版社，2015年。
⑯ 山东省文物考古研究所：《海岱考古（第八辑）·济南市魏家庄汉代墓葬发掘报告》，科学出版社，2015年。
⑰ 北京市文物研究所：《长沟汉墓》，科学出版社，2019年。
⑱ 河北省文物研究所：《河北省考古文集（三）·邢台旅馆汉唐宋墓发掘》，科学出版社，2007年。
⑲ 山东省文物考古研究所：《海岱考古（第八辑）·滕州朱洼汉代墓葬发掘报告》，科学出版社，2015年。
⑳ 郭仁：《北京怀柔城北东周两汉墓葬》，《考古》1962年5期。
㉑ 甘肃省文物研究所：《民乐八卦营——汉代墓群考古发掘报告》，科学出版社，2014年。

M3、M19[①]内出土陶盒相似，Ba型盒与怀柔城北Ⅰ式盒[②]，洛阳汉晋墓A型盒[③]，长安汉墓B型Ⅰ、Ⅱ、Ⅲ式盒[④]相似。A型无耳鼎与怀柔城北西汉墓Ⅵ式鼎[⑤]近似；B型Ⅲ式鼎与怀柔城北Ⅳ式鼎[⑥]近似，Ca型鼎与昌平白浮Ⅰ式鼎[⑦]相似。Aa型壶与五棵松M18内出土陶壶相似，B型壶与五棵松M3、M16、M19[⑧]内出土陶壶相似，C型Ⅰ式壶与昌平白浮Ⅰ式[⑨]壶近似，C型Ⅱ式壶与昌平白浮Ⅵ式[⑩]壶、北京半截塔村Ⅰ式[⑪]壶相似，Da型Ⅰ式、Ⅱ式壶与昌平白浮Ⅱ式壶[⑫]、杜辛庄M8内出土陶壶（M8：4）[⑬]相似。铜镜3面，器形有Aa型的弦纹素面镜1面（M40：1），此类镜流行于春秋战国时期，西汉时期还有使用，其形制与中国古代铜镜中的弦纹素面镜[⑭]相似，B型Ⅰ式昭明镜（M50：8、M55：1）与烧沟汉墓Ⅳ型镜[⑮]相似，此两型铜镜流行于西汉中期以后。出土铜钱的墓葬共8座，其中4座出土半两钱币，4座出土五铢钱币。半两钱币有Aa型（M54：2-1）、Ab型（M79：1-1）、Ba型（M79：1-3、M248：8-1、M248：8-2、M258：1）三型，其形制与《中国古代钱币》内收录的四铢半两[⑯]近似，四铢半两多为"十字两""连山两"及"双人两"，"两"字上横笔与下部同宽，"半"字上横笔有上折和不上折，其铸于西汉文帝前元五年（前175年）到武帝后期建元五年（前136年）前后。Aa型（M33：1、M176：3、M156：3、M221：1、M246：1）五铢钱币与郡国五铢[⑰]相近似，郡国五铢铸于西汉武帝元狩五年（前118年），该钱币外郭较窄，正面"五"字交股弯曲，"铢"字"金"旁三角形，下四点长圆不等，"朱"上横笔方折，钱背四角略圆。鉴于器物的烧制技术及其普及使用过程，推断该时期所发现的竖穴土圹墓皆为西汉中晚期墓葬。

第四期　11座。皆为第三类的竖穴土圹砖椁墓，此类型墓葬平面呈长方形，在竖穴土圹内四周与底部用砖垒砌形成椁室，室内葬木棺葬具与死者。此类墓葬在以往的考古发掘中发现较少，其形制与丰台王佐（M2、M20、M30、M58）[⑱]、大兴亦庄西环南路M2、M8及79号地M11[⑲]形制基本相

① 北京市文物局、北京市文物研究所：《北京奥运场馆考古发掘报告·五棵松篮球馆工程》，科学出版社，2007年。书中M18的年代作者推断为东汉，但依据器物组合及器形特征应为西汉时期。
② 郭仁：《北京怀柔城北东周两汉墓葬》，《考古》1962年5期。
③ 张鸿亮：《洛阳地区汉晋墓研究》，郑州大学2017年博士学位论文。
④ 西安市文物保护考古所、郑州大学考古专业：《长安汉墓》，陕西人民出版社，2004年。
⑤ 郭仁：《北京怀柔城北东周两汉墓葬》，《考古》1962年5期。
⑥ 郭仁：《北京怀柔城北东周两汉墓葬》，《考古》1962年5期。
⑦ 苏天均：《北京昌平白浮村汉、唐、元墓葬发掘》，《考古》1963年3期。
⑧ 北京市文物局、北京市文物研究所：《北京奥运场馆考古发掘报告·五棵松篮球馆工程》，科学出版社，2007年。
⑨ 苏天均：《北京昌平白浮村汉、唐、元墓葬发掘》，《考古》1963年3期。
⑩ 苏天均：《北京昌平白浮汉、唐、元墓葬发掘》，《考古》1963年3期
⑪ 苏天均：《北京昌平半截塔村东周和两汉墓》，《考古》1963年3期。
⑫ 苏天均：《北京昌平半截塔村东周和两汉墓》，《考古》1963年3期。
⑬ 北京市文物研究所：《平谷杜辛庄遗址》，科学出版社，2009年。
⑭ 孔祥星、刘一曼：《中国古代铜镜》，文物出版社，1984年，第25页图八。
⑮ 中国社科院考古所洛阳区考古发掘队：《洛阳烧沟汉墓》，科学出版社，1959年，第164页图七一。
⑯ 唐石父：《中国古代钱币》，上海古籍出版社，2007年，第80页图2-21、2-23。
⑰ 唐石父：《中国古代钱币》，上海古籍出版社，2007年，第84页图2-28。
⑱ 北京市文物研究所：《丰台王佐遗址》，科学出版社，2010年。
⑲ 北京市文物研究所：《北京亦庄考古发掘报告》，《科学出版社》2009年1月。

同。第三期常见的随葬器物鼎、盒、壶、罐组合及Aa型椭圆形鼓腹罐仍在使用,但数量较少。相对于第三期,该期发现的Aa型罐的唇部要比第三期同类型器物的唇部稍厚,还略向内凹,新形Ga盘口鼓腹罐比东汉时期的盘口壶盘口略浅,颈部较短束,鼓腹弧收变为腹微鼓曲收。结合个别墓葬内还伴随有新莽时期的"大泉五十"及建武时期铸造的五铢,同时砖椁墓也可能是由竖穴土圹到带墓道竖穴土圹砖室单室墓过渡的一个缩影。据此,推断该期墓葬年代为新莽至东汉初期。

第五期 56座。第四类的A、B、C三种形制在北京地区东汉时期墓葬中为常见类型,与丰台王佐[①],平谷杜辛庄[②]、窦店与长阳[③],房山南正遗址[④]、北京亦庄[⑤]、北京亦庄X10号地[⑥]、丰台南苑[⑦]等墓地内墓葬形制基本相同。随葬器物已不见鼎、盒等器形,Aa、Ab、Ac型椭圆形鼓腹罐还在少量使用。墓葬出土器物还有壶、罐、灶、房、案、井、鸡、狗、猪、铜镜、铜钱及车马器构件等。F型珠形鼓腹壶与望都M2[⑧],槐M10:5[⑨],博兴路(M2、M6、M7)[⑩]内出土陶壶近似。Ga型盘口鼓腹罐与丰台王佐M1[⑪]内出土陶罐(M1:1、M1:3)近似。J型Ⅰ、Ⅱ、Ⅲ式筒形罐与窦店M11[⑫]内出土陶罐相近似;Gb型盘口壶与新M6(M6:1)[⑬],丰台王佐M2[⑭],亦庄X10号地(M15、M17、M18、M43、M54)[⑮]内出土陶罐相同;H型双系罐与丰台王佐M42[⑯],良乡西潞(M15、M46、M93、M162)[⑰],东汉晚期望都M2[⑱]内出土双系罐相似。三角形灶与怀柔城北Ⅰ、Ⅱ式灶[⑲]近似。8座墓葬中出土铜镜共10面,B型Ⅱ、Ⅲ式镜与烧沟汉墓Ⅳ型Ⅱ式[⑳]、长安汉B型Ⅰ式[㉑]镜相同。Ca型规矩镜与洛阳烧沟汉墓Ⅵ型Ⅰ式镜[㉒]近似、Cb型规矩镜与洛阳烧沟汉墓Ⅵ型Ⅰ式镜[㉓]近似。D型四乳四虺镜

① 北京市文物研究所:《丰台王佐遗址》,科学出版社,2010年。
② 北京市文物研究所:《平谷杜辛庄遗址》,科学出版社,2009年。
③ 北京市文物研究所:《窦店与长阳》,《科学出版社》2013年9月。
④ 北京市文物研究所:《房山南正遗址——拒马河流域战国以降时期遗址发掘报告》,科学出版社,2008年。
⑤ 北京市文物研究所:《北京亦庄考古发掘报告(2003~2005)》,科学出版社,2009年。
⑥ 北京市文物研究所:《北京亦庄X10号地》,科学出版社,2010年。
⑦ 北京市文物研究所:《丰台南苑汉墓》,科学出版社,2019年。
⑧ 河北省文化局文物工作队:《望都二号汉墓》,文物出版社,1959年。
⑨ 北京市文物研究所:《丰台南苑汉墓》,科学出版社,2019年,第38页图二七。
⑩ 北京市文物研究所:《北京亦庄考古发掘报告(2003~2005)》,科学出版社,2009年。
⑪ 北京市文物研究所:《丰台王佐遗址》,科学出版社,2010年,第46页图三七。
⑫ 北京市文物研究所:《窦店与长阳》,科学出版社,2013年。
⑬ 北京市文物研究所:《丰台南苑汉墓》,科学出版社,2019年,第116页图八八。
⑭ 北京市文物研究所:《丰台王佐遗址》,科学出版社,2010年,第48页图三九。
⑮ 北京市文物研究所:《北京亦庄X10号地》,科学出版社,2010年。报告内器物名称为陶壶。
⑯ 北京市文物研究所:《丰台王佐遗址》,科学出版社,2010年,第48页图三九。
⑰ 王策、于璞:《良乡西潞战国、两汉、辽金及明清墓发掘报告》(资料正在整理中)。
⑱ 河北省文化局文物工作队:《望都二号汉墓》,文物出版社,1959年。
⑲ 郭仁:《北京怀柔城北东周两汉墓》,《考古》1962年5期。
⑳ 中国社科院考古所洛阳区考古发掘队:《洛阳烧沟汉墓》,科学出版社,1959年。
㉑ 程林泉、韩国河:《长安汉镜》,陕西人民出版社,2002年。
㉒ 中国社科院考古所洛阳区考古发掘队:《洛阳烧沟汉墓》,科学出版社,1959年,第165页图七二。
㉓ 中国社科院考古所洛阳区考古发掘队:《洛阳烧沟汉墓》,科学出版社,1959年,第166页图七三。

（M44∶1）与烧沟汉墓Ⅴ[①]型镜相同，F型长宜子孙连弧纹云雷镜与烧沟汉墓Ⅷ型Ⅱ式[②]、长安汉镜C型Ⅰ式镜[③]相同。出土铜钱的墓葬有25座，共72枚，有西汉时期的（Ab、Bb型）半两钱币、Aa型郡国五铢、Ab型上林三官五铢、Ac型宣帝五铢、Ad更始五铢、新莽时期钱币（A型大泉五十、B型货泉）及Ae型东汉建武年以后铸造的五铢等。有3座墓葬（M52、M98、M163）出土有车马器构件。该期内没有出土铜镜及铜钱的墓葬，依据墓葬形制及随葬器物特征与出土有铜镜及铜钱的墓葬，其墓葬形制及随葬品组合的器形特征基本相同。综上所述，故推断该期墓葬为东汉时期。

　　窑址8座、灰坑5个。Y1～Y8平面皆为马蹄形，其形制与平谷杜辛庄[④]、大兴亦庄[⑤]、丰台南苑[⑥]、亦庄X10号地[⑦]内所发现的窑址形制基本相同。Y1～Y6在发掘时，窑床表面还残留部分烧制的砖及板瓦残片，Y1窑床上还遗留有成排未烧制的砖坯。各窑址内所遗留砖的规格及纹饰均与砖室墓葬内用砖基本近似。同时Y1、Y3、Y4为一组，Y5、Y6为一组，每组不但共用一个操作间，而且在发掘时还发现每组之间有相互打破关系。由于窑址与第四期、五期、六期发现的墓葬开口于同一层下，还未进行细致的分析对比，故暂把这几座窑址归为东汉时期。H1～H5皆为不规则形，与墓葬窑址开口一致，在发掘时也未发现有遗物，因此5个灰坑的年代也暂定为东汉时期。

　　第六期　　7座。该期的墓葬形制与东汉晚期的相比已出现了较明显的差异，墓道大多长方形斜坡式，甬道偏于一侧，整个墓葬不管是单室、双室，还是三室，整体平面皆呈"刀"字形，墓室基本为方角弧壁。其中Ⅳ（M191）、Ⅲ式（M29、M96）与大兴亦庄X10号地M51[⑧]，密云西晋墓M1[⑨]，新M20及植M4、M5[⑩]，学院路M3[⑪]等墓葬形制类同，Ⅱ式（M43、M134、M259）与大兴亦庄新凤河路M7[⑫]、顺义大营村M2[⑬]等墓葬形制类同，Ⅰ式（M86）与王佐M8、M12[⑭]、亦庄新凤河路M13[⑮]等墓葬形制基本相同。此期墓葬内随葬品罐、盆、盘、灶、案、井、磨、陶耳杯、奁、钵、房仓、鸡、鸭、猪等器形还基本承袭汉制，但也有所变化。D型Ⅲ式夹砂红陶罐（M191∶3）与南正遗址东汉时

① 中国社科院考古所洛阳区考古发掘队：《洛阳烧沟汉墓》，科学出版社，1959年，第164页图七一。
② 中国社科院考古所洛阳区考古发掘队：《洛阳烧沟汉墓》，科学出版社，1959年，第170页图七五。
③ 程林泉、韩国河：《长安汉镜》，陕西人民出版社，2002年。
④ 北京市文物研究所：《平谷杜辛庄遗址》，科学出版社，2009年。
⑤ 北京市文物研究所：《北京亦庄考古发掘报告（2003～2005）》，科学出版社，2009年。
⑥ 北京市文物研究所：《丰台南苑汉墓》，科学出版社，2019年。
⑦ 北京市文物研究所：《北京亦庄X10号地》，科学出版社，2010年。
⑧ 北京市文物研究所：《北京亦庄X10号地》，科学出版社，2010年，第85页图八四。
⑨ 北京市文物研究所、密云县文物管理所：《北京密云西晋墓发掘简报》，《文物春秋》2012年6期。
⑩ 北京市文物研究所：《丰台南苑汉墓》，科学出版社，2019年。
⑪ 王策、周宇：《北京市海淀区学院路北朝墓葬发掘简报》，《北京文博文丛》2016年第4辑。
⑫ 北京市文物研究所：《北京亦庄考古发掘报告（2003～2005）》，科学出版社，2009年。
⑬ 黄秀纯、朱志刚：《北京市顺义县大营村西晋墓葬发掘简报》，《文物》1983年10期。
⑭ 北京市文物研究所：《丰台王佐遗址》，科学出版社，2010年。
⑮ 北京市文物研究所：《北京亦庄考古发掘报告（2003～2005）》，科学出版社，2009年。报告推断其为东汉时期墓葬，但依据墓葬形制及相关情况判断，该墓可能已进入魏晋时期。

期的M11：22、M17：5、M22：1、M22：2①相似，陶奁M134：6与邢台M8：9②相似，陶盘M43：9、M134：3与邢台M8：8③相似，陶盆M86：2与大唐庄M12：5④、大营村M7：6⑤相似；夹砂红陶钵M29：2与大营村M5：1⑥器形相似，陶井M43：5、M191：8分别与四海庄M5：1⑦、丰台王佐M8：8⑧器形相同：陶猪M43：3、M134：1与四海庄M5：15⑨、丰台王佐M12：8⑩器形相同，陶案M191：9与长阳同时期墓葬M59、M60⑪内出土器物器形相同。本期出土铜钱的墓葬有5座，最早为西汉时期的半两，最晚为东汉建武年以后的五铢铜钱等。

由此可见，本期墓葬不但形制上与东汉时期墓葬有所不同，而且随葬器物中有祭奠器（罐、盆、盘等），还有模型明器（灶、案、井、磨、陶耳杯、奁、钵、房仓、鸡、鸭、猪等），而东汉时期的筒形仓及高大的楼形仓几乎消失，变为小巧简洁的房形仓（如M191：4、M43：6等），其墓葬结构、随葬器物的变化与魏晋时期墓葬制度的转变基本一致⑫。据此推断，该期墓葬为魏晋时期。

二、唐、辽金、明清时期墓葬

唐、辽金墓葬3座、明清墓葬6座。

（一）唐、辽金时期墓葬

M252由墓道、墓门、墓室三部分组成，平面呈球拍形，墓室内修筑棺床，床壁呈须弥座状。整体形制与大兴亦庄80号地M8、M25⑬，大兴新城M13⑭，十二平方公里M1⑮墓葬形制相近。出土的陶罐M252：2、铁镰斗M252：1与石景山M1：4⑯、狼垡M2：4⑰及大兴80号地的M8：6、M23：2、M25：12、铁镰斗M8：1、M25：14⑱器形相近似。M254的陶瓷与以上对比墓葬出土的陶罐器形基本类同。据此推断，此2座墓葬的年代为唐代时期。

M253为小型竖穴土圹砖椁墓，砖椁均用勾纹砖砌筑而成，砖椁内葬碎烧骨，依据墓砖形制及

① 北京市文物研究所：《房山南正遗址》，科学出版社，2008年。
② 李军、李恩玮：《河北邢台西晋墓发掘简报》，《文物》2006年1期。
③ 李军、李恩玮：《河北邢台西晋墓发掘简报》，《文物》2006年1期。
④ 冯双元、胡传耸、王继红：《北京密云西晋墓发掘简报》，《中国国家博物馆馆刊》2019年3期。
⑤ 黄秀纯、朱志刚：《北京市顺义县大营村西晋墓葬发掘简报》，《文物》1983年10期。
⑥ 黄秀纯、朱志刚：《北京市顺义县大营村西晋墓葬发掘简报》，《文物》1983年10期。
⑦ 郭立展、尚珩、刘风亮、张志伟：《北京四海庄魏晋墓发掘简报》，《文物春秋》2014年2期。
⑧ 北京市文物研究所：《丰台王佐遗址》，科学出版社，2010年。
⑨ 郭立展、尚珩、刘风亮、张志伟：《北京四海庄魏晋墓发掘简报》，《文物春秋》2014年2期。
⑩ 北京市文物研究所：《丰台王佐遗址》，科学出版社，2010年。
⑪ 房山长阳墓地二期报告资料正在整理中。
⑫ 张鸿亮：《洛阳地区汉晋墓研究》，郑州大学2017年博士学位论文。
⑬ 北京市文物研究所：《北京亦庄考古发掘报告（2003～2005）》，科学出版社，2009年。
⑭ 北京市文物研究所：《大兴古墓葬考古发掘报告集》，科学出版社，2020年。
⑮ 张智勇、孙峥、郝红红：《十二平方公里南区N20地块唐、明墓葬发掘简报》，《北京文博文丛》2017年第3辑。
⑯ 丁丽娜、孙峥：《石景山首钢园区东南区唐代墓葬发掘简报》，《北京文博文丛》2019年第4辑。
⑰ 戢征、刘风亮：《北京大兴狼垡地区唐代墓葬发掘简报》，《北京文博文丛》2019年第4辑。
⑱ 北京市文物研究所：《北京亦庄考古发掘报告（2003～2005）》，科学出版社，2009年。

葬烧骨的习俗，初步推断该墓为辽金时期。

（二）明清时期墓葬

M226为小型竖穴土圹砖椁墓，平面呈长方形，破坏较严重，残留部分用砖块砌制而成。其中出土的黑釉双系瓷罐与大兴M57∶1[①]近似，圆形带柄人物赏花镜是元代时期常见类型[②]。据此，推断该墓为元末明初时期比较适宜。

5座竖穴土圹墓，其中2座为单棺墓，3座为双棺合葬墓，此墓葬形制为北京地区明清时期常见形制。随葬器物有壶、罐、双系瓷罐、瓷碗、铜簪及铜钱等。其中双系瓷罐M1∶2与大兴北程庄M2∶1[③]、丽泽M184∶1[④]、医学院M35∶1[⑤]器形近似，黑釉瓷罐M69∶3与丽泽墓地M94∶1、M169∶2、M171∶1[⑥]器形相似。依据墓葬形制及出土器物特征，推断这5座墓葬的年代为清代时期。

[①] 北京市文物研究所：《大兴古墓葬考古发掘报告集》，科学出版社，2020年。
[②] 孔祥星、刘一曼：《中国古代铜镜》，文物出版社，1984年。
[③] 北京市文物研究所：《大兴北程庄墓地——北魏、唐、辽、金、清代墓葬发掘报告》，科学出版社，2010年。
[④] 北京市文物研究所：《丽泽墓地——丽泽金融商务区园区规划绿地工程发掘报告》，科学出版社，2016年。
[⑤] 北京市文物研究所：《大兴古墓葬考古发掘报告集》，科学出版社，2020年。
[⑥] 北京市文物研究所：《丽泽墓地——丽泽金融商务区园区规划绿地工程发掘报告》，科学出版社，2016年。

附表一　墓葬登记表

墓号	层位	方向	形制与结构	长（口、底）	宽	深	葬式	葬具	人骨保存情况	性别	年龄	随葬品	时代	备注
M261	⑤	5°	长方形竖穴土坑墓	4.9～3.3	4.1～2.2	3.48	仰身直肢	一椁双棺	较差	男	不明	陶鬲2、铜剑1	战国	
M128	④	2°	长方形竖穴土坑棺墓	2.7	0.8	0.4	仰身直肢	瓮棺	较差	男	20	陶瓮2	西汉	
M183	④	10°	长方形竖穴土坑瓮棺墓	1.05	0.54～0.6	0.4	不明	瓮棺	较差	男	15	陶瓮2、碎片1	西汉	
M202	④	12°	长方形竖穴土坑瓮棺墓	0.6	0.7	0.2	—	瓮棺	—	—	—	陶瓮2	西汉	
M220	④	105°	长方形竖穴土坑瓮棺墓	0.6	0.6	0.5	不明	瓮棺	不明	不明	不明	陶瓮1	西汉	
M224	④	357°	长方形竖穴土坑瓮棺墓	1.3	0.56	0.6	—	瓮棺	—	—	—	陶瓮1	西汉	
M225	④	5°	长方形竖穴土坑瓮棺墓	2.2	1.04	0.6	不明	瓮棺	不明	不明	不明	陶瓮1、陶盆1	西汉	
M247	④	15°	长方形竖穴土坑瓮棺墓	1.5	1	0.6～1	不明	瓮棺	不明	不明	不明	陶瓮2	西汉	
M4	④	358°	长方形竖穴土坑单室墓	3.2～3.1	1.15～1	2	仰身直肢	一棺一椁	较差	女	成年	陶罐2	西汉	
M5	④	6°	长方形竖穴土坑单室墓	3.1	1.28	1.7	仰身直肢	一棺一头箱	一般	男	成年	陶罐2、陶盒1	西汉	
M6	④	13°	长方形竖穴土坑单室墓	3.5	1.2	2.4	仰身直肢	一棺	较好	男	未成年	陶罐2	西汉	
M7	④	10°	长方形竖穴土坑积石墓	4.3	1.2～1.5	2.7	仰身直肢	一棺一椁一头箱	较差	男	45	陶壶2、陶鼎1、陶盒1	西汉	

续表

墓号	层位	方向	形制与结构	长（口、底）	宽	深	葬式	葬具	人骨保存情况	性别	年龄	随葬品	时代	备注
M10	④	10°	长方形竖穴土圹单室墓	2.94	1	2.44	仰身直肢	一棺	较好	男	36	陶罐1、陶鼎1、陶壶2、陶盒1	西汉	
M13	④	12°	长方形竖穴土圹单室墓	3.3	1.08~1.12	1.84	仰身直肢	一棺一椁	较好	男	35	陶壶2、陶鼎1、陶盒1	西汉	
M14	④	13°	长方形竖穴土圹单室墓	2.9	1.16	2.1	仰身直肢	一棺一椁	一般	女	36	陶罐1、陶壶2	西汉	
M16	④	10°	长方形竖穴土圹单室墓	2~1.9	0.64~0.54	0.6	仰身直肢	一棺一椁	较差	男	40	带钩1、铁器1、玉环1	西汉	
M19	④	12°	长方形竖穴土圹单室墓	3.64	1.26	1.6	仰身直肢	一棺一椁	较差	男	18	陶盆1、陶壶2、陶盒1、陶鼎1	西汉	
M20	④	13°	长方形竖穴土圹单室墓	3.6	1.2~1.4	1.7	仰身直肢	一棺一椁	较好	女	45	陶罐2	西汉	
M22	④	100°	长方形竖穴土圹单室墓	4.2	1.6~1.7	2.9	仰身直肢	一棺一椁	较差	男	35	陶罐1、陶器盖1、陶鼎1、陶壶2、陶碗1	西汉	
M23	④	100°	长方形竖穴土圹单室墓	3.38	1.4	2.49	仰身直肢	一棺一椁	较好	男性	35	陶鼎1、陶碗1、陶罐1、陶盒1、陶壶2	西汉	
M26	④	275°	长方形竖穴土圹单室墓	4.5	1.6~1.04	1.9	仰身直肢	一棺一椁	一般	男性	45	陶罐1、陶盒2、陶壶2、带钩1	西汉	
M30	④	0°	长方形竖穴土圹石椁墓	3.3	1.5	2.5	仰身直肢	一棺一椁一头箱	较差	男性	36	陶罐5、陶壶2、陶鼎2、玉璧1	西汉	
M32	④	12°	长方形竖穴土圹单室墓	2.8~2.64	1.3~0.94	3.06	仰身直肢	一棺	较差	男性	36	陶罐1	西汉	

续表

墓号	层位	方向	形制与结构	长（口、底）	宽	深	葬式	葬具	人骨保存情况	性别	年龄	随葬品	时代	备注
M33	④	5°	长方形竖穴土圹单室墓	3.44～3.36	1.36～1.3	2.24	仰身直肢	一棺一头箱	一般	女性	30	铜钱1、陶罐1、陶鼎1、陶盒1、陶壶2	西汉	
M34	④	5°	长方形竖穴土圹单室墓	4.1	1.74	1.9	俯身直肢	一棺一椁	较好	男性	35	陶壶2、陶鼎1、带钩1	西汉	
M39	④	5°	长方形竖穴土圹单室墓	3.03	2	3.52	仰身直肢	一棺一椁	较差	男性	40	无	西汉	
M40	④	2°	长方形竖穴土圹单室墓	4.25～3.24	2.9～2.14	3.8	仰身直肢	一棺一椁	较好	男性	35	铜镜1、玉环1、陶罐1	西汉	
M41	④	2°	长方形竖穴土圹单室墓	3.36～2.56	1.66	1.56	不明	一棺	较差	女性	35	陶罐1	西汉	
M42	④	275°	长方形竖穴土圹单室墓	3.5	1.4～1.72	3.38	仰身直肢	一棺一椁	一般	女性	40	陶罐1、带钩1	西汉	
M46	④	22°	长方形竖穴土圹单室墓	3.8	1.44～1.64	3.28	仰身直肢	一棺一椁	较好	男性	36	陶罐1、陶壶2、陶鼎1	西汉	
M49	④	5°	长方形竖穴土圹单室墓	3.76	1.44	2.06	不明	一棺一头箱	较差	女性	35	陶罐2、陶盒1、陶盆1	西汉	
M51	④	10°	长方形竖穴土圹单室墓	3.8	1.2～1.3	2.06	仰身直肢	一棺一椁	不明	男性	40	铺首1、陶壶2、陶鼎1、陶盒1、龟形印1	西汉	
M53	④	5°	长方形竖穴土圹单室墓	3.3	1.44～1.58	2.3	仰身直肢	一棺一椁	一般	男性	36	陶盒2、陶罐3	西汉	
M56	④	10°	长方形竖穴土圹单室墓	3.4	1.32～1.38	3.24	仰身直肢	一棺一椁	较好	女性	35	陶罐1	西汉	

续表

墓号	层位	方向	形制与结构	长（口、底）	宽	深	葬式	葬具	人骨保存情况	性别	年龄	随葬品	时代	备注
M57	④	1°	长方形竖穴土圹单室墓	3.28	1.08	2.3	仰身直肢	一棺	较好	男性	36	陶罐2、陶盒1	西汉	
M58	④	11°	长方形竖穴土圹单室墓	4.26	2.52	2.6	不明	一棺一椁	较差	不明	不明	陶罐1、陶壶2、陶盒2、陶鼎2	西汉	
M70	④	8°	长方形竖穴土圹单室墓	3.1	1.06	2.14	仰身直肢	一棺一头箱	较好	男性	36	陶罐2、陶盒2、带钩1	西汉	
M71	④	4°	长方形竖穴土圹单室墓	2.86~2.6	1.52~1.3	2.36	俯身直肢	一棺	一般	女性	35	无	西汉	
M72	④	5°	长方形竖穴土圹单室墓	3.1	1.5~1.64	2.5	不明	一棺一椁	较差	男性	36	陶鼎2、陶壶2、木器1	西汉	
M73	④	5°	长方形竖穴土圹单室墓	3	1.3~1.4	1.94	仰身直肢	一棺一椁	较好	男性	35	陶罐2	西汉	
M77	④	10°	长方形竖穴土圹单室墓	2.7	1.2~1.28	2.86	仰身直肢	一棺一头箱	一般	女性	35	陶壶2	西汉	
M78	④	15°	长方形竖穴土圹单室墓	2.7~2.5	1.1~0.92	1.7	仰身直肢	一棺一椁	较好	男性	35	陶罐2、陶钵1	西汉	
M79	④	3°	长方形竖穴土圹单室墓	3	1.2	1.8	仰身直肢	一棺一头箱	较好	女性	35	陶壶2、陶鼎2、铜钱3	西汉	
M80	④	6°	长方形竖穴土圹单室墓	2.5	1.04	2.24	仰身直肢	一棺	较好	女性	40	陶罐1	西汉	
M81	④	0°	梯形竖穴土圹单室墓	2.15	1.14~1.2	2	仰身直肢	一棺	一般	男性	44	陶罐2	西汉	

续表

墓号	层位	方向	形制与结构	长（口、底）	宽	深	葬式	葬具	人骨保存情况	性别	年龄	随葬品	时代	备注
M82	④	9°	长方形竖穴土圹单室墓	3	1.6	2.3	仰身直肢	一棺一椁	较好	男性	35	带钩1、陶盒1、陶壶2	西汉	
M87	④	5°	长方形竖穴土圹单室墓	3.4	1.56	2.7	仰身直肢	一棺一椁	较差	男性	36	陶壶2、陶鼎2	西汉	
M89	④	8°	长方形竖穴土圹单室墓	3.1	1.36	2.04	仰身直肢	一棺一椁	一般	男性	40	陶罐1、陶盒1、陶鼎1、陶壶2	西汉	
M92	④	2°	长方形竖穴土圹单室墓	3.1	1.8	2.4	仰身直肢	一棺一椁	较差	女性	35	陶壶2、石器1	西汉	
M94	④	185°	长方形竖穴土圹单室墓	3.1	2.3	1.46	不明	一棺一椁	较差	女性	36	陶罐2、陶盒1	西汉	
M95	④	352°	长方形竖穴土圹单室墓	3.18~3.04	1.64~1.44	1.72~2.1	不明	一棺一头箱	较差	男性	35	陶罐1、陶壶2	西汉	二次葬
M97	④	13°	长方形竖穴土圹单室墓	3.6	1~1.16	2.24	仰身直肢	一棺一头箱	较好	男性	40	陶罐3、陶盒2	西汉	
M99	④	277°	长方形竖穴土圹单室墓	3.5	1.8~1.9	2	仰身直肢	一棺一椁	较差	男性	36	印章1、陶罐2	西汉	
M101	④	101°	长方形竖穴土圹单室墓	3.06	1.2	2.86	仰身直肢	一棺一椁	较好	女性	35	陶罐2、陶盒2	西汉	
M103	④	3°	长方形竖穴土圹单室墓	3.4	1.4	1.6	仰身直肢	一棺一椁	较差	女性	35	器盖2、陶鼎2、陶罐1、陶盒2、带钩1	西汉	
M104	④	2°	长方形竖穴土圹单室墓	2.5~2.3	1.3~1.1	2.3	仰身直肢	一棺	较差	男性	40	陶罐1	西汉	

续表

墓号	层位	方向	形制与结构	长（口、底）	宽	深	葬式	葬具	人骨保存情况	性别	年龄	随葬品	时代	备注
M105	④	5°	长方形竖穴土圹单室墓	2.5	1.04	2.06	仰身直肢	一棺	一般	男性	16	铜剑1	西汉	
M106	④	100°	长方形竖穴土圹单室墓	3.1	1.06~1.2	2.04	仰身直肢	一棺一椁	较好	女性	35	陶罐2、陶盒1	西汉	
M107	④	100°	长方形竖穴土圹单室墓	3.4	1.08~1.2	2.06	仰身直肢	一棺	一般	男性	36	陶罐1、陶壶1、带钩1、陶盒1	西汉	
M108	④	20°	长方形竖穴土圹单室墓	2.8	0.96	2.3	仰身直肢	一棺	一般	男性	16	无	西汉	
M109	④	10°	长方形竖穴土圹单室墓	3.1	1.1	2.5	仰身直肢	一棺一椁	较好	男性	35	陶罐2	西汉	
M110	④	110°	长方形竖穴土圹单室墓	3.45~3.3	1.23~1.05	2.04	仰身直肢	一棺一椁	较好	女性	30	陶罐1、陶盒1、陶鼎1、陶壶2	西汉	
M111	④	5°	长方形竖穴土圹单室墓	4	1.3	2.9	仰身直肢	一棺一椁	一般	女性	35	陶壶2、陶盒1、陶鼎1、铺首1	西汉	
M113	④	5°	长方形竖穴土圹单室墓	3.26	1.4	2.6	侧身直肢	一棺一椁	一般	女性	16	陶罐2	西汉	
M114	④	10°	长方形竖穴土圹单室墓	2.26	0.84	1.16	仰身直肢	无	较差	女性	30	无	西汉	
M115	④	0°	长方形竖穴土圹单室墓	2.26	0.9	1.4	仰身直肢	无	一般	男性	40	无	西汉	
M118	④	13°	长方形竖穴土圹单室墓	2.5	1.08	1.9	仰身直肢	一棺一头箱	一般	女性	30	陶罐1、陶碗1	西汉	
M119	④	11°	长方形竖穴土圹单室墓	3.66	2	2.8	仰身直肢	一棺一椁	一般	男性	36	陶壶2、陶鼎2、器盖1	西汉	

续表

墓号	层位	方向	形制与结构	长（口、底）	宽	深	葬式	葬具	人骨保存情况	性别	年龄	随葬品	时代	备注
M121	④	10°	长方形竖穴土圹单室墓	3.3	1.1～1.14	2	仰身直肢	一棺一椁	一般	女性	30	陶罐2、陶盒2	西汉	
M122	④	110°	长方形竖穴土圹单室墓	3.76	1.22	2.2	仰身直肢	一棺一椁	一般	男性	40	陶罐1、陶壶2、陶鼎1、陶盒1	西汉	
M123	④	110°	长方形竖穴土圹单室墓	3.14	1.05	2.2	仰身直肢	一棺一椁	较好	男性	40	陶罐3、陶壶1、陶器盖1	西汉	
M124	④	10°	长方形竖穴土圹单室墓	2.34	1.1	1.41	仰身直肢	一棺	较好	男性	45	陶罐1	西汉	
M125	④	6°	长方形竖穴土圹单室墓	3.6	1.4	2.2	仰身直肢	一棺一椁	一般	男性	40	带钩1、陶罐1、陶壶2、陶鼎1	西汉	
M126	④	5°	长方形竖穴土圹单室墓	2.5	1.08	1.8	仰身直肢	一棺	较差	女性	30	带钩1	西汉	
M127	④	10°	长方形竖穴土圹单室墓	3.1	1.6	2.5	仰身直肢	一椁一棺	较好	女性	16	无	西汉	
M129	④	100°	长方形竖穴土圹单室墓	3.6	1.14～1.58	1.6	仰身直肢	一棺一头箱	较好	男性	45	陶罐3、陶盒1、陶盆1	西汉	
M130	④	10°	长方形竖穴土圹单室墓	2.7	1.06	2.22	仰身直肢	一棺	较好	女性	25	陶罐2	西汉	
M131	④	7°	长方形竖穴土圹单室墓	3	1.4～1.5	3.3	仰身直肢	一棺一椁	一般	女性	36	陶罐2	西汉	
M132	④	35°	长方形竖穴土圹单室墓	2.7	1.06	2.22	仰身直肢	一棺	较好	女性	16	陶壶2	西汉	
M133	④	5°	长方形竖穴土圹单室墓	2.7～2.5	1.28～1.1	1.4	仰身直肢	一棺	较好	女性	35	无	西汉	

续表

墓号	层位	方向	形制与结构	长（口、底）	宽	深	葬式	葬具	人骨保存情况	性别	年龄	随葬品	时代	备注
M135	④	8°	长方形竖穴土圹双棺合葬墓	3.43	2.6	2.45	仰身直肢	一椁两棺一头箱	较差	女性 / 男性	35（东）/ 40（西）	印章1、陶罐1、陶盒1、陶壶2、陶鼎1、金饰1	西汉	
M136	④	8°	长方形竖穴土圹单室墓	2.5	0.8	0.9	仰身直肢	一棺	一般	男性	16	无	西汉	
M137	④	10°	长方形竖穴土圹单室墓	3.3	1.2	1.2	仰身直肢	一棺一椁	一般	男性	45	陶罐2	西汉	
M147	④	9°	长方形竖穴土圹单室墓	2.9	1	0.9	—	一棺一头箱	—	—	—	陶罐1、陶鼎1	西汉	
M149	④	12°	长方形竖穴土圹单室墓	3	1	1.84	仰身直肢	一棺一头箱	较好	男性	45	陶罐2	西汉	
M151	④	4°	梯形竖穴土圹单室墓	2.9	1.6~1.7	1.8	仰身直肢	一棺一椁	较差	女性	35	陶鼎2、陶壶2、陶钵1、陶盒1	西汉	
M152	④	2°	长方形竖穴土圹单室墓	3.4	1.3	1.5	—	—	—	—	—	无	西汉	迁葬
M153	④	13°	长方形竖穴土圹单室墓	2.2	0.9	1.2	仰身直肢	一棺	一般	女性	16	无	西汉	
M155	④	12°	长方形竖穴土圹单室墓	3	1.16	2.3	仰身直肢	一棺一头箱	较好	女性	35	陶壶2、陶盒1、陶鼎1、陶罐1、铜饰1	西汉	
M156	④	16°	长方形竖穴土圹单室墓	2.7	1	2.3	仰身直肢	一棺一头箱	一般	男性	45	陶罐2、铜钱2	西汉	

墓号	层位	方向	形制与结构	长（口、底）	宽	深	葬式	葬具	人骨保存情况	性别	年龄	随葬品	时代	备注
M157	④	7°	长方形竖穴土圹单室墓	3.25	1	2.1	仰身直肢	一棺一头箱	一般	男性	35	陶鼎1、陶盒1、陶壶2	西汉	
M158	④	4°	长方形竖穴土圹单室墓	3.05	1.29	2.2	仰身直肢	一棺一椁	较好	女性	35	陶罐3、玉饰1	西汉	
M159	④	10°	长方形竖穴土圹单室墓	3.26	1.33	2	仰身直肢	一棺一椁	较差	男性	40	陶罐1、陶盒2、陶鼎1	西汉	
M162	④	20°	长方形竖穴土圹单室墓	3.6	0.92	1.94	仰身直肢	一棺一椁	较好	男性	45	陶壶2、陶鼎1	西汉	
M164	④	182°	长方形竖穴土圹单室墓	3.2	1.1	2.4	仰身直肢	一棺一椁	较差	男性	35	陶罐2、陶盒2	西汉	
M165	④	5°	长方形竖穴土圹单室墓	3.4	1.2	2.3	仰身直肢	一棺一头箱	一般	女性	25	陶盒1、陶盒1、陶鼎1、陶罐2	西汉	
M167	④	350°	长方形竖穴土圹单室墓	1.6	0.9	1.5	仰身直肢	一棺	较好	男性	40	无	西汉	
M168	④	100°	长方形竖穴土圹单室墓	1.94	0.9	1.6	不明	一棺一头箱	较差	不明	不明	陶罐1	西汉	
M169	④	10°	长方形竖穴土圹单室墓	2.5	0.9~1	1.7	仰身直肢	一棺一头箱	较好	女性	30	陶罐1	西汉	
M171	④	95°	长方形竖穴土圹单室墓	1.6	0.94	1.6	仰身直肢	一棺	较差	女性	36	无	西汉	
M172	④	5°	长方形竖穴土圹单室墓	1.7	0.8	0.12~0.58	不明	一	极差	不明	不明	无	西汉	

续表

墓号	层位	方向	形制与结构	长（口、底）	宽	深	葬式	葬具	人骨保存情况	性别	年龄	随葬品	时代	备注
M174	④	95°	长方形竖穴土圹单室墓	1.9	0.8	1.2	仰身直肢	一棺	较差	女性	20	无	西汉	
M175	④	10°	长方形竖穴土圹单室墓	2.8	1.6	1.8	仰身直肢	一棺一椁	较差	女性	35	陶罐2	西汉	
M176	④	13°	长方形竖穴土圹单室墓	3.4	1.1	1.4	仰身直肢	一棺一头箱	一般	女性	30	陶罐2、陶盒1、铜钱1	西汉	
M177	④	10°	长方形竖穴土圹单室墓	3.36	1	1.8	仰身直肢	一棺一椁	较差	男性	35	陶罐1、陶盒1、陶鼎1、陶壶2	西汉	
M178	④	3°	长方形竖穴土圹单室墓	3.2	1.2~1.3	2.1	仰身直肢	一棺一头箱	较差	男性	35	陶罐2、陶盒2	西汉	
M179	④	8°	长方形竖穴土圹单室墓	2	0.7	0.62	仰身直肢	一棺	较好	女性	30	无	西汉	
M181	④	13°	长方形竖穴土圹单室墓	3.4	1	1.8	仰身直肢	一棺一椁	较差	男性	35	带钩1、印章1、陶耳杯1、陶罐2	西汉	
M182	④	6°	长方形竖穴土圹单室墓	2.5	1.2	2.5	侧身屈肢	一棺	一般	女性	35	无	西汉	
M184	④	5°	长方形竖穴土圹单室墓	2.36	0.75	1.2	仰身直肢	一棺	较差	女性	35	陶罐1	西汉	
M186	④	5°	长方形竖穴土圹单室墓	3.6	1.3	2.45	仰身直肢	一棺一椁	较差	男性	40	陶壶2、陶罐1、陶鼎1、器盖1	西汉	
M188	④	4°	长方形竖穴土圹单室墓	3	1.35~1.45	2.5	仰身直肢	一棺一椁	较差	男性	35	陶壶1、带钩1、陶鼎1、陶盒1	西汉	

续表

墓号	层位	方向	形制与结构	长（口、底）	宽	深	葬式	葬具	人骨保存情况	性别	年龄	随葬品	时代	备注
M192	④	10°	长方形竖穴土圹单室墓	2.6	1～1.08	2.6	仰身直肢	一棺一头箱	较好	女性	35	陶壶1、陶罐2	西汉	
M194	④	7°	长方形竖穴土圹单室墓	2.5	1	2.44	仰身直肢	一棺	一般	男性	40	陶罐1、带钩1、纺轮1、环首刀2、陶鱼1、骨算等3	西汉	
M196	④	100°	长方形竖穴土圹单室墓	3.6	1.5	1.6	仰身直肢	一棺一头箱	一般	男性	35	陶罐1、火山石1、铜饰1	西汉	
M197	④	95°	梯形竖穴土圹单室墓	3.68	1.2～1.3	1.88	仰身直肢	一棺一椁	较好	女性	25	陶盒1、陶罐2、铜钱1	西汉	
M198	④	275°	长方形竖穴土圹单室墓	2.4	0.9	1.7	侧身屈肢	一棺	较好	（北）男性（南）女性	不明	无	西汉	
M199	④	100°	长方形竖穴土圹单室墓	2.9	1.08	0.98	不明	一棺一椁	不明	不明	不明	陶壶2、陶罐1、陶鼎1、陶盒1	西汉	
M201	④	282°	长方形竖穴土圹单室墓	2.3	1	3	仰身直肢	一棺一脚箱	一般	女性	16	陶罐2	西汉	
M203	④	5°	长方形竖穴土圹单室墓	2.34	1	1.9	侧身直肢	一棺	较好	女性	35	无	西汉	
M204	④	15°	长方形竖穴土圹单室墓	2.4	1	1.9	仰身直肢	一棺一椁	一般	女性	35	陶盒1	西汉	
M206	④	10°	长方形竖穴土圹单室墓	4.2～3.1	2.9～1.26	3.8	仰身直肢	一棺一椁	较差	男性	40	陶罐2、陶壶1、陶盒1、陶鼎1	西汉	

续表

墓号	层位	方向	形制与结构	长（口、底）	宽	深	葬式	葬具	人骨保存情况	性别	年龄	随葬品	时代	备注
M209	④	7°	长方形竖穴土圹单室墓	2.1	0.6	0.6	仰身屈肢	一棺	一般	女性	16	无	西汉	
M210	④	95°	长方形竖穴土圹单室墓	2.8	1.2	2.2	仰身直肢	一棺	一般	男性	16	陶罐1	西汉	
M211	④	100°	长方形竖穴土圹单室墓	2.7	0.7~0.8	0.4	侧身直肢	一棺	一般	男性	20	无	西汉	
M212	④	13°	长方形竖穴土圹单室墓	2.2	0.6	1	仰身直肢	一棺	一般	女性	16	无	西汉	
M213	④	3°	长方形竖穴土圹单室墓	3.46~3.36	1.4~1.3	2.1	仰身直肢	一棺一头箱	一般	男性	35	陶罐2、陶钵1、陶鼎1、陶盒1	西汉	
M214	④	88°	长方形竖穴土圹单室墓	2.34~2.14	1.2~1	2.02	仰身直肢	一棺	较好	男性	35	无	西汉	
M215	④	0°	长方形竖穴土圹单室墓	2.6	1.26	1.8	仰身直肢	一棺一头箱	一般	男性	35	陶壶2	西汉	
M217	④	3°	长方形竖穴土圹单室墓	3.2	1.6~1.3	2.8	仰身直肢	一棺	一般	女性	25	陶罐2	西汉	
M218	④	7°	长方形竖穴土圹单室墓	3.24	1.04	1.6	仰身直肢	一棺一椁	较好	男性	35	陶罐3、陶盒1、带钩1	西汉	
M221	④	93°	长方形竖穴土圹单室墓	3.3	0.6	1.2	仰身直肢	一棺	较好	女性	40	陶壶2、陶罐1、陶鼎1、铜钱3	西汉	
M222	④	8°	长方形竖穴土圹单室墓	4.08	1.82	2.1	—	—	—	—	—	无	西汉	
M223	④	97°	长方形竖穴土圹单室墓	4.24~4.02	1.83~1.76	2.54	仰身直肢	一棺一椁	一般	男性	45	陶壶2、陶鼎1、陶盒1	西汉	

续表

墓号	层位	方向	形制与结构	长（口、底）	宽	深	葬式	葬具	人骨保存情况	性别	年龄	随葬品	时代	备注
M228	④	10°	长方形竖穴土圹单室墓	2.2	0.8	1.3	仰身直肢	一棺	一般	男性	24	无	西汉	
M229	④	95°	长方形竖穴土圹单室墓	2.7	0.7	1.2	仰身直肢	一棺一头箱	较差	男性	35	陶盆1、陶罐2	西汉	
M230	④	2°	长方形竖穴土圹单室墓	2.4	0.92~1	2.4	侧身直肢	一棺一椁	一般	女性	30	陶罐1	西汉	
M231	④	5°	长方形竖穴土圹单室墓	3.3	1.56	2.98	仰身直肢	一棺一椁	较差	女性	35	陶罐3、陶盆1、带钩1、骨器6	西汉	
M232	④	355°	长方形竖穴土圹单室墓	3.65	1.24	2.02	仰身直肢	一棺一椁	较好	女性	35	陶壶2、陶鼎1、陶盆1、陶罐1	西汉	
M233	④	10°	长方形竖穴土圹单室墓	2.1	0.8	1.2	仰身直肢	一棺	一般	男性	16	无	西汉	
M234	④	10°	长方形竖穴土圹单室墓	2.4	0.88	1.72	仰身直肢	一棺一头箱	较好	女性	20	陶罐1	西汉	
M235	④	15°	长方形竖穴土圹单室墓	2.5	1~1.1	1.8	仰身直肢	一棺一头箱	一般	男性	25	陶罐1	西汉	
M236	④	5°	长方形竖穴土圹单室墓	2.6	1.2	2.2	仰身直肢	一棺一椁	一般	女性	30	陶罐2	西汉	
M240	④	7°	长方形竖穴土圹单室墓	1.8	0.8	1.6	仰身直肢	一棺	一般	女性	30	无	西汉	
M241	④	5°	长方形竖穴土圹单室墓	2.66	1.2	1.82	仰身直肢	一棺一椁	较好	男性	35	陶罐1	西汉	

续表

墓号	层位	方向	形制与结构	长（口、底）	宽	深	葬式	葬具	人骨保存情况	性别	年龄	随葬品	时代	备注
M242	④	7°	长方形竖穴土圹单室墓	2.85	0.9~1	1.7	仰身直肢	一棺一头箱	一般	女性	30	陶壶1	西汉	
M243	④	8°	长方形竖穴土圹单室墓	2.7	1.4	1.2	仰身直肢	一棺	较差	男性	30	无	西汉	
M244	④	15°	长方形竖穴土圹单室墓	3	1.6	1.72	仰身直肢	一棺一头箱	一般	女性	30	陶罐1	西汉	
M245	④	8°	长方形竖穴土圹单室墓	3.2	1.52	1.02	不明	一棺一椁	较差	不明	不明	陶罐3、印章1	西汉	
M246	④	19°	长方形竖穴土圹单室墓	2.95	0.95~1.06	2	仰身直肢	一棺一头箱	较差	男性	35	陶罐2、陶鼎1、陶盒1	西汉	
M248	④	15°	长方形竖穴土圹单室墓	3.16	1.3	2	仰身直肢	一棺	较差	女性	35	陶罐1、陶壶2、陶盒2、带钩1、铜勺1、铜钱2	西汉	
M249	④	8°	长方形竖穴土圹单室墓	3.3	1.2	2	仰身直肢	一棺一椁	较差	男性	40	陶鼎1、陶罐1、陶壶2	西汉	
M250	④	8°	长方形竖穴土圹单室墓	2.6	1.2	2.2	—	一棺	—	—	—	陶罐2	西汉	
M251	④	15°	长方形竖穴土圹单室墓	2.3	1	1.6	仰身直肢	一棺	较差	男性	16	无	西汉	
M255	④	5°	长方形竖穴土圹单室墓	3.12	1.6	2	仰身直肢	一棺一椁	较差	男性	35	陶罐2	西汉	
M256	④	8°	长方形竖穴土圹单室墓	4	1.4	2.6	仰身直肢	一棺一椁	较差	男性	40	带钩1、陶罐2、陶壶1、陶鼎1、陶盒1、铜钱1	西汉	

续表

墓号	层位	方向	形制与结构	长（口、底）	宽	深	葬式	葬具	人骨保存情况	性别	年龄	随葬品	时代	备注
M257	④	10°	长方形竖穴土圹单室墓	3.6	1.32	1.8	仰身直肢	一棺一椁	较差	男性	35	陶罐1、陶壶2、陶盒2、玛瑙珠1	西汉	
M258	④	5°	长方形竖穴土圹单室墓	3.46	1.2	2.2	仰身直肢	一棺一椁	较差	男性	35	陶罐2、铜钱1、石器1	西汉	
M260	④	15°	梯形竖穴土圹单室墓	3.1	1~1.1	2.3	仰身直肢	一棺一头箱	较好	女性	30	陶罐3、陶盒2	西汉	
M262	④	275°	长方形竖穴土圹单室墓	1.5	0.6	1	不明		不明	不明	不明	陶片1袋（无法复原）	西汉	
M263	④	8°	梯形竖穴土圹单室墓	2.16	0.52~0.7	0.7	—	—	—	—	—	无	西汉	
M264	④	10°	长方形竖穴土圹单室墓	3.2	1.52	2.5	仰身直肢	一棺一椁	较差	不明	不明	陶罐1、陶壶2	西汉	
M47	④	26°	长方形竖穴砖券单室墓	2.8	1.08	0.42	—	—	—	—	—	无	西汉	
M74	④	350°	长方形竖穴土圹砖椁墓	2.85	1.34~1.46	1.68	仰身直肢	一椁	一般	女性	20	铜钱1	西汉	
M75	④	20°	长方形竖穴土圹砖棺墓	2.94	1.2	2.05	仰身直肢	一椁	较差	女性	20	铜钱1	西汉	
M76	④	13°	长方形竖穴瓦砾椁墓	2.98	0.9	1.77	仰身直肢	一椁	较好	女性	30	陶罐2	西汉	
M84	④	95°	长方形竖穴土圹砖室单墓	3.3	1.18	1	不明	一椁	极差	不明	不明	陶罐3	西汉	

续表

墓号	层位	方向	形制与结构	长（口、底）	宽	深	葬式	葬具	人骨保存情况	性别	年龄	随葬品	时代	备注
M88	④	280°	长方形竖穴土圹砖椁墓	3.28	1.3	1.4	不明	一椁	极差	男性	35	陶罐3	西汉	
M102	④	3°	长方形竖穴土圹砖合葬墓	3.28	2.2	1.4	仰身直肢	一椁	较好	男性（东）女性（西）	35 30	陶罐1、铜钱2	西汉	
M116	④	2°	长方形竖穴土圹砖椁墓	2.7	1.48	2.34	仰身直肢	一棺一椁	较好	男性	40	无	西汉	
M154	④	95°	长方形竖穴土圹砖券墓	2.9	1.1	0.6	—	一椁	—	—	—	无	西汉	二次垒砌
M160	④	5°	长方形竖穴土圹砖椁墓	3.7	1.44	2.06	仰身直肢	一棺一椁	较差	女性	35	陶壶2、陶罐2、陶盒1、器盖1、陶鼎1、带钩1	西汉	
M161	④	10°	长方形竖穴土圹砖椁墓	3.84	1.5~1.6	2.4	仰身直肢	一椁一棺	较差	男性	40	陶罐1、陶鼎1、陶盒1、陶壶2、铜钱5	西汉	
M185	④	184°	长方形竖穴土圹砖券单室墓	3	1.4~1.64	0.16	—	一椁	—	—	—	无	东汉	
M187	④	8°	长方形竖穴土圹砖券墓	4.4	2.3	0.6	—	一椁	—	—	—	铜钱2、纹饰砖1	东汉	
M8	④	193°	甲字形竖穴土圹砖券单室墓	12.2	0.7~3	0~1.5	—	一椁	—	—	—	陶耳杯1	东汉	
M37	④	180°	甲字形竖穴土圹砖券单室墓	7.5	0.72~2.04	0.1~1.5	—	一椁	—	—	—	无	东汉	

续表

墓号	层位	方向	形制与结构	长（口，底）	宽	深	葬式	葬具	人骨保存情况	性别	年龄	随葬品	时代	备注
M38	④	190°	甲字形竖穴土圹砖券单室墓	7.8	0.74~2.1	0~1.7	不明	一椁	极差	不明	不明	器盖2、陶罐1、铜钱1	东汉	
M45	④	10°	甲字形竖穴土圹砖券单室墓	6.4	0.72~1.6	0~1.08	—	一椁	—	—	—	无	东汉	
M48	④	10°	甲字形竖穴土圹砖券单室墓	7.6	0.92~2.64	0~1.4	仰身直肢	一椁	较好	男性	45	铜钱2、铜镜1、器盖1	东汉	
M50	④	2°	甲字形竖穴土圹砖券单室墓	9	0.84~2	0.5~1.5	—	一椁	—	—	—	陶罐1、盘口壶2、陶瓮1、器盖3、铜镜1	东汉	
M52	④	2°	甲字形竖穴土圹砖券单室墓	9.65	1.1~1.8	0.5~1.6	不明	一椁	极差	不明	不明	陶罐5、铜轴1、铜车害1、铜泡钉3、帽5、铜当卢1、铜马衔2、轭首饰1、衡末饰1、车辖1	东汉	二次砌制
M54	④	8°	甲字形竖穴土圹砖券单室墓	7.78	0.96~1.7	0~1.3	—	一椁	—	—	—	陶罐1、铜柄1、铜钱2	东汉	
M55	④	13°	甲字形竖穴土圹砖券单室墓	8	0.66~1.6	0~1.3	仰身直肢	一椁	较好	女性	16	铜镜1、陶罐1、铜钱3	东汉	
M83	④	173°	甲字形竖穴土圹砖券单室墓	9.5	0.8~2.2	0~1.6	—	—	—	—	—	陶罐3	东汉	

续表

墓号	层位	方向	形制与结构	长（口、底）	宽	深	葬式	葬具	人骨保存情况	性别	年龄	随葬品	时代	备注
M117	④	15°	甲字形竖穴土圹砖单室合葬墓	9.04	1~2.76	0.5~2	仰身直肢 / 不明	一椁	较好 / 较差	女性（西）/ 男性	30 / 45	琉璃珰1、水晶珠3、铜钱1	东汉	
M166	③	185°	甲字形竖穴土圹砖瓦混券单室墓	12.1	1.48~3.1	0.2~2.2	—	一椁	较差	—	—	陶壶2、陶罐4、铜环2、带钩1、瓦当1	东汉	
M170	③	189°	甲字形竖穴土圹砖券单室墓	11.92	0.86~3.02	0.9~2.04	—	一椁	—	—	—	无	东汉	
M189	③	10°	甲字形竖穴土圹砖单室墓	12.04	0.82~3.04	0~2.38	—	一椁	—	—	—	铜镜2、石圭板1、磨杵1、带钩1、铜钱19	东汉	
M193	③	194°	甲字形竖穴土圹砖券单室墓	7.2	0.74~1.32	0.18~0.78	侧身屈肢	一椁	较好	男性	35	铜镜1、陶罐1	东汉	
M205	③	4°	甲字形竖穴土圹砖券单室墓	13.8	0.8~3.34	0.8	—	一椁	—	—	—	无	东汉	
M208	③	5°	甲字形竖穴土圹砖单室合葬墓	10.52	0.9~2.42	0~2.1	不明 / 仰身直肢	一椁	较差 / 一般	男性（西）/ 女性（东）	不明 / 20	铜钱2、琉璃耳珰2、器盖1	东汉	
M216	③	12°	甲字形竖穴土圹砖券单室墓	8.1	0.6~2.36	0~0.3	不明	一椁	不明	不明	不明	无	东汉	

续表

墓号	层位	方向	形制与结构	长（口、底）	宽	深	葬式	葬具	人骨保存情况	性别	年龄	随葬品	时代	备注
M219	③	177°	甲字形竖穴土圹砖券单室合葬墓	12.5	1~1.54	0.22~1.88	仰身直肢 / 不明	一椁一棺	较好 / 较差	男性（东）/ 女性（西）	不明 / 不明	陶罐5、铜钱4	东汉	西侧二次葬
M237	③	189°	甲字形竖穴土圹砖券单室墓	8.56	0.86~2.2	0.21~1.23	—	一椁	—	—	—	铜镜1	东汉	
M9	③	185°	甲字形竖穴土圹砖券单室墓	11.63	0.8~2.26	0.58~1.54	不明	一椁	不明	—	—	器盖1、陶盆1、陶耳杯1、陶井1、陶狗1、陶鸡1、陶甑1、铜钱1	东汉	
M11	③	186°	刀把形竖穴土圹砖券单室墓	8.84	0.7~2.4	0~0.74	—	一椁	—	—	—	陶鸡1、陶狗1、陶盘1、铜钱6	东汉	
M12	③	190°	刀把形竖穴土圹砖券单室墓	10.88	0.88~2.14	0.14~1.8	—	一椁	—	—	—	铜剑格1、陶鸡1、陶狗1、陶壶1、铜钱10	东汉	
M15	③	170°	刀把形竖穴土圹砖券单室墓	10.08	0.82~2.36	0~2	均仰身直肢	一椁	较差	女性（东）/ 男性（西）	30 / 35	铜钱6、铜镜1、陶瓮2、盘口壶2、陶井1、陶灶1、陶猪1、陶狗1、陶盆2、陶灯1、陶奁3、陶钵1、陶耳杯2、陶甑1	东汉	
M17	③	185°	刀把形竖穴土圹砖券单室墓	7.22	0.76~1.62	1.74	仰身直肢	一棺一椁	较差	女性	18	陶奁2、陶灯1、陶井1、陶灶1、陶仓1、陶棺1	东汉	

续表

墓号	层位	方向	形制与结构	长（口、底）	宽	深	葬式	葬具	人骨保存情况	性别	年龄	随葬品	时代	备注
M18	③	175°	刀把形竖穴土圹砖券单室墓	7.04	0.84~1.66	2	不明	一棺一椁	较差	不明	不明	陶井1、陶灶1、陶罐2、陶灯1、陶奁2、陶棺1	东汉	
M21	③	185°	刀把形竖穴土圹砖券单室墓	7.86	0.9~2.46	0.98~2.28	仰身直肢 / 不明	一椁	较好 / 较差	男性（西） / 不明（东）	1.84 / 不明	陶奁1、陶灶1、陶房1、陶狗1、陶鸡1、铜钱9	东汉	
M24	③	185°	刀把形竖穴土圹砖券单室墓	8.84	0.6~2.12	0.3~1.8	仰身直肢 / 不明	一椁	较差 / 不明	均不明	均不明	陶罐1、陶磨1、陶奁2、陶井1、陶灯1、陶瓮1、铭文砖3	东汉	
M25	③	178°	刀把形竖穴土圹砖券单室墓	8.52	0.7~1.86	0.3~1.9	均仰身直肢	一椁	较差 / 一般	女性（西） / 男性（东）	不明	陶罐1、陶杯3、陶奁2、陶磨1、陶鸡1、陶瓮1、陶厕1、陶井1、陶案1、铭文砖1、铜钱7	东汉	
M27	③	175°	刀把形竖穴土圹砖券单室墓	10	0.8~2.6	0.2~1.6	—	一椁	—	—	—	陶房1、陶鸡2、陶狗1、陶灯1、陶甑1、陶奁2、铜钱9	东汉	
M28	③	185°	刀把形竖穴土圹砖券单室墓	9.14	0.92~2.02	1.45	不明	一棺一椁	较差	不明	不明	铜环2、石圭1、陶灶1、陶仓1、陶狗1、陶猪1、铭文砖1、铜钱2	东汉	2具人骨
M31	③	30°	刀把形竖穴土圹砖券单室墓	6.28	0.7~2	0.1~1.8	—	一椁	—	—	—	铜钱1	东汉	

续表

墓号	层位	方向	形制与结构	长（口、底）	宽	深	葬式	葬具	人骨保存情况	性别	年龄	随葬品	时代	备注
M35	③	182°	刀把形竖穴土圹砖券单室墓	8.18	0.8~2	0~2.4	—	一椁	—	—	—	陶仓1、盘口瓶2、陶奁1、陶罐1、陶井1、陶狗1、陶猪1、陶俑2、陶桶1、陶瓷2、陶耳杯1、陶鸡2、铜环3、陶灯1、陶案1、陶灶1、铭文砖1、铜钱10	东汉	
M36	③	180°	刀把形竖穴土圹砖券单室墓	7.36	0.76~2.26	1.9	—	一椁	—	—	—	无	东汉	
M44	③	10°	刀把形竖穴土圹砖券单室合葬墓	8	0.7~2.4	0~1.36	均仰身直肢	一椁	均较好	女性（西） 男性（东）	30 35	铜镜1、盘口壶1、陶罐4、陶瓮3	东汉	
M64	③	189°	刀把形竖穴土圹砖券单室墓	9.1	0.9~2.2	0~1.7	—	一椁	—	—	—	陶灶1、陶院1、陶甑1、陶勺1、陶鸡2、陶猪2、陶狗1、陶瓷1、陶器1、陶盖1、陶案1、陶镬斗3、陶灯1、陶房1、铜马衔1、铜钱2	东汉	
M85	③	188°	刀把形竖穴土圹砖券单室墓	7.8	0.7~2.2	0.3~1.34	—	一椁	—	—	—	陶盆1、铜钱2	东汉	

续表

墓号	层位	方向	形制与结构	长（口、底）	宽	深	葬式	葬具	人骨保存情况	性别	年龄	随葬品	时代	备注
M90	③	182°	刀把形竖穴土圹砖券单室墓	8.08	0.6~2.5	0.7~1.7	—	一棺	—	—	—	陶厕1、陶圂2、陶井1、陶灶1、陶狗1、陶甋1、陶猪1、陶器盖1、陶案1、陶盆1、铜钱20	东汉	
M91	③	7°	竖穴土圹砖券单室墓	8.44	0.8~2.12	0.14~1.44	—	一棺	—	—	—	陶井1、陶盆1、陶猪1、陶狗1、陶灶1、陶俑2、陶甋1、陶瓮1、陶豆1、铜钱2	东汉	
M93	③	185°	刀把形竖穴土圹砖券单室墓	8.94	0.68~2.98	0.44~1.9	不明	一棺	较差	不明	不明	铜钱10	东汉	
M98	③	167°	刀把形竖穴土圹砖券单室墓	12.1	1.1~2.48	0~1.6	不明	一棺	极差	不明	不明	盘口壶1、陶盘1、陶器盖1、陶耳杯6、陶盒1、陶盆2、铅车軎2、铜钱2	东汉	
M100	③	192°	刀把形竖穴土圹砖券单室墓	9.36	0.96~2.32	0~1.4	—	一棺	—	—	—	无	东汉	
M112	③	108°	刀把形竖穴土圹砖券单室墓	14.06	0.96~2.42	0~2.58	—	一棺	—	—	—	陶圂1、陶器盖1、陶勺1、陶鸡2、陶狗3、陶猪1、陶盆1、陶壶1、陶灯1、陶案1、陶圂1、陶桶1、陶瓮1、铜钱11	东汉	

续表

墓号	层位	方向	形制与结构	长（口、底）	宽	深	葬式	葬具	人骨保存情况	性别	年龄	随葬品	时代	备注
M163	③	186°	刀把形竖穴土圹砖券单室墓	10.03	1.18~3.14	0.62~1.56	仰身直肢	一棺一椁	较差	男性	40	陶罐6、铜镳衔1、陶瓿2、铜车轴2、铜帽1、车校3、盖弓帽1、车軎饰2、3、铜轭饰2、衡末饰1、马蹄形饰2、圆环形饰1、圆帽形饰1、扣形饰1、兽面饰3、铜钱3	东汉	
M173	③	196°	刀把形竖穴土圹砖券单室墓	10.4	0.9~2.46	0~2.1	—	一椁	—	—	—	无	东汉	
M180	③	13°	刀把形竖穴土圹砖券单室墓	9.48	0.7~2.32	0~0.98	—	一椁	—	—	—	无	东汉	
M190	③	10°	刀把形竖穴土圹砖券单室墓	10.7	0.9~2.18	1.36	—	一椁	—	—	—	陶灶1、陶盆2、陶鸡2、陶狗1	东汉	
M195	③	9°	刀把形竖穴土圹砖合葬墓	7.46	0.6~2.32	0~0.6	不明	一椁	极差	不明	不明	铜钱2、陶盆2、陶器盖1、陶耳杯1	东汉	2具人骨
M200	③	345°	刀把形竖穴土圹砖券单室墓	9.24	0.9~2.8	1.7~2.2	—	一椁	—	—	—	铜镜2、铜钱4	东汉	
M207	③	5°	刀把形竖穴土圹砖券单室墓	11.4	2.87	2.13	—	一椁	—	—	—	无	东汉	

续表

墓号	层位	方向	形制与结构	长（口、底）	宽	深	葬式	葬具	人骨保存情况	性别	年龄	随葬品	时代	备注
M238	③	185°	刀把形竖穴土圹砖券单室墓	8.5	0.8~2	0~1.4	—	一棺一椁	—	—	—	陶罐2	东汉	
M239	③	192°	刀把形竖穴土圹砖券单室墓	9.5	0.88~2.44	0.14~1.48	—	一椁	—	—	—	铜镜2、带钩1、陶罐1	东汉	
M120	③	275°	刀把形竖穴土圹多室砖券墓	13.96	0.84~4.84	0~1.7	均仰身直肢	一椁	较差	不明	不明	铜钱27、陶壶2、陶奁2、陶俑1、陶首1、陶器1、陶洗1、陶仓1、陶罐2	东汉	2具人骨
M150	③	185°	甲字形竖穴土圹多室砖券墓	14.7	0.9~5.4	1.8	均不明	一椁	极差	2成年女性+儿童（前）；成年男性（东后）；成年男+女（西后）	不明	铜钱22、陶奁2、陶罐1、石圭1、石杆1、陶器盖1	东汉	
M29	③	192°	刀把形竖穴土圹砖券单室合葬墓	10.22	0.76~2.94	0~1.92	均不明	一椁	较差	女性（北）；女性（东）；男性（西）	35；50；40	铜钱15、陶钵1、铜镜1、	魏晋	
M43	③	275°	刀把形竖穴土圹砖券双室墓	10.1	0.76~2.62	0~0.86	不明	一椁	极差	不明	不明	陶鸡1、陶鸭2、陶房1、陶猪1、陶磨1、陶井1、陶耳杯1、陶俑1、陶甑1、陶盘1、陶案1、陶瓮1、铜钱7	魏晋	

续表

墓号	层位	方向	形制与结构	长（口、底）	宽	深	葬式	葬具	人骨保存情况	性别	年龄	随葬品	时代	备注
M86	③	190°	刀把形竖穴土圹四角攒顶三室砖券墓	14.1	0.7~4.6	2.3	不明	一椁	极差	不明	不明	铜钱8、陶盆2	魏晋	
M96	③	185°	刀把形竖穴土圹砖券单室墓	10.1	0.92~2.49	2.1	—	一椁	—	—	—	铜钱2、陶耳杯1、陶盘1、陶磨1、陶井1、陶鸡1	魏晋	
M134	③	178°	刀把形竖穴土圹砖券双室墓	10.8	0.7~2.28	0~1.32	仰身直肢	一椁一棺	较差	不明	不明	陶猪1、陶圈1、陶罐1、陶盘1、陶耳杯1、陶奁1	魏晋	
M191	③	260°	刀把形竖穴土圹砖券单室合葬墓	7.76	0.75~2.18	0.6~1.8	不明	一棺一椁	较差	不明	不明	铜钱2、陶棺2、陶罐3、陶房1、陶灶1、陶瓿1、陶瓮1、陶井1、陶案1、陶磨1、陶耳杯2	魏晋	
M259	③	205°	刀把形竖穴土圹砖券双室墓	10	0.82~1.98	1.45	不明	一椁	较差	不明	不明	无	魏晋	
M252	②	192°	球拍形带墓道竖穴土圹砖券单室墓	6.72	0.62~2.86	0.1~1.35	—	一椁	—	—	—	铁镦斗1、陶罐1	唐	
M254	②	5°	椭圆形竖穴土圹瓮棺墓	1.9	0.58~1	1.1	—	一棺	—	—	—	陶瓮1	唐	

续表

墓号	层位	方向	形制与结构	长（口、底）	宽	深	葬式	葬具	人骨保存情况	性别	年龄	随葬品	时代	备注
M253	②	350°	长方形竖穴土圹砖券单室墓	2.5	1~1.2	0.6	—	一棺	—	—	—	无	辽金	
M226	①	184°	长方形竖穴土圹砖券单室墓	2.28	0.96	1	仰身直肢	一棺	较好	女性	40	双系瓷罐1、铜镜1、木梳1	明	
M1	①	0°	长方形竖穴土圹双棺合葬墓	2.9	1.96	1.26	侧身直肢/仰身直肢	两棺	较好/较差	男性（东）/女性（西）	55/50	陶双系瓷罐1、铜钱1	清	
M2	①	350°	长方形竖穴土圹单棺墓	2.6	1.48~1.6	1.48	仰身直肢	一棺	一般	女性	40	陶壶1、铜管1	清	
M3	①	10°	长方形竖穴土圹单棺墓	2.5	1.2	0.8	不明	一棺	—	—	—	无	清	
M69	①	25°	正方形竖穴土圹双棺合葬墓	2.84	2.6~2.7	0.64	均仰身直肢	两棺	较好/较差	男性（东）/女性（西）	45/40	灰釉瓷罐1、青釉瓷碗1、陶罐1、铜钱1	清	迁葬墓
M227	①	20°	长方形竖穴土圹双棺合葬墓	2.5	1.4	0.86	—/仰身直肢	两棺	—/较好	—/男性（东）	—/55	石饰件1、铜钱2	清	

附表二　西汉墓随葬品组合关系表

数量 类型 墓号	鼎	盒	壶	罐	盆	碗	其　他
M4				2			
M5		1		2			
M6				2			
M7	1	1	2				
M10	1	1	2	1			
M13	1	1	2				
M14			2	1			
M16							带钩1、铁器1、玉环1
M19	1	1	2		1		
M20				2			
M22	1		2	1		1	器盖1
M23	1	1	2	1		1	
M26	1	1	2	1			带钩1
M30	2		2	5			玉璧1
M32				1			
M33	1	1	2	1			铜钱1
M34	1		2				带钩1
M40				1			铜镜1、玉环1
M41				1			
M42				1			带钩1
M46	1		2	1			
M49		1		2	1		
M51	1	1	2				铺首1、龟形印1
M53		2		3			
M56				1			
M57		1		2			
M58	2	2	2	1			
M70		2		2			带钩1

续表

数量 / 类型 / 墓号	鼎	盒	壶	罐	盆	碗	其　他
M72	2		2				木器1
M73				2			
M77			2				
M78				2			陶钵1
M79	1		2				铜钱3
M80				1			
M81				2			
M82		1	2				带钩1
M87	2		2				
M89	1	1	2	1			
M92			2				石器2
M94		1		2			
M95			2	1			
M97		2		3			
M99				2			印章1
M101		2		2			
M103	2	2	2	1			器盖2、带钩1
M104				1			
M105							铜剑1
M106		1		2			
M107	1	1	1	1			带钩1
M109				2			
M110	1	1	2	1			
M111	1	1	2				铺首1
M113				2			
M118				1		1	
M119	2		2				器盖1
M121		2		2			

续表

数量／类型 墓号	鼎	盒	壶	罐	盆	碗	其 他
M122	1	1	2	1			
M123		1		3			器盖1
M124				1			
M125	1			2	1		带钩1
M126							带钩1
M129		1		3	1		
M130				2			
M131				2			
M132			2				
M135	1	1	2	1			印章1、金饰1
M137				2			
M147	1			1			
M149				2			
M151	2	1	2				陶钵1
M155	1	1	2	1			铜饰1
M156				2			铜钱2
M157	1	1	2				
M158				3			玉饰1
M159	1	1	2	1			
M162	1		2				
M164		2		2			
M165	1	1	1	2			
M168				1			
M169				1			
M175				2			
M176		1		2			
M177	1	1	2	1			铜钱1
M178		2		2			

续表

数量　　类型 墓号	鼎	盒	壶	罐	盆	碗	其　他
M181				2			带钩1、印章1、陶耳杯1
M184				1			
M186	1		2	1			器盖1
M188	1	1	2				带钩1
M192			1	2			
M194				1			带钩1、纺轮1、环首刀2、骨算筹3、陶鱼1
M196				1			火山石1、铜饰1
M197		1		2			铜钱1
M199	1	1	2	1			
M201		1		2			
M204		1					
M206	1	1	2	2			
M210				1			
M213	1	1		2	1		
M215			2				
M217				2			
M218		1		3			带钩1
M221	1		2	1			铜钱3
M223	1	1	2				
M229		1		2			
M230				1			
M231				3			器盖1、带钩1、骨器6
M232	1	1	2	1			
M234				1			
M235				1			
M236				2			
M241				1			
M242			1				

墓号 \ 类型 数量	鼎	盒	壶	罐	盆	碗	其 他
M244				1			
M245				3			印章1
M246	1	1		2			铜钱1
M248		2	2	1			带钩1、铜勺1、铜钱2
M249	1		2	1			
M250				2			
M255				2			
M256	1	1	2	2			带钩1、铜钱1
M257		2	2	1			玛瑙珠1
M258				2			铜钱1、石器3
M260		1		3	1		
M264			2	1			
M74							铜钱1
M75							铜钱1
M76				2			
M84				3			
M88				3			
M102				1			铜钱2
M160	1	1	2	1			带钩1、器盖1
M161	1	1	2	1			铜钱5

附表三　东汉墓随葬品组合关系表

墓号	狗	鸡	猪	罐	壶	盆	杯	甑	井	釜	灶	奁	灯	其他
M187														铜钱2、铭文砖1
M8														陶耳杯1
M38				1										器盖2、铜钱1
M48														铜钱2、铜镜1、器盖1
M50				3										陶瓮1、器盖3、铜镜1
M52				5										铜轴1、铜车軎1、盖弓帽5、铜泡钉3、铜当卢1、铜马衔2、轭首饰1、衡末饰1、车軝1
M54				1										铜柄1、铜钱2
M55				1										铜镜1、铜钱3
M88				3										
M117														琉璃1、水晶3、铜钱1
M166				4	2									铜环2、陶瓮2、瓦当1
M189				1										铜镜2、石圭板1、石杵1、带钩1、铜钱19
M193				1										铜镜1
M208														铜钱2、琉璃2、器盖1
M219				5										铜钱4
M237														铜镜1
M9	1	1				1	1	1	1					器盖1、铜钱1
M11	1	1						1	1					铜钱5、陶盘1
M12	1	1			2				1					铜剑剑格1、铜钱10

续表

数量\类型\墓号	狗	鸡	猪	罐	壶	盆	杯	甑	井	釜	灶	盒	灯	其 他
M15	1		1		2	2	2	1	1	2	1	3	1	铜钱6、铜镜1、陶钵1
M17									1		1	2	1	陶棺1、陶仓1
M18				2					1		1	2	1	陶棺1
M21	1	1								1	1	1		陶盒1、陶房1、铜钱9
M24	1			1					1	1		2	1	陶磨1、铜钱3
M25		1		1			3		1	1		3		陶磨1、陶厕1、陶案1、铜钱7
M27	1	2						1				2	1	陶房1、铜钱9
M28	1		1								1			铜环2、石圭1、陶仓1、铜钱2
M31												1		铜钱1
M35	1	2	1	1			1		1	2	1	1	1	陶仓1、盘口2、陶俑2、陶桶1、铜环3、陶案1、铜钱10、铭文砖1
M44		2		4	3									铜镜1
M64	1	2	1					1		1	1		1	陶院1、陶勺1、陶器盖3、陶案1、陶锥斗1、陶房1、铜马衔1、铜钱2
M85						1								铜钱2
M90	1		1			1		1	1		1	2		陶厕1、陶器盖1、陶案1、铜钱20
M91	1		1			1		1	1	1	1			陶俑2、陶豆1、铜钱2
M93							6							铜钱10
M98					1	2						1		陶盘1、陶案1、陶器盖1、铅车害2、铜钱2
M112	3	2	1		1	1		1	1	1	1	2	1	陶勺1、陶案1、陶桶1、铜钱1

续表

墓号＼类型	狗	鸡	猪	罐	壶	盆	杯	甑	井	釜	灶	奁	灯	其他
M163				6										铜镳衔1、陶瓮2、铜车轴2、铜车害2、盖弓帽1、车校3、铜轭首饰2、衡末饰2、马蹄形饰1、圆环形饰1、车辖1、圆帽形饰1、扣形饰1、兽面饰2、铜钱3
M190	1	2				2					1			陶器盖1、铜钱2
M195						2	1							铜镜2、铜钱4
M200				2										
M238														铜镜2、带钩1
M239				1										铜钱27、陶兽首1、陶俑1、陶洗1、陶仓1、陶器1
M120				2	2								2	铜钱22、石圭板1、石杵1、陶器盖1
M150				1	2								2	

附表四　魏晋墓随葬品组合关系表

墓号＼类型	洗	鸡	鸭	猪	井	磨	甑	杯	盘	釜	盆	灶	罐	奁	其他
M29	1													1	铜钱15、铜镜1
M43		1	2	1	1	1	1	1	1						陶房1、陶俑1、陶案1、铜钱7
M86										1	2			1	铜钱8
M96		1			1	1		1				1			铜镜2
M134				1			1		1				1	1	陶圈1
M191					1	1	1	2		1		1	3	1	铜钱2、陶棺1、陶房1、陶案1

附表五　出土铜钱尺寸统计表

墓　号	种　类	编　号	钱径（cm）	穿宽（cm）	厚（cm）	备　注
M33	五铢	M33：1	2.3	1	0.2	
M79	半两	M79：1-1	2.3	1	0.11	
	半两	M79：1-2	2.4	0.9	0.12	
	半两	M79：1-3	2.25	1.1	0.12	
M156	五铢	M156：3-1	2.6	0.93	0.2	
	五铢	M156：3-2	2.55	0.95	0.17	
M176	五铢	M176：3	2.55	1	0.1	
M197	五铢	M197：2	2.6	0.95	0.15	
M221	五铢	M221：1	2.55	1	0.15	3枚
M246	五铢	M246：1	2.6	0.9	0.15	
M248	半两	M248：8-1	2.3	1	0.1	
	半两	M248：8-2	2.35	0.85	0.1	
M256	半两	M256：1	2.6	0.8	0.1	
M258	半两	M258：1	2.4	0.9	0.1	
M74	五铢	M74：1	2.5	0.95	0.1	
M75	五铢	M75：1	2.55	0.95	0.15	
M102	大泉五十	M102：1-1	2.7	0.8	0.2	
	大泉五十	M102：1-2	2.75	0.85	0.2	
M161	五铢	M161：2	2.55	1	0.1	5枚
M187	货泉	M187：1-1	2.2	0.65	0.15	
	货泉	M187：1-2	2.3	0.7	0.15	
M38	五铢	M38：1	2.5	1.05	0.1	
M48	货泉	M48：1-1	2.2	0.65	0.15	
	货泉	M48：1-2	2.3	0.6	0.15	
M54	半两	M54：2-1	2.45	0.8	0.05	
	五铢	M54：2-2	2.5	0.95	0.05	
M55	五铢	M55：3-1	2.55	1	0.15	
	五铢	M55：3-2	2.55	1.05	0.15	
	五铢	M55：3-3	2.6	0.95	0.15	
M117	五铢	M117：3	2.6	1	0.1	

续表

墓　号	种　类	编　号	钱径（cm）	穿宽（cm）	厚（cm）	备　注
M189	货泉	M189：1-1	2.2～2.35	0.6～0.85	0.15	15枚
	五铢	M189：1-2	2.25～2.5	0.95～1	0.1～0.15	4枚
M208	五铢	M208：1-1	2.55	0.95	0.1	
	五铢	M208：1-2	2.55	1.05	0.1	
M219	五铢	M219：1	2.45	1	0.1	4枚
M9	五铢	M9：3	2.6	0.95	0.15	
M11	五铢	M11：4-1	2.6	0.95～1	0.15	3枚
	货泉	M11：4-2	2.3	0.65	0.15	
	五铢	M11：4-3	2.6	0.95	0.15	2枚
M12	五铢	M12：1	2.5	1	0.1	10枚
M15	五铢	M15：1-1	2.5	0.9	0.15	4枚
	五铢	M15：1-2	2.55～2.6	0.9～0.95	0.15	2枚
M21	半两	M21：2-1	2.45	0.85	0.05	
	半两	M21：2-2	2.4	1	0.05	
	五铢	M21：2-3	2.6	1	0.15	
	五铢	M21：2-4	2.6	0.95	0.15	2枚
	五铢	M21：2-5	2.6	1.1	0.1	2枚
	五铢	M21：2-6	2.4	0.95	0.1	2枚
	货泉	M21：2-7	2.15～2.25	0.7	0.15	2枚
M24	五铢	M24：2	2.5～2.55	0.95～1	0.1	3枚
M25	五铢	M25：5-1	2.6	0.95	0.15	2枚
	五铢	M25：5-2	2.45	0.9	0.15	
	五铢	M25：5-3	2.55	0.95	0.15	
	五铢	M25：5-4	2.35	1	0.1	
	货泉	M25：5-5	2.25	0.7	0.15	2枚
M27	五铢	M27：2-1	2.55	0.95	0.1	2枚
	五铢	M27：2-2	2.55	0.95	0.1	4枚
	五铢	M27：2-3	2.35	1	0.1	
	货泉	M27：2-4	2.1～2.3	0.65～0.75	0.1	2枚
M28	五铢	M28：1-1	2.6	0.95	0.15	
	五铢	M28：1-2	2.6	1	0.1	

续表

墓　号	种　类	编　号	钱径（cm）	穿宽（cm）	厚（cm）	备　注
M31	五铢	M31：1	2.5	1	0.15	
M35	五铢	M35：18-1	2.6	0.95	0.1	10枚
	货泉	M35：18-2	2.2	0.7	0.15	
M64	五铢	M64：2-1	2.5	0.95	0.1	
	五铢	M64：2-2	2.4	0.95	0.1	
M85	五铢	M85：1-1	2.55	0.95	0.15	
	五铢	M85：1-2	2.6	0.9	0.15	
M90	五铢	M90：12-1	2.5	1.05	0.1	8枚
	五铢	M90：12-2	2.5	1	0.1	10枚
	五铢	M90：12-3	2.6	0.95	0.1	2枚
M91	五铢	M91：1-1	2.5	0.95	0.1	
	五铢	M91：1-2	2.55	0.95	0.1	
M93	五铢	M93：1-1	2.5	0.9	0.1	2枚
	五铢	M93：1-2	2.55	0.9	0.1	2枚
	五铢	M93：1-3	2.55	0.95	0.1	2枚
	货泉	M93：1-4	2.2	0.75	0.15	2枚
	五铢	M93：1-5	2.15～2.4	0.9～1.05	0.55～0.1	2枚
M98	五铢	M98：11-1	2.55	0.9	0.15	
	五铢	M98：11-2	2.55	1	0.15	
M112	五铢	M112：1-1	2.6	0.95	0.1	2枚
	五铢	M112：1-2	2.55	0.95	0.1	8枚
	五铢	M112：1-3	2.45	0.95	0.1	
M163	五铢	M163：1-1	2.2	1.05	0.05	
	大泉五十	M163：1-2	2.7	0.95	0.2	2枚
M195	五铢	M195：1-1	2.2	1	0.15	
	五铢	M195：1-2	2.35	0.95	0.15	
M200	货泉	M200：3-1	2.1	0.7	0.1	3枚
	货泉	M200：3-2	2.15	0.8	0.1	
M120	半两	M120：1-1	2.3～2.4	0.75～0.8	0.1	2枚
	五铢	M120：1-2	2.55～2.6	0.9～1	0.15	11枚

续表

墓　　号	种　类	编　号	钱径（cm）	穿宽（cm）	厚（cm）	备　注
M120	货泉	M120：1-3	2.25	0.7	0.15	2枚
	货泉	M120：1-4	2.35	0.7	0.05	
	五铢	M120：1-5	2.5～2.6	0.9～0.95	0.15	12枚
	五铢	M120：1-6	2.4	0.9	0.15	
	五铢	120：1-7	2.45	0.95	0.1	2枚
	五铢	120：1-8	2.35	1	0.05	
	五铢	120：1-9	2.4	0.85	0.05	
M150	半两	M150：1-1	2.3	0.8～0.95	0.1～0.15	2枚
	半两	M150：1-2	2.15	0.65～0.75	0.05	
	五铢	M150：1-3	2.5～2.55	0.95～1.1	0.1～0.15	6枚
	货泉	M150：1-4	2.2	0.7	0.1	
	五铢	M150：1-5	2.45～2.55	0.9～1.05	0.1～0.15	10枚
	五铢	M150：1-6	2.45～2.55	0.9～0.95	0.05～0.1	2枚
M29	五铢	M29：1-1	2.5	0.9	0.1	
	五铢	M29：1-2	2.55～2.6	0.95	0.1	14枚
M43	五铢	M43：10-1	2.6	0.95	0.15	2枚
	五铢	M43：10-2	2.55	1.05	0.1～0.15	2枚
	五铢	M43：10-3	2.25～2.4	0.9	0.1	2枚
	货泉	M43：10-4	2.25	0.7	0.15	
M86	五铢	M86：1-1	2.55～2.6	0.95～1	0.1	3枚
	五铢	M86：1-2	2.5	0.95～1	0.1	4枚
	半两	M86：1-3	2.3	0.9	0.1	
M96	五铢	M96：1-1	2.6	1	0.1	
	五铢	M96：1-2	2.55	1	0.15	
M191	五铢	M191：1-1	2.55	1	0.15	
	五铢	M191：1-2	2.5	0.95	0.15	
M1	元祐通宝	M1：2	2.6	0.9	0.12	
M69	元祐元宝	M69：4	2.4	0.6	0.15	
M227	天圣元宝	M227：2-1	2.5	0.75	0.1	
	天圣元宝	M227：2-2	2.4	0.65～0.75	0.1	

后　记

　　广阳城墓地自2018年开始发掘,便得到了北京市考古研究院(原北京市文物研究所)领导及同事们的关心和多方面支持。发掘期间,北京市文物局时任局长舒小峰等相关领导多次前往工地指导发掘工作。本报告的出版是北京市考古研究院集体辛劳的一项重要成果。

　　发掘期间,考古工作得到了北京市房山区政府、房山区文物管理所的大力协助。北京大学城市与环境学院夏正楷教授、中国社会科学院考古研究所刘建国研究员对发掘与高空摄影进行了指导。辽宁大学考古文博学院教授陈山先生、讲师肖晓鸣女士带领硕士研究生毛雪、张玥对广阳城墓地发掘出土的人骨进行了科学鉴定。盛世兰亭书院杨武博士为本书题写书名。上海古籍出版社贾利民先生为报告的编辑付出大量劳动,从而使本报告得以顺利出版。在此深表感谢。

　　本报告第一章、第三章、第四章、第五章、第八章由于璞执笔,第二章、第六章、第七章、第九章由王策执笔。书稿完成后,于璞对该报告进行了统稿和定稿。

编　者

2023年3月10日

彩　　版

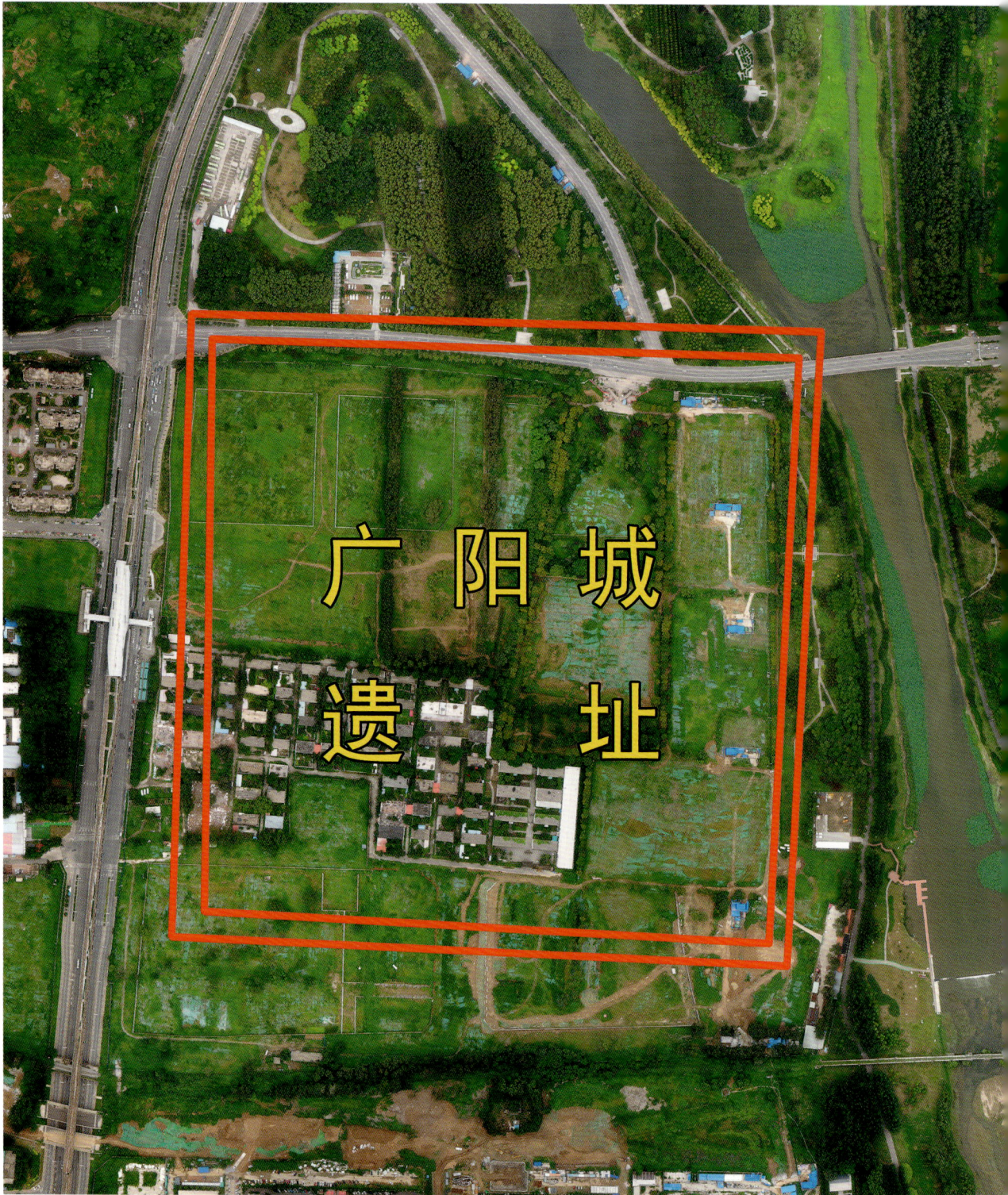

广阳城墓地位置

墓葬

Ⅰ区

Ⅱ区

Ⅲ区

区

广阳城墓地北部鸟瞰

广阳城墓地一区墓葬鸟瞰

1. 时任北京市文物局局长舒小峰在考古现场指导工作

2. 时任北京市文物局文物处处长郭京宁与北京市文物研究所领导一行在考古工地指导工作

领导视察、指导发掘现场工作

1. 发掘场景

2. 发掘场景

发掘现场

1. M261（南—北）

2. M128（南—北）

3. M225（南—北）

M128、M225、M261

1. M6（南—北）

2. M7（南—北）

3. M23（南—北）

M6、M7、M23

1. M30（南—北）　　　　　　2. M34（南—北）

3. M39（西—东）

M30、M34、M39

1. M40（东—西）

2. M42（东—西）

3. M46（南—北）

M40、M42、M46

1. M56（南—北）

2. M58（南—北）

3. M81（南—北）

4. M109（南—北）

M56、M58、M81、M109

1. M111（西—东）

2. M113（南—北）

3. M126（南—北）

M111、M113、M126

1. M130（南—北）　　　　2. M131（南—北）

3. M135（西—东）

M130、M131、M135

1. M194（南—北）

2. M197（西—东）

3. M206（东—西）

M194、M197、M206

1. M210（南—北）

2. M218（南—北）

3. M243（南—北）

M210、M218、M243

1. M248（南—北）

2. M255（南—北）

3. M257（西—东）

M248、M255、M257

1. M75（南—北）

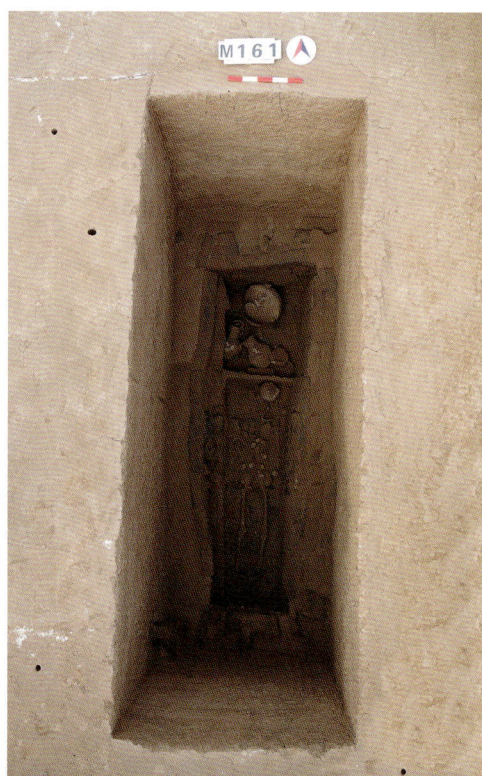

2. M161（南—北）

3. M102（东—西）

M75、M161、M102

1. M8（西—东）

2. M37（西—东）

3. M52（东—西）

M8、M37、M52

1. M55（西—东）

2. M166（西—东）

3. M189（西—东）

M55、M166、M189

1. M208（东—西）

2. M219（西—东）

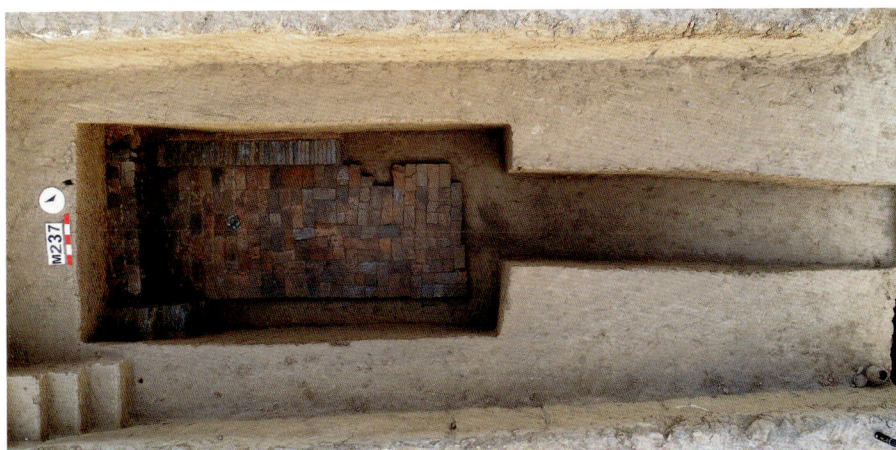

3. M237（西—东）

M208、M219、M237

1. M12（南—北）

2. M15（西—东）

3. M17（东—西）

M12、M15、M17

1. M28（西—东）

2. M35（西—东）

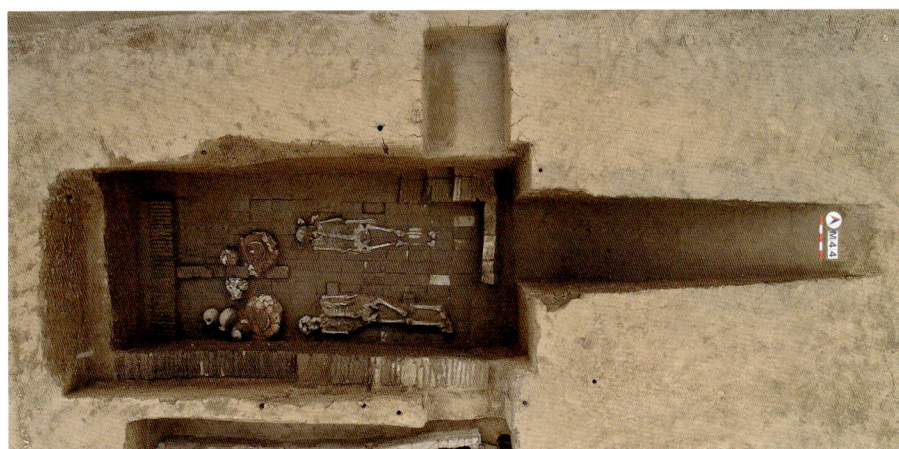

3. M44（东—西）

M28、M35、M44

1. M64（西—东）

2. M112（西—东）

3. M173（西—东）

M64、M112、M173

1. M190（西—东）

2. M237（东—西）

3. M239（东—西）

M190、M237、M239

1. M120（南—北）

2. M150（西—东）

M120、M150

1. M29（西—东）

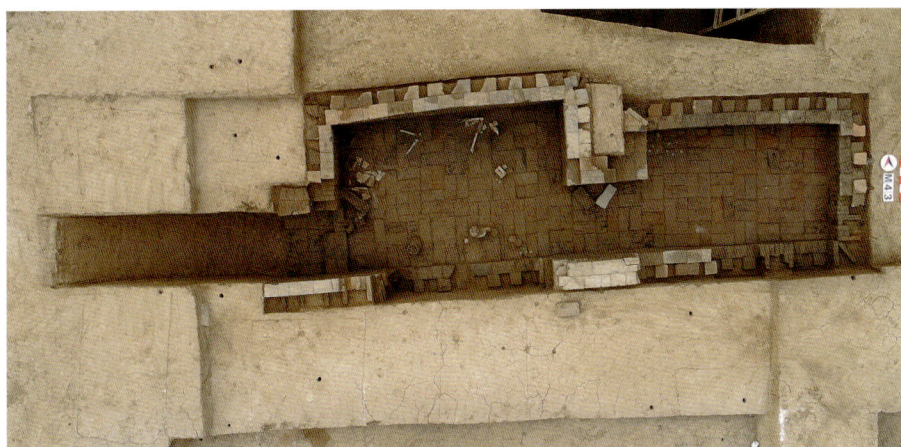

2. M43（南—北）

3. M86（西—东）

M29、M43、M86

1. M134（西—东）

2. M191（南—北）

3. M252（南—北）

M134、M191、M252

1. M253（南—北）

2. M226（北—南）

3. M69（南—北）

M69、M226、M253

1. Y1（东—西）

2. Y2（西—东）

3. Y3（北—南）

Y1、Y2、Y3

1. Y4（西—东）

2. Y5、Y6整体航拍

Y4、Y5、Y6

1. 陶鬲(261：2)

2. 陶鬲(M261：3)

3. 铜剑(M261：1)

M261 出土器物

1. 陶瓮（M128∶1）

2. 陶瓮（M128∶2）

3. 陶瓮（M224∶1）

4. 筒形器（M247∶1）

M128、M224、M247 出土陶器

1. 陶瓮（M183：1）

2. 陶瓮（M183：2）

3. 陶瓮（M202：2）

4. 陶瓮（M247：2）

5. 陶瓮（M225：1）

6. 陶盆（M225：2）

M183、M202、M225、M247出土陶器

1. 陶罐（M4：1）

2. 陶罐（M4：2）

3. 陶罐（M5：1）

4. 陶罐（M5：2）

5. 陶罐（M6：1）

6. 陶罐（M6：2）

M4、M5、M6出土陶罐

1. 陶壶（M7：1）

2. 陶壶（M7：2）

3. 陶鼎（M7：3）

4. 陶盒（M7：4）

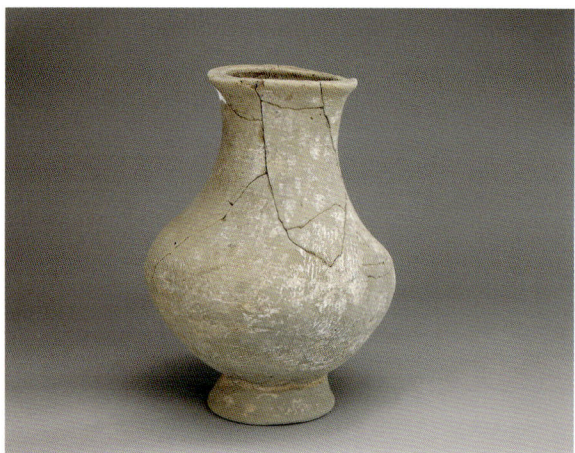

5. 陶壶（M10：2）

6. 陶壶（M10：5）

M7、M10出土陶器

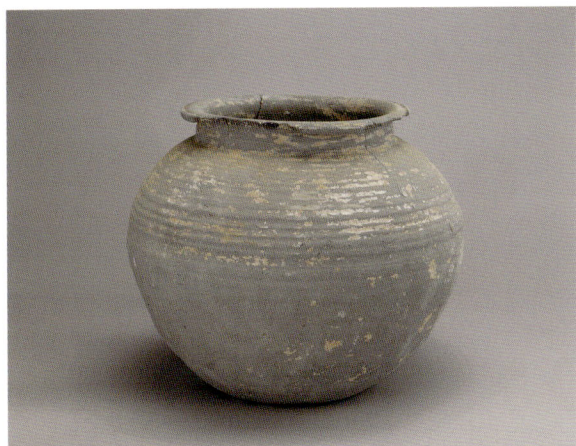

1. 陶罐（M10：1）

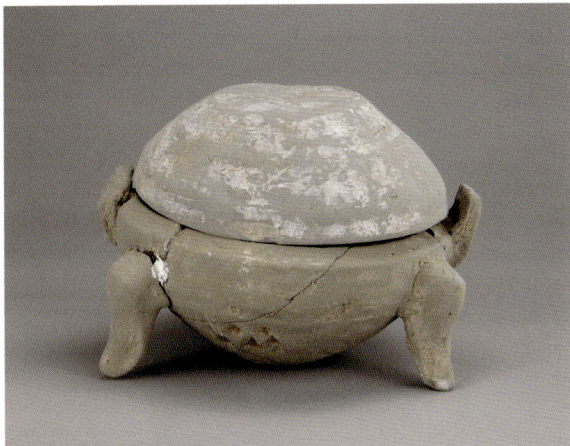

2. 陶鼎（M10：3）

3. 陶盒（M10：4）

4. 陶壶（M13：1）

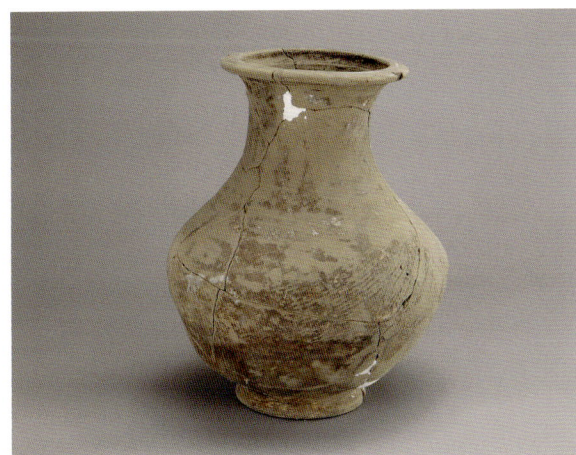

5. 陶壶（M13：2）

6. 陶鼎（M13：4）

M10、M13出土陶器

1. 陶盒（M13：3）

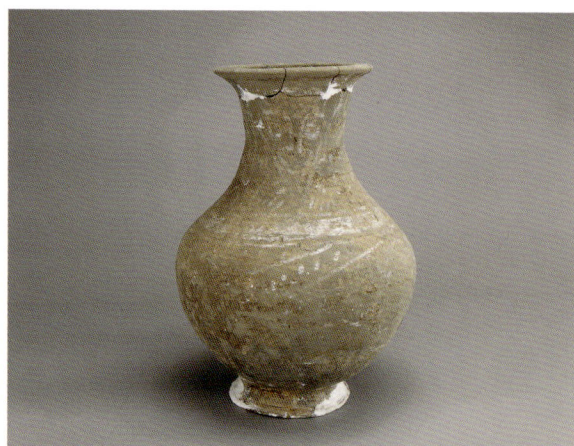

2. 陶壶（M14：1）

3. 陶壶（M14：2）

4. 陶罐（M14：3）

5. 铜带钩（M16：1）

6. 玉环（M16：3）

M13、M14、M16出土器物

1. 陶壶（M19：3）

2. 陶壶（M19：2）

3. 陶鼎（M19：5）

4. 陶盒（M19：4）

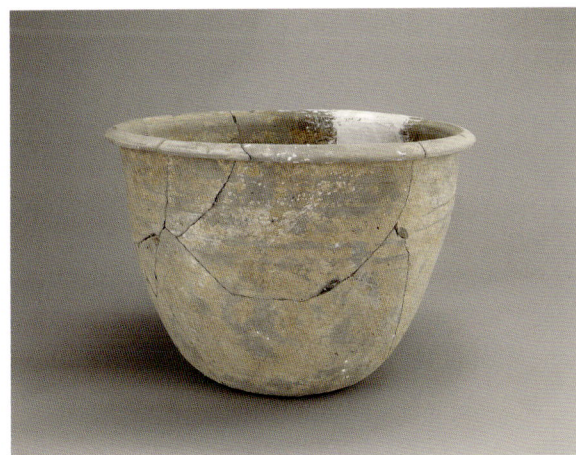

5. 陶盆（M19：1）

6. 陶壶（M22：4）

M19、M22出土陶器

1. 陶盆（M22：5）

2. 陶鼎（M22：3）

3. 陶罐（M22：1）

4. 陶罐（M23：1）

5. 陶壶（M23：2）

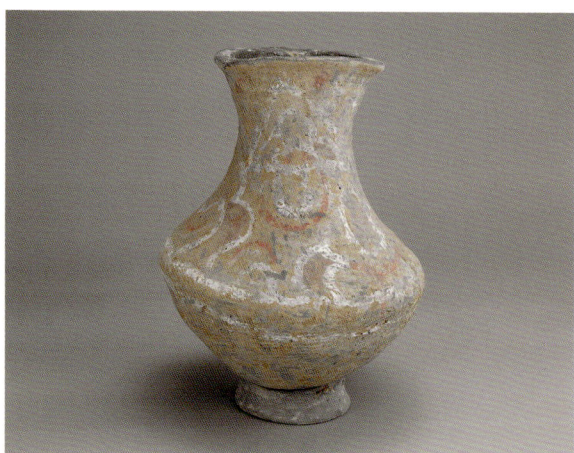

6. 陶壶（M23：5）

M22、M23出土陶器

1. 陶盒（M26：3）

2. 铜带钩（M26：6）

3. 陶罐（M30：1）

4. 陶罐（M30：6）

5. 陶罐（M30：7）

6. 陶罐（M30：8）

M26、M30出土器物

1. 陶壶（M30：4）

2. 陶壶（M30：5）

3. 陶鼎（M30：2）

4. 陶鼎（M30：10）

5. 陶罐（M33：2）

6. 陶鼎（M33：3）

M30、M33出土陶器

1. 陶壶（M33：5）

2. 陶壶（M33：6）

3. 陶盒（M33：4）

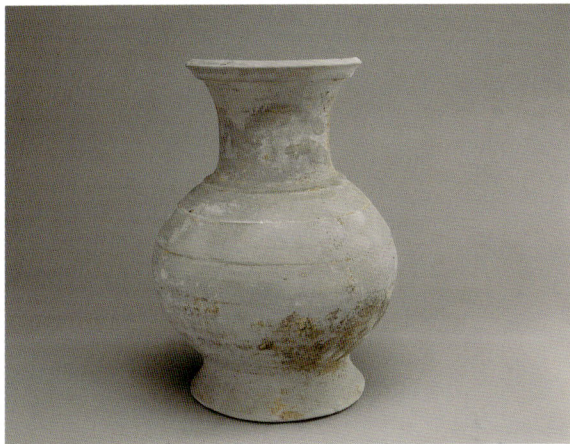

4. 陶壶（M34：1）

5. 陶鼎（M34：2）

6. 铜带钩（M34：4）

M33、M34出土器物

1. 陶罐（M40：3）

2. 铜镜（M40：1）

3. 玉环（M40：2）

4. 陶罐（M41：1）

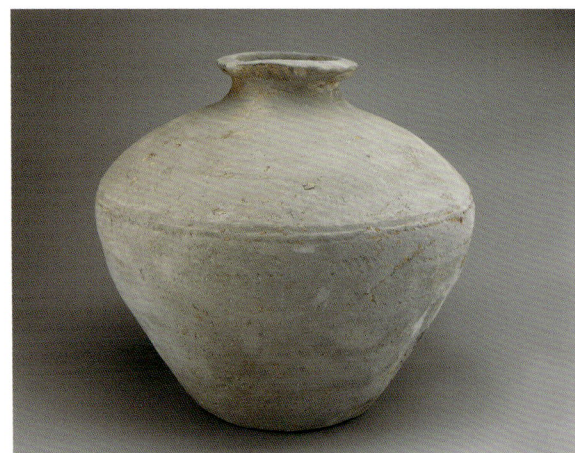

5. 陶罐（M42：1）

6. 铜带钩（M42：2）

M40、M41、M42出土器物

1. 陶罐（M46：1）

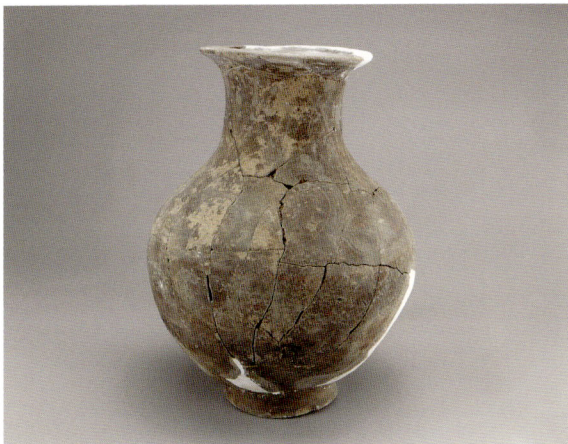

2. 陶壶（M46：2）

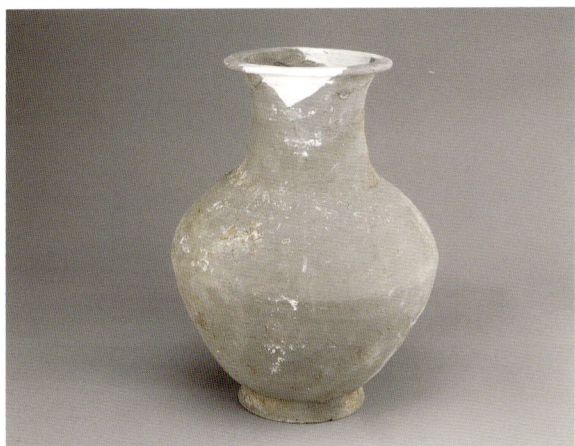

3. 陶壶（M51：2）

4. 陶壶（M51：3）

5. 陶盒（M51：4）

6. 铜铺首（M51：1）

M46、M51出土器物

1. 铜印章（M51∶6）

2. 铜印章（M51∶6）

3. 陶壶（M58∶2）

4. 陶壶（M58∶3）

5. 陶鼎（M58∶4）

6. 陶鼎（M58∶5）

M51、M58出土器物

1. 陶盒（M58:6）

2. 陶盒（M58:7）

3. 铜带钩（M70:5）

4. 陶壶（M72:2）

5. 陶壶（M72:5）

6. 陶鼎（M72:4）

M58、M70、M72出土器物

1. 陶鼎（M72：1）

2. 木算筹（M72：3）

3. 陶罐（M73：1）

4. 陶罐（M73：2）

5. 陶罐（M78：1）

6. 陶罐（M78：2）

M72、M73、M78出土器物

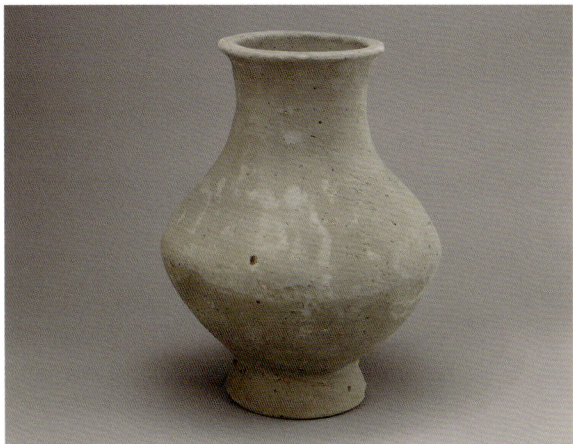

1. 陶壶（M79：1）

2. 陶壶（M79：2）

3. 陶鼎（M79：4）

4. 陶罐（M80：1）

5. 陶罐（M81：1）

6. 陶罐（M81：2）

M79、M80、M81出土陶器

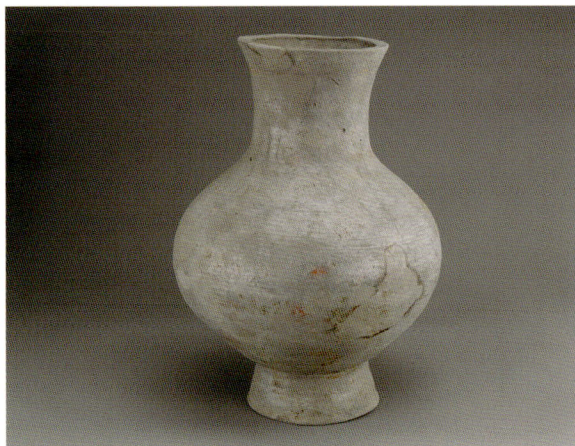

1. 陶壶（M82：3）

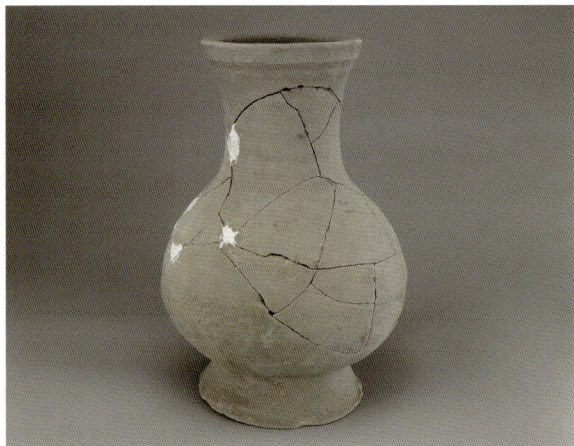

2. 陶壶（M82：4）

3. 铜带钩（M82：1）

4. 陶壶（M87：1）

5. 陶壶（M87：2）

6. 陶鼎（M87：4）

M82、M87出土器物

1. 陶罐（M89：1）

2. 陶壶（M89：5）

3. 陶盒（M89：2）

4. 陶鼎（M89：3）

5. 陶壶（M92：1）

6. 陶壶（M92：2）

M89、M92出土陶器

1. 陶罐（M94：1）

2. 陶盒（M94：2）

3. 陶罐（M94：3）

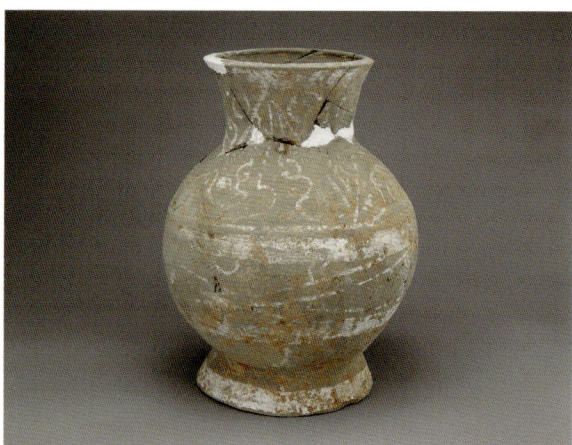

4. 陶壶（M95：2）

5. 陶壶（M95：3）

6. 陶罐（M95：1）

M94、M95出土陶器

1. 陶罐（M97：1）

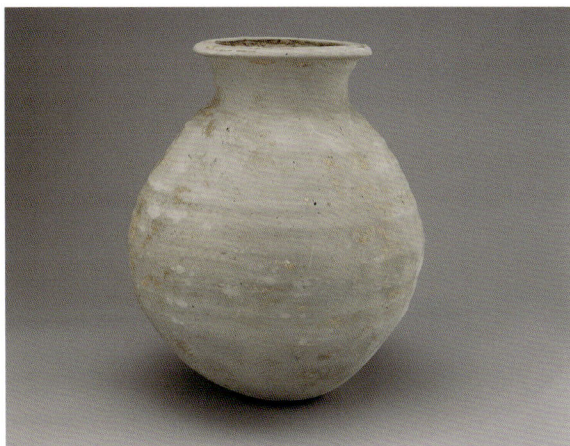

2. 陶罐（M97：3）

3. 铜印章（M99：1）

4. 陶罐（M99：2）

5. 陶罐（M101：1）

M97、M99、M101出土器物

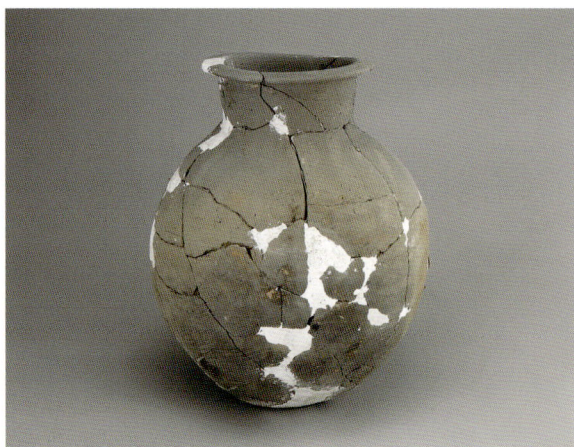

1. 陶罐（M101：4）

2. 陶鼎（M103：2）

3. 陶鼎（M103：3）

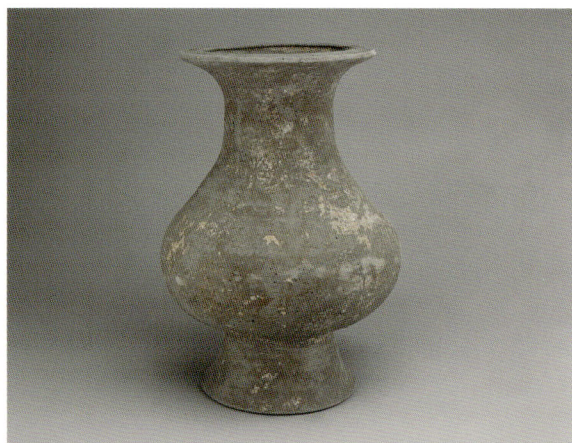

4. 陶壶（M103：5）

5. 陶壶（M103：7）

6. 陶盒（M103：9）

M101、M103出土陶器

1. 陶盒（M103：8）

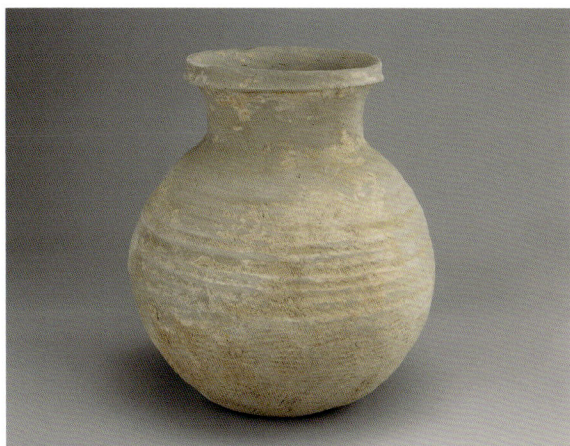

2. 陶罐（M103：6）

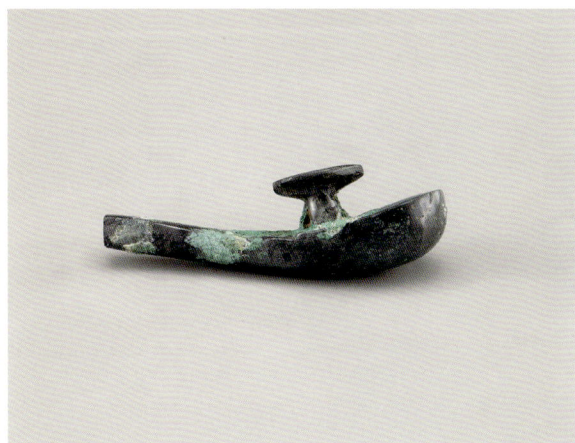

3. 铜带钩（M103：10）

4. 铜剑（M105：1）

5. 陶鼎（M107：4）

6. 陶罐（M107：1）

M103、M105、M107出土器物

1. 铜带钩（M107：3）

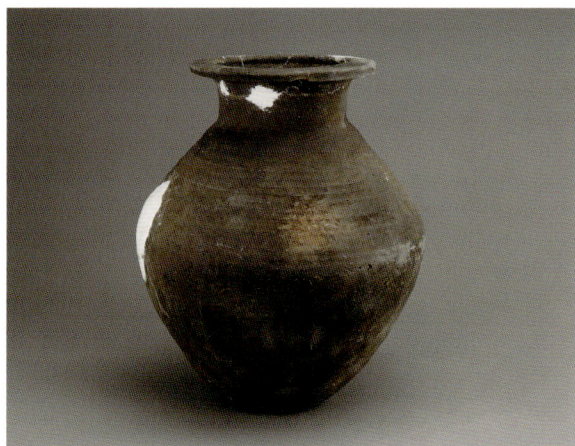

2. 陶罐（M109：1）

3. 陶罐（M110：1）

4. 陶盒（M110：2）

5. 陶鼎（M110：3）

6. 陶壶（M110：4）

M107、M109、M110出土器物

1. 陶壶（M110：5）

2. 陶壶（M111：1）

3. 陶壶（M111：2）

4. 陶盒（M111：3）

5. 陶鼎（M111：4）

6. 铜铺首（M111：5）

M110、M111出土器物

1. 陶罐（M113：1）

2. 陶罐（M113：2）

3. 陶罐（M118：1）

4. 陶壶（M119：1）

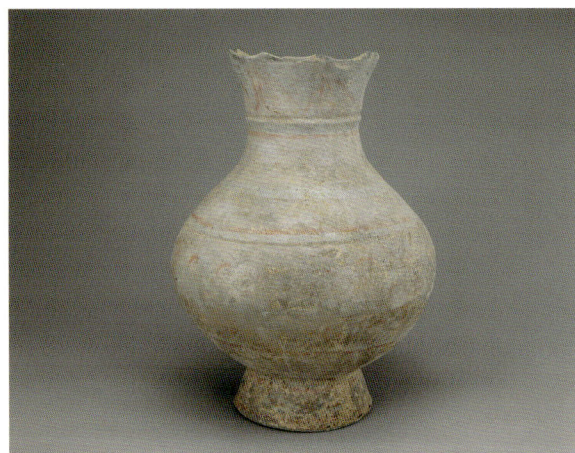

5. 陶壶（M119：2）

6. 陶鼎（M119：3）

M113、M118、M119出土陶器

1. 陶鼎（M119：5）

2. 陶罐（M121：1）

3. 陶罐（M121：2）

4. 陶盒（M122：4）

5. 陶鼎（M122：3）

6. 陶罐（M122：1）

M119、M121、M122出土陶器

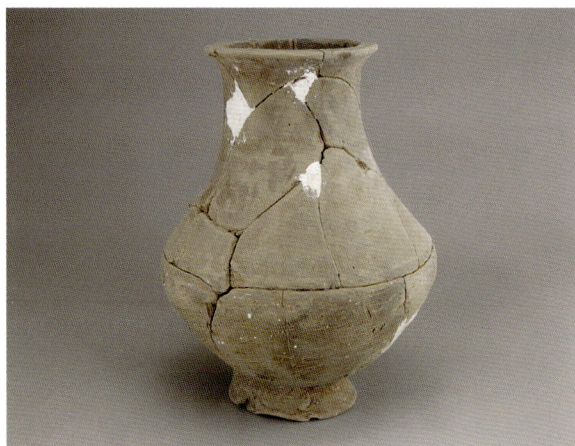

1. 陶壶（M122：2）

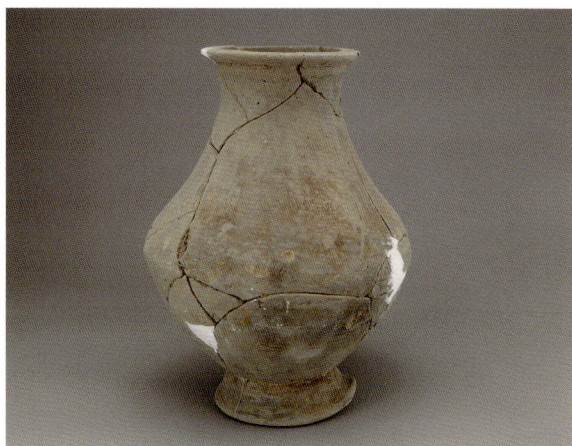

2. 陶壶（M122：5）

3. 陶罐（M123：1）

4. 陶罐（N123：2）

5. 陶罐（M123：3）

6. 陶罐（M124：1）

M122、M123、M124出土陶器

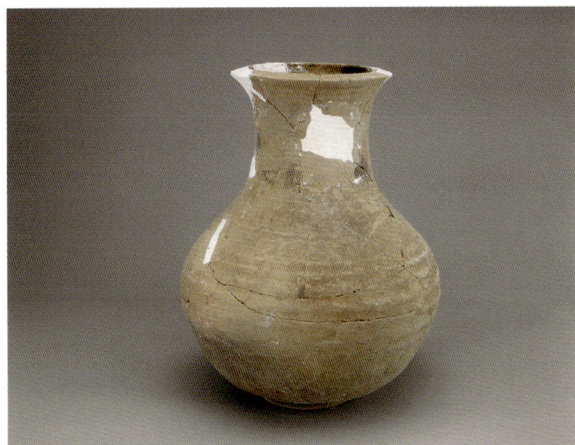

1. 陶壶（M125：3）

2. 陶罐（M125：2）

3. 陶鼎（M125：4）

4. 陶壶（M125：5）

5. 铜带钩（M126：1）

6. 陶罐（M129：1）

M125、M126、M129出土器物

1. 陶罐（M129：2）

2. 陶罐（M129：3）

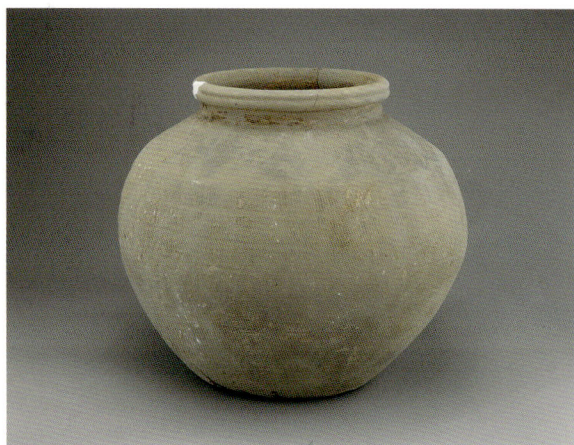

3. 陶罐（M131：1）

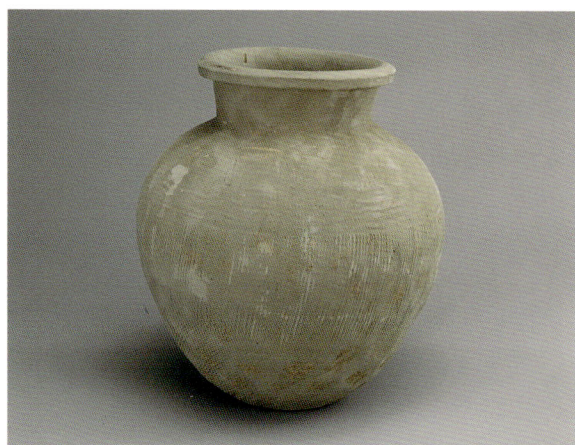

4. 陶罐（M131：2）

5. 陶壶（M132：1）

6. 陶壶（M132：2）

M129、M131、M132出土陶器

1. 陶罐（M135：2）

2. 陶鼎（M135：5）

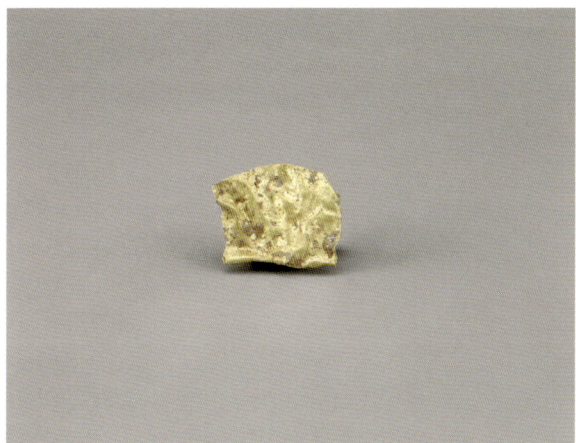

3. 金饰（M135：7）

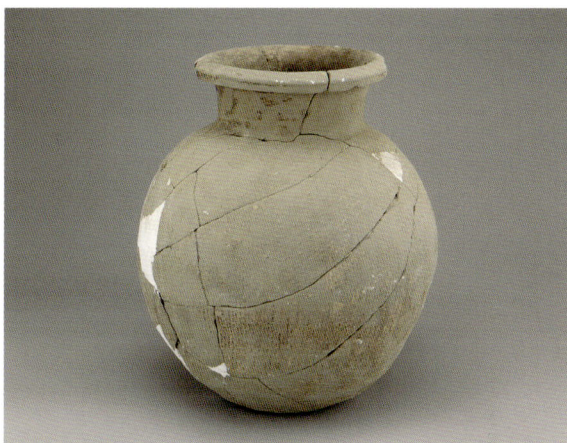

4. 陶罐（M137：1）

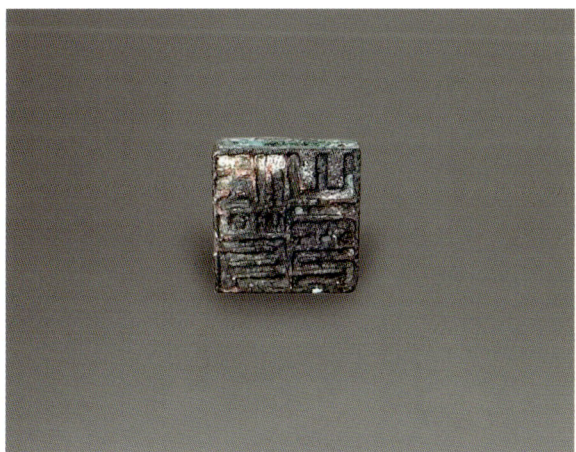

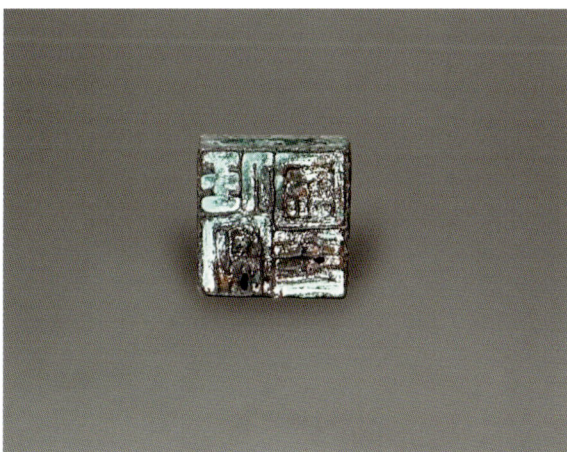

5. 铜印章（M135：1）

M135、M137出土器物

1. 陶罐（M137：2）

2. 陶罐（M147：1）

3. 陶鼎（M147：2）

4. 陶罐（M149：1）

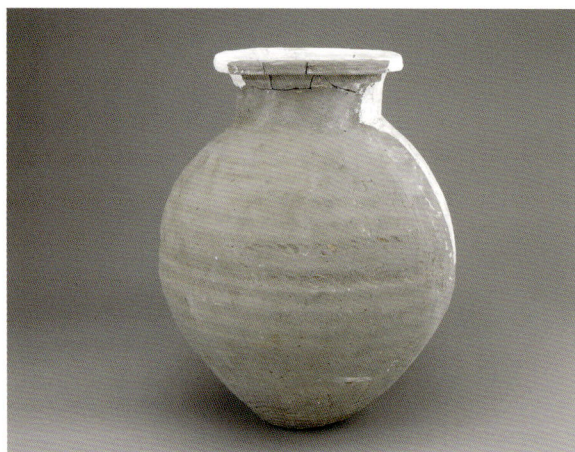

5. 陶罐（M149：2）

6. 陶壶（M151：2）

M137、M147、M149、M151出土陶器

1. 陶壶（M151：4）

2. 陶鼎（M151：1）

3. 陶钵（M151：5）

4. 铜饰（M155：6）

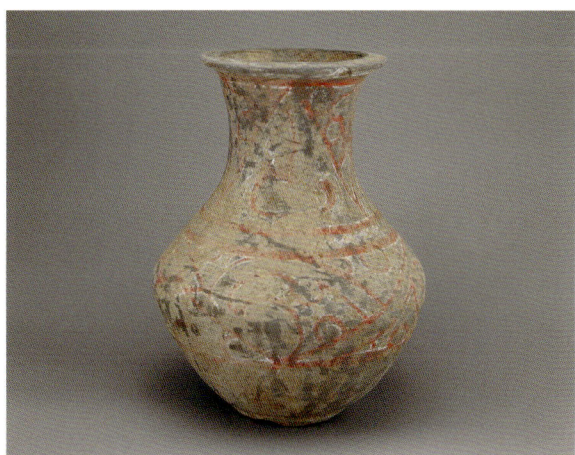

5. 陶壶（M155：1）

6. 陶壶（M155：5）

M151、M155出土器物

1. 陶盒（M155：2）

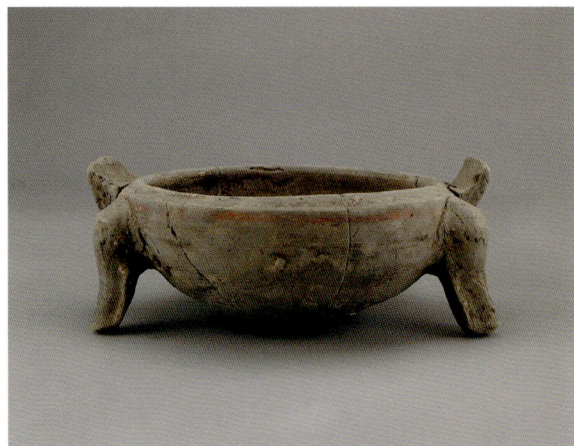
2. 陶鼎（M155：3）

3. 陶罐（M155：4）

4. 陶罐（M156：1）

5. 陶罐（M156：2）

6. 陶鼎（M157：1）

M155、M156、M157出土陶器

1. 陶盒（M157∶2）

2. 陶壶（M157∶3）

3. 陶壶（M157∶4）

4. 陶罐（M158∶1）

5. 陶罐（M158∶2）

6. 陶罐（M158∶3）

M157、M158出土陶器

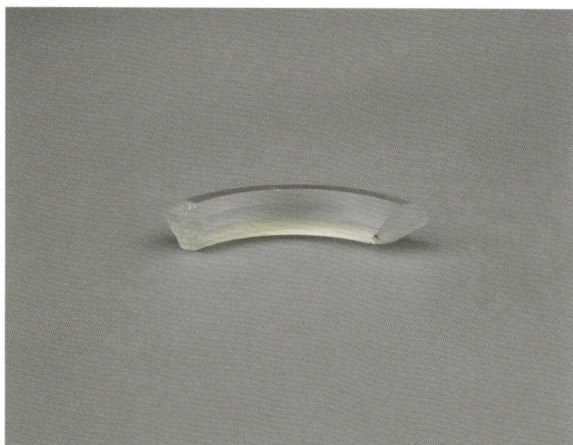

1. 玉饰（M158：4）

2. 陶罐（M159：1）

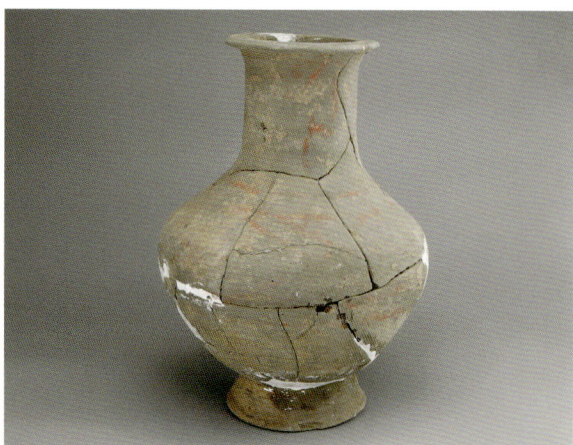

3. 陶壶（M159：2）

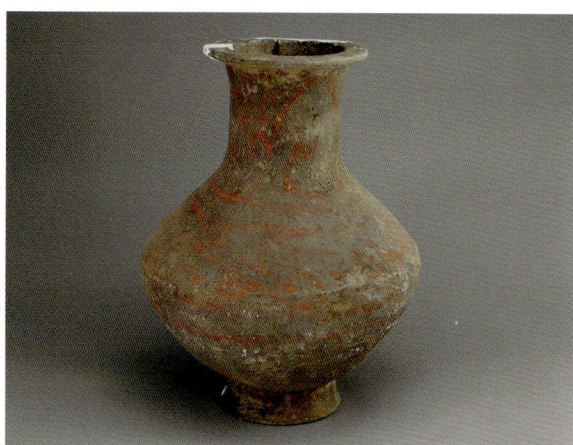

4. 陶壶（M159：3）

5. 陶盒（M159：4）

6. 陶鼎（M159：5）

M158、M159出土器物

1. 陶壶（M162：2）

2. 陶鼎（M162：3）

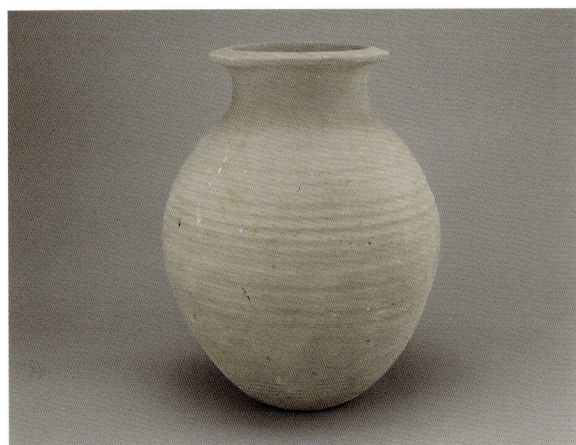

3. 陶罐（M164：1）

4. 陶罐（M164：2）

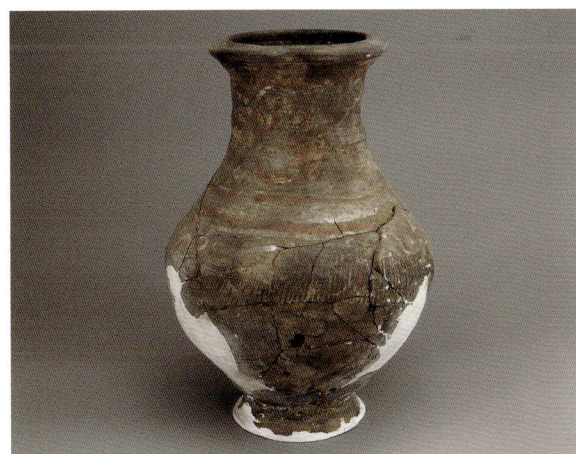

5. 陶壶（M165：1）

6. 陶鼎（M165：3）

M162、M164、M165出土陶器

1. 陶罐（M165：4）

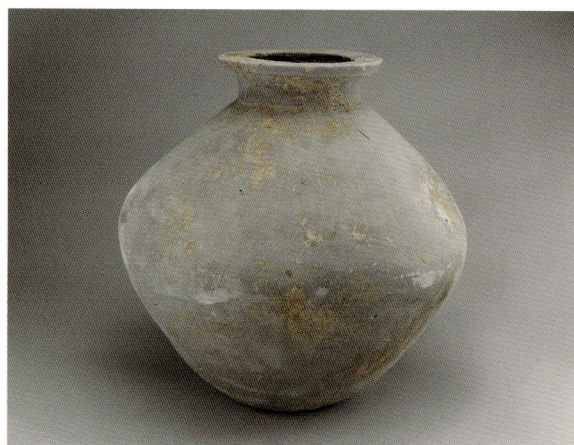

2. 陶罐（M165：5）

3. 陶罐（M169：1）

4. 陶罐（M175：1）

5. 陶罐（M175：2）

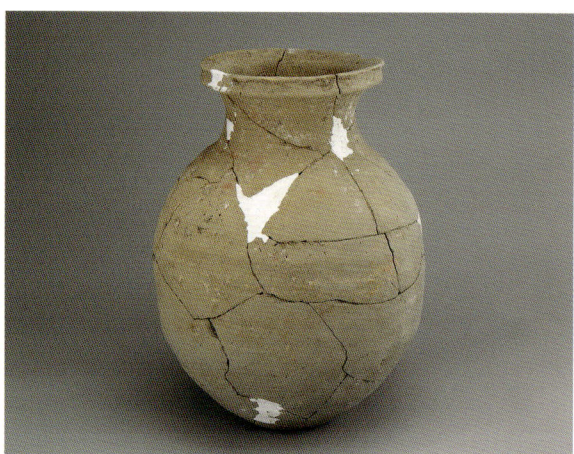

6. 陶罐（M176：4）

M165、M169、M175、M176出土陶罐

1. 陶罐（M178：1）

2. 陶罐（M178：2）

3. 铜带钩（M181：1）

4. 单耳杯（M181：3）

5. 铜印章（M181：2）

M178、M181出土器物

1. 陶罐（M181：4）

2. 陶罐（M181：5）

3. 陶罐（M184：1）

4. 陶壶（M186：1）

5. 陶壶（M186：2）

6. 陶罐（M186：3）

M181、M184、M186出土陶器

1. 陶鼎（M186∶4）

2. 陶壶（M188∶1）

3. 陶壶（M188∶2）

4. 铜带钩（M188∶3）

5. 陶盒（M188∶5）

6. 陶鼎（M188∶4）

M186、M188出土器物

1. 陶罐（M192：2）

2. 陶壶（M192：1）

3. 陶罐（M194：1）

4. 铜带钩（M194：2）

5. 陶鱼（M194：5）

6. 骨算筹（M194：6）

M192、M194出土器物

1. 火山石（M196∶2）

2. 铜饰（M196∶3）

3. 陶盒（M197∶1）

4. 陶罐（M197∶3）

5. 陶罐（M197∶4）

6. 陶罐（M199∶3）

M196、M197、M199 出土器物

1. 陶鼎（M199：4）

2. 陶盒（M199：5）

3. 陶盒（M201：1）

4. 陶罐（M201：2）

5. 陶罐（M201：3）

6. 陶罐（M206：1）

M199、M201、M206出土陶器

1. 陶罐（M210：1）

2. 陶罐（M213：1）

3. 陶罐（M213：4）

4. 陶盆（M213：2）

5. 陶鼎（M213：3）

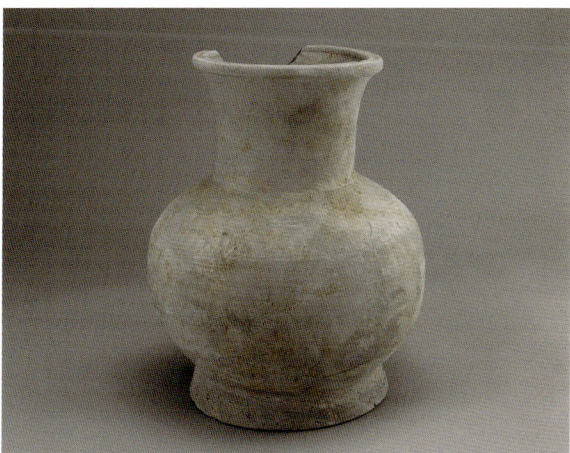

6. 陶壶（M215：1）

M210、M213、M215出土陶器

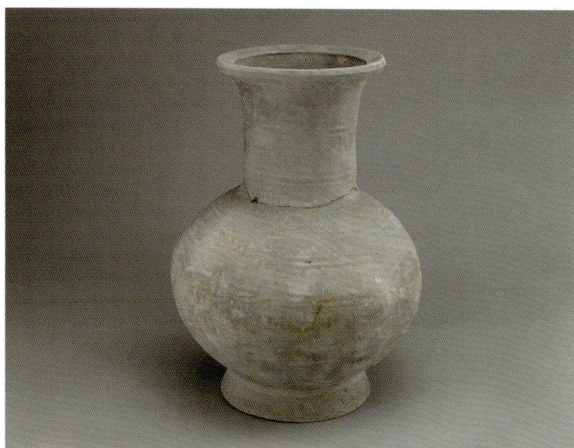

1. 陶壶（M215：2）

2. 陶罐（M217：1）

3. 陶罐（M217：2）

4. 陶罐（M218：1）

5. 陶罐（M218：2）

6. 陶盒（M218：4）

M215、M217、M218出土陶器

1. 铜带钩（M218：5）

2. 陶壶（M221：2）

3. 陶壶（M221：3）

4. 陶罐（M221：4）

5. 陶鼎（M221：5）

6. 陶壶（M223：1）

M218、M221、M223出土器物

1. 陶盒（M223：4）

2. 陶盒（M229：1）

3. 陶罐（M229：2）

4. 陶罐（M230：1）

5. 骨算器（M231：6）

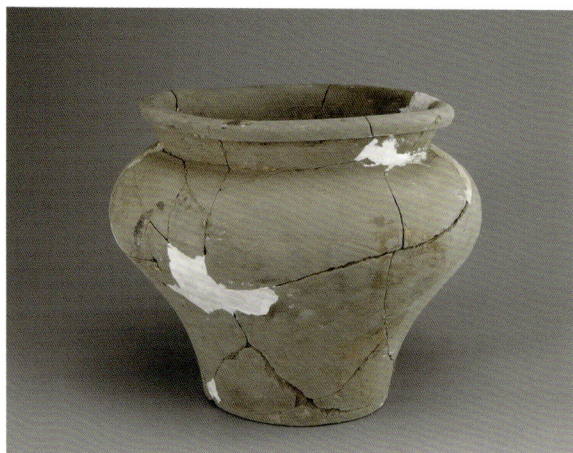

6. 陶罐（M231：3）

M223、M229、M230、M231 出土器物

1. 陶罐（M231：1）

2. 陶盆（M231：4）

3. 铜带钩（M231：5）

4. 陶壶（M232：1）

5. 陶壶（M232：4）

6. 陶罐（M232：5）

M231、M232出土器物

1. 陶罐（M236：2）

2. 陶罐（M241：1）

3. 陶壶（M242：1）

4. 陶罐（M244：1）

5. 陶罐（M245：2）

6. 陶罐（M245：3）

M236、M241、M242、M244、M245出土陶器

1. 玉印章（M245：4）

2. 陶罐（M246：1）

3. 陶罐（M246：2）

4. 陶鼎（M246：3）

5. 陶盒（M246：4）

M245、M246出土器物

1. 陶罐（M248：1）

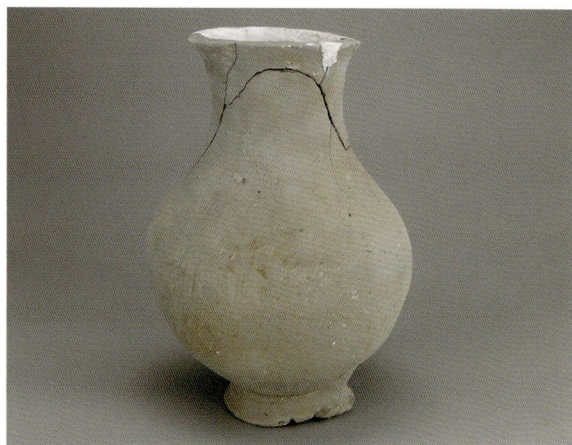

2. 陶壶（M248：2）

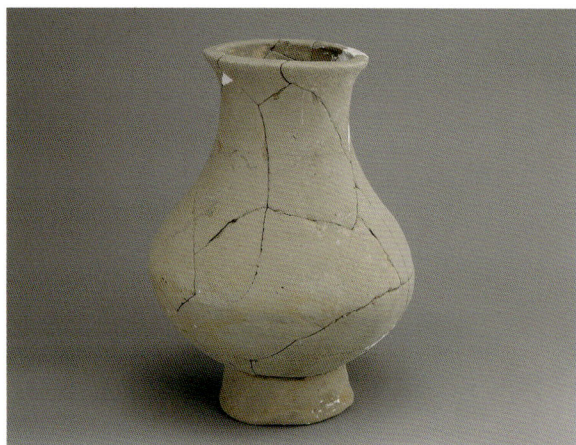

3. 陶壶（M248：3）

4. 陶盒（M248：4）

5. 陶盒（M248：5）

6. 铜带钩（M248：6）

M248 出土器物

1. 铜勺（M248：7）

2. 陶鼎（M249：1）

3. 陶罐（M249：2）

4. 陶罐（M250：1）

5. 陶罐（M255：1）

6. 陶罐（M255：2）

M248、M249、M250、M255出土器物

1. 铜带钩（M256∶2）

2. 陶罐（M256∶3）

3. 陶罐（M256∶4）

4. 陶盒（M256∶8）

5. 陶罐（M257∶1）

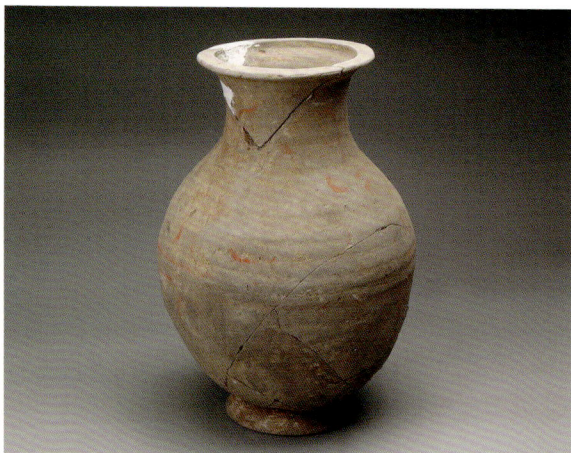

6. 陶壶（M257∶4）

M256、M257出土器物

1. 陶盒（M257：3）

2. 石器（M258：4）

3. 陶罐（M260：1）

4. 陶罐（M260：2）

5. 陶罐（M260：4）

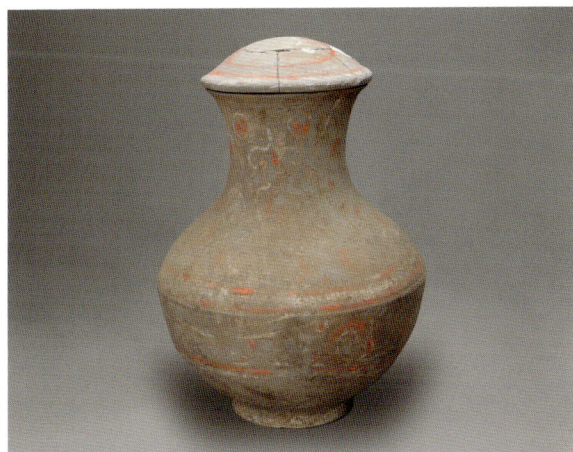

6. 陶壶（M264：2）

M257、M258、M260、M264出土器物

1. 陶壶（M264：3）

2. 陶罐（M76：1）

3. 陶罐（M76：2）

4. 陶罐（M84：1）

5. 陶罐（M84：2）

6. 陶罐（M84：3）

M76、M84、M264出土陶器

1. 陶罐（M88：2）

2. 陶罐（M102：2）

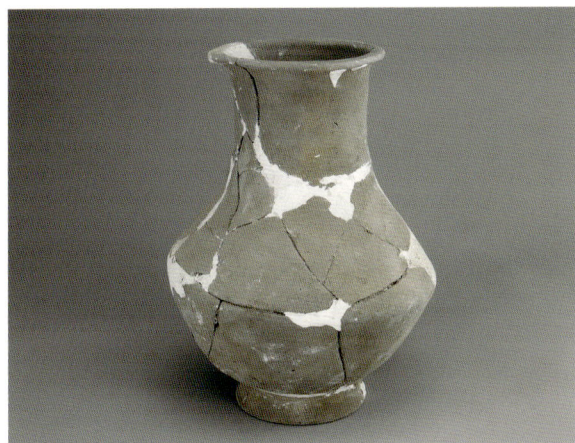

3. 陶壶（M160：1）

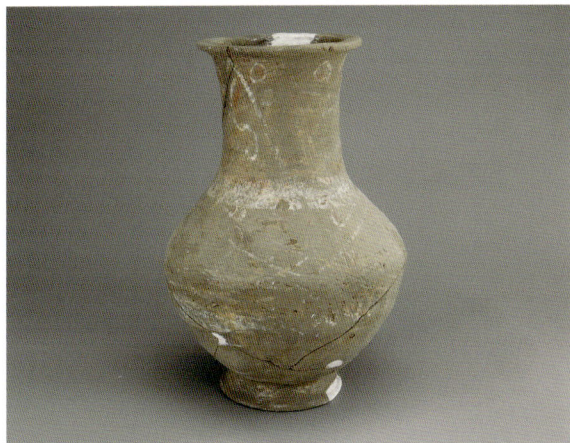

4. 陶壶（M160：4）

5. 陶盒（M160：3）

6. 陶鼎（M160：7）

M88、M102、M160出土陶器

1. 铜带钩（M160：8）

2. 陶罐（M161：1）

3. 陶鼎（M161：3）

4. 陶盒（M161：4）

5. 铜镜（M48：2）

6. 铜镜（M50：8）

M48、M50、M160、M161 出土器物

1. 盘口壶（M50：1）

2. 陶罐（M50：2）

3. 盘口壶（M50：3）

4. 陶瓮（M50：4）

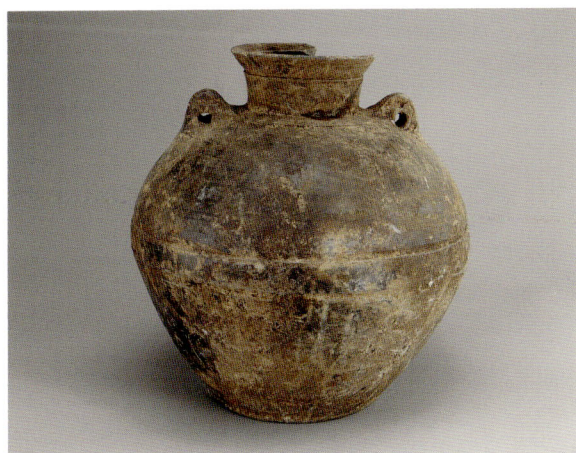

5. 陶双系罐（M52：1）

6. 陶双系罐（M52：8）

M50、M52出土陶器

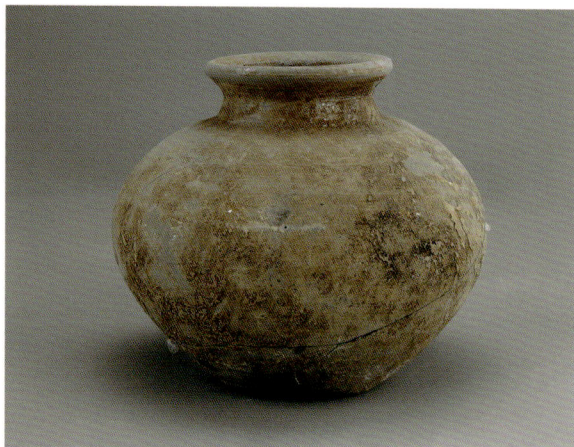
1. 陶罐（M52∶6）

2. 铜当卢（M52∶10）

3. 铜泡钉（M52∶9）

4. 铜轴（M52∶2）

5. 陶罐（M54∶1）

6. 铜柄（M54∶3）

M52、M54出土器物

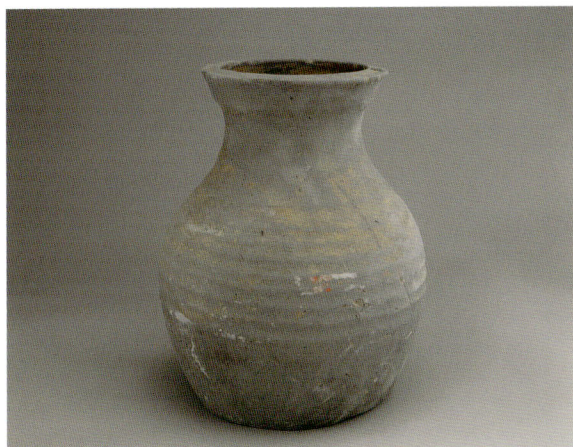

1. 盘口壶（M83：1）

2. 陶罐（M83：2）

3. 玻璃耳珰（M117：1）

4. 水晶珠（M117：2）

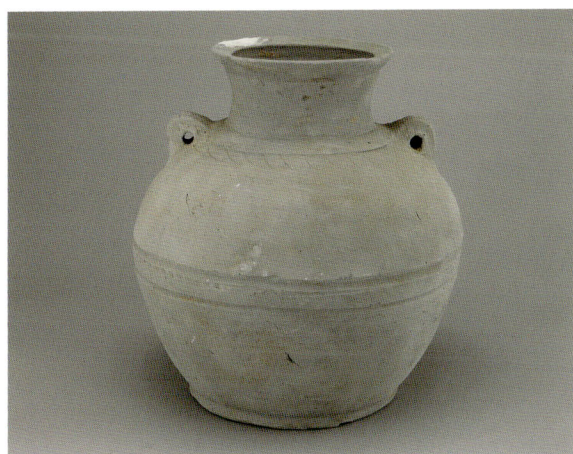

5. 陶双系壶（M166：1）

6. 陶罐（M166：3）

M83、M117、M166出土器物

1. 铜环（M166：4）

2. 陶罐（M166：6）

3. 陶瓮（M166：9）

4. 瓦当（M166：10）

5. 铜镜（M189：2）

6. 铜镜（M189：3）

M166、M189出土器物

1. 石圭板（M189：4）

2. 磨杵（M189：5）

3. 陶罐（M189：6）

4. 铜带钩（M189：7）

5. 铜镜（M193：1）

6. 陶罐（M193：2）

M189、M193 出土器物

1. 玻璃耳珰（M208：2）

2. 铜镜（M237：1）

3. 陶井（M9：5）

4. 陶鸡（M9：7）

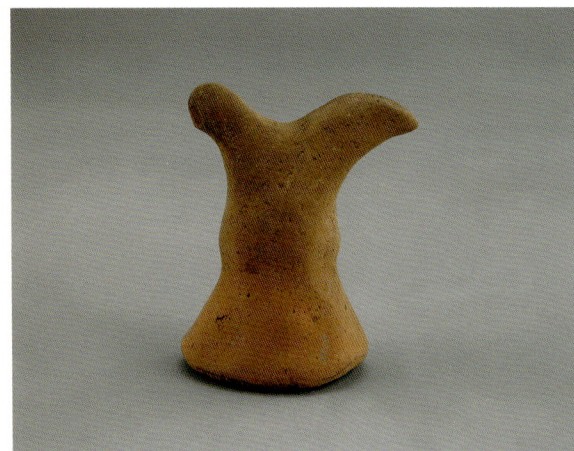
5. 陶鸡（M11：1）

6. 陶狗（M11：2）

M9、M11、M208、M237出土器物

1. 陶壶（M12：5）

2. 陶壶（M12：6）

3. 陶狗（M12：4）

4. 陶井（M15：6）

5. 陶盆（M15：10）

6. 陶灶（M15：7）

M12、M15出土陶器

1. 陶奁（M15∶12）

2. 陶猪（M15∶8）

3. 陶狗（M15∶9）

4. 盘口壶（M15∶5）

5. 铜镜（M15∶2）

6. 陶耳杯（M15∶16）

M15出土器物

1. 陶瓮（M15：3）

2. 陶瓮（M15：4）

3. 陶奁（M17：1）

4. 陶奁（M17：7）

5. 陶井（M17：3）

6. 陶灶（M17：4）

M15、M17出土陶器

1. 陶仓（M17：5）

2. 陶棺（M17：6）

3. 陶井（M18：1）

4. 陶灶（M18：2）

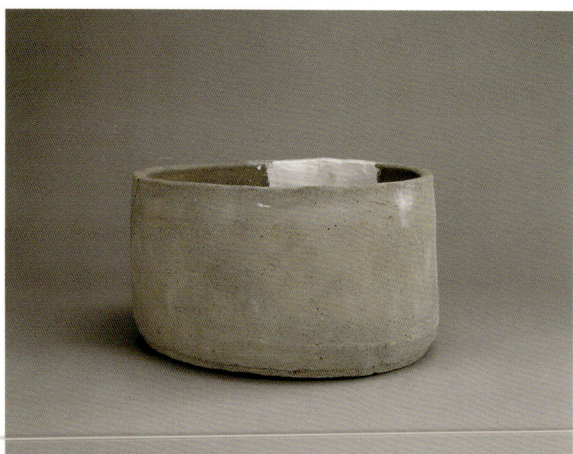

5. 陶奁（M18：5）

6. 陶罐（M18：6）

M17、M18出土陶器

1. 陶棺（M18：8）

2. 陶盒（M21：3）

3. 陶灶（M21：4）

4. 陶狗（M21：5）

5. 陶房（M21：6）

6. 陶罐（M24：1）

M18、M21、M24出土陶器

1. 陶磨（M24：5）

2. 陶灯（M24：7）

3. 陶杯（M25：3）

4. 陶鸡（M25：7）

5. 陶鸡（M27：6）

6. 陶灶（M28：4）

M24、M25、M27、M28出土陶器

1. 陶猪（M28：7）

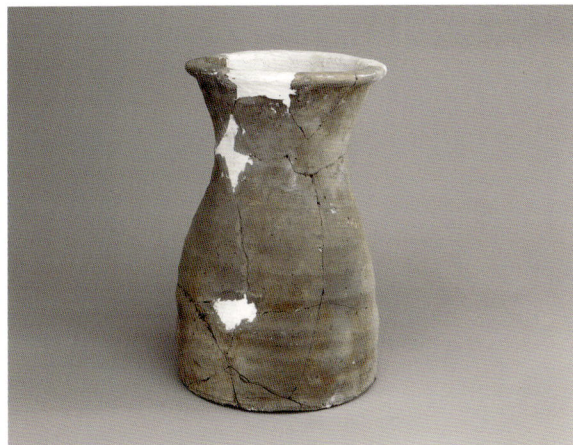

2. 陶仓（M35：1）

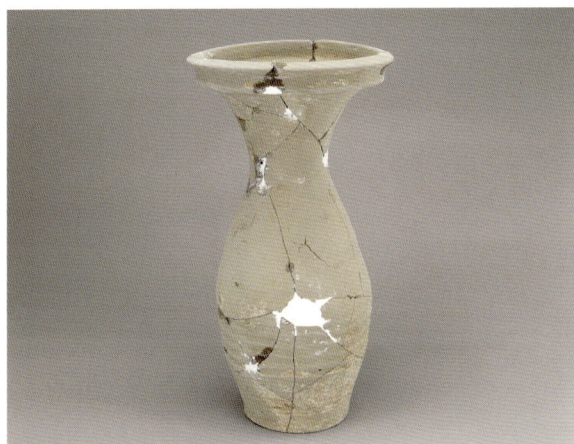

3. 盘口瓶（35：2）

4. 陶井（M35：6）

5. 陶狗（M35：7）

6. 陶俑（M35：9）

M28、M35出土陶器

1. 陶俑（M35：10）

2. 陶桶（M35：11）

3. 陶灶（M35：23）

4. 陶罐（M44：5）

5. 盘口壶（M44：6）

6. 陶罐（M44：2）

M35、M44出土陶器

1. 陶罐（M44：8）

2. 铜镜（M44：1）

3. 陶灶（M64：1）

4. 陶勺（M64：6）

5. 陶猪（M64：9）

6. 陶镳斗（M64：15）

M44、M64出土器物

1. 陶灯（M64：16）

2. 陶院（M64：3）

3. 陶房（M64：17）

4. 陶案（M90：9）

5. 陶猪（M90：7）

6. 陶灶（M90：4）

M64、M90 出土陶器

1. 陶盆（M91：3）

2. 陶猪（M91：4）

3. 陶俑（M91：7）

4. 陶俑（M91：8）

5. 陶猪（M112：7）

6. 陶壶（M112：12）

M91、M112出土陶器

1. 陶灯（M112：13）

2. 陶案（M112：14）

3. 红陶罐（M163：5）

4. 红陶罐（M163：6）

5. 陶罐（M163：9）

6. 陶瓮（M163：10）

M112、M163出土陶器

1. 陶灶（M190：1）

2. 陶狗（M190：6）

3. 铜镜（M200：1）

4. 铜镜（M200：2）

5. 铜镜（M239：1）

6. 铜镜（M239：2）

M190、M200、M239出土器物

1. 铜带钩（M239：3）

2. 陶壶（M120：2）

3. 陶兽首（M120：5）

4. 陶俑（M120：6）

5. 陶罐（M120：12）

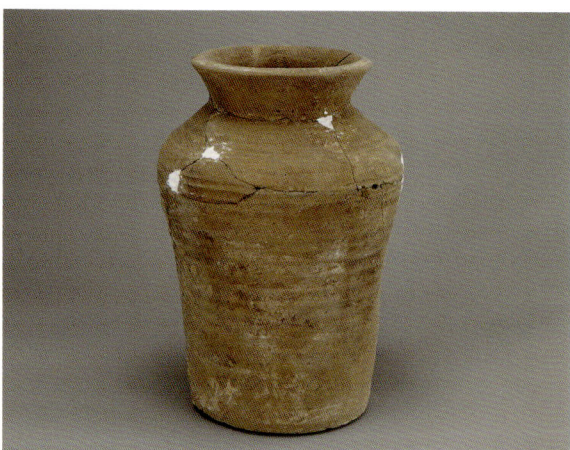

6. 陶罐（M120：11）

M120、M239出土器物

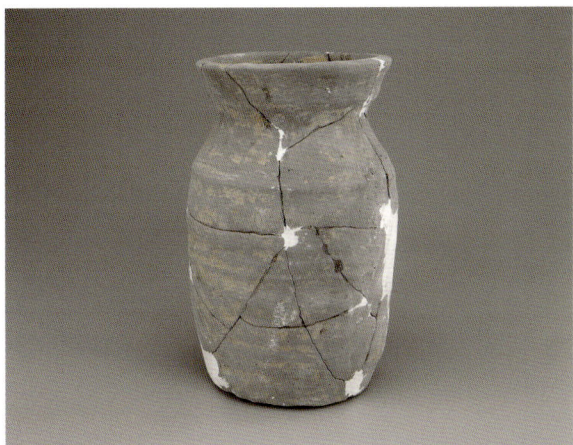

1. 陶罐（M150∶4）

2. 石圭板（M150∶5）

3. 铜镜（M29∶3）

4. 陶洗（M29∶2）

5. 陶鸡（M43∶1）

6. 陶鸭（M43∶2）

M29、M43、M150出土器物

1. 陶猪（M43：3）

2. 陶磨（M43：6）

3. 陶盘（M43：9）

4. 陶案（M43：12）

5. 陶俑（M43：11）

6. 陶盆（M86：2）

M43、M86出土陶器

1. 陶盆（M86：3）

2. 陶猪（M134：1）

3. 陶圈（M134：2）

4. 陶奁（M134：6）

5. 陶罐（M191：3）

6. 陶房（M191：4）

M86、M134、M191出土陶器

1. 陶棺（M191：2）

2. 陶灶（M191：5）

3. 陶罐（M191：10）

4. 陶罐（M191：13）

5. 陶磨（M191：12）

6. 陶耳杯（M191：15）

M191出土陶器

1. 陶罐（M252：2）

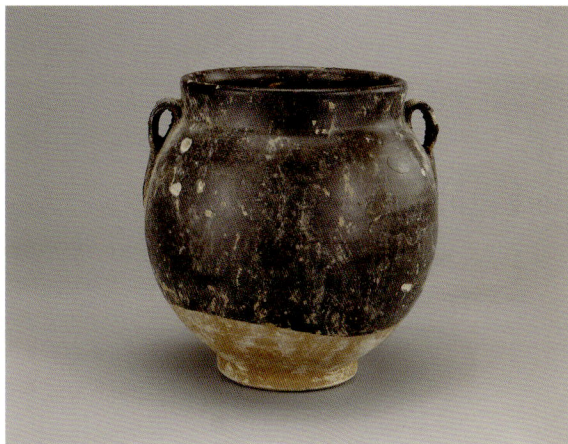

2. 双系瓷罐（M226：1）

3. 铜镜（M226：2）

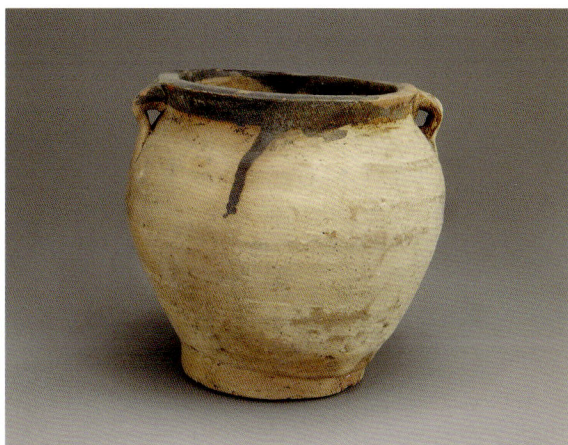

4. 陶双系罐（M1：1）

5. 瓷罐（M69：1）

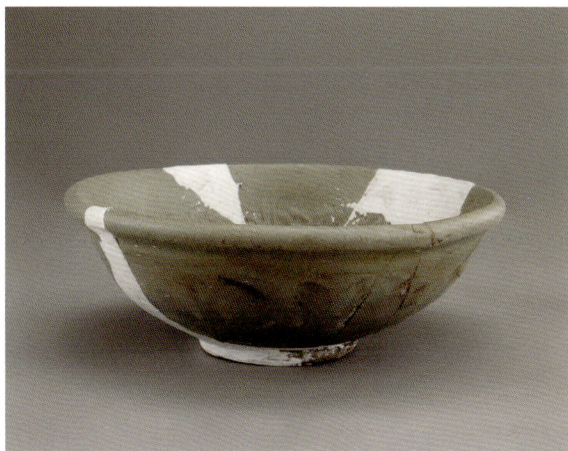

6. 青釉瓷碗（M69：2）

M1、M69、M226、M252出土器物